Comportamento organizacional
Gestão de pessoas e organizações

Tradução da 11ª edição norte-americana

Dados Internacionais de Catalogação na Publicação (CIP)
(Câmara Brasileira do Livro, SP, Brasil)

Griffin, Ricky W.
   Comportamento organizacional : gestão de pessoas
e organizações / Ricky W. Griffin, Gregory Moorhead ;
revisão técnica Cecilia Whitaker Bergamini ;
[tradução Noveritis do Brasil]. -- São Paulo :
Cengage Learning, 2015.

Título original: Organizational behavior : managing
people and organizations 11. ed. norte-americana.
Bibliografia.
ISBN 978-85-221-2096-3

1. Administração de pessoal 2. Comportamento
organizacional 3. Organizações - Administração
I. Moorhead, Gregory. II. Bergamini, Cecilia
Whitaker. III. Título.

15-05523   CDD-658.3

Índices para catálogo sistemático:

1. Gestão de pessoas : Organizações : Administração   658.3

Comportamento organizacional
Gestão de pessoas e organizações

Tradução da 11ª edição norte-americana

RICKY W. GRIFFIN
Texas A&M University

GREGORY MOORHEAD
Emeritus, Arizona State University

Tradução:
Noveritis do Brasil

Revisão Técnica:
Cecília Whitaker Bergamini

Mestre, doutora e livre-docente em Administração pela Faculdade de Economia, Administração e Contabilidade da Universidade de São Paulo (FEA-USP). Especialista em Psicologia Clínica pela faculdade de Filosofia Ciências e Letras "Sedes Sapientiae" da Pontifícia Universidade Católica de São Paulo (PUC-USP) e em Psicopatologia Organizacional pelo Instituto Henri Pieron da Universidade de Paris. Professora titular pela Escola de Administração de Empresas de São Paulo da Fundação Getulio Vargas (EAESP-FGV) e professora da FEA-USP.

Austrália   Brasil   Japão   Coreia   México   Cingapura   Espanha   Reino Unido   Estados Unidos

Comportamento organizacional
Gestão de pessoas e organizações

1ª edição brasileira

Ricky W. Griffin e Gregory Moorhead

Gerente editorial: Noelma Brocanelli

Editora de desenvolvimento: Viviane Akemi Uemura

Supervisora de produção editorial: Fabiana Alencar Albuquerque

Título original: Organizational behavior: Managing people and organizations – 11th edition

(ISBN 13: 978-1-133-62669-5; ISBN 10: 1-133-62669-6)

Tradução: Noveritis do Brasil

Revisão técnica: Cecília Whitaker Bergamini

Copidesque: Andrea Pisan

Revisão: Cintia Leitão e Mayra Clara Albuquerque Venâncio dos Santos

Diagramação: Alfredo Carracedo Castillo

Indexação: Casa Editorial Maluhy

Capa: Buono Disegno

Imagem da capa: Destiny Weddingstudio/Shutterstock

Especialista em direitos autorais: Jenis Oh

Pesquisa iconográfica: ABMM

Editora de aquisições: Guacira Simonelli

© 2015, 2012 Cengage Learning
© 2016 Cengage Learning Edições Ltda.

Todos os direitos reservados. Nenhuma parte deste livro poderá ser reproduzida, sejam quais forem os meios empregados, sem a permissão, por escrito, da Editora. Aos infratores aplicam-se as sanções previstas nos artigos 102, 104, 106 e 107 da Lei nº 9.610, de 19 de fevereiro de 1998.

Esta editora empenhou-se em contatar os responsáveis pelos direitos autorais de todas as imagens e de outros materiais utilizados neste livro. Se porventura for constatada a omissão involuntária na identificação de algum deles, dispomo-nos a efetuar, futuramente, os possíveis acertos.

A Editora não se responsabiliza pelo funcionamento dos links contidos neste livro que possam estar suspensos.

Para informações sobre nossos produtos, entre em contato pelo telefone **0800 11 19 39**.

Para permissão de uso de material desta obra, envie pedido para **direitosautorais@cengage.com**

© 2016 Cengage Learning.
Todos os direitos reservados.

ISBN 13: 978-85-221-2096-3
ISBN 10: 85-221-2096-X

Cengage Learning
Condomínio E-Business Park
Rua Werner Siemens, 111
Prédio 11 – Torre A – Conjunto 12
Lapa de Baixo – CEP 05069-900
São Paulo-SP
Tel.: (11) 3665-9900
Fax: (11) 3665-9901
SAC: 0800 11 19 39

Para suas soluções de curso e aprendizado, visite **www.cengage.com.br**

Impresso no Brasil.
Printed in Brazil.
1 2 3   16 15 14

Sumário reduzido

PARTE 1 — INTRODUÇÃO AO COMPORTAMENTO ORGANIZACIONAL

CAPÍTULO 1   Panorama do comportamento organizacional   1
CAPÍTULO 2   Mudança ambiental nas organizações   29

PARTE 2 — PROCESSOS INDIVIDUAIS EM ORGANIZAÇÕES

CAPÍTULO 3   Fundamentos do comportamento individual   61
CAPÍTULO 4   A motivação nas organizações   89
CAPÍTULO 5   Motivação do desempenho dos funcionários por meio do trabalho   124
CAPÍTULO 6   Motivando os funcionários por meio de recompensas   151
CAPÍTULO 7   Administração do estresse e equilíbrio trabalho-vida pessoal   180
CAPÍTULO 8   Tomada de decisão e solução de problemas   208

PARTE 3 — PROCESSOS INTERPESSOAIS EM ORGANIZAÇÕES

CAPÍTULO 9   Fundamentos do comportamento interpessoal e grupal   234
CAPÍTULO 10   Uso de equipes nas organizações   265
CAPÍTULO 11   A comunicação nas organizações   291
CAPÍTULO 12   Modelos tradicionais para entendimento da liderança   318
CAPÍTULO 13   Visões contemporâneas de liderança nas organizações   343
CAPÍTULO 14   Poder, política e justiça organizacional   366
CAPÍTULO 15   Conflitos e negociação nas organizações   395

PARTE 4 — PROCESSOS ORGANIZACIONAIS

CAPÍTULO 16   Bases da estrutura organizacional   420
CAPÍTULO 17   Planejamento organizacional   451
CAPÍTULO 18   Cultura organizacional   484
CAPÍTULO 19   Mudança e desenvolvimento organizacional   514

Notas   545
Índice remissivo de autores   574
Índice remissivo de empresas   577
Índice remissivo de assuntos   580

Sumário

PARTE 1 — INTRODUÇÃO AO COMPORTAMENTO ORGANIZACIONAL

CAPÍTULO 1
Panorama do comportamento organizacional 1
O que é comportamento organizacional? 4
    O significado de comportamento organizacional 4
    A importância do comportamento organizacional 5
    Comportamento organizacional e gestão 6
Comportamento organizacional e o processo de gestão 7
Comportamento organizacional e o trabalho do gestor 9
    Papéis gerenciais básicos 9
    Habilidades gerenciais críticas 10
Comportamento organizacional na atualidade 12
    Cararcterísticas do campo de estudo 12
    Você tem o que pode causar uma ruptura em sua vida profissional? 13
    Conceitos básicos desse campo de estudo 15
Perspectivas contextuais do comportamento organizacional 16
    Sistemas e perspectivas situacionais 17
    Ter algo faz a diferença 18
    Interação: pessoas e situações 20
Gestão para a eficácia 21
    Resultados ao nível individual 21
    Resultados do grupo e da equipe 22
    Resultados organizacionais 22

CAPÍTULO 2
Mudança ambiental nas organizações 29
Globalização e negócios 32
    O crescimento dos negócios internacionais 33
    Prestar serviços para um mercado global 33
    Diferenças e semelhanças transculturais 34
    Comportamento gerencial em diferentes culturas 37
Diversidade e negócios 38
    Dimensões da diversidade 39
    Como será a força de trabalho do futuro? 39
    Diversidade da força de trabalho global 40
    O valor da diversidade 42
Tecnologia e negócios 44

Manufatura e tecnologias empregadas em serviços   44
Tecnologia e concorrência   45
Tecnologia da informação   46

Ética e governança corporativa   46

Enquadrando as questões éticas   46
Questões éticas em administração corporativa   49
Questões éticas e tecnologia da informação   50

Novas relações de trabalho   51

Gestão dos "trabalhadores do conhecimento"   51
Terceirização   52
Funcionários temporários e contingenciais   52
A síndrome de burnout na indústria de BPO da Índia   53
Força de trabalho em camadas   54

PARTE 2   PROCESSOS INDIVIDUAIS EM ORGANIZAÇÕES

CAPÍTULO 3
Fundamentos do comportamento individual   61

As pessoas nas organizações   64

Contrato psicológico   64
A adaptação entre pessoa e cargo   66
Diferenças individuais   66

A personalidade e as organizações   66

Os "cinco grandes" traços da personalidade   67
A classificação de tipos psicológicos de Myers-Briggs   68
Inteligência emocional   69
Outros traços de personalidade no trabalho   69
Autoeficácia do cliente   71

Predisposições organizacionais   72

Como as predisposições são formadas   72
Principais predisposições relacionadas ao trabalho   74
O componente afetivo nas organizações   75

Percepção nas organizações   76

Processos perceptivos básicos   76
Os estereótipos   77
Percepção e atribuição   77
Você tem uma necessidade excessiva de ser você mesmo?   78

Tipos de comportamento no ambiente de trabalho   79

Comportamentos para o desempenho   80
Comportamentos desajustados   80
Cidadania organizacional   81

CAPÍTULO 4
A motivação nas organizações   89

A natureza da motivação   91

Importância da motivação   91
A estrutura do comportamento motivacional   92

Perspectivas históricas da motivação 93
Perspectivas da motivação baseada nas necessidades 94
    A hierarquia das necessidades 94
    Teoria ERC 96
    Teoria da dupla estrutura 97
    A necessidade de diversão no trabalho 98
    Outras necessidades importantes 100
Perspectivas motivacionais baseadas no processo 102
    A teoria da equidade 103
    Bases da teoria das expectativas 105
Perspectivas da motivação baseada no aprendizado 110
    Como a aprendizagem ocorre 110
    Teoria do reforço e aprendizagem 111
    O que significa reforço? 111
    Aprendizagem social nas organizações 115
    Modificação do comportamento organizacional 116

CAPÍTULO 5
Motivação do desempenho dos funcionários por meio do trabalho 124

Motivação e desempenho do funcionário 127

O planejamento do trabalho nas organizações 128
    Especialização profissional 129
    Primeira alternativas para a especialização profissional 130
    Enriquecimento do trabalho 131
    Teoria das características do cargo 132

Envolvimento do funcionário e motivação 134
    Perspectivas iniciais sobre o envolvimento do funcionário 135
    Situações de envolvimento de quem trabalha 135
    Dar poder 136
    Técnicas e problemas no envolvimento do funcionário 136
    A lei da redução da motiviação 137

Organização de trabalho flexível 138
    Horário de trabalho variável 138
    Jornada de trabalho ampliada 139
    Horário de trabalho flexível 140
    Trabalho compartilhado 141
    Trabalho a distância 142

CAPÍTULO 6
Motivando os funcionários por meio de recompensas 151

Fixação de metas e motivação 154
    Teoria da definição de metas 154
    Perspectivas amplas na fixação de metas 156
    Avaliação e implicações 157

Gestão do desempenho nas organizações 158
    Natureza da gestão de desempenho 158
    Objetivos da avaliação do desempenho 159

Noções básicas da avaliação do desempenho   159
Avaliação do desempenho pelo cliente oculto   161
Abordagem do Balanced Scorecard para a gestão por desempenho   162
Recompensas individuais nas organizações   163
Papéis, objetivos e significados das recompensas   164
Tipos de recompensa   164
"O que eles farão – cortar minha pensão pela metade?"   168
Administração dos sistemas de recompensas   169
Relação entre desempenho e recompensa   169
Sistemas flexíveis de recompensas   170
Sistemas de pagamento participativo   171
Sigilo salarial   171
Remuneração de expatriado   171

CAPÍTULO 7
Administração do estresse e equilíbrio trabalho-vida pessoal   180

Natureza do estresse   183
Definição de estresse   183
Processo de estresse   184

Diferenças individuais e estresse   185
Perfis de personalidade Tipo A e Tipo B   185
Personalidade rústica e otimismo   186

Causas comuns do estresse   187
Estressores organizacionais   188
Batatas fritas com o quê?   191
Estressores na vida pessoal   192

Consequências do estresse   193
Consequências individuais   194
Consequências organizacionais   194
Distúrbio na força de trabalho   195
Exaustão   196

Administração do estresse no local de trabalho   196
Estratégias de enfrentamento individual   196
Estratégias de enfrentamento organizacional   198

Conexões entre trabalho e vida pessoal   199
Relações fundamentais entre trabalho e vida pessoal   199
Equilíbrio das conexões entre trabalho e vida pessoal   200

CAPÍTULO 8
Tomada de decisão e solução de problemas   208

A natureza da tomada de decisão   211
Tipos de decisão   211
Decisões centralizadas nos convidados   213
Condições para a tomada de decisão   214

A abordagem racional para a tomada de decisão   216
As etapas da tomada de decisão racional   216
Tomada de decisão baseada em evidências   219

O que deu errado com a Wesabe? 220
Abordagem comportamental para a tomada de decisão 221
- O modelo administrativo 221
- Outras forças comportamentais na tomada de decisão 222
- Abordagem integrada para a tomada de decisão 225

Criatividade, solução de problemas e tomada de decisão 225
- O indivíduo criativo 226
- O processo criativo 227
- Aumento do desempenho nas organizações 228

PARTE 3 — PROCESSOS INTERPESSOAIS EM ORGANIZAÇÕES

CAPÍTULO 9
Fundamentos do comportamento interpessoal e grupal 234

Natureza interpessoal das organizações 237
- Dinâmica interpessoal 238
- Resultados do comportamento interpessoal 238

Natureza dos grupos 239

Tipos de grupos 241
- Grupos formais 241
- *Grupos criados pelo consumidor* 242
- Grupos informais 243

Etapas do desenvolvimento grupal 243
- Aceitação mútua 244
- Comunicação e tomada de decisão 245
- Motivação e produtividade 245
- Controle e organização 245

Fatores de desempenho grupal 246
- Composição do grupo 246
- Tamanho do grupo 247
- *União entre tecnologia e arte* 248
- Normas do grupo 249
- Coesão do grupo 250

Dinâmica intergrupal 251

Tomada de decisões em grupo nas organizações 253
- Polarização de grupo 253
- Pensamento de grupo 253
- Participação 256
- Solução de problemas em grupo 257

CAPÍTULO 10
Uso de equipes nas organizações 265

Diferenças entre equipe e grupo 268

Benefícios e custos das equipes nas organizações 270

Melhoria no desempenho 270
Redução de custos 271
Outros benefícios organizacionais 271
Benefícios para o funcionário 272
Custos das equipes 272

Tipos de equipe 272

Círculo de qualidade 273
Equipes de trabalho 273
Unindo-se com clientes para coproduzir 274
Equipes de solução de problemas 274
Equipes de gestão 275
Equipes de desenvolvimento de produtos 275
Equipes virtuais 275
O que fazer quando o cirurgião pede a alavanca de controle 276

Implementação de equipes nas organizações 277

Planejamento da mudança 277
Fases da implementação 280

Promovendo o sucesso da equipe 282

Apoio do alto escalão 283
Entendimento da estruturação do tempo 283
Mudança da recompensa organizacional 284

CAPÍTULO 11
A comunicação nas organizações 291

A natureza da comunicação nas organizações 294

Os objetivos da comunicação nas organizações 294
Comunicação intercultural 295

Modalidades de comunicação 295

Comunicação escrita 296
Comunicação oral 296
Comunicação não verbal 297
Um sorriso diz muita coisa 298

O processo de comunicação 298

Fonte 299
Codificação 299
Transmissão 300
Decodificação 300
Receptor 300
Feedback (retorno) 301
Ruído 301

Processamento da informação digital e telecomunicações 301

Redes de comunicação 303

Redes de pequenos grupos 303
Redes de comunicação organizacional 305

Gestão da comunicação 307

Aprimorando o processo de comunicação 307
Usos medicinais do e-mail viral 310
Aprimorando os fatores organizacionais na comunicação 311

CAPÍTULO 12
Modelos tradicionais para entendimento da liderança   318
Natureza da liderança   320
- O significado de liderança   320
- Liderança *versus* gestão   321

Primeiras abordagens de liderança   322
- Abordagem dos traços   322
- *Quem manda aqui?*   323
- *Em direção à diversidade*   324
- Abordagem comportamental   324

Surgimento de modelos de liderança situacional   327

A teoria LPC sobre a liderança   329
- Motivação para tarefa *versus* motivação para relacionamento   329
- Favorabilidade situacional   330
- Avaliação e implicações   332

Teoria do caminho-objetivo sobre a liderança   332
- Pressupostos básicos   333
- Avaliação e implicações   334

Abordagem da árvore de decisão de Vroom na liderança   334
- Premissas básicas   334
- Avaliação e implicações   337

CAPÍTULO 13
Visões contemporâneas de liderança nas organizações   343
Teorias situacionais contemporâneas   345
- Modelo de relação entre líderes e seguidores   345
- O modelo Hersey e Blanchard   346
- Aperfeiçoamento e revisões de outras teorias   347

Liderança da perspectiva dos seguidores   348
- Liderança transformacional   348
- Liderança carismática   349
- Atribuição e liderança   350
- *Dicas para tempos difíceis*   352

Alternativas para a liderança   352
- Substitutos de liderança   353
- Anuladores da liderança   353

A natureza variável da liderança   354
- Líderes como treinadores   354
- *Liderança como missão*   355
- Gênero e liderança   356
- Liderança intercultural   356
- Liderança internacional e o Projeto GLOBE   357

Questões emergentes sobre liderança   358
- Liderança estratégica   358
- Liderança ética   359
- Liderança virtual   359

CAPÍTULO 14
Poder, política e justiça organizacional   366

Influência nas organizações   368

   A natureza da influência   369

   Gerenciamento da impressão   369

O poder nas organizações   371

   A natureza do poder   371

   Tipos de poder   371

   O uso do poder nas organizações   374

   Eliminando a insanidade corporativa   375

Política e comportamento político   379

   A infiltração do comportamento político   380

   Gerenciando o comportamento político   382

Justiça organizacional   386

   Justiça distributiva   386

   Não deixe um cliente injusto contaminar o próximo da fila   387

   Justiça processual   387

   Justiça interpessoal   387

   Justiça informacional   388

CAPÍTULO 15
Conflitos e negociação nas organizações   395

Natureza dos conflitos nas organizações   398

Tipos e causas comuns de conflitos   398

   Tipos comuns de conflitos   398

   Causas dos conflitos   400

   Denúncia no escuro   401

   Como corrigir uma falha no serviço ao cliente   403

Reações aos conflitos   404

Gerenciando conflitos   407

   Estimulando os conflitos   407

   Resolução de conflitos   408

   Utilizando a estrutura organizacional para administrar conflitos   408

   Uso das técnicas interpessoais para administrar conflitos   409

   Gestão de conflitos com soluções pré-negociadas   410

A negociação nas organizações   411

   Abordagens para a negociação   411

   Negociação do tipo ganha-ganha   412

PARTE 4   PROCESSOS ORGANIZACIONAIS

CAPÍTULO 16
Bases da estrutura organizacional   420

Natureza da estrutura organizacional   422

   O conceito de organização   423

   Estrutura organizacional   423

Pontos de vista clássicos sobre a estrutura de uma organização 424

    A burocracia ideal 425

    Os princípios clássicos de organização 426

    A organização humana 427

Configuração estrutural 428

    Divisão do trabalho 428

    Coordenação de diferentes tarefas 430

Estrutura e operações 438

    Centralização 438

    Estruturas centradas no cliente 441

Responsabilidade e autoridade 442

    Responsabilidade 442

    Autoridade 442

    Um ponto de vista alternativo sobre autoridade 443

    Um painel de seus colegas 444

CAPÍTULO 17
Planejamento organizacional 451

Abordagens contingenciais para o planejamento organizacional 453

Estratégia, imperativos estruturais e escolha estratégica 455

    Estratégia 455

    Imperativos estruturais 455

    Escolha estratégica 462

Projetos organizacionais 464

    Projetos mecanicistas e orgânicos 464

    Planejamento de sistemas sociotécnicos 464

    Um casamento entre técnica e tecnologia 466

    O projeto de Mintzberg 467

    Organização matricial 470

    Organizações virtuais 472

Processos contemporâneos do planejamento organizacional 474

    Reengenharia organizacional 474

    Repensando a organização 475

    Questões acerca da estrutura global e do planejamento organizacional 475

    Este lugar parece bom 476

    Temas dominantes sobre planejamento contemporâneo 477

CAPÍTULO 18
Cultura organizacional 484

A natureza da cultura organizacional 486

    O que é cultura organizacional? 487

    Fundamentos históricos 489

    Cultura *versus* clima 491

Criando a cultura organizacional 492

    Estabelecer valores 492

    Criar a visão 493

    Iniciar a implementação das estratégias 493

Criando uma cultura de atendimento 494
Reforçar os comportamentos culturais 494
Abordagens para descrever a cultura organizacional 495
A estrutura Ouchi 495
A abordagem de Peters e Waterman 498
Questões emergentes na cultura organizacional 500
Inovação 500
A TV fica pessoal 502
Atribuição de poder 503
Culturas apropriadas 504
Administrando a cultura organizacional 505
Tirar proveito da cultura existente 505
Ensinar a cultura organizacional: socialização 505
Mudar a cultura organizacional 506

CAPÍTULO 19
Mudança e desenvolvimento organizacional 514
Pressões para mudança 516
Pessoal 516
Tecnologia 518
Processamento da informação e comunicação 519
Você também pode ter um lugar ao Sol 520
Concorrência 521
Processos para a mudança organizacional planejada 521
Modelo de Lewin 522
O modelo do processo contínuo de mudança 523
Desenvolvimento organizacional 524
Definição de desenvolvimento organizacional 525
Abrangência do desenvolvimento organizacional como um todo 525
Mudança tecnológica e das tarefas 528
Mudança grupal e individual 529
O desafio da criação conjunta da inovação 530
Resistência à mudança 534
Fontes organizacionais de resistência 535
Fontes individuais de resistência 536
Gestão bem-sucedida da mudança e do desenvolvimento 537
Consideração das questões globais 537
Ter visão abrangente 538
Começar pequeno 538
Garantir o apoio da alta administração 538
Encorajar a participação 539
Promover a comunicação aberta 539
Recompensar os colaboradores 539

Notas 545
Índice remissivo de autores 574
Índice remissivo de empresas 577
Índice remissivo de assuntos 580

Prefácio

Já é sabido que a única constante é a mudança. E esta continua a ser a palavra de ordem para os gestores. Hoje, mais do que nunca, os gestores precisam compreender de forma abrangente e detalhada os ativos, as ferramentas e os recursos com os quais podem contar para competir de modo mais efetivo. Entender as pessoas que compõem as organizações – funcionários operacionais, de manutenção e administrativos, gerentes, engenheiros, pessoal de suporte, representantes de vendas, tomadores de decisões, profissionais especializados – é fundamental para qualquer gestor que aspire a compreender a mudança e como sua organização deve responder a esse fenômeno.

Ao prepararmos esta edição de *Comportamento organizacional: gestão de pessoas e organizações*, mais uma vez confiamos na suposição fundamental que ajudou o livro a se manter líder no mercado, desde a sua primeira publicação, há mais de duas décadas: precisamos preparar os alunos de hoje (e os gestores de amanhã) de acordo com uma perspectiva de gestão de pessoas que os permita criar, interpretar, julgar, imaginar e construir comportamentos e relacionamentos. Essa perspectiva exige que os alunos adquiram uma segura compreensão dos fundamentos do comportamento humano nas organizações – os fundamentos básicos sobre o comportamento – a fim de que possam desenvolver respostas para os novos problemas que se deparam. À medida que são lançados sobre nós novos desafios decorrentes da concorrência global, das novas tecnologias, dos processos de informação mais recentes e rápidos, das incertezas que emergem em todo lugar e dos clientes que exigem o melhor em qualidade e serviços, a próxima geração de gestores terá de voltar ao básico – aos fundamentos – e, em seguida, combinar esses princípios com novas experiências válidas em um mundo complexo para, finalmente, desenvolver novas soluções criativas, processos, produtos ou serviços de forma a obter vantagem competitiva.

O TEXTO QUE RESPONDE AO DESAFIO

Esta edição de *Comportamento organizacional: gestão de pessoas e organizações* assume a tarefa ao fornecer os conceitos básicos em cada campo, sustentados pelas pesquisas mais recentes e permeados com exemplos do que as empresas estão fazendo em cada área. Iniciamos os capítulos com uma introdução que se entrelaça com um novo acontecimento, fornecendo um exemplo imediato de como o tópico do capítulo é relevante às organizações. As linhas gerais do capítulo e os objetivos de aprendizagem também são apresentados no início de cada capítulo. Continuamos a desenvolver e a reforçar as técnicas de aprendizagem a fim de proporcionar mais oportunidades para se trabalhar com o conteúdo. Além do *case* apresentado no final do capítulo, bem como os exercícios experimentais e de autoavaliação, adicionamos um exercício que dará aos leitores a chance de desenvolver suas próprias habilidades gerenciais. *Comportamento organizacional: gestão de pessoas e organizações* prepara e energiza os gestores do futuro para as tarefas complexas e desafiadoras do novo século, ao mesmo tempo em que preserva as contribuições passadas das obras clássicas. A obra é abrangente na apresentação das perspectivas práticas, apoiada pelas pesquisas e pelo aprendizado de especialistas. Nossa expectativa é de que cada leitor possa se inspirar na mais emocionante tarefa do novo século: gerenciar pessoas nas organizações.

CONTEÚDO E ORGANIZAÇÃO

A 11ª edição de *Comportamento organizacional: gestão de pessoas e organizações* mantém a mesma estrutura geral básica que tem funcionado tão bem nos últimos 25 anos. Contudo, introduzimos nessa estrutura várias mudanças interessantes e inovadoras que ressaltam ainda mais a utilidade do livro.

A Parte I aborda o contexto gerencial do comportamento organizacional. No Capítulo 1, apresentamos os conceitos básicos da área, discutimos a importância do estudo do comportamento organizacional e o relacionamos a um campo mais amplo da gestão. No Capítulo 2, focalizamos o ambiente organizacional em contínua mudança. Os temas principais do capítulo são: globalização, diversidade, tecnologia, ética e governança corporativa e as novas relações trabalhistas.

A Parte II inclui seis capítulos cujo foco está nos principais processos individuais das organizações: comportamento individual, motivação, desempenho do funcionário, estresse no trabalho e tomada de decisões. O Capítulo 3 apresenta os fundamentos para a compreensão do comportamento individual nas organizações e trata da natureza psicológica das pessoas, os elementos da personalidade, as atitudes individuais, os processos de percepção e o comportamento no local de trabalho. Foi adicionada a esse capítulo uma abordagem sobre a inteligência emocional. No Capítulo 4, o foco está em duas categorias primárias entre as teorias da motivação: a abordagem baseada nas necessidades e a abordagem baseada nos processos. Os Capítulos 5 e 6, por sua vez, afastam-se da teoria *per se* e descrevem alguns dos métodos e técnicas utilizados pelas organizações para a aplicação prática das bases teóricas da motivação mais importantes: no Capítulo 5, discutimos os métodos relacionados ao trabalho empregados para motivar os funcionários; no Capítulo 6, tratamos das abordagens de motivação baseadas em recompensas. O estresse no trabalho, outro elemento importante do comportamento individual nas organizações, é abordado no Capítulo 7. Finalmente, o Capítulo 8 está voltado para os assuntos relativos à tomada de decisões e à resolução de problemas.

Na Parte III, passamos dos aspectos individuais do comportamento organizacional para os aspectos interpessoais, o que inclui comunicação, grupos e equipes, processos de liderança e influência, poder e política, conflitos e negociações. Os Capítulos 9 e 10 formam uma sequência para abordar os grupos e as equipes nas organizações. Em nossa opinião, havia muito material importante para termos apenas um capítulo a respeito desses tópicos. Por isso, apresentamos os conceitos básicos para a compreensão da dinâmica do comportamento de pequenos grupos no Capítulo 9 e discutimos o material mais voltado às equipes no Capítulo 10. Dessa forma, os leitores podem compreender primeiro os processos mais básicos, antes de lidar com as questões mais complexas no desenvolvimento de equipes nas organizações. No Capítulo 11, descrevemos os aspectos comportamentais da comunicação nas empresas. Depois, apresentamos o tópico da liderança em uma sequência de dois capítulos, examinando os modelos e conceitos no Capítulo 12, e os pontos de vista contemporâneos no Capítulo 13. Esperamos que os leitores apreciem, especialmente, o Capítulo 13, por sua abordagem relativa à liderança estratégica, ética e virtual, assim como pela discussão dos impactos das questões de gênero e das relações interculturais sobre liderança. Outros assuntos intimamente relacionados à liderança são os conceitos de poder, de política e o senso de justiça no local de trabalho. Esse material é apresentado no Capítulo 14. A Parte III encerra-se com o Capítulo 15, dedicado aos conflitos e às negociações nas organizações.

Na Parte IV são abordados aspectos mais amplos e sistêmicos do comportamento organizacional. O Capítulo 16, primeiro de uma sequência de dois capítulos sobre a estrutura organizacional e seu desenho, apresenta a visão clássica sobre as empresas e, em seguida, descreve os blocos básicos das organizações – divisão do trabalho, especialização, centralização, formalização, responsabilidade e autoridade. Em seguida, o Capítulo 17 descreve mais sobre os fatores e o processo por meio do qual a estrutura de uma organização responde para se adequar às exigências das mudanças, às novas tecnologias e à concorrência em expansão, incluindo as questões globais. O Capítulo 18 passa para o conceito mais indefinível da cultura organizacional. No final do livro, o Capítulo 19 poderia ser a pedra angular de cada capítulo, uma vez que apresenta os pontos de vista clássico e contemporâneo sobre a mudança organizacional. Em virtude das atuais exigências das organizações, como dito anteriormente e por todo autor vivo que já escreveu sobre gestão, a mudança é a ordem do dia, do ano, da década e do novo século.

CARACTERÍSTICAS DO LIVRO

Esta edição de *Comportamento organizacional: gestão de pessoas e de organizações* foi direcionada pela nossa contínua dedicação em preparar a próxima geração de gestores. Isso se reflete em vários elementos-chave do livro que se originam, acreditamos, de alguns princípios orientadores: forte direcionamento ao aluno, conteúdo atual, abordagem aplicada ao mundo real e pedagogia eficaz.

Direcionamento ao aluno

Acreditamos que alunos, professores e outros leitores concordarão com as reações dos estudantes a respeito do livro ser fácil e até agradável de se ler, com o seu estilo direto e ágil. Tentamos manter a natureza abrangente do livro, conforme escrevíamos em um estilo dinâmico e animado, voltado para o perfil do estudante. Queremos que os alunos apreciem a leitura ao mesmo tempo que aprendem. Todas as figuras incluem legendas significativas que estão associadas aos conceitos. As características do fim de cada capítulo foram mantidas, com os populares exercícios experimentais e o questionário de diagnóstico, ou autoavaliação, e os *cases* reais que mostram como o material do capítulo relaciona-se à prática.

Abordagem baseada em conteúdo atual

Esta edição dá continuidade à nossa tradição de apresentar os mais modernos métodos de gestão como publicados na imprensa popular e no meio acadêmico. A estrutura básica do livro permanece a mesma, no entanto, em várias partes da obra, você encontrará novas abordagens que representam as mais recentes pesquisas.

Abordagem aplicada ao mundo real

As organizações citadas na abertura de cada capítulo, os exemplos, os *cases* e os recursos disponíveis ao longo desta edição representam uma combinação de organizações grandes e conhecidas com outras, menores e menos conhecidas, de modo que os alunos possam observar a aplicabilidade do material em uma variedade de estruturas organizacionais. Cada capítulo inicia e termina com exemplos concretos dos tópicos mais importantes retirados do capítulo, além disso, apresentam um ou dois quadros com tópicos que tratam de determinadas questões, como mudança, diversidade e ética. Cada quadro apresenta um ícone único que o identifica e o distingue, o que facilita a sua identificação.

Pedagogia eficaz

O objetivo que nos direciona continua a ser formar um pacote que melhore o aprendizado do aluno. Esse pacote inclui várias características do livro, muitas das quais já foram mencionadas.

- A cada início de capítulo temos as seções "Linhas gerais" e "Objetivos do capítulo"; e, ao final, temos a seção "Sinopse".
- A seção "Questões para discussão", no final de cada capítulo, estimula a interação entre os alunos e fornece um guia para o estudo completo dos conceitos apresentados.

- Um exercício denominado "A experiência do comportamento organizacional", no final de cada capítulo, auxilia os alunos a fazerem a transição do aprendizado do livro didático para a aplicação no mundo real. Um *case* no final do capítulo, com o título "Qual é o seu ponto de vista?", também ajuda nessa transição.
- Também no final de cada capítulo, o "Exercício de Autoavaliação" proporciona ao aluno a oportunidade de aplicar os conceitos aprendidos em uma breve autoavaliação ou atividade de diagnóstico.
- A atividade "Desenvolvendo habilidades gerenciais" oferece aos alunos a oportunidade de "colocarem a mão na massa" e realmente usarem algo que foi discutido no capítulo.
- Figuras, tabelas, imagens e desenhos animados oferecem um suporte visual e bem-humorado ao texto. Legendas explicativas para figuras, imagens e desenhos animados aumentam o seu valor pedagógico.
- O glossário nas margens das páginas e o glossário completo, que pode ser consultado no *site* do livro, fornecem um suporte adicional para a identificação e a aprendizagem dos principais conceitos.

O novo *design* reflete o conteúdo, o estilo e o programa pedagógico desta edição.

MUDANÇAS NESTA EDIÇÃO

Ainda que esta obra mantenha a estrutura básica e a abordagem já testadas, fizemos muitas mudanças nesta edição. Algumas dessas alterações são revisões ou atualizações; outras, referem-se a novas características ou novo conteúdo. As principais mudanças são as que seguem abaixo.

Atualizações e revisões
Nesta edição, os *cases* e as inserções de quadros são novos ou são versões exaustivamente revistas e atualizadas com base na edição anterior. Além disso, as novas pesquisas são citadas ao longo do livro e os exemplos atualizados refletem os acontecimentos mais recentes.

Nova pedagogia
Acrescentamos dois importantes elementos pedagógicos. Nossa obra sempre apresentou uma visão equilibrada de empresas prestadoras de serviços e de empresas de outros ramos de atividade. Contudo, nesta edição, decidimos enfatizar a crescente importância do componente dos serviços no mundo dos negócios de forma ainda mais clara. Especificamente, adicionamos um quadro sobre "Serviços" em cada capítulo, que ressalta o conteúdo considerando uma perspectiva relacionada aos serviços. Além disso, substituímos o tradicional *case*, do final do capítulo, por uma série de *cases* interessantes e atuais em vídeo. Acreditamos que para o aluno ambos os elementos se mostrarão mais valiosos e motivadores.

Novo conteúdo
Por fim, também adicionamos uma quantidade substancial de tópicos e conceitos emergentes. Os principais incluem:

- Capítulo 2: Seção revisada que focaliza como tratar as questões éticas
- Capítulo 5: Nova discussão sobre longas jornadas de trabalho, uma vez que elas se relacionam com a motivação do funcionário
- Capítulo 6: Uma nova discussão sobre o uso do *balanced scorecard* na gestão do desempenho

- Capítulo 8: Nova organização do capítulo e nova apresentação tanto da tomada de decisão baseada em evidências quanto da teoria da perspectiva
- Capítulo 13: Nova abordagem do projeto de liderança GLOBE
- Capítulo 16: Nova discussão sobre a reorganização, por produtos, da Sony Corporation em 2009 e 2012. Comentários adicionais sobre como os conceitos de autoridade e responsabilidade podem variar de uma cultura para outra
- Capítulo 17: Nova discussão sobre a organização com "menos chefes" ou "sem chefes".
- Capítulo 18: Discussão ampliada sobre inovação, com exemplos
- Capítulo 19: Discussão revisada (com dados) sobre pessoas que trabalham em casa e os escritórios "cada vez menos parecidos com escritórios" à medida que os locais de trabalho sofrem mudanças

ZEBRAS?!?

Mas, por que zebras na capa? Bem, por alguma razão elas compõem uma imagem chamativa. Contudo, falando seriamente, se observarmos um pouco mais de perto, podemos notar que ainda que as zebras pareçam semelhantes umas às outras, na realidade, os padrões formados pelas marcas são únicos para cada animal. As zebras são animais sociais que vivem e se deslocam em grupos. No interior de cada grupo, há uma hierarquia bem definida baseada em poder e *status*, e cada bando tem um líder. Cada grupo atua em conjunto com certos grupos específicos de animais (como com os impalas e os gnus) a fim de se proteger de outros grupos (mais notavelmente, dos leões). Quando terminar de ler e estudar este livro, você entenderá que, como as zebras, cada um de nós tem certas características em comum com outros seres humanos, mas que cada um de nós também é único. Somos seres sociais, vivemos e viajamos em grupos, temos hierarquias e líderes, e tanto colaboramos quanto competimos uns com os outros. Portanto, o que gestores podem aprender com as zebras? Talvez não muito, mas elas, ainda assim, são criaturas maravilhosas para se observar!

Gostaríamos de saber sobre sua experiência ao usar este livro. Queremos saber do que você gostou e do que não gostou. Por favor, escreva-nos via *e-mail* para nos contar sobre suas experiências de aprendizado. Você pode nos contatar em:

Ricky Griffin
rgriffin@tamu.edu
Greg Moorhead
greg.moorhead@asu.edu

Agradecimentos

Embora este livro seja assinado por duas pessoas, muitas outras contribuíram para sua realização. Ao longo dos anos, tivemos a sorte de trabalhar com excelentes profissionais que nos ajudaram a moldar nosso pensamento sobre essa complexa área e a desenvolver abordagens novas e mais eficazes para discuti-la. Suas contribuições foram essenciais ao desenvolvimento desta edição. Todos e quaisquer erros de omissão, interpretação e enfoque são de responsabilidade dos autores.

Diversos revisores fizeram contribuições essenciais ao desenvolvimento desta edição e de edições anteriores. Gostaríamos de expressar nossos agradecimentos pela disposição desses profissionais e pela valiosa assistência que nos foi prestada:

LUCY ARENDT,
University of Wisconsin-Green Bay
ABDUL AZIZ,
College of Charleston
STEVE BALL,
Cleary College
BRENDAN BANNISTER,
Northeastern University
GREG BAXTER,
Southeastern Oklahoma State University
JON W. BEARD,
Purdue University
MARY-BETH BERES,
Mercer University Atlanta
RONALD A. BIGONESS,
Stephen F. Austin State University
ALLEN BLUEDORN,
University of Missouri Columbia
KRISTEN BOHLANDER,
Eckerd College
BRYAN BONNER,
University of Utah
WAYNE BOSS,
University of Colorado Boulder
MURRAY BRUNTON,
Central Ohio Technical College
JOHN BUNCH,
Kansas State University
MARK BUTLER,
San Diego State University
KEN BUTTERFIELD,
Washington State University

RICHARD R. CAMP,
Eastern Michigan University
ANTHONY CHELTE,
Western New England College
ANNE COOPER,
St. Petersburg Community College
JOHN L. COTTON,
Marquette University
DAN R. DALTON,
Indiana University Bloomington
CARLA L. DANDO,
Idaho State University
T. K. DAS,
Baruch College
ROGER DEAN,
Washington & Lee University
GEORGE DELODZIA,
University of Rhode Island
RONALD A. DIBATTISTA,
Bryant College
CRAIG DOMECK,
Palm Beach Atlantic University
HARRY DOMICONE,
California Lutheran University
THOMAS W. DOUGHERTY,
University of Missouri-Columbia
CATHY DUBOIS,
Kent State University
EARLINDA ELDER-ALBRITTON,
Detroit College of Business
STEVEN ELIAS,
New Mexico State University

LESLIE ELROD,
University of Cincinnati Blue Ash College
STANLEY W. ELSEA,
Kansas State University
JAN FELDBAUER,
Austin Community College
MAUREEN J. FLEMING,
The University of Montana-Missoula
JOSEPH FOREST,
Georgia State University
PHIL GALLAGHER,
Stevenson University
ELIEZER GEISLER,
Northeastern Illinois University
ROBERT GIACALONE,
University of Richmond
BOB GODDARD,
Appalachian State University
LYNN HARLAND,
University of Nebraska at Omaha
STAN HARRIS,
Lawrence Tech University
NELL HARTLEY,
Robert Morris College
PETER HEINE,
Stetson University
WILLIAM HENDRIX,
Clemson University
JOHN JERMIER,
University of South Florida
AVIS L. JOHNSON,
University of Akron
BRUCE JOHNSON,
Gustavus Adolphus College
GWEN JONES,
Bowling Green State University
KATHLEEN JOHNSON,
Keene State College
ROBERT T. KELLER,
University of Houston
MICHAEL KLAUSNER,
University of Pittsburgh at Bradford
STEPHEN KLEISATH,
University of Wisconsin
BARBARA E. KOVATCH,
Rutgers University
DAVID R. LEE,
University of Dayton
RICHARD LEIFER,
Rensselaer Polytechnic Institute

ROBERT W. LEONARD,
Lebanon Valley College
FENGRU LI,
University of Montana
PETER LORENZI,
University of Central Arkansas
JOSEPH B. LOVELL,
California State University, San Bernardino
PATRICIA MANNINEN,
North Shore Community College
EDWARD K. MARLOW,
Eastern Illinois University
EDWARD MILES,
Georgia State University
C. W. MILLARD,
University of Puget Sound
ALAN N. MILLER,
University of Nevada, Las Vegas
HERFF L. MOORE,
University of Central Arkansas
ROBERT MOORMAN,
West Virginia University
STEPHAN J. MOTOWIDLO,
Pensilvania State University
RICHARD T. MOWDAY,
University of Oregon
MARGARET A. NEALE,
Northwestern University
CHRISTOPHER P. NECK,
Virginia Tech
LINDA L. NEIDER,
University of Miami
MARY LIPPITT NICHOLS,
University of Minnesota Minneapolis
RANJNA PATEL,
Bethune-Cookman College
ROBERT J. PAUL,
Kansas State University
JOHN PERRY,
Pensilvania State University
PAMELA POMMERENKE,
Michigan State University
JAMES C. QUICK,
University of Texas at Arlington
RICHARD RASPEN,
Wilkes University
ELIZABETH RAWLIN,
University of South Carolina
GARY REINKE,
University of Maryland

JOAN B. RIVERA,
West Texas A&M University
BILL ROBINSON,
Indiana University of Pensilvania
HANNAH ROTHSTEIN,
Baruch College
GOLI SADRI,
California State University-Fullerton
CAROL S. SAUNDERS,
University of Oklahoma
DANIEL SAUERS,
Winona State University
CONSTANCE SAVAGE,
Ashland University
MARY JANE SAXTON,
University of Colorado at Denver
RALPH L. SCHMITT,
Macomb Community College
RANDALL S. SCHULER,
Rutgers University
AMIT SHAH,
Frostburg State University
GARY SHIELDS,
Wayne State University
PAMELA K. SIGAFOOSE,
Palm Beach Atlantic University
RANDALL G. SLEETH,
Virginia Commonwealth University
DAYLE SMITH,
University of San Francisco
DRA. ANDREA SMITH-HUNTER,
Siena College
RIEANN SPENCE-GALE,
Northern Virginia Community College
(Alexandria)

WILLIAM R. STEVENS,
Missouri Southern State College
DIANNA L. STONE,
University of Texas at San Antonio
NAREATHA STUDDARD,
Arkansas State University
CHRISTY SUCIU,
Boise State University
STEVE TAYLOR,
Boston College
DONALD TOMPKINS,
Slippery Rock University
AHMAD TOOTOONCHI,
Frostburg State University
MATTHEW VALLE,
Troy State University at Dothan
LINN VAN DYNE,
Michigan State University
DAVID D. VAN FLEET,
Arizona State University
BOBBY C. VAUGHT,
Southwest Missouri State University
SEAN VALENTINE,
University of Wyoming
JACK W. WALDRIP,
American Graduate School of
International Management
JOHN P. WANOUS,
The Ohio State University
JUDITH Y. WEISINGER,
Northeastern University
JOSEPH W. WEISS,
Bentley College
ALBERT D. WIDMAN,
Berkeley College

A 11ª edição não poderia ter sido concluída sem o apoio da Texas A&M University, cuja equipe de liderança facilitou nosso trabalho fornecendo o ambiente propício para atividades acadêmicas e contribuições à área. Diversos assistentes, graduados e não graduados também estiveram envolvidos no desenvolvimento desta edição.

Agradecemos à extraordinária equipe de profissionais da Cengage Learning que nos ajudou a preparar este livro. Julia Chase foi inabalável em seu compromisso com a qualidade e em sua exigência para elevarmos a qualidade do livro. Jennifer Ziegler, Viswanath Prasanna, Amber Hosea, Kristina Mose-Libon, Punitha Rajamohan, Susan Buschorn, Mike Schenk, Scott Person, Robin LeFevre, Stacy Shirley e Tammy Grega também foram essenciais na criação deste texto e no apoio ao programa.

Por fim, agradecemos ao papel da mudança em nossas vidas. Um de nós lutou com sucesso contra um câncer, e o outro passou pela reconstrução completa da parte inferior da perna. As técnicas que nos conduziram para onde estamos hoje não existiam quando escrevemos a primeira edição deste livro. Por isso, as mudanças nos tocaram de maneiras profundas. Continuamos atentos aos lembretes diários sobre a mudança em nossas vidas pessoais. Nossos filhos, por exemplo, nasceram no início de nossa parceria e hoje já começam a formar suas próprias famílias, que enriquecerão ainda mais nossas vidas com netos. Na verdade, sem o amor e o apoio de nossas famílias, nossas vidas teriam muito menos significado. É com todo o nosso amor que lhes dedicamos este livro.

R.W.G.
G.M.

Para minha filha Ashley, minha doce e brilhante estrela
(e, algumas vezes, minha chefe!).

— R.W.G.

Para minha família: Linda, Alex, Erin, Lindsay, Kevin e Bennett.

— G.M.

CAPÍTULO 1

Panorama do comportamento organizacional

Linhas gerais do capítulo

- O que é comportamento organizacional?
- Comportamento organizacional e processo de gestão
- Comportamento organizacional e a função do gestor
- Comportamento organizacional na atualidade
- Perspectivas comportamentais no contexto organizacional
- Gestão para a eficácia

Objetivos de aprendizagem

Após estudar este capítulo, você estará apto a:

1. Definição do comportamento organizacional.
2. Identificar as funções que compõem o processo de gestão em relação ao comportamento organizacional.
3. Relacionamento do comportamento organizacional, funções gerenciais e habilidades básicas.
4. Descrição das características do comportamento organizacional na atualidade.
5. Discussão das perspectivas comportamentais no contexto organizacional na atualidade.
6. Descrever o papel do comportamento organizacional na gestão para a eficácia.

Não há mais empresas para o antigo modelo de gestão

"Quando você pensa nos funcionários em primeiro lugar, os resultados são melhores."
—Kevin Stickles, VP de Recursos Humanos, Wegmans Food Markets

Se você está procurando o melhor queijo parmesão para a sua receita de frango à parmegiana, pode provar o do Wegmans, especialmente se estiver perto de Pittsford, Nova York. A gerente do departamento de queijos, Carol Kent, ficará satisfeita em lhe recomendar a melhor marca já que seu trabalho exige que ela conheça os queijos, bem como administre cerca de 20 subordinados. Kent é uma funcionária experiente com muitos conhecimentos, e funcionários assim, orgulha-se Danny Wegman, CEO da Wegmans, são "algo que nossos concorrentes não têm e que nossos clientes não podem encontrar em qualquer lugar".

A Wegmans Food Markets, uma cadeia de supermercados da Costa Leste, de propriedade familiar, com cerca de 80 pontos de venda em seis estados, orgulha-se de seu compromisso com os clientes, e mostra o porquê: está classificada no topo da mais recente pesquisa *Consumer Reports* das melhores lojas nacionais e regionais. No entanto, o compromisso com os clientes é apenas metade da estratégia global da Wegmans, que apela para os funcionários a fim de chegar até os clientes. "Como nós nos diferenciamos?", pergunta Wegman, que responde à própria pergunta: "Se pudermos vender produtos que requerem conhecimento em termos de como você os utiliza, essa é a nossa estratégia. Tudo o que requer conhecimento e serviço nos dá uma razão de existir". Essa é a lógica por trás de uma dos recentes compromissos solicitados a Carol Kent – o que ela, com razão, considera um privilégio: a Wegmans mandou-a para a Itália a fim de realizar um estudo sobre queijos italianos. "Nós nos sentamos com as famílias [que produzem os queijos]", lembra-se, "partimos e comemos pão com elas. Isso me ajudou a entender que não estamos vendendo apenas um pedaço de queijo. Estamos vendendo uma tradição, qualidade".

Kent e os funcionários de seu departamento desfrutam do melhor pacote de benefícios na indústria, incluindo seguro-saúde pago integralmente. Isso envolve aqueles que trabalham meio período, o que totaliza cerca de dois terços da força de trabalho da empresa de mais de 42.000 funcionários. Em parte, a estratégia de estender tais benefícios a este grande segmento da força de trabalho tem como objetivo a certeza de que as lojas tenham empregados suficientemente bons para cobrir períodos cruciais de pico, mas não se pode negar que os custos da política de "empregados amigos" pode custar caro. Os custos trabalhistas da Wegmans, que representam 15% a 17% das vendas, por exemplo, estão bem acima dos 12% da maioria dos supermercados. Mas, de acordo com uma das executivas de RH da empresa, manter os custos trabalhistas baixos não é, necessariamente, uma prioridade estratégica: "Já teríamos parado de oferecer seguro-saúde sem custo [para os funcionários que trabalham meio período] há muito tempo", ela admite, "se tentássemos justificar os custos".

Além disso, a rotatividade dos funcionários na Wegmans é justamente de 6% – cerca da metade da média na indústria. Sabe-se que essa é uma indústria em que os custos totais

A Wegmans é conhecida como uma das cadeias de supermercados mais bem gerenciadas do mundo. Mark Lewis, padeiro, tem amplo conhecimento do processo de produzir pães e fica feliz em explicá-lo aos clientes.

de rotatividade têm superado os lucros anuais totais em 40%. Os funcionários da Wegmans têm muito conhecimento porque aproximadamente 20% deles trabalham na empresa há, no mínimo, 10 anos, e muitos já atingiram pelo menos um quarto de século de tempo de serviço. Um estudante universitário de 19 anos, que trabalha em uma unidade da Wegmans em Nova York ao mesmo tempo em que atua como professor de história no ensino médio, diz: "Eu amo este lugar. Se as aulas não derem certo, gostaria de trabalhar em período integral na Wegmans". Edward McLaughlin, que dirige o Programa de Gestão da Indústria de Alimentos, na Cornell University, entende o tipo de atitude: "Quando você é um jovem de 16 anos, a última coisa que quer fazer é vestir uma camisa desconhecida e trabalhar em um supermercado". Mas na Wegmans, explica, "é uma questão de honra. Você não é um operador de caixa 'anormal'. Você é construtor de tecido social".

Em 2012, a Wegmans ficou em quarto lugar na lista anual da revista *Fortune* das "100 melhores empresas para se trabalhar" – classificada como "boa" por 15 anos consecutivos e por oito anos manteve-se no topo da lista entre as sete melhores empresas. "Isso nos diz que estamos fazendo o certo", disse um porta-voz da empresa, "e que não há melhor maneira de cuidar de nossos clientes senão ser um ótimo lugar para nossos funcionários trabalharem". "Nossos funcionários", explica o VP de Recursos Humanos, Kevin Stickles, "são nosso principal ativo, ponto final. A primeira pergunta é: isso é o melhor para o funcionário?". O enfoque, argumenta Stickles, é a âncora de um modelo de negócios sólido: "Quando você pensa nos funcionários em primeiro lugar, os resultados são melhores. Queremos que nossos funcionários façam com que a marca chegue até nossos clientes".

Além do pacote de seguro-saúde, a Wegmans tem sido citada por outras vantagens, como descontos em academias de ginástica, semana de trabalho reduzida, teletrabalho e benefícios para os parceiros (que se estendem para parceiros do mesmo sexo). No âmbito do programa de bolsas de estudo, os funcionários em tempo integral também podem receber até US$ 2.200 por ano durante quatro anos e aqueles que trabalham meio período, até US$ 1.500.

Desde a sua criação, em 1984, o programa distribuiu mais de US$ 81 milhões em bolsas de estudo, incluindo US$ 4,5 milhões em 2011, para mais de 25.000 funcionários. Como a maioria das políticas da Wegmans, esse programa combina o desenvolvimento do funcionário com a estratégia corporativa de longo prazo: "Esse programa realmente tem feito a diferença na vida de muitos jovens", observa o presidente Colleen Wegman, que acrescenta que essa é "uma das razões pelas quais fomos capazes de atrair os melhores e mais brilhantes talentos para trabalhar na empresa". A Wegmans se manteve nas mãos da família desde a sua fundação, em 1916, tem uma vantagem reconhecida em ser tão generosa com seus recursos como sua família de altos executivos: nem tudo está relacionado a lucros trimestrais em mente. Envoltas em uma "mentalidade para tornar suas ações públicas", diz Stickles, "a primeira coisa que [outras empresas] consideram é o trimestre. A primeira coisa é que você cortou a mão de obra". A família Wegman, acrescenta a VP sênior Mary Ellen Burris, não tem intenção de abrir o capital da empresa: "Isso desvia sua capacidade de se concentrar em seu pessoal e em seus clientes".

Os Wegman ressaltam que cuidar dos funcionários é uma prioridade de longa data. A participação nos lucros e a assistência médica totalmente financiada pela empresa foram introduzidas em 1950 por Robert Wegman, filho e sobrinho dos irmãos Walter e John, respectivamente, que abriu a primeira loja da marca, em Rochester, Nova York, em 1930. Por que Robert Wegman teve gestos tão generosos para com seus funcionários naquela época? "Porque", ele diz, "Eu não era diferente deles".

Qual é a sua opinião?

1. Por que outras empresas não adotam as práticas de gestão que contribuíram para o sucesso da Wegmans?
2. Sob quais circunstâncias a Wegmans pode ser forçada a mudar sua forma de lidar com os funcionários?

Referências: Maria Panaritis, "Wegmans Tops List in Consumer Survey", *Philadelphia Inquirer*, 3 abr. 2012, www.philly.com, 5 abr. 2012; Jon Springer, "Danny Wegman", *Supermarket News*, 14 jul. 2009; http://supermarketnews.com, 15 abr. 2011; David Rohde, "The Anti-Walmart: The Secret Sauce of Wegmans Is People", *The Atlantic*, 23 mar. 2012; www.theatlantic.com, 5 abr. 2012; Michael A. Prospero, "Employee Innovator: Wegmans", *Fast Company*, out. 2004; www.fastcompany.com, 5 abr. 2012; "100 Best Companies to Work For", *Fortune*, 6 fev. 2012; http://money.cnn.com, 5 abr. 2012; "Wegmans Scholarships" (2012), www.wegmans.com, 5 abr. 2012; "Wegmans Announces 2011 Employee Scholarship Recipients", comunicado de imprensa, 17 jul. 2011; www.wegmans.com, 5 abr. 2012.

Em muitos aspectos, uma loja da Wegmans pode não parecer diferente de uma grande cadeia de lojas dos Estados Unidos. Contudo, sua ênfase dupla tanto na satisfação do cliente quanto na satisfação do funcionário gerou altos dividendos, uma vez que a empresa continua a prosperar em épocas boas ou ruins. Independentemente do tamanho, área de ação ou localização, todas as organizações têm pelo menos uma coisa em comum – elas são formadas por pessoas. São essas pessoas que tomam decisões sobre a orientação estratégica da empresa; são elas que dispõem dos recursos que a empresa utiliza para criar novos produtos e são elas que vendem esses produtos. As pessoas gerenciam a sede corporativa da empresa, seus galpões, a tecnologia da informação e elas que fazem a limpeza no final do dia. Não importa o quão eficaz um gerente possa ser, todo o sucesso organizacional – e as falhas – é resultado do comportamento de muitas pessoas. Com efeito, nenhum gerente pode ter sucesso sem a ajuda dos outros.

Assim, qualquer gestor – seja responsável por empresas grandes, como Google, Abercrombie & Fitch, General Electric, Apple, Starbucks ou British Airways; por um nicho de negócio como o time de basquete Boston Celtics ou pela Clínica Mayo; por um restaurante local da Pizza Hut ou por um estabelecimento de bairro, como uma tinturaria/lavanderia – deve se esforçar para entender as pessoas que trabalham na organização. Este livro é sobre essas pessoas. É também sobre a organização e os gestores que administram suas operações. O estudo das organizações e o estudo das pessoas que nelas trabalham constituem o campo do comportamento organizacional. Nosso ponto de partida para explorar esse campo começa com uma discussão mais detalhada sobre o seu significado e a sua importância para seus gestores.

O QUE É COMPORTAMENTO ORGANIZACIONAL?

O que exatamente significa o termo "comportamento organizacional"? E por que deve ser estudado? As respostas a essas duas perguntas fundamentais ajudarão a estabelecer a base para discussão e análise, bem como o auxiliarão a entender melhor a lógica de como e por que compreender esse campo pode ser valioso para você no futuro.

O significado de comportamento organizacional

Comportamento organizacional (CO) é o estudo do comportamento humano em contextos organizacionais, a interface entre a o comportamento humano em relação à empresa e a análise da própria organização.[1] Embora possamos focalizar qualquer uma dessas três áreas, devemos nos lembrar de que todas elas são necessárias para uma compreensão abrangente do comportamento organizacional. Por exemplo, podemos estudar o comportamento individual sem considerar, explicitamente, a organização. No entanto, uma vez que a organização influencia o indivíduo e é influenciada por ele, não podemos compreender plenamente o comportamento do indivíduo sem aprender alguma coisa sobre a empresa. Da mesma forma, podemos estudar as organizações sem focalizar diretamente as pessoas que lá trabalham. Mas, novamente, estamos olhando apenas para uma parte do quebra-cabeça. Finalmente, temos de considerar as outras peças, bem como o todo.

A Figura 1.1 ilustra essa visão sobre o comportamento organizacional. Ela mostra os vínculos entre o comportamento humano e os aspectos organizacionais, a interface entre indivíduo-organização, a organização e o ambiente da empresa. Cada indivíduo traz para uma organização conjuntos exclusivos de características pessoais e de vivência em outras organizações, além de um passado único de experiências pessoais. Portanto, ao considerar as pessoas que trabalham em suas organizações, os executivos devem olhar para a perspectiva única que cada indivíduo traz para o ambiente de trabalho. Por exemplo, suponha que os gerentes da Home Depot façam uma revisão dos dados, os quais mostram uma rotatividade gradual de funcionários que tem aumentado consistentemente. Suponha, ainda, que contratem um consultor para ajudá-los a entender melhor o problema. Como ponto de partida, o consultor pode analisar os tipos de pessoas que a empresa geralmente contrata. O objetivo seria aprender o máximo possível sobre a natureza da força de trabalho da empresa no âmbito individual – as expectativas, os objetivos pessoais e assim por diante.

Os indivíduos não trabalham isolados, eles entram em contato com outras pessoas e com a organização de várias maneiras. Os pontos de contato incluem gerentes, colegas de trabalho, políticas e procedimentos formais da organização e as várias mudanças implementadas pela empresa. Além disso, ao longo do tempo, os indivíduos mudam em razão da maturidade e de experiências pessoais, bem como de experiências de trabalho e da evolução organizacional. A organização, por sua vez, é afetada pela presença e ausência definitiva do indivíduo. Claramente, então, os gerentes também devem considerar como o indivíduo e a organização interagem. Desse modo, o consultor que está estudando a rotatividade na Home Depot pode, em seguida, examinar os procedimentos de orientação e formação inicial para recém-chegados à organização. O objetivo dessa fase do estudo seria entender um pouco da dinâmica de apresentação dos indivíduos recém-chegados à empresa e de que forma interagem com o contexto organizacional mais amplo.

Obviamente, uma organização existe antes de determinada pessoa se juntar a ela e continua a existir depois que ela a deixa. Assim sendo, a organização representa uma terceira importante perspectiva com base na qual podemos visualizar o comportamento organizacional. Caso o consultor que esteja analisando a rotatividade de funcionários também precisa estudar a estrutura e a cultura da Home Depot. O entendimento de fatores como sistemas de avaliação de desempenho e sistemas de recompensa, processos decisórios e padrões de comunicação, bem como estrutura da empresa, podem fornecer uma perspectiva provável

> Comportamento organizacional é o estudo do comportamento humano em contextos organizacionais, da interface entre o comportamento humano em relação à empresa e a análise da própria organização.

FIGURA 1.1

A natureza do comportamento organizacional

O campo do comportamento organizacional tenta compreender o comportamento humano nas estruturas empresariais, a própria organização e a interface indivíduo-organização. Conforme ilustrado aqui, essas áreas estão altamente inter-relacionadas. Assim, embora seja possível concentrar-se em apenas uma delas de cada vez, uma compreensão completa do comportamento organizacional exige o conhecimento das três áreas.

da razão pela qual algumas pessoas optam por deixar a empresa e por que outras escolhem permanecer nela.

O campo do comportamento organizacional é claramente motivador e complexo. Milhares de variáveis acompanham as interações que acabamos de descrever e, juntos, esses fatores complicam bastante a capacidade do gestor de compreender, analisar e gerenciar os indivíduos na organização. Eles também fornecem oportunidades únicas e importantes para aumentar a eficácia pessoal e organizacional.

A importância do comportamento organizacional

Agora a importância do comportamento organizacional pode estar clara, mas precisamos gastar mais algum tempo para tornar esse conceito ainda mais explícito. A maioria das pessoas cresce e é educada em organizações, adquire a maioria de seus bens materiais por meio das empresas e morre como membros delas. Muitas das nossas atividades são reguladas pelas várias entidades que compõem os nossos governos. E a maioria dos adultos passa a maior parte de suas vidas trabalhando em empresas. Uma vez que as organizações influenciam nossas vidas tão poderosamente, temos todos os motivos para nos preocuparmos em relação a como e por que essas organizações funcionam.

Nos relacionamentos com as organizações, podemos adotar qualquer um dos muitos papéis ou identidades. Por exemplo, podemos ser consumidores, funcionários, fornecedores, concorrentes, proprietários ou investidores. Visto que a maioria dos leitores deste livro atualmente é formada por gestores, ou futuros gestores, adotaremos uma perspectiva gerencial ao longo de toda a nossa discussão. O estudo do comportamento organizacional pode esclarecer os fatores que afetam o modo como os gestores gerenciam. Assim, esse campo de estudo tenta descrever o complexo contexto humano das organizações e definir as oportunidades, os problemas, os desafios e as questões associadas a essa esfera.

A importância do comportamento organizacional é que ele ressalta aspectos importantes do trabalho do gerente e oferece perspectivas específicas sobre o lado humano da gestão: pessoas como parte das organizações; pessoas como recursos e pessoas como pessoas. Para destacar ainda mais a importância do comportamento organizacional para os gestores, devemos considerar um simples fato: entra ano, sai ano, a maioria das empresas mais admiradas do mundo na lista da *Fortune* tem reputação impecável por valorizar e respeitar as pessoas que trabalham nelas.[2] Fica claro, assim, que a compreensão do comportamento organizacional pode desempenhar um papel vital no trabalho gerencial. Para utilizar mais eficazmente o conhecimento fornecido por esse campo, os gerentes devem entender os vários conceitos,

A Southwest Airlines está entre as empresas mais admiradas nos Estados Unidos. Um dos segredos do sucesso é seu compromisso com a contratação, treinamento, recompensa e retenção de funcionários que se destacam. Conceitos e ideias pertinentes ao comportamento organizacional reforçam muitas das práticas relativas a emprego adotadas pela Southwest.

pressupostos e premissas em sua totalidade. Para fornecer essa base, a seguir, associaremos, de forma mais explícita, o comportamento organizacional à gestão e depois nos voltaremos a um exame mais detalhado do trabalho do gerente.

Comportamento organizacional e gestão

Quase todas as organizações têm gestores com posições como diretor financeiro, diretor de marketing, diretor de relações públicas, vice-presidente de recursos humanos e gerente de fábrica. Mas, provavelmente, nenhuma organização tem um cargo denominado "gestor de comportamento organizacional". A razão para isso é simples: o comportamento organizacional não é uma posição de negócios definida ou uma área de responsabilidade semelhante a finanças ou marketing. Pelo contrário, a compreensão do comportamento organizacional fornece um conjunto de descobertas e recursos que todos os gerentes podem usar para realizar seu trabalho mais eficazmente.

A análise e a compreensão do comportamento organizacional auxiliam os gestores a entender melhor por que os outros indivíduos na empresa comportam-se de determinado modo. Por exemplo, a maioria dos gestores é diretamente responsável pelo comportamento relacionado com o trabalho de um conjunto específico de pessoas – seus subordinados imediatos. As atividades típicas de gestão nessa área incluem: promover a motivação dos funcionários a trabalhar mais, garantindo que os postos de trabalho sejam corretamente preenchidos; resolver conflitos; avaliar o desempenho e ajudar os trabalhadores a definir metas para alcançar recompensas. O campo do comportamento organizacional está repleto de modelos e pesquisas relevantes para cada uma dessas atividades.[3]

A menos que sejam diretores executivos (CEOs), os gerentes também se reportam a outras pessoas na organização (e até mesmo o CEO reporta-se ao Conselho de Administração). Ao lidar com esses indivíduos, a compreensão das questões básicas associadas à liderança, ao poder e ao comportamento político, à tomada de decisão, à estrutura da organização e sua estrutura e à cultura organizacional pode ser extremamente benéfica. O campo do comportamento organizacional oferece inúmeros e valiosos modelos e pesquisa relevantes acerca desses processos.

Os executivos também podem usar seus conhecimentos sobre o comportamento organizacional para compreender melhor suas próprias necessidades, motivações, comportamentos e sentimentos, o que os ajudará a aprimorar suas habilidades para tomar decisões, controlar o estresse, comunicar-se melhor bem como entender como a dinâmica de uma carreira se desenvolve. O estudo do comportamento organizacional fornece descobertas de todos esses conceitos e processos.

Os gerentes interagem com uma variedade de colegas, pares e colaboradores da organização. A compreensão dos processos relacionados a atitudes, diferenças individuais, dinâmica de grupos e intergrupais, cultura organizacional, poder e comportamento político pode ajudar os gerentes a lidar com tais interações de forma mais eficaz. O comportamento organizacional fornece uma variedade de descobertas práticas sobre esses processos. Praticamente, todos os *insights* sobre os processos comportamentais já mencionados também são valiosos nas interações com pessoas fora da organização – fornecedores, clientes, concorrentes, funcionários do governo, representantes de grupos de cidadãos, dirigentes sindicais e potenciais parceiros de *joint ventures*. Além disso, uma compreensão especial sobre meio ambiente, tecnologia e questões globais também é valiosa. O comportamento organizacional oferece aos gerentes descobertas diferentes sobre como e por que as coisas acontecem de determinada maneira.

Finalmente, esses padrões de interação apresentam-se como verdadeiros, independentemente do tipo de organização. Não importa se é um negócio grande ou pequeno, doméstico ou internacional, se está em expansão ou estagnado, seus gestores realizam seu trabalho dentro de um contexto social. E o mesmo pode ser dito dos gestores nas áreas de saúde, educação e governamental, bem como daqueles que atuam em organizações de estudantes, como grêmios, repúblicas estudantis e clubes. Vemos, então, que, em essência, é impossível entender e utilizar a gestão sem considerar as numerosas áreas do comportamento organizacional. Além disso, como cada vez mais organizações contratam gestores de outros países, os processos para compreender o comportamento humano nas organizações certamente ficarão mais complexos. Agora, abordaremos a natureza do trabalho do gestor mais detalhadamente antes de retornarmos ao nosso foco principal, o comportamento organizacional.

COMPORTAMENTO ORGANIZACIONAL E O PROCESSO DE GESTÃO

O desempenho gerencial envolve complexidade e imprevisibilidade, sendo rica em oportunidades e motivação. No entanto, ao caracterizar o trabalho gerencial, a maioria dos educadores e de outros especialistas acha útil conceituar as atividades desempenhadas pelos gestores, para refletir sobre uma ou mais entre as quatro funções básicas. Geralmente, essas funções são conhecidas como *planejamento, organização, liderança e controle*. Embora sejam descritas de maneira sequencial, em realidade a maior parte das atividades gerenciais envolve as quatro funções simultaneamente.

Da mesma forma, as organizações usam muitos recursos diferentes para alcançar suas metas e objetivos. Assim como as funções gerenciais esses recursos também podem ser classificados em quatro grupos: *recursos humanos, financeiros, materiais*, e/ou *recursos de informação*. Conforme ilustrado na Figura 1.2, os gerentes combinam esses recursos utilizando as quatro funções básicas com o objetivo final de alcançar as metas da organização de modo eficiente e eficaz. Em outras palavras, a figura mostra como os gestores aplicam as funções básicas aos recursos, a fim de fazer que a organização avance em direção às metas.

FIGURA 1.2

Funções gerenciais básicas

Os gestores dedicam-se a quatro funções básicas: planejar, organizar, liderar e controlar. Essas funções são aplicadas aos recursos humanos, financeiros, materiais e de informação, com o objetivo final de atingir as metas organizacionais de forma eficiente e eficaz.

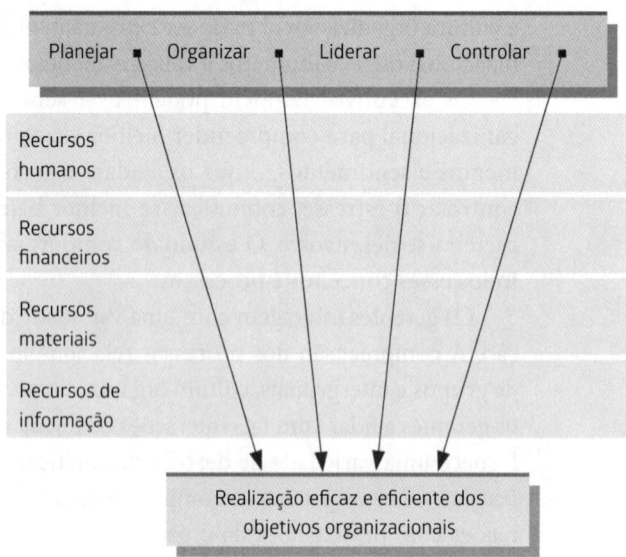

Planejar é o processo para determinar qual é a posição futura desejada para a organização e quais os melhores meios de se chegar lá.

Planejar, a primeira atividade gerencial, é o processo para determinar qual é a posição futura desejada para organização e decidir quais são os melhores meios de se chegar lá. O processo de planejamento da Sears inclui, por exemplo, estudar e analisar o ambiente, decidir quais são as metas adequadas, delinear estratégias para alcançá-las e desenvolver táticas que auxiliem a colocar as estratégias em prática. Os processos comportamentais e suas características permeiam cada uma dessas atividades. A percepção, por exemplo, desempenha um papel importante na análise do ambiente, ao passo que a criatividade e a motivação influenciam em como os gestores definem as metas, estratégias e táticas para a organização. As corporações de grande porte, como Walmart e Starbucks, geralmente dependem de equipes com nível mais alto de gestão para lidar com a maioria das atividades de planejamento. Em empresas menores, em geral é o proprietário que cuida do planejamento.

Organizar é o processo de planejar os postos de trabalho, de agrupá-los em unidades e de estabelecer os padrões de autoridade entre os cargos e as unidades.

A segunda função gerencial é **organizar** – processo de caracterizar os postos de trabalho, agrupá-los em unidades gerenciáveis e estabelecer os padrões de autoridade entre os cargos e os grupos de trabalho. Esse processo produz a estrutura básica, ou o quadro da organização. Para empresas grandes, como a Apple e a Toyota, essa estrutura pode ser extensa e complicada. A estrutura inclui várias camadas hierárquicas e abrange inúmeras atividades e áreas de responsabilidade. Empresas menores, muitas vezes, podem funcionar com uma forma relativamente mais simples e direta de organização. Como observado anteriormente, os processos e as características da organização em si são um tema importante do comportamento organizacional.

Liderar é o processo de fazer que os membros da organização trabalhem juntos em direção à conquista das metas.

Liderar, a terceira principal função gerencial, é o processo de facilitar a motivação dos membros da organização a trabalhar juntos, em direção a alcançar as metas da organização. Um gerente de loja da Old Navy, por exemplo, deve contratar pessoas, treiná-las e promover a motivação. Os principais componentes da liderança incluem: motivação dos funcionários, gerenciamento da dinâmica dos grupos, além do processo real de liderança. Essas são as principais áreas relacionadas ao comportamento organizacional. Todos os gerentes, quer trabalhem em uma grande empresa multinacional, que abrange dezenas de países, quer trabalhem em um negócio de pequeno porte de bairro, que oferece serviços para apenas alguns quarteirões da cidade, devem compreender a importância da liderança.

Controlar é o processo de monitorar e corrigir as ações da organização e de seus membros para mantê-los na direção das metas.

A quarta função gerencial, **controlar**, é o processo de supervisionar e corrigir as ações da organização e de seus membros para mantê-los em direção às metas. Um gerente na Best Buy tem de controlar os custos, os estoques, e assim por diante. Novamente, os processos comportamentais e suas características são parte fundamental dessa função. A avaliação de desempenho, os sistemas de recompensas e a motivação, por exemplo, todos são a peça chave do controle. O controle é de vital importância para qualquer negócio, mas pode ser especialmente crítico para empresas menores. O Walmart, por exemplo, pode suportar com relativa facilidade a perda de milhares de dólares decorrente de um controle ruim, porém uma perda equivalente pode ser devastadora para uma pequena empresa.

COMPORTAMENTO ORGANIZACIONAL E O TRABALHO DO GESTOR

À medida que se envolvem nas funções gerenciais básicas, descritas anteriormente, os gestores acabam desempenhando uma variedade de papéis. Além disso, para realizar suas funções de forma mais eficaz e para serem bem-sucedidos em seus vários papéis, os gestores devem fazer uso de um conjunto de habilidades cruciais. Esta seção apresentará, primeiramente, os papéis gerenciais básicos, em seguida, descreverá as competências necessárias para o sucesso em uma organização.

Papéis gerenciais básicos

Em uma organização, como em uma peça ou em um filme, um papel é a parte em que uma pessoa atua em determinada situação. Os gestores, muitas vezes, desempenham uma série de papéis diferentes. Geralmente, conforme resumido na Tabela 1.1, existem dez papéis gerenciais básicos, que se agrupam em três categorias.[4]

Papéis interpessoais Os **papéis interpessoais** são, principalmente, de natureza social, são funções em que a principal tarefa do gestor é se relacionar com outras pessoas de determinadas maneiras. O gerente, às vezes, pode servir de *figura proeminente* para representar a organização. Levar os visitantes para jantar e assistir a cerimônias de inauguração fazem parte da função de figura proeminente. No papel de *líder*, o gestor trabalha para contratar, treinar

> **papéis interpessoais** são a figura proeminente, o líder e o agente de contato.

TABELA 1.1	Principais papéis gerenciais	
CATEGORIA	PAPEL	EXEMPLO
Interpessoal	Figura proeminente	Comparecer à cerimônia de aposentadoria de um funcionário
	Líder	Incentivar os funcionários a aumentar a produtividade
	Agente de contato	Coordenar as atividades de duas comissões
Informativa	Monitor	Examinar a *Business Week* para obter informações sobre a concorrência
	Disseminador	Enviar memorandos delineando novas políticas
	Porta-voz	Participar de coletivas de imprensa para anunciar novas fábricas
Tomada de decisão	Empreendedor	Desenvolver a ideia para um novo produto e convencer os outros sobre seus méritos
	Mediador de conflitos	Resolver litígios
	Alocador de recursos	Alocar pedidos relativos ao orçamento
	Negociador	Negociar novos contratos de trabalho

e favorecer a motivação dos funcionários. Finalmente, o papel de *agente de contato* envolve se relacionar com os outros fora do grupo ou da organização. Por exemplo, um gestor da Intel pode ser responsável por lidar com todas as negociações de preços com um fornecedor-chave de *microchips*. Obviamente, cada um desses papéis interpessoais envolve processos comportamentais.

> papéis informativos são o monitor, o disseminador e o porta-voz.

Papéis informativos Os três **papéis informativos** envolvem algum aspecto do processamento de informações. O *monitor* busca informações que podem ser valiosas para a organização em geral ou para gerentes especiais. O gestor que transmite essa informação a outros está realizando o papel de *disseminador*. O *porta-voz* fala em nome da organização para aqueles que estão fora da empresa. Um gestor escolhido pela Dell Computer para participar de uma conferência de imprensa para anunciar o lançamento de um novo produto ou de um negócio importante, como uma recente decisão de empreender uma *joint venture* com a Microsoft ou com a Amazon, executaria esse papel. Mais uma vez, os processos comportamentais fazem parte de cada um desses papéis porque quase sempre há um intercâmbio de informação entre as pessoas.

> papéis relacionados à tomada de decisão são o empreendedor, o mediador de conflitos, o alocador de recursos e o negociador.

Papéis relacionados à tomada de decisões Finalmente, há quatro **papéis relacionados à tomada de decisões**. O *empreendedor*, voluntariamente, dá início às mudanças – como inovações ou novas estratégias – na organização. O *mediador de conflitos* ajuda a resolver os litígios entre partes, tais como outros gestores e seus subordinados. O *alocador de recursos* decide quem ficará com o que – como os recursos da organização serão distribuídos entre os vários indivíduos e grupos. O *negociador* representa a empresa na celebração de acordos com outras organizações, como no caso de contratos entre a administração e os sindicatos. Mais uma vez, os processos comportamentais são cruciais em cada um desses papéis relacionados à tomada de decisão.

Habilidades gerenciais críticas

Outro elemento importante do trabalho gerencial é o domínio das habilidades necessárias para realizar as funções básicas e exercer papéis fundamentais. Em geral, os gestores mais bem-sucedidos têm uma forte combinação de habilidades técnicas, interpessoais, conceituais e de diagnósticos.[5]

> Habilidades técnicas são aquelas necessárias para realizar tarefas específicas na organização.

Habilidades técnicas **Habilidades técnicas** são aquelas habilidades necessárias para realizar tarefas específicas na organização. Projetar um novo computador para a Hewlett-Packard, desenvolver uma nova fórmula para um aditivo de comida congelada para a Conagra ou escrever um comunicado de imprensa para a Halliburton, todas essas atividades exigem habilidades técnicas. Essas habilidades estão, em geral, associadas às operações empregadas pela organização em seus processos de produção. Por exemplo, David Packard e Bill Hewlett, fundadores da Hewlett-Packard, começaram suas carreiras como engenheiros. Outros exemplos de gestores com grandes habilidades técnicas, Eric Molson (CEO da Molson Coors Brewing, que começou sua carreira como mestre cervejeiro) e Ron Meyer (COO da Universal Studios, que iniciou sua carreira como cineasta). Os CEOs das quatro maiores empresas de contabilidade também começaram suas carreiras como contabilistas.

> O gestor utiliza suas habilidades interpessoais para compreender, motivar e comunicar-se com os indivíduos e os grupos.

Habilidades interpessoais O gestor utiliza suas **habilidades interpessoais** a fim de compreender, promover a motivação e comunicar-se com os indivíduos e com os grupos. Como já observamos, os gestores passam grande parte do seu tempo interagindo com os outros, então, obviamente fica claro que eles se deem bem com outras pessoas. Por exemplo, David Novak é CEO da YUM! Brands, empresa proprietária das marcas KFC, Pizza Hut e Taco Bell. Novak é capaz de se relacionar com os funcionários de toda a empresa. Ele é conhecido por seus funcionários como uma pessoa honesta, compassiva e que se importa

Eric Molson começou sua carreira como mestre cervejeiro e tornou-se CEO da Molson Coors Brewing. Seu conhecimento técnico dos processos de produção de cerveja contribuiu para seu sucesso à medida que ia subindo na escada corporativa.

com os outros. Essas qualidades inspiram outros funcionários e os motiva a trabalhar duro para ajudar Novak a alcançar as metas organizacionais.

O gestor usa **habilidades conceituais** para pensar de forma abstrata.

Habilidades conceituais Habilidades conceituais referem-se à capacidade do gestor de pensar de modo abstrato. Um gerente com grande habilidade conceitual é capaz de enxergar "a perspectiva geral", o quadro completo, ou seja, ele pode ver oportunidades onde outros veem obstáculos ou problemas. Por exemplo, depois que Steve Wozniak e Steve Jobs construíram um pequeno computador com base em um projeto próprio que desenvolveram na garagem, Wozniak o viu como um brinquedo novo que poderia ser consertado por amadores. Jobs, no entanto, enxergou muito mais do que isso e convenceu seu sócio que deveriam começar uma empresa para fabricar e vender computadores. O resultado? Apple Computer. Nos anos seguintes, Jobs também usou suas habilidades conceituais para identificar o potencial da tecnologia de mídia digital, o que levou ao lançamento de produtos como iPod, iPhone, iTunes e iPad, bem como à criação da Pixar Animation Studios. Quando faleceu, em 2011, Jobs foi aclamado como um dos gestores mais inovadores de todos os tempos.

O gestor utiliza suas **habilidades de diagnóstico** para compreender as relações de causa-efeito e encontrar as soluções ótimas para os problemas.

Habilidades de diagnóstico Os gestores mais bem-sucedidos também trazem habilidades de diagnóstico para a organização. As habilidades de diagnóstico permitem que os gestores compreendam as relações de causa-efeito e encontrem soluções ótimas para os problemas. Por exemplo, quando Ed Whitacre era presidente e CEO da SBC Communications, reconheceu que, apesar do bom desempenho da empresa no mercado consumidor, ela carecia de uma forte identificação de marca no ambiente de negócios. Em primeiro lugar, ele pesquisou cuidadosamente e, então, implementou uma ação para corrigir o ponto falho da empresa – a SBC comprou a AT&T (por US$ 16 bilhões), adquirindo nesse processo o reconhecimento da marca de que sua companhia tanto precisava. Depois de concluída a aquisição, a empresa mudou seu nome corporativo de SBC para AT&T. Por meio das habilidades de diagnóstico

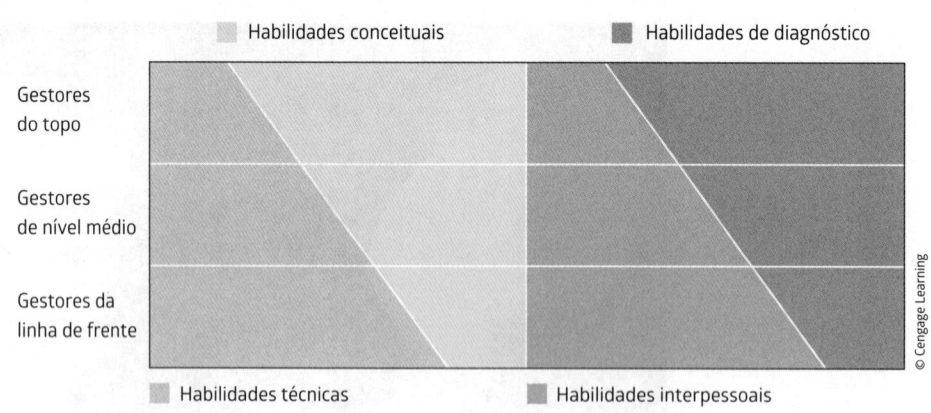

FIGURA 1.3

Habilidades gerenciais em diferentes níveis organizacionais

A maioria dos gestores precisa de habilidades técnicas, interpessoais, conceituais e de diagnóstico, porém a importância dessas habilidades varia de acordo com o nível que o gestor ocupa na organização. Conforme ilustrado aqui, as habilidades conceituais e de diagnóstico são, geralmente, mais importantes para os gestores do topo, ao passo que as habilidades técnicas e interpessoais podem ser mais relevantes para os gestores operacionais ou da linha de frente.

de Whitacre é que foi possível juntar todas as partes.[6] De fato, seu legado de fortes habilidades de diagnóstico o conduziu à liderança de uma reviravolta corporativa na General Motors em 2009.

Obviamente, nem todo gestor tem medida igual a esses quatro tipos básicos de habilidades. Nem é decisivo que essas medidas sejam iguais. Conforme mostra a Figura 1.3, por exemplo, a mistura ideal de competências tende a variar de acordo com o nível do gestor na organização. Os gestores da linha de frente precisam confiar mais em suas habilidades técnicas e interpessoais e menos em suas habilidades conceituais e de diagnóstico. Já os gestores do topo da organização tendem a apresentar a combinação inversa – maior ênfase nas habilidades conceituais e de diagnóstico e menor dependência das habilidades técnicas e interpessoais. Os gestores de nível médio necessitam de uma distribuição mais uniforme de habilidades. Da mesma forma, a combinação de habilidades necessárias pode variar dependendo das circunstâncias econômicas. Uma pesquisa recente sugeriu que durante períodos econômicos muito difíceis, as habilidades mais importantes para um CEO são: ser um comunicador eficiente e motivador, ser decisivo e ser visionário.[7]

Você, provavelmente, tem todas essas habilidades em maior ou menor grau, mas suas *habilidades para causar desintegração*? À primeira vista, isso não soa como um conjunto de habilidades particularmente desejáveis, no entanto, pode ser. Para saber mais a esse respeito, leia o box *Mudança*, "Você tem o que pode causar uma ruptura em sua vida profissional?".

COMPORTAMENTO ORGANIZACIONAL NA ATUALIDADE

Com mais esse entendimento sobre o trabalho de gerenciar, podemos voltar à nossa discussão sobre o comportamento organizacional. Primeiro, apresentaremos duas características fundamentais do comportamento organizacional na atualidade que justificam a necessidade de uma discussão especial; a seguir, identificaremos determinado conjunto de conceitos que geralmente são aceitos para definir o domínio desse campo.

Características do campo de estudo

Gestores e pesquisadores que utilizam conceitos e ideias sobre comportamento organizacional devem reconhecer que essa área tem um enfoque interdisciplinar e uma natureza descritiva, ou seja, tem origem em uma variedade de outros campos e tenta descrever o comportamento (em vez de prever como o comportamento pode ser alterado de forma consistente e generalizável).

MUDANÇA — Você tem o que pode causar uma ruptura em sua vida profissional?

Suponha que você seja um médico e que esteja cansado de praticar a medicina. Isso acontece. Uma médica escreveu a Philippa Kennealy, orientadora de carreira para profissionais médicos, para dizer "Eu não quero continuar a praticar a medicina e atualmente estou em casa com meus filhos. Estou perdida sobre o que posso fazer e muito menos que valor podem ter no local de trabalho. Kennealy sugeriu que sua atenção aos detalhes e o comprometimento com o alto desempenho poderiam fazer com que ela fosse de grande valor na área de registros médicos eletrônicos – criando registros médicos informatizados para prestadores de serviços de saúde, como hospitais ou consultórios médicos. Kennealy também cita o exemplo de um cirurgião-geral, formado em Stanford, que fez uma mudança em sua carreira, passando ao empreendedorismo como cofundador de quatro *startups* de aparelhos médicos.

Certamente, quando se trata de tomar decisões sobre mudanças na carreira (e na vida), o médico mediano tem certa vantagem sobre o restante de nós. Pelo menos, seu médico provavelmente é bom ouvinte e é bom na resolução de problemas que exigem conectar pontos distintos, além de conseguir lembrar-se de detalhes extremamente complexos. Os especialistas em RH chamam essas *habilidades para causar rupturas inovadoras* – o que Whitney Johnson, sócia-fundadora da empresa de investimentos Rose Park Advisors, identifica como "nossos talentos inatos, aqueles que nos distinguem, em vez das habilidades 'que todos têm'... Estas são as habilidades", diz Johnson, "que podem ajudá-lo a encontrar um nicho para rupturas inovadoras – aumentando, consequentemente, seu valor no mercado". Ela acrescenta que sua habilidade para rupturas inovadoras pode ser, na realidade, "uma confluência de habilidades". Tomemos o exemplo de nossa médica descontente com sua carreira. Muitos candidatos a emprego podem afirmar que são bons ouvintes; muitos outros podem dizer que têm a capacidade de resolução de problemas acima da média e outros, ainda, dizem ter uma notável capacidade de se lembrar das coisas. Um médico, no entanto, pode, com toda a honestidade, colocar todas as três habilidades em seu currículo e, "para o cliente certo", observa Johnson, "essa combinação é sua habilidade de causar rupturas inovadoras".

> *"Muitas vezes, ignoramos nossas melhores habilidades – nossos talentos inatos – simplesmente porque podemos colocá-las em prática sem nem pensarmos sobre elas."*
> – WHITNEY JOHNSON, SÓCIA-FUNDADORA, ROSE PARK ADVISORS

Neste momento, você provavelmente está dizendo a si mesmo, "Deixa pra lá, seus médicos mimados! Só estou procurando um emprego para ajudar a pagar a faculdade, e eu ainda nem decidi qual será minha área de especialização". Pode ser verdade, porém para a maioria de nós há coisas em que somos muito bons – habilidades que podem, de fato, ser habilidades potenciais para causar rupturas inovadoras. Um grande problema é o fato de que muitos de nós nem sabemos *quais* são essas habilidades, fácil para todo mundo".

Johnson sugere que você comece a pensar sobre suas habilidades para causar rupturas inovadoras fazendo três perguntas para si mesmo:

1. *O que você executa bem utilizando somente seus reflexos?* Isso se refere às coisas que você faz bem – e muitas vezes com prazer – sem pensar sobre elas. O consultor de negócios e palestrante motivacional, Marcus Buckingham, sugere que você pense sobre o que está fazendo sempre que se sente "revigorado, questionador, bem-sucedido".

2. *O que outros identificam como sendo suas melhores habilidades?* "Muitos", ironizava o já falecido editor Malcolm Forbes, "supervalorizam o que não são e subestimam o que são". Se você quer ser ator, mas todo mundo diz que daria um grande cenógrafo, provavelmente seria bom que você ouvisse essa opinião. Caso contrário, adverte Johnson, "ao longo de sua carreira, isso fará com que ganhe menos do que você realmente vale".

3. *Você tem uma confluência de habilidades?* Em outras palavras, a sua habilidade de causar rupturas inovadoras é, na verdade, um *conjunto* de habilidades – o que Johnson caracteriza como "uma intersecção incomum das proficiências ordinárias"?

Referências: Philippa Kennealy, "Physicians Considering a Career Change Need to Figure Out Their 'Disruptive' Skills", The Entrepreneurial MD for Women, 29 set. 2010, www.mommd.com, 6 abr. 2012; Philippa Kennealy, "The General Surgeon Who Sculpted a New Physician Career", The Entrepreneurial MD, 27 fev. 2012, www.entrepreneurialmd.com, 6 abr. 2012; Whitney Johnson, "How to Identify Your Disruptive Skills", HBR Blog Network, 4 out. 2010, http://blogs.hbr.org, 6 abr. 2012; Whitney Johnson, "To Get Paid What You're Worth, Know Your Disruptive Skills", HBR Blog Network, 14 set. 2010, http://blogs.hbr.org, 6 abr. 2012.

Um enfoque interdisciplinar De muitas maneiras, o comportamento organizacional sintetiza vários outros campos de estudo. Talvez a maior contribuição venha da psicologia, especialmente da psicologia organizacional. Os psicólogos estudam o comportamento humano, ao passo que os psicólogos organizacionais lidam especificamente com o comportamento das pessoas em contextos empresariais. Muitos dos conceitos que interessam aos psicólogos, como as diferenças individuais e a motivação, também são essenciais para estudantes do comportamento organizacional. Esses conceitos são abordados nos Capítulos 3-8.

A sociologia também teve o grande impacto sobre campo do comportamento organizacional. Os sociólogos estudam os sistemas sociais, como as famílias, as classes profissionais e as organizações. Uma vez que o grande interesse no domínio do comportamento organizacional é o estudo das estruturas organizacionais, esse campo claramente sobrepõe-se às áreas da sociologia que focalizam a organização como um sistema social. Os Capítulos 16-19 refletem a influência da sociologia no campo do comportamento organizacional.

A antropologia está voltada ao estudo das interações entre as pessoas e seus ambientes, especialmente o ambiente cultural. A cultura tem grande influência sobre a estrutura das organizações e o comportamento das pessoas nas empresas. O tópico sobre cultura é discutido nos Capítulos 2 e 18.

A ciência política também interessa aos comportamentalistas organizacionais. Normalmente, pensamos em ciência política como o estudo de sistemas políticos, como os governos. No entanto, alguns temas que interessam aos cientistas políticos incluem como e por que as pessoas adquirem poder e outros tópicos, como o comportamento político na tomada de decisão, os conflitos, o comportamento dos grupos de interesse e a formação de coligações. Essas também são as principais áreas de interesse em comportamento organizacional, como abordado nos Capítulos 9-15.

Os economistas estudam a produção, a distribuição e o consumo de bens e serviços. Estudantes do comportamento organizacional compartilham de interesses dos economistas em áreas como dinâmica do mercado de trabalho, produtividade, planejamento e previsão de recursos humanos, e análise de custo-benefício. Os Capítulos 2, 5 e 6 ilustram melhor essas questões.

A engenharia também influencia o campo do comportamento organizacional. Em particular, a engenharia industrial há muito tempo tem se preocupado com o trabalho de avaliação: a da produtividade, o planejamento e a análise do fluxo de trabalho, o planejamento de cargos e as relações trabalhistas. Obviamente, essas áreas também são relevantes para o comportamento organizacional e são discutidas nos Capítulos 2, 5 e 10.

Mais recentemente, a medicina também começa a ter seu papel, em conexão com o estudo do comportamento humano no trabalho, especificamente em relação ao estresse. Cada vez mais, pesquisas mostram que controlar as causas e consequências do estresse dentro e fora das estruturas organizacionais é importante para o bem-estar do indivíduo e da organização. O Capítulo 7 é dedicado ao estresse.

Algumas pessoas acreditam que o estresse no trabalho está tomando proporções epidêmicas. Pesquisadores na área de comportamento organizacional estão ajudando a combater essa epidemia por meio do estudo das causas do estresse e de como ele pode ser, efetivamente, administrado.

A natureza descritiva Um dos objetivos principais de se estudar o comportamento organizacional é descrever as relações entre duas ou mais variáveis comportamentais. As teorias e os conceitos nesse campo, por exemplo, não podem prever, com exatidão, que mudar um conjunto específico de variáveis no ambiente de trabalho vai melhorar o desempenho do funcionário em determinada proporção.[8] Na melhor das hipóteses, esse campo de estudo pode sugerir que certos conceitos gerais ou variáveis tendem a estar relacionados uns aos outros em configurações específicas. Por exemplo, a pesquisa pode indicar que em uma organização a satisfação dos funcionários e a percepção individual das condições de trabalho estão positivamente relacionadas. Entretanto, não podemos saber se tal correlação ocorre porque melhores condições de trabalho levam a maior satisfação, porque pessoas mais satisfeitas veem seus empregos diferentemente das pessoas insatisfeitas ou porque, na verdade, tanto a satisfação quanto a percepção das condições de trabalho estão relacionadas por meio de outras variáveis que também podem interferir. Além disso, a relação entre a satisfação e a percepção das condições de trabalho observada em uma configuração pode ser consideravelmente mais forte, mais fraca ou inexistente em outras circunstâncias.

O comportamento organizacional é descritivo por vários motivos: a imaturidade desse campo de estudo, as complexidades inerentes ao estudo do comportamento humano e a falta de medidas e definições válidas, confiáveis e aceitas. Se esse campo de estudo será capaz de fazer com que as previsões e prescrições sejam definitivas, isso ainda é uma questão em aberto. Mesmo que nunca se obtenha êxito nesses esforços, a importância de estudar o comportamento organizacional está firmemente estabelecido. Uma vez que os processos comportamentais permeiam a maioria das funções e dos papéis gerenciais, e porque o trabalho nas organizações é realizado por pessoas, o conhecimento e a compreensão adquiridos nesse campo de estudo podem ajudar significativamente os gestores de muitas maneiras.[9]

Conceitos básicos desse campo de estudo

Os conceitos principais do comportamento organizacional podem ser agrupados em três categorias básicas: (1) processos individuais, (2) processos interpessoais e (3) processos e características organizacionais. Como mostra a Figura 1.4, essas categorias fornecem a estrutura básica para este livro.

Este capítulo e o próximo desenvolvem uma perspectiva gerencial sobre o comportamento organizacional e vinculam seus principais conceitos com a gestão real da eficácia organizacional. O Capítulo 2 descreve as mudanças no ambiente das organizações, especialmente aquelas relacionadas com diversidade, globalização, tendências e questões similares. Juntos, os dois capítulos da Parte I fornecem uma introdução fundamental ao comportamento organizacional.

Os seis capítulos da Parte II abrangem os processos individuais nas organizações. O Capítulo 3 explora as principais diferenças individuais em relação às características, como personalidade e atitudes. O Capítulo 4, por sua vez, fornece uma introdução e a discussão de modelos básicos úteis para compreender a motivação do funcionário no trabalho. Os Capítulos 5 e 6 são dedicados a vários métodos e estratégias que os gestores podem usar para aprimorar o desempenho e a motivação dos funcionários. O Capítulo 7 aborda as causas e consequências do estresse no ambiente de trabalho. Finalmente, o Capítulo 8 explora a tomada de decisão, a resolução de problemas e a criatividade.

A Parte III é dedicada aos processos interpessoais nas organizações. O Capítulo 9 apresenta os fundamentos do comportamento interpessoal por meio da abordagem da dinâmica dos grupos. O Capítulo 10 descreve como os gestores estão aproveitando o trabalho em equipes nas organizações e o Capítulo 11 explora os processos de comunicação no ambiente empresarial. O Capítulo 12 discute modelos de liderança e conceitos, ao passo que o Capítulo 13 descreve pontos de vista contemporâneos sobre liderança nas organizações. O poder, a política e o senso de justiça no local de trabalho são os temas abordados no Capítulo 14. O Capítulo 15 abrange os conflitos e os processos de negociação nas organizações.

A Parte IV é dedicada às características e aos processos organizacionais. O Capítulo 16 prepara o cenário com sua abordagem nos fundamentos da estrutura organizacional; o

FIGURA 1.4

Estrutura para a compreensão do comportamento organizacional

O comportamento organizacional é um campo de estudo empolgante e complexo. Os tópicos e os conceitos específicos que constituem esse campo podem ser agrupados em três categorias: processos individuais, interpessoais, organizacionais e características. Aqui, esses conceitos e classificações são utilizados para fornecer uma estrutura geral para a organização deste livro.

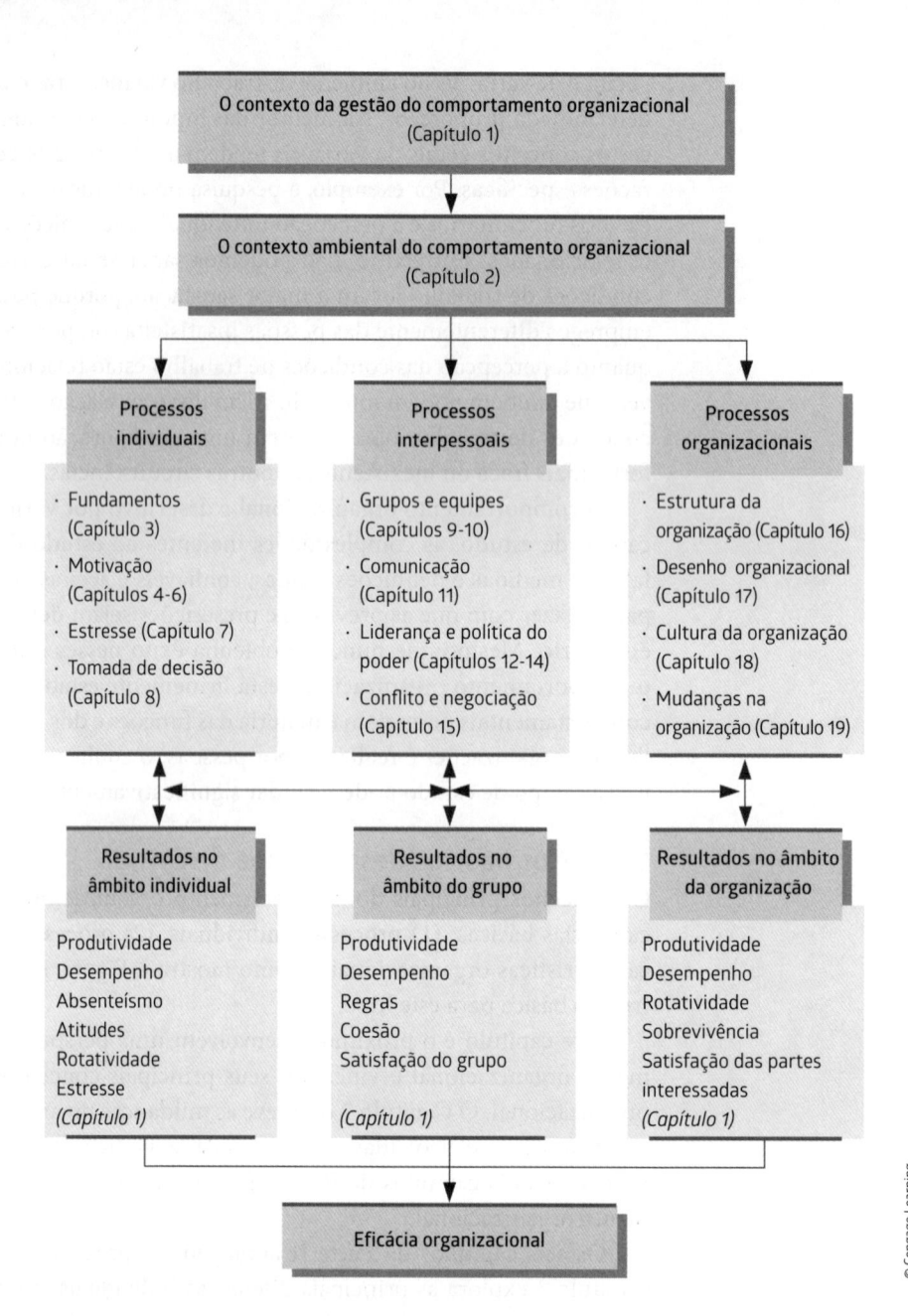

O contexto da gestão do comportamento organizacional (Capítulo 1)

O contexto ambiental do comportamento organizacional (Capítulo 2)

Processos individuais
- Fundamentos (Capítulo 3)
- Motivação (Capítulos 4-6)
- Estresse (Capítulo 7)
- Tomada de decisão (Capítulo 8)

Processos interpessoais
- Grupos e equipes (Capítulos 9-10)
- Comunicação (Capítulo 11)
- Liderança e política do poder (Capítulos 12-14)
- Conflito e negociação (Capítulo 15)

Processos organizacionais
- Estrutura da organização (Capítulo 16)
- Desenho organizacional (Capítulo 17)
- Cultura da organização (Capítulo 18)
- Mudanças na organização (Capítulo 19)

Resultados no âmbito individual
Produtividade
Desempenho
Absenteísmo
Atitudes
Rotatividade
Estresse
(Capítulo 1)

Resultados no âmbito do grupo
Produtividade
Desempenho
Regras
Coesão
Satisfação do grupo
(Capítulo 1)

Resultados no âmbito da organização
Produtividade
Desempenho
Rotatividade
Sobrevivência
Satisfação das partes interessadas
(Capítulo 1)

Eficácia organizacional

© Cengage Learning

Capítulo 17 trata, em profundidade, do projeto da organização. A cultura organizacional é discutida no Capítulo 18. Desenvolvimento e mudança organizacional são discutidos no Capítulo 19. Finalmente, métodos de pesquisa em comportamento organizacional e o desenvolvimento histórico desse campo de estudo são comentados nos Apêndices A e B.

PERSPECTIVAS CONTEXTUAIS DO COMPORTAMENTO ORGANIZACIONAL

Várias perspectivas contextuais – notadamente os sistemas e as perspectivas de contingência bem como a visão interacional – também influenciam a nossa compreensão do comportamento organizacional. Muitos dos conceitos e teorias discutidos nos capítulos a seguir refletem

FIGURA 1.5

Abordagem de sistemas para as organizações

A abordagem de sistemas para organizações fornece uma estrutura útil para a compreensão de como os elementos organizacionais interagem entre si e com o ambiente. Vários elementos da entrada são transformados em elementos de saída diferentes, com uma importante retroalimentação do ambiente. Se os gestores que não entendem essas interações, tendem a ignorar seu ambiente ou a negligenciar importantes inter-relações em suas organizações.

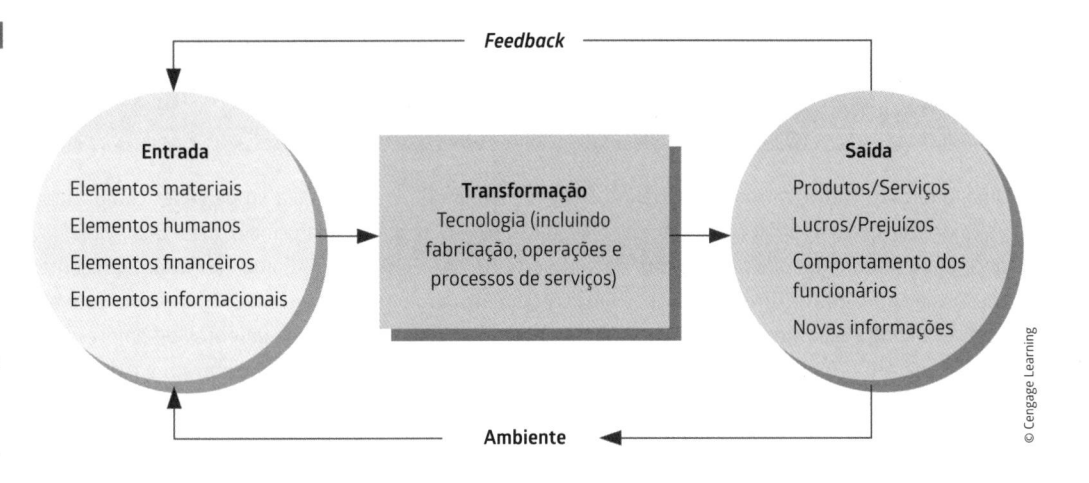

Feedback

Entrada
- Elementos materiais
- Elementos humanos
- Elementos financeiros
- Elementos informacionais

Transformação
Tecnologia (incluindo fabricação, operações e processos de serviços)

Saída
- Produtos/Serviços
- Lucros/Prejuízos
- Comportamento dos funcionários
- Novas informações

Ambiente

© Cengage Learning

essas perspectivas; elas representam pontos de vista básicos que influenciam muito o nosso pensamento contemporâneo sobre o comportamento nas organizações. Além disso, esses pontos de vista nos permitem ver mais claramente como os gestores utilizam os processos comportamentais, à medida que se esforçam para alcançar a eficácia organizacional.

Sistemas e perspectivas situacionais

Os sistemas e as perspectivas situacionais compartilham pontos de vista relacionados às organizações e ao modo como elas funcionam. Cada um deles trata das inter-relações entre os elementos organizacionais e a empresa, e entre os elementos organizacionais e ambientais.

A perspectiva de sistemas A perspectiva de sistemas, ou a teoria de sistemas, foi desenvolvida nas ciências físicas e posteriormente foi estendida para outras áreas, como a administração.[10] Um **sistema** é um conjunto inter-relacionado de elementos que funcionam como um todo. A Figura 1.5 mostra um quadro para a visualização das organizações como sistemas.

Um **sistema** é um conjunto de elementos inter-relacionados, funcionando como um todo.

De acordo com essa perspectiva, um sistema organizacional recebe quatro tipos de entradas de seu ambiente: materiais, humanos, financeiros e informacionais (observe que isso é consistente com nossa descrição anterior sobre as funções gerenciais). Os gestores da organização, então, combinam e transformam essas entradas e as devolvem para o ambiente na forma de produtos ou serviços, comportamentos dos funcionários, lucros ou perdas e informações adicionais. Em seguida, o sistema recebe retroalimentação do ambiente em relação a essas saídas.

Como exemplo, podemos aplicar a teoria de sistemas na Shell Oil Company. Entrada de elementos materiais inclui oleodutos, petróleo bruto e o maquinário usado para refinar o petróleo. A entrada de elementos humanos inclui funcionários do campo petrolífero, da refinaria, da administração e outras pessoas que trabalham na empresa. A entrada de elementos financeiros assume a forma de dinheiro recebido pelas vendas de petróleo e gás, investimentos de acionistas e assim por diante. Finalmente, a empresa tem entrada de informações sobre previsões a respeito do abastecimento futuro de petróleo, dos levantamentos geológicos sobre locais potenciais para perfuração, projeções de vendas e análises semelhantes.

Por meio do complexo para refino e de outros processos, essas entradas são combinadas e transformadas para criar produtos como gasolina e óleo de motor. Como saídas, esses produtos são vendidos para o consumo. Os lucros das operações voltam para o ambiente por meio de impostos, investimentos e dividendos; perdas, quando ocorrem, atingem o meio ambiente, reduzindo os rendimentos dos acionistas. Além de ter contatos no trabalho, com clientes e fornecedores, os funcionários vivem em comunidade e participam de uma variedade de atividades longe do local de trabalho e seu comportamento é influenciado, em parte,

SERVIÇO | Ter algo faz a diferença

Uma família do Midwest voou até Orlando, Flórida, para uma visita de cinco dias ao Walt Disney World. Mãe, pai, o filho de cinco anos e a filha de oito anos saíram do aeroporto no ônibus Disney's Magical Express, que os levou diretamente ao hotel Grand Floridian Resort, da Disney. Na manhã seguinte, todos pegaram o monotrilho para o Magic Kingdom, onde o pai, imediatamente, comprou dois chapéus com orelhas de Mickey, bordados com os nomes das crianças. Nos dias que se seguiram, o filho de cinco anos fez como muitas crianças de sua idade fazem: não tirou o chapéu. Este era seu objeto precioso, e ele o usava em todos os lugares em que ia. No dia antes do fim da visita, a família voltou ao Magic Kingdom pela segunda vez. Depois de sair da atração Piratas do Caribe, o menino percebeu que estava sem o seu chapéu tão precioso e começou a chorar. O pai notou que tinha um problema, que piorou quando a menina, vendo que o irmão estava recebendo atenção por estar chorando, também começou a chorar.

Depois de três dias mágicos e cheios de diversão, as férias inteiras estavam se tornando um desastre por causa de um chapéu perdido. Então, o pai, esperando que o chapéu ainda pudesse ser encontrado, pediu ao atendente para verificar nos barcos se encontrava o chapéu. O atendente procurou, mas não encontrou nada. O garoto estava chorando como só um menino que perdeu seu bem mais precioso poderia chorar. A mãe estava infeliz, o pai, frustrado, e a irmã estava em lágrimas. Vendo a infeliz situação no lugar que deveria ser considerado o mais feliz do mundo, o atendente atravessou o corredor, pegou dois chapéus de Mickey e colocou um na cabeça do garoto e outro na cabeça do pai. O choro parou, e os sorrisos voltaram.

Posteriormente, quando a família voltou para casa, o pai escreveu uma carta ao diretor do Walt Disney World para dizer-lhe que eles tinham passado momentos maravilhosos lá. Ao passo que a carta incluía somente uma página sobre as várias atrações dos parques e sobre as comodidades do hotel, havia várias páginas dedicadas ao modo como aquele funcionário, com idade de estudante do ensino médio, salvara as férias da família com uma ação rápida de substituir o chapéu de Mickey de seu filho. A questão é: quanto vale um chapéu do Mickey? A resposta é: o custo das férias da família, que teria perdido a maior parte de seu valor se o funcionário não agisse e salvasse a situação com um novo chapéu.

Essa história, que os instrutores da Disney gostam de contar aos novos colaboradores, ensina uma questão simples. Todos os funcionários precisam fazer o que podem para assegurar que nenhum cliente deixe o Walt Disney World infeliz. O funcionário, nesse caso, ouviu, aprendeu e salvou as férias da família ao perceber como todos estavam desolados; ele agiu conforme o que a Disney lhe havia ensinado.

Como forma de apresentar as inserções sobre serviços vistas em cada capítulo, este exemplo ilustra bem os desafios que os gerentes de empresas de serviços enfrentam quando os clientes entram em suas organizações e interagem diretamente com os funcionários para criar uma experiência de serviço intangível. O desafio de gerenciar um funcionário que deve coproduzir tais experiências é muito diferente da supervisão de alguém cuja única tarefa é colocar uma roda em um carro que está descendo na linha de montagem. Com base na perspectiva do comportamento organizacional, os gestores devem não apenas compreender as características de personalidade, as atitudes e os comportamentos de seus colaboradores, mas também ensinar os funcionários a compreender e a responder às características de personalidade, às atitudes e aos comportamentos dos clientes com quem interagem diariamente.

Existem várias diferenças-chave entre produzir uma "coisa" física e criar uma "experiência" intangível que ficará na memória. As características intangíveis das experiências são o mais importante. Visto que não há estoque para equilibrar a oferta e a demanda, a espera dos clientes deve ser gerenciada pelos funcionários de forma a tornar o tempo de espera aceitável. Além disso, não há estoque para contar e armazenar mercadorias, manter o controle delas ou reordená-las quando o suprimento fica baixo. Uma segunda característica da intangibilidade é que a experiência, invariavelmente, requer interação entre cliente e funcionário, em especial, nos pontos de informação, onde o cliente procura e espera um excelente serviço de alguém que, muitas vezes, revela ser o funcionário com o salário mais baixo, com o menor tempo no emprego e de treinamento. Como resultado, o papel dos supervisores deve mudar. Ao contrário de uma empresa de manufatura, na qual o funcionário da produção pode ser monitorado em determinado local, ao executar uma tarefa repetitiva, funcionários prestadores de serviços, muitas vezes, têm de se aproximar dos clientes, interagir com eles fora das vistas de seus supervisores, e não apenas realizar tarefas, mas também construir relacionamentos. A quarta diferença é que o cliente quase sempre está envolvido em uma atividade de coprodução. Assim, o funcionário não só deve saber como assumir efetivamente seu papel na criação de uma experiência de serviço, mas também deve saber supervisionar e, por vezes, ensinar os clientes a assumir seus próprios papéis. Se os clientes não conseguem executar seus papéis com sucesso, aquela falha será, inevitavelmente, atribuída à empresa. A quinta diferença é que o cenário no qual a experiência ocorre é importante tanto para o cliente quanto para o funcionário. O humor, a atitude e as emoções de ambos, funcionário e cliente, afetam a qualidade da experiência do serviço, o que também é diretamente afetado pelo ambiente no qual acontece a experiência. Finalmente, as medidas de qualidade, de desempenho e de produtividade são subjetivas. Este último ponto traz à tona a segunda principal diferença entre organizações que criam experiências e aquelas que produzem produtos: o valor e a qualidade da experiência são determinados subjetivamente pelo cliente. Não importa a avaliação da equipe de controle de qualidade da organização, o que os responsáveis pelo planejamento dos serviços planejam ou o que seus colaboradores acreditam que é o melhor serviço possível. Tudo é determinado pelo cliente e somente pelo cliente. O impacto dessas diferenças no comportamento organizacional vai se tornar o foco das inserções no restante deste livro. Não ter nada para produzir, segurar e mostrar faz a diferença no comportamento organizacional.

Questão para discussão: Como a gestão de pessoas está modificando a gestão das experiências do cliente?

por suas experiências como funcionários da Shell. Finalmente, informações sobre a empresa e suas operações também são liberadas para o ambiente. O ambiente, por sua vez, responde a essas saídas e influencia os futuros elementos de entrada. Por exemplo, os consumidores podem comprar mais ou menos gasolina, dependendo da qualidade e do preço do produto da Shell, e os bancos podem estar mais ou menos dispostos a emprestar dinheiro para a Shell, com base em informações financeiras sobre a empresa.

A perspectiva de sistemas é valiosa para os gestores por várias razões. Primeiramente, essa perspectiva ressalta a importância do ambiente da organização. Por exemplo, falhar em adquirir os recursos apropriados e em ouvir o *feedback* do ambiente pode ser desastroso. A perspectiva de sistemas também auxilia os gestores a conceituar o fluxo e a interação de diversos elementos da organização entre si à medida que eles funcionam juntos para transformar entradas em saídas.

> A perspectiva situacional sugere que na maioria das organizações as situações e os resultados são influenciados por outras variáveis.

A perspectiva situacional   Outro ponto de vista útil para a compreensão do comportamento nas organizações origina-se da **perspectiva situacional**. No início dos estudos sobre administração, os gerentes procuravam respostas universais para as questões organizacionais. Eles buscavam prescrições, o "melhor caminho" que poderia ser usado em qualquer organização sob quaisquer condições, procurando, por exemplo, formas de comportamento de liderança que sempre levaria os funcionários a ficarem mais satisfeitos e a trabalharem mais. No entanto, pesquisadores perceberam que a complexidade do comportamento humano e a configuração organizacional tornava a conclusão universal impossível na prática. Eles descobriram que nas organizações, a maioria das situações e dos resultados são contingenciais, ou seja, a relação exata entre quaisquer das variáveis é susceptível de ser situacional (isto é, depende de outras variáveis).[11]

A Figura 1.6 apresenta a distinção entre as perspectivas universal e situacional. O modelo universal, localizado na parte superior da figura, pressupõe uma ligação direta de causa-efeito entre variáveis. Esse modelo sugere que, quando um gestor enfrenta determinado problema ou uma situação específica (por exemplo, motivar os funcionários a trabalharem mais), existe uma abordagem universal (como aumentar os salários ou dar-lhes mais autonomia) que conduzirá ao resultado desejado. A perspectiva situacional, por outro lado, reconhece que várias outras variáveis alteram a relação direta. Em outras palavras, a ação gerencial apropriada ou o comportamento em dada situação depende dos elementos da situação.

O campo do comportamento organizacional mudou gradualmente de uma abordagem universal na década de 1950 e início dos anos de 1960 para uma perspectiva situacional. A perspectiva situacional é especialmente válida nas áreas de motivação (Capítulo 4), no planejamento de cargos (Capítulo 5), na liderança (Capítulos 12 e 13) e no desenho organizacional (Capítulo 17), mas está se tornando cada vez mais importante em todo o campo de estudo.

FIGURA 1.6

Abordagem universal *versus* situacional

Os gestores acreditavam que poderiam identificar o "melhor caminho" para a resolução de problemas ou reagir a situações. Aqui ilustramos uma visão mais realista, a abordagem situacional. A perspectiva situacional sugere que a abordagem dos problemas e das situações são contingenciais, dependendo, portanto, dos elementos da situação.

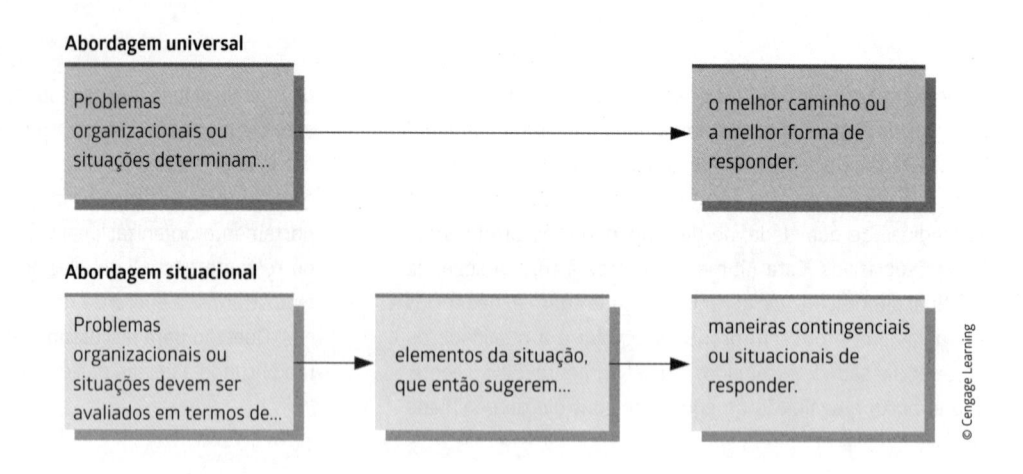

Abordagem universal

Problemas organizacionais ou situações determinam... → o melhor caminho ou a melhor forma de responder.

Abordagem situacional

Problemas organizacionais ou situações devem ser avaliados em termos de... → elementos da situação, que então sugerem... → maneiras contingenciais ou situacionais de responder.

© Cengage Learning

Interação: pessoas e situações

A interação é outra perspectiva útil para ajudar a compreender melhor o comportamento no ambiente organizacional. Apresentado pela primeira vez em termos da psicologia interacionista, esse ponto de vista pressupõe que o comportamento individual resulta de uma interação contínua e multidirecional entre as características de uma pessoa e da situação. Mais especificamente, a **interação** tenta explicar como as pessoas selecionam, interpretam e alteram várias situações.[12] A Figura 1.7 ilustra essa perspectiva. Note que presume-se que o indivíduo e a situação interagem continuamente. Essa interação é o que determina o comportamento do indivíduo.

A visão interacionista implica que simples descrições de causa e efeito dos fenômenos organizacionais não são suficientes. Por exemplo, um conjunto de pesquisas pode sugerir que mudanças no trabalho levam a melhores atitudes por parte do funcionário. Outros estudos podem propor que as atitudes influenciam em como as pessoas consideram seus empregos em primeiro lugar. Ambas as posições são, provavelmente, incompletas: as atitudes do funcionário podem também influenciar as percepções sobre o trabalho, mas essas percepções, por sua vez, podem influenciar atitudes futuras. Por ser uma contribuição recente para nosso campo de estudo, o interacionismo é menos destacado nos capítulos que se seguem do que as teorias dos sistemas e da contingência. No entanto, a visão interacionista parece oferecer muitas ideias promissoras para o desenvolvimento futuro.

A interação sugere que os indivíduos e as situações interagem continuamente para determinar o comportamento das pessoas.

FIGURA 1.7

A perspectiva interacionista do comportamento nas organizações

Quando as pessoas entram em uma empresa, seus próprios comportamentos e ações moldam a organização de várias maneiras. Do mesmo modo, a organização condiciona os comportamentos e as ações de cada indivíduo que se torna parte dela. Essa perspectiva interacionista pode ser útil para explicar o comportamento organizacional.

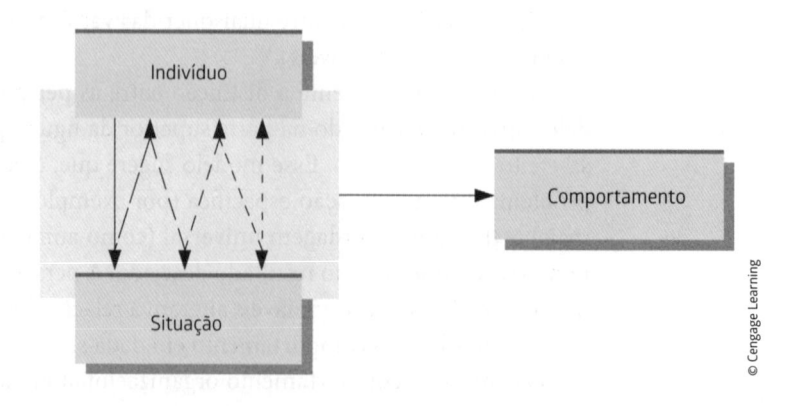

Indivíduo ⇅ Situação → Comportamento

© Cengage Learning

GESTÃO PARA A EFICÁCIA

Anteriormente, neste capítulo, observamos que os gestores trabalham para alcançar várias metas. Agora estamos em condições de trabalhar a natureza dessas metas em mais detalhes. Em particular, como mostrado na Figura 1.8, as metas – ou resultados – existem em três níveis específicos na organização: resultados no âmbito do indivíduo, do grupo e no âmbito organizacional. Obviamente, algumas vezes pode ser necessário fazer trocas entre esses diferentes tipos de resultados, mas, em geral, cada um deles é visto como um componente fundamental na eficácia da organização. As seções a seguir explicam, mais detalhadamente, esses diferentes níveis.

Resultados ao nível individual

Vários resultados no âmbito individual são importantes para os gestores. Tendo em vista o foco da área de estudo do comportamento organizacional, não deveria ser surpresa que a maioria desses resultados seja abordada, direta ou indiretamente, por várias teorias e modelos. (No Capítulo 3, apresentaremos uma análise mais rica e detalhada de resultados no âmbito individual).

Comportamentos individuais Em primeiro lugar, vários comportamentos individuais resultam da participação de uma pessoa na organização. Um comportamento importante é a produtividade. A produtividade de uma pessoa é um indicador de sua eficiência e é medida em termos de produtos ou serviços elaborados por unidade de entrada. Por exemplo, se Bill produz 100 unidades de um produto em um dia, e Sara faz apenas 90 unidades no mesmo período, então, assumindo que as unidades são da mesma qualidade e que Bill e Sara ganham o mesmo salário, Bill é mais produtivo do que Sara.

O desempenho, outra variável importante dos resultados no âmbito individual, é um conceito um pouco mais amplo. Essa variável é composta de todos os comportamentos relacionados com o trabalho. Por exemplo, mesmo que Bill seja altamente produtivo, pode acontecer que se recuse a trabalhar horas extras, expressar opiniões negativas sobre a organização em todas as oportunidades e não fazer nada além daquilo que esteja dentro dos limites de seu cargo. Sara, por sua vez, pode estar sempre disposta a trabalhar horas extras, pode ser uma representante eficiente da organização e pode estar disposta a sair de sua rotina a fim de contribuir o quanto for possível para a organização. Com base na matriz completa de comportamentos, poderíamos concluir que, na verdade, o desempenho de Sara é mais produtiva.

Dois outros comportamentos importantes no âmbito individual são o absenteísmo e a rotatividade. O absenteísmo é uma medida da frequência do funcionário. Embora, na prática,

FIGURA 1.8

Gestão para a eficácia

Os gestores trabalham para otimizar uma variedade de resultados no âmbito do indivíduo, do grupo e da organização. Às vezes, é necessário fazer compensações entre os diferentes tipos e níveis de resultados, porém, cada um deles é um determinante importante da eficácia organizacional.

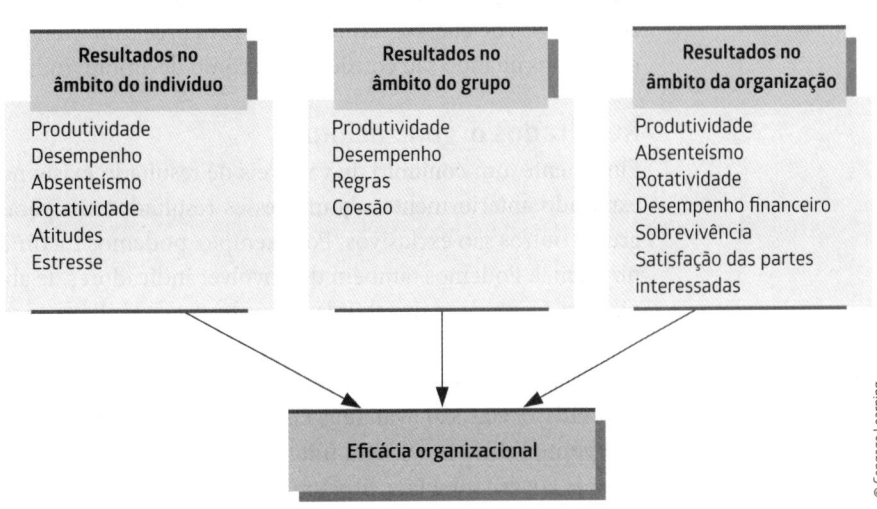

Resultados no âmbito do indivíduo	Resultados no âmbito do grupo	Resultados no âmbito da organização
Produtividade Desempenho Absenteísmo Rotatividade Atitudes Estresse	Produtividade Desempenho Regras Coesão	Produtividade Absenteísmo Rotatividade Desempenho financeiro Sobrevivência Satisfação das partes interessadas

→ Eficácia organizacional

© Cengage Learning

Resultados no âmbito de grupo e de equipe estão se tornando cada vez mais importantes para as organizações. Uma vez que uma grande quantidade de trabalho é executada por grupos e equipes, os gestores precisam entender como efetivamente criar uma equipe, como direcioná-la, motivá-la e, então, como avaliar o desempenho dela. Nessa equipe, um integrante está apresentando para seus cinco companheiros uma proposta de como concluir um projeto. A equipe, então, decidirá se aceita a proposta, se apresentará modificações ou se buscará uma nova abordagem.

todo mundo falte ao trabalho ocasionalmente, algumas pessoas faltam muito mais do que outras. Algumas procuram desculpas para faltar ao trabalho e regularmente alegam estar doentes somente para ficarem de folga; outras faltam somente quando é absolutamente necessário. A rotatividade ocorre quando uma pessoa deixa a organização. Se o indivíduo que sai tem um bom desempenho ou se a organização investiu bastante na formação da pessoa, a rotatividade pode ser cara.

As atitudes individuais e o estresse Outro conjunto de resultados no âmbito do indivíduo e que é influenciado pelos gestores consiste em atitudes individuais. (Discutiremos as atitudes de forma mais completa no Capítulo 3).

Níveis de satisfação ou insatisfação, comprometimento e envolvimento com a organização são elementos que desempenham um papel importante no comportamento organizacional. O estresse, que será discutido mais detalhadamente no Capítulo 7, é outra variável importante nos resultados no âmbito individual. Em virtude de seus custos, nos aspectos pessoal e organizacional, o estresse está se tornando um tema cada vez mais importante tanto para os pesquisadores do comportamento organizacional quanto para a prática dos gestores.

Resultados do grupo e da equipe

Há outro conjunto de resultados no âmbito de grupo e no de equipe. Alguns desses resultados são paralelos aos resultados no âmbito individual que acabamos de discutir. Por exemplo, se uma organização faz uso extensivo de equipes de trabalho, o desempenho e a produtividade da equipe são importantes variáveis de resultado. Contudo, mesmo se todas as pessoas em um grupo ou em uma equipe tivessem atitudes idênticas ou similares em relação a seus postos de trabalho, as atitudes são fenômenos do âmbito individual. Indivíduos têm atitudes, grupos não.

No entanto, grupos ou equipes também podem ter alguns resultados que os indivíduos não compartilham. Por exemplo, conforme discutiremos no Capítulo 9, os grupos desenvolvem normas que regem o comportamento dos membros individuais. Grupos também desenvolvem diferentes níveis de coesão. Assim, os gestores precisam avaliar tanto os resultados únicos quanto os comuns quando são considerados como de âmbito individual e de grupo.

Resultados organizacionais

Finalmente, um conjunto de variáveis de resultado existe no contexto da organização. Como explicado anteriormente, alguns desses resultados são paralelos aos âmbitos individual e de grupo, outros são exclusivos. Por exemplo, podemos medir e comparar a produtividade organizacional. Podemos também desenvolver indicadores de absenteísmo e rotatividade na organização. Contudo, a rentabilidade geralmente é avaliada apenas no contexto da organização.

As organizações também são comumente avaliadas em termos de desempenho financeiro: preço das ações, retorno sobre o investimento, taxas de crescimento, e assim por diante. Além disso, elas são avaliadas em termos de sua capacidade de sobreviver e bem como até que ponto satisfazem partes interessadas importantes, como investidores, autoridades reguladoras governamentais, funcionários e sindicatos.

Dessa forma, o gerente precisa buscar o equilíbrio dos resultados diferentes nos três níveis de análise. Em muitos casos, esses resultados parecem contradizer uns aos outros. Por exemplo, pagar salários elevados aos funcionários pode aumentar a satisfação e reduzir a rotatividade, mas também pode prejudicar o desempenho dos resultados financeiros. Da mesma forma, exercer forte pressão para aumentar o desempenho individual pode fazer a rentabilidade subir no curto prazo, no entanto, aumenta a rotatividade e o estresse no trabalho. Assim, o gestor deve olhar para o conjunto completo de resultados e tentar equilibrá-los de forma ideal. A capacidade do gestor de fazer isso é um determinante importante no sucesso da organização.

RESUMO

Comportamento organizacional é o estudo do comportamento humano no contexto organizacional, da interface entre o comportamento humano e a organização e da própria organização. O estudo do comportamento organizacional é importante porque as organizações têm uma poderosa influência em nossas vidas. Esse estudo também está diretamente relacionado à gestão nas organizações. Assim sendo, pela sua própria natureza, a gestão requer uma compreensão do comportamento humano para ajudar os gestores a compreender os comportamentos nos diferentes níveis, no mesmo nível, em outras organizações e em relação a si mesmos.

O trabalho do gestor pode ser caracterizado com base em quatro funções. Essas funções básicas são: planejar, organizar, liderar e controlar. Planejar é o processo de determinar qual é a posição futura desejada para a organização e quais são os melhores meios de se chegar lá. Organizar é o processo de planejar os postos de trabalho, agrupá-los em unidades gerenciáveis e estabelecer os padrões de autoridade entre os cargos e os grupos de trabalho. Liderar é o processo de facilitar a motivação dos membros da organização a trabalhar juntos para alcançar as metas da organização. Controlar é o processo de monitorar e corrigir as ações da organização e de seus membros para mantê-los em direção às metas.

O trabalho gerencial envolve dez papéis básicos e requer quatro habilidades. São três papéis interpessoais (figura proeminente, líder e agente de ligação), três papéis informativos (monitor, disseminador e porta-voz) e quatro funções para a tomada de decisão (empreendedor, mediador de conflitos, alocador de recursos e negociador). As quatro habilidades básicas necessárias para uma gestão eficaz são: habilidades técnicas, interpessoais, conceituais e de diagnóstico.

O comportamento organizacional contemporâneo tenta reconhecer as forças comportamentais das organizações, em vez de fazer prescrições delas. A relação com disciplinas como psicologia, sociologia, antropologia, ciência política, economia, engenharia e medicina tornam o comportamento organizacional um campo de estudo interdisciplinar. Os conceitos básicos desse campo estão divididos em três categorias: processos individuais, processos interpessoais, processos e características organizacionais. Essas categorias reproduzem a estrutura para a organização deste livro.

As perspectivas contextuais importantes no campo do comportamento organizacional são: os sistemas, a perspectiva situacional e a perspectiva interacionista (ou interacionismo). Há também um número muito importante de resultados nos âmbitos individual, de grupo e organizacional que estão relacionados à eficácia empresarial.

QUESTÕES PARA DISCUSSÃO

1. Algumas pessoas sugeriram que compreender o comportamento humano no trabalho é o requisito mais importante para o sucesso gerencial. Você concorda com essa declaração? Você discorda dela? Por quê?
2. Em quais aspectos o comportamento organizacional é comparável a áreas funcionais, como finanças, marketing e produção? De que modo o comportamento organizacional é diferente dessas áreas? O comportamento organizacional é semelhante às estatísticas de alguma forma?
3. Identifique algumas funções gerenciais que são bastante afetadas pelo comportamento humano e outras que são menos. Quais delas você prefere? Por quê?
4. O texto identifica quatro funções gerenciais básicas. Com base em suas próprias experiências ou observações, dê exemplos de cada função.

5. Quais habilidades gerenciais você acha que estão entre seus pontos fortes? Quais estão entre seus pontos fracos? Como você poderia melhorar esses últimos?
6. Suponha que você tem de contratar um novo gerente. Um candidato tem excelentes habilidades técnicas, mas poucas habilidades interpessoais. O outro tem a combinação oposta de habilidades. Qual deles você contrataria? Por quê?
7. Algumas pessoas acreditam que os indivíduos que trabalham em uma organização têm o direito humano básico à satisfação com seu trabalho e à oportunidade de crescer e se desenvolver. Como você defenderia essa posição? Como você argumentaria contra isso?
8. Muitas universidades oferecem um curso de psicologia industrial ou organizacional. O conteúdo desses cursos é bastante semelhante ao conteúdo deste. Você acredita que seja melhor ensinar sobre o tópico comportamental em um curso de negócios ou de psicologia? Ou é melhor ensiná-lo em ambos?
9. Você acredita que o campo do comportamento organizacional tem potencial para se tornar prescritivo em oposição a descritivo? Sim ou não? Justifique sua resposta.
10. A noção de sistemas, a perspectiva situacional e o interacionismo são mutuamente excludentes? Se não, descreva como essas abordagens estão relacionadas.
11. Obtenha uma edição recente de uma revista popular sobre negócios, como *Business Week* ou *Fortune*, e verifique seus principais artigos. Algum dos textos refletem conceitos de comportamento organizacional? Descreva.
12. Você já leu *Dilbert*? Você acha que os quadrinhos descrevem com precisão a vida em uma empresa? Existem outros quadrinhos que refletem a vida e o trabalho nas organizações contemporâneas?

QUAL É O SEU PONTO DE VISTA?

Na companhia de cães

"Definitivamente, entrei nessa por querer uma cultura mais relaxada. Não só para o meu pessoal, mas para mim também."

— FRANQUEADA DA CAMP BOW WOW, SUE RYAN

Sue Ryan é veterana no nível gerencial. Trabalhou na Avnet Technology Solutions e na GE, e a julgar por seu depoimento em nosso vídeo, chegou longe por sua experiência e por sua atitude um tanto ambivalente. "Tive essa gerente", relembra (embora não diga em qual empresa), "com quem foi terrível trabalhar, mas isso me ensinou uma quantidade incrível de coisas... Provavelmente, aprendi mais com ela do que com qualquer outra pessoa, mas foi doloroso".

Ela deixou o mundo corporativo para abrir seu próprio negócio em 2004, presumivelmente para aproveitar – e passar para frente – as melhores práticas gerenciais que tinha aprendido em sua carreira. "Definitivamente, entrei nessa", diz Ryan, "por querer uma cultura mais relaxada. Não só para o meu pessoal, mas para mim também". O negócio que ela escolheu foi uma *franquia* – uma forma de propriedade em que um *franqueador* concede a um *franqueado* o direito de usar sua marca e vender seus produtos.

A franquia adquirida por Ryan é de uma empresa baseada em Denver chamada Camp Bow Wow, fundada em 2000 por Heidi Ganahl, uma empreendedora que adora cães.

Como a maioria das franquias, a Camp Bow Wow – uma combinação de acampamento com hotel para cães – exige certo grau de consistência na operação de cada local, mas Ryan apreciou a abertura de Ganahl para a contribuição criativa dos proprietários nas linhas de frente. Ryan, por exemplo, comprou um local já estabelecido em Boulder, Colorado, com uma equipe de funcionários contratados pelo franqueado anterior. "Quando comecei", conta, "éramos somente eu e um pessoal que estava todo no mesmo nível". A estrutura era "muito achatada" (havia poucas camadas hierárquicas) e isso, infelizmente, exigia que Ryan cuidasse de toda a administração do dia a dia. "Era somente eu, fazendo absolutamente tudo", recorda-se. "Estava sendo consumida pelo negócio."

Não era exatamente o que Ryan tinha em mente quando decidiu encontrar uma forma menos estressante de colocar sua experiência gerencial para trabalhar em seu próprio benefício. A solução foi encontrar funcionários que pudessem desenvolver as habilidades gerenciais necessárias para retirar o fardo de seus ombros. Ela queria criar um sistema "no qual pudesse promover [funcionários] e ser a tutora deles em cargos de liderança".

Assim, o vídeo nos apresenta Candace Stathis, que acabou por se tornar a mais bem-sucedida discípula de gestão de Ryan. "A ideia mais errada que eu tinha sobre os gerentes", admite Stathis, "é que eles se sentavam em escritórios e não faziam nada". Não surpreendentemente, Stathis libertou-se dessa noção e faz um relato conciso do que aprendeu como gerente no Camp Bow Wow, incluindo alguns aspectos sobre liderança e eficácia operacional (ela descobriu, por exemplo, que pessoas "são muito mais difíceis de treinar" do que os cães).

A abordagem de Sue Ryan para gerenciar seu negócio – incluindo a estratégia para o desenvolvimento de gestores para ajudá-la – parece estar dando resultados. Em 2011, a Camp Bow Wow de Boulder ganhou o prêmio Golden Paw do franqueador, por normas de segurança superiores e alta porcentagem de receita, bem como pelo seu apoio à Fundação Bow Wow Buddies, um braço sem fins lucrativos da empresa dedicado a melhorar a vida e a saúde dos cães por meio de programas de adoção e de realocação para outras casas, entre outros.

PERGUNTAS

1. De que forma Sue Ryan executa cada uma das três *funções gerenciais básicas – interpessoal, informativa e de tomada de decisão*? E Candace Stathis? Como Ryan e Stathis devem usar as quatro *habilidades gerenciais críticas – técnicas, interpessoais, conceituais e de diagnóstico*? No caso de cada gestora, quais dessas habilidades parecem mais evidentes no vídeo? Qual dessas habilidades você consideraria mais importante para um gerente em uma empresa como Camp Bow Wow, de Boulder?
2. O que se pode dizer sobre as práticas gerenciais na Camp Bow Wow, de Boulder, por meio da aplicação de cada uma das três *perspectivas contextuais* em comportamento organizacional – *a de sistemas, a situacional* e a *interacionista*? Qual perspectiva parece ser a mais útil ao descrever a maneira como os gestores do negócio relacionam-se com seus empregos?
3. O que Candace Stathis quer dizer quando comenta que "o serviço ao cliente tem de ser eficaz em oposição a eficiente"? Em que circunstâncias Sue Ryan sente com mais frequência a "tensão" entre a necessidade de ser eficaz e a necessidade de ser eficiente? Como ela tenta resolver isso?
4. Como gestoras com metas, de que forma Ryan e Stathis reconhecem a necessidade de equilíbrio entre os três níveis de resultados *do negócio – individual, de grupo e equipe*, e da *organização*? Em que ordem cada gestora provavelmente classificaria esses resultados por importância? Não importa se você acha que suas classificações seriam iguais ou diferentes, explique o porquê.

FONTES ADICIONAIS

Camp Bow Wow, "Camp Bow Wow Boulder Dog Daycare and Boarding" (2012), www.campbowwow.com, 23 abr. 2012; Aimee Heckel, "The Surprising Rules, Etiquette and Offerings at Boulder County's Dog Daycares", Boulder (CO) *DailyCamera.com*, 31 ago. 2011; www.dailycamera.com, 23 abr. 2012; "Heidi Ganahl, Founder & CEO, Camp Bow Wow", *SmartGirls Way*, 4 ago. 2011; http://smartgirlsway.com, 23 abr. 2012; Susan de Castro McCann, "Camp Bow Wow Comes to the Rescue to Sop Up Oil in the Gulf", *Redstone Review*, 24 mai. 2010; www.redstonereview.com, 23 abr. 2012; Megan Allen, "Camp Bow Wow Announces 2011 Second Quarter Golden Paw and Golden Wags + Whiskers Winners", Camp Bow Wow, 9 set. 2011, www.bowwowbuddies.com, 23 abr. 2012.

PRÁTICA DO COMPORTAMENTO ORGANIZACIONAL

Relacionando o comportamento organizacional e a cultura popular

Objetivo Este exercício vai ajudá-lo a apreciar a importância e a abrangência dos conceitos e processos relacionados ao comportamento organizacional, tanto nas estruturas organizacionais contemporâneas quanto na cultura popular.

Formato Seu professor dividirá a classe em grupos de três a cinco membros. Cada grupo deverá assistir a um programa específico antes do próximo encontro.

Procedimento Organizem-se para assistir ao programa em grupo. Cada pessoa deve ter um bloco de papel e um lápis à mão. À medida que assistem ao programa, anotem exemplos de comportamento individual, dinâmicas interpessoais, características organizacionais e outros conceitos e processos relevantes para o comportamento organizacional. Depois do programa, gastem alguns minutos para comparar as anotações. Compilem uma lista para o grupo todo. (É aconselhável desligar a televisão durante essa discussão!).

Durante o próximo encontro em sala de aula, peça para alguém do grupo resumir o enredo do programa e listar os conceitos ilustrados. Os seguintes programas são especialmente relevantes para ilustrar conceitos comportamentais em estruturas organizacionais:

The Big Bang Theory *N.C.I.S.*
American Chopper *Hawaii Five-0*
The Office *Star Trek*
Grey's Anatomy *Modern Family*
The Deadliest Catch *Glee*
Pawn Stars *Storage Wars*

Perguntas de acompanhamento

1. O que este exercício ilustra sobre a abrangência das organizações em nossa sociedade contemporânea?
2. Quais filmes recentes ou clássicos podem fornecer exemplos semelhantes?
3. Você acha que programas de televisão de países, que não sejam os Estados Unidos, forneceriam mais ou menos exemplos de programas sobre a estrutura organizacional?

Variação: Faça o mesmo exercício, mas com um filme popular, como *The Avengers*, *The Hunger Games*, ou algo semelhante, em vez de um programa de televisão.

FORMAÇÃO DAS HABILIDADES GERENCIAIS

Visão geral da atividade Suas habilidades conceituais refletem sua capacidade de pensar de modo abstrato. Este exercício vai ajudá-lo a ampliar suas habilidades conceituais ao identificar e analisar situações que exigem tipos diferentes de funções gerenciais, papéis e habilidades em diversos tipos de organizações.

Pano de fundo da atividade Este capítulo inclui discussões de quatro *funções*, dez *papéis* e sete *habilidades gerenciais*. Também ressalta a ideia de que as atividades de gestão são necessárias em vários tipos diferentes de organizações.

Comece identificando cinco diferentes tipos de organizações: um negócio grande, uma empresa de pequeno porte, uma organização educacional, uma organização de cuidados com a saúde e uma organização governamental. Você pode escolher organizações sobre as quais você tem algum conhecimento pessoal ou que simplesmente reconhece pelos nomes e pela indústria à qual pertencem. Em seguida, coloque-se na posição de um gestor do alto escalão em cada uma das cinco organizações específicas.

Escreva os nomes dessas cinco organizações no topo de uma folha de papel. Em seguida liste as quatro funções, os dez papéis e as sete habilidades para baixo do lado esquerdo da folha. Agora coloque sua imaginação para funcionar: pense em uma situação, um problema ou uma oportunidade que se encaixe na interseção de cada linha e coluna na folha. O reitor da sua faculdade, por exemplo, deve desempenhar um papel de liderança e aplicar habilidades interpessoais. O gerente de um restaurante 24 horas deve executar uma função de organização e desempenhar o papel de monitor.

Tarefa

1. Você nota quaisquer padrões de semelhanças significativas em funções, papéis ou habilidades nas cinco colunas? Existem, por exemplo, semelhanças ao executar papéis de liderança ou na aplicação de habilidades de comunicação na maioria ou em todos os cinco tipos de organização? Você observa padrões de diferenças significativas?
2. Com base na sua avaliação dos padrões de semelhanças e diferenças que você identificou na tarefa 1, dê duas ou três razões por que os gerentes podem achar fácil ir de um tipo de organização para outro. Dê duas ou três razões por que os gerentes podem achar difícil mudar de um tipo de organização para outro.
3. Identifique dois ou três espaços na sua grade, em que a interseção entre um tipo de organização e função, papel ou habilidade sugere algo em que você pode ser particularmente bom. Que tal algo em que, pelo menos agora, você acha que não seria muito bom? Explique seu raciocínio.

EXERCÍCIO DE AUTOAVALIAÇÃO

Avaliando suas próprias habilidades de gestão

Como eu me classificaria como gerente?

A autoavaliação a seguir deve ajudá-lo em sua compreensão da prática da gestão e de sua própria abordagem para a gestão. Esta avaliação descreve quatro funções gerenciais importantes: planejar, organizar, liderar e controlar. Você deve responder a esta avaliação de três maneiras:

(a) com base na sua própria experiência gerencial, se você tem alguma,
(b) considerando gestores eficazes (ou ineficazes) que você observou em sua experiência de trabalho, ou
(c) descrevendo como você acha que um gerente ideal deve se comportar.

Instruções: Lembre-se de uma situação em que você era membro de um grupo ou de uma equipe, em que tinha uma tarefa específica ou um projeto para terminar. Isso pode ter ocorrido no trabalho, na sala de aula ou na igreja, no clube ou em uma organização cívica. Agora avalie seu comportamento em cada uma das funções. Para cada pergunta, dê uma classificação para você mesmo de acordo com a seguinte escala:

Escala de classificação

5 Definitivamente verdadeiro para mim
4 Provavelmente verdadeiro para mim
3 Nem verdadeiro nem falso; indeciso
2 Provavelmente é falso para mim
1 Definitivamente é falso para mim

I. Planejar

_____ 1. Preparo uma agenda para as reuniões.
_____ 2. Tento prever o que vai acontecer no futuro como resultado de minhas ações atuais e decisões.
_____ 3. Estabeleço metas claras para mim e para os outros.
_____ 4. Analiso cuidadosamente os prós e os contras envolvidos em situações antes de tomar decisões.
_____ 5. Estou disposto a tentar coisas novas, experimentar.
_____ 6. Possuo uma visão clara para realizar a tarefa.
_____ 7. Coloco os planos por escrito para que os outros possam saber exatamente quais são eles.
_____ 8. Tento permanecer flexível, para que eu possa me adaptar às condições que mudam.
_____ 9. Tento antecipar obstáculos à realização das metas e como superá-los.
_____ 10. Discuto os planos e envolvo os outros para realizar esses planos.
_____ **Total Seção I**

II. Organizar

_____ 1. Tento seguir o plano enquanto trabalho em uma tarefa.
_____ 2. Tento entender as diferentes etapas ou partes necessárias para realizar a tarefa.
_____ 3. Analiso diferentes formas de realizar a tarefa, antes de decidir qual o curso de ação a seguir.
_____ 4. Eu tenho uma noção clara sobre as prioridades necessárias para realizar uma tarefa.
_____ 5. Faço com que outros possam ser informados sobre o grau de progresso no cumprimento de uma tarefa.
_____ 6. Estou aberto a alternativas, a novidades e a outras formas de executar a tarefa.
_____ 7. Adapto-me à sequência de atividades envolvidas se as circunstâncias mudam.
_____ 8. Eu tenho uma noção clara de como devem ser estruturadas as etapas envolvidas na realização de uma tarefa.
_____ 9. Lidero ou sigo ordens, quando adequado, para observar se está havendo progressos em direção ao término da tarefa.
_____ 10. Entro em coordenação com os outros para assegurar o decisões.
_____ **Total Seção II**

III. Liderar

_____ 1. Sirvo de exemplo para os outros.
_____ 2. Sou eficaz para motivar os demais.
_____ 3. Tento manter um equilíbrio entre executar o trabalho e manter um espírito de trabalho em equipe.
_____ 4. Tento lidar com conflitos de forma não ameaçadora, de modo construtivo.
_____ 5. Ajudo os outros no grupo e forneço orientação e treinamento para que executem melhor seus papéis.
_____ 6. Estou aberto a sugestões de outras pessoas.
_____ 7. Mantenho todos informados sobre as atividades e o progresso do grupo.

_____ 8. Mostro interesse genuíno no trabalho dos outros.
_____ 9. Sou atencioso quando forneço sugestões construtivas para os outros.
_____ 10. Entendo as necessidades dos demais e incentivo suas iniciativas para que possam satisfazer essas necessidades.
_____ **Total Seção III**

IV. Controlar
_____ 1. Avalio regularmente a quantidade e a qualidade do progresso da tarefa.
_____ 2. Tento assegurar que a informação que possuo seja oportuna, precisa, completa e relevante.
_____ 3. Rotineiramente, compartilho informações com outras pessoas para ajudá-las a realizar suas tarefas.
_____ 4. Comparo o progresso com os planos e tomo ações corretivas, conforme necessário.
_____ 5. Gerencio meu tempo e ajudo os outros a gerenciar o deles.
_____ 6. Tenho boas fontes de informação ou métodos para obter informações.
_____ 7. Faço uso da tecnologia (computadores, *tablets*, *smartphones* etc.) a fim de ajudar no monitoramento do progresso e para me comunicar com os outros.
_____ 8. Antecipo possíveis reações negativas e tomo providências para minimizá-las.
_____ 9. Reconheço que "corrigir problemas antes que ocorram" é melhor do que "corrigir problemas depois que ocorrem".
_____ 10. Tento equilibrar a minha atenção durante as diferentes etapas no cumprimento da tarefa.
_____ **Total Seção IV**

Fonte: Adaptado de Van Fleet, D. D., Van Fleet, E. W., & Seperich, G. J., 2013. *Principles of Management for Agribusiness*. Clifton Park, NY: Delmar/Cengage Learning; Griffin, R. W., 2011. *Management*. Mason, OH: South-Western Cengage Learning; e Van Fleet, D. D., 1991. *Behavior in Organizations*. Boston: Houghton Mifflin, em colaboração com G. Moorhead e R. W. Griffin. Adaptado de David Van Fleet, Ella Van Fleet e George J. Seperich, *Agribusiness: Principles of Management* (Clifton Park, NY: Delmar/Cengage Learning, 2013); Ricky Griffin, *Management*, 11ª ed. (Mason, OH: South-Western Cengage Learning, 2013); e David Van Fleet, *Behavior in Organizations* (Boston: Houghton Mifflin, 1991).

CAPÍTULO 2

Mudança ambiental nas organizações

Visão geral do capítulo

- Globalização e negócios
- Diversidade e negócios
- Tecnologia e negócios
- Ética na administração organizacional
- Novos relacionamentos no trabalho

Objetivos de aprendizagem

Após estudar este capítulo, você estará apto a:

1. Discutir a emergência da gestão internacional e seu impacto nas organizações.
2. Descrever a natureza da diversidade nas organizações, identificar e explicar as dimensões chave da diversidade.
3. Discutir a natureza da mudança tecnológica e seu impacto nos negócios.
4. Descrever as perspectivas emergentes sobre ética e gerência corporativa.
5. Discutir as questões-chave sobre um novo tipo de relacionamento no trabalho.

Riscos do empreendedorismo social

"Funcionamos como os capitalistas de risco no setor privado. Você poderia dizer que somos capitalistas de risco sociais."

— Neal Keny-Guyer, CEO da Mercy Corps

Após o devastador terremoto que atingiu o Haiti em janeiro de 2010, a Oregon Mercy Corps, com sede em Oregon, chegou com uma equipe de especialistas em atendimento de emergência do mundo todo. Focalizando as necessidades humanitárias imediatas, a equipe entregou alimentos para hospitais lotados e instalou equipamentos para fornecer água limpa. A Mercy Corps também iniciou um programa de "trabalho remunerado" que pagou os sobreviventes para auxiliar na limpeza de escombros e na restauração de edifícios, proporcionando um pouco de dignidade e meios para a compra de suprimentos para suas famílias, de modo a impulsionar a economia local. Além disso, a organização criou centros de tratamento de traumas infantis, utilizando métodos de aconselhamento desenvolvidos após os atentados terroristas ocorridos em 11 de setembro, oito anos antes. Logo depois do devastador terremoto e do tsunami que atingiram o Japão, em março de 2011, a Mercy Corps entregou suprimentos de emergência e estabeleceu programas como o Comfort for Kids para ajudar as crianças a lidarem com os efeitos emocionais de um desastre de larga escala.

Obviamente, a Mercy Corps não é uma empresa recém-chegada ao mercado com o objetivo de prestar ajuda humanitária. Fundada em 1979 com o nome Save the Refugees Fund (Fundo para Salvar os Refugiados), é uma força-tarefa para ajudar as vítimas da fome e do genocídio no Camboja, a organização expandiu-se em 1982, tornando-se a Mercy Corps International para refletir sua missão mais ampla. Desde a sua fundação, a organização sem fins lucrativos forneceu US$ 2,2 bilhões de ajuda humanitária e assistência para o desenvolvimento de pessoas em 114 países e, anualmente, atinge quase 19 milhões de pessoas em 36 países.

A abordagem da Mercy Corps para a assistência no local também envolve mais do que resposta imediata e serviços de assistência a emergências. Segundo sua declaração de missão,

> *a Mercy Corps entende que as comunidades em recuperação após uma guerra ou revolução social devem ser os agentes de sua própria transformação a fim de suportar as mudanças. Somente quando as comunidades definem suas próprias prioridades, levantam seus próprios recursos e implementam seus próprios programas é que os primeiros sucessos resultam em esperança renovada, confiança e habilidades que as fazem continuar a se desenvolver de forma autônoma.*

A Mercy Corps trabalha para promover o "desenvolvimento sustentável das comunidades, que integram agricultura, saúde, habitação e infraestrutura, desenvolvimento econômico, educação, meio ambiente e administração local", bem como, "iniciativas que promovam a

A Mercy Corps proporciona alívio para pessoas vitimadas por catástrofes. Essa voluntária faz parte do programa Comfort for Kids, da Mercy Corps. Ela oferece apoio para as vítimas do terremoto que devastou o Haiti.

participação cidadã, que a responsabilidade, a gestão de conflitos é um estado de direito". Na Índia, por exemplo, a Mercy Corps ensinou aos pequenos produtores de chá formas sustentáveis para cultivar chás orgânicos e conseguir preços justos por sua produção. Nas plantações de chá de propriedade de grandes empresas, isso contribuiu não só para melhorar as condições econômicas e de vida nas aldeias de trabalhadores, mas também ajudou a formar os Grupos de Iniciativas para a Comunidade, que são autônomos, para gerenciar as necessidades atuais relacionadas a educação, infraestrutura e emprego. No Sudão do Sul, que tem sido dilacerado pela guerra civil mais longa da África, a Mercy Corps construiu redes de organizações locais para fornecer serviços essenciais, como alfabetização de adultos, cuidados para órfãos e de aconselhamento sobre HIV/AIDS; outros programas contribuíram para a construção de estradas e centros comunitários, bem como para levar eletricidade às aldeias.

Na Indonésia, onde o saneamento básico é uma grande preocupação, a Mercy Corps lançou um Programa de Promoção da Higiene de longo prazo. No dia de "Lavar as mãos", por exemplo, representantes da comunidade invadem as ruas com baldes coloridos e ensinam as crianças a lavarem as mãos com sabão e água; de modo similar, estações equipadas para lavar as mãos foram criadas nos bairros por toda a capital, Jacarta. (Mãos sujas podem causar diarreia, que mata anualmente 2 milhões de crianças com idade inferior a 5 anos.) Outros programas dão ênfase à educação e aos equipamentos para coleta de água da chuva, bem como à remoção de resíduos sólidos de bairros residenciais.

Além de se ocupar dos efeitos devastadores da guerra, de convulsões sociais e catástrofes naturais, a Mercy Corps se preocupa com os impactos das mudanças climáticas no desenvolvimento das comunidades. Dessa forma, a empresa trabalha para fornecer "opções econômicas viáveis à medida que as comunidades se adaptam às novas realidades ambientais", especialmente ajudando as comunidades pobres a lidar com "a crescente incidência de catástrofes relacionadas com o clima, como inundações e secas". De acordo com a Mercy Corps, seus programas relacionados ao clima se encaixam em três áreas principais:

- *Energia alternativa:* promocionar fontes de energia que ofereçam apoio às atividades econômicas sustentáveis
- *Gestão de recursos sustentáveis:* apoiar a capacidade da comunidade em fornecer seus próprios serviços ambientais e ecológicos
- *Defesa, acesso às comunidades e modelos que funcionam:* inspirar os governos e as comunidades que dependem de programas de eficácia comprovada e sejam favoráveis ao meio ambiente e ao clima

Em 2010, por exemplo, quando a seca no Níger ameaçava quase 8 milhões de pessoas com desnutrição e fome, a Mercy Corps não apenas mobilizou os esforços para fornecer alimentos, mas também ajudou os agricultores locais a lidarem com a dívida crônica decorrente de métodos ineficientes e de quebras nas safras anteriores. Um ano depois, a empresa prestou assistência quando o Timor Leste, um país insular a noroeste da Austrália, enfrentou o oposto em uma crise relacionada com o clima: uma vez que as chuvas sazonais continuaram durante toda a estação seca, quando os agricultores plantam e colhem para abastecer o país, os sistemas de drenagem falharam e a colheita não pôde ser entregue por causa das estradas intransitáveis. Além de proporcionar alívio imediato, a Mercy Corps treinou ferreiros locais para produzirem silos portáteis a fim de armazenar arroz e milho, os principais alimentos de primeira necessidade do país.

Qual é a sua opinião?
- Se dissermos que a Mercy Corps responde às "forças ambientais", o que queremos dizer com o termo *ambiente*? Por que *ambiente* no sentido de "*meio* ambiente" não é adequado?
- Você estaria interessado em trabalhar em uma organização sem fins lucrativos, em vez de trabalhar em uma organização com fins lucrativos? Por que sim ou por que não? Se você estivesse em condições de fazê-lo, estaria disposto a investir em uma organização sem fins lucrativos? Por que sim ou por que não?

Referências: Mercy Corps, "What We're Doing in Haiti", 23 jan. 2010; www.mercycorps.org, 7 abr. 2012; Mercy Corps, "Our History", 2012; www.mercycorps.org, 7 abr. 2012; Roger Burks, "Change Brewing in the Tea Lands", Mercy Corps, 9 abr. 2008; www.mercycorps.org, 7 abr. 2012; Mercy Corps, "Sudan", 2012, www.mercycorps.org, 7 abr. 2012; Mercy Corps Indonesia, 2012, http://indonesia.mercycorps.org, 7 abr. 2012; Roger Burks, "Responding to Niger's Latest Hunger Crisis", Mercy Corps, 23 jul. 2010; www.mercycorps.org, 7 abr. 2012; USAID, "USAID Helps Drought-Affected Niger with First Award under the Emergency Food Security Program", comunicado de imprensa, 17 jun. 2010, www.usaid.gov, 7 abr. 2012; Wahyu Nugroho, "Farmers in Timor-Leste Store Up for a Better Future", Mercy Corps, 22 mar. 2011, www.mercycorps.org, 7 abr. 2012.

O ambiente de todas as organizações está mudando a um ritmo sem precedentes. O crescimento do empreendedorismo social das organizações, como a Mercy Corps, representa apenas uma das perspectivas de mudança no ambiente. Com efeito, em algumas indústrias, como a de bens de consumo eletrônicos, entretenimento popular e tecnologia da informação, a velocidade e a magnitude das mudanças são realmente impressionantes. O YouTube, por exemplo, produz mais de 60 horas de novos vídeos a cada hora. E foi somente há uma década, ou quase isso, que tecnologias como *smartphone*, Facebook e outras redes sociais tornaram-se lugares-comuns.

Até indústrias caracterizadas por ambientes convencionais e previsíveis, como o varejo tradicional e a indústria pesada, também enfrentam grandes mudanças atuais no ambiente. A compreensão e a abordagem do ambiente de negócios têm sido, tradicionalmente, da alçada dos gestores do alto escalão. Contudo, hoje os efeitos do ambiente em constante mudança permeiam toda a organização. Assim, para compreender verdadeiramente o comportamento das pessoas em contextos organizacionais é necessário entender as mudanças no ambiente de negócios.[1] Este capítulo destina-se a fornecer o referencial para essa compreensão. Especificamente, conforme ilustrado na Figura 2.1, apresentamos e examinamos cinco das principais forças do ambiente para a mudança com as quais as organizações se defrontam atualmente: globalização, diversidade, tecnologia, ética e governança corporativa e novas relações de trabalho. A compreensão dessas forças definirá o cenário para uma discussão mais aprofundada sobre o comportamento organizacional atual que começa no Capítulo 3.

GLOBALIZAÇÃO E NEGÓCIOS

Globalização é a internacionalização das atividades empresariais e a mudança em direção a uma economia global integrada.

A fonte de mudança mais significativa que afeta muitas organizações hoje é a crescente **globalização** das organizações e sua administração. É claro que, em muitos aspectos, a gestão internacional não seja novidade. Séculos atrás, o exército romano foi forçado a desenvolver um sistema de administração para lidar com seu extenso império.[2] Além disso, muitos exploradores notáveis, como Cristóvão Colombo e Magellan não foram, na verdade, em busca de novos territórios, mas eles estavam à procura de novas rotas de comércio a fim de aumentar o comércio internacional. Da mesma forma, os Jogos Olímpicos, a Cruz Vermelha e outras organizações têm raízes internacionais. Do ponto de vista dos negócios, no entanto, os efeitos muito difundidos da globalização são relativamente novos, pelo menos, nos Estados Unidos.

FIGURA 2.1

Mudanças no ambiente dos negócios

As mudanças no ambiente dos negócios apresentam desafios e oportunidades para os administradores. As cinco principais forças do ambiente são: globalização, tecnologia, diversidade, ética e governança corporativa e novas relações de trabalho.

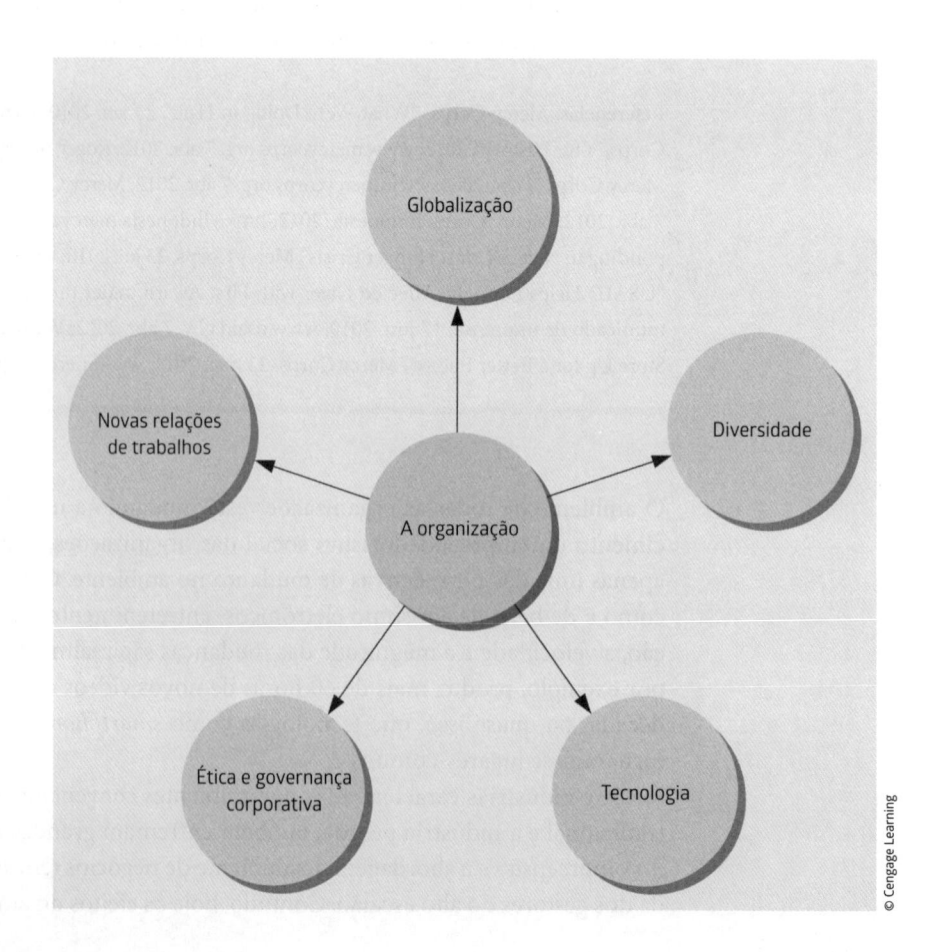

O crescimento dos negócios internacionais

Em 2012, o volume do comércio internacional em dólares foi cerca de 50 vezes maior do que em 1960. Com efeito, ao passo que o comércio internacional diminuiu 11% em 2009, em virtude da recessão global, aumentou na mesma proporção em 2010, assim que a economia iniciou uma lenta recuperação. Quatro fatores principais são responsáveis por grande parte do crescimento do comércio internacional.

Em primeiro lugar, a comunicação e os transportes melhoraram dramaticamente ao longo das últimas décadas. O serviço de telefonia melhorou, as redes de comunicação espalharam-se por todo o mundo podendo interagir via satélite, bem como áreas antes remotas, agora se

SERVIÇO — Prestar serviços para um mercado global

Muitos fazem projeções de que o turismo será o maior empregador do mundo na próxima década. Enquanto a maioria pensa que a indústria de viagens e turismo é inteiramente constituída de jovens que são recepcionistas em aeroportos, garçons/garçonetes em restaurantes ou agentes de recepção em hotéis, o impacto do crescente número de visitantes transborda pelas economias nacionais para áreas inesperadas, como empregos no varejo, na construção e na indústria de manufatura. O desafio para as organizações, em qualquer destino internacional, é ensinar os funcionários as principais diferenças que um viajante estrangeiro apresentará, e que devem ser adaptadas quando o viajante chega e passa pela experiência de ser servido. Não importa se a questão for a língua, os costumes ou as expectativas sobre o serviço, o funcionário que servir o cliente internacional deve estar alerta para as muitas diferenças que viajantes distintos trazem consigo.

O período posterior ao 11 de setembro nos Estados Unidos é um bom exemplo. Esse trágico ato de terrorismo criou uma onda de patriotismo que se espalhou entre quase todos os norte-americanos, em todos os tipos de profissões. Isso se tornou uma questão especialmente importante para a indústria de viagens e turismo naquele país, uma vez que funcionários norte-americanos precisaram demonstrar uma sensibilidade especial para com os viajantes internacionais, sobretudo, para com aqueles cujos países tinham sido publicamente hostis em relação aos Estados Unidos. Alguns desses viajantes, quando se deparavam com esse patriotismo, às vezes sentiam um desconforto moderado; outros, uma hostilidade assustadora. Era mais provável que esse problema acontecesse quando os viajantes saíam das cidades de entrada e visitavam locais mais remotos, nos quais as pessoas estavam menos acostumadas a lidar com visitantes internacionais. Mesmo nos destinos de entrada, viajantes relataram que fizeram *check-in* em hotéis, após um longo voo, e tiveram de se defrontar com um recepcionista vestindo algo com uma bandeira americana e exibindo um bóton na lapela, com um *slogan* patriótico agressivo. Nas ruas, as pessoas hasteavam bandeiras em residências e edifícios comerciais, e adesivos com dizeres patrióticos estavam colados nos para-choques dos carros por toda parte. Para alguns viajantes estrangeiros que chegavam aos Estados Unidos para fazer negócios ou para aqueles que estavam em férias, essa exposição era intimidadora.

Um gerente de hotel com foco corporativo que fosse perspicaz, em Nova York, Los Angeles, Washington, DC, poderia antecipar o problema e fornecer treinamento extra para sensibilizar os funcionários sobre o impacto que esse visual forte teria sobre os hóspedes. Infelizmente, nem todo gerente é perspicaz, e fora dos principais pontos de entrada nos Estados Unidos, houve relatos sobre situações em que não houve muita hospitalidade para garantir uma atmosfera acolhedora para todos os visitantes. Se uma organização propõe-se a prestar serviços aos clientes, cabe aos gestores garantir que os funcionários estejam preparados para prestar o atendimento adequado. Parques temáticos sabem que os visitantes de algumas culturas evitam permanecer nas filas. Esses parques auxiliam seus funcionários na manutenção da disciplina, para que as pessoas permaneçam enfileiradas, delimitando claramente as filas de espera com cordas e suportes. Em outras palavras, as organizações que prestam serviços para clientes internacionais devem assegurar que seus funcionários recebam treinamento e tenham toda a assistência na gestão das experiências dos clientes para que estes, e os outros que estiverem ao seu redor, fiquem satisfeitos.

Questão para discussão: Se você já viajou para outro país ou é um viajante oriundo de outro estado, quais foram suas reações a respeito das coisas que viu e das pessoas com as quais teve contato pela primeira vez após a entrada no país estrangeiro? Como isso afetou suas impressões e percepções sobre o país em que estava?

tornaram acessíveis. Em alguns países em desenvolvimento, o serviço de telefonia baseia-se quase inteiramente na tecnologia móvel (por telefone celular), em vez de serviço de telefonia fixo, ou seja, com fio. Tecnologias como fax e *e-mail* permitem que gerentes enviem documentos para todo o mundo em segundos, em vez de levar dias, como ocorria há apenas alguns anos. Aplicativos mais recentes, como as mensagens de texto e o Skype, tornaram a comunicação global ainda mais fácil. Em suma, é muito mais fácil fazer negócios internacionais hoje do que há poucos anos atrás.

Em segundo lugar, as empresas têm se expandido internacionalmente para ampliar seus mercados. Empresas em países menores, como a Nestlé, na Suíça, e a Heineken, na Holanda, há muito reconheceram que seus mercados domésticos eram demasiado pequenos para sustentar tanto crescimento e, assim, entraram na arena internacional. Muitas empresas norte-americanas, por sua vez, só descobriram que era vantajoso entrar em mercados estrangeiros na última metade do século passado. Agora, porém, a maioria das empresas de médio porte e até as pequenas compram e/ou vendem produtos e serviços em outros países.

Em terceiro lugar, cada vez mais, as empresas estão se deslocando para mercados internacionais visando controlar custos, especialmente para reduzir os custos trabalhistas. Os planos para cortar custos, nesse sentido, nem sempre funcionam conforme planejado, porém muitas empresas estão usando mão de obra mais barata com sucesso na Ásia e no México.[3] Ao planejar custos trabalhistas mais baixos, algumas empresas descobriram trabalhadores bem treinados e construíram plantas mais eficientes, que estão mais próximas dos mercados internacionais. A Índia, por exemplo, surgiu como uma grande força no setor de alta tecnologia. A Turquia e a Indonésia também estão crescendo em importância. E muitas montadoras estrangeiras construíram fábricas nos Estados Unidos.

Por fim, muitas organizações tornaram-se internacionais em resposta à concorrência. Se uma organização começa a ganhar força no mercado internacional, seus concorrentes, muitas vezes, têm que seguir pelo mesmo caminho para evitar ficar para trás em relação às vendas e à rentabilidade. A Exxon Mobil Corporation e a Chevron perceberam que tinham que aumentar sua quota de mercado internacional para manter o mesmo ritmo de seus concorrentes estrangeiros, como a BP e a Royal Dutch Shell.

Diferenças e semelhanças transculturais

O tema principal deste livro é o comportamento humano em contextos organizacionais, então vamos voltar nossa atenção para as diferenças e semelhanças comportamentais em várias culturas. Ainda que haja relativamente pouca pesquisa nessa área, descobertas interessantes começaram a surgir.[4]

Observações gerais Até certo nível, é possível fazer algumas considerações mais amplas sobre as semelhanças e diferenças entre as culturas. As barreiras culturais e nacionais não coincidem necessariamente. Algumas áreas da Suíça são muito parecidas com a Itália, outras partes são como a França e há, ainda, lugares como a Alemanha. Da mesma forma, nos Estados Unidos existem grandes diferenças culturais entre, digamos, o sul da Califórnia, o Texas e a Costa Leste.[5]

Dado esse pressuposto básico, uma importante revisão da literatura sobre gestão internacional chegou a cinco conclusões básicas.[6] Em primeiro lugar, o comportamento nas estruturas organizacionais varia entre as culturas. Assim, funcionários em empresas com base no Japão, nos Estados Unidos e na Alemanha, provavelmente apresentam diferentes atitudes e padrões de comportamento. Os padrões de comportamento também são suscetíveis a serem ampliados e disseminados em uma organização.

Em segundo lugar, a cultura em si é uma das principais causas dessa variação. **Cultura** é o conjunto de valores comuns, frequentemente um dado adquirido, que ajuda as pessoas em um grupo, uma organização ou na sociedade, a entender que ações são consideradas aceitáveis e

---

Cultura é o conjunto de valores comuns, frequentemente uma característica adquirida, que ajuda as pessoas em um grupo, em uma organização ou na sociedade, a entender quais ações são consideradas aceitáveis e quais são totalmente inaceitáveis.

As pessoas se comportam de forma diferente em contextos culturais distintos. Essa reunião de negócios, por exemplo, inclui gerentes de diferentes países. É quase certo que o comportamento de cada gerente será afetado pelos comportamentos dos outros.

quais são totalmente inaceitáveis. (Usaremos esse mesmo conceito para organizar nossa discussão sobre cultura organizacional no Capítulo 18). Assim, embora as diferenças comportamentais observadas possam ser causadas, em parte, por diferentes padrões de vida, condições geográficas distintas, por exemplo, a cultura em si é um fator importante a ser considerado separadamente.

Em terceiro lugar, embora as causas e as consequências do comportamento no contexto organizacional sejam bastante diversificadas entre as culturas, as organizações e as formas como elas estão estruturadas parecem estar se tornando cada vez mais semelhantes. Dessa forma, práticas gerenciais, de modo geral, podem ser cada vez mais parecidas, mas as pessoas que trabalham nas organizações ainda diferem entre si acentuadamente.

Em quarto lugar, o mesmo indivíduo comporta-se de modo diferente em contextos culturais distintos. Um executivo pode adotar um conjunto de comportamentos quando trabalha inserido em uma cultura, porém altera esses comportamentos quando vai para outra diferente. Por exemplo, os executivos japoneses que vão trabalhar nos Estados Unidos, aos poucos podem começar a agir mais como os gestores norte-americanos e menos como os gestores japoneses. Esse fato, por sua vez, pode ser uma fonte de preocupação para eles quando são transferidos de volta para o Japão.

Finalmente, a diversidade cultural pode ser uma importante fonte de sinergia na melhoria da eficácia organizacional. Cada vez mais organizações estão começando a reconhecer o valor da diversidade, mas, surpreendentemente, ainda se sabe pouco sobre como administrá-la. As organizações que adotam uma estratégia multinacional podem – com algum esforço – se torná-la mais do que uma soma de suas partes. Manter as operações de uma empresa em uma cultura pode beneficiar as operações em outras culturas por meio de maior compreensão de como o mundo funciona.[7]

Questões culturais específicas Geert Hofstede, pesquisador holandês, estudou trabalhadores e gestores em 60 países e concluiu que atitudes e comportamentos específicos diferiam significativamente em razão de valores e crenças que caracterizavam esses países.[8] A Tabela 2.1 mostra como as categorias de Hofstede nos ajudam a resumir as diferenças entre vários países.

As duas dimensões primárias que Hofstede descobriu foram o *continuum* do individualismo/coletivismo e a distância hierárquica. O **individualismo** existe na medida em que as pessoas, em uma cultura, definem-se como indivíduos, e não como parte de um ou mais grupos ou organizações. No trabalho, as pessoas em culturas mais individualistas tendem a se preocupar mais consigo mesmas como indivíduos do que com sua equipe de trabalho; as tarefas individuais são mais importantes que os relacionamentos; a contratação e a promoção geralmente são baseadas em habilidades e regras. O **coletivismo** é caracterizado por estruturas com fortes laços sociais, em que as pessoas tendem a basear suas identidades no grupo ou na organização a que pertencem. No trabalho, isso significa que as relações entre empregado-empregador são semelhantes às relações familiares; os relacionamentos são mais importantes que os indivíduos ou as tarefas; a contratação e a promoção são baseadas em associação de grupos. Nos Estados Unidos, onde há uma cultura muito individualista, é importante ter um desempenho melhor do que o dos outros e destacar-se na multidão. No

O individualismo existe na medida em que as pessoas, em uma cultura, definem-se principalmente como indivíduos, e não como parte de um ou mais grupos ou organizações.

O coletivismo é caracterizado por estruturas com fortes laços sociais, em que as pessoas tendem a basear sua identidade no grupo ou na organização a que pertencem.

TABELA 2.1	Diferenças relacionadas ao trabalho em 10 países				
PAÍS	INDIVIDUALISMO/ COLETIVISMO	DISTÂNCIA DO PODER	ATO DE EVITAR A INCERTEZA	MASCULINIDADE	ORIENTAÇÃO PARA O LONGO PRAZO
Canadá	A	M	M	M	B
Alemanha	M	M	M	M	M
Israel	M	B	M	M	(sem dados)
Itália	A	M	M	A	(sem dados)
Japão	M	M	A	A	A
México	A	A	A	M	(sem dados)
Paquistão	B	M	M	M	B
Suécia	A	M	B	B	M
Estados Unidos	A	M	M	M	B
Venezuela	B	A	M	A	(sem dados)

Observação: A = alto; M = moderado; B = baixo para INDIVIDUALISMO/COLETIVISMO significa individualismo alto; B significa alto coletivismo e M significa um equilíbrio entre individualismo e coletivismo. Estes são apenas 10 dos mais de 60 países que Hofstede e outros estudaram.

Referências: Adaptado de Geert Hofstede e Michael Harris Bond, "The Confucius Connection: From Cultural Roots to Economic Growth", *Organizational Dynamics,* Primavera, 1988, p. 5-21; Geert Hofstede, "Motivation, Leadership, and Organization: Do American Theories Apply Abroad?", *Organizational Dynamics,* Verão, 1980, p. 42-63.

A **distância hierárquica**, que também pode ser denominada **orientação ao poder**, é o ponto até o qual as pessoas aceitam como normal uma distribuição desigual de poder.

A **ação de evitar a incerteza**, também chamada de **preferência pela estabilidade**, mede o quanto as pessoas se sentem ameaçadas por situações desconhecidas, e preferem enfrentar situações claras e sem ambiguidades.

A **masculinidade**, que pode ser chamada com mais precisão de **assertividade** ou **materialismo**, é a medida da extensão em que os valores dominantes de uma sociedade enfatizam a agressividade e a aquisição de dinheiro e outros bens, em oposição à preocupação com as pessoas, com as relações pessoais e com a qualidade de vida.

Os **valores de longo prazo** incluem focalizar o futuro, trabalhar em projetos que tragam retorno após um período maior, além de características como persistência e parcimônia (ou frugalidade).

Japão, onde há uma cultura mais coletivista, o indivíduo tenta encaixar-se no grupo, esforça-se para que haja harmonia e prefere a estabilidade.

A **distância hierárquica do poder**, que também pode ser denominada **orientação ao poder**, é o ponto até o qual as pessoas aceitam como normal uma distribuição desigual de poder. Em países como México e Venezuela, por exemplo, as pessoas preferem estar em uma situação na qual o grau de autoridade é claramente entendido, e as linhas que definem essa autoridade nunca são ignoradas. Já em países como Israel e Dinamarca, a autoridade não é tão respeitada, e os funcionários se sentem muito confortáveis ao contornar as linhas que definem a autoridade para realizar algo. As pessoas nos Estados Unidos tendem a ter um comportamento mesclado, aceitando a autoridade em algumas situações, mas não em outras.

Hofstede também identificou outras dimensões da cultura. A **ação de evitar a incerteza**, também chamada de **preferência pela estabilidade**, estima o quanto as pessoas se sentem ameaçadas por situações desconhecidas e preferem enfrentar situações claras e sem ambiguidades. As pessoas no Japão e no México preferem estabilidade à incerteza, ao passo que a incerteza é considerada normal e aceita em Hong Kong, Suécia e Reino Unido. A **masculinidade**, que pode ser chamada com mais precisão de **assertividade** ou **materialismo**, é avaliada a extensão em que os valores dominantes de uma sociedade enfatizam a agressividade e a aquisição de dinheiro e outros bens, em oposição à preocupação com as pessoas, com as relações pessoais e com a qualidade de vida. As pessoas nos Estados Unidos tendem a ser mais moderadas em ambas as escalas de evitar a incerteza (ou evitar correr riscos) e de masculinidade. O Japão e a Itália apresentam uma pontuação alta na escala de masculinidade, ao passo que na Suécia essa pontuação é baixa.

O olhar para o futuro de Hofstede foi ampliado recentemente para incluir o referencial de **orientação para o longo prazo**, em oposição à **orientação para o curto prazo**. Os valores de longo prazo incluem focalizar o futuro, trabalhar em projetos que tragam retorno após um período maior, além de características como persistência e parcimônia. Já os valores de curto prazo são mais orientados para o passado e o presente, e incluem o respeito pelas tradições e obrigações sociais. Japão, Hong Kong e China são países altamente orientados para o longo prazo. Os Países Baixos (Holanda), os Estados Unidos e a Alemanha são moderadamente

Os **valores de curto prazo** são mais orientados para o passado e o presente e incluem o respeito pelas tradições e obrigações sociais.

orientados para o longo prazo. O Paquistão e a África Ocidental tendem a ser mais orientados para o curto prazo.

A pesquisa de Hofstede apresenta apenas uma das várias maneiras de se categorizar as diferenças entre os diversos países e culturas. Suas descobertas são amplamente aceitas e foram usadas por muitas empresas. Essas constatações levaram outros a fazer pesquisas. A questão importante a ser lembrada é que pessoas de culturas diversas valorizam as coisas de modo diferente, e que os indivíduos precisam levar essas diferenças em conta quando trabalham.

Comportamento gerencial em diferentes culturas

Algumas diferenças individuais em diferentes culturas moldam o comportamento de ambos, dirigentes e funcionários. Outras diferenças são muito mais plausíveis de influenciar o comportamento gerencial *per se*.[9] Em geral, essas diferenças refletem as crenças dos gestores sobre o papel da autoridade e do poder na organização. Por exemplo, os gerentes na Indonésia, na Itália e no Japão tendem a acreditar que o propósito da construção de uma organização é para que todos saibam quem é o chefe (distância hierárquica de moderada a alta). Os gestores nos Estados Unidos, na Alemanha e na Grã-Bretanha, em contraposição, acreditam que a estrutura organizacional destina-se a coordenar o comportamento do grupo e seus esforços (distância hierárquica baixa). Em outra dimensão do comportamento, os administradores italianos e alemães acreditam que é aceitável ignorar o nível hierárquico acima deles, ou seja, "passar por cima" do chefe para conseguir que as coisas sejam aceitas, mas entre os gestores suecos e britânicos, ignorar o superior é proibido.

A Figura 2.2 ilustra as conclusões em relação a outro ponto interessante. Os dirigentes no Japão têm forte convicção de que o superior deva ser capaz de responder a qualquer

FIGURA 2.2

Diferenças entre culturas em relação às crenças dos gerentes sobre responder as perguntas de subordinados

Subordinados em várias culturas têm crenças diferentes em relação à capacidade dos dirigentes para oferecer respostas definitivas e precisas para suas perguntas. No Japão, os subordinados têm o nível de expectativa mais alto a esse respeito; na Suécia, essas expectativas são as mais baixas.

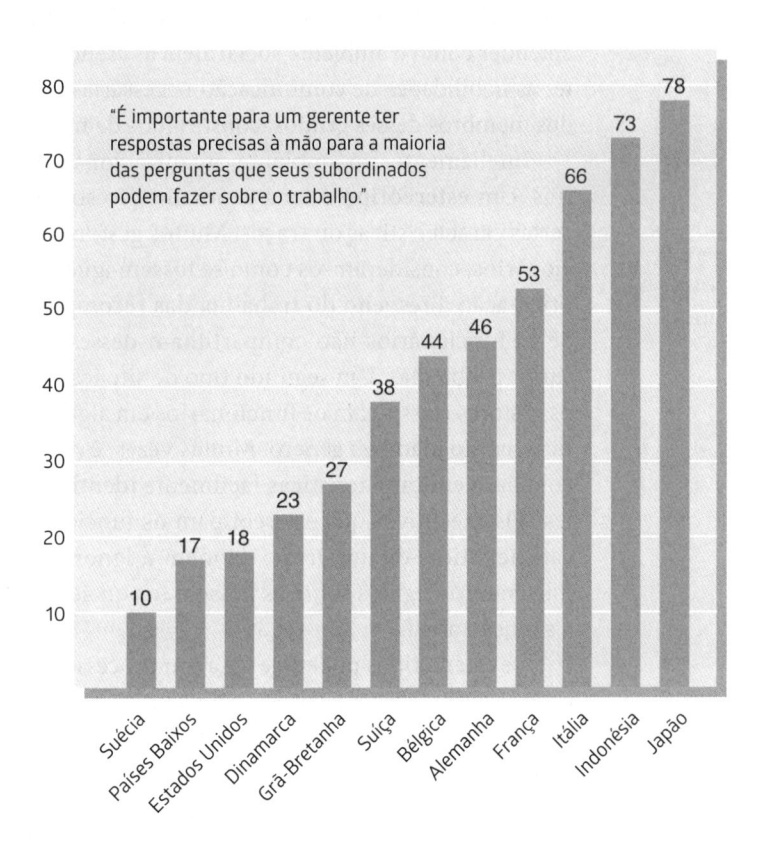

"É importante para um gerente ter respostas precisas à mão para a maioria das perguntas que seus subordinados podem fazer sobre o trabalho."

País	Valor
Suécia	10
Países Baixos	17
Estados Unidos	18
Dinamarca	23
Grã-Bretanha	27
Suíça	38
Bélgica	44
Alemanha	46
França	53
Itália	66
Indonésia	73
Japão	78

Referência: Reimpresso de *International Studies of Management and Organizations*, vol. XIII, n. 1–2, Primavera-Verão, 1983, com permissão de M. E. Sharpe, Inc., Armonk, N.Y. 10504.

pergunta que lhe for dirigida. Assim, eles colocam os conhecimentos e a experiência em destaque. No outro extremo estão os gerentes suecos, que têm uma menor preocupação em saber todas as respostas. Eles se veem mais como solucionadores de problemas e facilitadores, sem a pretensão de serem oniscientes.

Algumas evidências também sugerem que o comportamento gerencial esteja mudando rapidamente, pelo menos entre executivos europeus. Esses gestores estão se tornando mais orientados para a carreira, instruídos, dispostos a trabalhar de forma cooperativa, a delegar e mais cosmopolitas. Finalmente, um projeto de pesquisa global recente investigou as diferenças na liderança em diferentes países e chegou a alguns resultados interessantes. Analisaremos essa pesquisa em detalhe no Capítulo 13.

DIVERSIDADE E NEGÓCIOS

> A **diversidade da força de trabalho** refere-se a importantes semelhanças e diferenças entre os funcionários das organizações.

Uma segunda grande mudança no ambiente das empresas nos últimos anos tem sido a maior atenção dedicada ao conceito de diversidade. A **diversidade da força de trabalho** refere-se a importantes semelhanças e diferenças entre os funcionários das organizações. A 3M define seus objetivos em relação à diversidade da força de trabalho do seguinte modo: "Valorizar a singularidade e, ao mesmo tempo, respeitar as diferenças; maximizar o potencial dos indivíduos e obter a sinergia dos talentos coletivos e das experiências para o crescimento e o sucesso da 3M".[10] Em uma força de trabalho diversificada, os dirigentes são obrigados a reconhecer e a lidar com as semelhanças e diferenças que existem entre as pessoas na organização.[11] Os conceitos dos colaboradores – a respeito do trabalho, suas expectativas sobre serem recompensados pela organização e as práticas ao se relacionarem com os outros – são todos influenciados pela diversidade. Os executivos que administram equipes diversas precisam entender como o ambiente social afeta as crenças dos funcionários sobre o trabalho e devem ter as habilidades de comunicação necessárias para desenvolver a confiança e a autoestima dos membros desses grupos, constituídos de membros diferentes.[12]

> **Estereótipos** são generalizações sobre uma pessoa ou um grupo com base em determinadas características ou traços.

Infelizmente, no ambiente organizacional, muitas pessoas tendem a estereotipar outras. Um **estereótipo** é uma generalização sobre uma pessoa ou um grupo com base em certas características ou traços. Muitos gestores caem na armadilha de estereotipar os funcionários, consideram-os como se fossem iguais a eles próprios e compartilham da mesma orientação a respeito do trabalho, das recompensas e do relacionamento com os colegas. Se os funcionários não compartilham desses pontos de vista, valores e crenças, podem surgir problemas. Um segundo tipo de situação envolvendo os estereótipos ocorre quando os gestores classificam os funcionários em algum grupo específico com base em características, como idade ou gênero. Muitas vezes, é mais fácil para os gerentes agrupar as pessoas com base em características facilmente identificáveis e tratar esses grupos como "diferentes". Os executivos que estereotipam os funcionários baseando-se em suposições sobre as características de um grupo, tendem a ignorar as diferenças individuais e, assim, fazem julgamentos rígidos sobre as pessoas, os quais não levam em conta uma pessoa única nem a situação atual.

> **Preconceitos** são julgamentos que reforçam as crenças sobre superioridade e inferioridade em relação a outras pessoas.

Os estereótipos podem levar a um processo ainda mais perigoso: o preconceito em relação aos outros. **Preconceitos** são julgamentos que reforçam as crenças sobre superioridade e inferioridade em relação a outras pessoas. Eles podem levar a uma avaliação rígida do valor de um grupo e a uma diminuição do valor de outros grupos. Quando as pessoas prejulgam os outros, fazem suposições sobre sua natureza, que podem ou não ser verdadeiras, e gerenciam os indivíduos de acordo com essas suposições. Em outras palavras, as pessoas fazem as descrições de cargos, constroem sistemas de recompensas, sistemas de avaliação de desempenho e sistemas de gestão e políticas que se adaptem a esses estereótipos.

Os sistemas de gestão construídos sobre estereótipos e preconceitos não atendem às necessidades de uma força de trabalho diversificada. Um sistema de incentivos pode oferecer recompensas que as pessoas não valorizam; as descrições de cargos podem não se ajustar ao trabalho e às pessoas que o executam e os sistemas de avaliação de desempenho podem avaliar as coisas de forma equivocada. Além disso, aqueles que se empenham em reforçar os preconceitos e estereótipos falham ao não reconhecerem os diversos talentos individuais dos funcionários, uma situação que, muitas vezes, leva esses trabalhadores a perder a autoestima e a apresentar baixos níveis de desempenho e satisfação com o trabalho. Os estereótipos também podem tornar-se profecias que se realizam. Se supormos que alguém é incompetente e tratarmos essa pessoa como incompetente, ao longo do tempo esse funcionário pode começar a compartilhar da mesma crença. Isso pode levar a redução de produtividade, baixa criatividade e moral baixo.

É óbvio que os gerentes que estão presos a esse ciclo contraproducente podem mudar. Como primeiro passo, eles devem reconhecer que a diversidade existe nas organizações. Só então podem começar a gerenciá-la adequadamente. Os gerentes que não reconhecem a diversidade podem ter de enfrentar uma força de trabalho infeliz, desiludida e subutilizada.

Dimensões da diversidade

Nos Estados Unidos, raça e gênero foram considerados dimensões principais da diversidade. As primeiras leis sobre direitos civis, por exemplo, destinavam-se a corrigir os erros da segregação racial. Outras leis mais recentes têm tratado da discriminação com base no gênero, na idade e na deficiência. Todavia, a diversidade implica questões mais abrangentes do que essas. No sentido mais amplo, a diversidade da força de trabalho refere-se a todas as maneiras como os funcionários assemelham-se ou diferem entre si. A importância do interesse renovado na diversidade é que isso ajuda as organizações a colher os benefícios de todas as semelhanças e diferenças entre os funcionários.

> As dimensões principais da diversidade referem-se a fatores que são ou inatos ou exercem uma influência extraordinária na socialização precoce.

As **dimensões principais da diversidade** referem-se a fatores que são ou inatos ou exercem uma influência extraordinária na socialização precoce. Esses fatores incluem idade, raça e etnia, gênero, habilidades físicas e mentais e orientação sexual.[13] Eles incluem a essência do que somos como seres humanos e nos definem em relação aos outros, e como as outras pessoas reagem a eles, esses fatores também nos definem para nós mesmos. Essas características preservam os aspectos da nossa personalidade humana e, às vezes, apresentam problemas extremamente complexos para os gestores.

> As dimensões secundárias da diversidade incluem fatores que são importantes para nós como indivíduos e que de algum modo nos definem em relação aos outros. Entretanto, essas dimensões podem não ser permanentes como as dimensões primárias e podemos adaptá-las ou alterá-las.

As **dimensões secundárias da diversidade** incluem fatores que são importantes para nós como indivíduos que de algum modo nos definem em relação aos outros. Entretanto, essas dimensões podem não ser permanentes como as dimensões primárias e podemos adaptá-las ou alterá-las. Essas incluem formação, localização geográfica, renda, estado civil, experiência militar, o fato de ter filhos ou não, crenças religiosas e experiência no trabalho. Esses fatores podem influenciar qualquer indivíduo, tanto quanto as dimensões primárias. Muitos veteranos das guerras no Afeganistão e no Iraque, por exemplo, foram profundamente afetados pela sua experiência de servir nas forças armadas.

Como será a força de trabalho do futuro?

As estatísticas de emprego podem nos ajudar a compreender o como será a força de trabalho do futuro. A Figura 2.3 compara a composição da força de trabalho de 1984, 1994, 2004 e as projeções para 2014. Todos os segmentos da força de trabalho aumentaram em porcentagem em relação ao total, exceto o segmento de homens brancos, que têm diminuído constantemente. Isso pode não parecer muito dramático, porém há décadas os homens brancos têm dominado a força de trabalho, representando mais de 50%. Quando se considera que a força de trabalho total dos Estados Unidos é formada por mais de 150 milhões de pessoas, mesmo uma pequena porcentagem em declínio representa uma quantidade grande em números absolutos.[14]

```
          ■ 1990    ■ 2000    ■ 2010    ░ 2014 (projeção)
```

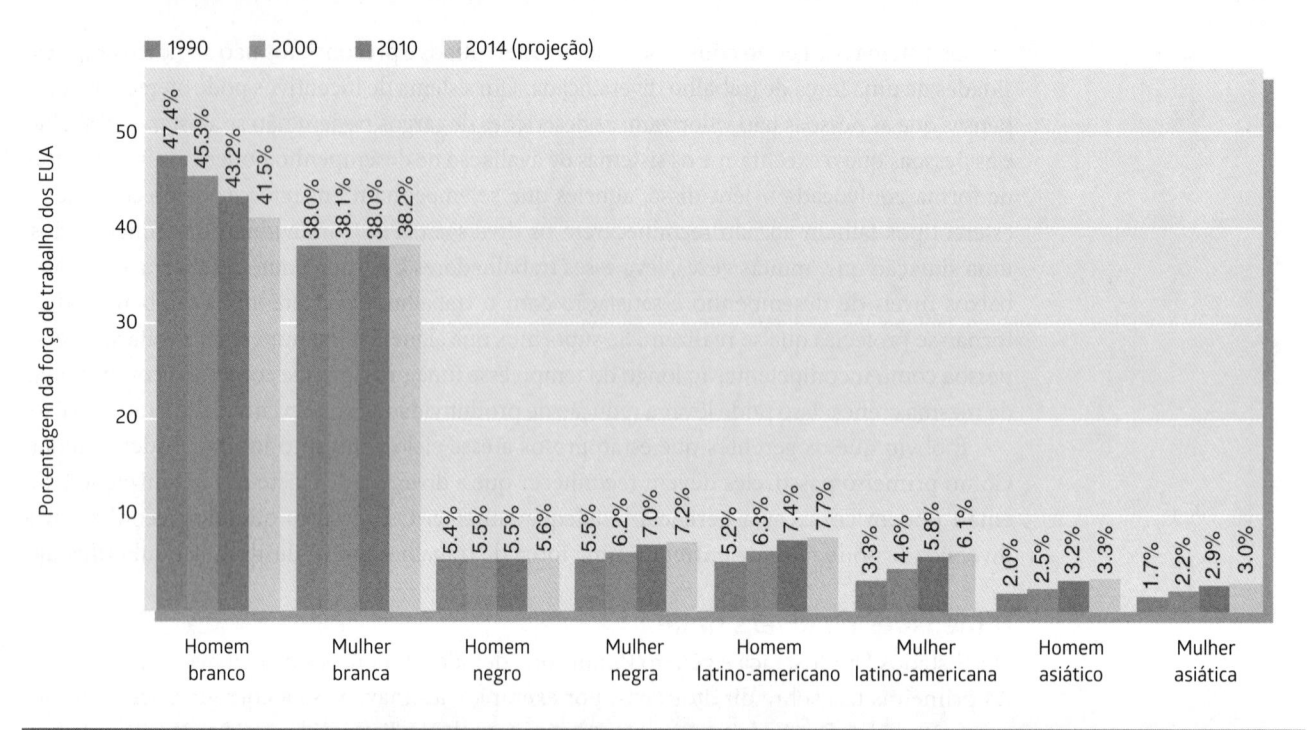

	1990	2000	2010	2014
Homem branco	47,4%	45,3%	43,2%	41,5%
Mulher branca	38,0%	38,1%	38,0%	38,2%
Homem negro	5,4%	5,5%	5,5%	5,6%
Mulher negra	5,5%	6,2%	7,0%	7,2%
Homem latino-americano	5,2%	6,3%	7,4%	7,7%
Mulher latino-americana	3,3%	4,6%	5,8%	6,1%
Homem asiático	2,0%	2,5%	3,2%	3,3%
Mulher asiática	1,7%	2,2%	2,9%	3,0%

FIGURA 2.3

Composição da força de trabalho 1990-2014

No período entre 1990 e 2014, todos os segmentos da força de trabalho devem aumentar sua porcentagem em relação ao total, exceto o de homens brancos, que diminuiu de 47,4%, em 1990, para 43,2%, em 2010, e deve diminuir, na sequência, para 41,5%, em 2014.

Observação: As porcentagens para cada ano excederam 100 por causa do número de indivíduos que declararam pertencer a duas ou múltiplas etnias.

Fonte: Bureau of Labor Statistics, Labor Force Projections 2014: Retiring Boomers, http://www.bls.gov/opub/mlr/2010/11/art3full.pdf

Também podemos examinar a natureza do crescimento da força de trabalho durante o período de 10 anos, de 2004 a 2014. A Figura 2.4 mostra a porcentagem do crescimento atribuída a cada segmento. Por exemplo, ao longo desse período de 10 anos, espera-se que a porcentagem masculina total da força de trabalho cresça 1,1%. Nessa categoria, no entanto, estima-se que o número de homens brancos aumente apenas 0,8%, ao passo que a projeção de aumento de homens negros é de 1,9%; o aumento da porcentagem de homens latino-americanos é de 2,8% e de homens asiáticos, de 2,7%. Como pode ser observado, as categorias de homens e mulheres brancos devem diminuir ligeiramente na porcentagem total da força de trabalho, ao passo que a projeção a que todos os outros grupos aumentem.

Examinar as faixas etárias da força de trabalho pode nos dar outra visão sobre as mudanças. Em contraste com a sua posição nas décadas anteriores, o grupo etário entre 16 e 24 anos está crescendo mais rapidamente do que a população em geral – um aumento de 3,4 milhões (14,8%) entre 2000 e 2010. O número de trabalhadores na faixa etária de 25 a 54 anos aumentou em 5 milhões (5,0%) e o número de trabalhadores no grupo etário das pessoas com 55 anos ou mais aumentou 8,5 milhões (46,6%).[15]

Diversidade da força de trabalho global

Estatísticas semelhantes sobre a diversidade da força de trabalho são encontradas em outros países. No Canadá, por exemplo, as minorias são o segmento com o crescimento mais rápido na população e na força de trabalho. Além disso, as mulheres representam dois terços do crescimento da força de trabalho canadense, com um aumento de 35%, em 1970, para mais de 50%, em 2010. Essas mudanças iniciaram uma revolução na força de traba-

FIGURA 2.4

Crescimento projetado da força de trabalho, por segmento, de 2004 até 2014

Como a figura ilustra, ao passo que a força de trabalho total deve crescer 1% entre 2004 e 2014, o menor crescimento está nas categorias de homens e mulheres brancos; já o maior crescimento está na categoria de mulheres asiáticas.

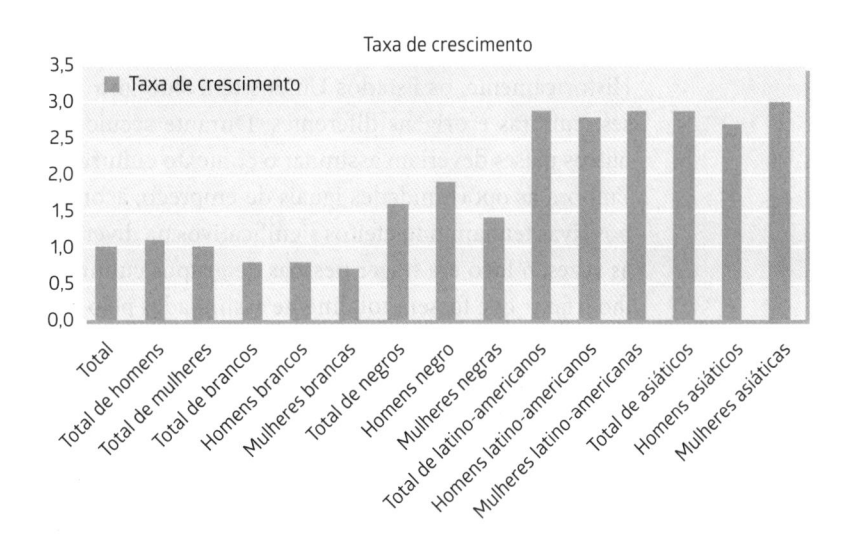

Taxa de crescimento

[Gráfico de barras mostrando a taxa de crescimento para: Total, Total de homens, Total de mulheres, Total de brancos, Homens brancos, Mulheres brancas, Total de negros, Homens negro, Mulheres negras, Total de latino-americanos, Homens latino-americanos, Mulheres latino-americanas, Total de asiáticos, Homens asiáticos, Mulheres asiáticas]

Fonte: Bureau of Labor Statistics, Labor Force Projections to 2014; http://www.bls.gov/opub/mlr/2005/11/art3full.pdf

lho em escritórios e fábricas de todo o país. Os executivos e funcionários estão aprendendo a se adaptar às mudanças demográficas. Um estudo constatou que 81% das organizações pesquisadas pelo Conference Board, do Canadá, incluem programas de gestão da diversidade para os seus funcionários.[16]

O aumento da diversidade no local de trabalho é ainda mais drástico na Europa, onde os funcionários têm cruzado as fronteiras há muitos anos. De fato, em 1991, mais de 2 milhões de europeus viviam em um país e trabalhavam em outro. Em 1992, quando a União Europeia facilitou ainda mais para que seus cidadãos cruzassem as fronteiras, esse número aumentou significativamente. Esperava-se que abrir as fronteiras para os membros da Comunidade Europeia significaria afrouxar as restrições comerciais a fim de que os bens e serviços pudessem circular mais livremente entre os países-membros. Além disso, os trabalhadores também estavam mais livres para se deslocar, eles aproveitaram a oportunidade. Está claro que a diversidade da força de trabalho é algo mais do que um fenômeno norte-americano. Muitas fábricas alemãs têm agora uma força de trabalho muito diversificada, que inclui muitos trabalhadores vindos da Turquia. Várias das economias emergentes da Europa Central vivem uma diversidade crescente em sua força de trabalho. Polônia, Hungria e República Checa, por exemplo, têm experimentado um influxo constante de trabalhadores vindos da Ucrânia, do Afeganistão, do Sri Lanka, da China e da Somália.[17]

Empresas em toda a Europa estão aprendendo a se adaptar às mudanças na força de trabalho. A Amadeus Global Travel Distribution oferece serviços na indústria de viagens, principalmente na Europa, porém seu quadro de 650 colaboradores é composto por indivíduos de 32 países. A empresa desenvolveu uma série de seminários para ensinar os gerentes a liderar equipes multiculturais. Tais seminários também os ensina a interagir melhor com seus pares, subordinados e superiores oriundos de vários países. Outras empresas que experimentaram o mesmo fenômeno na Europa, e foram proativas em relação a isso, incluem: Mars, Hewlett-Packard da Espanha, Fujitsu da Espanha e BP. As empresas na Ásia também estão se deparando com a diversidade crescente. Na Tailândia, onde há escassez de trabalhadores qualificados e não qualificados em razão da rápida industrialização e do crescimento lento da população, há uma crescente demanda por trabalhadores estrangeiros para preencher as lacunas, o que cria problemas de integração entre eles e os estrangeiros.[18] Assim, a questão da diversidade da força de trabalho não está limitada aos Estados Unidos.

O valor da diversidade

Historicamente, os Estados Unidos têm sido visto como um "caldeirão" de pessoas de países, culturas e origens diferentes. Durante séculos, presumiu-se que aqueles oriundos de outros países deveriam assimilar o contexto cultural existente, no qual estavam se inserindo. Embora as oportunidades iguais de emprego, acompanhadas de uma legislação para ações positivas tenham tido efeitos significativos na diversidade encontrada nos locais de trabalho, às vezes, o foco era trazer pessoas de grupos culturalmente diferentes para o local de trabalho e fazer que fossem totalmente assimiladas pelo contexto organizacional. No entanto, nas organizações, a integração provou ser algo difícil de ser implementado. Os membros dos grupos majoritários eram, em geral, lentos para se adaptar e resistentes à mudança. As oportunidades para um avanço substancial na carreira raramente concretizavam-se para aqueles que eram considerados "diferentes".

Nos últimos anos, a questão da diversidade na força de trabalho tem se tornado cada vez mais crescente à medida que funcionários, gerentes, consultores e governo percebem que a composição da força de trabalho afeta a produtividade organizacional. Hoje, em vez de um "caldeirão de culturas", o local de trabalho nos Estados Unidos pode ser visto mais como uma "salada" composta de um mosaico de diferentes sabores, cores e texturas. Em vez de tentar integrar aqueles que são diferentes em uma única cultura organizacional, o ponto de vista atual defende que as organizações precisam valorizar as diferenças e utilizar a variedade de talentos, perspectivas e origens de todos os funcionários.[19]

Assimilação   Assimilação é o processo pelo qual os membros de um grupo minoritário são socializados por aprender os comportamentos do grupo majoritário. Nas organizações isso implica a contratação de pessoas de diversas origens e a tentativa de moldá-las para que se encaixem na cultura organizacional existente. Uma maneira por meio da qual as empresas tentam fazer que as pessoas se encaixem é exigindo que os funcionários falem apenas uma língua. Por exemplo, Carlos Solero foi demitido depois que se recusou a assinar um contrato de trabalho que incluía uma política de falar somente inglês no chão de fábrica perto de Chicago. A administração alegou que a intenção da política de se falar apenas em inglês era melhorar a comunicação entre os funcionários. Em resposta, Solero e sete outros funcionários que falavam espanhol iniciaram ações judiciais contra a empresa. Tentativas de assimilar diversos trabalhadores impondo-lhes regras para que falem somente em inglês podem levar a vários problemas organizacionais. A maioria das organizações desenvolve sistemas, como avaliação de desempenho e programas de incentivos que reforçam os valores do grupo dominante. (O Capítulo 18 discute a cultura organizacional como um meio de reforçar os valores organizacionais e influenciar o comportamento dos funcionários). Ao aplicar em todos os casos os valores do grupo majoritário em toda a organização, a assimilação tende a perpetuar os falsos preconceitos e estereótipos. Espera-se que os funcionários considerados diferentes alcancem os padrões de membros do grupo dominante.[20]

Grupos dominantes tendem a se perpetuar. Os membros do grupo majoritário podem evitar pessoas que são "diferentes" simplesmente porque acham a comunicação difícil. Ainda assim, as discussões informais durante um café ou um almoço, ou após o expediente, tendem a ser limitadas a pessoas do grupo dominante. Como resultado, aqueles que não estão no grupo dominante perdem as oportunidades de comunicação informal, nas quais as políticas da administração, a política da empresa e outras questões são discutidas com riqueza de detalhes. Posteriormente, os funcionários que não fazem parte do grupo dominante muitas vezes não entendem as comunicações formais e não podem ser incluídos em ações necessárias que são tomadas em resposta aos assuntos. O grupo dominante, da mesma forma, permanece inconsciente em relação às opiniões daqueles que estão "do lado de fora".

> Assimilação é o processo pelo qual os membros de um grupo minoritário são socializados ao aprender os comportamentos do grupo majoritário.

Da mesma forma, uma vez que o grupo dominante toma decisões com base em seus próprios valores e crenças, o grupo minoritário tem pouco a dizer sobre as decisões em matéria de pagamento, localização das instalações, planos de benefícios, padrões de desempenho e outras questões de trabalho que dizem respeito, diretamente, a todos os funcionários. Aqueles que diferem da maioria entendem que para ter sucesso em tal sistema o indivíduo deve ser igual ao grupo dominante em termos de valores e crenças, vestimenta, e em muitas outras características. Uma vez que o sucesso depende da assimilação, as diferenças tendem a permanecer em segredo.

Não prestar atenção à diversidade pode sair muito caro para a organização. Além de bloquear a participação de minorias na comunicação e na tomada de decisões, isso pode resultar em tensões entre os funcionários, em menor produtividade, aumento de custos em razão do aumento do absenteísmo, rotatividade crescente de funcionários, aumento de processos judiciais para pleitear oportunidades igualitárias de emprego e por acusações de assédio e baixo moral entre os trabalhadores.

Os benefícios de valorizar a diversidade **Valorizar a diversidade** significa pôr fim à suposição de que todos aqueles que não são membros do grupo dominante devem ser assimilados pela cultura da empresa. Isso não é fácil de ser realizado na maioria das organizações. Valorizar a diversidade não é um ideal que deve sair apenas da boca para fora, mesmo considerando-a um mal necessário, para promover um nível de tolerância aos que são diferentes ou para se mostrar favorável à última moda. Essa valorização significa oferecer oportunidades para desenvolver e utilizar todos os recursos humanos disponíveis na organização em benefício dos funcionários e da empresa como um todo.

Valorizar a diversidade não é apenas a coisa certa a se fazer em relação aos funcionários; é a coisa certa a ser feita para a organização, financeira e economicamente.[21] Um dos benefícios mais importantes da diversidade é a riqueza de ideias e perspectivas que são disponibilizadas para a empresa. Em vez de depender de um grupo dominante homogêneo para se ter novas ideias e soluções alternativas para problemas cada vez mais complexos, as empresas que valorizam a diversidade têm acesso a mais pontos de vista sobre um problema. Essas novas perspectivas podem levar ao desenvolvimento de novos produtos, à abertura de novos mercados ou à melhoria no serviço prestado aos clientes.[22]

Além de tudo, a organização só tem a ganhar quando valoriza a diversidade. Os funcionários que reconhecem que a organização os valoriza tendem a ser mais criativos, motivados e produtivos. Aqueles que são valorizados no ambiente de trabalho experimentam menos conflitos interpessoais porque entendem-se uns aos outros. Quando os funcionários de diferentes grupos culturais, origens e valores se entendem, há um senso maior de trabalho em equipe, uma identificação mais forte com o grupo e um profundo compromisso com a organização e com seus objetivos.

Atualmente, o treinamento sobre diversidade é um método comum usado em empresas para permitir que seus funcionários aceitem melhor as diferenças e as valorizem. Esses funcionários da Pilgrim Health Care, por exemplo, estão participando de um exercício de encenação como parte de um programa de treinamento em diversidade. Vários indivíduos usam rótulos de identificação, como "aquele que só reclama", "o novato", "o que é contrário a mudanças", "aquele que está com sobrepeso", e assim por diante. Assim que interagem uns com os outros, percebem como os rótulos afetam suas relações no ambiente de trabalho.

Valorizar a diversidade significa pôr fim à suposição de que todos aqueles que não são membros do grupo dominante devem ser assimilados pela cultura da empresa.

TECNOLOGIA E NEGÓCIOS

> A **tecnologia** refere-se aos métodos usados para criar produtos, incluindo bens físicos e serviços intangíveis.

A **tecnologia** refere-se aos métodos usados para criar produtos, incluindo bens físicos e serviços intangíveis. A mudança tecnológica tornou-se um importante fator que conduz a outras formas de mudanças na organização. Além disso, ela também tem efeitos amplos sobre o comportamento das pessoas em uma empresa. Três áreas específicas de tecnologia que vale a pena mencionar são: (1) a mudança para uma economia baseada em serviços, (2) o crescente uso da tecnologia para obter vantagem competitiva e (3) a aceleração das mudanças em tecnologia da informação.[23]

Manufatura e tecnologias empregadas em serviços

> A **manufatura** é uma forma de negócio que combina recursos e os transforma em produtos tangíveis que depois são vendidos a outros.

A **manufatura** é uma forma de negócio que combina recursos e os transforma em produtos tangíveis que depois são vendidos a outros. A Goodyear Tire and Rubber Company é um fabricante uma vez que combina borracha e compostos químicos, e usa equipamentos para misturar as substâncias e máquinas de moldagem para produzir pneus. A Broyhill é um fabricante porque compra madeira, componentes metálicos, almofadas e tecido, e depois combina esses insumos para produzir móveis. E a Apple é um fabricante, que utiliza componentes eletrônicos, metais, plásticos e uma composição de elementos para fabricar *smartphones*, computadores e outros produtos digitais.

Em outras épocas, a manufatura foi a tecnologia dominante nos Estados Unidos. Durante a década de 1970, ela entrou em um longo período de declínio principalmente por causa dos concorrentes estrangeiros. As empresas daquele país tinham se tornado negligentes e lentas, e novos concorrentes estrangeiros entraram em cena, com equipamentos melhores e níveis muito mais altos de eficiência. Por exemplo, as empresas siderúrgicas no Extremo Oriente eram capazes de produzir aço de alta qualidade por preços muito mais baixos do que as grandes empresas de aço dos Estados Unidos, como Bethlehem Steel e US Steel. Diante de uma batalha pela sobrevivência, algumas empresas desapareceram, porém muitas outras passaram por um período longo e difícil de mudanças, eliminando o desperdício e transformando-se em entidades mais enxutas e mais eficientes, que reagem com maior agilidade. Elas reduziram sua força de trabalho drasticamente, fecharam as fábricas antiquadas ou desnecessárias e modernizaram as plantas remanescentes. Ao longo de mais ou menos uma década, os esforços dessas empresas começaram a pagar dividendos, uma vez que a manufatura nos Estados Unidos recuperou uma posição competitiva em muitas indústrias. Enquanto os baixos salários continuam a ser um ponto central para um grande número de empresas de manufatura na Ásia, alguns fabricantes estavam prosperando nos Estados Unidos.

> A **empresa prestadora de serviços** é aquela que transforma recursos em uma produção intangível e cria utilidade de tempo ou lugar para seus clientes.

Durante o período de declínio do setor manufatureiro, um enorme crescimento no setor de serviços impediu que a economia dos Estados Unidos entrasse em declínio a essa mesma proporção. A **empresa prestadora de serviços** é aquela que transforma recursos em uma produção intangível e cria utilidade de tempo ou lugar para seus clientes. Por exemplo, a Merrill Lynch realiza transações na bolsa de valores para seus clientes; a Avis aluga carros; e seu cabeleireiro local corta o seu cabelo. Em 1947, o setor de serviços foi responsável por menos da metade do Produto Interno Bruto (PIB) dos Estados Unidos. Em 1975, no entanto, esse número chegou a 65% e até 2006 tinha ultrapassado 75%. O setor de serviços tem sido responsável por quase 90% de todos os novos empregos criados nos Estados Unidos desde 1990. Além disso, a taxa de emprego em profissões associadas ao setor de serviços deve crescer 26,8% entre 2010 e 2020.[24]

Os dirigentes começaram a perceber que muitas das ferramentas, técnicas e métodos usados em uma fábrica também são úteis para uma empresa de serviços. Por exemplo, tanto gerentes de fábricas de automóveis como de salões de beleza têm que decidir como projetar suas instalações, identificar a melhor localização, determinar a capacidade ideal, tomar decisões sobre inventário de armazenamento, definir os procedimentos para a compra de

Empresas de serviços como a Avis devem trabalhar para garantir que seus funcionários sejam bem treinados nos procedimentos para o aluguel de automóveis. Além disso, seus funcionários devem demonstrar fortes habilidades no atendimento ao cliente. Ambos os conjuntos de habilidades são especialmente importantes em estruturas como esse balcão de aluguel de carros na Cidade do Cabo, onde os funcionários lidam com clientes de todo o mundo.

matérias-prima, estabelecer normas de produtividade e qualidade. Ao mesmo tempo, porém, as empresas prestadoras de serviços devem contratar e treinar funcionários com base em um conjunto de habilidades diferentes daquelas exigidas pela maioria das indústrias. Por exemplo, os consumidores raramente entram em contato com o funcionário da Toyota que instala os bancos de seu carro, portanto, essa pessoa pode ser contratada com base em suas habilidades técnicas. Já a Avis deve recrutar pessoas que não só sabem como executar um trabalho, mas que, efetivamente, também possam interagir com uma variedade de consumidores. Essas questões e os assuntos relacionados à tecnologia de serviços são abordados ao longo deste livro, nos novos grupos denominados "Serviços".

Tecnologia e concorrência

A tecnologia é a base da concorrência para algumas empresas, especialmente para aquelas cujos objetivos incluem a liderança em tecnologia de suas indústrias. Uma empresa, por exemplo, pode concentrar seus esforços em ser o produtor com os menores custos ou em ter sempre os produtos, tecnologicamente, mais avançados do mercado. Todavia, por causa do ritmo acelerado dos avanços, manter uma posição de liderança baseada na tecnologia está se tornando cada vez mais desafiador. Outro desafio é adequar as exigências constantes para diminuir o ciclo de tempo (ou seja, o tempo que uma empresa leva para realizar alguma atividade periódica ou função, do começo ao fim).

As empresas, cada vez mais, estão percebendo que podem ser mais competitivas se, sistematicamente, conseguirem diminuir o tempo desse ciclo. Assim, muitas delas têm como foco a diminuiçãodo tempo de ciclo em áreas que vão desde o desenvolvimento de produtos até fazer entregas e receber pagamentos de créditos. Vinte anos atrás, levava cerca de cinco anos, do momento em que um fabricante de automóveis tomava a decisão de lançar um novo produto, até que esse produto estivesse disponível no *showroom* de um revendedor da montadora. Agora, a maioria das empresas pode completar o ciclo em menos de dois anos. O processo mais acelerado permite reagir mais prontamente às novas condições econômicas, às preferências dos consumidores e aos novos produtos dos concorrentes, enquanto recuperam, de forma mais rápida, os custos de desenvolvimento do produto. Algumas empresas competem diretamente em relação mais rápido do que elas podem fazer as coisas para os consumidores. No início do uso dos computadores pessoais, por exemplo, para obter um sistema sob encomenda eram necessárias entre seis e oito semanas. Hoje, empresas como a Dell podem embarcar em um navio exatamente o que o cliente quer em questão de dias.

Tecnologia da informação

A maioria das pessoas está muito familiarizada com os avanços na tecnologia da informação. Telefones celulares, livros eletrônicos, *smartphones*, como o iPhone e o Blackberry, iPad e câmeras digitais, bem como *sites* de redes sociais baseados em tecnologia, como Facebook, são apenas algumas das recentes inovações que mudaram a maneira como as pessoas vivem e trabalham.[25] Os avanços na tecnologia da informação resultaram em organizações mais enxutas, operações mais flexíveis, colaboração crescente entre os funcionários, locais de trabalho mais comodos e na melhoria da gestão de processos e sistemas. Contudo, também resultaram em um tipo de comunicação menos pessoal, menos "tempo de descanso" para gerentes e funcionários, bem como uma maior sensação de urgência frente à tomada de decisões e à comunicação – mudanças que, não necessariamente, são benéficas. Discutiremos sobre a tecnologia da informação e sua relação ao comportamento organizacional em mais detalhes no Capítulo 11.

ÉTICA E GOVERNANÇA CORPORATIVA

> A ética está relacionada às crenças de uma pessoa sobre o que é certo ou errado em determinada situação.

Enquanto a ética, há muito tempo, tem relevância para as empresas, parece que nos últimos anos uma epidemia de violações éticas a tenha colocado como uma tendência principal no pensamento gerencial de hoje. Um aspecto especial da ética nos negócios, a governança corporativa, também assumiu uma importância crescente. A ética também está relacionada, cada vez mais, à tecnologia da informação. Antes de discutirmos essas questões, no entanto, é importante entender melhor como enquadrar as relações éticas nas organizações.

Enquadrando as questões éticas

A Figura 2.5 ilustra como muitas situações éticas podem ser enquadradas. Especificamente, a maioria dos dilemas éticos enfrentados pelos gestores refere-se a como a organização trata seus funcionários, como os funcionários tratam a organização e como os funcionários e as organizações tratam outros agentes econômicos.

Como uma organização trata os seus funcionários Um aspecto importante na ética gerencial diz respeito a como a organização trata os funcionários. Essa área inclui políticas de contratação e demissão, salários e condições de trabalho, e privacidade do funcionário e respeito. Por exemplo, ambas as orientações éticas e legais sugerem que as decisões de contratação e demissão devem se basear exclusivamente na capacidade do indivíduo de executar o trabalho. Um executivo que discrimina afro-americanos durante a contratação está apresentando um comportamento tanto antiético quanto ilegal. Mas considere o caso de um gerente que não discrimina as pessoas, porém contrata um amigo de sua família, quando outros candidatos podem ser igualmente – ou talvez mais – qualificados. Embora essas decisões de contratação não sejam ilegais, podem ser censuráveis por razões éticas.

FIGURA 2.5

Ética gerencial

Os executivos enfrentam uma variedade de situações éticas. Na maioria dos casos, essas situações envolvem a forma como a organização trata seus funcionários, como os funcionários tratam a organização e como os funcionários e as organizações tratam outros agentes econômicos.

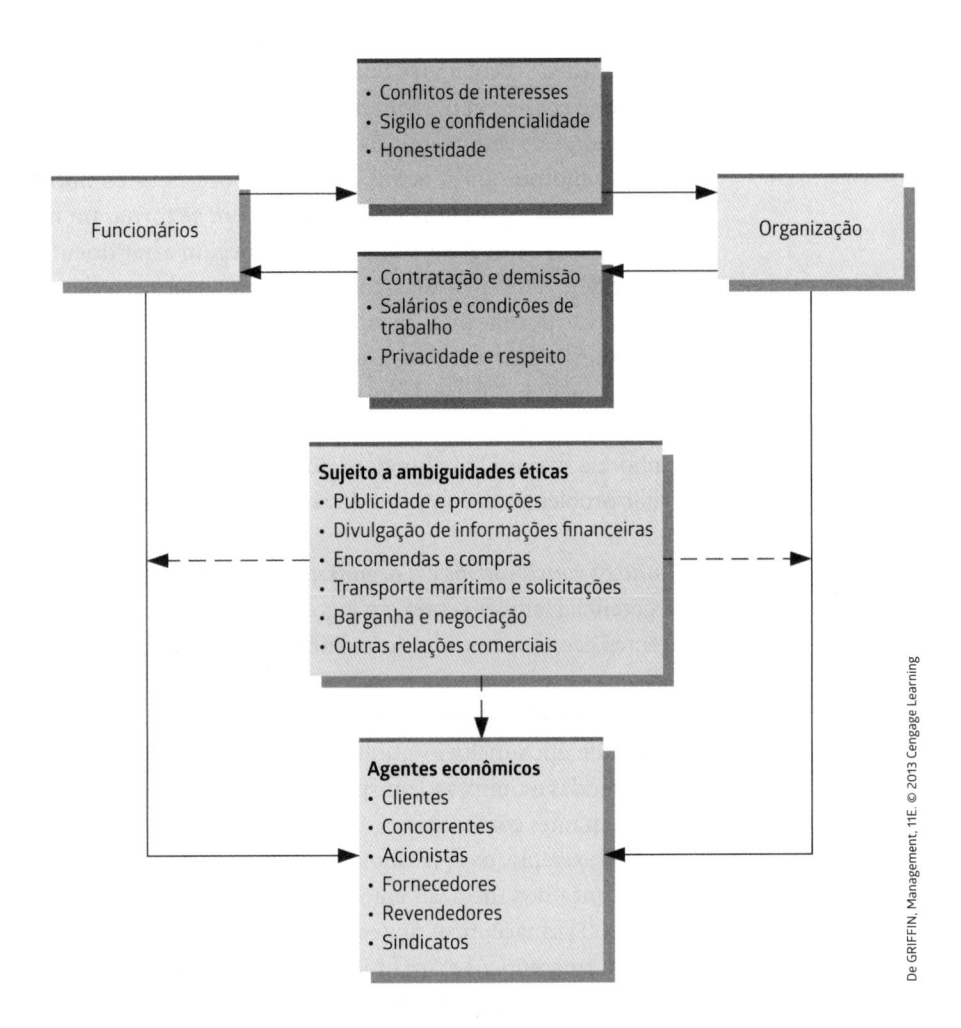

Funcionários → **Organização**

- Conflitos de interesses
- Sigilo e confidencialidade
- Honestidade

- Contratação e demissão
- Salários e condições de trabalho
- Privacidade e respeito

Sujeito a ambiguidades éticas
- Publicidade e promoções
- Divulgação de informações financeiras
- Encomendas e compras
- Transporte marítimo e solicitações
- Barganha e negociação
- Outras relações comerciais

Agentes econômicos
- Clientes
- Concorrentes
- Acionistas
- Fornecedores
- Revendedores
- Sindicatos

Embora os salários e as condições de trabalho sejam fortemente regulamentados, também são aspectos potenciais de controvérsia. Por exemplo, o gerente que remunera seu funcionário a menos do que ele merece simplesmente porque sabe que ele não pode sair ou se arriscar a perder seu emprego ao reclamar, pode ser considerado antiético. O mesmo vale com relação aos benefícios para os funcionários especialmente se uma organização toma uma ação que afeta os pacotes de benefícios – e o bem-estar – da força de trabalho. Finalmente, a maioria dos críticos concorda com o fato de que uma organização é obrigada a proteger a privacidade de seus funcionários. O fato de um gerente divulgar para os funcionários que um de seus colegas de trabalho está enfrentando problemas financeiros ou tendo um caso amoroso geralmente é visto como uma violação da privacidade. Do mesmo modo, a maneira como uma organização aborda questões associadas com assédio sexual envolve a privacidade dos funcionários e outros direitos a eles relacionados.

Como os funcionários tratam a organização Inúmeras questões éticas decorrem também da forma como os funcionários tratam a organização, especialmente em relação a conflitos de interesses, sigilo, confidencialidade e honestidade. Um conflito de interesses ocorre quando uma decisão beneficia o indivíduo em detrimento da organização. Para proteger tais práticas, a maioria das empresas tem políticas que proíbem seus compradores de aceitar presentes dos fornecedores. Divulgar segredos da empresa também é antiético. Os funcionários que trabalham para empresas em indústrias altamente competitivas – eletrônica, de *software*, de moda e vestuário, por exemplo – podem ser tentados a vender informações sobre os planos da empresa para os concorrentes. Um terceiro aspecto de preocupação é a honestidade. Problemas relativamente comuns nessa área incluem atividades como usar o telefone comercial para fazer chamadas pessoais de longa distância, roubar suprimentos e adicionar gastos em relatórios de despesas.

Nos últimos anos, novas questões sobre esses comportamentos, como o uso da internet no trabalho para fins pessoais, também se tornaram mais difundidas. Outra tendência preocupante é que mais trabalhadores alegam estar doentes simplesmente para terem uma folga extra. Uma pesquisa constatou que o número de trabalhadores que relataram tirar mais folgas por motivos pessoais aumentou substancialmente. Uma pesquisa mais recente da CareerBuilder constatou que 29% dos trabalhadores entrevistados admitiram estarem doentes quando, na verdade, estavam bem.[26] Outra pesquisa descobriu que dois terços dos trabalhadores nos Estados Unidos dizem que estão doentes, mas não pelo motivo de doença. Embora a maioria dos funcionários seja honesta, as organizações devem estar atentas para evitar problemas decorrentes desses comportamentos.

Como os funcionários e a organização tratam os demais representantes econômicos A ética gerencial também entra em jogo na relação entre a empresa e seus funcionários com outros agentes econômicos. Como mostra a Figura 2.5, os principais representantes de interesse incluem clientes, concorrentes, acionistas, fornecedores, concessionárias ou revendedores e sindicatos. As interações entre a organização e os agentes que podem estar sujeitos à ambiguidade ética incluem publicidade e promoções, divulgação de informações financeiras, encomendas e compras, transporte marítimo e solicitações, barganha e negociações, e outros representantes comerciais.

Por exemplo, os conselhos farmacêuticos dos estados são responsáveis por supervisionar a segurança dos medicamentos e de suas prescrições nos Estados Unidos. No total, existem quase 300 farmacêuticos que estão a serviço de tais conselhos. Recentemente, relatou-se que 72 desses farmacêuticos eram funcionários de grandes cadeias de drogarias e de farmácias em supermercados. Esses contratos de trabalho, embora sejam legais, podem criar potenciais conflitos de interesse porque dão poder de influência aos empregadores desses farmacêuticos sobre o sistema regulatório, o qual foi projetado para monitorar suas próprias práticas de negócio.[27]

Outra área de preocupação nos últimos anos envolve os relatórios financeiros de algumas empresas de comércio eletrônico. Por causa das complexidades inerentes à valorização dos ativos e receitas dessas empresas, algumas delas foram muito agressivas no mercado ao apresentar suas posições financeiras como altamente positivas. Em alguns casos, determinadas empresas exageraram em suas projeções de ganhos para atrair mais investimentos. Depois que a Time Warner se fundiu com a AOL, descobriu que seu novo sócio no segmento *on-line* tinha exagerado seu valor de mercado usando vários métodos de contabilidade inadequados. Alguns dos escândalos sobre manobras contábeis em empresas tradicionais surgiram dos mesmos tipos de práticas questionáveis.[28] Por exemplo, recentemente, a Diamond Foods, fabricante das nozes para petisco Emerald e da pipoca Pop Secret, teve de rever seus lucros depois que uma auditoria descobriu várias irregularidades contábeis.[29]

A cadeia de hotéis Hilton, há pouco tempo, contratou dois executivos seniores da rival Starwood Hotels. Posteriormente, foi confirmado que os executivos levaram com eles oito caixas de documentos eletrônicos e em papel; grande parte do material estava relacionado aos planos e detalhes para o lançamento de uma nova marca de hotel de luxo. Quando a cadeia Hilton anunciou seus planos para lançar uma nova rede de hotéis, que se chamaria Denizen Hotels, funcionários da Starwood suspeitaram e passaram a investigar o assunto. Quando soube do furto de materiais confidenciais, os quais a Hilton devolveu, a Starwood ajuizou uma ação contra a cadeia de hotéis Hilton.[30]

Complexidades adicionais enfrentadas por muitas empresas atualmente incluem variações nas práticas de ética nos negócios em diferentes países. Em alguns deles, subornos e propinas são parte normal e habitual dos negócios. No entanto, as leis dos Estados Unidos

Recentemente, o Walmart foi acusado de pagar US$ 24 milhões em subornos a funcionários públicos mexicanos para burlar os regulamentos locais e obter licenças para abrir novas lojas. Esses manifestantes em Nova York estão protestando contra os esforços do "gigante dos descontos" para abrir lojas na cidade, fazendo referência ao escândalo recente do Walmart no México.

proíbem essas práticas, mesmo que em outros países concorrentes estejam fazendo esse tipo de pagamento ilegal. Por exemplo, uma empresa de geração de energia dos Estados Unidos, certa vez, perdeu um contrato de US$ 320 milhões no Oriente Médio porque os funcionários do governo exigiram um suborno de US$ 3 milhões. Uma empresa japonesa pagou o suborno e ganhou o contrato. Outra empresa norte-americana de grande porte, certa vez, teve um projeto grande na Índia cancelado porque funcionários do governo recém-eleitos exigiram suborno. E recentemente o Walmart foi acusado de pagar US$ 24 milhões em subornos a funcionários públicos mexicanos para burlar os regulamentos locais e obter licenças para construção de novas lojas.[31] Embora tais pagamentos sejam ilegais segundo as leis norte-americanas, outras situações são mais ambíguas. Na China, por exemplo, os jornalistas locais esperam que suas corridas de táxi fossem pagas, se eles estão cobrindo uma conferência patrocinada por uma empresa. Na Indonésia, o tempo normal para um estrangeiro tirar sua carteira de motorista é de mais de um ano, mas a expedição pode ser "adiantada" mediante o pagamento de US$ 100 extras. Na Romênia, os fiscais de construção de edifícios esperam uma "gorjeta" para darem um parecer favorável.[32] Recentemente, o governo de Bahrein condenou a Alcoa por participar de uma conspiração por 15 anos que envolvia sobretaxas, fraude e suborno.[33] A Alcoa cobrava dos clientes barenitas "despesas gerais", uma taxa cujo pagamento é normal em alguns países, porém não em algumas partes do Oriente Médio. Da mesma forma, presentes oferecidos para alguns funcionários públicos locais pela Alcoa foram vistos por outros funcionários como suborno.

Questões éticas em administração corporativa

Uma área correlata que tem gerado uma crescente preocupação refere-se às questões éticas em **administração corporativa** – a supervisão de uma empresa pública por seu conselho de

Administração corporativa refere-se à supervisão de uma empresa pública por seu conselho de administração.

administração. Espera-se que o conselho de uma empresa pública garanta que o negócio esteja sendo gerido adequadamente e que as decisões tomadas pela diretoria estejam de acordo com os interesses dos acionistas e de outras partes interessadas (*stakeholders*). Entretanto, em muitos casos, os recentes escândalos éticos aos quais foram feitas alusões, na verdade, tiveram início com um colapso na estrutura de governança corporativa. Por exemplo, em um escândalo ético, que se tornou um caso clássico, envolvendo questões de governança, a diretoria da WorldCom aprovou um empréstimo pessoal de US$ 366 milhões ao CEO da empresa, Bernard Ebbers, mesmo havendo pouca evidência de que ele poderia pagá-lo. De forma semelhante, o conselho administrativo da Tyco aprovou um bônus de U$ 20 milhões para um dos seus próprios membros para ajudá-lo na aquisição de uma empresa de propriedade dele mesmo. (Esse bônus foi acima do preço de compra!).

No entanto, o quadro de dirigentes também está sendo cada vez mais criticado, mesmo quando não está diretamente implicado no delito. A maior queixa está relacionada à independência do conselho de administração. A Disney, por exemplo, enfrentou esse problema no passado. Vários membros-chave do conselho de administração da empresa trabalhavam em companhias que faziam negócios com a Disney, outros eram amigos de longa data de altos executivos da Disney. Ainda que os membros do conselho necessitem ter alguma familiaridade com a empresa e sua indústria, a fim de que funcione eficazmente, eles também precisam ter independência suficiente para realizar suas funções de supervisão.[34]

Questões éticas e tecnologia da informação

Outro conjunto de questões que têm surgido nos últimos tempos envolve a tecnologia da informação (TI). Entre as questões específicas nessa área estão os direitos individuais de privacidade e o abuso potencial da tecnologia da informação por parte das empresas. Com efeito, a privacidade *on-line* tornou-se um tema quente, à medida que as empresas resolvem as questões éticas e de gestão relacionadas ao assunto. A DoubleClick, uma rede de publicidade *on-line*, é uma das empresas no centro do debate sobre privacidade. A empresa coletou dados sobre os hábitos de milhões de internautas, registrando os *sites* que eles visitavam e em quais anúncios clicavam. A empresa insiste que os perfis são anônimos e que o uso deles é para responder melhor, com anúncios adequados, aos interesses dos internautas. Todavia, depois que ela anunciou um plano para adicionar nomes e endereços ao seu banco de dados, foi forçada a recuar por causa das preocupações do público sobre a invasão de privacidade *on-line*.

A DoubleClick não é a única empresa que coleta dados pessoais sobre as atividades das pessoas na internet. Às pessoas que se inscreverem no Yahoo! pede-se que informem a data de nascimento, entre outros detalhes. Amazon.com, eBay e outros *sites* também solicitam informações pessoais. O GPS e outras tecnologias de rastreamento permitem às empresas saber onde seus assinantes estão fisicamente localizados, em qualquer momento. À medida que aumenta a consciência sobre essas possibilidades, pesquisas mostram que as pessoas ficam confusas quanto à quantidade de informações que estão sendo coletadas, sobre quem consegue visualizá-las e a respeito de outros problemas associados à privacidade.

A forma como os gestores podem lidar com essas preocupações é publicar uma política de privacidade em seu *site*. A política deve explicar exatamente quais dados a empresa recolhe e quem pode vê-los. Essa política também deve permitir que as pessoas escolham se querem ter suas informações compartilhadas com os outros e indicar como as pessoas podem optar por ficar de fora da coleta de dados. Disney, IBM e outras empresas apoiam essa posição recusando-se a anunciar em *sites* que não têm publicadas suas políticas de privacidade.

Além disso, as empresas podem oferecer aos internautas a oportunidade de rever e corrigir as informações coletadas, especialmente quando se referem a dados financeiros ou a assuntos de saúde. No mundo *off-line*, os consumidores são autorizados, por lei, a inspecionar seus registros médicos ou sobre créditos. Já no mundo *on-line*, esse tipo de acesso pode ser caro e complicado porque os dados estão espalhados em vários sistemas de computador. Apesar das dificuldades técnicas, órgãos do governo já estão trabalhando para formular diretrizes de privacidade na internet. Isso significa que as empresas também precisarão de orientações internas, de treinamento e de liderança de seus administradores para garantir o cumprimento das regras.

NOVAS RELAÇÕES DE TRABALHO

Por fim, uma área significativa de mudança no ambiente, particularmente relevante para as empresas hoje, envolve o que chamamos de novas relações de trabalho. Ao passo que discutiremos as relações de trabalho com base em inúmeras perspectivas, na Parte 2 deste livro, abordamos aqui duas áreas particularmente importantes na atualidade e que envolvem a gestão dos chamados "funcionários do conhecimento" e a terceirização de postos de trabalho para outras empresas, em especial, quando essas empresas estão em outros países. A gestão de trabalhadores temporários e contingenciais, bem como da força de trabalho em vários níveis hierárquicos é cada vez mais complexa.

Gestão dos "trabalhadores do conhecimento"

Tradicionalmente, os funcionários agregavam valor às organizações por causa do que fazem ou em razão de sua experiência. No entanto, durante a atual "era da informação" muitos funcionários agregam valor simplesmente por causa daquilo que sabem.[35] Esses funcionários são, muitas vezes, conhecidos como **trabalhadores do conhecimento**. Um fator visto como importante na determinação de quais empresas serão bem-sucedidas no futuro é se esses funcionários são bem gerenciados.[36] Os trabalhadores do conhecimento incluem especialistas em ciência da computação, cientistas físicos, engenheiros, *designers* de produtos e criadores de jogos. Eles tendem a trabalhar em empresas de alta tecnologia e geralmente são especialistas com base em algum conhecimento abstrato. Muitas vezes, acreditam que têm o direito de trabalhar de forma autônoma e identificam-se mais fortemente com a sua profissão do que com qualquer organização – até mesmo ao ponto de definir seu desempenho em termos de reconhecimento por outros membros da sua profissão.[37]

> Os trabalhadores do conhecimento são aqueles funcionários que agregam valor a uma organização simplesmente por aquilo que sabem.

Conforme aumenta a importância dos cargos direcionados à informação, crescem as necessidades dos trabalhadores do conhecimento. Todavia, esses funcionários requerem treinamento intensivo e altamente especializado, mas nem todos estão dispostos a fazer os investimentos necessários em capital humano, a fim de se encaixarem nesses cargos. Na verdade, mesmo quando os trabalhadores do conhecimento começarem a executar o trabalho, o treinamento para reciclagem e atualização são críticos para que suas habilidades não se tornem obsoletas. Por exemplo, tem-se sugerido que a "meia-vida" para o ensino técnico em engenharia é de cerca de três anos. Além disso, a falha em atualizar as habilidades necessárias não só resulta na perda de vantagem competitiva para a organização, como também aumenta a probabilidade de que o trabalhador do conhecimento vá para outra empresa que esteja mais empenhada em atualizar essas habilidades.[38]

A remuneração e as políticas de benefícios para os trabalhadores do conhecimento também devem ser adaptadas. Por exemplo, em muitas empresas de alta tecnologia, engenheiros e cientistas têm a opção de ingressar em uma carreira técnica paralela a uma carreira de administração. Isso permite que o trabalhador do conhecimento continue a realizar um trabalho especializado sem ter de assumir responsabilidades mais amplas na gestão; ao mesmo tempo, a empresa oferece uma remuneração ao trabalhador que é equivalente àquela disponível para os administradores. Contudo, em outras empresas de alta tecnologia, a ênfase recai sobre a remuneração por desempenho, com participação nos lucros com base em projetos ou produtos desenvolvidos pelos trabalhadores do conhecimento. Além disso, na maior parte das empresas que empregam esses profissionais, observa-se uma tendência em reduzir o número de níveis hierárquicos para permitir que os trabalhadores do conhecimento reajam mais rapidamente ao ambiente externo, diminuindo a necessidade de medidas burocráticas.[39]

Terceirização

> Terceirização é a prática de contratar outras empresas para fazer o trabalho anteriormente realizado pela própria organização; quando esse trabalho é movido para o exterior, muitas vezes é chamado de *offshoring*.

A **terceirização** é a prática de contratar outras empresas para fazer o trabalho anteriormente realizado pela própria organização. Trata-se de uma estratégia cada vez mais popular porque auxilia as empresas a manter o foco em suas atividades principais e a evitar desvios para atividades secundárias. A lanchonete de um grande banco comercial pode ser importante para os funcionários e alguns clientes, porém administrá-la não é a principal linha de negócios nem a área de especialização do banco. Banqueiros precisam concentrar-se na gestão do dinheiro e de serviços financeiros, não em operações de serviços de alimentação. É por isso que a maioria dos bancos terceiriza as operações de lanchonetes para empresas de gestão de serviços de alimentação, cuja principal linha de negócios inclui restaurantes ou refeitórios. O resultado ideal é que os banqueiros deem mais atenção aos serviços bancários, que o serviço de alimentação seja melhor para os clientes da lanchonete e que haja a formação de um novo relacionamento entre fornecedor e cliente (empresa de serviço de alimentação/banco). Atualmente, as empresas frequentemente inúmeras atividades, incluindo folha de pagamento, treinamento de funcionários, manutenção das instalações, bem como pesquisa e desenvolvimento.

Até certo ponto, a terceirização faz sentido para os negócios em áreas que não são relacionadas às atividades principais dos negócios da empresa. Entretanto, a crescente tendência de terceirização no exterior tem atraído mais atenção nos últimos anos em razão da diminuição dos custos de mão de obra. Essa prática é, com frequência, chamada de *offshoring*. Uma estimativa recente sugere que 3,3 milhões de vagas de administração, atualmente alocadas nos Estados Unidos, serão deslocadas para o exterior até 2015. Esse mesmo estudo sugere que 1 em cada 10 empregos na área de TI que uma vez já esteve nas mãos de trabalhadores norte-americanos, passará para trabalhadores estrangeiros até essa mesma data.[40]

Muitas empresas de *software*, por exemplo, descobriram que na Índia há uma abundância de programadores talentosos que estão dispostos a trabalhar por salários muito mais baixos do que profissionais similares norte-americanos. Da mesma forma, muitas empresas que operam grandes call centers descobriram que podem lidar com suas operações tendo custos menores em outras partes do mundo. Como resultado, o nível de empregos nas organizações pode diminuir. E algumas empresas atraem críticas adicionais quando exigem que os funcionários locais – em breve, desempregados – treinem seus substitutos estrangeiros recém-contratados! É claro que há inúmeras questões comportamentais e motivacionais envolvidas em práticas como essas. Várias delas estão detalhadas no box *Diversidade*, intitulado "A síndrome de *burnout* na indústria de BPO da Índia", em que são discutidos os problemas enfrentados por funcionários terceirizados naquele país.

Funcionários temporários e contingenciais

> Um **trabalhador temporário** é uma pessoa que trabalha para uma organização sem ser de forma permanente ou em tempo integral.

Outra tendência que tem impactado as relações de trabalho nos negócios envolve o uso de funcionários eventuais ou temporários. De fato, nos últimos anos, houve uma explosão no uso desses trabalhadores nas organizações. Um **trabalhador temporário** é uma pessoa que trabalha para uma organização sem ser de forma permanente ou em tempo integral. As categorias de trabalhadores temporários incluem empreiteiros autônomos, trabalhadores de plantão, funcionários temporários (geralmente contratados por meio de agências externas), funcionários com contrato e cooperativas de funcionários. Outra categoria é a de trabalhadores em meio período. O Citigroup, gigante da área de serviços financeiros, por exemplo, faz extenso uso de agentes de vendas que trabalham em meio período para conquistar novos clientes. Atualmente, cerca de 10% da força de trabalho dos Estados Unidos usa uma dessas

> **DIVERSIDADE** — A síndrome de *burnout* na indústria de BPO da Índia

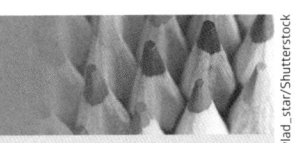

Anurag Verma, 21 anos, tem um desses empregos que tendem a aparecer nas conversas quando os norte-americanos falam de desemprego nos Estados Unidos: ele trabalha na florescente indústria de terceirização dos processos de negócios (BPO – Business Process Outsourcing), na Índia. Ele ganha muito bem – cerca de US$ 800 por mês, o que é 12 vezes a média salarial de um indiano. Usa um Blackberry e não tem de usar um ônibus lotado para ir trabalhar porque possui um carro.

Essas trocas normalmente incluem longos turnos noturnos e atrapalham os horários de dormir e das refeições. Um resultado comum, segundo os médicos, é a alteração do biorritmo – os padrões por meio dos quais nossos corpos adaptam-se ao dia e à noite. Um estudo, por exemplo, constatou que os profissionais na área de BPO tendem a desenvolver padrões de sono marcadamente diferentes.

Ele estava se preparando para dar uma entrada em um apartamento, até que um dia, teve um colapso sentado à sua mesa e teve que ser levado para o hospital. Nas semanas que antecederam o colapso, ele sentiu tonturas e enxaquecas; tinha perdido o apetite e 9 kg.

Anurag estava trabalhando há oito meses na indústria de BPO, seu problema é conhecido como *BOSS – Burn Out Stress Syndrome*, ou síndrome de *burnout*. Os sintomas incluem fadiga crônica, insônia, perda de apetite e problemas gastrointestinais. Dores nas costas e nos ombros são comuns, bem como problemas nos olhos e ouvidos. Especialistas dizem que a síndrome de *burnout* afeta cerca de um terço dos 7 milhões de trabalhadores no BPO da Índia. Na cidade de Bangalore (conhecida como "Vale do Silício da Índia", porque é a principal região exportadora de tecnologia da informação do país), um estudo sobre os profissionais de TI, realizado pelo Instituto Nacional de Saúde Mental e Neurociências, constatou que 1 em cada 20 trabalhadores pensava regularmente em suicídio e classificou 36% como "prováveis casos psiquiátricos".

"Você ganha um bom dinheiro", relata Vaibhav Vats, de 26 anos, cujo peso influiu para 120 kg depois de dois anos atuando em um centro de atendimento terceirizado da IBM, "mas a desvantagem dessa troca", adverte os jovens que saem da faculdade e estão ingressando na indústria, "também é grande".

O Dr. Anupam Mittal, do Max Hospital, em Déli, explica: "Aqueles que trabalham por 10 horas seguidas todas as noites são incapazes de ter um sono adequado durante o dia, não importa o quanto tentem. Isso faz que o débito de sono seja cumulativo, levando a uma significativa privação de sono, fadiga, variações de humor [e] falta de concentração".

Também há repercussões fisiológicas. As mulheres, por exemplo, sofrem de distúrbios menstruais e hormonais quando os padrões de sono interrompido criam desequilíbrios na melatonina e no cortisol, dois hormônios relacionados ao sono e ao estresse. "A privação do sono e a exposição à luz durante a noite", esclarece o Dr. Swati Bhargava, ginecologista de Mumbai, "interrompe a produção de melatonina e, assim, estimula o organismo a produzir mais estrogênio, hormônio conhecido por provocar câncer de mama". O diagnóstico de Bhargava é fundamentado em pesquisas segundo as quais mulheres que trabalham à noite têm risco elevado em 60% para desenvolver câncer de mama.

> *"Aqueles que trabalham por 10 horas seguidas todas as noites são incapazes de obter um sono adequado durante o dia, não importa o quanto tentem. Isso faz com que o débito de sono seja cumulativo, levando a uma significativa privação de sono, fadiga, variações de humor [e] falta de concentração."*
> — DR. ANUPAM MITTAL, MAX HOSPITAL, DÉLI, ÍNDIA

Referências: Neeta Lal, "India's Outsourcing Blues", Asia Sentinel, 6 mai. 2008, www.asiasentinel.com, 9 abr. 2012; Pawan Budhwar, "The Good and Bad of Outsourcing to India: Emerging Problems in the Sector and the Way Forward" (Birmingham, UK: Aston University, 26 jan. 2010), www1.aston.ac.uk, 9 abr. 2012; Saritha Rai, "India Outsourcing Workers Stressed to the Limit", ZDNet, 26 ago. 2009, www.zdnet.com, 9 abr. 2012; "India's Outsourcing Industry Facing Mass Level Health Problems", BPO Tiger, 23 jan. 2008, www.bpotiger.com, 9 abr. 2012.

formas alternativas de relações de trabalho. Especialistas sugerem que essa porcentagem está aumentando em um ritmo constante.

No entanto, gerenciar trabalhadores temporários nem sempre é algo simples, especialmente se for considerada uma perspectiva comportamental. Criar muitas expectativas a respeito desses trabalhadores é um erro que os administradores devem evitar. Uma organização com grande parte de sua força de trabalho formada por trabalhadores desse tipo deve tomar algumas decisões sobre como tratar os trabalhadores permanentes ou de tempo integral. Os trabalhadores temporários devem ser convidados para a festa de Natal da empresa? Eles devem ter o mesmo acesso a benefícios dados aos funcionários, como serviços de aconselhamento e de creche? Não há respostas certas ou erradas para tais questões. Os administradores devem entender que precisam desenvolver uma estratégia para a integração de trabalhadores temporários de acordo com uma lógica sólida e devem seguir essa estratégia coerentemente ao longo do tempo.[41]

Força de trabalho em camadas

> Uma força de trabalho em várias camadas existe quando um grupo de funcionários de uma organização tem um acordo de contratação com a empresa, objetivamente diferente de outro grupo, que realiza os mesmos trabalhos.

Uma questão final emergente ao tratarmos das novas relações de trabalho é o que podemos chamar de força de trabalho em camadas. Uma **força de trabalho em camadas** existe quando um grupo de funcionários de uma organização tem um acordo de contratação com a empresa, objetivamente diferente de outro grupo, que realiza os mesmos trabalhos. Por exemplo, a Harley-Davidson, recentemente, negociou um novo acordo com o sindicato sobre salários e segurança no trabalho, em sua enorme fábrica de motos, em York, Pensilvânia. A mudança era necessária para ajudar a fábrica a manter-se competitiva e a impedir que a Harley alocasse vagas de emprego de York para outras fábricas. Nos termos do novo acordo, atualmente o funcionário da produção com o salário mais baixo no quadro de funcionários ganha US$ 24,10 por hora. Todos os novos funcionários contratados para o mesmo trabalho no futuro ganharão US$ 19,28 por hora. Outro grupo de funcionários, os chamados trabalhadores "casuais", trabalhará "conforme a necessidade" e ganhará US$ 16,75 por hora.[42] Do mesmo modo, sob um novo contrato com a United Auto Workers, novos contratados na Ford, General Motors e Chrysler ganharão um salário mais baixo por hora e terão benefícios reduzidos, em comparação aos trabalhadores que já estavam na folha de pagamento, quando o acordo foi assinado.[43] A General Motors, por exemplo, paga um mínimo de US$ 28 por hora aos funcionários contratados antes do acordo, mas todos os novos funcionários começam ganhando US$ 14 por hora.

Estes e outros acordos representarão desafios no futuro. Por exemplo, funcionários recém-contratados poderão ressentir-se com relação a seus colegas seniores, que estão recebendo mais pelo mesmo trabalho. Da mesma forma, quando o mercado de trabalho melhorar e os trabalhadores tiverem mais opções, as empresas poderão enfrentar maior rotatividade entre os funcionários contratados mais recentemente, que recebem salários inferiores.

RESUMO

Atualmente, a globalização tem um papel importante no ambiente de muitas empresas. O volume do comércio internacional tem crescido significativamente e continua a crescer a um ritmo muito acelerado. Existem quatro razões básicas para esse crescimento: (1) a comunicação e os transportes melhoraram ao longo das últimas décadas; (2) as empresas expandiram-se internacionalmente para aumentar seus mercados; (3) as empresas estão se deslocando para mercados internacionais a fim de controlar custos, em especial, para reduzir os custos trabalhistas, (4) muitas organizações tornaram-se internacionais em resposta à concorrência. Existem inúmeras diferenças e semelhanças interculturais que afetam o comportamento nas organizações.

Uma segunda grande mudança no ambiente organizacional observada nos últimos anos tem sido a maior atenção dedicada ao conceito de diversidade. A diversidade da força de trabalho refere-se a importantes semelhanças e diferenças entre os funcionários da organização. Infelizmente, muitas pessoas tendem a estereotipar outras. Os estereótipos podem levar a um processo ainda mais perigoso: o preconceito em relação aos outros. Os gestores devem reconhecer ambas as dimensões primárias e secundárias da diversidade, bem como o amplo leque de benefícios que derivam ter uma força de trabalho diversificada.

A tecnologia refere-se aos métodos usados para criar produtos, incluindo bens concretos e serviços intangíveis. A mudança tecnológica tornou-se um importante fator condutor para outras formas de mudanças na organização. Além disso, ela também tem efeitos generalizados sobre o comportamento das pessoas em uma organização. São três os aspectos específicos da tecnologia, relevantes para o estudo do comportamento organizacional: (1) mudança para uma economia baseada em serviços; (2) uso crescente da tecnologia para obter vantagem competitiva; e (3) proliferação das mudanças em tecnologia da informação.

Apesar da ética, há muito tempo, ter relevância para as empresas, parece que nos últimos anos uma epidemia de violações éticas tem colocado a ética como uma tendência principal no pensamento gerencial de hoje. Um aspecto particular da ética nos negócios, a gestão corporativa, também assumiu importância crescente. Ética também se refere, cada vez mais, à tecnologia da informação. Uma questão central hoje gira em torno do fato de que as mudanças rápidas nos negócios, nas estruturas organizacionais e nos sistemas financeiros representam dificuldades insuperáveis para manter o controle perfeito da posição financeira de uma empresa.

Outra área significativa de mudança no ambiente de trabalho, que é particularmente relevante para as empresas, envolve o que chamamos de novas relações no trabalho. Os trabalhadores do conhecimento são funcionários que agregam valor a uma organização simplesmente por aquilo que sabem. Um fator visto como importante na determinação de quais empresas serão bem-sucedidas no futuro é que esses funcionários sejam bem gerenciados. Terceirização é a prática de contratar outras empresas para fazer o trabalho que antes era realizado pela própria organização. Trata-se de uma estratégia cada vez mais popular porque auxilia as empresas a manter o foco em suas principais atividades e a evitar desvios para atividades secundárias. No entanto, essa estratégia torna-se controversa quando os empregos terceirizados são "exportados" para países estrangeiros, reduzindo as oportunidades de trabalho no país de origem. Da mesma forma, os trabalhadores ocasionais e temporários, bem como a criação de uma força de trabalho em camadas, representam desafios especiais. Esses desafios estão centrados em torno do tratamento de vários grupos (como os trabalhadores ocasionais ou aqueles das camadas ou níveis inferiores), em comparação com outros grupos (como os funcionários permanentes ou de níveis mais altos).

QUESTÕES PARA DISCUSSÃO

1. Identifique de que maneiras a globalização nos negócios afeta as empresas em sua comunidade.
2. Quais seriam, em sua opinião, as principais diferenças entre trabalhar para uma empresa nacional nos Estados Unidos; trabalhar para uma empresa estrangeira nos Estados Unidos e trabalhar para uma empresa norte-americana no exterior?
3. Por que as organizações precisam estar interessadas na gestão da diversidade? Trata-se de uma obrigação legal, moral ou há outra finalidade?
4. Resuma, com suas próprias palavras, o que as estatísticas podem nos revelar sobre a força de trabalho do futuro.
5. Considerando todos os fatores, você acha que as pessoas de diversas culturas são mais semelhantes ou diferentes? Justifique sua resposta.
6. Qual papel as mudanças na tecnologia exercem em suas atividades diárias?
7. Até que ponto você se preocupa com assuntos relacionados à privacidade no uso da tecnologia? Suas preocupações estão aumentando? Por que sim ou por que não?
8. Você acha que as preocupações em relação à ética permanecerão como pontos centrais no pensamento gerencial ou essas preocupações, eventualmente, vão se tornar menos importantes? Por quê?
9. Você consegue enxergar a si mesmo tornando-se um "trabalhador do conhecimento"? Em que medida acredita que isso moldará seu pensamento em relação a seu empregador, à remuneração, e assim por diante?
10. Quais são suas opiniões pessoais sobre a terceirização internacional?
11. O multiculturalismo contribui para a vantagem competitiva de uma organização?

QUAL É O SEU PONTO DE VISTA?

Trabalhando com a neve

"Se quiséssemos produzir vestuário nos EUA, nossos preços teriam de ser o dobro."
— MIKEY LEBLANC, FUNDADOR DA HOLDEN OUTERWEAR

Em 2000, Mikey LeBlanc era um proeminente *snowboarder**, cuja opinião era de que a maioria das roupas disponíveis para os entusiastas de esportes de inverno fazia-os "parecer bobos". Seu companheiro de *snowboard*, Scott Zergebel, concordou. Além disso, disse Zergebel, "tudo no mercado parece ter sido produzido por máquinas e em massa". Qual foi a solução deles? Iniciar uma empresa, como LeBlanc diz, para "fazer vestuários que parecessem bacanas e que ao mesmo tempo escondessem uma tonelada de recursos técnicos". Enquanto pensavam a respeito, acrescenta Zergebel, mantinham o foco em "trazer de volta um senso artesanal de roupas feitas sob medida do Velho Mundo".

Então, em 2002, LeBlanc e Zergebel lançaram a Holden Outerwear para fabricar calças e jaquetas para *snowboarders* e esquiadores. Primeiramente, eles entraram no mercado com um acordo de licenciamento dos produtos da Earth Products, subsidiária da K2 Sports, maior fabricante mundial de vestuário e equipamentos de esportes de neve. Em 2007, romperam o acordo e inauguraram um negócio próprio, localizado em Portland, Oregon. LeBlanc, que se apresenta em nosso vídeo como "um dos caras que ajuda com o marketing por aqui", costuma ser chamado de "diretor de marketing". Zergebel (que não aparece no vídeo) é, muitas vezes, identificado como o "diretor de criação". A partir de agosto de 2011, a Holden passou a ter um CEO oficial, na pessoa do antigo executivo da Adidas, Ben Pruess.

Como uma *startup*, a Holden estava entre as cerca de 7% de novas empresas que se aventuram na arena da fabricação, na qual os altos custos, muitas vezes, desencorajam a entrada em muitas indústrias. LeBlanc e Zergebel, no entanto, queriam *fazer* algo – as melhores vestimentas para serem usadas no clima frio –, e isso significava encontrar os recursos adequados e os meios para transformá-los em produtos tangíveis, que as pessoas comprariam. Uma vez que a empresa fabrica roupas, LeBlanc nos lembra que "a moda aparece nos produtos da Holden", e salienta que a empresa procura inspiração de forma abrangente e em fontes que estão longe: "Vários de nossos concorrentes", explica, "procuram inspiração em nossa indústria, e isso se torna meio incestuoso". Sempre procuramos [inspiração] lá fora, seja nas lojas, nas tendências atuais, naquilo que nossos amigos estão vestindo, em nossas viagens ao redor do mundo". Além disso, a Holden fabrica vestuários projetados para funções específicas – em particular, mantendo os entusiastas dos esportes de inverno aquecidos e secos e, ao mesmo tempo, permitindo-lhes ter um bom desempenho nas atividades escolhidas. Os pontos das costuras, por exemplo, são impermeabilizados com filme plástico adesivo (da Coreia do Sul) e os tecidos têm acabamento de DWR (*durable water repellent*, ou repelente de água durável) chamado Ricochet, que supera os acabamentos feitos segundo os padrões da indústria.

LeBlanc acrescenta que a escolha dos tecidos da Holden também reflete "o grande empurrão" da empresa "em características mais benéficas ao meio ambiente". O Recyclon japonês, por exemplo, é feito de 59% de náilon reciclado, e o tecido de cânhamo/Poli PET da Holden combina o cânhamo com fibras sintéticas, derivadas de garrafas de plástico que, caso contrário, seriam destinadas aos aterros sanitários. O forro usa o fio S.Cafe, desenvolvido e produzido em Taiwan, feito pela tecelagem da borra de café reciclada no tecido (um processo que, curiosamente, auxilia no controle de odores).

Finalmente, todas as roupas da Holden são fabricadas no exterior (principalmente na China) e enviadas para os Estados Unidos e para o Canadá e, desses países, para pontos de distribuição em todo o mundo. "Vou dar um palpite aqui", diz Le Blanc, "se quiséssemos produzir vestuários nos Estados Unidos, nossos preços teriam de ser o dobro. No mínimo. É realmente difícil bater os preços dos produtos que saem da China". Os produtos da Holden também são vendidos no exterior, principalmente, na Ásia e na Europa. "Quando começamos", recorda LeBlanc, "tinha a visão de que seríamos uma empresa global". Mas ao passo que a Holden tem algum sucesso na Ásia, LeBlanc admite que a empresa ainda está engatinhando na Europa. A maioria das suas vendas (aproximadamente, US$ 10 milhões em 2011) ainda está nos Estados Unidos, que continuam a ser seu melhor segmento no mercado, onde os produtos foram lançados primeiro: de acordo com a *Snowboarder Magazine*, a Holden está empatada, em terceiro lugar, entre 16 empresas que vendem roupas para *snowboard*.

PERGUNTAS

1. Pesquise sobre a "Holden Outerwear" no Google e confira algumas das campanhas publicitária *on-line* da empresa (muitas das quais aparecem na publicidade de distribuidores e varejistas). Normalmente, quais características do produto são destacadas? Quais características são projetadas para tornar os produtos "mais bacanas"? Quais recursos são considerados "características técnicas"? Em geral, a Holden parece fazer jus ao ideal de LeBlanc de "fazer vestuários que parecessem bacanas e que ao mesmo tempo escondessem uma tonelada de recursos técnicos"?
2. Como está descrito, Holden tem um total de 10 funcionários. Alguns deles foram apresentados durante o vídeo, embora apenas brevemente. O que Hillary Lloyd faz? Quais *questões culturais* ela provavelmente tem de enfrentar ao trabalhar com fornecedores externos pelos quais é responsável? [*Dica*: Consultar: http://geert-hofstede.com/south-korea.html].
3. Ao explicar a escolha da Holden pela *terceirização* como uma estratégia, LeBlanc discute três áreas de gestão de produto e marketing. Quais são elas e que vantagens LeBlanc atribui a cada uma? Qual das três provou ser o maior desafio, e o que a Holden fez para resolver os problemas nessa área?
4. Em maio de 2012, a Holden anunciou que mudaria sua sede de Portland para Los Angeles, onde os custos operacionais seriam cerca de 15% mais baixos. A empresa também disse que pretendia ampliar suas linhas de produtos para vestuário para fazer caminhadas, andar de isqueite e de bicicleta e, eventualmente, para surfar. "Somos um reflexo da comunidade global que nos inspira", explicou Ben Pruess. Dê algumas razões por que você acha que essas decisões estratégicas foram tomadas e por quais motivos, em sua opinião, elas foram boas. Você acha que as duas decisões estão relacionadas? Em caso afirmativo, de que forma?
5. Um artigo recente intitulado "Manufacturing Startups: What You Need to Know" começa assim:** *Com a tecnologia sempre avançando, a mão de obra barata terceirizada e os fornecedores de logística globalizados, deve ser fácil iniciar uma empresa de manufatura, certo? Errado. Os desafios tornaram-se simplesmente maiores.*

   De que forma essa declaração aplica-se à Holden Outerwear? O artigo apresenta duas sugestões para pretensos empreendedores na área de manufatura: (1) reduzir os custos e (2) lembrar-se de que "tudo é global". De que modo a Holden tem seguido esse conselho?

FONTES ADICIONAIS

Holden Outerwear, "Holden History" (2012), www.holdenouterwear.com, consultado em 3 mai. 2012; Erik Siemers, "Growing Holden Hires First CEO", *Portland* (OR) *Business Journal*, 12 ago. 2011, www.bizjournals.com, 3 mai. 2012; Allan Brettman, "Holden Outerwear Exits Portland in Search of New Markets, Lower Expenses", *OregonLive.com*, 2 mai. 2012; http://blog.oregonlive.com, 3 mai. 2012; Brettman, "Snowboarding's Holden Outerwear Announces It's Leaving Portland for LA", *OregonLive.com*, 2 mai. 2012, http:// impact.oregonlive.com, 3 mai. 2012; Scott Zergebel, "My Inspiration Comes from Trying to Live My Life to the Fullest", *SIA's Latest*, 28 mar. 2012; www.snowsports.com, 3 mai. 2012; "Industry Profile: Holden Owner Mikey LeBlanc", *Shayboarder.com*, 1º jul. 2010, www.shayboarder.com, 3 mai. 2012; David Benedek, "David Benedek Interviews Mikey LeBlanc", *Snowboarder Magazine*, 17 dez. 2009, www.snowboardermag.com, 3 mai. 2012.

* De acordo com *a revista TransWorld SNOWboarding*, foi LeBlanc que chamou a atenção para o movimento aéreo "tech-backcountry" e liderou o ressurgimento das trilhas, dos saltos sobre obstáculos e das pranchas nas ruas.
**Staci Wood, "Manufacturing Startups: What You Need to Know", *Small Business Trends Radio*, 9 dez. 2008, www.smbtrendwire.com, 3 mai. 2012.

PRÁTICA DO COMPORTAMENTO ORGANIZACIONAL

Compreendendo seus próprios estereótipos sobre os outros

Objetivo Este exercício vai ajudá-lo a entender melhor seus próprios estereótipos e atitudes em relação aos outros.

Formato Você terá de avaliar a situação e as suposições que faz. Em seguida, vai comparar seus resultados com os do restante da classe.

Procedimento
1. Leia silenciosamente a descrição a seguir de uma situação e decida quem você acha que está de pé à sua porta e por que acredita que seja essa pessoa. Faça algumas anotações que expliquem seu raciocínio para eliminar as outras possibilidades e selecionar a que você escolheu. Então, responda às perguntas de acompanhamento.
2. Trabalhando em pequenos grupos ou com a classe inteira, discuta quem pode estar de pé à sua porta e por que você acredita que seja essa pessoa. Registre as respostas dos membros de sua classe.
3. Na discussão de classe, reflita sobre os estereótipos usados para chegar a uma decisão e considere o seguinte:
   a. Quão difícil foi abandonar sua crença original, uma vez que ela já tinha sido formada?
   b. Que implicações a primeira impressão causada pelas pessoas têm sobre como você as trata, sobre o que você espera delas e sobre sua avaliação da probabilidade de que esse primeiro contato vá além da fase inicial?
   c. Quais são as implicações de suas respostas sobre como você, sendo um gerente, poderia tratar um novo funcionário? Qual seria o impacto para o funcionário?
   d. Quais são as implicações de suas respostas para si mesmo ao procurar um emprego?

Situação Você acaba de entrar em hospital para uma pequena cirurgia a ser realizada no dia seguinte. Quando você chega ao seu quarto, comunicam-lhe que as seguintes pessoas virão falar com você nas próximas horas.
1. O cirurgião que fará a operação
2. Uma enfermeira
3. A secretária do departamento de cirurgia
4. Um representante da empresa que fornece televisores para quartos de hospital
5. Um técnico que realiza testes de laboratório
6. Um gerente de negócios do hospital
7. A nutricionista

[Observação: Você nunca encontrou essas pessoas antes e não sabe o que esperar].

Cerca de meia hora depois de sua chegada, uma mulher, que parece ser de ascendência asiática, aparece à sua porta, vestida com uma saia de lã toda vermelha, uma blusa de poliéster rosa e branco listrada, um laço no pescoço e sapatos vermelhos de salto com uma altura que combina com a saia. Ela está usando brincos dourados, colar dourado, aliança de ouro e um jaleco do laboratório hospitalar, na cor branca. A mulher está carregando uma prancheta.

Perguntas de acompanhamento
1. Das sete pessoas listadas, qual delas está de pé à sua porta? Como você chegou a essa conclusão?
2. Se a mulher não estivesse vestindo um jaleco do laboratório hospitalar, na cor branca, como sua percepção a respeito dela poderia ter sido diferente? Por quê?
3. Se você descobrir que ela é a cirurgiã que fará sua cirurgia na manhã seguinte, e você pensou, inicialmente, que ela era outra pessoa, quão confiante você se sente agora em relação à sua capacidade como cirurgiã? Por quê?
4. Que implicações você pode extrair desse exercício quanto à gestão de trabalhadores do conhecimento?

FORMAÇÃO DAS HABILIDADES GERENCIAIS

Visão geral da atividade Habilidades de comunicação referem-se à capacidade de transmitir ideias e informações para outras pessoas. A tarefa, obviamente, é mais fácil quando a pessoa com quem você está se comunicando está familiarizada com a linguagem que você utiliza. Contudo, em um ambiente de negócios cada vez mais diversificado, você nem sempre pode se dar o luxo de se expressar estritamente em seus próprios termos.

Este exercício exige que você comunique as informações elaborando, cuidadosamente, os termos com os quais se expressa.

Cenário Você é dono de uma loja que vende mobília inacabada, fabricada com madeiras nobres. Clientes, consumidores individuais e varejistas compram sua mobília e terminam as peças, eles mesmos, geralmente com revestimentos à base de petróleo. Um dos seus melhores clientes é a proprietária de uma pequena loja de móveis que os fornece para membros de uma comunidade étnica local. A língua materna dela não é o inglês. Ela soube que resíduos de trapos usados na aplicação de revestimentos à base de petróleo podem pegar fogo – um fenômeno conhecido como "combustão espontânea" – e ficou preocupada com a segurança de seus clientes e em relação à sua própria responsabilidade. Você precisa enviar-lhe uma carta para tranquilizá-la sobre o problema que, embora seja real, pode ser resolvido facilmente e com segurança. Você também precisa dizer-lhe o que deve ser informado aos clientes dela.

Tarefa Agora faça o seguinte :

1. Examine a seguinte amostra de diretrizes para a "internacionalização" da língua inglesa. Ela foi projetada para ajudá-lo a escrever mensagens claras para aqueles que não têm o inglês como língua materna e a reduzir a possibilidade de criar um mal entendido entre você e uma pessoa de uma cultura diferente. (Você também pode seguir as mesmas diretrizes ao se comunicar com outra pessoa, cuja língua materna seja o inglês)*
   - Use as palavras mais comuns na língua. (Existem de 3.000 a 4.000 para você escolher).
   - Utilize apenas o significado mais comum de palavras com vários significados (a palavra "high" tem 20 significados, a palavra "expensive", apenas um).
   - Evite termos relacionados a esportes ("ballpark figure", que significa "número ou valor aproximado") e palavras que exigem imagens mentais ("red tape", para se referir a burocracia). [N. do T.: A palavra "ballpark" significa "estádio de beisebol" e o termo "red tape" pode ser traduzido literal e erroneamente como "fita vermelha"].
   - Use palavras só na sua forma mais comum (não transforme substantivos a partir de verbos, como em "*faxing* a letter", ou seja, enviar uma carta por fax).
   - Não crie ou use palavras novas; evite gírias.
   - Evite verbos de duas palavras (use "apply" = aplicar, em vez de "put on" = colocar).
   - Use frases mais curtas e simples do que você normalmente utiliza.
   - Evite acrônimos ("ASAP" = "as soon as possible", para "tão logo seja possível"), emoticons (:-o) e taquigrafia (número "4" = "four" para escrever "for").
   - Adote um tom formal e use a pontuação para obter a maior clareza possível.
2. Faça pesquisas *on-line* para localizar um fabricante de revestimentos à base de petróleo. Descubra o que o fabricante do produto tem a dizer sobre como lidar com o problema de combustão espontânea.
3. Escreva uma carta para a sua cliente, cuja língua materna não é o inglês. Explique o problema da combustão espontânea, diga-lhe o que o fabricante recomenda e resuma seu próprio conselho.

* Lista adaptada de D. I. Riddle e Z. D. Lanham, "Internationalizing Written Business English: 20 Propositions for Native English Speakers", *Journal of Language for International Business*, v. 1 (1984–1985), p. 1–11.

EXERCÍCIO DE AUTOAVALIAÇÃO

Conscientização sobre outras culturas

As perguntas a seguir têm o objetivo de fornecer *insights* sobre sua conscientização a respeito de outras culturas. Indique as melhores respostas para as perguntas listadas a seguir. Não há respostas certas ou erradas. Use a seguinte escala, registrando sua resposta no espaço antes de cada pergunta.

1 = definitivamente não
2 = provavelmente não
3 = não tenho certeza
4 = provavelmente
5 = certamente

_____ 1. Eu posso, efetivamente, fazer negócios falando um idioma que não seja minha língua nativa.
_____ 2. Sei ler e escrever em outro idioma que não é minha língua nativa com grande facilidade.
_____ 3. Eu entendo o protocolo apropriado para trocar cartões de visita em pelo menos dois países que não são o meu país.
_____ 4. Entendo o papel do *keiretsu* no Japão e do *chaebol* na Coreia.
_____ 5. Compreendo as diferenças nos relacionamentos entre gerente-subordinado em dois países além do meu país.
_____ 6. Entendo as diferenças nos estilos de negociação em pelo menos dois países além do meu.
_____ 7. Entendo os protocolos apropriados e dar presentes em pelo menos três países.
_____ 8. Compreendo como a característica de um país em relação a preferir o individualismo *versus* o coletivismo pode influenciar as práticas nos negócios.

_____ 9. Compreendo a natureza e a importância da diversidade demográfica em pelo menos três países.

_____ 10. Compreendo as leis do meu próprio país dos principais países em que minha empresa tem negócios.

_____ 11. Compreendo como os fatores culturais influenciam os sistemas de venda, marketing e a distribuição em diferentes países.

_____ 12. Compreendo como as diferenças nos relacionamentos entre homens e mulheres influenciam as práticas empresariais em pelo menos três países.

_____ 13. Estudei e compreendi a história de outro país que não é o meu país natal.

_____ 14. Consigo identificar os países da União Europeia sem pesquisá-los.

_____ 15. Sei quais gestos devo evitar no exterior em razão de seus significados obscenos.

_____ 16. Entendo como os estilos de comunicação utilizados em países específicos podem influenciar as práticas de negócios.

_____ 17. Sei em quais países posso usar meu primeiro nome, com pessoas de negócios que acabei de conhecer.

_____ 18. Entendo a cultura e as tendências empresariais de determinados locais do exterior e as verifico.

_____ 19. Regularmente, recebo notícias e informações em relação a dar presentes ou prestar favores enquanto estou em missões internacionais.

_____ 20. Conto com um informante para obter dados sobre a cultura do lugar, antes de fazer negócios no exterior.

_____ = Pontuação total

Quando terminar, some sua pontuação e compare-a com a dos demais componentes de seu grupo. Discuta as áreas de forças e fraquezas entre os membros do grupo.

[Observação: Esse breve instrumento de autoavaliação não foi validado cientificamente, assim, deve ser usado somente para fins de discussão em sala de aula].

Referência: Neal R. Goodman, "Cross-Cultural Training for the Global Executive". In: Richard W. Brislin e Tomoko Yoshida (eds.), *Improving Intercultural Interactions,* p. 35-36, copyright © 1994 de Sage Publications, Inc. Reimpresso com permissão de Sage Publications, Inc.

CAPÍTULO 3
Fundamentos do comportamento individual

Visão geral do capítulo

- Indivíduos nas organizações
- Personalidade e organizações
- Atitudes nas organizações
- Percepção nas organizações
- Tipos de comportamento no local de trabalho

Objetivos de aprendizagem

Após estudar este capítulo, você estará apto a:

1. Explicar a natureza da relação indivíduo-organização.
2. Definir o que é personalidade e descrever as características de personalidade que afetam o comportamento nas organizações.
3. Discutir as atitudes individuais nas organizações e como elas afetam o comportamento.
4. Descrever os processos perceptivos básicos e o papel das atribuições nas organizações.
5. Explicar como o comportamento no local de trabalho pode, direta ou indiretamente, influenciar a eficácia da organização.

O que fazer quando o chefe libera sua criança interior

"A maioria das brigas não envolve coisas sendo atiradas para todos os lados na sala."
— *Lynn Taylor, consultora organizacional, sobre os TOTs*

Coloque-se no seguinte cenário:
Você é um dos dez vice-presidentes em uma pequena cadeia regional de lojas de roupas, onde você comanda o departamento de vestuário feminino. Uma de suas atribuições é analisar o resultado de cada mês, em uma reunião com todos os dez chefes de departamento e o presidente da empresa. Como seus companheiros também são vice-presidentes, você prepara uma apresentação em PowerPoint para mostrar os resultados do mês anterior e as projeções para o próximo mês. Durante sua apresentação você sobe ao pódio e lidera a discussão à frente da sala.

Em geral, a reunião é parte de uma estratégia global muito sólida por meio da qual todos ficam a par do que está acontecendo e do que podem esperar. Normalmente, a única desvantagem de uma reunião informativa e produtiva é a aparente incapacidade do presidente em lidar com más notícias. Ele fica irritado e gosta de ridicularizar aqueles que tiveram baixo desempenho, por isso cada pessoa e seus colegas sempre entram na reunião com o estômago embrulhado e saem dela com problemas gástricos. O presidente acha que promove um debate aberto e honesto, mas todos na sala reconhecem o que é evidente e já está ultrapassado: o assédio moral.

Por sorte, você está à frente da sala, olhando para a tela que vai do chão até o teto, sobre a qual estão estampados seus resultados mensais, nada brilhantes por sinal, que lhe parecem escritos com fonte de 500 pontos (na cor vermelha, é claro). Suando em bicas, você tenta explicar os decepcionantes números de vendas, quando ouve um barulho – uma espécie de estrondo violento – contra a parede, atrás de você. Assustado, você se volta em direção à sala e fica surpreso ao ver que todos parecem estar procurando algo no chão ou olhando pelas janelas como está o clima lá fora. Finalmente, você olha atrás de você e vê uma cadeira da sala de reuniões retorcida no chão; quando você se vira, vê que o presidente está em pé, com os braços cruzados e o rosto carrancudo. "Da próxima vez que apresentar números como estes", ele rosna, "não vou errar o alvo!".

Acredite ou não, essa é uma história verdadeira (embora tenhamos mudado alguns detalhes – poucos – em nome da aceitabilidade e do impacto dramático). Ela foi contada por John McKee, consultor de profissionais e empresários que querem subir a escada a carreira o mais rápido possível – e, de forma presumível, com menos violência. McKee foi, na verdade, testemunha ocular do episódio e embora ele admita ter sido esse "o exemplo mais claro de um chefe que comportando mal" que já viu, apressa-se em acrescentar que não ficará nem um pouco surpreso quando alguém aparecer com um caso ainda melhor.

A consultora Lynn Taylor, especialista em desenvolvimento de equipes de trabalho e de gestão, denomina chefes como esse *de terrible office tyrants* (tiranos terríveis dos escritórios),

Alguns chefes apresentam comportamentos que outros acham intimidantes ou mesmo abusivos. Felizmente, pessoas que entendem o comportamento organizacional podem ter insights sobre tais comportamentos e desenvolver estratégias para combatê-los ou, pelo menos, para lidar com eles.

ou TOTs – gestores que não conseguem controlar seu poder quando se veem sob estresse. [N. do T.: O termo *tot*, em inglês, significa criancinha; aqui se trata de um trocadilho.] Taylor acredita que a caracterização lança uma luz sobre as pesquisas, mostrando que chefes, como o que descrevemos, na verdade, "retornam ao comportamento inadequado de sua 'criança interior' para lidar com as pressões insuportáveis". Em outras palavras, voltam a apresentar o tipo de comportamento que produzia o "resultado de serem servidos" quando eram crianças. No local de trabalho, entre adultos, explica Taylor, "descobrem que sua capacidade de dominar o mundo é limitada, como acontece com a maioria dos mortais. Essa revelação, no auge de sua incapacidade de se comunicar com clareza, torna-os furiosos e frustrados".

De acordo com Taylor, existem 20 "traços paralelos principais, compartilhados pelos TOTs e as criancinhas que estão começando a andar". A seguir, estão reações bastante agressivas, sob a denominação de "mau comportamento":

- Gabar-se
- Praticar assédio moral
- Ser muito exigente
- Ignorar
- Ser impulsivo
- Mentir
- Ser egocêntrico
- Ser teimoso
- Fazer birra
- Ser territorialista
- Lamentar-se

"A maioria das birras", Taylor assegura, "não envolve coisas sendo atiradas para todos os lados na sala", e o comportamento TOT, especialmente em suas formas menos agressivas – inconstância, mudanças de humor, carência – pode ser "gerenciado de maneira proativa" por funcionários que não querem ser tratados como sacos de pancada. Ela recomenda "ter humor e bom senso, pensar racionalmente e definir limites para o mau comportamento". É preciso lembrar, ela acrescenta, que "quando se trata de lidar com um TOT, você é o pai ou a mãe com o proverbial pote de biscoitos".

A abordagem de Taylor para compreender e lidar com maus chefes não é inteiramente metafórica; ela sugere que funcionários assediados traduzam seu conselho em algumas técnicas de enfrentamento concreto. Quando confrontado com a carência gerencial, por exemplo, uma boa "chupeta para acalmar o bebê" pode ser uma resposta do tipo: "Essa será a primeira coisa na minha lista de afazeres amanhã". Se você está procurando ter uma caixa de ferramentas à mão com técnicas eficazes, pode encontrar dezenas delas na internet, a maioria propostas por psicólogos e consultores organizacionais. As técnicas seguintes foram compiladas por Karen Burns, colunista do *U.S. News* e especialista em aconselhamento de carreira para mulheres:

- *Coloque tudo por escrito.* Escreva relatórios sobre o progresso e coloque as datas. Quando receber instruções verbais, resuma essas instruções em um *e-mail* como resposta.
- *Tenha desempenho de estrela.* Além de ser bom funcionário, mantenha uma atitude positiva; é difícil para alguém lhe preparar uma emboscada quando você está fazendo seu trabalho e sorrindo durante o processo.
- *Escolha os momentos adequados.* Em vez de simplesmente evitar o chefe, estude seus padrões de comportamento. Mantenha-se afastado quando ele estiver "maluco" e agende conversas para momentos em que estiver estável.
- *Procure se inserir em uma comunidade.* Mantenha sua sanidade mental, estabelecendo laços com colegas de trabalho e com outros executivos. Encontre um mentor no local de trabalho e alguém de fora com quem falar (e desabafar).
- *Controle o que você puder.* Você não pode controlar o comportamento irracional de seu chefe, então, controle o que puder – ou seja, a maneira como você reage. Ignore o tom de voz rabugento e responda ao essencial do que ele diz. Além disso, coma bem, exercite-se, durma o suficiente e passe o resto de seu tempo com pessoas sadias.
- *Conheça os seus direitos.* Se você quer levar sua reclamação para o departamento de RH (ou mais adiante), certifique-se de que documentou seu problema e seus esforços para resolvê-lo; seja específico sobre a solução que está pedindo (transferência, verbas rescisórias etc.).
- *Identifique as saídas.* Elabore um plano e não se sinta coagido a tomar qualquer atitude antes de estar pronto.

Qual é a sua opinião?

1. De acordo com alguns especialistas, o tipo de comportamento registrado aqui prevalece mais no mundo dos negócios do que no restante da sociedade. Supondo que essa afirmação seja verdadeira, por que você acha que isso acontece?
2. Você possui alguma característica de um perfeccionista? Você fica facilmente frustrado? Você se sente preparado – neste ponto de sua vida – para a atividade de gerenciar outras pessoas?

Referências: John McKee, "Worst Boss Ever", *TechRepublic*, 8 fev. 2007, www.techrepublic.com, 10 abr. 2012; Lynn Taylor, "Why Bad Bosses Act Like Toddlers", *Psychology Today*, 27 ago. 2009, www.psychologytoday.com, 10 abr. 2012; Lynn Taylor, "10 Ways to Manage Bad Bosses", *CNN Living*, 15 dez. 2009; http://articles.cnn.com, 10 abr. 2012; Karen Burns, "How to Survive a Bad Boss", *U.S. News & World Report*, 4 nov. 2009, http://money.usnews.com, 10 abr. 2012.

Pense sobre o comportamento humano como um quebra-cabeça. Quebra-cabeças constam de várias peças que se encaixam de forma precisa. E obviamente não há dois quebra-cabeças exatamente iguais. Eles têm diferentes números de peças; as peças têm formas e tamanhos diferentes, e se encaixam de modo diferente. O mesmo pode ser dito sobre o comportamento humano e seus determinantes. Cada um de nós é uma imagem inteira, como um quebra-cabeça montado, porém as peças do quebra-cabeça que nos definem e a maneira como elas se encaixam são únicas. Cada pessoa em uma organização é, em sua essência, diferente de todas as outras pessoas. Para serem bem-sucedidos, os gestores precisam reconhecer que essas diferenças existem e devem tentar compreendê-las.

Neste capítulo, exploramos algumas das principais características que diferenciam as pessoas umas das outras nas organizações. Primeiro, investigaremos a natureza psicológica dos indivíduos no ambiente de trabalho. Depois, verificaremos quais elementos das personalidades das pessoas podem influenciar o comportamento, consideraremos as atitudes individuais e seu papel nas organizações. Em seguida, examinaremos o papel da percepção nas empresas. Encerraremos este capítulo com uma análise de vários tipos de comportamentos no local de trabalho que afetam o desempenho organizacional.

AS PESSOAS NAS ORGANIZAÇÕES

Como ponto de partida para compreender o comportamento das pessoas nas organizações, vamos examinar a natureza básica da relação indivíduo-organização. Compreender essa relação nos ajuda a perceber a natureza das diferenças individuais, ou seja, essas diferenças desempenham um papel fundamental na determinação de vários comportamentos importantes no local trabalho, que têm especial relevância para os gestores.

Contrato psicológico

Sempre que vamos comprar um carro ou vender uma casa, o comprador e o vendedor assinam um contrato que especifica os termos do acordo – quem paga o que a quem, quando o pagamento será efetuado, e assim por diante. Um contrato psicológico assemelha-se a um contrato legal em alguns aspectos, porém é menos formal e não é claramente definido. Especificamente, um **contrato psicológico** é o conjunto das expectativas de uma pessoa acerca de como contribuirá para uma organização e aquilo que a organização fornecerá em troca ao indivíduo.[1] Ao contrário de qualquer outro tipo de contrato de trabalho, o psicológico não está escrito e nem mesmo constam nele explicitamente todos os termos negociados.

A Figura 3.1 ilustra a natureza essencial do contrato psicológico. Um indivíduo faz uma variedade de **contribuições** para uma organização – tais como esforço, habilidades, capacidade, tempo e lealdade. Jill Henderson, gerente de filial da Merrill Lynch, usa seu conhecimento sobre o mercado financeiro e sobre as oportunidades de investimento para ajudar seus clientes a fazer investimentos rentáveis. Seu MBA em Finanças, juntamente com muito trabalho e motivação, permitiram-lhe tornar-se uma das jovens gerentes mais promissoras da empresa. A Merrill Lynch acreditava que ela tinha essas qualidades quando a contratou e, é claro, esperava que seu desempenho fosse bom.

Em contrapartida, a organização fornece **incentivos** para o indivíduo. Alguns incentivos, como salário e oportunidades na carreira, são recompensas tangíveis. Outros, como *status* e segurança no trabalho, são mais intangíveis. Jill Henderson começou na Merrill Lynch com

---

Um **contrato psicológico** é o conjunto de expectativas de uma pessoa acerca de como contribuirá para uma organização e aquilo que a organização fornecerá em troca ao indivíduo.

As **contribuições** de um indivíduo para uma organização incluem elementos como esforço, habilidades, capacidade, tempo e lealdade.

As organizações fornecem **incentivos** para os indivíduos sob a forma de recompensas tangíveis e intangíveis.

FIGURA 3.1

Contrato psicológico

Os contratos psicológicos regem a relação básica entre os indivíduos e as organizações. Os indivíduos contribuem com esforço e lealdade. As organizações, por sua vez, oferecem incentivos, como salário e segurança no trabalho.

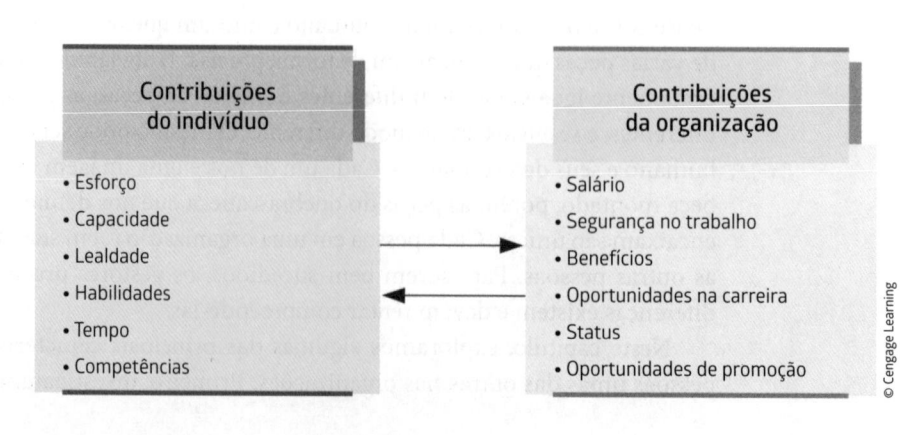

Contribuições do indivíduo	Contribuições da organização
• Esforço	• Salário
• Capacidade	• Segurança no trabalho
• Lealdade	• Benefícios
• Habilidades	• Oportunidades na carreira
• Tempo	• Status
• Competências	• Oportunidades de promoção

© Cengage Learning

um salário muito competitivo e recebeu um aumento atraente a cada seis anos em que trabalhou na empresa. Ela também foi promovida duas vezes e espera outra promoção – talvez para um escritório maior – em um futuro próximo.

Nessas circunstâncias, tanto Jill Henderson quanto a Merrill Lynch, aparentemente, percebem que o contrato psicológico é justo e equitativo. Ambas estão satisfeitas com o relacionamento e farão o que puderem para dar continuidade dessa relação. Henderson, provavelmente, continuará a trabalhar bastante e de forma eficaz, e é possível que a Merrill Lynch siga aumentando seu salário e lhe dando promoções. Em outras situações, no entanto, as coisas podem não funcionar tão bem assim. Se uma das partes percebe uma desigualdade no contrato, pode iniciar uma mudança. O funcionário pode pedir um aumento salarial ou promoção, pode esforçar-se menos ou procurar um emprego melhor. A organização também pode iniciar a mudança por meio de um treinamento a fim de melhorar as habilidades do funcionário, pode transferi-lo para outra função ou demiti-lo.

Todas as organizações enfrentam o desafio básico da gestão de contratos psicológicos. Elas querem que seus funcionários criem valor e precisem dar aos colaboradores os estímulos corretos. Por exemplo, funcionários mal remunerados podem ter um desempenho ruim ou deixar a empresa por um emprego melhor em outro lugar. Ocasionalmente, um funcionário pode começar a roubar recursos da organização como uma maneira de equilibrar o contrato psicológico. No entanto, pagar um salário alto demais a funcionários que contribuem pouco é incorrer em custos desnecessários.

Tendências recentes, como o *downsizing* e os cortes de pessoal, têm complicado o processo de gestão de contratos psicológicos, especialmente durante a recessão de 2008-2010. Por exemplo, muitas organizações costumavam oferecer garantias razoáveis de permanência no emprego como um estímulo fundamental para os funcionários. Agora, a permanência em um emprego é menos provável, então, incentivos alternativos podem ser necessários.[2] Entre as novas formas de incentivos que algumas empresas oferecem estão as oportunidades de treinamento adicional e o aumento da flexibilidade nos horários de trabalho.

A crescente globalização nos negócios também complica a gestão dos contratos psicológicos. Por exemplo, a amplitude que os funcionários julgam o valor dos benefícios varia entre as culturas. Os trabalhadores norte-americanos tendem a valorizar as recompensas e o reconhecimento individual, ao passo que os japoneses são mais propensos a dar valor ao reconhecimento e às recompensas dadas ao grupo. No México e na Alemanha, os trabalhadores valorizam muito o tempo de lazer, por isso podem preferir ter mais tempo fora do trabalho; já na China, os trabalhadores podem considerar o tempo de folga como uma recompensa inferior. A Lionel Train Company, fabricante de trens elétricos de brinquedo, mudou suas operações para o México a fim de tirar proveito do uso de mão de obra mais barata. A empresa enfrentou problemas quando não conseguiu contratar colaboradores suficientemente motivados para manter os padrões de qualidade e, assim, acabou voltando para os Estados Unidos, o que lhe custou caro. Em outras palavras, os baixos salários predominantes no México (que levaram a empresa a se mudar para lá) não eram incentivos suficientes para motivar o desempenho de alta qualidade que a empresa esperava.

Um problema relacionado a esse, enfrentado pelas empresas internacionais, é a gestão dos contratos psicológicos no caso de gestores expatriados. De certa forma, esse processo, em comparação a outras relações de trabalho, é mais parecido com um contrato formal. Gestores selecionados para uma missão no exterior, por exemplo, geralmente têm uma estimativa da duração de sua permanência no país e recebem vários ajustes em seu pacote de remuneração, incluindo aqueles relacionados a custo de vida, subsídios para a educação dos filhos, reembolso de despesas com viagens e assim por diante. Quando a missão acaba, o gestor deve ser reintegrado à organização local. Durante o tempo da missão, no entanto, a própria organização pode ter mudado de várias maneiras – novos gestores, colegas de trabalho e procedimentos, novas práticas empresariais. Assim, ao retornar, os gestores podem encontrar uma organização muito diferente daquela que deixaram e podem ter que desenvolver um trabalho distinto daquele que esperavam.[3]

A adaptação entre pessoa e cargo

> **Adaptação entre pessoa e cargo** é a extensão em que as contribuições feitas pelo indivíduo coincidem com os incentivos oferecidos pela organização.

Um aspecto específico da gestão de contratos psicológicos é a gestão da **adaptação entre pessoa e cargo**. Uma boa adaptação entre pessoa e cargo é aquela em que as contribuições do funcionário correspondem aos incentivos que a organização oferece. Em teoria, cada funcionário tem um conjunto específico de necessidades a serem correspondidas e um conjunto de comportamentos relacionados ao trabalho bem como habilidades por meio dos quais oferece suas contribuições à empresa. Se a organização conseguir tirar vantagem ao máximo desses comportamentos e habilidades entendendo as necessidades do funcionário, terá atingido a adaptação perfeita entre pessoa e cargo.

É óbvio que uma adaptação da pessoa ao cargo de forma precisa raramente é alcançada. Por um lado, os procedimentos de contratação são imperfeitos. Os gestores podem estimar os níveis de competências do funcionário ao tomar a decisão de contratá-lo e tentar melhorá-las por meio de treinamento, no entanto, mesmo os aspectos mais simples do desempenho são difíceis de avaliar de modo objetivo e válido. Por outro lado, as pessoas e as organizações mudam. Um colaborador que acha o novo emprego estimulante e excitante no início, pode achar o mesmo trabalho chato e monótono alguns anos mais tarde. Uma organização que adota novas tecnologias precisa de novas habilidades da parte de seus colaboradores. Finalmente, cada pessoa é única. Medir as habilidades e o desempenho é difícil. Avaliar as atitudes e a personalidade é muito mais complexo. Cada uma dessas diferenças individuais faz que a adaptação entre os indivíduos a seus respectivos cargos seja um processo difícil e complicado.[4]

Diferenças individuais

> **Diferenças individuais** são características pessoais que variam de uma pessoa para outra.

Como já observamos, cada indivíduo é único. **Diferenças individuais** são características pessoais que variam de uma pessoa para outra. Essas diferenças podem ser físicas, psicológicas e emocionais. As diferenças individuais que caracterizam uma pessoa a tornam única.[5] Como veremos nas seções a seguir, as categorias básicas das diferenças individuais incluem personalidade, atitudes, percepção e criatividade. Primeiro, no entanto, precisamos notar a importância de avaliar a situação relacionada ao comportamento do indivíduo.

As diferenças que caracterizam determinada pessoa são boas ou ruins? Elas contribuem para o desempenho ou o diminuem? A resposta, obviamente, é: depende das circunstâncias. Uma pessoa pode se sentir insatisfeita, isolada e negativa em um ambiente de trabalho, porém satisfeita, sociável e positiva em outro. As condições de trabalho, os colegas, os líderes são apenas alguns dos fatores que afetam como uma pessoa realiza o trabalho e se sente em relação a ele. Assim, sempre que um gestor tenta avaliar ou considerar as diferenças individuais entre seus funcionários, deve ter certeza de identificar a situação em que o comportamento ocorre.

Uma vez que os gestores precisam estabelecer contratos psicológicos efetivos com seus funcionários e alcançar a adaptação ideal entre as pessoas e os cargos, eles enfrentam um grande desafio na tentativa de compreender tanto as diferenças individuais quanto as contribuições em relação aos estímulos e contextos. Um bom ponto de partida no desenvolvimento desse entendimento é reconhecer o papel da personalidade nas organizações.

A PERSONALIDADE E AS ORGANIZAÇÕES

> **Personalidade** é o conjunto relativamente estável de características psicológicas que distinguem uma pessoa da outra.

Personalidade é o conjunto relativamente estável de atributos psicológicos que distinguem uma pessoa da outra. Um debate de longa data entre psicólogos – muitas vezes expresso como "natureza *versus* criação" – diz respeito a até que ponto as características da personalidade são herdadas de nossos pais (o argumento da "natureza") ou são moldadas pelo ambiente (o argumento da "criação"). Na realidade, tanto os fatores biológicos quanto os ambientais desempenham um papel importante na determinação de nossas personalidades.[6] Embora os detalhes desse debate estejam além do escopo de nossa discussão, os gestores devem se esforçar para entender as características básicas da personalidade e como elas podem afetar o comportamento das pessoas em situações organizacionais, sem falar nas percepções e atitudes para com a organização.

Os "cinco grandes" traços da personalidade

Os psicólogos identificaram, literalmente, milhares de traços de personalidade e aspectos que diferenciam uma pessoa da outra. Entretanto, nos últimos anos, pesquisadores identificaram cinco traços de personalidade fundamentais que são especialmente relevantes para as organizações.[7] Esses traços, ilustrados na Figura 3.2, são comumente chamados de **"cinco grandes" fatores da personalidade**.

A **amabilidade** refere-se à capacidade de conviver com outras pessoas. A amabilidade faz que algumas pessoas sejam gentis, cooperativas, peçam desculpas, demonstrem compreensão e boa índole nas suas relações com os outros. Já a falta dela resulta em pessoas que se irritam, são mal-humoradas, pouco cooperativas e geralmente antagônicas em relação às outras pessoas. Os pesquisadores ainda não investigaram de forma pormenorizada os efeitos da amabilidade, mas é bem provável que pessoas muito amáveis sejam melhores em desenvolver bons relacionamentos no trabalho, com os colegas, subordinados e gestores de níveis mais altos, ao passo que as pessoas menos amáveis são propensas a não ter boas relações no trabalho. O mesmo padrão pode se estender para relacionamentos com clientes, fornecedores e outros elementos-chave na organização.

A **conscienciosidade** refere-se ao número de metas nas quais uma pessoa se concentra. As pessoas que se concentram em poucos objetivos ao mesmo tempo são suscetíveis de serem organizadas, sistemáticas, cuidadosas, meticulosas, responsáveis e autodisciplina-

---

Os "cinco grandes" fatores da personalidade referem-se a um conjunto de características fundamentais e especialmente relevantes para as organizações.

Amabilidade refere-se à capacidade de conviver com outras pessoas.

Conscienciosidade refere-se ao número de metas nas quais uma pessoa se concentra.

FIGURA 3.2

Modelo dos "cinco grandes" fatores da personalidade

Atualmente, o modelo dos "cinco grandes" fatores da personalidade é muito popular entre pesquisadores e gestores. Estas cinco dimensões representam os traços de personalidade fundamentais que se presume serem importantes na determinação de comportamentos dos indivíduos nas organizações. Em geral, os especialistas concordam em relação ao fato de que os traços de personalidade mais próximos da extremidade à esquerda são mais positivos nas estruturas organizacionais, ao passo que os traços mais à direita são menos positivos.

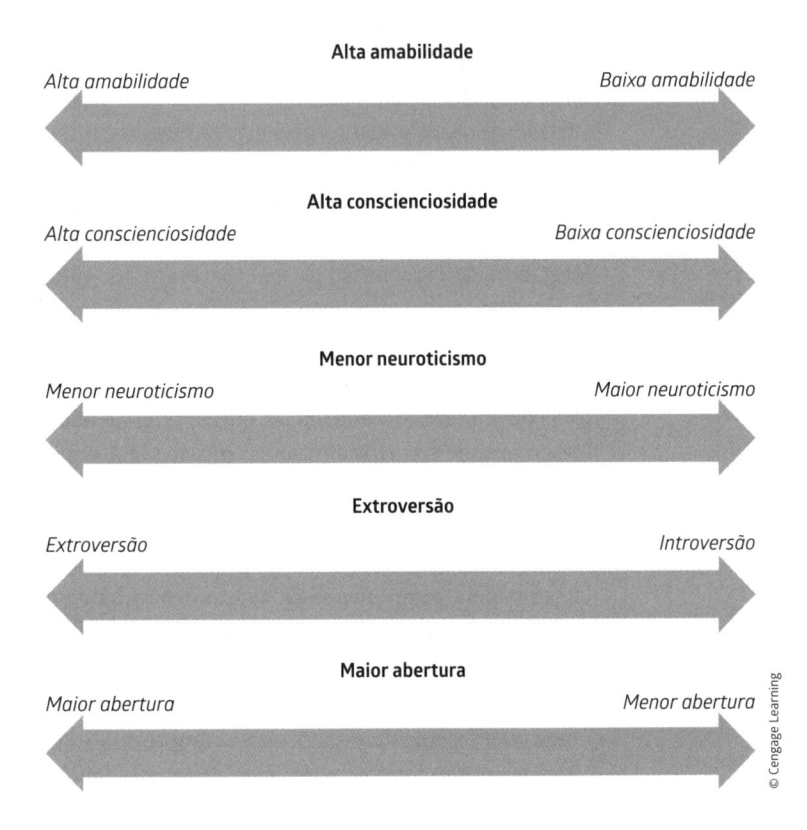

Alta amabilidade
Alta amabilidade — *Baixa amabilidade*

Alta conscienciosidade
Alta conscienciosidade — *Baixa conscienciosidade*

Menor neuroticismo
Menor neuroticismo — *Maior neuroticismo*

Extroversão
Extroversão — *Introversão*

Maior abertura
Maior abertura — *Menor abertura*

© Cengage Learning

Grau de neurose refere-se à tendência de uma pessoa em experimentar emoções desagradáveis, como raiva, ansiedade, depressão e sentimentos de vulnerabilidade.

Extroversão refere-se à qualidade de sentir-se confortável com os relacionamentos sociais; o oposto, a introversão, caracteriza-se por desconforto nas situações sociais.

Abertura à experiência refere-se à capacidade de ter ideias novas e de mudar como resultado de novas informações recebidas e/ou assimiladas.

das. Outras, no entanto, tendem a focalizar um maior número de objetivos e, como resultado, tendem a ser mais desorganizadas, descuidadas, irresponsáveis, menos minuciosas e autodisciplinadas. Pesquisas constataram que as pessoas mais conscientes tendem a ter um melhor desempenho do que pessoas menos conscientes a uma variedade de trabalhos diferentes. Esse padrão parece lógico, uma vez que as pessoas conscienciosas levam seu trabalho a sério e tratam seus empregos de uma forma muito responsável.

A terceira das "cinco grandes" traços da personalidade é o **grau de neurose**. As pessoas que são relativamente mais neuróticas tendem a experimentar emoções desagradáveis, como raiva, ansiedade, depressão e sentimentos de vulnerabilidade, com mais frequência do que as pessoas cujo grau de neurose é menor. Pessoas que são menos neuróticas são equilibradas, calmas, resilientes e seguras; já as pessoas cujo grau de neurose é maior, são mais instáveis, inseguras, reativas e sujeitas a oscilações extremas de humor. Espera-se que as pessoas com menor grau de neurose lidem melhor com o estresse no trabalho, com as pressões e com a tensão. A maior estabilidade também pode levá-las a serem vistas como pessoas mais confiáveis do que seus colegas menos estáveis.

A **extroversão** reflete o nível de conforto de uma pessoa no que diz respeito a relacionamentos. Os extrovertidos são sociáveis, assertivos, abertos em estabelecer novos relacionamentos e gostam de conversar. Os introvertidos, por sua vez, são menos sociáveis, menos assertivos, mais relutantes em começar novos relacionamentos e falam menos. Pesquisas sugerem que os extrovertidos tendem a ter um desempenho global melhor do que os introvertidos e que são mais propensos a serem atraídos por empregos com base no relacionamento interpessoal, como os cargos nas áreas de vendas e marketing.

Finalmente, a **abertura à experiência** reflete a rigidez pessoal nas crenças em um conjunto de interesses. Pessoas com níveis elevados de abertura a experiências estão desejosas de ouvir novas ideias e mudar suas próprias ideias, crenças e atitudes em resposta a novas informações. Elas também tendem a ter interesses diversos, a ser curiosas, imaginativas e criativas. As pessoas com baixos níveis de abertura, por sua vez, tendem a ser menos receptivas a novas ideias e menos dispostas a mudar de opinião. Além disso, tendem a ter interesses mais restritos sendo menos curiosas e criativas. A expectativa a respeito de pessoas com maior abertura é que tenham melhor desempenho em virtude de sua flexibilidade e da probabilidade de que serão mais bem aceitas pelos outros na organização. O grau de abertura também pode englobar a disposição de uma pessoa para aceitar mudanças; pessoas com níveis elevados de abertura podem ser mais receptivas a mudanças, ao passo que pessoas com pouca abertura podem resistir à mudança.

O modelo dos "cinco grandes" traços da personalidade continua a atrair a atenção de pesquisadores e gestores. O valor potencial desse modelo é que ele engloba um conjunto integrado de características que parecem ser válidas para prever determinados comportamentos em certas situações. Assim, os gestores, que podem tanto compreender esse modelo como avaliar essas características em seus colaboradores, estão em uma boa posição para entender como e por que eles se comportam de determinada maneira. Por outro lado, os gestores devem ser cuidadosos no que se refere a não superestimar sua capacidade de avaliar os "cinco grandes" traços em outras pessoas. É provável que até mesmo uma avaliação que utilize as medidas mais rigorosas e válidas seja um tanto imprecisa. Outra limitação do modelo dos "cinco grandes" traços da personalidade diz respeito ao fato de que as pesquisas foram conduzidas principalmente nos Estados Unidos. Desse modo, sua generalização para outras culturas gera perguntas para as quais não há respostas. Mesmo nos Estados Unidos, uma variedade de outros fatores e características pode afetar o comportamento nas organizações.

A classificação de tipos psicológicos de Myers-Briggs

Outra abordagem interessante para a compreensão da personalidade nas organizações é a classificação dos tipos psicológicos de Myers-Briggs. Essa classificação, baseada na obra clássica de Carl

Jung, diferencia as pessoas em quatro dimensões: sentimento, intuição, julgamento e percepção. As posições superiores e inferiores em cada uma das dimensões são usadas para classificar as pessoas em 16 categorias de personalidade diferentes.

A classificação tipológica de Myers-Briggs (Myers-Briggs Type Indicator – MBTI) é um questionário que algumas organizações usam para avaliar tipos de personalidade. Com efeito, o MBTI está entre os mais populares instrumentos de seleção usados atualmente nos Estados Unidos: mais de 2 milhões pessoas passam pelo teste a cada ano. A pesquisa sugere que o MBTI é um método útil para a determinação de estilos de comunicação e preferências de interação. Em termos de atributos de personalidade, entretanto, existem dúvidas sobre sua validade e confiabilidade.

Inteligência emocional

O conceito de inteligência emocional foi identificado nos últimos anos e fornece algumas descobertas interessantes sobre a personalidade. A **inteligência emocional**, ou **IE**, refere-se ao grau em que as pessoas são autoconscientes, podem gerenciar suas emoções, motivar-se, expressar empatia pelos outros e ter habilidades sociais.[8]

Os traços de personalidade podem desempenhar um importante papel nos tipos de trabalho ao redor dos quais uma pessoa gravita. Por exemplo, um indivíduo que é extrovertido pode ser atraído por um trabalho baseado em relações pessoais e que envolve interações frequentes com outras pessoas. Esse vendedor, por exemplo, parece gostar da interação com os clientes.

Inteligência emocional, ou **IE**, refere-se ao grau em que as pessoas são autoconscientes, podem gerenciar suas emoções, motivar-se, expressar empatia pelos outros e ter habilidades sociais.

(A IE é utilizada em paralelo com o termo tradicional QI, que significa "quociente de inteligência"). As várias dimensões podem ser descritas da seguinte forma:

- *Autoconsciência* É a base para os outros aspectos. Refere-se à capacidade de uma pessoa de estar consciente de como está se sentindo. Em geral, uma maior consciência de si permite que a pessoa oriente a própria vida e seus comportamentos de modo mais efetivo.
- *Gerenciamento das emoções* Refere-se à capacidade da pessoa em equilibrar a ansiedade, o medo e a raiva, de modo que esses sentimentos não interfiram na execução das ações.
- *Automotivação* Esta dimensão refere-se à habilidade de uma pessoa em se manter otimista e continuar se esforçando em face de contratempos, obstáculos e falhas.
- *Empatia* Refere-se à capacidade de uma pessoa para compreender como os outros estão se sentindo, mesmo que isso não lhe seja dito explicitamente.
- *Habilidade social* Refere-se às habilidades de uma pessoa para conviver com os outros e estabelecer relações positivas.

Pesquisas preliminares sugerem que pessoas com alto nível de IE podem ter melhor desempenho do que outras, especialmente em trabalhos que exijam alto grau de interação interpessoal e envolvam influenciar ou direcionar o trabalho dos outros. Além disso, a IE parece não ter base biológica, em vez disso, pode ser desenvolvida.[9]

Outros traços de personalidade no trabalho

Além desses modelos complexos, vários outros traços especiais de personalidade estão prontos a influenciar o comportamento nas organizações. Entre os mais importantes estão o lócus de controle, a autoeficácia, o autoritarismo, o maquiavelismo, a autoestima e a propensão a correr riscos.

> O **lócus de controle** de uma pessoa relaciona-se até que ponto ela acredita que as circunstâncias são uma função de qualquer uma de suas ações ou de fatores externos, que estão além de seu controle.

Lócus de controle é o tanto que as pessoas acreditam que seu comportamento possa ter um efeito real sobre o que lhes acontece.[10] Alguns indivíduos, por exemplo, acreditam que se trabalharem bastante serão bem-sucedidos. Eles também podem acreditar que falta habilidade ou motivação às pessoas que não conseguem ser bem-sucedidas. É dito daqueles que acreditam estar no controle de suas vidas que têm um lócus de controle interno. Outras pessoas acham que o destino, o acaso, a sorte ou o comportamento alheio determinam o que acontece com elas. Por exemplo, um funcionário que não consegue uma promoção pode atribuir esse fracasso a um chefe com motivações políticas ou apenas à má sorte, em vez de considerar isso como sua própria falha em relação às habilidades necessárias ou como o registro de baixo desempenho. As pessoas que acreditam que forças além de seu controle impedem o que acontece com elas têm um locus de controle externo.

> A **autoeficácia** de uma pessoa refere-se às suas crenças sobre suas competências em executar uma tarefa.

A **autoeficácia** está sutilmente relacionada a características da personalidade, mas é diferente. A autoeficácia de uma pessoa refere-se às suas crenças sobre suas competências em executar uma tarefa. As pessoas com elevada autoeficácia acreditam que podem executar bem uma tarefa específica, ao passo que as pessoas com baixa autoeficácia tendem a duvidar de sua capacidade para executar determinada tarefa. A autoavaliação da capacidade contribui para a autoeficácia, assim como a personalidade. Algumas pessoas simplesmente têm mais autoconfiança do que outras. A crença na própria capacidade de executar uma tarefa de forma eficiente resulta em mais autoconfiança e em mais capacidade de centrar a atenção no desempenho.[11]

> O **autoritarismo** é a crença de que o poder e as diferenças de *status* são apropriados em sistemas sociais hierárquicos, como as organizações.

Outra característica importante da personalidade é o **autoritarismo**, na medida em que uma pessoa acredite que o poder e as diferenças de *status* são adequados em sistemas sociais hierárquicos, como as organizações.[12] Por exemplo, uma pessoa muito autoritária pode aceitar diretrizes ou ordens de alguém com mais autoridade somente porque a outra pessoa é "o chefe". Uma pessoa que não seja muito autoritária, por outro lado, embora possa executar as ordens do chefe consideradas razoáveis, é mais propensa a questionar, expressar discordância ou até mesmo se recusar a cumprir as ordens se elas são, por algum motivo, censuráveis.

Um gestor extremamente autoritário pode ser autocrático e exigente, e subordinados igualmente autoritários são mais propensos a aceitar esse comportamento de seu líder. Um gestor menos autoritário, por outro lado, pode permitir que os subordinados tenham um papel maior na tomada de decisões, e os subordinados, com a mesma característica, podem responder mais positivamente a esse comportamento.

> As pessoas que têm o traço de personalidade do **maquiavelismo** comportam-se de modo a ganhar poder e controlar o comportamento dos outros.

O **maquiavelismo** é outro traço importante da personalidade. Esse conceito é assim denominado depois de Nicolau Maquiavel, autor do século XVI. Em seu livro *O Príncipe*, Maquiavel explicou como a nobreza poderia alcançar e usar o poder mais facilmente. O termo "maquiavelismo" é usado para descrever o comportamento direcionado à obtenção de poder e ao controle do comportamento dos outros. Pesquisas sugerem que o grau de maquiavelismo varia de pessoa para pessoa. Indivíduos mais maquiavélicos tendem a ser racionais e menos emocionais, podem estar dispostos a mentir para atingir seus objetivos, dão pouca ênfase à lealdade e à amizade e gostam de manipular o comportamento dos outros. Os indivíduos menos maquiavélicos são mais emocionais e estão menos dispostos a mentir para ter sucesso, valorizam a lealdade e a amizade e não obtêm prazer pessoal em manipular os outros. Segundo consta, Dennis Kozlowski, ex-CEO da Tyco International, que foi considerado culpado, tinha um alto grau de maquiavelismo. Ele passou a acreditar que seu cargo lhe conferia tanto poder a ponto de lhe dar o direito de fazer quase tudo o que queria com os recursos da empresa.[13]

> A **autoestima** refere-se à medida da crença que a pessoa tem de que é interessante e valiosa.

A **autoestima** representa o tanto da crença que a pessoa tem de que é um indivíduo interessante e valioso. Uma pessoa com autoestima elevada é mais propensa a buscar empregos de *status* superior, a ser mais confiante em sua capacidade para alcançar níveis mais elevados de desempenho e a obter maior satisfação intrínseca de suas realizações. Em contraposição, uma pessoa com baixa autoestima fica mais satisfeita quando permanece em um

SERVIÇO: Autoeficácia do cliente

Imagine que você lidera uma empresa que oferece aos clientes a oportunidade de saltar de *bungee jump* de uma ponte que está a aproximadamente 30,5 metros de altura de um rio caudaloso. Você tem funcionários cujas tarefas incluem colocar corretamente os ganchos nos equipamentos dos clientes, fazê-los preencher um termo de isenção de responsabilidade e garantir que os saltos saiam sem erros, a fim de que os clientes divirtam-se, apesar de ser algo que possa lhes dar um pouco de medo. Seu fluxo de receita e lucro exige que esse processo ocorra com um mínimo de atraso, uma vez que você aprendeu que fazer os clientes esperarem muito tempo leva muitos a perder a coragem, a não ter mais tempo ou a ficar impacientes e ir embora. O desafio é valorizar a crença dos seus clientes em relação à capacidade de fazer o salto – autoeficácia – então, eles farão o mergulho no ar confiantes de que são capazes de realizar essa tarefa com êxito.

Ao rever os conhecimentos sobre as maneiras de melhorar a autoeficácia obtida no curso de comportamento organizacional, você percebe que as mesmas estratégias que aprendeu a fim de melhorar a autoeficácia dos funcionários podem ser aplicadas aos clientes. Você se lembra de que existem quatro maneiras de promover a autoeficácia. Da mais influente para a menos influente, elas são: o domínio enativo (ou desempenho), a experiência vicária, a persuasão verbal e o estímulo emocional (fisiológico). O domínio enativo ou desempenho é aprendido por meio de experiências repetidas, em que uma pessoa descobre o nível de desempenho que é capaz de alcançar. A segunda maneira de desenvolver a autoeficácia é por meio da experiência vicária ou modelagem, seja pelo próprio modelo ou pela observação de outra pessoa. A terceira estratégia para o desenvolvimento da autoeficácia é a persuasão verbal. A estratégia final de desenvolvimento da autoeficácia é o estado fisiológico do indivíduo.

Com esse conhecimento, você percebe que pode usar alguns ou todos esses elementos para projetar como seu *bungee jump* pode ser configurado e para treinar seus funcionários a melhorar a autoeficácia dos clientes, bem como a capacidade destes em coproduzir o valor da experiência do salto. A estratégia mais fácil de implementar é realocar a fila de espera, de modo que os clientes que estão à espera de saltar possam observar o mergulho dos outros. Isso permite que você use as experiências vicárias de outras pessoas para melhorar a autoeficácia dos clientes que estão na fila. Observar os outros, especialmente aqueles que são semelhantes ou que são inferiores de alguma forma (idade, tamanho etc.) é uma estratégia eficaz para estabelecer a autoeficácia: "Se aquela pessoa pode fazê-lo, eu também posso".

Você também pode colocar um monitor de televisão para que os clientes, na espera, observem as imagens – cuidadosamente editadas – daqueles que saltaram antes, de modo a incluir um leque diversificado de pessoas semelhantes àquelas que normalmente procuram por esse tipo de experiência. Uma estratégia de preparação física é encontrar formas de evocar uma resposta fisiológica que inspire as pessoas a enfrentar desafios difíceis, um exemplo é tocar o tema do filme *Rocky*.

A segunda etapa é treinar seus funcionários em relação ao que podem fazer para melhorar a autoeficácia do cliente. Eles podem aprender a observar e a determinar as competências de desempenho do cliente para que possam coproduzir as tarefas necessárias, a fim de intervir de forma a melhorar a autoeficácia e a fornecer um incentivo persuasivo. O pessoal da Disney, por exemplo, é treinado extensivamente para capacitar os hóspedes no uso do sistema FASTPASS, uma máquina que não é de fácil manuseio para todos os visitantes. Os funcionários são treinados para reconhecer e treinar os clientes que precisam de ajuda para lidar com a máquina, de forma semelhante ao treinamento dos agentes dos balcões das companhias aéreas, que devem percorrer a fila para ensinar aos passageiros o procedimento automático de imprimir seus bilhetes aéreos.

No nosso caso, para o *bungee jump*, podemos ensinar aos funcionários o que dizer, a fim de incentivar os clientes que estão esperando para saltar. Outra estratégia é ensinar os funcionários a identificar duplas ou agrupamentos de clientes, de modo que amigos ou outras pessoas que esperam possam ser incentivados a expressar encorajamento para a primeira pessoa do grupo. Não só canções motivadoras aumentam a autoeficácia de quem está na espera; o funcionário também pode falar para a pessoa prestes a saltar que ela servirá de modelo para os outros.

A questão é simples – não só o conhecimento da autoeficácia e de como ela funciona ajuda no desenvolvimento de estratégias para melhor gerenciar as percepções de seus colaboradores a respeito de sua capacidade para executar as tarefas com êxito, mas também as mesmas estratégias que melhoram o desempenho do funcionário no trabalho melhoram a capacidade de seus clientes para fazer sua parte na coprodução de uma experiência de serviço. Em nosso exemplo do *bungee jump*, se o cliente não salta, vai embora desapontado e o fluxo de receita diminui.

Questão para discussão: Reflita sobre as experiências de serviço que você já teve e discuta a respeito do que a organização fez para melhorar sua autoeficácia.

Muitas pessoas consideram o desacreditado ex-CEO Dennis Kozlowski, o retrato do maquiavelismo. Durante sua gestão como CEO da Tyco, Kozlowski acreditava que sua posição lhe dava carta branca para usar os recursos da empresa a fim de financiar o seu estilo de vida extravagante, incluindo excessos como uma cortina de chuveiro de ouro!

trabalho de nível inferior, ter menos confiança em sua habilidade e prender-se mais a recompensas extrínsecas (recompensas extrínsecas são tangíveis e observáveis, como o contracheque, uma promoção no trabalho e assim por diante). Entre as principais dimensões da personalidade, a autoestima é a que tem sido mais amplamente estudada em vários países. Embora mais pesquisas ainda sejam necessárias, a evidência publicada sugere que a autoestima, como um traço da personalidade, existe em uma variedade de países e que seu papel nas organizações é razoavelmente importante entre as diferentes culturas.

A **tendência a correr riscos** é o grau em que uma pessoa está disposta a arriscar-se e tomar decisões que envolvam riscos. Um gestor com alta tendência a correr riscos, por exemplo, pode experimentar novas ideias e apostar em novos produtos. Esse gestor também pode levar a organização a direções novas e diferentes, além de ser um catalisador para a inovação ou, se as decisões arriscadas resultarem em erros, pode por em perigo o bem-estar contínuo da organização. Um gestor com baixa propensão a correr riscos pode levar uma empresa à estagnação e ao conservadorismo excessivo, pode auxiliar a organização em períodos turbulentos e imprevisíveis, mantendo a estabilidade e a calma. Assim, as consequências potenciais da propensão de um gestor a assumir riscos dependem muito do ambiente na organização.

PREDISPOSIÇÕES ORGANIZACIONAIS

> A tendência a correr riscos é o grau em que uma pessoa está disposta a arriscar-se e tomar decisões que envolvam riscos.
>
> As predisposições pessoais são conjuntos de crenças e sentimentos que as pessoas possuem sobre ideias específicas, situações ou outras pessoas.

As **predisposições pessoais** também afetam o comportamento nas organizações. Elas são conjuntos de crenças e sentimentos que as pessoas possuem sobre ideias específicas, situações ou outras pessoas. São importantes porque constituem o mecanismo por meio do qual a maioria das pessoas expressa seus sentimentos. A declaração de um funcionário, a respeito da sua baixa remuneração reflete seus sentimentos sobre seu salário. Do mesmo modo, quando um gestor diz que gosta de uma nova campanha publicitária, está expressando seus sentimentos sobre os esforços de marketing da organização.

Como as predisposições são formadas

As predisposições são formadas por uma variedade de forças, incluindo valores pessoais, experiências e personalidades. Por exemplo, se valorizamos a honestidade e a integridade, podemos ter atitudes favoráveis para com um gestor que acreditamos ser muito honesto e íntegro. Da mesma maneira, se tivemos experiências negativas e desagradáveis com um colega de trabalho, passaremos a ter uma predisposição desfavorável em relação a essa pessoa. Qualquer um dos "cinco grandes fatores" ou traços de personalidade individuais também podem influenciar nossas predisposições. Compreender a estrutura básica de uma predisposição ajuda-nos a ver como as atitudes são formadas e como podem ser alteradas.

Estrutura das predisposições As predisposições são vistas, geralmente, como disposições estáveis para nos comportarmos de certa maneira em relação aos objetos. Por um número qualquer de razões, uma pessoa pode decidir que não gosta de uma figura política específica ou de determinado restaurante (uma predisposição). Espera-se que essa pessoa expresse

FIGURA 3.3

Formação das atitudes

As atitudes são formadas em torno de uma sequência de cognição, de um componente afetivo e de uma intenção comportamental, ou seja, adquirimos conhecimento sobre algo que acreditamos ser verdadeiro (cognição). Esse conhecimento desencadeia um sentimento (componente afetivo). A cognição e o componente afetivo, juntos, influenciam nossa intenção comportamental no futuro.

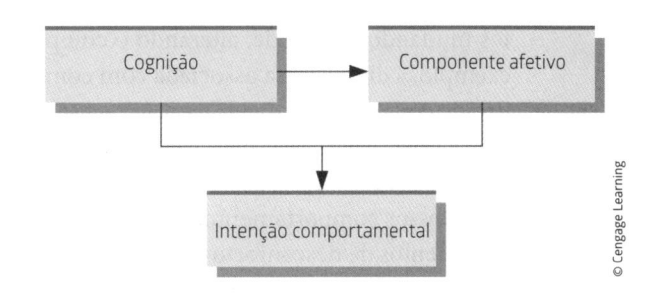

[Diagrama: Cognição → Componente afetivo; ambos → Intenção comportamental]

© Cengage Learning

---

de forma consistente suas opiniões negativas a respeito do candidato ou do restaurante e mantenha firme e previsível sua intenção de não votar a favor do candidato ou de não comer naquele restaurante. Com base nesse ponto de vista, as predisposições englobam três elementos: a cognição, o componente afetivo e a intenção.

> A **cognição** constitui o conhecimento que a pessoa presume ter sobre algo.

A **cognição** é o conhecimento que uma pessoa possa ter sobre algo. Você pode achar que gosta de uma aula porque o livro é excelente, a aula acontece no seu horário favorito, o professor é excepcional e a carga de trabalho é leve. Este "conhecimento" pode ser verdadeiro, parcialmente verdadeiro ou totalmente falso. Por exemplo, você pretende votar em um candidato porque acha que conhece qual é a posição dele em relação a várias questões. Na realidade, dependendo da honestidade dele e de sua compreensão das declarações apresentadas, a opinião do candidato sobre as questões pode ser exatamente a mesma que a sua, parcialmente igual à sua ou totalmente diferente. A cognição baseia-se na percepção de verdade e realidade e, como observaremos mais adiante, as percepções estão de acordo com a realidade em graus variados.

> O **componente afetivo** de uma pessoa refere-se a seus sentimentos em relação a algo.

O **componente afetivo** de uma pessoa refere-se a seus sentimentos em relação a algo. Em muitos aspectos, a afetividade é semelhante à emoção – é algo sobre o qual temos pouco ou nenhum controle consciente.

Por exemplo, a maioria das pessoas reage a palavras como "amor", "ódio", "sexo" e "guerra" de uma forma que reflete seus sentimentos sobre o que essas palavras transmitem. De modo similar, você pode gostar de uma de suas aulas, não gostar de outra e ser indiferente em relação a uma terceira. Se uma disciplina que você não gosta é opcional, você pode não estar preocupado. Porém, se ela for a disciplina obrigatória no seu curso, sua reação emocional pode causar-lhe uma ansiedade considerável.

> A **intenção** é o componente de uma atitude que orienta o comportamento de uma pessoa.

A **intenção** orienta o comportamento de uma pessoa. Se você gosta de seu professor, pode pretender assistir outro curso dele no próximo semestre. No entanto, intenções nem sempre são traduzidas em comportamento real. Se o curso desse professor, no próximo semestre, estiver previsto para às 8h da manhã, você pode decidir que outro professor será tão bom quanto. Algumas atitudes e suas intenções correspondentes são muito importantes e significativas para um indivíduo do que para outros. Você pode pretender fazer uma coisa (cursar determinada disciplina) e depois alterar suas intenções por causa de uma atitude mais significativa e importante (vontade de dormir até mais tarde).

> **Dissonância cognitiva** é a ansiedade que a pessoa experimenta quando dois conjuntos de conhecimentos ou percepções são simultaneamente contraditórios ou incongruentes.

Dissonância cognitiva Quando dois conjuntos de conhecimentos ou percepções são contraditórios ou incongruentes, a pessoa experimenta um nível de conflito e ansiedade chamado **dissonância cognitiva**. A dissonância cognitiva também ocorre quando as pessoas se comportam de modo incompatível com suas atitudes. Por exemplo, uma pessoa pode perceber que fumar e comer em excesso é perigoso, mas continua a fazer as duas coisas. Uma vez que as atitudes e os comportamentos são inconsistentes uns com os outros, a pessoa experimentará certo tanto de tensão e desconforto, e pode tentar reduzir esses sentimentos mudando de atitude, alterando o comportamento ou distorcendo as circunstâncias. Por exemplo, a dissonância associada com comer em excesso pode ser resolvida quando alguém decide começar uma dieta "na próxima semana".

A dissonância cognitiva afeta as pessoas de diversas maneiras. Frequentemente, deparamo-nos com situações em que as nossas atitudes entram em conflito umas com as outras ou com nossos comportamentos. A redução da dissonância é o modo como lidamos com esses sentimentos de desconforto e tensão. Em ambientes organizacionais, as pessoas que pensam em deixar a organização podem se perguntar por que os outros permanecerão e continuarão a trabalhar tanto. Como resultado dessa dissonância, elas podem concluir que a empresa não é tão ruim assim, que não têm opções pelo momento em outros lugares ou que deixarão a empresa "em breve".

Mudança de atitude As atitudes ou predisposições não são tão estáveis como os fatores da personalidade. Por exemplo, novas informações podem mudar tais atitudes. Um gestor pode ter uma atitude negativa em relação a um novo colega por causa da falta de experiência dele. Depois de trabalhar com o novo funcionário por algum tempo, o gestor pode vir a perceber que ele é realmente muito talentoso e, assim, acaba por desenvolver uma atitude mais positiva. Da mesma maneira, se o objeto de uma atitude muda, a atitude de uma pessoa para com esse objeto também pode mudar. Suponha, por exemplo, que alguns funcionários acham que são mal remunerados, como resultado, eles têm atitudes negativas em relação ao sistema de recompensas da empresa. Um aumento significativo de salário pode fazer com que essas atitudes tornem-se mais positivas.

As atitudes também podem mudar quando o objeto da predisposição torna-se menos importante ou relevante para a pessoa. Por exemplo, suponha que um funcionário tenha uma atitude negativa sobre o seguro-saúde da empresa. Quando seu cônjuge obtém um novo emprego em uma organização que tem excelentes benefícios de seguro, sua atitude para com o próprio seguro-saúde pode se tornar mais moderada, simplesmente porque não tem mais de se preocupar com isso. Por fim, como observado anteriormente, os indivíduos podem mudar suas predisposições como uma forma de reduzir a dissonância cognitiva.

É natural que atitudes profundamente enraizadas, com um histórico longo, sejam resistentes à mudança. Por exemplo, durante muitos anos, um ex-executivo de uma companhia aérea, chamado Frank Lorenzo, desenvolveu uma reputação de ser antissindicalista e a favor dos cortes de salários e benefícios. Como resultado, os funcionários em toda a indústria passaram a não gostar e a desconfiar dele. Quando ele assumiu a Eastern Airlines, seus funcionários tinham firme predisposição de desconfiança em relação a ele, a ponto de não concordarem em cooperar com qualquer um dos seus programas ou ideias. Alguns deles aplaudiram, meses depois, quando a Eastern foi à falência, apesar disso ter lhes custado seus próprios empregos!

Principais predisposições relacionadas ao trabalho

As pessoas em uma organização estão predispostas a muitas coisas diferentes. Os funcionários são suscetíveis a ter predisposições sobre seu salário, suas possibilidades de promoção, seu chefe, os benefícios, a comida servida no refeitório bem como com relação à cor dos uniformes da equipe de futebol da empresa. Obviamente, algumas dessas atitudes são mais importantes do que outras. Atitudes especialmente importantes são a satisfação no trabalho e o envolvimento com a organização.

> A **satisfação no trabalho** mede o quanto uma pessoa está satisfeita ou se sente realizada com seu trabalho.

Satisfação no trabalho A **satisfação no trabalho** reflete o quanto as pessoas encontram satisfação ou autorrealização em seu trabalho. Extensas pesquisas sobre satisfação no trabalho mostram que fatores pessoais, como necessidades e aspirações do indivíduo, determinam as predisposições, juntamente com fatores grupais e organizacionais, como o relacionamento com colegas de trabalho e supervisores, as condições e políticas de trabalho e remuneração.[14]

Um funcionário satisfeito tende a ausentar-se com menos frequência, fazer contribuições produtivas e ficar na organização.[15] Em contraposição, um funcionário insatisfeito pode ausentar-se mais vezes, apresentar estresse, o que atrapalha os colegas de trabalho, e estar continuamente à procura de outro emprego. Ao contrário do que muitos gestores acreditam, no entanto, altos níveis de satisfação no trabalho não conduzem, necessariamente, a níveis mais elevados de produtividade.[16] Uma pesquisa indicou também que, contrariando a opinião popular, os trabalhadores japoneses estão menos satisfeitos com seus empregos em comparação a trabalhadores nos Estados Unidos.[17]

Envolvimento com a organização O envolvimento com a organização, às vezes chamado compromisso de trabalho, reflete a identificação e a ligação do funcionário com a empresa. Uma pessoa comprometida provavelmente vai se ver como um verdadeiro membro da empresa (por exemplo, referindo-se à organização em termos pessoais, como "fazemos produtos de alta qualidade"), vai ignorar pequenas fontes de insatisfação e se enxergar como um membro que permanecerá na organização. Em contraposição, uma pessoa menos comprometida é mais suscetível de se ver como alguém de fora (por exemplo, referindo-se à organização em termos menos pessoais, como "eles não remuneram bem os funcionários") para expressar mais seu descontentamento e não se enxerga como membro da organização no longo prazo.[18]

> Envolvimento com a organização refere-se à identificação e ligação que o funcionário tem com a organização.

As organizações podem fazer poucas coisas para promover a satisfação e o envolvimento, entretanto, algumas orientações específicas estão disponíveis. Se a organização trata seus funcionários de forma justa e oferece remuneração razoável, bem como segurança no trabalho, eles estarão mais propensos a ficar satisfeitos e a permanecer comprometidos. Permitir que os funcionários expressem suas opiniões sobre como as coisas são feitas também pode promover essas atitudes. Tornar os cargos estimulantes pode aumentar a satisfação e o comprometimento. Pesquisas sugerem que os trabalhadores japoneses podem estar mais comprometidos com suas organizações que os trabalhadores nos Estados Unidos.[19] Outra pesquisa indica que alguns dos fatores que podem levar ao envolvimento, incluindo as recompensas extrínsecas, a clareza sobre o papel de cada um e a gestão participativa, são os mesmos nas diferentes culturas.[20]

A satisfação no trabalho não é uma atitude apenas norte-americana. Trabalhadores em outros países também experimentam vários graus de satisfação em relação a seus empregos. Ao passo que um estudo inicial sugeriu que trabalhadores japoneses estavam menos satisfeitos com seus empregos em comparação a trabalhadores nos Estados Unidos, outra pesquisa indicou exatamente o oposto!

O componente afetivo nas organizações

Recentemente, os pesquisadores começaram a reavivar seu interesse pela predisposição afetiva das atitudes. Lembre-se de nossa discussão anterior sobre o fato de que a predisposição afetiva de uma atitude reflete nossas emoções. Os gestores acreditavam que as emoções e os sentimentos das pessoas variavam de um dia para outro, mas pesquisas indicam que, apesar de algumas flutuações de curto prazo ocorrerem, há predisposições de estabilidade subjacentes em direção a estados de humor e emocionais considerados constantes e previsíveis.[21]

Algumas pessoas tendem a ter um maior grau de **componente afetivo positivo**. Isso significa que elas estão relativamente bem e otimistas, têm um sentimento geral de bem-estar

> Pessoas que apresentam um componente afetivo positivo são alegres e otimistas, têm sensação geral de bem-estar e veem as coisas de uma perspectiva positiva.

> Pessoas que se caracterizam por um **componente afetivo negativo** geralmente são deprimidas e pessimistas, veem as coisas de forma negativa e parecem sempre estar de mau humor.

e veem as coisas de forma positiva. Assim, sempre parecem estar de bom humor. As pessoas com um **componente afetivo negativo** são exatamente o oposto. Estão frequentemente deprimidas, são pessimistas e costumam ver as coisas de forma negativa. Elas parecem estar de mau humor na maior parte do tempo.

Logicamente, como foi observado, variações de curto prazo podem ocorrer até mesmo entre os tipos psicológicos mais extremos. As pessoas com um componente afetivo muito positivo podem ficar de mau humor se, por exemplo, acabaram de ser preteridas em uma promoção, receberam *feedback* negativo sobre seu desempenho ou foram demitidas. Da mesma forma, aqueles indivíduos com um componente afetivo negativo podem ficar de bom humor – pelo menos, por um curto período de tempo – se acabaram de ser promovidos, receberam *feedback* positivo sobre seu desempenho ou se outras coisas boas aconteceram. Após o impacto inicial desses eventos se dissipar, aqueles com um componente afetivo positivo geralmente retornam a seu estado de espírito normal, ao passo que aqueles com um componente afetivo negativo voltam ao seu mau humor habitual.[22]

PERCEPÇÃO NAS ORGANIZAÇÕES

> **Percepção** é o conjunto de processos pelo qual um indivíduo torna-se consciente da informação sobre o ambiente e a interpreta.

A **percepção** – o conjunto de processos por meio do qual um indivíduo torna-se consciente e interprete a informação sobre o ambiente – é outro elemento importante do comportamento no ambiente de trabalho. Se todos percebessem tudo da mesma forma, as coisas seriam muito mais simples (e muito menos emocionantes!). Obviamente, apenas o oposto é verdadeiro: as pessoas percebem as mesmas coisas de maneiras bem diferentes.[23] Além disso, muitas vezes, elas assumem que a realidade é objetiva e que todos nós percebemos as mesmas coisas do mesmo modo.

Para pesquisar essa ideia, poderíamos pedir aos estudantes da Universidade do Texas e da Universidade de Oklahoma para descrever o mais recente jogo de futebol entre suas universidades. Provavelmente, ouviríamos duas histórias conflitantes. Essas diferenças surgiriam, principalmente, por causa da percepção. Os fãs "viram" o mesmo jogo, porém o interpretaram de um modo contrastante à percepção dos outros.

Uma vez que a percepção desempenha um papel em uma variedade de comportamentos no ambiente de trabalho, os executivos devem compreender os processos perceptivos básicos. Como está implícito em nossa definição, a percepção, na verdade, consiste de vários processos distintos. Além disso, ao termos percepções, recebemos informações de modos variados que vão desde palavras faladas a imagens visuais de movimentos e formas. Por meio de processos perceptivos, o receptor assimila uma variedade de tipos de entrada de informações com a finalidade de interpretá-las.[24]

Processos perceptivos básicos

A Figura 3.4 mostra dois tipos de processos perceptivos básicos que são especialmente relevantes para os gestores – a percepção seletiva e os estereótipos.

> **Percepção seletiva** é o processo de triagem de informações que nos deixam desconfortáveis ou que contradizem nossas crenças.

Percepção seletiva **Percepção seletiva** é o processo de triagem de informações que nos deixam desconfortáveis ou que contradizem nossas crenças. Por exemplo, suponha que um gestor sente orgulho de um funcionário em especial. Ele tem uma atitude muito positiva sobre o funcionário e acha que ele tem um ótimo desempenho. Um dia, o gestor percebe que o funcionário parece estar desocupado. A percepção seletiva pode fazer que o gestor rapidamente esqueça o que observou. Da mesma forma, suponha que um gestor tenha formado uma imagem muito negativa de determinado funcionário. Ele acha que esse funcionário tem um desempenho ruim e nunca faz um bom trabalho. Quando ele observa um exemplo de

FIGURA 3.4

Processos perceptivos básicos

A percepção determina como nos tornamos conscientes das informações sobre o nosso ambiente e como podemos interpretá-la. A percepção seletiva e os estereótipos são processos perceptivos particularmente importantes que afetam o comportamento nas organizações.

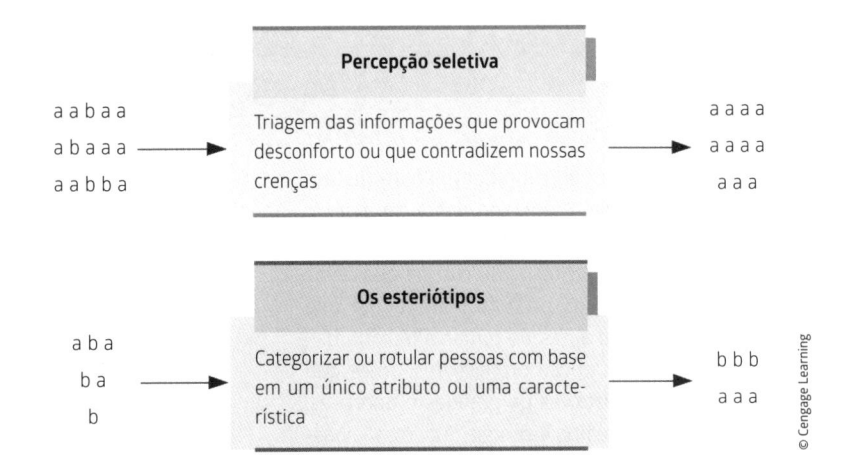

Percepção seletiva

a a b a a
a b a a a   Triagem das informações que provocam   a a a a
a a b b a   desconforto ou que contradizem nossas   a a a a
                     crenças   a a a

Os estereótipos

a b a
b a   Categorizar ou rotular pessoas com base   b b b
b   em um único atributo ou uma caracte-   a a a
                     rística

bom desempenho desse funcionário pode se esquecer rapidamente de sua opinião anterior. Em certo sentido, a percepção seletiva é benéfica porque nos permite desconsiderar pequenos pedaços de informação. É claro que o benefício só ocorre se nossa percepção básica for acurada. Se a percepção seletiva faz que ignoremos informações importantes, pode se tornar bastante danosa.

Os estereótipos

Estereotipar é o processo de categorizar ou rotular as pessoas com base em uma única característica.

Estereotipar é o processo de categorizar ou rotular as pessoas com base em um único atributo. Certas formas de estereótipos podem ser úteis e eficientes. Suponha, por exemplo, que um gerente acredita que as habilidades de comunicação sejam importantes para um certo trabalho e que os recém-formados em comunicação tendem a ter ótimas habilidades de comunicação. Como resultado, sempre que entrevista candidatos para um certo cargo, ele presta muita atenção nos profissionais de comunicação com especialização em análise do discurso. Na medida em que as habilidades de comunicação ajudam verdadeiramente a prever o desempenho no trabalho e que a especialização em análise do discurso e comunicação fornece essas habilidades de modo efetivo, essa forma de estereótipo pode ser benéfica. Raça e gênero são características comuns com base nas quais as pessoas, com frequência, criam estereótipos. Obviamente, os estereótipos que seguem essas linhas são imprecisos e podem ser prejudiciais. Suponha que um gerente de recursos humanos forme um estereótipo de que as mulheres só podem executar determinadas tarefas e que os homens são bem adaptados para outras tarefas. Considerando a extensão em que isso afeta as práticas de contratação, o gerente está (1) desperdiçando talentos valiosos para a organização, em ambos os conjuntos de postos de trabalho; (2) violando uma lei federal e (3) comportando-se de modo antiético.

É muito ruim quando outras pessoas sujeitam os outros a estereótipos. Para saber o que pode acontecer quando você torna o assunto ainda pior ao criar um estereótipo *para si mesmo*, consulte o box *Diversidade*, intitulado "Você tem uma necessidade excessiva de ser você mesmo?" na página 77.

Percepção e atribuição

A teoria da atribuição sugere que atribuímos as causas de um comportamento com base em nossas observações de certas características desse comportamento.

A **teoria da atribuição** ampliou nosso entendimento sobre como a percepção afeta o comportamento nas organizações.[25] Essa teoria sugere que podemos observar o comportamento e, em seguida, atribuir-lhe causas, ou seja, tentamos explicar por que as pessoas se comportam de determinado modo. O processo de atribuição baseia-se na percepção da realidade, e essas percepções podem variar amplamente entre os indivíduos.

DIVERSIDADE: Você tem uma necessidade excessiva de ser você mesmo?

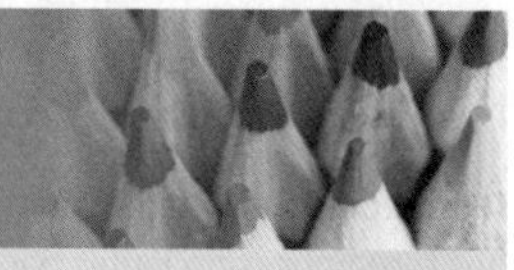

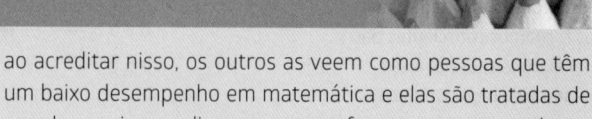

Como gerente de um armazém de suprimentos para restaurantes, Harry "Mãos na Massa" Hinderson gosta de manter uma estreita vigilância sobre como seus subordinados executam as tarefas que ele lhes atribuiu. Ele corrige pequenos erros para aparar as "arestas" do produto final, requer que os funcionários falem com ele antes de tomar a maioria das decisões, e rearranja projetos pouco promissores, antes que eles se transformem em catástrofes de grandes proporções. As demandas de seu próprio tempo e energia, é claro, são bastante elevadas, então, Harry certa vez decidiu tentar uma abordagem "hands-off" (isto é, "sem colocar suas mãos" ou interferir no trabalho): ele designou alguns projetos e seus prazos para empregados veteranos e, então, afastou-se. Um funcionário desistiu e pediu orientação antes do prazo, e a outra funcionária entregou um relatório que ficou aquém de seus próprios padrões e daqueles estabelecidos por Harry.

Eu estava certo desde o início, Harry concluiu. Se eu não vigiá-las, as pessoas, simplesmente, não executam o trabalho. Quando ele se queixou sobre sua própria carga de trabalho, um colega seu, que também é gerente disse-lhe: "você está fazendo uma microgestão para si mesmo, até ir mais cedo para uma cova". "Eu sou um microgestor", respondeu Harry. "Esse é o meu jeito de ser".

Não surpreendentemente, alguns funcionários não gostam de trabalhar com Harry. "Ele é um daqueles microgestores loucos [N. do T.: aqueles gestores que gerenciam com grande controle ou excessiva atenção aos detalhes]", dizem. Em certo sentido, eles são culpados por estereotipar Harry ao colocá-lo na categoria de "microgestores loucos" e reduzir suas características à microgestão, mas, de modo irônico, eles provavelmente criaram este estereótipo porque Harry é culpado por estereotipar a *si mesmo*.

Basicamente, criar estereótipos para *si mesmo* significa que as pessoas tendem a identificar-se/apresentar-se de acordo com as características de alguns indivíduos "do grupo" ao qual eles acreditam pertencer. Sempre que alguém diz algo como, "Estou sempre atrasado" ou "Eu não sou um bom ouvinte" ou "Eu sou péssimo em matemática", ele ou ela está criando estereótipos para si mesmo(a). Harry criou para si, um estereótipo de microgestor, porém, temos que nos perguntar: Ele sempre foi um microgestor? Como (e por que) ele se tornou um microgestor? Uma das mais graves desvantagens das avaliações de estereótipos criados pelas próprias pessoas é o fato de que eles tendem a se tornar profecias autorrealizáveis. Estudos mostram, por exemplo, que quando as mulheres são lembradas de que "não são boas em matemática", seu desempenho é pior nas tarefas desta disciplina. Por sua vez, ao acreditar nisso, os outros as veem como pessoas que têm um baixo desempenho em matemática e elas são tratadas de acordo com isso — digamos, por professores e empregadores.

Em pouco tempo, diz o treinador de executivos, Marshall Goldsmith, começamos a nos definir por nossas crenças sobre nós mesmos, adotando "um monte de comportamentos que definimos como nosso "eu"... Se acreditarmos mesmo e comprarmos a ideia sobre nosso comportamento e essa definição do nosso "eu"... podemos aprender a dar desculpas para quase toda ação irritante — ou desempenho inaceitável no local de trabalho — dizendo: "É apenas o meu jeito de ser!". Obviamente, tal atitude não é uma receita para nenhuma mudança ou melhoria.

No caso de Harry, sua crença de que ele é um *microgestor* em sua essência — juntamente com seu comportamento de microgestão, poderiam ter consequências negativas. Em particular, os microgestores são, geralmente, os melhores gestores: de acordo com o MindTools, um *site* dedicado a melhorar as habilidades das pessoas em suas carreiras.

Um gerente verdadeiramente eficaz, prepara aqueles ao redor dele para ter sucesso. Microgestores, por outro lado, impedem que os funcionários tomem suas próprias decisões. Bons gerentes capacitam, "empoderam" seus funcionários para que tenham um bom desempenho, dando-lhes oportunidades para atingir a excelência; maus gestores enfraquecem e tiram poder de seus empregados, acumulando essas oportunidades para si. E um funcionário sem poder de decisão é ineficaz.

A prática arraigada de Harry de se atribuir um estereótipo pode contribuir para sua frustração na carreira, pelo rumo que ela está tomando. Do mesmo modo que seus subordinados, seus superiores irão, eventualmente, estereotipá-lo como um microgestor, e se eles têm algum conhecimento gerencial, saberão responsabilizar microgestores por fazer que os funcionários tornem-se ineficazes. Quando se trata de recompensar o desempenho gerencial, Harry, provavelmente, será desconsiderado, porque será visto como um membro do grupo conhecido como "microgestores". É provável que isto aconteça, independentemente, dos pontos fortes individuais de Harry como gerente. Essa é a forma como os estereótipos funcionam.

> "Cada um de nós tem um monte de comportamentos que definimos como nosso 'eu'...". Se acreditarmos mesmo e comprarmos a ideia sobre nosso comportamento e essa definição do nosso "eu"... podemos aprender a dar desculpas para quase toda ação irritante dizendo: "É apenas o meu jeito de ser!".
> — MARSHALL GOLDSMITH, CONSULTOR PARA CARREIRAS

Referências: "Avoiding Micromanagement", MindTools (1996–2012), www.mindtools.com, em 11 abr. de 2012; Marshall Goldsmith, "Do You Have an Excessive Need to Be Yourself?" *Harvard Business Review*, 13 jul. de 2009, http://blobgs.hbr.org, em 11 abr. de 2012; Sean Silverthorne, "Self-Stereotyping Can Damage Your Career," *CBSNews.com*, 16 jul. de 2009, www.cbsnews.com, em 11 abr. de 2012; John Grohol, "Stereotyping That Hurts, Stereotyping That Helps," *PsychCentral.com*, 10 abr. 2008, http://psychcentral.com em 11 abr. de 2012; Linda Talley, "Are You Personally Stereotyping Yourself?" *Linda Talley dot Com*, 1 fev. de 2012, www.lindatalley.com, em 11 abr. de 2012; Dave Franzetta, "Have You Stereotyped Yourself?" *Ubiquitous Wisdom*, 26 dez. de 2011, www.ubiquitouswisdom.com, em 11 abr. de 2012.

FIGURA 3.5

O processo de atribuição

Envolve observar o comportamento e, em seguida, atribuir-lhe causas. Os comportamentos observados são interpretados em termos de seu consenso, de sua coerência e de diferenciação. Com base em tais interpretações, o comportamento é atribuído a causas internas ou externas.

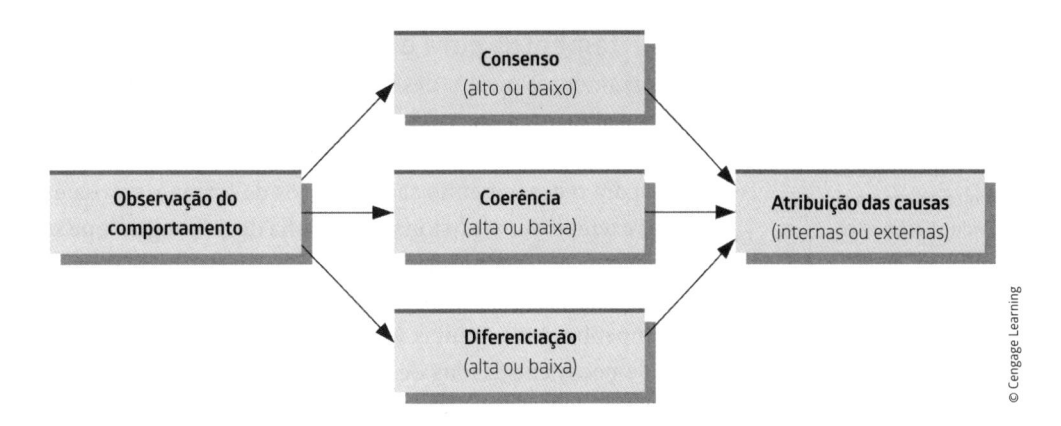

[Diagrama: Observação do comportamento → Consenso (alto ou baixo), Coerência (alta ou baixa), Diferenciação (alta ou baixa) → Atribuição das causas (internas ou externas)]

© Cengage Learning

A Figura 3.5 ilustra a estrutura da teoria da atribuição. Para iniciar o processo, observamos tanto o próprio comportamento quanto o de outra pessoa. Então, avaliamos esse comportamento em termos de seus graus de consenso, consistência e diferenciação. O consenso apresenta a medida de até que ponto outras pessoas, na mesma situação, comportam-se do mesmo modo. A coerência é o grau em que a mesma pessoa comporta-se do mesmo modo, em momentos diferentes. A diferenciação representa a medida da extensão em que a mesma pessoa comporta-se do mesmo modo em diferentes situações. Formamos impressões sobre as causas do comportamento ou lhe atribuímos causas com base em várias combinações de consenso, coerência e diferenciação. Podemos acreditar que o comportamento é causado por uma predisposição interna (por forças interiores à pessoa) ou externamente (por forças do meio ambiente).

Suponha que você observe um dos seus subordinados fazendo barulho, perturbando o trabalho dos outros e tornando-se um incômodo. Se você conseguir entender as causas desse comportamento, talvez seja capaz de modificá-lo. Se o funcionário for o único a se engajar no comportamento perturbador (baixo consenso), se ele se comportar assim várias vezes a cada semana (alta coerência) e se você já o viu se comportar desse modo em outras situações (baixa diferenciação), uma conclusão lógica seria que fatores internos estão motivando seu comportamento.

No entanto, suponha que você observe um padrão diferente: todos no grupo de trabalho dessa pessoa são barulhentos (alto consenso) e, embora o funcionário em particular seja, muitas vezes, barulhento ou turbulento no trabalho (alta coerência), você nunca o tinha visto comportar-se assim em outras situações (alta diferenciação). Esse padrão indica que algo na situação está causando o comportamento – neste caso, as causas do comportamento são externas.

TIPOS DE COMPORTAMENTO NO AMBIENTE DE TRABALHO

O comportamento no ambiente de trabalho é um padrão de ação dos membros de uma organização que, direta ou indiretamente, influencia a eficácia organizacional.

Agora que examinamos atentamente como as diferenças individuais podem influenciar as organizações em si, vamos voltar nossa atenção ao que denominamos comportamento no local de trabalho. O **comportamento no ambiente de trabalho** é um padrão de ação dos membros de uma organização que, direta ou indiretamente, influencia a eficácia organizacional. Uma maneira de falarmos sobre o comportamento no ambiente de trabalho é descrever seu impacto sobre o desempenho e a produtividade, sobre o absenteísmo, a rotatividade, bem como os direitos e deveres na organização. Infelizmente, os funcionários também podem apresentar comportamentos desajustados.

Comportamentos para o desempenho

> **Comportamentos para o desempenho** são todos os comportamentos relacionados com o trabalho que a organização espera que o indivíduo desenvolva.

Comportamentos para o desempenho são considerados os comportamentos relacionados com o trabalho que a organização espera que o indivíduo desenvolva. Você pode pensar nesses comportamentos em "termos" do contrato psicológico. Em alguns trabalhos, os comportamentos para o desempenho são definidos de forma rigorosa e podem ser facilmente avaliados. Por exemplo, um funcionário da linha de montagem que se senta à frente de uma esteira em movimento e fixa peças a um produto quando este passa tem poucos comportamentos para o desempenho. Ele deve permanecer no posto de trabalho e fixar corretamente as peças. O desempenho pode, muitas vezes, ser avaliado quantitativamente calculando-se a porcentagem de peças encaixadas de forma correta. Para muitos outros trabalhos, no entanto, os comportamentos para o desempenho são mais diversificados e muito mais difíceis de serem avaliados. Por exemplo, considere o caso de um cientista de pesquisa e desenvolvimento na Merck. Ele trabalha em um laboratório tentando fazer novas descobertas científicas que tenham potencial comercial e deve aplicar o conhecimento adquirido na pós-graduação, bem como a experiência adquirida em pesquisas anteriores. A intuição e a criatividade também são importantes. O avanço desejado pode levar meses ou até anos para ocorrer. As organizações dependem de um número de diferentes métodos para avaliar o desempenho. A chave, claro, é combinar o mecanismo de avaliação com o trabalho que está sendo executado.

Comportamentos desajustados

> **Os comportamentos desajustados** são aqueles que atrapalham o desempenho organizacional.
>
> **O absenteísmo** ocorre quando um indivíduo falta ao trabalho.

Alguns comportamentos relacionados com o trabalho são disfuncionais por natureza. Os **comportamentos desajustados** são aqueles que atrapalham o desempenho organizacional em vez de contribuir para sua melhora. Dois desses comportamentos mais comuns são o absenteísmo e a rotatividade. O **absenteísmo** ocorre quando um indivíduo falta ao trabalho. Algumas vezes, o absenteísmo tem causas legítimas, como doença, obrigação de ser jurado em um tribunal ou morte ou doença na família. Outras vezes, o funcionário pode relatar uma causa legítima irreal que é, na verdade, uma desculpa para ficar em casa. Quando

Os proprietários da Chick-fil-A oferecem benefícios atraentes em comparação a outras cadeias de *fast-food*, em parte como uma maneira de manter a baixa rotatividade. Uma filial no Texas oferece bolsas de estudo em universidades para alunos do ensino médio que têm um histórico de bom desempenho na empresa.

um empregado está ausente, por um motivo legítimo ou não, seu trabalho não é realizado ou um substituto deve ser contratado para fazê-lo. Em qualquer um dos casos, a quantidade ou a qualidade real da produção é suscetível de ser afetada. Obviamente, alguma taxa de absenteísmo é esperada, porém as organizações esforçam-se para diminuir o absenteísmo forjado e reduzir as ausências, ainda que legítimas, tanto quanto possível.

A **rotatividade** ocorre quando as pessoas deixam os seus empregos. Uma organização, habitualmente, incorre em custos ao substituir os funcionários que saíram da empresa, e se a rotatividade envolve pessoas produtivas, esse processo é ainda mais caro. A rotatividade parece resultar de uma série de fatores, incluindo as características do trabalho, a organização, o indivíduo, o mercado de trabalho e as influências familiares. Uma colocação errada entre a pessoa e o cargo também é uma causa provável de rotatividade. As pessoas podem deixar uma organização se sua rigidez torna difícil lidar com a família e com outros assuntos pessoais e elas tendem a ficar se a empresa oferece flexibilidade suficiente para facilitar o equilíbrio entre as preocupações a respeito do trabalho e as não relacionadas a ele.[26] Uma filial da Chick-fil-A, no Texas, reduziu a taxa de rotatividade em suas lojas ao propiciar horários de trabalho flexíveis, bolsas de estudos para cursos universitários e outros benefícios, como idas gratuitas ao boliche.[27]

> A **rotatividade** ocorre quando as pessoas deixam os seus empregos.

Outros tipos de comportamento disfuncional podem custar ainda mais caro para uma organização.[28] Furto e sabotagem, por exemplo, resultam em custos financeiros diretos para a empresa. Os assédios sexual e racial também representam custos para uma organização, ambas indiretamente (por baixar o moral, provocar medo e fazer com que funcionários valiosos deixem a empresa), como diretamente (por meio de indenização financeira, se a organização responder inadequadamente). A violência no local de trabalho também é uma preocupação crescente e resulta em dezenas de mortes e pessoas feridas anualmente em virtude do comportamento de trabalhadores descontentes ou de ex-funcionários.[29]

Cidadania organizacional

Os gerentes esforçam-se para minimizar comportamentos desajustados ao tentar promover a cidadania organizacional. A **cidadania organizacional** refere-se ao comportamento dos indivíduos que dão contribuições positivas à organização.[30] Considere, por exemplo, uma funcionária que executa um trabalho aceitável tanto na quantidade como de qualidade. No entanto, ela se recusa a fazer horas extras, não ajuda os recém-chegados a aprender as regras do negócio e, em geral, não está disposta a dar qualquer contribuição para a empresa, além do estrito desempenho em seu trabalho. Essa pessoa pode ser vista como alguém que tem bom desempenho, mas provavelmente não será considerada uma boa cidadã organizacional.

> O grau de **cidadania organizacional** refere-se à extensão em que o comportamento de um funcionário reverte em contribuição positiva para a organização.

Outro funcionário pode apresentar um nível semelhante de desempenho. Entretanto, além disso, sempre trabalha até tarde quando o chefe solicita, gasta tempo para ajudar os recém-chegados a aprender o "caminho das pedras" e a percepção sobre ele é de uma pessoa útil e comprometida com o sucesso da organização. É provável que ele seja visto como um cidadão organizacional.

Um complexo mosaico de variáveis individuais, sociais e organizacionais determina comportamentos de cidadania organizacional. Por exemplo, a personalidade, as atitudes e as necessidades do indivíduo (discutidas no Capítulo 4) devem ser consistentes com os comportamentos de cidadania. Da mesma forma, o contexto social, ou o grupo de trabalho, no qual o indivíduo está inserido deve facilitar e promover tais comportamentos (discutiremos a dinâmica dos grupos no Capítulo 9). E a própria organização, especialmente a cultura organizacional, deve ser capaz de promover, reconhecer e recompensar esses tipos de comportamento para que possam ser mantidos. O estudo da cidadania organizacional ainda está em fase inicial, porém pesquisas preliminares sugerem que ela pode desempenhar um papel poderoso na eficácia organizacional.

RESUMO

Compreender os indivíduos nas organizações é importante para todos os gestores. Uma estrutura básica para facilitar essa compreensão é o contrato psicológico – as expectativas das pessoas a respeito da contribuição que podem dar para a empresa e o que receberão em troca. As organizações esforçam-se para alcançar a adaptação entre pessoa e cargo ideal, mas esse processo é complicado por causa das diferenças individuais.

Personalidade é o conjunto relativamente estável de características psicológicas e comportamentais que distinguem uma pessoa da outra. Os "cinco grandes" fatores da personalidade são: amabilidade, conscienciosidade, extroversão, neuroticismo e abertura à experiência. As dimensões de Myers-Briggs e a inteligência emocional também oferecem *insights* sobre os tipos de personalidade nas organizações. Outros importantes traços de personalidade incluem lócus de controle, autoeficácia, autoritarismo, maquiavelismo, autoestima e propensão a correr riscos.

As atitudes têm como base a emoção, o conhecimento e o comportamento intencional. A dissonância cognitiva resulta de atitudes ou comportamentos contraditórios e incongruentes, ou de ambos. A satisfação ou insatisfação no emprego e o compromisso para com a organização são atitudes importantes relacionadas ao trabalho. O humor dos funcionários, avaliado em termos de componente afetivo positivo ou negativo, também afeta as atitudes nas organizações.

Percepção é o conjunto de processos pelo qual um indivíduo torna-se consciente da informação sobre o ambiente e a interpreta. Os processos perceptivos básicos incluem a percepção seletiva e os estereótipos. A percepção e a atribuição também estão intimamente relacionadas.

O comportamento no local de trabalho é um padrão de ação dos membros de uma organização que, direta ou indiretamente, influencia a eficácia organizacional. Os comportamentos para o desempenho dizem respeito ao conjunto de comportamentos relacionados com o trabalho, os quais uma organização espera que um indivíduo demonstre a fim de cumprir com o contrato psicológico. Os comportamentos disfuncionais incluem absenteísmo e rotatividade, bem como furto, sabotagem e violência. A cidadania organizacional implica comportamentos que contribuem de forma positiva para a organização.

QUESTÕES PARA DISCUSSÃO

1. O que é um contrato psicológico? Por que ele é importante? Que contratos psicológicos você tem atualmente?
2. Às vezes, as pessoas descrevem um indivíduo como uma pessoa "sem personalidade". O que há de errado com essa declaração? O que ela significa?
3. Descreva como os "cinco grandes" fatores da personalidade podem afetar o comportamento do gestor ao lidar com seus subordinados.
4. Quais são os componentes da atitude de um indivíduo?
5. Pense em uma pessoa que parece ter um componente afetivo positivo. Pense em outra que tenha um componente afetivo mais negativo. Quão constantes essas pessoas são ao expressar seu humor e suas atitudes?
6. Como a percepção afeta o comportamento?
7. Quais estereótipos que você cria para as pessoas? Eles são bons ou ruins?
8. Lembre-se de uma situação em que você fez atribuições e descreva-as utilizando o quadro apresentado na Figura 3.4.
9. Identifique e descreva alguns comportamentos importantes no local de trabalho.
10. Como gestor, quais seriam suas ações para tentar tornar alguém um melhor cidadão organizacional?

QUAL É O SEU PONTO DE VISTA?

Avanços na tecnologia

"Eu não esperava que as coisas tomassem o rumo que tiveram aqui."
— KIM CLAY, GERENTE DE TI NA MITCHELL GOLD + BOB WILLIAMS

"Acho que cresci muito neste lugar", diz Kim Clay, que atualmente é gerente de Tecnologia da Informação (TI) na Mitchell Gold + Bob Williams (MG+BW), empresa fabricante de móveis. "Eu não esperava que as coisas tomassem o rumo que tiveram aqui", diz ela. "Não esperava que elas me conduzissem ao que me tornei." Como nosso vídeo deixa claro, Clay seguiu uma trajetória profissional incomum na empresa, que vende mobiliário para casa em lojas próprias, as MG+BW Signature Stores, assim como em cadeias nacionais, como a Pottery Barn e a Williams-Sonoma, e por meio de um número de varejistas independentes. Ela começou no departamento denominado Informação ao Consumidor, no qual seu maior contato profissional com tecnologia envolvia atender o telefone para responder a consultas de *consumidores* – isto é, de indivíduos que queriam comprar sofás com divisões que deslizam ou conjuntos combinados de pufes baixos.

O cargo seguinte de Clay, no departamento de Atendimento ao Cliente, também utilizava suas habilidades ao telefone, dessa vez, na gestão de relacionamento com uma carteira de *clientes do varejo* – isto é, com lojas que compravam os produtos MG+BW. Esse cargo, ela relata, exigiu um pouco mais de suas habilidades para lidar com as pessoas do outro lado da linha. Ao trabalhar com parceiros de varejo da empresa, ela tinha mais a fazer do que simplesmente satisfazer a curiosidade dos compradores: ela era responsável por resolver problemas complexos que poderiam surgir na manipulação de pedidos de clientes e na gestão de outras facetas das relações *business-to-business*.

Como Clay contou-nos mais tarde no vídeo, o processo de levar os produtos da fábrica da MG+BW, em Taylorsville, Carolina do Norte, para lojas localizadas em todo o país – de fazer os pedidos, acompanhá-los, embarcar as mercadorias e faturar os pedidos – é, em grande parte, "direcionado pela tecnologia", e sua capacidade de lidar com ela era, obviamente, a chave tanto para sua subsequente mudança de direção, quanto para destacar seu trabalho na empresa. "Eu acho que ela tinha uma habilidade natural no que se refere à tecnologia e aos computadores", diz o VP de Recursos Humanos Dan Gauthreaux, e apesar de não ter tido nenhuma educação formal em tecnologia da informação, tanto os superiores quanto os colegas de trabalho tinham notado a maestria de Clay na curva de aprendizagem informal ocasionada pelo seu trabalho. "Quando as pessoas tinham problemas com seus computadores", observa Clay, "procuravam-me para pedir ajuda".

Felizmente, ela trabalha para uma empresa que dá importância à capacidade de aprender coisas novas e de colocá-las em prática. Como recorda Gauthreaux, a chefe de Clay no departamento de Atendimento ao Cliente contou-lhe sobre alguém em seu departamento "que é uma pessoa fantástica, brilhante e talentosa, e eu acho que é nosso trabalho promover o seu desenvolvimento". Gauthreaux concordou e, então, a empresa criou um Help Desk cujo responsável seria Clay. "Nunca tinha feito nada com computadores" em caráter oficial, "por isso estava muito animada para experimentar", diz Clay, que também admite ter sido "um grande desafio deslocar-se do Atendimento ao Cliente para a área de tecnologia".

Seu sucesso no desenvolvimento e no funcionamento de um novo departamento de alta tecnologia não foi surpresa para Gauthreaux. "Sabíamos que se uma tarefa ou um projeto fosse dado a Kim... ela faria as coisas acontecerem", diz ele, embora enfatize que a empresa não tem o hábito de colocar funcionários valiosos em situações do tipo "afundar ou nadar". "Somos o tipo de empresa", explica, "que, independentemente a quem Kim tinha de se reportar, não permitiria que ela pisasse fora da borda de forma a se arriscar e não ser bem-sucedida... Quer se trate da perspectiva de RH, quer se trate da perspectiva de colegas de trabalho, há uma ideia verdadeira... um tipo de mentalidade segundo a qual "o sucesso do outro é meu sucesso".

Em pouco tempo, um cargo como especialista foi atribuído a Clay no departamento de TI da empresa e hoje, como nos informou no início do vídeo, ela é chefe do departamento. Mais uma vez, claro, o deslocamento foi um desafio, mas a mudança de foco e responsabilidade não foi tão acentuada. Como no departamento de Atendimento ao Cliente, o trabalho com TI exigia que ela acompanhasse o papel da tecnologia no apoio tanto às atividades organizacionais internas quanto às externas. "É um campo em constante mudança", explica Clay, "temos de estar no topo para manter o negócio competitivo. Temos de conhecer a nova tecnologia que está lá fora e tentar incorporá-la ao nosso negócio o mais rápido possível".

"Realmente foi um crescimento pessoal para mim", acrescenta. "...não acredito que essa seja uma experiência que você pode obter em um monte de lugares, ainda mais com as oportunidades que me deram aqui".

PERGUNTAS

O gerente de um departamento de TI é responsável pelos recursos por meio dos quais uma organização gerencia as informações de que precisa a fim de realizar sua missão. Quanto à empresa MG+BW, você pode conferir a sua missão em **www.mgbwhome.com**. Com base nessas informações, tente identificar e descrever algumas das atividades que Kim Clay executa em seu trabalho atual.

1. A seguir, apresentamos uma descrição que Clay faz de seu trabalho anterior no Atendimento ao Cliente:
   Eu lidava diretamente com os nossos clientes do varejo, respondendo a perguntas sobre os pedidos que eles haviam feito, e esse tipo de coisa. Eu tinha muitos clientes pelos quais era responsável.
   Classifique a importância dos *"cinco grandes" fatores positivos da personalidade* no desempenho de um trabalho como o de Clay, no Atendimento ao Cliente. Agora, faça o mesmo para o trabalho dela como gerente de TI. Você percebe algumas diferenças interessantes - características positivas, por exemplo, que são mais importantes em um cargo do que no outro? Quais características positivas provavelmente contribuíram para a adaptabilidade de Clay para atuar com êxito em ambos os departamentos?

2. Avalie a personalidade de Clay em termos de cada uma das seguintes características: *inteligência emocional*, *lócus de controle* e *autoeficácia*. Seja específico ao explicar cada uma de suas análises. Agora compare-se com Clay: sendo o mais honesto que puder, faça uma autoavaliação – nesta etapa de sua vida e/ou carreira – em termos das mesmas características.

3. Descreva a abordagem dos gestores da MG+BW em lidar com as seguintes *atitudes relacionadas com o trabalho*: *satisfação no trabalho*, *comprometimento organizacional* e *componente afetivo*.

Clay adquiriu suas habilidades em relação aos computadores ao desempenhar o seu trabalho. E quanto a você? Como você aprende melhor? Se quiser alavancar sua reflexão sobre esta questão, acesse: http://blog.nextdayflyers.com. Procure o post *Learning Styles in the Workplace: Why You Should Care* (5 mar. 2009), no qual você encontrará uma breve pesquisa sobre três diferentes formas através das quais, de acordo com vários especialistas, a maioria das pessoas aprende no local de trabalho.*

FONTES ADICIONAIS

Mitchell Gold + Bob Williams, "About Us", "Our Mission", "Our History" (2012), www.mgbwhome.com, 11 jun. 2012; "Household Durables: Company Overview of Mitchell Gold + Bob Williams", *Bloomberg Businessweek*, 11 jun. 2012, http://investing.businessweek.com, 11 jun. 2012; "The Rowe Companies Announces Sale of the Mitchell Gold Co."; *PR Newswire*, 4 abr. 2003, www.prnewswire.com, 11 jun. 2012.

*Karen Daniels, "Learning Styles in the Workplace: Why You Should Care", *NextDayFlyers.com Blog*, 5 mar. 2009, http://blog.nextdayflyers.com, 11 jun. 2012.

PRÁTICA DO COMPORTAMENTO ORGANIZACIONAL

Combinando cargos e personalidades

Objetivo Este exercício foi concebido para lhe dar alguns *insights* sobre a importância da relação entre personalidade, locais de trabalho e empregos específicos. O exercício também deve dar-lhe uma boa ideia de como é difícil executar bem esta tarefa.

Formato Você deve executar duas ações:
- Faça que os traços de personalidade encaixem-se com os empregos específicos.
- Desenvolva uma série de perguntas para avaliar os traços de personalidade dos candidatos.

Procedimento Leia cada uma das descrições de cargo apresentadas a seguir:

Mensageiro Conduz os visitantes pelas instalações da estação de rádio e televisão, explica a função do pessoal, o funcionamento dos equipamentos e os métodos de radiodifusão. Utiliza seus conhecimentos sobre as várias fases das operações da estação de rádio e televisão. Leva as mensagens para o estúdio. Eventualmente terá de auxiliar a telefonista, bem como executar tarefas gerais de escritório, como anotar recados, arquivar e digitar documentos.

Bibliotecário Planeja e conduz os programas da biblioteca para fornecer serviços especiais aos usuários. Seleciona livros e materiais audiovisuais a serem adquiridos pela biblioteca e que sejam de interesse dos frequentadores. Auxilia os usuários na escolha dos materiais. Planeja e organiza atividades, como programas de cinema, clubes de xadrez, clubes de escrita criativa e concursos de fotografia. Oferece palestras sobre livros para estimular a leitura. Compila as listas de materiais da biblioteca de interesse dos usuários. Realiza encontros com pais, professores e organizações comunitárias para ajudar no desenvolvimento de programas de incentivo à leitura e para desenvolver habilidades de comunicação.

Entrevistador para empréstimos hipotecários Entrevista os candidatos a empréstimos hipotecários para obter dados sobre renda, dívidas e histórico de crédito. Solicita documentos para verificação, como declarações de imposto de renda, números de contas bancárias, contratos de compra e descrições de propriedade. Determina, com base no manual e em cálculos, se o requerente atende aos padrões do estabelecimento para uma análise mais aprofundada. Informa o requerente sobre os custos de concessão do empréstimo, como avaliação, relatório de crédito e despesas notariais. Responde a perguntas dos requerentes e pede sua assinatura em formulários de autorização para consulta de informações. Submete os formulários de requisição à verificação das informações fornecidas pelo requerente. Telefona para os requerentes ou para outras pessoas para resolver discrepâncias, por exemplo, relatório de crédito que mostre um histórico de atraso de pagamento. Informa o requerente se o empréstimo foi aprovado ou não.

Guarda florestal Aplica leis, regulamentos e políticas nos parques estaduais ou nacionais. Cadastra veículos e visitantes, recolhe taxas e emite autorizações de estacionamento e para uso do local. Fornece informações referentes ao uso do parque, aos requisitos de segurança e pontos turísticos de interesse. Direciona o tráfego, investiga acidentes e patrulha a área para evitar incêndios, vandalismo e furtos. Adverte, expulsa ou apreende os infratores. Conduz atividades de primeiros socorros e salvamento, ou participa delas. Eventualmente tem de compilar estatísticas específicas sobre o uso do parque, manter os registros e elaborar relatórios de atividades na área. Treina e supervisiona funcionários do parque e atendentes das concessionárias prestadoras de serviços.

Maitre Supervisiona e coordena as atividades do pessoal que trabalha no salão de jantar no que se refere a servir os passageiros do navio. Atribui funções, estações de trabalho e responsabilidades para o pessoal e direciona seu desempenho. Inspeciona as mesas de jantar e as áreas de trabalho para verificar a limpeza. Cumprimenta os clientes e leva-os até suas mesas. Faz requisições de suprimento de materiais, como utensílios de vidro, porcelana e talheres ou itens de prata. Autoriza o pessoal a fazer horas extras. Eventualmente, tem de sugerir aos passageiros entradas, pratos principais e vinhos.

Tarefa Trabalhando sozinho, você deve se preparar fazendo duas coisas:

1. Selecione **três** entre os empregos apresentados e, para cada um, determine um traço de personalidade que você acha especialmente importante para que alguém realize o trabalho (ou seja, três empregos e três traços de personalidade).
2. Para cada um dos três empregos, elabore uma série de cinco perguntas que ajudarão você a avaliar qual é a pontuação de um candidato em relação ao traço de personalidade que selecionou para isso. Certifique-se de que suas perguntas possam ser respondidas. Utilize uma escala de cinco opiniões (ou seja, *concordo*

totalmente, concordo, nem concordo nem discordo, discordo, discordo totalmente).

Depois de concluir essas etapas preparatórias, faça o seguinte:

1. Troque suas listas de perguntas com um dos seus colegas de classe. Você vai fingir ser um candidato a emprego e seu parceiro, um entrevistador. Ele escolherá uma das suas listas e lhe fará as perguntas; tente dar respostas honestas e verdadeiras.
2. Repita o processo, assumindo o papel de entrevistador e o seu parceiro, o de candidato.
3. Quando terminarem a parte da encenação discutam a experiência um com o outro. Primeiro, cada um de vocês deve revelar o traço de personalidade que tinha em mente quando elaborou a lista de cinco perguntas que lhe foram feitas durante a "entrevista". Posteriormente, você deve discutir o quanto cada um de seus conjuntos de perguntas foi capaz de medir o traço de personalidade que você tinha em mente quando as compilou. Se você tiver tempo suficiente, pode ter a mesma discussão sobre uma ou mais de suas listas de perguntas remanescentes.

FORMAÇÃO DAS HABILIDADES GERENCIAIS

Visão geral da atividade Habilidades interpessoais referem-se à capacidade de se comunicar com indivíduos e grupos, compreendê-los e motivá-los. Implícita nessa definição está a noção de que um gestor deve tentar compreender as características principais das pessoas, incluindo suas personalidades. Este exercício fornecerá *insights* tanto em relação à importância da personalidade no local de trabalho quanto em relação a algumas das dificuldades associadas à avaliação dos traços de personalidade.

Cenário Primeiro, tente determinar quais traços de personalidade são mais relevantes para trabalhos diferentes. Em seguida, elabore uma série de perguntas que você acha que podem ajudar a avaliar esses traços de personalidade no caso de futuros funcionários. Antes, leia cada uma das descrições de cargos a seguir:

Representante de vendas: Este cargo envolve visitas a clientes existentes para garantir que eles estão satisfeitos com os produtos da empresa. Exige também que trabalhe para fazer que os clientes aumentem a quantidade de produtos que estão comprando, bem como que consiga novos clientes. Um representante de vendas deve ser determinado, mas não insistente.

Gerente de escritório: O gerente do escritório supervisiona o trabalho de uma equipe de 20 secretárias, recepcionistas e outros funcionários administrativos. Ele os contrata, oferece treinamento, avalia o desempenho e define os salários. Além disso, estabelece o número de horas de trabalho e, quando necessário, disciplina ou demite os funcionários.

Funcionário de armazém: Os funcionários que trabalham em armazém descarregam caminhões e levam os produtos às prateleiras para o armazenamento. Além disso, retiram as encomendas das prateleiras e levam os produtos para o setor de embalagem. O trabalho requer que os funcionários sigam as ordens com precisão e dá pouco espaço para a autonomia ou a interação com os outros funcionários durante o expediente.

Tarefa Trabalhando sozinho, identifique um único traço de personalidade que, em sua opinião, é especialmente importante para que uma pessoa seja capaz de ter um desempenho eficaz em cada um desses três empregos. Em seguida, elabore cinco perguntas que, quando respondidas por um candidato, vão ajudar você a avaliar a pontuação dele em relação a esse traço de personalidade em particular. Essas perguntas devem ser do tipo que possam ser respondidas por meio de uma escala de cinco opiniões (por exemplo, *concordo totalmente, concordo, nem concordo nem discordo, discordo, discordo totalmente*).

Troque as perguntas com um colega de classe. Finja que você é um candidato. Dê respostas honestas e verdadeiras para cada pergunta. Discuta as características que cada um de vocês identificou para cada cargo. Você acha que as perguntas de seu colega de classe medem esses traços de personalidade?

Conclua, abordando as seguintes questões:
1. É fácil analisar a personalidade?
2. Quão importante você acredita que é para as organizações considerar a personalidade em decisões sobre contratação?
3. A percepção e as atitudes afetam como as pessoas respondem às perguntas sobre personalidade?

EXERCÍCIO DE AUTOAVALIAÇÃO

Qual é o seu estilo de aprendizagem?

O "estilo de aprendizagem" refere-se às maneiras como você prefere obter novas informações. Todos nós podemos aprender e processar informações em nosso próprio estilo, embora compartilhemos alguns padrões de aprendizagem, preferências e abordagens. Conhecer seu próprio estilo pode ajudá-lo a perceber que outras pessoas podem abordar a mesma situação de um modo diferente do seu.

Gaste alguns minutos para completar o seguinte questionário a fim de avaliar seu estilo preferido de aprendizagem. Comece lendo as palavras na coluna à esquerda. Das três respostas à direita, circule aquela que melhor caracteriza você, respondendo da forma mais sincera possível qual é a descrição que se aplica a você agora. Conte o número de itens circulados e escreva o total na parte inferior de cada coluna. As suas respostas fornecem *insights* sobre a maneira como você aprende.

1. Quando tento **me concentrar...**	fico distraído com a desordem ou com os movimentos e observo coisas ao meu redor que outras pessoas não percebem.	fico distraído com os sons e tento controlar a quantidade e o tipo de ruído ao meu redor.	fico distraído com a agitação e tenho tendência a me retrair.
2. Quando **visualizo algo...**	vejo imagens vívidas e detalhadas em meus pensamentos.	penso também em vozes e sons.	vejo imagens nos meus pensamentos que envolvem movimento.
3. Quando **converso com as pessoas...**	acho difícil escutar por muito tempo.	gosto de ouvir ou fico impaciente para falar.	gesticulo e me comunico com as mãos.
4. Quando **entro em contato com as pessoas...**	prefiro encontros face a face.	prefiro falar por telefone para assuntos sérios.	prefiro interagir quando estou caminhando ou participando de alguma atividade.
5. Quando **vejo um conhecido...**	esqueço nomes, porém lembro-me das feições e tenho a tendência de recordar onde nos encontramos pela primeira vez.	sei os nomes das pessoas e, geralmente, consigo relatar o que discutimos.	eu me lembro do que fizemos e posso quase "sentir" o tempo que passamos juntos.
6. Quando **relaxo...**	vejo TV, assisto a uma peça, visito uma exposição ou vou ao cinema.	ouço rádio, toco alguma música, leio ou converso com um amigo.	pratico esportes, faço artesanato ou construo algo com as mãos.
7. Quando **leio...**	gosto de exemplos descritivos e faço uma pausa para imaginar a cena.	gosto mais da narrativa e quase posso "ouvir" os personagens falando.	prefiro histórias que sejam voltadas para a ação, mas não costumo ler por prazer.
8. Quando **soletro uma palavra...**	vislumbro a palavra em minha mente ou imagino como ela aparece quando está escrita.	articulo a palavra, às vezes em voz alta, e tenho a tendência de me lembrar das regras sobre a ordem das letras.	tenho de "sentir" a palavra, escrevendo-a ou fingindo que estou digitando-a.
9. Quando **faço algo novo...**	procuro demonstrações, fotos ou diagramas.	quero instruções verbais e escritas, além de falar sobre o assunto com alguém.	vou logo testando, continuo a tentar e experimento diferentes abordagens.

10. Quando **monto um objeto...**	olho a foto primeiro e, depois, talvez, leio as instruções.	leio as instruções, ou falo em voz alta, à medida que executo o trabalho.	costumo ignorar as instruções e descobrir a solução, enquanto continuo executando o trabalho.
11. Quando **interpreto o humor de alguém...**	examino as expressões faciais.	confio em ouvir o tom de voz.	concentro-me na linguagem corporal.
12. Quando **ensino outras pessoas...**	eu lhes mostro algo.	falo com elas, escrevo ou lhes faço uma série de perguntas.	demonstro como algo é feito e, então, peço-lhes para tentarem fazer o mesmo.
Total	Visual:_____	Auditivo:_____	Tátil/Cinestésico:_____

A coluna com o maior total representa seu estilo de processamento primário do conhecimento (estilo de aprendizagem). A segunda coluna com mais escolhas é o seu estilo secundário.

Seu estilo de aprendizagem primário: _____

Seu estilo de aprendizagem secundário: _____

Fonte: Adaptado de Marcia L. Conner, *Learn More Now: 10 Simple Steps to Learning Better, Smarter, and Faster* (Hoboken, NJ: John Wiley & Sons, mar. 2004).

CAPÍTULO 4
A motivação nas organizações

Visão geral do capítulo

- A natureza da motivação
- Perspectivas da motivação baseada na necessidade
- Perspectivas da motivação baseada no processo
- Perspectivas da motivação baseada na aprendizagem

Objetivos de aprendizagem

Após estudar este capítulo, você estará apto a:

1. Caracterizar a natureza da motivação, incluindo sua importância e perspectivas históricas fundamentais.
2. Identificar e descrever as perspectivas da motivação baseada na necessidade.
3. Identificar e descrever as principais perspectivas da motivação baseada no processo.
4. Descrever as perspectivas da motivação baseada na aprendizagem.

Você é feliz porque produz ou produz porque é feliz?

"Se você não é feliz fazendo o que faz... você só faz as coisas porque elas devem ser feitas."
— *Sara Caputo, consultora de produtividade M.A.*

Sara Caputo é a fundadora e proprietária da Radiant Organizing, uma empresa de treinamento e *coaching* localizada em Santa Barbara, Califórnia. Como consultora de produtividade, seu trabalho inclui tanto sessões individuais com clientes, quanto palestras nas empresas sobre como conseguir que as coisas sejam feitas. Um dia, lembra, estava no meio de uma apresentação em uma conferência, "simplesmente senti que amo o que faço... aquilo me fez pensar", diz. "O que vem primeiro no ambiente de trabalho – a felicidade ou a produtividade? Somos *mais produtivos* em nosso trabalho porque gostamos do que fazemos, isso por si só já é motivador? Ou somos mais *felizes* porque somos produtivos?"

A princípio, Caputo admite, estava disposta a aceitar a probabilidade de seu questionamento ser do "tipo dilema da galinha/ovo". Depois de muita reflexão, entretanto, concluiu que a felicidade vem em primeiro lugar. "Em determinado ponto de sua vida", pondera,

você foi chamado a fazer o que faz hoje. Então, o tempo passa, e o que se coloca no caminho? Todas as "outras coisas". No final das contas, se você não é feliz fazendo o que faz, terá dificuldade para sustentar sua produtividade porque só faz as coisas porque elas devem ser feitas.

Alguém pode achar que a experiência de Caputo no trabalho tem sido mais feliz que a média, mas a conclusão de sua perspectiva sobre a relação causa-efeito entre felicidade e produtividade está de acordo com o pensamento da maioria sobre o assunto. Outro consultor de produtividade, por exemplo, aconselha "se você quiser fazer mais no trabalho... deve começar gostando do que faz... Os gurus em produtividade", alerta Alexander Kjerufl, fundador e *CHO* (*Chief Happiness Officer*, em português, "Diretor de Felicidade") da Spoing!, empresa de consultoria dinamarquesa,

dirão que tudo gira em torno de se ter o melhor sistema. Você precisa priorizar suas atribuições. Manter registros detalhados de como gasta o seu tempo [e] ter uma lista de tarefas é, certamente, essencial. Você deve aprender a estruturar sua agenda, e mais, muito mais... [Mas] nenhum sistema, nenhuma ferramenta ou metodologia no mundo pode ser mais importante no aumento de sua produtividade do que você fazer algo de que realmente gosta.

A felicidade no trabalho, diz Kjerulf, "é a impulsão nº 1", e cita inúmeras razões para isso: pessoas felizes trabalham melhor com as outras, resolvem problemas em vez de reclamar deles e tomam melhores decisões; elas são otimistas e "de longe mais motivadas", possuem mais energia e ficam menos doentes.

Sara Caputo é a proprietária da Radiant Organizing, empresa de treinamento e desenvolvimento localizada em Santa Barbara, Califórnia.

Kjerulf concorda que ainda existe a "questão da causa" – o que vem primeiro, o ovo ou a galinha, a felicidade ou a produtividade. "A ligação", conclui, "vai em ambas as direções", mas "a ligação é mais forte quando se vai da felicidade para a produtividade – o que significa que se você quer ser mais produtivo, a melhor coisa a fazer é concentrar-se em ser feliz naquilo que faz".

No entanto, nem todo mundo vê a conexão entre felicidade e produtividade de uma mesma perspectiva. Para Paul Larson, veterano em gestão operacional em diversas indústrias, "a lenda segundo a qual funcionários felizes são produtivos tem sido parte de nosso pensamento organizacional há muito tempo, e muitos tomam como certo que isso seja verdadeiro". Larson, fundador e presidente do The Myrddin Group, consultoria com sede no Texas e especializada em projeto organizacional e desenvolvimento, concorda com a perspectiva de que "funcionários produtivos parecem ser mais felizes". Mas aí, observa, é "de onde vem a confusão... A produtividade leva à satisfação e à felicidade", argumenta, "não o contrário. As pessoas que fazem um bom trabalho tendem a se sentir bem em relação a ele". Para impulsionar a produtividade, Larson aconselha, as empesas devem treinar e dar apoio aos gestores "em seus esforços para manter as equipes comprometidas. É esse comprometimento que dá espaço para conquistas e reconhecimento".

Charles Kerns, psicólogo comportamental da Pepperdine University's Graziado School of Business and Management, concorda com Larson em relação ao comprometimento ser a melhor meta para um gestor que quer "influenciar o nível de felicidade em seus funcionários". Entretanto, ele não está muito seguro de que o aumento da produtividade pessoal ou organizacional é a chave para resolver o dilema da galinha/ovo. "Pesquisadores em satisfação no trabalho", salienta, "têm enfrentado um longo debate sobre se os funcionários são felizes em primeiro lugar e bons profissionais em segundo lugar, ou se são bons profissionais em primeiro lugar e felizes em segundo lugar". Em sua opinião, o problema não será resolvido em breve. Para fins práticos, sugere, "tanto a felicidade quanto o desempenho no trabalho precisam ser abordados".

É aqui que o *comprometimento* entra. Por um lado, de acordo com Kerns, os gestores devem se resignar em relação ao fato de que aperfeiçoar o comprometimento é o máximo que podem esperar. Por outro lado, melhorar o comprometimento do funcionário em relação ao trabalho não é uma conquista pequena. O comprometimento pode ser avaliado por meio do tanto que um indivíduo tem mais experiências felizes e positivas que negativas, e a chave para aumentar as experiências positivas, diz Kerns, é comprometendo-se com os pontos fortes do funcionário: "O nível de comprometimento de um funcionário... e sua subsequente felicidade", argumenta, "é mais provável de ser impulsionado quando ele tem a oportunidade de fazer o que faz de melhor no ambiente de trabalho – utilizar os pontos fortes de alguém é uma experiência positiva". Tendo o comprometimento como ponto de partida, Kerns acredita que a equação felicidade-produtividade pode ser formulada em termos mais práticos: a felicidade, explica, "vem das experiências no trabalho que produzem emoções de forma positiva e pensamentos positivos" e "as pessoas que encaram seu trabalho são mais produtivas".

Qual é a sua opinião?
1. Julgando por experiência própria, você acha que realmente há uma relação significativa entre felicidade e produtividade?
2. Julgando novamente por experiência própria, o comprometimento é suficiente para torná-lo produtivo ou você precisa de algum tipo de motivação mais tangível?

Referências: Sara Caputo, "Which Comes First: Happiness or Productivity?", *Toolbox for HR*, 15 abr. 2009, http://hr.toolbox.com, 16 abr. 2012; Alexander Kjerulf, "Top 10 Reasons Why Happiness at Work Is the Ultimate Productivity Booster", *PositiveSharing.com*, 27 mar. 2007, http://positivesharing.com, 16 abr. 2012; Paul Larson, "Employee Motivation in the Workplace", *Suite101.com*, 4 mai. 2009, http://paul-larson.suite101.com, 16 abr. 2012; Charles Kerns, "Putting Performance and Happiness Together in the Workplace", *Graziado Business Report*, 2008, v. 11, http://gbr.pepperdine.edu, 16 abr. 2012.

Dada a complexa variedade das diferenças individuais discutidas no Capítulo 3, deveria ser óbvio que as pessoas trabalham pelas mais diversas razões. Algumas pessoas querem dinheiro, outras desejam desafio e há aquelas que almejam poder. O que as pessoas em uma organização querem do trabalho e como pensam atingir seus objetivos têm um papel importante na determinação da motivação no trabalho. De acordo com o que expomos neste capítulo, a motivação é vital em todas as organizações. De fato, a diferença entre as organizações mais eficazes e aquelas menos eficazes está na motivação de seus membros (conforme evidenciado no NetApp no início deste capítulo). Por isso, os administradores precisam entender a natureza da motivação individual, especialmente em como ela se aplica às situações de trabalho. Neste capítulo, primeiro, exploraremos várias perspectivas da motivação baseadas na necessidade. Posteriormente, voltaremos nossa atenção às perspectivas baseadas em processos mais sofisticados. Concluiremos com uma discussão sobre as perspectivas da motivação baseadas na aprendizagem.[1]

A NATUREZA DA MOTIVAÇÃO

> Motivação representa um conjunto de forças que leva as pessoas a se engajarem em algum tipo de comportamento mais do que qualquer outro comportamento alternativo

Motivação representa um conjunto de forças que leva as pessoas a se engajarem em algum tipo de comportamento mais do que qualquer outro comportamento alternativo.[2] Alunos que permanecem acordados ao longo da noite para garantir que seus trabalhos acadêmicos sejam os melhores, vendedores que trabalham aos sábados para chegar na frente e médicos que fazem acompanhamento de pacientes por telefone para verificar suas condições são pessoas motivadas. É claro que alunos que evitam fazer trabalhos acadêmicos e passam o dia na praia, vendedores que vão cedo para casa para fugir de uma tediosa chamada de vendas e médicos que não fazem acompanhamento de pacientes para terem mais tempo livre para jogar golfe também são motivados, mas seus objetivos são diferentes. Do ponto de vista do gestor, o objetivo é motivar as pessoas a se comportarem da maneira que melhor atenda aos interesses da organização.[3]

Importância da motivação

No contexto organizacional os gestores se esforçam para motivar as pessoas a terem um desempenho de alto nível. Isso significa levá-las a trabalhar arduamente, a se apresentar à empresa regularmente e fazer contribuições positivas à missão da organização. Mas assim como a motivação, o desempenho no trabalho também depende da habilidade e do ambiente. Essa relação pode ser apresentada como segue:

onde
$$D = M + H + A$$

D = desempenho, M = motivação,
H = habilidade e A = ambiente

Para alcançar altos níveis de desempenho, um funcionário deve querer fazer bem o trabalho (motivação), ser capaz de fazê-lo de maneira eficaz (habilidade) e ter materiais, recursos, equipamentos e informações necessários à execução do trabalho (ambiente). Uma deficiência em quaisquer desses itens prejudicará o desempenho. Por isso o gestor luta para garantir que as três condições sejam satisfeitas.[4]

Na maioria das circunstâncias, a motivação é o fator mais difícil de ser administrado. Se um funcionário não tiver as habilidades necessárias para o desempenho de suas funções, poderá ser encaminhado a programas de treinamento a fim de aprender novas habilidades profissionais. Se não conseguir aprender as novas habilidades, poderá ser transferido para um cargo mais simples e ser substituído por um funcionário mais especializado. Se um funcionário não tiver materiais, recursos, equipamentos e/ou informações, o gestor pode providenciá-los. Por exemplo, se um funcionário não consegue completar um projeto sem informações sobre as previsões das vendas do departamento de marketing, o gestor pode entrar em contato com ele e solicitar as informações necessárias. Mas se a motivação for deficiente, o gestor enfrentará a situação mais complexa que é determinar aquilo que motivará o funcionário a trabalhar com mais afinco.[5]

A estrutura do comportamento motivacional

Podemos começar a entender a motivação analisando as necessidades relacionadas aos comportamentos direcionados aos objetivos. A Figura 4.1 mostra o quadro motivacional básico que utilizamos para organizar nosso debate. Uma necessidade – algo que o indivíduo exige ou quer – é o ponto de partida.[6] O comportamento motivado geralmente inicia quando uma pessoa tem uma ou mais **necessidades** importantes. Embora uma necessidade já satisfeita também possa motivar um comportamento (por exemplo, a necessidade de manter um padrão de vida que alguém já tenha alcançado), as necessidades não alcançadas geralmente resultam em sentimentos mais intensos e mudanças comportamentais. Por exemplo, se uma pessoa ainda tem que alcançar o padrão de vida que deseja, essa necessidade não alcançada pode estimulá-la a agir.

Necessidade refere-se a qualquer coisa que o indivíduo exige ou quer.

FIGURA 4.1

Quadro motivacional

Esse quadro mostra um modo útil por meio do qual podemos entender como ocorrem os processos motivacionais. Quando as pessoas sentem deficiência em relação às necessidades, buscam maneiras de satisfazê-la, o que resulta em uma escolha de comportamentos direcionados aos objetivos. Depois de desempenhar o comportamento, o indivíduo experimenta as recompensas ou punições que afetam a deficiência original de suas necessidades.

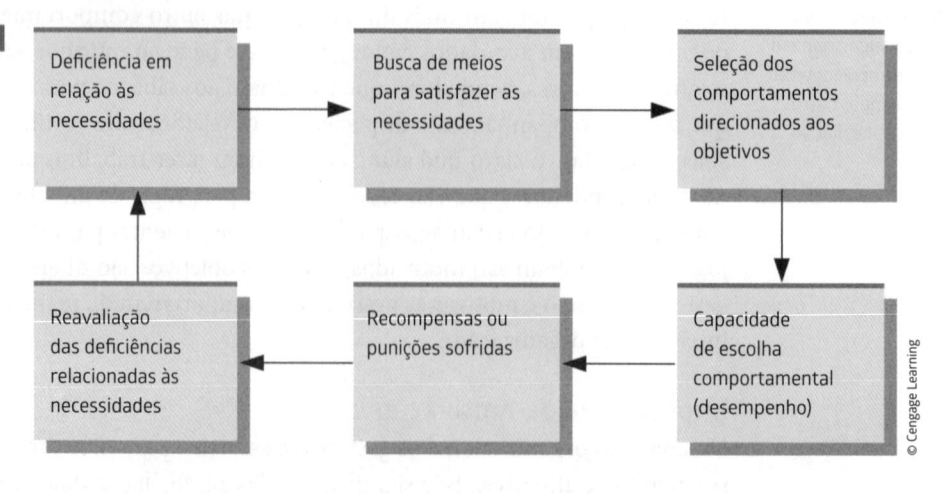

Deficiência em relação às necessidades → Busca de meios para satisfazer as necessidades → Seleção dos comportamentos direcionados aos objetivos → Capacidade de escolha comportamental (desempenho) → Recompensas ou punições sofridas → Reavaliação das deficiências relacionadas às necessidades → (retorna a Deficiência em relação às necessidades)

© Cengage Learning

Uma deficiência relacionada às necessidades normalmente dispara o gatilho da busca de caminhos para satisfazê-la. Considere uma pessoa que acha que seu salário e sua posição são deficientes por não refletirem na organização a importância do trabalho que faz e porque deseja uma renda maior. Ela pode ter três opções: solicitar aumento de salário e promoção, trabalhar com mais afinco na esperança de ter o salário e a promoção ou procurar um novo emprego com um salário maior e um cargo com título de maior prestígio.

A seguir, vem a escolha do comportamento direcionado ao objetivo. Embora uma pessoa possa buscar mais de uma opção ao mesmo tempo (como trabalhar mais, ao mesmo tempo em que procura um novo emprego), o maior esforço será direcionado a uma das opções. Na próxima fase, a pessoa age por meio do comportamento escolhido para satisfazer a necessidade. Ela provavelmente começará a trabalhar por mais tempo, com mais afinco, e assim por diante. Posteriormente experimentará as recompensas ou punições decorrentes de sua escolha. Ela poderá perceber sua situação como punitiva se não tiver nenhum reconhecimento e não conseguir a promoção ou o aumento de salário. Alternativamente, poderá ser recompensada com o aumento e a promoção em razão do maior desempenho.

Finalmente, a pessoa avalia o grau em que o resultado obtido satisfaz a deficiência original relacionada à necessidade. Suponhamos que a pessoa queria um aumento de salário de 10% e uma promoção a vice-presidente. Se ela conseguiu realizar os dois desejos, deve estar satisfeita. Contudo, se obteve apenas um aumento de 7% e uma promoção a vice-presidente associado, terá de decidir se continua tentando, se aceita o que conseguiu ou se escolherá uma das outras opções anteriormente mencionadas. (Às vezes, apesar do esforço pessoal, a necessidade pode não ser satisfeita por completo.)

Perspectivas históricas da motivação

Abordagens históricas sobre motivação, embora nem sempre sejam precisas, são interessantes por várias razões. Por um lado, fornecem uma base para o pensamento contemporâneo sobre a motivação. Por outro lado, por se basearem no bom senso e na intuição, uma apreciação de pontos fortes e fracos pode auxiliar os gestores a obterem descobertas úteis em relação à motivação do funcionário no local de trabalho (discutiremos essas perspectivas históricas mais a fundo no Apêndice B).

Abordagem tradicional Um dos primeiros pesquisadores a abordar a motivação no trabalho – há mais de um século – foi Frederick Taylor. Ele desenvolveu um método para a estruturação dos cargos denominado **administração científica**. Como premissa básica dessa abordagem, Taylor assumiu que os funcionários são economicamente motivados e que trabalham para receber tanto dinheiro quanto conseguirem.[7] Por essa razão, ele defendeu o pagamento de incentivos na remuneração. Ele acreditava que os gestores sabiam mais sobre os cargos do que os próprios funcionários e assumiu que o ganho econômico era a principal razão que motivava a todos. Outras hipóteses da abordagem tradicional são: o trabalho é por natureza desagradável para a maioria das pessoas e o dinheiro ganho é mais importante para os empregados do que a natureza do trabalho que executam. Consequentemente, era de se esperar que as pessoas desempenhassem qualquer tipo de trabalho se fossem adequadamente remuneradas. Embora o papel do dinheiro como fator de motivação não possa ser descartado, os defensores da abordagem tradicional tinham uma visão muito estreita do papel da compensação monetária, além disso, falharam em considerar outros fatores motivacionais.

Abordagem das relações humanas Essa abordagem suplantou a da administração científica na década de 1930.[8] A **abordagem das relações humanas** pressupõe que os funcionários querem se sentir úteis e importantes, que têm necessidades sociais importantes e que tais necessidades são mais relevantes que o dinheiro para motivá-los. Os defensores da abordagem das relações humanas orientavam os gestores a fazerem os funcionários se sentirem

---

A **abordagem da administração científica** para a motivação pressupõe que os funcionários são motivados pelo dinheiro.

A **abordagem das relações humanas** para a motivação sugere que atitudes favoráveis aos funcionários resultem em motivação para trabalhar com mais afinco.

A abordagem das relações humanas para a motivação sugere que atitudes favoráveis aos funcionários resultem em motivação para trabalhar com mais afinco.

importantes e a lhes permitir um mínimo de autodirecionamento e autocontrole no desempenho das atividades rotineiras. Esperava-se que a ilusão do envolvimento e da importância satisfizessem as necessidades sociais fundamentais dos funcionários e resultassem em maior motivação. Por exemplo, um gestor pode permitir que um grupo de trabalho participe da tomada da decisão, mesmo que ele já tenha determinado a decisão. Acreditava-se que o gesto simbólico de permitir a participação aumentasse a motivação, mesmo que não tivesse havido nenhuma participação real.

A abordagem de recursos humanos para a motivação pressupõe que as pessoas querem contribuir e são capazes de fazer contribuições genuínas.

Abordagem de recursos humanos A abordagem de recursos humanos para a motivação leva os conceitos de necessidades e de motivação um passo à frente. Ao passo que os adeptos das relações humanas acreditavam que a ilusão de contribuição e participação aumentaria a motivação, a perspectiva de recursos humanos, que começou a surgir na década de 1950, pressupõe que as próprias contribuições são valiosas tanto para os indivíduos quanto para as organizações. De acordo com a abordagem de recursos humanos, as pessoas querem contribuir e são capazes de fazer contribuições reais. A tarefa da gestão, então, é incentivar a participação e criar um ambiente de trabalho que faça pleno uso dos recursos humanos disponíveis. Essa filosofia orienta a maior parte do pensamento contemporâneo sobre a motivação dos funcionários. Na Ford, Apple, Texas Instruments e Hewlett-Packard, por exemplo, equipes de trabalho são chamadas para resolver uma variedade de problemas e para fazer contribuições substanciais à organização.

PERSPECTIVAS DA MOTIVAÇÃO BASEADAS NAS NECESSIDADES

As teorias da motivação baseadas na necessidade pressupõem que as deficiências de necessidade motivam o comportamento.

As perspectivas da motivação baseadas na necessidade representam o ponto de partida para a maioria dos pensamentos contemporâneos sobre motivação, embora essas teorias também tenham atraído críticas.[9] A premissa fundamental dos modelos e das **teorias baseadas na necessidade**, identificados no quadro motivacional apresentado anteriormente, é que os humanos são motivados principalmente pelas deficiências em uma ou mais importantes necessidades ou categorias de necessidades. Os teóricos têm tentado identificar e categorizar as necessidades mais importantes para as pessoas.[10] (Alguns observadores chamam-nas "teorias de conteúdo" porque lidam com o conteúdo, ou com a substância, do que motiva o comportamento). As teorias da necessidade mais conhecidas são a hierarquia das necessidades e a teoria ERC.

A hierarquia das necessidades

A hierarquia das necessidades, desenvolvida pelo psicólogo Abraham Maslow na década de 1940, é a mais conhecida teoria das necessidades.[11] Influenciado pela escola de relações humanas, Maslow argumentou que os seres humanos são animais "que querem": eles têm desejos inatos para satisfazer um conjunto de necessidades. Além disso, Maslow acreditava que essas necessidades são organizadas em uma ordem de importância, com as necessidades mais básicas localizadas na base da hierarquia.

A teoria da hierarquia das necessidades de Maslow pressupõe que as necessidades humanas são organizadas em uma ordem de importância.

A Figura 4.2 mostra a **hierarquia das necessidades de Maslow**. Os três conjuntos de necessidades na parte inferior são chamados *deficiência de necessidades* porque devem ser satisfeitas para que o indivíduo se sinta confortável. Os dois conjuntos de necessidades da parte superior são denominados *necessidades de crescimento* porque destacam o crescimento e o desenvolvimento pessoal.

As necessidades fundamentais na hierarquia são as *necessidades fisiológicas*. Essas incluem a necessidade de alimento, sexo e ar. As *necessidades de segurança* são as próximas na hierarquia: elementos que oferecem segurança e proteção, como moradia e vestuário adequados, e situações livres de preocupação e ansiedade. As *necessidades afetivas*, no terceiro nível da hierarquia, são principalmente as sociais. Os exemplos incluem a necessidade de amor e de afeição e a necessidade de ser aceito pelos pares. O quarto nível, as *necessidades de estima*, na verdade, abrange dois tipos ligeiramente diferentes de necessidades: a de autoimagem e autorrespeito positivos e a de ser respeitado pelos outros. No alto da hierarquia estão as *necessidades de autorrealização*. Essas envolvem realizar-se plenamente e tornar-se tudo o que se pode ser.

Para Maslow, cada nível de necessidade deve ser satisfeito antes que o nível acima torne-se importante. Assim, uma vez que as necessidades psicológicas são satisfeitas, sua importância diminui, e as necessidades de segurança surgem como as principais fontes de motivação. Essa escala em direção ao topo da hierarquia continua até que as necessidades de autorrealização tornem-se os principais motivadores. Suponha, por exemplo, que Jennifer Wallace ganhe todo o dinheiro de que precisa e esteja muito satisfeita com seu padrão de vida. Uma renda adicional pode ter pequeno ou nenhum impacto motivacional em seu comportamento. Em vez disso, Jennifer vai se esforçar para satisfazer outras necessidades, como o desejo por um maior grau de autoestima.

No entanto, se um conjunto de nível inferior previamente satisfeito de necessidades tornar-se deficiente de novo, o indivíduo volta àquele nível. Por exemplo, suponha que Jennifer perca seu emprego inesperadamente. A princípio, ela pode não ficar muito preocupada porque possui economias e confiança de que encontrará um bom emprego. Entretanto, conforme suas economias forem se esgotando, ela começará a aumentar a motivação para encontrar uma nova fonte de renda. Inicialmente, ela pode procurar um emprego que pague bem e que satisfaça suas necessidades de estima. Mas, à medida que sua situação financeira piorar, ela pode diminuir as expectativas relacionadas à estima e concentrar-se quase que exclusivamente em encontrar um emprego com remuneração certa.

Na maioria das empresas, as necessidades fisiológicas são provavelmente as mais fáceis de avaliar e atender. Salários adequados, instalações sanitárias, ventilação e temperaturas confortáveis e condições de trabalho são as medidas consideradas para satisfazer o nível mais básico de necessidades. As necessidades de segurança nas organizações podem ser satisfeitas por coisas como a continuidade do cargo (sem demissão), sistema para reclamações

FIGURA 4.2

A hierarquia das necessidades

A hierarquia das necessidades de Maslow consiste em cinco categorias fundamentais de necessidades. A figura ilustra os exemplos gerais e organizacionais para cada tipo de necessidade. É claro que cada indivíduo tem uma ampla variedade de necessidades específicas dentro de cada categoria.

Exemplos gerais		Exemplos organizacionais
Realizações	Necessidades de autorrealização	Trabalho desafiador
Status	Necessidades de estima	Cargo
Amizade	Necessidades afetivas	Amigos no grupo de trabalho
Estabilidade	Necessidades de segurança	Previdência privada
Sustento	Necessidades fisiológicas	Salário-base

Fonte: Adaptado de Abraham H. Maslow, "A Theory of Human Motivation", Psychological Review, 1943, v. 50, p. 374-396.

(para proteção contra ações arbitrárias da chefia) um sistema adequado de seguro e aposentadoria (para proteção contra perdas financeiras decorrentes de doenças e para garantia de renda na aposentadoria).

A maioria das necessidades afetivas dos funcionários é satisfeita pelos laços familiares e grupos de relacionamento tanto de dentro como de fora da organização. No local de trabalho, as pessoas geralmente desenvolvem amizades que fornecem uma base para a interação social e podem ter um papel importante na satisfação das necessidades sociais. Os gestores podem ajudar a satisfazer essas necessidades promovendo a interação e o sentido de identidade de grupo entre os funcionários. Ao mesmo tempo, os gestores podem ser sensíveis aos prováveis efeitos sobre os funcionários (como baixo desempenho e absenteísmo) decorrentes de problemas familiares ou de não aceitação pelos colegas. As necessidades de estima no local de trabalho são satisfeitas pelo menos parcialmente pelo cargo, pela escolha da sala, pelos aumentos salariais por mérito, pelos prêmios e outras formas de reconhecimento. É claro que, para serem fontes de motivação de longo prazo, recompensas tangíveis como essas devem ser distribuídas igualmente e devem ser baseadas no desempenho.

As necessidades de autorrealização talvez sejam as mais difíceis de compreender e as mais difíceis de serem satisfeitas. Por exemplo, não é fácil avaliar quantas pessoas alcançam totalmente o seu potencial. Na maioria dos casos, as pessoas que estão indo bem na hierarquia de Maslow têm suas necessidades de estima satisfeitas e estão se movendo em direção à autorrealização. Trabalhar em direção à autorrealização, mais do que realmente atingi-la, pode ser a motivação máxima para a maioria das pessoas. Em anos recentes, tem havido uma forte tendência de pessoas deixarem empregos bem pagos, mas de pouca satisfação, por empregos de maior satisfação e menor remuneração, como a enfermagem e o ensino. Isso pode indicar que essas pessoas estão trabalhando ativamente em direção à autorrealização.[12]

Pesquisas mostram que a hierarquia das necessidades não é aplicável a outros países. Por exemplo, na Grécia e no Japão, as necessidades de segurança podem motivar mais os funcionários do que as necessidades de autorrealização. Do mesmo modo, as necessidades afetivas são especialmente importantes na Suécia, na Noruega e na Dinamarca. Há também diferenças relativas a necessidades diferentes no México, na Índia, no Peru, no Canadá, na Tailândia, na Turquia e em Porto Rico.[13]

A hierarquia das necessidades de Maslow tem um sentido intuitivo. Por ter sido a primeira teoria motivacional a se tornar popular, é uma das mais conhecidas entre os gestores. No entanto, pesquisas têm revelado deficiências na teoria. Por exemplo, os cinco níveis de necessidades nem sempre estão presentes; a atual hierarquia das necessidades nem sempre está em conformidade com o modelo de Maslow; e as estruturas de necessidades são mais instáveis e variáveis do que a teoria nos leva a acreditar.[14] Algumas vezes, os gestores são excessivamente desajeitados ou superficiais em suas tentativas de utilizar uma teoria como essa. Por essa razão, a contribuição principal da teoria parece ser a de fornecer um quadro geral que permite a categorização das necessidades.

Teoria ERC

A teoria ERC descreve as necessidades de existência, relacionamento e crescimento.

A **teoria ERC**, desenvolvida pelo psicólogo da Yale, Clayton Alderfer, é outra importante teoria da necessidade de motivação.[15] Em muitos aspectos, a teoria ERC amplia e aperfeiçoa o conceito da hierarquia das necessidades de Maslow, embora haja muitas diferenças importantes entre as duas. O *E*, *R* e *C* responde por três categorias básicas da necessidade: existência, relacionamento e crescimento. *Necessidades de existência* – são necessárias à sobrevivência básica humana – correspondem aproximadamente às necessidades fisiológicas e de segurança da hierarquia de Maslow. *Necessidades de relacionamento* – envolvem a necessidade de relacionamento com outras pessoas – são similares às necessidades afetivas e de estima de Maslow. Por fim, as *necessidades de crescimento* são análogas às necessidades de Maslow relacionadas à autoestima e autorrealização.

Em comparação à abordagem de Maslow, a teoria ERC sugere que mais de um tipo de necessidade – por exemplo, tanto as necessidades de relacionamento como as de crescimento – podem motivar uma pessoa ao mesmo tempo. Uma diferença importante em relação à hierarquia de Maslow é que a teoria ERC inclui um componente de progressão da satisfação e um componente frustração-retrocesso. O conceito de progressão da satisfação sugere que depois de satisfazer uma das categorias de necessidades, a pessoa progride para o próximo nível. Nesse ponto, a hierarquia das necessidades e a teoria ERC estão de acordo. Entretanto, a hierarquia das necessidades pressupõe que o indivíduo permanece no próximo nível até que as necessidades daquele nível sejam satisfeitas. Em contraposição, o componente frustração-retrocesso da teoria ERC sugere que a pessoa que está frustrada tentando satisfazer uma necessidade em um nível mais alto eventualmente voltará ao nível anterior.[16]

Suponha, por exemplo, que Nick Hernandez está atendido em suas necessidades básicas no nível do relacionamento e agora está tentando satisfazer suas necessidades de crescimento. Ele tem muitos amigos e relacionamentos sociais e quer adquirir novas habilidades e avançar na carreira. Por diversas razões, como limitações organizacionais (ou seja, cargos desafiadores, barreiras etc.) e falta de oportunidades para avançar, ele é incapaz de satisfazer tais necessidades. Não importa o quanto tente, ele sente que está preso à posição atual. De acordo com a teoria ERC, a frustração em relação às necessidades de crescimento farão surgir em Nick as necessidades de relacionamento, que novamente serão dominantes como motivadores. Como resultado, ele terá um interesse renovado em fazer amigos e em desenvolver relacionamentos sociais.

Teoria da dupla estrutura

Outra importante teoria de motivação baseada nas necessidades é a **teoria da dupla estrutura**, que é parecida com as teorias das necessidades que acabamos de abordar. Essa teoria foi originalmente chamada de "teoria dos dois fatores", mas a nomenclatura contemporânea utilizada aqui é mais abrangente. Ela tem desempenhado um papel importante no pensamento gerencial sobre a motivação e, apesar de hoje ser aceita por poucos pesquisadores, é amplamente conhecida e aceita entre os gestores que a praticam.

A teoria da dupla estrutura identifica os fatores motivacionais, os quais afetam a satisfação, e os fatores higiênicos, os quais determinam a insatisfação.

Desenvolvimento da teoria Frederick Herzberg e seus associados desenvolveram a teoria da dupla estrutura no final da década de 1950 e início da década de 1960.[17] Herzberg começou entrevistando aproximadamente 200 contadores e engenheiros em Pittsburgh. Foi solicitado que relembrassem os momentos em que se sentiram especialmente satisfeitos e motivados pelo trabalho, bem como os momentos em que se sentiram particularmente insatisfeitos e desmotivados. Herzberg, então solicitou aos entrevistados que descrevessem o que causou os sentimentos bons e ruins. As respostas às perguntas foram registradas pelos entrevistadores e, posteriormente, foram submetidas à análise de conteúdo. (Em uma análise de conteúdo, as palavras, frases e sentenças utilizadas pelos entrevistados são analisadas e classificadas de acordo com seus significados.)

Surpreendentemente, Herzberg descobriu que conjuntos de fatores inteiramente diferentes foram associados aos dois tipos de sentimentos em relação ao trabalho. Por exemplo, uma pessoa que indicou "salário baixo" como fonte de insatisfação, não necessariamente indicou "aumento de salário" como fonte de satisfação e motivação. Em vez disso, as pessoas associaram causas diferentes, como reconhecimento ou realização, à satisfação e à motivação. As descobertas levaram Herzberg a concluir que o pensamento predominante sobre satisfação e motivação não estava correto. Como a Figura 4.3 mostra a satisfação no trabalho era vista como o único conjunto que ia da satisfação à insatisfação. Se esse fosse o caso, Herzberg concluiu, um conjunto de fatores deveria influenciar um movimento contínuo para trás e para frente. Em razão de sua pesquisa ter identificado influências diversas advindas de dois diferentes conjuntos de fatores, Herzberg argumentou que duas dimensões diferentes deveriam estar envolvidas. Por isso, ele considerou a motivação como um fenômeno de dupla estrutura.

SERVIÇO A necessidade de diversão no trabalho

Quando você entra em uma loja de varejo, restaurante ou sala de aula, gosta de ser cumprimentado com um sorriso. Quando você se junta a um grupo de funcionários para iniciar outro dia de trabalho, também gosta de ser cumprimentado com sorrisos pelos colegas. É difícil encontrar alguém que prefira estar com pessoas carrancudas em vez de estar com pessoas sorridentes. O sorriso é um sinal universal de que a pessoa com a qual você está lidando sente-se alegre quando o vê e sente-se alegre porque você está ali. Os gestores de organizações prestadoras de serviços sabem o quanto é importante fazer seus funcionários sorrirem para os clientes. A questão é como fazer os funcionários sorrirem para enviar uma mensagem calorosa de boas-vindas esperada pelos clientes. Não só é difícil para a maioria dos funcionários sorrir para os clientes durante o dia todo, todos os dias, como também é difícil sorrir quando os clientes são rudes ou ofensivos ou quando o funcionário está num dia ruim. Uma organização prestadora de serviços, por sua vez, sabe que o próximo cliente não quer saber se o último cliente atendido foi tão frustrante e ofensivo a ponto de deixar o funcionário em prantos. Para o próximo cliente, o impacto da experiência com o último cliente é irrelevante. Ele simplesmente deseja um cumprimento caloroso acompanhado de um sorriso.

Embora iremos discutir a gestão emocional no trabalho em um capítulo posterior, focalizaremos aqui a criação de um ambiente que promova a alegria e senso de diversão, a fim de conseguir que nossos funcionários sorriam. Alguns teóricos motivacionais, como William Glasser, consideram a diversão como uma das necessidades humanas fundamentais. A teoria da escolha de Glasser inclui explicitamente a diversão como parte de sua abordagem para explicar a hierarquia das necessidades de um indivíduo. A hierarquia de Glasser começa com as necessidades de sobrevivência e prossegue com as necessidades de amor e afetivas. Uma vez atingido esse nível, Glasser sugere que a satisfação das necessidades de menor nível é seguida pelas necessidades de poder e reconhecimento e, então, pelas necessidades de liberdade e autonomia. No entanto, depois que essas necessidades são atendidas, Glasser propõe uma quinta e poderosa necessidade do funcionário – a necessidade de se divertir.

Infelizmente, muitas organizações não se preocupam com essa necessidade e não cumprem seu papel em ajudar os funcionários a alcançá-la. Organizações prestadoras de serviços de referência, no entanto, sabem o quanto é importante que seus funcionários divirtam-se no trabalho, não só porque a diversão coloca um sorriso em seus rostos ao lidarem com os colegas de trabalho, mas também porque a alegria deles pode ter influência contagiosa sobre os clientes. Exemplos bem conhecidos incluem a Southwest Airlines, cujo fundador, Herb Kelleher, refere-se a si mesmo como "Alto Sacerdote do Ha Ha", um esforço para incentivar os funcionários a se divertirem no trabalho. E funciona. A Southwest é famosa pela cultura centrada nos funcionários e clientes, na qual os funcionários levam seu trabalho muito a sério, mas não se levam muito a sério enquanto o fazem. Os clientes da Southwest contam histórias de comissários de bordo que se escondem em compartimentos de bagagem para surpreender os passageiros no embarque, que cantam as instruções de segurança prescritas pela FAA com uma batida de rap ou que usam fantasias e decoram os balcões de *check-in* para comemorar feriados.

Outras organizações têm abordagens diferentes para promover a diversão no trabalho. Hotéis comemoram com pizza e sorvete quando um funcionário recebe uma carta com elogios de um cliente; restaurantes promovem "ralis" de degustação para que os funcionários se familiarizem com o menu e para fazê-los sorrir antes de servir os clientes e hospitais comemoram com os pacientes ocasiões especiais para fazer todos sorrirem. As pessoas que sorriem acham que é impossível franzir a testa e parecer infeliz ao mesmo tempo porque se divertir e rir provoca a liberação de endorfina, epinefrina e adrenalina, as quais realmente fazem as pessoas se sentirem melhor. No filme Patch Adams, Robin Williams representou um médico que usava o riso e a roupa de palhaço para ajudar no processo de cura de seus pacientes.

Há muitos livros populares sobre como criar um ambiente de trabalho divertido. Um estudo que perguntou a gestores de recursos humanos o que torna um ambiente de trabalho divertido identificou 10 itens: celebração de marcos pessoais (por exemplo, aniversários), celebração de conquistas profissionais (por exemplo, jantar de premiação), eventos sociais, oportunidade para participar de grupos voluntários e cívicos, atividades para liberar o estresse (massagens, local para exercícios físicos), humor, jogos, competições amigáveis, oportunidade para desenvolvimento pessoal (clube de livros) e entretenimento (bandas, teatros). Quando os pesquisadores analisaram as informações, encontraram todos os itens concentrados em um único fator. Na tentativa de explicar como tantos itens diferentes poderiam se agrupar, os pesquisadores concluíram que o divertimento em atividades profissionais, na verdade, refletia uma questão maior: a gestão mostrando, com um sorriso no rosto, uma mensagem positiva sobre respeito e valorização de seus funcionários. Eles apresentaram a seguinte definição: "Um ambiente de trabalho divertido incentiva, inicia e apoia uma variedade de atividades agradáveis e divertidas que impactam positivamente na atitude e na produtividade de indivíduos e grupos", ou mais resumidamente, "um ambiente de trabalho que faz as pessoas sorrirem".

A questão é simples. Queremos que as pessoas se divirtam no trabalho a fim de aumentar a probabilidade de sorrirem para clientes internos e externos porque todos preferem conviver com pessoas que nos cumprimentam como amigos e que se sentem felizes por nos ver.

Questão para discussão: O que os gestores podem fazer para assegurar que seus funcionários sorriam ao lidar com clientes internos e externos? Por que sorrir é importante para eles?

A Figura 4.3 ilustra a dimensão da estrutura dupla em que há uma dimensão que vai da satisfação para nenhuma satisfação e outra que vai da insatisfação para nenhuma insatisfação. As duas dimensões devem ser associadas aos dois conjuntos de fatores identificados nas entrevistas iniciais, por isso segundo essa teoria, os funcionários podem estar satisfeitos ou não satisfeitos e, ao mesmo tempo, podem estar insatisfeitos ou não insatisfeitos.[18]

Além disso, a Figura 4.3 ilustra os principais fatores identificados nas entrevistas de Herzberg. **Fatores motivacionais**, como realização e reconhecimento, foram citados com frequência como as causas principais da satisfação e da motivação. Quando presentes no trabalho, esses fatores podiam, normalmente, originar a satisfação e motivação; quando ausentes, o resultado era mais de sentimentos de não satisfação do que de insatisfação. O outro conjunto de fatores, os **fatores higiênicos**, resultou em resposta para as questões sobre a insatisfação e a ausência de motivação. Os entrevistados sugeriram que remuneração, segurança no emprego, competência de chefia e condições de trabalho, se vistos como inadequados, poderiam levar a sentimentos de insatisfação. Entretanto, quando esses fatores eram considerados atendidos, a pessoa poderia estar não necessariamente satisfeita; mas estaria simplesmente não insatisfeito.[19]

Fatores motivacionais são intrínsecos ao trabalho e incluem fatores como realização e reconhecimento.

Fatores higiênicos são extrínsecos ao trabalho e incluem fatores como remuneração e segurança no emprego.

FIGURA 4.3

Teoria da estrutura dual

De acordo com a visão tradicional de satisfação, satisfação e a insatisfação estão em lados opostos de uma única dimensão. A teoria de estrutura dual de Herzberg obteve evidências de uma visão mais complexa. Conforme postula essa teoria, os fatores motivacionais afetam uma dimensão que vai da satisfação para insatisfação. Outras características do local de trabalho, chamadas "fatores higiênicos", afetam outra dimensão que vai da insatisfação para a satisfação.

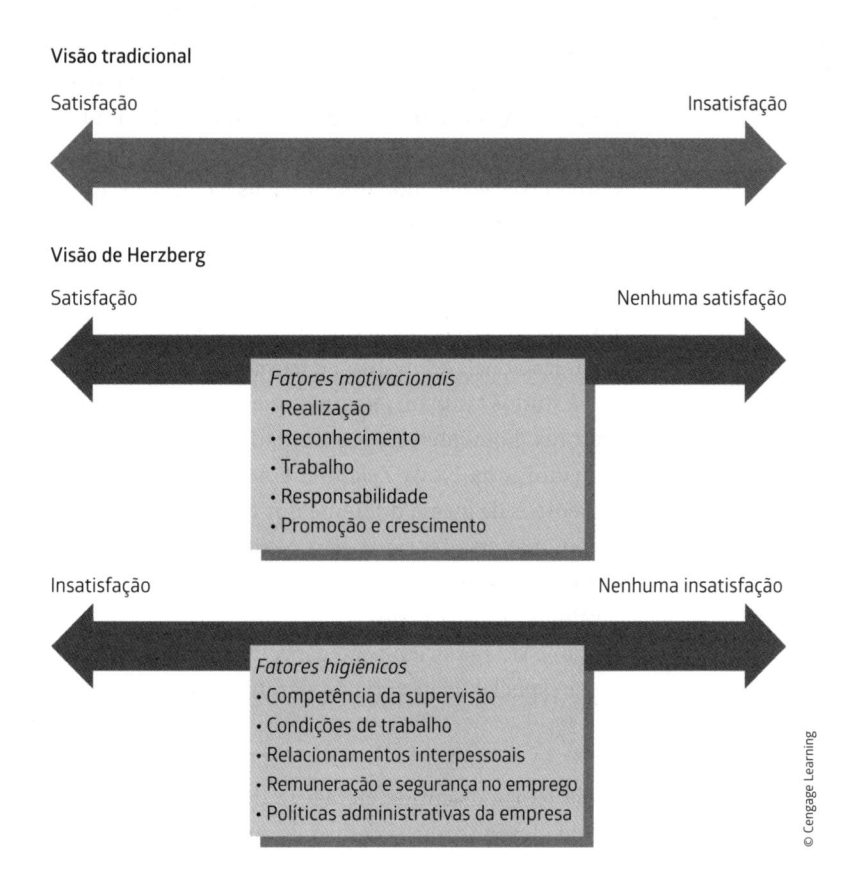

Visão tradicional

Satisfação ←——————————————→ Insatisfação

Visão de Herzberg

Satisfação ←——————————————→ Nenhuma satisfação

Fatores motivacionais
- Realização
- Reconhecimento
- Trabalho
- Responsabilidade
- Promoção e crescimento

Insatisfação ←——————————————→ Nenhuma insatisfação

Fatores higiênicos
- Competência da supervisão
- Condições de trabalho
- Relacionamentos interpessoais
- Remuneração e segurança no emprego
- Políticas administrativas da empresa

© Cengage Learning

Para utilizar a teoria da estrutura dupla no ambiente do trabalho, Herzberg recomendou um processo de dois estágios. Em primeiro lugar, o gestor deve tentar eliminar situações que causem insatisfação, as quais Herzberg pressupõe serem as mais fundamentais das duas dimensões. Por exemplo, suponhamos que Susan Kowalski queira usar a teoria da estrutura dupla para aumentar a motivação em um grupo de sete técnicos por ela supervisionados. Sua primeira meta seria atingir o estado de nenhuma insatisfação abordando os fatores higiênicos. Imagine, por exemplo, que ela constata que os salários deles estão um pouco abaixo do mercado e que alguns estão preocupados com a segurança no emprego. Sua resposta seria lhes assegurar um aumento de salário e, quanto à segurança no emprego, diminuir as preocupações deles sob esse aspecto.

De acordo com a teoria, uma vez que o estado de nenhuma insatisfação existe, tentar melhorar a motivação por meio dos fatores higiênicos é perda de tempo.[20] Nesse ponto, os fatores motivacionais entram em cena. Por isso quando Susan estiver certa de que lidou adequadamente com as questões de higiene, deverá tentar aumentar as oportunidades de realização, reconhecimento, responsabilidade, promoção e crescimento. Como resultado, ela estaria ajudando seus subordinados a se sentirem satisfeitos e motivados.

Diferente de outros teóricos, Herzberg descreveu claramente como os gestores poderiam utilizar sua teoria. Em especial, ele desenvolveu e descreveu uma técnica chamada "enriquecimento do trabalho" para delinear as atribuições dos funcionários.[21] (Discutiremos o enriquecimento do trabalho no Capítulo 5.) Herzberg adaptou sua técnica a seus fatores motivacionais-chave. Essa especial atenção à aplicação pode explicar a popularidade da teoria da estrutura dual entre os gestores.

Avaliação da teoria Em razão de ter alcançado popularidade de maneira tão rápida, a teoria da estrutura dupla tem sido mais examinada do ponto de vista científico do que a maioria das teorias de comportamento organizacional.[22] Os resultados têm sido contraditórios, para fim de conversa. O estudo inicial conduzido por Herzberg e seus associados apoiava as premissas básicas da teoria, assim como o fizeram alguns estudos de acompanhamento.[23] No geral, os estudos que utilizam a mesma metodologia que Herzberg utilizou (análise do conteúdo de incidentes recordados) tendem a apoiar a teoria. No entanto, essa metodologia tem sido criticada, e os estudos que utilizam outros métodos para medir satisfação e insatisfação frequentemente chegam a resultados bem diferentes dos de Herzberg.[24]

Se a teoria é "vinculada ao método" como parece ser, a sua validade é questionável. Muitas outras críticas têm sido direcionadas à teoria. Os críticos dizem que a amostra original de contadores e engenheiros pode não representar a população de trabalhadores em geral. Além disso, eles afirmam que a teoria não explica as diferenças individuais. Uma pesquisa subsequente descobriu que um fator como remuneração pode afetar a satisfação em uma amostragem e insatisfação em outra, e que o efeito de um fator depende da idade do indivíduo e do nível organizacional. Além disso, a teoria não define a relação entre satisfação e motivação.

Estudos também sugerem que o quadro da teoria dos dois fatores varia entre diferentes culturas. Somente estudos limitados foram realizados, mas os resultados indicam que trabalhadores na Nova Zelândia e no Panamá avaliam o impacto da motivação e dos fatores higiênicos de forma diferente dos trabalhadores nos Estados Unidos.[25] Não é de se estranhar, então, que essa teoria já não é considerada de alto valor por pesquisadores do comportamento organizacional. Na verdade, o campo adotou conceitos de motivação mais complexos e válidos, a maioria dos quais é discutida no Capítulo 6. Mas em razão de sua popularidade inicial e de sua orientação específica para a aplicação, a teoria dos dois fatores merece um lugar especial na história da pesquisa sobre motivação.

Outras necessidades importantes

Cada teoria discutida até agora descreve conjuntos inter-relacionados de importantes necessidades individuais dentro de quadros específicos. Várias outras necessidades essenciais foram identificadas, mas essas necessidades não estão ligadas a nenhuma perspectiva teórica integrada. As três mais frequentemente consideradas são as necessidades de realização, afiliação e poder.

Necessidade de realização A **necessidade de realização** é mais frequentemente associada ao trabalho de David McClelland.[26] Essa necessidade surge do desejo do indivíduo de concluir uma tarefa ou alcançar a meta com mais eficácia do que no passado. Os indivíduos que têm alta necessidade de realização tendem a estabelecer metas moderadamente difíceis e a tomar decisões moderadamente arriscadas. Suponhamos, por exemplo, que Mark Cohen, gerente regional de um varejista nacional, estabelece uma meta de aumento nas vendas para suas lojas de 1% ou de 50%. Provavelmente a primeira meta é muito fácil e a segunda, impossível de atingir; ambas sugerem baixa necessidade de realização. Uma meta na média de, digamos, de 15%, pode ser um desafio razoável, mas alcançável. O estabelecimento dessa meta pode refletir de maneira mais exata uma alta necessidade de realização.

A teoria dos dois fatores faz prognósticos específicos sobre quais fatores motivam as pessoas no trabalho e quais não o fazem. Contudo, um estudo descobriu que esses fatores são diferentes na Nova Zelândia. Esse neozelandês está trabalhando em uma escultura muito antiga para representar sua herança maori.

Necessidade de realização refere-se ao desejo de concluir a tarefa ou alcançar a meta com mais eficácia do que no passado.

As pessoas com alta necessidade de realização desejam um retorno imediato e específico do seu desempenho. Elas querem uma avaliação do trabalho que fizeram o mais rápido possível. Por essa razão, muitas vezes trabalham na área de vendas, na qual conseguem obter um retorno imediato dos clientes e evitam atuar em áreas como a de pesquisa e desenvolvimento, em que o progresso tangível é mais lento e o retorno vem em intervalos mais longos. Se Mark pergunta aos seus gestores sobre o desempenho deles nas vendas apenas periodicamente, é provável que ele não tenha alta necessidade de realização. Mas se ele entra em contato, de forma constante, com cada gerente de loja de sua área para saber do aumento nas vendas, isso indica uma alta necessidade de realização da parte dele.

A preocupação com o trabalho é outra característica das pessoas com alta necessidade de realização. Elas pensam no trabalho quando estão indo trabalhar, durante o almoço e em casa. Elas têm dificuldade em colocar o trabalho de lado e ficam frustradas quando precisam parar de trabalhar em um projeto que ainda não está terminado. Se Mark raramente pensa no trabalho à noite, é provável que ele não seja uma pessoa com alta necessidade de realização. Entretanto, se o trabalho estiver sempre em sua mente, ele certamente é alguém com alta necessidade de realização.

Finalmente, as pessoas com alta necessidade de realização geralmente assumem a responsabilidade de fazer com que as coisas aconteçam. Elas se colocam como voluntárias para trabalhos extras e têm dificuldade em delegar tarefas para alguém mais. Assim, têm um sentimento de realização quando trabalham mais do que os colegas sem a ajuda dos outros. Vamos supor que Mark visite uma loja e encontre as mercadorias mal expostas, o chão sujo e vendedores que não estão interessados em ajudar os clientes. Se ele tiver baixa necessidade de realização, poderá indicar os problemas para o gestor da loja e ir embora. Mas se sua necessidade de realização for alta, ele vai permanecer na loja por um tempo, supervisionando pessoalmente as mudanças que precisam ser feitas.

No entanto, embora as pessoas com alta necessidade de realização geralmente sejam bem-sucedidas, muitas vezes elas não alcançam postos de gestão de alto escalão. A explicação mais comum para esse fato é que embora a alta necessidade de realização ajude essas pessoas a avançar rapidamente, as características associadas à necessidade entram em conflito com os requisitos para posições de gestão de alto nível. Em razão do volume de trabalho a ser feito, os executivos de alto nível precisam ser capazes de delegar atribuições. Além disso, eles raramente recebem *feedback* imediato e, muitas vezes, têm de tomar decisões que são relativamente arriscadas que aquelas com as quais uma pessoa com alta necessidade de realização se sentiria confortável.[27] Pessoas com alta necessidade de realização costumam ser bem-sucedidas como empreendedores individuais com pouco ou nenhum reforço de grupo. Bill Gates, cofundador da Microsoft, Reed Hasting, fundador e CEO da Netflix, e Marissa Mayer, CEO da Yahoo!, são reconhecidos como pessoas com alta necessidade de realização.

> Necessidade de afiliação refere-se à necessidade de companheirismo.

Necessidade de afiliação Os indivíduos também sentem **necessidade de afiliação** – a necessidade de companheirismo.[28] Pesquisadores reconhecem muitas maneiras pelas quais as pessoas com alta necessidade de afiliação diferem daquelas com baixa necessidade. Indivíduos com alta necessidade querem a confiança e a aprovação dos outros e, em geral, preocupam-se com os sentimentos alheios. Eles são suscetíveis a agir e a pensar como acreditam que os outros desejam, especialmente em relação àquelas pessoas com as quais se identificam e desejam ter amizade. Como esperado, as pessoas com forte necessidade de afiliação frequentemente trabalham em atividades nas quais há muito contato interpessoal, como na área de vendas e de educação.

Imaginemos que Watanka Jackson está buscando um cargo de geóloga ou de engenheira de campo petrolífero, empregos que a levarão lugares remotos por longos períodos e com pouca interação com os colegas. Além de sua formação acadêmica, uma das razões para a natureza de sua procura pode ser a sua baixa necessidade de afiliação. Ao contrário, seu colega de classe, William Pfeffer, busca um emprego em uma sede corporativa de uma empresa petrolífera. As preferências dele são ditadas, em parte, pelo desejo de estar com outras pessoas no ambiente de trabalho; por isso ele tem alta necessidade de afiliação. Uma pesquisa recente do Gallup sugere que as pessoas que têm pelo menos um bom amigo no trabalho são muito mais propensas a serem altamente comprometidas e mostram níveis maiores de satisfação profissional.[29]

> Necessidade de poder refere-se ao desejo de controlar os recursos do ambiente.

Necessidade de poder A terceira principal necessidade individual é a **necessidade de poder** – o desejo de controlar o ambiente, incluindo recursos financeiros, materiais, informacionais e de recursos humanos.[30] As pessoas variam bastante sob esse aspecto. Alguns indivíduos dispendem muito tempo e energia buscando o poder; outros o evitam o máximo possível. As pessoas com alta necessidade de poder podem ser gestores de sucesso se três condições forem atendidas. Em primeiro lugar, elas devem buscar o poder em benefício da organização, e não em razão dos próprios interesses. Em segundo lugar, devem ter baixa necessidade de filiação uma vez que satisfazer uma necessidade pessoal de poder pode alienar outras pessoas no ambiente de trabalho. Em terceiro lugar, devem ter muito autocontrole para reduzir o desejo de poder quando esse ameaçar interferir realmente nas relações organizacionais ou interpessoais.[31]

PERSPECTIVAS MOTIVACIONAIS BASEADAS NO PROCESSO

> Perspectivas motivacionais baseada no processo focam em como as pessoas se comportam em relação aos esforços para satisfazer suas necessidades.

As **perspectivas motivacionais baseadas no processo** têm como foco a motivação. Em vez de tentar identificar estímulos motivacionais, as perspectivas de processo têm como foco os motivos pelos quais as pessoas escolhem determinadas opções comportamentais para satisfazer as suas necessidades e em como avaliam a sua satisfação depois de terem alcançado os objetivos. Três processos úteis de perspectivas da motivação são as teorias da equidade, das expectativas e da definição de metas.

A teoria da equidade

A **teoria da equidade** é baseada na premissa relativamente simples de que as pessoas nas organizações querem ser tratadas de forma justa.[32] A teoria define **equidade** como a crença de que estamos sendo tratados de forma justa em relação aos outros, e desigualdade como a crença de que estamos sendo tratados de forma injusta em comparação aos outros. Essa teoria é apenas uma entre muitas fórmulas teóricas derivadas dos processos sociais de comparação. As comparações sociais envolvem a avaliação da nossa própria situação em comparação às situações de outras pessoas. Neste capítulo, vamos nos concentrar na teoria da equidade porque ela é a mais desenvolvida das abordagens de comparação social e é aquela que se aplica mais diretamente à motivação nas organizações.

A teoria da equidade sugere que as pessoas se comparam com as outras no que diz respeito às suas contribuições para a organização onde trabalham no que se refere aos resultados. Mas nos dias de hoje, com tantos empregos estressantes e funcionários exaustos, as percepções da equidade podem ser tão estáveis quanto um castelo de cartas. Tomemos Sherri Stoddard, como exemplo. Stoddard é enfermeira registrada. Os esforços em reduzir os custos com saúde fizeram com que os enfermeiros assumissem um número cada vez maior de pacientes. As horas extras são uma exigência, além do preenchimento de montanhas de formulários. Embora a remuneração desses profissionais tenha aumentado, muitos enfermeiros, como Stoddard, sentem que estão sendo solicitados a fazer muito em comparação ao que lhes é pago.

Teoria da equidade foca no desejo das pessoas de serem tratadas com base no que elas percebem ser igualdade e no desejo de evitar a sensação de desigualdade.

Equidade é a crença de que estamos sendo tratados de maneira justa em relação aos outros; desigualdade é a crença de que estamos sendo tratados de maneira injusta em relação aos outros.

Formando as percepções de equidade As pessoas nas organizações formam percepções de justiça em relação à forma como são tratadas por meio de um processo de quatro passos. Primeiro, elas avaliam como são tratadas pela empresa. Segundo, formam uma percepção de como são tratadas em relação ao tratamento dado aos outros. Essa comparação pode ser feita com relação a uma pessoa do mesmo grupo de trabalho, com alguém de outro setor da organização ou até mesmo com um grupo de várias pessoas espalhadas pela organização.[33] Terceiro, comparam suas próprias circunstâncias àquelas dos outros e, então, usam essa comparação como base para formar uma impressão da equidade ou da inequidade. Quarto, dependendo da força de seu sentimento, a pessoa pode escolher buscar uma ou mais alternativas abordadas na próxima seção.

A teoria da equidade descreve o processo de comparação de igualdade em termos da proporção entre as contribuições e os resultados. As contribuições referem-se àquilo que um indivíduo oferece à organização – fatores tais como educação, experiência, esforço e lealdade. O que a pessoa recebe de volta são os resultados – remuneração, reconhecimento, relacionamento social, recompensas específicas e coisas semelhantes. Na prática, então, essa parte do processo de equidade é essencialmente uma avaliação pessoal do contrato psicológico. A avaliação das contribuições e dos resultados de uma pessoa para si própria e para os outros baseiam-se parcialmente em informações objetivas (por exemplo, o salário da pessoa) e parcialmente em percepções (como o nível de reconhecimento da pessoa à qual está se comparando). Por isso a comparação feita pela equidade toma a seguinte forma:

$$\frac{\text{Resultado (próprio)}}{\text{Contribuição (própria)}} \quad \text{comparado com} \quad \frac{\text{Resultado (de outro)}}{\text{Contribuição (de outro)}}$$

Se os dois lados dessa equação psicológica são similares, a pessoa experimenta um sentimento de igualdade; se os dois lados não estão equilibrados, o resultado é um sentimento de desigualdade. Entretanto, devemos salientar que uma percepção de equidade não requer que os resultados e as contribuições percebidos sejam iguais, mas devem ter a mesma proporção. Uma pessoa pode acreditar que o indivíduo com quem está se comparando mereça um salário melhor porque trabalha mais, tornando assim o resultado dela (remuneração maior) aceitável porque é proporcional às suas altas contribuições (muito trabalho). Somente se os resultados do outro parecerem desproporcionais às contribuições é que a comparação provoca uma percepção de inequidade.

Respostas à equidade e à inequidade A Figura 4.4 resume os resultados da comparação de equidade. Se uma pessoa sente que é tratada com equidade, geralmente fica motivada a manter esse *status quo*. Por exemplo, ela continuará fornecendo o mesmo nível de contribuição à organização, desde que não mudem seus resultados e a proporção de contribuições bem como resultados da comparação com o outro. Mas uma pessoa que experimenta a inequidade – real ou imaginária – está motivada a reduzir o nível de contribuição à organização. Além disso, quanto maior for a desigualdade, menor será o nível de motivação.

As pessoas podem utilizar um dos seis métodos mais comuns para reduzir a desigualdade[34]. Primeiro, pode ser necessário modificar nossas próprias contribuições. Então, podemos colocar um maior ou menor esforço no trabalho, dependendo do modo como a desigualdade está estabelecida, o que é uma maneira de alterar a nossa proporção. Se acreditamos que estamos sendo mal remunerados, por exemplo, podemos decidir não trabalhar tão arduamente.

Segundo, podemos alterar nossos próprios resultados. É possível, por exemplo, solicitar aumento de salário, procurar caminhos adicionais para o crescimento e desenvolvimento ou até mesmo recorrer à sabotagem para "conseguir mais" da organização. Também podemos modificar nossas percepções do valor dos nossos resultados atuais, talvez decidindo que nosso atual nível de segurança no emprego é maior e mais valioso do que pensávamos originalmente.

Um terceiro método, mais complexo, é alterar nossas percepções de nós mesmos e de nosso comportamento. Depois de perceber uma desigualdade, por exemplo, podemos modificar nossa autoavaliação original e descobrir que de fato estamos contribuindo menos, mas recebendo mais do que originalmente acreditamos. Podemos perceber que não estamos trabalhando tantas horas como pensávamos a princípio – e admitir, talvez, que um pouco do tempo gasto no escritório é somente para socializar, e não realmente para oferecer contribuições para a organização.

Quarto, podemos modificar nossa percepção de comparação em relação a contribuições e resultados de outra pessoa. Afinal, muito da nossa avaliação sobre os outros baseia-se nas percepções, e as percepções podem ser modificadas. Por exemplo, se sentimos que nossa remuneração é menor que a dos outros, podemos entender que a pessoa a quem estamos

FIGURA 4.4

Respostas às percepções de equidade e desigualdade

As pessoas formam percepções de equidade comparando suas situações com as de outros indivíduos. Se percebem equidade, são motivadas a manter a situação atual. Se percebem desigualdade, são motivadas a usar uma ou mais das estratégias mostradas aqui para reduzir a desigualdade.

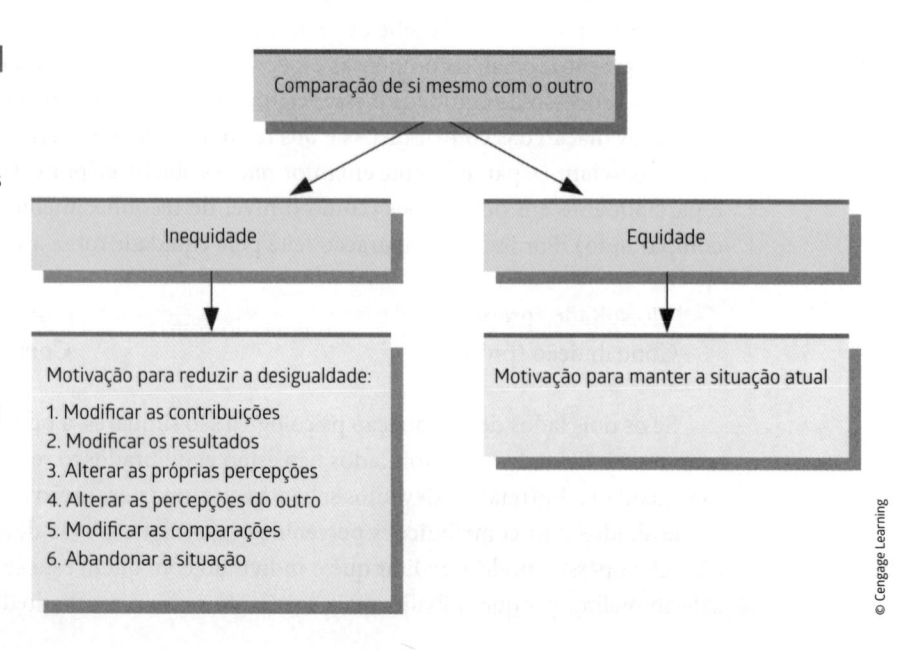

Comparação de si mesmo com o outro
→ Inequidade
→ Equidade

Motivação para reduzir a desigualdade:
1. Modificar as contribuições
2. Modificar os resultados
3. Alterar as próprias percepções
4. Alterar as percepções do outro
5. Modificar as comparações
6. Abandonar a situação

Motivação para manter a situação atual

© Cengage Learning

nos comparando está trabalhando mais horas do que a princípio acreditávamos – ou seja, trabalhando nos fins de semana ou levando trabalho para casa.

Quinto, podemos mudar a referência da comparação. É possível concluir, por exemplo, que a pessoa a qual estamos nos comparando é a favorita do chefe, tem uma sorte incomum ou possui habilidades e competências especiais. Assim, um indivíduo diferente pode proporcionar uma base mais válida para a comparação. Na verdade, devemos trocar com frequência a pessoa a qual nos comparamos.

Finalmente, como último recurso, podemos simplesmente abandonar a situação, ou seja, podemos decidir que a única maneira de nos sentirmos melhor é estarmos em uma situação completamente diferente. A transferência para outro departamento ou a busca por um novo emprego podem ser os únicos caminhos para reduzir a inequidade.

Avaliações e implicações A maioria das pesquisas sobre a teoria da equidade tinha um foco limitado por lidar apenas com uma proporção – entre a remuneração (por hora e por produção) e a qualidade ou quantidade de produção do empregado em relação ao pagamento excessivo e ao pagamento insuficiente.[35] Estudos apoiam as previsões da teoria da equidade, especialmente quando o funcionário sente que não é adequadamente remunerado. Quando os funcionários que são remunerados por produção experimentam a inequidade, tendem a reduzir suas contribuições diminuindo a qualidade e aumentando os seus resultados produzindo mais unidades. Quando uma pessoa que recebe remuneração por hora de trabalho experimenta a desigualdade, a teoria prevê um aumento na qualidade e na quantidade se ela sente que é bem remunerada e uma diminuição na qualidade e na quantidade caso ela sinta que não é bem remunerada. A pesquisa fornece um maior suporte às respostas à remuneração insuficiente do que às respostas à remuneração excessiva. No geral, porém, a maioria dos estudos parece confirmar as premissas básicas da teoria. Uma nova reviravolta interessante na teoria da equidade sugere que algumas pessoas são mais sensíveis do que outras à percepção da inequidade, ou seja, algumas pessoas prestam muita atenção à própria posição dentro da organização. Outras prestam mais atenção à própria situação, sem considerar a situação de outras pessoas.[36]

As comparações sociais são claramente um poderoso fator no local de trabalho. Para os gestores, a mais importante implicação da teoria da equidade refere-se às recompensas organizacionais e aos sistemas de recompensa. Uma vez que as recompensas "formais" (remuneração, designação de tarefas, e assim por diante) sejam mais facilmente observadas que as recompensas "informais" (satisfação interior, senso de realização, e assim por diante), elas costumam ser o centro das percepções de equidade de uma pessoa.

A teoria da equidade oferece três mensagens aos gestores. Primeira, todos na organização precisam entender as bases nas quais as recompensas são feitas. Por exemplo, se as pessoas são recompensadas mais pela qualidade do trabalho do que pela quantidade, esse fato deve ser claramente comunicado a todos. Segunda, as pessoas tendem a ter uma visão multifacetada de suas recompensas; elas percebem e experimentam uma variedade de recompensas, algumas tangíveis e outras intangíveis. Finalmente, as pessoas baseiam suas ações em suas percepções da realidade. Se duas pessoas recebem exatamente o mesmo salário, mas cada uma acha que a outra recebe mais, cada uma vai basear sua experiência de equidade na sua percepção, e não na realidade. Consequentemente, mesmo que um gestor acredite que dois funcionários estejam sendo recompensados de maneira justa, eles podem não concordar se suas percepções forem diferentes das do gestor.

Bases da teoria das expectativas

A **teoria das expectativas** é um modelo mais abrangente de motivação do que a teoria da equidade. Ao longo dos anos, desde sua formulação original, a abrangência e a complexidade da teoria têm crescido.

> A teoria das expectativas sugere que as pessoas são motivadas por quanto querem alguma coisa e por quanto acreditam que vão consegui-la.

Bases do modelo básico das expectativas A primeira aplicação da teoria motivacional no trabalho é geralmente atribuída a Victor Vroom.[37] A teoria tenta determinar como os indivíduos escolhem as alternativas de comportamentos alternativos. A premissa básica da teoria das expectativas é que a motivação depende de quanto nós queremos alguma coisa e do quanto acreditamos que vamos consegui-la.

Um exemplo simples mostra essa premissa. Imaginemos que uma recém-formada de nível universitário esteja procurando seu primeiro emprego. Enquanto examina os anúncios, ela vê que a Shell Oil está buscando um novo vice-presidente executivo para supervisionar suas operações no exterior. O salário inicial é de US$ 1 milhão e meio ao ano. A aluna adoraria esse emprego, mas ela nem se dá ao trabalho de se candidatar porque reconhece que não tem chance de consegui-lo. Continuando a leitura, ela se depara com um emprego que envolve raspar goma de mascar debaixo das mesas das salas de aula de uma faculdade. O salário inicial é de US$ 7,25 por hora e não há necessidade de experiência anterior. Novamente, é pouco provável que ela se candidate – mesmo sabendo que poderia conseguir o emprego, ela não o quer.

Em seguida, ela se depara com um anúncio para um cargo de gestão em uma grande empresa conhecida por ser um excelente lugar para trabalhar. Não há necessidade de experiência anterior, o principal requisito é a graduação universitária, e o salário inicial é de US$ 40.000 por ano. Ela provavelmente vai se candidatar a esse emprego porque (1) ela o quer e (2) ela acha que tem uma chance razoável de consegui-lo. (É claro que esse exemplo simples minimiza a verdadeira complexidade da maioria das escolhas. Estudantes que procuram emprego podem ter fortes preferências geográficas, têm outras oportunidades de trabalho e podem estar considerando a pós-graduação. A maioria das decisões desse tipo, na realidade, é muito complexa.)

A Figura 4.5 resume o modelo básico das expectativas. Os componentes gerais do modelo são esforço (o resultado do comportamento motivado), desempenho e resultados. A teoria das expectativas enfatiza as ligações entre esses elementos, descritos em termos de expectativas e valências.

Expectativa para esforço-desempenho A **expectativa para esforço-desempenho** é a percepção de uma pessoa sobre a probabilidade de que seu esforço levará ao sucesso no desempenho. Se acreditarmos que nossos esforços levarão a um melhor desempenho, essa expectativa torna-se muito forte, talvez se aproximando de uma probabilidade de 1,0, onde 1,0 é igual à certeza absoluta de que o resultado irá ocorrer. Se acreditarmos que nosso desem-

> Expectativa para esforço-desempenho é a percepção de uma pessoa sobre a probabilidade de que seu esforço conduzirá ao sucesso no desempenho.

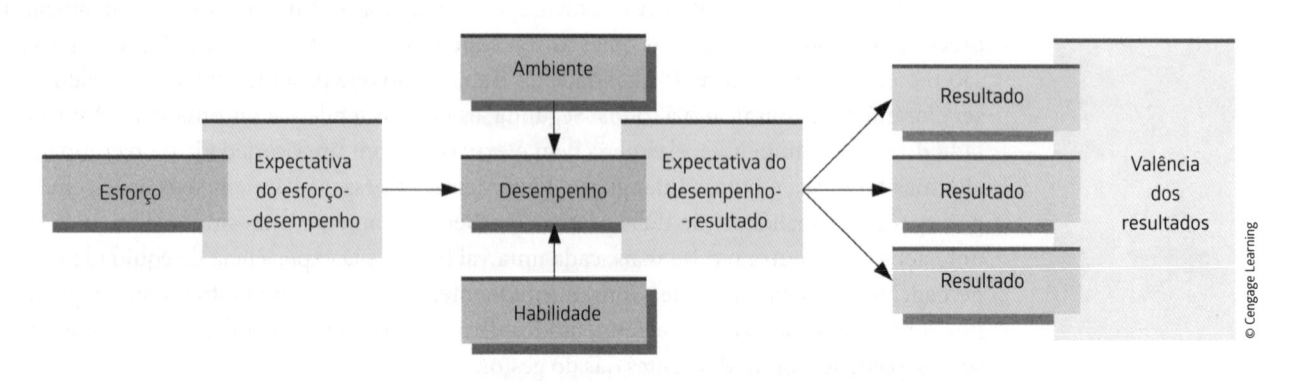

FIGURA 4.5

Teoria das expectativas

A teoria das expectativas é o mais complexo modelo de motivação dos funcionários nas organizações. Conforme mostramos, os componentes essenciais dessa teoria são expectativa do esforço-desempenho, expectativa do desempenho-resultado e resultados, cada um com uma valência associada. Esses componentes interagem com o esforço, com o ambiente e com a habilidade em determinar o desempenho do indivíduo.

penho será o mesmo não importa quanto nos esforcemos, nossa expectativa é muito baixa – talvez tão baixa quanto 0, o que significa que não há probabilidade de que haverá algum resultado. Uma pessoa que acha que há uma relação moderada entre o esforço e o desempenho subsequente – a circunstância normal – tem uma expectativa entre 1,0 e 0. Mia Hamm, uma estrela do futebol que acredita que quando dá o máximo de si consegue uma grande chance de marcar mais gols que qualquer adversário, vê com clareza uma ligação entre seu esforço e o desempenho.

Expectativa do resultado-desempenho A expectativa do resultado-desempenho é a percepção de uma pessoa sobre a probabilidade de que o desempenho conduzirá a determinados resultados. Se uma pessoa acredita que um elevado nível de desempenho é certeza para a obtenção de um aumento de salário, essa expectativa está próxima de 1,0. No outro extremo, uma pessoa que acredita que aumentos de salários são independentes de desempenho, essa pessoa tem uma expectativa próxima de 0. Finalmente, se uma pessoa acha que o desempenho tem alguma relação com a possibilidade de aumento de salário, sua expectativa está entre 1,0 e 0. No ambiente de trabalho, muitas expectativas de resultado-desempenho são relevantes porque, conforme a Figura 4.5 demonstra, muitos resultados podem logicamente resultar do desempenho. Assim, cada resultado tem sua própria expectativa. O *quarterback* do Denver Broncos, Peyton Manning, pode acreditar que se jogar agressivamente todo o tempo (desempenho), tem uma ótima chance de levar seu time às finais. Jogar com agressividade pode render-lhe honras individuais, como o prêmio Most Valuable Player (Jogador Mais Valioso), mas também pode resultar em traumas físicos e provocar mais interceptações para o time adversário. (Os três resultados esperados são consequências.)

Resultados e valências Um resultado representa qualquer coisa como resultado de um desempenho. O desempenho de alto nível pode produzir determinados resultados, como aumento de salário, promoção, reconhecimento do chefe, fadiga, estresse ou menos tempo para descansar, entre outros. A valência refere-se à atratividade ou não atratividade – o valor – de determinado resultado valorizado por uma pessoa. Aumento de salário, promoções e reconhecimento podem ter valências positivas; fadiga, estresse e menos tempo para descansar podem ter valências negativas.

A força das valências de um resultado varia de pessoa para pessoa. O estresse relacionado ao trabalho pode ser um fator negativo para uma pessoa, mas para outra pode ser apenas um incômodo. Da mesma forma, um aumento no salário pode ter forte valência positiva para alguém que precisa de dinheiro desesperadamente, pode ter uma leve valência positiva para alguém mais interessado em conseguir uma promoção ou – para alguém que fique em uma posição desfavorável em relação ao pagamento de impostos – pode até ter uma valência negativa!

O referencial de expectativas sugere que as três condições devem ser alcançadas antes que ocorra o comportamento motivado. Em primeiro lugar, a expectativa esforço-desempenho deve estar bem acima de zero. Isso significa que o funcionário deve esperar altos níveis de desempenho se se esforçar. Em segundo lugar, as expectativas de desempenho-resultado devem estar bem acima de zero. Em outras palavras, a pessoa tem de acreditar que o desempenho terá resultados valiosos. Em terceiro lugar, a soma de todas as valências dos resultados relevantes em potencial para a

---

Expectativa do resultado-desempenho é a percepção do indivíduo sobre a probabilidade de que o desempenho conduzirá a determinados resultados.

Resultado é qualquer coisa que advém do desempenho de um comportamento em particular.

Valência é o grau de atratividade ou não atratividade que um resultado em particular tem para uma pessoa.

O *quarterback* da NFL, Peyton Manning, tem expectativas claras em relação às suas capacidades. Quando uma lesão levou sua ex-equipe, Indianapolis Colts, a liberá-lo, Manning assinou um novo contrato com o Denver Broncos porque acreditava que ainda tinha as habilidades necessárias para levar uma equipe às finais.

FIGURA 4.6

Modelo Porter-Lawler

O modelo de expectativa de Porter e Lawler fornece *insights* interessantes sobre a relação entre satisfação e desempenho. Conforme ilustramos, esse modelo prevê que a satisfação é determinada pela equidade percebida das recompensas por desempenho intrínsecas e extrínsecas, isto é, mais do que a satisfação causar o desempenho, o que muitas pessoas já sabem, esse modelo defende que, na verdade, é o desempenho que conduz à satisfação.

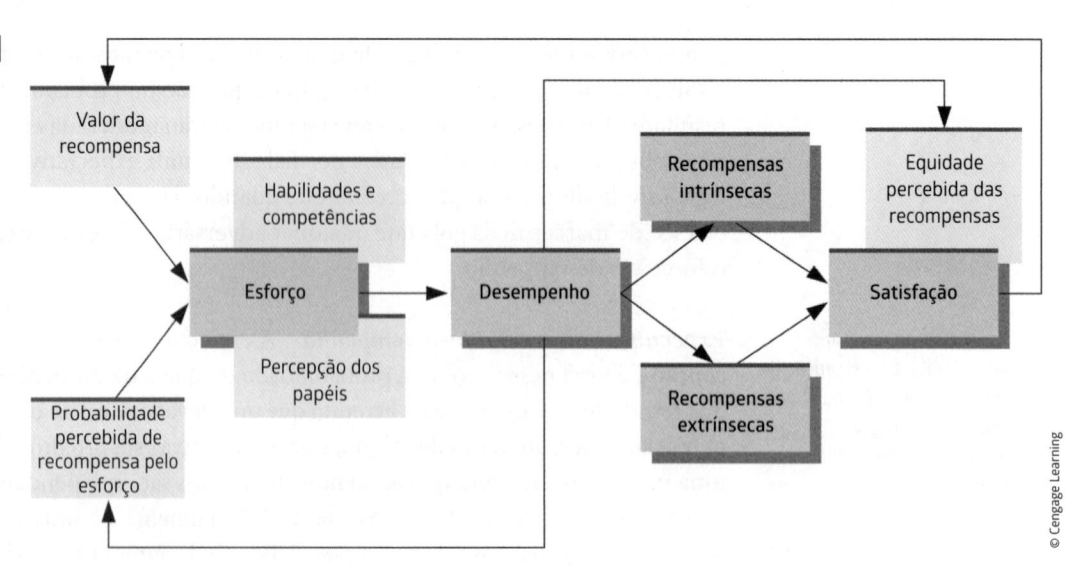

Referência: Lyman W. Porter e Edward E. Lawler, *Managerial Attitudes and Performance*. Copyright © 1968. McGraw-Hill, Inc. Usado com permissão de Lyman W. Porter.

pessoa deve ser positiva. Uma ou mais valências podem ser negativas desde que as positivas se sobreponham às negativas. Por exemplo, o estresse e a fadiga podem ter valências moderadamente negativas, mas se a remuneração, a promoção e o reconhecimento tiverem valências positivas muito elevadas, a valência geral do conjunto de resultados associados ao desempenho ainda será positivo.

Habitualmente, espera-se que as valências de todos os resultados relevantes e o padrão correspondente das expectativas interajam de forma quase exata para determinar o nível de motivação de uma pessoa. A maioria das pessoas realmente avalia as probabilidades e as preferências para diferentes consequências do comportamento, mas elas raramente as abordam de forma tão calculista.

O modelo de Lawler e Porter A apresentação original da teoria das expectativas a colocou na corrente da teoria da motivação contemporânea. A partir daí, o modelo tem sido aperfeiçoado e ampliado. A maior parte das modificações está na definição e mensuração dos resultados e das expectativas. Uma exceção é a variação da teoria das expectativas desenvolvida por Lawler e Porter. Esses pesquisadores utilizaram a teoria das expectativas para desenvolver uma nova visão da relação entre a satisfação dos funcionários e o seu desempenho.[38] Embora o consenso geral era de que a satisfação conduz ao desempenho, Porter e Lawler argumentaram o contrário: se as recompensas forem adequadas, níveis elevados de desempenho podem conduzir à satisfação.

O modelo Lawler-Porter está ilustrado na Figura 4.6. Algumas de suas características são bem diferentes da versão original da teoria das expectativas. Por exemplo, o modelo ampliado inclui habilidades, competências e a percepção dos papéis. No início do ciclo motivacional, o esforço é uma função do valor da recompensa em potencial para o funcionário (sua valência) e a probabilidade percebida de esforço pela recompensa (uma expectativa). O esforço, então, une-se às habilidades, às competências e à percepção dos papéis para determinar o desempenho atual.

O desempenho resulta em dois tipos de recompensas. As recompensas intrínsecas são intangíveis – um sentimento de realização, uma sensação de conquista, e assim por diante. As recompensas extrínsecas são resultados tangíveis, como a remuneração e a promoção. O indivíduo julga o valor de seu desempenho para a organização e utiliza os processos de comparação social (como o da teoria da equidade) para formar uma impressão da equidade das recompensas recebidas. Se as recompensas são consideradas justas, o funcionário se sente satisfeito. Em ciclos subsequentes, a satisfação com recompensas influencia o valor da recompensa esperada, e o desempenho atual após o esforço influencia probabilidades futuras compreendidas no esforço-recompensa.

Avaliação e implicações A teoria das expectativas tem sido testada por diferentes pesquisadores em um conjunto variado de ambientes e utilizando uma variedade de métodos.[39] Conforme observado anteriormente, a complexidade da teoria tem sido sua bênção e uma maldição[40]. Em nenhum lugar essa qualidade contraditória é mais evidente do que na pesquisa realizada para avaliar essa teoria. Muitos estudos apoiam várias partes da teoria. Por exemplo, ambos os tipos de expectativa e valência têm sido associados aos esforços e no desempenho no local de trabalho.[41] Pesquisas também confirmam as alegações da teoria das expectativas de que as pessoas não vão se comprometer com um comportamento motivado a não ser que (1) valorizem as recompensas esperadas, (2) acreditem que seus esforços conduzirão ao desempenho e (3) acreditem que seu desempenho resultará nas recompensas desejadas.[42]

No entanto, a teoria das expectativas é tão complicada que os pesquisadores encontraram dificuldade para testá-la. Em particular, as medidas de várias partes do modelo podem não ter validade, e os procedimentos para investigar as relações entre as variáveis têm sido, muitas vezes, menos científico do que os pesquisadores desejariam. Além do mais, as pessoas raramente são tão racionais e objetivas ao escolher os comportamentos como a teoria das expectativas insinua. Ainda assim, a lógica do modelo, combinada a uma consistente, embora modesta pesquisa de apoio, sugere que a teoria tem muito mais a oferecer.

Pesquisas também sugerem que a teoria das expectativas tende a explicar a motivação mais nos Estados Unidos do que em outros países. Os norte-americanos tendem a ser orientados por objetivos e a acreditar que podem influenciar o próprio sucesso. Assim, com as combinações corretas de expectativas, valências e resultados, eles estarão altamente motivados. Mas em outros países pode haver padrões diferentes. Por exemplo, muitas pessoas oriundas de países muçulmanos acreditam que Deus determina os benefícios de todos os comportamentos, então, o conceito de expectativa não é aplicável.[43]

Em razão da teoria das expectativas ser tão complexa, fica difícil aplicá-la diretamente no ambiente de trabalho. Um gestor precisaria descobrir quais recompensas cada funcionário deseja e o quão valiosas essas recompensas são para cada pessoa, avaliar as várias expectativas e finalmente ajustar os relacionamentos para criar a motivação. Mesmo assim, a teoria das expectativas oferece várias orientações importantes para a prática da gestão. Estas são algumas das mais importantes:

1. Reconheça os principais resultados que cada funcionário quer.
2. Decida quais os níveis e tipos de desempenho são necessários para atingir os objetivos organizacionais.
3. Esteja certo de que os níveis desejados de desempenho são possíveis.
4. Faça a ligação entre os resultados desejados ao desempenho desejado.
5. Analise a situação no caso de expectativas conflitantes.
6. Tenha certeza de que as recompensas sejam substanciais o bastante.
7. Esteja certo de que o sistema é justo para todos.[44]

PERSPECTIVAS DA MOTIVAÇÃO BASEADA NO APRENDIZADO

> **Aprendizagem** é uma mudança relativamente permanente no comportamento ou no potencial comportamental resultante de uma experiência direta ou indireta.

A aprendizagem é outro componente essencial na motivação do funcionário. Em qualquer organização, os funcionários rapidamente aprendem quais comportamentos são recompensados e quais são ignorados ou punidos. Por isso o aprendizado tem um papel crítico em manter o comportamento motivado. A **aprendizagem** é uma mudança relativamente permanente no comportamento ou no potencial comportamental resultante de uma experiência direta ou indireta. Por exemplo, podemos aprender a usar um novo programa de software praticando e experimentando suas várias funções e opções.

Como a aprendizagem ocorre

> **Condicionamento clássico** é uma forma simples de aprendizagem que relaciona uma resposta condicionada a estímulos não condicionados.

A visão tradicional: condicionamento clássico   A mais influente abordagem histórica da aprendizagem é o condicionamento clássico, desenvolvido por Ivan Pavlov em seu famoso experimento com cães.[45] O **condicionamento clássico** é uma forma simples de aprendizagem na qual uma resposta condicionada é relacionada a um estímulo não condicionado. Nas organizações, entretanto, apenas comportamentos e respostas simples podem ser aprendidos dessa maneira. Por exemplo, imagine um funcionário que, um dia recebe notícias muito ruins de seu chefe. É possível que o funcionário venha a associar, digamos, a cor do terno que o chefe vestia naquele dia às más notícias. A próxima vez que o chefe vestir aquele mesmo terno, o funcionário pode experimentar uma sensação de ameaça ou de mau agouro.

Mas esse tipo de aprendizado obviamente é simplista e não diretamente relevante no que se refere à motivação. Os teóricos da aprendizagem logo reconheceram que, embora o condicionamento clássico oferecesse *insights* interessantes sobre o processo de aprendizagem, era inadequado para explicar o aprendizado humano. Por um lado, o condicionamento clássico baseia-se nas simples relações de causa e efeito entre um estímulo e uma resposta; ele não pode lidar com as formas mais complexas de comportamento aprendido que são características típicas dos seres humanos. Por outro, o condicionamento clássico ignora o conceito da escolha; ele pressupõe que o comportamento é reflexivo ou involuntário. Assim, essa perspectiva não explica as situações nas quais as pessoas consciente e racionalmente escolhem um curso de ação entre muitos outros. Em razão dessas deficiências, os teóricos passaram a outras abordagens que pareciam mais úteis em explicar os processos associados à aprendizagem complexa.

A visão contemporânea: aprendizagem como um processo cognitivo   Embora não esteja ligada a nenhuma teoria ou modelo, a teoria contemporânea da aprendizagem considera a aprendizagem como um processo cognitivo; isto é, ela pressupõe que as pessoas são participantes conscientes e ativos do modo como aprendem.[46]

Em primeiro lugar, a visão cognitiva propõe que as pessoas mergulhem em suas experiências e usam a aprendizagem passada como uma base para o comportamento presente. Essas experiências representam o conhecimento ou a cognição. Por exemplo, uma funcionária diante de uma escolha de tarefas profissionais tomará como base experiências anteriores para decidir qual delas aceitar. Em segundo lugar, as pessoas escolhem seus comportamentos. A funcionária reconhece que tem duas alternativas e escolhe uma. Em terceiro lugar, as pessoas reconhecem as consequências de suas escolhas. Assim, quando a funcionária perceber que a tarefa profissional é gratificante e satisfatória, reconhecerá que fez uma boa escolha e compreenderá o porquê. Finalmente, as pessoas avaliam as consequências e as acrescentam à aprendizagem anterior, que afetará suas futuras escolhas. Se se confrontar com as mesmas escolhas profissionais para o próximo ano, a funcionária provavelmente estará motivada a escolher a mesma outra vez. Conforme ficou subentendido, várias perspectivas da aprendizagem têm uma abordagem cognitiva. Talvez a principal delas seja a teoria do reforço. Embora a teoria do reforço não seja nova, ela só passou a ser aplicada em ambientes organizacionais nos últimos anos.

Teoria do reforço e aprendizagem

A teoria do reforço (também chamada "condicionamento operante") habitualmente é associada ao trabalho de B. F. Skinner.[47] Em sua forma mais simples, a **teoria do reforço** propõe que o comportamento é uma função de suas consequências.[48] O comportamento que resulta em consequências prazerosas é mais suscetível de ser repetido (o funcionário será motivado a repetir o comportamento atual); o comportamento que resulta de consequências não prazerosas é menos suscetível de ser repetido (o funcionário será motivado a engajar-se em comportamentos diferentes). A teoria do reforço também sugere que em determinada situação, as pessoas explorem uma variedade de comportamentos possíveis. As escolhas dos comportamentos futuros são afetadas pelas consequências dos comportamentos anteriores. A cognição, como já observamos, também têm um papel importante. Assim, mais do que pressupor a ligação automática entre estímulo e resposta sugerida pela visão tradicional clássica da aprendizagem, os teóricos contemporâneos acreditam que as pessoas exploram diferentes comportamentos de forma consciente e sistematicamente escolham os resultados mais desejados.

Vamos imaginar que um novo funcionário da Monsanto em St. Louis quer aprender a melhor maneira de se relacionar com seu chefe. A princípio, o funcionário é bastante caloroso e informal, mas o chefe responde parecendo aborrecido. Pelo fato de o chefe não reagir positivamente, não é provável que o funcionário continue com aquele comportamento. Na verdade, o funcionário começa a agir de maneira mais formal e profissional e vê o chefe muito mais receptivo a essa postura. Provavelmente o funcionário dará continuidade a esse novo conjunto de comportamentos porque resultou em consequências positivas.

O processo de reforço, no entanto, não é tão claro como sugerimos. O box Ética intitulado "O que *significa* reforço?" mostra que outros fatores – que podem distorcer o julgamento de um gestor – podem também estar envolvidos no desempenho do funcionário.

Teoria do reforço baseia-se na ideia de que o comportamento é uma função de suas consequências.

ÉTICA — O que *significa* reforço?

Você é o gerente geral de um supermercado e acabou de terminar a revisão de fim de ano dos departamentos e do desempenho de seus gestores. Todos os departamentos – açougue, laticínios, frutos do mar, *delicatessen*, padaria, e assim por diante – tiveram um desempenho muito superior às expectativas. Todos com exceção de um: o departamento de produtos ficou 12% abaixo da previsão da alta gerência. Você decide recompensar todos os seus gerentes com bônus altos, exceto o gerente de produtos. Em outras palavras, você pretende se valer da *punição* a fim de motivar seu gerente de produtos e o *reforço positivo* para motivar os demais gerentes. Você se congratula por ter chegado a uma decisão justa e lógica. De acordo com Daniel Kahneman, psicólogo que ganhou o Prêmio Nobel de economia por seu trabalho em modelos comportamentais e de tomadas de decisão, sua decisão não é justa (pelo menos não completamente) e certamente não é lógica, pelo menos não quando a realidade da situação é levada em consideração. Veja como Kahneman vê o seu modelo de tomada de decisão dupla:

> "É muito difícil para as pessoas identificarem seus próprios erros. Você está ocupado demais cometendo um erro para ao mesmo tempo identificá-lo."
> —DANIEL KAHNEMAN, PSICÓLOGO

O gerente do departamento tem bom desempenho → Você recompensa o gerente → O departamento continua com bom desempenho

O gerente do departamento tem um desempenho fraco → Você pune o gerente → O departamento tem um desempenho melhor

A chave para a crítica de Kahneman é chamada de *regressão à média* – o princípio de que, *de uma medida de desempenho para outro, a mudança no desempenho estará em direção ao nível médio global de desempenho*. Digamos, por exemplo, que você é um jogador de golfe par e que o par para o seu curso é 72. Se você arremessar 68 na primeira rodada, é possível que sua próxima rodada siga na direção do 72, não necessariamente exatos 72, que é a sua média, ou 76, o que o traria de volta para uma média de duas voltas de 72. Tecnicamente, a regressão à média é uma *lei*, não uma *regra*: você pode arremessar uma segunda rodada de 70 ou mesmo 67, mas na maioria das vezes, sua pontuação na segunda rodada não será tão boa quanto na primeira.

Por que a regressão à média ocorre? Porque normalmente – e provavelmente – uma combinação complexa de fatores determinam o resultado. Em razão de essa combinação ser complexa, não é provável que a mesma combinação se repita na próxima vez que você mensurar um resultado. O que nos traz de volta ao seu gerente de produto: *não* é provável que o desempenho dele tenha sido o único (ou mesmo o principal) fator no fraco desempenho do departamento. Outros fatores podem incluir variações nas condições de concorrência, econômicas e de mercado, bem como decisões tomadas pelos gestores acima dele – todas são, em grande parte, aleatórias e, sem dúvida, apresentarão diferenças de uma medição de desempenho para a próxima.

Agora que você entendeu um pouco a realidade da regressão à média, compare seu modelo de tomada de decisão com um modelo que reflete a realidade:

O gerente do departamento tem bom desempenho →
O departamento provavelmente não tem um desempenho tão bom

O gerente do departamento tem desempenho fraco →
O departamento provavelmente tem um desempenho melhor

Sua decisão de reforço *provavelmente* terá pouco ou nada a ver com o resultado do próximo ano em quaisquer departamentos de sua loja. E você *provavelmente* foi injusto com seu gerente de produto.

Kahneman não está inclinado a ser excessivamente crítico em relação à crença equivocada de que você tomou uma decisão lógica, justa e eficaz: "É muito difícil para as pessoas identificarem seus próprios erros", admite. "Você está ocupado demais cometendo um erro para ao mesmo tempo identificá-lo". Entretanto, ele se dá o direito de ser pessimista: "A falha em reconhecer o significado da regressão", alerta,

pode ter consequências graves... Normalmente reforçamos os outros quando seus comportamentos são bons e os punimos quando seus comportamentos são ruins. Somente por meio da regressão [entretanto] é mais provável que eles melhorem depois de serem punidos e é mais provável que piorem depois de serem recompensados. Consequentemente, estamos expostos a uma programação de vida em que somos mais frequentemente recompensados por punir outros e punidos por recompensá-los.

Referências: Bryan Burke, "Fighter Pilots and Firing Coaches", *Advanced NFL Stats*, 19 fev. 2009, www.advancednflstats.com, 21 abr. 2012; David Hall, "Daniel Kahneman Interview", *New Zealand Listener*, 21 jan. 2012, www.listener.co.nz, 21 abr. 2012; Steve Miller, "We're Not Very Good Statisticians", *Information Management*, 26 mar. 2012, www.informationmanagement.com, 21 abr. 2012; Galen Strawson, "*Thinking, Fast and Slow* by Daniel Kahneman – Review", *The Guardian*, 13 dez. 2011, www.guardian.co.uk, 21 abr. 2012; *Judgment under Uncertainty: Heuristics and Biases*, ed. Daniel Kahneman, Paul Slovic e Amos Tversky (Cambridge, UK: Cambridge University Press, 1982), http://books.google.com, 21 abr. 2012.

Reforços são as consequências do comportamento.

Tipos de reforço nas organizações   As consequências do comportamento são chamadas **reforço**. Os gestores podem utilizar vários tipos de reforço para influenciar o comportamento do funcionário. Existem quatro formas básicas de reforço – positivo, evitação, extinção e punição.

Reforço positivo é uma recompensa ou outra consequência desejada recebida após a demonstração de um comportamento.

O **reforço positivo** é uma recompensa ou outra consequência desejada que vem logo após um comportamento. Fornecer reforço positivo depois de um comportamento em particular leva os funcionários a manter ou aumentar a frequência daquele comportamento. Um elogio do chefe após o funcionário ter terminado um trabalho difícil e um aumento de salário após um período de alto desempenho do trabalhador são exemplos de reforço positivo. Esse tipo de reforço tem sido utilizado na Corning, fábrica de cerâmica na Virginia, na qual os funcionários recebem bônus por retirar materiais deteriorados das linhas de montagem antes que entrem em estados mais caros de produção. A Intuit iniciou um programa de recompensas relativamente pequenas, mas frequentes quando os funcionários têm bom desempenho. Por exemplo, em vez de ter um grande bônus no final do ano, o alto desempenho pode resultar em pequenas recompensas durante o ano todo.[49]

Evitação, ou reforço negativo, é a oportunidade de evitar uma circunstância desagradável, ou escapar dela, depois de exibir determinado comportamento.

A **evitação**, também conhecida como **reforço negativo**, é outro meio de aumentar a frequência do comportamento desejado. Em vez de receber a recompensa seguida de um comportamento desejado, uma oportunidade é dada à pessoa para evitar uma consequência desagradável. Por exemplo, suponhamos que um chefe tenha o hábito de criticar os funcionários que se vestem de maneira descuidada. Para evitar tais críticas, um funcionário pode, rotineiramente, vestir-se de acordo com o gosto de seu supervisor. O funcionário é, assim, motivado a envolver-se em comportamentos desejáveis (pelo menos do ponto de vista do supervisor) para evitar uma consequência adversa ou desagradável.

A **extinção** diminui a frequência do comportamento, especialmente do comportamento que foi previamente recompensado. Se as recompensas por comportamentos que foram anteriormente reforçados são retiradas, os comportamentos provavelmente se tornarão menos frequentes e poderão desaparecer. Por exemplo, um gerente com um pequeno grupo de funcionários pode incentivar visitas frequentes dos subordinados para que possa ficar a par do que está acontecendo. O reforço positivo pode incluir uma conversa cordial, atenção às preocupações dos subordinados e incentivos para que voltem sempre. Entretanto, conforme o número de funcionários aumenta, o gerente pode achar que as conversas dificultam a execução do seu trabalho. Então, ele pode começar a evitar a conversa casual e recompensar somente as conversas profissionais. Retirar as recompensas para a conversa casual provavelmente vai dissipar aquele comportamento. Também podemos observar que se os gestores, inadvertidamente ou não, pararem de recompensar os comportamentos valiosos, como o bom desempenho, esses comportamentos também poderão se extinguir.

A **punição**, assim como a extinção, pode diminuir a frequência de comportamentos indesejados. A punição é uma consequência desagradável ou adversa de um comportamento.[50] São exemplos de punição as reprimendas verbais ou escritas, cortes no salário, perda de privilégios, cortes no quadro de pessoal e demissões. Muitos especialistas questionam o valor da punição e acreditam que os gestores a utilizam com muita frequência e de maneira inapropriada. Em algumas situações, entretanto, a punição pode ser uma ferramenta adequada para alterar um comportamento. Muitas experiências desagradáveis em nossas vidas nos ensinam, por meio da punição, o que fazer. Cair da bicicleta, beber demais ou sair na chuva sem guarda-chuva nos conduzem a consequências de punição (ter um hematoma, uma ressaca ou ficar molhado) e, muitas vezes, aprendemos a mudar nosso comportamento como resultado dessas experiências. Além disso, determinados tipos de comportamentos indesejados podem ter efeitos negativos maiores se não forem punidos. Por exemplo, um funcionário que assedia sexualmente uma colega, um escriturário que rouba dinheiro de uma conta e um executivo que se envolve em transações ilegais de ações merecem punição.

Programação do reforço nas organizações Os executivos deveriam tentar recompensar todos os exemplos de comportamento desejado e punir todos os exemplos de comportamento indesejado? Ou seria melhor aplicar o reforço de acordo com um plano ou programação? Como você já deve imaginar, isso depende da situação. A Tabela 4.1 resume cinco **programações de reforço** básicas que os gestores podem utilizar.

TABELA 4.1	Programações de reforço
PROGRAMAÇÃO DE REFORÇO	**NATUREZA DO REFORÇO**
GRUPOS DE COMANDO	**GRUPOS DE TAREFAS**
Contínuo	O comportamento é reforçado todas as vezes que ocorre.
Intervalo fixo	O comportamento é reforçado de acordo com algumas programações constantes, pré-determinadas, baseadas no tempo.
Intervalo variável	O comportamento é reforçado após determinados períodos, mas o intervalo de tempo varia a cada vez.
Proporção fixa	O comportamento é reforçado de acordo com o número de comportamentos exibidos, mas o número de comportamentos necessários para obter o reforço deve se manter constante.
Proporção variável	O comportamento é reforçado de acordo com o número de comportamentos exibidos, mas o número de comportamentos necessários para obter o reforço varia a cada vez.

A **extinção** diminui a frequência do comportamento ao eliminar a recompensa ou a consequência desejada que segue aquele comportamento.

Punição é uma consequência desagradável, ou adversa, resultante de um comportamento.

Programações de reforço indicam quando ou com que frequência os gestores devem reforçar determinados comportamentos.

Programações de reforço com intervalos fixos estão entre as formas mais utilizadas, mas menos eficazes, de reforço. Um método que os gestores podem utilizar para compensar isso é deixar recair sobre uma base de proporção variável e fornecer estímulo verbal como esse gestor está fazendo. Mas é claro que se a programação para o incentivo verbal torna-se muito previsível, ela também passa a ser por intervalo fixo.

Reforço contínuo é quando o comportamento é recompensado todas as vezes que ocorre.

Reforço por intervalo fixo fornece o reforço por meio de uma programação fixa de tempo.

Reforço por intervalo variável refere-se à variação da quantidade de tempo entre os reforços.

Reforço de proporção fixa fornece o reforço após um número fixo de comportamentos.

Reforço de proporção variável refere-se à variação do número de comportamentos entre os reforços.

O **reforço contínuo** recompensa o comportamento todas as vezes que ele ocorre. Ele é muito eficiente no estímulo do comportamentos desejáveis, especialmente nos estágios iniciais da aprendizagem. Quando o reforço é retirado, entretanto, a extinção estabelece-se bem depressa. O reforço contínuo causa sérias dificuldades porque o gestor tem de monitorar todos os comportamentos de um funcionário e proporcionar um reforço eficaz. Assim, essa abordagem tem pouco valor prático para os gestores. Oferecer reforço parcial de acordo com uma das outras quatro programações é muito mais comum.

O **reforço por intervalo fixo** é o reforço fornecido por meio de uma programação constante pré-determinada. O pagamento da tarde da sexta-feira é um bom exemplo desse tipo de reforço. Infelizmente, em muitas situações, a programação por intervalo fixo não mantém, necessariamente, altos níveis de desempenho. Se os funcionários souberem que o chefe vai aparecer para observá-los todos os dias às 13 horas, eles podem ser levados a trabalhar mais naquele horário, na esperança de ganhar elogios e reconhecimento ou de evitar a fúria do chefe. Nos demais períodos do dia, os funcionários provavelmente não trabalharão com afinco porque sabem que o reforço é pouco provável de acontecer, exceto durante a visita diária.

O **reforço por intervalo variável** também usa o tempo como base para a aplicação do reforço, mas o intervalo entre os reforços varia. Essa programação é inapropriada no caso de remuneração, mas pode funcionar bem para outros tipos de reforço positivo, como elogio e reconhecimento, e para a prevenção. Considere novamente o grupo de funcionários que acabamos de descrever. Vamos imaginar que em vez de chegar exatamente às 13 horas todos os dias, o chefe faz a visita em horários diferentes a cada dia: às 9h30, na segunda-feira; às 14 horas, na terça-feira; às 11 horas, na quarta-feira, e assim por diante. Na semana seguinte, ele troca os horários. Uma vez que os funcionários não sabem exatamente quando o chefe vai chegar, eles podem ser levados a trabalhar com afinco por um período mais longo – até a visita dele. Mais tarde, porém, eles podem cair a níveis mais baixos porque sabem que o chefe não vai retornar até o dia seguinte.

As proporções das programações fixas e variáveis ligam o reforço ao número de comportamentos desejáveis e não desejáveis em vez de blocos de tempo. Com o **reforço de proporção fixa**, o número de comportamentos necessários para obter o reforço é constante. Suponha, por exemplo, que um grupo de trabalho lance seus totais acumulados de desempenho na rede de computadores da empresa a cada hora. O gestor do grupo utiliza a rede para monitorar as atividades do grupo. Ele pode adotar a prática de fazer uma visita para elogiar o grupo todas as vezes que o grupo atinge o nível de 500 unidades. Assim, se o grupo atingir o nível de 500 unidades três vezes na segunda-feira, o gestor aparece a cada vez; se o grupo atinge a marca somente uma vez na terça-feira, o chefe o visita apenas uma vez. A programação de proporção fixa pode ser bastante eficaz na manutenção do comportamento desejado. Os funcionários podem adquirir um senso do que fazer para obter o reforço e podem ser motivados a manter o desempenho.

No caso do **reforço de proporção variável**, o número de comportamentos necessários para o reforço varia com o tempo. Um funcionário que atua segundo a programação de proporção variável é motivado a trabalhar bastante porque cada comportamento bem-sucedido aumenta a probabilidade do próximo comportamento resultar em reforço. Com essa programação, o número exato de comportamentos necessários para obter o reforço não é importante; o importante é que os intervalos entre os reforços não sejam tão longos a ponto de o funcionário se sentir desencorajado e parar de tentar. O supervisor no exemplo da proporção fixa poderia reforçar os funcionários do seu grupo após atingirem os níveis de desempenho de 325, 525, 450, 600, e assim por diante. Uma programação de proporção variável pode ser bastante eficaz, mas é difícil e complicada de usar quando os reforços são as recompensas organizacionais formais, como aumento de salário e promoção. Um sistema de intervalo fixo é a melhor maneira de administrar essas recompensas.

Aprendizagem social nas organizações

> **Aprendizagem social** ocorre quando as pessoas observam os comportamentos dos outros, reconhecem as consequências e alteram seus próprios comportamentos como resultado disso.

Nos últimos anos, os gestores passaram a reconhecer o poder da aprendizagem social. A **aprendizagem social** ocorre quando as pessoas observam os comportamentos dos outros, reconhecem as consequências alterando seus próprios comportamentos como resultado disso. Uma pessoa pode aprender a executar um novo trabalho observando outros ou assistindo a vídeos. Um funcionário pode aprender a evitar chegar atrasado vendo o chefe chamando a atenção dos companheiros de trabalho. A teoria da aprendizagem social, então, pressupõe que o comportamento individual é determinado pelo conhecimento das pessoas e pelo ambiente social. Mais especificamente, presume-se que as pessoas aprendam comportamentos e atitudes, pelo menos parcialmente, em resposta ao que os outros esperam delas.

Várias condições devem ser satisfeitas para que se tenha um ambiente apropriado à aprendizagem social. Em primeiro lugar, o comportamento observado e imitado deve ser relativamente simples. Embora possamos aprender, observando outra pessoa, a apertar três ou quatro botões de um conjunto de atender as especificações de uma máquina ou ligar um computador, provavelmente não conseguimos aprender uma sequência complicada de operações da máquina ou como administrar um pacote de um software complexo sem praticarmos as várias etapas do processo. Em segundo lugar, a aprendizagem social normalmente envolve comportamentos observados e imitados que são concretos, não intelectuais. Podemos aprender, observando os outros, a responder a diferentes comportamentos de um gestor em particular ou transformar alguns dispositivos de componentes em um produto montado. Mas provavelmente não podemos aprender, por meio da simples observação, a elaborar um software, escrever um texto complicado, conceituar ou pensar de forma abstrata. Finalmente, para que a aprendizagem social ocorra, é preciso ter habilidade física para imitar o comportamento observado. A maioria de nós, mesmo que assistamos pela televisão a jogos de beisebol ou partidas de tênis todos os fins de semana, não pode atirar uma bola rápida como Miguel Cabrera ou executar um *backhand* como Venus Williams.

A aprendizagem social influencia o comportamento de várias maneiras. Muitos dos comportamentos exibidos diariamente no trabalho são aprendidos de outras pessoas. Imagine que uma nova funcionária junte-se a um grupo de trabalho já formado. Devido à sua educação e de sua experiência anterior, ela já tem alguma base para saber como se comportar. Entretanto, o grupo fornece um conjunto de pistas muito específicas que ela pode utilizar para adequar seu comportamento à nova situação. O grupo pode indicar como a organização espera que seus funcionários se vistam, como as pessoas devem se sentir em relação ao chefe, e assim por diante. Assim, a funcionária aprende a se comportar nessa nova situação, em parte respondendo ao que ela já sabe e em parte ao que os outros sugerem e demonstraram.

Conforme mostramos em nossa vinheta de abertura no NetApp, a aprendizagem social pode ser um fator significativo no desenvolvimento da satisfação no local de trabalho. Continuando nossa discussão do NetApp, o box *Mudança* mostra que, sob certas condições adversas, mesmo as mais bem-sucedidas técnicas comportamentais têm suas limitações.

Modificação do comportamento organizacional

Aprender somente a teoria tem implicações importantes para os gestores, mas o comportamento organizacional possui muito mais aplicações práticas. A modificação do comportamento organizacional é uma importante aplicação da teoria do reforço que alguns gestores utilizam para melhorar a motivação e o desempenho.

Modificação comportamental nas organizações A modificação do comportamento organizacional, ou **modelo CO**, é a aplicação da teoria do reforço em ambientes organizacionais.[51] De acordo com a teoria do reforço, podemos aumentar a frequência dos comportamentos desejáveis ligando aqueles comportamentos a consequências positivas e diminuir comportamentos indesejáveis ligando-os a consequências negativas. O modelo CO tem como característica utilizar o reforço positivo para incentivar comportamentos desejáveis nos funcionários. A Figura 4.7 mostra as etapas básicas do modelo CO.

A primeira etapa é identificar os eventos comportamentais relacionados ao desempenho – isto é, os comportamentos desejados e indesejados. O gerente de uma loja de eletrônicos pode decidir que o comportamento mais importante para o vendedor que recebe comissões é cumprimentar calorosamente os clientes e mostrar-lhes exatamente o produto que vieram procurar. Observe que na Figura 4.7 três tipos de atividade organizacional são associados a esse comportamento: o evento comportamental, o desempenho resultante e as consequências organizacionais para o indivíduo.

A seguir, o gestor avalia a base do desempenho – o nível de desempenho para cada indivíduo. Isso geralmente é estabelecido em termos do percentual de frequência ao longo de diferentes intervalos de tempo. Por exemplo, o gerente da loja de eletrônicos observa que um vendedor em particular está cumprimentando mais ou menos 40% dos clientes por dia, conforme desejado. As técnicas de gestão comportamental, descritas no Capítulo 6, são utilizadas para esse propósito.

A terceira etapa é identificar as contingências comportamentais existentes, ou consequências, do desempenho; isto é, o que acontece com os funcionários que têm desempenho em vários níveis? Se um funcionário trabalha bastante, consegue uma recompensa ou só se sente cansado? O gerente da loja de eletrônicos pode observar que quando os clientes são cumprimentados calorosamente e atendidos com competência, compram alguma coisa 40% das vezes, ao contrário dos clientes que não são apropriadamente cumprimentados e atendidos, que compram apenas 20% das vezes.

Nesse ponto, o gestor desenvolve e aplica a estratégia de intervenção adequada. Em outras palavras, algum elemento da ligação desempenho-recompensa – estrutura, processo, tecnologia, grupos ou tarefas – é mudado para tornar o desempenho de alto nível mais recompensador. Vários tipos de reforço positivo são utilizados para orientar o comportamento do funcionário à direção desejada. O gerente da loja de eletrônicos pode oferecer um plano de comissão de vendas, pelo qual o vendedor ganhe um percentual sobre o valor de cada venda. O gerente também pode elogiar os vendedores que cumprimentam os clientes de maneira apropriada e ignorar os que não o fazem. Esse reforço ajuda a formar o comportamento do vendedor. Além disso, um vendedor que não consegue o reforço pode imitar o comportamento de vendedores mais bem-sucedidos. Em geral, essa etapa se baseia no sistema de recompensa da organização, como discutido anteriormente.

Após a etapa de intervenção, o gerente avalia novamente o desempenho para determinar se o efeito desejado foi alcançado. Se não foi, ele pode redesenhar a estratégia de intervenção ou repetir todo o processo. Por exemplo, se os vendedores da loja de eletrônicos ainda não estiverem cumprimentando os clientes apropriadamente, pode ser que o gerente tenha que usar outros tipos de reforço positivo – talvez uma comissão maior.

Se o desempenho aumentou, o gerente deve tentar manter o comportamento desejado por meio de algumas programações de reforço positivo. Por exemplo, comissões mais altas

---

Modificação do comportamento organizacional, ou modelo CO, é a aplicação da teoria do reforço em ambientes organizacionais.

FIGURA 4.7

Etapas para a modificação do comportamento organizacional

A modificação do comportamento organizacional envolve a utilização da teoria do reforço para motivar o comportamento do funcionário. Adotando as etapas aqui mostradas, os gestores podem isolar os comportamentos que valorizam e, então, ligá-los a recompensas específicas considerando aqueles comportamentos. Como resultado, os funcionários terão mais disposição para se comprometerem com aqueles comportamentos no futuro.

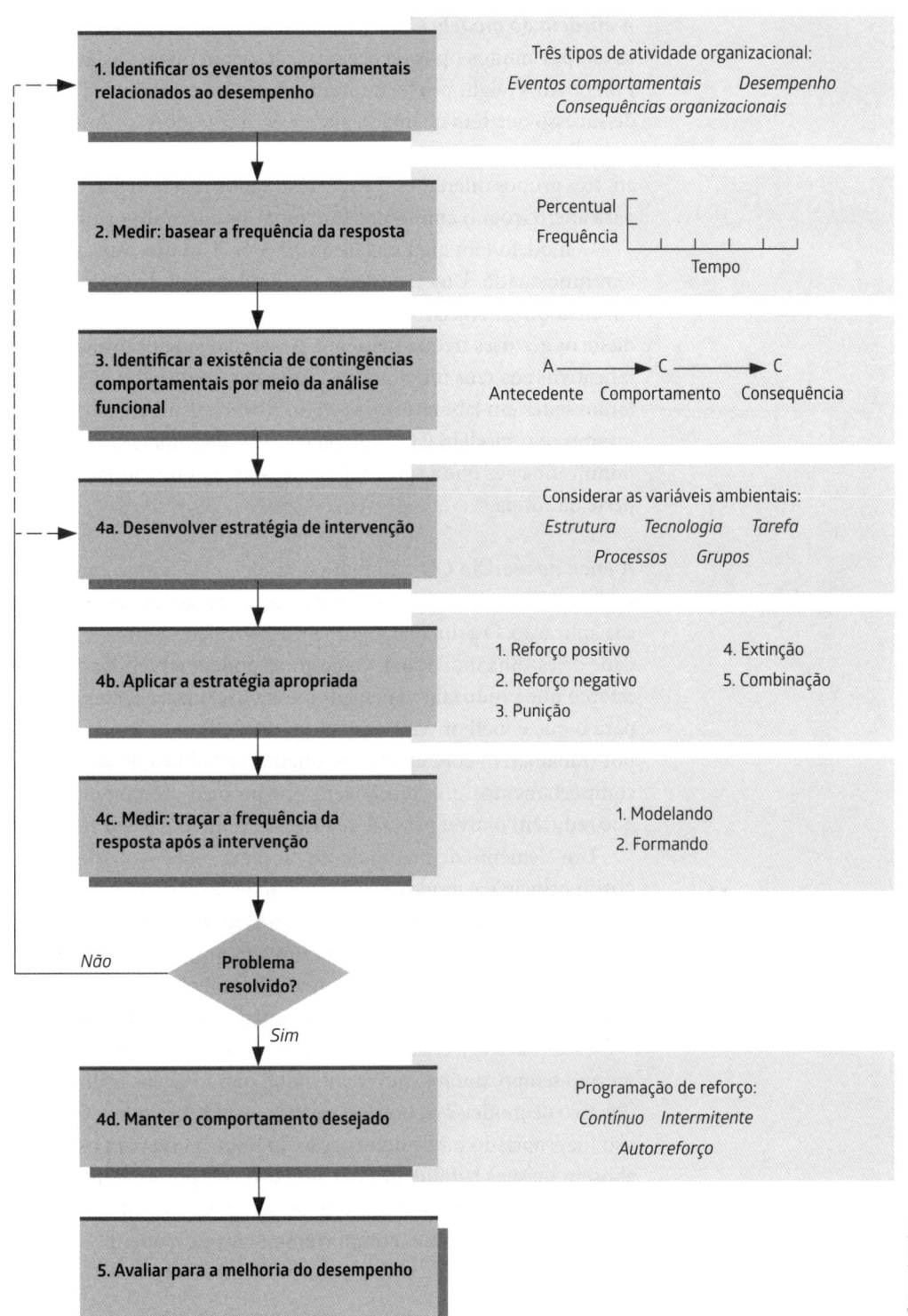

1. Identificar os eventos comportamentais relacionados ao desempenho

Três tipos de atividade organizacional:
*Eventos comportamentais   Desempenho
Consequências organizacionais*

2. Medir: basear a frequência da resposta

Percentual
Frequência
Tempo

3. Identificar a existência de contingências comportamentais por meio da análise funcional

A ⟶ C ⟶ C
Antecedente Comportamento Consequência

4a. Desenvolver estratégia de intervenção

Considerar as variáveis ambientais:
*Estrutura   Tecnologia   Tarefa
Processos   Grupos*

4b. Aplicar a estratégia apropriada

1. Reforço positivo   4. Extinção
2. Reforço negativo   5. Combinação
3. Punição

4c. Medir: traçar a frequência da resposta após a intervenção

1. Modelando
2. Formando

Problema resolvido? Não / Sim

4d. Manter o comportamento desejado

Programação de reforço:
*Contínuo   Intermitente
Autorreforço*

5. Avaliar para a melhoria do desempenho

Referência: "Steps in Organizational Behavior Modification", *Personnel*, julho-agosto 1974. Copyright © 1974 American Management Association. Reeditado com permissão.

© Cengage Learning

podem ser garantidas em todas as outras vendas, para vendas acima de determinada quantia, e assim por diante. (Conforme vimos anteriormente, a programação de reforço define o intervalo no qual o reforço é dado.)

Finalmente, o gestor procura melhorias no comportamento individual dos funcionários. Aqui o destaque é oferecer recompensas significativas no longo prazo, como promoções e ajustes salariais, para sustentar os esforços contínuos de aperfeiçoamento do desempenho.

A eficácia do modelo CO Em razão do modelo CO ser relativamente simples, ele tem sido usado por muitos tipos de organizações, com níveis variáveis de sucesso.[52] Um programa na Emery Air Freight provocou muito do entusiasmo inicial pelo modelo e há outras histórias de sucesso que têm chamado a atenção dos gestores.[53] A B. F. Goodrich aumentou a produtividade em mais de 300% e a Weyerhaeuser aumentou a produtividade em pelo menos 8% em três grupos diferentes.[54] Esses resultados sugerem que o modelo CO é um recurso valioso para aperfeiçoar o ânimo dos funcionários em muitas situações.

O modelo tem algumas desvantagens. Um dos aspectos é que nem todas as aplicações têm funcionado. Um programa na Standard Oil de Ohio foi descontinuado porque falhou em alcançar os objetivos; um outro programa na Michigan Bell teve sucesso modesto. Além disso, os gestores frequentemente dispõem de meios limitados para fornecer um reforço significativos aos seus funcionários. Ademais, muitas das pesquisas que testaram o modelo CO foram feitas em laboratório, por isso é difícil generalizar os resultados para o mundo real. E mesmo se o modelo CO funcionar por um tempo, o impacto do reforço positivo pode diminuir uma vez que a novidade se esgotar, e os funcionários podem vir a considerá-lo como parte da rotina.[55]

A ética do modelo CO Embora o modelo CO tenha considerável potencial para aumentar o comportamento motivacional nas organizações, as críticas levantam questões éticas sobre sua aplicação. O principal argumento ético é que a utilização do modelo compromete a liberdade de escolha individual. Os gestores podem ter tendência a selecionar as contingências de reforço que produzam vantagens para a organização, com pouca ou nenhuma consideração para o que é melhor para o funcionário. Assim, os funcionários podem ser recompensados por trabalharem com afinco, produzindo produtos de alta qualidade, e assim por diante. Os comportamentos que promovem seu próprio crescimento pessoal e desenvolvimento, ou que reduzem o nível pessoal de estresse, podem não ser recompensados.

Um elemento de manipulação também está envolvido no modelo CO. De fato, seu propósito principal é modelar o comportamento. Assim, em vez de proporcionar aos funcionários uma série de comportamentos que eles possam escolher, os gestores podem direcionar os esforços dos funcionários para um conjunto cada vez mais estreito de opções comportamentais de modo que, eventualmente, eles tenham poucas opções de escolha e selecionem um conjunto de comportamentos limitados aprovados pelos gestores apenas.

Essas questões éticas são, é claro, preocupações reais que não devem ser ignoradas. Ao mesmo tempo, muitos outros métodos e abordagens utilizados pelos gestores têm o mesmo objetivo de modelar o comportamento. Assim, o modelo CO não é o único com potencial de uso inapropriado ou de deturpação. O importante para os gestores é que reconheçam e não abusem de suas habilidades em alterar o comportamento do subordinado, e que os funcionários possam manter o controle de seu próprio ambiente de trabalho a ponto de estarem conscientes das escolhas comportamentais que fizerem.

RESUMO

Motivação é o conjunto de forças que leva as pessoas a se comportarem da maneira como o fazem. Ela começa com uma necessidade. As pessoas procuram maneiras de satisfazer suas necessidades e de se comportar adequadamente. Seus comportamentos resultam em recompensas ou punições. Em graus variados, um resultado pode satisfazer a necessidade original. A gestão científica afirma que o dinheiro é o principal motivador humano no local de trabalho. A perspectiva das relações humanas propõe que fatores sociais são os principais motivadores.

De acordo com Abraham Maslow, as necessidades humanas são organizadas em uma ordem de importância, uma hierarquia que envolve necessidades fisiológicas, de segurança, afetivas, de estima e de autorrealização.

A teoria ERC, um aperfeiçoamento da hierarquia de Maslow, inclui um componente de frustração-retrocesso. Na teoria da estrutura dual de Herzberg, a satisfação e a insatisfação são duas dimensões diferentes, em vez de extremos opostos da mesma dimensão. Presume-se que os fatores motivacionais afetem a satisfação e que os fatores higiênicos afetem a insatisfação. A teoria de Herzberg é muito conhecida entre os gestores, mas tem várias deficiências. As necessidades por realização, afiliação e poder são outras importantes necessidades individuais.

A teoria da equidade pressupõe que as pessoas querem ser tratadas com justiça. É a hipótese de que as pessoas comparam a própria proporção de contribuições para os resultados da organização à proporção de contribuições de outros. Se sentirem que não são tratadas com igualdade, elas tomam providências para diminuir a desigualdade. A teoria das expectativas, um modelo um pouco mais complicado, segue o pressuposto de que as pessoas são motivas a trabalhar em função de uma meta, se quiserem ou acharem que têm chances razoáveis de atingi-la. A expectativa do esforço-desempenho é a crença de que o esforço conduz ao desempenho. A expectativa do desempenho-resultado é a crença de que o desempenho conduz a determinados resultados. A valência é o grau de desejo do indivíduo para os vários resultados possíveis de desempenho. A versão de Porter-Lawler para a expectativa fornece *insights* úteis sobre a relação entre satisfação e desempenho. Esse modelo sugere que o desempenho pode conduzir a inúmeras recompensas intrínsecas e extrínsecas. Quando reconhecidas como justas, essas recompensas conduzem à satisfação.

A aprendizagem também tem seu papel na motivação do funcionário. Vários tipos de reforços dados de acordo com diferentes programações podem aumentar ou diminuir o comportamento motivado. As pessoas são afetadas pelos processos sociais de aprendizagem. A modificação do comportamento organizacional é uma estratégia para utilizar a aprendizagem e reforçar os princípios para aumentar a motivação e o desempenho do funcionário. Essa estratégia baseia-se na mensuração eficaz do desempenho e na provisão de recompensas para os funcionários após apresentarem um nível elevado de desempenho.

QUESTÕES PARA DISCUSSÃO

1. É possível alguém ser desmotivado, ou todo comportamento é motivado?
2. Quando o seu nível de desempenho foi diretamente afetado por sua motivação? Por sua habilidade? Pelo ambiente?
3. Identifique exemplos de sua própria experiência que apoiem, e outros que refutem, a teoria das necessidades de Maslow.
4. Você concorda ou discorda das hipóteses da teoria da estrutura dual de Herzberg? Por quê?
5. Como você se avalia em relação às suas necessidades de realização, afiliação e poder?
6. Você alguma vez já experimentou a desigualdade no trabalho ou em sala de aula? Como isso o afetou?
7. O que parece ser um problema maior, a sensação de ser mal remunerado ou a sensação de ser remunerado em excesso?
8. Quais são algumas das implicações gerenciais da teoria da equidade além daquelas discutidas neste capítulo?
9. Você acha que a teoria das expectativas é complexa demais para utilização direta no ambiente organizacional? Por que sim ou por que não?
10. As relações entre desempenho e satisfação sugeridas por Porter e Lawler parecem válidas? Cite exemplos que apoiem ou refutem o modelo.
11. Pense em ocasiões em que você experimentou cada um dos quatro tipos de reforço.
12. Identifique as cinco formas de reforço que você recebe com mais frequência (por exemplo, salários, notas etc.). Em quais momentos você recebe cada um deles?
13. Qual é a sua opinião sobre a ética no modelo CO?

QUAL É O SEU PONTO DE VISTA?

Uma empresa socialmente consciente

"Quando as pessoas estão entusiasmadas com alguma coisa, elas farão praticamente qualquer coisa."
—BRAM LEVY, DIRETOR GLOBAL DA LIVINGSOCIAL ADVENTURES

Quando era estudante em Dartmouth, Maia Josebachvili queria saltar de paraquedas, mas não podia pagar. Então, ocorreu-lhe que, se organizasse um grupo de clientes pagantes para uma excursão de paraquedismo, ela poderia ir de graça. Assim nasceu a ideia da Urban Escapes, que Josebachvili iniciou em 2008 para oferecer excursões a nova-iorquinos que querem ter um fim de semana para praticar *rafting*, alpinismo, ou talvez apenas para colher maçãs.

Quando estava em busca de uma carreira, diz Josebachvili em nosso vídeo, "meu interesse maior era criar meu próprio negócio", e como ela disse em outro lugar, a Urban Escapes "começou como produto de uma paixão. Quero dizer, isso é quem eu sou. Eu passo meus fins de semana fazendo *mountain bike*, escalando rochedos e saltando de paraquedas, depois, vou para uma cervejaria". O fator diversão foi também o que atraiu o sócio de Josebachvili: "Estava motivado a me juntar à Urban Escapes", conta Bram Levy, "simplesmente porque parecia algo divertido. Tive muita sorte de ter a oportunidade de tentar algo novo, divertido e emocionante, e se não funcionasse", admite, "...poderia voltar para o mundo seguro" (o que, para Levy, era "o mundo da consultoria").

Cerca de quatro meses após o início, Josebachvili, que tinha 25 anos, procurou Levy, que tinha 29 anos, para ajudá-la a expandir o negócio e, em meados de 2010, a Urban Escapes já tinha lojas em Boston, Filadélfia e Washington, DC. A empresa logo acrescentou escritórios em São Francisco, Chicago e Austin, no Texas, com um total de nove funcionários em tempo integral (Nova York também exigiu um gerente em tempo integral) e 50 funcionários em meio período para executar eventos nos fins de semana. Levy admite que foi surpreendido pelo entusiasmo das pessoas que aderiram ao conceito da Urban Escapes. Não era pelo dinheiro: "Se alguém está trabalhando para nós somente para ficar rico", ela avisa, "acho que fez a escolha errada". Entretanto, desde o início, "tínhamos funcionários pelo país inteiro trabalhando por praticamente nenhuma renda e nenhuma estabilidade, apenas porque gostavam do que tínhamos a oferecer, e" Levy apressa-se em salientar, "eles estavam se divertindo".

Desde que se associou à Urban Escapes, Levy chegou à conclusão de que "quando as pessoas estão entusiasmadas com alguma coisa, elas farão praticamente qualquer coisa". Josebachvili concorda que é uma questão de "paixão", mas ela também está convencida de que as pessoas gravitam em torno da Urban Escapes porque a empresa lhes oferece uma oportunidade de satisfação profissional: "Parece tão clichê", ela diz, "mas eu acho que realmente foi a paixão e a crença de todos que isso iria funcionar" que permitiu que a Urban Escapes decolasse.

Da mesma forma, os motivos que levaram Levy a associar-se à empresa envolveram tanto objetivos pessoais como profissionais. Tornar-me parte da Urban Escapes, explica, "foi realmente uma oportunidade única". Josebachvili "era alguém realmente apaixonada e entusiasmada para se trabalhar", mas igualmente importante foi a promessa de satisfazer os desejos dele de ajudar a administrar um negócio de sucesso. A Urban Escapes, conta, foi "uma ideia em que eu acreditei e pensei que poderia funcionar", e que lhe ofereceu "uma chance de novamente administrar meu próprio negócio sem a imensa quantidade de riscos financeiros ou pessoais".

Na verdade, a decisão mais importante tomada por Josebachvili e Levy durante a breve existência da empresa foi no aspecto empresarial. Em outubro de 2010, eles venderam a Urban Escapes – assim como a eles mesmos e a seus seis primeiros funcionários em período integral – a uma empresa chamada LivingSocial. Fundada no mesmo ano que a Urban Escapes, a LivingSocial é um *site* de cupom *on-line* ou de "ofertas diárias" que permite aos seus associados buscar "mecanismos de descoberta de atividades locais" para encontrar restaurantes, atividades e serviços com descontos entre 50% e 70%. (Seu mais famoso concorrente é o Groupon, líder de mercado.) Em 2010 (último ano como empresa independente), a Urban Escapes atraiu cerca de 12.000 clientes e alcançou US$ 1 milhão em receita. A LivingSocial, que agora conta com 60 milhões de membros espalhados pelo mundo e 4.900 funcionários, teve receita de US$ 100 milhões em 2010 e de US$ 224 milhões em 2011.

A "coisa da aquisição", diz Josebachvili, reflete o comprometimento de ambas as empresas em fazer coisas que são divertidas e que valem a pena. A LivingSocial nos contatou e disse "Ei, amamos o que vocês fazem e acreditamos que se fizéssemos juntos, poderíamos fazer melhor. Nós pensamos a respeito por mais ou menos um dia" e concordamos. Ela também prevê uma sinergia entre paixão e expansão: "Somos apaixonados", explica em outra entrevista, "por organizar experiências que você nunca conseguiria organizar por conta própria, e essa aquisição é a oportunidade perfeita para expandirmos essas experiências guiadas, completamente únicas, ao redor do mundo.

PERGUNTAS

1. Tanto Josebachvili como Levy são pessoas e gestores com grande *automotivação*. A julgar pelo vídeo, que competências você vê neles que provavelmente contribuem para o comportamento automotivador dentro e fora do local de trabalho? E você? Quais competências você compartilha com Josebachvili e/ou Levy? Em quais aspectos você difere deles? Em que áreas você faria melhorias pessoais?
2. Aplique a *abordagem de recursos humanos* às práticas de Josebachvili e Levy como gestores. O quão bem – e de maneiras – ela parece caracterizar a abordagem deles na gestão dos funcionários? De que forma essas práticas podem mudar como resultado da aquisição da Urban Escapes pela LivingSocial?
3. A *hierarquia das necessidades* de Maslow também é utilizada por alguns psicólogos para descrever a personalidade. Com base nessa teoria, o que você pode dizer sobre a personalidade de Josebachvili? Como teoria de motivação, o quão bem – ou mal – a hierarquia das necessidades de Maslow aplica-se a Josebachvili? Faça o mesmo exercício aplicando a teoria ERC.
4. De que maneiras Levy e especialmente Josebachvili parecem satisfazer as *necessidades de realização, afiliação* e *poder*? Classifique essas três necessidades em ordem de importância para cada um deles. De que maneiras eles parecem reconhecer essas mesmas necessidades em seus funcionários?
5. De que maneiras a *teoria das expectativas* explica as escolhas de vida e carreira de Josebachvili desde que ela saiu do ensino médio? Seja metódico em sua resposta: pela ordem, aplique o *modelo básico* explicando os papéis da *expectativa esforço-desempenho*, da *expectativa desempenho-resultado* e dos *resultados e valências*.

FONTES ADICIONAIS

"How Maia Josebachvili Turned Her Skydiving Hobby into a Business", *Fast Company.com*, 19 out. 2010, www.fastcompany.com, 13 jun. 2012; Dave Blake, "Interview with Maia Josebachvili, CEO of Urban Escapes NYC", *New York City Interview*, 29 mai. 2009, www.nycinterviews.com, 13 jun. 2012; Tiffany Black, "30 under 30: Maia Josebachvili and Bram Levy, Owners of Urban Escapes", *Inc.*, 19 jul. 2010, www.inc.com, 13 jun. 2012; Donna Fenn, "Living Social and Urban Escapes: A 30 under 30 Marriage", *Inc.*, 19 out. 2010, www.inc.com, 13 jun. 2012; Riley McDermid, "LivingSocial Acquires Urban Escapes to Take Lead in Daily Deal War", *VentureBeat*, 19 out. 2010, www.venturebeat.com, 13 jun. 2012.

PRÁTICA DO COMPORTAMENTO ORGANIZACIONAL

Compreendendo o propósito das dinâmicas da teoria das expectativas

Objetivo Este exercício ajudará você a reconhecer o valor potencial e a complexidade da teoria das expectativas.

Formato Trabalhando sozinho, você deverá identificar os vários aspectos da teoria das expectativas que são pertinentes a sua aula. Então você vai compartilhar suas reflexões e resultados com alguns de seus colegas de classe.

Procedimento Considerando sua sala de aula como um local de trabalho e seu esforço na classe como um trabalho, faça o seguinte:

1. Identifique seis ou sete coisas que podem acontecer como resultado do bom desempenho na sua sala de aula (por exemplo, conseguir uma boa nota ou uma recomendação de seu professor). Sua lista deve incluir pelo menos um resultado não desejável (por exemplo, a perda do tempo livre).

2. Usando o valor de 10 para "extremamente desejável", 10 para "extremamente indesejável", e 0 para "neutro", atribua uma valência para cada resultado. Em outras palavras, a valência que você atribuir para cada resultado deve estar entre 0 e 10, inclusive.
3. Imagine que você seja uma pessoa com alto desempenho. Baseado nisso, calcule a probabilidade de cada resultado em potencial. Expresse essa probabilidade por meio de um percentual.
4. Multiplique cada valência pela respectiva probabilidade e some os resultados. Esse total é sua valência global para um alto desempenho.
5. Avalie a probabilidade de que se você se esforçar, será uma pessoa com alto desempenho. Expresse essa probabilidade por meio de um percentual.
6. Multiplique essa probabilidade pela valência global para alto desempenho calculada no item 4. Essa pontuação reflete sua força motivacional, isto é, sua motivação para fazer um esforço intenso.

Agora forme grupos de três ou quatro pessoas. Comparem as pontuações relativas à força motivacional. Discutam por que as pontuações diferem tanto. Observem se os membros de algum grupo tiveram pontuações similares de força, mas diferentes combinações de fatores que conduzem àquelas pontuações.

Perguntas de acompanhamento
1. O que esse exercício lhe diz sobre os pontos fortes e as limitações da teoria das expectativas?
2. Esse exercício seria útil para um gestor administrar em um grupo de funcionários? Por que sim ou por que não?

FORMAÇÃO DAS HABILIDADES GERENCIAIS

Visão geral da atividade As habilidades interpessoais referem-se à capacidade de se comunicar com indivíduos e grupos, compreendê-los e motivá-los, e as habilidades de comunicação referem-se à capacidade de enviar e receber informações de forma eficaz. Esse exercício tem como atribuição demonstrar os papéis essenciais na motivação do funcionário por meio do entendimento do que motiva as pessoas e da habilidade em comunicar esse entendimento.

Experiência Uma implicação da teoria do reforço é que tanto o reforço positivo (recompensa) como a punição podem ser eficazes na alteração do comportamento do funcionário. A punição, no entanto, pode resultar em ressentimento por parte do funcionário e, no longo prazo, o ressentimento pode diminuir a eficácia da punição. Em geral, o reforço positivo é mais eficaz ao longo do tempo.

Tarefa Seu professor vai solicitar voluntários para uma demonstração para a classe. Considere ser um voluntário, mas se não quiser participar, observe atentamente o comportamento dos voluntários. Quando a demonstração terminar, responda às seguintes perguntas:

1. Baseado no que viu, o que é mais eficaz, o reforço positivo ou a punição?
2. Como o reforço positivo e a punição afetaram o "funcionário" na demonstração? Como afetaram o "chefe"?
3. Quais são, em sua opinião, as consequências mais prováveis, no longo prazo, do reforço positivo e da punição?

Referência
Ricky W. Griffin, *Management*, 10. ed. (Mason, OH: South Western Educational Publishing, 2010).

EXERCÍCIO DE AUTOAVALIAÇÃO

Avaliando sua sensibilidade à equidade

As perguntas a seguir têm a intenção de ajudá-lo a melhor compreender a sua sensibilidade à equidade. Responda cada questão circulando o número que melhor reflete seus sentimentos pessoais.

1. Acho que é importante para todos serem tratados de forma justa.

5	4	3	2	1
Concordo plenamente	Concordo	Não concordo nem discordo	Discordo	Discordo plenamente

2. Presto muita atenção em como sou tratado em comparação a como os outros são tratados.

5	4	3	2	1
Concordo plenamente	Concordo	Não concordo nem discordo	Discordo	Discordo plenamente

3. Fico muito zangado se acho que estou sendo tratado injustamente.

5	4	3	2	1
Concordo plenamente	Concordo	Não concordo nem discordo	Discordo	Discordo plenamente

4. Sinto-me desconfortável se acho que alguém não está sendo tratado justamente.

5	4	3	2	1
Concordo plenamente	Concordo	Não concordo nem discordo	Discordo	Discordo plenamente

5. Se eu achasse que estava sendo tratado injustamente, ficaria muito motivado a mudar as coisas.

5	4	3	2	1
Concordo plenamente	Concordo	Não concordo nem discordo	Discordo	Discordo plenamente

6. Não fico chateado se alguém consegue algo melhor do que eu.

5	4	3	2	1
Concordo plenamente	Concordo	Não concordo nem discordo	Discordo	Discordo plenamente

7. É impossível que todos sejam tratados com justiça o tempo todo.

5	4	3	2	1
Concordo plenamente	Concordo	Não concordo nem discordo	Discordo	Discordo plenamente

8. Quando eu for um gestor, garantirei que todos os meus funcionários sejam tratados com justiça.

5	4	3	2	1
Concordo plenamente	Concordo	Não concordo nem discordo	Discordo	Discordo plenamente

9. Eu pediria demissão se achasse que estou sendo tratado injustamente.

5	4	3	2	1
Concordo plenamente	Concordo	Não concordo nem discordo	Discordo	Discordo plenamente

10. As desigualdades de curto prazo são OK porque as coisas se equilibram no longo prazo.

5	4	3	2	1
Concordo plenamente	Concordo	Não concordo nem discordo	Discordo	Discordo plenamente

Instruções: Some o total de pontos (observe que alguns itens têm uma organização numérica "inversa"). Se fez 35 pontos ou mais, você é muito sensível à equidade e à justiça; 15 ou menos, você tem muito pouca sensibilidade à igualdade e à justiça; entre 35 e 15, você tem moderada sensibilidade à equidade.

CAPÍTULO 5
Motivação do desempenho dos funcionários por meio do trabalho

Visão geral do capítulo

- Motivação e desempenho do funcionário
- Desenho de cargos nas organizações
- Envolvimento e motivação do funcionário
- Estruturação do trabalho flexível

Objetivos de aprendizagem

Após estudar este capítulo, você estará apto a:

1. Relacionar a motivação com o desempenho do funcionário.
2. Discutir o desenho de cargos, incluindo sua evolução e alternativas de abordagem.
3. Relacionar o envolvimento no emprego com o trabalho e a motivação.
4. Identificar e descrever as estruturas essenciais para o trabalho flexível.

Orquestrando os resultados

"Eles se sentem no poder. Ninguém lhes diz o que fazer. Eles vão para o palco e aí é quando têm a oportunidade de influenciar [e] moldar a música."

— Graham Parker, diretor executivo, dos músicos da Orquestra de Câmara Orpheus

Ao recapitular o concerto da Orquestra de Câmara Orpheus, Vivien Schweitzer, crítica de música do *New York Times*, destacou que a orquestra tocou a Sinfonia Nº 2 de Robert Schumann "com uma coordenação notável"; o "equilíbrio entre cordas, sopro e metais", ela acrescentou, "foi extraordinariamente equilibrado".

Será que Schweitzer estava fingindo em seu comentário? Não é de se *supor* que uma *sinfonia*, cujo significado é "harmonia de sons", seja executada com coordenação notável? Não é de se *supor* que os vários setores de uma orquestra sejam equilibradas? O maestro, cujo trabalho é assegurar a execução da apresentação, foi um pouco mais além da coordenação e equilíbrio? Na verdade, a Orpheus, de Nova York, não se apresenta com um maestro, e Schweitzer estava comentando o fato de que a orquestra tinha – "bravamente e com muito sucesso" – provado ser capaz de executar um trabalho muito complexo sem a liderança e gestão artística de alguém que dirige os ensaios e fica em um pódio acenando uma batuta autoritária.

A Orquestra de Câmara Orpheus é única em se apresentar sem maestro. Essa autonomia ajuda a motivar os músicos a buscar o nível mais alto possível.

"Para nós da Orpheus", explica Graham Parker, diretor executivo, "é o *modo* como fazemos a música é a diferença. A Orpheus tem por princípio que seu produto – a música executada para o público – é de melhor qualidade quando seus funcionários – os músicos – estão muito satisfeitos em seus empregos. Todos os músicos profissionais de orquestra são intensamente treinados e têm habilidade, mas não se engane: muitos deles não são felizes no trabalho. J. Richard Hackman, psicólogo organizacional da Harvard, entrevistou trabalhadores em 13 diferentes categorias ocupacionais, incluindo integrantes de orquestras, para determinar os níveis de motivação e satisfação no trabalho. Por um lado, os músicos foram categorizados no topo da motivação, "alimentados pelo orgulho e profissionalismo", de acordo com Hackman. Por outro lado, quando se fala em satisfação no trabalho de maneira geral, os músicos de orquestra ficaram em sétimo lugar (logo abaixo de guardas de prisão federal e ligeiramente acima de vendedores de cerveja e de equipes de entrega). No quesito satisfação em relação a oportunidades de crescimento, ficaram em nono lugar (novamente, abaixo de guardas de prisão e um pouco acima de enfermeiros de salas de cirurgia e jogadores de *hockey*).

Para retificar esse desligamento entre motivação e satisfação – e entre motivação e qualidade do produto – que a Orpheus foi concebida, e o primeiro propósito no que agora é conhecido como "Orpheus Process" é esse: "Coloque o poder nas mãos das pessoas que fazem o trabalho". De acordo com Harvey Seifter, consultor especializado nas relações entre negócios e arte, o Orpheus Process consiste em cinco elementos projetados para colocar esse princípio em prática:

1. ***Escolher os líderes***. Para cada trecho da música que a orquestra decide apresentar, os membros selecionam um grupo de liderança composto de cinco a sete músicos. Esse "time principal" conduz os ensaios e funciona como um guia para as entradas dos membros. Ele também é responsável por se certificar de que o final da apresentação reflita "uma visão unificada".
2. ***Desenvolver estratégias***. Antes dos ensaios, o time principal decide como o trecho da música será executado. Seu objetivo principal é assegurar "uma forma ampla de interpretação musical" e trabalha para atingir esse objetivo por meio de várias formas de abordagens da música durante os ensaios com toda a orquestra.
3. ***Desenvolver o produto***. Uma vez escolhida a forma de interpretação, os ensaios são direcionados ao aperfeiçoamento. Nesse ponto, os músicos fazem sugestões e criticam o desempenho dos colegas. Claro está que se trata de uma fase de intensa colaboração e seu sucesso depende do respeito mútuo. "Somos todos especialistas – esse é o início da discussão", diz a violinista Martha Caplin. "Quando falo com... outro músico do grupo, é em um nível de igualdade. É crucial termos essa atitude". Quando surgem os desentendimentos, todos trabalham para chegar ao consenso, e se não conseguimos atingi-lo, a questão é resolvida por votação. A violinista Eriko Sato também destaca que o processo de colaboração funciona melhor quando os membros dirigem suas contribuições no sentido da mais alta qualidade possível: "Fundamentalmente", ela diz, "não acho que a opinião de todos deveria ser levada em consideração todas as vezes. Algumas coisas têm lugar e hora certa para serem ditas. O momento apropriado. Todos sabem o que está errado, todos conseguem sentir o que não está certo. Mas você tem uma *solução*? Você sabe como resolver o *problema*?".
4. ***Aperfeiçoar o produto***. Um pouco antes de cada concerto, alguns membros se sentam no auditório para ouvir a execução sob a perspectiva do público. Então, dirigem-se a todos os músicos e sugerem alguns ajustes finais.
5. ***Entregar o produto***. A apresentação final é o último desempenho do Orpheus Process, mas não é a última etapa. Quando o concerto termina, os membros reúnem-se para compartilhar impressões sobre a apresentação e fazer sugestões de melhorias para eventos futuros.

"Se você perguntar a qualquer músico da orquestra por que eles amam tocar com a Orpheus", diz Parker, "eles se sentem no poder. Ninguém lhes diz o que fazer. Eles vão para o palco e têm a oportunidade de influenciar [e] dar forma à música, fazem isso usando juntos toda experiência e treinamento que possuem". Pergunte a Don Palma, que toca contrabaixo, por exemplo. Palma tirou umas férias sabáticas depois de um ano com a Orpheus para se apresentar com a Filarmônica de Los Angeles. "Simplesmente odiei", ele diz. "Não gostava que ficassem o tempo todo me dizendo o que fazer, ser tratado como se, na verdade, eu não merecesse nada além de ser um bom soldado e simplesmente ficar sentado lá e fazer o que me mandavam. Eu me sentia impotente para influenciar as coisas... Eu me sentia frustrado e não havia nada que eu pudesse fazer para ajudar a tornar as coisas melhores". Em contraposição, diz Palma, "a Orpheus me mantém envolvido. Tenho alguma participação na direção da música que será interpretada. Acho que é por isso que muitos de nós estão envolvidos há tanto tempo nisso".

Na maioria das orquestras, o maestro toma decisões que são mais ou menos autocráticas sobre o que será interpretado e como. As sugestões dos músicos não são nem esperadas nem bem-vindas, e um conselho não solicitado pode ser friamente desconsiderado – e pode, de fato, ser motivo para demissão. Na Orpheus, diz Parker, "temos uma estrutura complemente diferente na maneira de abordar o ensaio": uma equipe principal de músicos selecionados pela orquestra de cada tipo de instrumento planeja e lidera os ensaios de determinada parte da música.

Para ajudar a enfrentar os desafios inevitáveis advindos de sua estrutura democrática, em 2007, a Orpheus recrutou Hackman, de Harvard, para o conselho de administração. Imediatamente Hackman ajudou a orquestra a se organizar em relação a dois grupos de liderança. Um grupo de *planejamento artístico* é composto de dois membros da equipe e três "diretores artísticos". O diretor executivo trabalha como uma espécie de moderador nas discussões em grupo, e o gerente geral informa a todos sobre eventos e iniciativas relacionados ao mercado. Os três diretores artísticos, que são membros da orquestra, trabalham com outros integrantes para descobrir em que eles estão interessados no trabalho e para transmitir suas ideias ao grupo de planejamento. Eles também funcionam como uma *equipe sênior de liderança* para o diretor executivo, para o gerente geral e para os diretores financeiro, de marketing e operacional. Essa equipe determina o melhor modo de fazer as coisas em razão do comprometimento da organização com a estrutura democrática, com a liderança e com os cargos – a melhor forma de desenvolver a agenda artística; escolher músicos, solistas e compositores, bem como tornar a equipe responsável por suas próprias decisões.

Contudo, é importante lembrar que nem o Orpheus Process nem sua estrutura de duas equipes são garantias suficientes para a eficácia organizacional. Como em qualquer empreendimento organizacional, a execução é a diferença entre o sucesso e o fracasso, e um estudo da abordagem administrativa da Orpheus revelou inúmeras razões para a eficácia da equipe dentro do grupo. Todo membro, por exemplo, compreende claramente o propósito e a missão do grupo; o papel de cada membro é estabelecido e acordado pelo grupo e todos os membros executam uma quantidade igual de trabalho para alcançar os objetivos comuns.

Qual é a sua opinião?
1. Você consegue pensar em outros grupos ocupacionais que compartilham as necessidades motivacionais e valores desses músicos profissionais? De que formas a ação para motivar os músicos pode ser diferente daquelas tarefas que motivam as pessoas em ambientes de trabalho mais convencionais?
2. Você é capaz de identificar as diferenças do atual "trabalho" de tocar na Orquestra de Câmara Orpheus frente a tocar em uma orquestra tradicional? Como as diferenças podem afetar a motivação dos músicos em cada ambiente?

Referências: Vivien Schweitzer, "Players with No Conductor and, Increasingly, with No Fear", *New York Times*, 7 mai. 2007, http://query.nytimes.com, 18 abr. 2012; Anthony Tommasini, "The Pluses and Minuses of Lacking a Conductor", *New York Times*, 18 out. 2008, www.nytimes.com, 18 abril 2012; Jennifer Higgs,

"Orpheus Chamber Orchestra Embodies Democratic Principles", *Axiom News*, 28 out. 2008, www.axiomnews. ca, 18 abr. 2012; Amanda Gordon, "Self-Governing Orpheus Chamber Orchestra Has Broader Lessons to Offer, Says Banking and Civic Leader JohnWhitehead", *New York Sun*, 25 abr. 2009, www.nysun.com, 18 abr. 2012; Harvey Seifter, "The Conductorless Orchestra", *Leader to Leader Journal*, nº 21 (Verão 2001), www.life-bv.nl, 18 abr. 2012; J. Richard Hackman, *Leading Teams: Setting the Stage for Great Performances* (Cambridge, MA: Harvard Business School Press, 2002), http://books.google.com, 18 abr. 2012.

Os gestores determinam quais trabalhos serão executados em suas organizações e como serão executados. Mas eles também devem orientar como motivar as pessoas e como otimizar seu desempenho. A chave para o sucesso no longo prazo no ambiente de negócios é criar cargos que otimizem os requisitos da organização para a produtividade e eficiência e, simultaneamente, motivem e satisfaçam os funcionários nessas ocupações. As pessoas e as organizações mudam, e conforme aprendemos mais sobre gestão, é importante revisarmos as ocupações de modo a fazer todas as mudanças necessárias para aperfeiçoá-las.

Este é o primeiro de dois capítulos que abordam as estratégias que os gestores utilizam para potencializar o desempenho de seus empregados. Iniciaremos com uma discussão sobre o planejamento do trabalho, primeiro conhecendo as abordagens históricas. Então, discutiremos uma importante perspectiva contemporânea sobre os cargos, a teoria das características do cargo. A seguir, analisaremos a importância do envolvimento dos funcionários por meio de sua participação no trabalho. Por fim, discutiremos as estruturas do trabalho flexível que podem ser utilizadas para aumentar a motivação e o desempenho. Para começar, introduziremos um esquema que pode orientar os gestores em suas tentativas de colocar em prática várias teorias e modelos de motivação.

MOTIVAÇÃO E DESEMPENHO DO FUNCIONÁRIO

No Capítulo 4, descrevemos várias perspectivas sobre a motivação. Mas nenhum modelo ou teoria exaure a explicação da motivação – cada qual abrange somente alguns dos aspectos que resultam em comportamento motivado. Além do mais, mesmo que uma teoria fosse aplicada em uma situação particular, o gestor ainda teria que adequá-la aos propósitos operacionais. Por isso, ao mesmo tempo em que utilizam as teorias atuais como recursos, os gestores precisam entender os vários procedimentos operacionais, sistemas e métodos para aumentar a motivação e o desempenho.

A Figura 5.1 mostra um quadro que relaciona as várias teorias sobre motivação ao real potencial da motivação, bem como aos métodos operacionais para traduzir a motivação potencial e real em desempenho. O lado esquerdo da figura mostra que o comportamento motivado por ser induzido por circunstâncias baseadas na necessidade ou no processo, isto é, as pessoas podem estar motivadas a satisfazer várias necessidades específicas ou podem ser motivadas por meio de vários processos, como percepção da inequidade, expectativas em relação aos relacionamentos e às contingências de reforço.

O conceito das perspectivas baseadas na necessidade, na aprendizagem e no processo resulta em uma situação ilustrada no centro da figura – existe um certo potencial para o comportamento motivado voltado ao aumento do desempenho. Por exemplo, vamos imaginar que um funcionário queira ter mais relacionamento social – que quer satisfazer as necessidades afetivas, de relacionamento ou de afiliação. Isso significa que existe um potencial para querer ter um desempenho de nível mais elevado, se ele achar que o desempenho mais alto vai satisfazer suas necessidades sociais. Da mesma forma, se o alto desempenho de um

FIGURA 5.1

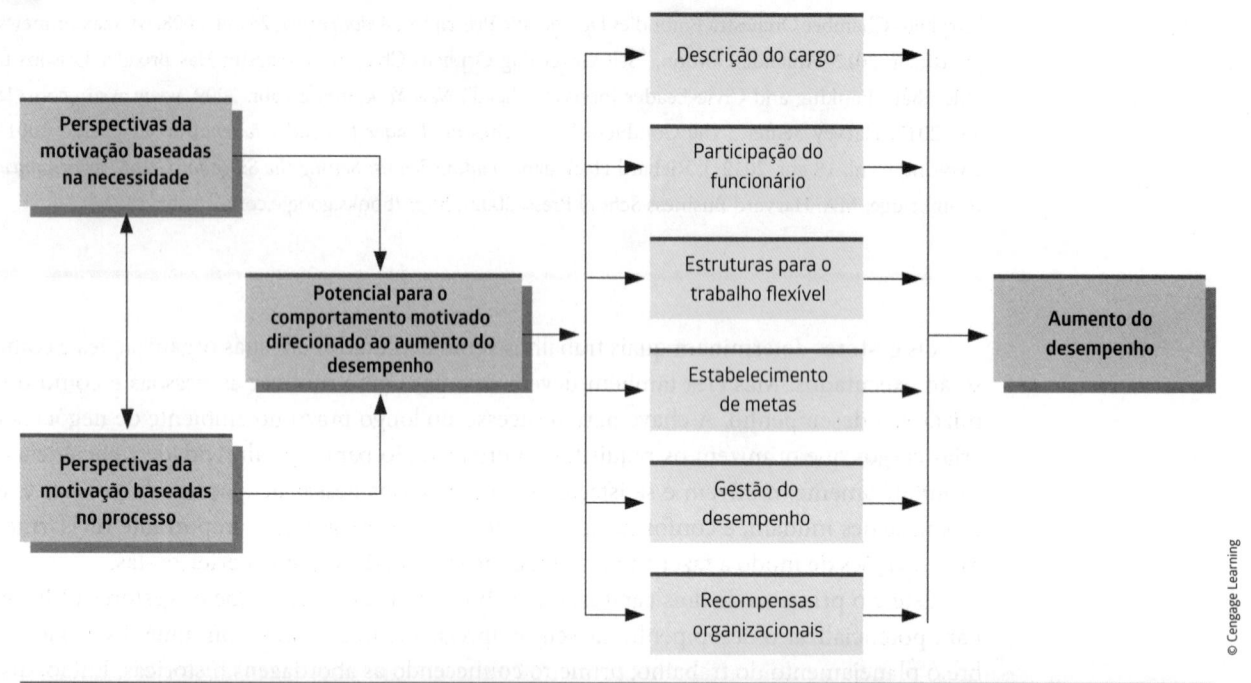

Aumentando o desempenho na organização

Os executivos podem utilizar uma variedade de métodos para aumentar o desempenho nas organizações. As perspectivas da motivação baseadas na necessidade e no processo explicam alguns dos fatores envolvidos no aumento do potencial de um comportamento motivado direcionado e aumento do desempenho. Assim, os gestores podem utilizar recursos como estabelecimento de metas, descrição do cargo, estruturas para o trabalho flexível, gestão do desempenho, recompensas e comportamento organizacional motivado para auxiliar a transformação desse potencial em aumento real do desempenho.

funcionário no passado foi seguido por um forte reforço positivo, haverá também um potencial para a motivação dirigida ao aumento do desempenho.

Mas os gestores podem precisar levar em consideração determinados passos formais para traduzir o potencial da motivação no sentido de um melhor desempenho em motivação bem como aumento do desempenho real. Em alguns casos, essas etapas podem estar relacionadas a uma necessidade ou processo específico que criou o potencial existente. Por exemplo, fornecer mais oportunidade para a interação social na melhoria do desempenho pode desenvolver as necessidades sociais de um funcionário. Entretanto, é mais comum o gestor precisar ir mais adiante para ajudar a transformar o potencial em desempenho real.

O lado direito da Figura 5.1 relaciona alguns dos métodos mais comuns utilizados para aumentar o desempenho. Este capítulo abrange os três primeiros – descrição do cargo, participação e fortalecimento bem como estruturação de um trabalho flexível. Os outros três – estabelecimento de metas, gestão do desempenho e recompensas organizacionais – serão abordados no Capítulo 6.

O PLANEJAMENTO DO TRABALHO NAS ORGANIZAÇÕES

> **Planejamento do cargo** é como as organizações definem e estruturam os cargos.

O planejamento do trabalho é um método importante que os gestores podem utilizar para aumentar o desempenho do funcionário.[1] Quando o planejamento do trabalho é direcionado para um indivíduo, é mais comum ser chamado **planejamento do cargo**; ele pode ser definido pelo modo como as organizações definem e configuram os cargos. Como veremos, o planejamento de cargo adequado pode ter um impacto positivo na motivação, no desempenho e na satisfação profissional daqueles que o utilizam. Já o planejamento inadequado de cargos pode prejudicar a motivação, o desempenho bem como a satisfação profissional. O primeiro modelo divulgado de como o trabalho individual planejado foi a especialização profissional. Por exemplo, um funcionário que aplica adesivos de segurança em uma peça de um equipamento conforme ele se move na linha de montagem está realizando um trabalho especializado.

Especialização profissional

De acordo com Frederick Taylor, o principal proponente da **especialização profissional**, os cargos podem ser cientificamente estudados, divididos em componentes para pequenas tarefas e, daí, padronizados para todos os funcionários que estão em tais cargos.[2] A visão de Taylor foi ampliada com os escritos históricos sobre a divisão do trabalho defendida pelo economista escocês Adam Smith. Na prática, a especialização profissional trouxe mais vantagens, se não todas, como seus defensores afirmam. A especialização pavimentou o caminho para as linhas de montagem de larga escala e foi, pelo menos parcialmente, responsável pelos ganhos dramáticos que as indústrias dos Estados Unidos tiveram ao longo de décadas após a virada do século.

Superficialmente, a especialização profissional parece ser um meio racional e eficiente para estruturar cargos. Em muitas fábricas, por exemplo, os cargos são altamente especializados e costumam ser configurados para maximizar a produtividade. Entretanto, na prática, desempenhar esses cargos pode causar problemas, entre eles, a extrema monotonia das tarefas especializadas. Vamos considerar o trabalho de montar torradeiras. Uma pessoa que faz a montagem inteira pode achar o trabalho complexo e desafiador, embora ineficiente. Se o trabalho é tão especializado que o funcionário simplesmente insere na torradeira uma bobina de aquecimento conforme ela passa pela linha de montagem, o processo pode ser eficiente, mas é pouco provável que desperte o interesse ou desafie o funcionário. Um funcionário anestesiado pelo tédio e pela monotonia pode estar menos motivado a trabalhar arduamente e mais inclinado a fazer um serviço de má qualidade ou a se queixar do trabalho. Por essas razões, os gestores começaram a buscar o planejamento do cargo como alternativa para a especialização.

Um dos principais catalisadores dessa busca foi um famoso estudo de cargos da indústria automobilística. O propósito desse estudo era avaliar o quão satisfeitos os funcionários estavam com os vários aspectos do trabalho.[3] Os funcionários indicaram que estavam razoavelmente satisfeitos em relação a salário, condições de trabalho e qualidade da supervisão. No entanto, expressaram extrema insatisfação com o trabalho. As fábricas eram muito barulhentas, e a linha de montagem móvel exigia um ritmo rígido e extenuante. O trabalho era altamente especializado e padronizado.

Os funcionários reclamaram de seis aspectos relacionados ao trabalho: o ritmo mecânico da linha de montagem, a repetição, os baixos requisitos de habilidade, o envolvimento com somente uma parte do ciclo total da produção, a interação social limitada e a ausência de controle sobre as ferramentas e técnicas utilizadas. Essas fontes de insatisfação foram uma consequência das prescrições do planejamento de cargo da gestão científica. Por essa razão, os gestores reconheceram que, embora a

A especialização profissional, conforme defendida pela gestão científica, auxilia na melhora da eficiência, mas pode promover a monotonia e o tédio.

A especialização profissional é a base das linhas de montagem como essa. Os funcionários desempenham tarefas configuradas com precisão conforme o produto passa pela esteira. Na teoria, essa abordagem promove a eficiência, no entanto, ela pode levar ao tédio e à monotonia.

especialização profissional pudesse conduzir à eficiência, se levada muito longe, teria inúmeras consequências negativas.[4]

Primeiras alternativas para a especialização profissional

Em resposta ao estudo da indústria automobilística, outros problemas relacionados à especialização profissional e o desejo de explorar caminhos para criar cargos menos monótonos, os gestores começaram a buscar alternativas para planejar os cargos. De início, os gestores formularam duas abordagens alternativas: rodízio de funções e ampliação de tarefas.

Rodízio de funções   O rodízio de funções envolve a troca sistemática de funcionários de uma função para outra de modo a manter a motivação e o interesse. Da perspectiva da especialização, cada tarefa pode ser dividida em pequenas partes. Por exemplo, a montagem de canetas de luxo, como aquelas produzidas pela Mont Blanc ou pela Cross, pode envolver quatro etapas: testar o cartucho, introduzir o cartucho no tambor da caneta, parafusar a tampa sobre o tambor e acondicionar a caneta montada em uma caixa. Um funcionário pode executar a primeira etapa; outro, a segunda etapa, e assim por diante.

Quando o rodízio nas funções é introduzido, as tarefas permanecem as mesmas. Entretanto, os funcionários que as executam são sistematicamente alternados nas várias tarefas. Jones, por exemplo, inicia a tarefa 1 (testar a tinta dos cartuchos). Em períodos regulares – talvez semanal ou mensalmente –, ela é transferida para a tarefa 2, para a tarefa 3, para a tarefa 4, e retorna à tarefa 1. Gonzales, que iniciou o trabalho na tarefa 2 (introduzir o cartucho no tambor da caneta), é designado antes de Jones para as tarefas 3, 4, 1, e de volta à tarefa 2.

Inúmeras empresas têm utilizado o rodízio de funções, incluindo American Cyanamid, Baker Hughes, Ford e Prudential Insurance. Entretanto, o rodízio nas funções não superou totalmente as expectativas.[5] Novamente, o problema estava bem definido: tarefas rotineiras. Se um ciclo de rotação faz os funcionários voltarem para as velhas tarefas, eles simplesmente acabam experimentando muitas tarefas rotineiras e tediosas. Embora o funcionário possa iniciar cada mudança com um interesse renovado, o efeito normalmente tem vida curta.

O rodízio também pode diminuir a eficiência. Por exemplo, ele sacrifica a proficiência e a experiência decorrentes da especialização. Ao mesmo tempo, é uma técnica de treinamento eficaz, porque um funcionário que faz rodízio em várias tarefas relacionadas adquire um conjunto maior de habilidades profissionais. Por essa razão, há um aumento da flexibilidade na transferência de funcionários para novos cargos. Muitas empresas nos Estados Unidos utilizam o rodízio de funções como treinamento ou com outros propósitos, mas poucas o tomam como base para motivar os funcionários. Por exemplo, a Pilgrim's Pride, uma das maiores empresas de processamento de carne de frango dos Estados Unidos, utiliza o rodízio de funções, mas não com recurso motivacional. Na fábrica da Pilgrim's, os funcionários estão sujeitos a lesões por trauma repetitivo, como a síndrome do túnel do carpo, e os gestores acreditam que o rodízio em diferentes postos de trabalho pode reduzir tais lesões. A TSA também alterna as tarefas dos agentes responsáveis pela segurança dos aeroportos a cada 20-30 minutos para ajudar a evitar o tédio e para mantê-los atentos ao trabalho.

Enriquecimento do cargo   O enriquecimento do cargo, ou ampliação horizontal de tarefas, diz respeito a expandir o trabalho de um funcionário para incluir tarefas anteriormente planejadas por outros funcionários. Por exemplo, se a ampliação de tarefas fosse introduzida na fábrica de canetas Cross, as quatro tarefas observadas anteriormente poderiam ser combinadas em duas tarefas "maiores". Consequentemente, em um conjunto de funcionários cada um pode testar os cartuchos e introduzir os cartuchos nos tambores (antigas etapas 1 e 2); outro conjunto de funcionários pode parafusar as tampas nos tambores e acondicionar as canetas nas caixas (antigas etapas 3 e 4). A lógica por trás dessa mudança é que o aumento do número de tarefas em cada trabalho reduz a monotonia e o tédio.

Rodízio de funções refere-se a mover sistematicamente os funcionários de uma tarefa para outra na tentativa de minimizar a monotonia e o tédio.

Enriquecimento do cargo envolve dar aos funcionários mais tarefas para executarem.

A Maytag foi uma das primeiras empresas a utilizar o enriquecimento de cargos.[6] Na montagem das bombas de água de máquinas de lavar roupa, por exemplo, tarefas executadas sequencialmente por seis funcionários de uma esteira foram modificadas de modo que cada funcionário completasse uma bomba inteira sozinho. Entre outras organizações que implementaram a ampliação de tarefas estão AT&T, U.S. Civil Service e Colonial Life Insurance Company.

Infelizmente, o enriquecimento dos cargos também falhou em relação aos efeitos desejados. Geralmente, se toda a sequência de produtos é composta de tarefas simples, apenas aumentar a quantidade delas não altera significativamente o trabalho. Se a tarefa de colocar dois parafusos em uma peça de uma máquina é "ampliada" para que seja possível colocar três parafusos e conectar dois fios, por exemplo, a monotonia da tarefa original permanece.

Enriquecimento do trabalho

Enriquecimento do trabalho implica dar aos funcionários mais tarefas e proporciona-lhes mais controle sobre como vão executá-las.

O rodízio de cargos e a ampliação de tarefas pareciam promissores, mas acabaram por desapontar os gestores que buscavam conter os efeitos danosos da especialização extrema. Eles falharam parcialmente porque eram mais abordagens estreitas e intuitivas do que métodos teóricos direcionados. Consequentemente, uma nova e mais complexa abordagem para o planejamento da tarefa – o enriquecimento do cargo – foi desenvolvida. O **enriquecimento do trabalho** baseia-se na teoria da estrutura dupla, apresentada no Capítulo 4. De acordo com essa teoria, os funcionários podem ser motivados por experiências positivas relacionadas ao trabalho, como sentimentos de realização, responsabilidade e reconhecimento. Para alcançá-las, o enriquecimento do cargo fundamenta-se na ampliação vertical de tarefas – não apenas acrescentando mais tarefas, como ampliando horizontalmente as tarefas, mas também propiciando ao funcionário mais controle sobre elas.[7]

A AT&T, Texas Instruments, IBM e General Foods utilizaram o enriquecimento do cargo. Por exemplo, a AT&T utilizou o enriquecimento do cargo em um grupo de oito pessoas responsáveis por preparar as ordens de serviço. Os gestores acreditavam que a rotatividade dos funcionários do grupo estava muito alta e que o desempenho estava baixo demais. Análises revelaram muitas deficiências no trabalho. O grupo trabalhava relativamente isolado e qualquer representante de assistência técnica podia solicitar-lhes a preparação das ordens de serviço. Como resultado, eles tinham pouco contato com o cliente e pouca responsabilidade em relação a ele, além do que, tinham pouco retorno de seu desempenho no trabalho. O programa de enriquecimento do cargo orientou a criação de uma equipe de processo. Cada membro da equipe formava uma dupla com um representante de assistência técnica, e as tarefas foram reestruturadas: dez etapas distintas foram substituídas por três etapas mais complexas. Além disso, os membros do grupo começaram a ter retornos específicos sobre o desempenho e a nomenclatura de seus cargos foram alteradas para refletir a responsabilidade e a importância deles. Como resultado dessas mudanças, o número de ordens despachadas no prazo aumentou de 27% para 90%, a precisão melhorou e a rotatividade diminuiu significativamente.[8]

Muitos gestores considerariam difícil – se não impossível – promover o enriquecimento do cargo em áreas como zeladoria e manutenção de jardins. Mas a Texas Instruments obteve resultados positivos quando passou a permitir que seus zeladores tivessem controle sobre os próprios horários, além disso, tornou-os responsáveis pela compra dos suprimentos para limpeza.

Um dos primeiros relatórios publicados sobre o enriquecimento do cargo informou como a Texas Instrumental tem utilizado essa técnica para aperfeiçoar os serviços de limpeza e zeladoria. A empresa havia dado aos zeladores mais controle sobre seus horários e permitiu-lhes dar acompanhamento ao próprio trabalho de limpeza e a comprar os próprios suprimentos. Como resultado direto, a rotatividade caiu, a limpeza foi melhorada e a empresa teve uma economia inicial de custos estimada em aproximadamente US$ 103.000.[9]

Ao mesmo tempo, observamos que muitos programas de enriquecimento do trabalho falharam. Algumas empresas descobriram que o enriquecimento do trabalho é ineficaz, outras acreditam que ele não produz os resultados esperados.[10] Vários programas na Prudential Insurance, por exemplo, foram abandonados porque os gestores acreditavam que não beneficiavam nem os funcionários nem a empresa. Algumas das críticas são associadas à teoria da dupla estrutura na qual se baseia o enriquecimento do trabalho: a teoria confunde a satisfação do funcionário com a motivação, é repleta de falhas metodológicas, ignora fatores situacionais e não é apoiada pelas pesquisas de modo convincente.

Em razão desses e de outros problemas, o enriquecimento de cargos no momento caiu no desagrado dos gestores. Ainda assim, alguns aspectos de maior valor do conceito podem ser salvos. Ultimamente, os esforços de gestores e de teóricos têm conduzido a pontos de vista mais complexos e sofisticados. Muitos dos avanços ficam evidentes na teoria das características do cargo, que consideramos a seguir.

Teoria das características do cargo

> A teoria das características do cargo elenca cinco propriedades motivacionais das tarefas e três estados psicológicos críticos das pessoas.

A **teoria das características do cargo** concentra-se nas propriedades motivacionais específicas dos cargos. A teoria, diagramada na Figura 5.2, foi desenvolvida por Hackman e Oldham.[11] No centro da teoria está a ideia de estados psicológicos críticos. Presume-se que esses estados determinem a extensão em que as características do cargo aumentam as respostas dos funcionários à tarefa. Os três estados psicológicos críticos são:

1. *Experiência do significado do trabalho* – grau em que o indivíduo experimenta o trabalho como significativo e valioso
2. *Experiência na responsabilidade pelos resultados do trabalho* – grau em que o indivíduo sente-se responsável pelos resultados do seu trabalho
3. *Conhecimento dos resultados* – grau em que o indivíduo compreende como é produtivo seu desempenho no cargo

Se os funcionários experimentarem esses três estados em um nível suficiente, é provável que se sintam bem em relação a eles mesmos e respondam favoravelmente ao trabalho. Hackman e Oldham sugerem que os três estados psicológicos críticos sejam ativados conforme as cinco características, ou dimensões tangíveis, do trabalho:

1. *Variedade de habilidades* – grau em que o cargo inclui uma variedade de atividades que envolvem diferentes habilidades e talentos.
2. *Identidade da tarefa* – grau em que o cargo requer a conclusão do trabalho como um todo e de seus segmentos identificáveis, isto é, realizar um trabalho do início ao fim com resultados tangíveis.
3. *Significado da tarefa* – grau em que o cargo influencia a vida ou o trabalho de outras pessoas, tanto na própria organização como no ambiente externo.
4. *Autonomia* – grau em que o cargo permite ao indivíduo verdadeira liberdade, independência e critério para programar o trabalho bem como determinar os procedimentos para dar continuidade a ele.
5. *Retorno* – grau em que as atividades do cargo dão ao indivíduo informações diretas e claras sobre a eficiência de seu desempenho.

A Figura 5.2 mostra que as cinco características do cargo influenciam por meio de estados psicológicos críticos e atuam em uma variedade de resultados pessoais e profissionais: alta motivação profissional interna (isto é, motivação intrínseca), desempenho profissional de alta qualidade, alta satisfação com o trabalho bem como baixo absenteísmo e rotatividade. A figura também propõe que as diferenças individuais têm sua função no planejamento de cargos. As pessoas com fortes necessidades de crescimento pessoal e desenvolvimento são especialmente motivadas pelas cinco principais características do cargo. Já em relação às pessoas com poucas necessidades de crescimento e desenvolvimento pessoal, é menos provável que sejam motivadas pelo conjunto das principais características do cargo.

FIGURA 5.2

Teoria das características do cargo

Trata-se de um importante modelo contemporâneo de como planejar os cargos. Por meio de cinco características principais, os gestores podem melhorar três estados psicológicos críticos. Esses estados, por sua vez, melhoram a variedade dos resultados profissionais e pessoais. As diferenças individuais também afetam as características do cargo e das pessoas.

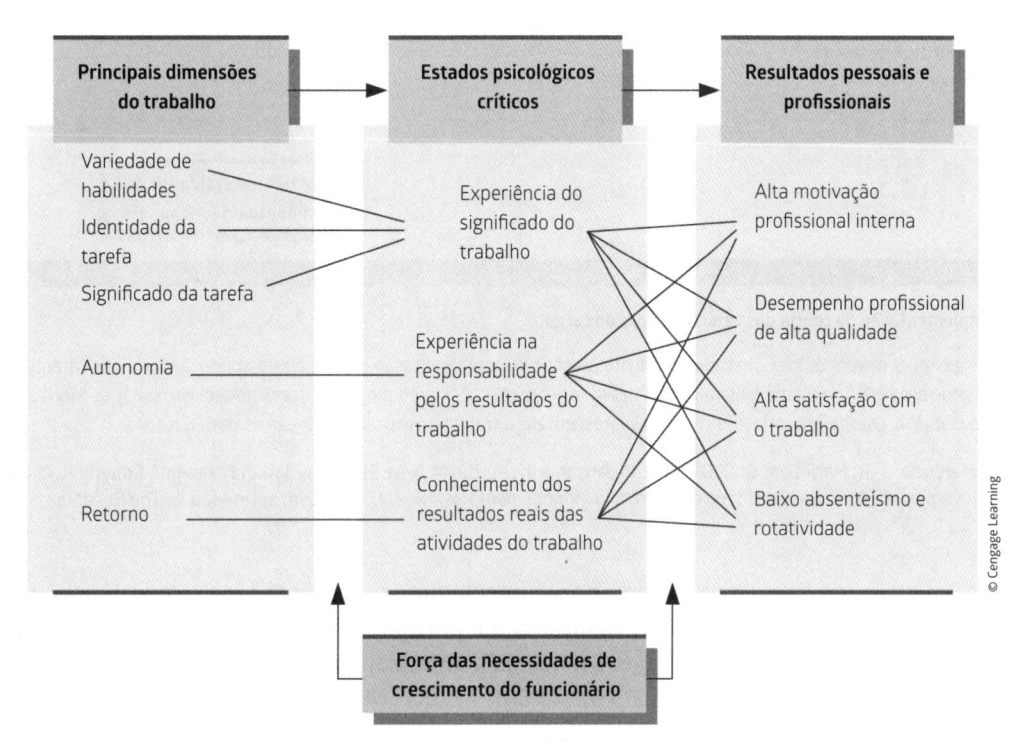

Principais dimensões do trabalho: Variedade de habilidades, Identidade da tarefa, Significado da tarefa, Autonomia, Retorno

Estados psicológicos críticos: Experiência do significado do trabalho, Experiência na responsabilidade pelos resultados do trabalho, Conhecimento dos resultados reais das atividades do trabalho

Resultados pessoais e profissionais: Alta motivação profissional interna, Desempenho profissional de alta qualidade, Alta satisfação com o trabalho, Baixo absenteísmo e rotatividade

Força das necessidades de crescimento do funcionário

Referência: Reeditado de Organizational Behavior and Human Performance, v. 16, J. R. Hackman e G. R. Oldham, "Motivation Through the Design of Work: Test of a Theory", p. 250-279. Copyright 1976, com autorização de Elsevier.

A Figura 5.3 amplia a teoria básica das características do cargo ao introduzir orientações gerais para ajudar os gestores a implementá-la.[12] Os gestores podem utilizar esses meios para formar unidades naturais de trabalho (isto é, agrupar tarefas similares), combinando tarefas existentes e tarefas mais complexas, estabelecendo relacionamentos diretos entre funcionários e clientes, aumentando a autonomia do funcionário por meio da ampliação vertical de tarefas e abrindo canais para retorno. Teoricamente, tais ações deveriam aumentar as propriedades motivacionais de cada tarefa. Seguindo essas orientações, de maneira adaptada algumas vezes, muitas empresas, incluindo 3M, Volvo, AT&T, Texas Instruments e Motorola, têm implementado as mudanças do planejamento de cargos com sucesso.[13]

Muitas pesquisas têm se voltado para a abordagem do desenho de cargos.[14] Essas pesquisas têm habitualmente apoiado a teoria, embora raramente o desempenho apresente correlação com as características do cargo.[15] Alguns pontos fracos aparentes na teoria também têm surgido. Em primeiro lugar, as medidas usadas para testar a teoria nem sempre são tão válidas e confiáveis como deveriam ser. Depois, o papel das diferenças individuais nem sempre é sustentado pelas pesquisas. Por fim, as orientações para a implementação não são específicas, então,

Diagrama (Figura 5.3):

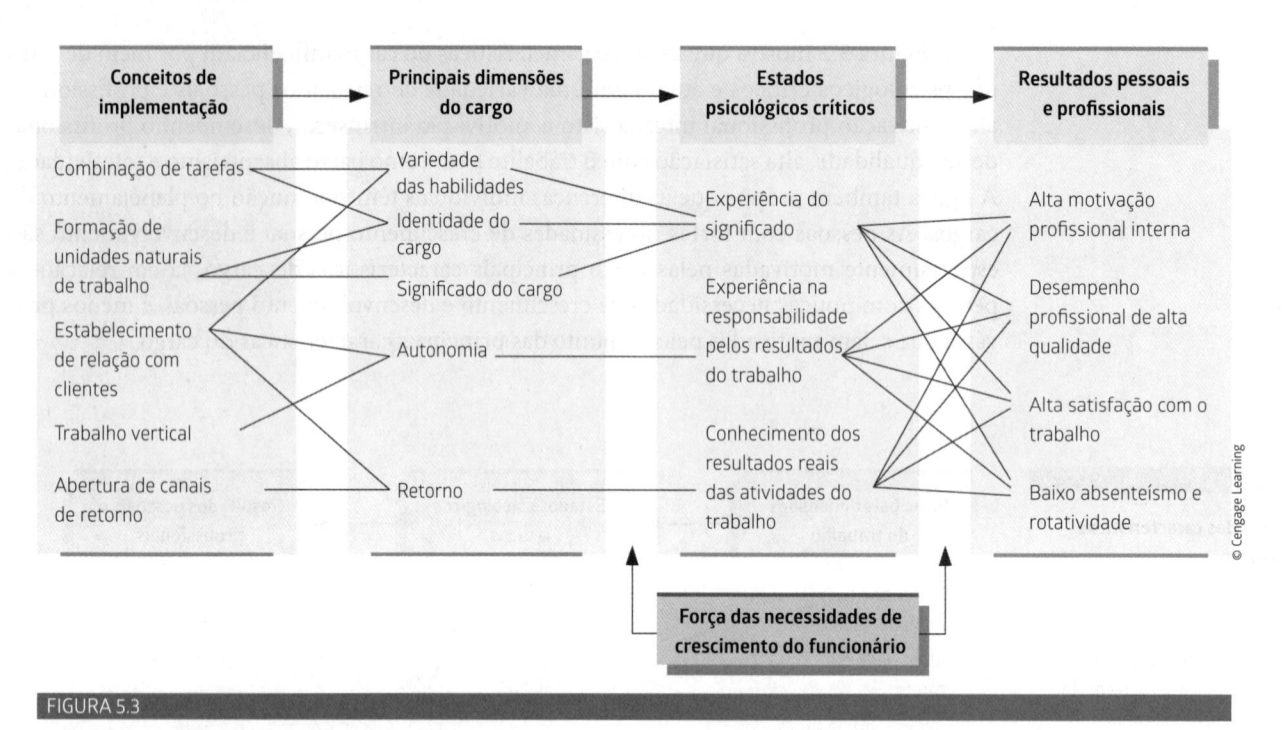

- **Conceitos de implementação:** Combinação de tarefas; Formação de unidades naturais de trabalho; Estabelecimento de relação com clientes; Trabalho vertical; Abertura de canais de retorno
- **Principais dimensões do cargo:** Variedade das habilidades; Identidade do cargo; Significado do cargo; Autonomia; Retorno
- **Estados psicológicos críticos:** Experiência do significado; Experiência na responsabilidade pelos resultados do trabalho; Conhecimento dos resultados reais das atividades do trabalho
- **Resultados pessoais e profissionais:** Alta motivação profissional interna; Desempenho profissional de alta qualidade; Alta satisfação com o trabalho; Baixo absenteísmo e rotatividade

Força das necessidades de crescimento do funcionário

FIGURA 5.3

Implementação da teoria das características do cargo

Os gestores devem utilizar um conjunto de orientações de implementação caso queiram aplicar a teoria das características do cargo em suas organizações. A figura apresenta algumas dessas orientações. Por exemplo, os gestores podem combinar as tarefas, formar unidades naturais de trabalho, estabelecer relações com os clientes, utilizar o trabalho vertical e abrir canais para o retorno.

Referência: J. R. Hackman, G. R. Oldham, R. Janson e K. Purdy, "A New Stage for Job Enrichment". Copyright © 1975 de The Regents of the University of California. Reeditado de *California Management Review*, v. 17, n. 4. Com permissão de The Regents.

os gestores normalmente precisam adaptá-las a circunstâncias particulares. Ainda assim, a teoria permanece como uma perspectiva popular no estudo das mudanças nos cargos.[16]

O box *Diversidade*, intitulado "A lei da redução da motivação", mostra que um dos problemas em tornar os funcionários mais felizes e produtivos possível é o fato de que a força de trabalho é composta por pessoas com diferentes experiências de vida.

ENVOLVIMENTO DO FUNCIONÁRIO E MOTIVAÇÃO

O envolvimento dos funcionários com o trabalho também pode ter um papel importante na motivação. Com frequência o envolvimento aumenta por meio do que chamamos gestão participativa e dar poder. Na maioria dos casos, os gestores que utilizam essas técnicas estão tentando aumentar a motivação do funcionário. De certo modo, a participação e o dar poder são extensões do planejamento do cargo porque cada um altera fundamentalmente o modo como os funcionários desempenham suas funções em uma organização. A **participação** ocorre quando os funcionários têm voz nas decisões sobre o próprio trabalho. (A abordagem da árvore de decisão de Vroom, de que tratamos no Capítulo 13, é um modelo importante que pode ajudar os gestores a determinar o nível ótimo da participação do funcionário.) **Dar poder** é o processo de capacitar os funcionários a estabelecer as próprias metas de trabalho, tomar decisões e resolver problemas em suas esferas de responsabilidade e autoridade. Dessa forma, o dar poder é um conceito mais amplo que promove a participação em uma grande variedade de áreas, incluindo, mas não limitando ao próprio trabalho, ao seu contexto e ao seu ambiente.[17]

Participação implica dar voz aos funcionários na tomada decisões sobre o próprio trabalho.

Dar poder é o processo de capacitar os funcionários a estabelecer as próprias metas de trabalho, tomar decisões e resolver problemas em suas esferas de responsabilidade e autoridade.

Perspectivas iniciais sobre o envolvimento do funcionário

O movimento das relações humanas, em voga entre as décadas de 1930 e 1950, acreditava que funcionários felizes e satisfeitos trabalham mais. Essa visão estimulou o interesse da gestão em ter a participação dos funcionários em várias atividades organizacionais. Os gestores esperavam que se os funcionários tivessem uma chance de participar da tomada de decisão em relação ao ambiente de trabalho, eles ficariam satisfeitos, e essa satisfação supostamente resultaria em melhoria no desempenho. Entretanto, a tendência dos gestores era considerar a participação dos funcionários simplesmente como uma maneira de aumentar a satisfação, e não como uma fonte de boas contribuições em potencial. Os gestores começaram a reconhecer que as contribuições dos funcionários eram úteis, muito além do suposto efeito sobre a satisfação. Em outras palavras, eles passaram a enxergar os funcionários como recursos humanos valiosos, que poderiam contribuir para a eficácia organizacional.[18]

O papel da participação e o de dar força na motivação pode ser expresso tanto por meio das perspectivas baseadas na necessidade como por meio da teoria da expectativa, ambas abordadas no Capítulo 4. Os empregados que participam da tomada de decisão podem estar comprometidos com a excecução adequada das decisões. Além disso, tomar uma decisão bem-sucedida, executá-la e, então, ver as consequências positivas, pode ajudar a satisfazer a necessidade de alguém por realização, promover o reconhecimento e a responsabilidade, bem como aumentar a autoestima. O simples fato de ser solicitado a participar da tomada de uma decisão organizacional também desenvolver a autoestima. Além disso, a participação ajuda a esclarecer as expectativas (como um componente da teoria da expectativa, conforme discutido no Capítulo 4). Isso significa que por meio da participação na tomada da decisão, os empregados podem vir a compreender melhor a ligação (expectativa) entre o desempenho deles e as recompensas que tanto desejam.

Situações de envolvimento de quem trabalha

De certa maneira, os funcionários podem participar abordando questões e tomando decisões sobre o próprio trabalho. Por exemplo, em vez de simplesmente dizer-lhes como devem fazer o trabalho, os gestores podem solicitar aos empregados que tomem suas próprias decisões sobre como fazê-lo. Baseados no próprio conhecimento e experiências em relação às tarefas, aqueles que trabalham podem aperfeiçoar sua produtividade. Em muitas situações, podem estar qualificados para tomar decisões sobre quais materiais utilizar, quais ferramentas utilizar, e assim por diante.

Chaparral Steel, uma pequena siderúrgica próxima a Dalas, permite que seus funcionários tenham autonomia considerável na excecução do trabalho. Por exemplo, quando a empresa precisou de um novo torno para a unidade de laminagem, o orçamento para compra foi de US$ 1 milhão, então a empresa colocou a decisão da aquisição nas mãos de um operador de máquinas. Esse funcionário, por sua vez, examinou várias opções, visitou outras fábricas no Japão e na Europa, posteriormente recomendou uma peça alternativa que custava menos da metade do valor orçado. A empresa também ajudou a promover um conceito inovador chamado "livro aberto da administração" – qualquer funcionário na Chaparral pode ver qualquer documento ou registro da empresa, ou qualquer outro tipo de informação a qualquer hora e por qualquer razão.

Isso também pode ajudar a deixar que os empregados tomem decisões sobre problemas administrativos, como aqueles relacionados a horário de trabalho. Se as funções são relativamente independentes uma da outra, os funcionários podem decidir quando mudar os turnos, fazer intervalos, almoçar, e assim por diante. Um grupo ou equipe de trabalho também pode programar férias e folgas para todos os seus membros. Além disso, os funcionários estão conseguindo aumentar as oportunidades de participar de questões mais amplas acerca da qualidade do produto. Esse tipo de envolvimento tem se tornado uma marca de sucesso em empresas japonesas e de outras partes do mundo; nos Estados Unidos, muitas organizações têm seguido o modelo.

SERVIÇO — Dar poder

Um dos maiores desafios na gestão de pessoas que produzem em conjunto experiências de trabalho com os clientes está relacionado ao fato de que elas, frequentemente, tomam decisões sobre como personalizar as experiências de maneira a irem de encontro às expectativas de cada cliente. Mesmo quando o serviço é bastante estruturado e direto, como aqueles oferecidos por um funcionário de restaurante, por um atendente de loja de varejo ou por um representante do serviço de atendimento ao cliente de um banco, a variação inevitável da personalidade do cliente, de suas capacidades, experiências e expectativas significa que cada um vai exigir alguma adaptação individual do funcionário que presta o serviço. Por essa razão, a organização baseia-se não somente na habilidade de servir a refeição, de organizar uma liquidação ou de abrir uma conta bancária (ou executar qualquer tarefa que seja), mas também na capacidade de diagnosticar com precisão o humor, a personalidade e as capacidades do cliente para garantir que os requisitos produzidos em conjunto para obter a experiência, sejam executados e agreguem valor ao serviço. Uma coisa é pedir a refeição certa, comprar o suéter que caiu bem ou abrir uma conta bancária com sucesso, mas o que transforma mesmo uma simples transação comercial em uma experiência que os clientes consideram memorável é a forma como o funcionário a executa. As empresas prestadoras de serviço, entretanto, baseiam-se na habilidade dos funcionários para descobrir o que o cliente quer, necessita e espera e, então, fornecer isso durante a experiência. Isso significa que o empoderamento é uma necessidade nos serviços, já que não há maneiras de preparar, treinar ou ensinar um funcionário a executar as tarefas exigidas da forma como cada cliente espera.

Em vez disso, as organizações prestadoras de serviço utilizam o empoderamento intensivamente. O empoderamento funciona porque os supervisores não podem estar em todos os lugares o tempo todo para responder a perguntas, ensinar o comportamento correto aos funcionários ou prepará-los para todas as possíveis variações que os clientes trarão ao encontro de serviço. Uma razão ainda mais crítica da necessidade do empoderamento é que as falhas no serviço são inevitáveis. Por isso os funcionários têm de estar prontos, dispostos e capazes de corrigir aquelas situações em que o serviço não foi prestado da maneira como o cliente esperava e que alguma coisa deve ser feita para corrigir a falha. As pesquisas sobre falhas nos serviços nos dizem que quanto mais rápido um contratempo é resolvido, melhor é o resultado para a empresa e para o cliente. O cliente fica mais feliz, conforme o problema é resolvido – e, algumas vezes, sente-se mais satisfeito do que se não houvesse ocorrido nenhum problema. A empresa fica mais feliz, porque há mais chances de um cliente satisfeito retornar para mais compras. E o que é melhor, o funcionário fica mais feliz, porque a maioria dos encontros com clientes nos quais as falhas acontecem não é agradável, e para ele, ser capaz de resolver uma falha de forma positiva e rápida o conduzirá a uma experiência mais positiva, assim como no caso do cliente. Como um último benefício, a maioria das pessoas sente que quando são admitidas, espera-se que elas façam o trabalho para o qual foram contratadas e ficam muito agradecidas quando podem fazê-lo bem. Quando há o empoderamento para agregar valor à prática com o cliente por meio da personalização da transação, os funcionários sentem que têm mais controle sobre como executam seu trabalho, mais consciência do negócio e de suas contribuições para o sucesso da empresa e mais responsabilidade pelo próprio desempenho.

O empoderamento bem-sucedido requer que cinco premissas sejam satisfeitas. Primeira premissa: o funcionário deve ter treinamento, capacidade e motivação para fazer o que é necessário na prática do serviço. Segunda: o resultado tem de ser mensurado de alguma maneira. Terceira, o funcionário deve estar comprometido com a missão da organização para fornecer um serviço excelente e importar-se em manter seu papel no sucesso da empresa. Quarta: o gestor deve estar confortável ao permitir que o funcionário tenha critérios para a execução do trabalho. Por fim, a organização deve ter uma forte cultura, de modo que possa orientar o funcionário a fazer a coisa certa, quando isso se referir a uma decisão local que o funcionário tem de tomar quanto ao que deve ser feito para atender um cliente. Dessa forma, tanto a empresa como o funcionário têm de estar prontos, dispostos e devem ser capazes de fazer o que o cliente quer quando quer.

Questão para discussão: Por que é importante dar poder ao funcionário para que produza experiências de serviços?

Técnicas e problemas no envolvimento do funcionário

Atualmente, muitas organizações têm buscado ativamente maneiras de ampliar o envolvimento do funcionário. Técnicas simples, como caixa de sugestões e reuniões para perguntas e respostas, por exemplo, permitem um certo grau de participação. O motivo básico tem sido para tirar maior proveito dos meios e capacidades inerentes a todos os empregados. Por

DIVERSIDADE: A lei da redução da motivação

A participação de mulheres nas faculdades de direito dos Estados Unidos decolou depois de 1970 e, por mais de 30 anos, elas se graduaram na mesma proporção que os homens. Hoje, entretanto, as empresas de advocacia norte-americanas ainda contam com relativamente poucas mulheres como *sócias* – geralmente, o que se vê são advogados veteranos que se associam a proprietários e diretores. Atualmente, 34,4% de todos os advogados são mulheres, ainda assim, somente 17,8% dos sócios das empresas de advocacia são do sexo feminino. Muitas advogadas são *associadas* – funcionárias remuneradas que esperam se tornar sócias. Além disso, quanto mais observarmos a escada profissional de uma empresa de advocacia, maior será a disparidade. De acordo com a *National Association of Women Lawyers* (Associação Nacional das Advogadas), 92% de todos os *sócios-administradores* (que administram o negócio) são homens; os homens ocupam 85% do assentos nos comitês governamentais que controlam as políticas das empresas e detêm 84% de todas as *parcerias de capital próprio* (que vêm com a posse e participação nos lucros). Nesse ritmo, as mulheres vão atingir a paridade com os colegas do sexo masculino por volta de 2088.

Então o que acontece entre o tempo em que as mulheres obtêm propostas de emprego e o tempo em que as empresas distribuem promoções e sociedade? Elas tornam-se menos envolvidas? Bettina B. Plevan, especialista em direito do trabalho e sócia da Proskauer Rose, advocacia de Manhattan, acredita que, em algum lugar ao longo do caminho, as advogadas perdem o tipo de motivação necessária para chegar à frente em um escritório de advocacia. "Você tem determinada população", observa, "que foi motivada a cursar direito com um objetivo de carreira em mente. O que desmotiva essas pessoas", pergunta, "a continuar querendo trabalhar com a lei?".

O problema não é nem a discriminação nem a falta de oportunidade, diz Karen M. Lockwood, ex-sócia da Howrey, em Washington DC e fundadora do Lockwood Group, consultoria especializada em diversidade profissional. "As empresas de advocacia", diz, "estão muito além da discriminação. Os problemas com promoção e retenção estão enraizados em preconceitos, e não em discriminação". Em parte, esses preconceitos são uma questão de inércia institucional. Lauren Stiller Rikleen, ex-advogada e atualmente executiva no Center for Work and Family, no Boston College Carroll School of Management, indica que a maioria das firmas de advocacia está "administrando de acordo com um modelo institucional que tem aproximadamente 200 anos". Muitas delas, acrescenta, "fazem um trabalho horrível na gestão de seu pessoal, em relação ao treinamento e à comunicação. Uma das consequências dessas práticas pode ser o pouco envolvimento do funcionário. Problemas como esses, é claro, afetam as atitudes tanto de homens quanto de mulheres, mas por causa dos persistentes preconceitos em relação às atitudes, aos valores e aos objetivos das mulheres, elas são sobrecarregadas com o fardo do trabalho. Em termos práticos, elas enfrentam orientações menos adequadas, menos oportunidades de estabelecer uma rede social no trabalho, mais atribuições de casos de baixa qualidade e acesso desigual às posições de controle do comitê.

> *"Você tem determinada população que foi motivada a cursar direito com um objetivo de carreira em mente. O que desmotiva essas pessoas a continuar querendo trabalhar com a lei?"*
> – BETTINA B. PLEVAN, ADVOGADA

A esses obstáculos para o sucesso, Lockwood acrescenta o efeito que ela chama de "parede maternal": os sócios homens, ela diz, presumem que as mulheres que retornam à empresa depois de terem filhos, estão menos dispostas a trabalhar arduamente e são menos capazes de se dedicarem ao trabalho.

Como as empresas de muitos outros setores, os escritórios de advocacia têm experimentado as opções do trabalho flexível, como horário flexível e licença parental. No entanto, cada vez mais, elas relatam que tais medidas não têm sido tão eficazes quanto esperavam. É o que diz Edith R. Matthai, que fundou com o marido a empresa Robie & Matthai, em Los Angeles: "Somos muito tranquilos com licenças e horários flexíveis, e mesmo com tudo isso ainda perdemos as mulheres". A "pressão sobre as mulheres exercida por cônjuges, família, parceiros, escolas, entre outros, é enorme", acrescenta. A situação tem melhorado nos últimos 30 anos, mas "temos um longo caminho pela frente... Acredito que a solução real seja reavaliar o papel que as mulheres desempenham na família. Um elemento de que precisamos é senso de responsabilidade doméstica compartilhada, e mais importante, responsabilidades compartilhadas no cuidado dos filhos".

Referências: Patricia Gillette, "Lack of Self-Promotion Hurts Women in Large Firms", *The AmLaw Daily*, 9 jul. 2009, http://amlawdaily.typepad.com, 18 abr. 2012; Lizz O'Donnell, "Women in Law Firms: Stuck in the Middle", *The Glass Hammer*, 23 jul. 2009, www.theglasshammer.com, 18 abr. 2012; Timothy L. O'Brien, "Why Do So Few Women Reach the Top of Big Law Firms?", *New York Times*, 19 mar. 2006, www.nytimes.com, 18 abr. 2012; Lynne Marek, "Women Lawyers Find Their Own Paths as Law Firms Struggle to Keep Them", *Law.com*, 25 jun. 2007, www.law.com, 18 abr. 2012.

isso muitos gestores hoje preferem o termo "dar poder" ao termo "participação", porque ele implica um nível mais abrangente de envolvimento.

Um método que algumas empresas adotam para dar poder aos funcionários é a utilização de equipes de trabalho. Esse método nasceu de tentativas anteriores em utilizar o que as empresas japonesas chamam de "círculos de qualidade". *Círculo de qualidade* refere-se a um grupo de funcionários que se encontram regularmente, por vontade própria, para identificar e propor soluções para os problemas relacionados à qualidade. Os círculos de qualidade evoluíram rapidamente para uma gama mais ampla e abrangente de grupos de trabalho, hoje chamados "equipes de trabalho". Essas equipes são formadas por funcionários com poder para planejar, organizar, dirigir e controlar o próprio trabalho. O supervisor, em vez de ser um "chefe" tradicional, desempenha mais o papel de técnico. Discutiremos mais a fundo sobre equipes de trabalho no Capítulo 10.

Outro método que as organizações adotam para facilitar o envolvimento do funcionário é mudar a metodologia geral de organização. O padrão básico é a empresa eliminar camadas de hierarquia, tornando-se muito mais descentralizada. Poder, responsabilidade e autoridade são delegados o mais para baixo possível na organização, para que o controle do trabalho esteja nas mãos de quem realmente o executa.

Independentemente da técnica utilizada, dar poder somente aumenta a eficácia organizacional se determinadas condições existirem. Em primeiro lugar, a organização deve ser sincera em seus esforços de ampliar o poder e a autonomia nos níveis mais baixos. Esforços simbólicos para promover a participação somente em algumas áreas terão pouca probabilidade de serem bem-sucedidos. Em segundo lugar, a organização deve estar comprometida em manter a participação e o dar poder. Os funcionários ficarão ressentidos se lhes for dado mais controle e, posteriormente, esse poder for reduzido ou retirado. Em terceiro lugar, a organização deve ser sistemática e paciente em seus esforços em delegar poder aos funcionários. Transferir muito poder rapidamente pode ser um desastre. Por fim, a organização deve estar preparada para aumentar seu comprometimento com o treinamento. É provável que os funcionários a quem for delegada mais liberdade tenham que ser treinados para exercer essa liberdade de maneira mais eficaz.

O box *Diversidade*, intitulado "Lei da redução da motivação", aborda alguns dos desafios enfrentados por mulheres na área do direito, assim como algumas práticas em empresas de advocacia que têm tornado esses desafios difíceis de serem superados.

ORGANIZAÇÃO DE TRABALHO FLEXÍVEL

Além do atual replanejamento de cargos e do impulso para o envolvimento do funcionário, hoje muitas organizações estão experimentando uma variedade de arranjos visando o trabalho flexível. Essas estruturas geralmente têm a intenção de aumentar a motivação e o desempenho do funcionário proporcionando-lhe mais flexibilidade em relação a como e quando trabalha. Entre as mais populares estruturas para o trabalho flexível estão o horário variável, o horário flexível, a jornada de trabalho ampliada, o trabalho compartilhado e o trabalho a distância.[19]

Horário de trabalho variável

Existem muitas exceções, é claro, mas a jornada de trabalho tradicional nos Estados Unidos tem sido, há muito tempo, das 8 horas ou 9 horas da manhã às 5 horas da tarde, cinco dias na semana (é claro, executivos e outros profissionais costumam trabalhar muitas horas mais). Embora o horário exato de início e término da jornada varie bastante, a maioria das empresas em outros países também tem utilizado um horário de trabalho bem definido. Mas esse tipo de horário torna difícil para os funcionários atender a questões da rotina pessoal – ir ao banco, ir ao médico ou ao dentista para um *checkup*, ir às reuniões de pais e professores, levar o carro para manutenção, e assim por diante. Os funcionários limitados a esse horário de trabalho acabam obtendo um atestado por doença ou tirando um dia de folga para administrar essas atividades. No âmbito psicológico, algumas pessoas podem se sentir tão frágeis e pressionadas pelo horário de trabalho que se tornam ressentidas e frustradas.

No sistema de **horário de trabalho compactado**, os empregados trabalham uma semana completa de 40 horas em menos tempo que nos tradicionais cinco dias.

Para ajudar a contra-atacar esses problemas, uma alternativa que as empresas adotam é **horário de trabalho compactado**.[20] Um funcionário que segue um horário de trabalho semanal compactado trabalha um total de 40 horas semanais em menos tempo que os tradicionais cinco dias. Geralmente, esse horário envolve trabalhar dez horas por dia por quatro dias, assim, fica um dia extra para folga. Outra possibilidade é os funcionários trabalharem um pouco menos de dez horas por dia, mas completarem as 40 horas até o horário de almoço na sexta-feira. Algumas empresas têm oferecido a opção de trabalho com 12 horas por dia, três dias por semana, seguidos de quatro dias de folga. Entre as empresas que têm utilizado a semana de trabalho compactada, estão Recreational Equipment (REI), USAA, Edward Jones e Mercedes-Benz norte-americana.[21] Um problema relacionado a essa programação é que se todos na empresa estiverem fora ao mesmo tempo, pode ser que não haja um funcionário de plantão para lidar com problemas ou com pessoas externas no dia da folga. Contudo, se a empresa tem uma escala para os dias de folga, aqueles funcionários que não conseguirem os dias de descanso que desejam (segundas e sextas-feiras para a maioria) podem se sentir enciumados ou ressentidos. Outro problema é que quando os funcionários trabalham demais em um único dia, provavelmente ficarão cansados e executarão o trabalho com um desempenho menor ao final do dia.

Uma programação popular que algumas organizações estão começando a adotar é chamada horário "nove-oitenta". Nessa estrutura, o funcionário trabalha uma semana na jornada tradicional e, na próxima semana, trabalha no horário compactado, assim consegue uma sexta-feira de folga semana sim, semana não. Em outra palavras, ele trabalha 80 horas (o equivalente a duas semanas de trabalho em tempo integral) em nove dias. Alternando os horários regulares e compactados com metade dos funcionários, a organização tem pessoal suficiente trabalhando o tempo todo e ainda lhes dá dois dias adicionais de folga por mês. A Chevron e a Marathon Oil são duas empresas que atualmente utilizam essa programação.

Jornada de trabalho ampliada

A **jornada de trabalho ampliada** requer longos períodos de trabalho seguidos por longos períodos de descanso remunerado.

Em determinados casos, algumas organizações utilizam outro tipo de programação chamada **jornada de trabalho ampliada**. A jornada de trabalho ampliada requer longos períodos de trabalho seguidos por longos períodos de descanso remunerado. Esse tipo de horário é o mais utilizado quando o custo de transição de um funcionário para outro é alto e há ganhos de eficiência associados a uma força de trabalho reduzida.

Por exemplo, a KBR é uma grande empresa de defesa que administra as instalações militares dos Estados Unidos em países estrangeiros, incluindo Iraque e Afeganistão. Os funcionários civis da KBR administram os departamentos de manutenção, logística e comunicação, assim como de alimentação, lavanderia e serviços postais, entre outras coisas. O horário de trabalho comum para um funcionário da KBR é de 12 horas por dia, 7 dias por semana. Jornadas ampliadas como essas permitem que a empresa funcione com uma força de trabalho menor do que seguisse o horário de trabalho tradicional. A fim de motivar os funcionários a aceitarem e manterem esse tipo de horário, a empresa lhes paga uma remuneração-prêmio e lhes fornece 16 dias de férias remuneradas e uma passagem aérea para qualquer principal destino no mundo após períodos de 120 dias trabalhados.

Outros ambientes de trabalho favoráveis a esse tipo de jornada incluem plataformas de perfuração de poços de petróleo *offshore*, navios de carga transoceânicos, laboratórios de pesquisas em locais distantes, como no Polo Sul, e equipes de filmagens que trabalham em locais remotos. Ao passo que os números específicos de horas e dias e a quantidade de

A KBR, uma importante empresa de defesa, faz uso da jornada de trabalho ampliada. Por exemplo, esses funcionários, que estão no Afeganistão, trabalham 12 horas por dia, 7 dias por semana, por 120 dias consecutivos. Eles têm 16 dias de férias remuneradas e uma passagem aérea para qualquer principal destino no mundo. Após os 16 dias, eles repetem o ciclo.

períodos de férias variem, a maioria desses ambientes é caracterizada por longos períodos de trabalho seguidos de férias ampliadas mais a remuneração-prêmio. Os funcionários de perfuradoras *offshore* da ExxonMobil, por exemplo, trabalham cinco semanas e têm duas semanas de folga.

Horário de trabalho flexível

> O horário de trabalho flexível, ou *flextime*, dá os funcionários mais controle sobre as horas que trabalham a cada dia.

Outra possibilidade promissora de planejamento do trabalho é o **horário de trabalho flexível**, algumas vezes chamado *flextime*. Os horários de trabalho compactados anteriormente discutidos permitem folgas durante as horas "normais" de trabalho, mas ainda devem seguir uma programação regular e definida dos dias de trabalho. O *flextime*, por sua vez, dá aos funcionários muito menos o que falar sobre que dias eles trabalham, mas propicia mais controle dos momentos em que trabalham nesses dias.[22]

A Figura 5.4 ilustra como o *flextime* funciona. O dia de trabalho é dividido em duas categorias: período flexível e período principal. Todos os funcionários devem estar em seus postos de trabalho durante o período principal, mas podem escolher seus próprios horários durante o período flexível. Um empregado pode escolher começar a trabalhar bem cedo pela manhã e sair no meio da tarde, outro pode começar no final da manhã e trabalhar até o final da tarde e um terceiro pode começar bem cedo pela manhã, ter um longo intervalo para o almoço, e voltar a trabalhar até o final da tarde.

A principal vantagem dessa abordagem, conforme já observado, é que os funcionários podem planejar o dia de trabalho de modo que seja possível atender às demandas pessoais. Um funcionário que precise ir ao dentista no final da tarde pode começar a trabalhar mais cedo. Aquele que fica fora até tarde da noite, pode começar a trabalhar mais tarde no dia seguinte. E a pessoa que tem coisas pessoais a fazer durante o horário de almoço pode ter um intervalo mais longo no meio do dia. Entretanto, o *flextime* é mais difícil de administrar porque as pessoas na organização podem não ter certeza de quando alguém estará disponível para reuniões em outro horário fora do período principal. As despesas, como de serviços,

FIGURA 5.4

Horário de trabalho flexível

O horário de trabalho flexível é uma importante e nova estrutura de trabalho utilizada atualmente em algumas organizações. Todos os funcionários devem estar no trabalho durante o "período principal". No exemplo hipotético que mostramos aqui, o período principal vai das 9 horas às 11 horas e das 13 horas às 15 horas. O outro período é flexível – os funcionários podem ir e vir como quiserem durante esse período, desde que o período total no trabalho vá de encontro às expectativas da empresa.

6h	9h – 11h		13h – 15h	18h
Período flexível	Período principal	Período flexível	Período principal	Período flexível

© Cengage Learning

também são mais altas, porque a organização deve permanecer aberta por um período mais longo. Além disso, como observamos no box *Diversidade*, o horário de trabalho flexível nem sempre atinge os resultados desejados.

Algumas organizações têm experimentado um plano no qual os funcionários estabelecem seus próprios horários, mas devem seguir a mesma programação todos os dias. Outras permitem que os funcionários modifiquem seus próprios horários a cada dia. Entre as organizações que têm utilizado o horário de trabalho flexível estão Sun Microsystems, KPMG, Best Buy, Pricewaterhouse Coopers e alguns gabinetes do governo dos Estados Unidos. Uma pesquisa levantou que 43% dos trabalhadores nos Estados Unidos têm a opção de modificar seus horários de trabalho; muitos daqueles que optam por fazer isso começam a trabalhar mais cedo que o normal para poderem sair mais cedo.[23] Um estudo recente constatou que aproximadamente 27 milhões de trabalhadores em período integral nos Estados Unidos têm algum grau de flexibilidade no horário em que começam e terminam a jornada de trabalho.[24]

Trabalho compartilhado

Outra útil alternativa em potencial de planejamento de trabalho é o trabalho compartilhado. No **trabalho compartilhado**, dois funcionários que trabalham em meio período dividem um emprego de período integral. O trabalho compartilhado pode ser conveniente para pessoas que querem trabalhar somente meio período ou quando o mercado de trabalho está apertado. De sua parte, a organização pode acomodar as preferências de um número mais amplo de funcionários e pode se beneficiar dos talentos de mais pessoas. Talvez a estrutura mais simples do trabalho compartilhado a ser visualizada seja o de recepcionista. Para compartilhar esse trabalho, um empregado preencheria o cargo de recepcionista, digamos, no turno das 8 horas às 12 horas; o escritório pode fechar das 12 horas às 13 horas; o outro empregado preencheria o cargo das 13 horas às 17 horas. Para o observador ocasional ou visitante, o fato de duas pessoas trabalharem no mesmo cargo é irrelevante. As responsabilidades do trabalho na parte da manhã e as responsabilidades da parte da tarde provavelmente não são interdependentes. Por isso a posição pode facilmente ser dividida entre duas ou talvez até mais pessoas.

Algumas vezes, as organizações oferecem o trabalho compartilhado como forma de atrair mais profissionais à organização. Se um tipo particular de cargo é difícil de ser preenchido, o planejamento do trabalho compartilhado pode torná-lo mais atrativo para mais pessoas. Também há os benefícios com custos para a organização. Uma vez que os funcionários trabalham somente meio período, a organização não tem de lhes conceder os mesmos benefícios daqueles empregados em período integral. A organização também pode explorar uma ampla série de habilidades quando proporciona trabalho compartilhado. A empresa aproveita os dois conjuntos de habilidades em um só cargo.

Alguns funcionários gostam do trabalho compartilhado porque lhes dá flexibilidade e liberdade. Determinados funcionários, por exemplo, podem querer trabalhar apenas meio período. Além disso, o trabalho compartilhado também pode lhes dar uma chance de trabalhar em uma organização que de outra forma contrataria somente funcionários em período integral. Quando o funcionário que compartilha um cargo não está trabalhando, ele pode estudar, cuidar da família ou simplesmente aproveitar para descansar.

O trabalho compartilhado não funciona para todas as organizações e não é atraente para todos os funcionários, mas tem produzido histórias de sucesso suficientes que indicam sua

*No **trabalho compartilhado**, dois funcionários que trabalham em meio período dividem um emprego de período integral.*

permanência por um longo tempo. A CNN, Wegmans, Google, SAS e DreamWorks Animation permitem o trabalho compartilhado.[25] Cada uma dessas organizações, e muitas outras como elas, relatam que o trabalho compartilhado tem se tornado uma parte decisivamente importante no seu sistema de recursos humanos. Embora o trabalho compartilhado não tenha sido cientificamente avaliado, parece ser uma alternativa útil à jornada de trabalho tradicional.[26]

Trabalho a distância

Trabalho a distância é a forma de trabalho na qual os funcionários passam parte de seu tempo trabalhando fora da empresa.

Outra abordagem acerca dos acordos de trabalho alternativos que está se tornando popular é o **trabalho a distância** – que permite aos funcionários passar parte do tempo trabalhando fora da empresa, geralmente em casa. Utilizando *e-mail*, internet e outras tecnologias, muitos empregados mantêm um contato próximo com a organização e trabalham tanto em casa como se estivessem no escritório. O aumento do poder e da sofisticação da moderna tecnologia de comunicação – *laptops* e *smartphones*, entre outras – está facilitando cada vez mais o trabalho a distância.[27] (Outros termos usados para descrever esse conceito são *e-commuting* e trabalho de casa.)

Do lado positivo, muitos funcionários gostam do trabalho a distância porque lhes proporciona flexibilidade. Passando um ou dois dias da semana em casa, por exemplo, eles têm o mesmo tipo de flexibilidade para administrar a rotina pessoal como no caso do horário *flextime* ou compactado. Além disso, alguns funcionários sentem que executam um volume de trabalho maior em casa porque não são interrompidos tantas vezes. As organizações também podem se beneficiar por diversas razões: (1) redução do absenteísmo e da rotatividade uma vez que os funcionários precisam de menos folgas "formais", e (2) economia em instalações, como vagas de estacionamento, porque menos pessoas estão no local de trabalho em determinado dia. Também há os benefícios ambientais, pois menos carros vão para as vias públicas.

Do lado negativo, embora muitas pessoas prosperem nessa estrutura, outras não o fazem. Alguns se sentem isolados e reclamam da falta da interação social. Outros simplesmente não têm autocontrole e disciplina para sair da mesa do café da manhã e ir direto para a mesa de trabalho para começar as atividades. Os gestores também podem ter dificuldades quanto à coordenação da programação de reuniões e outras atividades que requerem o contato face a face.

Outro problema relacionado ao trabalho a distância envolve a segurança no local de trabalho. Em 2000, o Departamento do Trabalho, operando sob a *Occupational Safety and Health Act* (Lei de Saúde e Segurança Ocupacional), começou a exigir que os empregadores tivessem uma postura proativa em relação à segurança no trabalho realizado em casa. Entre outros aspectos, os empregadores tinham de inspecionar as casas dos fucionários para garantir que as exigências relacionadas à segurança estavam sendo seguidas. Por exemplo, o empregador tinha de verificar se havia duas saídas externas, se as paredes não haviam sido pintadas com tinta à base de chumbo, se as cadeiras eram ergonômicas e se a qualidade do ar estava dentro dos padrões da OSHA. Essa estipulação levou a algumas decisões absurdas, por exemplo, corporações passaram a permitir que seus funcionários usassem os telefones de casa, mas não os computadores se seus monitores não tivessem os baixos níveis de radiação exigidos. O empregador também poderia ser responsabilizado pela falta de

A habilidade de trabalhar em locais remotos, incluindo em casa, tem se tornado não apenas popular, mas também muito comum nos dias de hoje. O trabalho a distância oferece vantagens e desafios tanto para funcionários como para suas organizações, mas no final das contas os pontos positivos são em número muito maior em comparação aos pontos negativos. Esse gestor que está trabalhando em casa está em uma reunião com a chefe pelo Skype.

segurança dos funcionários, como no caso de se ligar muitos equipamentos elétricos em uma única tomada ou subir na cadeira em vez de usar escada para trocar uma lâmpada. Os empregadores reclamavam que as exigências eram muito onerosas, especialmente porque cada vez mais funcionários estavam trabalhando a distância. Os funcionários, por sua vez, contestavam as exigências porque as achavam intrusivas demais por influir na privacidade de suas casas.

Em 2001, a lei foi suspensa. Inúmeras questões legais, no entanto, ainda permanecem; para algumas empresas, é melhor tomar alguns cuidados no que se refere a checar a segurança da residência de funcionários que trabalham a distância. Atualmente há uma nova área de preocupação que está crescendo – o crime cibernético*. Uma empresa pode ser confiável se a informação confidencial de um cliente é roubada porque o computador pessoal do funcionário não possui proteção contra *hackers*? E se o funcionário utilizar o computador de casa para trabalhar e para vender pornografia *on-line*?

Em razão das tendências e pressões relacionadas ao trabalho a distância e às questões legais associadas a ele, sem dúvida, ainda haverá mudanças significativas nessa área no futuro.[28]

RESUMO

Os executivos buscam aumentar o desempenho do funcionário ao aproveitar o potencial do comportamento motivado para aperfeiçoar o desempenho. Os métodos frequentemente utilizados para traduzir a motivação para o desempenho envolvem desenho do trabalho, participação e empoderamento, estruturas alternativas de trabalho, gestão de desempenho, definição de metas e recompensa.

A essência do desenho do trabalho é o desenho do cargo – como as organizações definem e estruturam os cargos. Historicamente, houve uma tendência em direção ao aumento do trabalho especializado, mas em tempos recentes o movimento tem se afastado da especialização extrema. Duas recentes alternativas para a especialização foram o rodízio de funções e a ampliação de tarefas. A abordagem do enriquecimento do trabalho estimulou consideravelmente o interesse no desenho do cargo.

A teoria das características do cargo surgiu do enriquecimento do trabalho. Uma premissa básica dessa teoria é a de que o trabalho pode ser descrito com base em um conjunto específico de características motivacionais.

Outra premissa é a de que os gestores devem trabalhar para aumentar a presença dessas características motivacionais no trabalho, mas também devem levar em consideração as diferenças individuais.

A utilização da gestão participativa e do empoderamento pode ajudar a melhorar a motivação dos funcionários em muitos ambientes de trabalho. As novas práticas de gestão, como utilização de vários tipos de equipes de trabalho e métodos organizacionais mais planos e descentralizados, têm a intenção de dar mais poder aos funcionários. As organizações que desejam dar poder aos funcionários precisam compreender uma variedade de questões antes de promover a participação.

Atualmente, as estruturas para o trabalho flexível são utilizadas para aumentar a motivação e o desempenho. Entre as mais populares estruturas alternativas estão semana de trabalho compactada, o horário de trabalho flexível, a jornada de trabalho estendida, o trabalho partilhado e o trabalho a distância.

QUESTÕES PARA DISCUSSÃO

1. Quais são as principais vantagens e desvantagens da especialização do trabalho? Elas são as mesmas da época da produção em massa?
2. Sob quais circunstâncias a ampliação do trabalho pode ser eficaz? Ineficaz? E o rodízio de funções?
3. Alguma tendência atual sugere uma volta à especialização profissional?
4. Quais são os pontos fortes e fracos do enriquecimento do trabalho? Quando ele pode ser útil?
5. Você concorda ou discorda que as diferenças individuais influenciam o modo como as pessoas respondem ao trabalho? Explique.
6. Quais são as principais semelhanças e diferenças entre o enriquecimento do trabalho e a abordagem proposta pela teoria das características do cargto?

---

* Cybercrime (N.R.T.)

7. Quais são as consequências motivacionais do maior envolvimento dos funcionários com base no quadro de referência da teoria da expectativa e da teoria da equidade?
8. Quais problemas motivacionais podem resultar da tentativa de uma organização de formar equipes de trabalho?
9. Que tipo de horário de trabalho flexível você prefere?
10. Você gostaria de trabalhar a distância?

QUAL É O SEU PONTO DE VISTA?

Alimento para o pensamento empresarial

"Tentamos contratar adultos."
—ANDY PFORZHEIMER, COFUNDADOR DO BARCELONA RESTAURANT GROUP

Em uma seção inicial do nosso vídeo, encontramo-nos no meio de uma reunião de gerentes do Barcelona Restaurant Group. Batendo a caneta em um *slide* projetado, o presidente da empresa, Andy Pforzheimer chama a atenção de todos para uma seção sobre "habilidades técnicas", que ele define como "a capacidade de cada um de fazer o seu trabalho. Nos últimos dois meses", ele revela, "foi terrível". Seguem-se, então, algumas idas e vindas sobre o preço do leitão, com um gerente contestando a implicação de que não mantém um olhar atento sobre seus custos. Pforzheimer reclama de "29% do custo com alimentos" no restaurante desse gerente, que responde, "Isso foi somente nos dois últimos meses. Meus últimos seis meses foram os mais baixos na empresa". No meio da sala, o chefe de operações Scott Lawton balança para frente e para trás como se estivesse concordando com o gerente magoado.

Então nos voltamos para Pforzheimer quando ele admite ao entrevistador: "Pode ser difícil trabalhar para mim". Após refletir, acrescenta, como confirmando que a discussão com seu gerente foi mais uma contribuição do que uma confrontação, "estou muito interessado em ouvir as opiniões das outras pessoas. Eu gosto de gerentes que respondem".

Antes de terminar o vídeo, percebemos que Pforzheimer tem muitas teorias sobre administração de restaurantes e sobre o que quer de seus gerentes e de outros funcionários. Em primeiro lugar, ele quer pessoas que respondam melhor à responsabilidade do que à autoridade: "Dizemos às pessoas quando as contratamos, 'Olha, este é o *seu* restaurante... Se o lugar vai bem, você fica com todos os méritos. Se o lugar não vai bem, a culpa é sua". Eles têm de estar muito confortáveis para se sentirem donos completamente. Alguns de nossos melhores gerentes", explica Pforzheimer,

> *vêm de grandes empresas de restaurantes altamente regulamentadas em que lhes era dito como atender o telefone, como pôr uma mesa e como cumprimentar um convidado, e isso tudo está em enormes livros que eles têm de memorizar. Nós não fazemos isso.*
> *Tentamos contratar adultos.*

"Nós damos algumas orientações básicas, por exemplo, qual é a nossa filosofia", acrescenta Lawton, "...mas temos de confiar [nos funcionários] para trabalharmos dentro dos limites e fazermos a escolha certa. Nem sempre eles podem fazer a escolha que *eu* faria, [mas] algumas vezes, eles fazem uma escolha *melhor*". Para Lawton, que tem pensado muito sobre a melhor maneira de administrar um restaurante, a chave para o sucesso é a *possibilidade* da melhor escolha. Se você ditar as escolhas do topo, pode estar certo e pode conseguir os resultados que deseja. Ao mesmo tempo, entretanto, você compromete qualquer chance de *melhores* resultados. "Dar [aos gerentes] a resposta certa a todos os problemas", ele desconfia,

> *é impossível, e eu acho que não funciona. Na verdade, acho que você está realmente limitando sua capacidade de obter o melhor.*
> *Nós, como empresa, estamos ficando melhores... porque provocamos mais poder mental, mais criatividade, e permitimos que as pessoas o usem.*

Pforzheimer, que passou 15 anos nas cozinhas de alguns dos melhores restaurantes do país, também está convencido de que "os restaurantes, em geral, não são administrados profissionalmente". Quando ele e Sasa Mahr-Batuz, ex-jogador profissional de tênis e *restauranteur* veterano, decidiram lançar o Barcelona em 1995, estavam determinados a "injetar uma dose de profissionalismo na indústria de restaurantes". Muitas obras sobre como motivar os funcionários, diz Pforzheimer, têm a tendência de distorcer a ligação fundamental entre empregador, funcionário e cliente, "como 'Se você cuidar de seus funcionários, eles ficarão felizes e cuidarão dos seus clientes'. Eu não acredito nisso". Até onde ele sabe, a equação não reflete os meios ideais para alcançar a meta principal de qualquer restaurante: "Estamos aqui para os clientes", diz Pforzheimer:

> *Estamos aqui para a experiência do cliente. Qualquer outra coisa é secundária. Se isso faz a vida do gerente ser miserável, não me importo. Se isso faz a vida do garçom ser miserável, não me importo. Se isso faz a vida do chef ser miserável, não me importo. Se isso me faz ser miserável, não me importo.*
>
> É um emprego. É um trabalho... E nem sempre é divertido. Mas nós não estamos aqui para nos divertirmos. *Estamos aqui para que outras pessoas se divirtam. Esse é o nosso trabalho.*

O trabalho do empregador, em outras palavras, é focar na satisfação dos clientes e não dispender muito tempo ou energia para satisfazer os funcionários. Lawton explica que tudo é uma questão de como você vê o *empoderamento*, o qual, como aprendemos neste capítulo, significa deixar os funcionários tomar decisões e resolver os problemas no melhor interesse da organização. Para os funcionários do Barcelona, Lawton salienta, estar "no poder" significa ser capaz de "cuidar de seus convidados e focar em fazer algo que cause satisfação [dos clientes]. Essa é a razão por que estamos no negócio". A chave, conclui, é aperfeiçoar o seu pensamento sobre a ligação entre empregador-funcionário-cliente e sobre como isso produz "felicidade" ao redor:

> *Se podemos dar poder [aos funcionários] para fazer os convidados felizes, eles ganharão dinheiro, a vibração no restaurante será de muita diversão, então, todos vão apreciar a mudança, ficarão orgulhosos do que fizeram e estarão felizes. É um subproduto.*

PERGUNTAS

1. Se o modelo dos métodos para aumentar o desempenho apresentado na Figura 5.1 for válido, os gestores de alto escalão do Barcelona acreditam que os funcionários podem ser motivados a aumentar o desempenho. A julgar pelo vídeo, na sua opinião, qual perspectiva da motivação eles preferem – *da necessidade, do processo* ou *baseada na aprendizagem*? Por quê? Dada essa preferência, em que formas de *potencial para o comportamento motivado* você acredita que eles preferem focar? Quais métodos de aumento do desempenho – *desenho do cargo, participação do funcionário* etc. – é mais provável que eles utilizem?

2. Os gestores de alto escalão do Barcelona seriam contra a aplicação dos critérios da *teoria das características do cargo* às suas políticas e práticas para a motivação dos funcionários? Pense sobre cada critério – *experiência do significado do trabalho, experiência na responsabilidade pelos resultados do trabalho* e *conhecimento dos resultados* – tanto separados como em conjunto.

3. Do seu ponto de vista, os gestores de alto escalão do Barcelona incentivam a *participação* como uma estratégia motivacional, pelo menos no caso de alguns funcionários? Considere os fatores específicos na definição de *empoderamento* – *definição de metas, tomada de decisões* e *solução de problemas*. De que maneiras essa definição ajuda a explicar a abordagem do empoderamento no Barcelona? De que maneiras os gestores de alto escalão do Barcelona parecem aplicar variações desses fatores?

FONTES ADICIONAIS

Valerie Schroth, "Success Stories: Barcelona Finds the Formula", *Connecticut Magazine*, jan. 2012, www.connecticutmag.com, 27 jun. 2012; Barcelona Restaurant Group, "About Us" (2012), www.barcelonawinebar.com, 27 jun. 2012; Andrews McMeel Publishing, "About Sasa Bahr-Batuz and Andy Pforzheimer" (mai. 2012), http://cookbooks.andrewsmcmeel.com, 27 jun. 2012; James Cooper, "Chef Interview: Andrew Pforzheimer of the Barcelona Restaurant Group", *Examiner.com*, 27 jan. 2010, www.examiner.com, 27 jun. 2012; Connecticut Restaurant Association, "Barcelona Restaurant Group's Andy Pforzheimer e Sasa Bahr-Batuz Receive Restaurateurs of the Year Award", *StamfordPlus.com*, 7 dez. 2010, www.stamfordplus.com, 27 junho 2012.

PRÁTICA DO COMPORTAMENTO ORGANIZACIONAL

Aprendendo sobre o planejamento de cargos

Propósito Este exercício ajudará você a avaliar o processo envolvido no desenho de cargo para torná-lo mais motivador.

Formato Trabalhando em pequenos grupos, você deverá diagnosticar o potencial de motivação de um cargo, comparar o potencial de motivação desse cargo com o de outros cargos, sugerir maneiras de redesenhá-lo e, então, avaliar os efeitos das sugestões do novo desenho sobre outros aspectos do local de trabalho.

Procedimento Seu professor vai dividir a classe em grupos de três ou quatro pessoas. Quando avaliar as características dos cargos, utilize uma escala de valor de 1 ("muito pouco") a 7 ("muito").

1. Usando a escala de valores, defina pontuações de cada dimensão principal do cargo utilizada na teoria das características do cargo (ver a seguir) para os seguintes cargos: secretária, professor, garçom, mecânico, advogado, cozinheiro de refeições rápidas, atendente de loja de departamentos, pedreiro e repórter de jornal.
2. Os pesquisadores frequentemente avaliam as propriedades motivacionais dos cargos calculando a pontuação do potencial de motivação (MPS). A fórmula para o MPS é

$$\frac{(\text{Variedade} + \text{Identidade} + \text{Importância})}{3} \times \text{Autonomia} \times \text{Retorno}$$

3. Use essa fórmula para calcular o MPS para cada cargo do item 1. Seu professor vai designar ao seu grupo um dos cargos da lista. Discuta como é possível enriquecer o cargo.
4. Calcule a nova pontuação MPS para o cargo redesenhado e verifique sua nova posição na ordem de classificação.
5. Discuta a viabilidade das sugestões do novo desenho. Em particular, verifique como as alterações recomendadas podem obrigar alterações em outros cargos, no sistema de recompensas e nos critérios de seleção utilizados para contratar pessoas para o cargo.
6. Discuta brevemente suas observações com o restante da classe.

Perguntas de acompanhamento

1. Como as suas atitudes preexistentes podem explicar algumas das suas percepções no exercício?
2. Alguns cargos são impossíveis de serem redesenhados?

FORMAÇÃO DAS HABILIDADES GERENCIAIS

Visão geral As habilidades de comunicação referem-se às habilidades de transmitir informações a outras pessoas. Elas também envolvem as maneiras pelas quais você recebe ideias e informações transmitidas *a você*. Este exercício o coloca como receptor final de um *e-mail* que o direciona a motivar outras pessoas, mas que pode não ser muito eficaz em motivá-lo a executar a tarefa. Como resultado, você pode ser chamado a exercer não só as habilidades de comunicação como também como outras habilidades gerenciais.

Histórico Albert Q. Fixx, fundador e CEO da sua empresa, uma pequena fabricante de peças automotivas, há muito tempo está comprometido em aperfeiçoar as práticas administrativas por meio da aplicação de modernas técnicas de gestão. Parece que o Sr. Fixx passou o último fim de semana em um seminário conduzido por um consultor nacionalmente respeitado em eficácia administrativa. O orador e as sessões de grupo concentraram-se na utilização da participação dos funcionários como um meio de melhorar a produtividade de toda a empresa e reforçar o comprometimento dos funcionários com o trabalho.

O Sr. Fixx ficou tão inspirado com a experiência do fim de semana que foi diretamente para o escritório no domingo à noite, onde escreveu e enviou um *e-mail* que todos os gestores encontrariam em suas caixas de entrada logo na segunda de manhã. Depois de recapitular o fim de semana que lhe abriu os olhos, ele escreveu:

Estou convencido de que a gestão participativa é a chave para melhorar a produtividade nesta empresa. Uma vez que vocês não participaram do seminário, estou anexando cópias das apostilas entregues aos participantes. Elas explicam tudo o que vocês precisam saber sobre praticar a gestão participativa, e eu espero que todos vocês, a partir desta semana, comecem a colocar esses princípios em prática. Agora, tanto eu como esta empresa, estamos comprometidos com a gestão participativa. Aqueles que não aceitarem a aplicação dos princípios da gestão participativa em seus departamentos encontrarão dificuldade para permanecer em uma empresa que tem uma visão progressista, como a A.Q. Fixx.

Tarefa Seu professor vai dividir a classe em grupos de quatro a sete pessoas. Cada membro do grupo vai fazer o papel de gestor na A.Q. Fixx, e seu grupo de "gestores" vai tratar das questões a seguir. Esteja preparado para discutir o pensamento do grupo sobre cada questão, mesmo que o grupo não chegue a um consenso.

1. Quais são as chances do *e-mail* do Sr. Fixx estimular efetivamente a gestão participativa na empresa? As chances são melhores ou piores que 50/50?

2. Como cada gestor respondeu ao *e-mail*? A sua resposta é consistente com a da maioria do grupo ou você se viu com uma postura diferente, mesmo que de forma muito sutil? Se teve um posicionamento diferente, você acha que vale a pena tentar convencer o grupo a pensar como você? Por que sim ou por que não?

3. Qual é a opinião do grupo sobre a abordagem do Sr. Fixx à implementação da gestão participativa? Se você não considera essa abordagem como a melhor para a implementação das práticas participativas – ou o *e-mail* dele como a melhor maneira de introduzir o assunto –, discuta algumas formas pelas quais uma abordagem melhor poderia ter sido introduzida.

EXERCÍCIO DE AUTOAVALIAÇÃO

Levantamento das características do cargo

O questionário a seguir foi desenvolvido para mensurar os principais conceitos da teoria das características do cargo. Responda às perguntas em relação ao seu atual cargo ou em relação àquele mais recente.

Variedade das habilidades

1. Quanta variedade há no seu cargo? Em outra palavras, até que ponto o cargo exige que você faça muitas coisas diferentes no trabalho, utilizando uma variedade de habilidades e talentos?

1	2	3	4	5	6	7
Muito pouca; o cargo exige que eu faça as mesmas coisas muitas vezes.			Variedade moderada			Muita; o cargo exige que eu domine coisas diferentes, utilizando inúmeras habilidades e talentos.

2. O cargo exige que eu utilize inúmeras habilidade complexas ou de alto nível.

Quão precisa é a declaração sobre descrição de seu cargo?

1	2	3	4	5	6	7
Muito imprecisa	Sobretudo imprecisa	Ligeiramente imprecisa	Indefinida	Ligeiramente precisa	Sobretudo precisa	Muito precisa

3. O cargo é muito simples e repetitivo.*

Quão precisa é a declaração sobre a descrição de seu cargo?

1	2	3	4	5	6	7
Muito imprecisa	Sobretudo imprecisa	Ligeiramente imprecisa	Indefinida	Ligeiramente precisa	Sobretudo precisa	Muito precisa

Identidade da tarefa

1. Até que ponto o seu cargo envolve fazer um *trabalho "inteiro" e identificável*? Em outras palavras, o cargo refere-se a um trabalho completo que tem início e fim óbvios? Ou é apenas uma pequena parte de um trabalho geral, finalizado por outras pessoas ou por equipamentos automatizados?

1	2	3	4	5	6	7
Meu trabalho é apenas uma pequena parte do trabalho todo; os resultados das minhas atividades não podem ser vistos no produto ou serviço final.			Meu trabalho é uma "parte" moderada do trabalho todo; minha contribuição pode ser vista no resultado final.			Meu trabalho envolve fazer um trabalho inteiro, do início ao fim; os resultados das minhas atividades são facilmente vistos no produto ou serviço final.

2. O cargo me dá a chance de terminar completamente o trabalho que iniciei.

   Quão precisa é a declaração sobre a descrição de seu cargo?

1	2	3	4	5	6	7
Muito imprecisa	Sobretudo imprecisa	Ligeiramente imprecisa	Indefinida	Ligeiramente precisa	Sobretudo precisa	Muito precisa

3. O cargo é estruturado para que eu *não* tenha a chance de fazer um trabalho inteiro do início ao fim.*

   Quão precisa é a declaração sobre a descrição de seu cargo?

1	2	3	4	5	6	7
Muito imprecisa	Sobretudo imprecisa	Ligeiramente imprecisa	Indefinida	Ligeiramente precisa	Sobretudo precisa	Muito precisa

Significado da tarefa

1. Em geral, quão significativo ou importante é o seu cargo? Em outra palavras, é provável que os resultados de seu cargo afetem significativamente a vida ou o bem-estar de outras pessoas?

1	2	3	4	5	6	7
Pouco significativo; não é possível que os resultados do meu cargo tenham efeitos importantes sobre outras pessoas.			Moderadamente significativo.			Muito significativo; os resultados do meu cargo podem afetar outras pessoas de maneira muito relevante.

2. Esse cargo é do tipo que pode afetar um grande número de pessoas pela forma como o trabalho é feito.

   Quão precisa é a declaração sobre a descrição de seu cargo?

1	2	3	4	5	6	7
Muito imprecisa	Sobretudo imprecisa	Ligeiramente imprecisa	Indefinida	Ligeiramente precisa	Sobretudo precisa	Muito precisa

3. O cargo não é muito significativo ou importante em um sistema mais amplo.*

Quão precisa é a declaração sobre a descrição de seu cargo?

1	2	3	4	5	6	7
Muito imprecisa	Sobretudo imprecisa	Ligeiramente imprecisa	Indefinida	Ligeiramente precisa	Sobretudo precisa	Muito precisa

Autonomia

1. Quanta autonomia você tem no seu cargo? Em outras palavras, até que ponto o seu cargo permite que você decida por si mesmo como fazer as coisas no trabalho?

1	2	3	4	5	6	7
Muito pouca; o cargo quase não me permite "dizer" como e quando o trabalho será feito.			Autonomia moderada; muitas coisas são padronizadas e não estão sob meu controle, mas eu posso tomar algumas decisões sobre o trabalho.			Muita; o cargo me dá responsabilidade quase completa em decidir como e quando o trabalho será feito.

2. O cargo me propicia oportunidades consideráveis de independência e liberdade em relação a como e quando o trabalho será feito.

Quão precisa é a declaração sobre a descrição de seu cargo?

1	2	3	4	5	6	7
Muito imprecisa	Sobretudo imprecisa	Ligeiramente imprecisa	Indefinida	Ligeiramente precisa	Sobretudo precisa	Muito precisa

3. O cargo me nega qualquer chance de utilizar minha iniciativa ou julgamento pessoal na execução do trabalho.*

Quão precisa é a declaração sobre a descrição de seu cargo?

1	2	3	4	5	6	7
Muito imprecisa	Sobretudo imprecisa	Ligeiramente imprecisa	Indefinida	Ligeiramente precisa	Sobretudo precisa	Muito precisa

Retorno

1. Até que ponto a *execução do cargo* lhe dá informações sobre seu desempenho no trabalho? Em outra palavras, o seu *cargo* fornece indicações sobre a qualidade do que você está fazendo – além de outros "retorno" que os colegas de trabalho ou supervisores possam fornecer?

1	2	3	4	5	6	7
Muito poucas; o cargo é estabelecido de maneira que eu possa trabalhar sem nada saber sobre a qualidade do meu trabalho.			Moderadas; algumas vezes tenho retorno sobre o meu trabalho, outras, não.			Muitas; o cargo é estabelecido de maneira que eu tenha constante "retorno" sobre a qualidade do meu trabalho.

2. Apenas fazendo o trabalho exigido tenho muitas chances de ter informações sobre a qualidade do trabalho que estou executando.

Quão precisa é a declaração sobre a descrição de seu cargo?

1	2	3	4	5	6	7
Muito imprecisa	Sobretudo imprecisa	Ligeiramente imprecisa	Indefinida	Ligeiramente precisa	Sobretudo precisa	Muito precisa

3. O cargo fornece poucas indicações sobre se estou ou não desempenhando bem o trabalho.*

Quão precisa é a declaração sobre a descrição de seu cargo?

1	2	3	4	5	6	7
Muito imprecisa	Sobretudo imprecisa	Ligeiramente imprecisa	Indefinida	Ligeiramente precisa	Sobretudo precisa	Muito precisa

Pontuação: As respostas aos três itens para cada característica principal são calculadas para produzir uma pontuação global para aquela característica. Os itens marcados com asterisco (*) podem sem pontuados conforme segue: 1 = 7; 2 = 6; 3 = 5; 4 = 4; 5 = 3; 6 = 2; 7 = 1.

Uma vez que você tenha calculado a pontuação para cada característica principal, calcule a pontuação do potencial motivacional (MPS) de seu cargo utilizando esta fórmula:

$$\text{MPS} = \frac{(\text{Variedade da habilidade} + \text{Identidade da tarefa} + \text{Significado da tarefa})}{3} \times \text{Autonomia} \times \text{Retorno}$$

E por último, compare seu MPS com os de seus colegas de classe e discutam por que algumas pontuações são mais altas ou mais baixas que outras.

CAPÍTULO 6

Motivando os funcionários por meio de recompensas

Visão geral do capítulo

- Definição de meta e motivação
- Gestão do desempenho nas organizações
- Recompensas individuais nas organizações
- Gestão de sistemas de recompensas

Objetivos de aprendizagem

Após estudar este capítulo, você estará apto a:

1. Descrever metas e relacioná-las à motivação.
2. Discutir a gestão do desempenho nas organizações.
3. Identificar os elementos-chave para entender as recompensas individuais nas organizações.
4. Descrever as questões e os processos envolvidos na gestão de sistemas de recompensas.

Whole Foods e nada mais que Whole Foods

"Há muito mais acontecendo aqui do que simplesmente o 'seguro-saúde.'"

— *Ex-executivo anônimo da Whole Foods Market*

A Whole Foods Market (WFM) abriu suas portas em 1980 com uma loja com 19 funcionários em Austin, Texas. Atualmente, com 350 lojas e 54.000 funcionários na América do Norte e na Grã-Bretanha, é o supermercado líder em alimentos naturais e orgânicos (e a nona maior cadeia de alimentos e medicamentos dos Estados Unidos). Ao longo do caminho, ela também conquistou considerável reputação como empresa socialmente responsável e como um bom lugar para se trabalhar. O *slogan* da WFM é "Whole Foods, Whole People, Whole Planet" e seu "valor principal", de acordo com o CEO Walter Robb, é "o cliente em primeiro lugar, depois os membros da equipe, equilibrados com o que é bom para outros acionistas... Se eu colocasse nossa missão em termos comuns", Robb continua, "ela seria, primeiro, mudar a maneira como o mundo se alimenta, segundo, criar um ambiente de trabalho baseado em amor e respeito".

A Whole Foods é considerada um dos melhores lugares para se trabalhar, em parte pelos excelentes programas de benefícios que oferece aos funcionários. Entretanto, recentemente John Mackey, o fundador, causou polêmica ao declarar que as pessoas não têm direito ao seguro-saúde.

A WFM* foi uma das primeiras listadas na revista *Fortune* entre as "100 melhores empresas para se trabalhar", em 1998, e é uma das 13 organizações que continuam na lista desde então. As referências reconheceram o crescimento da empresa (o que significa mais postos de trabalho), os limites do valor dos salários (uma pessoa do alto escalão não ganha mais que 19 vezes o salário médio de um funcionário que trabalha em tempo integral) e um generoso plano de saúde. A estrutura do atual programa de saúde da empresa, que tem franquias elevadas e as chamadas *contas de poupança para a saúde (HSAs)*, foi proposta pela primeira vez em 2003. Por meio de um plano como esse, um funcionário (um "membro da equipe", na linguagem da WFM) paga uma franquia antes que suas despesas sejam cobertas. Enquanto isso, o empregador financia uma conta especial (um HSA) para cada funcionário, que pode usar o dinheiro para cobrir as despesas relacionadas à saúde. O plano anterior da WFM cobria quase 100% de todas as despesas, e quando alguns funcionários reclamaram das mudanças propostas, a empresa decidiu colocá-las em votação. Aproximadamente 90% dos funcionários foram às urnas, 77% deles votaram a favor do novo plano. Em 2006, os funcionários votaram para que o plano fosse mantido e hoje a franquia é de aproximadamente US$ 1.300; as HSAs podem chegar a US$ 1.800 (e acumulam-se para futura utilização). A empresa paga 100% dos prêmios para os funcionários elegíveis (cerca de 89% dos trabalhadores).

Planos com altas franquias economizam dinheiro para o empregador (quanto mais alta a franquia, menor o prêmio), e o mais importante – pelo menos de acordo com o fundador e CEO, John Mackey –, esses planos também fazem dos funcionários consumidores mais responsáveis. Quando os primeiros US$ 1.300 em despesas médicas saem de seus próprios bolsos (ou das próprias HSAs), ele argumenta, as pessoas "começam a perguntar quanto custam as coisas. Elas recebem a conta e dizem, 'Uau, isso é muito caro'. Começam a fazer perguntas. Elas podem não querer ir ao pronto-socorro se acordarem com dor no pescoço no meio da noite. Agora elas têm de marcar consulta".

Mackey acredita que "o indivíduo é o melhor juiz do que é certo para o indivíduo", e ele está tão convencido do valor de planos como aquele oferecido por sua empresa que em agosto de 2009 escreveu um artigo no *Wall Street Journal* no qual recomenda "A Alternativa Whole Foods para o ObamaCare". A assistência médica, ele escreveu, "é um serviço do qual todos nós precisamos, mas assim como o alimento e o abrigo, é mais bem oferecido por um mercado de intercâmbio voluntário e mutuamente benéfico". Indo um pouco mais longe, Mackey argumenta contra um "direito intrínseco à assistência médica", e nesse ponto ele provocou uma reação entre seus clientes que foi da surpresa ao boicote. "Estou boicotando [a Whole Foods]", disse um cliente que faz compras na WFM várias vezes na semana, "porque todos os norte-americanos precisam de assistência médica. Enquanto Mackey está preocupado com a assistência médica e com o estímulo de gastos, ele não parece muito interessado em guerras caras e incentivos fiscais concedidos às empresas grandes e ricas, como a dele, que contribuem para o déficit [nacional]".

Os defensores dos consumidores e especialistas em RH também atacaram as propostas e políticas de Mackey. "Planos de franquias altas para trabalhadores com baixa renda", diz Judy Dugan, diretora de pesquisa do Consumer Watchdog, "é a melhor coisa a deixar sem seguro: os custos pagos antecipadamente são tão altos que os trabalhadores têm de escolher entre ter assistência médica ou pagar o aluguel (em detrimento da saúde deles)". Um ex-executivo da WFM indica, por exemplo, que o plano da empresa acarreta "franquias e coparticipações astronômicas". A primeira franquia de US$ 1.300, explica,

> *significa que o funcionário que recebe salário mínimo deve pagar US$ 1.300 do próprio bolso antes de ter qualquer cobertura relacionada aos serviços médicos. Depois disso, para as consultas na rede, a taxa é de 20/80 até o máximo de US$ 4.600 por ano. Isso significa que se for cobrado US$ 10.000 do funcionário por um teste em um hospital especial... ele ainda fica responsável por... US$ 2.000!*

---

* Whde F. Market (N.R.T.)

Quanto à HSA, ela tem de cobrir todas as coparticipações e despesas não cobertas pelo plano (como a assistência à saúde mental). "Há muito mais acontecendo aqui do que simplesmente o 'seguro-saúde'", conclui um ex-executivo anônimo" "...[O] sistema tem escondido muito bem as cobranças que rotineiramente ameaçam e debilitam a estabilidade financeira e, em último caso, [o] bem-estar dos funcionários".

Respondendo à revolta contra o artigo de Mackey no *Wall Street Journal*, a Equipe de Relacionamento com o Cliente da WFM se apressou em destacar que "os membros de nossa equipe votaram a favor do nosso plano... para assegurar que continuem tendo voz em nossos benefícios". A intenção de Mackey, informou o comunicado de imprensa, "foi expressar suas opiniões pessoais – não as dos membros da equipe da Whole Foods Market ou as da empresa". O comunicado também pediu desculpas pela "ofensa a alguns clientes", mas para muitos clientes antigos da WFM, o pedido foi insuficiente e veio tarde demais. "Não vou mais fazer compras na Whole Foods", anunciou um consumidor de Nova Jersey, explicando que "um CEO deveria tomar cuidado ao falar sobre política, pois suas crenças refletem na maioria dos seus clientes". Na verdade, a WFM havia se tornado, nas palavras de um repórter, "um lugar para escolher a granola", e a base de grande parte de seus clientes é composta por pessoas cujas opiniões sobre questões como a reforma da assistência médica são muito diferentes das de Mackey. O artigo no *WSJ*, declarou um colaborador do fórum *on-line* da empresa, foi "um tapa na cara dos milhões de consumidores com as mentes progressistas que fizeram [da Whole Foods] o que é hoje".

O potencial das repercussões não foi perdido pela diretoria da WFM. Ao final de agosto, após a publicação do artigo no *WSJ*, acionistas militantes solicitaram a saída de Mackey. O CEO, eles acusaram, tinha "tentado capitalizar a reputação da marca da Whole Foods defendendo suas próprias visões políticas, contudo, ofendeu profundamente um segmento essencial de clientes da empresa". As ações caíram 30% em comparação ao período anterior de cinco anos e, em dezembro, a diretoria estava comprometida em convencer Mackey a se desligar do cargo de presidente do conselho.

Qual é a sua opinião?

1. Para você, qual é a importância de benefícios como os oferecidos pela Whole Foods para poder frequentar uma escola ou ter uma remuneração enquanto estivesse buscando uma colocação em sua área de atuação?
2. As opiniões publicadas por um CEO influenciariam seu comportamento como cliente atual ou em potencial da empresa dele? Sob quais circunstâncias seu comportamento seria mais afetado?

Referências: John Stossel et al., "Health Savings Accounts: Putting Patients in Control", *ABC News*, 14 set. 2007, http://abcnews.go.com, 23 mai. 2012; John Mackey, "The Whole Foods Alternative to ObamaCare", *Wall Street Journal*, 11 ago. 2009, http://online.wsj.com, 23 mai. 2012; Judy Dugan, "Whole Foods' Crummy Insurance: What John Mackey Means by 'Choice'", *Consumer Watchdog*, 20 ago. 2009, www.consumerwatchdog.org, 23 mai. 2012; Emily Friedman, "Health Care Stirs Up Whole Foods CEO John Mackey, Customers Boycott Organic Grocery Store", *ABC News*, 14 ago. 2009, http://abcnews.go.com, 23 mai. 2012; Nick Paumgarten, "Food Fighter", *The New Yorker*, 4 jan. 2010, www.newyorker.com, 23 mai. 2012; "Whole Foods CEO John Mackey Stepping Down as Chairman", *Huffington Post*, 25 dez. 2009, www.huffingtonpost.com, 23 mai. 2012.

Por décadas, especialistas em gestão têm defendido as recompensas importantes para os funcionários. De início, a maioria dos gestores considerava a remuneração como uma recompensa básica oferecida aos funcionários, mas agora muitas pessoas compreendem que os funcionários, na verdade, buscam e respondem a várias recompensas decorrentes do seu trabalho. E como é evidente na Whole Foods, as percepções e os impactos das recompensas podem variar. Como estabelecemos no início do Capítulo 5, a fim de tirar proveito do comportamento motivacional em potencial, os gestores podem utilizar inúmeras estratégias direcionadas à melhoria do desempenho para transformar o que é potencial em aumento autêntico do desempenho. Discussões subsequentes naquele capítulo identificaram vários elementos não relacionados que podem ajudar na transformação.

Neste capítulo, examinaremos muitos outros métodos e elementos organizacionais que podem promover o aumento do desempenho. Iniciaremos com uma discussão sobre as metas e como elas estão relacionadas à motivação e ao desempenho. A seguir, descreveremos a gestão do desempenho e como ele está relacionado à gestão da qualidade total. As recompensas individuais serão, então, introduzidas e relacionadas ao desempenho motivado. Por fim, concluiremos com a discussão de várias questões que influenciam os sistemas de gestão de recompensas.

FIXAÇÃO DE METAS E MOTIVAÇÃO

A fixação de metas é um método muito útil para aumentar o desempenho do funcionário.[1] Da perspectiva motivacional, **meta** é um objetivo que tem algum significado. Na maioria das organizações as metas são utilizadas para dois propósitos. Primeiro, elas fornecem um referencial útil para administrar a motivação. Gestores e empregados podem estabelecer metas para si mesmos e, então, trabalhar em direção a elas. Assim, se a meta global da organização é aumentar as vendas em 10%, um gestor pode utilizar as metas individuais para ajudar a alcançar a meta organizacional. Segundo, as metas são um dispositivo eficaz de controle (*controle* como acompanhamento da qualidade do desempenho organizacional). A comparação do desempenho de curto prazo das pessoas com suas metas pode ser um modo eficaz de monitorar o desempenho organizacional em longo prazo.

A teoria da aprendizagem social talvez descreva melhor o papel e a importância do estabelecimento de metas nas organizações.[2] Essa perspectiva propõe que os sentimentos de orgulho ou vergonha em relação ao desempenho são o meio pelo qual as pessoas atingem suas metas. Uma pessoa que atinge uma meta ficará orgulhosa por tê-lo feito; uma pessoa que falha em alcançar sua meta terá um sentimento de desapontamento pessoal e talvez até de vergonha. O grau de orgulho ou desapontamento é influenciado pela **autoeficácia**, na medida em que as pessoas sentem que ainda são capazes de alcançar suas metas, por terem falhado no passado.

> Meta é um objetivo desejado.

> Nossa autoeficácia é a extensão do que acreditamos que podemos alcançar nossas metas, por termos falhado no passado.

Teoria da definição de metas

A teoria da aprendizagem social fornece descobertas sobre por que e como as metas podem motivar o comportamento. Ela também nos ajuda a compreender como diferentes pessoas lidam com a falta de sucesso em atingir as metas. A pesquisa de Edwin Locke e associados estabeleceu de maneira mais clara a utilização da teoria da definição de metas em um contexto motivacional.[3]

A teoria de definição de metas para a motivação pressupõe que o comportamento seja resultado de metas e intenções conscientes. Por essa razão, ao definir as metas para as pessoas na organização, um gestor deve ser capaz de influenciar esses comportamentos. Diante dessa premissa, o desafio é desenvolver a compreensão total do processo pelo qual as pessoas definem as metas e trabalham para alcançá-las. Na versão original da teoria da definição de metas, esperava-se que duas características específicas da meta – a dificuldade e a especificação da meta – formassem o desempenho.

Dificuldade da meta A **dificuldade da meta** representa o tanto que uma meta é desafiadora e exige esforço. Se as pessoas trabalham para alcançar metas, é razoável supor que trabalharão

> Dificuldade da meta representa o tanto que uma meta é desafiadora e exige esforço.

mais arduamente para alcançar metas mais difíceis. Mas uma meta não deve ser tão difícil a ponto de ser inatingível. Se um novo gestor solicita aos seus funcionários que aumentem as vendas em 300%, o grupo pode ridicularizar o pedido porque o considera impossível de ser alcançado. Uma meta mais realista, mas ainda difícil de ser atingida – talvez um aumento de 20% – provavelmente seria um objetivo melhor.

Um número substancial de pesquisas apoia a importância da dificuldade da meta.[4] Em um estudo, os executivos da Weyerhaeuser estabeleceram metas difíceis para os motoristas de caminhão que transportam cargas de madeira do local do corte até os depósitos. Ao longo de um período de nove meses, os motoristas aumentaram a quantidade de madeira que entregavam por um valor que teria exigido um gasto de US$ 250.000 em novos caminhões para a média anterior de carregamento por caminhão.[5] O reforço também promove a motivação em direção às metas difíceis. Uma pessoa recompensada por atingir um objetivo difícil estará mais inclinada a se esforçar em direção à próxima meta difícil do que alguém que não recebeu nenhuma recompensa por alcançar a primeira meta.

Especificação da meta representa a clareza e precisão de uma meta.

Especificação da meta Especificação da meta representa sua clareza e sua precisão. Uma meta para "aumentar a produtividade" não é muito específica, já uma meta para "aumentar a produtividade em 3% nos próximos seis meses" é bem específica. Algumas metas, como aquelas que envolvem custos, produção, lucratividade e crescimento, podem facilmente ser definidas em termos claros e precisos. Outras metas, como aumentar a satisfação profissional e o moral do funcionário, melhorar a imagem e a reputação da empresa, aumentar o comportamento ético e a responsabilidade social, são muito mais difíceis de serem especificadas em termos ou mensuráveis.

Assim como a dificuldade, a especificação tem sido consistentemente apresentada como relacionada ao desempenho. O estudo anteriormente mencionado sobre os motoristas de caminhão que transportam madeira também analisou a especificação da meta. Os carregamentos iniciais que os caminhoneiros estavam transportando eram 60% do peso máximo que cada caminhão podia suportar. Os gestores estabeleceram uma nova meta de 94%, que logo os motoristas poderiam atingir. Por isso a meta era tão bem especificada quanto difícil.

A teoria de Locke atraiu interesse e apoio de pesquisadores e de administradores; tanto que Locke, junto com Gary Latham, propuseram um modelo ampliado do processo de estabelecimento de metas. O modelo ampliado, apresentado na Figura 6.1, tenta capturar de maneira mais abrangente as complexidades da definição de metas nas organizações.

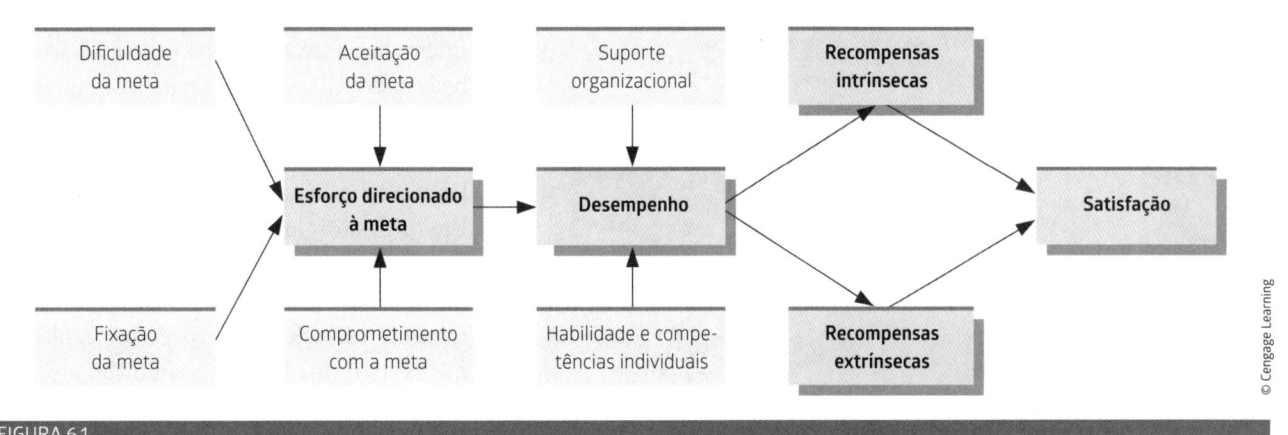

FIGURA 6.1

Teoria da fixação de metas

A teoria da definição de metas fornece um modo de aumentar a motivação dos funcionários. Conforme ilustrado aqui, a dificuldade, a especificidade, a aceitação e o comprometimento da meta contribuem para determinar o esforço direcionado a ela. Esse esforço, por sua vez, tem impacto direto no desempenho.

Referência: Reeditado de Organizational Dynamics, outono 1979, Gary P. Latham et al., "The Goal-Setting Theory of Motivation". Copyright 1979, com autorização de Elsevier.

Aceitação da meta representa a extensão em que uma pessoa aceita determinada meta como sendo sua.

Comprometimento com a meta representa a extensão em que uma pessoa está pessoalmente interessada em atingir essa meta.

A teoria mais abrangente argumenta que o esforço direcionado para a meta é função de quatro atributos da meta: dificuldade e especificação (anteriormente discutidos), aceitação e comprometimento. **Aceitação da meta** representa a medida em que uma pessoa aceita certa meta como sendo dela própria. **Comprometimento com a meta** representa a medida em que a pessoa está pessoalmente interessada em atingir essa meta. O gestor que promete tomar as medidas necessárias para cortar os custos em 10%, compromete-se em atingir uma meta. Os fatores que podem incentivar a aceitação e o comprometimento em relação à meta incluem a participação no processo de fixação da meta, o estabelecimento de metas desafiadoras, mas realistas, e a crença de que a conquista da meta conduzirá a recompensas valiosas.[6]

A interação entre esforço direcionado para a meta, o apoio organizacional e as habilidades bem como as competências individuais determinam o desempenho real. O apoio organizacional é qualquer coisa que a organização faça para ajudar ou impedir o desempenho. O apoio positivo pode significar fornecer os recursos necessários para o alcance da meta; o apoio negativo pode significar falhar em fornecer tais recursos, talvez por causa das considerações com os custos ou com a redução de pessoal. As habilidades e competências individuais são aquelas habilidades e outras características pessoais necessárias para a execução do trabalho. Como resultado do desempenho, uma pessoa recebe várias recompensas intrínsecas e extrínsecas que, por sua vez, influenciam a satisfação. Observe que os últimos estágios desse modelo são muito parecidos com aqueles do modelo de expectativa de Porter e Lawler discutidos no Capítulo 4.

Perspectivas amplas na fixação de metas

Administração por objetivos (MBO) é um processo colaborativo de fixação de objetivos por meio da qual as metas organizacionais caem como cascata pela organização.

Algumas organizações se comprometem com a fixação de metas considerando a perspectiva mais ampla da **administração por objetivos**, ou **MBO** (management by objectives). A abordagem MBO é essencialmente um processo colaborativo de fixação de objetivos por meio do qual as metas organizacionais caem de forma sistemática em cascata pela organização. Nossa discussão descreve uma abordagem genérica, mas muitas organizações adaptaram a MBO aos seus próprios propósitos e usam uma variedade de nomes para tanto. (Na verdade, atualmente a maioria das empresas utiliza outras denominações. No entanto, em razão de nenhuma outra denominação genérica ter surgido, continuaremos a nos referir a essa abordagem como MBO.)

Um programa de MBO bem-sucedido inicia com os executivos do alto escalão estabelecendo metas globais para a organização. Depois que estas forem fixadas, os gestores e os funcionários de toda a organização colaboram na fixação das metas subsidiárias. Em primeiro lugar, as metas globais são comunicadas a todos. Então, cada gestor se reúne com cada um de seus subordinados. Durante essas reuniões, o gestor explica as metas da unidade para o subordinado, e os dois juntos determinam como ele pode contribuir de maneira mais eficaz. O gestor atua como conselheiro e ajuda a garantir que o subordinado desenvolva metas verificáveis. Por exemplo, a meta de "cortar os custos em 5%" é verificável, ao passo que a meta "fazer o melhor de mim", não é. Por último, gestor

As reuniões para avaliação de desempenho são parte integral da fixação de metas eficazes. As pessoas precisam ter voz na definição de suas metas e precisam de retorno sobre como estão se saindo para alcançá-las. Esse gestor, por exemplo, está em reunião com um de seus subordinados para discutir o desempenho dele. Ele está transmitindo detalhes específicos sobre onde está alcançando as expectativas e onde há necessidade de melhorias.

e subordinado garantem que este tenha os recursos necessários para alcançar a meta. O processo todo flui para baixo conforme cada subordinado do gestor se reúne com seus próprios subordinados para desenvolverem as metas. Por isso, conforme observamos antes, as metas iniciais definidas pela alta administração, descem cascata abaixo por toda a organização.

Durante o prazo estabelecido para a realização da meta (geralmente um ano), o gestor periodicamente se reúne com cada subordinado para verificar o progresso. Pode ser necessário alterar as metas em razão de novas informações, para fornecer recursos adicionais ou para tomar alguma outra ação. No fim do período estipulado, os gestores fazem uma reunião para a avaliação final com cada subordinado. Nessa reunião, gestor e subordinado avaliam em que medida as metas foram atingidas e discutem os motivos. Nessa ocasião também funciona como uma avaliação anual de desempenho, determinação de ajustes salariais e outras recompensas baseadas na realização das metas. A reunião pode servir como o ponto inicial da definição de metas para o ciclo do próximo ano.

Avaliação e implicações

A teoria da fixação de metas tem sido amplamente testada em inúmeros ambientes. Pesquisas têm demonstrado com muita consistência que a dificuldade e a especificidade da meta estão intimamente ligadas ao desempenho. Outros elementos da teoria, como a aceitação e o comprometimento, têm sido estudados com menos frequência. Alguns estudos têm mostrado a importância da aceitação e do comprometimento, mas não se sabe muito sobre como as pessoas aceitam e se tornam comprometidas com as metas. A teoria de fixação das metas pode focar demais nas considerações de curto prazo à custa das considerações de longo prazo. Apesar dessas questões, entretanto, a fixação de metas é uma maneira importante de gestores converterem a motivação em desempenho aperfeiçoado real.

Com base em uma perspectiva mais ampla, a MBO permanece como técnica muito popular. Alcoa, Tenneco, Black & Decker, General Foods e DuPont, por exemplo, têm utilizado versões da MBO com muito sucesso. A popularidade da técnica origina-se em parte de seus muitos pontos fortes. Um deles é que a MBO tem potencial para motivar os funcionários porque ajuda na implementação da teoria da fixação de metas em bases sistemáticas em toda a organização. Ela também esclarece as bases para as recompensas e pode estimular a comunicação. As avaliações de desempenho são mais fáceis e evidentes se a MBO for considerada. Além disso, os gestores podem utilizar o sistema para fins de controle.

No entanto, a utilização da MBO pode ser uma armadilha, especialmente se a empresa toma muitos atalhos ou debilita inadvertidamente a maneira como o processo deveria ser para funcionar. Por exemplo, algumas vezes os gestores da alta administração não participam realmente; isto é, as metas são, na verdade, estabelecidas no meio da organização e podem não refletir as metas reais da alta administração. Se os funcionários acreditarem que essa situação é verdadeira, podem tornar-se descrentes, interpretando a ausência de participação da alta gestão como sinal de que as metas não são importantes e que o envolvimento deles é perda de tempo. A MBO também tende a enfatizar demais as metas quantitativas para aumentar sua autenticação. Outra limitação em potencial é que um sistema MBO dá grande importância para o processo e registro das informações, uma vez que toda meta deve ser documentada. Por fim, alguns gestores não permitem que seus subordinados participem da fixação das metas, em vez disso, estabelecem as metas e ordenam que seus subordinados as aceitem.

Em geral, a MBO é um sistema eficaz e útil para a gestão de fixação de metas e para aumentar o desempenho nas organizações. As pesquisas indicam que ela pode fazer muito do que seus defensores afirmam, mas é preciso aplicá-la com cuidado. Particularmente, muitas organizações precisam adequá-la às circunstâncias particulares. Quando a MBO é apropriadamente utilizada, pode ser uma abordagem eficaz na administração do sistema de recompensas da organização. Ela requer, no entanto, interações individuais entre cada supervisor e cada funcionário; e essas interações individuais podem ser difíceis em razão do tempo que levam e da probabilidade de, pelo menos em alguns casos, envolver avaliações críticas de desempenhos inaceitáveis.

GESTÃO DO DESEMPENHO NAS ORGANIZAÇÕES

Conforme descrito anteriormente, a maioria das metas é orientada em direção a algum elemento do desempenho. Os gestores podem tomar inúmeras providências para aumentar a motivação e o desempenho do funcionário, incluindo o planejamento de cargo, permitindo mais participação, criando alternativas para estruturas de trabalho e definindo metas. Entretanto, eles também podem falhar nas providências que podem melhorar a motivação e o desempenho e até inadvertidamente, tomar atitudes que reduzem a motivação e o desempenho. Por isso, é importante que o desempenho seja abordado como algo que pode e deve ser administrado.[7]

Natureza da gestão de desempenho

A essência da gestão do desempenho é a avaliação real do desempenho de um indivíduo ou grupo. A **medida do desempenho**, ou a **avaliação de desempenho**, é o processo pelo qual alguém (1) avalia o comportamento do funcionário no trabalho, avaliando-o e comparando-o aos padrões previamente estabelecidos, (2) documenta os resultados e (3) comunica os resultados ao funcionário.[8] Um **sistema de gestão de desempenho (SGD)** compara processos e atividades envolvidos nas avaliações de desempenho, conforme demonstrado na Figura 6.2.

Uma avaliação de desempenho comum envolve um gestor e um funcionário, ao passo que o SGD incorpora o contexto da gestão da qualidade total associado a políticas organizacionais, procedimentos e recursos que dão apoio à atividade que está sendo avaliada. O tempo e a frequência das avaliações, a escolha de quem avalia quem, os procedimentos para

Medida do desempenho, ou a avaliação de desempenho, é o processo pelo qual alguém (1) avalia o comportamento do funcionário no trabalho, avaliando-o e comparando-o aos padrões previamente estabelecidos, (2) documenta os resultados e (3) comunica os resultados ao funcionário.

Um sistema de gestão do desempenho (SGD) compara os processos e atividades envolvidos nas avaliações de desempenho.

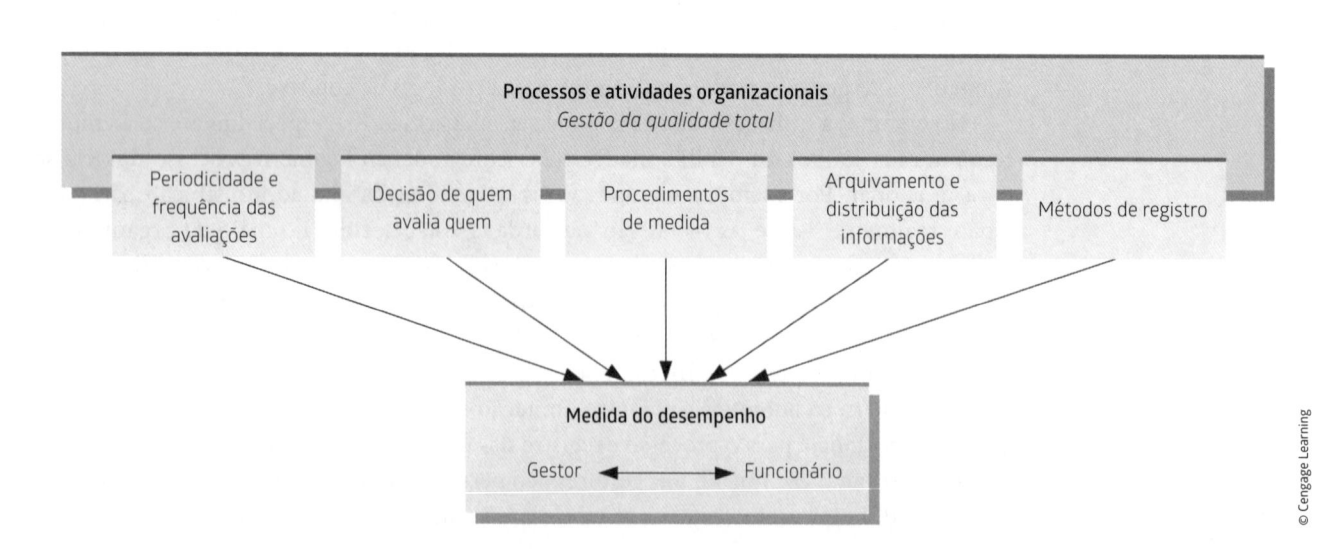

FIGURA 6.2

Sistema de gestão por desempenho

O sistema de gestão por desempenho de uma organização tem papel determinante no nível geral de sua eficácia. Isso é especialmente verdadeiro quando a organização tenta utilizar a gestão da qualidade total. Estão entre os elementos fundamentais para um sistema de gestão por desempenho, a periodicidade e a frequência das avaliações, a escolha dos procedimentos de medida, o arquivamento e a distribuição das informações sobre o desempenho e os métodos de registro. Tais elementos são utilizado por gestores e funcionários na maioria das organizações.

a avaliação, os métodos para registrar as avaliações e o armazenamento bem como a distribuição de informações são todos aspectos do SGD.

Objetivos da avaliação do desempenho

A avaliação do desempenho pode ser útil para muitas finalidades. A habilidade em fornecer retorno útil é crítico. O retorno, por sua vez, diz ao funcionário onde ele está aos olhos da organização. Os resultados do desempenho, é claro, também são utilizados para decidir e justificar a distribuição de recompensas. As avaliações de desempenho podem ser utilizadas como ponto de partida para discussões sobre treinamento, desenvolvimento e aperfeiçoamento. Por fim, as informações produzidas pelo sistema de avaliação de desempenho podem ser utilizadas para prever as necessidades futuras de recursos humanos, planejar a sucessão administrativa, treinamento, bem como de programas de desenvolvimento de pessoas.

Fornecer retorno sobre o desempenho no trabalho é a utilidade principal da informação sobre o desempenho. A informação sobre a avaliação do desempenho pode indicar que um funcionário está pronto para uma promoção ou que ele precisa de treinamento adicional para ganhar experiência em outra área operacional da empresa. Ela também pode mostrar que uma pessoa não tem as habilidades para determinado trabalho e que outra pessoa deveria ser recrutada para preencher o cargo. Outros fins da avaliação de desempenho podem ser agrupados em duas categorias abrangentes, julgamento e desenvolvimento, conforme demonstrado na Figura 6.3.

As avaliações de desempenho associadas ao julgamento orientado focam no desempenho passado e estão centradas, principalmente, em medir e comparar o desempenho e em como essas informações serão utilizadas. Já as avaliações associadas ao desenvolvimento orientado focam no futuro e na utilização de informações oriundas de avaliações para o aperfeiçoamento do desempenho. Se o desempenho futuro aperfeiçoado for a intenção do processo de avaliação, o gestor pode focar em metas ou alvos dos funcionários, na eliminação de obstáculos ou problemas que prejudicarão o desempenho e em futuras necessidades de treinamento.

Noções básicas da avaliação de desempenho

As avaliações de desempenho são comuns em todos os tipos de organização, mas a maneira como são feitas pode variar. Muitas questões precisam ser consideradas para determinar como conduzir a avaliação. Três das principais questões são quem executa as avaliações, com que frequência elas são feitas e como o desempenho é avaliado.

Avaliador Na maioria dos sistemas de avaliação, o principal avaliador do funcionário é o supervisor direto. Isso tem origem no fato óbvio de que esse supervisor está presumivelmen-

---

FIGURA 6.3

Objetivos da gestão por desempenho

Na maioria das organizações, a avaliação do desempenho tem várias funções. Esta figura exemplifica que essas funções podem auxiliar os gestores no julgamento do desempenho passado do funcionário e ajudar gestores e funcionários no aperfeiçoamento do desempenho futuro.

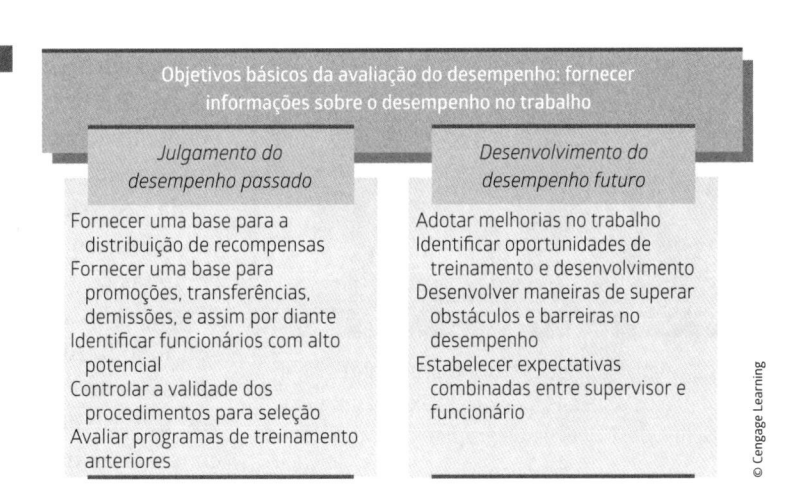

Objetivos básicos da avaliação do desempenho: fornecer informações sobre o desempenho no trabalho

Julgamento do desempenho passado
- Fornecer uma base para a distribuição de recompensas
- Fornecer uma base para promoções, transferências, demissões, e assim por diante
- Identificar funcionários com alto potencial
- Controlar a validade dos procedimentos para seleção
- Avaliar programas de treinamento anteriores

Desenvolvimento do desempenho futuro
- Adotar melhorias no trabalho
- Identificar oportunidades de treinamento e desenvolvimento
- Desenvolver maneiras de superar obstáculos e barreiras no desempenho
- Estabelecer expectativas combinadas entre supervisor e funcionário

© Cengage Learning

te em melhor posição para conhecer o desempenho do funcionário no dia a dia. Além do mais, é o supervisor quem tradicionalmente fornece o retorno do desempenho aos funcionários e determina sanções e recompensas. Entretanto, os problemas sempre aparecem se as informações sobre o desempenho dos funcionários são incompletas ou distorcidas. Por exemplo, o supervisor pode ter pouco conhecimento direto do desempenho de um funcionário que trabalha sozinho fora da empresa, como no caso de um vendedor que faz chamadas telefônicas para os clientes ou de um funcionário da manutenção que lida com um problema no equipamento em campo. Problemas similares podem surgir quando o supervisor tem entendimento limitado sobre o conhecimento técnico envolvido no trabalho do funcionário.

Uma solução para esses problemas é contar com um sistema que incorpore as avaliações de várias pessoas que estejam familiarizadas com o desempenho do funcionário. Uma alternativa possível, por exemplo, é utilizar o funcionário como avaliador. Embora eles não possam realmente fazer isso, muitos funcionários são capazes de avaliar a si próprios de maneira imparcial.

Uma das mais interessantes abordagens atuais é a chamada **avaliação 360 graus** – um sistema de gestão do desempenho no qual as pessoas recebem retorno de seu desempenho de todos os que estão ao seu "lado" na organização – de chefes, colegas e pares, e de seus próprios subordinados. Por essa razão, o retorno chega de todas as pessoas ao redor, ou de 360 graus. Esse tipo de avaliação de desempenho pode ser muito benéfico para os gestores, porque lhes dá um panorama do desempenho muito mais amplo do que a avaliação tradicional. Em outras palavras, mais do que focalizar estritamente no objetivo do desempenho, como aumento nas vendas ou ganhos de produtividade, a avaliação 360 graus tem o foco em aspectos como relações interpessoais e estilo. Por exemplo, uma pessoa pode perceber que fica muito próxima do outro quando conversam; outra pode perceber que tem um temperamento ruim. Possivelmente, o supervisor não toma ciência de algo assim, muito menos relata isso como parte da avaliação do desempenho. Os subordinados ou os pares estão muito mais dispostos a fornecer esse tipo de retorno.

É claro que, para um gestor ser beneficiado pela avaliação 360 graus, é preciso ter um bom autocontrole. Provavelmente o gestor ouvirá comentários sobre assuntos delicados, que podem ser ameaçadores. Por essa razão, o sistema de avaliação 360 graus deve ser cuidadosamente gerenciado para que seu foco permaneça mais nas críticas construtivas do que nas destrutivas.[9] Em virtude das suas vantagens potenciais e apesar de suas falhas, muitas empresas estão utilizando essa abordagem para o retorno do desempenho. AT&T, Nestlé, Pitney Bowes e JPMorgan Chase são algumas das principais empresas que atualmente utilizam a avaliação 360 graus para auxiliar os gestores a melhorar uma série de comportamentos relacionados ao desempenho.[10]

Frequência da avaliação Outra importante questão é a frequência das avaliações. Independentemente do nível de desempenho do funcionário, do tipo de tarefas executadas ou da necessidade do funcionário em relação às informações sobre o desempenho, as empresas costumam conduzir avaliações de desempenho regularmente, em geral, uma vez ao ano. Avaliações anuais de desempenho são convenientes para fins administrativos, no caso de atualização de registros e da conservação de um nível de rotina que ajuda

Avaliação 360 graus é um sistema de gestão do desempenho no qual as pessoas recebem retorno de seu desempenho de todos os que estão ao seu lado na organização – de chefes, colegas e pares, e seus próprios subordinados.

O Japão tem uma cultura voltada à coletividade que coloca o grupo antes do indivíduo. Como resultado, é comum que os sistemas de avaliação de desempenho naquele país avaliem e recompensem o desempenho de grupo em contraposição ao desempenho individual.

SERVIÇO | Avaliação do desempenho pelo cliente oculto

Você é um funcionário que serve refeições em um restaurante e está no meio de uma avaliação de desempenho com sua chefia. Após ouvi-la fazer várias observações sobre seu desempenho, você começa a pensar se ela alguma vez realmente já observou o que você faz. Em sua opinião, você tem um ótimo desempenho, seus clientes parecem satisfeitos, a média de suas gorjetas está entre as maiores do restaurante e os clientes ocultos que avaliaram o seu serviço reconhecem suas habilidades e sua hospitalidade genuínas. Por essa razão, a autoavaliação do seu desempenho é muito alta e sua crença no valor do retorno da sua chefia é muito baixa. Conforme reflete sobre essa conversa, você pensa em como seria melhor se a sua avaliação de desempenho fosse toda feita pelos clientes ocultos.

Então, o que os clientes ocultos fazem e por que o retorno deles é tão valorizado pelos funcionários? Um cliente oculto é exatamente isso – uma pessoa que tem a experiência do serviço e o avalia sistematicamente. A empresa contratada geralmente seleciona clientes que combinem com os perfis dos clientes-alvo e os envia a uma operação de serviços para checar se o serviço oferecido é o que a organização pretende que ele seja. Assim, a primeira etapa na utilização de clientes ocultos é identificar as expectativas dos consumidores em relação aos serviços da empresa e encontrar um caminho para traduzir as expectativas em um conjunto de padrões mensuráveis de serviços. Se as expectativas dos clientes em relação aos serviços de um restaurante, por exemplo, incluem não esperar em longas filas por uma mesa, ser cumprimentado com prontidão e de forma calorosa quando estiver à mesa, ter uma refeição bem-servida, bem-preparada e de ótimo sabor por um preço justo em um local limpo, então, um conjunto de padrões podem ser estabelecidos para cada um dos componentes da experiência do restaurante contra os quais o restaurante e seus funcionários podem ser sistematicamente avaliados pelo cliente oculto.

Consequentemente, o cliente oculto do restaurante observará o tempo que levou para conseguir uma mesa; quantos minutos foram necessários para ser atendido e servido; a qualidade e a quantidade do alimento; a limpeza do local; a cordialidade, a capacidade de resposta e a simpatia de quem o serviu e o preço pago pela experiência. Esse relatório é submetido à empresa, que o envia à administração do restaurante. O gerente do restaurante utilizará esse relatório como avaliação da qualidade do restaurante, da gestão da experiência do cliente e do desempenho dos funcionários.

Em um estudo em que o restaurante utilizou clientes ocultos diariamente, foi criada uma programação que capturou o valor da proporção variável do retorno. Embora a equipe com cerca de 30 funcionários não tivesse ideia de quando qualquer um deles seria avaliado por um cliente oculto, eles sabiam que seriam avaliados na média de uma vez a cada 30 dias. Além disso, eles sabiam que o gerente sentaria com cada um deles para analisar o relatório do cliente oculto do dia anterior. O benefício conquistado foi que os funcionários podiam ver o gerente relatando o que o cliente disse sobre um funcionário todos os dias, em vez de ter a tradicional avaliação de desempenho anual baseada na opinião e na interpretação dos fatos pelo gerente. Além do mais, o retorno veio de um observador externo. O benefício direto desse sistema foi percebido no aumento do retorno dos clientes ao estabelecimento e nas avaliações mais altas dos clientes ocultos sobre o desempenho dos funcionários. O benefício indireto foi que a missão do serviço ao cliente foi reforçada diariamente pelos gerentes em conversas com os funcionários sobre os relatórios dos clientes ocultos. Era óbvio que o restaurante e seus gestores levavam o serviço ao cliente muito a sério. O segundo benefício indireto foi que isso permitiu aos gerentes se reposicionarem como técnicos em desempenho, discutindo o desempenho baseado no retorno relativamente objetivo de uma terceira parte, em vez de agirem da forma tradicional e um tanto subjetiva, desempenhando os papéis de juízes e jurados.

Os funcionários viram esse tipo de avaliação de desempenho como mais justo e mais objetivamente ancorado em comportamentos reais, em comparação àqueles baseados nas opiniões da chefia. Foi ensinado aos gerentes a concentrarem-se no positivo e oferecer ajuda para corrigir o negativo. O processo do cliente oculto recompensou comportamentos desejados em intervalos variáveis, o que confirmou muitos estudos de laboratório sobre o valor dessa técnica de reforço e abriu as portas para a sua utilização em uma série de situações nas quais os funcionários têm clientes internos ou externos que podem fornecer retornos de desempenho com relativa objetividade.

Questão para discussão: Como você criaria um sistema de retorno de desempenho com clientes ocultos para o seu curso de comportamento organizacional? O que você avaliaria como padrões de desempenho e quais padrões você criaria? Você acredita que um sistema como esse teria impacto positivo na eficácia do ensino? Por que sim ou por que não?

a manter todos confortáveis. Algumas organizações também conduzem as avaliações semestrais.[11] Muitos sistemas para monitoramento do desempenho dos funcionários baseados em "conforme a necessidade" têm sido propostos como alternativa ao sistema tradicional anual.

Os gestores em unidades internacionais devem assegurar que incorporarão o fenômeno cultural em suas estratégias de avaliação de desempenho. Por exemplo, em culturas altamente individualistas, como a dos Estados Unidos, a avaliação de desempenho individual é comum e aceita. Mas em culturas coletivistas, como a do Japão, a avaliação de desempenho quase sempre necessita ter seu foco maior no desempenho e retorno dos grupos. Em países em que as pessoas colocam muita fé no destino, na sorte ou em alguma outra forma divina de controle, os funcionários podem não ser receptivos ao retorno do desempenho por acreditar que suas ações são irrelevantes para os resultados que as seguem.

Avaliação do desempenho O alicerce de um bom SGD é o método para avaliar o desempenho. Descrições detalhadas dos diferentes métodos para avaliar o desempenho estão além do escopo deste livro; eles são mais apropriadamente abordados em um curso de gestão de recursos humanos ou em um curso especializado em avaliação de desempenho.

Entretanto, podemos apresentar alguns comentários gerais sobre como mensurar o desempenho. O método de avaliação fornece as informações que os gestores utilizam para tomar decisões sobre ajustes de salário, promoções, transferências, treinamento e disciplina. Nos Estados Unidos, de acordo com os tribunais e com as diretrizes de Oportunidades de Emprego Igualitárias, as medidas do desempenho devem ser baseadas em critérios relacionados ao trabalho, e não a algum outro fator como amizade, idade, sexo, religião ou nacionalidade. Além disso, para fornecer informações úteis para a tomada de decisão, as avaliações de desempenho devem ser válidas, confiáveis e imparciais. Elas não devem produzir classificações que sejam flexíveis ou severas demais.[12] Além disso, devem ser livres de erros de percepção e de intervalos de tempo.

Alguns dos métodos mais populares para avaliar o desempenho individual são escalas gráficas de classificação, listas de verificação, ensaios ou diários, escalas fixas de avaliação comportamental e sistemas de escolha forçada. Esses sistemas são de fácil utilização e são familiares para a maioria dos gestores. Entretanto, dois problemas são comuns a todos os métodos individuais: tendência a classificar a maioria dos indivíduos em um mesmo nível e falta de habilidade na diferenciação dos diferentes níveis do desempenho.

Métodos por comparação avaliam dois ou mais funcionários comparando-os uns aos outros em várias dimensões do desempenho. Os métodos por comparação mais populares são pontuação, distribuição forçada, comparações pareadas e utilização de avaliadores múltiplos para fazer as comparações. Entretanto, esses métodos são mais difíceis de utilizar do que os métodos individuais, uma vez que muitos gestores não os conhecem, além do que, podem exigir procedimentos sofisticados de desenvolvimento no sistema analítico informatizado para se chegar a informações úteis.

Abordagem do Balanced Scorecard para a gestão por desempenho

Uma forma de sistema de gestão do desempenho relativamente nova e cada vez mais popular é a abordagem do balanced scorecard. O **balanced scorecard**, ou BSC, é uma técnica de gestão do desempenho relativamente estruturada que identifica as medidas de desempenho financeiro e não financeiro bem como as organiza em um único modelo.[13] O BSC básico é apresentado na Figura 6.4.

No centro do BSC estão a visão e a estratégia organizacionais. Elas precisam ser claramente estabelecidas e comunicadas em toda a organização pela equipe da alta administração. Em seguida, os gestores estabelecem um pequeno número de metas objetivas e medidas que apoiem os quatro componentes-chave do sucesso organizacional. Esses componentes são as percepções do cliente, o desempenho financeiro, os processos internos da empresa e a inovação e aprendizagem. Todas as medidas subsequentes são derivadas desse quadro.

Balanced scorecard, ou BSC, é uma técnica de gestão do desempenho relativamente estruturada que identifica as medidas de desempenho financeiro e não financeiro bem como as organiza em um único modelo.

FIGURA 6.4

Balanced Scorecard

O *balanced scorecard* é uma técnica estruturada da gestão do desempenho. Em seu modelo básico, os gestores estabelecem as metas e medidas para a forma como querem avaliar as percepções do cliente, o desempenho financeiro, os processos internos na empresa, a inovação e aprendizagem. Cada um desses conjuntos de metas e medidas precisa ser consistente entre si, assim como com relação à visão e à estratégia global da organização.

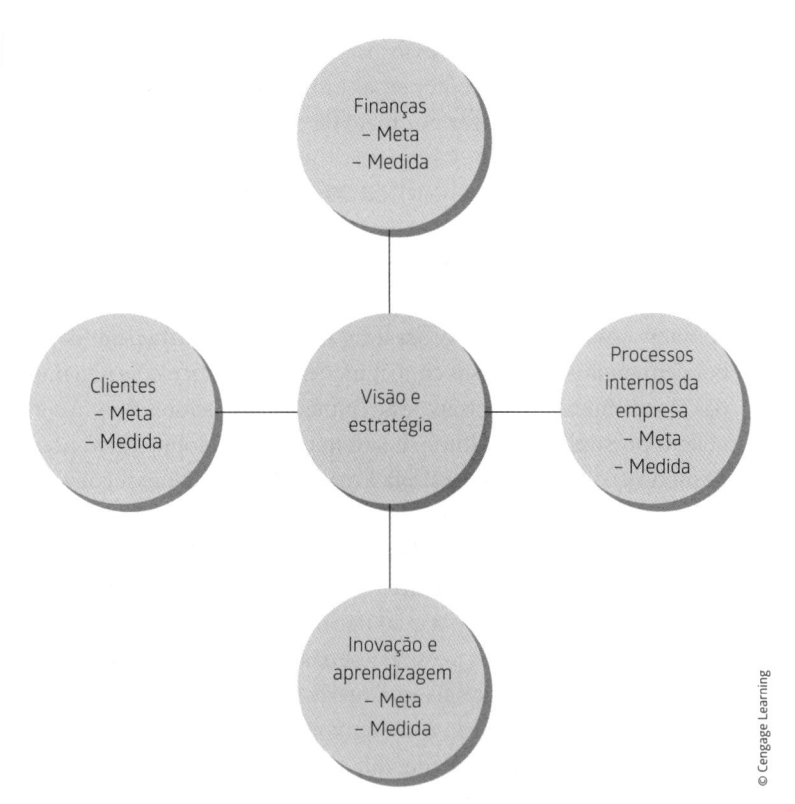

- Finanças
  - Meta
  - Medida
- Clientes
  - Meta
  - Medida
- Visão e estratégia
- Processos internos da empresa
  - Meta
  - Medida
- Inovação e aprendizagem
  - Meta
  - Medida

© Cengage Learning

Por exemplo, imagine que os gestores do alto escalão tenham determinado que querem que os clientes vejam a empresa como um fornecedor preferencial de relógios caros e de alta qualidade (por exemplo, Rolex). As metas e medidas que apoiam esse componente podem ser manter 50% de participação de mercado e 98% de índice de satisfação do cliente no segmento do mercado escolhido. Uma área importante da avaliação do desempenho individual, então, focalizaria a medida em que uma pessoa está contribuindo para a participação no mercado, satisfação do cliente e/ou uma área intimamente relacionada.

Não é de surpreender que hoje existam inúmeros sistemas de softwares disponíveis que auxiliam como suporte à abordagem do *balanced scorecard*. Além disso, ampla variedade de empresas relatam utilizar o BSC original, uma versão mais atual do BSC ou o modelo alternativo padronizado pelo BSC. Contudo, a maior parte das evidências utilizadas para dar apoio à validade do BSC é relativa por natureza, isto é, seu valor como sistema de gestão do desempenho não foi demonstrado de maneira rigorosa e empírica.

RECOMPENSAS INDIVIDUAIS NAS ORGANIZAÇÕES

O **sistema de recompensas** é composto de todos os componentes organizacionais, incluindo pessoas, processos, regras e procedimentos, bem como atividades de tomada de decisão, envolvidos em distribuir compensações e benefícios aos empregados em troca das suas contribuições à organização.

Conforme observado anteriormente, um dos principais propósitos da gestão por desempenho é fornecer os fundamentos para recompensar funcionários. Voltaremos nossa atenção às recompensas e seu impacto na motivação e no desempenho. O **sistema de recompensas** é composto de todos os componentes organizacionais – incluindo pessoas, processos, regras e procedimentos, bem como as atividades das suas tomada de decisão – envolvidos em distribuir compensações e benefícios aos empregados em troca de contribuições à organização.[14] Conforme analisamos os sistemas organizacionais de recompensas, é importante ter em mente seus papéis nos contratos psicológicos (conforme discutido no Capítulo 3) e na motivação do funcionário (conforme discutido no Capítulo 4). As recompensas constituem muitos dos incentivos que as organizações fornecem aos funcionários como parte, por exemplo, de seus contratos psicológicos. As recompensas também satisfazem algumas das necessidades que os funcionários tentam satisfazer por meio da escolha de comportamentos relacionados ao trabalho.

Papéis, objetivos e significados das recompensas

O objetivo do sistema de recompensas na maior parte das organizações é atrair, manter e motivar empregados qualificados. O recurso da compensação nas organizações deve ser imparcial e consistente para assegurar a igualdade de tratamento e o cumprimento da lei. A compensação também deve ser uma recompensa justa pelas contribuições do indivíduo, embora em muitos casos essas contribuições sejam difíceis, se não impossíveis, de serem mensuradas objetivamente. Em razão dessa limitação, os gestores devem ser tão justos quanto imparciais quanto possível. E por último, o sistema deve ser competitivo no mercado de trabalho externo de modo que a organização atraia e mantenha profissionais competentes nas áreas adequadas.[15]

Além dessas considerações genéricas, uma organização deve desenvolver sua filosofia de compensações baseada nas próprias condições e necessidades, sendo que essa filosofia deve ser definida e construída dentro do real sistema de recompensas. Por exemplo, o Walmart tem uma política segundo a qual nenhum de seus funcionários recebe salário mínimo. Mesmo que pague a algumas pessoas apenas um pouco mais do que esse mínimo, a empresa quer comunicar aos profissionais que oferece um valor mais alto em suas contribuições do que apenas lhes pagar o salário mais baixo possível.

A organização precisa decidir que tipo de comportamento ou desempenho quer incentivar com o sistema de recompensas, porque o que é recompensado tende a acontecer novamente. Estão incluídos entre os possíveis comportamentos o desempenho, a longevidade, o atendimento, a lealdade, as contribuições para os "resultados", a responsabilidade e a conformidade. A avaliação do desempenho, conforme descrito anteriormente, avalia esses comportamentos, mas a escolha de quais comportamentos recompensar é função do sistema de remuneração. Um sistema de recompensas também deve levar em consideração questões econômicas voláteis, como inflação, condições do mercado, tecnologia, atividades sindicais e assim por diante.

É importante também para a organização reconhecer que as recompensas organizacionais têm muitos significados para os seus empregados. As recompensas intrínsecas e extrínsecas são portadoras de valores superficiais e simbólicos. O **valor superficial** de uma recompensa para um empregado é o seu significado objetivo ou valor. Um aumento de salário de 5%, por exemplo, significa que um indivíduo tem 5% mais poder para gastar que antes, embora a promoção, à primeira vista, signifique novos deveres e responsabilidades. Mas os gestores devem reconhecer que as recompensas também carregam um **valor simbólico**. Se uma pessoa tem um aumento de salário de 3% quando todos têm 5%, o significado plausível é que a organização valoriza mais os outros funcionários. Mas se a mesma pessoa tem 3% e as outras têm apenas 1%, o significado pode ser justamente o contrário – o indivíduo é visto como o mais valioso dos funcionários. Por essa razão, as recompensas transmitem às pessoas não apenas o quanto são valorizadas pela organização, mas também sua importância em relação aos outros. Os gestores precisam estar sintonizados com os vários significados que as recompensas transmitem – não apenas com as mensagens aparentes, mas também com as mensagens simbólicas.

Tipos de recompensa

A maioria das organizações utiliza tipos diferentes de recompensas. As mais comuns são baseadas em pagamento (salários), sistemas de incentivos, benefícios, regalias e prêmios. Essas recompensas são combinadas para criar o **pacote de remuneração** do indivíduo.

Base salarial Para a maioria das pessoas, a mais importante recompensa pelo trabalho é o salário que recebem. Obviamente, o dinheiro é importante em razão das coisas que é possível

---

Valor superficial de uma recompensa para um funcionário é o seu significado ou valor objetivo.

Valor simbólico de uma recompensa para o funcionário é seu significado subjetivo e o significado ou valor pessoal.

Pacote de remuneração do indivíduo é o conjunto total de dinheiro (salário, comissões), incentivos, benefícios, regalias e prêmios oferecidos pela organização.

comprar, mas como já observamos, ele também pode simbolizar o valor de um funcionário. O salário é muito importante para uma organização por vários motivos. Primeiro porque um sistema de remuneração planejado e administrado com eficácia pode melhorar a motivação e o desempenho. Segundo, remunerar os funcionários é o maior custo nos negócios – bem mais que 50% em muitas organizações – assim, um sistema mal projetado pode ser uma alternativa cara. Finalmente, desde que a remuneração é considerada a principal fonte da insatisfação dos funcionários, um sistema mal projetado pode resultar em problemas sob outros aspectos, tais como a rotatividade e o baixo moral.

Sistemas de incentivo Os sistemas de incentivo são planos pelos quais os empregados podem receber uma remuneração adicional em pagamento por determinados tipos de desempenho. São exemplos de programas de incentivos:

> **Sistemas de incentivo** são planos pelos quais os funcionários podem receber remuneração adicional como pagamento por determinados tipos de desempenho.

1. *Programas por unidade*: ligação entre os ganhos do funcionário pelo número de unidades produzidas
2. *Programas de ganhos compartilhados*: garante ganhos adicionais aos funcionários ou grupos de trabalho por suas ideias para redução de custos
3. *Sistemas de bônus*: fornece aos gestores pagamentos de montantes fixos oriundos de um fundo especial baseado no desempenho financeiro da organização ou da unidade
4. *Remuneração de longo prazo*: propicia aos gestores renda adicional baseada no desempenho do preço das ações, dos lucros por ação ou do retorno sobre o patrimônio
5. *Planos de remuneração por mérito*: baseiam-se no desempenho para os aumentos salariais
6. *Planos de participação nos lucros*: distribui uma parte dos lucros da empresa a todos os funcionários por meio de classificação predeterminada
7. *Planos de opções de ações aos funcionários*: destinam ações da empresa para os funcionários comprarem com taxas reduzidas

Planos orientados principalmente para empregados individuais podem provocar aumento da competição por recompensas e alguns comportamentos perturbadores, como sabotar o desempenho de um colega de trabalho, sacrificar a qualidade pela quantidade ou brigar por clientes. Um plano de incentivo ao grupo, por sua vez, requer que os funcionários confiem uns nos outros e trabalhem juntos. É claro que todos os sistemas de incentivo têm vantagens e desvantagens.

As remunerações de longo prazo para executivos são particularmente polêmicos em razão das grandes somas envolvidas e dos fundamentos para os pagamentos. Na verdade, a remuneração executiva é um dos mais polêmicos assuntos que as empresas nos Estados Unidos tiveram de enfrentar nos últimos anos. Os novos relatórios e a imprensa popular parecem se divertir contando histórias sobre como esse ou aquele executivo acabaram de receber um imenso lucro inesperado de suas empresas. É claro que gestores bem-sucedidos de alto escalão merecem recompensas significativas. O trabalho de um executivo sênior, especialmente de um CEO, é extenuante e estressante e são necessários talento e décadas de trabalho para se ter sucesso. Apenas um pequeno grupo de gestores consegue alcançar uma posição superior em uma grande corporação. A questão é que algumas empresas estão recompensando em excesso gestores como esses por suas contribuições para a organização.[16]

Quando uma empresa cresce rapidamente e seus lucros também, poucas objeções podem surgir sobre a remuneração de um CEO. No entanto, as objeções vêm à tona quando a organização está demitindo funcionários,

A remuneração dos executivos ainda é um assunto polêmico nos dias de hoje. Jerry del Missier era o diretor chefe de operações do Barclays Bank. Ele se demitiu durante recente investigação de algumas práticas empresariais do Barclays, mas ainda recebe um vultoso salário.

seu desempenho financeiro é menor do que o esperado e o CEO continua recebendo uma quantia enorme de dinheiro. São essas situações que recomendam que o conselho de diretores de uma empresa tenha um olhar mais atento para a adequação das decisões quanto à remuneração dos executivos.[17]

> **Remunerações indiretas**, ou **benefícios**, são elementos importantes na maioria dos planos de remuneração.

Remuneração indireta Outro componente importante do pacote de remunerações é a **remuneração indireta**, que geralmente se refere ao plano de benefícios. Os **benefícios** que as empresas geralmente oferecem ao funcionário incluem:

1. *Pagamento de horas não trabalhadas*, dentro e fora da empresa. Horas não trabalhadas na empresa incluem horário de almoço, descanso, intervalos para café e tempo gasto no vestiário para o banho ou para vestir-se de acordo. Horas não trabalhadas fora da empresa incluem férias, licença médica, feriados e folgas.
2. *Contribuições para o seguro social.* Nos Estados Unidos, o empregador contribui com metade do valor pago ao sistema estabelecido pelo Federal Insurance Contributions Act (FICA). O funcionário paga a outra metade.
3. *Seguro-desemprego.* As pessoas que perderam o emprego ou estão temporariamente afastadas têm um percentual de seus salários pagos por um programa de seguros.
4. *Benefícios de remuneração por incapacidade.* Os empregadores contribuem com fundos para ajudar os profissionais que não podem trabalhar em decorrência de lesão ou doença ocupacional.
5. *Programas de seguro de vida e saúde*. A maioria das organizações oferece seguro a um custo muito abaixo do que os indivíduos pagariam para adquirir o seguro por conta própria.
6. *Planos de pensão ou aposentadoria.* A maioria das organizações oferece planos para fornecer renda suplementar aos funcionários após a aposentadoria.

O seguro social de uma empresa, o seguro-desemprego e as contribuições para remuneração de empregados são estabelecidos por lei. A decisão sobre quanto contribuir para outros tipos de benefícios fica a critério da empresa. Algumas organizações contribuem mais para esses benefícios do que outras. Outras arcam com o custo total, e há ainda as que pagam um percentual do custo de certos benefícios, como seguro-saúde, e arcam com o custo integral de outros benefícios. Oferecer benefícios além do salário tornou-se um componente-padrão de remuneração durante a Segunda Guerra Mundial, como uma forma de aumentar a remuneração dos funcionários quando o controle sobre os salários estava em vigor. A partir de então, a competição pelos funcionários e pelas demandas dos funcionários (expressas, por exemplo, durante a negociação sindical) levaram as empresas a aumentar esses benefícios. Atualmente, em muitas organizações, os benefícios representam 30% a 40% da folha de pagamento.

Além do mais, hoje muitas empresas de tecnologia acham necessário oferecer benefícios extraordinários para atrair profissionais altamente talentosos. Por exemplo, o Google fornece aos seus funcionários refeições *gourmet*, massagens grátis e *spa*. Os funcionários do Facebook também têm refeições *gourmet*, serviços completos de lavanderia, corte de cabelo grátis, quatro semanas de férias remuneradas, plano de saúde totalmente pago pela empresa, convênio odontológico e seguro oftalmológico. A Zynga fornece local para cuidados com cachorros, incluindo serviços de tosa.[18]

Mas o fardo de proporcionar benefícios aos funcionários está aumentando para muitas empresas da velha guarda nos Estados Unidos em comparação a organizações em outros países, especialmente entre empresas sindicalizadas. Por exemplo, vamos considerar o problema que a General Motors enfrenta. Trabalhadores de longa data da fábrica de freios da GM em Dayton, Ohio, recebem um salário médio de US$ 27 por hora. Eles também recebem outros US$ 16 por hora em benefícios, incluindo assistência médica com cobertura total sem franquias, pensões integrais depois de 30 anos de serviço, seguro de vida e por incapacidade, e serviços jurídicos. Por isso o custo total por trabalhador da GM na fábrica é em média US$ 43 por hora. Enquanto isso, um rival alemão, Robert Bosch GmbH, possui uma fábrica não sindicalizada na Carolina do Sul. A empresa paga aos seus funcionários uma média de US$ 18 por hora e os benefícios custam cerca de US$ 5 por hora. Assim, o total dos custos por hora trabalhada na Bosch é de apenas US$ 23. Os benefícios da Bosch incluem cobertura médica com franquia de US$ 2.000, planos de aposentadoria 401(k) com a participação dos funcionários, e cobertura para vida e incapacidade. Toyota, Nissan e Honda compram da Bosch a maior parte dos freios para suas fábricas nos Estados Unidos, ao passo que a General Motors tem de utilizar sua própria fábrica para obter o suprimento de freios. Assim, os concorrentes estrangeiros têm vantagens consideráveis em relação aos custos sobre a GM nos freios que utilizam, e esse padrão também é aplicado a vários outros componentes.[19] Para ajudar a resolver problemas como esse, no início de 2008 a General Motors ofereceu a muitos de seus funcionários com salários altos uma quantia substancial em dinheiro para que se aposentassem. Novos contratos de trabalho também dão à GM a flexibilidade para contratação de profissionais com salários menores, o que ajuda a cortar os custos. Do mesmo modo, a Ford fechou com o UAW (United Automobile, Aerospace and Agricultural Implement Workers of America) um acordo que permite a contração de profissionais com menos benefícios e menores salários por hora que aqueles recebidos por funcionários que já trabalham na empresa.

> **Regalias** são privilégios especiais que premiam membros seletos de uma organização, geralmente os altos executivos.

Regalias Regalias são privilégios especiais que premiam membros seletos de uma organização, geralmente os altos executivos. Por muitos anos, os executivos da alta administração de diversas empresas contavam com certos privilégios, como uso ilimitado do avião da empresa, carro, residência de férias e sala de refeições exclusiva. No Japão, uma regalia popular é o pagamento para o executivo se associar a um exclusivo clube de golfe; uma regalia comum na Inglaterra é viagem aérea em primeira classe. Nos Estados Unidos, o *Internal Revenue Service* decidiu recentemente que algumas "regalias" constituem uma forma de renda, portanto, podem ser tributadas. Essa decisão alterou substancialmente a natureza desses benefícios, mas eles não despareceram totalmente, e nem parece que despareceram. Hoje em dia, no entanto, muitos privilégios tendem a ser mais relacionados ao trabalho. Por exemplo, entre os privilégios mais populares estão serviço de carro com motorista (porque se presume que o executivo trabalhe enquanto é transportado de casa para a empresa, e vice-versa), aparelhos BlackBerry, iPhone ou dispositivos similares (para que o executivo possa conduzir os negócios de qualquer lugar). Mais que tudo, entretanto, as regalias parecem acrescentar *status* aos beneficiários e por isso podem aumentar a satisfação no trabalho e reduzir a rotatividade.[20]

Prêmios Em muitas empresas, os empregados recebem prêmios por tudo, do tempo de casa ao desempenho perfeito, do zero defeito (qualidade do trabalho) a sugestões para redução de custos. Programas de premiação podem ser dispendiosos pelo tempo exigido para administrá-los e pelos valores, se forem proporcionados prêmios em dinheiro. Mas os sistemas de premiação podem aumentar o desempenho nas condições certas. Em uma empresa de fabricação de médio porte, hábitos de trabalho descuidados foram aumentando os custos com a sucata e o retrabalho (o custo do descarte de peças defeituosas ou a necessidade de serem refeitas para alcançarem o padrão desejado). A gestão instituiu um programa de zero defeito para localizar os funcionários que executavam um trabalho perfeito ou quase perfeito. Durante o primeiro mês, dois funcionários da expedição causaram apenas um defeito em mais de duas mil peças manuseadas. A divisão administrativa convocou uma reunião no refeitório e reconheceu cada funcionário com uma placa e uma faixa. No mês seguinte, os mesmos funcionários causaram zero defeito, mas não houve nenhuma premiação. No próximo mês, os dois funcionários tiveram zero defeito, e mais uma vez o gerente geral convocou uma reunião e lhes deu placas e faixas. Em toda a fábrica, defeitos, sucata e retrabalho diminuíram

ÉTICA
"O que eles farão – cortar minha pensão pela metade?"

Quando o marido de Ellen Saracini, Victor, piloto da United Airlines, morreu em um acidente em 2001, ela tinha o seguro de vida dele para proteger sua casa e poderia contar com a pensão de viúva para pagar suas maiores despesas – a faculdade das filhas e a assistência para os pais idosos. Entretanto, depois de pouco mais de um ano da morte de Victor Saracini, a United foi à falência. Em 2005, um juiz federal permitiu que a United descumprisse suas obrigações de pagamentos de pensões e as entregasse à Pension Benefit Guaranty Corporation (PBGC), uma agência federal que paga os participantes de fundos de pensão em caso de inadimplência de seus empregadores. As perspectivas financeiras de Ellen Saracini estavam prestes a mudar.

O plano de previdência da United, ao que parece, estava com um rombo de US$ 7,8 bilhões, e as obrigações – os valores devidos aos trabalhadores e aposentados – chegavam a US$ 9,8 bilhões. Por causa dos limites referentes à quantia que podia pagar, a PBGC assumiu apenas US$ 6,6 bilhões dessa obrigação. Os US$ 3,2 bilhões restantes – aproximadamente US$ 267.000 para cada piloto na ativa ou aposentado da United, atendentes de voo e mecânicos – foram simplesmente eliminados. Assim, um piloto que recebia pensão anual de US$ 125 mil agora tinha direito somente ao montante máximo de US$ 45.000 pagos pela PBGC na época. Ellen Saracini estava entre os 122.000 funcionários e dependentes da United afetados pela nova matemática: estava prestes a perder de 50% a 70% da pensão projetada. Por que tudo isso? Assim como o seguro social, a PBGC paga valores máximos para os que se aposentam aos 65 (ou 66) anos e valores menores para aqueles que, por qualquer razão, deixam os planos de pensão mais cedo. Acontece que Victor Saracini tinha apenas 51 anos quando seu avião, o United Flight 175, colidiu com o World Trade Center em um ataque terrorista em 11 de setembro de 2001.

Ellen Saracini estava entre os cerca de 2.000 funcionários e pensionistas da United que enviaram por *e-mail* suas histórias sobre pessoas com mais de 60 anos procurando emprego, despesas médicas que não poderiam ser pagas, famílias desalojadas e perda de fundos de aposentadoria ao representante George Miller, da Califórnia, que investigava acordos como o da inadimplência da United e seus efeitos nas finanças da PBGC. O piloto Klaus Meyer, que tinha 47 anos na época da omissão, foi outra dessas pessoas. "Eu chamo isso de crime legalizado", disse Meyer. "Perdi todo o valor das minhas ações da United na falência, e aqui está a outra parte da aposentadoria que me foi prometida e que se foi. E agora", acrescenta, "meu seguro social está em risco. Onde isso tudo vai parar? Eu me sinto violentado pelo sistema". Segundo Meyer, ele concordou em cooperar com o escritório de Miller, apesar dos avisos dos colegas de trabalho de que poderia haver retaliações da United contra os funcionários atuais. "O que eles farão", questiona, "cortar minha pensão pela metade?".

> *"Eu chamo isso de crime legalizado", disse Meyer. "Perdi todo o valor das minhas ações da United na falência, e aqui está a outra parte da aposentadoria que me foi prometida e que se foi. Eu me sinto violentado pelo sistema."*
> — KLAUSS MEYER, EX-FUNCIONÁRIO DA UAL

Enquanto isso, o CEO da United, Glenn Tilton (agora aposentado) estava no processo de arrecadar US$ 4,5 milhões em benefícios, supostamente para substituir o que havia perdido quando deixou seu emprego anterior na Texaco. Quando lhe foi perguntado por que não estava sensibilizado pela situação de seus funcionários e tentava recuperar seu próprio pacote de benefícios, Tilton disse ao comitê do Senado ao examinar a falência da United, "Faz parte do meu contrato". A empresa, explicou, não só havia prometido o pacote, como também o havia garantido. "Por que a promessa feita a ele é compreensível", perguntou um piloto aposentado cuja pensão havia sido cortada em 70%, "e a que fizeram a mim vai ficar de lado?".

Quanto à (moderada) boa notícia, a PBGC anunciou, em dezembro de 2011, que em razão das falhas na contabilidade dos ativos da UAL, muitos aposentados e outros membros do plano de pensões haviam recebido valores menores do que os devidos. A PBGC disse que a diferença renderia juros, e cerca de 4.400 funcionários aposentados da UAL poderiam ter seus benefícios mensais aumentados em US$ 25.

Referências: Dale Russakoff, "Human Toll of a Pension Default", *Washington Post*, 13 jun. 2005, www.washingtonpost.com, 22 mai. 2012; "While Worker Pensions Fail, CEOs Get Rich", *CBS News.com*, 19 nov. 2009, www.cbsnews.com, 22 mai. 2012; Pension Benefit Guaranty Corporation, *2009 Annual Management Report*, 13 nov. 2009, www.pbgc.gov, 22 mai. 2012; Barbara Hollingsworth, "Pilots: United Airlines Bankruptcy Never Should Have Happened", *Washington Examiner*, 9 mar. 2010, http://washingtonexaminer.com, 22 mai. 2012; John Crawley, "U.S. Oversight of UAL Pension Audits Questioned", Reuters, 23 jul. 2010, www.reuters.com, 22 mai. 2012; Michael Corkery, "United Retirees May Be Due More", *WSJ.com*, 2 dez. 2011, http://online.wsj.com, 22 mai. 2012.

dramaticamente, conforme os funcionários buscavam reconhecimento pela qualidade do trabalho. O que funcionou nessa fábrica em particular pode ou não funcionar em outras.[21]

O box Ética, intitulado "O que eles farão – cortar minha pensão pela metade?", mostra como a remuneração no longo prazo e programas de remuneração indireta, como planos de pensão e aposentadoria, podem se tornar regalias – privilégios especiais reservados para membros seletos da organização.

ADMINISTRAÇÃO DOS SISTEMAS DE RECOMPENSAS

Muito de nossa discussão sobre os sistemas de recompensas focalizou questões gerais. Entretanto, como demonstrado na Tabela 6.1, as organizações devem abordar outras questões quando estiverem desenvolvendo sistemas de recompensas organizacionais. A empresa deve considerar sua capacidade de pagar funcionários de determinados níveis, as condições econômicas e trabalhistas do mercado e o impacto do sistema de pagamento no desempenho financeiro organizacional. Além disso, deve levar em consideração a relação entre desempenho e recompensa, assim como as questões do sistemas flexíveis de recompensas, da participação do funcionário no sistema de recompensa, do sigilo salarial e da remuneração de expatriados.

Relação entre desempenho e recompensa

Para que os executivos tenham todas as vantagens do valor simbólico do pagamento, deve haver uma percepção da parte dos funcionários de que as recompensas estão ligadas ao desempenho. Por exemplo, se todos na organização começam a trabalhar com o mesmo valor por hora e depois recebem aumento salarial predeterminado a cada seis meses ou um ano, fica claro que não existe nenhuma relação entre desempenho e recompensa. Em vez disso, a organização está indicando que todos os funcionários têm o mesmo valor, e que os aumentos salariais estão vinculados apenas ao tempo em que o funcionário trabalha na organização. E isso considerado como verdadeiro, não importando se o funcionário é ótimo, médio ou medíocre. A única exigência é que o funcionário trabalhe bem o bastante para evitar ser demitido.

TABELA 6.1	Questões a serem consideradas no desenvolvimento dos sistemas de recompensas
Questão	**Exemplos importantes**
Sigilo salarial	• Aberto, fechado, parcial
	• Está ligado à avaliação de desempenho
	• Percepções de equidade
Participação do funcionário	• Por meio do departamento de recursos humanos
	• Por meio de grupos de funcionários/comitê administrativo
Sistema flexível	• Cafeteria de benefícios
	• Bônus anual ou mensal
	• Salário *versus* benefícios
Recursos para pagamento	• Desempenho financeiro da organização
	• Ganhos futuros esperados
Econômicas e trabalhistas	• Índice inflacionário
Fatores de mercado	• Padrões de pagamento da empresa
	• Índice de desemprego
Impacto no desempenho organizacional	• Aumento dos custos
	• Impacto no desempenho
Remuneração de expatriado	• Diferenciais do custo de vida
	• Questões de equidade relacionadas à gestão

© Cengage Learning

No outro extremo, uma organização pode tentar ligar todas as compensações ao desempenho real. Por essa razão, cada novo empregado pode começar com salário diferente, determinado por sua experiência, educação, habilidade e outros fatores profissionais relacionados.

Após juntar-se à organização, o indivíduo recebe recompensas baseadas no desempenho real. Uma funcionária, por exemplo, pode começar recebendo US$ 15 por hora porque tem dez anos de experiência e um bom desempenho relatado pelo empregador anterior. Outro funcionário pode começar no mesmo cargo recebendo US$ 10,50 por hora porque tem somente quatro anos de experiência e um adequado, mas não excelente, registro de desempenho. Imaginando que a primeira funcionária tenha desempenho além das expectativas, ela pode conseguir diversos aumentos de salário, bônus e prêmios durante o ano, ao passo que o segundo funcionário pode conseguir somente um ou dois pequenos aumentos e nenhuma outra recompensa. Certamente, as organizações devem assegurar que os pagamentos diferenciados sejam estritamente baseados no desempenho (incluindo o tempo de serviço), e não em fatores não relacionados ao desempenho no cargo (como gênero, etnia ou outros fatores discriminatórios).

Na realidade, a maior parte das organizações tenta desenvolver uma estratégia de recompensa entre esses dois extremos. Em razão de ser bastante difícil diferenciar os funcionários uns dos outros, a maioria das empresas utiliza algum nível de compensação básica para todos. Por exemplo, elas podem iniciar com todos desempenhando um trabalho específico com a mesma classificação, independentemente da experiência. Elas também podem oferecer incentivos razoáveis e outros tipos de estímulo para aqueles com alto desempenho, sem ignorar os funcionários com desempenho médio. O dado essencial do qual os gestores devem se lembrar é que se eles esperam recompensas para motivar o desempenho, os funcionários precisam perceber uma ligação clara e direta entre o seu comportamento relacionado ao trabalho e a conquista das recompensas.[22]

Nos últimos anos, a remuneração dos executivos tem sido detalhadamente analisada e, em muitos casos, criticada. Parte da preocupação é que as quantias totais de remuneração – muitas vezes milhões de dólares ao ano e algumas vezes mais – parecem ser excessivos. Preocupações mais importantes, no entanto, referem-se à relação entre a remuneração do CEO e o desempenho da empresa. Por exemplo, a maioria dos acionistas aceitaria uma alta remuneração para os CEOs se esses proporcionassem o grande desempenho da empresa, o que levaria a um aumento de investimentos. Vamos considerar o caso de Rex Tillerson, CEO da ExxonMobil. Em 2009, ele recebeu US$ 27.168.317 milhões, cifra que o colocou entre os 10 CEOs mais bem pagos nos Estados Unidos. Mas naquele mesmo ano, o retorno dos acionistas que possuíam ações da ExxonMobil diminuiu em 12,6%. Na verdade, segundo um estudo recente, não havia praticamente nenhuma correlação entre a remuneração do CEO e o desempenho da empresa.[23]

Sistemas flexíveis de recompensas

Os sistemas flexíveis de recompensas, ou estilo cafeteria, são variações recentes, e cada vez mais populares, do sistema de remuneração tradicional. Um **sistema flexível de recompensas** permite que os funcionários, dentro de uma classificação específica, escolham a combinação de benefícios mais adequada às suas necessidades. Por exemplo, um profissional jovem que acabou de ser contratado pode preferir um plano de assistência médica com ampla cobertura e franquia mínima. Um trabalhador com alguns anos de experiência pode preferir mais benefícios por causa dos cuidados com os filhos. Um funcionário que está no meio da carreira e tem mais segurança financeira pode preferir um número maior de licenças remuneradas. Já os funcionários com mais idade podem preferir recompensas baseadas nos planos de aposentadoria.

Algumas organizações estão começando a aplicar a abordagem flexível para pagamento. Por exemplo, às vezes os funcionários têm a opção de aumento anual de salário em um único pagamento, em vez de aumentos mensais. A General Electric recentemente implementou um sistema como esse para alguns de seus executivos. A UNUM Corporation, uma grande seguradora, proporciona a todos os seus funcionários a opção de sacar um terço da remuneração anual em janeiro. Isso lhes facilitaria administrar as principais despesas, como comprar

> Um **sistema flexível de recompensas** permite que os empregados escolham a combinação de benefícios mais adequada às suas necessidades.

um carro novo, comprar uma casa ou cobrir os custos com a educação universitária dos filhos. Obviamente, os custos administrativos para proporcionar esse nível de flexibilidade são maiores, mas muitos funcionários valorizam essa flexibilidade e podem desenvolver forte lealdade e apego ao empregador que oferece esse tipo de pacote de remuneração.

Sistemas de pagamento participativo

Continuando com a atual tendência em direção ao envolvimento do funcionário na tomada de decisão organizacional, a participação dele na sistemática do processo de pagamento também está aumentando. Um sistema de pagamento participativo pode envolver o funcionário no projeto do sistema, na administração ou em ambos. Um sistema de pagamento pode ser projetado pelos membros do departamento de recursos humanos, por um comitê de gestores da organização, por uma consultoria externa, pelos funcionários ou pela combinação dessas fontes. As organizações que têm utilizado uma força-tarefa composta pela administração e funcionários para elaborar a sistemática de remuneração têm obtido sucesso em projetar e implementar um plano que os executivos podem utilizar e no qual os funcionários acreditam. A participação do empregado na administração do sistema de pagamento é uma extensão natural de ter empregados participando do projeto. Exemplos de empresas que envolveram os empregados na administração do sistema de pagamento incluem Romac Industries, em que os funcionários votam no pagamento de outros funcionários; Graphic Controls, na qual os salários dos executivos são determinados por um grupo de pares, e Friedman-Jacobs Company, em que os empregados estabelecem os próprios salários baseados na percepção do próprio desempenho.[24]

Sigilo salarial

Quando uma empresa tem uma política de informação salarial aberta, os valores dos salários dos funcionários são de conhecimento público. Governos estaduais, por exemplo, tornam públicos todos os salários. Uma política de completo sigilo significa que nenhuma informação relacionada a salários, média ou percentual de aumentos, ou classificações salariais está disponível para os funcionários. O National Labor Relations Board (Conselho Nacional de Relações Trabalhistas) confirmou recentemente uma decisão anterior segundo a qual o ato de um empregador implementar ou forçar a aplicação de uma regra que proíba "os funcionários de discutir seus salários" constitui interferência, contenção e coerção dos direitos dos trabalhadores protegidos nos termos do National Labor Relations Act (Lei Nacional de Relações Trabalhistas). Embora poucas organizações tenham sistemas completamente públicos ou completamente secretos, na maioria dos casos, o sistema transita entre esses dois extremos.

O sigilo salarial permanece como fonte de discórdia em alguns locais. Ao passo que algumas empresas permitem que as pessoas discutam seus salários (e algumas até compartilhem informações abertamente), muitas desencorajam os funcionários a debater aspectos relacionados à remuneração com outras pessoas dentro da organização.

Remuneração de expatriado

A remuneração de expatriado ainda é uma importante questão na administração de sistemas de recompensa.[25] Considere, por exemplo, um gestor que atualmente reside e trabalha em Houston e tem um salário anual de US$ 450.000. Esse valor permite que o executivo resida em determinado tipo de casa, dirija determinado tipo de carro, tenha acesso a determinados níveis de assistência médica e tenha determinado estilo de vida. Agora vamos supor que lhe seja solicitado aceitar uma transferência para Tóquio, Genebra, Moscou ou Londres, cidades onde o custo de vida é consideravelmente mais elevado que em Houston. O mesmo salário não é capaz de manter seu estilo de vida naquelas cidades. Consequentemente, é quase certo que o empregador replanejará o pacote de remuneração do gestor de modo que seu estilo de vida na nova cultura seja comparável ao que tinha antes.

Considere um cenário diferente. Suponhamos que seja solicitado ao mesmo executivo aceitar uma transferência para um país subdesenvolvido. O custo de vida nesse país pode ser muito baixo, considerando-se os padrões dos Estados Unidos. É possível que haja relativamente poucas escolhas em relação a moradia e escola, a assistência médica pode ser de pouca qualidade, o clima pode ser agressivo, é possível que haja maior perigo pessoal ou outras características não atrativas. Provavelmente a empresa terá de conceder ao gestor remuneração adicional para compensar a diminuição da qualidade ou do estilo de vida. Por isso, desenvolver um plano de recompensas para expatriados é um processo complicado.

A Figura 6.5 exemplifica a abordagem para a remuneração de expatriado utilizada por uma importante corporação multinacional. À esquerda, a figura mostra como um funcionário nos Estados Unidos utiliza seu salário atualmente – parte vai para os impostos, parte é poupado e o resto é consumido. Quando é solicitado a uma pessoa mudar-se para outro país, o gestor de recursos humanos trabalha com o funcionário para desenvolver um balanço justo para o novo pacote de remuneração. Conforme consta no lado direito da figura, o pacote de remuneração do indivíduo é formado por seis componentes. Primeiro, o indivíduo terá uma renda para cobrir quaisquer que sejam os impostos e pagamentos ao seguro social nos Estados Unidos. É possível que o indivíduo tenha de pagar impostos no exterior e impostos

FIGURA 6.5

Balanço da remuneração de expatriado

As organizações que solicitam que seus funcionários aceitem transferência para um país estrangeiro geralmente têm de ajustar os níveis de remuneração para contabilizar diferenças de custo de vida e fatores similares. A Amoco utiliza o sistema apresentado aqui. Primeiro, o salário-base nacional é dividido em três categorias mostradas à esquerda. Em seguida, são feitos ajustes acrescentando a remuneração às categorias à direita até que seja atingido o nível de remuneração apropriado e justo.

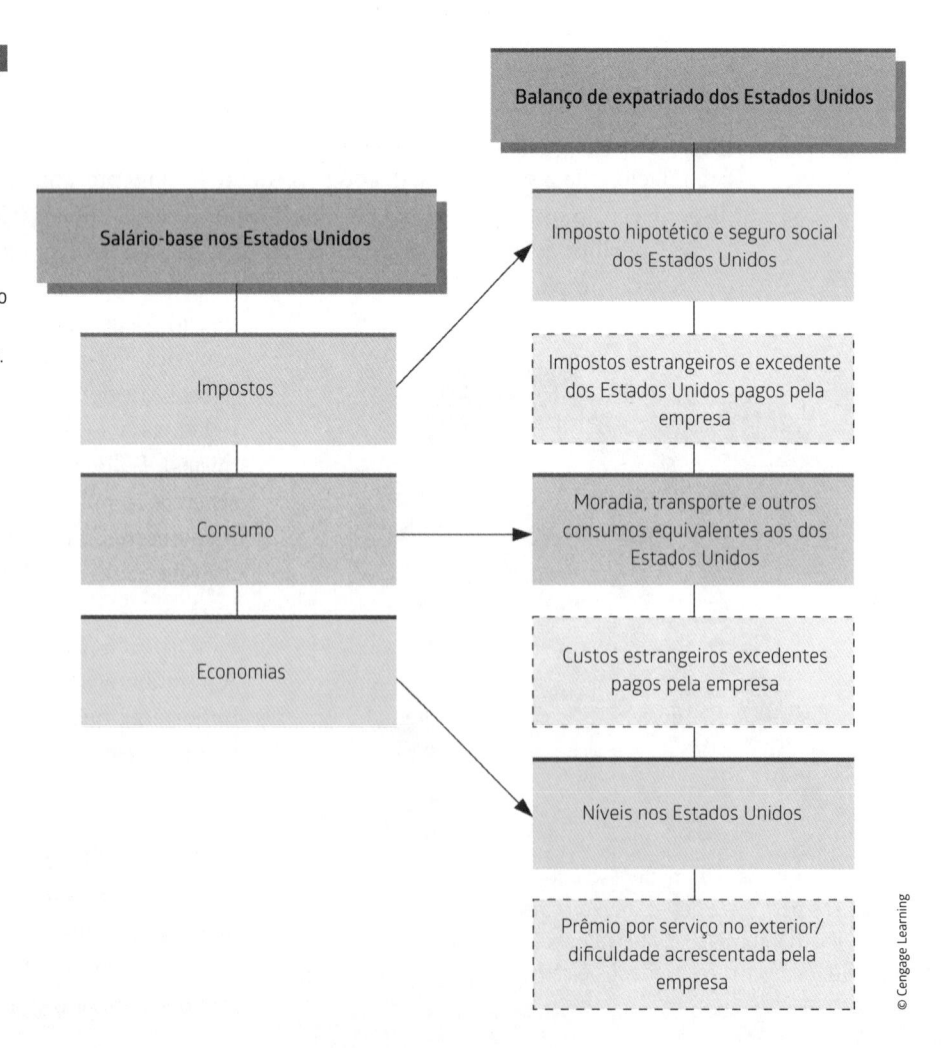

adicionais nos Estados Unidos como resultado de sua transferência, então, a empresa cobre essas despesas também.

Em seguida, a empresa também paga um montante adequado aos níveis atuais de consumo do funcionário nos Estados Unidos. Se o custo de vida no outro país for mais alto, a empresa arca com o excedente. O funcionário também recebe um rendimento de poupança comparável ao que atualmente poupa. Por fim, se o funcionário enfrenta dificuldades por causa de sua transferência, um prêmio pelos serviços no exterior ou um subsídio para compensar os percalços é acrescentado pela empresa. Assim, não é surpresa que os pacotes de remuneração para expatriados acabem sendo muito dispendiosos para a empresa, por isso devem ser cuidadosamente desenvolvidos e administrados.[26]

RESUMO

Meta é um objetivo desejado. A teoria da definição de metas propõe que a dificuldade da meta, sua caracterização, aceitação e comprometimento resultarão em níveis mais elevados de desempenho motivado. A administração por objetivos, ou MBO, amplia a fixação de metas por toda a organização seguindo um efeito cascata.

A avaliação de desempenho é o processo pelo qual o comportamento profissional é mensurado e comparado aos padrões estabelecidos, e os resultados são registrados e comunicados. O propósito é avaliar o desempenho profissional dos funcionários e fornecer informações para a utilização por parte da empresa, como no caso de remuneração, planejamento de contração de pessoal, treinamento e desenvolvimento dos funcionários. Três das principais questões são: quem executa as avaliações, com que frequência elas são feitas e como o desempenho é aferido.

A finalidade do sistema de recompensas é atrair, manter e motivar funcionários qualificados conservando uma estrutura de pagamento que seja justa internamente e competitiva externamente. As recompensas têm valores superficiais e simbólicos. Elas podem ser em dinheiro, na forma de remuneração indireta ou de benefícios, regalias, prêmios e incentivos. Fatores como impacto motivacional, custos e adequação ao sistema organizacional devem ser considerados quando do projeto ou análise do sistema de recompensas.

A administração eficaz de um sistema de recompensas exige que o desempenho esteja ligado às recompensas. Administrar recompensas implica lidar com determinadas questões, como sistema flexível de recompensas, participação do funcionário no sistema de pagamento, sigilo salarial e recompensas a expatriados.

QUESTÕES PARA DISCUSSÃO

1. Faça uma crítica à teoria da fixação de metas.
2. Desenvolva uma estrutura por meio da qual um professor possa utilizar a fixação de metas para administrar uma sala de aula como a sua.
3. Por que os empregados têm seus desempenhos medidos e avaliados o tempo todo, em vez de simplesmente serem deixados em paz para fazerem seu trabalho?
4. Como o seu desempenho enquanto aluno é avaliado?
5. Como é avaliado o desempenho do seu professor? Quais são as limitações desse método?
6. É possível, não se conseguir avaliar o desempenho em relação a alguns cargos? Por que sim ou por que não?
7. Quais condições facilitam para a empresa atingir aperfeiçoamento contínuo? Quais condições dificultam?
8. Como aluno, quais "recompensas" você recebe em troca do seu tempo e esforço? Quais são as recompensas para o professor? Como as suas contribuições e recompensas diferem das de outros alunos da classe?
9. Você espera obter as recompensas que apresentou na questão 8 baseado em sua inteligência, trabalho árduo, número de horas passadas na biblioteca, altura, boa aparência, competência profissional ou em algum outro fator pessoal?
10. Quais recompensas são mais fáceis para os executivos controlarem? Quais recompensas são mais difíceis de controlar?
11. Frequentemente órgãos dos governos federal e estadual dão o mesmo percentual de aumento salarial para todos os funcionários. Na sua opinião, qual é o efeito desse tipo de aumento para a motivação do funcionário?

QUAL É O SEU PONTO DE VISTA?

Alimento para o pensamento empresarial (segundo curso)

"Investimos todos os nossos recursos no controle da qualidade. Não há nada mais que possamos fazer, exceto consertar refrigeradores."

— ANDY PFORZHEIMER, COFUNDADOR DO BARCELONA RESTAURANT GROUP

Aprendemos alguma coisa sobre a filosofia da gestão e da motivação no Barcelona Restaurant Group por meio do vídeo do Capítulo 5. Talvez o mais importante, descobrimos que o cofundador, Andy Pforzheimer, não concorda com a teoria amplamente estabelecida de que "se você cuidar dos seus funcionários, eles ficarão felizes e cuidarão dos clientes". Na opinião de Pforzheimer, a melhor maneira de atender clientes é fornecer-lhes alta qualidade, e no que diz respeito à motivação, ele está menos interessado em "cuidar" dos funcionários do que em direcioná-los a executar o trabalho com qualidade. "Investimos todos os nossos recursos no controle da qualidade", diz Pforzheimer. "Não há nada mais que possamos fazer, exceto consertar refrigeradores."

Pforzheimer acrescenta que "metade" da energia investida no controle de qualidade da empresa é para ir ao encontro "das expectativas que criamos. Não importa o negócio que você tenha", explica, "você criou uma expectativa", e se o Barcelona dormir no ponto em relação à expectativa de qualidade do cliente, "desapontaremos nosso principal cliente – você nunca vai querer que isso aconteça. Isso vai acabar com o negócio".

Qual é a chave para se saber se uma empresa está indo ou não em direção às expectativas do cliente? Nada menos que 85% de todos os restaurantes saem do mercado por razões que ninguém – nem mesmo os proprietários – parece ser capaz de entender. Pforzheimer oferece o seguinte parecer: os restaurantes, diz, saem do mercado em razão da "falta de autoconhecimento", e ele crê que o tipo de "autoconhecimento" necessário para permanecer no mercado decorre de dois imperativos administrativos: "investigar de verdade" e "querer saber" – resumindo, comprometer-se em colher *informações* úteis e verdadeiras que possam ser colocadas em prática de maneira autêntica e eficaz.

"Desde muito, muito cedo", conta Pforzheimer, "deixamos claro que queríamos *saber*. E essa é uma das principais razões dos relatórios dos clientes ocultos" – isto é, relatórios submetidos por clientes anônimos pagos para visitar as instalações do Barcelona e avaliar o desempenho. Assim como Pforzheimer, COO Scott Lawton também depende muito da coleta de informações, o que inclui os relatórios dos clientes ocultos. "Os componentes mais críticos da minha abordagem na administração de restaurantes", diz Lawton, "são as informações sobre os retornos" – as respostas que ele obtém para ativar as técnicas de busca de informações – "porque é lá que conseguimos nossa informação... Quanto mais informações conseguir, [mais] confiarei na tecnologia. *E-mails*, textos, câmeras de vídeo, relatórios dos clientes ocultos que recebo – tudo isso me deixa familiarizado com as últimas tendências e avanços que podem ser aplicados na empresa".

Como Pforzheimer e Lawton utilizam todas essas informações para motivar os funcionários? Por meio de reuniões, diz Lawton:

Toda quarta, temos o que chamamos de 'sala de guerra', à qual todos os gerentes gerais e chefs vão para uma reunião. Analisamos números, relatórios dos clientes ocultos, trocamos informações em relação ao que nossos gerentes ouvem dos clientes. É uma oportunidade excelente de um restaurante aprender com o outro.

A interação, Lawton admite, costuma se tornar "intensa", conforme os gerentes criticam o desempenho da semana anterior de vários restaurantes e funcionários. Como podemos ver na reunião apresentada no vídeo, Pforzheimer chama a atenção da gerente de uma unidade que teve 2% de aumento nos custos dos alimentos, o que "representa aproximadamente US$ 8.000. Isso é ruim".

Lawton apressa-se em acrescentar que "sempre tentamos e apoiamos" os empregados, embora o apoio tenha, aparentemente, a condição de que a pessoa reconheça o erro: a alta administração, ao que parece, é mais receptiva quando os gerentes dos restaurantes e os *chefs* "admitem que aquilo que fizeram estava errado". Caso contrário, a finalidade da "sala de guerra" parece ser encorajar os esforços do grupo para resolver problemas comuns. O papel da alta administração, sugere Lawton, é tornar possível a discussão quando os funcionários estão "dispostos a olhar para" um problema e "quando estão dispostos a ter um tipo de atitude colaborativa direcionada para a maneira pela qual vamos resolvê-lo".

Quanto às estratégias motivacionais adicionais, o Barcelona parece confiar naquilo que no Capítulo 16 caracterizamos como *estímulo para o conflito* – a utilização construtiva do *conflito* que ocorre quando as pessoas sentem que estão trabalhando umas em oposição às outras. Na "sala de guerra", explica Lawton,

> os chefs... estão olhando para custos trabalhistas [e] para os custos com alimentos comparativamente. E eles são mais competitivos ainda quando se trata de vencer os outros chefs. Eles são artistas. Querem ser os melhores, por isso perseguem qualquer coisa, desde a qualidade até os números. Quanto mais vezes eu colocá-los juntos em uma sala, melhor será.

PERGUNTAS

1. Em que sentido a *fixação* de metas desempenha um papel em relação aos métodos do Barcelona para aumentar o desempenho? A julgar pelo vídeo, como você responderia às seguintes questões: Que tipos de metas o Barcelona estabelece para seus gerentes e *chefs*? Essas metas são *difíceis*? O nível de *dificuldade da meta* parece aumentar o desempenho? As metas da empresa parecem *específicas*? O nível de *especificidade da meta* parece aumentar o desempenho? Como você poderia melhorar a aplicação da *teoria da fixação de metas* no Barcelona?

2. Pforzheimer diz que sua motivação vem

> da vontade de ir para o trabalho pela manhã. Não é uma linha de atuação particularmente fácil ou lucrativa..., e se não proporcionarmos a melhor experiência possível só porque é assim que somos, não poderíamos fazer isso. Você não conseguiria pagar o suficiente para fazer isso se eu realmente não cuidasse para que todas as pessoas que saem pela porta do restaurante tivessem vivido... seus melhores momentos.

Como – se de alguma forma – essa atitude recai sobre a motivação dos funcionários de Pforzheimer? Existe um fundamento aqui para algum tipo de abordagem da *administração por objetivos (MBO)* para motivar os funcionários? Você acha que essa atitude pode desenvolver um "processo de fixação de metas" estabelecido em "cascata por toda a organização"? Por que sim ou por que não?

3. Lawton admite que muitos restaurantes incluem *bônus* no *pacote de remuneração* de seus *chefs*. O Barcelona não faz isso. Por que não? Você concorda com esse enfoque ou acha que ela provoca inconvenientes significativos, quer seja para o empregador, quer seja para os funcionários, ou para ambos? (*Dica*: antes de responder a essa pergunta, esteja certo de que tem uma boa noção do que os *chefs* do Barcelona fazem.)

4. Suponhamos que você seja dono de um restaurante muito parecido com os restaurantes do Grupo Barcelona.* Por muitos anos, você foi o seu próprio gerente, mas agora sente que precisa dedicar mais tempo ao marketing e às finanças. Você decidiu contratar um gerente geral e enfrenta a questão de quanto deve pagar a esse profissional. Quais são, você se pergunta, a média salarial da indústria? Você verifica isso com um consultor da área, que responde, "As médias industriais são inúteis em fornecer informações sobre quanto pagar a um gerente geral". Por que você acha que isso é verdadeiro? Quais fatores deveriam ser levados em consideração na decisão de quanto pagar para um gerente geral?

FONTES ADICIONAIS

Valerie Schroth, "Success Stories: Barcelona Finds the Formula", *Connecticut Magazine*, jan. 2012, www.connecticutmag.com, 27 jun. 2012; Barcelona Restaurant Group, "About Us" (2012), www.barcelonawinebar.com, 27 jun. 2012; Andrews McMeel Publishing, "About Sasa Bahr-Batuz and Andy Pforzheimer" (mai. 2012), http://cookbooks.andrewsmcmeel.com, 27 jun. 2012; James Cooper, "Chef Interview: Andrew Pforzheimer of the Barcelona Restaurant Group", *Examiner.com*, 27 jan. 2010, www.examiner.com, 27 jun. 2012; Connecticut Restaurant Association, "Barcelona Restaurant Group's Andy Pforzheimer and Sasa Bahr-Batuz Receive Restaurateurs of the Year Award, *StamfordPlus.com*, 7 dez. 2010, www.stamfordplus.com, 27 jun. 2012.

*Pergunta baseada em Brandon O'Dell, "Restaurant Operations: What Should You Pay a Restaurant Manager?", *Restaurant Report* (1997-2012), www.restaurantreport.com, 11 jul. 2012.

PRÁTICA DO COMPORTAMENTO ORGANIZACIONAL

Utilizando a remuneração para motivar os funcionários

Objetivo O objetivo deste exercício é ilustrar como a remuneração pode ser utilizada para motivar os funcionários.

Formato Será solicitado que você analise oito executivos e faça os ajustes salariais para cada um deles.

Procedimento Suas observações sobre o desempenho de oito executivos que trabalham para você estão listadas a seguir. Tanto individualmente como em grupo, dependendo da escolha do seu professor, recomende aumentos salariais para oito executivos que acabaram de completar o primeiro ano na empresa e agora estão sendo considerados para o primeiro aumento salarial anual. Tenha em mente que você pode estabelecer precedentes e que precisa manter os custos salariais baixos. Entretanto, não existem restrições formais da empresa sobre o tipo de aumento que pode dar. Indique as dimensões dos aumentos que gostaria de dar a cada gestor anotando um percentual ao lado de cada nome.

Variações O professor pode alterar a situação de uma única maneira ou de várias maneiras. Uma delas é pressupor que todos os oito gestores foram admitidos com o mesmo salário, digamos US$ 30.000, o que dá um total de despesa salarial de US$ 240.000. Se a alta administração permitiu um aumento salarial em grupo de 10% das despesas com salários atuais, você como gerente tem US$ 24.000 para aplicar como aumento. Nessa variação do exercício, os alunos podem lidar com quantias reais em dólares, em vez de apenas com os percentuais para os aumentos. Outra variação interessante é pressupor que todos os gestores foram admitidos na empresa com salários diferentes, em média US$ 30.000. (O professor pode criar muitas possibilidades interessantes em relação às variações dos salários.) Os alunos, por sua vez, podem sugerir salários para os diferentes gestores.

_____% Abraham McGowan. Abe não é, até onde você saiba, um funcionário com bom desempenho. Você verificou sua opinião com outras pessoas, e elas também não acham que ele seja eficaz. No entanto, você fica sabendo que ele tem um dos grupos de trabalho mais difíceis de administrar. Os subordinados dele têm poucas habilidades, e o trabalho é sujo e difícil. Se o perder, você não tem certeza de quem poderia substituí-lo.

_____% Benjy Berger. Benjy é solteiro e parece ter uma vida despreocupada. No geral, você sente que o desempenho profissional dele não é lá aquelas coisas, e algumas de suas "gafes" são bem conhecidas pelos colegas de trabalho.

_____% Clyde Clod. Você considera Clyde como um dos seus melhores subordinados. No entanto, é óbvio que outras pessoas não o consideram um gestor eficaz. Clyde tem uma esposa rica, e até onde você sabe, ele não precisa de mais dinheiro.

_____% David Doodle. Você sabe por meio do seu próprio relacionamento com "Doodles" que ele precisa muito de mais dinheiro em razão de alguns problemas pessoais que tem. No que lhe diz respeito, ele também é um dos seus melhores subordinados. Por alguma razão, seu entusiasmo não é compartilhado entre os outros subordinados, e você já os ouviu fazendo piadas sobre o desempenho dele.

_____% Ellie Ellesberg. Ellie tem sido bem-sucedida até agora nas tarefas a ela designadas. Você está particularmente impressionado com isso porque ela tem um trabalho difícil. Ela precisa mais do dinheiro do que muitas pessoas, e você tem certeza de que ela é respeitada pelo bom desempenho.

_____% Fred Foster. Fred acabou sendo uma surpresa muito agradável para você. Ele tem feito um excelente trabalho e, em geral, todos concordam que ele é uma das melhores pessoas na empresa. Isso surpreendeu você porque ele é frívolo e não parece se importar muito com dinheiro ou promoção.

_____% Greta Goslow. Sua opinião é que Greta não tem sido muito bem-sucedida. Entretanto, surpreendentemente, quando você verifica como os outros se sentem a respeito dela, descobre que o trabalho que ela faz é muito bem-conceituado. Você também sabe que ela precisa muito de um aumento. Ela enviuvou recentemente e está enfrentando dificuldades extremas para manter sua casa e sua jovem família de quatro pessoas.

_____% Harry Hummer. Você conhece Harry pessoalmente, e ele parece estar sempre desperdiçando dinheiro. Ele tem uma atribuição profissional bastante fácil, mas você acha que ele não faz bem o trabalho. Por essa razão, você fica muito surpreso quando descobre que muitos dos novos gestores acham que ele é o melhor do novo grupo.

Após ter dado as atribuições para as oito pessoas, você poderá discuti-las em grupo ou com a classe toda.

Perguntas de acompanhamento
1. Há uma diferença clara entre o funcionário com melhor ou pior desempenho? Por que sim ou por que não?
2. Você observou diferenças em relação ao tipo de informação que tinha disponível para tomar a decisão sobre o aumento? Como você usou as diferentes fontes de informação?
3. De que maneiras as suas atribuições no que diz respeito aos aumentos refletem diferentes perspectivas de motivação?

Referência
Edward E. Lawler III, "Motivation Through Compensation", adaptado por D. T. Hall, *Instructor's Manual for Experiences in Management and Organizational Behavior* (Nova York: John Wiley & Sons, 1975). Reproduzido com permissão do autor.

FORMAÇÃO DAS HABILIDADES GERENCIAIS

Visão geral As habilidades de comunicação referem-se à capacidade de transmitir ideias e informações a outras pessoas. Por meio dessa atividade, você vai adquirir um pouco de prática em comunicar metas eficazes para alguém que, se não é exatamente um "subordinado", está disposto a trabalhar com você na realização dos objetivos que desenvolve.

Histórico Você terá de rever a seção "Fixação de metas e motivação" neste capítulo, especialmente as subseções sobre *administração por objetivos*, ou *MBO* ("Perspectivas mais amplas na definição de metas"), e "Avaliação e implicações". Além disso, precisará levar em consideração o material que segue – uma série de etapas sequenciais que vão ajudar você a conseguir os melhores resultados no seu projeto de definição de metas:

1. *Metas integradas e objetivos gerais.* As metas para todos os indivíduos devem ser coordenadas com os objetivos e estratégias organizacionais gerais. Elas também devem ser compatíveis com as metas daqueles cujas atividades podem ser afetadas por elas.
2. *Esteja certo de que as metas são específicas.* Explique que cada indivíduo deve completar e descrever as tarefas necessárias para a realização de suas metas. Também deixe claro o nível de desempenho que espera de cada indivíduo.
3. *Faça com que as pessoas se comprometam com as metas que você definiu para elas.* Lembre-se dos valores e às necessidades de cada um. Mostre como alcançar as metas organizacionais ajudará o indivíduo a alcançar suas metas pessoais.
4. *Priorize as metas.* Quando mais de uma meta está envolvida, classifique-as em ordem de importância. Incentive os indivíduos a devotar maior tempo e energia às metas com maiores recompensas.
5. *Explique como você avaliará o desempenho.* Os padrões podem ser quantitativos (por exemplo, unidades de produção) ou medidos com base no tempo (por exemplo, programação de reuniões).
6. *Dê retorno.* Os indivíduos têm de saber se estão ou não no caminho certo. O melhor momento para dar retorno é enquanto os indivíduos encontram-se no processo de trabalho direcionado às metas. O retorno pode ser em forma de memorando, quadro de informações, relatório ou interação pessoal.

Tarefa Uma vez ciente do material apresentado, seu professor dividirá a classe em grupos com cinco ou seis pessoas. Então, você fará o seguinte:

1. Discuta por alguns momentos a natureza do trabalho do seu professor. O que ele faz? Na sua opinião, quais são os componentes para o bom desempenho no trabalho dele? Que fatores contribuem para o bom desempenho no trabalho?
2. Agora desenvolva uma série de cinco metas que, na opinião do grupo, poderiam ser utilizadas para desenvolver um programa de MBO para as aulas do currículo empresarial da sua faculdade. Tente selecionar metas mais críticas ao desempenho do trabalho do seu professor. [*Observação:* Como o capítulo diz, as metas mais eficazes de MBO geralmente são estabelecidas por meio da colaboração entre "superiores" e "subordinados". Por questão de conveniência, estamos contornando essa parte do processo.]
3. Selecione um líder no grupo para compartilhar a lista de metas com toda a classe.
4. Um grupo por vez discutirá as metas apresentadas. O foco deve estar nos seguintes critérios:
   • especificidade

- avaliação
- importância
- qualidades motivacionais

5. Após a discussão das metas de todos os grupos, o professor compartilhará as opiniões dele.

Referências
Phillip L. Hunsaker, *Management: A Skills Approach*, 2. ed. (Upper Saddle River, NJ: Prentice Hall, 2005), p. 169-71, 179.

EXERCÍCIO DE AUTOAVALIAÇÃO

Avaliação do seu estilo de retorno*

Esse exercício foi elaborado para ajudá-lo a compreender a dinâmica do retorno nas avaliações de desempenho. O diagnóstico do desempenho é crucial para a eficácia da gestão. As avaliações de desempenho envolvem tanto os diagnósticos quanto a motivação e por isso são de vital importância ao controle da eficácia do funcionamento das organizações. Uma das dificuldades em muitos sistemas de avaliação de desempenho é que o supervisor ou o gerente se sente desconfortável ao dar retorno individual. Frequentemente isso resulta na incerteza do funcionário em relação ao que a avaliação de desempenho realmente significa, quais são suas atribuições e como ela pode melhorar o desempenho. A razão pela qual o supervisor ou gerente falha ao não abordar essas questões é porque ele não caracterizou adequadamente a situação, assim existe a necessidade de compreender como os subordinados responderão ao retorno de desempenho ou por que o supervisor ou o gerente não tem as habilidades necessárias para fornecer esse valioso retorno.

Instruções: a seguir, temos uma lista dos comportamentos do retorno. Leia cuidadosamente a descrição de cada comportamento e, então, selecione a resposta que melhor reflete a extensão em o comportamento descreve o que você faz ou acha que faria. Indique suas escolhas circulando a resposta. As respostas possíveis são as seguintes:

Respostas possíveis

$\underline{S}$ = Sim, isso definitivamente me descreve.
S = Sim, estou bastante certo de que isso me descreve.
? = Não tenho certeza.
N = Não, estou muito certo de que isso não me descreve.
$\underline{N}$ = Não, isso definitivamente não me descreve.

1. Quando me comunico, tento buscar retorno do ouvinte para determinar se estou sendo compreendido.
   1. $\underline{S}$ 2. S 3. ? 4. N 5. $\underline{N}$
2. Sempre que possível, tento garantir que meu ponto de vista seja aceito e colocado em prática.
   1. $\underline{S}$ 2. S 3. ? 4. N 5. $\underline{N}$
3. Consigo facilmente lidar com contra-argumentos e incluí-los em minhas ideias.
   1. $\underline{S}$ 2. S 3. ? 4. N 5. $\underline{N}$
4. Quando um problema de comunicação ocorre entre eu e outra pessoa, geralmente a culpa é dela.
   1. $\underline{S}$ 2. S 3. ? 4. N 5. $\underline{N}$
5. Eu me certifico de que a outra pessoa entenda que eu sei do que estou falando.
   1. $\underline{S}$ 2. S 3. ? 4. N 5. $\underline{N}$
6. Se alguém me procura para falar sobre um problema pessoal, tento ouvir objetivamente sem fazer julgamentos.
   1. $\underline{S}$ 2. S 3. ? 4. N 5. $\underline{N}$
7. Quando ouço alguém questionar ou criticar meus procedimentos, frequentemente me pego contra-argumentando em silêncio – pensando na resposta enquanto a pessoa está falando.
   1. $\underline{S}$ 2. S 3. ? 4. N 5. $\underline{N}$
8. Deixo que a outra pessoa termine uma ideia antes de interferir ou terminar para ela.
   1. $\underline{S}$ 2. S 3. ? 4. N 5. $\underline{N}$
9. Quando estou ouvindo alguém, acho que posso facilmente ser assertivo (comentar) sobre aquele ponto de vista da pessoa.
   1. $\underline{S}$ 2. S 3. ? 4. N 5. $\underline{N}$
10. Tento não prejulgar o locutor ou a mensagem.
    1. $\underline{S}$ 2. S 3. ? 4. N 5. $\underline{N}$
11. Sempre que forneço informações para alguém, prefiro usar fatos e informações.
    1. $\underline{S}$ 2. S 3. ? 4. N 5. $\underline{N}$
12. Demonstrar empatia pelos sentimentos do ouvinte pode indicar fraqueza.
    1. $\underline{S}$ 2. S 3. ? 4. N 5. $\underline{N}$
13. Tento garantir que as outras pessoas saibam como vejo suas ações: boas, más, fortes, fracas etc.
    1. $\underline{S}$ 2. S 3. ? 4. N 5. $\underline{N}$
14. Em vez de conseguir pessoas que façam as coisas de maneira apropriada, você tem de lhes dizer o que e como fazer.
    1. $\underline{S}$ 2. S 3. ? 4. N 5. $\underline{N}$
15. Quando estou conversando com alguém, gosto de perguntar "O que você acha?", de modo a favorecer a aceitação em relação à questão.
    1. $\underline{S}$ 2. S 3. ? 4. N 5. $\underline{N}$

16. Se você é o chefe, as pessoas esperam que você lhes diga o que fazer.
    1. S̲ 2. S 3. ? 4. N 5. N̲
17. Tento investigar, fazendo perguntas indiretas nos diálogos com as pessoas.
    1. S̲ 2. S 3. ? 4. N 5. N̲
18. Quando forneço retorno negativo, quero ter certeza de que o ouvinte saiba como vejo a situação.
    1. S̲ 2. S 3. ? 4. N 5. N̲
19. Tento ouvir com empatia. Ouço o que está sendo dito e o que eu acho que o locutor está tentando dizer.
    1. S̲ 2. S 3. ? 4. N 5. N̲
20. Sempre que dou retorno a alguém, quero convencer a pessoa a praticar o que eu disse.
    1. Y 2. Y 3. ? 4. N 5. N

Pontuação:

(1) Para os itens listados, classifique suas respostas conforme segue:

Pontuação do item	Pontuação
1._____	S = 2
3._____	
6._____	S = 1
8._____	
9._____	? = 0
10._____	
11._____	N = -1
15._____	
17._____	N = -2
19._____	
TOTAL _____	

(2) Para os itens listados, o sistema de pontuação é ao contrário:

Pontuação do item	Pontuação
2._____	S = -2
4._____	
5._____	S = -1
7._____	
12._____	? = 0
13._____	
14._____	N = 1
16._____	
18._____	N = 2
20._____	
TOTAL _____	

*Fonte: VECCHIO, S/G ORGANIZATIONAL BEHAVIOR, 1E. ©1988 Cengage Learning.

CAPÍTULO 7
Administração do estresse e equilíbrio trabalho-vida pessoal

Visão geral do capítulo

- Natureza do estresse
- Diferenças individuais e estresse
- Causas comuns do estresse
- Consequências do estresse
- Administração do estresse no local de trabalho
- Conexões entre trabalho e vida pessoal

Objetivos de aprendizagem

Após estudar este capítulo, você estará apto a:

1. Definir e descrever a natureza do estresse.
2. Identificar as diferenças individuais fundamentais relacionadas ao estresse.
3. Identificar e descrever as causas comuns do estresse.
4. Discutir as principais consequências do estresse.
5. Descrever várias maneiras de combater o estresse.
6. Discutir as conexões entre a vida profissional e pessoal e seu relacionamento com o estresse.

Alguém aqui está no controle?

"O controle de tráfego aéreo é como jogar xadrez em alta velocidade."

— Pete Rogers, controlador

A mídia o chamou de "Milagre do Hudson". Na tarde de inverno de 15 de janeiro de 2009, apenas alguns minutos após decolar do Aeroporto LaGuardia, em Nova York, o voo 1549 da U.S. Airways foi atingido por um bando de aves. Os dois motores pararam de funcionar e o piloto Chesley "Sully" Sullenberger não teve opção a não ser aterrissar o Airbus A320 de 81 toneladas no gelado rio Hudson, no lado oeste de Manhattan. Foi o primeiro pouso forçado na água de uma grande aeronave em mais de 50 anos, mas todas as 155 pessoas a bordo sobreviveram. "Foi violento", disse um passageiro. "... Nós fomos salvos pelo piloto."

(Curiosamente, os passageiros do voo 1549 não tinham a menor ideia de que o salário de Sullenberger estava cerca de 40% menor do que era apenas alguns anos antes, quando seu empregador, a United Airlines, declarou falência. Um mês após o acidente, Sullenberger informou a um subcomitê do Congresso que a United também não havia cumprido seus compromissos em relação à sua pensão, que foi transferida para uma agência do governo a "um centavo por dólar". Os pilotos da United e suas famílias, ele disse, tinham sido colocados "em uma posição financeira inaceitável". Discutimos o descumprimento dos planos de pensão da United no box Ética, no Capítulo 6.)

Ser piloto de avião e controlador de tráfego aéreo são trabalhos muito estressantes. Logo após o pouso milagroso do voo 1549 da U.S. Airways sobre o rio Hudson em 2009, tanto o Capitão Chesley Sullenberger quanto o controlador de tráfego aéreo, Patrick Harten, que ajudou a orientar o pouso do avião, manifestaram sintomas de estresse pós-traumático.

Quanto a Sullenberger, ele lembrou, "o mais nauseante, o medo mais terrível, a sensação de estar caindo num abismo" que já experimentou na vida. Por semanas após o acidente, ele sofreu os sintomas do estresse pós-traumático, incluindo insônia e lampejos de lembrança do acidente, mas admitiu que sua condição melhorou após um mês ou dois. Não é de se admirar que Sullenberger tenha vivenciado algumas repercussões do estresse, diz Patrick Harten, controlador de tráfego aéreo do aeroporto de LaGuardia, que estava do outro lado da linha quando Sullenberger informou pelo rádio a intenção de pousar no rio. "Achei que era sua própria sentença de morte", lembrou Harten. "Para mim, naquele momento eu seria a última pessoa a falar com alguém vivo naquele avião... Eu me senti como se tivesse sido atingido por um ônibus". De sua parte, diz Harten, "o trauma por trabalhar com uma aeronave que caiu" começou a diminuir cerca de um ano mais tarde.

Se Sullenberger, que tinha 57 anos na época do acidente, tivesse sido controlador de tráfego aéreo em vez de piloto, provavelmente teria se aposentado um ano antes da decolagem do voo 1549. Os dois trabalhos, é claro, são extremamente estressantes, e a Federal Aviation Administration (FAA) exige a aposentadoria por idade em ambos os casos. Os pilotos, entretanto, podem permanecer no trabalho até 65 anos, ao passo que os controladores têm, em muitos casos, de se aposentar com 56 anos. Por quê? Porque ser controlador de tráfego aéreo, ao que parece, é *mais* estressante. Segundo a revista *Health*, é o quarto trabalho mais estressante nos Estados Unidos, atrás apenas do de policial (2º) e de mineiro (3º); o cargo de piloto está em uma faixa relativamente não muito estressante, em 22º lugar. "Trabalhando somente uma hora", explica um profissional da área, "o controlador de tráfego aéreo pode ser responsável por mais dinheiro e vidas que uma pessoa comum durante toda [sua] vida". (E por falar nisso, no topo da lista da revista está o professor do ensino médio que trabalha em escolas no centro da cidade.)

Em certos momentos, há cerca de 5.000 aeronaves voando pelos Estados Unidos. A National Air Traffic Controllers Association (NATCA) relata que em um dia comum, os controladores administram 87.000 voos. Em um ano, eles controlam 64 milhões de decolagens e aterrissagens. E isso é apenas um grande volume de tráfego. É desnecessário dizer que todo esse tráfego é também muito complexo. "O controle de tráfego aéreo é como jogar xadrez em alta velocidade", diz Pete Rogers, que ajuda a administrar por ano 52.000 voos que decolam do aeroporto Martha's Vineyard, Massachusetts, e aterrissam nele (ou o sobrevoam).

Nem todas as aeronaves, é claro, voam na mesma velocidade (ou altitude) e poucas voam estabilizadas perpendicularmente ao solo. Uma vez que aprendem a "ver o tráfego", de acordo com o controlador de Nova York, Christopher Tucker, os controladores "têm de aprender a resolver os conflitos, de preferência da maneira mais... simples. Pode ser tão simples como parar alguém na subida/na descida para passar por baixo/por cima, fazer convergir o tráfego ou emitir orientações de velocidade para garantir o intervalo constante entre aeronaves". No entanto, não é preciso dizer que raramente é assim tão simples. Por exemplo, explica Tucker, "novas aeronaves com asas altamente eficientes não podem descer com rapidez enquanto estão em velocidade lenta, isso tem de ser levado em conta quando se estabelece uma operação *intrail*, na qual as chegadas devem ser de descida e com velocidade reduzida".

E temos, também, as condições meteorológicas. Os controladores registram informações sobre a meteorologia a cada hora e têm de estar constantemente atentos às mudanças. "Temos de ter certeza de que não mandaremos ninguém direto para a tempestade", diz Rogers. Um colaborador do Stuck Mic, *site* para controladores e outros profissionais da aviação, observa que "um dia movimentado no centro de controle de tráfego aéreo é uma coisa, [mas] quando há mudança de tempo na região, isso cria problemas ainda maiores. Na verdade", explica, "para pilotos e controladores, um fenômeno meteorológico significativo é igual a uma parede gigante... Os efeitos da aeronave voando na tempestade podem ser catastróficos. Os controladores monitoram e redirecionam as rotas de tráfego para evitar o tempo perigoso a qualquer custo". Além disso, em razão de os sistemas de tempestades frequentemente aparecerem no radar com pouco ou nenhum aviso, os controladores também precisam tomar decisões rápidas. De acordo com Tucker, "a capacidade de encontrar possíveis soluções e rapidamente escolher a melhor" é uma habilidade necessária para qualquer controlador, assim como "ser capaz de fazer uma situação ruim funcionar depois de ter tomado uma má decisão". E por último, mas não menos importante, ele recomenda que os candidatos a controlador cultivem "a capacidade de manter a aparência calma durante os períodos estressantes". Quando lhe perguntaram o que fez para ajudar Sullenberger a pousar o voo 1549 no rio Hudson, Patrick respondeu:

A melhor coisa que fiz naquele dia foi não estressar Sully ainda mais. Os pilotos e os controladores conseguem sentir o estresse em nossas vozes. Ambos parecíamos calmos, o que tornou mais fácil encarar a tarefa que tínhamos em mãos. Não o perturbei com perguntas de praxe em casos de emergência, como a quantidade de combustível restante e o número de pessoas a bordo, pois sabia que ele já tinha muita coisa para dar conta.

Atualmente, há cerca de 11.000 controladores de tráfego aéreo treinados nos Estados Unidos – o menor número em 18 anos. Até 2018, está previsto um aumento de 13% no número total de posições, mas esse índice não atinge a demanda em termos da projeção do aumento das aeronaves que estarão voando – sem mencionar a disputa por espaço aéreo e pelas pistas dos aeroportos do país. Nos aeroportos de menor tráfego, previsões de custos já exigem que os controladores trabalhem em turnos de oito horas, realizando o trabalho em todos os cargos da torre, comunicando-se com as aeronaves no céu e em terra e coordenando as atividades de talvez três centros.

"E por isso temos um aumento nos erros operacionais" nos aeroportos regionais e nacionais, admite Melvin Davis, que há mais de 20 anos tem direcionando o tráfego aéreo no sul da Califórnia. "É uma decisão empresarial", diz, argumentando que a atual situação nos aeroportos do país é

resultado da diminuição de pessoal, do declínio na experiência e do aumento de horas extras, o que leva à maior fadiga. O resultado é um aumento de 300% a 400% nos erros operacionais... os quais resultam em dois trens-bala vindo juntos a quase 1.000 km por hora.

Qual é a sua opinião?
1. Que tipos de estresse você enfrenta no trabalho ou na escola – ou, é claro, em ambos? Quanto há de "ossos do ofício"? Quanto de estresse você converte para si como uma particularidade própria da sua personalidade?
2. Em sua opinião, como a situação dos controladores de tráfego aéreo chegou ao que parece ser um nível muito perigoso?

Referências: "'Miracle on the Hudson': All Safe in Jet Crash", *MSNBC.com*, 15 jan. 2009, www.msnbc.msn.com, 24 mai. 2012; "Chesley 'Sully' Sullenberger to Congress: My Pay Has Been Cut 40 Percent in Recent Years, Pension Terminated", *Huffington Post*, 27 mar. 2009, www.huffingtonpost.com, 24 mai. 2012; Phil Derner Jr., "One Year after the 'Miracle on the Hudson', entrevista exclusiva com o controlador de tráfego aéreo Patrick Harten", *NYCAviation.com*, 18 jan. 2010, www.nycaviation.com, 24 mai. 2012; Steve Myrick, "Air Traffic Control – 'Chess at High Speed'", *Martha's Vineyard Times*, 24 dez. 2009, www.mvtimes.com, 24 mai. 2012; Alex Altman e Tiffany Sharples, "Air Traffic Controller Sounds Alarm", *Time*, 26 abri. 2008, www.time.com, 24 mai. 2012; Christopher Tucker, "I Am an Air Traffic Controller", *Daily Speculations*, 15 mar. 2009, www.dailyspeculations.com, 24 mai. 2012; "Air Traffic Control – Stress", *Stuck Mic*, 27 ago. 2008, www.stuckmic.com, 24 mai. 2012.

Em vários capítulos anteriores, discutimos as forças motivacionais e os métodos organizacionais que podem levar as pessoas a ficarem mais motivadas. Entretanto, também há o lado obscuro desses mesmos aspectos. Atualmente, muitas pessoas trabalham longas horas, enfrentam prazos constantes e estão sujeitas à pressão para produzirem mais e mais. As organizações e seus gestores estão sob constante pressão para aumentar os lucros e manter os custos sob controle. Fazer as coisas mais rápido e melhor – mas com menos pessoas – é a meta de muitas empresas hoje em dia. Um efeito lamentável dessa tendência é colocar muita pressão sobre as pessoas – empregados operacionais, outros gestores e em si mesmo. Os resultados podem ser aumento do desempenho, lucros mais elevados e crescimento rápido. Mas o estresse, o esgotamento, o giro de mão-de-obra, a agressividade e outros efeitos colaterais desagradáveis também podem ocorrer.

Neste capítulo, analisaremos como e por que o estresse ocorre nas organizações e como compreendê-lo e controlá-lo melhor. Primeiro, exploraremos a natureza do estresse. Depois, examinaremos as importantes diferenças individuais, como os perfis de personalidades Tipo A e Tipo B e seus papéis no estresse. Em seguida, discutiremos inúmeras causas do estresse considerando as consequências em potencial. Destacaremos várias ações que as pessoas e as organizações podem tomar para administrar o estresse no trabalho. Concluiremos discutindo um importante fator relacionado ao estresse – as conexões entre o lado profissional e o lado pessoal na vida das pessoas.

NATUREZA DO ESTRESSE

Muitas pessoas pensam no estresse como um problema simples. Entretanto, o estresse é complexo e muitas vezes mal compreendido.[1] Para saber como o estresse profissional realmente funciona, precisamos primeiro defini-lo e, então, descrever o processo através do qual ele se desenvolve.

Definição de estresse

> Estresse é a reação de adaptação de uma pessoa a um estímulo que exige dela respostas psicológicas ou físicas excessivas.

O estresse tem sido definido de muitas maneiras, mas a maioria das definições diz que ele é causado por um estímulo, que pode ser físico ou psicológico, e que o indivíduo responde ao estímulo de alguma forma.[2] Portanto, definimos o **estresse** como a reação de adaptação de uma pessoa a um estímulo que exige dela respostas psicológicas ou físicas excessivas.

Dada a complexidade inerente dessa definição, precisamos examinar seus os componentes com cuidado. O primeiro componente é a noção de adaptação. Como discutimos, as pessoas podem se adaptar a circunstâncias estressantes de várias maneiras. O segundo é o papel do estímulo. Esse estímulo, geralmente chamado de *estressor*, é algo que induz ao estresse. Terceiro, os estressores podem ser psicológicos ou físicos. E por último, as exigências que os estressores colocam sobre o indivíduo demandas excessivas que podem resultar no estresse real. É claro que aquilo que é excessivo para uma pessoa pode perfeitamente ser tolerável para outra. A questão é perceber as exigências como excessivas, ou o estresse não estará presente.

Nos últimos anos, tem ocorrido acentuado aumento de estresse relatado por funcionários de empresas aéreas. A combinação entre aumento da pressão por reduções nos salários e benefícios, ameaças às pensões, rebaixamentos, demissões e cargas de trabalho mais pesadas tem se tornado mais pronunciada desde o 11 de setembro. E o aumento do preço da energia tende a aumentar essas pressões. Como resultado, mais do que nunca, os funcionários de empresas aéreas estão buscando serviços de aconselhamento; a rotatividade e o absenteísmo também estão aumentando.[3]

Processo de estresse

Muito do que sabemos sobre o estresse pode ser traçado pelo trabalho pioneiro do Dr. Hans Selye.[4] Entre as mais importantes contribuições de Selye estão a identificação da síndrome da adaptação em geral bem como os conceitos de *eustresse* e *distresse*.

Síndrome da adaptação geral A Figura 7.1 traz uma representação gráfica da **síndrome da adaptação geral (SAG)**. De acordo com esse modelo, cada um de nós tem um nível normal de resistência aos eventos estressantes. Algumas pessoas conseguem tolerar uma dose grande de estresse, outras, doses muito menores, mas todos temos um limite em que o estresse começa a nos afetar.

A SAG inicia quando a pessoa se depara pela primeira vez com um estressor. O primeiro estágio é chamado "alarme". Nesse ponto, a pessoa pode sentir algum grau de pânico e começa a se perguntar como pode lidar com a situação. É possível que ela tenha de resolver uma questão do tipo "correr ou lutar": "Será que consigo lidar com isso ou eu deveria fugir?". Por exemplo, vamos supor que uma gerente seja designada a escrever um longo relatório durante a noite. A primeira reação dela pode ser "Como conseguirei fazer isso até amanhã?".

Se o estressor for muito forte, a pessoa simplesmente não consegue lidar com ele. No entanto, na maioria dos casos, o indivíduo junta suas forças (físicas ou emocionais) e começa a resistir aos efeitos negativos do estressor. A gerente com o longo relatório para escrever pode se acalmar, ligar para casa para dizer aos filhos que trabalhará até tarde, arregaçar as mangas, pedir o jantar e começar a trabalhar. Assim, no estágio 2 da SAG, a pessoa está resistindo aos efeitos do estressor.

Frequentemente, a fase de resistência finaliza a SAG. Se a gerente completar o relatório mais cedo que o esperado, pode guardá-lo na pasta, sorrir e ir para casa cansada, mas feliz. Mas a exposição prolongada ao estressor sem uma solução pode levar à fase 3 da SAG: a exaustão. Nesse estágio, a pessoa literalmente desiste e não consegue mais lutar contra o estressor. Por exemplo, a gerente pode cair no sono sobre a mesa de trabalho às 3 horas da manhã e falhar em terminar o relatório.

Distresse e eustresse Selye também identificou que as fontes de estresse não precisam ser ruins. Por exemplo, receber um bônus e ter de decidir o que fazer com o dinheiro pode ser estressante. Da mesma forma, pode ser estressante ganhar uma promoção, fazer um discurso

---

A síndrome da adaptação geral (SAG) identifica três estágios de resposta ao estressor: alarme, resistência e exaustão.

FIGURA 7.1

Síndrome da adaptação geral

A perspectiva da síndrome da adaptação geral (SAG) descreve três estágios do processo de estresse. O estágio inicial é chamado de alarme. Conforme ilustrado, a resistência da pessoa frequentemente diminui abaixo do nível normal durante esse estágio. A seguir vem a resistência ao estressor, que geralmente leva ao aumento do nível de resistência normal da pessoa. E por último, no estágio 3, a exaustão pode aparecer, então, a resistência da pessoa diminui drasticamente abaixo dos níveis normais.

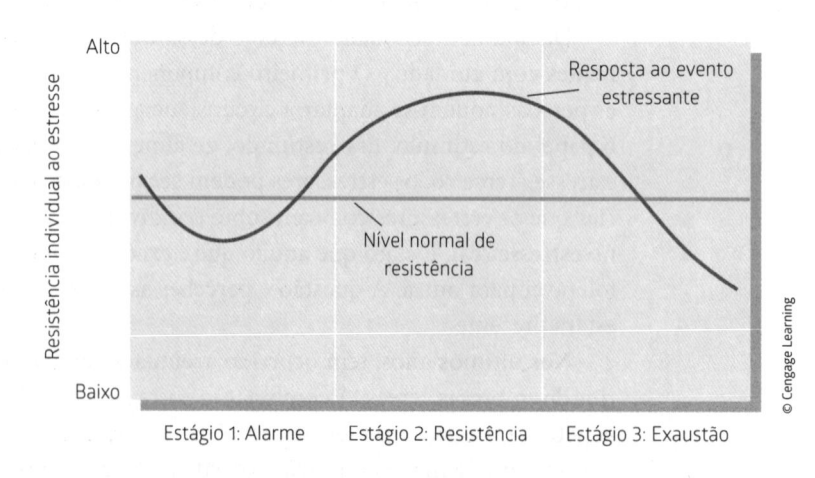

> **Eustresse** é o estresse agradável que acompanha os eventos positivos.

como elemento principal de um prêmio importante, casar-se, e coisas "boas" similares a essas. Selye chamou esse tipo de estresse de **eustresse**. Como veremos mais adiante, o eustresse pode levar a vários resultados positivos para o indivíduo. É claro que também há o estresse negativo. Chamado **distresse**, é o que a maioria das pessoas pensa quando ouve a palavra *estresse*. A pressão em excesso, as exigências desproporcionadas do nosso tempo e as más notícias estão nessa categoria. Como o termo sugere, essa forma de estresse geralmente resulta em consequências negativas para o indivíduo. Para simplificar, continuaremos a utilizar o termo *estresse* neste capítulo. Mas ao ler e estudar este capítulo, lembre-se de que o estresse pode tanto ser bom como ruim. Ele pode nos motivar e estimular, ou pode nos conduzir a diversos efeitos colaterais perigosos.

> **Distresse** é o estresse desagradável que acompanha os eventos negativos.

DIFERENÇAS INDIVIDUAIS E ESTRESSE

Já nos referimos ao fato de que o estresse pode afetar as pessoas de várias maneiras. Em razão de nossa discussão anterior no Capítulo 3, sobre as diferenças dos indivíduos, é claro que isso não é surpresa.[5] A mais completa diferença individual que tem relação específica com o estresse é a distinção entre os perfis de personalidade do Tipo A e do Tipo B.

Perfis de personalidade Tipo A e Tipo B

Os perfis Tipo A e Tipo B foram primeiramente observados por dois cardiologistas, Meyer Friedman e Ray Rosenman.[6] Eles fizeram a descoberta quando um trabalhador que consertava o estofamento das cadeiras da sala de espera comentou que muitas das cadeiras estavam desgastadas somente na parte da frente. Após estudos posteriores, os dois cardiologistas perceberam que muitos dos seus pacientes com problemas cardíacos ficavam ansiosos e tinham dificuldade em permanecer sentados – eles estavam literalmente sentando na beirada das cadeiras!

Usando essa observação como ponto de partida, Friedman e Rosenman começaram a estudar o fenômeno mais de perto. Eventualmente concluíram que seus pacientes exibiam um ou dois tipos de padrão de comportamento muito diferentes. A pesquisa também os levou à descoberta de que as diferenças tinham como base a personalidade. Eles classificaram esses dois padrões de comportamento em Tipo A e Tipo B.

> Pessoas do **Tipo A** são extremamente competitivas, muito dedicadas ao trabalho e têm forte senso de urgência de tempo.

O indivíduo **Tipo A** extremo é muito competitivo, dedicado ao trabalho e tem forte senso de urgência de tempo. Além disso, costuma ser agressivo, impaciente e altamente orientado para o trabalho. É muito impulsivo e motivado e quer realizar o máximo possível no menor tempo possível.

> Pessoas do **Tipo B** são menos competitivas, menos comprometidas com o trabalho e têm pouco senso de urgência de tempo.

O indivíduo **Tipo B** extremo, ao contrário, é menos competitivo, menos dedicado ao trabalho e tem fraco senso de urgência. Experimenta menos conflitos tanto em relação às pessoas como em relação ao tempo e tem um estilo de vida mais equilibrado e descontraído. É mais autoconfiante e capaz de trabalhar em um ritmo constante.

De acordo com o senso comum, pessoas do Tipo A são mais bem-sucedidas que as do Tipo B. Entretanto, isso não é necessariamente verdadeiro – a pessoa do Tipo B não é forçosamente mais ou menos bem-sucedida que a do Tipo A. Existem várias explicações possíveis para isso. Por exemplo, indivíduos do Tipo A podem afastar outras pessoas em razão de seus direcionamentos e podem perder importantes oportunidades de aprendizagem na luta para chegar à frente. Os indivíduos do Tipo B, por sua vez, podem ter melhor reputação interpessoal e adquirir diversas habilidades.

Friedman e Rosenman indicaram que a maioria das pessoas não é totalmente do Tipo A ou do Tipo B; ao contrário, elas têm tendência em direção a um ou a outro tipo. Por exemplo, um indivíduo pode exibir fortes características do Tipo A na maior parte do tempo, mas ainda ser capaz de relaxar de vez em quando e ocasionalmente esquecer o tempo. Da mesma forma, até mesmo a mais descontraída pessoa do Tipo B pode, eventualmente, passar algum tempo obcecada pelo trabalho.

A pesquisa inicial de Friedman e Rosenman sobre as diferenças de perfis do Tipo A e do Tipo B levou a algumas constatações alarmantes. Em particular, sugeriu que as pessoas do Tipo A eram muito mais propensas a terem doenças cardíacas coronarianas do que as do Tipo B. Nos últimos anos, no entanto, pesquisas continuadas por outros cientistas têm sugerido que a relação entre o comportamento de Tipo A e o risco de doença cardíaca coronariana não é tão direta.

Embora as razões não sejam claras, descobertas recentes sugerem que as pessoas do Tipo A são muito mais complexas do que se acreditava originalmente. Por exemplo, além das características já observadas, são mais propensas à depressão e à hostilidade. Quaisquer dessas características ou a combinação delas podem conduzir a problemas cardíacos. Além disso, diferentes abordagens para mensurar as tendências do Tipo A têm produzido resultados diversos.

Por fim, no estudo que descobriu que o Tipo A é menos suscetível a problemas cardíacos que o Tipo B, os pesquisadores ofereceram uma explicação consistente com o pensamento anterior: em razão de indivíduos do Tipo A serem relativamente compulsivos, podem buscar tratamento mais cedo e serem mais propensos a seguir as ordens médicas![7]

Personalidade rústica e otimismo

Duas outras diferenças individuais importantes relacionadas ao estresse são a **personalidade rústica** e o otimismo. As pesquisas sugerem que algumas pessoas têm o que chamamos de personalidade *mais rústica* do que outras.[8] Trata-se da capacidade de lidar com o estresse. Pessoas com personalidade rústica têm uma localização interna de controle, são fortemente comprometidas com as atividades da vida e enxergam a mudança como oportunidade para o progresso e para o crescimento. Essas pessoas geralmente não adoecem, caso sejam submetidas a altos níveis de pressão e estresse. Pessoas com baixa rusticidade, por sua vez, podem ter mais dificuldade em lidar com a pressão e com o estresse.

Outra diferença individual potencialmente importante é o otimismo. **Otimismo** representa a medida pela qual uma pessoa enxerga a vida de maneira positiva ou negativa. Uma expressão popular utilizada para explicar essa ideia é a de que o copo "está cheio de água até a metade". A pessoa muito otimista verá a metade cheia, ao passo que a pessoa menos otimista (pessimista) verá a metade vazia. O otimismo também está relacionado à afetividade, positiva ou negativa, conforme discutimos anteriormente no Capítulo 3. Em geral, as pessoas otimistas administram melhor o estresse. Elas são capazes de enxergar as características positivas da situação e reconhecem que as coisas podem eventualmente melhorar. Em contrapartida, as pessoas menos otimistas podem se concentrar mais nas características negativas da situação e imaginar que as coisas podem piorar, em vez de melhorar.

Personalidade rústica é a habilidade que a pessoa tem de lidar com o estresse. Ela é especialmente importante no caso de pessoas que trabalham em ocupações que geram estresse intenso. Tomemos uma médica, como exemplo. Ela tem de trabalhar horas seguidas e precisa ajudar seus pacientes a tomarem decisões médicas complexas com efeitos prolongados. Também deve lidar com um sistema legal cada vez mais complexo e as atuais reformas relacionadas aos planos de saúde. Sua conduta é reflexo parcial da personalidade rústica, indicando que ela tem capacidade para lidar com essas pressões.

Personalidade rústica representa a habilidade que a pessoa tem de lidar com o estresse.

Otimismo é a medida em que a pessoa enxerga a vida de maneira positiva ou negativa.

As diferenças culturais também são importantes para determinar como as pessoas são afetadas pelo estresse. Por exemplo, uma pesquisa indica que os executivos norte-americanos podem experimentar menos estresse que executivos em muitos outros países, incluindo Japão e Brasil. As principais causas do estresse também variam entre os países. Na Alemanha, por exemplo, as maiores causas do estresse são a pressão em relação ao tempo e aos prazos. Na África do Sul, as longas horas de trabalho muitas vezes levam ao estresse. Na Suécia, a principal causa do estresse é a invasão do trabalho na vida pessoal de cada um.[9]

Outras pesquisas sugerem que as mulheres talvez estejam mais sujeitas a vivenciarem os efeitos psicológicos do estresse, ao passo que os homens referem-se mais aos efeitos físicos.[10] Por fim, alguns estudos indicam que as pessoas que veem a si mesmas como indivíduos complexos são mais capazes de administrar o estresse do que as que se veem como pessoas relativamente simples.[11] Podemos acrescentar, entretanto, que o estudo das diferenças individuais em relação ao estresse ainda está engatinhando. Por essa razão, seria prematuro estabelecermos conclusões definitivas sobre como diferentes tipos de pessoas administram o estresse.

CAUSAS COMUNS DO ESTRESSE

Muitas coisas podem causar o estresse. A Figura 7.2 apresenta duas amplas categorias: estressores organizacionais e estressores pessoais. Também apresenta três categorias das consequências do estresse: consequências individuais, consequências organizacionais e exaustão.

FIGURA 7.2

Causas e consequências do estresse

As causas e consequências do estresse estão relacionadas de maneiras complexas. Conforme mostramos aqui, as causas mais comuns do estresse podem ser classificadas em estressores organizacionais e estressores pessoais. Da mesma forma, entre as consequências comuns estão as consequências individuais e as consequências organizacionais, bem como a exaustão.

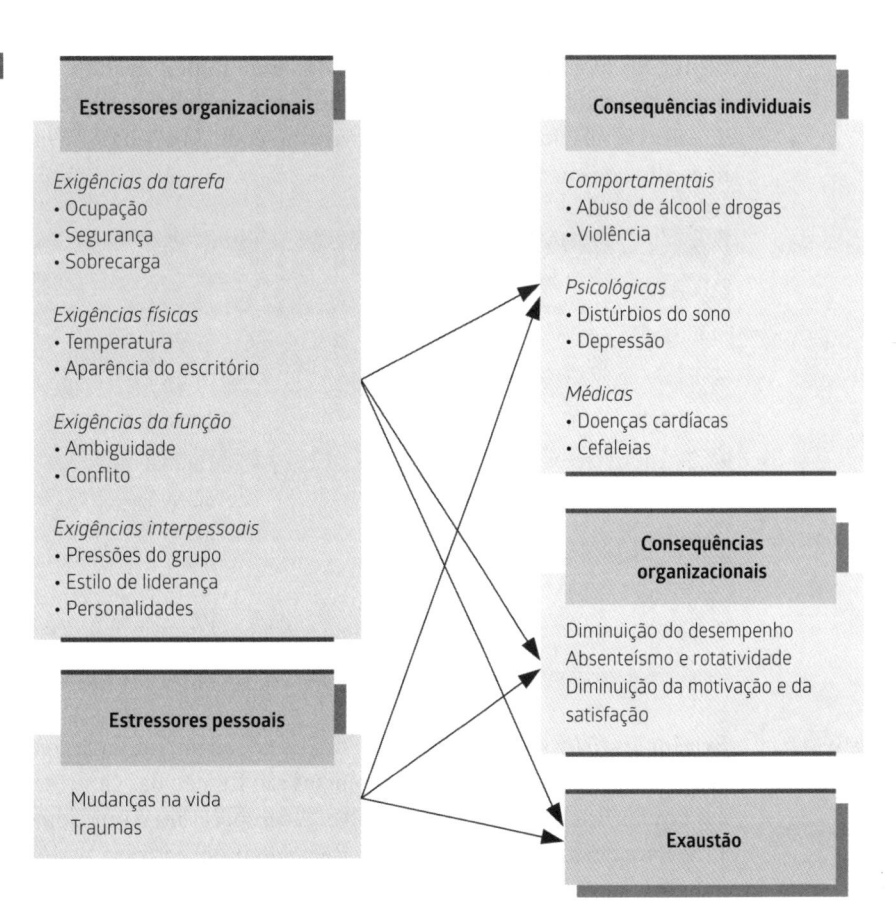

Estressores organizacionais

Exigências da tarefa
- Ocupação
- Segurança
- Sobrecarga

Exigências físicas
- Temperatura
- Aparência do escritório

Exigências da função
- Ambiguidade
- Conflito

Exigências interpessoais
- Pressões do grupo
- Estilo de liderança
- Personalidades

Estressores pessoais

Mudanças na vida
Traumas

Consequências individuais

Comportamentais
- Abuso de álcool e drogas
- Violência

Psicológicas
- Distúrbios do sono
- Depressão

Médicas
- Doenças cardíacas
- Cefaleias

Consequências organizacionais

Diminuição do desempenho
Absenteísmo e rotatividade
Diminuição da motivação e da satisfação

Exaustão

Referência: Adaptado de James C. Quick e Jonathan D. Quick, *Organizational Stress and Preventive Management* (McGraw-Hill, 1984) p. 19, 44 e 76. Uso permitido por James C. Quick.

Estressores organizacionais

Estressores organizacionais referem-se aos vários fatores que podem causar estresse no local de trabalho. Quatro conjuntos gerais de estressores organizacionais são exigências da tarefa, exigências físicas, exigências da representação de papéis e exigências interpessoais.

Exigências da tarefa As **exigências da tarefa** referem-se a estressores associados ao trabalho específico que a pessoa executa. Algumas ocupações são por natureza mais estressantes que outras. Com base em um estudo, a Tabela 7.1 traz uma lista com a amostra representativa de trabalhos com baixo e alto nível de estresse. Como podemos observar, as ocupações de cirurgião e de piloto de linhas aéreas comerciais estão entre as mais estressantes, ao passo que as ocupações de atuário e nutricionista estão entre as menos estressantes.

Além das pressões específicas relacionadas à tarefa, outros aspectos do trabalho podem representar ameaças físicas para a saúde. Existem condições insalubres em ocupações relacionadas à mineração de carvão e ao manuseio de lixo tóxico. A ausência de estabilidade no emprego é outra exigência da tarefa que pode causar estresse. Não é provável que alguém que tenha um emprego relativamente estável se preocupe excessivamente com a perda dessa posição; no entanto, as ameaças à estabilidade no emprego podem aumentar o estresse de forma dramática. Por exemplo, há aumento do estresse em toda a organização durante o período de demissões ou imediatamente após a fusão com outra empresa. Esse comportamento tem sido observado em inúmeras organizações, incluindo AT&T, Safeway e Digital Equipment.

O último estressor relacionado à exigência da tarefa é a sobrecarga. A sobrecarga ocorre quando a pessoa tem volume de trabalho maior do que pode assumir. Pode ser tanto quantitativa (a pessoa tem tarefas demais a fazer ou não tem tempo suficiente para executá-las) ou qualitativa (a pessoa acredita que não tem habilidades suficientes para executar o trabalho). Devemos observar também que o contrário da sobrecarga pode não ser o desejado. Como a Figura 7.3 mostra, baixas exigências da tarefa podem resultar em tédio e apatia, do mesmo modo que a sobrecarga pode causar tensão e ansiedade. Por essa razão, um grau moderado de estresse relacionado à carga de trabalho é ideal para a otimização porque conduz a níveis mais altos de energia e motivação.

TABELA 7.1	Cargos mais e menos estressantes
PRINCIPAIS CARGOS MAIS ESTRESSANTES	**PRINCIPAIS CARGOS MENOS ESTRESSANTES**
1. Cirurgião	1. Atuário
2. Piloto de linha aérea comercial	2. Nutricionista
3. Fotojornalista	3. Analista de sistemas
4. Executivo de conta de publicidade	4. Estatístico
5. Corretor imobiliário	5. Astrônomo
6. Médico (clínico geral)	6. Matemático
7. Repórter (imprensa escrita)	7. Historiador
8. Médico assistente	8. Engenheiro de *software*

Fonte: www.careercast.com/jobs/content/StressfulJobs_page1, acessado em 5 abril 2010.

Exigências físicas As **exigências físicas** de determinados cargos são os requisitos físicos solicitados do trabalhador; essas exigências são função das características físicas do ambiente e das tarefas físicas que o cargo envolve. A temperatura é um elemento importante. Trabalhar ao ar livre em altas temperaturas pode resultar em estresse, assim como pode ser estressante trabalhar em um escritório inadequadamente aquecido ou refrigerado. Trabalhos exaustivos, como o carregamento de mercadorias pesadas ou o levantamento de pacotes, podem conduzir a resultados similares. O projeto do escritório também pode ser um problema. Um

FIGURA 7.3

Carga de trabalho, estresse e desempenho

É claro que o excesso de estresse não é desejável, mas pouco estresse também pode ocasionar problemas. Por exemplo, o pouco estresse pode resultar em tédio e apatia e ser acompanhado por baixo desempenho. Embora o excesso de estresse possa causar tensão, ansiedade e baixo desempenho para a maioria das pessoas, há uma otimização do nível de estresse que resulta em energia, motivação e desempenho elevados.

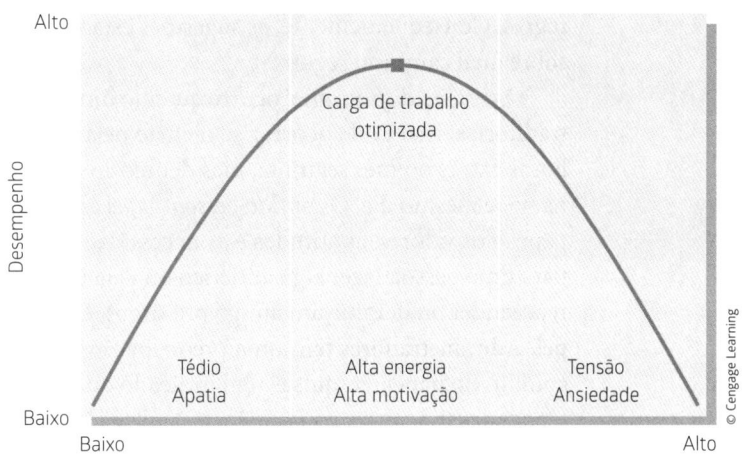

[Gráfico: curva em forma de U invertido mostrando Desempenho (eixo Y, Baixo a Alto) versus Estresse induzido pela carga de trabalho (eixo X, Baixo a Alto). No pico: "Carga de trabalho otimizada". Na base esquerda: "Tédio / Apatia"; no centro: "Alta energia / Alta motivação"; na base direita: "Tensão / Ansiedade". © Cengage Learning]

projeto de escritório malfeito pode dificultar a privacidade ou promover interação social em excesso ou insuficiente. A interação em excesso pode distrair a pessoa da sua tarefa, ao passo que a pouca interação pode levar ao tédio e ao isolamento. Da mesma forma, a iluminação inadequada no local de trabalho e deficiências similares podem gerar estresse, bem como trabalhar em turnos alternados pode perturbar as pessoas em razão da forma como afeta as atividades de sono e de lazer.

Exigências do papel As **exigências do papel** também podem ser estressantes nas organizações. **Papel** é um conjunto de comportamentos associados e esperados numa posição em particular em um grupo ou na organização. Assim sendo, há requisitos formais (por exemplo, relacionados ao trabalho e explícitos) e informais (por exemplo, sociais e implícitos). Nas organizações ou em grupos de trabalho, as pessoas esperam que o indivíduo tenha determinado papel tenha determinados comportamentos. Essas expectativas são transmitidas formal ou informalmente por elas. Os indivíduos percebem as expectativas em relação ao papel em diferentes graus de precisão e, em seguida, esforçam-se para adotar aquele papel. Entretanto, os "erros" podem vir à tona no processo, resultando em problemas induzidos pelo estresse chamados ambiguidade do papel, conflito do papel e sobrecarga do papel.

A **ambiguidade do papel** surge quando um papel não é claro. Se o seu professor solicita que você faça um trabalho acadêmico, mas se recusa a fornecer mais informações, você provavelmente estará experimentando a ambiguidade. Você não sabe qual é o tema, qual é o tamanho do trabalho, que formato utilizar ou quando o trabalho deverá estar pronto. Nos ambientes de trabalho, a ambiguidade do papel pode se originar de descrições de cargos mal redigidas, instruções imprecisas do supervisor ou sugestões pouco claras dos colegas de trabalho. É provável que resulte em um funcionário que não saiba o que fazer. Dessa forma, a ambiguidade do papel pode ser fonte significativa de estresse.

O **conflito do papel** ocorre quando as mensagens e sugestões de outras pessoas sobre o papel são precisas, mas contraditórias, ou se anulam mutuamente.[12] Uma forma comum é o *conflito interpapel* – conflito entre papéis. Por exemplo, se o chefe diz ao fucionário que para atingir as metas é necessário fazer horas extras e trabalhar nos fins de semana, e o cônjuge dessa pessoa diz que ela precisa passar mais tempo com a família em casa, um conflito resultará dessa situação. O *conflito intrapapel* pode ocorrer quando há exigências conflitantes do mesmo papel vindas de fontes diferentes dentro do contexto. O chefe de uma gerente pode lhe dizer que ela precisa exercer mais pressão sobre seus subordinados para que sigam as regras. Ao mesmo tempo, seus subordinados indicam que esperam que ela consiga mudar as

---

Exigências do papel referem-se aos estressores associados ao papel desempenhado pela pessoa.

Papel é o conjunto de comportamentos esperados associados à posição da pessoas em um grupo ou na organização.

A **ambiguidade do papel** surge quando um papel não está claro.

Conflito do papel ocorre quando as mensagens e sugestões que formam um papel são claras, mas contraditórias, ou se anulam mutuamente.

regras. Consequentemente, as sugestões estão em conflito e a gerente pode se sentir insegura sobre qual caminho seguir.

O *conflito disfuncional* ocorre quando uma única fonte envia mensagens claras, mas contraditórias. Isso pode ocorrer se o chefe pela manhã diz que talvez não haja necessidade de horas extras no mês seguinte, mas depois do almoço solicita a alguém que trabalhe até tarde naquele mesmo dia. O *conflito pessoa-papel* é resultado da discrepância entre os requisitos do papel e os valores, as atitudes e as necessidades pessoais de quem o desempenha. Se for dito para uma pessoa fazer algo antiético ou ilegal, ou se o trabalho é desagradável (por exemplo, repreender ou demitir um amigo próximo), é bem provável que ocorra o conflito pessoa-papel. Administradores têm uma preocupação particular em relação a todas as variedades do conflito do papel. Pesquisas têm indicado que o conflito pode ocorrer em diversas situações e pode levar a várias consequências, entre elas, o estresse, o mau desempenho e o aumento da rotatividade.

> A **sobrecarga do papel** ocorre quando as expectativas de desempenho do papel excedem a capacidade do indivíduo.

A última consequência da estrutura de conflito funcional é a **sobrecarga do papel**, que ocorre quando as expectativas do papel excedem a capacidade do indivíduo. Quando um gestor dá a um funcionário muitas atribuições importantes de uma vez e ao mesmo tempo aumentando sua carga de trabalho, o funcionário provavelmente experimentará a sobrecarga do papel. A sobrecarga do papel também pode ocorrer quando um indivíduo assume muitas funções simultaneamente. Por exemplo, uma pessoa que trabalha com afinco, concorre à eleição para o conselho escolar, serve no comitê da igreja, treina a liga infantil de futebol, segue um programa ativo de exercícios e ajuda a família, provavelmente vai se deparar com a sobrecarga do papel.

> **Exigências interpessoais** referem-se a estressores associados a pressões grupais, estilo de liderança e conflitos de personalidade.

Exigências interpessoais O conjunto final de estressores organizacionais é composto de **exigências interpessoais**: pressões grupais, liderança e conflito interpessoal. As pressões grupais podem incluir a pressão para restringir os resultados, a pressão para se adaptar às normas do grupo, e assim por diante. Por exemplo, conforme já observamos antes, é muito comum para um grupo de trabalho chegar a um acordo informal sobre quanto cada membro produzirá. Os indivíduos que produzem muito mais ou muito menos que o nível estabelecido podem ser pressionados pelo grupo a se alinharem. Um indivíduo que sente forte necessidade em ser diferente das expectativas do grupo (talvez para conseguir aumento de salário ou promoção) experimentará especialmente grande dose de estresse, se a aceitação do grupo for importante para ele.

O estilo de liderança também pode causar estresse. Suponhamos que um empregado precise de apoio social importante de seu líder. O líder, por sua vez, é muito rude e não demonstra preocupação ou compaixão alguma em relação ao empregado. Esse funcionário provavelmente se sentirá estressado. De maneira idêntica, vamos imaginar que uma funcionária sente forte necessidade de participar das tomadas de decisão e ser ativa em todos os aspectos da gestão. Seu chefe é muito autocrático e se recusa a consultar os subordinados sobre qualquer assunto. Mais uma vez o estresse será um provável resultado.

Personalidades e comportamentos conflitantes podem causar estresse. O conflito pode ocorrer quando duas ou mais pessoas têm de trabalhar juntas, apesar das diferenças de personalidade, atitudes e comportamento. Por exemplo, uma pessoa com lócus de controle interno – isto é, alguém que sempre quer controlar a forma como as coisas acontecem – pode ficar frustrado trabalhando com uma pessoa com lócus externo que gosta de esperar e deixar as coisas acontecerem. Da mesma forma, um empregado que prefere um ambiente de trabalho silencioso e tranquilo pode enfrentar o estresse se o escritório ao lado for destinado a alguém cujo trabalho exija que fale ao telefone a maior parte do dia.[13]

Por fim, devemos também observar que no mundo de hoje muitas ocupações se tornam estressantes em decorrência de várias fontes simultâneas. Um exemplo claro disso é o agente de segurança encarregado de revistar bagagens nos aeroportos. Essas pessoas têm de lidar com grande quantidade de itens de mão, alguns deles potencialmente perigosos. Elas enfrentam a pressão dos passageiros para que realizem o trabalho o mais rápido possível, mas também são constantemente lembradas das possíveis consequências de um erro. Na verdade, muitos indivíduos envolvidos em trabalhos relacionados à segurança enfrentam hoje, mais do que nunca, níveis muito elevados de estresse.

SERVIÇO — Batatas fritas com o quê?

Quantas vezes você conseguiria perguntar "Gostaria de batatas fritas com o quê?" antes de ficar louco? Pessoas que estudam o ramo de serviços têm lutado para responder a essa pergunta há algum tempo. A resposta está em compreender que trabalhar como prestador de serviço pode ser cansativo não apenas fisicamente, mas também enfadonho. Não só é cansativo dizer a mesma coisa muitas e muitas vezes com um enorme sorriso e um cumprimento sincero, como também é difícil para a maioria das pessoas sorrir para um cliente quando acabaram de saber que sua hipoteca está atrasada ou que a mamografia revelou um possível problema, ou qualquer outra notícia desagradável. Também é difícil se concentrar no trabalho quando você é uma enfermeira que está cuidando de uma criança com doença terminal, quando é técnico de emergência médica na cena de um terrível acidente de trânsito ou um funcionário de *call center* que pede à próxima pessoa uma generosa doação para a Alma Mater, logo após a última pessoa com que você falou ter gritado obscenidades. Todos esses exemplos são de pessoas que fazem um trabalho que tem mais do que apenas um tipo de ação. Sorrir, cuidar, concentrar-se e permanecer coerente exige a capacidade de executar tarefas que têm aspectos emocionais acrescentados aos recursos físicos.

Administrar pessoas que desempenham cargos que tenham componentes emocionais exige atenção e sensibilidade para as exigências feitas aos empregados por sua interação com os clientes. Estratégias de enfrentamento podem ajudar aqueles que são confrontados com exigências que sobrecarregam as emoções. Uma estratégia é inventar papéis para os empregados desempenharem. Se o trabalho do varredor de rua em um parque temático é humilhante para a pessoa que se pergunta por que foi à faculdade por quatro anos para recolher do chão a pipoca e o lixo esparramado, o gestor pode explicar a importância do papel do varredor de rua como membro do elenco da produção teatral concebida para promover um ambiente divertido para o cliente. Assim, o supervisor explicaria, a tarefa é verificar até onde você pode atuar fazendo o papel de um excelente varredor de rua em uma produção teatral. O funcionário agora pode ver a si mesmo como um ator interpretando um papel que exige habilidade, treinamento e dedicação à personagem, ao contrário de simplesmente ser um varredor de rua. A habilidade de "interpretar um papel" é um recurso que eleva quem a pratica acima da tarefa concreta, protegendo egos e as próprias pessoas, ao mesmo tempo em que o desempenho é mais elevado. Essa é uma atuação superficial e é semelhante ao sorriso que você ganha quando o funcionário do fast-food lhe pergunta "Quer batatas fritas com o quê?".

Alguns funcionários se tornam tão comprometidos com seu desempenho de atuação que incorporam os comportamentos e as atitudes associadas a esses papéis. Tal comportamento é denominado atuação profunda. Ela ocorre quando o funcionário atua no papel de forma tão convincente que a emoção demonstrada torna-se autêntica. Assim, há funcionários que trabalham no atendimento a clientes e que podem ter iniciado na carreira sem se importarem muito com seu comportamento, bem como seu interesse em relação ao cliente, mas, com o passar do tempo, começaram a realmente ter interesse por aqueles que atendem. As pessoas também utilizam a atuação superficial para se protegerem do envolvimento emocional, que pode diminuir a capacidade de executar o trabalho. Uma enfermeira, um técnico de emergência e até mesmo um *chef*, todos têm um papel profissional que lhes permite usar as normas profissionais para se protegerem do envolvimento profundo com a dor, com o sofrimento ou com o tédio a ponto de não conseguirem desempenhar o trabalho com a necessária atenção e foco, ou até se protegerem da exaustão, quando o trabalho emocional na execução das tarefas os afetar.

Questão para discussão: Quais ideias você teria como chefe de funcionários que realizam tarefas com conteúdo emocional para ajudá-los a lidar com as situações? Tomando como exemplo uma pessoa encarregada de fazer ligações telefônicas, o que você poderia fazer para ajudá-la a lidar com pessoas que encerram a chamada abruptamente ou que são abusivas, como inevitavelmente ocorre em um serviço como esse?

Estressores na vida pessoal

O estresse nos ambientes organizacionais também pode ser influenciado por eventos que ocorrem fora da organização. Os estressores pessoais podem ser categorizados em mudanças de vida e mudanças por trauma.

> Mudança na vida refere-se a qualquer alteração significativa na vida pessoal ou na situação profissional da pessoa; o excesso de mudanças em um curto período pode resultar em problemas de saúde.

Mudança na vida Holmes e Rahe desenvolveram e popularizaram a noção de mudanças na vida como fonte de estresse.[14] **Mudança na vida** refere-se a qualquer alteração significativa na vida pessoal ou na situação profissional da pessoa. Esses estudiosos argumentaram que mudanças na vida de uma pessoa podem conduzir ao estresse e, eventualmente, à enfermidade. A Tabela 7.2 resume suas descobertas em relação aos principais eventos das mudanças

TABELA 7.2			Mudanças na vida e unidades de mudança na vida		
Classificação	Evento	Valor principal	Classificação	Evento	Valor principal
1	Falecimento do cônjuge	100	23	Filho ou filha saindo de casa	29
2	Divórcio	73	24	Problemas com os sogros	29
3	Separação conjugal	65	25	Façanha pessoal	28
4	Cumprimento de pena	63	26	Cônjuge iniciando no emprego ou saindo dele	26
5	Falecimento de pessoa querida da família	63	27	Início ou término de estudos	26
6	Doenças ou ferimentos	53	28	Alteração nas condições de vida	25
7	Casamento	50	29	Revisão de hábitos pessoais	24
8	Demissão	47	30	Problemas com o chefe	23
9	Reconciliação conjugal	45	31	Alterações nas condições ou nos horários de trabalho	20
10	Aposentadoria	45	32	Mudança de domicílio	20
11	Alteração na saúde de membro da família	44	33	Mudança de escola	20
12	Gravidez	40	34	Mudança de tipos de lazer	19
13	Dificuldades sexuais	39	35	Mudanças das atividades religiosas	19
14	Chegada de novo membro à família	39	36	Mudanças das atividades sociais	18
15	Reajustamento profissional	39	37	Pequena hipoteca ou empréstimo	17
16	Alteração da situação financeira	38	38	Alterações nos hábitos de dormir	16
17	Falecimento de amigo próximo da família	37	39	Variação da frequência de encontros familiares	15
18	Mudança para outra área de trabalho	36	40	Alterações nos hábitos alimentares	15
19	Variação na frequência de discussões com o cônjuge	35	41	Férias	13
20	Hipoteca grande	31	42	Natal ou outro feriado importante	12
21	Quitação de hipoteca ou empréstimo	30	43	Transgressões menores da lei	11
22	Mudança de responsabilidade no trabalho	29			

A quantidade de estresse que uma pessoa tenha experimentado em determinado período, digamos em um ano, é medida pelo total do número de unidades de mudanças na vida (LCUs). Essas unidades são resultado da soma dos valores (mostrados na coluna da direita) associados aos eventos que a pessoa tem experimentado durante o período designado.

Referência: Reeditado de Journal of Psychosomatic Research, v. 11, Thomas H. Holmes e Richard H. Rahe, "The Social Adjustment Rating Scale", Copyright © 1967, com permissão de Elsevier.

de vida. Observe que muitos dos eventos estão relacionados direta (demissão do emprego ou aposentadoria) ou indiretamente (mudança de residência) ao trabalho.

O valor dos pontos de cada evento reflete supostamente o impacto do evento sobre o indivíduo. Em um extremo, presumindo-se que a morte de um cônjuge seja considerada o evento mais traumático, o valor atribuído é de 100 pontos. No outro extremo, pequenas violações da lei valem somente 11 pontos. Os pontos representam unidades de mudanças na vida, ou LCUs (*life change units*). Observe também que a lista inclui eventos negativos (divórcio e problemas com o chefe), assim como eventos positivos (casamento e férias).

Holmes e Rahe argumentaram que uma pessoa é capaz de lidar com determinado limite de LCUs, mas além daquele nível, os problemas podem aparecer. Em particular, sugerem que as pessoas que atingirem mais de 150 LCUs em determinado ano, experimentarão declínio da saúde no ano seguinte. A pontuação entre 150 e 300 LCUs supostamente representa 50% de chance de doença grave, ao passo que a chance de doença grave pode aumentar em 70% se o número de LCUs exceder 300. Essas ideias proporcionam algumas descobertas interessantes em relação ao impacto do acúmulo de vários estressores em potencial e destacam as nossas limitações em administrar eventos estressantes. No entanto, pesquisas sobre as propostas de Holmes e Rahe forneceram apenas apoio parcial. Além disso, o contexto profissional para muitas pessoas tem mudado desde que esse trabalho foi publicado.

> Trauma é qualquer transtorno na vida de uma pessoa que altera as atitudes, emoções ou comportamentos.

Trauma O trauma é similar à mudança na vida, mas possui um foco mais estreito, mais direto e de menor prazo. Trauma é qualquer transtorno na vida de uma pessoa que altera as atitudes, emoções ou comportamentos. Para exemplificar, de acordo com o ponto de vista da mudança na vida, o divórcio aumenta a possibilidade de a pessoa ter problemas de saúde no ano seguinte. Ao mesmo tempo, a pessoa também experimentará muita agitação emocional durante o processo do divórcio em si. Essa agitação é uma forma de trauma e certamente causará estresse, que poderá refletir no ambiente de trabalho.[15]

Entre os principais traumas que podem causar estresse estão problemas conjugais, dificuldades familiares e problemas de saúde inicialmente não relacionados ao estresse. Por exemplo, suponhamos que uma pessoa saiba que está sofrendo de artrite, o que irá limitá-la de praticar sua atividade esportiva favorita. Seu desânimo em relação às más notícias transforma-se em estresse no trabalho. Da mesma forma, um trabalhador que lida com as consequências traumáticas da morte do filho, certamente passará por períodos difíceis, alguns dos quais afetarão o seu desempenho no trabalho. E milhões de indivíduos experimentaram estresse traumático ao acordarem em 11 de setembro com os ataques terroristas.

CONSEQUÊNCIAS DO ESTRESSE

O estresse pode ter inúmeras consequências. Como já observamos, se o estresse é positivo, o resultado pode ser mais energia, entusiasmo e motivação. As consequências negativas do estresse são claramente mais preocupantes. Voltando à Figura 7.2, vemos que o estresse pode produzir consequências individuais, consequências organizacionais e exaustão.

Devemos, primeiro, observar que muitos dos fatores listados estão inter-relacionados. Por exemplo, o abuso do álcool é apresentado como consequência individual, mas também afeta a organização para a qual a pessoa trabalha. Um funcionário que bebe no trabalho pode ter desempenho fraco e tornar-se perigoso para outras pessoas. Se a categorização de uma consequência parece algo arbitrário, esteja certo de que cada consequência é categorizada de acordo com a área de sua principal influência.

Consequências individuais

As consequências individuais do estresse são os resultados que mais afetam uma pessoa. A organização também pode sofrer direta ou indiretamente, mas é o indivíduo que paga o preço real.[16] O estresse pode produzir consequências comportamentais, psicológicas e médicas.

Consequências comportamentais As consequências comportamentais do estresse podem prejudicar a pessoa que está sob estresse ou outras pessoas à sua volta. O hábito de fumar é um desses comportamentos. Estudos documentaram que os fumantes têm a tendência de fumar mais quando estão estressados. Também há evidências de que o abuso de álcool e drogas esteja ligado ao estresse, embora não haja documentação suficiente sobre isso. Outras possíveis consequências comportamentais são a possibilidade de acidentes, agressão e violência, e distúrbios alimentares. O box *Mudança*, intitulado "Distúrbio na força de trabalho", aborda o possível papel da crise econômica atual como fator contribuinte para os recentes incidentes de violência no local de trabalho.

Consequências psicológicas As consequências psicológicas do estresse referem-se à saúde mental e ao bem-estar da pessoa. Quando as pessoas vivenciam muito estresse no trabalho, podem se tornar deprimidas, dormir demais ou não o suficiente.[17] O estresse também pode levar a problemas familiares e a dificuldades sexuais.

Consequências médicas As consequências médicas do estresse afetam o bem-estar físico da pessoa. As doenças cardíacas e o derrame, entre outras doenças, têm sido relacionadas ao estresse. Outros problemas médicos comuns resultantes do excesso de estresse incluem dor de cabeça, dor lombar, úlceras, distúrbios estomacais e intestinais, e doenças de pele, como acne e alergias.

Consequências organizacionais

É claro que quaisquer das consequências individuais que acabamos de abordar também podem afetar a organização. Outros resultados do estresse têm até mesmo consequências mais diretas para as organizações. Entre eles estão a diminuição do desempenho, ausência e alterações negativas nas atitudes.

Desempenho Uma clara consequência organizacional do excesso de estresse é a diminuição do desempenho. Para os trabalhadores operacionais, tal diminuição pode ser traduzida em má qualidade do trabalho ou queda na produtividade. Para os gestores, pode significar tomar a decisão errada e interromper as relações profissionais porque as pessoas se tornam irritadas e de difícil convivência.[18]

Ausência Comportamentos de ausência também são resultados do estresse. Para a organização, as duas mais significativas formas de comportamento de ausência são o absenteísmo e o pedido de demissão. As pessoas que estão passando por momentos difíceis com o estresse em seus empregos podem simplesmente telefonar para dizer que estão doentes ou considerar deixar a organização de forma definitiva. O estresse também pode produzir outro, e mais sutil, tipo de ausência. Um gestor pode começar a perder os prazos ou a ter intervalos de almoço mais longos. Um funcionário pode ter ausência psicológica deixando de se importar com a organização e com o trabalho. Como observado, a violência do funcionário é uma consequência individual em potencial do estresse. Essa violência tem implicações organizacionais óbvias, especialmente se for direcionada a outro funcionário ou à organizaçãode maneira mais ampla.[19]

MUDANÇA Distúrbio na força de trabalho

Em novembro de 2009, Jason Rodriguez, ex-funcionário de uma empresa de engenharia em Orlando, Flórida, entrou no escritório da empresa e atirou com uma pistola. Ele matou uma pessoa e feriu outras cinco. Rodriguez havido sido demitido da Reynolds Smith and Hills dois anos antes e disse à polícia que a empresa estava dificultando seus esforços em receber os benefícios do seguro-desemprego. "Eles me deixaram apodrecendo", disse a um repórter que lhe perguntou sobre seus motivos.

De acordo com o U.S. Department of Labor (Ministério do Trabalho dos Estados Unidos), a incidência da violência no trabalho tem diminuído ao longo dos últimos anos, em parte porque os empregadores têm prestado mais atenção ao problema e tomado medidas preventivas bem-sucedidas. Cada vez mais, por exemplo, as empresas têm criado *programas de assistência ao funcionário* para ajudar os trabalhadores a lidar com várias fontes de estresse, mas os provedores desses programas relatam que, no atual clima de incerteza econômica, estão sendo obrigados a administrar um conjunto diferente de problemas em comparação ao que normalmente administravam no passado.

Os problemas financeiros, particularmente, têm substituído os problemas emocionais como principal área de preocupação dos funcionários, e com os números do desemprego atingindo o máximo dos últimos 30 anos, os trabalhadores norte-americanos parecem estar mais preocupados com o futuro do que com os estressores convencionais, como a pressão para cumprir prazos e chefes exigentes. Hoje, diz Sandra Naiman, consultora de carreira de Denver, "as tensões do trabalho e de fora dele alimentam umas às outras" elevando os níveis de estresse em todos os lugares, e o estresse no local de trabalho durante a recessão atual pode refletir essa convergência não familiar de estressores.

Ainda não existem informações concretas que liguem a violência no trabalho ao declínio econômico, mas muitos profissionais e outros especialistas da área estão convencidos de que a conexão é real. A ComPsych Corp., provedora de programas de assistência ao funcionário em Chicago, relata que as solicitações estão sendo atendidas 30% acima do normal e, de acordo com Rick Kronberg, da Perspectives Ltd., outro provedor com sede em Chicago, "com as demissões e o quadro econômico geral, estamos tendo muita reação... [de] pessoas com elevado grau de estresse". Tim Horner, diretor administrativo da Kroll Inc., empresa de consultoria para segurança, acrescenta: "Há sinais lá fora de que algo está acontecendo. Não é raro que alguém se descontrole". Kenneth Springer, outro especialista em segurança, cujo trabalho agora inclui ficar atento aos ex-funcionários potencialmente perigosos para seus ex-empregadores, concorda: "Os tempos difíceis", diz, "levarão as pessoas a fazer loucuras".

"Os tempos difíceis levarão as pessoas a fazer loucuras."
— KENNETH SPRINGER, ESPECIALISTA EM SEGURANÇA

Pelas mesmas razões, diz Laurence Miller, psicólogo forense e autor de *From Difficult to Disturbed: Understanding and Managing Dysfunctional Employees*, o estresse econômico por si só não transforma uma pessoa em assassina nem um colega de trabalho normal se torna violento do dia para a noite. "As pessoas não deveriam ficar paradas por aí imaginando se alguém com quem têm trabalhado por anos e que parece ser um cara normal e [sem] problemas, de repente num estalo sairá atirando em todo mundo", diz Miller. "Normalmente é alguém", observa, "que já tinha longo histórico de problemas". Infelizmente, esse perfil se encaixa em Jason Rodriguez, que vinha experimentando há anos problemas mentais e conjugais, desemprego, dívidas e crises de fúria. "Ele era um homem muito, muito violento", relata sua ex-sogra.

Em janeiro de 2012, o juiz determinou que Rodriguez ainda não estava apto a ser julgado. Seu advogado citou a convicção de seu cliente de que qualquer processo seria um fórum para expor as pessoas que vinham "explorando seu cérebro" desde 2005.

Referências: Mark Trumbull, "Orlando Shooting Comes as Trend in Workplace Violence Drops", *Christian Science Monitor*, 7 nov. 2009, www.csmonitor.com, 13 abr. 2012; Ellen Wulhorst, "Recession Fuels Worries of Workplace Violence", Reuters, 22 abr. 2009, www.reuters.com, 13 abr. 2012; Scott Powers e Fernando Quintero, "Jason Rodriguez Profile: 'He Was a Very, Very Angry Man'", *OrlandoSentinel.com*, 6 nov. 2009, www.orlandosentinel.com, 14 abr. 2011; Laurence Miller, *From Difficult to Disturbed: Understanding and Managing Dysfunctional Employees* (Nova York: AMACOM, 2008), http://books.google.com, 13 abr. 2012; Jeff Weiner, "Jason Rodriguez: Accused Downtown Shooter Not Competent, Judge Says", *Orlando Sentinel*, 11 jan. 2012, http://articles.orlandosentinel.com, 13 abr. 2012.

O excesso de estresse resulta em várias consequências individuais. Elas podem ser agrupadas como comportamental, psicológica e médica. Essa gestora, por exemplo, parece estar sofrendo de dor de cabeça. Ela também pode ter dores lombares, sentir irritação e ter problemas para dormir quando chegar em casa.

> Exaustão é uma sensação de grande cansaço que se desenvolve quando a pessoa experimenta muita pressão e tem poucas fontes de satisfação.

Atitudes Outra consequência organizacional direta do estresse do funcionário está relacionada às atitudes. Conforme acabamos de observar, a satisfação profissional, o moral e o comprometimento organizacional podem sofrer, juntamente com a motivação, para manter o desempenho em altos níveis. Como resultado, as pessoas podem ter mais tendência a se queixar de coisas sem importância, trabalhar somente o necessário para sobreviver, e assim por diante.

Exaustão

A exaustão, outra consequência do estresse, tem claras implicações tanto para as pessoas quanto para as organizações. Exaustão é uma sensação de grande cansaço que se desenvolve quando a pessoa sofre muita pressão e tem poucas fontes de satisfação.[20]

As pessoas com grandes aspirações e forte motivação para conseguir fazer as coisas são as principais candidatas à exaustão. Elas ficam especialmente vulneráveis quando a organização reprime ou limita suas iniciativas, enquanto exige que atendam às necessidades da própria organização.

Em situações como essa, é provável que o indivíduo se esforce demais no trabalho. Em outras palavras, a pessoa pode ainda continuar tentando cumprir com seus próprios compromissos, enquanto tenta corresponder às expectativas da organização. Os efeitos mais prováveis dessa situação são estresse prolongado, fadiga, frustração e desamparo sob o fardo de exigências esmagadoras. A pessoa literalmente esgota as aspirações e a motivação, como uma vela que se consome com a própria chama. Seguem-se a perda da autoconfiança e o afastamento psicológico. Em última análise, a exaustão pode ser o resultado. Nesse ponto, o indivíduo começa a sentir pavor de ir trabalhar, trabalha por longas horas, mas não consegue produzir como antes e geralmente apresenta exaustão física e mental.[21]

ADMINISTRAÇÃO DO ESTRESSE NO LOCAL DE TRABALHO

Uma vez que o estresse é generalizado e tão potencialmente destrutivo nas organizações, as pessoas e as empresas deveriam estar preocupadas em gerenciá-lo de forma mais eficaz. E de fato estão. Muitas estratégias têm sido desenvolvidas para ajudar a administrar o estresse no local de trabalho. Algumas são orientadas para os indivíduos, outras, para as organizações.[22]

Estratégias de enfrentamento individual

Muitas estratégias para ajudar os indivíduos a administrar o estresse têm sido propostas. A Figura 7.4 elenca cinco das mais populares.

Exercícios O exercício é um método para administrar o estresse. As pessoas que se exercitam são menos propensas a ataques cardíacos do que as inativas. Mais diretamente, pesquisas sugerem que as pessoas que se exercitam regularmente sentem menos tensão e estresse, são mais autoconfiantes e otimistas. As pessoas que não se exercitam regularmente são mais estressadas, têm mais tendência à depressão e experimentam outras consequências negativas.

Relaxamento Um método relacionado à administração do estresse é o relaxamento. Observamos no início do capítulo que lidar com o estresse exige adaptação. O relaxamento apropriado é uma forma eficaz de adaptação. Ele pode assumir várias formas. Uma forma de relaxar é sair de férias regularmente. Um estudo indicou que as atitudes das pessoas em relação a várias características do local de trabalho melhoraram significativamente após um período de férias.[23] As pessoas também podem relaxar durante o trabalho. Por exemplo, tem sido recomendado fazer intervalos regulares para descansar durante a jornada de trabalho.[24] Uma forma popular de descanso é sentar-se calmamente com os olhos fechados por dez minutos todas as tardes. (É claro que pode ser necessário ter um despertador à mão!)

O relaxamento é um método eficaz para lidar com o estresse. Sair de férias, equilibrar as atividades profissionais com as pessoais e ter uma boa noite de sono são abordagens sempre recomendadas para administrar o estresse. Alguns gestores, como esse por exemplo, encontram tempo para fazer intervalos de poucos minutos para meditar ou simplesmente descansar.

Administração do tempo A administração do tempo é frequentemente recomendada para administrar o estresse. A ideia é que muitas das pressões diárias podem ser aliviadas ou eliminadas se a pessoa fizer uma boa administração de seu tempo. Uma abordagem popular para a administração do tempo é fazer todas as manhãs uma lista do que precisa ser feito naquele dia. Então, você agrupa os itens da lista em três categorias: atividades críticas que têm de ser executadas, atividades importantes que devem ser executadas e atividades opcionais ou triviais que podem ser delegadas ou adiadas. Depois, é claro, você executa as tarefas da lista pela ordem de importância. Essa estratégia ajuda as pessoas a conseguir fazer mais coisas importantes todos os dias. Além do que incentiva a delegação de atividades menos importantes a outros.

Administração do papel Um aspecto relacionado à administração do tempo é a ideia da administração do papel, em que o indivíduo trabalha ativamente para evitar sobrecarga, ambiguidade e conflito. Por exemplo, se você não sabe o que esperam de você, não deve ficar parado e se preocupar com isso. Ao contrário, peça ao seu chefe que deixe mais claro o seu papel. Outra estratégia de administração do papel é aprender a dizer "não". Pode parecer simples dizer fazer isso, mas muitas pessoas criam problemas para elas mesmas dizendo sempre "sim". Além de trabalhar nos empregos regulares, elas concordam em participar de comitês, oferecem-se para trabalhos extras e aceitam tarefas que não fazem parte de suas atribuições. Algumas vezes, é claro, não temos opção senão aceitar uma obrigação extra (se nosso chefe nos diz para terminarmos um projeto novo, provavelmente teremos de fazê-lo). Entretanto, em muitos casos, dizer "não" é uma opção.[25]

Grupos de apoio O último método para administrar o estresse é desenvolver e manter grupos de apoio. Grupo de apoio é simplesmente um grupo ou membros da família ou amigos com que a pessoa pode passar algum tempo. Ir ao jogo de basquete depois do expediente com colegas do trabalho, por exemplo, pode ajudar a aliviar o estresse do dia. O apoio da família e dos amigos pode ajudar as pessoas a lidarem com o estresse normal continuadamente. Os grupos de apoio podem ser úteis durante os momentos de crise. Por exemplo, suponhamos que uma funcionária acabou de saber que não conseguirá a promoção pela qual tem trabalhado há meses. Ter bons amigos com quem possa contar, conversar ou gritar pode ajudá-la muito.

FIGURA 7.4

Estratégias de enfrentamento individual e organizacional

Uma vez que fatores individuais e organizacionais podem causar estresse, existem estratégias individuais e organizacionais para lidar com ele. A figura apresenta mecanismos de enfrentamento individual que a maioria dos especialistas recomenda, além de vários programas organizacionais institucionais e secundários.

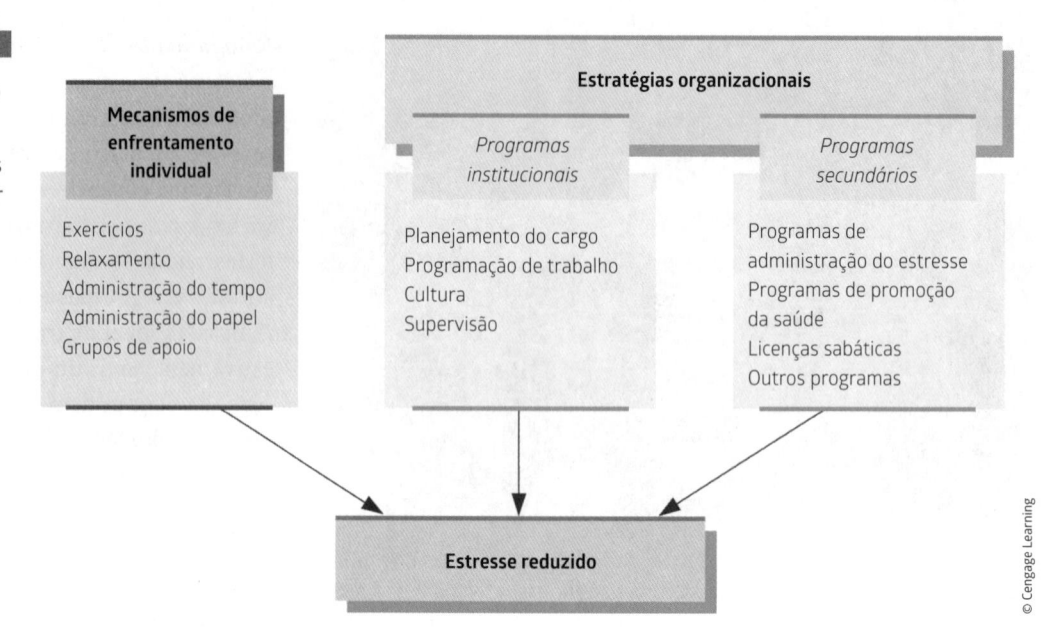

Mecanismos de enfrentamento individual
- Exercícios
- Relaxamento
- Administração do tempo
- Administração do papel
- Grupos de apoio

Estratégias organizacionais

Programas institucionais
- Planejamento do cargo
- Programação de trabalho
- Cultura
- Supervisão

Programas secundários
- Programas de administração do estresse
- Programas de promoção da saúde
- Licenças sabáticas
- Outros programas

→ Estresse reduzido

© Cengage Learning

Estratégias de enfrentamento organizacional

Cada vez mais, as organizações estão reconhecendo que devem se envolver na administração do estresse de seus funcionários.[26] Existem duas razões para esse ponto de vista. Uma delas é que, por ser a organização, pelo menos parcialmente, responsável por criar o estresse, é seu dever ajudar a aliviá-lo. Outra razão é que se os funcionários experimentarem níveis mais baixos de estresse prejudicial, trabalharão com mais eficácia. Duas estratégias organizacionais para ajudar os funcionários a administrar o estresse são os programas institucionais e os programas ligados a eles.

Programas institucionais Os *programas institucionais* para administração do estresse são implantados por meio de mecanismos organizacionais estabelecidos. Por exemplo, cargos e carga horária de trabalho apropriadamente atribuídos (ambos discutidos no Capítulo 5) podem ajudar a aliviar o estresse. O trabalho em turnos, em particular, pode causar grandes problemas para os funcionários porque há a necessidade do ajuste constante dos padrões de sono e do relaxamento. Por esse motivo, o planejamento do cargo e a programação do trabalho devem ser pontos a serem observados nos esforços organizacionais para a redução do estresse.

A cultura organizacional (abordada no Capítulo 18) também pode ser apropriada para ajudar a administrar o estresse. Em algumas organizações, por exemplo, existe uma regra importante contra tirar folgas ou férias. No longo prazo, regras como essas causam muito estresse. Por isso, as empresas devem se esforçar para adotar uma cultura que reforce um equilíbrio saudável entre as atividades profissionais e pessoais.

Por fim, a supervisão tem um papel institucional importante na administração do estresse. A chefia pode ser uma fonte importante de sobrecarga. Se houver consciência do potencial para atribuir volumes estressantes de trabalho, as chefias podem fazer sua parte para evitar o estresse dos funcionários mantendo as cargas de trabalho em níveis razoáveis.

Programas secundários Em complemento aos esforços institucionais que têm como objetivo a redução do estresse, muitas organizações estão adotando programas secundários. Um *programa secundário* é criado especialmente para ajudar os funcionários a lidar com o estresse. As organizações têm adotado programas de administração do estresse, programas de promoção da saúde e ouros tipos de programas para esse propósito. Cada vez mais as empresas estão desenvolvendo seus próprios programas ou adotando programas já existentes. Por

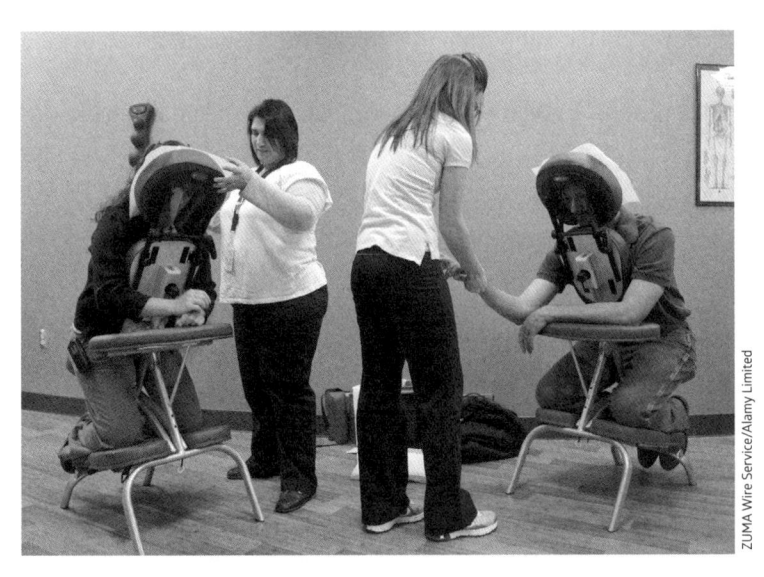

Atualmente algumas empresas ajudam seus funcionários a lidar com o estresse. A Intel, por exemplo, criou uma instalação de bem-estar chamada Health for Life Center. Nesse local, os funcionários ganham massagens para ajudar a relaxar.

exemplo, a Lockheed Martin oferece programas para seus funcionários identificarem os sinais de hipertensão.

Hoje em dia, muitas empresas oferecem programas de atividades físicas para seus funcionários. Esses programas atacam o estresse indiretamente, incentivando os funcionários a se exercitarem, o que presumivelmente reduz o estresse. O lado negativo dessa abordagem é que esse tipo de iniciativa tem um custo maior em comparação aos programas de administração de estresse porque a empresa precisa investir em instalações para os exercícios físicos. Mesmo assim, cada vez mais empresas estão explorando essa alternativa.[27] A L. L. Bean, por exemplo, possui modernos centros de atividades físicas destinados a funcionários. Muitas empresas de tecnologia, como Google e Facebook, oferecem sessões de massagem e academias de ginástica dentro das instalações da empresa.

Por fim, as organizações estão tentando ajudar os funcionários a lidar com o estresse por meio de outros tipos de programas. Por exemplo, programas de desenvolvimento de carreira, como no caso da General Motors, são utilizados para essa finalidade. Outras empresas oferecem programas de todo tipo, de humor a massagem, passando pela ioga, como antídotos contra o estresse.[28] Naturalmente, pouca ou nenhuma pesquisa apoia algumas das reivindicações feitas pelos defensores desses programas. Assim, os gestores devem tomar medidas para assegurar que qualquer esforço organizacional para ajudar os funcionários a lidar com o estresse seja ao menos razoavelmente eficaz.

Por exemplo, a Republic of Tea é uma pequena empresa privada que promove o estilo de vida saudável voltado ao consumo de chá. A empresa recentemente acrescentou um programa abrangente chamado Health Ministry para ajudar seus funcionários a terem uma vida mais saudável. Uma nutricionista fornece conselhos gratuitos sobre dieta e peso, os funcionários recebem US$ 500 em crédito para ingressarem em academias de ginástica e há um programa diário de caminhada para incentivar todos os funcionários a caminhar de 10 a 15 minutos durante o horário de trabalho. Até pares de tênis de alta qualidade para caminhadas foram fornecidos aos funcionários. A empresa diz que os esforços na gestão da saúde aumentaram a eficiência do processamento de pedidos em 11%, a exatidão dos pedidos em 7% e diminuíram o absenteísmo.[29]

CONEXÕES ENTRE TRABALHO E VIDA PESSOAL

Em numerosos aspectos deste capítulo nos referimos às relações entre trabalho e vida pessoal. Ao final desta seção, tais relações estarão um pouco mais claras.

Relações fundamentais entre trabalho e vida pessoal

As relações entre trablaho e vida pessoal podem ser caracterizadas de várias maneiras. Vamos considerar, por exemplo, os aspectos básicos da vida de uma pessoa relacionados especificamente ao trabalho. Entre esses aspectos comuns estão o trabalho atual do indivíduo (incluindo as horas de trabalho, a satisfação no trabalho, e assim por diante), os objetivos de carreira (aspirações, trajetória profissional, e assim por diante), as relações interpessoais no trabalho (com a chefia, subordinados, colegas de trabalho e outros) e a segurança no emprego.[30]

Uma parte da vida de cada pessoa também está distintamente separada do trabalho. Aí podem estar incluídos o cônjuge ou companheiro, os dependentes (como crianças ou pais idosos), os interesses pessoais (passatempos, lazer, afiliação religiosa, envolvimento na comunidade) e a rede de amigos.

As **relações entre trabalho e vida pessoal**, então, incluem quaisquer relações entre os aspectos da vida profissional e pessoal. Por exemplo, uma pessoa com muitos dependentes (um cônjuge ou parceiro que não trabalhe fora, filhos dependentes, pais dependentes etc.) pode preferir um emprego com salário relativamente alto, pouca exigência de horas extras e menos viagens. Já uma pessoa que não tem dependentes pode estar menos interessada no salário e mais receptiva a horas extras e viagens de negócios. O estresse ocorre quando houver inconsistência ou incompatibilidade entre trabalho e outros aspectos da vida. Por exemplo, se o indivíduo é o único provedor dos pais idosos dependentes e tem um emprego que exige um número considerável de viagens e trabalho noturno, é provável que dessa situação resulte o estresse.

> Relações entre trabalho e vida pessoal são as inter-relações entre a vida profissional e pessoal do indivíduo.

Equilíbrio das conexões entre trabalho e vida pessoal

É claro que equilibrar as conexões entre trabalho e vida profissional não é uma tarefa fácil. As exigências de ambos os lados podem ser extremas, e as pessoas precisam estar preparadas para fazer essas ligações. O importante é reconhecer o potencial das concessões com antecedência para que seja possível pesá-las com cuidado, de modo que uma decisão confortável possa ser tomada. Algumas das estratégias para fazer isso foram abordadas anteriormente. Por exemplo, trabalhar para uma empresa que oferece horário de trabalho flexível pode ser uma opção atrativa.[31]

Os indivíduos também precisam reconhecer a importância das perspectivas de longo prazo *versus* curto prazo em relação ao equilíbrio entre trabalho e vida pessoal. Por exemplo, é possível que as pessoas tenham de responder mais às exigências profissionais do que às pessoais nos primeiros anos de carreira. Quando estiverem em um nível profissional intermediário, podem chegar a um equilíbrio. E no ponto em que a carreira estiver avançada, podem colocar as questões pessoais em primeiro lugar, o que envolve recusar transferências, trabalhar menos horas, e assim por diante.

As pessoas têm de decidir por si mesmas aquilo que valorizam e quais concessões que estão dispostas a fazer. Por exemplo, vamos considerar o dilema enfrentado por um casal em que ambos têm as próprias carreiras, e um dos parceiros está sendo transferido para outra cidade. Uma opção é um dos parceiros abrir mão da própria carreira pela do outro, pelo menos temporariamente. O parceiro a ser transferido pode recusar a oferta e arriscar uma carreira em potencial em decorrência da perda do emprego. O outro pode pedir demissão e buscar outro emprego na nova localização. O casal também pode decidir viver separado, um deles se muda e o outro permanece no local. Também há a possibilidade de os parceiros perceberem que a carreira é mais importante do que o relacionamento e decidirem se separar.[32]

RESUMO

Estresse é a resposta de adaptação da pessoa ao estímulo que provoca exigências psicológicas ou físicas em excesso. De acordo com a perspectiva da síndrome da adaptação geral, os três estágios de resposta ao estressor são alarme, resistência e exaustão. Dois importantes tipos de estresse são o eustresse e o distresse.

A personalidade do Tipo A é mais competitiva e direcionada ao tempo que a personalidade do Tipo B. Evidências iniciais sugeriram que as pessoas do Tipo A são mais suscetíveis a doenças coronarianas, mas estudos recentes dão menos suporte a essa ideia. Rusticidade, otimismo, contexto cultural e gênero também podem afetar o estresse.

O estresse pode ser causado por muitos fatores. Os principais estressores organizacionais são as exigências da tarefa, exigências físicas, exigências do papel e exigências interpessoais. Os estressores pessoais incluem mudanças na vida e trauma.

As consequências do estresse são muitas. Entre as consequências individuais estão as comportamentais, as psicológicas e as médicas. Nas organizações, o estresse pode influenciar o desempenho e as atitudes ou causar o afastamento. A exaustão é outra possibilidade.

Os principais mecanismos para administrar o estresse são a atividade física, o relaxamento, a administração do tempo, a administração do papel e os grupos de apoio. As organizações utilizam os programas institucional e secundário para controlar o estresse.

Os aspectos da vida profissional e pessoal de uma pessoa são inúmeros. Quando esses aspectos são inter-relacionados, as pessoas precisam decidir por si mesmas quais são mais importantes e como equilibrá-los.

QUESTÕES PARA DISCUSSÃO

1. Descreva duas ocasiões recentes em que o estresse teve boas e más consequências para você.
2. Descreva uma ocasião em que você evitou com sucesso o estágio 3 da SAG e outra ocasião em que você chegou a esse estágio.
3. Você se considera uma pessoa do Tipo A ou do Tipo B? Por quê?
4. Uma pessoa do Tipo A pode mudar? Se você acha que sim, como essa mudança aconteceria?
5. Quais são os principais estressores para um estudante?
6. Qual dos estressores provavelmente é mais poderoso, um estressor organizacional ou um estressor pessoal?
7. Quais consequências os alunos estão mais propensos a sofrer como resultado de muito estresse?
8. Você concorda que determinado grau de estresse é necessário para provocar energia e motivação mais elevadas?
9. O que pode ser feito para prevenir a exaustão? Se alguém que você conhece estivesse sofrendo de exaustão, como o aconselharia para que pudesse se recuperar?
10. Você pratica algum dos métodos para redução do estresse discutidos no texto? Quais? Você utiliza algum outro método não mencionado?
11. O equilíbrio trabalho-vida pessoal tem sido um problema para você?

QUAL É O SEU PONTO DE VISTA?

Plantando as sementes da estrutura

"Quero que eles cuidem de tudo isso da mesma maneira que eu cuidaria."
– TERESA CARLEO, FUNDADORA E PRESIDENTE DA PLANT FANTASIES

Teresa Carleo admite que sua saída do mundo corporativo não foi calma e tranquila. Ela tinha um bom emprego, relata, e trabalhava "muito, mas muito mesmo", até que uma oportunidade de promoção apareceu. "E minha chefe trouxe alguém de fora em vez de me considerar para o cargo. Fiquei com muita raiva, tivemos uma briga, e ela me demitiu." A autoestima de Teresa estava intacta, mas ela foi "confrontada com o que iria fazer".

Carleo gostava de fazer duas coisas – cozinhar e jardinagem – e projetar espaços com coisas vivas enquanto fervia água na cozinha quente. Em 1987, fundou uma empresa de paisagismo chamada Plant Fantasies. "Simplesmente tomei a decisão e fui em frente", relembra, mas ela o fez com boa dose de prudência e apreensão. Durante sete anos, as operações aconteciam em seu apartamento em Manhattan, e até hoje ela considera essa opção livre de risco, fator-chave na decisão de assumir o cargo de proprietária de empresa: "Não precisava me preocupar em pagar aluguel", diz, "e acho que essa foi uma peça importante do quebra-cabeças para que eu pudesse tomar a decisão de seguir meu caminho por conta própria".

"A decisão de começar um negócio", ela diz em retrospectiva, "foi emocionante. A determinação de *per-*

manecer no negócio causava aflição". Por um tempo, ela teve somente um cliente (que valia US$ 100 por mês), e por isso a junção casa e trabalho no apartamento do 11º andar que dividia com o marido não causou muita alteração na vida diária, cuja maior parte passou buscando clientes. Quando conseguiu mais algumas contas, contratou "um homem com uma van" para levá-la aos locais de trabalho, onde administrava pessoalmente o cultivo e a manutenção das plantas. Após uma lista maior de clientes e quatro funcionários na folha de pagamento, Carleo estava finalmente pronta para se mudar para um *loft* de 75 m², mas a perspectiva assustadora de ter de pagar um aluguel mensal de US$ 700 a levou a adicionar alguns serviços, como instalação de decoração de Natal e manutenção de gramados.

Em 2010 – no 23º aniversário da empresa –, a Plant Fantasies tinha entre 40 e 60 funcionários (dependendo da estação do ano) e receita que beirava US$ 5 milhões. Carleo agora é uma empreiteira que oferece serviço completo, e sua lista de clientes é um verdadeiro quem é quem do setor imobiliário de Nova York (seu negócio principal). "Fico louca com a possibilidade de perder clientes", diz. "Ainda tenho quase todas as contas de quando comecei o negócio há 24 anos. Acho que me sinto assim porque realmente tento saber o que eles querem... e entro em suas mentes. Porque isso não é por mim", acrescenta. "É por eles."

Alguém pode ter a impressão de que se trata da confiança de Carleo em sua habilidade pessoal de satisfazer os clientes. De acordo com Stephen Chapman, presidente da Craven Management Corp., antigo cliente e ainda um dos principais, "Teresa não supervisiona de longe. Ela está aqui. Ela une esforços e muito do trabalho ela mesma faz". "Há momentos", Carleo admite, "que tenho de *pensar por* meus clientes, e ela fica feliz quando tudo, desde o projeto de implementação até a manutenção, é administrado por ela: "É muito mais fácil quando somos paisagistas", Carleo explica, "porque escolhemos a planta, temos noção daquilo com que... sentimo-nos confortáveis, temos fé em nosso projeto e em nossas escolhas".

É desnecessário dizer que a vida profissional de Carleo ficou mais movimentada em razão do crescimento de sua empresa, e ela admite que quando você é o único proprietário, "nós" normalmente significa "eu". "A certa altura", ela conta,

Estou abrindo a correspondência. Estou atendendo as ligações telefônicas, lidando com as vendas, projetos e flores. Estou fazendo tudo, mas estou, tipo, supervisionando tudo.

É muita coisa. Muita coisa.

E todo o trabalho de campo e manutenção e "O arbusto é de corte reto ou de corte curvo? Você tirou as ervas daninhas ou as flores?".

Existem muitos tipos de problema e questões pequenas, minúcias, em um negócio como esse... Tudo está nos detalhes.

Carleo admite ser controladora no que diz respeito a cuidar de todos os detalhes. Ela tem funcionários para cortar os arbustos e eliminar as ervas daninhas, e diz, "quero que eles cuidem de tudo isso. Mas", acrescenta, "da mesma maneira que eu cuidaria".

No entanto, após de 25 anos, Carleo parece ter chegado à conclusão de que uma empresa madura tem algum tipo de *estrutura organizacional* – um sistema de tarefas e de relações de autoridade que governa a forma como a empresa faz o trabalho (ver Capítulo 16). "Eu realmente gostaria de ter *alguma* estrutura", revela, e ela está tomando as providências para fazer com que a estrutura de sua empresa a alivie da sobrecarga do trabalho. "Cada vez mais estou tentando aumentar minha empresa", relata, "estou tentando tornar minha equipe mais independente de mim, cortando o cordão umbilical, e deixando-os cuidar de [mais] coisas. Não *quero* saber de cada detalhe. Não sinto que *preciso* saber de cada detalhe".

PERGUNTAS

1. Você diria que a *personalidade* que *prevalece* em Carleo é *do Tipo A* ou *do Tipo B*? Se – como a maioria das pessoas – ela apresenta padrões de comportamento comuns a ambos os tipos, quais são os padrões mais proeminentes do Tipo A e do Tipo B?
2. Como você classificaria Carleo em relação à *rusticidade*? Em relação ao *otimismo*? Seja específico em aplicar o critério para cada padrão de comportamento. Por exemplo, refira-se ao Capítulo 3 na aplicação de critérios como *lócus de controle* e *afetividade*.
3. Os aspectos profissionais e pessoais de Carleo parecem ser bastante consistentes ou compatíveis. Quais fatores, tanto na vida profissional como na vida pessoal, contribuem para esse equilíbrio? Quais fatores podem ameaçá-lo?

4. De acordo com um consultor motivacional:*

   Para o indivíduo que criou uma empresa e cujos esforços hercúleos têm sustentado a vida organizacional ao longo dos críticos e tumultuados primeiros anos, é melhor acreditar que é difícil para ele deixar seu bebê andar com as próprias pernas ou mesmo compartilhar as responsabilidades nos cuidados relacionados ao aumento da produção.

   Essa atitude muitas vezes leva à abordagem da gestão "fazer tudo" em oposição a "deixar fazer", o que, por sua vez, pode ameaçar a continuidade do sucesso do negócio. O que você acha que o indivíduo pode e deve fazer se sucumbe a essa abordagem e isso de fato ameaçar o negócio? De que maneiras as possíveis soluções desse problema podem afetar o equilíbrio entre trabalho e vida pessoal do indivíduo?

   FONTES ADICIONAIS
   Cara S. Trager, "Top Entrepreneurs 2010: Plant Fantasies", *Crain's New York Business.com*, 1º mai. 2010, www.crainsnewyork.com, 26 jun. 2012; Plant Fantasies, "Teresa Carleo Founded Plant Fantasies in 1987 and Has Been Greening Manhattan from Courtyards to Rooftops Ever Since", *New York Real Estate Journal*, 11-24 mai. 2010 (comunicado de imprensa), www.plantfantasies.com, 26 jun. 2012; "Green Comes Naturally to Teresa Carleo of Plant Fantasies", *New York Real Estate Journal*, 22 jul. 2008, http://nyrej.com, 26 jun. 2010; Erin Casey, "From Minimum Wage to Rooftop Gardens", *SUCCESS for Women*, 21 out. 2009, www.sfwmag.com, 26 jun. 2010.

   *Mark Gorkin, "The Stress Doc's Q and A: Work Stress", *The Stress Doc* (2012), www.stressdoc.com, 27 jun. 2012.

PRÁTICA DO COMPORTAMENTO ORGANIZACIONAL

Classifique-se de "Entediado" a "Em pânico"

Objetivo Esse exercício tem por finalidade ajudar você a descobrir o quanto está estressado.

Formato O *checklist* a seguir é composto de vários sintomas que podem indicar estresse em sua vida. As cinco colunas medem a gravidade relativa de cada sintoma. Ao preencher o *checklist* e chegar à pontuação, você terá uma ideia se está respondendo bem (ou não) ao estresse que está experimentando atualmente.

Procedimento Marque a caixa que melhor descreve com que frequência você experimentou cada sintoma no mês anterior. Então, calcule a sua pontuação.

Sintoma	Nunca	Raramente	Algumas vezes	Frequentemente	Sempre
Fadiga constante	{ }	{ }	{ }	{ }	{ }
Baixo nível de energia	{ }	{ }	{ }	{ }	{ }
Dor de cabeça recorrente	{ }	{ }	{ }	{ }	{ }
Distúrbios gastrointestinais	{ }	{ }	{ }	{ }	{ }
Mau hálito	{ }	{ }	{ }	{ }	{ }
Mãos ou pés suados	{ }	{ }	{ }	{ }	{ }
Tontura	{ }	{ }	{ }	{ }	{ }
Pressão sanguínea alta	{ }	{ }	{ }	{ }	{ }
Palpitação	{ }	{ }	{ }	{ }	{ }
Tensão interior constante	{ }	{ }	{ }	{ }	{ }
Dificuldade para dormir	{ }	{ }	{ }	{ }	{ }
Explosões de temperamento	{ }	{ }	{ }	{ }	{ }
Hiperventilação	{ }	{ }	{ }	{ }	{ }
Mau humor	{ }	{ }	{ }	{ }	{ }
Irritação	{ }	{ }	{ }	{ }	{ }
Dificuldade de concentração	{ }	{ }	{ }	{ }	{ }
Aumento da agressividade	{ }	{ }	{ }	{ }	{ }

Sintoma	Nunca	Raramente	Algumas vezes	Frequentemente	Sempre
Compulsão alimentar	{ }	{ }	{ }	{ }	{ }
Preocupação crônica	{ }	{ }	{ }	{ }	{ }
Ansiedade	{ }	{ }	{ }	{ }	{ }
Incapacidade para relaxar	{ }	{ }	{ }	{ }	{ }
Sensação de inadequação	{ }	{ }	{ }	{ }	{ }
Comportamento defensivo	{ }	{ }	{ }	{ }	{ }
Dependência de tranquilizantes	{ }	{ }	{ }	{ }	{ }
Ingestão excessiva de álcool	{ }	{ }	{ }	{ }	{ }
Fumo excessivo	{ }	{ }	{ }	{ }	{ }
Totais	_x 0	_x 1	_x 2	_x 3	_x 4
	0+	[ ]+	[ ]+	[ ]+	[ ]=

Como calcular a pontuação: Conte o número de pontos que você fez em cada coluna. Em seguida, multiplique os totais da coluna pelo fator indicado (0 a 4). Some os resultados para obter a pontuação de sintomas. Por último, compare o total com a escala a seguir.

Pontuação do estado do estresse
Abaixo de 20 = Entediado
20-30 = Relaxado
31-40 = Alerta
41-50 = Tenso
51-60 = Estressado
Acima de 60 = Em pânico

Referência
Hunsaker, Phillip L., *Management: A Skills Approach*, 2. ed., © 2005. Reimpresso com permissão de Pearson Education, Inc. Upper Saddle River, NJ.

FORMAÇÃO DAS HABILIDADES GERENCIAIS

Visão geral da atividade As habilidades relacionadas à administração do tempo ajudam as pessoas a priorizar o trabalho, a trabalhar com mais eficácia e a delegar apropriadamente. Uma gestão inconsistente do tempo pode resultar em estresse. Esse exercício vai ajudá-lo a relacionar a habilidade em administrar o tempo à redução do estresse.

Histórico Faça uma lista de algumas das principais coisas que o deixam estressado. Os estressores podem envolver o estudo (por exemplo, aulas difíceis, muitas provas), o trabalho (por exemplo, pressões financeiras, exigências dos horários de trabalho) e/ou as circunstâncias pessoais (por exemplo, amigos, romance, família). Tente ser o mais específico possível. Tente identificar pelo menos dez diferentes estressores.

Tarefa Usando a lista que você elaborou, faça o que segue.

1. Avalie a extensão em que a gestão inconsistente do tempo de sua parte influi em como cada estressor o afeta. Por exemplo, as provas causam estresse porque você adia os estudos?
2. Desenvolva uma estratégia para utilizar o tempo de maneira mais eficaz para cada estressor que está relacionado ao tempo.
3. Observe inter-relações entre os diferentes tipos de estressores e o tempo. Por exemplo, as pressões financeiras podem levar você a trabalhar, mas trabalhar pode interferir no estudo. Essas relações podem ser administradas de forma mais eficaz considerando o tempo?
4. Avalie como você administra o estresse em sua vida. É possível administrar o estresse de maneira mais eficaz em relação ao tempo?

EXERCÍCIO DE AUTOAVALIAÇÃO

Estresse e administração do tempo

Essa autoavaliação permite que você compreenda melhor as características que podem causar estresse conforme você tenta administrar o seu tempo.

Instruções: Cada um de nós apresenta determinados padrões de comportamento e pensamento em relação a características pessoais. Para cada uma das 21 descrições a seguir, circule o número que melhor descreve onde você se situa em cada par. A resposta mais adequada para cada conjunto de descrições é a resposta que melhor descreve a maneira como você se sente, como se comporta ou pensa. Responda de acordo com seu comportamento, pensamentos ou características típicas regulares.

Descrições

1. Sempre sou pontual nos meus compromissos. — 7 6 5 4 3 2 1 — Nunca sou pontual
2. Quando alguém está falando comigo, possivelmente anteciparei o que a pessoa dirá concordando com a cabeça, interrompendo ou finalizando as sentenças. — 7 6 5 4 3 2 1 — Ouço calmamente sem demonstrar impaciência.
3. Frequentemente tento fazer várias coisas ao mesmo tempo. — 7 6 5 4 3 2 1 — Minha tendência é fazer uma coisa de cada vez.
4. Quando se trata de ficar esperando na fila (em banco, teatro etc.), fico impaciente e frustrado. — 7 6 5 4 3 2 1 — Não me incomoda.
5. Estou sempre com pressa. — 7 6 5 4 3 2 1 — Nunca sinto pressa.
6. No que diz respeito ao meu temperamento, acho difícil controlá-lo algumas vezes. — 7 6 5 4 3 2 1 — Parece que eu simplesmente não tenho.
7. Tenho tendência a fazer rapidamente a maior parte das coisas, como comer, caminhar e falar. — 7 6 5 4 3 2 1 — Faço as coisas vagarosamente.

PONTUAÇÃO TOTAL 1-7 = _____ = S [A interpretação do "S" será feita ao final do capítulo.]

8. Honestamente, as coisas das quais eu mais gosto são atividades relacionadas ao trabalho. — 7 6 5 4 3 2 1 — Atividades de lazer.
9. Ao final de um típico dia de trabalho, geralmente sinto que precisava ter feito mais do que fiz. — 7 6 5 4 3 2 1 — Eu terminei tudo que precisava ser feito.
10. Alguém que me conhece bem diria que prefiro trabalhar a me divertir. — 7 6 5 4 3 2 1 — Eu prefiro me divertir a trabalhar.
11. Quando se trata de ter sucesso no trabalho, nada é mais importante. — 7 6 5 4 3 2 1 — Muitas coisas são mais importantes.
12. Minha principal fonte de satisfação vem do meu trabalho. — 7 6 5 4 3 2 1 — Encontro satisfação em atividades não relacionadas ao trabalho, como passatempos, amigos e família.
13. A maioria dos meus amigos e conhecidos são pessoas do meu trabalho. — 7 6 5 4 3 2 1 — Não são ligados ao meu trabalho.
14. Prefiro trabalhar a sair de férias. — 7 6 5 4 3 2 1 — Nada no trabalho é importante o suficiente para interferir em minhas férias.

PONTUAÇÃO TOTAL 8-14 = _____ = J [A interpretação do "J" será feita ao final do capítulo.]

15. As pessoas que me conhecem bem me descreveriam como muito direcionado e competitivo.	7 6 5 4 3 2 1	Relaxado e descontraído.
16. Em geral, meu comportamento é governado pelo desejo de reconhecimento e realização.	7 6 5 4 3 2 1	O que eu quero fazer – e não tentando satisfazer os outros.
17. Na tentativa de concluir um projeto ou resolver um problema, minha tendência é me esgotar antes de desistir dele.	7 6 5 4 3 2 1	Minha tendência é fazer um intervalo ou desistir se estou me sentido muito cansado.
18. Quando estou jogando (tênis, baralho etc.), só me divirto quando venço.	7 6 5 4 3 2 1	Interação social.
19. Eu gosto de me associar às pessoas dedicadas a terem sucesso.	7 6 5 4 3 2 1	Descontraídas e levam a vida como ela vem.
20. Eu não estou feliz a menos que esteja fazendo alguma coisa.	7 6 5 4 3 2 1	"Fazer nada" pode ser muito agradável.
21. O que eu mais gosto é participar de atividades competitivas.	7 6 5 4 3 2 1	Atividades não competitivas.

PONTUAÇÃO TOTAL 15-21 = _____ = H [A interpretação do "H" será feita ao final do capítulo.]

Fonte: John M. Ivancevich e Michael T. Matteson, *Organizational Behavior and Management*, 3. ed., p. 274-276. © 1990, 1993 de Richard D. Irwin, Inc. Reeditado com permissão do editor.

Você é Tipo A ou Tipo B?

Este teste ajudará você a ter *insights* sobre suas próprias tendências em relação aos padrões comportamentais do Tipo A ou do Tipo B. Responda, honestamente e com exatidão, às perguntas sobre seu trabalho ou sua escola, o que tomar mais o seu tempo na semana. Então, calcule a pontuação de acordo com as instruções que seguem as questões. Discuta seus resultados com um colega de classe. Critiquem as respostas um do outro e vejam se podem ajudar um ao outro a desenvolver uma estratégia para reduzir as tendências do Tipo A.

Escolha uma das seguintes respostas para as questões que seguem:

a. Quase sempre verdadeiro
b. Geralmente verdadeiro
c. Raramente verdadeiro
d. Nunca verdadeiro

_____1. Não gosto de esperar as outras pessoas terminarem seu trabalho para que eu possa fazer o meu.
_____2. Detesto esperar em filas.
_____3. As pessoas me dizem que costumo ficar irritado com muita facilidade.
_____4. Sempre que posso, tento participar de atividades competitivas.
_____5. Tenho tendência a correr com o trabalho que precisa ser feito antes de saber o procedimento que utilizarei para completá-lo.
_____6. Mesmo que eu saia de férias, geralmente levo algum trabalho para fazer.
_____7. Quando cometo um erro, isso geralmente acontece porque corri com o trabalho antes de planejá-lo.
_____8. Sinto-me culpado quando descanso do trabalho.
_____9. As pessoas me dizem que tenho um temperamento ruim quando se trata de situações competitivas.
_____10. Tenho tendência a ficar muito irritado quando estou sob pressão no trabalho.
_____11. Sempre que possível, tento completar duas ou mais tarefas ao mesmo tempo.
_____12. Tenho tendência a correr contra o relógio.
_____13. Não tenho paciência com atrasos.
_____14. Sempre me pego correndo quando não há necessidade.

Marque suas respostas de acordo com o que segue:

- *Um sentimento intenso de urgência* é a tendência de correr contra o relógio, mesmo quando não há a menor razão para isso. A pessoa sente necessidade de correr

apenas por uma questão de pressa; essa tendência tem sido apropriadamente chamada de doença da pressa. A urgência do tempo é medida pelos itens 1, 2, 8, 12, 13 e 14. Cada resposta *a* ou *b* a essas seis questões vale um ponto.
- *Agressividade e hostilidade inapropriadas* se revelam em pessoas excessivamente competitivas e que não conseguem fazer nada por diversão. Esse comportamento inapropriadamente agressivo evolui para exibição frequente de hostilidade, em geral em resposta à menor provocação ou frustração. A competitividade e a hostilidade são medidas pelos itens 3, 4, 9 e 10. Cada resposta *a* ou *b* vale um ponto.
- O comportamento polifásico refere-se à tendência de assumir duas ou mais tarefas simultaneamente em momentos inapropriados. O resultado disso geralmente é a perda de tempo em razão da incapacidade de completar as tarefas. Esse comportamento é medido pelos itens 6 e 11. Cada resposta *a* ou *b* vale um ponto.

- *Direcionado à meta sem o planejamento adequado* refere-se à tendência do indivíduo a correr com o trabalho sem saber como alcançar o resultado desejado. Esse comportamento geralmente resulta em trabalho incompleto ou com muitos erros, o que, por sua vez, conduz à perda de tempo, de energia e dinheiro. A falta de planejamento é medida pelos itens 5 e 7. Cada resposta *a* ou *b* vale um ponto.

PONTUAÇÃO TOTAL _____

Se a sua pontuação for 5 ou mais, você tem alguns componentes básicos da personalidade do Tipo A.

Referências: Girdano, Daniel A.; Dusek, Dorothy E.; Everly, Georges. *Controlling Stress and Tension*, 6. ed., © 2001. p. 94. Reeditado com permissão de Pearson Education, Inc. Upper Saddle River, NJ.

CAPÍTULO 8

Tomada de decisão e solução de problemas

Visão geral do capítulo

- Natureza da tomada de decisão
- Abordagem racional para a tomada de decisão
- Abordagem comportamental para a tomada de decisão
- Criatividade, solução de problemas e tomada de decisão

Objetivos de aprendizagem

Após estudar este capítulo, você estará apto a:

1. Descrever a natureza da tomada de decisão e distingui-la da solução de problemas.
2. Discutir a abordagem racional para a tomada de decisão.
3. Identificar e discutir os principais aspectos comportamentais da tomada de decisão.
4. Discutir a natureza da criatividade e relacioná-la à tomada de decisão e à solução de problemas.

A marca criativa na Bigfoot

"O que eu iria fazer – comprar mais barcos, comprar mais casas? Descobri que há um lado criativo em mim."

— Michael Gleissner, fundador da Bigfoot Entertainment

Você já assistiu *Midnight Movie*? Você não deve tê-lo assistido no cinema porque foi lançado diretamente em DVD, mas isso não impediu que os fãs de filmes de terror o rastreassem – afinal, ele foi selecionado como o melhor longa metragem no 10º Festival Anual de Filmes de Terror de Chicago. O filme também foi sucesso fora dos Estados Unidos, com a produtora Bigfoot vendendo os direitos de distribuição em países como Alemanha, Grécia, Tailândia e Japão. E que tal *3 Agulhas*, um filme canadense sobre a crise da AIDS no mundo? Não foi um sucesso de bilheteria, mas foi endossado pelas Nações Unidas e se saiu bem o bastante em festivais internacionais de cinema a ponto de ter distribuidores em países como Austrália, Nova Zelândia e Brasil. Kacy Andrews, CEO da Bigfoot, estava satisfeita com a receptividade do filme. "A resposta positiva da crítica e do público", disse, "... mais uma vez confirma nossa convicção de promover cineastas de filmes independentes".

Muitas empresas de entretenimento bem-sucedidas, como a Bigfoot, dependem de pessoas criativas e que tomem decisões ousadas para alcançar o sucesso.

A Bigfoot Entertainment é responsável por uma série de filmes de produção independente, muitos dos quais seguem caminhos de distribuição semelhantes para locais e audiências ao redor do mundo. A empresa, diz Andrews, "é dedicada às comunidades de cineastas que têm a visão e paixão por criar filmes independentes aclamados pela crítica. Foi fundada em 2004 por um empreendedor em série alemão chamado Michael Gleissner, que é, de certa forma, um modelo para o tipo de pessoas criativas que a Bigfoot gosta de apoiar. Ele certamente foi o modelo para o herói de *Hui Lu*, um filme da Bigfoot de 2007 que Gleissner escreveu e dirigiu e que conta a história de um jovem empreendedor de muito sucesso que vende sua empresa e se descobre pressionado ao limite apesar de seus milhões. "O que eu iria fazer", Gleissner observa quando questionado sobre sua carreira incomum no cinema, "comprar mais barcos, comprar mais casas? Descobri que há um lado criativo em mim".

Gleissner foi pioneiro no comércio eletrônico na Alemanha, onde fundou o Telebook, loja de livros *on-line* número um na Alemanha, e a WWW-Service GmbH, a primeira e uma das mais bem-sucedidas empresas de hospedagem de *sites* do país. Em 1998, ele vendeu a Telebook para a Amazon.com, na qual atuou por dois anos como vice-presidente antes de receber o dinheiro e, em 2001, mudou-se para a Ásia para uma nova rodada de atividades empreendedoras. A Bigfoot era uma empresa administradora de *e-mails* quando ele a comprou; Gleissner rapidamente a transformou em uma empresa de entretenimento internacional cujo principal negócio, de acordo com a missão, é produzir e financiar "conteúdo de entretenimento inovador, incluindo filmes independentes, séries de televisão e *reality shows*". Como proprietário da Bigfoot, Gleissner atuou na produção executiva de *Midnight Movie* e de *3 Agulhas*, bem como em *Irreversi*, seu segundo trabalho como roteirista e diretor, e em *Shanghai Kiss*, em que atuou como ator.

A Bigfoot tem escritórios em Los Angeles e uma pequena unidade de produção em Venice, Califórnia, mas o ponto central de suas operações é a Bigfoot Studios, inaugurada em 2004 na ilha de Mactan, Cebu, que abriga a segunda maior cidade das Filipinas. A unidade de última geração tem seis grandes estúdios, salas de edição totalmente equipadas, estúdios de mixagem de som e as mais recentes câmeras de alta tecnologia e outros equipamentos. Em 2007, com patrocínio da Bigfoot Properties, Gleissner expandiu a Bigfoot Studios como a primeira fase do Bigfoot Center, um complexo que abrigará não só as instalações de produção de cinema e TV, como também o Bigfoot Executive Hotel, uma variedade de restaurantes, boutiques e lojas, bem como um prédio de escritórios de 11 andares (local da Bigfoot Outsourcing, especializada em serviços de processos de negócios). Por sinal, o Bigfoot Center, nas Filipinas, não deve ser confundido com o prédio de 26 andares do Bigfoot Centre, em Hong Kong, onde está a sede da Bigfoot Properties.

A meta de Gleissner é tornar Cebu um destino para cineastas que querem cortar custos filmando e finalizando os filmes fora dos Estados Unidos, e quando a Bigfoot Entertainment encontra um filme adequado para financiamento e desenvolvimento, a transação geralmente exige que o diretor faça uma parte da produção na unidade de Cebu. Até o momento em que o estúdio foi inaugurado, em 2004, as Filipinas já era um local atraente para os animadores que buscavam custos mais baixos para ajudar na pós-produção, mas o conjunto de talentos disponíveis para o trabalho em filmes de ação era bastante limitado. A solução de Gleissner? Ele fundou a Academia Internacional de Cinema e Televisão (ALCtv), não apenas para trazer profissionais para a Bigfoot Studios, mas também para treinar o que o diretor executivo Keith Sensing chama, "a próxima geração de cineastas globais". A ALCtv, diz Sensing, busca pessoas criativas que "tenham desejo por aventura" e "uma formação que as diferencie das pessoas que têm experiência estritamente hollywoodiana".

As matrículas na ALCtv são, atualmente, 60% internacionais e 40% filipinas, mas "todos os nossos alunos", diz Sensing , "têm a oportunidade de participar de projetos reais da Bigfoot Studios... Muitos graduados da ALCtv", acrescenta, "têm escrito, produzido e dirigido seus próprios filmes" e, muitas vezes, seguem os passos da Bigfoot, encontrando distribuidores para seus filmes independentes nos circuitos de festivais internacionais. Três recém-graduados desembarcaram no mais recente projeto de Gleissner, um filme de suspense filipino que gira em torno de uma mergulhadora. Gleissner não apenas colaborou com o roteiro e dirigiu *Deep Gold*, como também atuou como fotógrafo subaquático, baseado em sua experiência para filmar no Underwater Studio, um local especialmente projetado com 644.000 litros de água.

Em 2010, a Bigfoot expandiu sua ação nas áreas de aquisição, distribuição e vendas externas com a compra da Ascendant Pictures. Da mesma forma que a Bigfoot, a Ascendant modulou o seu nicho na indústria, integrando a sensibilidade dos produtores "indie" (alusão à palavra em inglês "independente") à questão do orçamento, com as habilidades de marketing dos maiores estúdios. "Nossas escolas são lucrativas", explica Kacy Andrews, "mas, no geral, ainda não somos lucrativos. Esperamos que a distribuição faça com que cheguemos lá em um ou dois anos".

A nova unidade, chamada Bigfoot Ascendant Distribution, comprará de quatro a seis filmes de língua inglesa anualmente – "filmes de gênero", diz Andrews, "de terror e ação que venderão bem internacionalmente e terão boa audiência nos cinemas também". A fim de reforçar a sua capacidade de colocar seus filmes nos cinemas (a maioria dos filmes da empresa é lançada diretamente em DVD ou é vendida para TVs a cabo), a Bigfoot tornou-se o maior acionista da Carmike Cinemas, quarta maior cadeia de cinemas dos Estados Unidos.

Em 2010, comprou o histórico cinema Majestic Crest, em Los Angeles. A aquisição, diz Andrews, anda de mãos dadas com a compra da Ascendant pela Bigfoot: "Queríamos um ótimo cinema para apresentar nossos filmes – não apenas os que produzimos, mas aqueles que planejamos adquirir. Todo mundo conhece o Crest", acrescenta. "Ele nos dá muito prestígio". Em 2011, a Bigfoot anunciou que o Crest seria o local do seu primeiro Singafest, um festival internacional anual que celebra o cinema asiático.

Qual é a sua opinião?
1. O que a história da Bigfoot nos diz, por um lado, sobre as tensões entre criatividade e inovação, e por outro, sobre as considerações financeiras – como orçamento e processos de controle?
2. Quando você toma decisões, sua tendência é voltar-se para o lado criativo (e talvez para o risco) ou para o lado conservador? Por que você acha isso?

Referências: Kellen Merrill, "The Big Imprint in the Film Industry", *inmag.com*, 2010, www.inmag.com, 25 mai. 2012; Stephanie N. Mehta, "Hollywood, South Pacific-Style", *CNNMoney.com*, 8 jun. 2006, http://money.cnn.com, 25 mai. 2012; Marlene Rodriguez, "Bigfoot Entertainment's International Academy of Film and Television in Mactan Island, Cebu", *NEDA Knowledge Emporium*, 5 nov. 2007, www.neda.gov.ph, 25 mai. 2012; Josh Elmets e Rebecca Pahle, "International Academy of Film and TV Flourishes in the Philippines", *MovieMaker*, 29 jan. 2010, www.moviemaker.com, 25 mai. 2012; Jonathan Landreth, "Bigfoot Entertainment Expands, Launches Distribution Company", *Hollywood Reporter*, 2 nov. 2010, www.hollywoodreporter.com, 25 mai. 2012; Richard Verrier, "Indie Filmmaker Bigfoot Has an Insider Track to Theater", *Los Angeles Times*, 6 out. 2010, http://articles.latimes.com, 25 mai. 2012; Bigfoot Entertainment, "Inaugural Singafest Asian Film Festival Unveils 2011 Selections", comunicado de imprensa, 25 mai. 2011, http://singafest.com, 25 mai. 2012.

Rotineiramente, os executivos tomam decisões difíceis e fáceis. Não importa que decisões sejam tomadas, é quase certo que alguns vão criticar e outros vão aplaudir. De fato, no confuso e difícil mundo dos negócios, são muito raras as tomadas de decisão simples ou fáceis. Alguns gestores afirmam que estão focalizando o objetivo do que é bom para a empresa no longo prazo e tomam decisões baseados nisso. Outros têm seu foco no aqui e no agora. Algumas decisões dizem respeito aos funcionários, outras, aos investidores, e outras dizem respeito aos dólares e centavos. Mas todas exigem reflexão e consideração.

Este capítulo descreve diferentes perspectivas da tomada de decisão. Iniciaremos analisando a natureza da tomada de decisão, distinguindo-a da solução de problemas. Em seguida, descreveremos várias abordagens para entender o processo da tomada de decisão. Então, identificaremos e discutiremos os aspectos comportamentais relacionados à tomada de decisão. Por fim, abordaremos a criatividade, ingrediente essencial em muitas decisões eficazes.

A NATUREZA DA TOMADA DE DECISÃO

Tomada de decisão é a escolha de uma alternativa entre várias outras. Imagine um jogo de futebol, por exemplo. O zagueiro pode fazer uma centena de jogadas. Sempre com o objetivo de fazer gol, ele escolhe a jogada que parece prometer o melhor resultado. Sua escolha é baseada no seu entendimento da situação do jogo, na probabilidade de vários resultados e na sua preferência pelo resultado.

A **solução de problemas**, por sua vez, envolve encontrar a resposta para uma pergunta. Suponha que após fazer uma jogada o zagueiro vê que o árbitro marcou uma infração. O árbitro explica ao zagueiro que a defesa cometeu uma falta e que o ataque tem a opção de aceitar o jogo que acabou de ser executado sem uma sanção contra a defesa, ou então ele pode impor a sanção e, em seguida, a jogada é executada novamente. Se a jogada resultou em um ganho de 30 jardas, considerando que a pena significaria apenas cinco metros, a resposta é recusar a falta e executar a jogada. Mas se a jogada tivesse resultado em uma grande perda, a falta seria aceita.

Observe que em algumas situações a tomada de decisão e a solução de problemas iniciam-se da mesma maneira. Vamos supor que a questão seja identificar a melhor localização para uma nova fábrica. Se após avaliar cada um dos principais locais, uma única opção viável permanecer, então não há decisões a serem tomadas. Mas se três locais atenderem às exigências básicas e tiverem pontos fortes relativamente diferentes, o gestor terá de tomar uma decisão entre as opções. O nosso interesse principal está na tomada de decisão. Entretanto, identificamos as implicações para a solução de problemas como relevantes.

A Figura 8.1 apresenta os elementos básicos da tomada de decisão. As ações de uma pessoa que toma decisões são orientadas por um objetivo. Cada um dos vários cursos de ação alternativos está relacionado a vários resultados. As informações disponíveis são sobre as alternativas, sobre a probabilidade de cada resultado ocorrer e sobre o valor de cada resultado em relação ao objetivo. A pessoa responsável por tomar a decisão escolhe uma alternativa baseada em sua avaliação sobre as informações.

As decisões tomadas nas organizações podem ser classificadas de acordo com a frequência e com as condições das informações. Em um contexto de tomada de decisão, frequência é o quanto determinada situação ocorre, e as condições da informação descrevem quanta informação está disponível sobre a probabilidade de vários resultados.

Tipos de decisão

A frequência da recorrência determina se a decisão é programada ou não programada. Uma **decisão programada** repete-se com frequência suficiente para que regras de decisão sejam desenvolvidas. Uma **regra de decisão** diz a quem vai tomar a decisão qual alternativa escolher uma vez que a pessoa tenha predeterminado as informações sobre a situação da decisão. A regra de decisão adequada é utilizada sempre que a mesma situação ocorrer. As decisões programadas costumam ser altamente estruturadas, isto é, as metas são claras e bem conhecidas, o procedimento de tomada de decisão já está estabelecido e as fontes e os canais de informação estão definidos.[1]

As empresas aéreas utilizam procedimentos estabelecidos quando um avião tem um problema e não pode ser utilizado em um voo em particular. Os passageiros não veem esse

---

Tomada de decisão é o processo de escolher entre várias alternativas.

Solução de problemas refere-se a encontrar a resposta para uma pergunta; também é uma forma de tomada de decisão na qual a questão é única e as alternativas devem ser desenvolvidas e avaliadas sem a ajuda de uma regra programada de decisão.

Decisão programada é aquela que se repete com frequência suficiente para que uma regra de decisão seja desenvolvida.

Uma regra de decisão diz a quem vai tomar a decisão qual alternativa escolher tendo por base as características da situação da decisão.

FIGURA 8.1

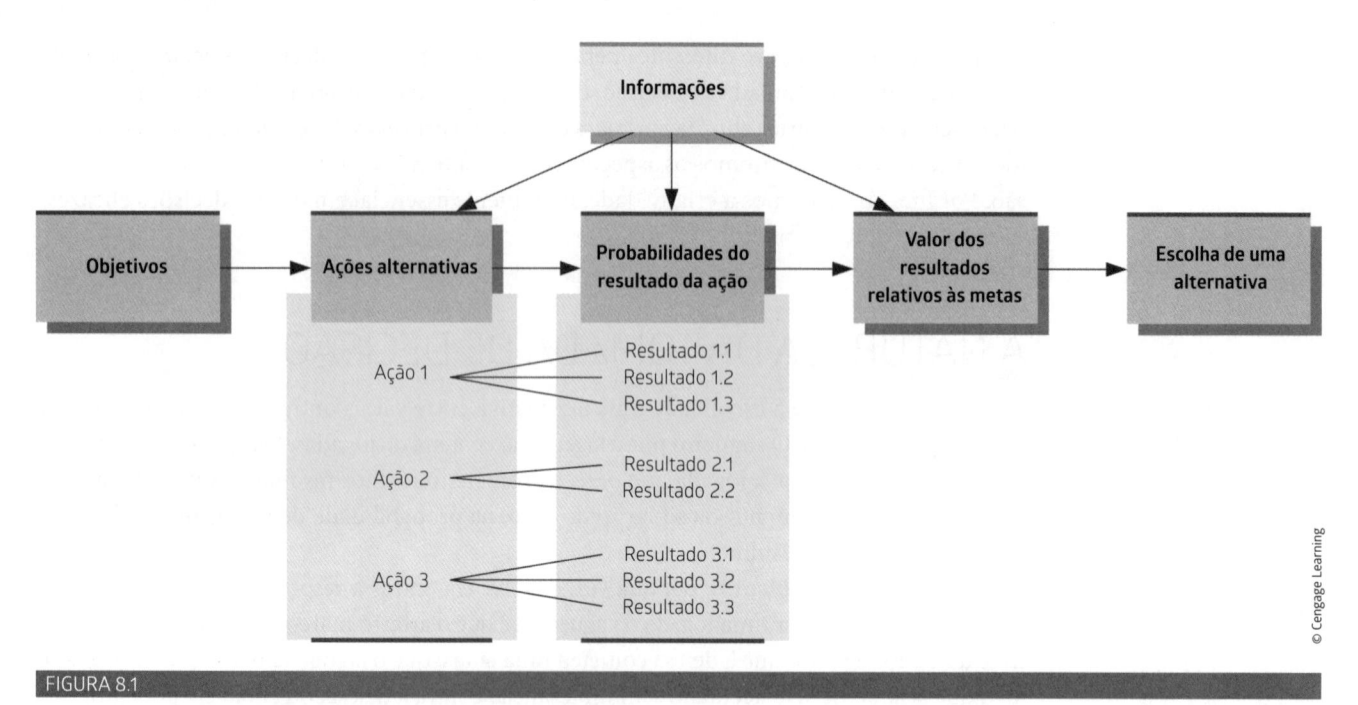

Elementos da tomada de decisão

O tomador de decisões tem um objetivo, avalia os resultados dos cursos alternativos da ação em relação à meta e seleciona uma alternativa a ser implantada.

Decisão não programada é uma decisão que se repete com pouca frequência e para as quais não há regras de decisão previamente estabelecidas.

problema como uma decisão programada porque não experimentam essa situação com frequência. Mas as companhias aéreas sabem que os problemas com equipamentos que impedem a decolagem acontecem regularmente. Cada companhia aérea tem seus próprios conjuntos de procedimentos claros e definidos a serem utilizados no caso de problemas técnicos. Um determinado voo pode ser adiado, cancelado ou continuado em uma aeronave diferente, dependendo da natureza do problema e de outras circunstâncias (como o número de passageiros, o próximo voo programado para o mesmo destino, e assim por diante).

No entanto, no caso de surgir um problema ou uma situação que não tenha ocorrido antes, o tomador de decisão pode não contar com regras de decisão previamente estabelecidas. Tal decisão é chamada **decisão não programada** e requer a solução do problema. A solução de problemas é uma forma especial de tomada de decisão em que a questão é única – frequentemente requer o desenvolvimento e a avaliação das alternativas sem a ajuda de uma regra de decisão.[2] As decisões não programadas são pouco estruturadas porque as informações são ambíguas, não existem procedimentos claros para a tomada de decisão e os objetivos muitas vezes são vagos. Muitas das decisões que tiveram de ser tomadas pelo governo, pelos militares e por líderes empresariais após os eventos de 11 de setembro de 2001 eram desse tipo. Um elemento essencial de decisões não programadas é que elas requerem um bom julgamento por parte dos líderes e daqueles que são responsáveis por tomar as decisões.[3]

A Tabela 8.1 resume as características das decisões programadas e não programadas. Observe que as decisões programadas são mais comuns nos níveis organizacionais mais baixos, ao passo que a principal responsabilidade da alta gestão é tomar decisões difíceis, não programadas, que determinam a eficácia organizacional no longo prazo. Por definição, as decisões estratégicas pelas quais a alta gestão é responsável são pouco estruturadas, não são rotineiras e têm consequências muito maiores.[4] As decisões programadas, então, podem ser tomadas de acordo com regras e procedimentos previamente testados. As decisões não programadas geralmente exigem que o tomador de decisão exercite o discernimento e a criatividade. Em outras palavras, todos os problemas requerem uma decisão, mas nem todas as decisões requerem a solução de problemas.

TABELA 8.1	Características das decisões programadas e não programadas	
CARACTERÍSTICAS	DECISÕES PROGRAMADAS	DECISÕES NÃO PROGRAMADAS
Tipo de decisão	Bem estruturada	Pouco estruturada
Frequência	Repetição e rotina	Nova e incomum
Objetivos	Claros, específicos	Vagos
Informações	Facilmente disponíveis	Indisponíveis, canais incertos
Consequências	Menores	Maiores
Nível organizacional	Níveis mais baixos	Níveis mais altos
Tempo para a solução	Curto	Relativamente longo
Fundamentos para a solução	Regras de decisão, conjuntos de procedimentos	Discernimento e criatividade

SERVIÇO — Decisões centralizadas nos convidados

Bruce Laval inventou o termo "guestology" para descrever a filosofia que percebeu ser o alicerce para tudo que o seu empregador, a Walt Disney Company, fazia. O termo significa literalmente estudo dos visitantes, e esse era o trabalho de Bruce no Walt Disney World, em Orlando, e posteriormente em Anaheim, Califórnia. Era sua função coletar dados sobre o que os visitantes diziam, bem como sobre as expectativas deles quando visitavam quaisquer dos parques temáticos; era sua função também fornecer recomendações, baseadas nessas informações, sobre o que deveria ser feito para aperfeiçoar a magia da experiência dos visitantes da Disney.

Um dos maiores desafios era a longa espera. As atrações mais populares pareciam ter sempre longas filas, que influenciavam negativamente a satisfação dos visitantes em relação à experiência Disney. Embora fosse difícil solucionar o problema sem acrescentar mais capacidade aos parques temáticos ou reduzir o número de entrada de pessoas em determinados horários, era algo que precisava ser resolvido. Bruce tomou diversas providências no passado para resolver esse problema. Eliminou, por exemplo, os bilhetes de entrada que tinham sido originariamente o método de atribuição para a capacidade das atrações. Por meio de seu estudo sobre o comportamento do cliente, ele descobriu que os bilhetes estavam distorcendo as demandas para as atrações. Por exemplo, os famosos bilhetes "E" eram os mais valiosos, e os visitantes utilizavam o valor do bilhete para orientar seus padrões de utilização no parque. Por essa razão, os visitantes pensavam nas atrações do bilhete "E" como "imperdíveis" e ficavam na fila por horas para se assegurarem de que aquelas atrações fossem incluídas no limitado tempo de que dispunham na Disney.

Laval observou que os visitantes estavam usando a informação do preço do bilhete para direcionar seus comportamentos e acreditava que poderia mudar aquele comportamento eliminando os bilhetes. Ele tentou, e funcionou. Sem os bilhetes, os visitantes baseavam-se nas descrições fornecidas pelos catálogos do parque e em suas próprias observações para decidirem o que valeria a pena ser visto. A estratégia alterou o comportamento do visitante e nivelou os padrões de demanda para as atrações em todo o parque, reduzindo também a espera nas antigas atrações "E". No entanto, no início da década de 1990, as visitas ao parque cresceram a tal ponto que até essa estratégia foi insuficiente para reduzir as filas a níveis aceitáveis. Laval inventou uma fila virtual chamada FASTPASS (em português, passe rápido). Essencialmente, a tecnologia permite que o visitante insira um bilhete de entrada em um terminal de computador situado em uma atração, que estipula um horário para ele retornar e entrar imediatamente. Isso permite ao visitante fazer outras coisas, como ficar na fila em outras atrações, fazer compras ou alimentar-se enquanto espera o horário para retornar. Com efeito, o FASTPASS permite que os visitantes estejam em duas filas ao mesmo tempo. O impacto dessa opção na satisfação dos visitantes foi significativo. Utilizando a *guestology* para descobrir o que os visitantes disseram, desejaram e o que realmente fizeram, a Disney foi capaz de projetar um sistema de espera que permite a todos usufruírem mais do parque e que ajuda a Disney a satisfazer as expectativas dos visitantes.

Questão para discussão: Lembre-se de uma espera para algum serviço. O que a organização fez, ou o que deveria fazer, para tornar a experiência mais rápida? O que faz uma espera mais e menos agradável? Você consegue pensar em algo pelo qual você não se importa em esperar? Por que você não se importa?

Condições para a tomada de decisão

As decisões são tomadas para que seja possível alcançar os resultados desejados, mas as informações disponíveis sobre esses resultados variam. A variedade das informações disponíveis pode ser considerada como um *continuum*, cujo desfecho representa a certeza completa – quando todos os resultados alternativos são conhecidos – e a incerteza completa – quando todos os resultados alternativos são desconhecidos. Os pontos entre esses dois extremos criam o risco – o tomador de decisão tem algumas informações sobre os resultados possíveis e é capaz de estimar a probabilidade de sua ocorrência. Condições diferentes de informações apresentam diferentes desafios para quem vai tomar a decisão.[5]

Por exemplo, vamos supor que o gerente de marketing da PlayStation esteja tentando determinar se lança um esforço promocional dispendioso para um novo videogame (ver Figura 8.2). Para simplificar, vamos considerar que existam apenas duas alternativas: promover ou não promover o jogo. Em uma **situação de certeza**, o gerente conhece os resultados de cada alternativa. Se o novo jogo for promovido com intensidade, a empresa terá um lucro de US$ 10 milhões. Sem a promoção, a empresa terá um lucro de US$ 2 milhões. Aqui a decisão é simples: promover o jogo. (Observação: esses valores foram criados para os propósitos de nosso exemplo e não correspondem ao lucro real da empresa.)

Em uma **situação de risco**, o responsável pela decisão não sabe ao certo quais serão os resultados de uma ação em particular, mas tem informações suficientes para estimar as probabilidades dos vários resultados. Assim, trabalhando com informações coletadas por pesquisas do departamento de marketing, o gestor de marketing de nosso exemplo pode estimar a probabilidade de cada resultado em uma situação de risco. Nesse caso, as alternativas são definidas pelo tamanho do mercado. A probabilidade para o grande mercado de videogames é de 0,6 e a probabilidade para o pequeno mercado é de 0,4. O gerente pode calcular o valor esperado do esforço promocional baseado nessas probabilidades e nos lucros esperados associados a cada uma delas. Para encontrar o valor esperado de uma alternativa, o gerente multiplica cada valor de resultado pela probabilidade de sua ocorrência. O total desses cálculos para todos os resultados possíveis representa o valor esperado da alternativa. Nesse caso, o valor esperado da alternativa 1 – promover um novo jogo é o seguinte:

$$0,6 \times US\$10.000.000 = US\$6.000.000$$
$$+0,4 \times US\$2.000.000 = US\$800.000$$
$$\text{Valor esperado da alternativa 1} = US\$6.800.000$$

O valor esperado da alternativa 2 – não promover o novo jogo – é de US$1.400.000 (ver Figura 8.2). O gerente de marketing deve escolher a primeira alternativa porque seu valor é mais alto. Entretanto, ele deve observar que embora os números pareçam convincentes, são baseados em informações incompletas e representam apenas estimativas de probabilidade.

Se o responsável por tomar decisões não tem informações para estimar a probabilidade dos resultados (ou talvez até mesmo identificar quaisquer resultados) ele enfrenta a **situação de incerteza**.

No exemplo da PlayStation, esse poderia ser o caso se as vendas de videogames tivessem tido um colapso recente e não ficasse claro se a queda vertiginosa foi temporária ou permanente, ou quando as informações para esclarecer a situação estariam disponíveis. Sob tais circunstâncias, o responsável pela decisão pode esperar por mais informações para reduzir a incerteza ou se basear no discernimento, na experiência e na intuição para tomar a decisão. É importante lembrar que a tomada de decisão nem sempre é tão fácil de ser classificada em relação à certeza, ao risco e à incerteza.

Diversas abordagens para a tomada de decisão oferecem descobertas sobre o processo pelo qual os gestores chegam às decisões. A abordagem racional recorrer à lógica e à economia. Ainda assim, essas mesmas qualidades levantam questões sobre essa abordagem porque

---

Em uma situação de certeza, o gestor sabe quais serão os resultados de cada alternativa de uma ação em particular, mas tem informações suficientes para estimar a probabilidade de vários resultados.

Em uma situação de risco, o responsável pela tomada de decisão não sabe com certeza quais serão os resultados de uma ação em particular, mas tem informações suficientes para estimar a probabilidade dos vários resultados.

Em uma situação de incerteza, o responsável pela tomada de decisão não tem informações suficientes para estimar a probabilidade de possíveis resultados.

Situação das informações	Alternativas	Probabilidade de ocorrência do resultado	Resultado	Objetivo: maximizar o lucro	
Certeza	Promover	1,0	Lucro de US$10.000.000	US$10.000.000	
	Não promover	1,0	Lucro de US$ 2.000.000	US$2.000.000	
Risco	Promover	Grandes mercados: 0,6	Lucro de US$10.000.000	US$6.000.000	Valor esperado US$6.800.000
		Pequenos mercados: 0,4	Lucro de US$2.000.000	US$800.000	
	Não promover	Grandes mercados: 0,6	Lucro de US$2.000.000	US$1.200.000	US$1.400.000
		Pequenos mercados: 0,4	Lucro de US$500.000	US$200.000	
Incerteza	Promover	?	Indefinida		Resultados desconhecidos
		?	Indefinida		
		?	Indefinida		
	Não promover	?	Indefinida		Resultados desconhecidos
		?	Indefinida		
		?	Indefinida		

FIGURA 8.2

Alternativas de resultados em diferentes situações de tomada de decisão

As três situações de tomada de decisão considerando a certeza, o risco e a incerteza para a decisão sobre promover ou não um novo videogame no mercado.

Quando empresas como a Sony lançam novos produtos ou ampliam os já existentes, como o console portátil PS VITA, as situações que enfrentam podem variar da certeza ao risco e à incerteza. Na verdade, poucas decisões empresariais são tomadas em situações de certeza, por isso é preciso que os gestores entendam como avaliar os riscos e a incerteza na maior parte de suas decisões significativas.

a tomada de decisão nem sempre é um processo completamente racional. A abordagem comportamental, por sua vez, tenta levar em conta os limites de racionalidade na tomada de decisão. É claro que, conforme veremos, muitos gestores combinam a racionalidade com processos comportamentais quando tomam decisões. As seções seguintes exploram essas abordagens mais detalhadamente.

A ABORDAGEM RACIONAL PARA A TOMADA DE DECISÃO

Abordagem racional da tomada de decisão é um processo de decisão sistemático e por etapas.

A **abordagem racional para a tomada de decisão** pressupõe que os gestores sigam um processo sistemático e por etapas. Pressupõe-se, ainda, que a organização se dedique a fazer escolhas lógicas, considerando o que faz mais sentido economicamente, que são administradas pelas pessoas responsáveis pela decisão, as quais são totalmente objetivas e têm informações completas.[6]

As etapas da tomada de decisão racional

A Figura 8.3 identifica os passos do processo, que inicia com o estabelecimento de uma meta e se desenvolve ao longo do processo até que a melhor decisão seja tomada, implementada e controlada.

Estabelecer a meta situacional O processo de tomada de decisão racional começa com o estabelecimento de uma meta situacional – isto é, aquela meta para uma situação específica. A meta de um departamento de marketing, por exemplo, pode ser conquistar determinada parcela do mercado até o final do ano. (Alguns modelos de tomada de decisão não se iniciam com uma meta. Entretanto, nós a incluímos porque é o padrão utilizado para determinar se há uma decisão a ser tomada.)

Identificação do problema A finalidade da identificação do problema é reunir informações que conduzam à meta. Se houver discrepância entre a meta e a situação atual, pode haver necessidade de uma ação. No exemplo do marketing, o grupo reúne informações sobre a parcela do mercado que a empresa atualmente detém e as compara à parcela do mercado desejada. A diferença entre as duas representa um problema que requer alguma decisão.

Determinar o tipo de decisão Em seguida, os responsáveis pela tomada de decisão devem determinar se o problema representa uma decisão programada ou não programada. Caso uma decisão programada seja necessária, a regra de decisão adequada é adotada, e o processo segue para a opção entre as alternativas. Uma decisão programada de marketing pode ser necessária se a análise revelar que os concorrentes estão gastando mais com anúncios impressos. Em razão da criação do anúncio impresso e da compra do espaço serem funções bem estabelecidas pelo grupo de marketing, o problema requer apenas uma decisão programada.

Embora possa parecer simples diagnosticar uma situação como programada, aplicar uma regra de decisão e chegar a uma solução, erros podem ocorrer. A opção pela regra de decisão errada ou a suposição de problemas para uma decisão programada, quando uma decisão não programada na verdade é necessária, pode resultar em decisões inadequadas. A mesma precaução se aplica à determinação de que uma decisão não programada é necessária. Se a situação for erroneamente diagnosticada, o tomador de decisão desperdiçará tempo e recursos buscando uma nova solução para um problema antigo, em outras palavras, ele estará "reinventando a roda".

FIGURA 8.3

Abordagem racional da tomada de decisão

O modelo racional segue uma abordagem sistemática, por etapas, das metas para implementação, medição e controle.

Gerar alternativas A próxima etapa para tomar decisões não programadas é gerar alternativas. O processo racional pressupõe que as pessoas que tomam decisões vão gerar todas as soluções alternativas possíveis para o problema. No entanto, essa suposição não é realista porque mesmo pequenos problemas empresariais podem ter diversas formas de solução. Os responsáveis pelas decisões podem se basear na formação acadêmica e na experiência, assim como no conhecimento da situação para gerar alternativas. Além disso, podem buscar informações com outras pessoas, como seus pares, subordinados e supervisores. As pessoas que tomam decisões podem analisar os sintomas do problema para obterem pistas ou usarem a intuição ou o discernimento para desenvolverem soluções alternativas.[7] Se o departamento de marketing do nosso exemplo determinar que a decisão não programada é necessária, ele terá de gerar alternativas para o aumento da parcela no mercado.

Avaliar as alternativas A avaliação envolve examinar todas as alternativas possíveis no que diz respeito a critérios de decisão predeterminados. O último critério para a decisão é "Essa alternativa nos fará ficar mais próximos da meta?". Em cada caso, quem vai tomar a decisão deve examinar cada alternativa para comprovar que a decisão vai reduzir a discrepância entre o estado desejado e o atual. O processo de avaliação geralmente inclui (1) descrição antecipada dos resultados (benefícios) de cada alternativa, (2) avaliação antecipada dos custos de cada alternativa e (3) estimativa de incertezas e riscos associados a cada alternativa.[8] Na maior parte das situações de decisão, o tomador de decisões não tem informações perfeitas em relação aos resultados de todas as alternativas. Em um extremo, conforme apresentado na Figura 8.2, existe a certeza em relação aos resultados conhecidos; em outro, o responsável pela decisão não tem informações de qualquer natureza e, por essa razão, os resultados são totalmente incertos. Mas a situação de risco é a mais comum.

Escolher a alternativa A escolha de uma alternativa costuma ser a etapa crucial no processo de tomada de decisão. Escolher consiste em selecionar a alternativa com o maior retorno possível, baseando-se em benefícios, custos, riscos e incertezas relacionadas a todas as alternativas. No exemplo da promoção do PlayStation, o tomador de decisão avaliou duas alternativas calculando os valores esperados. Seguindo a abordagem racional, o gerente escolheria a alternativa com o maior valor esperado.

Mesmo com a abordagem racional, entretanto, as dificuldades podem surgir na escolha da alternativa. Em primeiro lugar, quando duas ou mais alternativas têm retornos iguais, o responsável pela decisão precisa obter mais informações ou utilizar outro critério para fazer a opção. Em segundo lugar, quando nenhuma das alternativas alcançarão o objetivo, uma combinação de duas ou três alternativas pode ser implementada. E por último, se nenhuma combinação de alternativas solucionar o problema, o tomador de decisão deve obter mais informações, gerar mais alternativas ou alterar as metas.[9]

> **Planos contingenciais** são ações alternativas a serem feitas, caso o principal curso de ação seja inesperadamente interrompido ou visto como inapropriado.

Uma parte importante da fase da escolha é considerar os **planos contingenciais** – ações alternativas que podem ser tomadas caso o curso principal de ação seja inesperadamente interrompido ou visto como inapropriado.[10] O planejamento para as contingências é parte da transição entre optar pela alternativa preferida e implementá-la. Ao desenvolver planos contingenciais, o tomador de decisão geralmente faz perguntas como "E se algo inesperado acontecer durante a implementação dessa alternativa?" ou "Se a economia entrar em recessão, a escolha dessa alternativa quebrará a empresa?" ou "Como podemos alterar esse plano se a economia se recuperar repentinamente e começar a crescer?".

Implementar o plano A implementação coloca a decisão em ação. Ela é elaborada com base no comprometimento e na motivação daqueles que participaram do processo de tomada de decisão (e podem, na verdade, apoiá-la com o comprometimento e motivação pessoais). Para ser bem-sucedida, a implementação requer a utilização apropriada de recursos e boas habilidade de gerenciamento. Seguindo a decisão de promover intensamente o novo jogo da PlayStation, por exemplo, o gerente de marketing deve implementar a decisão designando o projeto a um grupo ou força-tarefa. O sucesso dessa equipe depende da liderança, da estrutura de recompensas, do sistema de comunicação e da dinâmica do grupo. Algumas vezes o tomador de decisão passa a duvidar de uma escolha já feita. Essa dúvida é chamada *dissonância pós-decisão* ou, mais comumente, **dissonância cognitiva**.[11] Para reduzir a tensão criada pela dissonância, o responsável pela decisão pode buscar racionalizar a decisão considerando novas informações.

> **Dissonância cognitiva** é a dúvida sobre uma escolha que já foi feita.

Controle: avaliar e adequar Na etapa final do processo racional de tomada de decisão, os resultados da decisão são avaliados e comparados à meta desejada. Se uma discrepância permanecer, o tomador de decisão pode reiniciar o processo de tomada de decisão estabelecendo uma nova meta (ou reiterando aquela já existente). A pessoa que tomou a decisão, insatisfeita com a decisão anterior, pode modificar o processo subsequente da tomada de decisão para evitar outro erro. As alterações podem ser feitas em qualquer parte do processo, conforme mostrado na Figura 8.3 pelas setas que vão do controle da etapa a cada uma das outras etapas. Por essa razão, a tomada de decisão nas organizações é um processo dinâmico, de autocorreção e contínuo.

Suponhamos que o departamento de marketing implemente uma nova campanha publicitária impressa. Após a implementação, o departamento monitora constantemente as informações das pesquisas de mercado e compara sua nova parcela de mercado com a parcela de mercado desejada. Se a publicidade gerar o efeito desejado, nenhuma alteração será feita na campanha promocional. No entanto, se as informações não indicarem alterações na parcela do mercado, serão necessárias decisões adicionais e implementação de um plano de contingência.

Pontos fortes e fracos da abordagem racional A abordagem racional tem diversos pontos fortes. Ela força o tomador de decisão a considerar as decisões de maneira lógica e sequencial, e as análises profundas das alternativas tornam a pessoa que decide habilitada a fazer a escolha com base mais nas informações do que nas pressões emocionais ou sociais. Mas as hipóteses rígidas dessa abordagem muitas vezes não são realistas.[12] A quantidade de informação disponível para os gestores geralmente é limitada pelo tempo ou pelas restrições de custo, e a maioria dos tomadores de decisão tem capacidade limitada para processar informações sobre as alternativas. Além disso, nem todas as alternativas os levam à quantificação de maneira a permitir uma comparação fácil. E por último, como não podem prever o futuro, não é provável que os responsáveis pelas decisões tenham todos os resultados possíveis de cada uma das alternativas. No box *Tecnologia* intitulado "O que deu errado com a Wesabe?", um dos fundadores de um *site startup* aparentemente bem-sucedido, atribui a morte precoce da empresa a uma decisão que parecia racional naquele momento, mas que acabou tendo consequências imprevisíveis.

Tomada de decisão baseada em evidências

> **Gestão baseada em evidências (GBE)** refere-se ao comprometimento em identificar e utilizar a melhor teoria e informações disponíveis para tomar decisões.

Mesmo que as perspectivas da tomada de decisão racional já existam há décadas, alguns especialistas (mais notadamente Jeffrey Pfeffer e Robert Sutton) recentemente chamaram a atenção para um novo enfoque da racionalidade.[13] Esse novo enfoque tem sido chamado de gestão baseada em evidências. **Gestão baseada em evidências (GBE)** é o comprometimento em identificar e utilizar a melhor teoria e informações disponíveis para tomar decisões. Os defensores dessa abordagem incentivam a utilização de cinco "princípios" básicos:

1. Enfrente os fatos difíceis e construa uma cultura na qual as pessoas são incentivadas a dizer a verdade, mesmo que ela seja desagradável.
2. Esteja comprometido com as decisões tomadas "baseadas em fatos" – que significa estar comprometido em obter a melhor evidência e utilizá-la na orientação das ações.
3. Trate sua organização como um protótipo não terminado – incentive as experiências e a aprendizagem na prática.
4. Procure riscos e desvantagens das recomendações das pessoas (até o melhor remédio tem efeitos colaterais).
5. Evite basear suas decisões em crenças não testadas, mas fortemente arraigadas, ou no que você fez no passado ou no "*benchmarking*" sem críticas sobre o que fazem os vencedores.

Os defensores da GBE são particularmente persuasivos quando a utilizam para questionar os resultados das decisões baseadas em "crenças fortes, mas não testadas" ou em "*benchmarking*

TECNOLOGIA — O que deu errado com a Wesabe?

Até onde as pequenas empresas dos Estados Unidos têm conhecimento, o primeiro trimestre de 2010 poderia ter sido pior: houve perda líquida de apenas 96.000 empresas com menos de 100 funcionários. Na verdade, o primeiro trimestre de 2009 *foi* pior – *muito* pior: ao final do trimestre, havia 400.000 pequenas empresas a menos que no início.

Uma das empresas que fecharam as portas em 2010 foi a Wesabe, que lançou em 2006 um *site* para ajudar as pessoas a administrarem seu dinheiro e a tomarem melhores decisões financeiras. Foi uma das primeiras empresas a entrar para o setor financeiro do que frequentemente era chamado de *Web 2.0* – o mundo dos aplicativos da internet que permite aos usuários interagir e colaborar com o conteúdo que eles próprios criam. A ideia era permitir que os clientes acessassem as informações de diversas instituições financeiras e, então, comparassem as práticas de administração do seu próprio capital àquelas de seus colegas *on-line*.

A Wesabe, de fato, teve um bom início. No primeiro ano, os fundadores Marc Hedlund e Jason Knight garantiram um capital de risco no valor de US$ 4,7 milhões e atraíram 150.000 membros. Os primeiros sinais de problemas apareceram durante o segundo ano, logo após um concorrente chamado Mint.com entrar no negócio *on-line*. Nove meses após seu lançamento, a Mint.com já possuía US$ 17 milhões em capital de risco e 300.000 usuários. Em 2009, a Intuit, um criador de *software* financeiro e de preparação de declaração de imposto de renda, comprou a Mint.com por US$ 170 milhões. A Wesabe conseguiu se segurar até meados de 2010, quando Hedlund e Knight anunciaram que a empresa não podia mais lidar com dados altamente sensíveis dos usuários "com operações de orçamento muito limitado e pessoal de segurança".

O que deu errado? Naturalmente, não há uma única razão para o fracasso da Wesabe, mas tanto Hedlund, que "blogou" uma autópsia logo após o desligamento, quanto observadores independentes, apontam para uma decisão empresarial crucial como um fator-chave. Nos estágios iniciais do processo de lançamento da empresa, Hedlund e Knight recusaram uma parceria com uma empresa chamada Yodlee, que já havia desenvolvido um sistema de acesso a informações sobre transações bancárias. Mas em razão do processo da Yodlee funcionar com as senhas dos usuários, a Wesabe o considerou um enorme risco à segurança e começou a trabalhar em seu próprio processo, que, embora fosse mais seguro, também era mais complicado.

"Todo mundo – quero dizer, 90% ou mais das pessoas", diz Hedlund, "disse-me que jamais, nem em um milhão de anos, usaria um *website* iniciante que solicitasse suas senhas bancárias". Quando a Mint entrou *on-line* em 2008, estava utilizando a tecnologia da Yodlee, incluindo o acesso às senhas, e Hedlund reconheceu que havia cometido um erro ao tomar por base somente sua própria pesquisa de mercado: "Nós deveríamos saber", admite, "que alguém iria à Yodlee, e deveríamos ter encarado a [Yodlee] como algo que precisávamos alcançar". Por volta de 2008, a Wesabe também estava aceitando as senhas dos usuários a fim de simplificar o processo de migrar os dados bancários para seu sistema.

"Nós apenas não fizemos rápido o bastante", diz Hedlund a respeito do próprio sistema de acesso a dados da Wesabe. "Aquele único erro – não usar ou substituir a Yodlee antes que a Mint tivesse tido a chance de lançar a Yodlee – foi o suficiente para matar a Wesabe".

Referências: Eilene Zimmerman, "How Six Companies Failed to Survive 2010", *New York Times*, 5 jan. 2011, www.nytimes.com, 2 jun. 2012; Anthony Ha, "Personal Finance Startup Wesabe to Shut Down", *VentureBeat*, 30 jun. 2010, http://venturebeat.com, 2 jun. 2012; Marc Hedlund, "Why Wesabe Lost to Mint", *Marc Hedlund Blog*, 1º out. 2010, http://blog.precipice.org, 2 jun. 2012; "Some Lessons Learned from the Rise and Fall of Wesabe", *Credit Union Journal*, 16 dez. 2010, www.cunatechnologycouncil.org, 2 jun. 2012.

---

sem críticas". Vamos tomar como exemplo a decisão popular de pagar salários significativamente mais altos às pessoas com alto desempenho, e salários menores àquelas com baixo desempenho. O estudo de Pfeffer e Sutton mostra que políticas de pagamento por desempenho têm bons resultados quando os funcionários trabalham sozinhos ou independentes. Mas isso é totalmente diferente quando se trata de colaboração entre equipes – os tipos de equipe que atualmente tomam muitas decisões organizacionais. Nessas circunstâncias, quanto maior a diferença entre os salários mais altos e os mais baixos pagos aos executivos, mais fraco é o desempenho financeiro da empresa. Por quê? De acordo com Pfeffer e Sutton, as grandes disparidades em relação a salários enfraquecem tanto a confiança entre os membros das equipes, quanto a conectividade social que contribui para uma tomada de decisão forte em equipe.

Considere outra decisão cada vez mais predominante para avaliar e recompensar o talento. Pioneira na General Electric pelo lendário Jack Welch, a prática de "classificação forçada" divide os funcionários em três grupos com base no desempenho, os 20% melhores, os 70% médios e os 10% inferiores – e demite esses 10%. Pfeffer e Sutton descobriram que, de acordo com muitos gestores de RH, a classificação forçada prejudica o moral e a colaboração e, em último caso, reduz a produtividade. Eles também concluíram que a demissão automática dos 10% inferiores, resultou muitas vezes em uma inquietação desnecessária para o trabalho em equipe, que de outra forma seria mais eficaz. Foi assim que descobriram que 73% dos erros cometidos por pilotos de linhas comerciais ocorre no primeiro dia em que tripulações reconfiguradas trabalham juntas.[14]

ABORDAGEM COMPORTAMENTAL PARA A TOMADA DE DECISÃO

Segundo o **modelo administrativo** de tomada de decisão, os gestores utilizam na tomada de decisão racionalidade limitada, regras gerais, subotimização e heurística.

Ao passo que a abordagem racional pressupõe que os gestores operam lógica e racionalmente, a abordagem comportamental reconhece o papel e a importância do comportamento humano no processo de tomada de decisão. Herbert A. Simon foi um dos primeiros especialistas a observar que as decisões nem sempre são tomadas com base na racionalidade e na lógica.[15] Posteriormente, Simon foi premiado como o Prêmio Nobel de economia. Mais do que determinar como as decisões deveriam ser tomadas, sua visão da tomada de decisão, agora chamada de **modelo administrativo**, descreve como as decisões são realmente tomadas. (Observe que Simon não estava defendendo a utilização do modelo administrativo pelos gestores; ao contrário, estava descrevendo como os gestores, na verdade, tomam decisões.)

O modelo administrativo

Racionalidade limitada é a noção de que os tomadores de decisão não podem lidar com as informações sobre todos os aspectos e alternativas pertinentes ao problema e por isso escolhem enfrentar algum subconjunto mais significativo dele.

Uma premissa fundamental do modelo administrativo é que os tomadores de decisão operam mais com a racionalidade limitada do que com a racionalidade perfeita assumida pela abordagem racional. A **racionalidade limitada** é a noção de que, embora os indivíduos possam buscar a melhor solução para o problema, as exigências em processar todas as informações relacionadas a ele, gerando todas as soluções possíveis e escolhendo uma única melhor solução, estão muito além da capacidade da maioria dos tomadores de decisão. Por isso, eles aceitam as soluções menos ideais baseadas em um processo que não é tão exaustivo ou inteiramente racional.

Por exemplo, um estudo recente constatou que quando estão sob a pressão de prazos, os grupos geralmente eliminam todas as alternativas, exceto as duas mais favoráveis, e então processam essas duas alternativas detalhadamente.[16] Assim, os tomadores de decisão que operam com racionalidade limitada controlam as entradas para o processo de tomada de decisão e tomam decisões com base no discernimento e em preconceitos pessoais, bem como na lógica.[17]

O modelo administrativo é caracterizado por (1) utilização de processos e regras gerais, (2) subotimização e (3) heurística. Inicialmente, a incerteza na tomada de decisão pode ser reduzida se se tomar como base os procedimentos e as regras gerais. Por exemplo, se no passado o aumento da publicidade impressa ampliou a parcela de uma empresa no mercado, essa conexão pode ser utilizada pelos funcionários da empresa como uma regra geral na tomada de decisão. Quando no mês anterior a parcela de mercado caiu para determinado nível, a empresa pode aumentar seus gastos com a publicidade impressa em 25% no mês seguinte.

Subotimizar refere-se a aceitar conscientemente menos do que o melhor resultado possível para evitar efeitos negativos não intencionais em outros aspectos da organização.

Subotimizar refere-se a aceitar conscientemente menos do que o melhor resultado possível. Com frequência, em razão de restrições organizacionais, não é viável tomar uma decisão ideal em uma situação concreta. O tomador de decisão muitas vezes deve subotimizar para evitar efeitos negativos não intencionais em outros departamentos, em linhas de pro-

Herbert A. Simon ganhou o Prêmio Nobel de economia por seu trabalho inovador sobre a tomada de decisão comportamental. Simon, à esquerda, recebe o prêmio do Rei da Suécia, Carl Gustaf, em 1978.

dução ou nas decisões.[18] Um fabricante de automóveis, por exemplo, pode cortar custos drasticamente e aumentar a eficácia se programar a produção de um modelo por vez. Assim, a decisão de produção ideal do grupo é a programação de um modelo único. Mas o grupo de marketing, buscando otimizar suas metas de vendas oferecendo uma ampla variedade de modelos, pode exigir uma programação de produção oposta: pequenas tiragens de modelos totalmente diferentes. Os grupos no meio do processo – planejamentos e programações – podem subotimizar os benefícios que os grupos de produção e marketing buscam, planejando longas tiragens de modelos ligeiramente diversos. Essa é a prática de grandes fabricantes de automóveis, como General Motors e Ford, que fazem vários estilos de estruturas de carros de diferentes modelos na mesma linha de produção.

Heurística refere-se a analisar as alternativas apenas até que seja encontrada uma solução que satisfaça um mínimo de requisitos.

A última característica da abordagem comportamental é a **heurística**: analisar alternativas apenas até que seja encontrada uma solução que apresente um mínimo de requisitos e, então, encerrar a procura por uma melhor solução.[19] Essa busca por alternativas, em geral, é um processo sequencial orientado por procedimentos e regras gerais baseados em experiências passadas relacionadas a problemas similares. Tal procura costuma terminar quando é encontrada a primeira opção minimamente aceitável. A escolha resultante pode reduzir a discrepância entre os estados desejado e reais, mas não é provável que seja a melhor solução. Conforme o processo é repetido, melhorias adicionais reduzem lentamente a discrepância entre os estados atuais e desejados.

Outras forças comportamentais na tomada de decisão

Além daqueles elementos comportamentais identificados no modelo administrativo, o gestor deve também estar ciente de outras forças comportamentais que podem afetar a tomada de decisão. Entre essas forças estão as forças políticas, a intuição, o ritmo do comprometimento, a probabilidade de risco e a ética. A teoria da probabilidade também é relevante.

Coalizão é uma aliança informal de indivíduos ou grupos formada para alcançar uma meta em comum.

Forças políticas na tomada de decisão As forças políticas desempenham um papel importante na forma como as decisões são tomadas. Abordamos o comportamento político no Capítulo 14, mas um elemento, a coalizão, é especialmente importante na tomada de decisão. Uma **coalizão** é uma aliança informal de indivíduos ou grupos formada para alcançar uma meta em comum. Essa meta refere-se a uma decisão alternativa preferida. Por exemplo, há coalizões de acionistas que se unem para forçar o conselho de diretores a tomar determinada decisão. De fato, muitas das recentes lutas pelo poder entre administração e acionistas dissidentes na Disney Corporation resultaram de coalizões, visto que cada lado tentou levar a melhor.[20] O impacto das coalizões pode ser positivo ou negativo. Elas podem ajudar executivos perspicazes a colocar a organização em direção à eficácia e à rentabilidade ou podem estrangular estratégias e decisões bem concebidas. Os gestores devem observar quando utilizar as coalizões, como avaliar se estão atuando nos melhores interesses da organização e como restringir seus efeitos disfuncionais.[21]

> Intuição é a crença inata sobre algo que não é considerado de modo consciente.

Intuição Intuição é a crença inata sobre algo que não é considerado de modo consciente. Às vezes, os gestores decidem fazer algo porque "parece certo" ou porque têm um palpite. Entretanto, em geral, esse sentimento não é arbitrário. Ao contrário, ele é baseado em anos de experiência e prática em tomar decisões sobre situações similares. Uma sensação interior pode ajudar os gestores a tomarem decisões sem precisar percorrer toda uma sequência racional de etapas. O *best-seller* de Malcolm Gladwell intitulado *Blink: The Power of Thinking Without Thinking* trouxe fortes argumentos tanto de que a intuição é muito utilizada e como resulta em melhores decisões, muito mais do que se acreditava anteriormente. Contudo, alguns especialistas desafiam essa visão e sugerem que se basear na compreensão e na experiência faz a intuição mascarar o verdadeiro processo utilizado para tomar decisões mais rápidas.[22]

O New York Yankees, certa vez, entrou em contato com os três principais fabricantes de tênis, Nike, Reebok e Adidas, e informou que estava procurando um acordo de patrocínio. Ao passo que a Nike e a Reebok estavam avaliando as possibilidades de modo cuidadoso e racional, os gestores da Adidas logo reconheceram que uma parceria com o Yankees fazia muito sentido para a empresa. A Adidas respondeu mais rápido à ideia e acabou fechando um contrato enquanto os concorrente ainda estavam analisando os detalhes.[23] É claro que todos os gestores, mas principalmente os mais inexperientes, devem ter sido cuidadosos em não se basearem demais na intuição. Se a racionalidade e a lógica forem continuadamente ignoradas pelo que "parece certo", a chance é de que o desastre um dia acontecerá.

> Escalada do comprometimento ocorre quando um tomador de decisão mantém uma decisão mesmo quando ela parece errada.

Escalada do comprometimento Outro importante processo comportamental que influencia a tomada de decisão é a **escalada do comprometimento** em relação a um curso de ação escolhido. Algumas vezes, as pessoas tomam decisões e, em seguida, tornam-se tão comprometidas com o curso de ação sugerido por essa decisão que se apegam a ela, mesmo quando parece estar errada.[24] Por exemplo, há casos de pessoas que compram ações de uma empresa e se recusam a vendê-las, mesmo depois de sucessivas quedas no preço. Elas escolhem um curso de ação – comprando as ações antes que sejam lucrativas – e o mantém mesmo enfrentando perda crescente.

Por anos a Pan American World Airways governou os céus e utilizou seus lucros para diversificar comprando imóveis e outros negócios. Mas com o advento da desregulamentação, a Pan Am começou a ter problemas e perdeu parcelas de mercado para outras empresas. Quando os executivos da Pan Am finalmente perceberam o quão ineficaz tinham se tornado as operações aéreas, a decisão "racional" deveria ter sido, como especialistas hoje indicam, vender as operações aéreas restantes e se concentrar nos negócios mais rentáveis da empresa. Mas porque ainda viam a empresa acima de tudo como uma companhia aérea, começaram a vender as *holdings* lucrativas para manter a companhia aérea funcionando. O que restou foi nada além de uma companhia aérea ineficiente que posteriormente teve que vender suas rotas mais lucrativas antes de ser assumida pela Delta. Tivessem os gestores da Pan Am tomado a decisão mais racional anos antes, a empresa poderia ter se tornado rentável mesmo sem o envolvimento na indústria aérea.[25]

Por isso, os tomadores de decisão precisam se equilibrar sobre uma linha fina. Por um lado, eles devem se proteger de manter uma decisão incorreta por muito tempo. Esse comportamento pode resultar em declínio financeiro. Por outro lado, os gestores não devem desistir muito cedo de uma decisão aparentemente incorreta, como fez a Adidas há alguns anos. A Adidas já dominou o mercado de calçados esportivos profissionais. Posteriormente entrou para o mercado de calçados para esportes amadores e também saiu-se bem. Mas os gestores interpretaram erroneamente a desaceleração das vendas como um sinal de que o *boom* no ramo de calçados esportivos tinha terminado. Eles acharam que tinham tomado decisões erradas e ordenaram cortes drásticos. O mercado novamente decolou com a Nike à frente, e a Adidas não conseguiu se recuperar. Felizmente, uma nova equipe de administração mudou a maneira como a Adidas toma decisões e, como exemplificado anteriormente, a empresa retomou o caminho para se tornar uma força no mercado de calçados e vestuário para esportes.

Probabilidade de risco e tomada de decisão O elemento comportamental da **probabilidade de risco** é quanto um tomador de decisão está disposto a apostar ao tomar uma decisão. (Lembre-se de que introduzimos a probabilidade de risco no Capítulo 3.) Alguns gestores são cuidadosos em relação às decisões que tomam. Eles tentam aderir ao modelo racional e são muito conservadores no que fazem. Gestores como esses são mais propensos a evitar erros, e raramente tomam decisões que levam a grandes perdas. Outros gestores são muito agressivos nas tomadas de decisão e estão dispostos a correr riscos.[26] Eles baseiam-se na intuição, tomam decisões com rapidez e muitas vezes arriscam grandes investimentos nisso. Como em jogos de azar, esses gestores são mais propensos do que os seus colegas conservadores a alcançar o sucesso com suas decisões; também tendem a incorrer em maiores prejuízos.[27] A cultura da organização é um elemento importante na promoção de diferentes níveis de probabilidade do risco.

> **Probabilidade de risco** refere-se a quanto um tomador de decisão está disposto a apostar ao tomar uma decisão.

Ética e tomada de decisão **Ética** refere-se às crenças de uma pessoa sobre o que são comportamentos certos e errados. Comportamento ético é aquele que cumpre normas sociais geralmente aceitas; o comportamento antiético não cumpre essas normas sociais. Algumas decisões tomadas por gestores podem ter pouco ou nada a ver com sua ética pessoal, mas muitas outras decisões são influenciadas pela ética dos gestores. Por exemplo, decisões que envolvem questões como contratar e demitir funcionários, negociar com clientes e fornecedores, estabelecer salários e atribuir tarefas e administrar sua conta de despesas estão sujeitas às influências éticas. É claro que os gestores podem tomar decisões pessoais fatais simplesmente porque ignoram a diferença entre o certo e o errado.

> **Ética** refere-se às crenças de uma pessoa sobre o que constitui comportamentos certos e errados.

Geralmente, os dilemas éticos para os gestores centralizam-se nos ganhos pessoais diretos, ganhos pessoais indiretos ou em simples preferências pessoais. Vamos considerar, por exemplo, um executivo do alto escalão que está analisando uma aquisição em potencial. Seu pacote de opção de ações pode resultar em enorme ganho pessoal se a decisão for por um caminho, mas os acionistas podem se beneficiar mais se a decisão for por outro caminho. Um ganho pessoal indireto pode ocorrer quando uma decisão não adiciona valor ao mérito de um gestor de forma direta, mas impulsiona sua carreira. Ou o gestor pode ter a opção de transferir uma unidade da empresa e uma das opções fica mais próximo de sua residência.

Os gestores devem considerar cuidadosa e deliberadamente o contexto ético de cada uma de suas decisões. A meta é o gestor tomar a decisão com foco no melhor interesse da empresa, em vez de escolher aquilo que é melhor para seus próprios interesses. Fazer isso requer honestidade e integridade pessoal. Os gestores também acham útil discutir os dilemas éticos em potencial com os colegas. Outras pessoas podem fornecer uma visão objetiva da situação, o que ajuda o gestor a evitar uma tomada de decisão antiética sem intenção.

Teoria da probabilidade e a tomada de decisão Por último, a teoria da probabilidade também oferece descobertas úteis de como as pessoas tomam decisões.[28] Essencialmente, a **teoria da probabilidade** trata das decisões sob condições de risco. De acordo com a teoria, tais decisões são mais influenciadas pelo valor potencial dos ganhos ou perdas do que pelos próprios resultados. Ainda segundo a teoria, se tudo vai bem, as pessoas ficam mais motivadas a evitar perdas do que a buscar ganhos. Dito de outra forma, as pessoas podem estar mais motivadas pela ameaça de perder algo que têm do que estariam com a probabilidade de ganhar algo que não têm.

> Segundo a **teoria da probabilidade** quando as pessoas tomam decisões sob condição de risco, ficam mais motivadas a evitar perdas do que a buscar ganhos.

Por exemplo, um estudo recente examinou essa hipótese com base em uma amostra de professores de escola pública em Chicago. Foi dito a um grupo de professores que eles receberiam um bônus de mais de US$ 8.000 ao final do ano letivo se seus alunos atingissem determinadas pontuações nas provas. Foi dado a outro grupo um adiantamento de um bônus de US$ 4.000 no início do ano letivo. Foi dito a esses professores que se seus alunos não atingissem as pontuações nas provas, eles teriam de devolver um valor parcial ou integral do bônus; no entanto, se seus alunos atingissem as metas, poderiam ficar com o bônus e mais US$ 4.000 ao final do ano. Os alunos do segundo grupo de professores tiveram uma pontuação maior no fim do ano. Os pesquisadores deduziram que os professores que tinha algo a perder (uma parte ou o total do adiantamento do bônus de US$ 4.000) estavam mais motivados a melhorar a pontuação nos testes de seus alunos do que os professores que não tinham nada a perder.[29]

Abordagem integrada para a tomada de decisão

> A **abordagem integrada** na tomada de decisão combina as etapas da abordagem racional com as condições da abordagem comportamental para criar uma abordagem mais realista para a tomada de decisão nas empresas.

Em virtude das exigências pouco realistas da abordagem racional e da orientação limitada de curto prazo da abordagem comportamental, nenhuma delas é inteiramente satisfatória. Entretanto, as vantagens de cada uma delas podem ser combinadas em uma abordagem prática para a tomada de decisão, que é apresentada na Figura 8.4. As etapas nesse processo são as mesmas da abordagem racional; no entanto, as condições observadas na abordagem comportamental são acrescentadas a fim de proporcionarem um processo mais realista. Por exemplo, a **abordagem integrada** sugere que em vez de gerar todas as alternativas, o tomador de decisão deve tentar ir além das regras gerais e das limitações heurísticas e gerar tantas alternativas quanto o tempo, dinheiro e outras praticidades permitir. Nessa síntese das duas abordagens, a abordagem racional fornece um quadro analítico para tomar decisões, ao passo que a abordagem comportamental fornece uma influência moderadora.

Na prática, os tomadores de decisão utilizam uma combinação das abordagens racional, comportamental e integrada para tomar as difíceis decisões do dia a dia nas organizações. Alguns tomadores de decisão utilizam um processo metódico de reunir o máximo de informações possível, desenvolvendo e avaliando as alternativas e buscando orientação de pessoas informadas antes de tomar uma decisão. Outros vão de uma decisão a outra, tomando decisões aparentemente precipitadas e gritando ordens para os subordinados. O segundo grupo parece não utilizar muita informação ou uma abordagem racional para tomar decisões. Pesquisas recentes, no entanto, têm mostrado que os gestores que tomam decisões muito rapidamente utilizam tanto ou mais informação, gerando e avaliando tantas alternativas quanto tomadores de decisão metódicos e mais lentos.[30]

CRIATIVIDADE, SOLUÇÃO DE PROBLEMAS E TOMADA DE DECISÃO

> **Criatividade** é a habilidade de uma pessoa gerar novas ideias ou conceber novas perspectivas para ideias já existentes.

A criatividade é uma importante variável de diferença individual que existe em todos nós. Entretanto, mais que discuti-la considerando outros conceitos de nível individual do Capítulo 3, nós a descrevemos aqui porque ela tem um papel central tanto na tomada de decisão quanto na solução de problemas. **Criatividade** é a habilidade de uma pessoa de gerar novas ideias ou conceber novas perspectivas para ideias já existentes. Consequentemente, a criatividade pode ter um papel na maneira como um problema ou uma situação de decisão é definida, quais alternativas são identificadas e como cada uma é avaliada. A criatividade também pode capacitar o gestor a identificar uma nova maneira de ver as coisas.[31]

O que faz uma pessoa ser criativa? Como o processo criativo funciona? Embora os psicólogos ainda não tenham descoberto respostas completas para essas perguntas, analisar alguns padrões gerais pode nos ajudar a compreender as fontes da criatividade individual dentro das organizações e o processo pelo qual a criatividade surge.[32]

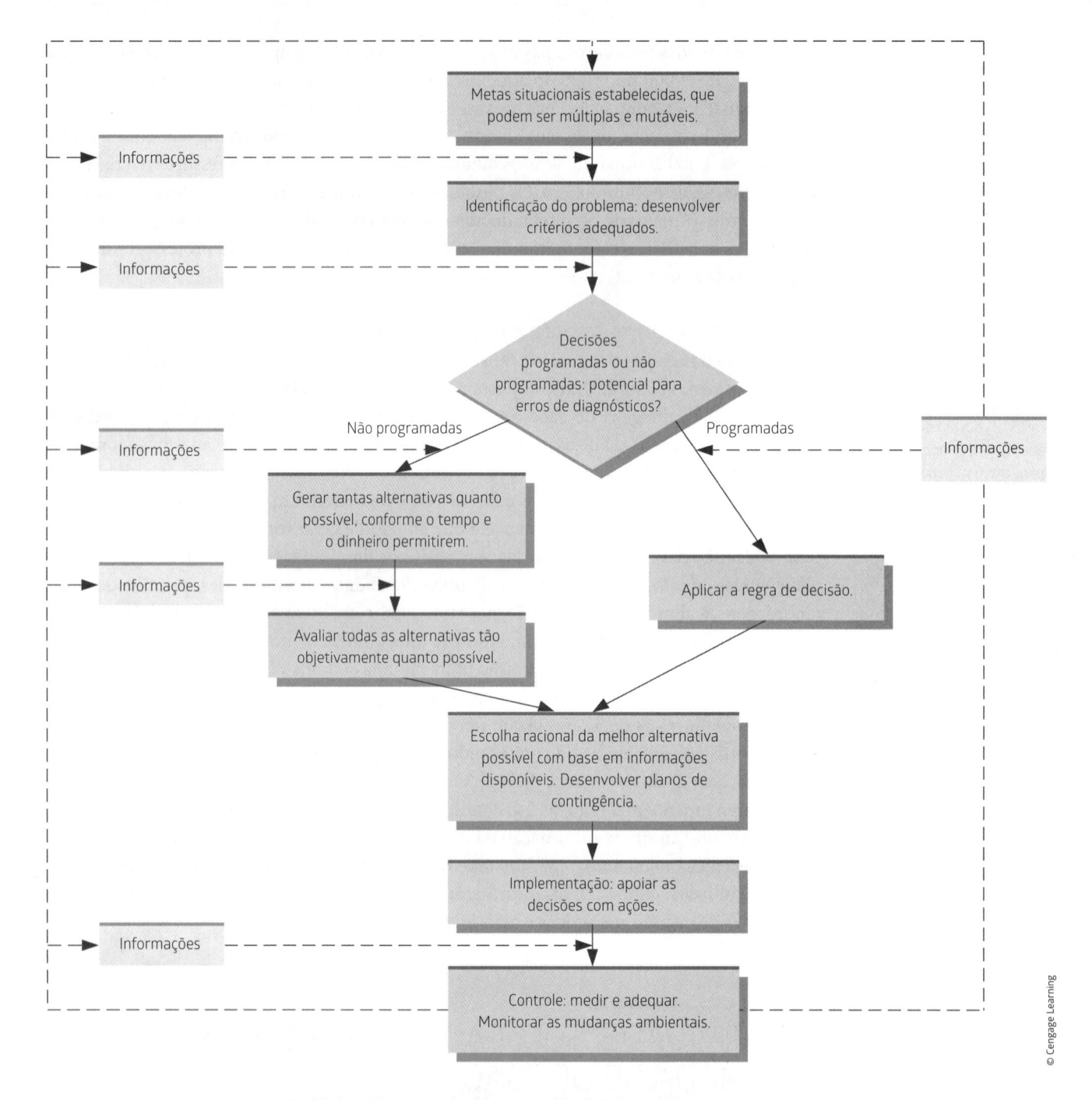

FIGURA 8.4

Abordagem prática para a tomada de decisão com orientações comportamentais

O modelo prático aplica algumas das condições observadas pela abordagem comportamental à abordagem racional na tomada de decisão. Embora similar ao modelo racional, a abordagem prática observa limitações pessoais em cada ponto (ou etapa) do processo.

O indivíduo criativo

Vários pesquisadores têm centralizado seus esforços em tentar descrever os atributos comuns de indivíduos criativos. Esses atributos classificam-se em três categorias: experiências anteriores, traços pessoais e habilidades cognitivas.

Experiências anteriores Os pesquisadores observaram que muitos indivíduos criativos foram criados em um ambiente no qual a criatividade era cultivada. Mozart veio de uma família

FIGURA 8.5

O processo criativo

Em geral, o processo criativo segue as quatro etapas ilustradas aqui. É claro que existem exceções, e o processo ocasionalmente é diferente. Na maioria dos casos, entretanto, essas etapas capturam a essência do processo criativo.

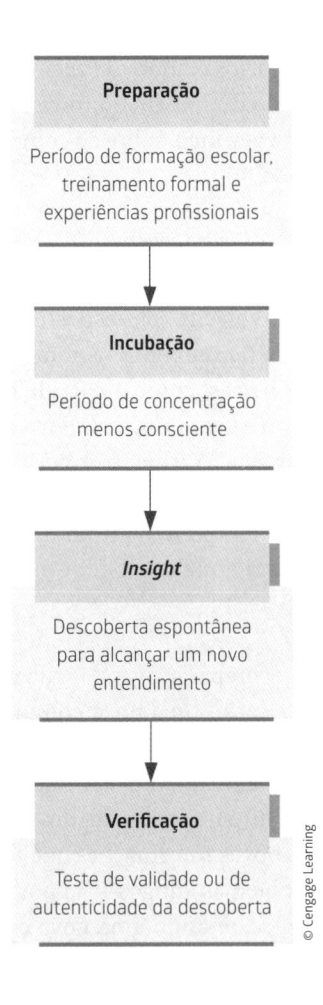

Preparação
Período de formação escolar, treinamento formal e experiências profissionais

↓

Incubação
Período de concentração menos consciente

↓

Insight
Descoberta espontânea para alcançar um novo entendimento

↓

Verificação
Teste de validade ou de autenticidade da descoberta

© Cengage Learning

---

de músicos e começou a compor e a interpretar aos seis anos. Pierre e Marie Curie, grandes cientistas em suas áreas, também criaram uma filha, Irene, que ganhou o Prêmio Nobel em química. A criatividade de Thomas Edison foi incentivada por sua mãe. No entanto, pessoas com experiências passadas muito diferentes dessas também são criativas. O abolicionista e escritor afro-americano Frederick Douglass nasceu na escravidão em Tuckahoe, Maryland, e teve oportunidades de educação muito limitadas. Apesar disso, a oratória e o pensamento criativo poderosos o ajudaram a chegar à Proclamação da Emancipação, que aboliu a escravidão nos Estados Unidos.

Traços pessoais Determinados traços pessoais também têm sido relacionados à criatividade. Os traços compartilhados pela maioria das pessoas criativas são abertura, atração para a complexidade, altos níveis de energia, independência e autonomia, forte autoconfiança e forte crença de que a pessoa é, de fato, criativa. Os indivíduos que têm esses traços são mais propensos a serem criativos que aqueles que não os possuem.

Habilidades cognitivas As habilidades cognitivas referem-se ao poder do indivíduo de pensar com inteligência e de analisar as situações e as informações com eficácia. A inteligência pode ser uma pré-condição para a criatividade individual – mas embora a maioria das pessoas criativas seja muito inteligente, nem todas as pessoas inteligentes são criativas. A criatividade também está ligada à habilidade de pensar de maneira divergente e convergente.

Pensamento divergente é a habilidade que permite às pessoas enxergarem as diferenças entre as situações, fenômenos ou eventos. *Pensamento convergente* é a habilidade que permite às pessoas enxergarem as semelhanças entre as situações, fenômenos ou eventos. As pessoas criativas geralmente são muito habilidosas tanto no pensamento divergente como no convergente.

O processo criativo

Embora as pessoas criativas relatem muitas vezes que as ideias parecem vir "como um lampejo", na verdade, a atividade criativa individual tende a se desenvolver por meio de uma série de etapas. A Figura 8.5 resume as principais etapas do processo criativo. Nem todas as atividades criativas têm de seguir essas quatro etapas, mas a necessidade existe para a maioria delas.

Preparação O processo criativo geralmente se inicia com um período de **preparação**. A educação escolar e o treinamento formal são os caminhos mais eficientes para uma pessoa tornar-se familiarizada com o grande volume de pesquisas e conhecimento. Para fazer uma contribuição criativa empresarial ou aos serviços empresariais, os indivíduos devem passar por treinamento formal e educação em negócios. Essa é uma das razões para a forte demanda por cursos de graduação e formação empresarial em nível de mestrado. A formação empresarial formal pode ser uma forma eficaz para um indivíduo "ganhar velocidade" e começar a fazer contribuições criativas mais rapidamente.

As experiências que os executivos adquirem no trabalho após seu treinamento formal também podem contribuir para o processo criativo. É importante dizer que a educação e o treinamento de pessoas criativas nunca terminam. Isso continua pelo tempo que as pessoas

---

Preparação, normalmente a primeira etapa do processo criativo, inclui a educação e o treinamento formais.

permanecem interessadas no mundo e curiosas sobre o funcionamento das coisas. Um desses indivíduos é Bruce Roth, que se tornou doutor em química e passou anos trabalhando na indústria farmacêutica aprendendo cada vez mais sobre os compostos químicos e como eles funcionam nos humanos.

Incubação A segunda etapa do processo criativo é a incubação – período de concentração consciente menos intenso durante o qual o conhecimento e as ideias adquiridas durante a preparação amadurecem e se desenvolvem. Um aspecto curioso da incubação é que muitas vezes ela é ajudada por pausas no pensamento racional concentrado. Algumas pessoas criativas dependem de atividades físicas, como a corrida ou a natação, para dar uma "pausa" no pensamento. Outras leem ou ouvem música. Por vezes, dormir pode fornecer a pausa necessária. Bruce Roth juntou-se a Warner-Lambert, uma nova empresa farmacêutica que vinha crescendo rapidamente, para ajudar a desenvolver um medicamento para diminuir o colesterol. Durante seu tempo livre, Roth lia livros de mistério e escalava montanhas. Posteriormente, percebeu que aqueles eram os momentos em que as melhores ideias surgiam.

> Incubação é a etapa de concentração menos intensa durante a qual uma pessoa criativa permite que o conhecimento e as ideias adquiridas durante a preparação amadureçam e se desenvolvam.

Descoberta Geralmente ocorre após a preparação e a incubação; trata-se da descoberta espontânea pela qual a pessoa criativa alcança uma nova compreensão de um problema ou situação. A descoberta (*insight*) representa a junção de todos os pensamentos dispersos e ideias que foram amadurecendo durante a incubação. Ele pode ocorrer repentinamente ou se desenvolver com o tempo. Pode ser disparado por algum evento externo – como uma nova experiência ou um encontro com novas informações que forcem o indivíduo a pensar de outras maneiras sobre questões e problemas antigos – ou pode ser um evento interno, no qual os padrões do pensamento juntam-se gerando uma nova compreensão. Um dia, Bruce Roth estava revendo alguns dados de estudos anteriores que levariam ao desenvolvimento de uma nova droga que não seria mais eficaz do que outras drogas já disponíveis. Mas naquele momento, ele percebeu algumas relações estatísticas que não haviam sido identificadas anteriormente. Então soube que tinha uma descoberta importante em suas mãos.

> Descobertas (*insight*) é a etapa do processo criativo em que todos os pensamentos e ideias dispersos que foram amadurecendo durante a incubação unem-se para produzir uma descoberta.

Verificação Uma vez que um *insight* tenha ocorrido, a verificação determina sua validade e autenticidade. Para muitas ideias criativas, a verificação inclui experimentos científicos para determinar se o *insight* realmente conduzirá ou não aos resultados esperados. A verificação também pode incluir o desenvolvimento de um protótipo para um produto ou serviço. Um protótipo é um produto (ou um pequeno número de produtos) elaborado apenas para se verificar se as ideias por trás de um novo produto realmente funcionam. Os protótipos de produtos raramente são vendidos ao público, mas são muito valiosos para a verificação do desenvolvimento das descobertas no processo criativo. Uma vez que o novo produto ou serviço é desenvolvido, a verificação no mercado é o teste final da ideia criativa. Bruce Roth e colegas começaram a trabalhar nos testes de um composto para uma nova droga e conseguiram a aprovação da Food and Drug Administration (FDA). O medicamento, chamado Lipitor, tornou-se o mais vendido na história farmacêutica. E a Pfizer, empresa que comprou a Warner-Lambert em uma aquisição agressiva, ganha mais de US$ 10 bilhões por ano com o medicamento.[33]

> Na verificação, etapa final do processo criativo, são determinadas a validade e a autenticidade da descoberta.

Aumento do desempenho nas organizações

Os gestores que desejam aumentar e promover a criatividade em suas organizações podem fazer isso de várias maneiras.[34] Um método importante para aumentar a criatividade é fazer dela uma parte da cultura organizacional, frequentemente por meio de metas explícitas. Empresas que querem destacar a criatividade, como a 3M e a Rubbermaid, por exemplo, estabelecem metas para que alguns percentuais de receitas futuras venham de novos produtos. Isso transmite claramente que a criatividade e a inovação são valorizadas.

Outro ponto importante do aumento da criatividade é recompensar o sucesso criativo e, ao mesmo tempo, tomar cuidado para que as falhas criativas não sejam punidas. Muitas ideias que parecem valer a pena no papel não têm sucesso quando colocadas em prática. Se a primeira pessoa que tem uma ideia que não dá certo for demitida, ou se for punida de as demais maneira, outras pessoas na organização podem ficar mais cautelosas. Como resultado, poucas ideias criativas surgirão.

RESUMO

Tomada de decisão é o processo de escolha de uma alternativa entre várias outras. A solução dos problemas é encontrar a resposta para uma questão. Os elementos básicos da tomada de decisão incluem escolher um objetivo; considerar cursos alternativos de ação; avaliar os potenciais resultados das alternativas, cada uma com o seu próprio valor em relação à meta, e escolher uma alternativa baseada na avaliação dos resultados. As informações a respeito das alternativas, resultados e valores estão disponíveis.

Decisões programadas são periódicas e bem estruturadas, tomadas de acordo com um conjunto de regras de decisão. Decisões não programadas envolvem situações não rotineiras e mal estruturadas, com fontes obscuras de informação; essas decisões não podem ser tomadas de acordo com as regras de decisão existentes. A tomada de decisão também pode ser classificada com base em condições importantes. As classificações – de certeza, risco e incerteza – refletem o volume de informação disponível em relação aos resultados e alternativas.

A abordagem racional vê a tomada de decisão como um processo racional no qual as metas são estabelecidas, o problema é identificado, alternativas são geradas e avaliadas, uma escolha é feita e implementada e o controle é exercido. A tomada de decisão baseada em evidências é uma reiteração recente da necessidade de racionalidade na tomada de decisões.

A utilização de procedimentos e regras gerais, subotimização e heurística caracteriza o modelo comportamental. Uma série de outros processos comportamentais também influencia a tomada de decisão nas organizações. Atividades políticas que ocorrem por meio de coalizões, a intuição e a tendência de se tornar cada vez mais comprometido com o curso de uma ação são todos processos importantes. A probabilidade de risco é uma importante perspectiva comportamental na tomada de decisão. A ética também influencia a maneira com os gestores tomam decisões. A teoria da probabilidade pressupõe que as pessoas são mais motivadas a evitar perdas do que a ter ganhos. As perspectivas racional e comportamental podem ser combinadas em um modelo integrado.

A criatividade é a capacidade de gerar novas ideias. Numerosos fatores individuais e antecedentes podem influenciar o nível de criatividade de um indivíduo. O processo criativo geralmente envolve quatro etapas: preparação, incubação, descoberta (*insight*) e verificação. Os gestores podem aumentar ou reduzir a criatividade em suas organizações utilizando variados caminhos.

QUESTÕES PARA DISCUSSÃO

1. Alguns argumentam que são as pessoas, e não as organizações, que tomam decisões e que por isso o estudo da tomada de decisão "organizacional" é sem sentido. Você concorda com esse argumento? Por que sim ou por que não?
2. Quais informações você usou quando decidiu entrar para a escola que frequenta?
3. Quando você desliga o alarme do seu despertador todas as manhãs, tem de tomar uma decisão: levantar-se e ir à escola ou ao trabalho, ou ficar na cama e dormir mais. Essa é uma decisão programada ou não programada? Por quê?
4. Descreva pelo menos três pontos no processo de tomada de decisão nos quais a informação tem um papel importante.
5. Como o papel da informação no modelo racional de tomada de decisão difere do papel da informação no modelo comportamental?
6. Por que faz sentido discutir os vários modelos de tomada de decisão?
7. Você se lembra de algum momento em que tomou uma decisão heurística? Você alguma vez já subotimizou?
8. Descreva uma situação em que você tenha experimentado a escalada do comprometimento de um

curso de ação ineficaz. O que você fez a respeito? Você gostaria de ter lidado com a situação de forma diferente? Por que sim ou por que não?

9. Quão confortável ou desconfortável você se sente tomando decisões?

10. Você se considera relativamente mais criativo ou menos criativo? Lembre-se de um momento em que você fez uma descoberta utilizando as quatro etapas do processo criativo.

QUAL É O SEU PONTO DE VISTA?

Esclarecendo a tomada de decisão

"Em última análise, o mercado nos dirá onde colocar nossa energia."
— SCOTT PEARL, CONSULTOR EM VENDAS NA MODERN SHED

O casal Ryan Grey Smith e Ahna Holder graduaram-se em arquitetura na Universidade do Sul da Califórnia em meados da década de 1990. Quando se mudaram para Seattle, em 1998, compraram uma casa que foi construída nos anos de 1940, anunciada no jargão do setor como algo que deveria ser "desmontado" – a casa poderia ser demolida sem arrependimentos, e o terreno poderia ser muito bem aproveitado. Entretanto, como arquitetos, o casal resolveu reformá-la. Como a casa não tinha porão ou sótão, nem mesmo uma garagem, um problema óbvio era dispor de um local para depósito, e a solução deles não foi tão incomum: construíram um galpão. Mas não era uma variação comum de galpão de quintal: o telhado inclinado, por exemplo, deixava entrar a luz pelo telhado e o *design* e acabamento modernos e sofisticados fizeram da estrutura de 10×12 pés adequada para trabalhar e relaxar, além do que, funcionava como depósito. Smith e Holder o chamaram de "galpão estúdio".

Atualmente, a empresa de Smith e Holder (inaugurada em 2005) pode lhe vender um galpão de 10×12 pés por algo entre US$ 9.349 e US$ 17.535. Tudo depende do que você deseja: revestimento interior de parede em bétula e tapumes em cedro acabado, telhado com isolamento térmico, assoalho e forro revestidos de abeto e janelas com vitral. Obviamente, a Modern Shed não é o galpão do seu avô, trata-se de *design* elegante, funcionalmente equipado com alternativas para agregar um cômodo à sua casa – ou até mesmo agregar uma outra moradia à sua residência. As pessoas usam as estruturas da Modern Shed como estúdio, escritório, quarto de hóspedes, recanto no quintal e até mesmo como alternativas de apartamento para membros da família ou dependências de empregado. As opções da Modern Shed vão de 6×10 até 16×40, com modelos maiores (com preços indo até US$ 23.000) acomodando instalações de canalização e de cozinha. Todos as construções da Modern Shed são personalizadas e despachadas junto com *kits* de ferramentas para a montagem na propriedade do comprador.

O mercado e a indústria ainda são muito restritos e a "meta geral" de Smith inclui passar adiante a mensagem sobre a indústria em geral e em particular sobre sua própria linha de produtos. "Eu adoraria que todos soubessem o que é a Modern Shed", diz. "Eu adoraria que a Modern Shed fosse *a* fonte de estruturas pré-fabricadas nos Estados Unidos". Enquanto isso, seu consultor de vendas, Scott Pearl, está ocupado olhando os "bairros de alto poder aquisitivo que têm arquitetura moderna de meados do século" porque está convencido de que elas representam as melhores perspectivas para vendas da empresa, pelo menos no futuro imediato.

"Como contratado independente", diz Pearl, "constantemente tenho de me concentrar nas prováveis oportunidades para que eu possa efetuar as vendas... Em última análise, o mercado nos dirá onde colocar nossa energia". Para Pearl, ex-consultor de marketing com experiência no mercado imobiliário, o mercado atual está apontando para famílias em que o casal trabalha fora e necessita de dependências para babás e *au pairs*, e futuros proprietários de imóveis de primeira viagem, que querem tirar proveito do mercado de Seattle severamente deprimido para terrenos residenciais. "A Modern Shed", explica, "tem se tornado popular entre pessoas que estão construindo escritórios no quintal, estúdios e quartos para hóspedes. Mas o potencial no âmbito residencial é único". Assim como o mais recente ajuste na estratégia de vendas de Pearl para a Modern Shed: "Em vez de apenas vendermos as estruturas menores que temos vendido, defini um objetivo para que uma em cada quatro estruturas seja uma de nossas estruturas residenciais".

Smith valoriza a criatividade de Pearl em pensar alto e buscar ideias originais na área de vendas: "Ele está sempre... trazendo à mesa propostas fascinantes e pensando 'fora da caixa'", diz Smith, que também gosta da abordagem prática que Pearl traz à "perspectiva geral". Ele também gosta dos resultados que Pearl consegue com uma abordagem comedida para fazer as coisas: Pearl, ele relata, "tem um jeito sútil de ser incrivelmente eficaz... Ele tem esse tipo estável, atencioso... focado em alcançar uma meta".

Para Pearl, a abordagem metódica faz sentido porque implementar uma estratégia empresarial é antes de tudo uma questão de "priorizar" os recursos – a saber, tempo e dinheiro, os quais, como ele indica, são as "duas fontes de recursos que estão em falta" em todas as empresas. Por essa razão, a primeira coisa que ele fez na Modern Shed foi "analisar as vendas feitas localmente porque eu queria ver que tipo de produto eles haviam vendido e em que velocidade". Com essas informações em mãos, a próxima etapa foi formular uma meta prática de curto prazo: "Achei que duas estruturas por mês atingiriam *minhas* metas", ele lembra, "e certamente atingiriam as metas da *empresa*. Já conseguimos isso", e é por isso que o próximo objetivo de curto prazo é garantir que estruturas maiores constituam 25% de todas as vendas.

Da perspectiva de Pearl, vender – e saber se vendeu o bastante ou não – depende principalmente de estabelecer metas mensuráveis que possam ser avaliadas regularmente: "Para mim", ele diz, "é me assegurar de que estou dedicando a quantidade certa de tempo às metas de curto prazo e ter certeza de que as metas de longo prazo estão sendo abordadas pelo menos semanalmente". Desse ponto em diante, ele admite, é necessário "improvisar", especialmente em relação a uma empresa jovem e em crescimento como a Modern Shed. "Com *mais* metas de longo prazo", ele admite, "como uma equipe..., realmente precisamos escolher".

PERGUNTAS

1. De acordo com Pearl, quais são os principais fatores sobre os quais todas as empresas têm de tomar decisões críticas? Esse princípio se aplica ao "negócio" de administrar sua vida? Explique sua resposta o mais detalhadamente possível.
2. Explique como a abordagem de Pearl para otimizar as vendas na Modern Shed combina *tomadas de decisão* com *solução de problemas*. De que modo o modelo de tomada de decisão da Figura 8.1 pode ser aplicado às decisões tomadas por Pearl na Modern Shed?
3. De que maneira a *abordagem racional* para o *processo de tomada de decisão* caracteriza a abordagem de Pearl para otimizar as vendas na Modern Shed? Explique sua resposta por meio das etapas do processo. Quais etapas são definitivamente aplicáveis? Quais etapas podem ou não ser aplicáveis?
4. Para cada uma das perguntas a seguir, explique como sua resposta é consistente com tudo que você disse a respeito de Pearl: De que modo a *intuição* tem um papel na abordagem dele para otimizar as vendas na Modern Shed? Você visualiza algum perigo da *escala do comprometimento* na abordagem dele (ou na personalidade dele)? Por que sim ou por que não? Que nível de *probabilidade de risco* você atribui a Pearl – alto, moderado ou baixo?

FONTES ADICIONAIS

Aria Shepherd, "Modern Shed: A Chic Outdoor Space", *Seattle Times*, 13 set. 2008, http://seattletimes.nwsource.com, 25 jun. 2012; Modern Shed, "About Us", "Models" (2006), www.modern-shed.com, 25 jun. 2012; Michael Cannell, "Instead of Trading Up, Adding a High-Style Shed", *New York Times*, 11 set. 2008, www.nytimes.com, 25 jun. 2012; Debra Prinzing, "Elegant, Stylish... and Prefabricated", *Debra Prinzing*, 15 ago. 2008, www.debraprinzing.com, 25 jun. 2012; *Debra Prinzing*, "In Praise of the Modern Shed", Debra Prinzing, 15 set. 2008, www.debraprinzing.com, 25 jun. 2012; Jonathan Lambert, "Prefab Sheds – The Solution to a Hectic Lifestyle", *Ezine Articles*, 7 jun. 2011, http://ezinearticles.com, 25 jun. 2012.

PRÁTICA DO COMPORTAMENTO ORGANIZACIONAL

Decisões programadas ou não programadas

Objetivo Esse exercício permitirá que você faça parte de uma tomada de decisão hipotética e ajudará você a compreender a diferença entre decisões programadas e não programadas.

Formato Será solicitado que você desempenhe uma tarefa individualmente e como membro de um grupo.

Procedimento A lista a seguir refere-se a decisões organizacionais típicas. Sua tarefa é determinar se são programadas ou não programadas. Numere seu papel de 1 a 10 e escreva *P* para programada ou *N* para não programada ao lado de cada número.

Seu professor vai dividir a classe em grupos de quatro a sete pessoas. Todos os grupos devem ter aproximadamente o mesmo número de membros. Sua tarefa em grupo é cumprir as determinações que acabamos de atribuir. Para se decidirem, não utilizem técnicas como votar ou negociar. ("Certo, vou desistir dessa se você desistir daquela.") O grupo deve discutir as diferenças entre as decisões programadas e não programadas e cada situação de decisão, até que todos os membros concordem pelo menos parcialmente com a decisão.

Lista de decisões

1. Contratar um especialista para a equipe de pesquisa em um campo altamente técnico
2. Atribuir tarefas diárias aos funcionários
3. Determinar o tamanho do dividendo a ser pago aos acionistas no nono ano consecutivo de forte crescimento dos lucros
4. Decidir abonar a falta de um funcionário por razões médicas
5. Selecionar o local para outra filial de um banco com 150 filiais em uma grande cidade
6. Aprovar a nomeação de um novo funcionário graduado em Direito para a equipe jurídica corporativa
7. Fazer atribuições anuais dos assistentes graduados para faculdade
8. Aprovar a solicitação de um funcionário para participar de um seminário local em sua área de especialização
9. Selecionar os canais apropriados para anúncios impressos de um novo livro da faculdade
10. Determinar um local para um novo restaurante de *fast-food* em uma pequena cidade que está em crescimento na principal rodovia interestadual entre duas grandes áreas metropolitanas

Perguntas de acompanhamento

1. Até que ponto os membros do grupo discordam sobre quais decisões eram programadas e quais eram não programadas?
2. Quais os principais fatores que o grupo discutiu para tomar cada decisão?
3. Existiam algumas diferenças entre a lista individual do membro e a lista do grupo? Em caso positivo, discutir os motivos das diferenças.

FORMAÇÃO DAS HABILIDADES GERENCIAIS

Visão geral da atividade Capacidades para a tomada de decisão são as habilidades em reconhecer e definir os problemas e as oportunidades corretamente e, então, selecionar um curso de ação apropriado para a solução de problemas ou para a capitalização das oportunidades. Nesse exercício, você está convidado a aplicar suas habilidades de tomada de decisão a uma situação em que seus valores pessoais e empresariais são solicitados.

Histórico Você é proprietário de uma empresa que fabrica roupas e sapatos casuais em duas pequenas fábricas, cada uma com um contingente de 40 funcionários. Uma delas está localizada em Smallville, Illinois, outra em Modesto, Texas (ambas são cidades pequenas). Você está no negócio por 40 anos, e ambas as fábricas têm sido lucrativas. No entanto, infelizmente, as condições competitivas na indústria têm mudado nos últimos anos. E você está enfrentando uma forte concorrência de empresas italianas, cujos sapatos não apenas são comercializados com preços mais baixos, como também têm fama de serem de melhor qualidade.

Você está confiante que consegue se igualar em qualidade utilizando novos equipamentos de alta tecnologia, mas as suas despesas ainda são 30% mais altas que àquelas dos seus concorrentes italianos. No momento, você sente que sua melhor opção é fechar a fábrica em Smallville e demitir os funcionários, mas está um pouco relutante em tomar essa decisão. Você é o principal empregador em Smallville, que depende de sua fábrica. Você acabou de gastar uma boa quantia de dinheiro melhorando o serviço de utilidades públicas e o acesso à rodovia. Além do mais, a maioria dos seus funcionários é formada de pessoas idosas que viveram sempre em Smallville.

Tarefa
1. Seu professor vai dividir a classe em grupos de três ou quatro pessoas. Cada grupo vai se reunir como uma equipe de gestão responsável por decidir o destino da fábrica de Smallville.
2. A equipe pode decidir fechar a fábrica ou mantê-la aberta, mas a meta do processo de tomada de decisão é dupla: (1) manter a empresa viável e (2) refletir os valores individuais e do grupo.
3. Se a equipe decidir fechar a fábrica, deve elaborar uma lista dos fatores em que baseou a decisão e estar preparada para justificá-la.
4. Se a equipe decidir manter a fábrica aberta, deverá elaborar um plano explicando como a empresa ainda pode ser competitiva.
5. Cada membro de cada equipe deve estar preparado para explicar as escolhas que fez e que ajudaram o grupo a chegar a uma decisão.

EXERCÍCIO DE AUTOAVALIAÇÃO

Tomadas de decisões racionais *versus* abordagens integradas

Os gestores têm de distinguir e compreender os diferentes modelos que utilizam para tomar decisões. Eles precisam saber até que ponto estão predispostos a serem relativamente autocráticos ou participativos nas tomadas de decisões. Para desenvolver suas capacidades nessas áreas, realize a seguinte atividade.

Primeiro, suponha que você seja o gestor de uma empresa que esteja crescendo rapidamente. Os recentes números das vendas sugerem a necessidade de uma nova fábrica para aumentar a produção. Entre as questões essenciais estão onde a fábrica poderá ser construída e qual o seu tamanho (por exemplo, uma pequena fábrica, não tão custosa para ir de encontro às necessidades atuais e que pode ser ampliada no futuro *versus* uma fábrica grande e mais cara que pode ter um excesso de capacidade hoje, mas que pode atender as necessidades de longo prazo).

Utilizando a abordagem racional do diagrama da Figura 8.3, trace o processo que o gestor poderá utilizar para tomar a decisão. Observe os tipos de informação que podem ser exigidos e até que ponto haverá a necessidade de envolvimento de outras pessoas na tomada de decisão em cada item.

Em seguida, volte e veja as várias etapas no processo, em que ponto os processos comportamentais podem interferir e afetar o processo geral. A racionalidade limitada virá à tona? E a heurística?

Por último, utilize a abordagem integrada apresentada na Figura 8.4 e trace o processo novamente. Observe em que ponto outras entradas podem ser necessárias. Tente identificar lugares no processo em que há possibilidade para as abordagens racional e integrada chegarem a um mesmo resultado e lugares em que as diferenças são mais prováveis de acontecer.

CAPÍTULO 9

Fundamentos do comportamento interpessoal e grupal

Visão geral do capítulo

- Natureza interpessoal das organizações
- Natureza dos grupos
- Tipos de grupos
- Etapas do desenvolvimento grupal
- Fatores de desempenho grupal
- Dinâmicas intergrupais
- Tomada de decisões em grupo nas organizações

Objetivos de aprendizagem

Após estudar este capítulo, você estará apto a:

1. Discutir a natureza interpessoal das organizações.
2. Definir um grupo e ilustrar sua importância nas organizações.
3. Identificar e discutir os tipos de grupos mais comuns nas organizações.
4. Descrever as fases do desenvolvimento grupal.
5. Discutir os principais fatores do desempenho grupal.
6. Discutir as dinâmicas intergrupais.
7. Descrever a tomada de decisões em grupo nas organizações.

Gestão de piruetas

"É difícil ser criativo quando se está isolado."
— Lyn Heward, ex-presidente da Divisão de Conteúdo Criativo do Cirque du Soleil

Aos 14 anos, Guy Laliberté abandonou a escola em Québec, Canadá, porque queria ver o mundo. "Decidi me apresentar nas ruas porque era um trabalho itinerante", conta ele, e embora suas habilidades fossem limitadas a tocar acordeão e contar histórias, foram suficientes para levá-lo a Londres aos 18 anos. A partir de então, além de estender suas viagens pela Europa, ele ampliou seu repertório, incluindo pirofagia, malabarismo, mágica e pernas de pau. "Era só uma aventura", admite, "e eu pretendia voltar à escola e ter uma vida normal", mas essa jornada de quase uma década só aprofundou sua paixão pela arte de rua. Quando voltou ao Canadá, Laliberté entrou para uma trupe de pernas de pau e, em 1984, aos 23 anos, uniu-se a outra pessoa que largou a escola para formar a própria companhia de arte de rua. Hoje, ele ainda comanda essa empresa, e como dono de 80% do Cirque du Soleil, é uma das pessoas mais ricas do Canadá.

O trabalho em equipe contribui tanto para o sucesso da empresa como para a arte performática do Cirque du Soleil.

O Cirque du Soleil, que em francês significa *Circo do sol* ("O sol", explica Laliberté, "representa energia e juventude, pois é o que eu achava que o circo deveria proporcionar"), transformou completamente o espetáculo circense que trazia trapezistas, palhaços e domadores de leão. Laliberté chama o Cirque de "experiência transdisciplinar" – amálgama de um impressionante trabalho, atuação deslumbrante, fantasias surreais e música pulsante. Hoje o Cirque tem 20 espetáculos diferentes, cada um desenvolvido em torno de um tema e arco de história específicos, como "a experiência urbana em todas as múltiplas formas" (*Saltimbanco*) e "tributo à alma nômade" (*Varekai*). Sediado em Montreal, Canadá, atualmente a empresa emprega 5.000 pessoas, incluindo mais de 1.300 artistas, e os espetáculos já foram vistos por mais de 100 milhões de espectadores. Os lucros em 2011 foram de US$ 250 milhões sobre o faturamento de US$ 1 bilhão.

Segundo Laliberté, o segredo desse sucesso é a criatividade: "Acredito que os lucros são consequência da qualidade dos produtos criativos", diz. "Desde o início, sempre quis desenvolver um círculo de produções criativas autossustentáveis: os retornos financeiros positivos dos espetáculos seriam usados para desenvolver e criar um novo, e assim por diante". Ele também acredita que sua função é fornecer um ambiente de trabalho que fomente a criatividade coletiva: "Acredito no cultivo da criatividade e em oferecer refúgio para criadores, capacitando-os a desenvolver suas ideias ao máximo. Com um número cada vez maior de criadores talentosos sendo atraídos ao Cirque em um ambiente que os satisfaz, essas [condições] são ideais para continuar desenvolvendo novos espetáculos grandiosos".

Lyn Heward, ex-presidente da Divisão de Conteúdo Criativo do Cirque du Soleil, chama de "transformação criativa o processo de treinamento e integração de pessoas talentosas à companhia: "Todo mundo", diz ela, "quando vem trabalhar no Cirque, mesmo como contador, chega até aqui por ser uma empresa criativa e admirada, e eles querem contribuir criativamente com algo". Por sua experiência no Cirque, Heward criou um guia de nove pontos para "transformação criativa", e no cerne de sua lista está o comprometimento com o valor do trabalho em equipe. Na verdade, o quinto item da lista dela é: "Pratique o trabalho em equipe. A verdadeira criatividade requer estímulo e colaboração. É difícil ser criativo quando se está isolado". O item seis capta a mesma temática: "Mantenha a criatividade renovada com chefes empenhados que incentivem os colaboradores constantemente e recebam suas ideias e *feedbacks*, além de aceitarem que há maneiras diferentes de atingir o mesmo resultado".

"Não importa qual seja o produto", argumenta Heward, "seja computadores, seja carros ou qualquer outra coisa, os resultados [dependem de] ter uma equipe de gente forte e apaixonada". Ela explica que em qualquer ambiente de trabalho, "o recurso mais natural são as pessoas com quem trabalhamos – as pessoas com quem construímos nosso produto. Sem criatividade e forte comprometimento com a liderança de formação de equipes, isso não aconteceria nem no Cirque". Heward entende que a "liberdade é um problema para a maioria das pessoas porque requer um pensamento diferente", mas ela também acredita que fazer as pessoas se comprometerem com o trabalho em equipe é a melhor maneira de desenvolver a criatividade delas. Veja Igor Jijikine, acrobata e ator russo que ajudou a treinar artistas para *Mystère*, espetáculo permanente do Cirque no Treasure Island Hotel and Casino, em Las Vegas. "[O] que realmente me desafia", diz ele,

> é mudar a mentalidade dos artistas com quem trabalho. Muitos de nossos artistas são ex-ginastas. A ginástica é essencialmente um esporte individual. Os ginastas nunca precisam pensar de maneira criativa ou fazer parte de uma verdadeira equipe. Eles chegaram aqui por serem indivíduos fortes. Então, desde o início nos desafiamos a desfazer os limites entre esportes e arte, entre indivíduos e grupos. Precisamos transformar um indivíduo em membro de um time com quem todos possam contar, a quem possam confiar sua vida.

Por fim, Heward reconhece que não se pode imbuir os colaboradores com a cultura do Cirque de Soleil e "mandá-los trabalhar em seus cubículos". O espaço em que trabalham, segundo ela, "precisa refletir os valores e a visão [do Cirque]". Todas as produções do Cirque de Soleil são criadas e desenvolvidas por equipes que trabalham nas dependências de Montreal, que a empresa chama de "O Studio", e descreve como "um laboratório completo de criação, inovação e treinamento". Além do espaço administrativo – "oito andares de escritórios exclusivamente projetados e áreas de relaxamento que contribuem para a inspiração" –, o complexo dispõe de estúdios de acrobacia, dança e teatro, e o efeito do todo, segundo Heward é o de "um fantástico playground". Ela explica que a criatividade

> *é promovida em grupos de trabalho em que as pessoas primeiro se conhecem e depois aprendem a confiar umas nas outras. E nesse* playground*, reconhecemos que uma boa ideia pode surgir de qualquer lugar da organização ou em alguma equipe. Fazemos nosso espetáculo com base nessa criatividade coletiva.*

O diretor-executivo do Cirque, Daniel Lamarre, tem uma maneira sucinta de explicar o sucesso da empresa: "Permitimos que pessoas criativas a comandem". Quanto a Laliberté, ele se contenta em confiar em pessoas criativas – um instinto que, segundo ele, foi aprendido em seus dias de artista de rua: "Na rua, é preciso desenvolver o instinto de confiar nas pessoas e entendê-las, pois esse instinto é seu salva-vidas". Ele se intitula "Guia Artístico" nas notas de produção e tenta "não se envolver muito no início e durante o processo", faz de tudo para manter essa perspectiva "renovada" e "ser capaz de dar recomendações construtivas sobre a produção final". Ele também quer fazer a mesma coisa que queria fazer aos 14 anos: "Ainda quero viajar, ainda quero entreter e com certeza ainda quero me divertir".

Para saber como a tecnologia pode ser salvadora no mundo do Cirque du Soleil, conferir o box *Tecnologia* intitulado "União entre tecnologia e arte".

Qual é a sua opinião?

1. O Cirque du Soleil depende tanto da criatividade como da delegação de responsabilidades em todos os níveis. Para você, quais são os problemas envolvidos na preservação desse equilíbrio?
2. Se por algum motivo o Cirque du Soleil adotasse um processo que depende menos da tomada de decisão e controle em equipe, que dificuldades provavelmente surgiriam?

Referências: "Stick to Your Dream – Guy Laliberté", *Young Entrepreneur*, 8 jul. 2008, www.youngentrepreneur.com, 3 jun. 2012; "Business Lessons from Poker – Guy Laliberté", *Young Entrepreneur*, 8 jul. 2008, www.youngentrepreneur.com, 3 jun. 2012; Jason Zinoman, "Defiant Showman Demands His 'Wow'", *New York Times*, 3 jun. 2011, www.nytimes.com, 3 jun. 2012; "Laliberté, Guy", *eNotes.com*, 2006, www.enotes.com, 3 jun. 2012; Cirque du Soleil, "Cirque du Soleil at a Glance" (2012), http://static01.cirquedusoleil.com, 3 jun. 2012; Lyn Heward e John U. Bacon, *Spark: Igniting the Creative Fire That Lives Within Us All* (Toronto: Doubleday Canada, 2006); Arupa Tesolin, "Igniting the Creative Spark at Cirque du Soleil", *Self-Growth.com*, 12 set. 2007, www.selfgrowth.com, 3 jun. 2012; Geoff Keighly, "The Phantasmagoria Factory", *CNNMoney.com*, 1º jan. 2004, http://money.cnn.com, 3 jun. 2012; Glenn Collins, "Run Away to the Circus? No Need. It's Staying Here", *New York Times*, 29 abr. 2009, www.nytimes.com, 3 jun. 2012.

No Capítulo 1, observamos a onipresença do comportamento humano nas organizações e a importância da interação entre as pessoas como algo crítico para atingir importantes resultados organizacionais. Na verdade, grande parte de todo trabalho gerencial envolve a interação, direta e indireta, dentro e fora das organizações. Este capítulo é o primeiro de sete capítulos que trata essencialmente dos processos interpessoais nas empresas. Começamos reforçando a natureza interpessoal das organizações. Então introduziremos e descreveremos vários elementos de um importante aspecto das relações interpessoais: a dinâmica de grupo. Nos capítulos seguintes, discutiremos outras formas de atividade interpessoal nas organizações, como equipes de trabalho (Capítulo 10); comunicação interpessoal (Capítulo 11); liderança (Capítulos 12 e 13); poder, política e justiça no local de trabalho (Capítulo 14) e negociação e conflito (Capítulo 15).

NATUREZA INTERPESSOAL DAS ORGANIZAÇÕES

A agenda a seguir é um dia típico do presidente de uma empresa sediada em Houston, que faz parte da maior organização sediada na Califórnia. Ele registrou suas atividades durante vários dias consecutivos para que você pudesse analisar a natureza do trabalho gerencial.

- 7h45-8h15: Chegar ao trabalho; ler a correspondência separada pela assistente; ler e responder *e-mails*; discutir a agenda diária com a assistente.
- 8h15-8h30: Ler superficialmente o *The Wall Street Journal* e fontes de notícias sobre economia pela internet.
- 8h30-9h: Ir para reunião com funcionários e com o gerente de fábrica para resolver pequenos conflitos trabalhistas.
- 9h-9h30: Ler relatório interno; ler e responder novos *e-mails*.
- 9h30-10h: Ir para reunião com dois executivos de marketing para analisar a campanha publicitária; instruí-los a enviar as aprovações à agência de publicidade por fax.
- 10h-11h30: Ir para a reunião com o comitê executivo da empresa para discutir estratégias, problemas de orçamento e concorrência (esse comitê se reúne semanalmente).
- 11h30-12h: Enviar muitos *e-mails*; ler e responder novos *e-mails*.
- 12h-13h15: Almoçar com o vice-presidente financeiro e dois executivos de outra subsidiária da matriz. O principal tema em debate é o time de basquete Houston Rockets. Fazer três telefonemas de negócios do Blackberry a caminho do almoço e receber uma chamada na volta para o escritório. Receber e ler quatro *e-mails* no Blackberry durante o almoço.
- 13h15-13h45: Ir para a reunião com o diretor e assistente de Recursos Humanos sobre a recente inspeção da OSHA; estabelecer força-tarefa para investigar os problemas identificados e sugerir soluções.
- 13h45-14h: Ler e responder novos *e-mails*.
- 14h-14h30: Participar de chamada de videoconferência com presidentes de outras quatro empresas.
- 14h30-15h: Ir para reunião com o vice-presidente financeiro sobre questão confidencial que surgiu durante o almoço (não agendada).
- 15h-15h30: Trabalhar sozinho no escritório; ler e responder novos *e-mails*; enviar muitos *e-mails*.
- 15h30-16h15: Ir para reunião com grupo de representantes de vendas e com o agente de compras da companhia.
- 16h15-17h30: Ligar para o diretor-executivo da empresa na Califórnia para discutir diversos problemas organizacionais; trabalhar sozinho no escritório.
- 17h30-19h: Jogar *squash* no clube com o vice-presidente de marketing.
- 21h-21h30: Ler e responder *e-mails* em casa; enviar *e-mails* para a assistente sobre reunião de emergência que será agendada para o dia seguinte.

Como esse gestor gasta seu tempo? Ele passa a maior parte do dia interagindo com outras pessoas. Essas pessoas incluem as que se reportam a ele, seu próprio chefe e vários outros grupos. E essa agenda apertada não inclui telefonemas curtos, conversas rápidas com a assistente e breves reuniões com outros gestores. Além disso, diversas outras reuniões, conversas e trocas interpessoais ocorrem por toda a organização simultaneamente no mesmo dia. Claramente, as relações interpessoais e os processos em grupo são parte onipresente em todas as organizações e cruciais nas atividades de gestão.[1]

Dinâmica interpessoal

As relações interpessoais da organização são tão variadas quanto seus próprios membros. Por um lado, as relações interpessoais podem ser pessoais e positivas. Isso ocorre quando as duas partes se conhecem, demonstram respeito e afeição mútuos e gostam de interagir uma com a outra.[2] Dois gestores que se conhecem há anos, jogam golfe juntos nos fins de semana e são amigos íntimos provavelmente interagirão no trabalho de maneira positiva. Por outro lado, as dinâmicas interpessoais podem ser pessoais e negativas. Isso é mais provável quando as partes não se gostam, não têm respeito mútuo bem como não apreciam interagir uma com a outra. Imagine um executivo que luta abertamente há anos para bloquear a promoção de outro gestor. Apesar das objeções do primeiro gestor, o outro acaba sendo promovido ao mesmo patamar. Quando os dois precisarem interagir, provavelmente será de modo negativo.

A maioria das interações se enquadra nesses dois extremos, pois os membros da organização interagem de maneira profissional orientada principalmente para o cumprimento de metas. A interação trata do trabalho a ser feito, é relativamente formal, estruturada e orientada por tarefas. Dois executivos podem respeitar o trabalho um do outro e reconhecer a competência profissional que cada um oferece em seu cargo. No entanto, eles também podem ter poucos interesses em comum e não conversarem muito além do trabalho que estão fazendo. Esses diferentes tipos de interação ocorrem entre indivíduos, entre grupos ou entre indivíduos e grupos, podendo mudar ao longo do tempo. Os dois gestores da segunda hipótese, por exemplo, podem fazer as pazes e agir de maneira imparcial e profissional. Os dois gestores do terceiro exemplo podem descobrir mais coisas em comum do que acreditavam ter e evoluir para uma interação pessoal e positiva.

A natureza das interações depende, em parte, das respectivas metas das partes envolvidas. O que aconteceria, por exemplo, se um médico se tornasse o dono do hospital e precisasse interagir com funcionários, pacientes e outros profissionais da saúde? Da mesma maneira, imagine dois amigos que trabalham juntos como colegas no escritório de um promotor público, em que processam pessoas que infringem a lei. Se um amigo sai do escritório e entra em uma empresa especializada em defesa jurídica, os dois amigos passam a ter objetivos conflitantes. Embora, em teoria, ambos queiram buscar a verdade, talvez passem a enxergá-la por meio de lentes distintas.

Resultados do comportamento interpessoal

Várias coisas podem ocorrer como resultado do comportamento interpessoal. Lembre-se do Capítulo 4, por exemplo, que numerosas perspectivas sobre motivação sugerem que as pessoas tenham necessidades sociais. As relações interpessoais nas organizações podem ser uma fonte primária para satisfazer as necessidades de muita gente. Para uma pessoa com forte necessidade de filiação, as relações pessoais de alta qualidade podem ser um importante elemento positivo no ambiente de trabalho. No entanto, quando essa mesma pessoa é confrontada com relações de trabalho de má qualidade, o efeito pode ter a mesma intensidade na direção oposta.

As relações interpessoais também servem de base sólida para o apoio social. Imagine que um funcionário receba avaliação de desempenho negativa ou que sua promoção seja recusada. Outras pessoas da organização podem oferecer-lhe apoio, pois compartilham do mesmo referencial: a compreensão das causas e consequências do que aconteceu. As boas relações interpessoais de toda organização também podem ser fontes de sinergia. Pessoas que se apoiam mutuamente e que trabalham bem juntas podem conseguir muito mais do que as que não se apoiam e que não trabalham bem juntas.[3] Outro resultado, implícito anteriormente, é o conflito – as pessoas podem sentir raiva ou hostilidade após um relacionamento pessoal. Entender como e por que as pessoas interagem umas com as outras é um processo complexo, não importa se a interação ocorre em um time, no grupo de trabalho ou no comitê escolar. Isso se aplica principalmente a indivíduos que fazem parte do mesmo grupo.

A Figura 9.1 apresenta um modelo de dinâmica de grupo trifásica. Na primeira fase, os motivos da formação do grupo determinam que tipo de grupo será. Ocorre um processo de amadurecimento do grupo em quatro etapas durante a segunda fase; a natureza precisa dessas etapas depende de quatro principais fatores do desenvolvimento grupal. Na última fase, o grupo se torna maduro, produtivo e adaptável. Como mostra o modelo, grupos maduros interagem com os demais grupos, cumprem metas e, às vezes, têm conflitos com outros grupos. Esse modelo serve de estrutura para nossa discussão sobre grupos neste capítulo.

NATUREZA DOS GRUPOS

Grupo refere-se a duas ou mais pessoas que interagem entre si de modo que cada uma influencie a outra e seja influenciada por ela.

As definições do termo *grupo* são tão abundantes quanto os estudos a ele relacionados. Os grupos podem ser definidos em termos de percepção, motivação, organização, interdependências e interações. Definiremos **grupo** como duas ou mais pessoas que interagem entre si de modo que cada pessoa influencie a outra e seja influenciada por ela.[4] Duas pessoas fisicamente próximas uma da outra não são um grupo, a menos que exerçam influência mútua. Colegas de trabalho podem trabalhar lado a lado em tarefas relacionadas, mas se não interagirem não são um grupo.

Embora muitas vezes os grupos tenham objetivos, nossa definição não afirma que o membro do grupo deve compartilhar um objetivo ou motivação. Essa omissão implica que os membros podem ter pouca ou nenhuma identificação com o objetivo do grupo. É possível fazer parte de um grupo e desfrutar de seus benefícios sem buscar o cumprimento de seus objetivos. Os membros podem satisfazer suas necessidades apenas por serem membros, sem querer cumprir nada. É claro que a qualidade das interações e o desempenho do grupo podem ser afetados pela falta de interesse dos membros no objetivo do grupo. Nossa definição também sugere um limite sobre o tamanho do grupo. Um conjunto de pessoas tão grande a ponto de os membros não conseguirem interagir nem se influenciar mutuamente não se enquadra nessa definição. Na realidade, a dinâmica de grandes assembleias geralmente difere bastante da dinâmica de pequenos grupos. Este capítulo focaliza como pequenos grupos cujos membros interagem uns com os outros e se influenciam mutuamente.

Quando LeBron James e outros craques foram contratados pelo time de basquete profissional Miami Heat, muitos torcedores acharam que a equipe ganharia a NBA logo na sequência. Contudo, demorou alguns anos para o time se entrosar, e só venceu o primeiro campeonato em 2012.

Entender o comportamento das pessoas nas organizações requer a compreensão das forças que afetam indivíduos e como esses afetam as organizações. O comportamento

FIGURA 9.1

Modelo geral da dinâmica de grupo

Esse modelo serve de estrutura para nossa discussão sobre grupos deste capítulo. Na primeira etapa, os motivos da formação do grupo determinam o tipo de grupo. Na segunda fase, os grupos evoluem ao longo de quatro etapas sob a influência de quatro fatores de desempenho. Por fim, surge um grupo maduro que interage com outros grupos e pode buscar o cumprimento de metas organizacionais; algumas vezes podem ocorrer conflitos com outros grupos.

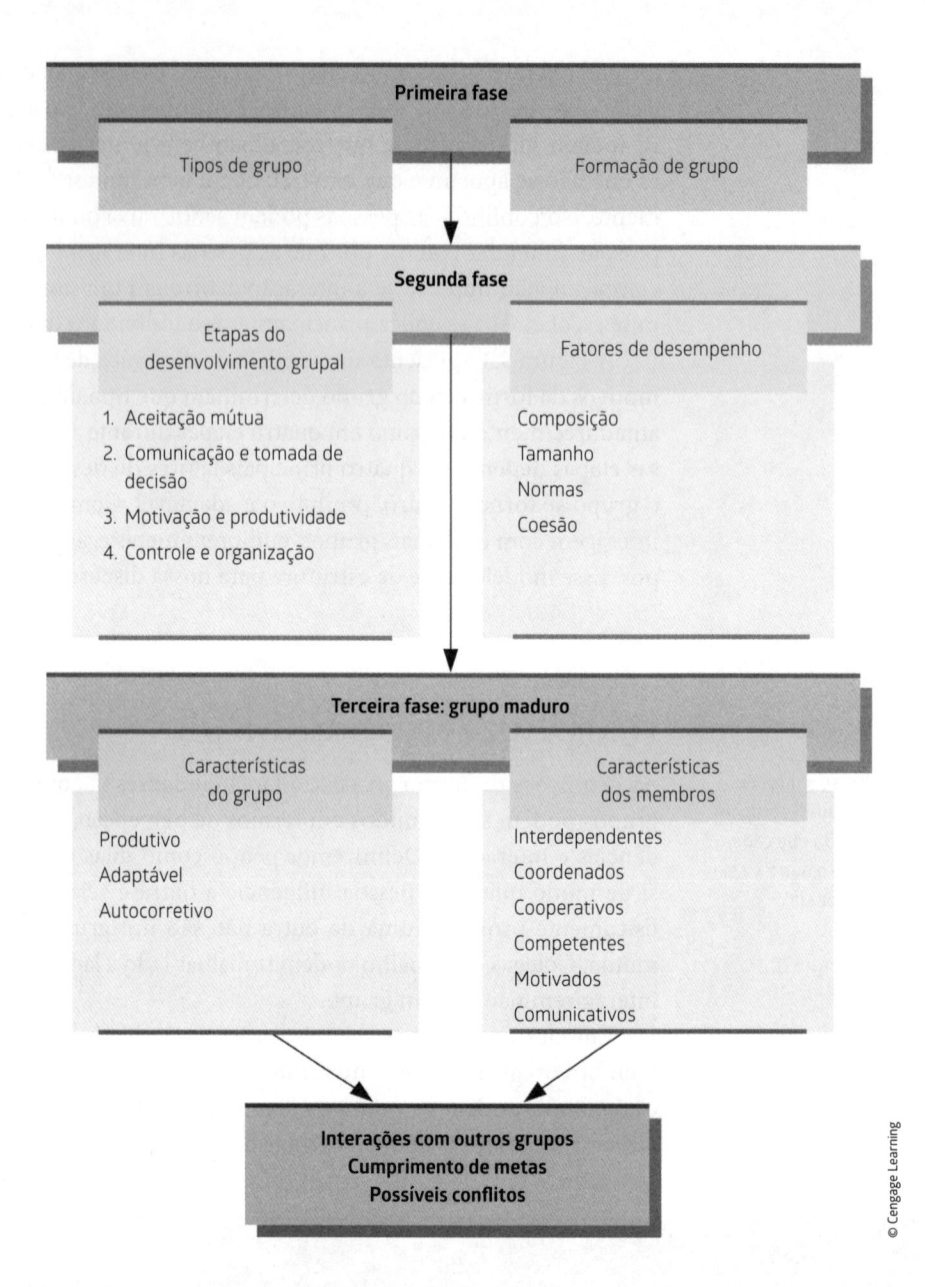

Primeira fase
- Tipos de grupo
- Formação de grupo

Segunda fase

Etapas do desenvolvimento grupal
1. Aceitação mútua
2. Comunicação e tomada de decisão
3. Motivação e produtividade
4. Controle e organização

Fatores de desempenho
- Composição
- Tamanho
- Normas
- Coesão

Terceira fase: grupo maduro

Características do grupo
- Produtivo
- Adaptável
- Autocorretivo

Características dos membros
- Interdependentes
- Coordenados
- Cooperativos
- Competentes
- Motivados
- Comunicativos

Interações com outros grupos
Cumprimento de metas
Possíveis conflitos

© Cengage Learning

---

individual afeta o grupo e é afetado por ele. As conquistas de grupos são fortemente influenciadas pelo comportamento de seus membros individuais. Por exemplo, incluir um craque no time de basquete pode fazer a diferença entre uma temporada ruim e uma vitoriosa. Ao mesmo tempo, os grupos exercem fortes efeitos sobre os comportamentos de seus membros. A pressão de grupo, por exemplo, muitas vezes é mencionada como o motivo que leva as pessoas a mentirem ou a trairem – atividades que não teriam feito por escolha própria.

Da perspectiva gerencial, o grupo de trabalho é o principal meio pelo qual os gestores coordenam o comportamento do indivíduo para atingir os objetivos organizacionais. Os gestores orientam as atividades dos indivíduos, mas também orientam e coordenam as interações dentro dos grupos. Por exemplo, esforços para impulsionar o desempenho de um vendedor demonstraram efeitos sobre indivíduos e grupos.[5] Assim, na hora de aprimorar o desempenho do colaborador, o gestor deve atentar tanto para o indivíduo como para o grupo. Os gestores devem estar cientes das necessidades individuais e da dinâmica interpessoal para liderar grupos de modo eficaz e eficiente, pois o comportamento individual é a chave do sucesso ou do fracasso do grupo.[6]

TIPOS DE GRUPOS

Nossa primeira tarefa na compreensão dos processos grupais é desenvolver a tipologia de grupos que indique a sua dinâmica. Os grupos podem ser classificados superficialmente de acordo com o grau de formalidade (formal ou informal) e de permanência (relativamente permanente ou relativamente temporário). A Tabela 9.1 mostra esse esquema de classificação.

TABELA 9.1	Esquema de classificação dos tipos de grupos		
	RELATIVAMENTE PERMANENTE	**RELATIVAMENTE TEMPORÁRIO**	
FORMAL	Grupos de comando	Grupos de tarefa	Grupos de afinidade
	Departamento de controle de qualidade. Departamento de contabilidade e custos	Comitê de busca por um novo superintendente escolar. Força-tarefa para trabalhar na qualidade de um novo produto	Grupo de desenvolvimento de novos produtos
INFORMAL	Grupos de amizade	Grupos de interesse	
	Amigos que fazem atividades juntos (ir ao teatro, jogar, viajar)	Grupo de boliche. Grupo de mulheres	

© Cengage Learning

Grupos formais

Grupo formal é criado pela organização para realizar o trabalho necessário em seu ambiente.

Grupo de comando é um grupo formal relativamente permanente com estruturas hierárquicas funcionais e que muitas vezes está no organograma da empresa.

Grupo de tarefa é um grupo formal relativamente temporário criado para uma tarefa específica.

Grupos de afinidade são conjuntos de funcionários do mesmo nível hierárquico e que se encontram periodicamente para compartilhar informações, aproveitar oportunidades e resolver problemas.

Os **grupos formais** são estabelecidos pela organização para realizar um trabalho. Grupos formais incluem grupos de comando (ou funcionais), grupos de tarefa e grupos de afinidade. Um **grupo de comando** é relativamente permanente e caracteriza-se por estruturas hierárquicas funcionais com, por exemplo, um gestor de grupo e os que se reportam ao gestor. Esses grupos geralmente já estão no organograma. Um **grupo de tarefa** é criado para realizar uma tarefa específica, como resolver um problema de qualidade, e é relativamente temporário. Os **grupos de afinidade** são agrupamentos relativamente permanentes de funcionários do mesmo nível hierárquico que se encontram com frequência para compartilhar informações, aproveitar oportunidades e resolver problemas.[7]

Nas organizações empresariais, a maioria dos funcionários trabalha em grupos de comando, que geralmente estão especificados no organograma oficial. O tamanho, formato e organização dos grupos de comando podem variar. Os grupos de comando comuns incluem departamento de controle de qualidade, departamento de engenharia industrial, departamento de contabilidade e de custos e departamento pessoal. Outros tipos de grupos de comando incluem equipes de trabalho organizadas ao estilo japonês de gestão, em que as subseções de manufatura e os processos de montagem são atribuídos a equipes de funcionários. Os membros da equipe decidem entre si quem realizará cada tarefa.

As equipes estão sendo difundidas na fabricação de automóveis. Por exemplo, a General Motors organizou a maioria de suas linhas de montagem automatizadas em equipes de trabalho de cinco a vinte funcionários. A Federal Express organizou seus funcionários administrativos em equipes que se autogerenciam. Contudo, embora as equipes participativas estejam se popularizando, os grupos de comando, seja departamentos inteiros, seja grupos de trabalho sofisticados, ainda é o tipo de grupo de trabalho mais frequente nas organizações.

Grupos de tarefa (ou projetos especiais) geralmente são temporários e muitas vezes são criados para resolver um problema específico. Em geral, eles se dissolvem depois de resolverem o problema ou de fazerem recomendações. Normalmente, as pessoas continuam fazendo parte de seus grupos de comando, ou departamentos funcionais, enquanto trabalham em

SERVIÇO | Grupos criados pelo consumidor

Os consumidores de hoje estão muito bem informados e não relutam em contar o que sabem às organizações. Na verdade, atualmente, muitos clientes desejam não apenas participar da experiência de um modo que a organização não espera, e muitas vezes está despreparada para isso, mas também participar da criação da experiência como parte da equipe criativa da organização. Há muito tempo as organizações de serviço pedem a opinião dos consumidores para saber o que eles desejam. Muitas usam grupos para solicitar informações especiais sobre os serviços que fornecem ou deveriam fornecer. Os consumidores bem informados e conectados de hoje querem e esperam muito mais envolvimento e encontram maneiras de obtê-lo. Há duas tendências atuais que exemplificam isso.

A primeira tendência é a equipe em rede, cada vez mais comum em assistência médica. A disponibilidade da internet e o interesse das pessoas na própria saúde fazem com que muitos pacientes cheguem ao consultório não apenas muito informados sobre a doença, mas também capacitados a identificar e reunir seu próprio grupo de apoio, composto por médicos, parentes e amigos, com profissionais de assistência médica. Essas pessoas querem participar ativamente da própria assistência médica e entram no consultório esperando envolver membros de seu grupo de bem-estar. Elas ajudam a integrar seu principal médico aos especialistas para quem são encaminhadas e acrescentam outros especialistas recomendados via salas de bate-papo, listas públicas de médicos e outros *sites* especializados em doenças. Ao passo que no modelo histórico de assistência médica o médico da família montava o tratamento e a equipe de profissionais, o modelo moderno conta com um paciente proativo, que reúne e gerencia um grupo de profissionais da saúde.

O segundo exemplo de grupos de consumidores que colaboram com a organização pode ser visto no fenômeno do *crowdsourcing*. Embora pedir ajuda coletiva seja uma prática mais antiga que pregar cartazes de procurado nas paredes dos correios, a internet expandiu bastante esse conceito, pois ela consegue conectar pessoas de qualquer parte do mundo que queiram se envolver. Muitos modelos de negócio mais novos são construídos graças à capacidade de fornecer plataformas de participação. Muita gente usa a *Wikipédia* como a única enciclopédia, e as recomendações de clientes fornecidas pela Amazon, TripAdvisor, OpenTable e Yelp servem de guia de leitura e sobre onde ir, comer e fazer compras.

Na forma mais simples de *crowdsourcing*, reúne-se uma multidão, geralmente *on-line*, para resolver um problema ou projetar uma solução. Uma ilustração clássica é descrita por Tapscott e Williams no livro *Wikinomics*. Eles escrevem sobre uma mineradora de ouro canadense em dificuldades, a Goldcorp, que decidiu liberar ao público todos os dados geológicos de sua propriedade e ofereceu um prêmio e US$ 575 mil a quem conseguisse desenvolver uma maneira melhor de localizar ouro no local. A equipe australiana vencedora deu uma resposta que lhes permitiu aumentar a produção de ouro, passando de 50.000 onças [aproximadamente 1,5 tonelada] ao custo de US$ 360 por onça para mais de 500 mil onças ao custo de US$ 59 por onça. Bons exemplos de *crowdsourcing* como esse aumentaram muito o interesse de outras organizações que querem solucionar problemas que os métodos tradicionais aparentemente não resolvem bem. Ao construir uma plataforma *on-line* e apresentar o problema de modo que interesse aos possíveis participantes pode atrair uma multidão. Por exemplo, a Threadless usa seu *site* para recrutar quem gostaria de participar da criação de novas camisetas. O Departamento de Defesa dos Estados Unidos oferece às pessoas a oportunidade de ajudar a testar seu software; a Library of Congress pediu que os usuários do *Flickr* ajudassem a identificar pessoas em sua coleção de fotos e o Walmart pediu para seus clientes votarem nos novos produtos que gostariam que estivessem em estoque.

Em todos esses casos, a organização está criando um grupo de não funcionários que devem ser geridos de vez em quando, sem saber quem são seus membros. Em geral, as empresas atentam pouco ou nada à participação. Muitas vezes, os participantes interagem uns com os outros para discutir os méritos das soluções propostas. A IKEA administra um *site* em que, além de solicitar novas ideias para suas lojas, os clientes podem compartilhar soluções para os problemas uns dos outros. As organizações que usam *crowdsourcing* devem apresentar o problema de modo que possa ser compreendido por possíveis participantes, uma plataforma *on-line* interativa que possa ser encontrada por pessoas entendidas e interessadas no assunto e alguns processos para identificar o sucesso e o reconhecimento da contribuição após o problema ser resolvido.

Em resumo, as organizações cada vez mais têm de administrar grupos que não fazem parte de seu quadro de funcionários ou que sequer conhecem. Muitas vezes esses grupos são clientes envolvidos com a inovação do produto ou com a própria assistência médica, mas também podem ser jogadores que testam um software ou sugerem um novo código, ou alguém especializado e com disposição para participar da solução do problema que a organização deseja resolver. A gestão de multidões requer o aprendizado de novas habilidades além das usadas para gerenciar funcionários.

Questões para discussão: Reflita sobre os *sites* que você acessa e nos quais sua opinião ou contribuição é solicitada ou até mesmo esperada. Como eles administram isso para incentivar a sua participação ou como lhe recompensam pela contribuição? O que eles poderiam fazer para melhorar a participação?

um grupo de tarefa e cumprem os deveres comuns de seus cargos. Os deveres dos membros de um grupo de comando podem ser temporariamente reduzidos se o grupo de tarefa exigir muito tempo ou esforço. Os grupos de tarefa existem em todos os tipos de organização ao redor do mundo. Por exemplo, uma vez o Papa usou uma força-tarefa especial de cardeais para estudar a estrutura financeira do Vaticano e desenvolver novas maneiras de arrecadar dinheiro.[8]

Os grupos de afinidade são um tipo especial de grupo formal: são estabelecidos pela organização, mas não fazem parte da estrutura formal. Não são necessariamente grupos de comando, pois não fazem parte da hierarquia organizacional, mas também não são grupos de tarefa porque sua existência dura mais do que uma tarefa. Os grupos de afinidade são grupos de funcionários que compartilham funções, responsabilidades, obrigações e interesses, e que representam o mesmo nível da hierarquia organizacional comum. Como os membros compartilham características importantes, como funções, obrigações e níveis hierárquicos, dizemos que eles têm afinidade entre si. Os membros desses grupos, em geral, têm cargos e obrigações semelhantes, mas estão em divisões ou departamentos diferentes.

Periodicamente os grupos de afinidade se encontram, e os membros atribuem funções como registrador, relator, facilitador e organizador de reuniões. Os membros seguem regras simples, como se comunicar abertamente e com sinceridade, ouvir com atenção, cumprir os horários combinados, estar preparado, permanecer focado, ser responsabilizado individualmente e apoiar um ao outro e ao grupo. As maiores vantagens dos grupos de afinidade são superar os limites existentes na organização e facilitar a melhor comunicação entre os diversos departamentos e divisões da organização.

Grupos informais

Enquanto os grupos formais são estabelecidos por uma organização, os **grupos informais** são compostos por seus membros e consistem de grupos formados por amigos, relativamente permanentes, e grupos de interesse, que podem durar menos. Os **grupos formados por amigos** surgem das relações cordiais entre os membros e do prazer que têm em estarem juntos. **Grupos de interesse** são organizados em torno de uma atividade ou interesse em comum, embora possa haver amizade entre seus membros.

Bons exemplos de grupos de interesse são os grupos de mulheres profissionais desenvolvidos nas últimas décadas. Muitos desses grupos começaram como reuniões informais de mulheres que queriam conhecer outras mulheres que trabalhassem em organizações dominadas por homens, mas logo se transformaram em grupos de interesse cujos benefícios ultrapassaram em muito seus propósitos sociais iniciais. Essas redes se tornaram sistemas de informação, colocação profissional e formação de executivos. Posteriormente algumas redes se estabeleceram como associações formais e permanentes; várias continuaram sendo grupos informais baseados mais em relações sociais do que em algum interesse específico; outras foram dissolvidas. Esses grupos podem ser, em parte, responsáveis pelo aumento drástico do percentual de mulheres em cargos administrativos e executivos.

> **Grupo informal** é estabelecido por seus membros.
>
> **Grupo formado por amigos** é relativamente permanente e informal; seus benefícios provêm das relações sociais entre seus membros.
>
> **Grupo de interesse** é relativamente temporário e informal e se organiza em torno de uma atividade ou de um interesse comum entre seus membros.

ETAPAS DO DESENVOLVIMENTO GRUPAL

Os grupos não são estáticos, geralmente se desenvolvem por meio de um processo de quatro etapas: (1) aceitação mútua, (2) comunicação e tomada de decisão, (3) motivação e produtividade e (4) controle e organização.[9] As etapas e as atividades que as caracterizam são mostradas na Figura 9.2. Separamos e distinguimos cada etapa. No entanto, é difícil indicar exatamente quando um grupo passa de uma etapa para outra, uma vez que as atividades de cada etapa se sobrepõem.

Aceitação mútua

Na margem: *Na **etapa de aceitação mútua** do desenvolvimento grupal, os membros compartilham informações sobre si mesmos e se conhecem.*

Na **etapa de aceitação mútua** do desenvolvimento grupal, forma-se o grupo e seus membros se conhecem compartilhando informações sobre si mesmos. Muitas vezes um investiga a opinião do outro discutindo temas que têm pouco a ver com o grupo, como clima, esporte ou acontecimentos recentes na organização. Alguns aspectos da tarefa de grupo, como objetivos formais, também podem ser discutidos nessa etapa. Contudo, essa discussão provavelmente não será muito produtiva, porque os membros não estão familiarizados entre si e não sabem avaliar os comentários uns dos outros. Caso aconteça que os membros já se conhecem, essa etapa poderá ser breve, mas é improvável que seja de todo eliminada, pois esse é um novo grupo com novo propósito. Além disso, provavelmente haverá alguns membros que outros conhecem pouco ou não conhecem.

À medida que os membros se conhecem, a discussão pode se voltar para questões mais delicadas, como a política organizacional ou recentes decisões controvertidas. Nessa etapa, os membros podem ter pequenas discussões e rixas ao explorar os diversos pontos de vista em várias questões e aprender sobre as reações, conhecimento e experiências. Com as discussões, os membros conseguem entender o quanto suas crenças e valores são semelhantes e até que ponto podem confiar uns nos outros. Os membros podem debater expectativas sobre as atividades do grupo com base em alguma experiência prévia com o grupo ou com a organização.[10] Posteriormente, o diálogo se volta para os negócios do grupo. Quando a discussão se torna séria, passa-se para a próxima etapa de desenvolvimento: comunicação e tomada de decisão.

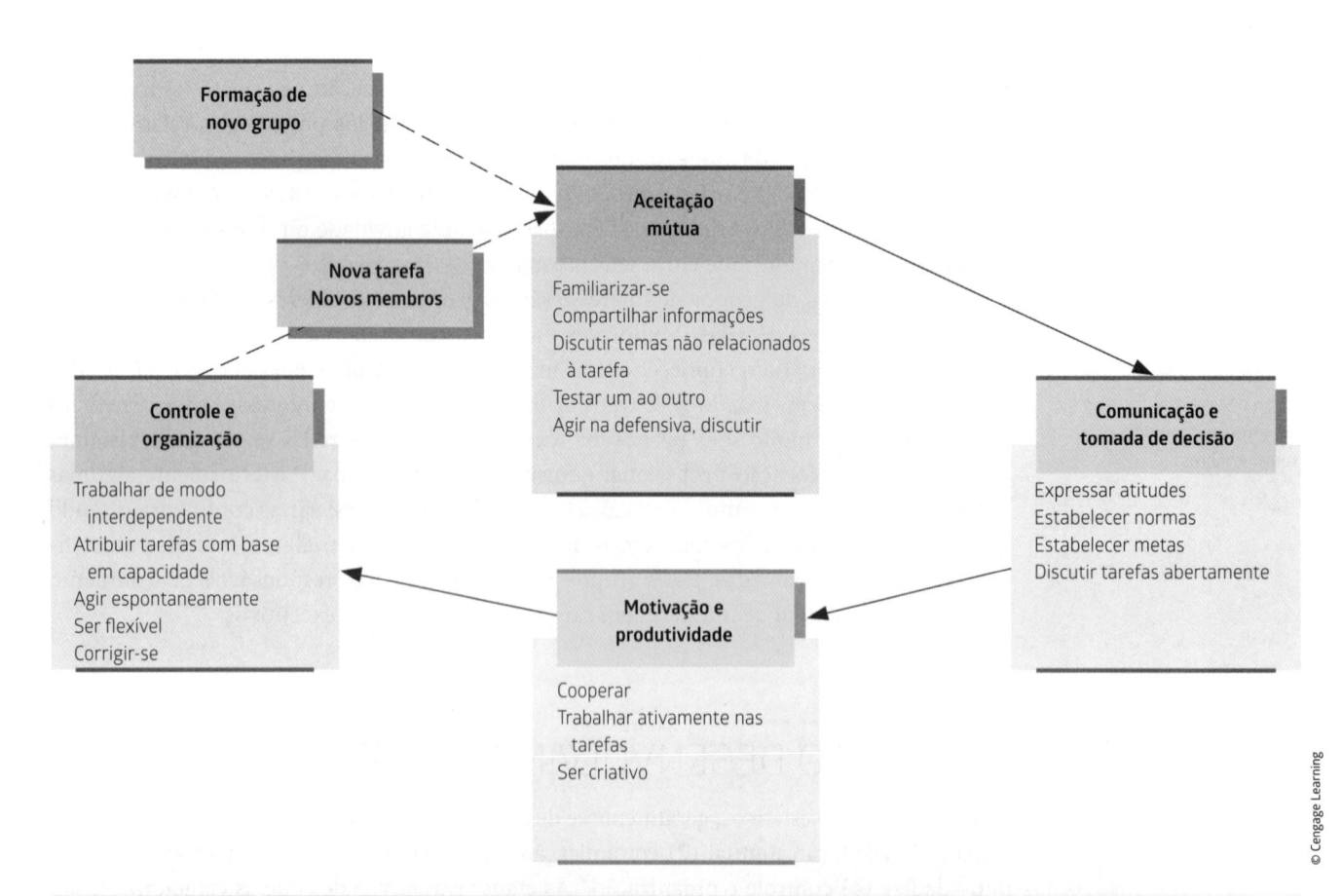

FIGURA 9.2

Etapas do desenvolvimento grupal

A figura mostra as etapas da evolução do grupo recém-formado para o grupo maduro. À medida que se acrescentam novos membros ou que um grupo existente recebe nova tarefa, o grupo passa pelas etapas novamente.

Comunicação e tomada de decisão

O grupo progride para a etapa de **comunicação e tomada de decisão** uma vez que os membros do grupo começam a aceitar uns aos outros. Nessa etapa, os membros discutem suas impressões e opiniões mais abertamente; podem demonstrar mais tolerância em relação a pontos de vista opostos e explorar diferentes ideias para sugerir a solução ou decisão mais razoável. Durante essa etapa, os membros geralmente começam a desenvolver normas de comportamento. Eles discutem e depois chegam ao acordo sobre as metas do grupo. Em seguida, recebem funções e tarefas para atingir as metas.

> Na etapa de **comunicação e tomada de decisão** do desenvolvimento grupal, os membros discutem seus sentimentos mais abertamente e concordam sobre objetivos coletivos e papéis individuais no grupo.

Motivação e produtividade

Na próxima etapa, **motivação e produtividade**, a ênfase deixa de estar nas preocupações e pontos de vista pessoais passando para atividades que beneficiem o grupo. Os membros realizam as tarefas atribuídas, cooperam uns com os outros e ajudam a cumprir metas. Eles estão bastante motivados e conseguem realizar tarefas de maneira criativa. Nessa etapa, o grupo está realizando seu trabalho e passando para a última etapa de desenvolvimento.

> Na etapa de **motivação e produtividade** do desenvolvimento grupal, os membros cooperam, ajudam uns aos outros trabalhando para cumprir tarefas.

Controle e organização

Na etapa final, **controle e organização**, o grupo trabalha efetivamente para atingir seus objetivos. As tarefas são atribuídas por acordo mútuo e conforme a capacidade. Em um grupo maduro, as atividades dos membros são relativamente espontâneas e flexíveis, e não sujeitas a rígidas restrições estruturais. Grupos maduros avaliam suas atividades e possíveis resultados realizando medidas corretivas, se necessário. Para que o grupo permaneça produtivo por um período extenso, as características de flexibilidade, espontaneidade e autocorreção são muito importantes.

> Na etapa de **controle e organização** do desenvolvimento grupal, o grupo está maduro; os membros trabalham juntos e são flexíveis, adaptáveis e autocorretivos.

Contudo, nem todos os grupos passam por todas as quatro etapas. Alguns grupos se dispersam antes de chegar à etapa final. Outros não conseguem completar uma etapa antes de passar para a próxima. Em vez de gastar o tempo necessário para se conhecer e adquirir confiança, por exemplo, um grupo pode reduzir a primeira etapa de desenvolvimento por causa da pressão do líder, dos prazos ou de ameaça externa (como o chefe).[11] Se os membros são forçados a fazer atividades típicas de uma etapa posterior enquanto o trabalho da etapa anterior permanece incompleto, é possível que fiquem frustrados: talvez o grupo não se desenvolva completamente e seja menos produtivo do que poderia ser.[12] A produtividade do grupo depende do desenvolvimento bem-sucedido em cada etapa. Um grupo que completa as quatro etapas de desenvolvimento geralmente se torna maduro e eficaz.[13] Os membros são interdependentes, coordenados, cooperativos, competentes no trabalho, motivados a realizá-lo, autocorretivos e se comunicam ativamente uns com os outros.[14] O processo não demora muito se o grupo se esforça e presta atenção.

Por fim, à medida que mudam as condições de trabalho e os relacionamentos, seja por troca de membros, seja pelo fim da tarefa e início de outra, os grupos podem precisar repetir uma ou mais etapas de desenvolvimento para manter as características de coesão e produtividade de um grupo bem desenvolvido. O San Francisco Forty-Nivers, por exemplo, uma vez voltou de uma greve da NFL (Liga Nacional de Futebol Americano) e passou um período desconfortável e preocupante. O técnico do time realizava treinos rigorosos, mas também permitia que os jogadores se reunissem para expor seus sentimentos. Aos poucos, a unidade do time voltou, e os jogadores começaram a contar piadas e a se socializar de novo enquanto se preparavam para o resto da temporada.[15] Seu novo desenvolvimento como grupo maduro resultou em duas vitórias consecutivas no Super Bowl.

Embora essas etapas não estejam separadas e distintas em todos os grupos, muitos grupos fazem transições previsíveis mais ou menos na metade do período disponível para completar a tarefa.[16] Um grupo pode começar abordando um problema da sua própria maneira e mantê-la até metade do tempo alocado. Muitas vezes, junto com essa transição que acontece

Depois de uma greve da NFL em que alguns jogadores furaram a greve e outros não, os técnicos do San Francisco Forty-Niners não sabiam como restaurar a união do time. O time usou uma mistura de treinos pesados e atividades sociais informais para reduzir a tensão e recuperar a camaradagem. Esse novo entrosamento como grupo maduro levou a equipe mais uma vez a duas vitórias no Super Bowl.

no ponto central, ocorre uma explosão de atividade concentrada, reavaliação das suposições, abandono de antigos padrões de atividade, adoção de novas perspectivas sobre o trabalho e progresso dramático. Após essa mudança no ponto central, os novos padrões de atividade podem ser mantidos até perto do fim do período alocado para a atividade. Outra transição pode ocorrer no período pouco antes do prazo final. Nessa transição, muitas vezes os grupos chegam à etapa de conclusão, lançando um impulso final para o término do trabalho.

FATORES DE DESEMPENHO GRUPAL

O desempenho de qualquer grupo é afetado por diversos fatores, além dos motivos da formação e das etapas de desenvolvimento. Em um grupo de alto desempenho, muitas vezes ocorre uma sinergia em que o desempenho coletivo é maior do que a soma das contribuições individuais. Muitos outros fatores podem contribuir para o desempenho acelerado.[17] Os quatro fatores básicos de desempenho de grupo são: composição, tamanho, normas e coesão.

Composição do grupo

A composição do grupo contribui muito para determinar sua produtividade.[18] Muitas vezes, a **composição do grupo** é descrita de acordo com a homogeneidade ou heterogeneidade dos membros. Um grupo é *homogêneo* se os membros têm uma ou várias semelhanças que são críticas para o trabalho grupal, como idade, experiência profissional, formação, especialidade técnica ou contexto cultural. Em grupos *heterogêneos*, os membros diferem em uma ou mais formas fundamentais para o trabalho do grupo. Muitas vezes os grupos homogêneos são criados em organizações em que as pessoas têm a função de comandar grupos conforme a

Composição do grupo é o grau de semelhanças ou diferenças entre os membros com relação aos fatores importantes para o trabalho do grupo.

Fatores de desempenho grupal – composição, tamanho, normas e coesão – afetam o sucesso do grupo no cumprimento de seus objetivos.

especialidade técnica semelhante. Embora as pessoas que trabalhem nesses grupos de comando possam ter diferenças, como em relação a idade e experiência de trabalho, elas são homogêneas em relação à variável essencial do desempenho no trabalho: especialidade técnica.[19]

Muitas pesquisas exploraram a relação entre a composição de um grupo e a produtividade. A heterogeneidade do grupo em relação a idade e tempo de serviço com o grupo mostrou ter relação com a rotatividade: grupos cujos membros têm idades e experiências diferentes tendem a sofrer frequentes mudanças na sua composição.[20] Um grupo homogêneo tende a ser mais produtivo quando a tarefa é simples, quando a cooperação é necessária, quando as tarefas são sequenciais ou quando exige ação rápida. Um grupo heterogêneo está mais propenso a ser produtivo quando a tarefa é complexa, exige esforço coletivo (ou seja, cada membro realiza uma tarefa diferente, e a soma desses esforços constitui o rendimento do grupo), criatividade ou quando a velocidade é menos importante que as deliberações. Por exemplo, um grupo que deveria gerar ideias para o marketing de um novo produto provavelmente precisa ser heterogêneo para desenvolver o máximo de ideias diferentes.

Para saber como o Cirque du Soleil reúne dois grupos diferentes – e bastante heterogêneos – para criar espetáculos complexos e artisticamente coerentes, ver o box *Tecnologia* intitulado "União entre tecnologia e arte".

A relação entre a composição do grupo e o tipo de tarefa é explicada pelas interações características de grupos homogêneos e heterogêneos. Um grupo homogêneo tende a ter menos conflitos, menos diferenças de opinião, comunicação mais fácil e mais interações. Quando a tarefa exige cooperação e velocidade, portanto, é preferível ter um grupo homogêneo. No entanto, se a tarefa exige que se faça uma análise complexa de informação e criatividade para chegar à melhor solução possível, um grupo heterogêneo pode ser mais adequado, pois ele gera ampla gama de pontos de vista. É provável que haja mais discussão e mais conflito, mas ambos podem enriquecer a tomada de decisão do grupo.

A composição do grupo se torna especialmente importante à medida que as organizações se diversificam.[21] As culturas diferem na importância que colocam sobre os membros do grupo e em como veem autoridade, incerteza e outros fatores importantes. Cada vez mais se atenta para a gestão de grupos compostos por diferentes culturas.[22] Em geral, o gestor responsável pelo grupo culturalmente diverso pode esperar muitas coisas. Primeiro, os membros provavelmente não confiarão uns nos outros. Os estereótipos serão um problema, e é quase certo que surgirão dificuldades de comunicação. Assim, os gestores precisam reconhecer que esses grupos raramente funcionarão de forma tranquila, pelo menos no início. Assim, talvez os executivos precisem de mais tempo para ajudar um grupo culturalmente diverso a atravessar os pontos difíceis durante o amadurecimento, e eles devem permitir um tempo maior que o normal para que o grupo realize a tarefa designada.

Muitas organizações estão fazendo *joint ventures* e outros tipos de aliança com empresas de outros países. As *joint ventures* são comuns na indústria automobilística e de eletrônicos, por exemplo. Os gestores dos Estados Unidos, também, tendem a exibir comportamentos individualistas no contexto de grupo, ao passo que os gestores de países mais coletivistas, como a República Popular da China, tendem a exibir comportamentos mais orientados ao grupo. Assim, quando esses dois tipos de gestores trabalham juntos na *joint venture*, devem ser cuidadosos e compreensivos nas interações e nos tipos de comportamento que exibem.

Tamanho do grupo

> Tamanho do grupo é a quantidade de membros nele; ele afeta o número de recursos disponíveis para realização da tarefa.

Um grupo pode ter somente dois membros ou quantos membros puderem interagir e se influenciar mutuamente. O **tamanho do grupo** pode exercer importante efeito sobre seu desempenho. Um grupo com muitos membros tem mais recursos e pode ser capaz de completar grande número de tarefas relativamente independentes. Em grupos estabelecidos para gerar ideias, os que têm mais membros tendem a produzir mais ideias, embora a proporção do aumento da quantidade de ideias diminua rapidamente à medida que o grupo cresce.[23]

TECNOLOGIA — União entre tecnologia e arte

A ginasta canadense Natasha Chao entrou para o Cirque du Soleil em 1993. De 1999 a 2003, ela interpretou o Red Bird em *Mystère*, uma produção apresentada permanentemente no Treasure Island Hotel and Casino, em Las Vegas. Segundo as notas de produção do espetáculo, o personagem do pássaro vermelho que não voa (é macho, embora o artista não precisasse ser homem) "salta cada vez mais alto nas inúteis tentativas de chegar ao céu. Ainda acreditando que pode voar, ele luta contra o destino". Na coreografia, seu destino consiste em uma queda livre de 18 metros em uma rede escondida. Segundo a coreógrafa de *Mystère*, Debra Brown, "uma coisa que todos os artistas do Cirque têm em comum é a paixão por fazer arte. Os artistas do Cirque, que arriscam a vida, são os mais apaixonados", acrescenta ela, e Chao não é exceção. Como trabalha sem substituto, ela não pode se machucar e, apesar da paixão pela arte, ela, compreensivelmente, tomava muito cuidado ao realizar a cena.

Além de manter um ritmo impecável e uma aguçada noção de espaço, o segredo de Chao era curvar a coluna na vertical no último momento antes de tocar a rede. A tensão da rede era monitorada constantemente por técnicos que trabalham no sistema de controle de movimento do teatro, e não é de surpreender que a técnica, a preparação e o cuidado do artista não evitariam que ele se machucasse sem o apoio constante do batalhão de técnicos do Cirque. Executar uma cena como o mergulho do Red Bird, segundo outro coreógrafo do Cirque, Jacques Heim, "é muito emocionante, mas é emocionante porque é aterrorizante". Ele explica que por isso cada apresentação do Cirque consiste em dois espetáculos: o espetáculo que os artistas estão representando diante da plateia e o espetáculo que os técnicos estão apresentando nos bastidores.

Heim fez a coreografia de *KÀ*, uma montagem de tema egípcio realizada pelo Cirque no MGM Grand Hotel & Casino, também em Las Vegas. Lançando em 2005 ao custo de US$ 220 milhões, *KÀ* foi a produção mais ambiciosa que o Cirque já havia montado até então, tanto no âmbito artístico como no tecnológico. O diretor técnico Matthew Whelan afirma: "Em *KÀ*, o maquinário é tão impressionante que o movimento se torna um número [de dança]... O público vê os movimentos dos elevadores" – a manipulação por computador das plataformas que formam o "palco" móvel – "mas também há outro *show* completo no poço, onde os elevadores saem do alcance da vista, permitindo que as partes do cenário mudem de um patamar a outro em uma coreografia especial para gerenciar um espaço limitado". A interação entre técnicos e artistas é ainda mais importante do que na maioria das produções do Cirque, porque, como diz o arquiteto de palco Mark Fisher, o cenário administrado tecnologicamente "faz parte do cenário em que os artistas vivem e se movem para criar o espetáculo".

O projetista de equipamentos Jaque Paquin admite que "os artistas correm o risco constante de cair", e o Cirque du Soleil depende da tecnologia e das pessoas que a operam não apenas para aprimorar o desempenho dos artistas, mas também para protegê-los. Afinal, Paquin também é responsável pela rede de segurança retrátil que está programada abaixo do cenário central de *KÀ* – um espetáculo de acrobacias aéreas – pelo sistema de controle modular e multiusuário NOMAD. O gerente de produção de operações de *KÀ*, Keith Wright, considera a dupla responsabilidade do técnico como reflexão básica da missão do Cirque du Soleil: "O Cirque du Soleil sempre trata do artista e da humanidade, e as ferramentas que usamos, por mais que sejam avançadas, devem servir aos artistas humanos".

> "O Cirque du Soleil sempre trata do artista e da humanidade, e as ferramentas que usamos, por mais que sejam avançadas, devem servir aos artistas humanos."
> — KEITH WRIGHT, GERENTE DE PRODUÇÃO DE OPERAÇÕES DO CIRQUE DU SOLEIL

Referências: John Scott Lewinski, "Cirque du Soleil's Sophisticated *Kà* Evolves with New Tech", *Wired*, 16 fev. 2010, www.wired.com, 4 jun. 2012; Joe Hunkins, "Cirque du Soleil: Dramatic Technologies", *Technology Report*, 15 dez. 2009, http://technology-report.com, 4 jun. 2012; Victoria Looseleaf, "Cirque du Soleil's Magic", *Dance Magazine*, dez. 2007, www.dancemagazine.com, 4 jun. 2012; Gigi Berardi, "Circus+Dance=Cirque du Soleil", *Dance Magazine*, 1º set. 2002, www.thefreelibrary.com, 3 mai. 2011; Stephanie Gooch, "Industrial-Scale Technology in Cirque du Soleil's *KÀ*", *Designfax*, 1º fev. 2005, www.thefreelibrary.com, 3 mai. 2011.

Quando passa de certo ponto, quanto maior a complexidade das interações e da comunicação, maior é a dificuldade do grupo grande chegar a um acordo.

A probabilidade de formalização das interações e comunicações em grupos grandes é muito maior. Os grupos grandes tendem a criar pautas para reuniões e a seguir um protocolo ou procedimento para controlar a discussão. Consequentemente, o tempo que seria usado para trabalhar em tarefas é tomado por obrigações administrativas, como organizar e estruturar as interações e comunicações dentro do grupo. Além disso, o tamanho pode inibir a participação de algumas pessoas e aumentar a ociosidade; alguns param de tentar fazer contribuições significativas e até deixam de ir às reuniões se suas diversas tentativas de contribuir ou participar forem frustradas pelo grande número de esforços semelhantes feitos por outros membros. Além disso, grandes grupos apresentam mais oportunidades de atração interpessoal, gerando mais interações sociais e menos interações relacionadas à tarefa. A **vadiagem social** é a tendência de alguns membros do grupo a não se esforçarem tanto em uma situação coletiva quanto se esforçariam se estivessem sozinhos. Muitas vezes, a vadiagem social ocorre porque alguns membros supõem que, se não trabalharem duro, outros membros preencherão a lacuna. O quanto isso se torna um problema depende da natureza da tarefa, das características das pessoas envolvidas e da habilidade do líder do grupo em reconhecer um possível problema e fazer algo a respeito.

> **Vadiagem social** é a tendência de alguns membros do grupo a não se esforçarem tanto em uma situação coletiva quanto se esforçariam se trabalhassem sozinhos.

Assim, o tamanho de grupo mais eficiente é determinado pela capacidade dos membros interagirem e influenciarem uns aos outros com eficiência. A necessidade de interação é afetada pela maturidade do grupo, pelas tarefas, pela maturidade individual e pela capacidade do líder ou gestor de administrar a comunicação, os possíveis conflitos e as atividades. Em algumas situações, o tamanho mais eficiente é de três ou quatro membros; outros grupos podem funcionar melhor com 15 ou mais membros.

Normas do grupo

Norma é um padrão usado para julgar a adequação de um comportamento. Assim, as normas determinam o comportamento esperado em uma certa situação. Geralmente, as normas são estabelecidas durante a segunda etapa do desenvolvimento grupal (comunicação e tomada de decisão) e são levadas adiante na etapa de maturidade. Ao fornecer a base para prever o comportamento de outras pessoas, as normas facilitam o comportamento consistente e aceitável para o grupo. Sem normas, as atividades em um grupo seriam caóticas.

> **Norma** é o padrão usado para julgar a adequação de um comportamento.

As normas resultam da combinação de características da personalidade dos membros, situação, tarefa e tradições históricas do grupo.[24] A falta de conformidade com as normas do grupo pode resultar em agressão verbal, ameaça física, ostracismo ou rejeição. Contudo, as normas do grupos são aplicadas somente para ações importantes para os membros. Por exemplo, se a norma do escritório é que os colaboradores usem terno para passar uma imagem profissional aos clientes, um membro da equipe que usar calça jeans e suéter viola a norma do grupo e deve ser alertado sobre isso rapidamente. Mas se a norma diz que a roupa não é importante porque há pouco contato com clientes, o fato de alguém usar jeans não será percebido.

Nas organizações, as normas servem para quatro propósitos. Primeiramente, elas ajudam o grupo a sobreviver. Os grupos tendem a rejeitar um comportamento divergente que não ajuda a cumprir as metas do grupo nem contribui caso a sobrevivência esteja ameaçada. Assim, um grupo bem-sucedido que não está ameaçado pode ser mais tolerante com o comportamento divergente. Em segundo lugar, elas simplificam e tornam mais previsíveis os comportamentos esperados. Por estarem familiarizados com as normas, os membros não precisam analisar cada comportamento e decidir qual será a reação. Os membros podem prever as ações dos outros com

As normas de um grupo são padrões de comportamento que definem o modo de agir adequado de seus membros. Os dois membros do grupo ao fundo estão trabalhando arduamente em um grande projeto, enquanto o membro que está à frente está relaxando. Uma possível explicação para esse comportamento é que as normas do grupo permitem que um membro tire alguns minutos para relaxar depois de passar horas a mais no projeto. Outra possibilidade é que ele esteja violando as normas do grupo e, como consequência, será punido por outros membros.

base nas normas do grupo, resultando geralmente no aumento de produtividade e no cumprimento de metas. Em terceiro lugar, as normas ajudam o grupo a evitar situações constrangedoras. Os membros muitas vezes não querem prejudicar a autoimagem de outros e provavelmente evitarão certos temas que possam magoar algum membro. Por fim, as normas expressam os valores centrais do grupo e o identificam com outros. Certas roupas, maneirismos ou comportamentos em situações específicas podem ser um ponto de convergência de membros e, para outros, podem significar a natureza do grupo.[25]

Coesão do grupo

Coesão do grupo é o modo como um grupo se compromete a se manter unido; ela resulta das forças que agem sobre os membros. As forças que criam coesão são atração ao grupo, resistência em sair dele e motivação em continuar sendo membro.[26] Como mostrado na Figura 9.3, a coesão do grupo está relacionada a muitos aspectos da dinâmica grupal já abordados: maturidade, homogeneidade, tamanho adequado e frequência de interações.

> Coesão do grupo é a medida em que um grupo se mantém unido; ela resulta das forças que agem sobre os membros.

FIGURA 9.3

Fatores que afetam a coesão do grupo e as consequências dessa coesão

Os fatores que aumentam e diminuem a coesão e as consequências da alta e da baixa coesão indicam que, embora muitas vezes seja preferível ter um grupo altamente coeso, em algumas situações os efeitos desse grupo podem ser negativos para a organização.

Fatores que aumentam a coesão
- Composição homogênea
- Desenvolvimento maduro
- Tamanho relativamente pequeno
- Interações frequentes
- Metas definidas (concorrência ou ameaça externa)
- Sucesso

Consequências da alta coesão
- Cumprimento de metas
- Satisfação pessoal dos membros
- Aumento da quantidade e qualidade das interações
- Pensamento de grupo

Fatores que diminuem a coesão
- Composição heterogênea
- Formação recente
- Tamanho grande
- Dispersão física
- Metas ambíguas
- Fracasso

Consequências da baixa coesão
- Dificuldade de atingir metas
- Aumento da possibilidade de dispersão
- Interações menos frequentes
- Orientação individual
- Pouco comprometimento com as metas do grupo

© Cengage Learning

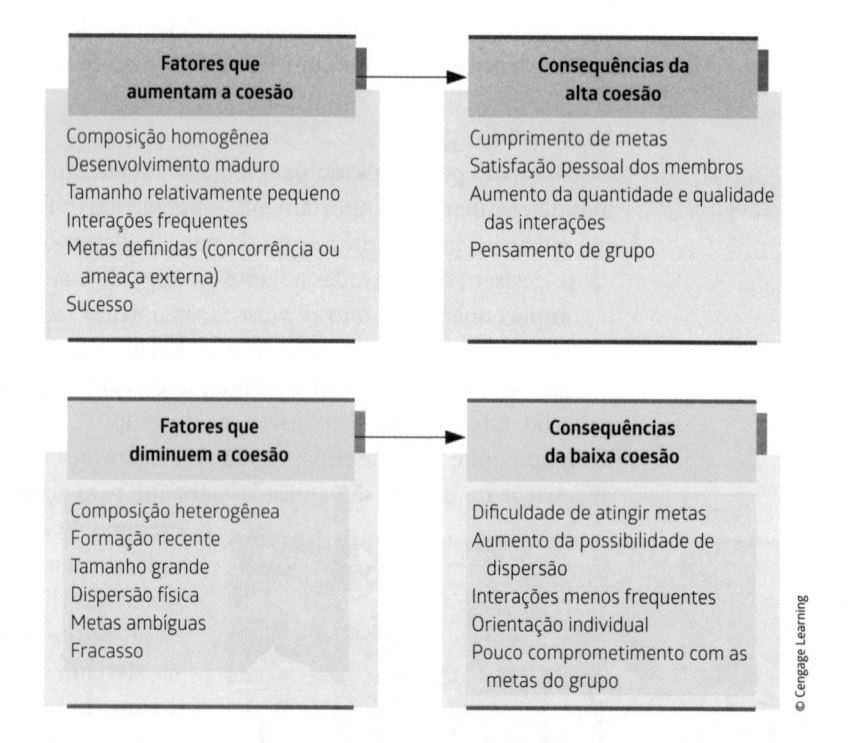

FIGURA 9.4

Coesão, objetivos e produtividade grupal

A figura mostra a melhor combinação para que o grupo seja coeso e para que os objetivos do grupo sejam congruentes com os objetivos da organização. O menor desempenho grupal potencial também ocorre com grupos altamente coesos quando os objetivos não são consistentes com os objetivos da organização.

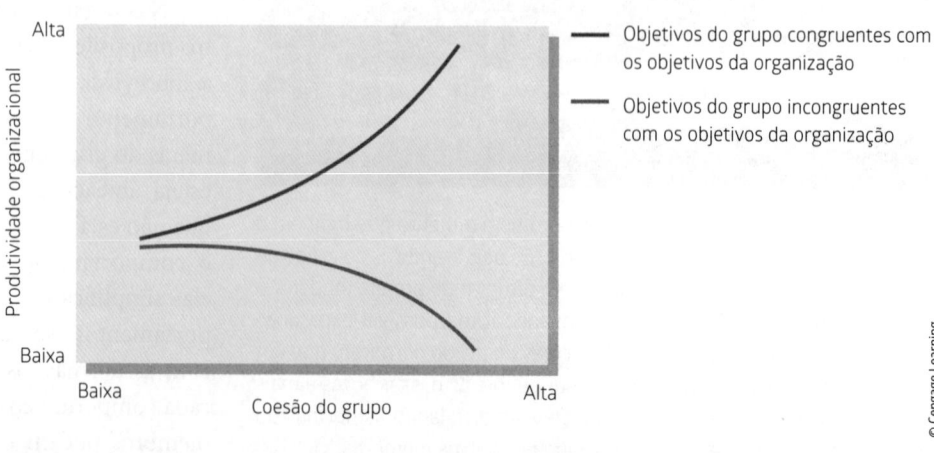

(Gráfico: eixo Y — Produtividade organizacional, de Baixa a Alta; eixo X — Coesão do grupo, de Baixa a Alta. Linha superior: Objetivos do grupo congruentes com os objetivos da organização. Linha inferior: Objetivos do grupo incongruentes com os objetivos da organização.)

© Cengage Learning

A figura também mostra que a coesão do grupo pode ser aumentada pela concorrência ou pela presença de alguma ameaça externa. Qualquer um desses fatores pode concentrar a atenção dos membros em um objetivo claramente definido e aumentar a disposição de trabalharem juntos. Por fim, atingir objetivos muitas vezes aumenta a coesão do grupo, porque as pessoas têm orgulho de serem identificadas como vencedoras e de serem consideradas competentes e bem-sucedidas. Esse pode ser um motivo por trás da expressão popular "sucesso gera sucesso". Um grupo bem-sucedido pode se tornar mais coeso e, assim, ainda mais bem-sucedido. É claro que outros fatores podem atrapalhar o sucesso contínuo, como as diferenças pessoais, o ego e o desejo de obter mais sucesso individual em outras atividades.

Um estudo sobre os fatores de desempenho grupal aborda a relação entre coesão e produtividade.[27] Grupos altamente coesos parecem ser mais eficazes em atingir metas do que grupos com fraca coesão, principalmente grupos de pesquisa e desenvolvimento de empresas norte-americanas.[28] No entanto, grupos altamente coesos não são necessariamente mais produtivos no sentido organizacional em comparação a grupos com pouca coesão. Como a Figura 9.4 ilustra, quando as metas do grupo são compatíveis com as metas organizacionais, um grupo coeso provavelmente será mais produtivo que um não coeso. Em outras palavras, se um grupo altamente coeso tem o objetivo de contribuir para o bem da organização, é muito provável que ele seja produtivo em termos organizacionais. Contudo, se esse grupo decide sobre um objetivo que tem pouco a ver com os negócios da organização, ele provavelmente cumprirá seu próprio objetivo, mesmo que comprometa o objetivo da empresa. Em um estudo sobre características de grupos e produtividade, a coesão do grupo foi o único fator consistentemente relacionado ao alto desempenho de engenheiros e técnicos de pesquisa e desenvolvimento.

A coesão também pode ser o fator principal no desenvolvimento de certos problemas no caso de grupos de tomada de decisão. Um exemplo é o **pensamento de grupo**, que ocorre quando a preocupação principal do grupo é uma decisão unânime em vez da análise crítica de alternativas.[29] (Abordaremos o pensamento de grupo neste capítulo.) Diante desses problemas, junto com a evidência relativa à coesão e à produtividade, o gestor deve pesar cuidadosamente os prós e os contras em relação a fomentar grupos altamente coesos.

> **Pensamento de grupo** é o modo de raciocínio que ocorre quando os membros do grupo estão profundamente envolvidos em um grupo coeso, e o desejo de unanimidade invalida a motivação para analisar cursos de ação alternativos.

DINÂMICA INTERGRUPAL

A contribuição do grupo para a organização depende não apenas da produtividade, mas também da interação com outros grupos. Muitas organizações estão expandindo o uso de equipes interfuncionais para abordar questões organizacionais mais complexas e cada vez mais importantes. Como resultado houve aumento da ênfase nas interações entre as equipes com outros grupos. Os grupos que interagem ativamente com outros grupos fazendo perguntas, iniciando programas conjuntos e compartilhando as conquistas da equipe em geral são os mais produtivos.

As interações são a chave para entender a dinâmica intergrupal. A orientação dos grupos para com seus objetivos se dá com base em um complexo conjunto de condições que determinam a relação entre esses grupos. Os fatores mais importantes são apresentados no modelo de dinâmica intergrupal na Figura 9.5. O modelo ressalta os três principais fatores que influenciam as interações intergrupais: características do grupo, contexto organizacional e bases de interação por tarefa e por situação.

Primeiro, devemos entender as principais características dos grupos em interação. Cada grupo interage com as próprias características. À medida que os indivíduos se tornam parte do grupo, tendem a se identificar tanto com aquele grupo que sua visão sobre os demais grupos se torna parcial, por isso pode ser difícil chegar a relações harmoniosas com outros grupos.[30] Além disso, os indivíduos que fazem parte do grupo contribuem para o desenvolvimento de seus processos, e essas contribuições, por sua vez, influenciam normas, tamanho, composição e coesão grupal; esses fatores afetam as interações com outros grupos. Assim, entender os indivíduos que fazem parte de um grupo e as principais características dele ajudam a monitorar as interações intergrupais.

Segundo, o contexto organizacional em que os grupos interagem pode exercer importante influência nas interações entre grupos. Estrutura, regras e procedimentos da organização, processos de tomada de decisão bem como sistemas de metas e recompensas afetam as interações. Por exemplo, organizações em que ocorrem interações frequentes e há fortes laços entre os grupos geralmente caracterizadas por pouco conflito.[31]

Terceiro, as bases de interação por tarefa e por situação concentram a atenção nas relações de trabalho entre os grupos que interagem e nos motivos dessa interação. Como mostra a Figura 9.5, os cinco fatores que afetam as interações intergrupais são: local, recursos, interdependência entre tempo e objetivos, incertezas da tarefa e interdependência de tarefas. Esses fatores criam as interações e determinam as características, como frequência da interação, volume de troca de informações entre grupos e tipo de coordenação de que os grupos precisam para interagir e funcionar. Por exemplo, se dois grupos dependem bastante um do outro para realizar uma tarefa sobre a qual há muita incerteza, são necessárias muitas informações de cada um para definir e realizar a tarefa.

FIGURA 9.5

Fatores que influenciam as interações intergrupais

A natureza das interações entre grupos depende das características dos grupos envolvidos, do contexto organizacional e do contexto da tarefa bem como da situação para interação.

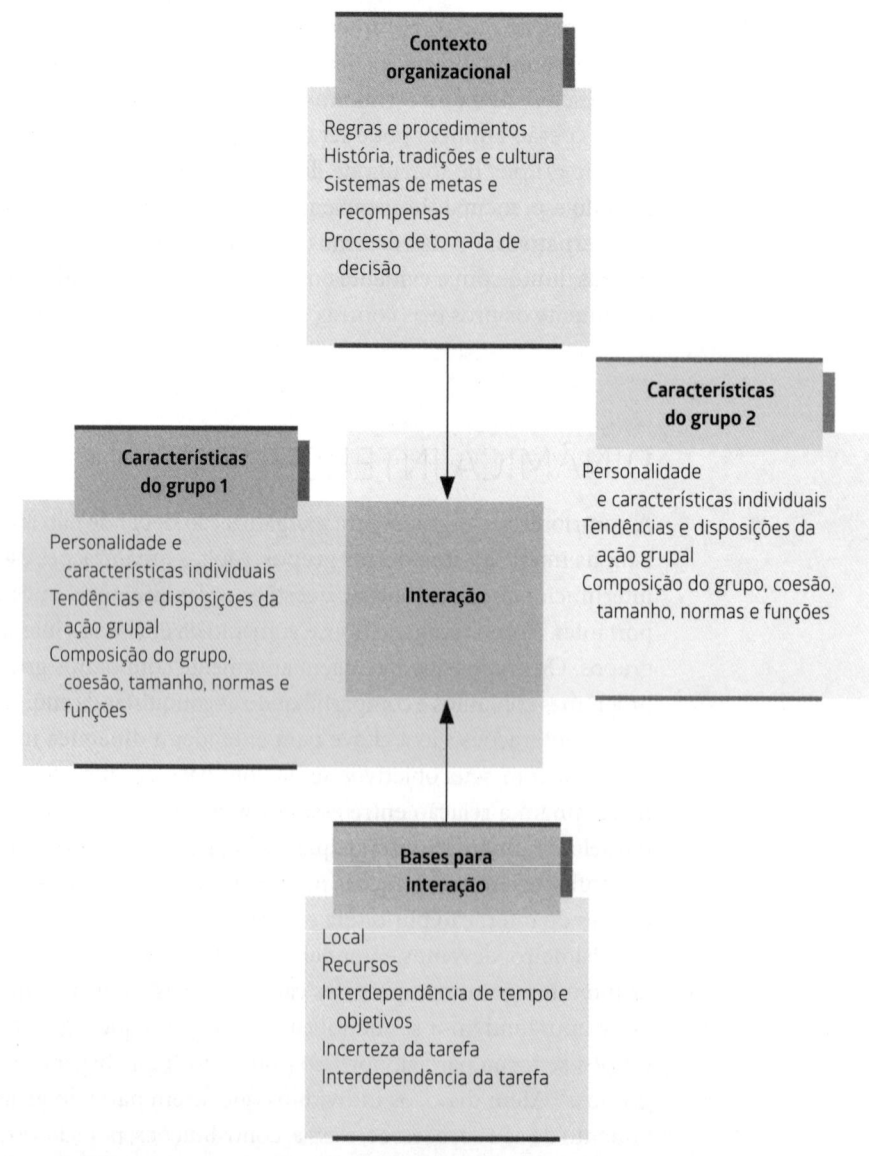

Contexto organizacional
- Regras e procedimentos
- História, tradições e cultura
- Sistemas de metas e recompensas
- Processo de tomada de decisão

Características do grupo 1
- Personalidade e características individuais
- Tendências e disposições da ação grupal
- Composição do grupo, coesão, tamanho, normas e funções

Interação

Características do grupo 2
- Personalidade e características individuais
- Tendências e disposições da ação grupal
- Composição do grupo, coesão, tamanho, normas e funções

Bases para interação
- Local
- Recursos
- Interdependência de tempo e objetivos
- Incerteza da tarefa
- Interdependência da tarefa

© Cengage Learning

TOMADA DE DECISÕES EM GRUPO NAS ORGANIZAÇÕES

As pessoas que fazem parte das organizações trabalham em diversos grupos: formais e informais, permanentes e temporários. A maioria desses grupos toma decisões que afetam o bem-estar da organização e das pessoas que fazem parte dela. Aqui discutimos diversas questões acerca de como os grupos tomam decisões: polarização, pensamentos de grupo e solução de problemas em grupo.

Polarização de grupo

> **Polarização de grupo** ocorre quando a média das atitudes dos membros após uma discussão tende a ser mais radical do que a média das atitudes antes da discussão.

As atitudes e opiniões dos membros a respeito de um problema ou solução podem mudar durante o debate. Alguns estudos sobre essa tendência mostraram que a transformação é um movimento bastante consistente rumo à solução mais incerta, chamada "mudança arriscada".[32] Outros estudos e análises mostraram que a mudança induzida nem sempre gera mais risco; o grupo tem a mesma probabilidade de se mover para uma visão mais conservadora.[33] Em geral, a **polarização de grupo** ocorre quando a média das atitudes dos membros após uma discussão tende a ser mais radical do que a média das atitudes antes da discussão.[34]

Muitas características da discussão em grupo contribuem com a polarização. Durante uma discussão em grupo, quando os indivíduos descobrem que outros compartilham da mesma opinião, eles ficam mais confiantes em relação à própria opinião, resultando em um ponto de vista mais radical. Os argumentos persuasivos também podem incentivar a polarização. Se os membros que apoiam fortemente um posicionamento específico conseguem se expressar de modo convincente na discussão, os adeptos menos ávidos desse posicionamento podem se convencer de que esse posicionamento seja o correto. Além disso, os membros podem acreditar que, como o grupo está decidindo, eles não são individualmente responsáveis pela decisão nem por seus resultados. Essa difusão de responsabilidade pode capacitá-los a aceitar e apoiar uma decisão mais radical do que fariam como indivíduos.

A polarização pode afetar profundamente a tomada de decisão do grupo. Se os membros são conhecidos pela tendência à decisão específica antes da discussão, pode-se esperar que o posicionamento após a discussão seja ainda mais radical. Entender esse fenômeno será útil para quem procura influenciar a decisão.

Pensamento de grupo

> **Pensamento de grupo** é uma forma de raciocínio que ocorre quando os membros do grupo estão profundamente envolvidos em um grupo coeso e o desejo de unanimidade ultrapassa a motivação para avaliar cursos de ação alternativos.

Como foi abordado anteriormente, grupos e equipes altamente coesos conseguem atingir os objetivos, embora, às vezes, também tenham sérias dificuldades. Um problema que pode ocorrer é o pensamento de grupo. De acordo com Irving L. Janis, o **pensamento de grupo** é "uma forma de raciocínio que ocorre quando os membros estão profundamente envolvidos em um grupo coeso e o desejo de unanimidade ultrapassa a motivação para avaliar cursos de ação alternativos".[35] Então, quando ele ocorre, o grupo inconscientemente tem como objetivo a unanimidade em vez da melhor decisão. Os membros individuais percebem que não é adequado levantar objeções. O pensamento de grupo pode ocorrer em muitas situações de tomada de decisão nas organizações. A tendência atual em torno do uso de equipes nas organizações pode aumentar as ocorrências de pensamento de grupo por causa da suscetibilidade das equipes autogeridas para esse tipo de mentalidade.[36]

Sintomas do pensamento de grupo As três principais condições que fomentam o desenvolvimento do pensamento de grupo são coesão, estímulo à solução preferida do líder e isolamento das opiniões dos especialistas. Com base na avaliação do desastre associado à explosão do ônibus espacial *Challenger* em 1986, a ideia original dos sintomas do pensamento de grupo passou a incluir os efeitos do aumento da urgência e o papel do líder em não estimular

O pensamento de grupo cria a ilusão de unanimidade. Essa equipe de funcionários parece estar unida na confiança mútua e provavelmente diria que "está em harmonia". Embora isso possa ser verdade, é possível que eles tenham se enganado ao acreditar que concordam, quando, na realidade, estão apenas experimentando o pensamento de grupo.

o pensamento crítico no desenvolvimento dos sintomas do pensamento de grupo.[37] A Figura 9.6 resume o processo revisado de pensamento de grupo.

Uma equipe tomada pelo pensamento de grupo exibe oito sintomas bem definidos:

1. *Ilusão de invulnerabilidade* compartilhada pela maioria dos membros ou por todos eles, que cria otimismo excessivo e incentiva a adoção de riscos extremos.
2. *Esforços coletivos para racionalizar ou amenizar alertas* que poderão fazer com que os membros reconsiderem as suposições antes de se comprometerem novamente com políticas antigas de decisão.

FIGURA 9.6

Processo de pensamento de grupo

O pensamento de grupo pode ocorrer quando o grupo altamente coeso com líder diretivo está pressionado pela urgência; pode resultar em processo eficaz de tomada de decisão e com pouca probabilidade de bons resultados.

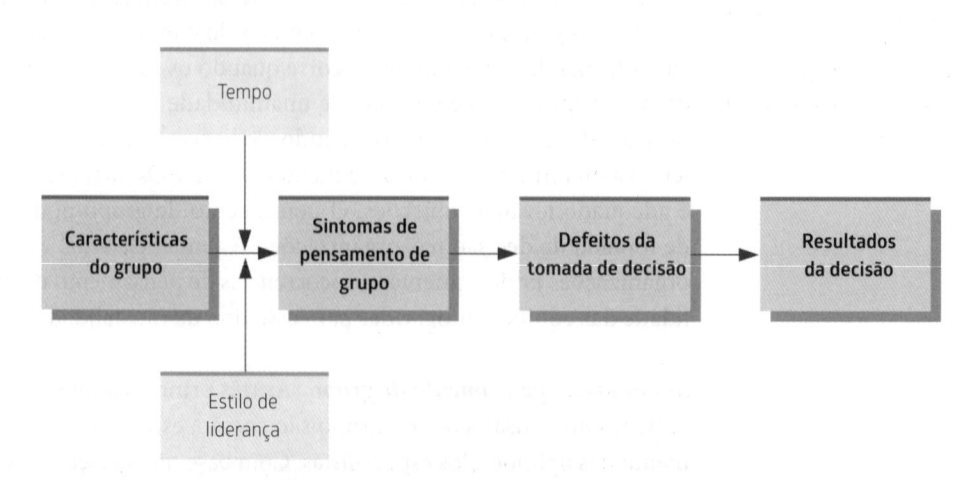

Tempo → Características do grupo → Sintomas de pensamento de grupo → Defeitos da tomada de decisão → Resultados da decisão
Estilo de liderança ↑

Referências: Gregory Moorhead, Richard Ference e Chris P. Neck, "Group Decision Fiascoes Continue: Space Shuttle *Challenger* and a Revised Groupthink Framework", *Human Relations*, 1991, v. 44, p. 539-550.

3. *Convicção não questionada em relação à moralidade intrínseca ao grupo,* que inclina os membros a ignorarem as consequências éticas e morais das decisões.
4. *Visões estereotipadas de líderes "inimigos"* que os retratam como maus demais para garantir tentativas genuínas de negociar ou como muito fracos ou até mesmo estúpidos para contrariar tentativas arriscadas para derrotar seus propósitos.
5. *Pressão sobre um membro* que expressa fortes argumentos contra algum estereótipo, ilusão ou compromisso do grupo, deixando claro que essa dissidência é contrária ao que se espera de membros fiéis.
6. *Autocensura de discordâncias* com o aparente consenso do grupo, que reflete a inclinação de cada membro a minimizar a importância das dúvidas e contra-argumentos.
7. *Ilusão compartilhada de unanimidade resultante* da autocensura de discordâncias, ampliada pela falsa suposição de que quem cala consente.[38]
8. *Surgimento de guadiões de ideias (mindguards) autodesignados,* membros que protegem o grupo de informações adversas que podem destruir a complacência compartilhada sobre a eficácia e moralidade das decisões.[39]

Janis afirma que os membros do grupo envolvidos na cobertura do caso Watergate durante a gestão e a campanha de reeleição do presidente Richard Nixon – o próprio Nixon, H. R. Haldeman, John Ehrlichman e John Dean – podem ter sido vítimas do pensamento de grupo. A evidência da maior parte de sintomas do pensamento de grupo pode ser encontrada nos manuscritos de suas deliberações.[40] Mais recentemente, é provável que o recente escândalo na Penn State envolvendo o técnico Joe Paterno tenha crescido em parte por causa do pensamento de grupo.[41] Por exemplo, a liderança da universidade parecia ter a ilusão de invulnerabilidade, racionalizava ou amenizava os alertas, acreditava na própria moralidade intrínseca, tinha a ilusão de moralidade e tolerava os guardiões de ideias.

Defeitos da tomada de decisão e qualidade da decisão Quando o pensamento grupal domina as deliberações do grupo, aumenta a probabilidade dos defeitos na tomada de decisão. O grupo é menos propenso a analisar uma gama completa de alternativas e pode se concentrar em poucas (geralmente uma ou duas). Ao discutir a alternativa preferida, o grupo pode não conseguir analisar se há riscos e desvantagens óbvias. O grupo pode não reavaliar com antecedência as alternativas rejeitadas e verificar se há ganhos não óbvios ou meios de reduzir custos aparentes, mesmo quando recebe novas informações. O grupo pode rejeitar as opiniões dos especialistas que vão contra as suas visões e podem considerar somente as informações que apoiam a solução preferida. A decisão de lançar o ônibus espacial *Challenger* em janeiro de 1986 pode ter sido o produto de pensamento de grupo, porque, graças ao crescente aumento da urgência para a tomada de decisão e ao estilo de liderança, as informações negativas foram ignoradas pelo grupo que tomou a decisão. (Infelizmente, o mesmo padrão aparentemente ocorreu outra vez antes do fatídico lançamento do ônibus *Columbia*, em 2003.) Por fim, o grupo talvez não considere as possíveis desvantagens ou retaliações de grupos concorrentes e, assim, pode não desenvolver planos de contingência. Janis afirma que esses defeitos também podem surgir de problemas comuns: fadiga, preconceito, informações imprecisas, excesso de informação e ignorância.[42]

Os defeitos na tomada de decisão nem sempre geram resultados ruins ou derrotas. Mesmo que seus próprios processos de tomada de decisão sejam imperfeitos, um lado pode vencer a batalha por causa das más decisões feitas pelo líder concorrente. Entretanto, as decisões geradas por processos defeituosos estão menos propensas ao sucesso. Ainda que os argumentos para a existência do pensamento de grupo sejam convincentes, a hipótese não foi submetida à rigorosa análise empírica. A pesquisa apoia partes do modelo, mas deixa algumas perguntas sem resposta.[43]

Prevenção do pensamento de grupo Foram oferecidas muitas sugestões para ajudar os gestores a reduzir a probabilidade do pensamento de grupo na tomada de decisão. Resumidas na Tabela 9.2, essas instruções estão divididas em quatro categorias, conforme se aplicam ao líder, à organização, ao indivíduo ou ao processo. Essas categorias foram criadas para facilitar a análise crítica das alternativas e desencorajar a busca pela unanimidade.

Participação

Um grande problema na tomada de decisão em grupo é até que ponto os colaboradores devem participar do processo. Teorias de gestão mais antigas, como a escola de administração científica, defendiam a clara separação entre as obrigações de gestores e de empregados.

TABELA 9.2 — Instruções para evitar o pensamento de grupo

A. Instruções do líder
1. Atribua a função de avaliador crítico a todos.
2. Seja imparcial; não expresse preferências.
3. Atribua a função de advogado do diabo a pelo menos um membro do grupo.
4. Use especialistas de fora para desafiar o grupo.
5. Esteja aberto a pontos de vista divergentes.

B. Instruções organizacionais
1. Estabeleça diversos grupos independentes para estudar o mesmo problema.
2. Treine administradores e líderes em técnicas de prevenção do pensamento de grupo.

C. Instruções individuais
1. Seja um pensador crítico.
2. Discuta as deliberações do grupo com uma pessoa de fora confiável; relate ao grupo.

D. Instruções de processo
1. Divida o grupo em subgrupos periodicamente para discutir os problemas.
2. Separe um tempo para estudar fatores externos.
3. Promova reuniões de segunda chance para repensar problemas antes de assumir um compromisso.

© Cengage Learning

A gestão deveria tomar as decisões, e os funcionários deveriam implementá-las.[44] Outras abordagens alegam que os funcionários poderiam participar das decisões para aumentar o envolvimento do ego, a motivação e a satisfação.[45] Diversos estudos demonstraram que enquanto os empregados buscam responsabilidade e desafio no trabalho podem ver a participação no processo de tomada de decisão como algo motivador e enriquecedor, outros funcionários podem ver essa participação como perda de tempo e imposição da gestão.[46]

Se a participação do empregado na tomada de decisão é apropriada ou não, isso depende da situação. Em tarefas que requerem cálculo, previsão ou julgamento preciso – geralmente chamadas "tarefas críticas" – os grupos em geral são superiores aos indivíduos simplesmente porque mais pessoas contribuem para o andamento do processo na tomada de decisão. Contudo, um indivíduo capaz pode fazer um julgamento melhor que o do grupo.

Em atividades que envolvem solução de problemas, os grupos geralmente produzem soluções melhores e em maior quantidade do que indivíduos. No entanto, os grupos levam muito mais tempo que os indivíduos para desenvolver e tomar decisões. Um indivíduo ou grupo muito pequeno pode conseguir realizar certas coisas mais rápido que um grupo ou uma organização grande e complexa. Além disso, a tomada de decisão individual evita os problemas da tomada de decisão em grupo, como pensamento de grupo e polarização. Se o problema a ser resolvido vai direto ao assunto, pode ser mais adequado ter um indivíduo competente concentrado em resolvê-lo. Mas problemas complexos são mais adequados para grupos. Muitas vezes esses problemas podem ser divididos em partes atribuídas a indivíduos ou a pequenos grupos que informam os resultados ao grupo para debate e tomada de decisão.

Outra vantagem da tomada de decisão em grupo é que ela costuma gerar maior interesse pela atividade. O interesse intensificado pode aumentar o tempo e o esforço dedicados à tarefa, resultando em mais ideias, buscas mais completas por solução, melhor avaliação das alternativas e melhoria da qualidade da decisão.

A abordagem da árvore de decisão para a liderança proposta por Vroom (discutida no Capítulo 12) é uma forma popular de determinar o grau adequado de participação do subordinado.[47] O modelo inclui estilos de decisão que variam entre "decidir" (só o líder toma a decisão) e "delegar" (o grupo toma a decisão e todos os membros participam igualmente). A escolha do estilo depende de sete considerações relacionadas às características da situação e dos subordinados.

A participação na tomada de decisão também está relacionada à estrutura organizacional. Por exemplo, a descentralização envolve delegar autoridade de tomada de decisão ao longo da hierarquia organizacional. Quanto mais descentralizada for a organização, mais os funcionários tendem a participar da tomada de decisão. Não importa se a participação na tomada de decisão é vista como resultado da liderança, da estrutura organizacional ou da motivação, ela ainda é um aspecto importante das organizações que continua exigindo especialistas em gestão e organização.[48]

Solução de problemas em grupo

Um grupo típico de interação pode ter dificuldade com uma ou mais etapas do processo de tomada de decisão. Um problema comum surge na fase de geração de alternativas: a busca pode ser finalizada arbitrariamente antes que se identifiquem todas as alternativas plausíveis. Muitos tipos de interações em grupo geram esse efeito. Se os membros expressam reações imediatas às alternativas assim que são propostas, membros que contribuiriam podem começar a censurar as próprias ideias para evitar críticas embaraçosas por parte do grupo. Membros menos confiantes, intimidados pelos mais experientes, pelos que têm cargo maior ou mais poder, também podem censurar as ideias por vergonha ou medo de punição. Além disso, o líder pode limitar a geração de ideias reforçando exigências com relação o tempo, adequação, custo, exequibilidade e aspectos semelhantes. Para melhorar a geração de alternativas, os gestores podem empregar qualquer uma dessas três técnicas para estimular a capacidade de solução de problemas em grupo: *brainstorming*, técnica nominal de grupo ou técnica Delphi.

Brainstorming é a técnica usada na fase de geração de ideias da tomada de decisão que ajuda no desenvolvimento de diversos cursos de ação alternativos.

Brainstorming *Brainstorming* (tempestade de ideias) é mais frequentemente usada na geração de ideias para tomada de decisão, serve para solucionar problemas novos e têm importantes consequências. No *brainstorming*, o grupo se reúne para gerar alternativas. Os membros apresentam ideias e as esclarecem com breve explicações. Cada ideia é anotada diante de todos, geralmente em um *flip chart* (cavalete com folhas em branco). Para evitar a autocensura, não é permitido avaliar as ideias. Os membros do grupo são incentivados a propor qualquer ideia que lhes passar pela cabeça, mesmo parecendo arriscada demais ou impossível de ser implementada. (Na verdade, a ausência dessas ideias indica que os membros estão se autocensurando.) Na sessão seguinte, após as ideias serem registradas e distribuídas para os membros analisarem, as alternativas são avaliadas.

A intenção do *brainstorming* é produzir ideias e soluções completamente novas por meio do estímulo à criatividade dos membros do grupo e do incentivo ao desenvolvimento de contribuições de outros. O *brainstorming* não fornece a solução do problema, o esquema de avaliação ou a decisão. Em vez disso, produz uma lista de alternativas que devem ser mais inovadoras e abrangentes do que as desenvolvidas pelo típico grupo de interação.

Com a **técnica de grupo nominal**, os membros seguem um ciclo de geração-debate-votação até chegarem a uma decisão.

Técnica de grupo nominal A **técnica de grupo nominal** é outro meio de aprimorar a tomada de decisão em grupo. Ao passo que o *brainstorming* é usado para gerar alternativas, essa técnica pode ser usada em outras fases da tomada de decisão, como na identificação do problema e dos critérios adequados para avaliar alternativas. Para usar essa técnica, o grupo de indivíduos se reúne para abordar uma questão. O problema é descrito ao grupo, e cada indivíduo escreve uma lista de ideias; a discussão entre membros não é permitida. Após o período de cinco a dez minutos de geração de ideias, os membros se revezam para relatá-las ao grupo, uma ideia por vez. As ideias são anotadas nas folhas de papel em branco, e os membros são incentivados a contribuir desenvolvendo as ideias de outros. Após todas as ideias serem apresentadas, os membros podem discuti-las e, então, podem continuar desenvolvendo ou passar para a fase seguinte. É possível realizar essa parte do processo por *e-mail*, telefone ou computador, sem ser necessário um encontro presencial. No entanto, a reunião ajuda os membros a desenvolver um sentimento de grupo e coloca pressão interpessoal sobre as pessoas para que façam o melhor possível no momento de criar as listas.

Depois da discussão, os membros votam secretamente, classificam as ideias ou relatam as preferências de alguma outra maneira combinada. O relatório é privado para reduzir a sensação de intimidação. Após votar, o grupo discute os resultados e continua gerando e debatendo ideias. O ciclo de geração-debate-votação pode continuar até que se chegue à decisão adequada.

A técnica de grupo nominal tem duas principais vantagens. Ela ajuda a superar os efeitos negativos da diferença de poder e *status* entre os membros do grupo e pode ser usada para explorar problemas a fim de gerar alternativas ou avaliá-las. A principal desvantagem está na natureza estruturada, que pode limitar a criatividade.

Técnica Delphi A **técnica Delphi** foi originalmente desenvolvida pela Rand Corporation como método de reunir sistematicamente críticas de especialistas para o desenvolvimento de prognósticos. É projetada para grupos que não se reúnem presencialmente. Por exemplo, o gerente de desenvolvimento de produto de um grande fabricante de brinquedos pode usar a técnica Delphi para sondar as opiniões dos especialistas do setor a fim de prever o desenvolvimento na dinâmica do mercado.

> **Técnica Delphi** é o método de reunir sistematicamente críticas de especialistas para o desenvolvimento de prognósticos.

A figura central desse processo é o executivo que quer as contribuições de um grupo. Depois de recrutar participantes, o gestor desenvolve questionários para que os membros completem. O questionário é relativamente simples, com apenas perguntas diretas para tratar do assunto, tendências da área, novos desenvolvimentos tecnológicos e outros fatores de interesse do gestor, que resume as respostas e apresenta um novo questionário aos especialistas. Esse ciclo pode se repetir quantas vezes forem necessárias até gerar as informações de que o gestor precisa.

A técnica Delphi é útil quando os especialistas estão fisicamente dispersos, quando se deseja anonimato ou quando os participantes têm a fama de não se comunicarem muito bem por causa das diferenças radicais de opinião. O método também evita problemas de intimidação que possam existir em grupos de tomada de decisão. Contudo, a técnica elimina muitos dos resultados proveitosos gerados pela interação direta entre os membros do grupo.

RESUMO

A dinâmica interpessoal é o elemento onipresente em todas as organizações. As relações interpessoais podem variar entre positivas e negativas e entre pessoais e profissionais. As diversas formas de relacionamento interpessoal podem gerar vários resultados, incluindo diferentes níveis de satisfação de necessidades, apoio social, sinergia, desempenho e conflito.

Um grupo passa a existir quando duas ou mais pessoas interagem entre si de modo que todos influenciem e sejam influenciados uns pelos outros. É importante estudar os grupos porque eles podem afetar profundamente o comportamento individual e porque o comportamento dos indivíduos é o segredo do sucesso ou do fracasso do grupo. O grupo de trabalho é o principal meio pelo qual os executivos coordenam o comportamento de cada um para que os objetivos organizacionais sejam atingidos. Os indivíduos participam de grupos porque esperam satisfazer necessidades pessoais.

Os grupos podem ser diferenciados de acordo com a permanência relativa e com o grau de formalidade. Os três tipos de grupos formais são grupos de comando, de tarefa e de afinidade. Grupos de amizade e de interesse são os dois tipos de grupos informais. Os grupos de comando são grupos de trabalho relativamente permanentes estabelecidos pela organização e, em geral, exemplificados em um organograma. Embora sejam reconhecidos pela organização, os grupos de tarefa são relativamente temporários e existem apenas até o cumprimento de uma tarefa específica. Os grupos de afinidade são formados pela organização e compostos por funcionários do mesmo nível e que realizam trabalhos semelhantes. Eles se reúnem periodicamente para compartilhar informações e discutir problemas organizacionais. Em grupos de amizade, a afiliação entre membros surge de relações sociais muito próximas e do prazer de estarem juntos. O vínculo comum em grupos de interesse é a atividade da qual seus membros participam.

Os grupos se desenvolvem em quatro etapas: aceitação mútua; comunicação e tomada de decisão; motivação e produtividade; controle e organização. Apesar de serem sequenciais, essas etapas podem se sobrepor. Um grupo que não se desenvolve completamente em cada etapa não amadurece como grupo, resultando em baixo desempenho coletivo.

Há quatro fatores que afetam o desempenho do grupo: composição, tamanho, normas e coesão. A homogeneidade das pessoas que fazem parte do grupo afeta tanto as interações que ocorrem nele como a produtividade. O efeito do aumento do grupo depende da natureza das tarefas e das pessoas que compõem o grupo. As normas ajudam as pessoas a se relacionarem de maneiras previsíveis e eficazes. Elas atendem a quatro propósitos: facilitar a sobrevivência do grupo; simplificar os comportamentos dos membros e torná-los mais previsíveis; ajudar o grupo a evitar situações constrangedoras e expressar os valores centrais e identificá-lo com outros.

Para compreender a dinâmica intergrupal, é necessário entender as principais características dos grupos: cada grupo é único, o contexto específico da organização influencia o grupo e a tarefa e o contexto do grupo influenciam o comportamento grupal. As interações entre grupos de trabalho envolvem algumas das relações organizacionais mais complexas. Elas se baseiam em cinco fatores: local, recursos, interdependência entre tempo e objetivos, incertezas da tarefa e interdependência de tarefas. As cinco bases das interações intergrupais determinam as características das interações entre grupos, incluindo a frequência, a quantidade de informações trocadas e o tipo de interação que ocorre. A proximidade física aumenta naturalmente as oportunidades de interação. Se o grupo usa a mesma fonte ou uma parecida, ou se afeta a disponibilidade de recursos necessários para outro grupo, aumenta o potencial de interações frequentes. A natureza das tarefas que os grupos realizam – inclusive a orientação por tempo e tarefa, as incertezas das tarefas e as interdependências grupais – influencia no modo como os grupos interagem.

A tomada de decisão em grupo envolve tanto problemas quanto benefícios. Um possível problema é a polarização do grupo, a mudança de atitudes e opiniões dos membros para um posicionamento mais radical. Outra dificuldade é o pensamento de grupo, a mentalidade segundo a qual o desejo de unanimidade anula a avaliação crítica de alternativas. Outro cuidado envolve a participação do empregado na tomada de decisão. O grau de participação adequado depende das características da situação.

QUESTÕES PARA DISCUSSÃO

1. Para o gestor, por que é útil entender o comportamento grupal? E para o funcionário?
2. Nossa definição de grupo é um pouco ampla. Como você classificaria cada um dos conjuntos de pessoas a seguir como grupo? Justifique sua resposta.
   a. Setenta mil pessoas em um jogo de futebol
   b. Alunos desse curso
   c. Pessoas no elevador
   d. Pessoas na escada rolante
   e. Funcionários da IBM
   f. Funcionários da livraria da faculdade
3. Liste os grupos aos quais você pertence. Classifique-os como formais ou informais.
4. Explique por que cada grupo que você citou na questão 3 foi formado. Por que você participa de cada grupo? Por que outras pessoas podem ter decidido participar de cada grupo?

5. Em que etapa de desenvolvimento está cada um dos grupos listados na questão 3? Algum grupo passou por alguma etapa rapidamente? Explique.
6. Analise a composição de dois grupos aos quais você pertence. De que maneira a composição deles é semelhante? De que maneira é diferente?
7. Algum dos grupos aos quais você pertence é grande ou pequeno demais, de modo a atrapalhar a realização do trabalho? Nesse caso, o que o líder os ou membros podem fazer para amenizar o problema?
8. Liste duas normas de dois grupos aos quais você pertence. Como essas normas são aplicadas?
9. Discuta a seguinte afirmação: "A coesão é uma sensação boa gerada quando trabalhamos em grupos e é algo que todos os líderes devem lutar para desenvolver nos grupos que lideram".
10. Escolha um dos grupos aos quais você pertence e descreva as interações dele com outro grupo.
11. Relate uma situação em que você tenha enfrentado ou observado o pensamento de grupo (como membro do grupo, como alvo ou como mero observador).

QUAL É O SEU PONTO DE VISTA?

O sabor do trabalho em equipe

"É preciso que todos estejam de acordo."
— LEE KNOWLTON, VICE-PRESIDENTE SÊNIOR DA COLD STONE CREAMERY

Segundo o vice-presidente de marketing Kevin Myers, o trabalho em equipe na Cold Stone Creamery, rede com mais 1.400 pontos de venda de sorvete, tem muito a ver com a chamada "pirâmide do consumidor". Ele afirma que o "trabalho em equipe é a única maneira de ir... até o cliente e trabalhar com todos os elementos do que chamamos 'pirâmide do consumidor' para fornecer inovação e felicidade aos fãs de sorvete". De modo geral, a orientação ao consumidor não é algo incomum em uma empresa como a Cold Stone. Mas o que é exatamente essa "pirâmide do consumidor" e por que o trabalho em equipe é tão importante para atingir o cliente?

A "pirâmide do consumidor" é uma ferramenta que ajuda as empresas a gerenciar os clientes que ela já tem. No diagrama a seguir, por exemplo, dividimos a pirâmide em quatro níveis. No topo, identificamos os "maiores" consumidores (digamos, 1% de clientes mais valiosos) e nos três níveis seguintes indicamos os clientes "grandes", "médios" e "pequenos", respectivamente. A maioria das empresas acha que os três primeiros níveis da pirâmide (*maior-grande-médio*) representam apenas 20% dos clientes. Mas tem uma pegadinha: esses 20% geralmente correspondem a 80% da receita das empresas. Onde você concentraria seus esforços para aumentar o valor do cliente?

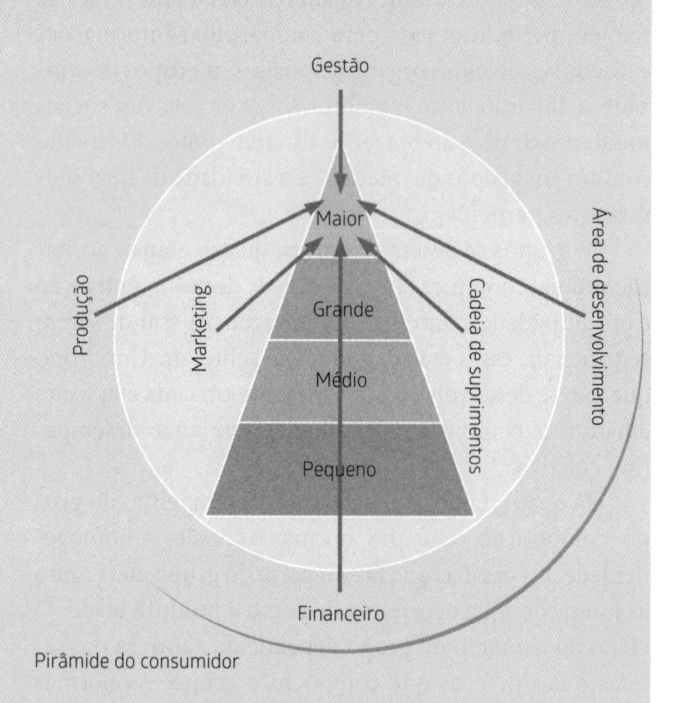

Pirâmide do consumidor

Myers nos dá uma perspectiva mais ampla sobre as funções da pirâmide contextualizando-a, ou seja, sugerindo como ela foi configurada para se adequar às necessidades organizacionais da Cold Stone Creamery. Observe que a Cold Stone é uma empresa de *franquia*, assim, Myers inclui os franqueados na lista informal de clientes. "Trabalhamos do cliente para trás", explica. "No mundo das franquias, ao trabalhar do cliente para trás, você tem o cliente, tem a equipe, tem o franqueado, tem o desenvolvedor de área, tem os funcionários da sorveteria e tem o marketing."

Myers ressalta que é por causa dessa variedade de pessoas, divisões e tarefas que "o trabalho em equipe é essencial na Cold Stone Creamery".

Em última análise, é principalmente uma questão de *foco* e *coordenação* – de garantir que a mais ampla gama de esforços organizacionais se dedique a atingir o mesmo objetivo: extrair o maior valor dos melhores clientes. Uma maneira de enxergar a aplicação da ideia de trabalho em equipe na pirâmide do consumidor da Cold Stone é mostrada no diagrama, em que temos dois círculos concêntricos em volta da pirâmide. No círculo externo, incluímos algumas *funções* organizacionais – departamentos responsáveis por atividades semelhantes: *gestão*, *produção*, área de desenvolvimento e *financeiro* (ver Capítulo 16). No círculo interno, incluímos mais duas funções – *marketing* e *cadeia de suprimentos*. A diferença entre o círculo interno e o externo é uma simples questão de *proximidade de contato*: as pessoas que realizam funções do círculo interno trabalham *mais perto* dos maiores clientes da Cold Stone do que as que operam no círculo externo.

Por fim, as setas ressaltam o fato de que na própria Cold Stone* *uma ou mais pessoas de cada departamento são responsáveis por trabalhar com os clientes que estão no topo da pirâmide do consumidor*. Quando reunimos todas essas pessoas, temos o que chamamos *equipe dos maiores clientes* da Cold Stone. (Há também, é claro, equipes de clientes *grandes*, *médios* e *pequenos*.) O vice-presidente sênior, Lee Knowlton, complementa a afirmação de Kevin Myers sobre a importância do trabalho em equipe quando diz: "É preciso que todos estejam de acordo". Mas se isso soa um pouco vago, quase um clichê, lembre-se de que os executivos que utilizam essa frase estão falando de negócios: eles querem dizer que todos que foram colocados na equipe são responsáveis por usar seus contatos com o cliente ou com um grupo de clientes para atingir um conjunto específico de metas determinadas pelo alto escalão da empresa.

Que metas são essas? O *site* da Cold Stone indica que é necessário

considerar as cinco primeiras palavras de nossa Declaração de Missão: "Vamos fazer as pessoas felizes"... Desde os funcionários animados da Cold Stone Creamery que cantam quando ouvem o barulho das moedas no pote de gorjetas até as risadas de uma família que saboreia a sobremesa – se tem a ver com felicidade, você encontra na Cold Stone Creamery do seu bairro.

Knowlton explica: "Da perspectiva organizacional, você tem empregados que se concentrarão no componente organizacional. E eles têm que trabalhar em equipe com o diretor de entretenimento e com os que servem o sorvete". Em um nível muito básico, a estratégia parece coerente e (relativamente) fácil de implementar – cultivar o trabalho em equipe tanto nas negociações corporativas com os clientes da empresa como no ato de servir os consumidores finais.

Mas lembre: a Cold Stone trabalha com *franquias*, e seus *franqueados* – as pessoas que compram os direitos de usar a marca e vender seus produtos – são empresários independentes que comandam seus próprios pontos de venda. *Eles* contratam os membros das equipes que cuidam da empresa na "Cold Stone Creamery do seu bairro".

Nosso vídeo mostra que os colaboradores dos pontos de venda da Cold Stone realizam dois conjuntos de atividades (com muitas interseções):

1. Os "especialistas em tarefas" preparam e fornecem os produtos "inovadores" com os quais a Cold Stone pretende se diferenciar da concorrência.
2. Outros colaboradores desempenham "funções sociais e emocionais", criando a atmosfera de "felicidade" que a Cold Stone considera essencial para a experiência do consumidor.

É por isso que Lee Knowlton ressalta que o trabalho em equipe na Cold Stone tem como propósito "fornecer inovação e felicidade aos fãs de sorvete".

Assim, o foco de qualquer equipe da pirâmide de consumidores da Cold Stone é trabalhar com o franqueado no desenvolvimento do tipo de organização orientada para equipes que conseguirá alcançar o objetivo da empresa, fornecendo produtos "inovadores" e experiência "feliz" ao consumidor.

PERGUNTAS

1. Tanto no vídeo como no caso impresso são usados sistematicamente os termos *equipe* e *equipe de trabalho*. No Capítulo 10, utilizamos quatro critérios para caracterizar uma equipe como

um pequeno número de pessoas com habilidades complementares que estão comprometidas com um propósito em comum, com metas de desempenho em comum e adotam uma abordagem pela qual se responsabilizam mutuamente.

No entanto, este capítulo se concentra em *grupos* em vez de *equipes* e caracteriza um *grupo formal* como o "criado pela organização para realizar o trabalho". *Grupo* seria um termo melhor do que *equipe* para caracterizar as atividades relevantes da Cold Stone Creamery? Se sim, por quê? Se não, por quê? [*Dica:* Quais dos quatro critérios de *equipe* especificados no Capítulo 10 parecem menos aplicáveis à natureza e função da "equipe" de consumidores da Cold Stone?]

2. De que maneira a equipe dos maiores clientes da Cold Stone funciona como um *grupo formal*? Como um *grupo de comando*? Como um *grupo de tarefa*? Como um *grupo de afinidade*? De que maneiras usa as várias formas de *solução de problemas em grupo*: *brainstorming, técnica nominal de grupo* e *técnica Delphi*?

3. A Cold Stone tem aberto pontos de venda no exterior desde 2007, quando lançou sua primeira loja no Japão. Hoje ela ostenta mais de 1.500 pontos em 16 países. Lee Knowlton diz: "internacionalmente, fazemos a mesma coisa no que se refere a projetar as operações em torno do trabalho em equipe". Ao mesmo tempo, ele admite que

não é fácil abrir empresa no exterior. Existe todo tipo de desafio. Então, o segredo é ter uma equipe que trabalhe junto de verdade, que se comprometa a lutar contra essas barreiras.

Que "barreiras" ou "desafios" são esses? De que maneira os maiores clientes estrangeiros diferem dos maiores clientes nos Estados Unidos? Que tipos de modificações provavelmente serão necessárias na abordagem da "pirâmide do consumidor" adotada pela empresa?

4. Em janeiro de 2012, um grupo de mais 120 franqueados da Flórida abriu uma ação contra a Cold Stone por causa do uso da receita obtida com os descontos de fornecedores e vendas de cartões-presente. Em particular, os franqueados queriam saber o quanto dessa receita era gasto em marketing. Por que você acha que esse conflito surgiu? Que membros da equipe de maiores clientes que propomos está mais envolvida nas atividades que levaram ao conflito? Que membros da equipe provavelmente se envolverão mais na sua solução?

FONTES ADICIONAIS
Cold Stone Creamery, "About Cold Stone Creamery", "The Cold Stone Culture", "The Cold Stone Story" (2012), www.coldstonecreamery.com, 5 set. 2012; Jay Curry e Adam Curry, *CRM Concepts for Small and Medium Size Companies* (The Customer Marketing Institute, 2000), www.crmodyssey.com, 12 set. 2012; Expert Program Management, "Customer Marketing and Relationship Management: Curry's Pyramid" (jun. de 2011), www.expertprogrammanagement.com, 12 set. 2012; Kahala Franchising LLC, "Brands", "Company Structure" (2012), www.kahalamgmt.com, 15 set. 2012.

*Em 2007, a Cold Stone, fundada em 1988, foi vendida para a Kahala Franchising LLC, que possui 17 marcas de franquias com o total de aproximadamente 4.000 pontos de venda em 20 países. Assim como todas as empresas da carteira da Kahala, a Cold Stone desenvolve e promove a própria marca e estabelece o próprio sistema de operações. Cold Stone Creamery, "Cold Stone Creamery Expands into Three New Countries in 2011", *Business Wire*, 8 mar. 2011 (comunicado de imprensa), www.businesswire.com, 5 set. 2012. Sam Oches, "Cold Stone Franchisees File Lawsuit against Company", *QSR*, 27 jan. 2012, www.qsrmagazine.com, 11 set. 2012.

PRÁTICA DO COMPORTAMENTO ORGANIZACIONAL

Aprendizagem dos benefícios do grupo

Objetivo Esse exercício demonstra os benefícios que o grupo pode proporcionar à tarefa.

Formato Você deve realizar a mesma tarefa individualmente e em grupo.

Procedimento Você precisará de caneta ou lápis e de uma folha de papel. Trabalhando sozinho, faça o seguinte:

Parte 1

1. Escreva as letras do alfabeto em uma coluna vertical no lado esquerdo do papel: A-Z.
2. Seu professor escolherá aleatoriamente uma frase de qualquer documento e lerá em voz alta as primeiras 26 letras da frase. Escreva essas letras na coluna vertical logo à direita da coluna do alfabeto. Todos devem formar um conjunto idêntico de 26 pares de letras.
3. Pense em alguém famoso cujas iniciais correspondam a cada par de letras e escreva o nome ao lado

das letras. Por exemplo: "MT Mark Twain". Você terá dez minutos. Só é permitido escrever um nome para cada par. Cada nome correto vale um ponto, então, a pontuação máxima é 26.

4. Depois que o tempo acabar, troque seu papel com outro colega de turma, calcule a pontuação dele, e vice-versa. Conflitos sobre a legitimidade dos nomes serão resolvidos pelo professor. Guarde sua pontuação até o final do exercício.

Parte 2
Seu professor dividirá a turma em grupos de cinco a dez pessoas. Todos os grupos devem ter aproximadamente o mesmo número de membros. Agora, cada grupo segue os procedimentos da Parte 1. Mais uma vez, escreva as letras do alfabeto na coluna vertical no lado esquerdo do papel, dessa vez na ordem reversa: Z-A. O professor ditará um novo conjunto de letras para a segunda coluna. O limite de tempo e o procedimento de pontuação são os mesmos. A única diferença é que os grupos formarão os nomes.

Parte 3
Cada equipe identifica o membro do grupo que pensou em mais nomes. O professor coloca esses "melhores" alunos no mesmo grupo. Então, todos repetem a Parte 2, mas dessa vez as letras do ditado ficarão na primeira coluna e as letras do alfabeto ficarão na segunda.

Parte 4
Cada equipe calcula a média de pontuação individual de seus membros na Parte 1 e comparam com a pontuação da equipe nas partes 2 e 3 separadamente. O professor colocará no quadro as pontuações individuais e em equipe para cada parte de cada grupo.

Perguntas
1. Há diferenças entre as pontuações individuais e as pontuações das equipes? Se sim, qual o motivo dessas diferenças?
2. Embora a pontuação das equipes nesse exercício seja maior do que a média de pontuações individuais, em que condições as médias individuais podem exceder a pontuação dos grupos?

Referência: Adaptado de The Handbook for Group Facilitators, p. 19-20, John E. Jones e J. William Pfeiffer (eds.), Copyright © 1979 Pfeiffer. Reproduzido com a permissão de John Wiley & Sons, Inc.

FORMAÇÃO DAS HABILIDADES GERENCIAIS

Visão geral As habilidades interpessoais do gestor se referem à capacidade de entender como motivar indivíduos e grupos. Então, as habilidades interpessoais contribuem muito para determinar a qualidade da interação do gestor com outras pessoas no contexto de grupo. Esse exercício permitirá que você pratique suas habilidades interpessoais em relação a esse contexto.

Contexto Você acabou de ser contratado como gerente de projetos para supervisionar um grupo de cinco funcionários em um local de trabalho remoto. A empresa que o contratou é bem pequena e tem poucas normas e regulamentos. Infelizmente, a falta disso está gerando um problema que você tem de resolver.

Especificamente, dois membros do grupo não são fumantes. Eles estão reclamando muito porque outros dois membros fumam no trabalho. Aqueles dois funcionários acreditam que o fumo passivo no ambiente de trabalho está prejudicando a saúde deles e por isso querem criar uma política antifumo como a de muitas grandes empresas.

Os dois fumantes alegam que, como a empresa não tinha essa política quando eles começaram a trabalhar nela, seria injusto impô-la agora. Um deles, em particular, diz que recusou uma vaga bem interessante em outra empresa porque queria trabalhar em um local onde pudesse fumar.

O quinto funcionário não fuma, mas diz que não se importa se outros fumarem. Ela diz que o marido fuma em casa, por isso está acostumada a conviver com fumantes. Você suspeita que, se os dois não fumantes que reclamaram não forem atendidos eles podem ir embora. Ao mesmo tempo, você acredita que os dois fumantes sairão se você impuser uma política antifumo. Todos os cinco funcionários fazem um bom trabalho, e você não quer perder nenhum deles.

Tarefa Tendo essas informações como contexto, faça o seguinte:
1. Explique a natureza do conflito que existe nesse grupo.
2. Desenvolva um curso de ação para lidar com a situação.

Referência: Ricky W. Griffin, *Management*, 10. ed. (Cengage Learning, 2011), p. 605.

EXERCÍCIO DE AUTOAVALIAÇÃO

Coesão do grupo

Introdução Provavelmente você faz parte de muitos grupos diferentes: grupo de estudos da faculdade, grupo de trabalho, grupo de amigos do clube e grupo de interesse. Você percebe o quanto cada grupo é unido ou coeso. Esse exercício ajudará você a diagnosticar a coesão de um desses grupos.

Instruções Primeiro, escolha um dos pequenos grupos aos quais você pertence para analisá-lo. Deve ser um grupo pequeno, entre três a oito pessoas. Em seguida, classifique na escala a seguir, de 1 (mal) a 5 (muito bem), como você acha que esse grupo trabalha junto.

1	2	3	4	5
Mal	Não muito bem	Razoavelmente	Bem	Muito bem

Como o grupo trabalha junto?

Responda às próximas seis perguntas sobre o grupo. Marque a resposta que melhor descreve sua opinião para cada pergunta.

1. Quantas pessoas do seu grupo são amigáveis umas com as outras?
   _____ (5) Todas
   _____ (4) A maioria
   _____ (3) Algumas
   _____ (2) Poucas
   _____ (1) Nenhuma

2. Quanta confiança existe entre os membros do seu grupo?
   _____ (1) Desconfiança
   _____ (2) Pouca confiança
   _____ (3) Confiança razoável
   _____ (4) Confiança considerável
   _____ (5) Muita confiança

3. Quanta lealdade e sentimento de pertencimento existem entre os membros do grupo?
   _____ (1) Sem lealdade nem senso de pertencimento
   _____ (2) Pouca lealdade e senso de pertencimento
   _____ (3) Senso de pertencimento razoável
   _____ (4) Senso de pertencimento acima da média
   _____ (5) Forte senso de pertencimento

4. Você se acha uma parte valiosa do grupo?
   _____ (5) Realmente sou parte do meu grupo
   _____ (4) Estou incluído em muitos aspectos
   _____ (3) Estou incluído em alguns aspectos, mas não em outros
   _____ (2) Estou incluído em poucos aspectos
   _____ (1) Não sinto que faço parte do grupo

5. Quão seus companheiros de grupo são amigáveis uns com os outros?
   _____ (1) Não são amigáveis
   _____ (2) Pouco amigáveis
   _____ (3) Razoavelmente amigáveis
   _____ (4) Mais amigáveis que a média
   _____ (5) Muito amigáveis

6. Se tivesse a chance de trabalhar com um grupo diferente realizando a mesma tarefa, como você se sentiria ao passar para outro grupo?
   _____ (1) Gostaria muito de mudar
   _____ (2) Prefiro mudar a continuar onde estou
   _____ (3) Não faria diferença para mim
   _____ (4) Prefiro continuar onde estou a mudar
   _____ (5) Gostaria muito de continuar onde estou

Some os números que você escolheu para as seis perguntas e divida por 6. O total de todas é =/6=. Essa é a pontuação de coesão do seu grupo.

Compare esse número com o que você marcou na escala no início do exercício sobre como o grupo trabalha junto. Os números são parecidos ou são muito diferentes? Se forem quase a mesma coisa, você tem uma boa noção do grupo e de como ele funciona. Se forem muito diferentes, você precisa analisar que aspectos do funcionamento de um grupo você não entendeu. (Esse exercício faz parte de um instrumental muito maior; seu formato não foi validado cientificamente e deve ser usado somente para fins didáticos.)

Referências: as seis perguntas foram extraídas de Groupthink Assessment Inventory, John R. Montanari e Gregory Moorhead, "Development of the Groupthink Assessment Inventory", *Educational and Psychological Measurement,* 1999, v. 39, p. 209-219. Reimpresso com permissão de Gregory Moorhead.

CAPÍTULO 10

Uso de equipes nas organizações

Visão geral do capítulo

- Diferenças entre equipe e grupo
- Benefícios e custos das equipes nas organizações
- Tipos de equipe
- Implementação de equipes nas organizações
- Promoção do sucesso da equipe

Objetivos de aprendizagem

Após estudar este capítulo, você estará apto a:

1. Diferenciar equipe de grupo.
2. Identificar e discutir as vantagens e os custos das equipes nas organizações.
3. Identificar e descrever os vários tipos de equipe.
4. Descrever como as organizações implementam as equipes.
5. Identificar as condições essenciais para promover o sucesso da equipe.

Rastreamento das pegadas de carbono pela ciência

"Hoje as equipes produzem pesquisa de alto impacto mesmo onde antes isso era dominado por autores individuais."

— *Estudo sobre o "O crescente predomínio das equipes na produção do conhecimento"*

Se você é uma das 700 milhões de pessoas mais ricas do mundo, provavelmente é um "grande emissor" que leva um estilo de vida "carbono-intensivo" (pelo menos estatisticamente falando). Em poucas palavras, por causa do seu estilo de vida, que provavelmente inclui viagens de avião, uso de carro e casa que precisa ser aquecida e resfriada, você é responsável por liberar mais do que sua cota de CO_2 – dióxido de carbono – na atmosfera.

"Calculamos que metade das emissões do mundo provenha de apenas 700 milhões de pessoas", explica Shoibal Chakravarty, principal autor do estudo de 2009 conduzido por pesquisadores da Universidade de Princeton. O coautor Robert Socolow admite que "é maldoso, mas esse conceito deve terminar com impasses". As propostas para acabar com a emissão de CO_2 oferecidas pela equipe de Princeton foram bastante elogiadas pela honestidade com que foi considerado o debate, estagnado por 20 anos.

Décadas de poluição do ar e da água oriunda de fábricas como essa resultaram no aumento da consciência sobre a necessidade de se proteger melhor o meio ambiente e no surgimento de equipes como a Carbon Mitigation Initiative (Iniciativa de Neutralização do Carbono).

O relatório da equipe de pesquisa, chamado *Sharing Global CO_2 Emission Reductions Among One Billion High Emitters* (Compartilhando as reduções de emissão global de CO_2 entre um bilhão de grandes emissores) foi publicado na edição de julho de 2009 de *Proceedings of the National Academy of Sciences,* com os nomes dos seis coautores. Shoibal Chakravarty, físico especializado em emissões de CO_2, é pesquisador associado do Instituto Ambiental de Princeton (PEI), um centro interdisciplinar de pesquisa e ensino ambiental. Outro associado do PEI é Massimo Tavoni, economista que estuda políticas internacionais sobre mudanças climáticas. Stephen Pacala, diretor do PEI, é professor de ecologia e biologia evolutiva que se concentra nas interações do clima e da biosfera global. Robert Socolow, professor de engenharia mecânica e aeroespacial, estuda gestão global de carbono. Ananth Chikkatur, do Centro Belfer para Ciências e Relações Internacionais de Harvard, é físico especializado em política energética e inovação tecnológica. A química Heleen de Coninck trabalha com políticas e tecnologia climáticas internacionais no Centro de Pesquisa Energética dos Países Baixos.

Obviamente, a equipe de pegada (*footprint*) de carbono era um grupo diverso com relação a disciplinas acadêmicas (para não mencionar a nacionalidade). A abordagem inovadora do problema das emissões de CO_2 – segundo a qual é possível cortar emissões e reduzir a pobreza ao mesmo tempo – é resultado da metodologia científica de alto nível para solução de problemas normalmente chamada *pesquisa interdisciplinar* ou *multidisciplinar*. O estudo da pegada global, de acordo com Pacala, "representa a colaboração entre jovens de disciplinas díspares – física, economia, ciência política... A equipe trabalhou em conjunto para formular a nova abordagem de um problema duradouro e intratável", destaca, e essa abordagem interdisciplinar reflete o modelo dominante para o estudo dos problemas mais complexos e assustadores da atualidade, como AIDS, terrorismo e mudança climática global.

Para determinar até que ponto a pesquisa em equipe suplantou a pesquisa individual entre os acadêmicos, um grupo da Northwestern University examinou quase 20 milhões de artigos publicados ao longo de cinco décadas. Eles descobriram que

> *as equipes cada vez mais suplantam os autores individuais na produção de conhecimento. Em um movimento crescente, a pesquisa é realizada por equipes em praticamente todas as áreas. As equipes costumam produzir pesquisas que são mais citadas do que as produzidas por indivíduos, e essa vantagem está aumentando ao longo do tempo. Hoje as equipes produzem pesquisa de alto quando isso era um domínio de autores individuais.*

Não é surpresa que, a mudança do modelo de pesquisa individual para o modelo de equipe é mais relevante nas ciências, em que, segundo o estudo da Northwestern, "houve mudança substancial na pesquisa coletiva". O autor sugere que o motivo para a mudança pode ser "o aumento intensivo do capital da pesquisa" em laboratórios científicos, nos quais o crescimento da colaboração tem sido surpreendente. O aumento da tendência rumo à especialização pode ter outro motivo: à medida que cresce o conhecimento em uma disciplina, os cientistas tendem a se dedicar a áreas de especialidade, a disciplina se fragmenta em "divisões de trabalho mais específicas" e os estudos de grandes questões acabam exigindo mais colaboração.

E o que dizer da colaboração que ultrapassa as dependências da academia? Na realidade, Robert Socolow e Stephen Pacala, junto com a equipe da pegada de carbono, são codiretores da Carbon Mitigation Initiative (CMI), uma parceria entre Princeton, Ford e BP, a terceira maior companhia petrolífera do mundo. A BP responde por 75% da pesquisa cujo objetivo, segundo a declaração de missão da CMI, é encontrar "uma solução convincente e sustentável para o problema do carbono e da mudança climática". A CMI busca "uma nova sinergia entre a ciência fundamental, o desenvolvimento tecnológico e os princípios empresariais que aceleram o ritmo da descoberta". Para que isso dê certo, a colaboração é essencial, pois ela ultrapassa as barreiras entre interesses científicos, tecnológicos e comerciais.

Ela também é crucial porque a pesquisa da CMI gira em torno do que Socolow chama de abordagem integral do sistema em relação ao problema da redução das emissões de carbono. "Se a BP tiver a visão de todo o problema", explica Socolow, "e como fornecedor prestar atenção no uso de seus produtos e encontrar meios de melhorar a eficiência durante a fase de utilização, essa poderá ser a coisa mais importante que a empresa pode fazer para economizar carbono nos próximos 10 anos".

A abordagem de todo o sistema pode incluir, por exemplo, a pesquisa do processo chamado *CCS*, para *captura e armazenamento de carbono*, que envolve capturar emissões de CO_2 de uma fonte maior, como uma usina de energia, e armazená-las longe da atmosfera, talvez em uma formação geológica profunda, como uma área petrolífera ou um filão de carvão. Assim, a CMI é dividida em grupos de pesquisa, incluindo o grupo de captura, que trabalha em tecnologias para capturar emissões de combustíveis fósseis, e o grupo de armazenamento, que investiga os possíveis riscos de injetar CO_2 no subsolo. Aproveitando-se das diversas perspectivas fornecidas pela CMI, a BP conseguiu lançar um ensaio de CCS em uma instalação de desenvolvimento de gás na Argélia.

Qual é a sua opinião?

1. Qual é a sua experiência com o trabalho em equipe? De que maneira os resultados de um projeto foram mais bem-sucedidos com o trabalho em equipe do que seriam se você realizasse o projeto sozinho? Com que aspectos do processo de trabalho você não está familiarizado ou aos quais não consegue se adaptar?
2. Você vê possíveis problemas na mistura de interesses acadêmicos e empresarias em colaborações como a CMI?

Referências: Robert Socolow, "7 Billion People, 30 Gigatons of CO_2, 1 Warming Planet: Population and Climate in the 21st Century", *Discover*, 18 nov. 2011, http://blogs.discovermagazine.com, 5 jun. 2012; Douglas Fischer, "Solving the Climate Dilemma One Billion Emitters at a Time", *Daily Climate*, 6 jul. 2009, wwwp.thedailygreen.org, 5 jun. 2012; Kitta McPherson, "New Princeton Method May Help Allocate Carbon Emissions Responsibility among Nations", *News at Princeton*, 6 jul. 2009, www.princeton.edu, 5 jun. 2012; Shoibal Chakravarty et al., "Sharing Global CO_2 Emission Reductions among One Billion High Emitters", *Proceedings of the National Academy of Sciences*, v. 106 (jul. 2009), www.pnas.org, 5 jun. 2012; Stefan Wuchty et al., "The Increasing Dominance of Teams in Production of Knowledge", *Sciencexpress*, 12 abr. 2009, www.kellogg.northwestern.edu, 30 abr. 2011; Carbon Mitigation Initiative, "About the Carbon Mitigation Initiative", Princeton University, 23 mai. 2012, http://cmi.princeton.edu, 5 jun. 2012; Carbon Mitigation Initiative, "Eleventh Annual Report Executive Summary", Princeton University, 21 mar. 2012, http://cmi.princeton.edu, 5 jun. 2012.

Atualmente as equipes fazem parte do processo de gestão de muitas organizações. Contudo, a ideia de utilizar equipes como forma de organizar o trabalho não é novidade. Também não é inovação americana ou japonesa. Na verdade, um dos usos e análises mais antigos sobre as equipes foi o trabalho do Tavistock Institute, no final da década de 1940, no Reino Unido.[1] Há muitos anos, grandes empresas como Hewlett-Packard, Xerox, Procter & Gamble, General Motors e General Mills utilizam equipes como principal meio de realizar tarefas. Famosas publicações de economia, como *Fortune*, *Business Week*, *Forbes* e *Wall Street Journal*, falam frequentemente sobre a presença de equipes em empresas do mundo inteiro. O uso de equipes não é uma moda ou uma nova maneira de manipular os trabalhadores para que produzam mais às próprias custas a fim de enriquecer os proprietários. Gestores e especialistas concordam que usar equipes pode ser uma das melhores maneiras de organizar e administrar no século XXI.

Este capítulo apresenta um resumo dos muitos problemas atuais relativos às equipes e organizações. Primeiro, definiremos o que significa "equipe" e diferenciaremos equipes dos grupos normais de trabalho. Então, discutiremos as razões pelas quais usar equipes, incluindo custos e benefícios. Em seguida, descreveremos seis tipos de equipe usados atualmente nas organizações. A partir de então, apresentaremos as etapas envolvidas na implementação de equipes. Por fim, abordaremos as três condições essenciais para o sucesso da equipe.

DIFERENÇAS ENTRE EQUIPE E GRUPO

As equipes foram usadas, descritas e estudadas a partir da perspectiva de diversos nomes e programas organizacionais: equipes autodirigidas, equipes autogerenciadas, grupos de trabalho autônomos, gestão participativa e muitos outros títulos. Grupos e equipes não são exatamente a mesma coisa, embora as duas palavras popularmente sejam usadas sem distinção. Uma breve consulta ao dicionário mostra que "grupo" normalmente se refere à aglomeração de pessoas ou objetos, ao passo que "equipe" se refere a pessoas ou animais organizados para trabalharem juntos. Assim, a "equipe" se concentra mais na ação combinada do que o "grupo". No entanto, no uso comum e cotidiano, termos como "comitê", "grupo", "equipe" e "força-tarefa" são usados indiscriminadamente.

Nas organizações, equipes e grupos também podem ser bem diferentes. Como observamos no Capítulo 9, grupo refere-se a duas ou mais pessoas que interagem de modo que uma influencie a outra e seja influenciada por ela. Foi especificamente observado que os indivíduos que interagem uns com os outros e se influenciam não precisam ter um objetivo em comum. O conjunto de pessoas que por acaso se reporta ao mesmo supervisor ou gestor na organização pode ser chamado de "grupo de trabalho". Os membros do grupo podem satisfazer as próprias necessidades e se preocupar pouco com um objetivo em comum. Essa é a diferença entre equipe e grupo. Em uma equipe, todos os membros estão comprometidos com um objetivo em comum.

Poderíamos dizer apenas que uma equipe é um grupo com um objetivo em comum. Contudo, há outras diferenças entre equipe e grupo, e a maioria dos especialistas é um pouco mais específica na definição de equipe. Uma definição mais completa é: "**Equipe** consiste em um pequeno número de pessoas com habilidades complementares que estão comprometidas com um propósito em comum, com metas de desempenho em comum e adotam uma abordagem pela qual se responsabilizam mutuamente".[2] Diversas facetas dessa definição precisam de outras explicações. Normalmente, a equipe inclui poucas pessoas porque a interação e os processos de influência necessários ao seu funcionamento só ocorrem quando a quantidade de pessoas é pequena. Quando há muitas pessoas envolvidas, elas têm dificuldade de interagir e influenciar umas às outras, de utilizar as habilidades complementares, de cumprir metas e de prestar contas. Independentemente da denominação, de acordo com nossa definição, equipes maduras e plenamente desenvolvidas são autodirigidas, autogerenciadas e autônomas. Se não forem assim, alguém de fora deve dar orientação, assim o grupo não pode ser considerado uma verdadeira equipe.[3]

As equipes incluem pessoas com mistura de habilidades adequadas à tarefa a ser feita. Geralmente, exigem-se três tipos de habilidade. Primeiro, a equipe precisa ter membros com habilidades técnicas ou funcionais para realizar as tarefas. Alguns tipos de habilidade nas áreas de engenharia, ciência, tecnologia, direito ou administração podem ser necessárias. Segundo, alguns membros precisam ter habilidade para solucionar problemas e tomar decisões de modo a ajudar a equipe a identificar problemas, determinar prioridades, avaliar alternativas, analisar compromissos e tomar decisões sobre o direcionamento da equipe. Terceiro, os membros precisam ter habilidades interpessoais a fim de gerenciar o fluxo de comunicação, orientar perguntas e discussões, fornecer apoio e reconhecer os interesses de todos da equipe.

> **Equipe** refere-se a um pequeno número de pessoas com habilidades complementares que estão comprometidas com um propósito em comum, com metas de desempenho em comum e adotam uma abordagem pela qual se responsabilizam mutuamente.

Nem todos os membros têm todas as habilidades exigidas, sobretudo quando se reúnem pela primeira vez; diferentes membros têm habilidades diversas. No entanto, à medida que a equipe cresce, se desenvolve e amadurece, seus membros passam a ter mais habilidades das necessárias.[4]

Ter um propósito e uma meta de desempenho em comum é o que estabelece a harmonia e a direção da equipe. Ela se reúne para agir em busca de um objetivo, diferente de um grupo de trabalho, no qual os membros apenas se reportam ao mesmo supervisor ou trabalham no mesmo departamento. O propósito passa a ser o foco da equipe, que toma todas as decisões e realiza todas as ações para cumprir a meta. Com frequência, as equipes passam dias ou semanas estabelecendo o motivo de sua existência, atividade que cria forte identificação e fomenta o compromisso com a equipe. Esse processo também ajuda os membros a aumentarem a confiança uns nos outros.[5] Normalmente, primeiro vem a definição do propósito e depois o desenvolvimento de metas de desempenho específicas.

Por exemplo, uma equipe de moradores, professores e pais pode se reunir com o propósito de transformar as escolas da região nas melhores do estado. Então, a equipe estabelece metas de desempenho específicas que servem de guia para a tomada de decisão, para manter o foco na ação, diferenciar essa equipe de outros grupos que queiram melhorar escolas e desafiar pessoas a se comprometerem com a equipe. Um estudo analisou mais de 30 equipes e constatou que metas difíceis e de alto desempenho frequentemente desafiam os membros a criar uma equipe verdadeira – em contraste com criar apenas um grupo – porque quando os objetivos são muitos difíceis de serem cumpridos, os membros precisam se unir, encontrar recursos entre si mesmos, desenvolver e usar as habilidades certas e a mesma abordagem para atingir os objetivos.[6]

Concordar com um objetivo em comum é de especial importância para equipes, porque muitas vezes é a abordagem que diferencia uma equipe da outra. A abordagem da equipe geralmente abrange o modo como o trabalho será feito, normas sociais relativas a vestimentas, frequência a reuniões, normas de justiça e comportamento ético e o que será ou não incluído nas atividades.

As equipes são cada vez mais comuns nas organizações de hoje. Essa equipe, por exemplo, está desenvolvendo uma nova campanha para um cliente. Dois membros são especialistas em projeto (*design*) gráfico, um membro é especialista em mídias e outro, no mercado do produto. Ao reunir os conhecimentos para trabalharem juntos, conseguem chegar à nova campanha publicitária com base em uma perspectiva integrada e abrangente.

Por fim, de acordo com a definição, as equipes devem mutuamente prestar contas dos resultados, em vez de apenas cumprir as metas do gestor, como na abordagem tradicional. Se os membros conseguirem substituir o gestor externo por uma prestação de contas interna, ou mútua, o grupo começará a agir como uma equipe. A prestação de contas mútua é a promessa que os membros fazem uns aos outros de fazer o que for possível para atingir as metas, e ela exige o comprometimento e confiança de todos. É a promessa de cada membro – prestar contas de si mesmo pelas metas da equipe – que dá a cada um o direito de expressar seus pontos de vista e esperar que sejam ouvidos. Com essa promessa, os membros mantêm a força necessária para o êxito da equipe. As metas de alto desempenho claramente estabelecidas e a abordagem comum servem de padrão para a equipe. Como as equipes prestam contas mutuamente para cumprir metas de desempenho, surgem duas outras diferenças importantes entre grupo e equipe: categorias de cargo e autoridade.

As categorias de cargo para grupos convencionais geralmente são descritas em relação a cargos altamente especializados que exigem treinamento mínimo e esforço moderado. Dezenas ou até centenas de pessoas podem ter cargos semelhantes e ver pouca relação entre os esforços e o resultado ou produto final. Nas equipes, por sua vez, as pessoas têm muitas habilidades diferentes que se enquadram em duas ou mais categoriais abrangentes. Os trabalhadores e os gestores não se preocupam com quem faz qual trabalho, desde que a equipe chegue ao produto ou serviço final e cumpra com as metas de desempenho.[7]

Quando à autoridade, nos grupos de trabalho convencionais o supervisor controla diretamente as atividades diárias dos funcionários. Contudo, nas equipes, eles discutem que atividades precisam ser feitas e determinam quem tem as habilidades necessárias bem como quem realizará cada tarefa. Quem toma as decisões é a equipe, não o supervisor. Se um "supervisor" permanece na equipe, a função dele geralmente passa a ser a de instrutor, facilitador ou de alguém que ajuda na tomada de decisão, sem desempenhar o papel tradicional de tomada de decisão e controle.

BENEFÍCIOS E CUSTOS DAS EQUIPES NAS ORGANIZAÇÕES

Com o rápido aumento da popularidade das equipes, é possível que algumas organizações comecem a usá-las somente porque todas estão fazendo o mesmo – o que obviamente é um motivo errado. A empresa deve criar equipes se elas fizerem sentido em seu contexto específico. O melhor motivo para começar equipes na organização é pensar nos benefícios positivos que podem resultar de um ambiente baseado em equipe: melhor desempenho, redução de custos e melhorias organizacionais. Mostramos quatro categorias de benefícios e alguns exemplos na Tabela 10.1.

Melhoria no desempenho

A melhoria no desempenho pode ocorrer de muitas maneiras, por exemplo, por meio do aumento na produtividade, melhoria na qualidade e no atendimento ao cliente. Atuar em equipe permite que os funcionários evitem esforços desnecessários, reduzam erros e reajam melhor aos consumidores, revertendo em melhores saídas para cada unidade de entrada do funcionário. Essas melhorias resultam da reunião de novas formas de esforços individuais e das contínuas tentativas de melhorar em prol da equipe.[8] Por exemplo, a fábrica da General Electric na Carolina do Norte teve aumento de 20% na produtividade depois da implementação de equipes.[9] A K Shoes relatou aumento de 19% na produtividade e significativas reduções de refugo nos processos de fabricação depois que começou a usar a abordagem de equipes.

TABELA 10.1	Benefícios das equipes nas organizações	
TIPOS DE BENEFÍCIO	**BENEFÍCIO ESPECÍFICO**	**EXEMPLOS ORGANIZACIONAIS**
MELHORIA NO DESEMPENHO	Mais produtividade Melhoria de qualidade Melhoria no atendimento ao cliente	Ampex: as entregas ao cliente no prazo aumentaram 98%. K Shoes: refugos por milhão diminuíram de 5.000 para 250. Eastman: aumento de 70% na produtividade.
BENEFÍCIOS AO COLABORADOR	Qualidade de vida Diminuição do estresse	Milwaukee Mutual: o uso do programa de assistência ao funcionário caiu para 40% abaixo da média do setor.
CUSTOS REDUZIDOS	Menos rotatividade, absenteísmo Menos lesões	Kodak: redução da rotatividade para metade da média do setor. Texas Instruments: custos reduzidos em mais de 50%. Westinghouse: custos reduzidos em 60%.
MELHORIAS ORGANIZACIONAIS	Aumento da inovação, flexibilidade	IDS Mutual Fund Operations: melhoria na flexibilidade para lidar com as flutuações do mercado. Hewlett-Packard: sistema inovador de processamento de pedidos.

Referências: Adaptado de Richard S. Wellins, William C. Byham e George R. Dixon, *Inside Teams* (San Francisco: Jossey-Bass, 1994); Charles C. Manz e Henry P. Sims Jr., *Business Without Bosses* (Nova York: Wiley, 1993).

Redução de custos

Como as equipes reduzem a quantidade de refugo, cometem menos erros, registram menos indenizações ao trabalhador bem como reduzem o absenteísmo e a rotatividade, as organizações baseadas em equipes estão experimentando grandes reduções de custos. Os membros das equipes sentem que têm participação nos resultados, querem fazer mais contribuições porque se sentem valiosos, são comprometidos e não querem ter decepções. A Wilson Sporting Goods relatou uma economia de US$ 10 milhões por ano durante cinco anos em razão de suas equipes. A Colgate-Palmolive relatou que a rotatividade de técnicos se tornou extremamente baixa – mais de 90% dos técnicos eram retidos após cinco anos – depois que a metodologia do trabalho em equipe foi implantada.

Outros benefícios organizacionais

Outras melhorias resultantes da mudança da cultura hierárquica e diretiva para a cultura de equipes incluem o aumento da inovação, da criatividade e da flexibilidade.[10] As equipes eliminam camadas redundantes de burocracia e achatam a hierarquia nas grandes organizações. Aqueles que trabalham se sentem mais próximos e em contato com o alto escalão. Eles acreditam que seus esforços são importantes e tornam-se mais propensos a contribuir de forma significativa. Além disso, o ambiente de equipe constantemente desafia as equipes a inovar e solucionar problemas de maneira criativa. Se "o velho modo" não funcionar, as equipes capacitadas estão livres para descartá-lo e fazer de uma nova maneira. Com o aumento da competição global, as organizações devem se adaptar para se manterem atualizadas, em compasso com as mudanças. As equipes têm a flexibilidade necessária para reagir rapidamente. Uma das equipes mais antigas da Motorola desafiou a política duradoura do alto escalão com relação à inspeção de fornecedores em um esforço para reduzir o tempo dos ciclos e melhorar a entrega de partes essenciais.[11] Após diversas tentativas, a direção permitiu a mudança de sistema e, consequentemente, colheu os benefícios esperados.

Às vezes, é claro, as melhorias organizacionais e as medidas adaptativas não funcionam tão bem quanto o planejado, e as organizações percebem que precisam se "readaptar".

Benefícios para o funcionário

Tanto os funcionários como as organizações tendem a se beneficiar do ambiente de equipe. Muita atenção foi dispensada às diferenças entre a geração *baby boom* e os "pós-boomers" em relação às atitudes pertinentes ao trabalho, a sua importância na vida e o que esperam dele. Em geral, os jovens trabalhadores tendem a se satisfazer menos com o trabalho e com a organização, a respeitar menos a autoridade e a supervisão bem como a querer mais que um salário mensal. Trabalhar em equipe pode fornecer a noção de autocontrole, dignidade, identificação com trabalho, senso de amor próprio e autorrealização, aspectos com os quais os funcionários parecem ter dificuldades. Em vez de confiar no sistema tradicional, hierárquico e gerencial, as equipes dão aos empregados a liberdade de crescer e ganhar respeito e dignidade por meio da autogestão, tomando decisões sobre o trabalho e realmente fazendo a diferença no mundo em torno deles.[12] Por consequência, os funcionários têm uma vida profissional melhor, enfrentam menos estresse no trabalho e usam menos programas de assistência.

Custos das equipes

Os custos das equipes geralmente são expressos em relação à dificuldade de mudança para a organização. Os gestores manifestam sua frustração e confusão em relação às novas funções como instrutores a facilitadores, sobretudo se as habilidades gerenciais forem desenvolvidas com base na filosofia tradicional da gestão hierárquica. Alguns gestores sentem que estão se afastando do cargo à medida que direcionam cada vez mais deveres à equipe.[13]

Os funcionários também podem se sentir fracassados durante a mudança para uma cultura de equipe. Alguns grupos tradicionais, como de assistência técnica, podem sentir que seus empregos estão ameaçados, pois cada vez mais as equipes fazem trabalhos que antes eram realizados por técnicos. Nessas situações, novas atividades e escalas de salário precisam ser desenvolvidos para as equipes técnicas. Muitas vezes, técnicos são colocados em uma equipe ou em pequeno grupo de equipes e se tornam membros que participam integralmente das atividades de equipe.

Outro custo associado às equipes é a lentidão no seu processo de pleno desenvolvimento. Como discutiremos neste capítulo, demora muito para que elas completem o ciclo de desenvolvimento e se tornem maduras, eficientes e eficazes. Se a gestão do alto escalão for impaciente com o progresso lento, as equipes podem se dispersar, e a organização retorna à forma hierárquica original com perdas significativas para empregados, gestores e organização.

Provavelmente o custo mais perigoso para a organização baseada em equipe é o abandono prematuro da mudança. Se a alta gestão não tiver paciência com o processo de mudança e interrompê-lo, sem permitir que as equipes se desenvolvam e percebam os benefícios, todo o trabalho árduo de trabalhadores, gerentes e supervisores é perdido. Como consequência, a confiança do funcionário na gestão e nos responsáveis pelas decisões pode ficar abalada por muito tempo.[14] As perdas na produtividade e na eficiência serão muito difíceis de recuperar. Dessa forma, a gestão deve se comprometer antes de iniciar a mudança em uma organização baseada em equipe.

TIPOS DE EQUIPE

Atualmente existem muitos tipos de equipes nas organizações. Algumas evoluíram naturalmente nas empresas que permitem vários tipos de programas de gestão participativa e de capacitação. Outras foram criadas formalmente, como sugestão da gestão transparente. Uma maneira fácil de classificar as equipes é pelo que elas fazem; por exemplo, algumas equipes produzem ou fazem coisas, outras planejam e outras executam. Os tipos mais comuns de equipe são círculos de qualidade, equipes de trabalho e equipes de solução de problemas; as equipes de gestão também são bastante comuns. Isso está resumido na Tabela 10.2.

Círculo de qualidade

Círculo de qualidade (CQ) refere-se a pequenos grupos de funcionários da mesma área de atuação que se reúnem regularmente (em geral, em uma periodicidade semanal ou mensal) para discutir e recomendar soluções para problemas no ambiente de trabalho.[15] O CQ foi o primeiro tipo de equipe criado nas organizações dos Estados Unidos e foi popularizado durante os anos de 1980 em resposta à crescente concorrência japonesa. Em muitas empresas, o CQ conseguiu reduzir o retrabalho e diminuir os defeitos de produção no chão de fábrica. Algumas tentaram utilizar o CQ em escritórios e operações de serviço. Ele coexiste com a estrutura de gestão tradicional e é relativamente permanente. O papel do CQ é investigar os diversos problemas de qualidade que podem ocorrer no ambiente de trabalho. Ele não substitui o grupo de trabalho nem decide como ele será realizado. A presença do CQ diminuiu em anos recentes, embora muitas empresas ainda o utilizem.[16] O CQ é uma equipe que faz recomendações.

> **Círculo de qualidade** refere-se a pequenos grupos de funcionários da mesma área de atuação que se reúnem regularmente (em geral, em uma periodicidade semanal ou mensal).

Equipes de trabalho

Equipes de trabalho tendem a ser permanentes como o CQ, mas realizam o trabalho diário, não se restringindo aos comitês auxiliares.[17] Enfermeiros, assistentes e outros técnicos responsáveis pelos pacientes no andar ou na ala de um hospital formam uma equipe de trabalho. Em vez de investigar um problema específico, avaliar alternativas e recomendar solução ou mudança, uma equipe de trabalho faz o trabalho diário da unidade. A diferença entre grupo tradicional de enfermeiras e a equipe de cuidados com o paciente é que essa última tem autoridade de decidir como o trabalho é feito, em que ordem e por quem; toda a equipe é responsável pelo cuidado com o paciente. Quando a equipe decide como o trabalho será organizado ou feito, torna-se uma equipe autogerenciada, que acumulará todos os benefícios descritos neste capítulo. Equipes de trabalho são equipes que produzem ou fazem coisas.

> **Equipes de trabalho** incluem todas as pessoas que trabalham na área de atuação, são relativamente permanentes, tomam decisões em relação ao modo como o trabalho da equipe é feito.

TABELA 10.2	Tipos de equipes nas organizações
Círculos de qualidade: pequenos grupos de funcionários da mesma área de atuação que se reúnem regularmente para discutir e recomendar soluções para o ambiente de trabalho	
Equipes de trabalho: equipes que realizam o trabalho diário da organização	
Equipes de solução de problemas: equipes temporárias criadas para combater problemas específicos no ambiente de trabalho	
Equipes de gestão: gestores de diferentes áreas que coordenam equipes de trabalho	
Equipes de desenvolvimento de produto: combinações de equipes de trabalho e de solução de problemas para criar novos *designs* de produtos ou serviços	
Equipes virtuais: equipes que trabalham juntas de lugares remotos usando tecnologias digitais	

SERVIÇO: Unindo-se com clientes para coproduzir

Lembre-se da última vez em que você foi ao médico, à aula ou a um mercado. Como paciente, aluno ou cliente, você teve de fazer algo para conseguir o serviço esperado. No consultório, você precisa contar ao médico onde dói para obter o tratamento. Na sala de aula, você tem de estudar o material didático para aprender. No mercado do bairro, você pega um carrinho, enche com os produtos que escolheu e passa no caixa para pagar. Às vezes, você dá um passo a mais, pesquisa na internet para descobrir o diagnóstico para sua dor, usa recurso de estudo na prática para ajudar no aprendizado ou passa no caixa rápido do supermercado para economizar tempo. Em outras palavras, muitas vezes você tem de fazer algo para coproduzir o serviço que está adquirindo.

Para ter o pleno valor de quase todo serviço que desejam, os clientes devem fazer algo para recebê-lo. Seja algo simples, como um telefonema para pedir para alguém capinar seu quintal, ou algo bem complicado, como passar por um programa de reabilitação ortopédica de quadril, o cliente precisa fazer algo para que a ação ocorra. As empresas de serviço precisam planejar o papel que os clientes devem desempenhar para obter o serviço que desejam. Esse planejamento engloba o estudo das tarefas que os clientes devem desempenhar, além do conhecimento, das habilidades e das capacidades (KSAs) que provavelmente trarão à organização, bem como o que os motiva a agir. Em outras palavras, a empresa de serviço precisa descobrir não apenas quais são os KSAs exigidos dos próprios funcionários, mas também quais são os KSAs exigidos dos clientes e o que os motiva a atuar no processo.

A ideia de participar do processo é aquela que as empresas de serviço apresentaram aos gestores preocupados com o comportamento organizacional. Como se já não fosse um desafio suficiente entender os comportamentos, as atitudes, as motivações e as expectativas dos próprios funcionários, os gestores também precisam entender tudo isso em relação aos clientes. Em outras palavras, precisam aprender a gerir pessoas que estão pagando para serem geridas e esperam uma gestão bem-feita. Além disso, esses gestores estão supervisionando funcionários cujos cargos também incluem a responsabilidade de administrar bem clientes coprodutores. O que torna isso ainda mais desafiador é que cada cliente é individualmente qualificado para participar da experiência desejada e tem diferentes crenças no que se refere ao papel do cliente na participação da experiência ideal.

Assim, nas empresas de serviço, os gestores têm de realizar diversas tarefas que não costumam fazer parte das funções das contrapartes no setor industrial. A respeito de seus próprios funcionários, é preciso não apenas garantir que a força de trabalho tenha as habilidades, as capacidades e os conhecimentos necessários para fazer as tarefas que estão sob sua responsabilidade, mas também ser capaz de moldar relacionamentos com os clientes, diagnosticar os KSAs deles e orientá-los a realizar bem o papel de coprodutores. Diferentemente do observado no setor industrial, os gestores das empresas de serviço devem preparar os funcionários não apenas para realizarem seu trabalho, mas também para interagirem com clientes, a fim de determinar a melhor maneira de participar da produção segundo as necessidades, desejos, expectativas e capacidade de desempenho. Decifrar a linguagem corporal do cliente, ouvir as respostas sobre capacidades e observar o desempenho de coprodução são habilidades que poucos funcionários têm quando chegam à organização. Uma habilidade ainda mais difícil de contar com a capacidade de não apenas fazer isso corretamente, mas também de usar as informações para tomar boas decisões sobre qual tipo de participação de cada cliente precisa e, então, oferecer assistência ao cliente de maneira que ele a ache importante. Ao passo que uma geladeira não coproduz algo com os funcionários durante a linha de montagem, o próximo cliente se preocupa muito em como e quando produzirá algo ao participar do serviço desejado. Os clientes que veem a máquina FASTPASS na Disney, que tentam fazer *check-in* no aeroporto ou que desejam renovar *on-line* o plano de celular pré-pago podem ser divididos entre aqueles que sabem que conseguem fazer o necessário para coproduzir, os que sabem que não conseguem e os que acham que conseguem, mas não conseguem. A organização precisa se preparar para essas variações, precisa treinar os funcionários para reconhecer os diferentes tipos bem como ensinar os clientes a ter um bom desempenho.

Questão para discussão: De que maneira gerenciar pessoas que produzem coisas é diferente de gerenciar pessoas que administram a participação do cliente?

Equipes de solução de problemas

As **equipes de solução de problemas** são equipes temporárias, criadas para lidar com problemas específicos no ambiente de trabalho. As equipes podem usar diversos métodos para resolver um problema, como foi discutido no Capítulo 9. Após solucionar um problema, a equipe geralmente é dissolvida, permitindo que os membros voltem ao trabalho normal. Uma pesquisa descobriu que 91% das empresas norte-americanas utilizam equipes de solução de problemas com frequência.[18] Muitas vezes, as equipes de solução de problemas de alto desem-

> Equipes de solução de problemas são equipes temporárias criadas para lidar com problemas específicos no ambiente de trabalho.

penho são interfuncionais, ou seja, os membros provêm de diversas áreas de atuação. Equipes de gerenciamento de crises são equipes de solução de problemas que existem somente durante a crise organizacional e geralmente são compostas por pessoas de diversas áreas. As equipes de solução de problemas fazem recomendações a serem implementadas por outras pessoas.

Equipes de gestão

As **equipes de gestão** são formadas por gestores de várias áreas e coordenam equipes de trabalho. Elas são relativamente permanentes porque o trabalho não termina com a finalização do projeto específico ou com a solução do problema. As equipes de gestão devem se concentrar nas equipes que geram mais impacto sobre o desempenho geral da empresa. A principal função das equipes de gestão é orientar e aconselhar outras a se autogerirem por meio da tomada de decisão pela equipe. A segunda tarefa mais importante das equipes de gestão é coordenar as atividades entre as equipes de trabalho que são interdependentes de alguma maneira. A Digital Equipment Corporation abandonou a estrutura de matriz porque a matriz das equipes não estava bem organizada e coordenada. Membros da equipe de todos os níveis relataram que passavam horas e horas em reuniões na tentativa de coordenar vários grupos, o que deixava pouco tempo para o trabalho real.[19]

As equipes da gestão do alto escalão podem apresentar problemas específicos. Primeiro, o trabalho do grupo do alto escalão pode não ser favorável à equipe de trabalho. Os vice-presidentes ou diretores podem estar encarregados de diferentes conjuntos de operações que não estão relacionadas e não precisam ser coordenadas. Pode ser inadequado forçar esse tipo de grupo a se transforma em uma equipe. Segundo, os executivos do alto escalão chegaram ao alto nível organizacional porque têm certas características ou capacidades para realizar as tarefas. Para gestores bem-sucedidos, pode ser muito difícil alterar o estilo, reunir recursos e sacrificar a independência e a individualidade.[20]

Equipes de desenvolvimento de produtos

As **equipes de desenvolvimento de produtos** combinam equipes de trabalho e equipes de solução de problemas que criam novos projetos de produtos ou serviços que suprirão as necessidades do consumidor. Elas se parecem com equipes de solução de problemas porque quando o produto está completamente desenvolvido e já sendo produzido, a equipe pode ser dispensada. Conforme cresce a competição global e a capacidade de armazenamento, de processamento e de recuperação de informação eletrônica, as empresas de quase todos os segmentos sentem dificuldades de reduzir o tempo de desenvolvimento de produtos. O principal meio de realizar essa importante tarefa é a equipe interfuncional de alto padrão. A equipe da Boeing que desenvolveu o avião comercial 787 e as equipes de plataforma da Chrysler são típicos exemplos disso. A pressa em levar novos projetos ao mercado pode gerar diversos problemas às equipes de desenvolvimento de produto. Os problemas de falta de comunicação e má coordenação de processos comuns de desenvolvimento de produto nas organizações podem ser retificados com a criação de equipes autogerenciadas e interfuncionais.[21]

Equipes virtuais

As **equipes virtuais** são equipes que nunca se encontram presencialmente – suas atividades ocorrem via teleconferência e por outros sistemas de informação eletrônica. Os engenheiros que estão nos Estados Unidos se conectam com as contrapartes do mundo inteiro, compartilham arquivos por internet, correio eletrônico e outros serviços de comunicação. Todos os participantes podem olhar o mesmo desenho, impressão ou especificação, agilizando as decisões. Com os sistemas de comunicação eletrônica, os membros da equipe podem entrar e sair da equipe ou da discussão conforme a necessidade. O box *Tecnologia* intitulado "O que fazer quando o cirurgião pede o *joystick*" discute o tipo especial de equipe virtual que depende de tecnologia de ponta.

TECNOLOGIA

O que fazer quando o cirurgião pede a alavanca de controle

Em setembro de 2001, cirurgiões removeram a vesícula de uma senhora de 68 anos em Estrasburgo, França. A retirada da vesícula biliar é um procedimento de rotina, o padrão de cuidado para o uso do termo "cirurgia minimamente invasiva". A cirurgia é possível graças ao laparoscópio – um tubo fino e iluminado que permite aos médicos ver o que estão fazendo com os instrumentos de controle remoto inseridos no corpo do paciente por meio de pequenas incisões. A paciente de Estrasburgo saiu do hospital 48 horas depois e teve uma recuperação sem complicações. O único aspecto notável da operação foi o fato de que o cirurgião não estava em Estrasburgo. Na verdade, ele sequer estava em um hospital: ele estava na filial da France Télécom em Nova York, a 7 mil quilômetros dali. A operação foi a primeira "cirurgia remota" completa realizada em paciente humano – resultado da colaboração direta (por assim dizer) entre o Dr. Jacques Marescaux, diretor do European Institute of Telesurgery; a Computer Motion Inc., fabricante de aparelhos médicos localizada na Califórnia; a France Télécom, maior empresa francesa de telecomunicações; e os cirurgiões do Hôpitaux Universitaires de Estrasburgo.

Essa operação específica não foi necessariamente um salto qualitativo na cirurgia laparoscópica convencional. Cirurgiões realizam procedimentos assistidos por computador desde meados dos anos de 1990, embora sempre presentes na mesma sala que os pacientes. A cirurgia remota, ou telecirurgia, inclui a tecnologia que permite que cirurgiões e pacientes estejam em lugares diferentes, e o avanço realizado no procedimento de 2001, entre Estrasburgo e Nova York, foi principalmente em relação à distância. Ao demonstrar "a viabilidade do procedimento transatlântico", segundo Marescaux, essa equipe simplesmente atingiu "um marco ricamente simbólico".

Mesmo assim, os benefícios da cirurgia remota – ou seja, um cirurgião de fama mundial operando um paciente na Europa pela manhã e outro na América do Sul à tarde – são bastante evidentes. Alguns médicos também se referem ao benefício relacionado que Marescaux chama de "telecompanheirismo": a oportunidade que os cirurgiões têm de aprender novas habilidades e aperfeiçoar as que já têm enquanto observam especialistas reconhecidos trabalhando.

Em 2007, por exemplo, o Dr. Alex Gandsas, cirurgião do Sinai Hospital, em Baltimore, usou o sistema de telecirurgia para capacitar médicos na Argentina a realizarem um procedimento para tratamento de obesidade. O Dr. Sergio Cantarelli entrou em contato com Gandsas sobre a possibilidade de ir aos Estados Unidos para aprender o procedimento. Gandsas conta: "Ele nunca havia feito esse tipo de cirurgia e, na prática, não era possível vir e treinar aqui". Foi então que Gandsas teve a ideia de orientá-lo remotamente, e por quase três meses Cantarelli e um colega, Dr. Gabriel Egidi, estudaram o procedimento participando de cirurgias realizadas nos Estados Unidos.

> "Ter um especialista mundial dos Estados Unidos nos supervisionando... aumentou muito nosso nível de conforto e forneceu o melhor cuidado ao paciente."
> — CIRURGIÃO ARGENTINO QUE ATUOU NA TELECIRURGIA

Ao final do período de treinamento, Cantarelli e Egidi realizaram a operação na Argentina por meio de um "robô de presença remota" que permitiu que Gandsas, controlando um *joystick* em Baltimore, monitorasse o procedimento e orientasse os médicos na sala de cirurgia a 8.700 quilômetros de distância. "Durante a cirurgia", explica Gandsas, "o robô permitiu que eu me aproximasse do paciente e dos monitores para avaliar a situação", enquanto os médicos argentinos operavam a paciente, uma mulher de 39 anos. Cantarelli e Egidi, que nunca encontraram o colega norte-americano pessoalmente, relataram que a colaboração de longa distância beneficiou todos os envolvidos. "Ter um especialista mundial dos Estados Unidos nos supervisionando", disse Cantarelli, "aumentou muito nosso nível de conforto e forneceu o melhor cuidado ao paciente".

Referências: J[acques] Marescaux, "Code Name: Lindbergh Operation", *WebSurg*, jan. 2002, www.websurg.com, 5 jun. 2012; Vicki Brower, "The Cutting Edge in Surgery", *EMBO Reports*, v. 3 (2002), www.nature.com, 5 jun. 2012; Vitor da Silva et al., "Telementoring and Telesurgery: Future or Fiction?", *Robot Surgery*, ed. Seung Hyuk Baik (InTech, 2010), Cap. 3; "Remote Surgery between U.S. and Argentina", *The Medical News*, 4 out. 2007, www.news-medical.net, 5 jun. 2012; Matthew Knight, "Virtual Surgery Becoming a Reality", *CNN.com*, 18 out. 2007, http://edition.cnn.com, 5 jun. 2012; "Robot Teaches World's First Remote Surgery", *Physorg.com*, 3 out. 2007, www.physorg.com, 5 jun. 2012.

IMPLEMENTAÇÃO DE EQUIPES NAS ORGANIZAÇÕES

Não é fácil desenvolver equipes nas organizações, pois isso requer muito trabalho, treinamento e paciência. Passar da estrutura organizacional tradicional para a estrutura de equipes é muito parecida com mudança organizacional (que abordaremos no Capítulo 19). Trata-se de uma mudança total da cultura para toda a organização. Em geral, a organização está hierarquicamente projetada para fornecer orientação e controle. Contudo, muitas organizações precisam ser capazes de reagir rapidamente ao ambiente em mudança. Procedimentos de equipe impostos de modo artificial aos processos existentes são a receita do desastre. Nesta seção apresentamos diversos elementos essenciais específicos da mudança organizacional para uma situação de equipes.

Planejamento da mudança

Antes de ser colocada em prática, a mudança para a organização baseada em equipes exige muita análise e planejamento; a decisão não pode ser feita da noite para o dia e implementada em seguida. É uma saída drástica da hierarquia tradicional e da orientação a autoridade bem como controle nos quais planejamento, preparação e treinamento são pré-requisitos. O planejamento ocorre em duas fases, a primeira fase leva à decisão sobre mudar para a abordagem em equipes, a segunda acontece durante a preparação para implementação.

Tomar a decisão Antes de tomar a decisão, o alto escalão precisa estabelecer quem lidera essa transformação, desenvolver um comitê orientador, conduzir um estudo de viabilidade e então decidir se a mudança será feita ou não. O alto escalão precisa garantir que a cultura de equipe esteja consistente com a estratégia, conforme abordamos no Capítulo 18. Muito frequentemente quem lidera a mudança é o diretor-executivo, o diretor de operações ou outra pessoa de destaque no nível de gestão. Independentemente do cargo, a pessoa que vai liderar a mudança precisa: (1) ter forte convicção de que os funcionários querem ser responsáveis pelo próprio trabalho; (2) ser capaz de demonstrar a filosofia da equipe; (3) articular a visão coerente do ambiente de equipe e (4) ter criatividade e autoridade para superar os obstáculos que podem surgir.

O líder da mudança precisa reunir um comitê orientador para ajudar a explorar o quanto a organização está pronta para o ambiente de equipe e liderá-lo por meio de planejamento e preparação. O comitê orientador pode ter qualquer tamanho funcional, de duas a dez pessoas que sejam influentes e conheçam o trabalho da organização. Entre os membros podem estar gestores de fábricas ou divisões, representantes do sindicato, o departamento de Recursos Humanos e funcionários do âmbito operacional. O trabalho do comitê orientador inclui visitar locais que possam ser utilizados pelas equipes, visitas a equipes bem-sucedidas, coleta e análise de dados, discussões moderadas, deliberação e decisão sobre ter um consultor durante o processo de mudança.

Antes de decidir pelo o uso de equipes, é necessário fazer um estudo de viabilidade. O comitê orientador precisa saber se os processos de trabalho são favoráveis às equipes, se os funcionários estão dispostos e são capazes de trabalhar em ambiente de equipe, se os gestores da unidade a ser transformada estão dispostos a aprender e a aplicar o estilo prático de gestão necessário para o funcionamento da equipe, se a cultura e estrutura organizacionais estão prontas para acomodar a organização baseada em equipes, se o mercado para os produtos ou serviços da unidade está crescendo ou pelos menos é estável o suficiente para absorver o aumento da capacidade produtiva que as equipes vão gerar bem como se a comunidade apoiará as equipes de transição. Se essas perguntas não forem respondidas, a gestão está apenas adivinhando e esperando que as equipes funcionem – e pode ter várias surpresas que poderiam comprometer os esforços.

Após a criação da equipe, a configuração do comitê orientador e a realização do estudo de viabilidade, é preciso decidir se a mudança ocorrerá ou não. O comitê e o alto escalão pre-

A W. L. Gore, mais conhecida pelo tecido Gore-Tex, usa a abordagem de equipe. A empresa não tem cargos nem hierarquias fixas e os funcionários (chamados "associados") colaboram por meio de pequenas equipes. Ela acredita que esse modelo incentiva a criatividade e a inovação. Os novos funcionários em potencial são analisados cuidadosamente para garantir que se enquadrem na cultura da Gore. Os associados prestam conta uns aos outros pelo sucesso de seus projetos.

cisarão decidir juntos se prosseguirão caso as condições sejam propícias. Se o estudo de viabilidade indicar que ainda há dúvidas de que a organização esteja pronta, o comitê pode decidir adiar a implementação enquanto ocorrem mudanças no quadro de funcionários, na estrutura e nas políticas organizacionais, ou até que as condições do mercado melhorem. O comitê também poderia decidir implementar treinamento e aculturação a fim de preparar funcionários e gestores da unidade para posterior implementação da mudança.

Preparação para a implementação Após decidir mudar para uma organização baseada em equipe, muita coisa é necessária antes de começar a implementação. A preparação consiste em cinco passos: esclarecer a missão, selecionar o local para as primeiras equipes de trabalho, preparar a equipe de projeto, planejar a transferência de autoridade e esboçar o plano preliminar.

A declaração de missão é apenas a expressão do propósito que resume os vários benefícios que a companhia espera obter ao passar para o ambiente de equipe. Ela deve ser consistente com a estratégia da organização, uma vez que estabelece um conjunto de pressupostos comuns a executivos, gerentes, funcionários de apoio e equipes. Além disso, estabelece os parâmetros ou limites para realização da mudança. Ela pode identificar que divisões ou unidades serão envolvidas ou que níveis serão convertidos em equipes. A declaração de missão tenta estimular e concentrar-se na energia das pessoas que precisam se envolver na mudança. A missão pode se concentrar na melhoria contínua, no envolvimento do funcionário, no aumento do desempenho, na concorrência, na satisfação do cliente e nas contribuições para a sociedade. O comitê orientador deve envolver pessoas de diferentes áreas para fomentar o desenvolvimento mais completo da equipe.

Depois que a missão for estabelecida, o comitê orientador deve decidir onde as equipes serão implementadas primeiro. A escolha desse local é essencial porque estabelece o timbre do sucesso do programa. O melhor lugar de início seria o que inclui empregados de diversas categorias, onde seja viável atingir a melhoria de desempenho ou os alvos estabelecidos na missão bem como até onde os funcionários aceitam a ideia de trabalhar em equipes. A tradição ou histórico de sucesso também são valiosos, bem como a equipe disposta a ser treinada, sobretudo em suas habilidades interpessoais. Uma empresa de produção baseou a escolha desse local inicial não em critérios como esses, mas no desejo de recompensar os gestores com divisões de sucesso ou para "reparar" áreas com desempenho ruim. Consequentemente, a implementação de equipes nessa empresa foi lenta e não teve muito êxito.[22] Os locais de início também devem ter um "campeão" local do conceito de equipe.

Uma vez que os locais de início forem identificados, o comitê orientador precisa instalar a equipe que projetará outras equipes. A equipe de projeto é um grupo seleto de empregados, supervisores e gestores que desenvolverão os profissionais e os detalhes operacionais para fazer com que as equipes tenham bom desempenho. Esse grupo escolhe os membros da equipe inicial, prepara os membros e os gestores para as equipes, modifica os processos de trabalho para serem usados com o projeto da equipe e planeja a transição do estado atual para as equipes autogerenciadas. A equipe de projeto geralmente leva três meses para aprender com o comitê orientador, visitar locais em que as equipes atuam com sucesso bem como para passar por treinamento em sala de aula. Pensar na composição das equipes é uma das decisões mais importantes que a equipe de projeto deve fazer.

Planejar a transferência de autoridade para as equipes é a fase mais importante do planejamento. Também é a mais difícil, sendo o que diferencia a organização baseada em equipes. É difícil porque é muito diferente do sistema de gestão organizacional tradicional por hierarquia. É um processo gradual que na maioria das situações leva de dois a cinco anos. As equipes precisam aprender novas habilidades e tomar novas decisões relacionadas ao trabalho, o que requer tempo. Essencialmente, é uma mudança de cultura organizacional.

A última etapa do planejamento é redigir o plano experimental para as primeiras equipes de trabalho. O plano experimental reúne o trabalho do comitê orientador e os comitês de projeto e se torna o principal documento de trabalho que direciona o trabalho contínuo das equipes de projeto e das primeiras equipes de trabalho. O plano experimental: (1) recomenda um processo para selecionar as pessoas que estarão nas primeiras equipes; (2) descreve os papéis e responsabilidades de todas as pessoas que serão afetadas (membros da equipe, líderes, facilitadores, equipes de apoio, gestores e alto escalão); (3) identifica que treinamentos específicos serão necessários aos vários grupos; (4) identifica os processos de trabalho envolvidos; (5) descreve que outros sistemas organizacionais serão afetados e (6) organiza um cronograma preliminar para os próximos dois ou três anos. Depois que o comitê orientador e o alto escalão aprovam o plano preliminar, a organização está pronta para começar a implementação.

FIGURA 10.1

Fases da implementação de equipes

A implementação de equipes nas organizações é um processo longo e árduo. Após ser tomada a decisão de iniciar, o comitê orientador desenvolve os planos para a equipe de projeto, que planeja todo o processo. O objetivo é que a equipe se torne autogerenciada. O tempo de duração de cada etapa varia conforme a empresa.

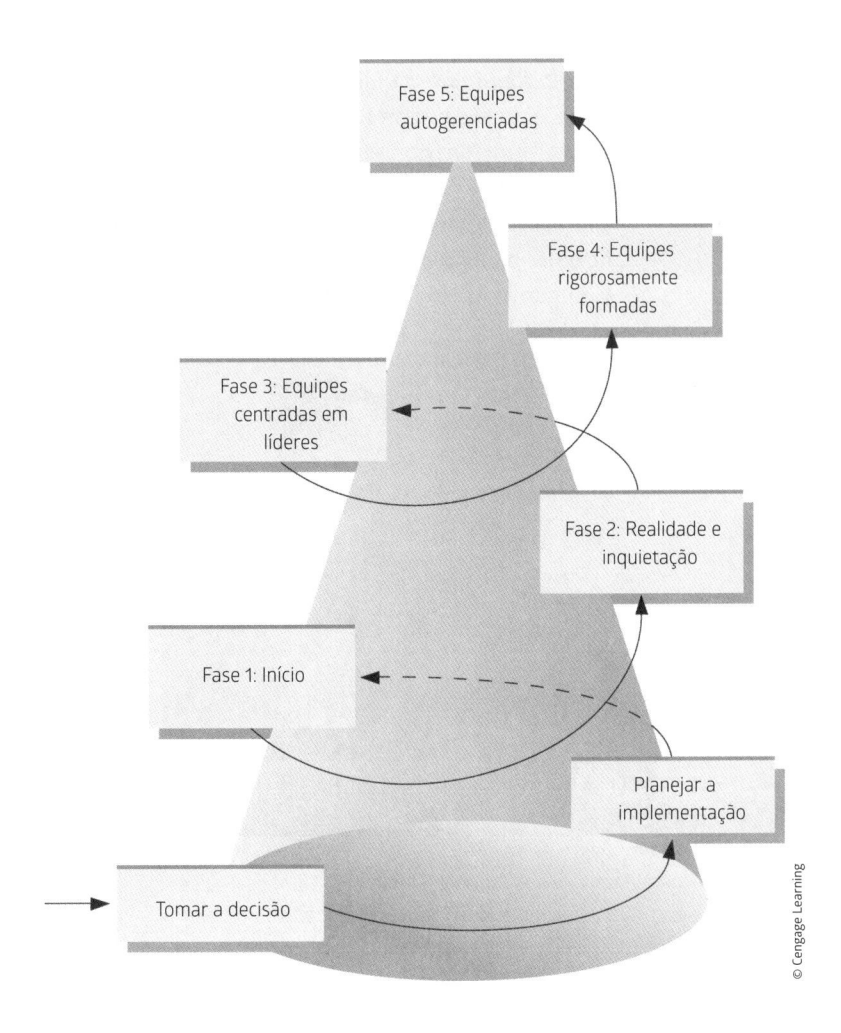

- Tomar a decisão
- Planejar a implementação
- Fase 1: Início
- Fase 2: Realidade e inquietação
- Fase 3: Equipes centradas em líderes
- Fase 4: Equipes rigorosamente formadas
- Fase 5: Equipes autogerenciadas

© Cengage Learning

Fases da implementação

A implementação de equipes de trabalho autogerenciadas é um processo longo e difícil que, muitas vezes, leva de dois a cinco anos. Durante esse período, as equipes passam por diversas fases (Figura 10.1), as quais não são evidentes nas etapas em que as equipes estão passando por elas.

Fase 1: Início Na fase 1, os membros da equipe são escolhidos e preparados para trabalhar em equipe de modo que tenham a maior possibilidade de sucesso possível. Grande parte do treinamento inicial envolve informação ou "conscientização", cuja mensagem é de que o alto escalão está comprometido com as equipes e que elas não são experimentais. O comitê orientador começa treinando os gestores superiores, e o treinamento e as informações são repassadas aos membros das equipes. O treinamento engloba os motivos que levaram a organização a adotar a abordagem de equipes, como as equipes foram selecionadas, como elas trabalham, os papéis e as responsabilidades, remuneração e estabilidade. Em geral, o treinamento abrange as habilidades técnicas necessárias para realizar o trabalho da equipe, as habilidades administrativas para que a equipe funcione dentro da organização e as habilidades interpessoais necessárias para trabalhar com os membros da equipe como de toda a organização. Às vezes as habilidades interpessoais são importantes. Talvez o mais importante seja estabelecer a ideia de que as equipes não deixam de ser gerenciadas, mas são gerenciadas de modo diferente. A diferença é que as novas equipes se autogerenciam. Os limites das equipes também são identificados, e o plano preliminar é ajustado para se adequar às situações específicas da equipe. Os empregados normalmente sentem que há muitas mudanças nos primeiros meses, o entusiasmo aumenta e a expectativa é muito positiva. O desempenho por equipes aumenta no início por causa do entusiasmo causado pela mudança.

Fase 2: Realidade e inquietação Talvez depois de seis a nove meses, os membros e os gestores da equipe começarão a ficar frustrados e confusos com as ambiguidades da nova situação. Para os funcionários, tarefas desconhecidas, mais responsabilidade e mais preocupação com a estabilidade no emprego substituem a esperança de oportunidades apresentadas pela nova abordagem. O treinamento e a preparação, por mais que sejam importantes, nunca serão suficientes para preparar as pessoas para enfrentar tormentas e retrocessos. A Cummins Engine Company realizou diversas "oficinas de previsão" no esforço de preparar os funcionários e gestores para as dificuldades que estavam por vir, tudo em vão. Os funcionários relataram os mesmos problemas que funcionários de outras empresas. O melhor conselho é realizar muito bem fase 1 e, então, dar bastante visibilidade aos gestores, continuar trabalhando para esclarecer as funções e responsabilidades de todos os envolvidos e reforçar os comportamentos positivos que ocorrerem.

Alguns gestores cometem o erro de permanecer afastados das equipes recém-formadas, pensando que a ideia é permitir que elas se autogerenciem. Na realidade, os gestores precisam estar visíveis para oferecer incentivo, monitorar o desempenho da equipe, intercâmbio entre equipes, ajudá-las a adquirir os recursos necessários, fomentar o tipo certo de comunicação e, às vezes, proteger as equipes de quem quer seu fracasso. Os gestores também se sen-

Os gestores precisam continuar envolvidos durante a implementação de equipes. Por exemplo, precisam encorajar, responder a perguntas e ajudar a promover a comunicação transparente e o clima de cooperação. O simples fato de estar acessível já é parte desse processo.

tem inquietos e confusos. A mudança que apoiaram resulta em mais trabalho para eles. Além disso, existe a ameaça real, pelo menos inicialmente, de que o trabalho não será feito, de que os projetos não serão finalizados ou de que os pedidos não sejam enviados pontualmente bem como de que eles sejam culpados pelos problemas.[23] Os gestores também relatam que ainda precisam intervir para solucionar problemas entre as equipes porque elas não sabem o que estão fazendo.

Fase 3: Equipes centradas em líderes Quando o desconforto e as frustrações da fase anterior chegam ao máximo, as equipes normalmente anseiam por um sistema parecido com a antiga estrutura organizacional centrada no gestor (ver Figura 10.1). Contudo, os membros estão aprendendo auto-orientação e liderança dentro da equipe e geralmente começam a se concentrar em um líder que está nela. Além disso, as equipes começam a pensar em si mesmas como membros que estão aprendendo a se gerenciar. Os gestores começam a ter noção das possibilidades positivas da organização em equipes e começam a se retirar aos poucos das operações diárias da unidade, passando a se concentrar em padrões, regulamentos, sistemas e recursos para a equipe.[24] Essa fase não é retrocesso no desenvolvimento da equipe, embora possa ser vista assim, pois o desenvolvimento do líder interno e a confiança nele representam um afastamento da antiga hierarquia e das linhas de autoridade tradicionais.

O comitê orientador e de projeto precisa garantir que duas coisas ocorram nesta fase. Primeiro, precisam incentivar o surgimento de fortes líderes internos de equipes. Os novos líderes podem ser indicados tanto pela empresa como pela equipe. Às vezes, o alto escalão prefere um controle adicional que obtém ao indicar os líderes das equipes, supondo que a produção continuará ao longo da transição da equipe. Por outro lado, se os líderes indicados pela empresa são ex-gestores, os membros da equipe terão dificuldade para acreditar que houve uma real mudança. Os líderes indicados pela equipe podem ser um problema se não forem treinados de forma adequada e orientados de acordo com as metas da equipe.

Se o líder indicado pela equipe não é eficiente, ela geralmente reconhece o problema e faz os ajustes necessários para retomar o andamento. Outra possibilidade para a liderança da equipe é o sistema rotativo em que a posição muda todo trimestre, mês, semana ou até diariamente. O sistema rotativo fomenta o crescimento profissional de todos os membros da equipe e confirma a força da autogestão.

Segundo, é preciso ajudar cada equipe a desenvolver sua própria noção de identidade. Observar equipes maduras na prática pode ser um bom passo para equipes recém-formadas. Sempre dá bom resultado reconhecer as equipes e os indivíduos pelo bom desempenho, sobretudo quando as equipes escolhem quem será reconhecido. É obrigatório o treinamento contínuo em etapas, ferramentas e técnicas de solução de problemas. Os gestores precisam trazer para o âmbito das equipes o máximo de oportunidades de solução de problemas. Por fim, com o desenvolvimento da identidade, as equipes desenvolvem atividades sociais, fazem camisetas, dão nomes às equipes, elaboram logotipos e outros itens que mostram essa identidade. Tudo isso é sinal de que a equipe está passando para a fase 4.

Fase 4: Equipes rigorosamente formadas Na quarta etapa da implementação de equipes, elas se tornam rigorosamente formadas, a ponto de o foco interno começar a ser prejudicial a outras equipes e à organização. Essas equipes geralmente confiam muito na sua capacidade de fazer tudo. Solucionam problemas, gerenciam o cronograma, os recursos e resolvem conflitos internos. No entanto, a comunicação com equipes externas começa a diminuir, a equipe encobre membros com desempenho ruim e a rivalidade entre equipes pode azedar, causando uma competição doente.

Para evitar os perigos da intensa lealdade e do isolamento inerente na fase 4, os gestores precisam cuidar para que as equipes continuem fazendo aquilo que as fizeram prosperar. Primeiro, elas precisam manter abertos os canais de comunicação com outras equipes por meio de conselhos rotativos de representantes que se reúnem regularmente para discutir o que funciona

O apoio do alto escalão é essencial para o êxito na implementação das equipes de trabalho. Entre outros aspectos, os gestores do alto escalão precisam enfatizar que há bons motivos empresariais para usar as equipes e devem estar preparados para alguns retrocessos durante a transição. Essa executiva está reunida com seus subordinados diretos para explicar o processo pelo qual a empresa está passando rumo à estrutura baseada em equipes.

e o que não funciona; as equipes que se comunicam e cooperam com outras equipes devem ser recompensadas. Na unidade da Digital Equipment, em Connecticut, representantes de equipes se reúnem semanalmente para relatar sucessos e falhas para que todos possam evitar problemas e melhorar as formas de operar as equipes.[25] Segundo, a gestão precisa melhorar o retorno (*feedback*) de desempenho por meio de terminais de computadores que fornecem informações atualizadas sobre o desempenho ou por meio de reuniões regulares de retorno. Nas unidades da TRW, a gestão introduziu a avaliação de desempenho por pares nessa fase de implementação do processo. Descobriu-se que na fase 4 as equipes estavam prontas para assumir essa tarefa administrativa, mas precisavam de muito treinamento sobre como realizar e apresentar avaliações. Terceiro, as equipes precisam seguir o plano previamente desenvolvido para transferir autoridade e garantir que todos os membros tenham seguido o plano de treinamento em todas as habilidades necessárias para o trabalho da equipe. Ao final da fase 4, a equipe deve estar pronta para assumir a responsabilidade de se autogerenciar.

Fase 5: Equipes autogerenciadas A fase 5 é o resultado final de meses ou anos de planejamento e implementação. As equipes maduras cumprem ou excedem as metas de desempenho. Os membros assumem responsabilidades para funções de liderança relacionadas a equipes. Os gestores e supervisores se retiraram das operações diárias e passam a planejar e aconselhar as equipes. Provavelmente, o mais importante é que as equipes são flexíveis – elaboram novas ideias para aprimoramento; fazem mudanças de integrantes, funções e tarefas conforme necessário. Embora as equipes estejam maduras e funcionando bem, muito ainda precisa ser feito para mantê-las em andamento. Primeiro, os indivíduos e equipes precisam continuar o treinamento nas habilidades funcionais e nas habilidades interpessoais e de equipe. Segundo, os sistemas de apoio precisam ser aprimorados constantemente para facilitar o desenvolvimento e a produtividade da equipe. Terceiro, as equipes precisam melhorar constantemente o relacionamento interno com o cliente e com o fornecedor dentro da organização. As parcerias entre equipes de toda a organização podem ajudar as equipes internas a continuar atendendo as necessidades dos clientes externos.

PROMOVENDO O SUCESSO DA EQUIPE

Este capítulo descreveu os diversos benefícios das equipes e o processo de mudança para a organização baseada nelas. Elas podem ser utilizadas por organizações pequenas ou grandes, tanto no chão de fábrica como nos escritórios e em diferentes países. As equipes devem estar motivadas pelo desempenho, e devem ser aplicadas as estratégias adequadas de planejamento e implementação. Nesta seção, discutiremos três questões essenciais que não podem ser ignoradas à medida que as organizações migram para a configuração baseada em equipes.

Apoio do alto escalão

A questão sobre onde deve começar a implementação da equipe não é um problema. Em qualquer implementação de equipes bem-sucedidas a mudança sempre começa de cima. O alto escalão tem três funções importantes. Primeiro, ele deve decidir migrar para a organização baseada em equipes pelos bons motivos relacionados ao desempenho. Não se pode fazer uma grande mudança cultural só porque está na moda, porque o chefe participou de seminários sobre equipes ou porque é necessário consertar algo rapidamente. Segundo, o alto escalão é essencial para comunicar os motivos da mudança ao restante da organização. Terceiro, o alto escalão precisa apoiar os esforços de mudança durante os períodos difíceis. Como discutimos anteriormente, o desempenho costuma cair nas primeiras fases da implementação de equipes. O apoio do alto escalão pode incluir incentivo verbal dos membros das equipes, mas também são necessários sistemas de apoio organizacional. Exemplos de sistemas de apoio para equipes incluem sistemas de inventários e cronograma mais eficientes, sistemas melhores de recrutamento e seleção, sistemas de informação aprimorados e sistemas de pagamento adequados.

Entendimento da estruturação do tempo

Muitas vezes, ao implementar equipes, as organizações esperam muita coisa muito cedo. Na verdade, o cenário frequentemente piora antes de melhorar.[26] A Figura 10.2 mostra como, logo após a implementação, o desempenho da equipe muitas vezes diminui para depois voltar a subir para os níveis originais e acima. A gestão da Investors Diversified Services, empresa de serviços financeiros em Minneapolis, Minnesota (que agora faz parte da American Express), esperava que o planejamento para o início da equipe levasse de três a quatro meses. O planejamento acabou levando oito meses e meio.[27] Muitas vezes demora um ano ou mais para que o desempenho volte pelo menos ao mesmo nível em que estava antes das equipes. Se as equipes forem implementadas sem o planejamento adequado, o desempenho delas pode nunca mais voltar aos níveis anteriores. O longo tempo necessário para aprimorar o desempenho pode desestimular os gestores que seguiram a moda das equipes e esperavam retornos imediatos.

FIGURA 10.2

Desempenho e implementação de equipes

A curva de desempenho da equipe mostra que o desempenho inicialmente cai e os membros ficam frustrados e inquietos. No entanto, o desempenho logo melhora e cresce para níveis recordes quando a equipe amadurece e passa a se autogerenciar.

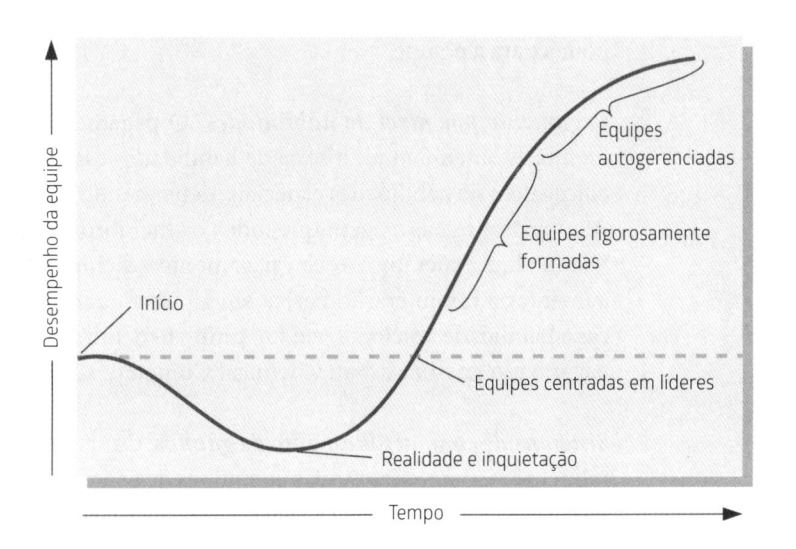

Referência: Reimpresso com permissão da Harvard Business School Press. De The Wisdom of Teams: Creating the High Performance Organization, Jon R. Katzenbach e Douglas K. Smith. Boston, MA, 1993, p. 84. Copyright de Harvard Business School Publishing Corporation; todos os direitos reservados.

As fases de implementação discutidas nas seções anteriores correspondem aos principais pontos da curva de desempenho da equipe. No início, o desempenho está nos níveis normais, embora algumas vezes as expectativas e o entusiasmo em relação às equipes causem leve queda no desempenho. Na fase 2, realidade e inquietação, as equipes estão confusas e frustradas com o treinamento e com a falta de direcionamento por parte do alto escalão a ponto de diminuir o desempenho. Na fase 3, as equipes centradas em líderes ficam mais confortáveis com a ideia de equipe e voltam a se concentrar no trabalho. Elas estabelecem a liderança mais uma vez, embora seja com um líder interno em vez de um gestor ou supervisor externo. Assim, o desempenho normalmente volta pelo menos ao nível em que estava antes. Na fase 4, os grupos começam a vivenciar o verdadeiro potencial do trabalho em equipe e produzem acima dos níveis anteriores. Por fim, na fase 5, as equipes autogerenciadas estão maduras, flexíveis e estabelecem novos recordes de desempenho.

As organizações que migram para o modelo baseado em equipes precisam reconhecer o tempo e o esforço envolvidos nessa mudança. A esperança de obter resultados positivos e imediatos pode causar decepção. O aumento mais rápido no desempenho ocorre entre a fase centrada no líder e a fase centrada na equipe, pois as equipes que terão conseguido superar as etapas difíceis de baixo desempenho, tiveram muito treinamento e estão prontas para utilizar a independência e a liberdade para tomar decisões sobre o próprio trabalho. Os membros estão bastante comprometidos uns com os outros e com o sucesso da equipe. Na fase 5, a gestão precisa garantir que as equipes estão voltadas para as metas estratégicas da organização.

Mudança da recompensa organizacional

O modo como os empregados são recompensados é essencial para o sucesso duradouro da organização. O sistema tradicional de recompensas e remunerações adequado para a motivação individual (abordado no Capítulo 4) simplesmente não é apropriado para a organização baseada em equipes. Em contextos convencionais, os funcionários geralmente são recompensados de acordo com o desempenho individual, tempo de serviço ou nível profissional. Na situação baseada em equipes, os membros são recompensados por dominar uma gama de habilidades necessárias para cumprir as metas de desempenho da equipe e, às vezes, as recompensas são baseadas nesse desempenho. Esse sistema salarial tende a promover a flexibilidade de que as equipes precisam para permanecerem receptivas aos fatores de mudança ambiental. Três tipos de sistemas de recompensa são comuns no ambiente de equipe: pagamento por nível de habilidades, sistemas de compartilhamento de ganhos e planos de bônus para a equipe.

Pagamento por nível de habilidades O pagamento por nível de habilidades exige que os membros obtenham uma série de habilidades essenciais necessárias para uma equipe específica, além de habilidades especiais, dependendo da carreira ou das necessidades da equipe. Alguns programas exigem que todos os membros obtenham as habilidades essenciais antes que qualquer membro receba pagamento adicional. Normalmente os funcionários podem aumentar a remuneração básica em alguma quantia fixa, digamos US$ 0,50 por hora para cada habilidade adicional, até um limite fixo. Entre as empresas que utilizam esse sistema de pagamento estão Eastman Chemical Company, Colgate-Palmolive e Pfizer.

Sistemas de compartilhamento de ganhos Os sistemas de compartilhamento de ganhos geralmente recompensam todas as equipes de acordo com o desempenho da organização, divisão ou fábrica. Tal sistema exige um parâmetro de desempenho que deve ser excedido pelos membros da equipe para que recebam a participação nos ganhos sobre esse parâmetro. A Westinghouse distribui um montante fixo a todos os funcionários de acordo com as melhorias em produtividade, custos e qualidade. A reação dos empregados geralmente é positiva, porque quando trabalham mais arduamente para ajudar a empresa, eles compartilham dos lucros que ajudaram a gerar. Mas quando as condições da empresa ou de outros fatores estão além do controle impossibilitam a geração de melhorias além do parâmetro estabelecido, os funcionários podem se sentir decepcionados e até iludidos com o processo.

Planos de bônus para a equipe Os bônus para a equipe são parecidos com os planos de compartilhamento de ganhos, exceto que a unidade de desempenho e pagamento é da equipe em vez da fábrica, divisão ou a organização. Cada equipe tem metas de desempenho específicas ou parâmetros que considera realista para que o plano seja eficaz. Entres as empresas que utilizam planos de bônus para as equipes estão Milwaukee Insurance Company, Colgate-Palmolive e Harris Corporation.

As mudanças no sistema de remuneração organizacional podem ser traumáticas e ameaçadoras para a maioria daqueles que trabalham. No entanto, combinar o sistema de recompensas com a maneira como o trabalho é organizado e realizado pode ter benefícios bem positivos. Os três tipos de sistemas de recompensa baseados em equipe apresentados podem ser usados isoladamente para simplificar ou juntos para cobrir diferentes tipos de problema de cada organização.

RESUMO

Grupos e equipes não são a mesma coisa. Equipe é um pequeno grupo de pessoas com habilidades complementares que estão comprometidas com um propósito em comum, com metas de desempenho em comum e adotam uma abordagem que se responsabilizam mutuamente. As equipes se diferem dos grupos tradicionais nas categorias profissionais e em relação à autoridade.

As equipes são utilizadas porque fazem sentido para uma organização específica. Os benefícios organizacionais incluem melhoria no desempenho, redução de custos e benefícios dos funcionários, entre outros.

Há diversos tipos de equipes nas organizações. Os círculos de qualidade são pequenos grupos de funcionários da mesma área que se reúnem regularmente e recomendam soluções para problemas no ambiente de trabalho. As equipes de trabalho realizam as operações organizacionais e decidem sobre como fazer o trabalho. As equipes de solução de problemas são estabelecidas temporariamente para resolver um problema específico. As equipes de gestão são formadas por gestores de várias áreas; são equipes relativamente permanentes que orientam e aconselham as novas equipes. As equipes de desenvolvimento de produtos recebem a tarefa de desenvolver um novo produto ou serviço para a organização. Os membros das equipes virtuais normalmente se encontram via teleconferência, podem nunca estar na mesma sala juntos e muitas vezes podem entrar e sair da equipe.

Planejar a mudança envolve todas as atividades que levam à decisão de usar equipes e então preparar a organização para dar início a elas. Os passos essenciais incluem estabelecer os líderes da mudança, criar um comitê orientador, realizar estudo de viabilidade e tomar a decisão de implantar a abordagem ou não. Após decidir pelo uso das equipes, a preparação inclui esclarecer a missão, escolher o local de trabalho das primeiras equipes, preparar a equipe de projeto, planejar a transferência de autoridade e esboçar o plano preliminar.

A implementação inclui cinco etapas: início, realidade e inquietação, equipes centradas em líderes, equipes rigorosamente formadas e equipes autogerenciadas. A implementação de equipes é uma verdadeira mudança cultural na organização.

De modo que as equipes deem certo, a mudança deve começar com o alto escalão, que decide por que a mudança é necessária, informa a necessidade de mudança e a apoia. A gestão não deve esperar obter muita coisa imediatamente porque o desempenho da equipe tende a diminuir antes de voltar aos níveis anteriores e depois aumenta para níveis recordes. Os sistemas de recompensa também precisam ser mudados.

QUESTÕES PARA DISCUSSÃO

1. Por que é importante distinguir "grupo" de "equipe"? Que tipos de comportamentos podem ser diferentes nesses casos?
2. De que maneira outras características organizacionais são diferentes na organização baseada em equipes?
3. Algumas pessoas dizem que mudar para a configuração de equipes "faz sentido" para as organizações. Quais são os quatro principais motivos pelos quais isso pode ocorrer?
4. Se os funcionários estão satisfeitos em trabalhar na organização hierárquica tradicional, por que o gestor deveria considerar a mudança para a organização baseada em equipes?
5. De que maneira os seis tipos de equipe estão relacionados?
6. Explique as circunstâncias em que a equipe interfuncional é útil nas organizações.
7. Que tipo de equipe é mais comum nas organizações? Por quê?
8. Por que planejar a mudança é importante para o processo de implementação?
9. O que pode acontecer se uma organização começa a construir, prematuramente, uma estrutura baseada em equipes esclarecendo a missão e depois selecionando o local para as primeiras equipes de trabalho?
10. Quais são os dois principais problemas que as organizações baseadas em equipes enfrentam?

QUAL É O SEU PONTO DE VISTA?

Jogadores de posição

"Continuamos acrescentando pessoas melhores do que nós."
— MIKEY LEBLANC, COFUNDADOR DA HOLDEN OUTERWEAR

Apresentamos a Holden Outerwear no vídeo do Capítulo 2, em que nos concentramos no *design* de produto e distribuição global.* No vídeo, vimos o cofundador Mikey LeBlanc, que em 2002 inaugurou a Holden com o sócio Scott Zergebel. Os fundadores contrataram um diretor-executivo, o ex-executivo da Adidas, Ben Pruess, em 2011. Hoje LeBlanc atua como "diretor de marketing". Zergebel, que não aparece no primeiro vídeo, mas faz uma participação não creditada agora, é identificado como "diretor criativo".

Esse vídeo tem tudo a ver com a abordagem do *trabalho em equipe* entre os gestores de Holden, e LeBlanc começa com a inevitável analogia com esportes. Seus sentimentos estão bem alinhados com os da maioria dos gestores contemporâneos:

Você pode assistir a um time da NBA que tem um craque que quer apenas ser o garanhão e não trabalha direito com mais ninguém. Ou você pode assistir a um ótimo time que realmente funciona bem junto, e é isso que estamos tentando fazer aqui na Holden.

Na última contagem, a Holden, que terceiriza a fabricação e distribuição, tinha apenas 10 funcionários e a folha de pagamento dobrou a quantidade de dígitos porque LeBlanc (que praticava *snowboard* profissionalmente) e Zergebel (estilista) precisavam ampliar o espectro de talentos: "Continuamos acrescentando pessoas melhores do que nós", explica LeBlanc, que admite: "Começamos a usar a palavra *equipe* nos últimos seis meses porque nosso gerente de vendas começou a usá-la. Eu até que gosto dessa palavra. Então, sim, jogamos em equipe. É preciso", acrescenta. "Se você está lutando internamente com alguém, significa que as coisas não estão acontecendo."

Como LeBlanc reconhece uma pessoa que joga em equipe quando trabalha com uma? Ele sugere que não é difícil quando há poucas pessoas no escritório e cada uma tem a área específica de responsabilidade, como "diretor de marketing", "diretor de *design*", "gerente de vendas", "diretor de distribuição na Europa" e "conselheiro geral". "É importante ter uma equipe", diz LeBlanc, porque os funcionários precisam saber *"que esse é o trabalho deles*: é algo real com o qual precisam lidar". Para Nikki Brush, cujo cargo oficial é gerente de *design* e desenvolvimento, o que LeBlanc está conseguindo é mais do que *responsabilidade* profissional (a obrigação de fazer algo): é também uma questão de *propriedade* profissional, que significa, entre outras coisas, a disposição de entender o que a organização faz, desenvolver conhecimentos e habilidades que contribuirão para seu sucesso e realizar um trabalho como se fosse essencial para esse sucesso.

Brush recorda as atividades da faculdade que *agrupavam* pessoas para completar um projeto, mas não faziam com que elas agissem como *equipe*: "Uma pessoa", lembra, "faria a estampa; outra cortaria o tecido e a próxima pessoa costuraria. Eu nunca achei que alguém se sentisse responsável ou assumisse a propriedade do projeto". Depois de ser demitida do antigo emprego, Brush trabalhou como *freelancer* – trabalhador autônomo sem vínculo com o empregador – e achou a experiência frustrante porque tornava a propriedade do trabalho praticamente impossível e dificultava o desempenho da tarefa: "O *freelancer* é interessante", diz, "porque a pessoa não está envolvida com a empresa. O profissional não sabe com certeza onde ela esteve nem para onde está indo. Como *freelancer*, a empresa não divulga para você esse tipo de informação o tempo todo.

LeBlanc relata que ele e Zergebel deixaram Brush "desenhar algumas peças e trabalharam com ela ao longo do processo, e ela acabou desenhando minha peça favorita da coleção". (O que hoje se chama "Nikki Pants" imita couro em relevo e tem zíperes suíços.) Na época, a Holden não terceirizava muitas operações porque, como LeBlanc diz, "queríamos fazer tudo sozinhos". Contudo, à medida que a empresa crescia, "percebemos que precisaríamos de mais funcionários talentosos". Brush trabalhou como *freelancer* para Zergebel por aproximadamente nove meses, "e eu realmente acredito que nos demos bem no que diz respeito a nossa estética e nossas metas".

Brush entrou para a seleta equipe da Holden em novembro de 2010. "Trazer pessoas é sempre algo assustador", admite LeBlanc, que parece tão preocupado com o acesso a segredos comerciais como com a adequação entre pessoa e cargo e entre jogador e time. "Quero dizer, você está revelando seus segredos", explica. "Você está revelando como realiza seus processos". No caso de Brush, ela já trabalhava tão próximo ao *design* de produtos que tivemos de trazê-la de volta depois do trabalho *freelancer*, cavar fundo e descobrir quem ela era como pessoa e se ela trabalharia bem em equipe".

Da parte dela, Brush queria participar da equipe, mas não queria jogar fora de posição. Na verdade, ela diz que o cargo que lhe ofereceram de início não era "o mais adequado. Não queria estar em um lugar em que eu também não me sentisse adequada, queria sentir que eles me queriam". Mexeram-se alguns pauzinhos para criar o cargo de gerente de *design* e desenvolvimento, e Brush está feliz com o resultado. Afinal, ela diz: "Acho que o que eu trago é minha constante atenção aos detalhes no que diz respeito a desenvolvimento e *design*".

PERGUNTAS

1. Pense na história que Brush contou sobre um projeto de faculdade baseado em grupo. Explique por que ela foi precisa ao caracterizar os participantes como *grupo* e não como equipe. Agora imagine que você é um professor universitário (você leciona a matéria que quiser). Pense em um projeto em que os alunos tenham de trabalhar juntos, forneça certas diretrizes que exijam trabalho em *equipe*.
2. Por mais que na prática seja informal, de que maneiras a Holden parece ter uma *estrutura hierárquica* – em que os funcionários ocupam diferentes níveis dentro da organização? De que maneiras a estrutura parece afetar a *cultura* organizacional? De que maneiras específicas a cultura baseada em equipe parece se sobrepor ou anular a estrutura/cultura hierárquica da Holden?
3. Que tipos de melhorias organizacionais a Holden tenta obter ao fomentar a cultura baseada em equipe? **Com base no vídeo**, descreva toda melhoria aparente em *inovação*, *criatividade* e *flexibilidade*.
4. Entre as q*uestões essenciais sobre equipes*, o capítulo discute a importância do *alto escalão* na implementação da estrutura/cultura baseada em equipe. De que maneiras o alto escalão da Holden desempenhou uma das três funções fundamentais na implementação dessa estrutura/cultura – ou seja, baseou as decisões de mudança para uma orientação baseada em equipe em motivos relacionados aos negócios?
5. Por um lado, a propriedade do trabalho na Holden exige que os funcionários dediquem as habilidades e energias para desempenhar diversas tarefas específicas (as de "gestor de marketing", as de "*designer*/desenvolvedor", e assim por diante). Por outro lado, a *estrutura/cultura baseada em equipes* exige que os funcionários contribuam com esforços para o amplo desempenho da organização. Isso pode parecer um paradoxo – estado de coisas aparentemente contraditório que, no entanto,

pode ocorrer nas circunstâncias corretas. De que maneiras a Holden parece solucionar os elementos contraditórios desse paradoxo de modo que possa, ao mesmo tempo, contribuir para o desempenho organizacional?

FONTES ADICIONAIS
Holden Outerwear, "Holden History" (2012), www.holdenouterwear.com, 5 jun. 2012; Allan Brettman, "Holden Outerwear Exits Portland in Search of NewMarkets, Lower Expenses", *OregonLive.com*, 2 mai. 2012, http://blog.oregonlive.com, 5 jun. 2012; Scott Zergebel, "My Inspiration Comes from Trying to Live My Life to the Fullest", *SIA's Latest*, 28 mar. 2012, www.snowsports.com, 5 jun. 2012; Mike Lewis, "Holden Announces Three Major New Hires", *Transworld Business*, 28 set. 2010, http://business.transworld.net, 5 jun. 2012; "Holden Gets Sporty", *YoBeat.com*, 4 jan. de 2012, www.yobeat.com, 5 jun. 2012.
*Verifique o vídeo do Capítulo 2 para se lembrar da linha de produtos, das operações e das recentes iniciativas da Holden.

PRÁTICA DO COMPORTAMENTO ORGANIZACIONAL

Solução de problemas em equipe com o diagrama espinha de peixe

Introdução O uso de grupos e equipes é cada vez mais comum em organizações ao redor do mundo. O exercício a seguir ensina a técnica de solução de problemas que pode ser usada eficientemente por equipes.

Instruções Leia as "Instruções para o diagrama espinha de peixe" a seguir. Trabalhando em um grupo pequeno, escolha um dos temas para análise. (Além disso, seu professor pode distribuir temas entre os grupos. Você também pode escrever seu próprio tema, mas é preciso que todos os alunos tenham alguma experiência e entendimento em relação ao assunto.) Faça a análise e apresente suas constatações à turma.

Temas
a. Alunos não podem estacionar no *campus*.
b. As disciplinas obrigatórias não são ofertadas em horários convenientes, variados ou flexíveis.
c. Há poucas disciplinas eletivas de administração.
d. Não há turmas suficientes de disciplinas obrigatórias para atender a demanda dos alunos.
e. Algumas disciplinas de negócios têm alunos demais para permitir que o aprendizado seja otimizado.
f. A sala dos professores não está disponível para orientação dos alunos.
g. Os alunos não têm aconselhamento adequado sobre questões acadêmicas e de grade horária.

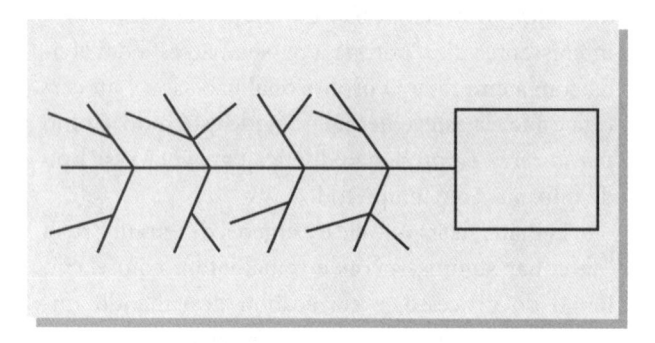

A estrutura do diagrama espinha de peixe deve ficar mais ou menos assim.

Instruções para o diagrama espinha de peixe
1. Anotem o problema na "cabeça" do peixe.
2. Façam um *brainstorming* das principais causas do problema e liste-as nas "espinhas" do peixe.
3. Analisem cada causa principal e, nas subdivisões da espinha, anotem os fatores que contribuem para que elas ocorram.
4. Cheguem a um consenso sobre uma ou duas causas mais importantes do problema.
5. Explorem maneiras de corrigir ou eliminar a(s) maior(es) causa(s).

Referência: Adaptado de Linda Morable, *Exercises in Management*, Houghton Mifflin Company, Boston, Copyright © 2005, para acompanhar, *Management*, 8. ed., de Ricky Griffin, Houghton Mifflin Company, Boston, Copyright © 2005.

FORMAÇÃO DAS HABILIDADES GERENCIAIS

Visão geral Grupos e equipes são cada vez mais importantes nas organizações. Este exercício permitirá que você coloque suas habilidades gerenciais em prática conforme são aplicadas às equipes de trabalho nas organizações.

Contexto Existem diversos grupos eficientes fora dos limites das organizações empresariais. Por exemplo, cada item a seguir representa uma equipe:

1. Time de basquete
2. Esquadrão militar de elite
3. Grupo político governamental, como o gabinete presidencial
4. Comitê estudantil

Tarefa
1. Identifique um exemplo de equipe de verdade, como as que acabaram de ser listadas. Escolha uma equipe que (1) não faça parte de uma empresa comum e (2) que você possa considerar altamente eficaz.
2. Determine os motivos da eficácia.
3. Determine como um gestor poderia aprender com essa equipe em particular e usar seus determinantes de sucesso no contexto empresarial.

EXERCÍCIO DE AUTOAVALIAÇÃO

O quanto você contribui como membro da equipe?

Pense em um grupo ou em uma equipe de que você participa. Responda às seguintes perguntas sobre a natureza de sua participação escolhendo a opção mais precisa. Não há respostas certas ou erradas. Talvez você precise responder a algumas perguntas "hipoteticamente" e, em alguns casos, terá de criar respostas "compostas" que reflitam sua experiência em mais de um contexto de grupo ou equipe.

1. Ofereço informações e opiniões...
    a. Muito frequentemente
    b. Frequentemente
    c. Às vezes
    d. Raramente
    e. Nunca

2. Eu resumo o que está acontecendo no grupo...
    a. Muito frequentemente
    b. Frequentemente
    c. Às vezes
    d. Raramente
    e. Nunca

3. Quando ocorre um problema, tento identificar o que está acontecendo...
    a. Muito frequentemente
    b. Frequentemente
    c. Às vezes
    d. Raramente
    e. Nunca

4. Coloco o grupo para trabalhar...
    a. Muito frequentemente
    b. Frequentemente
    c. Às vezes
    d. Raramente
    e. Nunca

5. Sugiro orientações que o grupo pode seguir...
    a. Muito frequentemente
    b. Frequentemente
    c. Às vezes
    d. Raramente
    e. Nunca

6. Ouço ativamente...
    a. Muito frequentemente
    b. Frequentemente
    c. Às vezes
    d. Raramente
    e. Nunca

7. Dou *feedback* positivo a outros membros do grupo...
    a. Muito frequentemente
    b. Frequentemente
    c. Às vezes
    d. Raramente
    e. Nunca

8. Faço concessões...
   a. Muito frequentemente
   b. Frequentemente
   c. Às vezes
   d. Raramente
   e. Nunca

9. Ajudo a aliviar a tensão...
   a. Muito frequentemente
   b. Frequentemente
   c. Às vezes
   d. Raramente
   e. Nunca

10. Eu falo...
    a. Muito frequentemente
    b. Frequentemente
    c. Às vezes
    d. Raramente
    e. Nunca

11. Ajudo a providenciar horário e local das reuniões...
    a. Muito frequentemente
    b. Frequentemente
    c. Às vezes
    d. Raramente
    e. Nunca

12. Tento observar o que está acontecendo no grupo...
    a. Muito frequentemente
    b. Frequentemente
    c. Às vezes
    d. Raramente
    e. Nunca

13. Tento solucionar problemas...
    a. Muito frequentemente
    b. Frequentemente
    c. Às vezes
    d. Raramente
    e. Nunca

14. Assumo a responsabilidade para garantir que as tarefas sejam realizadas...
    a. Muito frequentemente
    b. Frequentemente
    c. Às vezes
    d. Raramente
    e. Nunca

15. Gosto quando o grupo se diverte...
    a. Muito frequentemente
    b. Frequentemente
    c. Às vezes
    d. Raramente
    e. Nunca

Como pontuar: some seus pontos de acordo com os valores mostrados na tabela a seguir. Uma resposta "b" para a Pergunta 5, por exemplo, vale 1 ponto, ao passo que uma resposta "b" para a Pergunta 6 vale 3 pontos. Para obter o total, some todos os números da coluna "Pontuação".

Pergunta	a	b	c	d	e	Pontuação
1	1	2	3	2	1	
2	1	2	3	2	1	
3	1	2	3	2	1	
4	2	2	3	1	0	
5	0	1	3	1	0	
6	3	3	2	1	0	
7	3	3	2	1	0	
8	2	3	3	1	0	
9	1	2	3	1	0	
10	0	0	3	2	1	
11	2	3	3	1	0	
12	3	3	2	1	0	
13	2	3	3	1	0	
14	2	2	3	1	0	
15	1	1	2	1	1	
			TOTAL			

41-45 = Pessoa muito eficaz na equipe
35-40 = Pessoa eficaz na equipe
Menos de 35 = Pessoa que provavelmente precisa melhorar as habilidades de trabalho em equipe

Referência: Adaptado de University of South Australia, "Test Your Effectiveness as a Team Member". *"Working in Teams" Online Workshop*. Handout: "Teamwork Skills Questionnaire". 24 março 2010 em www.unisanet.unisa.edu.au.

CAPÍTULO 11
A comunicação nas organizações

Visão geral do capítulo

- A natureza da comunicação nas organizações
- Métodos de comunicação
- O processo de comunicação
- O processamento da informação digital e as telecomunicações
- Redes de comunicação
- Gestão da comunicação

Objetivos de aprendizagem

Após estudar este capítulo, você estará apto a:

1. Discutir a natureza da comunicação nas organizações.
2. Identificar e descrever os principais métodos de comunicação.
3. Descrever o processo de comunicação.
4. Observar como a tecnologia da informação afeta a comunicação.
5. Identificar e discutir os tipos básicos de redes de comunicação.
6. Discutir de que modo a comunicação pode ser adminsitrada nas organizações.

Não dá para inventar uma coisa dessas

"Não dá para inventar uma coisa dessas. Bem, acho que dá sim."
— Barbara Mikkelson, cofundadora da Snopes.com

Houve um tempo em que, para aproximadamente 15% dos norte-americanos, suas necessidades de conexão exigiam que você passasse mais de mil minutos ao celular por ano, ou mais de 30 minutos por dia. Como quase todo mundo do mesmo segmento populacional, você ficava feliz em dizer que tanto seus negócios como sua vida pessoal melhoraram significativamente.

Então, você esbarrou em uma reportagem da revista eletrônica britânica *Wymsey Village*. Com o título *Weekend Eating: Mobile Cooking*, a matéria mostrava como cozinhar um ovo usando dois celulares. No início, você ficou imaginando que ideias eles teriam em seguida, mas logo depois, alguém lhe envia um *e-mail* com uma reportagem completa, incluindo

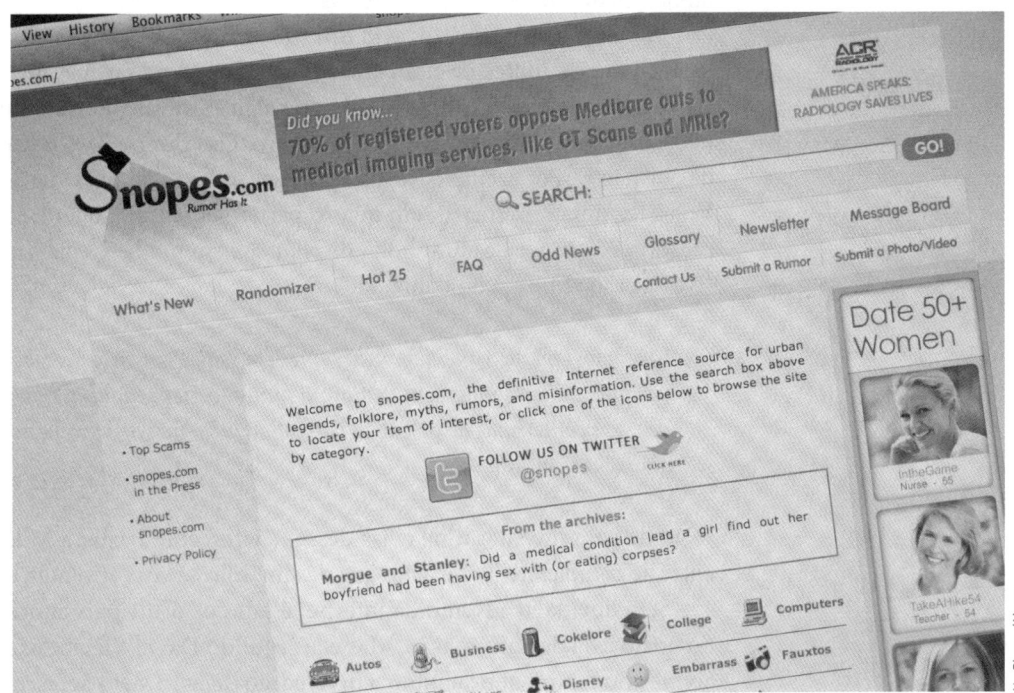

A Snopes.com fornece muitos exemplos claros, tanto bons quanto ruins, da comunicação e de seu papel na sociedade moderna.

fotografias, em que dois jornalistas russos explicavam como reproduziram o processo sustentando um ovo cozido entre dois celulares ligados por uma hora. Mas dessa vez, a matéria termina com uma observação assustadora: "Se a radiação de micro-ondas emitida pelos celulares é capaz de modificar as proteínas de um ovo, imagine o que pode fazer com as proteínas de seu cérebro". Nesse momento, você jogou fora o celular e pediu para reinstalar o telefone fixo (embora costume usar o viva-voz e afaste-se o máximo que pode do aparelho). Por fim, você cumpriu seu dever cívico e enviou os dois arquivos por *e-mail* para todo mundo que conhece.

Talvez você devesse buscar a informação no Snopes antes de jogar o celular fora e incitar todos os seus amigos a fazerem o mesmo. Se tivesse verificado os fatos no Snopes.com – como muitos fizeram – você descobriria que a matéria da *Wymsey Village* era uma paródia e que o artigo do tabloide russo era um boato. O cofundador da Snope, David Mikkelson, afirma: "As histórias que mais surgem são aquelas que sugerem uma ameaça aos leitores... As que colam são as que atingem aquilo em que todos estamos pensando". Segundo Mikkelson, não é tão difícil desmistificá-las se "partirmos da ideia de que afirmações extraordinárias exigem provas extraordinárias", mesmo assim, ele diz "a maioria dos rumores nunca morre completamente". A "matéria" da *Wymsey Village*, por exemplo, ainda está por aí, e o autor desmascarado afirma que seu único arrependimento "é não ter ganho dez centavos por clique naquela página".

A Snopes.com começou em 1995 como um passatempo de David Mikkelson e sua mulher Barbara, apaixonados por "lendas urbanas", as quais eles definem como um "conto" de "ampla circulação, contado e recontado com diferentes detalhes (ou em múltiplas versões) e que *supostamente* é verdade". O *site*, que eles operam de sua casa na Califórnia, hoje atrai de sete a oito milhões de visitantes por mês. Dois colaboradores em tempo integral administram a enorme quantidade de *e-mails*. "Logo nos tornamos um lugar para onde as pessoas enviavam tudo que era questionável", explica David. "Se precisavam verificar, elas nos perguntavam". Um colunista de tecnologia do *New York Times* disse que o Snopes é a "autoridade da internet sobre mitos enviados por *e-mail*", e Richard Roeper, crítico de cinema e caçador de mitos amador, declara que o "Snopes é como ter seu próprio exército de verificadores farejando um milhão de pistas falsas".

"A maioria de nós", diz David Mikkelson, "atua fora das mídias tradicionais", mas ele logo destaca que as fontes de notícia tradicionais podem fazer o mesmo serviço que o Snopes. "Nossa abordagem", explica, "é a de que algo extravagante será um boato. Mas infelizmente não é o que muitas pessoas da mídia fazem. Elas dizem: 'Isso é real, e vamos ver se há provas de que não é'". Por exemplo, veja o caso "Caçando o Bambi". Uma emissora de televisão em Las Vegas fez uma reportagem em quatro partes sobre uma loja de equipamentos que oferecia a caçadores a chance de atirar bolas de *paintball* em mulheres nuas por uma taxa de US$ 10 mil. "Nesse caso", Mikkelson conta,

> [dissemos] há algo que demonstre que seja real. Primeiro, percebemos que é bastante improvável que mulheres nuas sem nenhuma proteção, nem capacetes nem óculos, correriam na frente de caras com armas de paintball com nada além da vaga promessa de que não seriam atingidas abaixo da cintura.

"Não dá para inventar uma coisa dessas", acrescenta Barbara Mikkelson, que faz uma pausa antes de completar: "Bem, acho que dá sim. Mas se você inventar, certamente descobriremos".

Sem dúvida, o advento da internet é um dos principais fatores do aumento da indústria do boato e da desinformação. Mas ela, segundo David, "facilitou a desmistificação de boatos ao mesmo tempo que facilitou a divulgação deles". David acrescenta: "Os boatos de internet amplamente divulgados são muito incomuns. A maioria é apenas: 'Vou fazer essa brincadeira e ver se alguém acredita'. É raro encontrar uma pessoa com tempo e esforço suficientes para criar um boato bem elaborado; isso talvez ocorra uma ou duas vezes por ano". Segundo Mikkelson, "há muita coisa na internet em que não se pode confiar", mas ele também sabe que "há muita coisa na sua estante e na biblioteca em que também não se pode confiar... Nunca houve um meio de comunicação em que se pudesse confiar completamente. Você ainda precisa ver quem está dizendo isso... O conceito não mudou... Nada mudou, só a tecnologia".

Felizmente, os Mikkelson não estão sozinhos no setor de verificação de fatos. Durante a eleição presidencial dos Estados Unidos em 2008, começou a circular um *e-mail* com o título "POR FAVOR, LEIA!!!!!!! MUITO IMPORTANTE - SNOPES DESMASCARADA". O remetente anônimo revelou que a Snopes "pertencia a um liberal fervoroso... em defesa de Obama" e alertava a todos que recebiam essa notícia urgente que "não se pode confiar na Snopes.com... em nada do que pareça ser remotamente verdade". Na primavera de 2009, o FactCheck.org, que se descreve como "um 'defensor dos consumidores' apartidário e sem fins lucrativos para eleitores que querem reduzir o nível de engano e confusão na política dos Estados Unidos", dispôs-se a investigar as alegações contra a Snopes. Os pesquisadores revelaram que Barbara Mikkelson é uma cidadã canadense que não vota e que David Mikkelson, embora hoje seja independente, já foi afiliado ao Partido Republicano. Segundo o relatório do FactCheck, o *e-mail* anti-Snopes "continha diversas alegações falsas contra o desmistificador de lendas urbanas Snopes.com e seus proprietários".

Então, aparentemente é seguro verificar a veracidade dos fatos pelo Snopes.com, em que você continuará encontrando análises de todo tipo de informação (e desinformação) excessivamente divulgada. Só para constar, o Walmart nunca autorizou batidas de imigração ilegal em suas lojas e, não, se você for assaltando em um caixa eletrônico e escrever sua senha ao contrário não acionará a polícia.

Qual é a sua opinião?

1. Que tipo de informação você costuma obter pela internet? Essa informação acabou sendo menos confiável do que você esperava?
2. Você já desconfiou de alguma "informação" que recebeu pela internet (como a do fenômeno do ovo e do celular)? Você verificou? Nesse caso, como?

Referências: "Oeuf the Wall", *Snopes.com*, 17 mar. 2009, www.snopes.com, 18 jul. 2012; "Weekend Eating: Mobile Cooking", *Wymsey Weekend*, 2008, www.wymsey.co.uk, 18 jul. 2012; Snopes.com, "Frequently Asked Questions" (1995-2012), www.snopes.com, 18 jul. 2012; David Hochman, "Rumor Detectives: True Story or Online Hoax?", *Reader's Digest*, abr. 2009, www.rd.com, 18 jul. 2012; "For Snopes.com, Debunking the Bambi Hoax Was All in a Day's Work", *Online Journalism Review*, 31 jul. 2003, www.ojr.org, 18 jul. 2012; Brian Stelter, "Debunkers of Fictions Sift the Net", *New York Times*, 4 abr. 2010, www.nytimes.com, 18 jul. 2012; David Pogue, "Tech Tips for the Basic Computer User", *New York Times*, 2 out. 2008, http://pogue.blogs.nytimes.com, 18 jul. 2012; Viveca Novak, "Snopes.com", *FactCheck.org*, 10 abr. 2009, www.factcheck.org, 11 mar. 2010.

A comunicação é algo que a maioria ignora. Na verdade, nós nos comunicamos há tanto tempo que realmente prestamos pouca atenção ao processo. Mesmo no trabalho, muitas vezes nos concentramos principalmente em fazer o serviço e não percebemos como nos comunicamos com outras pessoas. Contudo, os métodos de comunicação têm a função onipresente de afetar o comportamento nas organizações e representam outro apoio essencial dos processos interpessoais. Por essa razão, é preciso prestar mais atenção aos processos que efetivamente ligam o que fazemos a outras pessoas na organização.

Neste capítulo, o foco está na comunicação interpessoal e no processamento dessa informação. Primeiro, discutiremos a importância da comunicação nas organizações e alguns aspectos importantes da comunicação internacional. A seguir, descreveremos os métodos da comunicação organizacional e analisaremos o processo básico de comunicação. Posteriormente, examinaremos os possíveis efeitos da tecnologia da informação computadorizada e das telecomunicações. Em seguida, exploraremos o desenvolvimento das redes de comunicação nas organizações. Por fim, discutiremos diversos problemas comuns da comunicação organizacional e os métodos de gestão da comunicação.

A NATUREZA DA COMUNICAÇÃO NAS ORGANIZAÇÕES

Comunicação é o processo social em que duas ou mais partes trocam informações e compartilham significados.

A **comunicação** é o processo social em que duas ou mais partes trocam informações e compartilham significados. A comunicação já foi estudada a partir de muitas perspectivas. Nesta seção, apresentaremos nosso ponto de vista sobre o complexo e dinâmico processo de comunicação discutindo algumas das questões importantes para a comunicação internacional nas organizações.

Os objetivos da comunicação nas organizações

A comunicação entre indivíduos e grupos é essencial em todas as organizações. Alguns dos objetivos da comunicação organizacional são mostrados na Figura 11.1. O principal objetivo é coordenar as ações.[1] Assim como o sistema nervoso humano responde aos estímulos e coordena as reações enviando mensagens às várias partes do corpo, a comunicação coordena as ações das áreas de uma organização. Sem comunicação, uma organização seria apenas um agrupamento de trabalhadores individuais realizando tarefas separadas. A ação organizacional ficaria sem coordenação e seria orientada segundo metas individuais, não organizacionais.

O segundo objetivo da comunicação é compartilhar informação. A informação mais importante diz respeito aos objetivos organizacionais, que dão aos seus membros uma noção de propósito e orientação. Na comunicação, outra função do compartilhamento de informações é orientar indivíduos sobre tarefas específicas. Ao passo que a informação sobre os objetivos organizacionais dá aos funcionários uma noção de como suas atividades se encaixam no quadro geral, a comunicação de tarefas lhes informa quais são (e quais não são) os deveres relacionados ao seu cargo. Os funcionários também recebem informações sobre os resultados de seus esforços, como no caso das avaliações de desempenho.

A comunicação também é essencial para o processo de tomada de decisão, como discutimos no Capítulo 8. A informação e o compartilhamento de informações são necessários

FIGURA 11.1

Três objetivos da comunicação organizacional

Realizar ações coordenadas é o principal objetivo da comunicação nas organizações. Compartilhar informações adequadamente e expressar emoções ajuda a coordenar as ações.

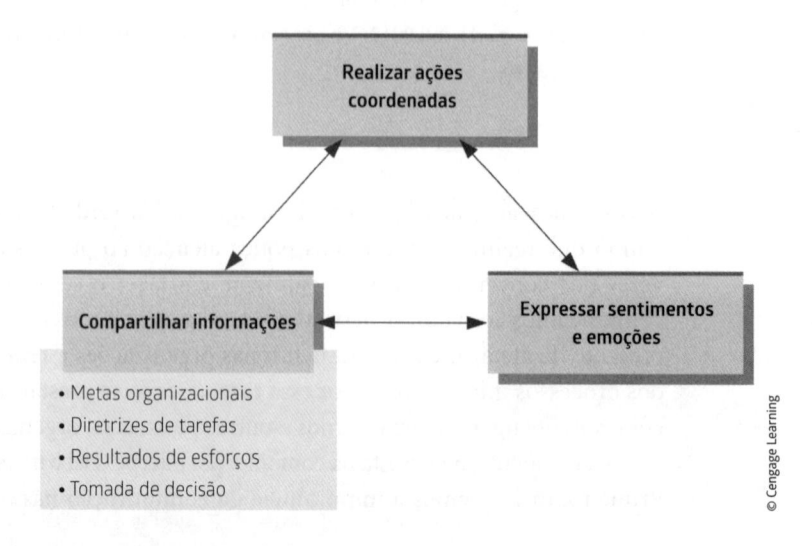

- Realizar ações coordenadas
- Compartilhar informações
  - Metas organizacionais
  - Diretrizes de tarefas
  - Resultados de esforços
  - Tomada de decisão
- Expressar sentimentos e emoções

para definir problemas, gerar e avaliar alternativas, implementar decisões, controlar e avaliar resultados. Por fim, a comunicação expressa sentimentos e emoções. A comunicação organizacional é muito mais que uma simples descrição de fatos e números. As pessoas que estão nas organizações, como em qualquer lugar, muitas vezes precisam comunicar emoções como felicidade, raiva, descontentamento, confiança e medo.

Comunicação intercultural

A comunicação é um elemento das relações interpessoais que é claramente afetado pelo ambiente internacional, em parte por diferenças de idioma, em parte por problemas de coordenação.

Idioma As diferenças de idioma se agravam porque a mesma palavra pode significar coisas diferentes em culturas diferentes. Por exemplo, uma vez a Chevrolet tentou exportar uma linha de carros para a América Latina que se chamava "Nova" nos Estados Unidos, mas descobriu que "no va" significa "no vá" em espanhol. Esse não seria o melhor nome para um carro! Da mesma forma, quando a KFC estava prestes a lançar uma grande campanha publicitária na China, um gestor local mostrou que o antigo *slogan* da empresa, "Finger Lickin' Good", significava "Coma seus dedos" quando traduzido diretamente para o chinês. Felizmente, a KFC teve tempo de revisar o *slogan* antes de começar a nova campanha. Como exemplo positivo, Akio Morita e seu sócio, Masaru Ibuka, deram à empresa o nome "Sony" porque pesquisaram e descobriram que a palavra não tem significado específico em nenhuma língua.

Os elementos da comunicação não verbal variam conforme a cultura. As cores e a linguagem corporal podem transmitir uma mensagem bem diferente em uma cultura e em outra. Por exemplo, o sinal americano para "OK" (fazer um círculo com o polegar e o indicador) é considerado falta de educação na Espanha e pode ser vulgar no Brasil. Os gestores devem saber de antemão que não podem menosprezar o tratamento dado a pessoas de outras culturas. É preciso reservar um tempo para familiarizar-se o máximo possível com a linguagem verbal e não verbal de um povo. E novas formas de tecnologia de comunicação, como *e-mails* e tuítes, estão mudando a própria linguagem.

Coordenação A comunicação internacional está intimamente relacionada a problemas de coordenação. Por exemplo, um gestor norte-americano que quer falar com sua contraparte em Hong Kong, Cingapura, Roma ou Londres terá dificuldade não apenas com as diferenças de idioma, também com as diferenças de horário. Quando um gestor norte-americano precisa falar ao telefone, o executivo de Hong Kong pode estar em casa dormindo. Como consequência, as organizações estão empregando cada vez mais métodos inovadores para coordenar suas atividades em áreas dispersas do mundo. A Merrill Lynch, por exemplo, tem sua própria rede de telefone via satélite para monitorar e participar dos mercados mundiais de economia e finanças. E, é claro, a internet facilita a comunicação em diferentes localidades ao redor do mundo.

MODALIDADES DE COMUNICAÇÃO

As três principais modalidades de comunicação nas organizações são: comunicação escrita, oral e não verbal. Muitas vezes essas modalidades são misturadas. As considerações que afetam a escolha de uma modalidade incluem o público (fisicamente presente ou não), a natureza da mensagem (sua urgência ou sigilo) e os custos de transmissão.[2] A Figura 11.2 mostra várias formas que cada modalidade pode assumir.

FIGURA 11.2

Métodos de comunicação nas organizações

Os três métodos de comunicação nas organizações estão inter-relacionados. Um complementa o outro, embora todos possam ser usados sozinhos.

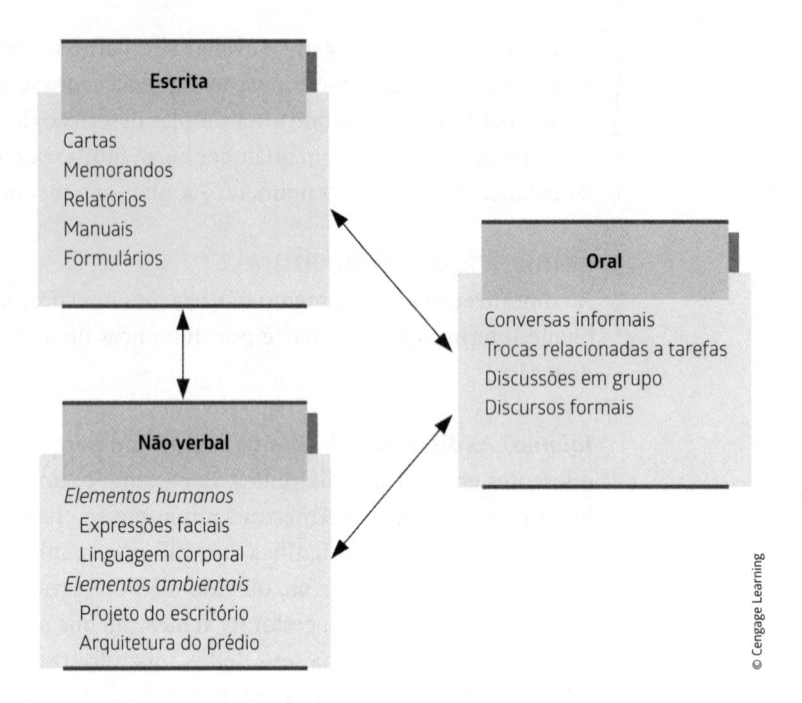

Escrita
Cartas
Memorandos
Relatórios
Manuais
Formulários

Oral
Conversas informais
Trocas relacionadas a tarefas
Discussões em grupo
Discursos formais

Não verbal
Elementos humanos
  Expressões faciais
  Linguagem corporal
Elementos ambientais
  Projeto do escritório
  Arquitetura do prédio

© Cengage Learning

Comunicação escrita

Normalmente as organizações produzem uma grande quantidade de comunicação escrita. Uma carta é um meio formal de se comunicar com um indivíduo, geralmente alguém de fora da organização. O *e-mail* provavelmente é a forma mais comum de comunicação escrita nas organizações atuais. O memorando também ainda é bastante comum e geralmente é enviado a uma pessoa ou a um grupo de dentro da organização. Eles tratam de um tema específico e são mais impessoais (pois muitas vezes são destinados a mais de uma pessoa), porém menos formais que as cartas. A maioria dos *e-mails* se parece com o memorando tradicional, mesmo sendo menos formal.

Entre outras formas comuns de comunicação escrita estão os relatórios, manuais e formulários. Os relatórios geralmente resumem o progresso ou os resultados de um projeto e muitas vezes fornecem informações a serem usadas na tomada de decisão. Os manuais têm várias funções na organização. Os manuais de instruções dizem aos funcionários como operar máquinas; os manuais de políticas e procedimentos informam as normas organizacionais; os manuais de operações descrevem como realizar tarefas e solucionar problemas relacionados ao trabalho. Os formulários são documentos padronizados para coleta de informações. Dessa maneira, eles representam tentativas de tornar a comunicação mais eficiente e a informação mais acessível. O formulário de avaliação de desempenho é um exemplo. Também devemos observar que, embora muitas dessas formas de comunicação escrita usem papel, elas estão cada vez mais sendo usadas nos *sites* e *intranets* das empresas.

Comunicação oral

A forma mais frequente de comunicação organizacional é a oral. Ela ocorre em qualquer lugar: nas conversas informais, no processo de realizar o trabalho, nas reuniões de grupos e nas forças-tarefa, bem como nos discursos e nas apresentações formais. Alguns estudos sugerem que as habilidades de comunicação oral podem ser o principal critério para contratação de recém-formados.[3] Os líderes de faculdades de administração são incentivados pela indústria a desenvolver melhores habilidades de comunicação nos formandos.[4] Mesmo na Europa, os funcionários reclamam que o principal problema dos formandos atuais é a falta de habilidades de comunicação oral, citando fatores culturais e mudanças no processo educativo como principais causas.[5]

A comunicação não verbal pode transmitir uma grande quantidade de informações. Esse homem, por exemplo, acabou de ler uma notícia ruim sobre economia e está externando sua raiva e frustração ao rasgar o jornal ao meio. Sua expressão facial também demonstra o que sente.

As formas orais de comunicação são bastante convincentes porque incluem não apenas as palavras do locutor mas também as mudanças de tom, altura, velocidade e volume, podendo ser acompanhadas de expressões faciais e gestos (como veremos na próxima seção). Como ouvintes, as pessoas usam todas essas pistas para entender as mensagens orais. Faça essa experiência com um amigo ou colega de trabalho. Diga esta frase algumas vezes, sempre enfatizando uma palavra diferente: "O chefe deu um aumento ao Zé". Veja como o significado muda de acordo com a ênfase! Além disso, os receptores interpretam as mensagens orais no contexto das comunicações anteriores e, talvez, considerando as reações de outros destinatários. (Tente dizer outra coisa antes de dizer a frase sobre o chefe, como: "O Zé é tão preguiçoso" ou "O Zé trabalha muito bem".) Frequentemente o alto escalão estabelece o tom da comunicação em toda a organização.

O correio de voz tem todas as características da comunicação verbal tradicional, exceto que não há retorno imediato. O emissor apenas envia uma mensagem na rede sem retorno nem confirmação de que a mensagem foi, ou será, recebida. Sem confirmação, o emissor não sabe ao certo se a mensagem será recebida do modo como ele queria. Assim, seria prudente da parte do receptor deixar uma mensagem ao emissor da mensagem confirmando seu recebimento. Mas aí haveria uma série de mensagens indo para caixa postal! Além disso, o receptor teria uma desculpa caso algo desse errado depois e sempre poderia dizer que deixou uma mensagem no correio de voz do emissor. O receptor também pode isentar-se da culpa dizendo que não recebeu o correio de voz. A falta de confirmação (ou da comunicação de mão dupla) pode causar muitos problemas, como será discutido nas próximas seções deste capítulo.

Comunicação não verbal

A comunicação não verbal inclui todos os elementos associados à comunicação humana que não são expressos nem oralmente nem pela escrita. Às vezes, a comunicação não verbal transmite mais significado que as próprias palavras. Entre os elementos humanos da comunicação não verbal estão as expressões faciais e os movimentos físicos, tanto conscientes como inconscientes. As expressões faciais foram classificadas em: (1) interesse-excitação, (2) prazer-alegria, (3) surpresa-espanto, (4) aflição-angústia, (5) medo-terror, (6) vergonha-humilhação, (7) desprezo-repulsa e (8) raiva-fúria. Os olhos costumam ser o componente mais expressivo do rosto.

Os movimentos físicos e a "linguagem corporal" também são elementos humanos bastante expressivos. A linguagem corporal inclui o movimento e as posições do corpo durante a comunicação. O aperto de mão é uma forma comum de linguagem corporal. Entre outros exemplos estão estabelecer o contato visual, que expressa a disposição de comunicar-se; sentar-se na ponta da cadeira, que pode indicar nervosismo ou ansiedade; e encostar-se para trás com os braços cruzados, que pode indicar indisposição para continuar a conversa.

Os elementos ambientais, como prédios, escritórios e móveis também podem transmitir mensagens. Um escritório espaçoso, com cortinas caras, tapetes felpudos e móveis elegantes podem fazer os funcionários ou visitantes se lembrarem de que estão na sala do presidente e diretor-executivo da empresa. Da mesma maneira, uma pequena mesa de metal no meio do chão da fábrica comunica a posição de um supervisor. Assim, a disposição da sala comunica *status*, poder e prestígio, além de criar uma atmosfera para os negócios. O ambiente físico também pode

SERVIÇO — Um sorriso diz muita coisa

Não é ótimo quando alguém sorri para você? Essa simples expressão facial comunica muitas coisas importantes à pessoa que a recebe. O sorriso significa: "Seja bem-vindo", "Que bom que você está aqui" e "Quero muito ouvir e ajudar, se puder". As empresas de serviço gastam muito tempo e esforço para incentivar seus funcionários a sorrir para os clientes. Esse simples ato pode ser uma parte importante do sucesso de quase toda experiência de serviço. Mas surge uma pergunta: por que isso é tão importante? A resposta pode ser atribuída a diversas características humanas. A resposta mais discutida se baseia em nossa tendência de gostar de quem gosta da gente. Assim, quem sorri para nós está transmitindo um sinal não verbal de que essa pessoa acha que somos como ela e de que é amiga, não inimiga. Se um funcionário do setor de serviços sorri para nós, nossa tendência é retribuir. Em outras palavras, usamos o mimetismo para aprimorar a qualidade e o valor da experiência de serviço. Há estudos interessantes que nos dão alguma percepção sobre o valor do mimetismo. As pessoas que são imitadas gostarão de quem as imitar. Além disso, elas reagem com mais generosidade às pessoas que as imitam. Isso é o que se chama "efeito camaleão". Funcionários do setor de serviços, como atendentes de restaurante, podem aumentar a quantidade de gorjetas imitando o comportamento dos clientes em relação à velocidade da fala, sotaque, escolha de palavras e sintaxe. Até imitar atitudes como esfregar o rosto, rir e outros comportamentos, quando imitados, influenciam nosso gosto pelas pessoas.

O segundo aspecto de uso de sorriso se baseia no impacto de nossas emoções. Se acharmos que o sorriso é autêntico, ele terá mais impacto sobre nós do que se for considerado falso. Um sorriso "falso" afetará nossos sentimentos em relação à pessoa que está sorrindo para nós. Em outras palavras, temos a reação de imitar alguém que sorri para nós, pois de forma automática e subconsciente reagimos a comportamentos das pessoas com quem queremos interagir e julgamos a autenticidade desses comportamentos. Assim, os gestores de serviço precisam encontrar maneiras de incentivar seus funcionários a sorrir de maneira que pareça autêntico aos clientes. Essas estratégias podem ser tão simples quanto colocar espelhos na caixa registradora para que os funcionários consigam monitorar seus comportamentos e sorrir alegremente quando os clientes entrarem em seu local de trabalho. Outra estratégia enfatiza bastante a criação de ambientes de trabalho descontraídos para que os funcionários se divirtam e, assim, sorriam de verdade quando os clientes aparecerem. O Gaylord's Opryland Hotel, por exemplo, usa diversas estratégias para criar um ambiente de trabalho divertido. Lá tem uma personagem chamada DiVine, que se veste de vinho. Ela fica parada no átrio tropical até que uma pessoa distraída chegue perto dela. Então, sem avisar, ela estende a mão e toca a pessoa ou se mexe de repente, o que causa gargalhadas de surpresa. Os funcionários também gostam dessa apresentação, que ajuda a deixar o ambiente de trabalho mais divertido e ao mesmo tempo surpreende os hóspedes.

Questão para discussão: lembre-se de uma experiência de serviço recente em que os funcionários pareciam estar se divertindo. O que você viu ou ouviu que tornava o ambiente divertido?

---

ser fundamental no desenvolvimento das redes de comunicação, pois uma pessoa colocada no centro pode controlar mais facilmente o fluxo de informações relacionadas a tarefas.

Com a difusão da comunicação digital, os elementos não verbais também são bastante usados neste caso. Por exemplo, incluir personagens digitais para indicar humor ou tristeza podem ajudar o receptor a compreender melhor a intenção de um *e-mail*. Um *e-mail* que diz "Você está demitido", por exemplo, seguido de uma "carinha sorridente" tem um significado bem diferente do que aquele só expresso por palavras. O box *Serviços* traz outros exemplos que ressaltam a importância da comunicação não verbal.

O PROCESSO DE COMUNICAÇÃO

A comunicação é um processo social em que duas ou mais partes trocam informação e compartilham significado. O processo é social porque envolve duas ou mais pessoas. É um processo de mão dupla e ocorre ao longo do tempo, não instantaneamente. O processo de comunicação ilustrado na Figura 11.3 mostra um ciclo entre a fonte e o receptor.[6] Observe a importância da porção de *feedback* nesse ciclo; após receber a mensagem, o receptor envia uma mensagem à fonte para verificar a comunicação. Cada elemento do processo básico de comunicação é importante. Se houver falha em uma parte, a mensagem pode não ser comunicada como se pretendia. Um exemplo organizacional simples é quando um gestor tenta orientar um funcionário quanto à ordem em que duas tarefas devem ser cumpridas. (Vamos reutilizar esse exemplo novamente mais adiante.) O gestor quer enviar cada mensagem de modo que o funcionário entenda precisamente o significado que deseja transmitir. Cada parte do processo de comunicação é descrita a seguir.

Fonte

> Fonte refere-se ao indivíduo, ao grupo ou à organização interessada em comunicar algo a outra parte.

Fonte refere-se ao indivíduo, ao grupo ou à organização interessada em comunicar algo a outra parte. Na comunicação organizacional ou de grupo, um indivíduo pode enviar a mensagem em nome da organização. A fonte é responsável por preparar a mensagem, codificá-la e enviá-la através do meio de transmissão. Em alguns casos, o receptor escolhe a fonte de informação, como quando um tomador de decisão busca informação de pessoas reconhecidas e de confiança.[7] Na comunicação organizacional, muitas vezes a fonte é o gestor que orienta os funcionários.

Codificação

> Codificação é o processo em que uma mensagem é traduzida de uma ideia ou de um pensamento para símbolos que possam ser transmitidos.

Codificação é o processo em que a mensagem é traduzida de uma ideia ou de um pensamento para símbolos que possam ser transmitidos. Os símbolos podem ser palavras, números, imagens, sons, gestos ou movimentos. Em nosso exemplo, o gestor pode usar palavras em língua inglesa como símbolos, geralmente falados ou escritos. A fonte deve codificar a mensagem em símbolos que o receptor possa decodificar corretamente; ou seja, a fonte e o receptor devem atribuir o mesmo significado aos símbolos. Quando usamos símbolos de um idioma em comum, supomos que eles tenham o mesmo significado para todos que os utilizam.

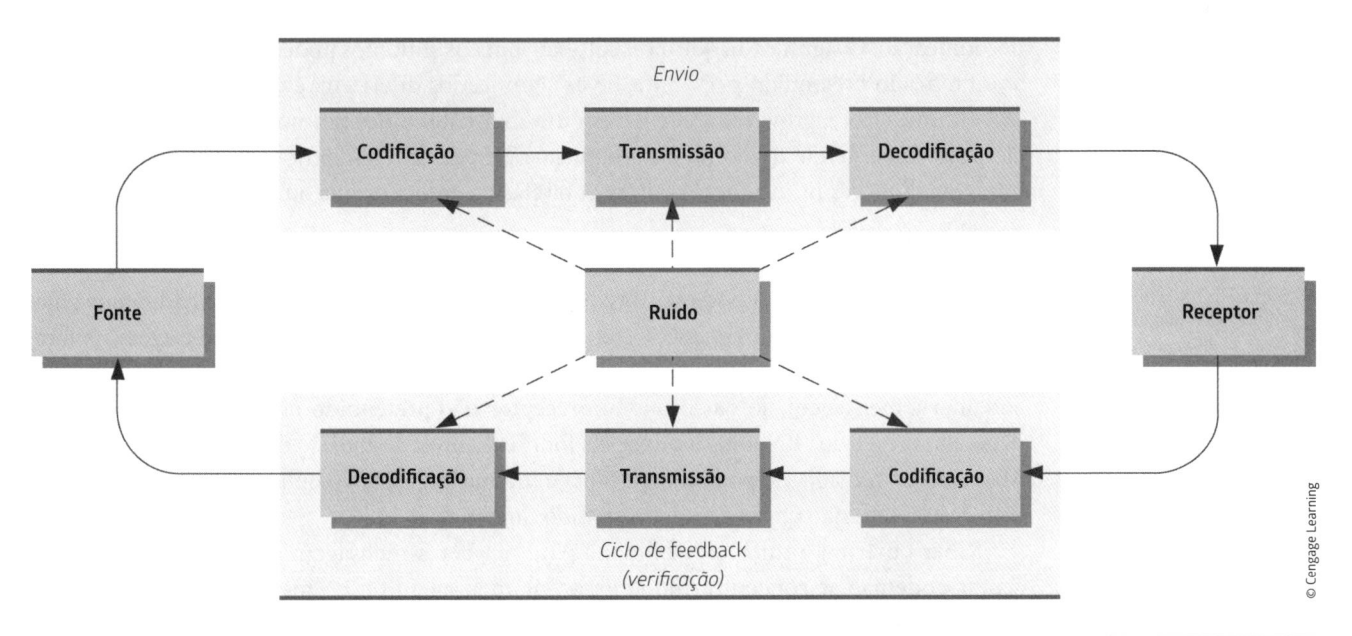

FIGURA 11.3

O processo de comunicação

O processo de comunicação é como um laço que liga o emissor e o receptor e opera nas duas direções. A comunicação não está completa até que o emissor original saiba que o receptor entendeu a mensagem.

Contudo, a ambiguidade inerente aos sistemas simbólicos pode gerar erros de decodificação. Na comunicação verbal, por exemplo, algumas palavras têm significados diferentes para pessoas diferentes. Pais e filhos muitas vezes usam a mesma palavra, mas as diferenças de posicionamento e de idade os levam a interpretar as palavras de maneira bem diversa. Se o gestor só fala espanhol e o funcionário só fala alemão, provavelmente a mensagem não será entendida. Os significados das palavras usadas pelo emissor podem diferir de acordo com as pistas não verbais, como a expressão facial, que o emissor transmite com elas.

Transmissão

Transmissão é o processo por meio do qual os símbolos que carregam a mensagem são transmitidos ao receptor. O **meio** é o canal, ou caminho, da transmissão. O meio de uma conversa presencial são as ondas sonoras. A mesma conversa realizada por telefone envolve não apenas ondas sonoras, mas também os impulsos elétricos e as linhas ou redes que conectam os dois aparelhos. Para dizer ao funcionário em que ordem as tarefas devem ser realizadas, o getsor pode falar com ele pessoalmente ou por telefone, memorando, *e-mail* ou correio de voz.

Os meios de comunicação variam de meios interpessoais (como fala ou toque) para meios de comunicação em massa (como jornais, revistas ou emissoras de televisão). Diferentes meios têm capacidades diferentes de levar informação. Por exemplo, uma conversa presencial tem capacidade de transmissão maior do que uma carta porque permite mais do que apenas palavras. Além disso, o meio pode ajudar a determinar o efeito que a mensagem exerce sobre o receptor. Telefonar para um cliente em potencial para fazer uma proposta é uma abordagem mais pessoal do que enviar uma carta e provavelmente vai gerar uma resposta diferente. É importante que o emissor escolha o meio com mais probabilidade de corresponder ao tipo de mensagem que precisa ser enviada e compreendida.

Decodificação

Decodificação é o processo pelo qual o receptor da mensagem interpreta seu significado. O receptor usa seu conhecimento e experiência para interpretar os símbolos da mensagem; em algumas situações, ele pode consultar uma autoridade, como um dicionário ou livro-código. Até então, o receptor esteve relativamente inativo, mas ele passa a ser mais ativo na fase de decodificação. O significado que o receptor atribui aos símbolos pode ser igual (ou diferente) ao significado pretendido pela fonte. Se os significados diferirem, é claro, ocorre uma falha na comunicação, e provavelmente haverá um mal-entendido. Em nosso exemplo, se o funcionário não entende o idioma ou uma palavra específica, não terá a mesma compreensão que o emissor (gestor) e poderá realizar as tarefas na ordem errada ou mesmo não realizá-las.

Receptor

O **receptor** da mensagem pode ser um indivíduo, grupo, organização ou indivíduo que atua como representante de um grupo. O receptor decide se vai decodificar a mensagem, se fará um esforço para entendê-la e se vai responder. Além disso, o receptor pretendido pode não entender a mensagem, ao passo que um receptor não pretendido pode entendê-la, dependendo do meio e dos símbolos usados pela fonte e do nível de atenção dos possíveis receptores. Mais ainda, o funcionário pode compartilhar a mesma linguagem (conhecer os símbolos) usada pelo gestor, mas não quer entender o sentido do emissor.

Saber ouvir é a principal habilidade para receber a mensagem adequadamente. O receptor pode não se concentrar no emissor, na mensagem ou no meio, fazendo com que a mensagem se perca. Ouvir é um processo ativo que requer tanto esforço e concentração do receptor quanto o envio da mensagem requer do emissor. A expressão de emoções por parte do emissor e do receptor entra em diversos pontos do processo de comunicação. Primeiro, as emoções podem fazer parte da mensagem, entrando no processo de codificação. Se as instruções do gestor estão codificadas com uma noção de urgência emocional (por exemplo, se ele usa um tom agudo ou voz alta), o funcionário pode começar a seguir as instruções imediatamente. No entanto, se a mensagem é urgente, mas o tom de voz do gestor é baixo e não envia sinais de urgência, o funcionário pode não agir com rapidez. Segundo, quando a mensagem é decodificada, o receptor pode fazer com que suas emoções percebam a mensagem de maneira diferente da intenção do emissor. Terceiro, um *feedback* emotivo do receptor pretendido pode fazer o emissor modificar a mensagem seguinte.

Feedback (retorno)

Feedback é o processo em que o receptor retorna a mensagem ao emissor indicando o recebimento dela.

Feedback é a resposta do receptor à mensagem. O *feedback* diz à fonte se o receptor recebeu e entendeu a mensagem. Ele pode ser tão simples quanto o telefonema de um cliente em potencial expressando interesse na proposta de negociação ou tão complexo quanto uma petição sobre uma matéria que um advogado envia a um juiz. Em nosso exemplo, o funcionário pode responder às instruções do gestor verbalmente ou por escrito, indicando se entendeu ou não a mensagem. O *feedback* também pode ser não verbal, como quando, em nosso exemplo, o funcionário não realiza a tarefa. Com o correio de voz comum, o ciclo de *feedback* é perdido ou atrasado, podendo gerar muitos problemas de comunicação.

Ruído

Ruído é qualquer perturbação no processo comunicativo que interfira na comunicação ou a distorça.

Ruído de canal é uma perturbação na comunicação que é causada principalmente pelo meio.

Ruído é qualquer perturbação no processo comunicativo que interfira na comunicação ou a distorça. O ruído pode entrar em praticamente qualquer ponto do processo de comunicação. O principal tipo, chamado **ruído de canal**, está associado ao meio.[8] Uma ligação de celular que caiu, um vírus no *e-mail* e uma carta perdida no correio são exemplos de ruído de canal. Quando o ruído interfere na codificação e na decodificação, podem ocorrer falhas nesses processos. Um funcionário pode não ouvir direito as instruções dadas pelo gestor por causa do barulho das máquinas na fábrica ou porque há mais pessoas falando com ele. As emoções que interferem na comunicação também podem ser consideradas um tipo de ruído.

A comunicação eficaz ocorre quando a informação ou seu significado foi compartilhado por pelo menos duas pessoas. Dessa forma, a comunicação deve incluir a resposta do receptor ao emissor. Sem o *feedback* do receptor, o emissor não consegue saber se a mensagem foi transmitida como ele pretendia, como no caso do correio de voz. Ambas as partes são responsáveis pela eficácia da comunicação. A evolução de novas tecnologias em anos recentes tem feito surgir novos problemas em relação a garantir que a comunicação funcione como o emissor e o receptor esperam.

PROCESSAMENTO DA INFORMAÇÃO DIGITAL E TELECOMUNICAÇÕES

As mudanças relativas à comunicação no ambiente de trabalho estão ocorrendo em ritmo acelerado. Muitas inovações recentes se baseiam em novas tecnologias: sistemas de processamento de informação computadorizados, sistemas de telecomunicação, internet, intranet e extranet organizacionais e diversas combinações dessas tecnologias. Gestores enviam e recebem memorandos e outros documentos usando a internet, podendo fazer isso no carro, usando *notebook* e celular a caminho do trabalho. Dispositivos sem fio, como *smartphones* e pontos de acesso de internet *wi-fi* estão tornando essas atividades cada vez mais comuns. Na verdade, muitos funcionários trabalham remotamente de casa em vez de irem ao escritório todos os dias. Novos setores estão se desenvolvendo em torno do armazenamento, da transmissão e da recuperação de informações com as quais nem sonhávamos há alguns anos.

O "escritório do futuro" chegou, mas ele pode não estar localizado em um prédio típico. Hoje, todo escritório tem um equipamento de fax, uma copiadora e computadores pessoais ligados a um sistema único integrado e a diversos bancos de dados bem como sistemas de correio digital. As empresas automobilísticas anunciam que seus carros e caminhões têm tecnologia para telefone celular, computador e fax. O escritório digital interliga gestores, funcionários administrativos, profissionais e equipe de vendas – além de fornecedores e consumidores – em uma rede de comunicação mundial que utiliza uma combinação de sistemas armazenamento, recuperação e transmissão de dados digitais.

Na verdade, a organização informatizada se tornou um lugar comum. A Ingersol Milling Machine de Rockford, Illinois, ostenta operações completamente informatizadas em que todas as funções principais (vendas, marketing, finanças, distribuição e fabricação) trocam informações operacionais de modo rápido e contínuo via computador. Por exemplo, os *designers* de produto podem enviar especificações diretamente às máquinas do chão de fábrica, e os funcionários da contabilidade recebem instantaneamente, pela internet, informações sobre vendas, compras e preços. O sistema computadorizado uniformiza e agiliza muito todo o processo.[9]

Os computadores estão permitindo o aumento do trabalho remoto nos Estados Unidos e reduzindo o número de viagens que as pessoas fazem até o escritório. Há muitos anos, a IBM forneceu computadores portáteis a seus funcionários e lhes pediu que não fossem ao escritório, mas usassem os aparelhos para trabalhar em campo e interagissem com a empresa digitalmente.[10] Outras empresas, como Motorola e AT&T, também incentivam o trabalho remoto. Os funcionários relatam aumento na produtividade, diminuição do cansaço causado pelo deslocamento, redução de gastos com transporte e aumento da liberdade pessoal. Além disso, o trabalho remoto reduz a poluição do ar e a superlotação. No entanto, alguns trabalhadores dizem sentir falta da interação social do ambiente profissional. Alguns gestores também expressaram sua preocupação com a quantidade e qualidade do trabalho que funcionários remotos (distantes) realizam quando estão longe da empresa.

Um estudo realizado entre funcionários administrativos que utilizaram um novo sistema de escritório digital indicou que as atitudes em relação ao sistema foram, em geral, positivas. Outro estudo sugeriu que a diminuição dos encontros presenciais pode descaracterizar o ambiente de escritório. Alguns observadores também se preocupam porque as empresas estão instalando sistemas digitais sem levar muito em consideração as estruturas sociais do ambiente de trabalho. À medida que os departamentos passam a confiar mais em sistemas informatizados, as atividades dos grupos de trabalho tendem a se tornar mais interdependentes, uma situação que pode alterar relações de poder entre os grupos. A maioria dos funcionários aprende os aspectos relacionados a sistemas de poder, política, autoridade e responsabilidade no ambiente da organização. Uma mudança radical nas relações pessoais e de trabalho causada pelas novas tecnologias rompe com as maneiras comuns de realizar tarefas, o que pode levar à reduçao da produtividade. Outro problema surge quando uma rede inteira fica fora do ar, interrompendo a maior parte do trabalho na organização. Outros possíveis problemas incluem sobrecarga de informações, perda de registros em um ambiente "sem papel" e desumanização resultante do uso de equipamentos digitais. Na prática, o processamento de novas informações e as tecnologias de transmissão representam novos meios, símbolos, métodos de transmissão de mensagens e redes para comunicação organizacional.

O verdadeiro aumento na produtividade organizacional decorrente da tecnologia da informação pode vir da capacidade de comunicar de maneiras novas e diferentes em vez de apenas agilizar

A tecnologia facilitou – e tornou muito mais comum – o trabalho a distância. Na verdade, a rotina de muitas pessoas hoje é trabalhar em casa e/ou a caminho ou na volta do escritório. Verificamos *e-mails*, mensagens de texto etc. com a mesma facilidade com que as pessoas consultavam cadernos ou agendas. Por exemplo, esse homem está verificando seu correio de voz e mensagens de texto enquanto espera o avião decolar. Poucos anos atrás, essa capacidade de comunicação não existia.

os padrões de comunicação já existentes. Por exemplo, para se manterem competitivas em um mercado global altamente desafiador, as empresas precisam gerar, disseminar e implementar novas ideias com mais eficácia. Na prática, elas se tornarão organizações de aprendizagem "baseadas no conhecimento" que geram continuamente novas ideias para se aprimorarem. Isso pode ocorrer quando o conhecimento especializado é comunicado e está disponível em toda a organização. A FedEx considera suas redes de comunicação internas e externas altamente desenvolvidas e integradas como pilares de seu sucesso duradouro.[11]

Uma das novas maneiras de comunicar é o compartilhamento de ideias, ou de conhecimento, isto é, a troca informações sobre quais práticas funcionam melhor. É necessário ter um sistema computadorizado para armazenar, organizar e disponibilizar as melhores práticas para outras pessoas da empresa.[12] Por exemplo, Eli Lilly, uma grande empresa farmacêutica, tem uma intranet institucional que é usada por seus 16 mil funcionários. Esse sistema disponibiliza *e-mails* internos, políticas e listas corporativas, além de permitir o compartilhamento de informações.[13] Desse modo, a tecnologia digital agiliza a comunicação e desenvolve novos tipos de comunicação organizacional, os quais podem criar benefícios e problemas para os gestores.

REDES DE COMUNICAÇÃO

A comunicação conecta indivíduos e grupos em um sistema social. Inicialmente, os elos de comunicação relacionados a tarefas se desenvolviam em uma organização de modo que os funcionários pudessem coordenar seu trabalho com o de outros membros do sistema. Após um longo período, esses elos de comunicação se transformaram em um sofisticado sistema social composto por redes de comunicação de pequenos grupos e de uma rede organizacional maior. Essas redes estruturam tanto o fluxo como o conteúdo da comunicação e servem de apoio à estrutura organizacional.[14] O padrão e o conteúdo da comunicação também sustentam a cultura, as crenças e os sistemas de valores que permitem que a organização realize suas operações. (É preciso observar que essa discussão se baseia na teoria e no estudo relacionado à dinâmica de grupos presenciais. Recursos de redes sociais como MySpace e Facebook também refletem as conexões, mas ainda não foram estudadas no contexto organizacional.)

Redes de pequenos grupos

A fim de examinar a comunicação interpessoal em um pequeno grupo, podemos observar os padrões que surgem quando o trabalho do grupo prossegue e a informação flui de alguns membros para outros.[15] Quatro desses padrões são mostrados na Figura 11.4. As linhas identificam os elos de comunicação mais frequentes nos grupos.

Uma **rede em roda** refere-se a um padrão em que a informação flui entre a pessoa que está na ponta de cada recado e a pessoas do meio. As que estão na ponta das falas não se comunicam diretamente entre si. Essa rede é uma característica do grupo de trabalho típico, em que a principal comunicação ocorre entre os membros e o gestor do grupo. Na **rede em cadeia**, cada membro se comunica com a pessoa acima e abaixo, exceto pelos indivíduos de cada ponta, que se comunicam com apenas uma pessoa. Essa rede é típica da comunicação em hierarquias verticais, nas quais a maior parte da comunicação vai para cima e para baixo na cadeia de comando. Cada pessoa em uma **rede em círculo** se comunica com a pessoa de cada lado e com mais ninguém. Essa rede é muito comum em forças-tarefa e comitês. Por fim, na rede de todos os canais, todos os membros se comunicam com os demais membros. A **rede de todos os canais** é encontrada em grupos informais sem estrutura, líder ou tarefa formal a cumprir.

Quando há muita coisa sendo comunicada ou quando a comunicação tem de percorrer uma longa distância, a comunicação pode ser distorcida mais facilmente pelo ruído. As

---

Na **rede em roda**, a informação flui entre a pessoa que está na ponta de cada mensagem e a pessoas do meio.

Na **rede em cadeia**, cada membro se comunica com a pessoa acima e abaixo, exceto pelos indivíduos de cada ponta, que se comunicam com apenas uma pessoa.

Na **rede em círculo**, cada pessoa se comunica com a pessoa de cada lado e com mais ninguém.

Na **rede de todos os canais**, todos os membros se comunicam com os demais membros.

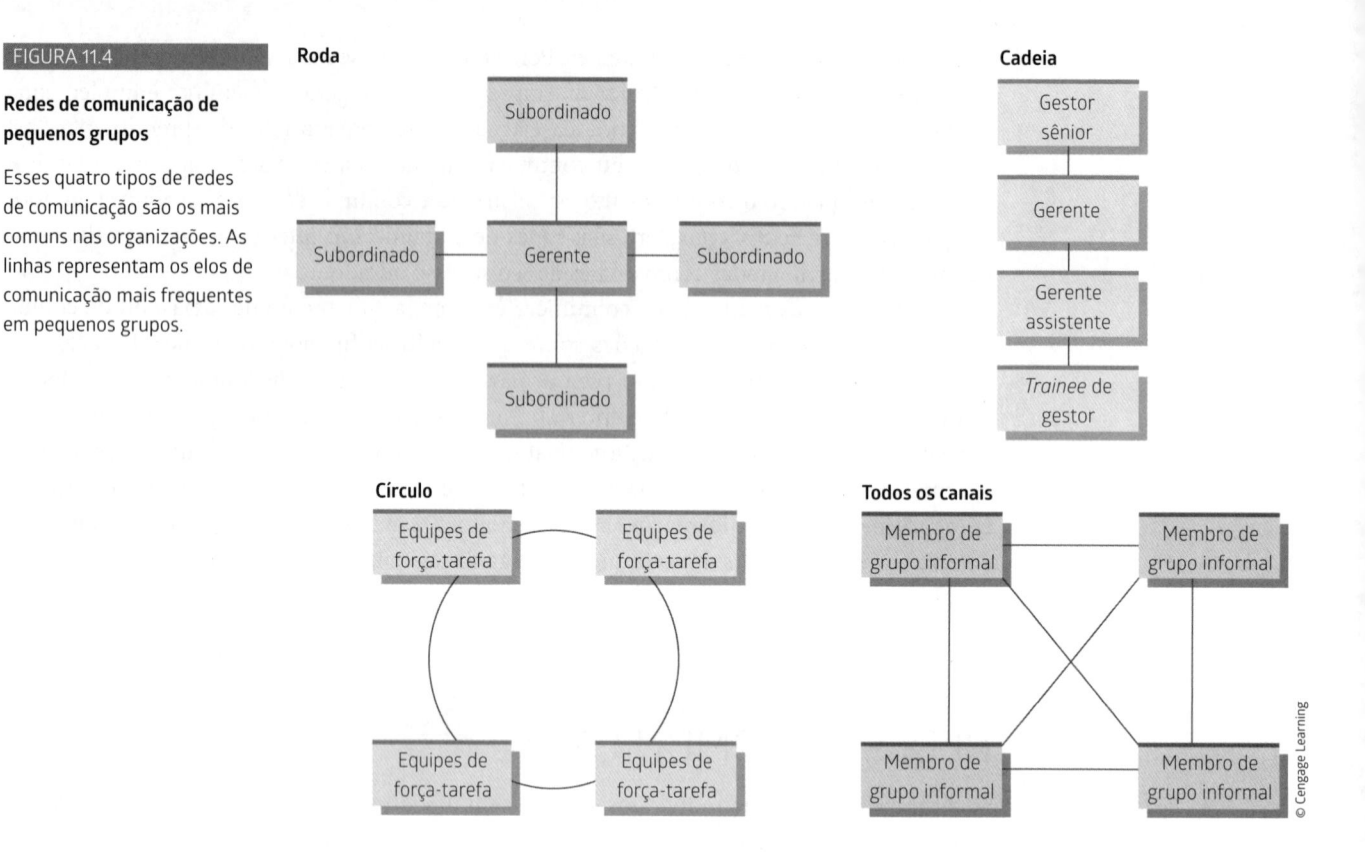

FIGURA 11.4

Redes de comunicação de pequenos grupos

Esses quatro tipos de redes de comunicação são os mais comuns nas organizações. As linhas representam os elos de comunicação mais frequentes em pequenos grupos.

Roda

- Subordinado — Gerente — Subordinado
- Subordinado (acima) / Subordinado (abaixo)

Cadeia

- Gestor sênior
- Gerente
- Gerente assistente
- *Trainee* de gestor

Círculo

- Equipes de força-tarefa (quatro, dispostas em círculo)

Todos os canais

- Membro de grupo informal (quatro, todos interligados)

---

melhorias na tecnologia de comunicação digital, como os sistemas de correspondência informatizados e a intranet, têm reduzido esse efeito. Uma posição relativamente central dá à pessoa a oportunidade de se comunicar com os demais membros, o que lhe possibilita controlar o fluxo de informações e tornar-se o líder do grupo. Tal posição de liderança é separada e distinta da estrutura de um grupo formal, mas essa pessoa também pode chegar a ser um líder formal com o passar do tempo.

As **redes de comunicação** se formam de modo espontâneo e natural à medida que as interações entre os funcionários continuam. Raramente são permanentes, pois mudam de acordo com as tarefas, interações e membros. A tarefa é essencial para determinar o padrão da rede. Se a principal tarefa do grupo é a tomada de decisão, pode-se desenvolver uma rede de todos os canais para fornecer as informações necessárias a fim de avaliar as possíveis alternativas. Entretanto, se a tarefa do grupo envolve a execução sequencial de tarefas individuais, é mais provável a criação de uma rede em cadeia ou em roda, pois a comunicação entre membros pode não ser importante para o cumprimento delas.

O ambiente (o tipo de sala em que o grupo trabalha ou se reúne, a disposição dos lugares, a posição das mesas e cadeiras, a dispersão geográfica e outros aspectos da configuração do grupo) pode afetar a frequência e o tipo de interação entre os membros. Por exemplo, se a maioria dos membros trabalha no mesmo andar de um prédio, os que trabalham três andares abaixo podem ficar excluídos e desenvolver laços de comunicação mais fracos com o resto do grupo. Eles podem até formar uma rede de comunicação separada.

Os fatores pessoais também influenciam o desenvolvimento da rede de comunicação. Eles incluem especialidade técnica, transparência, oratória e grau de conhecimento entre os membros. Por exemplo, em um grupo voltado para problemas altamente técnicos, a pessoa com mais conhecimento pode dominar o fluxo de comunicação durante uma reunião.

Os fatores de desempenho do grupo que influenciam a rede de comunicação incluem composição, tamanho, normas e coesão. Por exemplo, as normas de grupo de uma orga-

Redes de comunicação se formam de modo espontâneo e natural à medida que as interações entre funcionários continuam.

nização podem incentivar a comunicação transparente entre diferentes níveis e unidades funcionais, ao passo que as normas de outra organização podem desmotivar a comunicação lateral e diagonal. Esses fatores de desempenho são discutidos no Capítulo 9.

A rede de comunicação influencia bastante a eficácia do grupo, pois o resultado dos esforços coletivos depende da ação coordenada de seus membros. Assim, para desenvolver relações de trabalho eficazes nas organizações, os gestores precisam fazer um esforço especial para administrar o fluxo de informação e o desenvolvimento das redes de comunicação. Os gestores podem, por exemplo, organizar escritórios e espaços de trabalho a fim de fomentar a comunicação entre determinados funcionários. Eles também podem tentar envolver os membros que costumam contribuir pouco durante as discussões fazendo perguntas diretas como: "O que você acha, João?" ou "Maria, conte como vocês lidam com esse problema na sua região". Métodos como a técnica nominal de grupo, também discutida no Capítulo 9, podem igualmente incentivar a participação.

Outro fator cada vez mais importante no desenvolvimento das redes de comunicação é o advento de grupos virtuais promovidos pelas listas digitais, salas de bate-papo, fóruns de discussão e outros sistemas informatizados. Essa forma de comunicação resulta em uma rede de pessoas que podem ter pouco ou nenhum contato presencial, mas que ainda são consideradas uma rede de comunicação em grupo. Por exemplo, seu professor provavelmente é membro de um grupo virtual de docentes que compartilham o interesse pelo tema dessa disciplina. Por meio do grupo virtual, eles se mantêm atualizados em relação às ideias da área.

Redes de comunicação organizacional

O organograma mostra a estrutura hierárquica do empregado ao diretor-executivo da empresa. As linhas do organograma podem representar os canais de comunicação pelos quais a informação flui, mas essa comunicação pode seguir caminhos que ultrapassam as hierarquias tradicionais. A informação se move não apenas de cima para baixo – do diretor-executivo para os membros do grupo – mas também de baixo para cima, dos membros do grupo para o diretor-executivo. Na verdade, o bom fluxo de comunicação com o diretor-executivo é importante para determinar o sucesso da organização.

Diversas empresas perceberam que o segredo do sucesso contínuo é a melhoria da comunicação interna. A General Motors era conhecida por seu sistema de comunicação extremamente formal, de cima para baixo. No entanto, à medida que o desempenho foi sendo afetado, a formalidade de seu sistema ficou na mira de todos os seus *stakeholders*. A reação da GM foi embarcar em um amplo programa de melhoria da comunicação que incluía: enviar os funcionários para oficinas de oratória, melhorar as mais de 350 publicações que envia, fornecer aos funcionários vídeos com as reuniões de gestão e usar conexões via satélite entre a sede e as operações de campo para estabelecer conversas de duas vias ao redor do mundo.

A comunicação de cima para baixo geralmente fornece orientações, ao passo que a comunicação de baixo para cima fornece *feedback* ao alto escalão. A comunicação que flui horizontalmente ou atravessa as linhas hierárquicas tradicionais está relacionada ao desempenho da tarefa. Por exemplo, um engenheiro projetista, um engenheiro de produção e um engenheiro de qualidade comunicam-se sobre os detalhes do *design* de um produto específico, fazendo com que o produto seja fácil

As redes de comunicação têm uma característica comum em quase todas as organizações. À medida que as empresas adotam os escritórios abertos, as interações entre colegas se tornam mais fáceis. Esses colegas de trabalho, por exemplo, estão contando uma piada em um ambiente de escritório aberto.

de fabricar e inspecionar. Muitas vezes, a comunicação horizontal é mais rápida que a vertical porque não é preciso seguir protocolos e procedimentos organizacionais.

As redes de comunicação organizacional podem diferir das estruturas hierárquicas, pois os funcionários procuram a melhor informação para realizar seu trabalho. Muitas vezes eles acham que a maneira mais fácil de realizar o trabalho ou de obter as informações necessárias é ir diretamente aos funcionários de outros departamentos em vez de buscar os canais formais mostrados no organograma. A Figura 11.5 mostra um organograma simples e a verdadeira rede de comunicação da empresa. A rede de comunicação conecta os indivíduos que se comunicam uns com os outros com mais frequência; o diretor-executivo, por exemplo, comunica-se mais com o funcionário 5. (Isso não significa que pessoas que não estão unidas pela rede de comunicação nunca se comuniquem, porém essa comunicação é menos frequente.) Talvez o diretor-executivo e o empregado interajam bastante fora do trabalho, na igreja, em serviços voluntários ou em eventos esportivos. Essas interações podem gerar amizades que continuam nas relações de negócios. A figura também mostra que os gestores do grupo não têm funções importantes na rede de comunicação, contrariando o senso comum.

As funções que as pessoas desempenham nas redes organizacionais podem ser analisadas de acordo com suas contribuições para o funcionamento da rede.[16] As funções mais importantes são nomeadas na parte inferior da Figura 11.5. O *gatekeeper*, goleiro, (funcionário 5) tem uma posição estratégica na rede que o permite controlar as informações movendo-se para qualquer direção do canal. Um *liaison*, ligação, (funcionário 15) serve de ponte entre os grupos, unindo-os e facilitando o fluxo de comunicação necessário para integrar as atividades grupais. O funcionário 13 desempenha a interessante função de **cosmopolita**, que liga a organização ao ambiente externo, por exemplo, participando de convenções e feiras, atualizando-se em relação às inovações tecnológicas e contatando com frequência as fontes externas à organização. Essa pessoa também pode ser um líder de opinião no grupo. Por fim, o **isolado** (funcionário 3) e o **par isolado** (funcionários 2 e 9) tendem a trabalhar sozinhos e a interagir e se comunicar pouco com outros.

O *gatekeeper* (goleiro) tem uma posição estratégica na rede que o permite controlar as informações movendo-se para qualquer direção do canal.

O *liaison* (ligação) serve de ponte entre os grupos, unindo-os e facilitando o fluxo de comunicação necessário para integrar as atividades grupais.

O cosmopolita liga a organização ao ambiente externo e também pode ser um líder de opinião no grupo.

O isolado e o par isolado tendem a trabalhar sozinhos e a interagir e se comunicar pouco com outros.

FIGURA 11.5

Comparação entre um organograma e a rede de comunicação organizacional

Comparar um organograma com os padrões reais de comunicação mostra que as estruturas hierárquicas são bem diferentes.

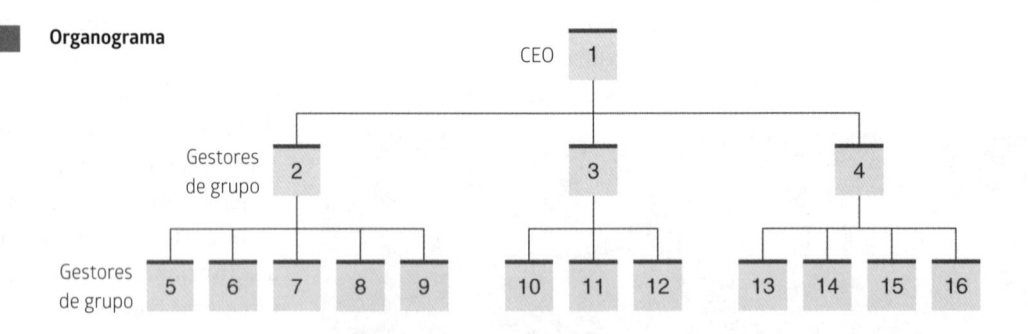

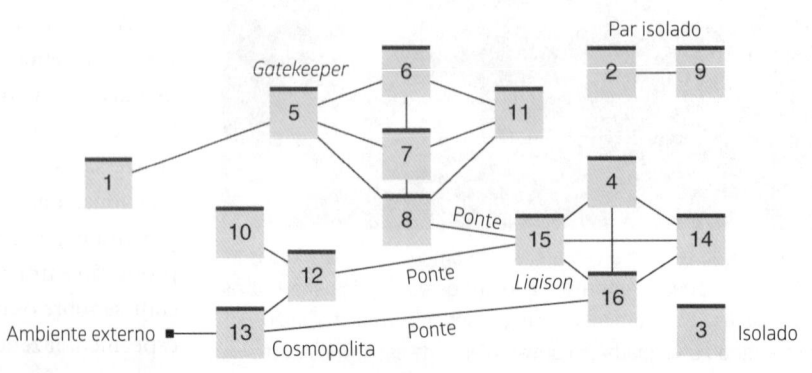

Todos esses papéis e funções contribuem muito para o funcionamento geral da rede de comunicação e para a organização. Entender esses papéis ajuda tanto os gestores como os membros a facilitar a comunicação. Por exemplo, o gestor que quer saber se o diretor-executivo recebeu determinada informação é aconselhado a passar pelo *gatekeeper*. Se o colaborador que tem o conhecimento técnico necessário para um projeto particular é um isolado, o gestor pode tomar providências para integrá-lo à rede de comunicação durante o projeto.

Um estudo recente indicou alguns possíveis impactos negativos das redes de comunicação. Observou-se que a rotatividade de funcionários ocorre em agrupamentos relacionados a redes de comunicação de funcionários.[17] Isso significa que aqueles que se comunicam diariamente em rede podem compartilhar sentimentos sobre a organização e, assim, influenciar quem deseja sair ou ficar. Dessa forma, as redes de comunicação podem ter tanto consequências positivas como negativas.[18]

Como discutimos no Capítulo 16, uma das principais funções da estrutura organizacional é coordenar as atividades de muitas pessoas que realizam tarefas especializadas. As redes de comunicação nas organizações fazem a tão necessária integração. Na verdade, os padrões de comunicação influenciam a estrutura organizacional de algumas maneiras. Determinadas empresas estão descobrindo que a necessidade de melhorar a comunicação as força a criar divisões menores. O número reduzido de níveis gerenciais e o aperfeiçoamento do espírito de equipe que ocorre nessas divisões tende a desenvolver os fluxos de comunicação.

GESTÃO DA COMUNICAÇÃO

> **Fidelidade da comunicação** é o grau de correspondência entre a mensagem que a fonte transmite e a mensagem que o receptor entende.

Por mais que o processo de comunicação pareça simples, as mensagens nem sempre são compreendidas. O grau de correspondência entre a mensagem que a fonte queria transmitir e a mensagem que o receptor entende é chamada **fidelidade da comunicação**. A fidelidade pode diminuir em qualquer parte do processo comunicacional, da fonte ao *feedback*. Além disso, as organizações podem ter características que impedem o fluxo de informação.

Aprimorando o processo de comunicação

A fim de aprimorar o processo de comunicação, é preciso entender os possíveis problemas. Considerando o processo de comunicação básico, podemos identificar diversas maneiras de superar os problemas típicos.

Fonte A fonte pode reter ou filtrar informações intencionalmente com base no pressuposto de que o receptor não precisa delas para entender a comunicação. Contudo, a retenção de informações pode tirar o sentido da mensagem ou causar uma interpretação equivocada. Por exemplo, durante uma entrevista de análise de desempenho, o gestor não menciona ao funcionário todas as informações usadas na avaliação, pois acha que ele não precisa saber. No entanto, se o funcionário souber quais são os critérios, ele pode explicar certos comportamentos ou mudar a perspectiva do gestor sobre a avaliação e assim torná-la mais precisa. A filtragem é mais provável de ocorrer na comunicação digital, como *e-mails* e correios de voz, pois esses meios implicam brevidade e concisão. A filtragem seletiva pode causar uma quebra irreparável na comunicação, mesmo que haja um bom *follow-up*.

Para evitar a filtragem, aquele que comunica precisa entender por que ela ocorre. É possível que ela seja causada pela falta de compreensão do posicionamento do receptor, da necessidade do emissor proteger seu poder limitando o acesso do receptor à informação ou das dúvidas quanto ao que o receptor pode fazer com a informação. No entanto, a principal preocupação do emissor deve ser a mensagem. Em essência, o emissor deve determinar exatamente que mensagem ele quer que o receptor entenda, enviar ao receptor informações suficientes para o entendimento da mensagem, mas não em excesso para não sobrecarregá-lo, e confiar que o receptor utilizará a informação adequadamente.

Codificação e decodificação Os problemas de codificação e decodificação podem ocorrer quando a mensagem é traduzida para os símbolos usados na transmissão. Esses problemas podem estar relacionados com o significado dos símbolos ou com a própria transmissão. Os problemas de codificação e decodificação incluem falta de experiência em comum entre fonte e receptor, problemas relacionados à semântica, uso de jargões e dificuldade com o meio. Claramente, a fonte e o receptor devem compartilhar uma experiência em comum com os símbolos que expressam a mensagem para codificá-los e decodificá-los da mesma maneira. As pessoas que falam idiomas diferentes ou vêm de contextos culturais diversos podem ter problemas dessa natureza. Mas até pessoas que falam a mesma língua podem se desentender.

> Semântica é o estudo das formas linguísticas.

Semântica é o estudo das formas de linguagem; problemas de semântica ocorrem quando as pessoas atribuem diferentes sentidos às mesmas palavras ou formas linguísticas. Por exemplo, o lendário ex-diretor do FBI, J. Edgar Hoover, certa vez anotou "watch the borders" em um memorando que recebeu e enviou-o de volta ao gerente sênior da agência que o havia escrito. Somente depois de despachar dezenas de agentes para vigiar a fronteira entre Estados Unidos e México, o gerente entendeu o que Hoover queria dizer – as margens do memorando estavam muito estreitas! [Nota da tradutora: em inglês, dependendo do contexto "watch the borders" pode significar tanto "vigie as fronteiras" como "cuidado com as margens".] Da mesma maneira, ao falar sobre um funcionário problemático, o chefe da divisão pode dizer ao assistente: "Precisamos nos livrar desse problema". O chefe poderia estar dizendo que o funcionário precisava de treinamento ou deveria ser transferido para outra divisão. Entretanto, o assistente pode interpretar a afirmação de modo diferente e demitir o funcionário problemático.

> Jargão é a linguagem técnica ou especializada de um mercado, área, profissão ou grupo social.

A linguagem técnica ou especializada de um mercado, área, profissão ou grupo social chama-se **jargão**. Ele pode ser uma mistura entre a linguagem padrão e a linguagem específica de um grupo. Por exemplo, especialistas da área de informática usam termos como "RAM" e "largura de banda" que fazem pouco ou nenhum sentido para quem não sabe nada de computadores. O uso de jargão torna a comunicação nesse grupo mais eficiente e significativa, mas tem o efeito oposto fora do grupo. Às vezes, uma fonte acostumada com o jargão o utiliza inadvertidamente na tentativa de se comunicar com interlocutores que não o entendem, o que causa uma quebra na comunicação. Em outros casos, a fonte pode usar um jargão intencionalmente para obscurecer o significado ou para mostrar a quem está de fora que ela pertence ao grupo que usa essa linguagem.

O uso de jargão é aceitável (e, de fato, eficiente) se o receptor está familiarizado com ele; em outras situações, deve ser evitado. Repetir uma mensagem usando termos mais claros ajuda o receptor a entendê-la. Em geral, a fonte e o receptor deveriam esclarecer o conjunto de símbolos que serão usados antes de se comunicarem. Além disso o receptor pode sempre fazer perguntas e, se necessário, pedir para a fonte repetir toda a mensagem ou parte dela. A fonte deve enviar a mensagem por um meio que seja adequado tanto à mensagem como ao receptor desejado. Por exemplo, um comercial vinculado em uma estação de rádio convencional não terá o efeito desejado se o segmento de mercado visado ouvir apenas rádio via satélite.

Semântica e jargão podem ser grandes problemas no processo comunicacional. Por exemplo, esses três executivos estão tentando entender como navegar em um novo aplicativo que a empresa está usando, mas estão tendo dificuldade para compreender alguns termos técnicos associados a ele.

Bastante influenciados pela derrocada da Enron, muitos investidores estão começando a examinar os sistemas de relatórios financeiros de empresas maiores. A Coca-Cola, por exemplo, teve suas práticas de contabilidade criticadas na mídia. Os críticos alegam que a empresa está utilizando métodos de relatório cada vez mais complexos para fazer seus ganhos parecerem maiores do que seriam se fossem usadas práticas mais simples e diretas.[19]

Receptor Muitos problemas de comunicação surgem com o receptor, inclusive problemas de atenção seletiva, juízo de valor, credibilidade da fonte e sobrecarga. A atenção seletiva existe quando o receptor atende apenas a partes selecionadas de uma mensagem – o que ocorre com frequência na comunicação oral. Por exemplo, em uma turma de faculdade, alguns alunos podem ouvir somente parte da aula enquanto a mente vaga por outros temas. Para concentrar a atenção do receptor na mensagem, muitas vezes os emissores tentam chamar a atenção variando o volume, repetindo a mensagem e oferecendo recompensas.

Os julgamentos de valor são influenciados pelo grau em que uma mensagem reforça ou desafia as crenças do receptor. Se a mensagem reforçá-las, o receptor pode prestar mais atenção e acreditar completamente nela, sem analisar. Se a mensagem desafia essas crenças, o receptor pode desconsiderá-la. Assim, se o gestor de vendas de uma empresa prevê que a demanda por novos produtos para bebê aumentará nos próximos dois anos, ele pode estar ignorando relatórios que evidenciam queda na taxa de natalidade.

O receptor também pode julgar a credibilidade da fonte da mensagem. Se a fonte é considerada especialista na área, o ouvinte presta mais atenção na mensagem e acredita nela. Ao mesmo tempo, se o receptor tiver pouco respeito pela fonte, pode desconsiderar a mensagem. Para fazer juízo de valor e determinar a credibilidade, o receptor leva em consideração tanto a mensagem como a fonte. Um especialista em física nuclear pode ser visto como uma fonte confiável quando o que se discute é a construção de uma usina nuclear. No entanto, a avaliação dessa mesma pessoa sobre a taxa de natalidade pode ser desconsiderada, talvez corretamente. É por isso que, em julgamentos, os advogados fazem perguntas às testemunhas especializadas sobre a formação e experiência delas no início do testemunho: para estabelecer credibilidade.

Um receptor que está sobrecarregado de informações recebe mais informações do que poderia processar. Nas organizações, isso facilmente ocorre; um receptor pode ser bombardeado com relatórios informatizados e mensagens de superiores, pares e fontes de fora da organização. É normal que executivos ou funcionários remotos recebam uma centena de *e-mails* por dia. Incapaz de assimilar todas as mensagens, decodificá-las, compreendê-las e agir de acordo com elas, o receptor usa atenção seletiva e juízos de valor para se concentrar nas mensagens mais importantes. Embora esse tipo de atenção seletiva seja necessário para a sobrevivência em um ambiente saturado de informações, pode resultar na perda ou negligência de informações essenciais.[20]

O box *Tecnologia*, intitulado "Os usos medicinais do *e-mail* viral", mostra como os julgamentos de valor, sobretudo quando aliados à atenção seletiva, influenciam a avaliação do conteúdo da mensagem independentemente da credibilidade percebida da fonte.

> Verificação é o objetivo do *feedback*, em que o receptor envia uma mensagem para a fonte indicando seu recebimento e o grau em que ela foi compreendida.

Feedback O objetivo do *feedback* é a **verificação**, em outras palavras, o receptor envia uma mensagem para a fonte indicando seu recebimento e o grau em que ela foi compreendida. A ausência de *feedback* pode causar pelo menos dois problemas: primeiro, a fonte tem de enviar outra mensagem que depende da resposta da primeira; se a fonte não recebe *feedback*, não envia a segunda mensagem ou é forçada a enviar a mensagem original novamente. Segundo, o receptor pode agir de acordo com a mensagem não verificada; se ele não entendeu bem a mensagem, o ato resultante pode ser inadequado.

Como o *feedback* é muito importante, a fonte deve buscá-lo sistematicamente, e o receptor deve fornecê-lo. Muitas vezes é conveniente que o receptor repita a mensagem original

TECNOLOGIA — Usos medicinais do *e-mail* viral

Dr. William H. Parker, professor clínico de ginecologia e obstetrícia na UCLA School of Medicine, diz que há uma pergunta que ele responde quase todos os dias às pacientes. Tem a ver com o exame de sangue chamado CA-125, usado para monitorar a condição de um câncer de ovário em mulheres diagnosticadas com a doença. "Provavelmente respondo a cinco ou seis pacientes por semana que entram aqui dizendo: 'Li um *e-mail* que diz que eu deveria fazer esse exame'... Não me importo em ensinar minhas pacientes", explica Parker, "mas o *e-mail* está baseado em informações erradas". Quando ele pesquisou a mensagem *on-line* que despertou a preocupação de tantas pacientes, Parker descobriu que a mensagem já estava circulando há quase dez anos.

Ele foi escrito por uma mulher chamada Carolyn Benivegna, que teve uma experiência com o diagnóstico de uma doença bem parecida com câncer de ovário. Lançado em julho de 1998, a mensagem de Benivegna ressaltava que seu câncer poderia ter sido tratado com mais eficiência se os médicos tivessem solicitado o exame com antecedência no lento processo diagnóstico. Ela alertava todas que recebiam a mensagem a "enviá-la por *e-mail* a todas as pessoas que você conhece" e acrescentava: "Cuidado, porque seu médico pode tentar dissuadi-la. Não aceite não como resposta". Pouco tempo depois, o alerta de Benivegna estava começando uma jornada de dez anos pelo ciberespaço – "uma mensagem viral com força aparentemente incontrolável", segundo um jornalista da área médica.

Daí o dilema do Dr. Parker. "Para explicar às [pacientes] por que esse exame não é confiável, sem desconsiderar suas preocupações", revela, "preciso começar uma conversa de 15 minutos sobre ciência e por que esse *e-mail* apresenta a informação errada. E acrescenta, "e ainda tenho de reprimir a ansiedade delas em relação a isso". Parker pode, por exemplo, explicar "a ciência" (e muitas vezes o faz), mas ele logo percebeu que mencionar dados não chega nem perto do impacto causado pelo conselho de Benivegna.* "Então um dia", conta, "pensei comigo: 'Preciso fazer o que ela fez. Tenho de lançar um *e-mail* por aí, que assuma vida própria e que seja passado de mulher para mulher'". Então, Parker escreveu um *e-mail* desmistificador e o levou a Carla Dionne, diretora-executiva de uma organização feminina sem fins lucrativos. "Foi necessário muito trabalho", conta Dionne. "O *e-mail* era bastante passivo e estava escrito da perspectiva clínica. Era calmo, instrutivo e cuidadoso. Todo o negócio de chamar a atenção parecia ofensivo".

> *"PENSEI COMIGO: 'PRECISO FAZER O QUE ELA FEZ. PRECISO LANÇAR UM E-MAIL POR AÍ, QUE ASSUMA VIDA PRÓPRIA'."*
> — DR. WILLIAM H. PARKER, SOBRE O COMBATE À DESINFORMAÇÃO *ON-LINE*

Ironicamente, ela aconselhou Parker a consultar a mensagem original de Benivegna para ver como deveria escrever a dele, e Parker voltou com uma versão revisada, carregada de emoção e com a informação importante no início. A mensagem prometia ser muito eficaz. "O conteúdo", explica Jeanne Jennings, consultora de marketing via *e-mail* em Washington, D.C., "tem de ser do interesse do público-alvo. As mulheres, é claro, estão naturalmente cuidando uma das outras. Então, se há alguma preocupação ou risco para a saúde, elas certamente transmitirão a mensagem para amigas e parentes".

O *e-mail* reescrito por Parker foi lançado em janeiro de 2008. Demorou algumas semanas até que a primeira paciente o mencionasse, mas o médico sabia que pelo menos ele estava circulando. Parker guarda cópias do *e-mail* junto com uma nota do *New York Times* na sala de espera. Agora, ele diz, "quando as pacientes perguntam pelo exame, eu lhes mostro o *e-mail* e o artigo. Então, se fizerem mais perguntas, eu converso com elas. Isso facilita muito a minha vida".

Referências: John McCormack, "Rumor Control: How to Battle Online Misinformation", *American Medical News*, 17 mar. 2008, www.ama-assn.org, 19 jul. 2012; "CA-125 Screening for Ovarian Cancer", BreakTheChain.org, 27 jun. 2002/27 set. 2008, www.breakthechain.org, 30 abr. 2011; Tara Parker-Pope, "Doctors Take On a Notorious E-mail", *New York Times*, 18 jan. 2008, http://well.blogs.nytimes.com, 18 jul. 2012; "CA-125", Snopes.com, 11 mar. 2009, www.snopes.com, 18 jul. 2012; "AMuch-Forwarded E-mail about an Ovarian Cancer Test Is Revised", The Health Sciences Institute, 11 fev. 2009, http://hsionline.com, 19 jul. 2012.

*Ao saber, em 2002, que passou adiante sem saber informações potencialmente perigosas, Benivegna se apressou em fazer circular o *e-mail* corretivo. Infelizmente, a nova mensagem nunca atingiu a popularidade da original. Benivegna morreu de câncer no ovário em setembro de 2008.

como uma introdução à resposta, embora o meio ou os símbolos usados possam ser diferentes. As pistas não verbais podem dar *feedback* instantâneo. Entre elas estão a linguagem corporal e as expressões faciais que resultam da raiva e da incredulidade.

A fonte precisa se concentrar na mensagem, nos símbolos, no meio e no *feedback* do receptor. É claro que o receptor também se concentra nessas coisas, mas de uma perspectiva diferente. Em geral, o receptor precisa orientar-se pela fonte assim como a fonte precisa orientar-se pelo receptor. A Tabela 11.1 dá sugestões específicas sobre a melhoria do processo de comunicação.

TABELA 11.1	Aprimorando o processo de comunicação			
FOCO	**PERGUNTA DA FONTE**	**AÇÃO CORRETIVA**	**RESPOSTA DO RECEPTOR**	**AÇÃO CORRETIVA**
Mensagem	Que ideia ou pensamento você está tentando transmitir?	Dê mais informações. Dê menos informações. Envie a mensagem inteira.	Que ideia ou pensamento o emissor quer que você entenda?	Ouça cuidadosamente a mensagem inteira, não apenas parte dela.
Símbolos	O receptor usa os mesmos símbolos, palavras e jargão que você?	Diga de outra maneira. Repita. Use a linguagem ou o jargão do receptor. Antes de enviar, esclareça os símbolos a serem usados.	Que símbolos estão sendo usados – por exemplo, idioma estrangeiro, jargão técnico?	Esclareça os símbolos antes da comunicação começar. Faça perguntas. Peça para o emissor repetir a mensagem.
Meio	Esse é o canal que o receptor monitora regularmente? Às vezes? Nunca?	Use diversos meios. Mude de meio. Aumente o volume.	Que meio ou meios o emissor está usando?	Monitore os diversos meios.
Feedback	Qual é a reação do receptor à mensagem?	Preste atenção ao *feedback*, principalmente às pistas não verbais. Faça perguntas.	Você interpretou a mensagem corretamente?	Repita a mensagem.

© Cengage Learning

Aprimorando os fatores organizacionais na comunicação

Os fatores organizacionais que podem gerar quebras ou barreiras na comunicação incluem: ruído, diferenças de *status*, urgência e sobrecarga. Como afirmamos anteriormente, as perturbações que ocorrem na organização podem distorcer ou interromper uma comunicação significativa. Por isso, o ruído criado pelo boato de uma mudança no sistema financeiro da empresa perturba o fluxo ordenado de informações relacionadas a tarefas. Por exemplo, os rumores sobre uma possível falência podem fazer as ações da empresa despencarem (isso, na verdade, já aconteceu com a varejista Kmart).[21] Da mesma maneira, rumores sobre uma possível fusão ou aquisição podem fazer os preços subirem ou caírem de acordo com as percepções do mercado sobre a suposta nova negociação.

Diferenças de *status* entre a fonte e o receptor podem causar alguns dos problemas de comunicação já discutidos. Por exemplo, o diretor-executivo de uma empresa pode prestar pouca atenção às comunicações dos empregados em posições mais baixas da hierarquia, e esses funcionários podem prestar pouca atenção às comunicações do diretor-executivo. As duas situações são instâncias da seleção seletiva provocadas pelo sistema de *status* da organização. As urgências e as sobrecargas de comunicação também são prejudiciais. Quando o receptor não dispõe de tempo suficiente para entender as mensagens que chegam, ou quando há mensagens demais, ele pode não entender ou ignorar algumas delas. A comunicação organizacional eficaz fornece as informações certas à pessoa certa, no momento certo e da forma certa.

> Boato é um sistema informal de comunicação que coexiste com o sistema formal.

Reduzir o ruído Ruído é a principal barreira para a comunicação organizacional eficaz. Uma forma comum de ruído é o boato, um sistema informal de comunicação que coexiste com o sistema formal. Os boatos geralmente são transmitidos mais rápido que mensagens pelos canais oficiais. Contudo, como a precisão dessas informações é muito baixa, elas podem distorcer a comunicação organizacional. A gestão pode reduzir os efeitos da distorção usando os boatos como um canal adicional para disseminar informações e monitorando constantemente a precisão delas.

Fomentar a comunicação informal Certa vez, a comunicação em empresas bem administradas foi descrita como "uma ampla rede de comunicações informais e abertas".[22] A comunicação informal fomenta a confiança mútua, que reduz os efeitos da diferença de *status*. A comunicação aberta também contribui para uma melhor compreensão entre os diversos grupos da empresa. A Monsanto Company criou equipes de 15 membros em seu Grupo de Agricultura, com o objetivo de intensificar a comunicação e a consciência entre os vários grupos. O Grupo de Química tem pares de diversidade formados por um supervisor e um funcionário também para aumentar a comunicação e a consciência. Nos dois casos, a Monsanto percebeu que estimular a comunicação entre pessoas diferentes gerava ótimos resultados para a empresa.[23] A comunicação aberta também permite que a informação seja comunicada quando necessário, não quando o sistema formal permite. Alguns especialistas descrevem comunicação em empresas eficazes como caóticas e intensas, apoiadas pela estrutura de recompensa e pela organização física das dependências. Isso significa que a avaliação de desempenho e o sistema de recompensas, os escritórios, as salas de reunião e as áreas de trabalho são projetadas para incentivar a comunicação frequente, não programada e não estruturada.

Desenvolver uma rede de informação equilibrada Muitas organizações desenvolveram elaboradas redes formais de comunicação para lidar com os possíveis problemas de sobrecarga de informação e urgência. Contudo, em muitos casos, as redes criaram problemas em vez de resolvê-los. Com frequência, elas produzem mais informações do que os gestores e tomadores de decisão compreendem e usam no trabalho. Muitas vezes, usam somente canais formais de comunicação e ignoram as várias linhas informais. Além disso, fornecem informações programadas pelo computador, as quais podem não se aplicar ao problema mais urgente no momento. O resultado desses retrocessos é a perda da eficácia na comunicação.

As organizações precisam equilibrar a carga de informações e a capacidade de processamento dessas informações. Em outras palavras, precisam tomar cuidado para não gerar mais informações do que as pessoas conseguem administrar. É inútil produzir elaborados relatórios estatísticos que os gestores não têm tempo de ler. Em resposta a esses problemas, muitos sistemas hoje utilizam um "quadro" para transmitir informações essenciais de maneira lógica e condensada. Além disso, as novas tecnologias que estão disponibilizando informações a gestores e tomadores de decisão devem ser unificadas a fim de produzir informações úteis. As capacidades de produção, de armazenamento e de processamento devem ser compatíveis umas com as outras e, igualmente importante, com as necessidades da organização.

Algumas empresas – por exemplo, General Electric, Anheuser-Busch e McDonald's – formalizaram um sistema de comunicação de baixo para cima que usa o cargo de "provedor" corporativo. Quem assume esse cargo normalmente é um executivo que está disponível fora da cadeia normal de comando para ouvir as queixas dos empregados. O sistema permite que funcionários insatisfeitos se queixem sem medo de perder o emprego e pode ajudar algumas empresas a atingir um sistema de comunicação equilibrado.

RESUMO

A comunicação é o processo por meio do qual duas partes trocam informações e compartilham significado. Ela tem uma função em toda atividade organizacional. Os objetivos da comunicação nas organizações são: atingir ação coordenada, compartilhar informações e expressar sentimentos e emoções.

Nas organizações, as pessoas se comunicam pelas modalidades escrita, oral e não verbal. A comunicação escrita inclui cartas, memorandos, *e-mails*, relatórios etc. A comunicação oral é o tipo mais usado. Elementos humanos (como expressões faciais e linguagem corporal) e elementos ambientais (como *design* do escritório) são formas de comunicação não verbal.

A comunicação entre indivíduos, grupos ou empresas é um processo em que a fonte envia uma mensagem e o receptor responde. A fonte codifica a mensagem em símbolos e a transmite por determinado meio ao receptor, que decodifica esses símbolos. Então, o receptor responde com o *feedback*, que é uma tentativa de verificar o sentido original da mensagem. O ruído – qualquer coisa que distorça ou interrompa a comunicação – pode interferir em praticamente todas as etapas do processo.

O sistema integrado de comunicação e informação – o escritório digital – conecta pessoas em uma rede comunicacional por meio de sistemas de transmissão computadorizados e digitais. Ainda não se observou todos os efeitos desse sistema.

As redes de comunicação são sistemas de troca de informação dentro das organizações. Os padrões de comunicação surgem à medida que a informação flui de pessoa para pessoa em um grupo. As típicas redes de comunicação em pequenos grupos incluem a rede em roda, em cadeia, em círculo e de todos os canais.

A rede de comunicação organizacional, que constitui os verdadeiros elos comunicacionais em uma empresa, geralmente difere do que está no organograma. Esse tipo de rede inclui papéis denominados *gatekeeper*, *liaison*, cosmopolita e isolado.

A gestão da comunicação nas organizações envolve a compreensão dos diversos problemas que interferem na comunicação eficaz. Podem surgir vários problemas advindos do próprio processo e dos fatores organizacionais, como diferenças de *status*.

QUESTÕES PARA DISCUSSÃO

1. De que maneira a comunicação nas organizações é tanto um processo individual como organizacional?
2. Discuta os três principais objetivos da comunicação organizacional.
3. Descreva uma situação em que você tentou manter uma conversa quando ninguém estava ouvindo. Alguma mensagem foi enviada durante a "conversa"?
4. A sala de aula é um fórum para uma típica tentativa de comunicação, pois o professor tenta comunicar o assunto aos alunos. Descreva a comunicação na sala de aula no que diz respeito ao processo comunicacional básico esboçado no capítulo.
5. Existe uma rede de comunicação (além daquela entre professor e aluno) na turma em que você usa este livro? Se houver, identifique as funções específicas que as pessoas exercem na rede. Se não, por que não foi desenvolvida nenhuma rede? Quais seriam os benefícios de ter uma rede de comunicação na sala de aula?
6. Por que os educadores costumam focar o ensino da comunicação mais nas modalidades escrita e oral e prestam pouca atenção à modalidade não verbal? Você acha que o ensino deveria se concentrar na comunicação não verbal? Por que sim ou por que não?
7. Os meios de transmitir informação na sala de aula, do professor para o aluno, é uma forma de comunicação eficaz? Onde ocorre a falha? Quais são os problemas de comunicação na sala de aula em uma universidade?
8. Quem é responsável por resolver os problemas de comunicação: os alunos, o professor ou a administração?
9. Você já trabalhou em alguma empresa na qual a comunicação era um problema? Se já, quais foram algumas das causas do problema?
10. Que métodos foram usados, ou deveriam ser, para melhorar a situação que você descreveu na questão 9?
11. O uso do processamento avançado da informação por sistemas computadorizados ou das telecomunicações ajudou a resolver os problemas organizacionais que você descreveu na questão 9?
12. Que tipos de problemas organizacionais os novos métodos de telecomunicação poderão resolver? Por quê?
13. Que tipo de informação NÃO seria adequado enviar por *e-mail*? E por correio de voz?
14. Que passos do processo de comunicação geralmente são deixados de fora, ou são malfeitos, quando a comunicação ocorre por *e-mail* ou correio de voz?

QUAL É O SEU PONTO DE VISTA?

Semeando conexões

"Não acho que alguém consegue ser chato demais."
— STEVE MARTUCCI, GERENTE DE OPERAÇÕES
DA PLANT FANTASIES

Falamos da Plant Fantasies, uma empresa de paisagismo de Nova York, no vídeo do Capítulo 7. Você pode consultar a seção para saber mais detalhes sobre a empresa e sobre sua fundadora, Teresa Carleo. Dessa vez, apresentamos o diretor de vendas (e agora gerente de operações) Steve Martucci, que entrou na empresa em 2003. Martucci cuida de 60-80% das contas, ou metade da lista de clientes da companhia. Carleo, a presidente/diretora-executiva, cuida do resto.

O paisagismo, admite Martucci, "não era minha primeira opção, mas deu certo para mim". Bem, também deu certo para Carleo. Ela diz: "Steve é meu braço direito na venda e no atendimento ao cliente... Somos bons juntos". A relação dá certo quando se trata de colher informações dos clientes. "Acho que pensamos diferente", explica Martucci. Teresa "ouve algumas coisas, eu ouço outras. Então, extraímos coisas diferentes... Teresa tende a se aprofundar no relacionamento, eu sou mais voltado aos pormenores".

Para os dois, ouvir é uma competência crucial para o gestor. "Primeiro", diz Martucci (em outra entrevista), "ouvimos com muita atenção. Ouvimos o que o consumidor tem a dizer. Então, usamos nossa experiência para criar o visual que eles querem". A metodologia de "equipe de trabalho" informal para decodificação da mensagem parece dar bons resultados. Em 2008, por exemplo, a Plant Fantasies foi contratada para criar jardins para a Manhattan House, que Andy Attinson, um dos sócios da O'Connor Capital Partners, descreve como "um exclusivo 'novaiorquino original', um prédio que muitas vezes foi copiado, mas nunca foi duplicado". Attinson explica que, para o projeto de paisagismo, "R-E-S-P-E-I-T-O era nosso mantra: respeito pelo ambiente, respeito pelo projeto original, respeito pela história e pelo lugar. A Plant Fantasies", conta, "adotou esse mantra e estava sensível às nuances como muitos [empreiteiros] não estão".

Carleo e Martucci também descobriram que a boa codificação é essencial para a comunicação eficaz. Em um dia, a Plant Fantasies pode estar envolvida em 15 serviços, cada um exigindo distribuição de caminhões, ferramentas, plantas e funcionários. "Cada serviço", diz Carleo, "requer muitas coisas diferentes. E precisa ser coordenado". Os dois entendem que coordenar é uma questão de comunicação interna de baixo para cima. Para Carleo, o segredo é a clareza: "Sou uma grande comunicadora", ela diz. "Acho que sou bastante clara. Às vezes tenho a sensação de que ninguém está me ouvindo", admite, "mas acho que sou bastante clara". Martucci, por sua vez, aparentemente prefere as virtudes de ir direto ao ponto. Quando necessário, ele recomenda: "Seja franco". Talvez a sutil diferença entre as duas abordagens surja da seguinte troca:

CARLEO: Precisamos nos comunicar sobre o que estamos enviando esta semana, pois estou um pouco receosa de que o departamento de flores não saiba exatamente qual é o novo design.
MARTUCCI: Não acho que eles saibam.
CARLEO: Como isso aconteceu? Pensei que eu tivesse verificado isso.
MARTUCCI: ...Eles dizem que entenderam quando, na verdade, não entenderam.

Carleo se preocupa porque "talvez eu me comunique demais... Seria culpa minha", ela admite, mas está trabalhando nisso. "Costumava enviar *e-mails* a noite toda. Mas comecei a achar que não estava sendo justa com meus funcionários. Agora escrevo os *e-mails* e salvo. Pela manhã, disparo todos. Martucci não sabe se é possível comunicar-se excessivamente – "Não acho que alguém consegue ser chato demais" –, mas ele concorda que "o *e-mail* é a melhor maneira de transmitir informações básicas". Contudo, em muitas situações, ele prefere o telefone: "Para mim, o vai e volta de *e-mails* para uma conversa que poderia acontecer por telefone e levaria um minuto é um desperdício de tempo. Prefiro fazer a ligação, pegar as informações certas e prosseguir".

Para Martucci, pessoalmente é melhor ainda, quando você pode e quando há tempo ... Também é bom para o cliente. Você quer que ele o veja. Você quer que ele se lembre. Quer que ele veja que você arrumou tempo para ir até ele. Você não apenas disparou um e-mail quando estava no táxi a caminho de outro lugar. Ele quer se sentir importante.

Carleo também percebe que, embora seja eficiente, o *e-mail* nem sempre é a melhor maneira de lidar com as comunicações empresariais. Ela conta que quando quer contar aos clientes sobre algum prêmio que a empresa recebeu, prefere um toque mais pessoal:

Escrevo um bilhete à mão para cada cliente e o coloco em um envelope. Lembra disso? E envio pelo correio. Porque acho que há mais chances de meus clientes atuais e em potencial abrirem o envelope do que haveria se eu mandasse um e-blast. *Em relação a tantos* e-mails *e* e-blasts, *acho que é mais significativo para estabelecer uma conexão com alguém.*

PERGUNTAS
1. Reveja a Figura 11.1 na seção sobre os *objetivos da comunicação nas organizações*. Entre os três principais propósitos explicitados na figura, qual é o mais importante no caso da Plant Fantasies? De que maneira esse propósito se relaciona com os demais propósitos identificados no diagrama? Ao responder a essas questões, seja específico, citando exemplos do vídeo.
2. Tratando-se de *métodos de comunicação*, que tipo Carleo parece preferir? E Martucci? Em que pontos eles parecem concordar mais? Em que pontos eles parecem divergir mais? Se você fosse um cliente da Plant Fantasies, com qual dos dois preferiria lidar diretamente? Por quê?
3. A Plant Fantasies gerencia suas operações por meio de grupos de funcionários de diferentes departamentos para trabalhar em projetos individuais. Em sua opinião, que tipo de *rede de pequenos grupos* funcionaria melhor nessa empresa – *em roda, em cadeia, em círculo ou de todos os canais*? O melhor tipo poderia ser uma mistura de dois ou mais tipos? Explique sua resposta.
4. Carleo admite: "Às vezes, tenho a sensação de que ninguém está me ouvindo". Ela diz que está trabalhando para resolver esse problema, mas, **a julgar pelo vídeo**, talvez você possa lhe dar um conselho sobre como melhorar a *fidelidade da comunicação*. Concentrando-se nas funções de *fonte* e *receptor*, identifique alguns dos fatores que podem contribuir para os problemas comunicacionais percebidos por Carleo e sugira algumas coisas para que ela possa lidar com eles.
5. Descreva o vídeo em termos do *processo de comunicação*: identifique a função de cada fator no processo – *fonte, codificação, transmissão, decodificação, receptor, ruído* e, se for conveniente, *feedback* – na apresentação e use o vídeo na aula. Que fator pareceu ser mais importante? E mais bem-sucedido? No geral, o uso do vídeo foi eficaz no cumprimento de seus propósitos comunicativos aparentes? Por que sim ou por que não?

FONTES ADICIONAIS:
Cara S. Trager, "Top Entrepreneurs 2010: Plant Fantasies", *Crain's New York Business.com*, 1º mai. 2010, www.crainsnewyork.com, 26 jun. 2012; Plant Fantasies (2012), "Teresa Carleo Founded Plant Fantasies in 1987 and Has Been Greening Manhattan from Courtyards to Rooftops Ever Since", *New York Real Estate Journal*, 11-24 mai. 2010 (comunicado de imprensa), www.plantfantasies.com, 26 de jun. de 2012; Plant Fantasies (2012), "Plant Fantasies: Greening Manhattan from Courtyards to Rooftops", *Mann Report*, s.d. (comunicado de imprensa), www.plantfantasies.com, 28 ago. 2012; Plant Fantasies (2012), "Plant Fantasies Merges Interior, Exterior Landscapes", *Real Estate Weekly*, 5 nov. 2008 (comunicado de imprensa), www.plantfantasies.com, 28 ago. 2012.

PRÁTICA DO COMPORTAMENTO ORGANIZACIONAL

A importância do *feedback* na comunicação oral

Objetivo Esse exercício demonstra a importância do *feedback* na comunicação oral.

Formato Você será um observador ou fará o papel de um gestor ou de um gestor assistente que tem de dizer a um funcionário onde ele deve buscar um pacote com materiais importantes. O papel do observador é garantir que os outros dois participantes sigam as regras, observe e registre as ocorrências interessantes.

Procedimento O professor vai dividir a turma em grupos de três. (Os alunos que sobrarem serão observadores itinerantes.) As três pessoas em cada grupo assumem o papel de gestor, gestor assistente e observador. Na segunda experiência, o gestor e o assistente vão trocar de papel.

Experiência 1: o gestor e o gestor assistente devem ficar de costas um para o outro de modo que não consigam se ver. A situação é essa: o gestor está em uma cidade que ele não conhece, mas que o gestor assistente conhece bem. O gestor precisa chegar ao escritório de um fornecedor para pegar os desenhos de um componente crítico do principal produto da empresa. O fornecedor vai encerrar o expediente em poucos minutos; os desenhos devem ser pegos antes do fim do expediente. O gestor ligou para o gestor assistente para saber como chegar ao escritório. Entretanto, a conexão é falha; o gestor consegue ouvir o assistente, mas este só consegue ouvir o suficiente para saber que o gestor está na linha. O gestor rediscou uma vez, mas não houve melhora na conexão. Agora não há mais tempo a perder. O gestor decide que vai ouvir as instruções do assistente sem fazer perguntas. Antes do exercício começar, o professor dará ao gestor assistente um mapa detalhado da cidade que mostra a localização do escritório do fornecedor e a localização do gestor. O mapa inclui o número de voltas, paradas, semáforos, interseções e *shoppings* entre esses locais. O gestor assistente pode estudá-lo por um ou dois minutos. Quando o professor der a instrução para começar, o assistente descreve ao gestor como chegar de onde ele está até o escritório do fornecedor. À medida que o assistente dá as instruções, o gestor desenha o mapa em um pedaço de papel.

O observador verifica se não foram feitas perguntas, registra o tempo de início e de término e observa como o gestor assistente tenta comunicar pontos particularmente difíceis (incluindo o momento em que o gestor quer fazer perguntas) e outras ocorrências marcantes.

Depois que os pares terminarem, cada observador dará uma "nota" para a qualidade do mapa do gestor, comparando-o com o original e contando o número de erros. O professor pedirá para alguns gestores que fizeram um bom mapa contarem ao resto da turma como chegar ao escritório do fornecedor.

Experiência 2: na experiência 2, o gestor e o gestor assistente trocam de papel, e o segundo mapa é distribuído aos novos gestores assistentes. A situação é a mesma que a anterior, mas os telefones estão funcionando corretamente e o gestor pode fazer perguntas ao assistente. O papel do observador é o mesmo da primeira experiência – registrar o tempo de início e de término, os métodos de comunicação e outras ocorrências marcantes.

Depois que todas as duplas terminem, os observadores darão nota aos mapas, assim como na primeira experiência. O professor escolherá alguns gestores para contarem ao resto da turma como chegar ao escritório do fornecedor. O debate a seguir deve focar nas experiências dos membros da turma e nas perguntas de acompanhamento.

Perguntas de acompanhamento
1. Que experiência resultou em mapas mais precisos? Por quê?
2. Que experiência demorou mais? Por quê?
3. Como você se sentiu quando era preciso fazer uma pergunta, mas não podia, na experiência 1? A sua confiança no resultado final foi afetada de modos diferentes nas duas experiências?

Referência: "Diagnosing Your Listening Skills", de Ethel C. Glenn e Elliott A. Pond, "Listening Self-Inventory", *Supervisory Management,* janeiro 1989, p. 12-15. Copyright 1989 de AmericanManagement Association (J) no formato de livro didático via Copyright Clearance Center.

FORMAÇÃO DAS HABILIDADES GERENCIAIS

Visão geral As habilidades de comunicação se referem à sua capacidade de transmitir ideias e informações a outras pessoas. A tarefa é mais fácil, é claro, quando a pessoa com quem você se comunica está familiarizada com a mesma linguagem que você. Contudo, em um ambiente empresarial cada vez mais diverso, nem sempre você terá o luxo de se expressar apenas em seus próprios termos. Esse exercício pede para você comunicar informações moldando cuidadosamente os termos que usa para se expressar.

Contexto Como mais da metade das informações em qualquer troca presencial é transmitida por meios não verbais, a linguagem corporal é um fator significativo em qualquer comunicação interpessoal. Considere, por exemplo, o impacto de um bocejo ou de uma testa franzida (sem contar um punho cerrado!). Contudo, a maioria das pessoas presta pouca atenção aos elementos não verbais de uma troca, sobretudo os mais sutis. E se você interpreta mal um conjunto de sinais que alguém está lhe enviando, é provável que não receba a mensagem como a pessoa queria.

Nesse exercício, você vai examinar algumas interações entre duas pessoas de quem eliminamos o som; ou seja, você terá apenas as pistas visuais para ajudá-lo a decifrar o significado das mensagens que estão sendo enviadas e recebidas. Então, pediremos que você analise essas mesmas interações com as pistas visuais e verbais intactas.

Tarefa

1. Observe um segmento de vídeo sem som (você pode encontrá-lo no *site* do aluno). Para cada segmento, descreva a natureza do relacionamento e da interação entre os dois indivíduos. Em que pistas não verbais você se baseou para tirar suas conclusões?
2. Em seguida, observe os mesmos segmentos com o áudio incluso. Descreva a interação mais uma vez, agora indicando somente as pistas verbais em que se baseou.
3. Quão precisas foram suas avaliações quando você tinha apenas as informações visuais? Explique por que sua avaliação da situação foi precisa ou não.
4. O que esse exercício lhe mostra sobre o papel dos fatores não verbais na comunicação interpessoal? Que conselho você daria para os gestores sobre a importância desses fatores?

EXERCÍCIO DE AUTOAVALIAÇÃO

Diagnosticando sua capacidade de ouvir

Introdução Para uma comunicação eficaz, é essencial ter uma boa capacidade de ouvir, a qual muitas vezes é ignorada na análise comunicacional. Este questionário de autoavaliação examina sua capacidade de ouvir de maneira eficaz.

Instruções Leia as frases e marque "sim" ou "não" para cada uma delas. Seja o mais sincero possível, de acordo com se comportamento nas últimas reuniões de que participou.

Sim Não

1. Frequentemente tento ouvir muitas conversas ao mesmo tempo.
2. Gosto quando as pessoas me contam apenas os fatos e deixam que eu faça minha própria interpretação.
3. Às vezes eu finjo que estou prestando atenção nas pessoas.
4. Eu me considero um bom juiz das comunicações não verbais.
5. Costumo saber o que outra pessoa vai dizer antes que ela diga.
6. Costumo encerrar conversas que não me interessam desviando minha atenção do locutor.
7. Muitas vezes balanço a cabeça, franzo a testa ou, de alguma maneira, deixo o locutor saber como eu me sinto em relação ao que ele está dizendo.
8. Costumo responder imediatamente quando a pessoa termina de falar.
9. Avalio o que está sendo dito enquanto é dito.
10. Costumo formular uma resposta enquanto a outra pessoa ainda está falando.
11. Muitas vezes o estilo de comunicação do locutor faz com que eu não ouça o conteúdo.
12. Costumo pedir para as pessoas esclarecerem o que disseram em vez de adivinhar o significado.
13. Faço um esforço concentrado para entender o ponto de vista de outras pessoas.
14. Muitas vezes ouço o que espero ouvir, não o que é dito.
15. A maioria das pessoas acha que entendi o ponto de vista delas quando eu discordo.

Pontuação: as respostas corretas, de acordo com a teoria da comunicação, são as seguintes:

Não para as frases 1, 2, 3, 5, 6, 7, 8, 9, 10, 11 e 14.
Sim para as frases 4, 12, 13 e 15.

Se errou apenas uma ou duas respostas, você aprova sua capacidade de ouvir e está no caminho certo para se tornar um ouvinte eficaz na no cargo de gerente. Se errou três ou quatro respostas, você tem algumas dúvidas sobre sua eficácia em ouvir, e há algumas falhas sobre seu conhecimento de como ouvir. Se errou cinco ou mais respostas, você provavelmente não está satisfeito com o modo como ouve, e seus amigos e colegas de trabalho também podem achar que você não é um bom ouvinte. Esforce-se para melhorar sua capacidade de ouvir.

Referência: "Diagnosing Your Listening Skills", de Ethel C. Glenn e Elliott A. Pond, "Listening Self-Inventory", *Supervisory Management,* janeiro 1989, p. 12-15. Reimpresso com permissão da American Management Association via Copyright Clearance Center.

CAPÍTULO 12
Modelos tradicionais para entendimento da liderança

Visão geral do capítulo

- Natureza da liderança
- Primeiras abordagens de liderança
- Surgimento dos modelos de liderança situacional
- A teoria LPC
- A teoria de meios-fins
- Abordagem da árvore de decisão de Vroom

Objetivos de aprendizagem

Após estudar este capítulo, você estará apto a:

1. Caracterizar a natureza da liderança.
2. Delinear as primeiras abordagens de liderança.
3. Discutir o surgimento de teorias situacionais e modelos de liderança.
4. Descrever a teoria LPC.
5. Discutir a teoria dos meios-fins.
6. Descrever a abordagem da árvore de decisão de Vroom.

Duas facetas da liderança de Jamie Dimon no JPMorgan

"Foi Jamie quem viu todas as peças."

— *Executivo do JPMorgan, 2008*

"Era tudo pelo dinheiro, não pelo cliente."

— *Ex-gerente de fundos de investimentos do JPMorgan, 2012*

Em outubro de 2006, o chefe do departamento de hipotecas do JPMorgan, que cobra empréstimos imobiliários, informou ao diretor-executivo Jamie Dimon que os atrasos nos pagamentos estavam crescendo a uma proporção alarmante. Quando Dimon viu o relatório, confirmou não apenas que os atrasos eram um problema, mas que as coisas estavam ainda piores para outros credores. "Concluímos", conta Dimon, "que padrões de subscrição estavam se deteriorando por todo o setor". Pouco tempo depois, Dimon soube que o custo de títulos de seguros lastreados em hipotecas subprime estava subindo, mesmo assim as agências de notação continuavam classificando-as como *AAA*. À época, a criação de títulos lastreados em hipotecas subprime era o negócio mais lucrativo de Wall Street mas, no final do ano, Dimon decidiu sair dessa. "Não víamos lucro, e sim muitos riscos", relata Bill Winters, corresponsável pelo braço de investimentos do JPMorgan. "Foi Jamie quem viu todas as peças", acrescenta.

O cuidado de Dimon – e sua disposição em ouvir o que o pessoal da gestão de risco tinha a dizer – compensou muito. Entre julho de 2007 e julho de 2008, quando a crise atingiu os bancos de investimento com toda força, Morgan registrou perdas de US$ 5 bilhões em títulos lastreados em hipotecas. É muito dinheiro, mas é relativamente pouco comparado às perdas sustentadas pelos bancos que não perceberam o que estava para acontecer: US$ 33 bilhões do Citibank, por exemplo, e US$ 26 bilhões do Merrill Lynch. O Citibank ainda está em atividade, graças a US$ 45 bilhões em dinheiro injetados pelo governo dos Estados Unidos, mas o Merrill Lynch não está mais – ele foi vendido ao Bank of America. Embora tenha sido fortemente atingido, o Morgan previu a tempestade e ainda está de pé em Wall Street. Ao ser questionado sobre o dano sustentado pelo setor bancário dos Estados Unidos em 2008, o presidente eleito Barack Obama disse: "Há muitos bancos que são muito bem gerenciados, o JPMorgan é um bom exemplo. Jamie Dimon está fazendo um bom trabalho ao administrar uma carteira de investimentos enorme".

Isso passou. Em maio de 2012, Dimon anunciou que o JPMorgan esperava perder US$ 2 bilhões em uma série "estúpida" de negociações envolvendo dívidas corporativas e títulos de alta rentabilidade – o caso que ficou conhecido como "Baleia de Londres". Dois meses depois, o total de perdas de um dos maiores tropeços bancários chegou a quase US$ 6 bilhões, mas Dimon anunciou que, ainda assim, o JPMorgan havia atingido sua meta de ganhos para o segundo trimestre. Como? Aparentemente, por meio de esforços criativos do departamento de contabilidade.

Jamie Dimon, diretor-executivo do JPMorgan Chase, exerce um respeitável papel de liderança na gigante financeira.

Como a maioria das pessoas, os bancos podem amortizar perdas nos impostos – ou seja, deduzi-las do total e fatorá-los no imposto devido. Dimon explicou que o Morgan pretendia amortizar quase US$ 2 bilhões da perda da Baleia de Londres, ou quase 38%. Esse percentual não está fora da tributação de empresas dos Estados Unidos, mas é preciso observar que as empresas raramente *pagam* essa quantia em impostos, o que aparentemente só vem a calhar na hora de *reduzir* o imposto devido. Em todo caso, o JPMorgan conseguiu reduzir a perda de US$ 6 bilhões para US$ 4 bilhões e, por meio de movimentações mais escusas, conseguiu fazer os US$ 4 bilhões sumirem também.

Infelizmente, fontes internas do banco perceberam que as perdas totais no fiasco da Baleia de Londres poderiam chegar a quase US$ 9 bilhões. Para piorar a situação, o *New York Times* acusou o JPMorgan, que é também um dos maiores gestores de fundos de investimento do país, de "maquiar os lucros perdidos" voltando os clientes para seus próprios produtos de investimento e afastando-os de opções melhores oferecidas pela concorrência. Como um ex-corretor do banco contou ao *New York Times*, "Eu vendia fundos do JPMorgan que tinham baixos registros de desempenho, e eu fazia isso só para enriquecer a empresa". "Era tudo pelo dinheiro, não pelo cliente", relata outro ex-corretor da empresa.

Como, exatamente, a prática de manipular os próprios fundos beneficiou o banco? Os gestores de fundos cobram taxas para administrar os fundos que criam, e quanto mais dinheiro dos investidores vai para esses fundos, mais dinheiro de taxas eles recebem. Além disso, o JPMorgan estava cobrando uma taxa de 1,6% do valor do investimento, diferente da taxa de 1% que costuma ser cobrada no setor. Segundo o *New York Times*, Dimon havia "hesitado em relação à ideia de manipular os investimentos do banco", mas acabou cedendo aos executivos que queriam fortalecer a política de aumentar a ênfase nos próprios fundos em vez de nos fundos da concorrência. Segundo o jornal, o banco continuou reforçando essa política e, além disso, exagerou o desempenho de seus fundos nas estratégias de marketing.

A queda resultante de todos esses erros, manobras de encobrimento e cobertura midiática abalou a antes aclamada credibilidade de Jamie Dimon. Em particular, ele esteve à frente dos esforços para combater justamente o tipo de mudanças regulatórias que teriam limitado a capacidade do banco de tomar ações arriscadas que colocaram o JPMorgan em uma situação difícil.

Qual é a sua opinião?

1. Aparentemente, quais são as principais funções da liderança em uma organização como o JPMorgan?
2. Como você explicaria a aparente discrepância em relação às ações de Dimon entre 2006 e 2012? Em sua opinião, existe algo inerente à natureza dos processos organizacionais que possa explicar essa discrepância?

Referências: Roger Lowenstein, "Jamie Dimon: America's Least-Hated Banker", *New York Times*, 1º dez. 2010, www.nytimes.com, 28 de jul. de 2012; Duff McDonald, "The Banker Who Saved Wall Street", *Newsweek*, 11 set. 2009, www.thedailybeast.com, 28 de jul. de 2012; Shawn Tully, "How J.P. Morgan Steered Clear of the Credit Crunch", *CNNMoney.com*, 2 set. 2008, http://money.cnn.com, 28 jul. 2012; Mike Taylor, "Hardest-Hitting Jamie Dimon Profile Ever Still Concludes He's Pretty Great", *The New*

York Observer, 2 nov. 2010, http://observer.com, 28 jul. 2012; Stephen Gandel, "How Jamie Dimon Hid the $6 Billion Loss", *CNNMoney*, 13 jul. 2012, http://finance.fortune.cnn.com, 26 jul. 2012; Maureen Farrell, "Who's Paying for JPMorgan's Loss?", *CNNMoney*, 14 jul. 2012, http://money.cnn.com, 19 jul. 2012; Jessica Silver-Greenberg e Susanne Craig, "JPMorgan Trading Loss May Reach $9 Billion", *New York Times*, 28 jun. 2012, http://dealbook.nytimes.com, 19 jul. 2012; Craig e Silver-Greenberg, "Former Brokers Say JPMorgan Favored Selling Bank's Own Funds Over Others", *New York Times*, 2 jul. 2012, http://dealbook.nytimes.com, 19 jul. 2012.

A mística da liderança é uma das propriedades mais discutidas, estudadas e procuradas da vida organizacional. Os gestores falam sobre as características que tornam um líder eficaz e a importância da liderança para o sucesso organizacional, enquanto cientistas organizacionais há décadas estudam extensivamente a liderança e os diversos problemas relacionados. No entanto, paradoxalmente, embora a liderança esteja entre os conceitos mais estudados no campo da gestão, ainda há muitas perguntas sem resposta. Então, por que deveríamos continuar estudando liderança? Primeiro, a liderança é de grande importância prática para as organizações. Segundo, apesar de ainda restarem muitos mistérios, os pesquisadores isolaram e verificaram algumas das principais variáveis que influenciam a eficácia da liderança.[1]

Este capítulo, o primeiro de dois que abordam o tema, apresenta os modelos tradicionais que são comumente usados como base para entender a liderança. Começaremos com uma discussão sobre o significado de liderança, incluindo sua definição e as distinções entre liderança e gestão. Então, passaremos para as perspectivas históricas de liderança, com foco nas abordagens de traço e comportamento. Em seguida, analisaremos três teorias de liderança contemporâneas que serviram de alicerce para a maior parte da pesquisa sobre o tema: a teoria LPC, desenvolvida por Fiedler, a teoria dos meios-fins e a árvore de decisão de Vroom. No próximo capítulo, exploraremos diversas perspectivas contemporâneas emergentes sobre liderança.

NATUREZA DA LIDERANÇA

Por ser um termo usado em conversas cotidianas, você pode achar que o significado de "liderança" é comum e aceito. Na verdade, ocorre o contrário – assim como muitos termos-chave do comportamento organizacional, como "personalidade" e "motivação", a palavra "liderança" é usada de diversas maneiras. Desse modo, vamos esclarecer o significado que usaremos neste livro.

O significado de liderança

Definimos **liderança** tanto em termos de processo como em termos de propriedade.[2] Como processo, a liderança usa influência não coercitiva para orientar e coordenar as atividades dos membros de um grupo a fim de que atinjam um objetivo. Como propriedade, liderança é um conjunto de características atribuídas àqueles que demonstram usar essa influência com sucesso.[3] **Influência**, um elemento comum às duas perspectivas, é a capacidade de afetar as percepções, convicções, atitudes, motivação e/ou comportamento de outras pessoas. Do ponto de vista organizacional, a liderança é vital porque exerce uma influência muito forte sobre o comportamento do indivíduo e do grupo.[4] Além disso, como a meta que orienta os esforços do grupo muitas vezes é a meta que o líder deseja, ela pode ou não se misturar com as metas organizacionais.

Liderança não envolve nem força nem coerção. Um gestor que confia somente na força e na autoridade formal para orientar o comportamento de seus subordinados não está exer-

---

Liderança é tanto um processo como uma propriedade. Como processo, envolve o uso de influência não coercitiva. Como propriedade, é o conjunto de características atribuídas a alguém que demonstra usar essa influência com sucesso.

Influência é a capacidade de influenciar as percepções, convicções, atitudes, motivação e/ou comportamentos de outras pessoas.

cendo liderança. Assim, como será discutido com mais detalhes nesta seção, um gestor ou supervisor pode ou não ser um líder. É importante observar que, por um lado, um líder pode ter, de fato, as características que lhe são atribuídas; por outro, pode-se apenas acreditar que ele as possui. O box *Serviço* ilustra algumas das questões complexas que acompanham os processos e as propriedades da liderança.

Liderança *versus* gestão

Com base nessas definições, é preciso ficar claro que liderança e gestão estão relacionadas, mas não são a mesma coisa. Uma pessoa pode ser um gestor, um líder, ambos ou nenhum dos dois.[5] Algumas das distinções básicas entre elas estão resumidas na Tabela 12.1. No lado esquerdo da tabela, estão quatro elementos que diferenciam liderança de gestão. As duas colunas mostram como cada elemento difere quando é examinado da perspectiva de cada uma. Por exemplo, ao executar planos, os gestores se concentram em monitorar resultados, compará-los com as metas e corrigir as divergências. Em contrapartida, os líderes voltam-se para incentivar as pessoas a superar empecilhos burocráticos para cumprir metas.

TABELA 12.1	Diferenças entre gestão e liderança segundo Kotter	
ATIVIDADE	**GESTÃO**	**LIDERANÇA**
CRIAR UMA META	Planejar e estabelecer um orçamento.	Definir uma direção.
	Definir passos detalhados e um cronograma para atingir os resultados desejados; definir os recursos necessários para que esses resultados sejam alcançados.	Desenvolver uma visão de futuro, muitas vezes distante, e estratégias para gerar as mudanças necessárias para cumprir essa visão.
DESENVOLVER UMA REDE HUMANA PARA CUMPRIR A META	Organizar e compor uma equipe.	Alinhar pessoas.
	Criar uma estrutura para cumprir as exigências do plano, formar uma equipe para essa estrutura, delegar responsabilidade e autoridade para execução do plano, fornecer políticas e procedimentos para ajudar a orientar pessoas e criar métodos ou sistemas a fim de monitorar a implementação.	Orientar por meio de palavras e ações todas as pessoas cuja cooperação pode ser necessária para influenciar a criação de equipes e coligações que entendam a visão e as estratégias e aceitem a validade delas.
EXECUTAR PLANOS	Controlar e solucionar problemas.	Motivar e inspirar.
	Monitorar detalhadamente resultados *versus* planos, identificar desvios e depois planejar e organizar a solução desses problemas.	Motivar pessoas a superar barreiras políticas, burocráticas e falta de recursos em prol da mudança, satisfazendo necessidades humanas muito básicas, mas que muitas vezes não são supridas.
RESULTADOS	Produz um grau de previsibilidade e ordem e tem o potencial de gerar grandes resultados esperados pelos *stakeholders* (por exemplo, para os consumidores, ser sempre pontual; para os acionistas, cumprir o orçamento).	Gera mudança, muitas vezes em escala drástica, e tem o potencial de provocar uma mudança muito produtiva (por exemplo, novos produtos que os consumidores desejam, novas metodologias para relações de trabalho que ajudam a tornar a empresa mais competitiva).

Referências: Adaptado com a permissão de The Free Press, Division of Simon & Schuster Inc., de *A Force for Change: How Leadership Differs from Management*, John P. Kotter. Copyright © 1990 de John P. Kotter, Inc. Todos os direitos reservados.

Para ressaltar ainda mais as diferenças, considere as várias funções que podem caracterizar gestores e líderes no contexto de um hospital. O supervisor de um grande hospital é um gestor em virtude do cargo. Ao mesmo tempo, outras pessoas podem não respeitar nem confiar nesse indivíduo; assim sendo, ele tem de se apoiar apenas na autoridade concedida na posição de dar ordens. No entanto, um enfermeiro que trabalha no pronto-atendimento e não tem autoridade formal pode ser bastante eficaz em cuidar de uma situação caótica e orientar outras pessoas a lidar com as situações específicas dos pacientes. Quem está no pronto-atendimento pode obedecer porque confia no juízo do enfermeiro e em suas habilidades de tomada de decisão.

O chefe da pediatria, supervisionando uma equipe de 20 outros médicos, enfermeiros e assistentes, também pode usufruir do pleno respeito e confiança da equipe. Eles prontamente acatam seu conselho e seguem suas orientações sem questionar e, muitas vezes, vão além do que é necessário para ajudar a cumprir a missão da unidade. Assim, ser um gestor não garante que a pessoa seja um líder – todo gestor pode ser um líder ou não. Da mesma maneira, a posição de liderança pode ser formal, como quando alguém que foi indicado para liderar um grupo tem qualidades de liderança, ou informal, quando o líder surge de dentro do grupo segundo o consenso dos membros. O supervisor descrito anteriormente é gestor, mas não é líder. O enfermeiro no pronto-atendimento é líder, mas não é gestor. O chefe da pediatria provavelmente é as duas coisas.

Para serem eficazes, as organizações precisam de ambos, tanto de gestão como de liderança. Por exemplo, a liderança é necessária para criar e orientar a mudança e para ajudar a organização a superar tempos difíceis.[6] E a gestão é necessária para coordenar, atingir resultados sistemáticos e lidar com atividades administrativas em tempos de estabilidade e previsibilidade. A gestão em conjunto com a liderança pode ajudar a atingir a mudança planejada, ao passo que a liderança em conjunto com a gestão pode manter a organização corretamente alinhada com seu ambiente.

Além disso, os gestores e líderes contribuem muito para o estabelecimento do moral da organização e para determinar o papel da ética em sua cultura.[7] Manter o equilíbrio ético enquanto cumpre outras obrigações de liderança às vezes pode colocar o executivo em uma situação bem delicada. Por exemplo, pense em uma diretora-executiva que sabe que sua empresa precisa demitir muitos funcionários em poucos meses. Divulgar essas informações muito cedo pode resultar na desvalorização das ações da empresa e fazer com que funcionários mais importantes procurem outro emprego. No entanto, segurar a notícia até o último minuto pode gerar períodos mais longos de desemprego para os que foram demitidos.

PRIMEIRAS ABORDAGENS DE LIDERANÇA

Embora líderes e lideranças tenham influenciado bastante o curso dos acontecimentos humanos, seu estudo aprofundado começou há mais ou menos um século. Os primeiros estudos concentravam-se nos traços, ou características pessoais, dos líderes.[8] Posteriormente, as pesquisas passaram a examinar os comportamentos dos líderes.

Abordagem dos traços

Lincoln, Napoleão, Joana d'Arc, Hitler e Gandhi são nomes que a maioria de nós conhece muito bem. Os primeiros pesquisadores acreditavam que esses líderes tinham um conjunto único de qualidades ou traços que os distinguiam de seus pares. Além disso, pensava-se que esses traços eram relativamente estáveis e duradouros. Depois da **abordagem dos traços**, os pesquisadores concentraram-se em identificar traços de liderança, em desenvolver métodos para avaliá-los e em usar métodos para escolher líderes.

A abordagem dos traços tentava identificar traços de caráter duradouros e estáveis que diferenciavam líderes de não líderes.

SERVIÇO — Quem manda aqui?

Você é gestor de um famoso *public house* local. Seus *bartenders* (atendentes de bar) formam um bom grupo, mas sempre parecem ter problemas em seguir as regras da casa. Você soube, por exemplo, que alguns clientes pedem e recebem dose dupla de bebida, o que é expressamente proibido pela política da empresa. Mesmo tendo reforçado essa política várias vezes aos *bartenders*, você sabe que nem sempre eles seguem o que você determina. Eles ficam tentados a fazer o que os clientes pedem porque grande parte das recompensas pelo trabalho vem em forma de gorjetas e do *feedback* positivo dos clientes. Você percebe que grande parte do pagamento deles é composto por gorjetas de clientes que pagam muito bem quando rebebem o que pediram e não pagam tão bem quando a política da empresa é seguida. Por ter concluído recentemente uma disciplina de comportamento organizacional, você decide consultar seus livros para ver se tem algo que possa ajudá-lo. Especificamente, você revisa a teoria motivacional a fim de verificar se está usando o conhecimento adquirido. Então, lembra que seus funcionários trabalham por causa de uma variedade de incentivos e que os líderes fornecem os incentivos necessários a fim de motivá-los a realizar o trabalho com disciplina, entusiasmo e comprometimento.

Os *bartenders* buscam recompensas financeiras, empregos interessantes e oportunidades de fazer o que sabem. O salário deles é mais que competitivo; as pessoas que você contratou acham que ser *bartender* é uma profissão interessante que permite conhecer pessoas; e todos estão bem treinados para o serviço. Em outras palavras, segundo o que aprendeu, você fez o que deveria motivar os funcionários e, mesmo assim, eles ainda servem doses duplas, contrariando a política do bar.

Você decide aprofundar-se na situação e lembra a época em que era *bartender*. Realmente era muito divertido conversar com as pessoas que frequentavam o bar. Algumas dessas pessoas pediam favores especiais (como doses duplas), que você fazia de vez em quando não apenas porque gostava daquelas pessoas, mas também porque elas davam boas gorjetas em troca do "tratamento especial". Você lembra do quanto gostava quando elogiavam seu trabalho e reconheciam seu serviço excelente e habilidoso. Enquanto as memórias pairam em sua cabeça, você se dá conta: seus *bartenders* são como você. Eles querem incentivos que não vêm de suas habilidades de liderança, das recompensas da empresa ou de seu *feedback*. Igualmente importante, seus funcionários recebem elogios dos clientes, *feedback* direto e imediato na forma de gorjetas e o valor social das interações com o consumidor. Em outras palavras, os incentivos que você oferece aos *bartenders* como líder formal deles é apenas uma parte do que eles buscam e ganham nas interações diretas com os clientes. É normal que você não consiga fazê-los seguir as regras o tempo todo do jeito que gostaria.

Questão para discussão: como a ideia de consumidor no papel de líder apoia ou muda os modelos tradicionais de liderança apresentados neste capítulo?

Centenas de estudos orientados por essa linha de pesquisa foram realizados durante as décadas iniciais do século 20. Os primeiros autores acreditavam que importantes traços incluíam inteligência, domínio, autoconfiança, energia, atividade e conhecimento relevante sobre a tarefa. Os resultados dos estudos seguintes deram origem a uma longa lista de traços adicionais. Infelizmente, a lista ficou tão longa que perdeu seu valor prático. Além disso, os resultados de muitos estudos eram inconsistentes.

Por exemplo, antes se argumentava que líderes eficientes, como Lincoln, tendiam a ser mais altos que líderes ineficazes. Contudo, os críticos logo destacaram que Hitler e Napoleão, líderes eficazes à sua maneira, não eram altos. Alguns autores até tentaram relacionar liderança a traços como formato do corpo, signo astrológico ou padrões de caligrafia. A abordagem dos traços também tinha um significativo problema teórico: não era possível especificar nem provar como os supostos traços de liderança se relacionavam com a liderança em si mesma. Por esses e outros motivos, a abordagem dos traços foi abandonada há algumas décadas.

Mais recentemente, a abordagem dos traços tornou-se alvo de novo interesse. Por exemplo, alguns pesquisadores procuraram reintroduzir um conjunto limitado de traços à literatura da liderança. Esses traços incluem inteligência emocional, ímpeto, motivação, honestidade e integridade, autoconfiança, capacidade cognitiva, conhecimento de causa e carisma (que

DIVERSIDADE — Em direção à diversidade

Segundo Carl Brook, diretor-executivo do Executive Leadership Council, uma rede de executivos sênior afro-americanos, "comprovou-se muitas vezes que empresas em que os membros da diretoria refletem diversidade étnica e de gênero estão propensas a ter melhores retornos em ativos e em vendas". De acordo com Marc H. Morial, diretor-executivo da National Urban League, que promove poder econômico de afro-americanos, a presença da minoria na diretoria corporativa é necessária para proteger os interesses de consumidores e outros *stakeholders* que fazem parte dessas minorias: "As vozes e perspectivas dos afro-americanos são necessárias nas diretorias corporativas para garantir que as decisões empresariais que afetam a América Negra sejam responsáveis e sensíveis ao que nossas comunidades necessitam", argumenta Morial.

Infelizmente, diz ele, "os afro-americanos ainda representam uma minúscula fração da liderança corporativa em cargos de diretoria nos Estados Unidos". Citando um estudo realizado em 2009 pelo Executive Leadership Council, Morial destaca que o número de negros na diretoria das empresas da *Fortune 500* na verdade *diminuiu* nos últimos anos: mesmo que os negros representem 13% da população dos Estados Unidos, a representação em diretorias corporativas representa "míseros 7%".

A mesma tendência foi confirmada pelo relatório da Força-Tarefa Hispânica Democrática do senado norte-americano, lançado em agosto de 2010, sobre representação de minorias e mulheres nas diretorias e equipes executivas (diretores-executivos e subordinados diretos) das empresas da *Fortune 500*. Aqui estão algumas constatações da pesquisa:

- As mulheres representam 18% de todos os membros da diretoria e apenas 20% dos membros de equipes executivas (aproximadamente 1 a cada 5). Esse números, é claro, estão muito aquém da proporção de 50% das mulheres da população.
- As minorias representam 14,5% de todos os diretores – cerca de 1 a cada 7 – e uma porcentagem ainda menor de membros de equipes executivas. Isso é menos da metade da proporção de 35% de minorias existentes na população.
- Embora os afro-americanos ostentem a maior representação de minorias nas diretorias (8,8%), essa taxa equivale somente a 69% de sua proporção total da população. A representação em equipes executivas é de apenas 4,2%.
- Os hispânicos apresentam uma taxa menor que a de qualquer minoria. Embora representem 15% da população dos Estados Unidos, correspondem a apenas 3,3% dos membros de diretoria e 3% dos membros de equipes executivas.

Segundo Robert Menendez, presidente da força-tarefa (único hispânico do senado norte-americano), o relatório

claramente confirma o que sempre suspeitamos – que as corporações norte-americanas precisam melhorar no que diz respeito a refletir nas diretorias de Wall Street a realidade das ruas. Precisamos mudar as dinâmicas e fazer com que a participação de minorias na estrutura corporativa do país seja algo comum. Não se trata apenas de fazer o que é certo, mas é uma boa decisão empresarial que vai beneficiar tanto as corporações como as comunidades que estão explorando e nas quais estão investindo.

Referências: "African Americans Lost Ground on Fortune 500 Boards", *Savoy*, agosto 2009, http://savoynetwork.com, 23 jun. 2012; Marc H. Morial, "National Urban League Trains African Americans for Corporate Boards", *Philadelphia Tribune*, 14 abr. 2011, www.phillytrib.com, 25 abr. 2011; "Results of Menendez's Major Fortune 500 Diversity Survey: Representation of Women and Minorities on Corporate Boards Still Lags Far Behind National Population", 4 ago. 2010, site do Senador Robert Menendez (comunicado de imprensa), www.menendez.senate.gov, 23 jul. 2012.

---

será discutido no Capítulo 13).[9] Algumas pessoas acreditam que até fatores biológicos têm um papel na liderança. Embora seja muito cedo para saber se esses traços são válidos da perspectiva da liderança, uma análise séria e científica dos traços certos pode ampliar nosso entendimento sobre o fenômeno. E, infelizmente, os traços podem até contribuir para que algumas pessoas não tenham oportunidade de participar de atividades de liderança. Independentemente dos motivos (incluindo preconceito, estereótipos e outros fatores), mulheres, afrodescendentes e hispânicos têm uma representatividade muito baixa nos cargos da alta gestão e nas diretorias das maiores empresas dos Estados Unidos. O box *Diversidade*, intitulado "Em direção à diversidade", trata da diversidade como uma questão permanente na composição das diretorias de organizações norte-americanas.

Abordagem comportamental

No final da década de 1940, a maioria dos pesquisadores começou a afastar-se da abordagem dos traços e passou a ver a liderança como um processo ou atividade observável. O objetivo

A **abordagem comportamental** tentava identificar comportamentos que diferenciavam líderes de não líderes.

da chamada **abordagem comportamental** era determinar que comportamentos estavam associados à liderança eficaz.[10] Os pesquisadores supunham que os comportamentos de líderes eficazes eram diferentes dos comportamentos de líderes menos eficazes e que o comportamento daqueles seria o mesmo em todas as situações. A abordagem comportamental incluía os estudos de Michigan, os estudos da Ohio State e o grid.

Os **estudos de Michigan sobre liderança** definiam a liderança orientada à tarefa e orientada ao funcionário como extremidades opostas de uma mesma dimensão de liderança.

Estudos de Michigan Os **estudos de Michigan sobre liderança** representaram um programa de pesquisa realizado pela Universidade de Michigan.[11] O objetivo desse trabalho era determinar o padrão de comportamentos de liderança que resulta no desempenho de grupo eficaz. Com base em entrevistas com supervisores e subordinados de grupos com baixa e alta produtividade de diversas organizações, pesquisadores coletaram e analisaram as descrições do comportamento de supervisão para determinar o quanto os supervisores ineficazes diferiam dos eficazes. Foram identificadas duas formas básicas de comportamentos de líderes – orientado à tarefa e orientado para pessoas – como mostra a parte superior da Figura 12.1.

Comportamento voltado para a tarefa envolve atenção à tarefa dos subordinados, explicação dos procedimentos de trabalho e um forte interesse no desempenho.

O líder que apresenta o **comportamento voltado para a tarefa** presta muita atenção à produção dos subordinados, explica os procedimentos de trabalho e demonstra um forte interesse no desempenho. A principal preocupação do líder é a realização do trabalho. O líder que adota um **comportamento orientado ao funcionário** tenta construir grupos de trabalho com metas de alto desempenho. A principal preocupação do líder é com o alto desempenho, que será alcançado prestando-se muita atenção aos aspectos humanos do grupo. Supunha-se que esses dois estilos de comportamento seriam extremos de uma mesma dimensão. Assim, os pesquisadores de Michigan sugeriram que qualquer líder poderia exibir ou o comportamento orientado à tarefa ou o comportamento orientado ao funcionário, mas não os dois ao mesmo tempo. Além disso, sugeriram que o comportamento orientado ao funcionário tinha mais probabilidade de alcançar um desempenho de grupo eficaz em comparação ao comportamento orientado à tarefa.

Comportamento orientado ao funcionário envolve a tentativa de construir grupos de trabalho eficazes com objetivo de alto desempenho.

FIGURA 12.1

Primeiras abordagens comportamentais de liderança

As duas primeiras abordagens comportamentais da liderança foram os estudos de Michigan e da Ohio State. Os resultados dos estudos de Michigan sugeriram que há dois tipos fundamentais de comportamento do líder: orientado à tarefa e orientado ao empregado. Acreditava-se que esses eram dois opostos de um mesmo *continuum*. Os estudos da Ohio State também encontraram dois tipos de comportamento de liderança: "consideração" e "estrutura de iniciação". Esses comportamentos, de certa maneira, são paralelos aos observados nos estudos de Michigan, mas a pesquisa da Ohio State sugeriu que esses dois tipos de comportamento eram, na verdade, dimensões independentes.

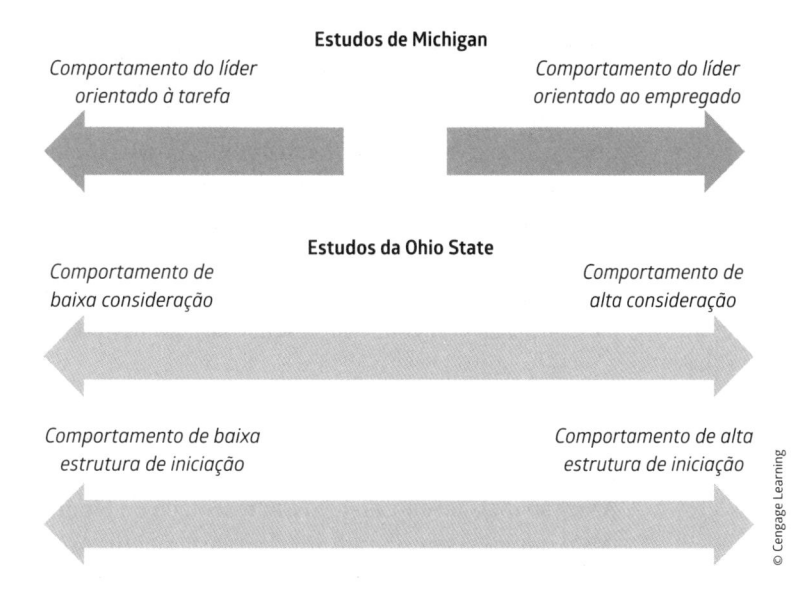

Estudos de Michigan

Comportamento do líder orientado à tarefa ←——————→ Comportamento do líder orientado ao empregado

Estudos da Ohio State

Comportamento de baixa consideração ←——————→ Comportamento de alta consideração

Comportamento de baixa estrutura de iniciação ←——————→ Comportamento de alta estrutura de iniciação

© Cengage Learning

Os estudos de liderança da Ohio State definiram os comportamentos de consideração e de estrutura de iniciação como dimensões independentes de liderança.

Comportamento de consideração envolve a preocupação com os sentimentos dos subordinados e os respeito às ideias deles.

Comportamento de estrutura de iniciação envolve a clara definição das funções do líder e do subordinado, para que esses saibam o que se espera deles.

Estudos da Ohio State Os estudos de liderança da Ohio State foram realizados aproximadamente na mesma época que os estudos de Michigan (no final da década de 1940 e no início da década de 1950).[12] Durante esse programa de pesquisa, cientistas comportamentais da Ohio State University desenvolveram um questionário, que foi distribuído tanto no ambiente militar como no ambiente industrial, para avaliar as percepções dos subordinados em relação ao comportamento dos líderes. Os estudos da Ohio State identificaram diversas formas de comportamento do líder, mas se concentraram nos dois mais significativos: consideração e estrutura de iniciação.

Ao adotar o **comportamento de consideração**, o líder se preocupa com os sentimentos dos subordinados e respeita suas ideias. A relação líder-subordinado é caracterizada por confiança mútua, respeito e comunicação de duas vias. Ao adotar o **comportamento de estrutura de iniciação**, o líder define claramente as funções de líderes e subordinados para esses saibam o que se espera deles. O líder também cria canais de comunicação e determina os métodos para realizar a tarefa do grupo.

Diferentemente dos comportamentos de líder orientados à tarefa e aos empregados, não se acreditava que a consideração e a estrutura de iniciação faziam parte de um mesmo *continuum*. Em vez disso, como mostrado na parte inferior da Figura 12.1, elas eram consideradas dimensões independentes do repertório comportamental do líder. Como consequência, um líder poderia demonstrar um comportamento de alta estrutura de iniciação e baixa consideração ou baixa estrutura de iniciação e alta consideração. Ele também poderia demonstrar níveis altos ou baixos de cada comportamento simultaneamente. Por exemplo, um líder pode definir as funções e expectativas dos subordinados, mas demonstrar pouca preocupação com os sentimentos deles. Ele pode se preocupar com os sentimentos dos subordinados, mas não consegue definir suas funções e expectativas claramente. Contudo, o líder também pode demonstrar simultaneamente preocupação com as expectativas de desempenho e com o bem-estar do funcionário.

Os pesquisadores da Ohio State também observaram a estabilidade dos comportamentos dos líderes ao longo do tempo. Eles descobriram que determinado padrão de liderança individual parece mudar pouco se a situação permanece constante.[13] Outro tema que observaram foi a mistura de comportamentos de líder relacionados à eficácia. A princípio, eles acreditavam que os líderes com altos níveis dos dois comportamentos seriam mais eficazes. Entretanto, um estudo da International Harvester (hoje Navistar Corporation) descobriu que funcionários de supervisores com comportamento de alta estrutura de iniciação tinham desempenho superior, mas expressavam níveis mais baixos de satisfação. Em contrapartida, funcionários de supervisores com alta consideração tinham taxas de desempenho menor, mas tinham menos faltas.[14] Uma pesquisa posterior mostrou que essas conclusões estavam equivocadas, pois os estudos não consideraram todas as variáveis importantes. Entretanto, os estudos da Ohio State representaram um marco importante na pesquisa sobre liderança.[15]

Grid de liderança Outra abordagem comportamental da liderança é a grade de liderança (originalmente chamado grid gerencial).[16] A grade de liderança fornece meios para avaliar os estilos de liderança e treinar gestores para que busquem um estilo ideal de comportamento. A versão mais recente do grid é apresentada na Figura 12.2. O eixo horizontal representa *foco nos resultados* (semelhante aos comportamentos orientados à tarefa e de estrutura de iniciação) e o eixo vertical representa *foco nas pessoas* (semelhante aos comportamentos orientados ao funcionário e de consideração). Observe os cinco extremos do comportamento de liderança: gestor 1,1 (gestão empobrecida), que demonstra foco mínimo tanto nos resultados como nas pessoas; gestor 9,1 (autoridade-conformidade), que representa foco intenso nos resultados, mas foco mínimo nas pessoas; gestor 1,9 (gestão de clube), que tem focos opostos aos do gestor 9,1; gestor 5,5 (gestão meio-termo), que mantém foco adequado tanto nas pessoas como nos resultados; e gestor 9,9 (gestão de equipe), que demonstra foco máximo tanto nas pessoas como nos resultados.

FIGURA 12.2

Grid (grade) de liderança

A grade de liderança é um método para avaliar estilos de liderança. O objetivo geral de usar o grid em uma organização é treinar os gestores para que empreguem as técnicas de desenvolvimento organizacional de modo que se tornem mais preocupados tanto com as pessoas como com os resultados (estilo 9,9 na grade).

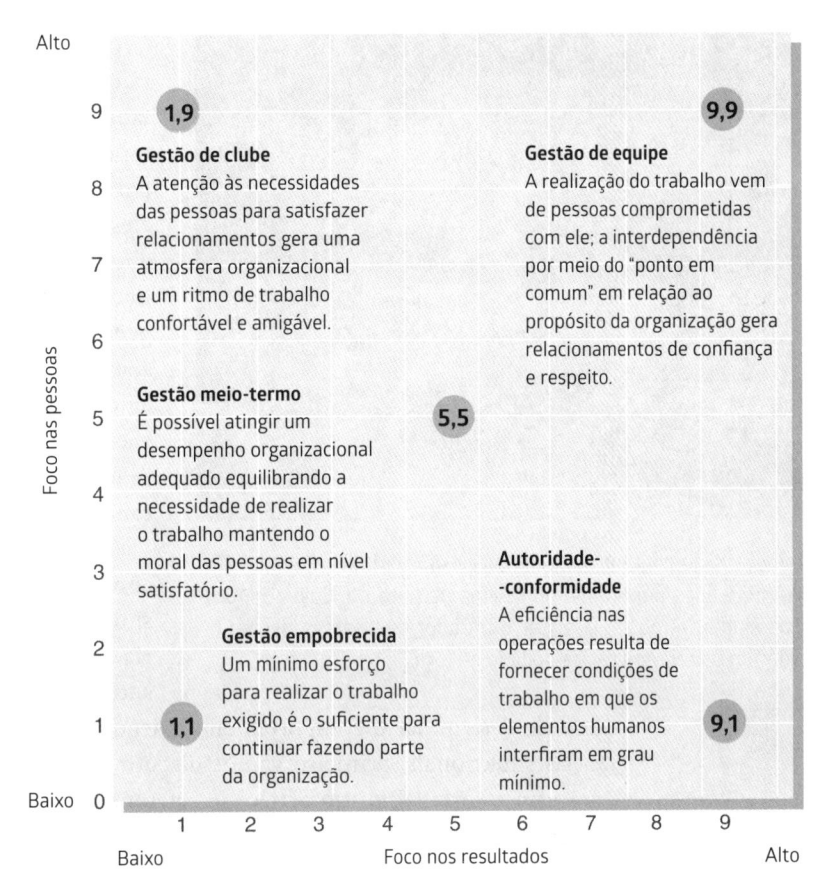

1,9 — Gestão de clube
A atenção às necessidades das pessoas para satisfazer relacionamentos gera uma atmosfera organizacional e um ritmo de trabalho confortável e amigável.

9,9 — Gestão de equipe
A realização do trabalho vem de pessoas comprometidas com ele; a interdependência por meio do "ponto em comum" em relação ao propósito da organização gera relacionamentos de confiança e respeito.

5,5 — Gestão meio-termo
É possível atingir um desempenho organizacional adequado equilibrando a necessidade de realizar o trabalho mantendo o moral das pessoas em nível satisfatório.

1,1 — Gestão empobrecida
Um mínimo esforço para realizar o trabalho exigido é o suficiente para continuar fazendo parte da organização.

9,1 — Autoridade-conformidade
A eficiência nas operações resulta de fornecer condições de trabalho em que os elementos humanos interfiram em grau mínimo.

Eixo Y: Foco nas pessoas (Baixo 0 – Alto 9)
Eixo X: Foco nos resultados (Baixo 1 – Alto 9)

Fonte: Imagem da grade de liderança de Leadership Dilemmas – Grid Solutions, de Robert R. Blake e Anne Adams McCanse. (Anteriormente The Managerial Grid, de Robert R. Blake e Jane S. Mouton.) Houston: Gulf Publishing Company, p. 29. Copyright © 1997 de Grid International, Inc. Reproduzido com permissão de Grid International, Inc.

De acordo com essa abordagem, o estilo ideal de liderança é o 9,9. Assim, os autores desse modelo criaram um treinamento multifásico e um programa de desenvolvimento para ajudar gestores a atingir esse estilo de comportamento. A.G. Edwards, Westinghouse, FAA, Equicor e outras empresas usaram o grid de liderança, e a evidência em resumo parece confirmar sua eficácia em alguns contextos. No entanto, há pouca evidência científica publicada em relação a sua verdadeira efetividade e até que ponto ela se aplica a todos os gestores ou a todos os contextos. De fato, como discutiremos a seguir, não é provável que essa evidência exista.

SURGIMENTO DE MODELOS DE LIDERANÇA SITUACIONAL

As teorias de comportamento do líder contribuíram muito para o desenvolvimento de abordagens mais realistas, embora mais complexas, da liderança. Em particular, elas nos levam a não nos preocuparmos com as propriedades que os líderes devem ter (abordagem dos traços), mas com o que os líderes realmente fazem (seus comportamentos). Infelizmente, essas teorias também fazem prescrições genéricas e universais sobre o que constitui a verdadeira liderança eficaz. Quando lidamos com sistemas sociais complexos compostos por indivíduos complexos, poucos (ou nenhum) relacionamentos são previsíveis, e certamente não há fórmulas infalíveis para o sucesso.

Os comportamentos de liderança podem surgir em períodos de crise. Por exemplo, durante e após um tiroteio no cinema de Auroroa, Colorado, pessoas corajosas ajudaram outras a evitar o atirador que estava dentro do cinema e ajudaram a manter a calma do lado de fora.

No entanto, teóricos comportamentais tentaram identificar relações consistentes entre comportamentos de líderes e reações dos subordinados na esperança de encontrar uma prescrição confiável para a liderança eficaz. Como era de se esperar, eles fracassaram muitas vezes. Assim, outras abordagens da compreensão da liderança foram necessárias. O catalisador dessas novas abordagens foi a percepção de que, embora as dimensões interpessoais e orientadas à tarefa possam ajudar a descrever o comportamento de líderes, elas não servem para prevê-los ou prescrevê-los. A próxima etapa na evolução da teoria da liderança é a criação de modelos situacionais.

Os modelos situacionais assumem que o comportamento adequado do líder varia de uma situação para outra. Então, o objetivo da teoria situacional é identificar os principais fatores situacionais e especificar como eles interagem a fim de determinar o comportamento adequado do líder. Antes de discutir as principais teorias situacionais, primeiro vamos discutir um importante modelo que serviu de base para essas teorias. Em um artigo de referência sobre o processo de tomada de decisão, Robert Tannenbaum e Warren H. Schmidt propuseram um *continuum* do comportamento de liderança. O modelo deles é como a estrutura original de Michigan.[17] Mas, além do comportamento puramente orientado à tarefa (ou "orientado ao chefe", como eles chamam) e orientado ao funcionário ("orientado ao subordinado"), eles identificaram diversos comportamentos intermediários que o gestor deve considerar. Isso é apresentado no *continuum* de liderança na Figura 12.3.

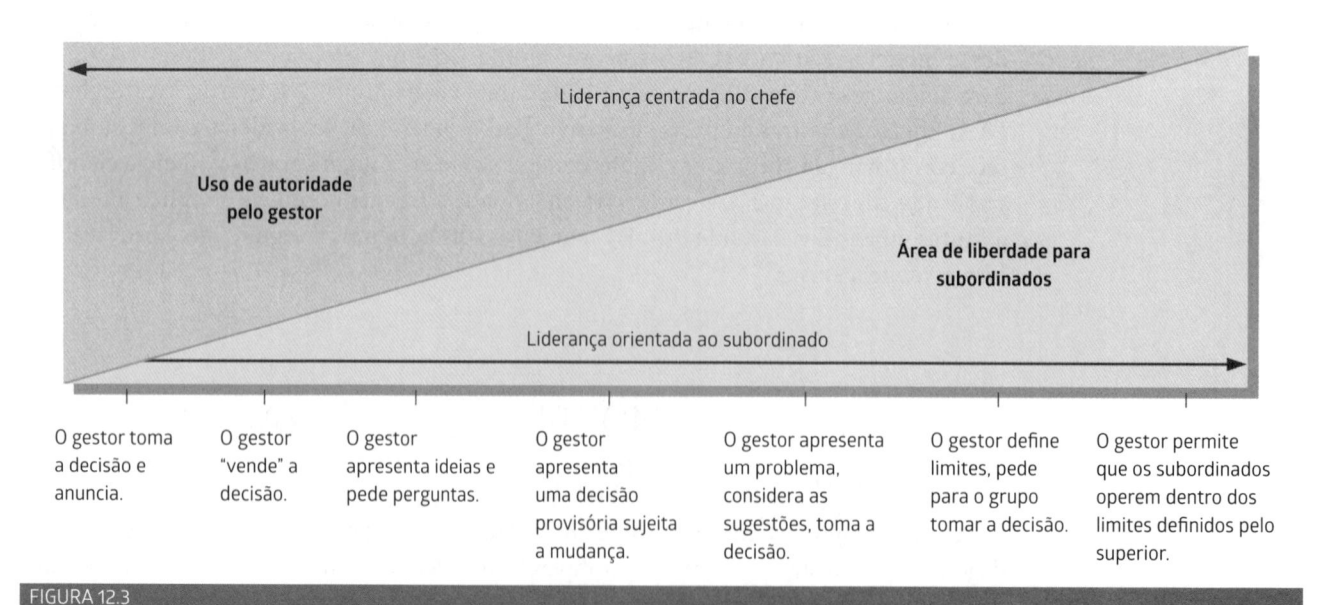

| O gestor toma a decisão e anuncia. | O gestor "vende" a decisão. | O gestor apresenta ideias e pede perguntas. | O gestor apresenta uma decisão provisória sujeita a mudança. | O gestor apresenta um problema, considera as sugestões, toma a decisão. | O gestor define limites, pede para o grupo tomar a decisão. | O gestor permite que os subordinados operem dentro dos limites definidos pelo superior. |

FIGURA 12.3

Continuum de liderança de Tannenbaum e Schmidt

O *continuum* de liderança de Tannenbaum e Schmidt foi um importante precursor das abordagens situacionais modernas da liderança. Ele identifica sete níveis de liderança, que variam entre os extremos da liderança orientada pelo chefe e orientada pelo subordinado.

Referência: Reimpresso com permissão de *Harvard Business Review*. An exhibit from "How to Choose a Leadership Pattern", de Robert Tannenbaum e Warren Schmidt (maio-junho 1973). Copyright de Harvard Business School Publishing Corporation; todos os direitos reservados.

Esse *continuum* de comportamento varia do extremo em que o gestor toma decisão absolutamente sozinho em que os colaboradores tomam a decisão com a mínima orientação dos líderes. Cada ponto do *continuum* é influenciado pelas características do gestor, dos subordinados e da situação. As características gerenciais incluem sistema de valores do gestor, confiança nos subordinados, inclinações pessoais e sentimentos de segurança. As características dos subordinados incluem necessidade de independência, disposição de assumir a responsabilidade, tolerância à ambiguidade, interesse no problema, compreensão dos objetivos, conhecimento, experiência e expectativas. As características situacionais que afetam a tomada de decisão incluem o tipo de organização, a eficácia do grupo, o problema e as urgências.

Assim, o *continuum* de liderança reconheceu pela primeira vez que os comportamentos do líder representam um *continuum*, e não extremos discretos, e que as várias características e elementos de qualquer situação afetariam o sucesso de qualquer estilo de liderança. Embora essa estrutura tenha indicado a importância dos fatores situacionais, ela era apenas especulativa. Outros elaborariam teorias mais abrangentes e integradas. Nas próximas seções, descreveremos as teorias situacionais de liderança mais importantes e mais aceitas: a teoria LPC, a teoria dos meios-fins e a abordagem da árvore de decisão de Vroom.

A TEORIA LPC SOBRE A LIDERANÇA

A teoria LPC sugere que a eficácia do líder depende da situação.

Fred Fiedler desenvolveu a **teoria LPC** da liderança. Essa teoria tenta explicar e reconciliar tanto a personalidade do líder como as complexidades da situação. (Originalmente, essa teoria foi chamada "teoria contingencial da liderança". No entanto, como esse nome passou a ter conotações muito genéricas, são utilizadas outras denominações para evitar confusão. A sigla "LPC" [*least-preferred coworker*] significa "colega de trabalho menos preferido", um conceito que explicaremos nesta seção.) De acordo com a teoria LPC, a eficácia do líder depende da situação e, como consequência, alguns líderes podem ser eficazes em algumas situações ou organizações, mas não em outras. A teoria também explica por que essa discrepância pode ocorrer e identifica as combinações entre líder e situação que deveriam resultar em desempenho eficaz.

Motivação para tarefa *versus* motivação para relacionamento

Fiedler e seus associados defendem que a eficácia da liderança depende da combinação entre a personalidade do líder e a situação. Ele concebeu termos especiais para descrever os traços de personalidade básicos de um líder em relação à liderança: "motivação para tarefa" *versus* "motivação para relacionamento". Fiedler também conceituou o contexto situacional quanto à favorabilidade do líder, uma variação que vai de altamente favorável a altamente desfavorável.

Em alguns aspectos, as ideias de motivação para tarefa e motivação para relacionamento se parecem com os conceitos básicos identificados nas abordagens comportamentais. A motivação para tarefa é comparável ao comportamento do líder orientado à tarefa e de estrutura de iniciação, e a motivação para relacionamento se parece com o comportamento orientado ao funcionário e de consideração. Contudo, uma grande diferença é que Fiedler achava que a motivação para tarefa *versus* motivação para relacionamento fundamentava-se na personalidade de maneira constante para qualquer líder.

A escala LPC mede a motivação do líder.

O grau de motivação para tarefa ou para relacionamento em um líder é medida pela **escala LPC**. As instruções da LPC pedem para os entrevistados (ou seja, os líderes) pensarem em todas as pessoas com quem trabalham e para escolherem o colega de trabalho menos preferido. Os entrevistados descrevem esse colega marcando uma série de 16 escalas ancoradas em cada ponta por uma qualidade ou atributo positivo ou negativo.[18] Por exemplo, três itens que Fiedler usa na escala LPC são:

Agradável	8	7	6	5	4	3	2	1	Desagradável
Ineficiente	1	2	3	4	5	6	7	8	Eficiente
Hostil	1	2	3	4	5	6	7	8	Amigável

Os números mais altos da escala estão associados a uma avaliação positiva do colega de trabalho menos preferido. (Observe que os maiores números da escala estão associados ao termo mais favorável e que alguns itens revertem tanto os termos como os valores de escala. Essa última característica força o entrevistado a ler as escalas com mais atenção e a dar respostas mais válidas.) Os entrevistados que descrevem seu colega de trabalho menos preferido em termos relativamente positivos recebem uma alta pontuação LPC, ao passo que os que usam termos relativamente negativos recebem uma pontuação LPC baixa.

Fiedler supunha que essas descrições diziam mais sobre o líder do que sobre o colega de trabalho menos preferido. Ele acreditava, por exemplo, que o colega de trabalho menos preferido de todos provavelmente seria igualmente "desagradável" e que as diferenças nas descrições refletiriam os traços de personalidade dos líderes que preenchem a escala LPC. O estudioso argumentava que líderes com alto LPC são mais preocupados com as relações interpessoais, ao passo que líderes com baixo LPC são mais preocupados com problemas pertinentes à tarefa. Naturalmente, a controvérsia sempre cercou a escala LPC. Pesquisadores ofereceram diversas interpretações para a pontuação LPC, argumentando que ela pode ser um índice de comportamento, de personalidade ou de algum fator desconhecido. De fato, a medida LPC e suas interpretações há muito tempo estão entre os aspectos mais discutidos dessa teoria.

Favorabilidade situacional

Fiedler também identificou três fatores que determinam a favorabilidade da situação. Em ordem de importância (do mais importante para o menos importante), esses fatores são: relação líder-seguidor, estrutura da tarefa e poder de posição do líder.

As *relações líder-seguidor* se referem ao relacionamento pessoal que existe entre os subordinados e seu líder. Elas se baseiam no quanto os subordinados confiam em seu líder e o respeitam, e vice-versa. Um alto grau de confiança e respeito indicam boas relações líder-seguidor; um baixo grau indica fracas relações líder-seguidor.

Segundo o modelo de liderança situacional, o que constitui um comportamento de líder eficaz varia de acordo com a situação. Em alguns casos, por exemplo, o líder precisa afastar-se dos seguidores para orientá-los e direcioná-los melhor. Já em outros casos, o líder precisa mergulhar com seus seguidores e ajudá-los a carregar o fardo. Não reconhecer as diferenças pode ser a receita do desastre!

Estrutura da tarefa é o segundo determinante mais importante da favorabilidade situacional. Uma tarefa estruturada é rotineira, simples, facilmente compreendida e não é ambígua. A teoria LPC supõe que tarefas estruturadas são mais favoráveis porque o líder não precisa envolver-se tão de perto na definição de atividades e pode dedicar tempo a outros assuntos. Já uma tarefa desestruturada é aquela que não é rotineira, é ambígua e complexa. Fiedler argumenta que essa tarefa é mais desfavorável porque o líder deve ter um papel maior na orientação e no direcionamento das atividades dos subordinados.

Por fim, o *poder de posição do líder* refere-se ao poder inerente ao papel do líder. Se o líder tem um poder considerável para atribuir trabalho, recompensar e punir colaboradores, e de recomendá-los à promoção, o poder de posição é alto e favorável. No entanto, se as atribuições de trabalho do líder precisam da aprovação de outra pessoa, ele não controla recompensas e punições e não tem voz nas promoções, o poder de posição é baixo e desfavorável; ou seja, muitas decisões estão além do controle do líder.

Motivação do líder e favorabilidade situacional Fiedler e seus associados realizaram diversos estudos examinando as relações entre motivação do líder, favorabilidade situacional e desempenho de grupo. A Tabela 12.2 resume os resultados desses estudos.

Para começar a interpretar os resultados, primeiro vamos examinar as dimensões de favorabilidade situacional mostradas na tabela. As várias combinações dessas três dimensões resultam em oito situações diferentes, conforme está disposto nas três primeiras linhas da tabela. Essas situações, por sua vez, definem um *continuum* que varia de situações muito favoráveis a muito desfavoráveis da perspectiva do líder. A favorabilidade é observada na quarta linha da tabela. Por exemplo, boas relações, uma tarefa estruturada e um poder de posição alto ou baixo resultam em uma situação muito favorável ao líder. No entanto, más relações, uma tarefa desestruturada e um poder de posição alto ou baixo criam condições muito desfavoráveis ao líder.

A tabela também identifica a abordagem de liderança que supostamente atingirá um alto desempenho de grupo em cada uma das oito situações. Essas ligações são mostradas na linha inferior da tabela. Um líder orientado para a tarefa é apropriado para toda situação favorável e também desfavorável. Por exemplo, a teoria LPC prevê que, se as relações líder-membro forem fracas, a tarefa for não estruturada e o poder de posição do líder for baixo, um líder orientado à tarefa será eficaz. Ela também diz que um líder orientado à tarefa será eficaz se as relações líder-seguidor forem boas, a tarefa for estruturada e o poder de posição do líder for alto. Por fim, para situações de favorabilidade intermediária, a teoria sugere que um líder orientado à pessoa provavelmente atingirá um alto desempenho de grupo.

Compatibilidade líder-situação O que acontece se um líder orientado à pessoa encontra uma situação muito favorável ou muito desfavorável, ou se um líder orientado à tarefa enfrenta uma situação de favorabilidade intermediária? Fiedler chama essas combinações líder-situação de "incompatibilidades". Lembre-se de que a premissa básica dessa teoria é a de que o comportamento de liderança é um traço de personalidade. Assim, o líder incompatível não consegue se adaptar prontamente à situação e atingir a eficácia. Fiedler alega que, quando o estilo do líder e a situação não combinam, o único curso de ação disponível é mudar a situação por meio da "engenharia do trabalho".[19]

Por exemplo, Fiedler sugere que, se um líder orientado à pessoa acaba em uma situação muito desfavorável, o gestor deve tentar aprimorar maneiras de passar mais tempo com os

TABELA 12.2	A teoria LPC							
RELAÇÕES LÍDER-MEMBRO	BOA				FRACA			
	ESTRUTURADA		NÃO ESTRUTURADA		ESTRUTURADA		NÃO ESTRUTURADA	
ESTRUTURA DA TAREFA PODER DE POSIÇÃO	ALTA	BAIXA	ALTA	BAIXA	ALTA	BAIXA	ALTA	BAIXA
FAVORABILIDADE SITUACIONAL	Muito favorável ↓		Moderadamente favorável ↓				Muito desfavorável ↓	
COMPORTAMENTO RECOMENDADO DO LÍDER	Comportamento orientado à tarefa		Comportamento orientado à pessoa				Comportamento orientado à tarefa	

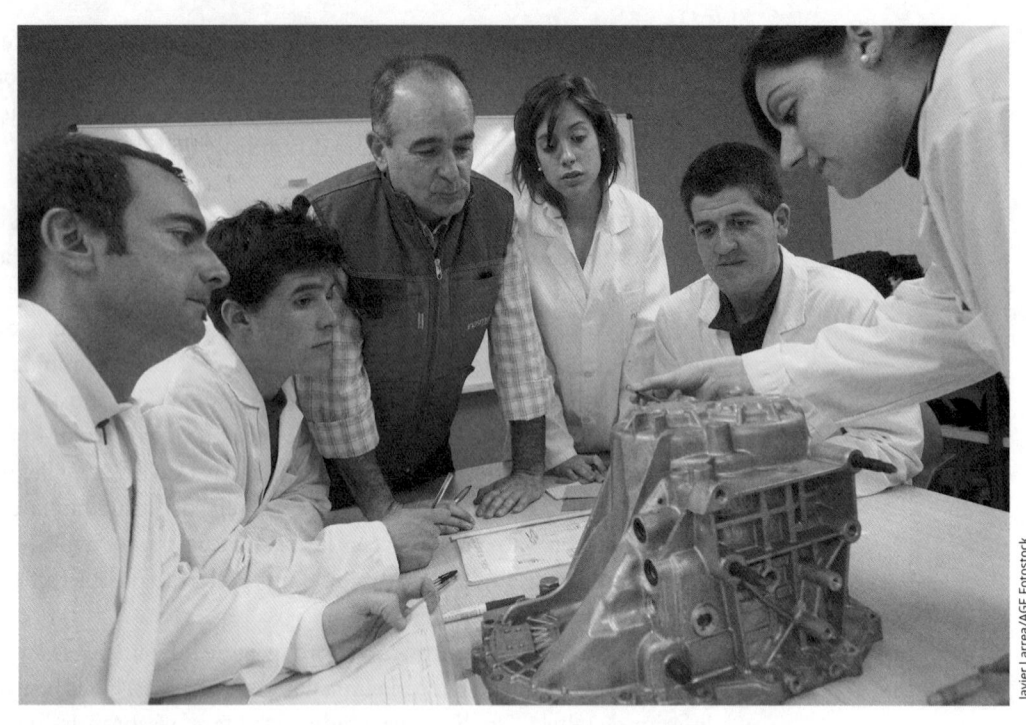

O treinamento de liderança é bastante popular em muitas organizações atuais. Esse instrutor, por exemplo, está usando uma complexa peça de máquina para ajudar os líderes a desenvolver a criatividade e técnicas de *brainstorming*. Depois de completar o treinamento, espera-se que os líderes estejam mais bem preparados para ajudar suas equipes a serem mais criativas.

subordinados a fim de melhorar as relações líder-seguidor e estabelecer regras e procedimentos para dar mais estrutura às tarefas. Fiedler e seus associados também desenvolveram um programa de treinamento bastante usado por supervisores sobre como avaliar a favorabilidade organizacional e mudar a situação, se necessário, para atingir uma compatibilidade melhor.[20] A Weyerhaeuser e a Boeing estão entre as empresas que utilizaram o programa de treinamento de Fiedler.

Avaliação e implicações

A validade da teoria LPC de Fiedler tem sido muito debatida por causa da inconsistência dos resultados da pesquisa. Algumas deficiências da teoria são: a medida LPC carece de validade, a teoria nem sempre é apoiada por pesquisa e as suposições de Fiedler sobre a inflexibilidade do líder não são realistas.[21] No entanto, a teoria em si representa uma importante contribuição, porque retornou ao campo para fazer um estudo situacional e considerou explicitamente o contexto organizacional e seu papel na liderança eficaz.

TEORIA DO CAMINHO-OBJETIVO SOBRE A LIDERANÇA

Outra importante abordagem contingencial da liderança é a teoria do caminho-objetivo. Desenvolvida em conjunto por Martin Evans e Robert House, a teoria concentra-se na situação e nos comportamentos do líder, não em seus traços fixos.[22] Em contraste com a teoria LPC, a teoria do caminho-objetivo sugere que líderes podem se adaptar facilmente a situações diferentes.

Pressupostos básicos

A **teoria do caminho-objetivo** sugere que líderes eficazes esclareçam os meios (caminhos) que levarão às recompensas desejadas (objetivos).

A teoria do caminho-objetivo originou-se da teoria motivacional das expectativas discutida no Capítulo 4. Lembre-se de que segundo a teoria da expectativas, as atitudes e os comportamentos da pessoa podem ser previstos com base no grau em que ela acredita que o desempenho na tarefa vai gerar vários resultados (expectativa) e que o valor desses resultados (valências) vai levar ao indivíduo. Segundo a **teoria do caminho-objetivo**, os subordinados são motivados pelo líder até o ponto em que os comportamentos desse líder influenciam suas expectativas. Em outras palavras, o líder afeta o desempenho do subordinado esclarecendo os comportamentos (caminho) que levarão aos objetivos desejados (objetivos). É claro, idealmente, ser recompensado pela organização depende do desempenho específico. A teoria do caminho-objetivo sugere que o líder pode se comportar de diferentes maneiras em situações diferentes.

Comportamentos do líder Como mostra a Figura 12.4, a teoria do caminho-objetivo identifica quatro tipos de comportamento do líder: diretivo, solidário, participativo e orientado para resultados. Com a *liderança diretiva*, o líder informa aos subordinados o que se espera deles, dá orientação específica sobre como realizar tarefas, programa o trabalho a ser feito e mantém padrões definitivos sobre o desempenho dos colaboradores. Um líder que tem *liderança solidária* é amigável e demonstra preocupação com a posição, com o bem-estar e com as necessidades dos subordinados. Na *liderança participativa*, o líder consulta os subordinados sobre problemas e considera as sugestões deles antes de tomar uma decisão. Por fim, *a liderança orientada para resultados* inclui estabelecer objetivos desafiadores, esperar que os subordinados tenham o maior nível de desempenho e demonstrar forte confiança de que eles se esforçarão e cumprirão os objetivos. Diferente da teoria LPC, a teoria do caminho-objetivo supõe que os líderes podem mudar o comportamento e exibir qualquer um desses estilos ou todos eles. A teoria também prevê que a combinação correta de estilos de liderança depende de diferentes situações.

Fatores situacionais A teoria do caminho-objetivo propõe dois tipos de fatores situacionais que influenciam o modo como o comportamento do líder está relacionado à satisfação do subordinado: as caraterísticas pessoais dos subordinados e as características do ambiente (ver Figura 12.4).

Duas importantes características pessoais dos subordinados são o locus de controle e a capacidade percebida. O locus de controle, discutido no Capítulo 3, refere-se a até que ponto os indivíduos acreditam que aquilo que acontece com eles resulta do próprio comportamento

FIGURA 12.4

A teoria dos caminho-objetivo

A teoria do caminho-objetivo especifica quatro tipos de comportamento do líder: diretivo, solidário, participativo e orientado para resultados. Os líderes são aconselhados a variar o comportamento em resposta a fatores situacionais, como características pessoais dos subordinados e características ambientais.

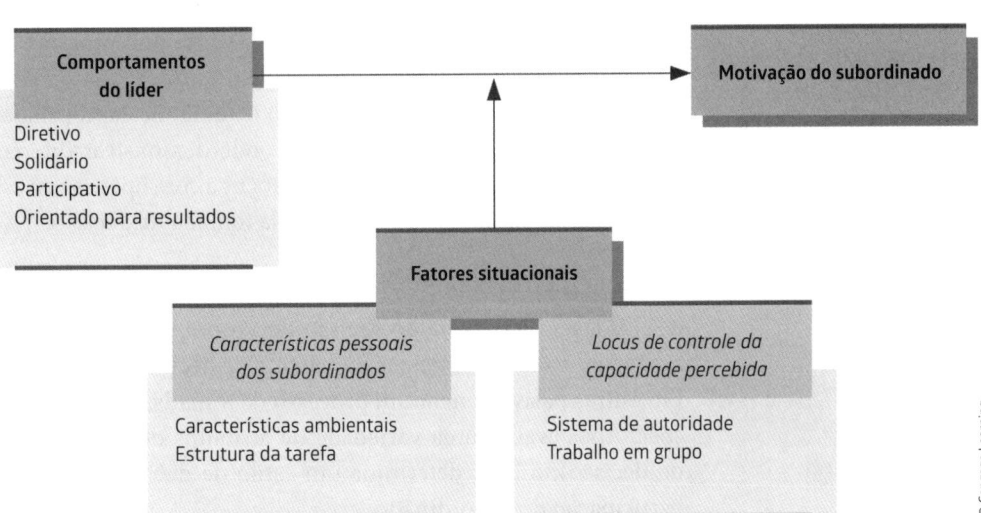

Comportamentos do líder
- Diretivo
- Solidário
- Participativo
- Orientado para resultados

→ **Motivação do subordinado**

Fatores situacionais

Características pessoais dos subordinados
- Características ambientais
- Estrutura da tarefa

Locus de controle da capacidade percebida
- Sistema de autoridade
- Trabalho em grupo

© Cengage Learning

ou de causas internas. Estudos indicam que indivíduos que atribuem resultados ao próprio comportamento podem se satisfazer mais com um líder participativo (pois acham que seus próprios esforços podem fazer a diferença), ao passo que indivíduos que atribuem resultados a causas externas podem responder mais favoravelmente a um líder diretivo (porque acham que suas próprias ações têm poucas consequências). A capacidade percebida refere-se a como as pessoas veem a própria capacidade a respeito da tarefa. Funcionários que classificam a própria capacidade como relativamente alta estão menos propensos a sentir necessidade de liderança diretiva (pois acham que sabem como fazer o trabalho), ao passo que aqueles que consideram a própria capacidade relativamente baixa podem preferir a liderança diretiva (pois acham que precisam de alguém para mostrar como se faz o trabalho).

Estrutura da tarefa, sistema de autoridade formal e grupo de trabalho principal são importantes características ambientais. A teoria do caminho-objetivo propõe que o comportamento do líder motivará os subordinados se esse comportamento os ajudar a lidar com a incerteza ambiental criada por essas características. Em alguns casos, porém, certas formas de liderança são redundantes, diminuindo a satisfação dos subordinados. Por exemplo, quando a tarefa é altamente estruturada, a liderança diretiva é menos necessária e, portanto, menos eficaz; da mesma maneira, se o grupo de trabalho dá bastante apoio social para o indivíduo, um líder solidário pode não ter atrativos especiais. Supõe-se que o grau em que o comportamento do líder vai ao encontro das pessoas e do ambiente da situação influencia a motivação dos subordinados para atuar.

Avaliação e implicações

A teoria do caminho-objetivo foi planejada para fornecer uma estrutura geral a fim de entender como o comportamento do líder e os fatores situacionais influenciam as atitudes e os comportamentos dos subordinados. No entanto, a intenção dos criadores da teoria era estimular a pesquisa das principais pressuposições teóricas, não oferecer respostas definitivas. Os pesquisadores esperavam que uma teoria de liderança completamente desenvolvida e formal resultasse do estudo contínuo. Na verdade, outros trabalhos apoiaram as principais predições da teoria, mas não validaram o modelo todo. Além disso, muitas das previsões da teoria continuam sendo gerais e não foram completamente refinadas e testadas.

ABORDAGEM DA ÁRVORE DE DECISÃO DE VROOM NA LIDERANÇA

A abordagem da árvore de decisão de Vroom tenta determinar o quanto a participação dos subordinados deve ser permitida nas decisões.

A terceira maior abordagem contemporânea da liderança é a **abordagem da árvore de decisão de Vroom**. A primeira versão desse modelo foi proposta por Victor Vroom e Philip Yetton, que mais tarde foi revista e expandida por Vroom e Arthur Jago.[23] Recentemente, Vroom deu mais refinamento ao modelo original.[24] Como a teoria do caminho-objetivo, essa abordagem tenta determinar um estilo de liderança apropriado a determinada situação. Ela também assume que o mesmo líder pode demonstrar diferentes estilos de liderança. No entanto, a abordagem de Vroom se preocupa com apenas um aspecto do comportamento do líder: a participação do subordinado na tomada de decisão.

Premissas básicas

A abordagem da árvore de decisão de Vroom propõe que o grau em que os subordinados são incentivados a participar na tomada de decisão depende das características situacionais. Em outras palavras, nenhum processo de tomada de decisão é o melhor para todas as situações. Após avaliar uma variedade de atributos de problemas (características do problema ou decisão), o líder determina um estilo de decisão apropriado que especifica o tanto da participação do subordinado.

A formulação atual de Vroom sugere que os gestores deveriam usar uma das duas árvores de decisão.[25] Para isso, o gestor primeiro avalia a situação considerando diversos fatores. Essa avaliação envolve determinar se aquele fator é "alto" ou "baixo" para a decisão a ser tomada. Por exemplo, o primeiro fator é a importância. Se a decisão é extremamente importante e deve exercer um grande impacto sobre a organização (por exemplo, escolher o local de uma nova fábrica), a importância é alta. Entretanto, se a decisão é rotineira e suas consequências não são extremamente importantes (por exemplo, escolher um logotipo para o uniforme do time da empresa), a importância é baixa. Essa avaliação orienta o gestor pelos caminhos da árvore de decisão até chegar ao curso de ação recomendado. Uma árvore de decisão será usada quando o gestor estiver interessado em tomar a decisão no melhor tempo possível; a outra deve ser usada quando o tempo é menos crítico e o gestor quer ajudar os subordinados a melhorar e desenvolver as próprias habilidades de tomada de decisão

As duas árvores de decisão são mostradas nas Figuras 12.5 e 12.6. Os atributos de problema (fatores situacionais) estão organizados na parte de cima da árvore. Para usar o modelo, o tomador de decisão começa do lado esquerdo do diagrama e avalia o primeiro atributo de problema (importância da decisão). A resposta determina o caminho do segundo nó na árvore, em que se avalia o próximo atributo (importância de comprometimento). Esse processo continua até se atingir um nó terminal. Dessa maneira, o gestor identifica um estilo de tomada de decisão para a situação.

Os vários estilos de decisão refletidos nas pontas dos três galhos representam diferentes níveis de participação dos subordinados que o gestor deveria tentar adotar em determinada situação. Os cinco estilos são apresentados a seguir:

- *Decidir*: o gestor toma a decisão sozinho e depois a apresenta ou "vende" para o grupo.
- *Delegar*: o gestor permite que o grupo defina por si mesmo a exata natureza e os parâmetros do problema e, então, desenvolva uma solução.

Às vezes os líderes precisam decidir o tanto que outras pessoas devem participar da tomada de decisão. O chefe dessa equipe de bombeiros pediu a opinião dos demais sobre qual seria a melhor maneira de evacuar um bairro no caminho de um incêndio na floresta e salvar o máximo possível de casas. O chefe ouvirá as ideias e, então, tomará a decisão.

- *Consultar (individualmente):* o gestor apresenta o programa aos membros do grupo individualmente, obtém a sugestão deles e então toma a decisão.
- *Consultar (grupo):* o gestor apresenta o programa aos membros do grupo em uma reunião, obtém a sugestão deles e, então, toma a decisão.
- *Facilitar:* o gestor apresenta o problema ao grupo em uma reunião, define o problema e seus limites e, então, facilita a discussão em grupo à medida que os membros tomam a decisão.

A abordagem da árvore de decisão de Vroom representa uma perspectiva de liderança muito específica, mas bastante complexa. Para compensar a dificuldade, Vroom desenvolveu um sistema de *software* especializado para ajudar gestores avaliarem uma situação com rapidez e precisão e, então, decidir adequadamente considerando a participação do funcionário.

DECLARAÇÃO DO PROBLEMA	Importância da decisão	Importância do comprometimento	Conhecimento do líder	Probabilidade de comprometimento	Apoio do grupo	Conhecimento do grupo	Competência da equipe	
A				A	-	-	-	Decidir
							A	Delegar
			A		A	A	B	
				B		B	-	Consultar (grupo)
				B	-	-		
							A	Facilitar
		A			A		B	
					A	B	-	Consultar (individualmente)
			B	B				
							A	Facilitar
					A	A	B	
				B		B	-	Consultar (grupo)
					B	-	-	
			A	-	-	-	-	Decidir
							A	Facilitar
		B			A	A	B	
			B		-	B	-	Consultar (individualmente)
					B	-	-	
				A	-	-	-	Decidir
B	A						A	Delegar
				B	-		B	Facilitar
	B			-	-	-	-	Decidir

FIGURA 12.5

Árvore de decisão orientada para o tempo

Essa matriz é recomendada para situações em que o tempo é o fator de maior importância na tomada de decisão. A matriz funciona como um funil. Você começa à esquerda com um problema de decisão específico em mente. Os títulos das colunas denotam fatores situacionais que podem ou não estar no problema. Você progride escolhendo Alto ou Baixo (A ou B) para cada fator situacional relevante. Prossiga até a parte inferior do funil, julgando apenas os fatores situacionais que precisam de julgamento, até chegar ao processo recomendado.

Referência: Victor H. Vroom's Time-Driven Model, de *A Model of Leadership Style*, copyright 1998.

Muitas empresas, incluindo Halliburton Company, Litton Industries e Borland International, treinaram seus gestores para utilizar as várias versões desse modelo.

Avaliação e implicações

Como a abordagem atual de Vroom é relativamente nova, ela não foi testada cientificamente considerando-se todas as possibilidades. No entanto, o modelo original e seu refinamento posterior atraíram muita atenção e foram apoiados por pesquisas.[26] Por exemplo, alguns apoiam a ideia de que indivíduos que tomam decisões consistentes com as predições do modelo são mais eficazes do que os que tomam decisões inconsistentes com ele. Assim, o modelo parece ser um recurso que os gestores podem aplicar com certa confiança no que se refere a decidir de que forma os subordinados devem participar do processo de tomada de decisão.

	Importância da decisão	Importância do comprometimento	Conhecimento do líder	Probabilidade de comprometimento	Apoio do grupo	Conhecimento do grupo	Competência da equipe	
DECLARAÇÃO DO PROBLEMA	A						A	Decidir
					A	A	B	Facilitar
					A	B	-	
					B	-	-	Consultar (grupo)
			A	-			A	Delegar
						A	B	
					A	B	-	Facilitar
				B		B	-	
					B	-	-	Consultar (grupo)
							A	Delegar
			B	-	-	A	A	Facilitar
						B	-	
					B	-	-	Consultar (grupo)
			A	-	-	-	-	Decidir
	B	A	-	B	-	-	-	Delegar
		B	-	-	-	-	-	Decidir

FIGURA 12.6

Árvore de decisão de Vroom orientada para o desenvolvimento

Essa matriz deve ser consultada quando o líder está mais interessado em promover o desenvolvimento dos funcionários do que em tomar a decisão o mais rápido possível. Assim como a árvore orientada para o tempo, na Figura 12.5, o a líder avalia até sete fatores situacionais. Esses fatores, por sua vez, afunilam o líder até um processo recomendado para a tomada de decisão.

Referência: Victor H. Vroom's Time-Driven Model, de *A Model of Leadership Style*, copyright 1998.

RESUMO

Liderança é tanto um processo como uma propriedade. Como processo, trata-se do uso da influência não coercitiva para direcionar e coordenar as atividades dos membros do grupo para atingir objetivos. Como propriedade, refere-se ao conjunto de características atribuídas a quem demonstra usar essa influência com sucesso. Liderança e gestão estão relacionadas, mas são fenômenos distintos.

A primeira pesquisa sobre liderança tentou identificar traços e comportamentos importantes de líderes. Os estudos de Michigan e da Ohio State identificaram dois tipos de comportamento de líder, um centrado na tarefa e outro nas pessoas. Os estudos de Michigan viam esses comportamentos como pontos de um mesmo *continuum*, ao passo que os estudos da Ohio State sugeriam que eram dimensões separadas. O grid de liderança refinou ainda mais esses conceitos.

Teorias situacionais mais recentes tentaram identificar estilos de liderança apropriados de acordo com a situação. O *continuum* de liderança proposto por Tannenbaum e Schmidt foi o catalisador dessas teorias.

De acordo com a teoria LPC de Fiedler, a eficácia da liderança depende da compatibilidade entre o estilo do líder (visto como um traço) e a favorabilidade da situação. A favorabilidade da situação, por sua vez, é determinada pela estrutura da tarefa, das relações líder-seguidor e do poder de posição do líder. Supõe-se que o comportamento do líder reflete um traço de personalidade constante e, portanto, não pode ser mudado facilmente.

O foco da teoria do caminho-objetivo é o comportamento do líder para várias situações. De acordo com essa teoria, o comportamento do líder diretivo, solidário, participativo ou orientado para resultados pode ser apropriado de acordo com as características pessoais dos subordinados e com as características do ambiente. Diferente da teoria LPC, essa visão presume que os líderes podem alterar seu comportamento para se adequar melhor à situação.

A abordagem de tomada de decisão de Vroom sugere estilos adequados de tomada de decisão com base em características situacionais. O foco dessa abordagem está em decidir o quanto os subordinados devem participar do processo de tomada de decisão. Os gestores avaliam os atributos situacionais e seguem uma série de caminhos da árvore que, em seguida, especifica como eles deveriam tomar determinada decisão.

QUESTÕES PARA DISCUSSÃO

1. Como você definiria "liderança"? Compare e contraste sua definição com a que foi apresentada neste capítulo.
2. Cite exemplos de gestores que não são líderes e de líderes que não são gestores. O que os torna uma coisa e não a outra? Além disso, cite exemplos de líderes formais e informais.
3. Para você, que traços caracterizam líderes de sucesso? Você acha que a abordagem dos traços é válida?
4. A evidência recente sugere que gestores bem-sucedidos (definidos por classificação organizacional e salário) podem, de fato, ter os mesmos traços originalmente atribuídos a líderes eficazes (como boa aparência e relativa altura). Como essa descoberta pode ser explicada?
5. Que outras formas de comportamento do líder, além das citadas neste capítulo, você consegue identificar?
6. Analise a teoria LPC de Fiedler. Os outros elementos da situação são importantes? Você acha que a afirmativa de Fiedler sobre a inflexibilidade do comportamento do líder faz sentido? Por quê?
7. Você concorda com a afirmação de Fiedler de que a motivação para liderança é um traço de personalidade? Ou você discorda dela? Por quê?
8. Compare e contraste as teorias de liderança LPC e dos meios-fins. Quais são os pontos fortes e os pontos fracos de cada uma?
9. Das três principais teorias da liderança – teoria LPC, teoria dos meios-fins e abordagem da árvore de decisão de Vroom – qual é a mais abrangente? Qual é a mais limitada? Qual tem o maior valor prático?
10. Para você, quão realista é para um gestor usar a abordagem da árvore de decisão de Vroom como recomendado? Explique.

QUAL É O SEU PONTO DE VISTA?

Cachorro grande

"O que os norte-americanos adoram é a consistência."

— HEIDI GANAHL, FUNDADORA E DIRETORA-EXECUTIVA DA CAMP BOW WOW

Conhecemos Sue Ryan no vídeo do Capítulo 1, em que vimos como ela administra a Camp Bow Wow, um centro para cachorros em Boulder, Colorado. Veterana em cargos corporativos, Ryan concentra suas habilidades de liderança como mentora de gestores mais jovens no que diz respeito aos pontos mais delicados das relações humanas e com o cliente. O restante de sua energia é gasta na busca de lucro enquanto fomenta uma "cultura descontraída". Porém, por ser uma *franquia*, certas atividades gerenciais da Camp Bow Wow recaem sobre os gestores que trabalham diretamente para o *franqueador* – a empresa que permite que Ryan use sua marca e venda seus produtos. O franqueador, por exemplo, patrocina um jogo interativo de Facebook chamado *Bad to the Bone* e paga uma empresa de relações públicas para manter a marca "latindo sempre" em meios de comunicação que variam do programa *Today Show* ao jornal *New York Times*.

É aí que entra Heidi Ganahl, que fundou a Camp Bow Wow em 2000 com uma poupança de US$ 83 mil. Ela começou a franquear sua marca em 2003 e já certificou mais de 200 franquias em 40 estados (segundo a empresa, 41% delas pertencem a mulheres).* Ryan explica que ela tem um "relacionamento único" com Ganahl, não só porque é uma franqueada antiga, mas também porque comprou a filial de Boulder direto de Ganahl, que era proprietária desde a inauguração, em 2001. Elas se conhecem e trabalham juntas há mais ou menos dez anos, e certamente se dão bem. Mas Ryan lembra que houve "um período de transição. Nós duas precisávamos encontrar nosso caminho e descobrir quanto espaço deveríamos dar uma a outra". Ganahl confirma que Ryan precisou passar por um "período inicial para fazer com que o acampamento se tornasse como *ela* queria, não como que a empresa queria que fosse" e, juntas, elas "tiveram de trabalhar e negociar o que era melhor para ela em comparação com o que era melhor para nós quando estávamos administrando o acampamento".

Ryan conta que negociações deram certo porque as habilidades de liderança de Ganahl "eram ótimas em relação ao foco nas coisas certas [e] porque era muito clara comigo quanto às expectativas. Estava disposta a abrir mão de algumas das suas [expectativas] enquanto eu tentava me equilibrar e ter mais firmeza sobre como administrar o acampamento. Ela conseguiu se afastar e me dar um pouco de liberdade".

De sua parte, Ganahl sabe que essa troca é essencial para liderar uma empresa cujo recurso mais importante é um grupo diverso de empresários independentes. "Uma das coisas mais importantes sobre as franquias", ela explica,

é conseguir duplicar e replicar a empresa original e, à medida que ela evolui, manter todos sintonizados, a mesma aparência em todas as unidades, o mesmo serviço e os mesmos atributos da marca... O que os norte-americanos adoram – e que é uma coisa ótima sobre as franquias – é a consistência. Manter tudo igual, não importa para que franquia você vai.

Consequentemente, Ganahl acrescenta, seu papel torna-se desafiador, "porque, quando você junta essas 200 pessoas com tantas ideias criativas e bacanas – mesmo sabendo que compraram uma franquia –, elas ainda querem explorar [a própria] criatividade e dar um toque próprio aos negócios. Então, o trabalho dela é equilibrar a necessidade de consistência da marca "com os 200 franqueados e dois mil colaboradores e dosar as excelentes ideias com o que é melhor para a marca".

Como Ganahl administra esse ato essencial de equilíbrio? Trata-se de uma questão de estilo de liderança:

Descobri que a melhor maneira de comprometer as pessoas com a visão e executar essa visão é ter uma política de portas abertas e deixar as pessoas comunicarem suas ideias e fazerem parte do crescimento da marca. Se você faz isso, descobre coisas incríveis que não descobriria se não estivesse aberto ao envolvimento com sua equipe, com seus franqueados e com os funcionários deles.

No entanto, ela admite que seu estilo de liderança nem sempre foi tão descontraído: "À medida que a empresa crescia, minha capacidade de liderá-la passou da microgestão muito intensa de detalhes cotidianos para uma perspectiva mais estratégica para a empresa e para o crescimento da marca. Ela também descobriu as vantagens de delegar autoridade e, felizmente, o sucesso da empresa permitiu que ela contratasse as pessoas-chave a quem ela pode delegar, por exemplo, confiança – gestores "por quem eu não poderia pagar ou não teria os recursos no início. E tem sido maravilhoso. Isso me permitiu focar no que é melhor para a marca e para a visão da empresa, em vez de 'Como eu devo cumprir o expediente e fazer tudo que precisa ser feito?' Minha visão para a Camp Bow Wow ainda é crescer e expandir", ela acrescenta, embora admita que, de vez em quando, "enlouqueço um pouco minha equipe e meus franqueados porque estou sempre pensando em novas formas criativas de alavancar a marca Camp Bow Wow e fazer mais pelos consumidores".

PERGUNTAS

1. O que lhe vem à cabeça quando pensa em uma *marca*? De que maneira a Camp Bow Wow pode ser considerada uma marca? O principal foco de Ganahl como gestora, é a *gestão de marca* – aplicação de técnicas de marketing ao produto ou à marca. Por que seu comprometimento com a gestão da marca é tão forte? De que maneiras a abordagem dela à liderança reflete seu comprometimento com a gestão da marca?
2. De que maneira a *abordagem dos traços* ajuda a explicar a abordagem de Ganahl para lidar com suas preocupações mais importantes como gestora? [*Dica:* consultar a seção "A personalidade e as organizações" no Capítulo 3.] Supondo que Ganahal seja uma líder eficaz (Sue Ryan diz que ela é), como cada uma das *abordagens comportamentais de liderança* discutidas neste capítulo – os *estudos de Michigan* e da *Ohio State* e a *grade de liderança* – ajudam a explicar o sucesso dela?
3. Como os vários *modelos de liderança situacional* discutidos neste capítulo – *teoria LPC*, *teoria dos meios-fins* e árvore de decisão de Vroom – ajudam a explicar o sucesso de Ganahl como líder? Como estamos falando desse tema, de que forma você classificaria os critérios de sucesso de Ganahl na liderança da Camp Bow Wow?
4. Você gostaria de trabalhar para Ganahl na sede da Camp Bow Wow? Por quê? Você se sentiria confortável em trabalhar com ela como um de seus franqueados? Por quê?

FONTES ADICIONAIS

"Heidi Ganahl, Founder & CEO, Camp Bow Wow", *SmartGirls Way*, 4 ago. 2011, http://smartgirlsway.com, 3 set. 2012; Camp Bow Wow, "About Us: Camp Bow Wow", 2000-2011, www.campbowwow.com, 3 set. 2012; Sramana Mitra, "The 1M/1M Deal Radar: Camp Bow Wow, Boulder", *Sramana Mitra on Strategy*, 4 fev. 2011, www.sramanamitra.com, 3 set. 2012; Tamara Chapman, "Dog Days", *DU Today*, 1º set. 2011, http://blogs.du.edu, 3 set. 2012; "Camp Bow Wow Launches Facebook Game" (comunicado de imprensa), *Marketwire*, 13 abr. 2012, www.marketwatch.com, 3 set. 2012.

Breve nota sobre o funcionamento das franquias. A empresa que Ganahl comanda em Broomfield, Colorado, criou um *sistema de operação* pelo qual a franquia Camp Bow Wow pode ser operada, com termos e condições estabelecidos em acordo contratual. No entanto, Ryan é uma empresária independente que controla o processo que gerencia o sistema operacional do franqueado em sua franquia. Ela decide quem contratar, o valor do salário e quanto cobrar pelos serviços, e todas essas decisões afetam o resultado. Se ela conseguir, é algo a mais para a marca do franqueador; se falhar, provavelmente será um fator negativo nos esforços de expansão da marca.

PRÁTICA DO COMPORTAMENTO ORGANIZACIONAL

Entendendo a liderança bem-sucedida e malsucedida

Propósito Esse exercício ajudará você a entender melhor os comportamentos de líderes bem-sucedidos e malsucedidos.

Formato Você terá de identificar exemplos contemporâneos de líderes bem-sucedidos e malsucedidos e, então, descrever as diferenças entre eles.

Procedimento

1. Trabalhando sozinho, cada estudante deve listar o nome de 10 pessoas que considera líderes na vida pública. Observe que os nomes não devem necessariamente se restringir a "bons" líderes, você deve identificar também líderes "fortes".
2. Em seguida, os alunos devem formar pequenos grupos e comparar as listas. Essa comparação deve con-

centrar-se em nomes comuns e únicos, bem como no tipo de indivíduos listados (por exemplo, homem ou mulher, contemporâneo ou histórico, empresarial ou não empresarial, e assim por diante).

3. Com base nas listas, escolha dois líderes que as pessoas consideram muito bem-sucedidos e dois que são considerados malsucedidos.
4. Identifique as semelhanças e diferenças entre os dois líderes bem-sucedidos e entre os dois malsucedidos.
5. Associe os sucessos e fracassos a pelo menos uma teoria ou perspectiva discutida no capítulo.
6. Escolha um membro do grupo para relatar suas descobertas ao restante da turma.

Perguntas de acompanhamento
1. Qual é o papel da sorte na liderança?
2. Existem fatores sobre os líderes que você pesquisou que podem ter previsto o sucesso ou o fracasso deles antes de atingirem seu papel de liderança?
3. Cite alguns critérios da liderança bem-sucedida.

FORMAÇÃO DAS HABILIDADES GERENCIAIS

Visão geral Habilidades conceituais se referem à capacidade do gestor de pensar no que é abstrato. Esse exercício permitirá que você aplique suas habilidades conceituais para compreender melhor a distinção entre liderança e gestão.

Tarefa Primeiro, identifique alguém que atualmente ocupa uma posição de gestão e/ou de liderança. Essa pessoa pode ser o gestor de uma grande empresa, o dono de uma pequena empresa, presidente de uma organização estudantil ou qualquer outro tipo de posição similar. Em seguida, entreviste essa pessoa e faça-lhe as seguintes perguntas:

1. Cite três tarefas ou atividades recentes que eram de gestão por natureza, mas que exigiram pouca ou nenhuma liderança.
2. Cite três tarefas ou atividades recentes que eram de liderança por natureza, mas que exigiram pouca ou nenhuma gestão.
3. Você passa a maior parte do seu tempo trabalhando como gestor ou como líder?
4. Qual é a facilidade ou dificuldade de diferenciar as atividades quanto à gestão ou liderança?

Por fim, depois de completarem a entrevista, dividam-se em pequenos grupos e discutam os resultados. O que você aprendeu sobre liderança nessa atividade?

EXERCÍCIO DE AUTOAVALIAÇÃO

Você está pronto para liderar?
Esse exercício foi elaborado para ajudá-lo a avaliar sua atual disposição à liderança e sua atual preferência em relação ao estilo de liderança. As dez frases na tabela a seguir refletem certas preferências na natureza do desempenho no trabalho. Indique até que ponto você concorda com as frases, ou discorda delas, circulando o número na coluna apropriada.

Frase de preferência	*Concorda fortemente*				*Discorda fortemente*
1. Gosto de me destacar na multidão.	1	2	3	4	5
2. Eu me sinto orgulhoso e satisfeito quando influencio outras pessoas a fazer tudo do meu jeito.	1	2	3	4	5
3. Gosto de fazer as coisas como parte de um grupo em vez de atingir os resultados sozinho.	1	2	3	4	5
4. Tenho histórico de ser capitão em clubes ou esportes organizados.	1	2	3	4	5
5. Tento ser a pessoa mais influente em grupos de tarefas na faculdade ou no trabalho.	1	2	3	4	5

6. Em grupos, prezo mais pelos bons relacionamentos.	1	2	3	4	5
7. Em grupos, prezo mais pelo cumprimento de tarefas.	1	2	3	4	5
8. Em grupos, sempre demonstro consideração pelos sentimentos e necessidades de outras pessoas.	1	2	3	4	5
9. Em grupo, sempre estruturo as atividades e tarefas para realizar o trabalho.	1	2	3	4	5
10. Em grupo, alterno entre ser solidário com as necessidades dos outros e em impulsionar o cumprimento da tarefa.	1	2	3	4	5

Como pontuar: siga as instruções na tabela a seguir para marcar os números que você circulou.

Pontuação de disposição à liderança	Some os números que você circulou nas questões 1-5: ___
Pontuação de estilo de liderança	
Pontuação de preferência por tarefa	Some os números que você circulou nas questões 7-9: ___
Pontuação de preferência por relacionamento	Some os números que você circulou nas questões 6-8:
	Diferença entre pontos para tarefa e para relacionamento:
	Verifique o maior resultado: tarefa ___ relacionamento ___
Pontuação de adaptabilidade	Sua pontuação no item 10 ___

Como interpretar a pontuação:

Disposição à liderança: se sua pontuação nas questões 1-5 é 20 ou mais, você provavelmente assumirá a função de líder. Se sua pontuação é 10 ou menos, você provavelmente se interessará mais pela conquista pessoal – *pelo menos nesse momento de sua vida.* Se você ficou no meio do caminho, seu potencial de liderança ainda é flexível – você pode ir para onde quiser, dependendo das circunstâncias.

Estilo de liderança: suas respostas nas questões 6-10 refletem seu estilo de liderança, que pode ser *orientado a tarefas, orientado a relacionamentos* ou *flexível.* Sua *preferência por estilo de liderança* é determinado pela pontuação mais alta entre as duas dimensões de tarefa e relacionamento. A força de sua preferência é indicada pela diferença entre sua pontuação nas duas dimensões.

Adaptabilidade do estilo de liderança: uma pontuação de 4 ou 5 na questão 10 sugere que você se adapta às circunstâncias à medida que elas surgem.

Referência: Adaptado de Phillip L. Hunsaker, *Management: A Skills Approach,* 2 ed. (Upper Saddle River, NJ: Pearson Education, 2005), 419-20.

CAPÍTULO 13

Visões contemporâneas de liderança nas organizações

Visão geral do capítulo

- Teorias situacionais contemporâneas
- Liderança da perspectiva dos seguidores
- Alternativas para a liderança
- A natureza variável da liderança
- Questões emergentes sobre liderança

Objetivos de aprendizagem

Após estudar este capítulo, você estará apto a:

1. Identificar e descrever teorias situacionais contemporâneas de liderança.
2. Discutir liderança da perspectiva dos seguidores.
3. Identificar e descrever alternativas para a liderança.
4. Descrever a natureza variável da liderança.
5. Identificar e discutir questões emergentes sobre liderança.

Quando mostrar serviço e outras dicas do alto escalão

"[Liderança é] um jogo de pinball*, e você é a bola."*

– *John McCain, Senador dos Estados Unidos*

Não é fácil conduzir uma empresa nos Estados Unidos hoje em dia. Pondo de lado a recessão global, a paixão por operações de produção eficiente significa que há menos pessoas para fazer mais trabalho. Globalização significa atentar para as diferenças interculturais. A indústria do conhecimento impõe desafios de liderança únicos que exigem melhores habilidades de comunicação e maior flexibilidade. Avanços na tecnologia abriram canais sem precedentes na área da comunicação. Agora, mais do que nunca, os líderes devem ser capazes de fazer quase tudo e em maior quantidade. Como colocou John McCain, Senador dos Estados Unidos e ex-candidato à presidência: "[Liderança é] um jogo de *pinball*, e você é a bola". Felizmente, alguns dos líderes corporativos veteranos dos Estados Unidos têm dicas para os que ainda querem seguir seus passos cada vez mais traiçoeiros.

Em primeiro lugar, se você acredita que está sobrecarregado de trabalho – que suas horas são longas demais e que sua agenda exige muito – há grandes chances de você estar certo: a maioria das pessoas, incluindo executivos, *está* sobrecarregada de trabalho. E em algumas indústrias, essas pessoas estão *particularmente* atoladas de trabalho. As companhias aéreas dos Estados Unidos, por exemplo, atendem anualmente 100 milhões de passageiros a mais em relação a cinco anos atrás – com 70 mil funcionários a menos. "Eu costumava administrar o meu tempo", afirma sarcasticamente um executivo de uma companhia aérea. "Agora administro a minha energia". Na verdade, muitos gestores do alto escalão perceberam que a energia é um fator-chave na habilidade de completar tarefas em horários puxados. A maior parte dos líderes corporativos do alto escalão trabalha de 80 a 100 horas por semana e muitos deles descobriram regimes que permitem recarregar as energias, tornando possível a manutenção do ritmo.

Carlos Ghosn, presidente e diretor executivo da Renault e da Nissan, acredita em pausas regulares na semana de trabalho. "Não levo trabalho para casa." "Brinco com meus quatro filhos e fico com a minha família nos finais de semana", diz. "Tenho boas ideias como resultado de me tornar mais forte após recarregar". Marissa Mayer, presidente e diretora executiva da Yahoo!, admite que consegue "sobreviver com quatro a seis horas de sono", mas ela tira folgas de uma semana três vezes por ano. Robert Freedman, consultor da Global RH, passa dois minutos toda manhã rabiscando em guardanapos. Além de ter a oportunidade de meditar, ele também pensa em publicar seus rabiscos e meditações em um livro da mesa de café da manhã.

Muitos líderes relatam que jogar tênis, participar de maratonas, praticar ioga ou fazer exercícios regularmente os ajuda a se recuperarem do excesso de trabalho. Hank Greenberg, presidente e diretor executivo da empresa de serviços financeiros C.V. Starr & Co., joga tênis a maior parte do ano e esquia no inverno. "Sou viciado em atividade física", diz, porque "me relaxa". Max Levchin, cofundador da PayPal, prefere "130 a 140 quilômetros de bicicleta [...] de manhã cedo, aos sábados... Summer Redstone, 89 anos, presidente da matriz da CBS, Viacom, MTV e Paramount Pictures, acorda às 5 da manhã, exercita-se na bicicleta ergométrica e na esteira antes do mercado abrir. (Redstone também recomenda "bastante peixe e muito antioxidante".) Por fim, Strauss Zelnick, presidente e diretor executivo da Take-Two Interactive Software, leva os exercícios *muito* a sério:

> *Tento agendar meus exercícios como reuniões, e tento jamais cancelar... Geralmente faço aula na academia uma vez por semana; treino por uma hora com um personal trainer, uma ou duas vezes por semana; ando de bicicleta com um grupo de amigos por uma hora, uma a três vezes por semana e faço halterofilismo com um colega duas ou três vezes por semana.*

Líderes de sucesso também controlam o fluxo de informação – o que significa administrá-lo, não reduzir o fluxo o máximo possível a fim de acompanhá-lo. Como a maioria dos executivos, Mayer não sobrevive sem múltiplas fontes de informação: "Estou sempre com o meu *laptop*", diz, e "Amo meu celular". Howard Schultz, presidente e diretor executivo da Starbucks, recebe uma mensagem de voz resumindo os resultados de vendas do dia anterior e lê três jornais por dia. Mayer assiste aos jornais o dia todo, e Bill Gross, administrador de carteira de investimentos de valores imobiliários, mantém a atenção em seis monitores que mostram dados de investimentos em tempo real.

Gross vai ao limite para se obrigar a tirar uma folga. Ao voltar ao normal, ele tenta encontrar tempo para se concentrar. "Eliminar o ruído", diz, "é essencial... Só atendo o telefone de três a quatro vezes por dia... Não quero me conectar – quero me desconectar". Ghosn, cuja agenda exige viagens intercontinentais semanais, usa assistentes bilingues para fornecer e traduzir informações – um assistente de informações na Europa (onde está a Renault), outro no Japão (onde está a Nissan) e outro nos Estados Unidos (onde Ghosn frequentemente precisa estar quando não está na Europa ou no Japão). Vera Wang, estilista, também usa um assistente para filtrar informação. "A onda de ligações é tão grande", diz, "que se eu apenas atendesse ligações, não faria mais nada... Se eu me aproximar dos *e-mails*, haveria ainda mais obrigações, e eu acabaria em um [hospício] com uma camisa de força".

Não é de se surpreender que o presidente da Microsoft, Bill Gates, integra o papel do seu assistente a um sistema de organização de informações de alta tecnologia:

Carlos Ghosn, presidente e diretor executivo da Renault e da Nissan, usa uma variedade de técnicas para administrar o tempo e manter harmonia entre o trabalho e a vida pessoal.

> *Posso arrastar itens de uma tela para a outra. Quando você tem uma tela com uma área grande, você nunca volta atrás, porque isso tem um impacto direto na produtividade.*
>
> *A tela da esquerda tem a minha lista de e-mails. A do centro é o e-mail específico que estou lendo e respondendo. E meu navegador está sempre na tela da direita. Essa configuração me permite olhar rapidamente o que chegou enquanto trabalho em algo e trazer um link relacionado a um e-mail e a olhar para ele enquanto o e-mail ainda está na minha frente.*
>
> *Na Microsoft, o e-mail é o meio de comunicação padrão... Recebo aproximadamente 100 e-mails por dia. Nós os filtramos para manter esse nível. Os e-mails vêm diretamente para mim de qualquer pessoa com quem eu já tenha me correspondido, da Microsoft, Intel, HP e todas as outras*

empresas parceiras e de qualquer pessoa que eu conheça. Sempre recebo uma lista do meu assistente com outros e-mails, de empresas que não estão em minha lista de contatos ou de pessoas que não conheço...

Agora chegamos ao ponto em que o desafio não é como se comunicar por e-mail *de forma eficiente – é garantir que você gaste o seu tempo no* e-mail *mais relevante. Eu uso recursos como "regras de caixa de entrada" e pastas de pesquisa para marcar e agrupar mensagens com base no conteúdo e na relevância.*

Qual é a sua opinião?
1. De que forma as tecnologias da informação parecem mudar o trabalho dos líderes?
2. De que formas você acha que o trabalho dos líderes mudará no futuro? Em sua opinião, que tipos de pessoas provavelmente serão os melhores líderes no futuro?

Referências: Geoffrey Colvin, "Catch a Rising Star", *CNNMoney*, 6 fev. 2006, http://money.cnn.com, 23 jul. e 2012; Klaus Kneale, "Stress Management for the CEO", *Forbes.com*, 17 abr. 2009, www.forbes.com, 23 jul. 2012; Susan Berfield, "The Real Effects of Workplace Anxiety", *Bloomberg Businessweek*, 24 jul. 2009, www.businessweek.com, 23 jul. 2012; Berfield, "How Executives Manage Stress", *Bloomberg Businessweek*, 24 jul. 2009, http://images.businessweek.com, 23 jul. 2012; Jerry Useem, "Making Your Work Work for You", *CNNMoney*, 15 mar. 2006, http://money.cnn.com, 23 jul. 2012; Bill Gates, "How I Work", *CNNMoney*, 7 abr. 2006, http://money.cnn.com, 23 jul. 2012.

As três maiores teorias situacionais de liderança discutidas no Capítulo 12 mudaram a forma como todos pensavam em liderança. As pessoas não sentiram mais a necessidade de procurar a melhor forma de liderar. Nem continuaram buscando prescrições universais de liderança ou relacionamentos. Em vez disso, pesquisadores e gestores, na prática, atentaram para uma variedade de novas metodologias de liderança. Essas novas metodologias, assim como outras questões de liderança que vêm emergindo, são o assunto deste capítulo. Primeiro descreveremos duas teorias situacionais relativamente novas, assim como refinamentos recentes de teorias anteriores. Depois, examinaremos a liderança da perspectiva dos seguidores. Ideias recentes acerca de potenciais alternativas à liderança tradicional serão então explicadas. Depois, descreveremos a natureza variável da liderança. Concluiremos este capítulo com uma discussão sobre diversas questões emergentes relacionadas à liderança.

TEORIAS SITUACIONAIS CONTEMPORÂNEAS

A teoria LPC, a teoria de caminho-objetivo e a árvore de decisão de Vroom redirecionaram o estudo da liderança. Então, não é de se surpreender que outras teorias situacionais tenham sido desenvolvidas. Além disso, os modelos situacionais originais ainda sofrem mudanças e são aperfeiçoados.

Modelo de relação entre líderes e seguidores

O **modelo de relação entre líderes e seguidores** (LMX), criado por George Graen e Fred Dansereau, enfatiza a importância de relacionamentos variáveis entre supervisores e seus subordinados.[1] Cada par formado por superior e subordinado chama-se "díade vertical" (dupla vertical). O modelo difere de abordagens anteriores em relação ao foco nos relacionamentos diferenciais que líderes costumam estabelecer com diferentes subordinados. A Figura 13.1 mostra os conceitos básicos da teoria de relação entre líderes e seguidores.

> O modelo de relação entre líderes e seguidores (LMX) enfatiza a importância de relacionamentos diferentes entre supervisores e cada um de seus subordinados.

O **grupo interno** costuma receber tarefas especiais que exigem mais responsabilidade e autonomia; seus membros podem ter privilégios especiais, como uma maior flexibilidade em relação ao horário de trabalho.

Membros do **grupo externo** estão mais propensos a receber tarefas comuns e não estão sempre "por dentro" das informações que estão sendo compartilhadas.

Segundo o modelo, os supervisores estabelecem relacionamento com um pequeno número de subordinados de confiança, o "grupo interno". O **grupo interno** costuma receber tarefas especiais que exigem mais responsabilidade e autonomia; ele também pode ter privilégios especiais, como maior flexibilidade em relação ao horário de trabalho. Membros do grupo interno também estão propensos a estarem cientes de informações importantes e de eventos futuros antes do resto da equipe. Eles podem receber mais recompensas e maior apoio do líder.

Subordinados que não fazem parte desse grupo formam o **grupo externo**, que tem menos tempo e atenção do supervisor. Membros do grupo externo estão mais propensos a receber tarefas comuns e não estão "por dentro" das informações que estão sendo compartilhadas. Eles podem receber menos recompensas e menor apoio do líder.

Perceba na figura que o líder tem um relacionamento didático, ou um a um, com cada um dos cinco subordinados. No início de sua interação com um subordinado, o supervisor inicia um relacionamento de grupo interno ou externo. A forma como o líder seleciona os membros do grupo interno não é clara, mas a decisão pode ter base em compatibilidade pessoal e competência dos subordinados. Pesquisas confirmam a existência de grupos internos e externos. Além disso, estudos atestam que membros do grupo interno tendem a ter um nível mais alto de desempenho e satisfação que os membros do grupo externo.[2]

O modelo Hersey e Blanchard

O **modelo Hersey e Blanchard** se baseia na noção de que o comportamento apropriado do líder depende da "prontidão" de seus seguidores. Nesse contexto, prontidão se refere ao grau de motivação, competência, experiência e interesse em aceitar responsabilidade assumida pelo subordinado.

Outra perspectiva situacional recente, particularmente famosa entre gestores, é o modelo Hersey e Blanchard. Assim como o grid de liderança discutida no capítulo anterior, esse modelo também foi desenvolvido como recurso de consulta. O **modelo Hersey e Blanchard** tem como base a noção de que o comportamento apropriado do líder depende da "prontidão" de seus seguidores.[3] Nesse contexto, prontidão refere-se ao grau de motivação, competência, experiência e interesse em aceitar responsabilidade por parte do subordinado. A Figura 13.2 mostra o modelo básico.

A figura sugere que, conforme a prontidão dos seguidores aumenta, o estilo básico do líder é modificado. Quando a prontidão do subordinado é baixa, por exemplo, o líder deve utilizar um estilo "determinante", por meio do qual oferece orientações e define papéis. Para uma prontidão baixa a moderada, o líder deve utilizar um estilo "persuasivo", por meio do qual oferece orientação e definição de papel, acompanhados de explicação e informação. No

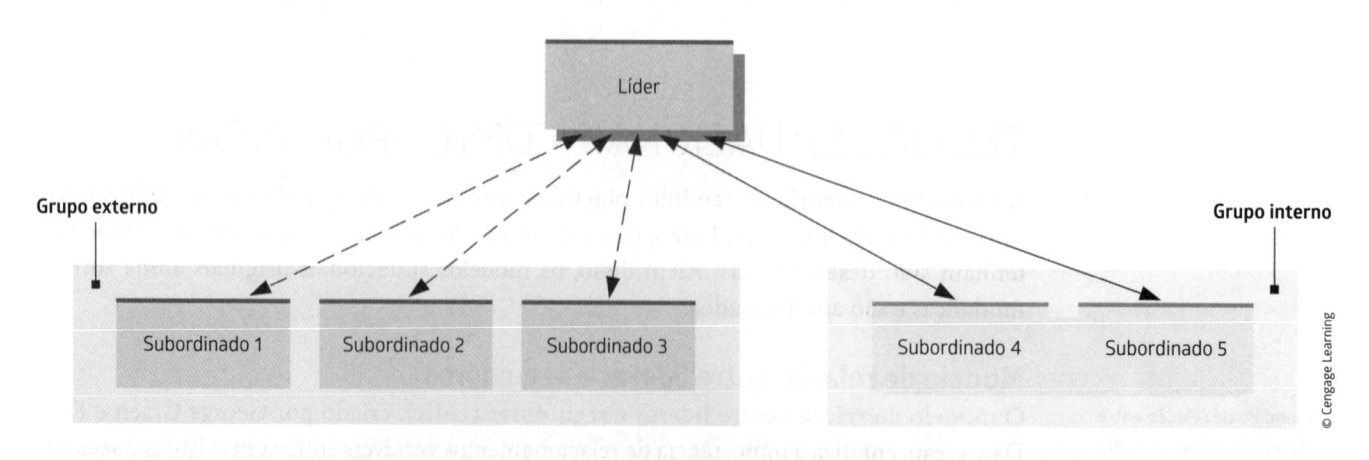

FIGURA 13.1

Modelo de relação entre líderes e membros (LMX)

O modelo LMX sugere que os líderes formem relacionamentos independentes e individuais com cada um de seus subordinados. Conforme foi demonstrado, o fator que define a natureza desse relacionamento é se o subordinado em questão está no grupo interno ou externo.

caso da prontidão moderada a alta, o líder deve utilizar um estilo "participativo", que permite que os seguidores façam parte da tomada de decisão. Por fim, quando a prontidão do seguidor é alta, é aconselhável que o líder use um estilo "delegação", que permite que os seguidores trabalhem de forma independente, com pouca ou nenhuma supervisão.

Aperfeiçoamento e revisões de outras teorias

Além desses modelos relativamente novos, as três teorias situacionais dominantes continuaram passando por vários aperfeiçoamentos e revisões. Por exemplo, embora a versão da teoria LPC apresentada no Capítulo 12 ainda seja o modelo perdominante, os pesquisadores fizeram várias tentativas para aumentar sua validade. Recentemente, por exemplo, Fiedler acrescentou o conceito de estresse como um dos elementos principais do favorecimento situacional. Ele também defende que a inteligência e a experiência do líder têm um papel importante no que se refere a permitir que ele lide com vários níveis de estresse que caracterizam uma situação específica.[4]

A teoria do caminho-objetivo também passou por aperfeiçoamentos com o passar dos anos. Sua formulação original incluía apenas duas formas de comportamento de liderança. A terceira foi acrescentada mais tarde e, recentemente, a teoria evoluiu para incluir as quatro formas de comportamento de liderança discutidas no Capítulo 12. Embora existam poucas pesquisas sobre essa teoria, sua lógica intuitiva e o respaldo geral das pesquisas indicam que ela vai emergir novamente como um tópico de pesquisa popular.

Por fim, a árvore de decisão de Vroom também continua evoluindo. A versão apresentada no Capítulo 12 foi a terceira publicada. Além disso, Vroom e seus associados continuaram desenvolvendo material de treinamento e avaliação para permitir que gestores compreendam melhor o próprio estilo "natural" de tomada de decisão. Adicionalmente, há versões em *software* dos vários modelos que hoje podem ajudar gestores a determinar com rapidez o melhor nível de participação em qualquer situação.

FIGURA 13.2

A teoria de Hersey e Blanchard

A teoria de Hersey e Blanchard sugere que o comportamento do líder deve variar de acordo com a prontidão dos seguidores. A figura mostra a natureza dessa variação. A curva sugere que o comportamento de relacionamento do líder deve começar em nível baixo, aumentar gradativamente e depois cair novamente conforme a prontidão do seguidor aumenta. Mas o comportamento de tarefa do líder, demonstrado pela linha reta, deve começar em nível alto quando os seguidores tiverem pouca prontidão e diminuir gradativamente conforme a prontidão aumenta.

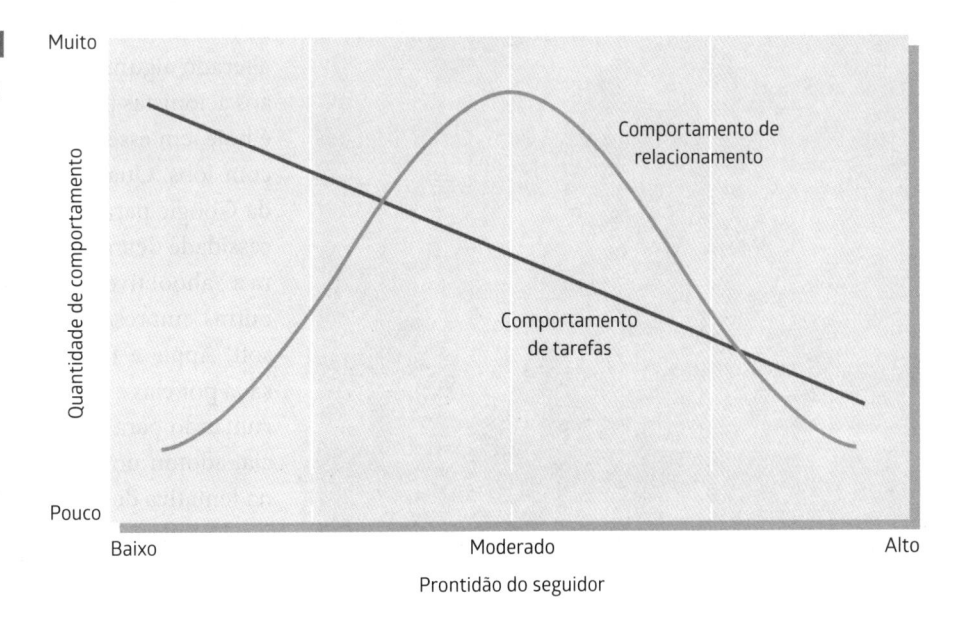

Referência: O modelo de liderança situacional® é marca registrada do Center for Leadership Studies, na cidade de Escondido, CA. Extraído de P. Hersey, *Management of Organizational Behavior: Utilizing Human Resources*, 3 ed., 1977, p. 165.

LIDERANÇA DA PERSPECTIVA DOS SEGUIDORES

Outra perspetiva recente que foi adotada por especialistas em liderança focaliza o modo como os líderes são vistos pelos seguidores, isto é, de que forma e até que ponto é importante que seguidores e outros observadores atribuam liderança a outros? As três abordagens primárias à liderança da perspectiva dos seguidores são: liderança transformacional, liderança carismática e atribuições de liderança.

Liderança transformacional

A liderança transformacional se concentra na distinção básica entre liderar para mudar e liderar para obter estabilidade.[5] De acordo com esse ponto de vista, boa parte das atividades do líder ocorrem no decorrer de transações comuns, rotineiras e relacionadas ao trabalho – atribuir tarefas, avaliar desempenho, tomar decisões, e assim por diante. Ocasionalmente, entretanto, o líder precisa iniciar e administrar mudanças mais importantes, como administrar uma fusão, criar um grupo de trabalho ou definir a cultura organizacional. O primeiro conjunto de questões envolve liderança transacional, o segundo engloba liderança transformacional.[6]

Lembre-se da distinção entre gestão e liderança feita no Capítulo 12. *Liderança transacional* é, em essência, o mesmo que gestão na medida em que envolve atividades rotineiras e regimentadas. Um pouco mais perto da noção ampla de liderança está a **liderança transformacional**, o conjunto de habilidades que permite que o líder reconheça a necessidade de uma mudança e execute essa mudança de forma bem-sucedida. Apenas um líder com grande influência pode esperar um bom desempenho dessas funções. Alguns especialistas acreditam que a mudança é uma função organizacional tão vital que até empresas de sucesso precisam mudar regularmente a fim de evitar complacência e estagnação; de acordo com isso, liderar para mudar também é importante.[7]

Outra marca de liderança eficaz é a habilidade de perceber qual abordagem é necessária. Após a morte de Steve Jobs em 2011, o executivo da Apple, Tim Cook, foi promovido ao cargo de diretor executivo. Na época, a Apple estava tendo lucros enormes, o que a tornou a empresa mais valiosa do mundo, com uma linha de novos produtos e tecnologias em desenvolvimento. Então, Cook entendeu que não havia necessidade de mudança drástica. Embora tenha alterado algumas coisas, como pagar dividendos aos acionistas pela primeira vez em anos, a Apple é hoje, em essência, a mesma que costumava ser com Jobs. Quando Marissa Mayer foi recrutada da Google para liderar a Yahoo!, em 2012, a necessidade de mudança drástica era óbvia. Embora a Yahoo! tivesse sido tão bem-sucedida quanto outras empresas de tecnologia (Google, Microsoft, Apple e Facebook), estava sendo ultrapassada por elas e por outros gigantes da tecnologia, rumando para a irrelevância. Como consequência, adotou uma série de iniciativas estratégicas na tentativa de revitalizar a empresa.

Os líderes também podem considerar necessário fazer a transição de uma liderança transformacional para uma transacional, ou vice-versa. Por exemplo, quando Alan Mulally assumiu o papel de liderança na Ford Motor, a empresa estava em situação desesperadora. Suas instalações de produção estavam defasadas, os custos estavam

Liderança transformacional refere-se ao conjunto de habilidades que permite que o líder reconheça a necessidade de uma mudança e execute essa mudança de forma bem-sucedida.

Steve Jobs foi um diretor executivo dedicado e visionário. Quando morreu em 2011, deixou a Apple em um estado tão bom que seu sucessor, Tim Cook, não precisou realizar mudanças dramáticas. O portfólio de produtos e os planos de inovação eram fortes e as finanças eram estáveis, então, Cook pôde pensar em termos estratégicos de longo prazo em vez de resolver problemas de curto prazo.

muito altos e a linha de produção estava estagnada e era considerada de má qualidade. Usando a liderança transformacional, Mulally conseguiu reformular a empresa completamente, revitalizando-a em cada dimensão importante e transformando-a na mais saudável das três maiores montadoras dos Estados Unidos. Ao passo que a General Motors e a Chrysler precisaram de fundos do governo federal em 2009, a Ford foi capaz de se manter na ativa por conta própria, sem auxílio do governo, e obteve grandes lucros no primeiro trimestre de 2010 e durante todo o ano de 2011 e 2012. Agora que a transformação está completa, Mulally passou para um papel transacional e continua liderando a empresa visando maiores rendimentos, participação no mercado e lucros.[8] No caso de uma nova crise, entretanto, Mulally pode precisar voltar à liderança transformacional.

Liderança carismática

As perspectivas baseadas na liderança carismática, como as teorias dos traços discutidas no Capítulo 12, consideram o carisma uma característica individual do líder. **Carisma** é uma forma de atração interpessoal que inspira apoio e aceitação. Assim, **liderança carismática** é um tipo de influência baseada no carisma pessoal do líder. Com tudo no mesmo nível, uma pessoa carismática tem mais chances de influenciar outras pessoas do que alguém sem carisma. Por exemplo, um supervisor com muito carisma tem mais sucesso em influenciar o comportamento de seus subordinados do que um supervisor sem carisma. Portanto, a influência é mais uma vez um elemento fundamental nessa perspectiva.[9]

Robert House propôs uma teoria sobre liderança carismática baseado em pesquisas de uma série de disciplinas de ciências sociais.[10] Sua teoria sugere que líderes carismáticos têm muita autoconfiança, confiança firme em suas crenças e ideais e grande necessidade de influenciar pessoas. Eles também costumam comunicar grandes expectativas quanto ao desempenho de seus seguidores e a expressar confiança neles. Herb Kelleher, lendário diretor executivo da Southwest Airlines (hoje aposentado), é um excelente exemplo de líder carismático. Kelleher, habilidosamente, combinou habilidade executiva, honestidade e diversão. Essas qualidades atraíram um grupo de seguidores para a Southwest que estava disposto a seguir o líder sem questionar e a se dedicar a cumprir suas decisões e políticas com paixão.[11]

Outros indivíduos considerados líderes carismáticos incluem Condoleezza Rice, Mary Kay Ash, Steve Jobs, Ted Turner, Martin Luther King Jr. e o Papa João Paulo II. Entretanto, infelizmente o carisma também pode fortalecer líderes em outras direções. Por exemplo, Adolf Hitler tinha fortes qualidades carismáticas que atraíam alguns seguidores, assim como Osama bin Laden.

A Figura 13.3 retrata os três elementos da liderança carismática em organizações reconhecidas pela maioria dos especialistas atuais.[12] Primeiro, líderes carismáticos são capazes de visualizar tendências e padrões futuros, ter altas expectativas em relação a si mesmos e aos outros bem como moldar comportamentos consistentes com essas expectativas. Segundo, são capazes de estimular outras pessoas demonstrando ânimo, confiança e padrões de sucesso consistente. Por fim, capacitam outras pessoas apoiando-as, tendo empatia em relação a elas e expressando confiança em cada uma.[13]

Ideias de liderança carismática são bastante populares entre gestores hoje em dia e são o assunto de vários livros e artigos.[14] Infelizmente, poucos estudos testaram especificamente o sentido e o impacto da liderança carismática. Questões éticas persistentes sobre a liderança carismática preocupam algumas pessoas. Tais questões têm como base o fato de que alguns líderes carismáticos inspiram em seus seguidores uma fé tão cega que eles podem adotar comportamentos

Carisma é uma forma de atração interpessoal que inspira apoio e aceitação.

Liderança carismática é um tipo de influência baseada no carisma pessoal do líder.

O presidente mais carismático dos Estados Unidos, John F. Kennedy, veio de uma família poderosa e foi abençoado com uma boa aparência, além de carisma.

FIGURA 13.3

O líder carismático

O líder carismático se caracteriza por três atributos fundamentais. Conforme ilustrado aqui, esses são comportamentos que resultam em visualizar, estimular e capacitar. Líderes carismáticos podem ser uma força poderosa em qualquer ambiente organizacional.

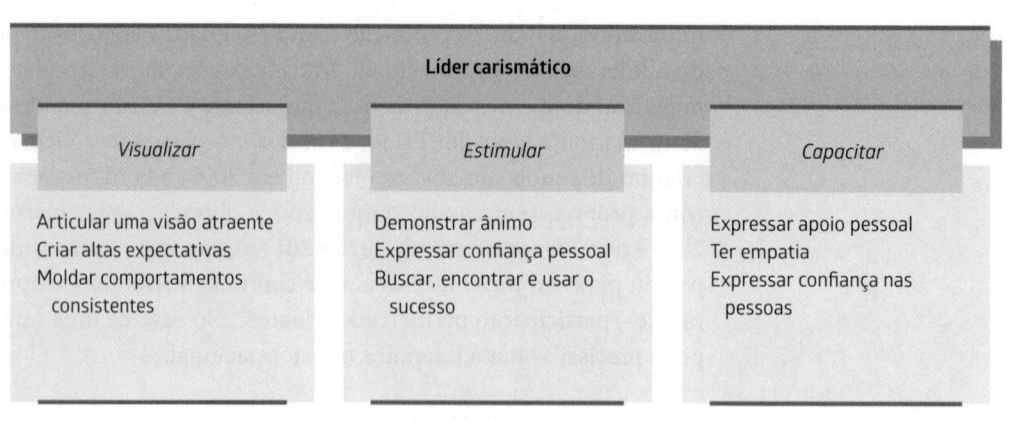

Líder carismático

Visualizar
- Articular uma visão atraente
- Criar altas expectativas
- Moldar comportamentos consistentes

Estimular
- Demonstrar ânimo
- Expressar confiança pessoal
- Buscar, encontrar e usar o sucesso

Capacitar
- Expressar apoio pessoal
- Ter empatia
- Expressar confiança nas pessoas

Referência: David A. Nadler e Michael L. Tushman, "Beyond the Charismatic Leader: Leadership and Organizational Change", *California Management Review*, Inverno, 1990, p. 70-97.

inapropriados, antiéticos ou até mesmo ilegais apenas porque o líder os instruiu dessa forma. Essa tendência provavelmente teve seu papel na dissolução da Enron e da Arthur Andersen por causa de pessoas que seguiram as ordens de seus chefes carismáticos no que se refere a ocultar informações, picotar documentos e enganar investigadores. Assumir o papel de liderança de alguém que possui boa dose de carisma também é um desafio. Por exemplo, os sucessores de famosos e carismáticos técnicos de futebol americano, como Vince Lombardi (Green Bay Packers), Steve Spurrier (University of Florida) e Tom Osborne (University of Nebraska), não conseguiram chegar ao nível do legado de seus respectivos predecessores e acabaram sendo demitidos.

Atribuição e liderança

Discutimos a teoria da atribuição anteriormente, no Capítulo 3, em que notamos que as pessoas costumam observar o comportamento e atribuir-lhe causas (logo, atribuir-lhe sentido). A teoria de atribuição e a liderança têm implicações claras, especialmente quando a liderança é vista pelos olhos dos seguidores. Basicamente, a **perspectiva da atribuição** sustenta que quando comportamentos são observados em um contexto associado à liderança, outras pessoas podem atribuir níveis variados de habilidades ou poder de liderança à pessoa que demonstra esses comportamentos.

Por exemplo, suponha que estamos observando um indivíduo que se comporta de maneira confiante e determinada; também observamos que outras pessoas prestam bastante atenção ao que essa pessoa diz e faz, e elas parecem atendê-la e/ou consultá-la em vários aspectos. Como consequência, podemos concluir que esse indivíduo é um líder por causa do seu comportamento e do comportamento das outras pessoas. Entretanto, em um ambiente diferente, observamos que determinada pessoa não parece ser confiante ou determinada de maneira especial; também observamos que as outras pessoas parecem relativamente indiferentes em relação ao que ela tem a dizer e que ela não é consultada rotineiramente. Nesse caso, é mais provável considerarmos que essa pessoa não é realmente um líder.

As atribuições que fazemos afetam, consequentemente, o nosso comportamento e a capacidade real de um indivíduo de comportar-se como líder. Suponha que, após observar o primeiro grupo descrito anteriormente, tenhamos nos tornado membros desse grupo. Como atribuímos qualidades de liderança a certa pessoa, é provável que imitemos o comportamento dos outros e tratemos essa pessoa como nosso líder. Além disso, o fato de fazermos isso junto das outras pessoas reforça a confiança dessa pessoa em continuar no papel de liderança.

A **perspectiva da atribuição** sustenta que quando comportamentos são observados em um contexto associado à liderança, outras pessoas podem atribuir níveis variados de habilidades ou poder de liderança à pessoa que demonstra esses comportamentos.

Dentro dessa perspectiva, imagine que um grupo de estranhos fique preso no elevador. Uma pessoa do grupo imediatamente toma a iniciativa e fica no comando. Ela parece confiante, tem um efeito tranquilizador sobre os outros e diz que sabe pedir auxílio e o que fazer até a ajuda chegar. Muito provavelmente, as outras pessoas dentro do elevador reconhecerão a liderança dela e terão uma reação positiva ao seu comportamento, depois, vão lhe dar o crédito por ajudá-las a passar pela experiência desagradável. Se no mesmo cenário alguém tenta ficar no comando, mas claramente não tem confiança e/ou exibe ignorância quanto ao que fazer, as outras pessoas logo perceberão e prestarão pouca atenção ao que ele diz e talvez procure outra pessoa para ser o líder.

A perspectiva da atribuição é especialmente clara em campanhas presidenciais. Os candidatos e seus assessores se esforçam para garantir que estejam sendo apresentados da melhor forma possível – demonstram confiança e empatia, sabem o que fazer, parecem calmos e bem cuidados, e assim por diante. George W. Bush recebeu bastante atenção da mídia durante o início da guerra contra o Iraque ao pousar um avião a jato em um porta-aviões, saltar do *cockpit* (cabine de comando) e andar orgulhosamente na direção das câmeras embaixo de uma faixa com os dizeres "Missão cumprida". Partidários de Bush viram isso como uma demonstração de sua forte liderança. Mas seus críticos viram a cena como um evento de mídia cuidadosamente orquestrado, com o único intuito de fazê-lo parecer forte e líder. Consequentemente, cada grupo atribuiu determinados aspectos à liderança de Bush com base na mesma realidade objetiva, mas foi bastante influenciado pelas próprias atitudes e predisposições.

Um contexto específico em que seguidores prestam muita atenção ao comportamento do líder é em período de crise, principalmente se os seguidores perceberem que o próprio bem está em jogo. O box Mudança, intitulado "Dicas para tempos difíceis", apresenta alguns conselhos de executivos sobre como liderar subordinados durante uma recessão econômica.

Essas pessoas estão presas no elevador. A mulher que olha pela porta está repassando a informação de que uma equipe de resgate que está do lado de fora e que eles serão libertados em breve. Sua conduta e essa informação estão ajudando as pessoas a permanecerem calmas.

MUDANÇA: Dicas para tempos difíceis

De que forma alguém lidera em um período de recessão como esse que estamos vivenciando? Que ajustes você precisa fazer quando o dinheiro é pouco, os mercados estão voláteis e os ânimos precisam ser melhorados? Dennis Carey, vice-presidente da Korn Ferry International, empresa do ramo de recrutamento de gestores, sugere que gestores do alto escalão comecem reconhecendo que liderar em circunstâncias extremas significa colocar em questão tudo o que fariam em circunstâncias normais. "Você não pode confiar em um general de tempos de paz para lutar em uma guerra", diz a executivos. "O diretor executivo de tempos de guerra se prepara para o pior de modo que sua empresa possa tomar a participação no mercado de quem não se preparou". Contrate as melhores pessoas que estão nos concorrentes, aconselha Carey, e *impeça-os* de tomarem o *seu* pessoal. Ou compre os bens deles enquanto estiverem com preços baixos.

Jack Hayhow, consultor e fundador da Opus Training e da ReallyEasyHR, acrescenta que os líderes precisam se assegurar de que seus funcionários sabem o motivo de tais mudanças: "Afirme com clareza para o seu pessoal que estamos em uma recessão [e que] pouca coisa do que acreditavam ser verdade quanto ao passado será verdadeiro quanto ao futuro. [Diga-lhes o seguinte]: (Vocês devem entender que estes não são os mesmos negócios de sempre) "Minha sugestão", diz Hayhow, (seria [algo como]: (Parem de se preocupar com as coisas que vocês não podem controlar e concentrem-se no que podem controlar. Encontre formas de contribuir e faça ficar difícil para a empresa o demitir). Se houver pessoas que discutem ou debatem, mostre-lhes a saída".

Hayhow também conclui que "quando as coisas estão piores do que são [durante uma recessão], motivação é crucial. Se criar um ambiente que induza as pessoas a ficarem motivadas", argumenta, "você será capaz de motivar nesses tempos de mudança". Como criar um ambiente assim? "Comece alinhando talento com tarefa", diz Hayhow. "Jogue de acordo com os pontos fortes de seus colaboradores. Descubra quem faz o que e assegure-se de que eles estão utilizando o tempo no lugar em que melhor podem utilizar seus talentos". E não se esqueça de dar às pessoas alguma escolha. Quando elas têm pelo menos um mínimo de escolha quanto ao que fazem ou ao modo como é feito, elas se comprometem e se entusiasmam mais com a tarefa". Permita que os empregados decidam a hora de fazer algo "ou talvez até com quem vão trabalhar para realizar a tarefa".

> *"Comunique-se, comunique-se, comunique-se."*
> — JIM DONALD, DIRETOR EXECUTIVO DA EXTEND STAY HOTELS

O ex-diretor-executivo da Starbucks, Jim Donald, agora diretor executivo da Extend Stay Hotels, dá uma recomendação bastante simples: "Comunique-se, comunique-se, comunique-se. Principalmente em tempos de crise", aconselha, "assegure-se de que a sua mensagem chegue a todos os níveis, do mais baixo ao mais alto". Kip Tindell, diretor executivo da Container Store desde a fundação, em 1978, concorda. É por isso que seus gestores "saem correndo como frangos tentando a todo custo comunicar tudo a todos os funcionários sempre". Ele admite que, na prática, é uma tarefa impossível, mas está convencido de que o esforço é mais importante do que nunca em tempos de crise. Ele também defende que a sua empresa está em melhor posição para afastar a tempestade econômica "porque somos muito dedicados ao conceito de que comunicação e liderança são a mesma coisa". Por último, ele diz: "temos sorte de minimizar a paranoia que surge quando os funcionários acham que não sabem o que está acontecendo".

Referências: Emily Thornton, "Managing through a Crisis: The New Rules", *Bloomberg Businessweek*, 9 jan. 2009, www.businessweek.com, 23 jul. 2012; Anthony Portuesi, "Leading in a Recession: An Interview with Jack Hayhow", *Driven Leaders*, 24 fev. 2009, http://drivenleaders.com, 24 abr. 2011; Jim Donald, "Guest Post: Former Starbucks CEO's Tips for Tough Times", *CNNMoney*, 1º abr. 2009, http://postcards.blogs.fortune.cnn.com, 23 jul. 2012; Ellen Davis, "Retail Execs Offer Insights on Leadership in Tough Economic Times", *Retail's BIG Blog*, 15 jan. 2009, http://blog.nrf.com, 23 jul. 2012.

ALTERNATIVAS PARA A LIDERANÇA

Outra perspectiva de liderança que recebeu considerável atenção nos últimos anos está relacionada às alternativas para a liderança. Em alguns casos, há situações em que a liderança se torna desnecessária ou irrelevante. Os fatores que contribuem para essas circunstâncias são chamados de substitutos de liderança. Em outros casos, alguns fatores podem neutralizar ou anular a influência de um líder mesmo quando ele está tentando exercer a liderança.

Substitutos de liderança

Substitutos de liderança são características individuais, da tarefa e organizacionais que tendem a ter um peso maior que a habilidade do líder de afetar a satisfação e o desempenho dos subordinados.[15] Em outras palavras, se certos fatores estiverem presentes, o funcionário realizará o seu trabalho com capacidade e sem a orientação de um líder. Diferente das teorias tradicionais, que consideram a liderança hierárquica, de uma forma ou de outra, sempre importante, a premissa da perspectiva dos substitutos de liderança é que o comportamento do líder pode ser irrelevante em algumas situações. Vários substitutos básicos de liderança são identificados na Tabela 13.1.

Considere, por exemplo, o que acontece quando uma ambulância, que leva um ferido, freia na porta da sala de emergências do hospital. Os funcionários do pronto-socorro ficam parados esperando que alguém assuma o controle e os instruam quanto ao que fazer? A resposta, obviamente, é que eles são profissionais altamente treinados e bem preparados que sabem como agir, de quem dependem, com quem se comunicar, como trabalhar em equipe, e assim por diante. Em suma, eles são capazes de executar suas funções sem que haja uma pessoa no papel de líder.

Habilidades individuais, experiência, treinamento, conhecimento, motivação e orientação profissional estão entre as características que podem substituir a liderança. De forma similar, uma tarefa caracterizada pela rotina, alto grau de estrutura, *feedback* constante e satisfação intrínseca também pode tornar o comportamento de líder desnecessário. Assim, se a tarefa concede satisfação intrínseca suficiente ao subordinado, ele pode não precisar do apoio de um líder.

Planos e objetivos explícitos, regras e procedimentos, grupos de trabalho coesos, estrutura de recompensas rígida e distância física entre supervisor e subordinado são características organizacionais que podem substituir a liderança. Por exemplo, se os objetivos do trabalho forem explícitos e existirem muitas regras e procedimentos para a execução do trabalho, a orientação de um líder pode não ser necessária. Algumas pesquisas dão suporte ao conceito de substitutos de liderança, mas são necessárias mais pesquisas a fim de identificar outros substitutos em potencial e o impacto deles no sucesso da liderança.[16]

> **Substitutos de liderança** são características individuais, de tarefa e organizacionais que tendem a ter um peso maior que a habilidade do líder no que se refere a afetar a satisfação e o desempenho dos subordinados.

TABELA 13.1	Substitutos e neutralizadores de liderança
Individual	**Grupo**
Profissionalismo individual Motivação Experiência e treinamento Indiferença às recompensas	Normas de grupo Coesão de grupo
Trabalho	**Organização**
Estruturado/automatizado Altamente controlado Intrinsecamente satisfatório *Feedback* incorporado	Regras e procedimentos rígidos Objetivos e metas específicos Sistema de recompensas rígido

© Cengage Learning

Anuladores da liderança

Em outras situações, mesmo que um líder esteja presente e tente incentivar comportamentos de liderança, esses comportamentos podem ser inutilizados – anulados – por vários fatores. Esses fatores são conhecidos como **neutralizadores de liderança**. Suponha que, por exemplo, um líder relativamente novo e sem experiência seja atribuído a um grupo de trabalho formado por funcionários muito experientes com regras de desempenho antigas e alto nível de coesão de grupo. As normas e a coesão do grupo podem ser tão fortes que não há nada

> **Neutralizadores de liderança** são fatores que inutilizam as tentativas do líder de colocar em ação comportamentos de liderança.

que o líder possa fazer para mudar. É claro que esse padrão pode funcionar de diversas formas. As normas podem ditar um desempenho aceitável, mas não alto, e o líder pode não ter o poder de melhorar as coisas porque o grupo é muito coeso ou as normas podem exigir um desempenho muito alto, de modo que nem mesmo um líder atrapalhado e ineficiente pode causar danos. Em ambos os casos, entretanto, o processo é o mesmo - a habilidade do líder de mudar a situação é neutralizada pelos elementos da situação.

Além dos fatores de grupo, elementos do próprio trabalho limitam a capacidade do líder de "fazer a diferença". Imagine, por exemplo, funcionários que trabalham em uma linha de montagem em movimento. Eles só podem trabalhar no ritmo da linha em movimento, então, a quantidade de desempenho está limitada à velocidade da linha. Além disso, se a qualidade do desempenho também estiver limitada (por exemplo, por tarefas simples e/ou procedimentos rigorosos de controle de qualidade), o líder pode novamente perder o poder de influenciar comportamentos de trabalho individuais.

Por fim, fatores organizacionais também podem neutralizar pelo menos algumas formas de comportamento de líder. Suponhamos que um novo líder esteja acostumado a usar aumento de salário como forma de motivar as pessoas. Mas no seu novo emprego, os aumentos salariais são controlados por contratos, têm como base o tempo de serviço e o custo de vida. Suponha, ainda, que um funcionário já esteja no topo da escala de remuneração do cargo. Seja qual for o caso, a abordagem do líder para motivar pessoas foi neutralizada, então, é preciso identificar novas abordagens.

A NATUREZA VARIÁVEL DA LIDERANÇA

Apesar das várias alternativas para a liderança, muitas situações ainda exigem pelo menos um grau mínimo de liderança, embora a natureza dessa liderança continue evoluindo.[17] O box Serviço ajuda a enfatizar esse ponto. Entre as mudanças recentes na liderança que os gestores deveriam reconhecer estão o papel crescente de líderes como treinadores e padrões de comportamento de líder por gênero e intercultural.

Líderes como treinadores

Comentamos no Capítulo 10 que muitas organizações atuais estão utilizando equipes. E muitas outras organizações estão tentando se tornar menos hierárquicas - isto é, estão tentando eliminar a defasada mentalidade de comando-e-controle, inerente a organizações burocráticas, e motivar e dar autonomia aos indivíduos para que trabalhem com independência. Em todos os casos, o papel dos líderes também está mudando. Embora se espere que o líder controle situações, trabalhe diretamente, supervisione pessoas, monitore o desempenho, tome decisões e estruture atividades, atualmente está sendo exigido de muitos líderes mudanças em relação ao modo como administram pessoas. Talvez a melhor descrição desse novo papel é que o líder está se tornando um **treinador**, em vez de ser um supervisor.[18]

Considere a metáfora do ponto de vista do treinador de uma equipe esportiva. O treinador tem o papel de escolher os jogadores e decidir que direção tomar (como enfatizar ataque *versus* defesa). O treinador ajuda a desenvolver o talento dos jogadores e os ensina a executar jogadas específicas. Mas, no momento do jogo, o treinador fica na linha lateral; cabe aos atletas executar as jogadas e fazer o trabalho. Embora o treinador receba parte do crédito pela vitória, ele não marcou nenhum dos pontos. De forma similar, do ponto de vista da liderança organizacional, a perspectiva do treinador exige que o líder ajude a selecionar os membros da equipe e outros colaboradores novos, ofereça orientações gerais, auxilie no treinamento e desenvolvimento da equipe e das habilidades de seus membros, ajudando a equipe obter informações e outros recursos de que precise. É possível que o líder tenha de

Embora se espere que o líder controle situações, trabalhe diretamente, supervisione pessoas, monitore o desempenho, tome decisões e estruture atividades, atualmente está sendo exigido de muitos líderes mudanças em relação ao modo como administram pessoas - e assim se tornem treinadores.

ajudar a resolver conflitos entre membros da equipe bem como a mediar outras disputas que surjam. Treinadores de equipes diferentes podem precisar desempenhar papéis importantes ao promover a conexão de atividades e funções de suas respectivas equipes. Além dessas atividades, o líder mantém a discrição e permite que o trabalho seja executado com pouca ou nenhuma supervisão direta.

SERVIÇO — Liderança como missão

Uma família com uma filha pequena estava visitando o Walt Disney Resort's Magic Kingdom, em Orlando. Por motivos que apenas ela conhecia, o personagem preferido da menina era o Capitão Gancho. A família, sabendo que os personagens da Disney estavam dentro dos parques temáticos em datas específicas para dar autógrafos e tirar fotos, procuraram o mal-educado capitão. Ao encontrá-lo, ficaram na fila para tirar uma foto dele com a menina. Infelizmente, a aparição dos personagens tem um limite de tempo e antes que chegasse a vez da menininha, o Capitão Gancho foi escoltado para "os bastidores". A menina ficou arrasada. Mais tarde, a família estava jantando em um dos hotéis do *resort*. O atendente percebeu o olhar triste no rosto da criança e perguntou se estava tudo bem. O pai contou sobre a decepção e o que aquilo significava para a menina. O atendente deixou a mesa e foi diretamente à supervisora para explicar a situação.

Graças ao comprometimento dos funcionários com a missão da empresa e à autonomia que dá aos funcionários para fazerem a coisa certa, a supervisora pegou o telefone e ligou para o supervisor de personagem a fim de solicitar uma visita especial do Capitão Gancho ao restaurante. Enquanto discava o número, um pensamento lhe ocorreu e ela desligou. Voltando-se ao atendente, ela perguntou se o Capitão Gancho faria algo tão gentil quanto aparecer pedindo desculpas. Ambos concordaram que isso não combinava com o personagem e que deveriam encontrar outra solução para acabar com a decepção da menina. E assim fizeram. Eles foram até o almoxarifado e encontraram um Capitão Gancho de pelúcia. Eles levaram o boneco ao departamento de serviço de quarto do hotel para que alguém o deixasse na cama da menina com um bilhete. No bilhete, escreveram: "Querida Sally: Desculpe pelo Capitão Gancho ter sido mau com você hoje, mas ele é assim às vezes. Quando o encontrar, vou dizer para ele não ser tão mau com nossos convidados. (assinado) Peter Pan". A menina ficou muito emocionada, e os pais não só escreveram uma carta para a administração da Disney contando o quanto apreciaram a solução mágica para a decepção de sua filha, como também prometeram falar para todos os conhecidos como um atendente da Disney salvou o dia deles.

A pergunta é: qual modelo de liderança poderia prever esse resultado? No setor de serviços, os funcionários costumam estar fora do alcance de qualquer supervisor com tanta frequência que as organizações precisam utilizar outros métodos em vez da supervisão direta do líder para conseguir comportamentos e ações desejadas do colaborador. O que as empresas percebem é que uma missão organizacional forte pode impulsionar o comportamento do funcionário, e elas trabalham com esforço para traduzir missões fortes para termos que vão guiar as ações do funcionário. A Disney, por exemplo, tem a forte missão de divertir seus clientes. Ela diz a seus funcionários que eles devem ser guiados por quatro princípios fundamentais para tomar decisões ao interagir com clientes. São eles, em ordem decrescente de importância em relação à missão: segurança, cortesia, apresentação e eficiência. Assim, espera-se que os funcionários utilizem os quatro princípios ao interagir com clientes em qualquer local da Disney, independentemente de um supervisor os estar observando ou não.

Como um gestor não pode estar em todos os lugares e ver tudo, organizações prestadoras de serviço devem confiar que seus funcionários vão realizar a experiência que os clientes esperam. Quando a experiência existe apenas na mente do cliente, dar autonomia aos funcionários ao realizar serviços é uma necessidade para garantir que o serviço esperado seja realizado quando e onde for desejado. A questão aqui é quais funcionários que prestam serviços devem decidir o que fazer e quando fazer no momento em que for necessário e as organizações que os empregam devem garantir que eles não só tenham o treinamento e a habilidade de fazer o trabalho, mas que também contem com autonomia para responder com flexibilidade a necessidades, vontades e comportamentos únicos de cada cliente, de modo que cada expectativa seja atendida.

Questão para discussão: como gestores definem funções com o intuito de permitir que seus funcionários atendam com sucesso às diferentes expectativas de diferentes clientes quando o chefe não está por perto para pedir isso?

*No papel de treinador, alguns líderes se excedem ao arcar com mais responsabilidades como **mentores** – papel de ajudar alguém menos experiente a aprender o trabalho a fim de se preparar para evoluir dentro da organização.*

É claro que alguns gestores que se acostumaram com a abordagem tradicional podem ter problemas em passar para o papel de treinador. Mas há líderes que parecem fazer a transição com pouca ou nenhuma dificuldade. Empresas como Texas Instruments, Halliburton e Yum! Brands desenvolveram programas de treinamento bastante eficazes para ajudar seus gestores a tornarem-se melhores treinadores. No papel de treinador, alguns líderes se excedem ao arcar com mais responsabilidades como **mentores** – papel de ajudar alguém menos experiente a aprender o trabalho a fim de se preparar para avançar dentro da organização. A Texas Instruments manteve um programa de aconselhamento muito eficaz por anos.

Gênero e liderança

Outro fator que está mudando a natureza da liderança é o número crescente de mulheres presentes em níveis mais altos nas organizações. Considerando que a maioria das teorias e pesquisas sobre liderança têm focalizado em líderes do sexo masculino, desenvolver uma melhor compreensão do modo como mulheres lideram é um importante próximo passo. Por exemplo, homens e mulheres lideram de forma diferente? Algumas pesquisas iniciais sugerem que existem diferenças fundamentais na liderança de homens e de mulheres.[19]

Por exemplo, em contraste com os estereótipos originais, líderes do sexo feminino não são necessariamente mais "educativos" ou incentivadores do que líderes do sexo masculino. Da mesma forma, líderes do sexo masculino não são mais ásperos, controladores ou focados na tarefa do que líderes do sexo feminino. A diferença, que parece surgir em alguns casos, é que mulheres tendem a ser mais democráticas ao tomar decisões, ao passo que homens tendem a ser mais autocráticos.[20]

Há duas possíveis explicações para esse padrão. Uma possibilidade é que mulheres têm habilidades interpessoais mais desenvolvidas que homens e, dessa forma, são melhores em envolver outras pessoas na tomada de decisões de maneira eficiente. Homens, por sua vez, podem ter habilidades interpessoais mais fracas e, assim, tendem a confiar no próprio julgamento. Outra explicação possível é que as mulheres podem enfrentar mais resistência clássica em relação à ocupação de cargos importantes. Se esse for o caso, elas podem trabalhar ativamente para envolver outras pessoas na tomada de decisões, de modo a ajudar a minimizar quaisquer hostilidades ou conflitos. Claramente, muito mais precisa ser feito a fim de compreender as dinâmicas de gênero e liderança. É óbvio que líderes do sexo feminino bem-sucedidas e do alto escalão, como Marissa Mayer (diretora executiva da Yahoo!), Sheryl Sandberg (diretora de operações do Facebook), Indra Nooyi (diretora executiva da PepsiCo) e Hillary Clinton (secretária de Estado) estão demonstrando a eficácia com a qual as mulheres podem ser líderes excepcionais.

Liderança intercultural

Outra perspectiva transformadora sobre a liderança tem a ver com questões interculturais. Nesse contexto, a cultura tem um conceito amplo que abrange tanto as diferenças internacionais como as diferenças baseadas na diversidade em uma mesma cultura. Contudo, examinaremos as diferenças internacionais na próxima seção, então, neste ponto, nosso foco está nas questões intraculturais. Na verdade, de acordo com as discussões anteriores sobre diversidade, interações sociais, e daí em diante, a extensão desses temas em relação à liderança intercultural deve ser evidente.

Por exemplo, os fatores interculturais desempenham um papel cada vez maior nas organizações à medida que a força de trabalho se torna cada vez mais diversa. A maioria das pesquisas sobre liderança, por exemplo, tem sido realizada em amostras ou com base em estudos de caso envolvendo homens brancos líderes (até alguns anos atrás, a maioria dos líderes era composta por homens brancos!). No entanto, conforme negros e outros membros de grupos étnicos atingem posições de liderança, torna-se necessário reavaliar a aplicabilidade das atuais teorias e modelos de liderança em um grupo de líderes cada vez mais diverso.

A religião também é um possível problema na liderança. Um líder judeu ou cristão, por exemplo, que lidera um grupo com membros islâmicos pode enfrentar uma série de questões complexas; é claro, essas questões também existiriam se os papéis fossem invertidos. Há problemas interculturais quando os líderes e os seguidores têm menos indicadores visíveis de diversidade. Um gestor que passou a carreira inteira, digamos, no interior, provavelmente enfrentará problemas de adaptação se for promovido para uma posição de liderança em uma grande capital.

Liderança internacional e o Projeto GLOBE

As questões interculturais também são óbvias em contextos internacionais. Por exemplo, quando uma empresa japonesa envia um executivo para comandar operações nos Estados Unidos, essa pessoa provavelmente precisará se aclimatar com as diferenças culturais que existem entre os dois países e, da mesma maneira, adaptar seu estilo de liderança. O Japão é, em geral, caracterizado pelo coletivismo, ao passo que os Estados Unidos se baseia mais no individualismo. Então, o executivo japonês precisará reconhecer a importância das contribuições individuais e das funções de grupo que existem nas empresas japonesas e norte-americanas. Certamente, questões semelhantes surgirão se um líder norte-americano for enviado à Ásia.

Para aprender mais sobre liderança internacional, uma equipe de pesquisadores tem trabalhado em uma série de estudos comandado pelo Projeto GLOBE (Projeto de Pesquisa sobre Liderança e Comportamento Organizacional Global). O GLOBE foi inaugurado por Robert House, e ainda estão sendo realizadas pesquisas sob a sua tutela.[21] O projeto identificou seis comportamentos de líderes que podem ser observados e avaliados entre diversas culturas. Esses comportamentos são:

"Você teria algum problema em ser demitido por uma mulher?"

O papel do gênero na liderança tornou-se um tema interessante nos últimos anos. Por exemplo, algumas pessoas acham que homens e mulheres lideram de modo diferente. Da mesma maneira, como foi ilustrado aqui, há interesse na possibilidade de que os seguidores possam reagir diferente em relação a líderes homens e líderes mulheres Na verdade, tanto homens quanto mulheres têm a capacidade de serem líderes eficazes.

- *Liderança carismática/baseada em valores*: capacidade de inspirar, motivar e promover o alto desempenho; inclui ser visionário, altruísta, confiável, decisivo e orientado ao desempenho.
- *Liderança orientada à equipe*: enfatiza o desenvolvimento de grupos e cria uma noção de propósito em comum; inclui ser colaborativo, diplomático e competente do ponto de vista gerencial.
- *Liderança participativa*: grau em que o líder envolve outras pessoas na tomada de decisões; é participativo e não autocrático.
- *Liderança orientada ao humano*: ser solidário, atencioso, compassivo e generoso; demonstrar modéstia e sensibilidade.
- *Liderança autônoma*: refere-se a ser independente e individualista; ser autônomo e único.
- *Liderança autoprotetora*: inclui comportamentos voltados a garantir a segurança do líder e do grupo; o líder pode ser egocêntrico, preocupar-se com *status*, gerar conflitos e preservar a imagem.

Esses comportamentos foram (e continuam sendo) estudados em 62 sociedades globais. Essas sociedades referem-se a diversos países, mas quando há sociedades significativamente diferentes dentro de um país (como a África do Sul negra e branca), cada uma é analisada em separado. Com base em resultados preliminares, as 62 sociedades originais foram condensadas em 10 aglomerações culturais – sociedades que produziam resultados semelhantes umas às outras. Por exemplo, a aglomeração da Europa Nórdica inclui Finlândia, Suécia, Dinamarca e Noruega; a aglomeração da Ásia Meridional é constituída por Índia, Indonésia, Malásia, Tailândia e Irã.

Em geral, as descobertas do GLOBE sugerem que, em qualquer aglomeração cultural, os seguidores reagem de modo semelhante a vários comportamentos de líderes. Por exemplo, funcionários na Europa Nórdica, em geral, querem que seus líderes sejam inspiradores e envolvam outras pessoas na tomada de decisão, eles são menos preocupados com *status* e atributos pessoais semelhantes. Assim, a liderança carismática/baseada em valores e participativa é mais importante e a liderança orientada ao humano e autoprotetora é menos importante. Entretanto, na Ásia Meridional, a maioria dos empregados quer que os líderes sejam colaborativos, sensíveis às necessidades das pessoas bem como preocupados com *status* e imagem. Como consequência, a liderança carismática/baseada em valores é mais importante nesses países, ao passo que a liderança participativa é menos importante.[22] Como foi observado anteriormente, essa pesquisa ainda está em andamento e seria prematuro esboçar tantas generalizações em relação a esse aspecto.

QUESTÕES EMERGENTES SOBRE LIDERANÇA

Por fim, há três questões emergentes sobre liderança que levam ao debate. Essas questões são: liderança estratégica, liderança ética e liderança virtual.

Liderança estratégica

> A liderança estratégica refere-se à capacidade de entender a complexidade das organizações e de seu ambiente, bem como de liderar a mudança organizacional a fim de atingir e manter um alinhamento superior entre a organização e seu ambiente.

Liderança estratégica é um novo conceito que relaciona liderança ao papel da alta gestão.[23] Definimos **liderança estratégica** como a capacidade de entender a complexidade das organizações e de seu ambiente, além de gerar mudança organizacional de modo a atingir e manter o alinhamento superior entre as empresas e seu ambiente. De alguma maneira, a liderança estratégica pode ser vista como uma extensão do papel da liderança transformacional discutida anteriormente. Contudo, esse novo foco reconheceu mais explicitamente e incorporou a importância da estratégia e da tomada de decisão estratégica, ou seja, embora tanto a liderança transformacional como a estratégica incluam o conceito de mudança, a liderança transformacional ressalta implicitamente a capacidade de gerar mudança como foco central. A liderança estratégica coloca um peso maior sobre a capacidade do líder em pensar e agir estrategicamente.

Para ser bem-sucedido nessa função, o gestor precisa ter um entendimento completo da organização – sua história, cultura, pontos fortes e pontos fracos. Além disso, precisa compreender o ambiente da organização. Esse entendimento deve abranger as condições e circunstâncias atuais, bem como as tendências e questões importantes que estão por vir. O líder estratégico também precisa reconhecer como a empresa hoje está alinhada com seu ambiente – em que aspectos se relaciona melhor com esse ambiente e em que aspectos não se relaciona bem. Por fim, observando as tendências e questões ambientais, o líder estratégico trabalha para melhorar não apenas o alinhamento atual mas também o alinhamento futuro.

Marissa Mayer (diretora executiva do Yahoo!), Michael Dell (fundador e diretor executivo da Dell Computer) e A. G. Lafley (ex-diretor executivo da Procter & Gamble) são reconhecidos como fortes líderes estratégicos. Refletindo sobre a drástica reviravolta que conduziu na Procter & Gamble, por exemplo, Lafley comenta: "Fiz mudanças simbólicas e físicas para que as pessoas entendam que estamos atuando na liderança de transformação".

Jurgen Schrempp (ex-diretor executivo Daimlerchrysler), Raymond Gilmartin (ex-diretor executivo da Merck) e Scott Livengood (ex-diretor executivo Krispy Kreme), por sua vez, se destacaram pela fraca liderança estratégica (e veja que todos são "ex"!).[24]

Liderança ética

Por muito tempo, a maioria das pessoas acreditou que gestores de alto escalão eram pessoas éticas. No entanto, por causa dos recentes escândalos corporativos de empresas como Lehman Brothers, Toyota, BP e Goldman Sachs, a confiança nesses gestores foi abalada. Assim, talvez hoje, mais do que nunca, os altos padrões de **conduta ética** são considerados pré-requisitos da liderança eficaz. Mais especificamente, os gestores do alto escalão são convocados a manter altos padrões éticos com relação à própria conduta, a exibir um comportamento ético infalível e a manter outros membros da organização nesses mesmos padrões.

> Talvez hoje, mais do que nunca, os altos padrões de **conduta ética** são considerados pré-requisitos da liderança eficaz. Os gestores do alto escalão são convocados a manter altos padrões éticos para a própria conduta, a exibir um comportamento ético infalível e a manter outros membros da organização nesses mesmos padrões.

Os comportamentos dos gestores de alto escalão são cada vez mais examinados, e os que são responsáveis por contratar novos líderes observam de perto o histórico dos candidatos. A pressão por modelos de governança corporativa mais fortes provavelmente fará aumentar o compromisso de selecionar apenas indivíduos com altos padrões éticos para cargos de liderança nas empresas e responsabilizá-los, mais do que antes, pelas ações e suas consequências.[25]

Liderança virtual

> A liderança virtual está surgindo como uma importante questão para as organizações.

Por fim, a **liderança virtual** está surgindo como uma importante questão para as organizações. Antes, os líderes e seus seguidores trabalhavam juntos no mesmo local físico e participavam de interações pessoais (presenciais) regularmente. Mas, no mundo de hoje, tanto os líderes como seus subordinados podem trabalhar em locais afastados uns dos outros. Essas configurações incluem pessoas que trabalham remotamente em *home office* um ou dois dias da semana ou pessoas que moram e trabalham longe da empresa e se reúnem presencialmente com pouquíssima frequência.

Como, então, os líderes exercem liderança quando não têm contato pessoal regular com seus seguidores? E como eles ajudam a orientar e desenvolver outras pessoas? A comunicação entre líderes e subordinados ainda ocorrerá, é claro, mas principalmente por telefone e *e-mail*. Assim, como uma das possíveis implicações, os líderes que estão nessa situação terão que trabalhar mais para criar e manter relacionamentos com seus subordinados que vão além de meras palavras na tela do computador. Embora a comunicação não verbal, como sorrisos e apertos de mão, nem sempre é possível pela internet, os gestores podem acrescentar algumas palavras no *e-mail* (sempre que for apropriado) para transmitir reconhecimento, incentivo ou *feedback* (retorno) positivo. Com base nisso, os gestores devem aproveitar cada oportunidade sempre que enfrentarem situações que vão além do que poderiam ter feito em circunstâncias diferentes a fim de desenvolver um relacionamento forte.

Mas além dessas simples recomendações, não há teoria ou pesquisa que oriente gestores a trabalhar no mundo virtual. Logo, enquanto as comunicações eletrônicas continuam permeando o ambiente de trabalho, pesquisadores e gestores precisam trabalhar juntos para ajudar a estruturar as questões sobre liderança virtual e, assim, colaborar na abordagem delas e das respectivas respostas.[26]

RESUMO

Há dois tipos de teorias situacionais contemporâneas. O modelo de relação entre líderes e membros (LMX) ressalta a importância de relacionamentos variáveis entre os supervisores e cada um de seus subordinados. Cada par formado por superior e subordinado chama-se "díade vertical". Segundo o modelo de Hersey e Blanchard, o comportamento de líder adequado depende do grau de motivação, competência, experiência e interesse em aceitar responsabilidade do seguidor. Além desses modelos relativamente novos, as três teorias situacionais dominantes passaram por vários aperfeiçoamentos e revisões.

Da perspectiva dos seguidores, há três abordagens da liderança. O foco da liderança organizacional está na distinção básica entre liderar para mudar e liderar para obter estabilidade. As perspectivas baseadas em liderança carismática supõem que o carisma seja uma característica individual do líder, uma forma de atração interpessoal que inspira apoio e aceitação. Segundo a perspectiva da atribuição, quando os comportamentos são observados em um contexto associado à liderança, outros podem atribuir níveis variáveis de capacidade de liderança ou de poder à pessoa que demonstra esses comportamentos.

Outra perspectiva de liderança que recebeu uma considerável atenção nos últimos anos é o foco nas alternativas para a liderança. Em alguns casos, há situações em que a liderança se torna desnecessária ou irrelevante. Os fatores que contribuem para essas circunstâncias são chamados substitutos de liderança. Em outros casos, alguns fatores podem neutralizar ou anular a influência de um líder mesmo quando ele tenta exercer liderança.

A natureza da liderança continua evoluindo. Entre as recentes mudanças na liderança que os gestores deveriam reconhecer está o crescimento da perspectiva de líder como treinador. O exemplo mais frequente dessa configuração ocorre quando uma organização usa equipes autoadministradas. As diferenças de gênero no comportamento do líder também estão ganhando importância, sobretudo por causa do aumento do número de mulheres que estão avançando na carreira. Os padrões interculturais de liderança, tanto entre diferentes países como dentro de um mesmo país, também estão se tornando relevantes. O projeto GLOBE está proporcionando uma nova perspectiva da liderança internacional.

Por fim, há três questões emergentes sobre liderança. A liderança estratégica é um novo conceito que relaciona explicitamente liderança com o papel da alta gestão. Além disso, líderes em todas as organizações são convocados a manter altos padrões éticos para a própria conduta, a exibir um comportamento ético infalível e a manter outros membros da organização nesses mesmos padrões. Ademais, a crescente importância da liderança virtual precisa ser mais estudada.

QUESTÕES PARA DISCUSSÃO

1. Compare e contraste o relacionamento entre líder e membro com o modelo de Hersey e Blanchard.
2. Você é membro, ou já foi, de um grupo interno? E de um grupo externo? Nesse caso, de que maneiras as experiências diferem?
3. Quais das três teorias situacionais discutidas no Capítulo 12 mais se parecem com o modelo de relacionamento entre líder e membro? E com o modelo de Hersey e Blanchard?
4. Identifique um indivíduo que serviria como exemplo de líder transformacional. Quão bem-sucedida ou malsucedida essa pessoa tem sido?
5. Cite três personalidades da atualidade que você considera mais carismáticas. De que modo elas podem atuar ou não como líderes?
6. Em sua opinião, é possível que uma pessoa com pouco carisma se torne carismática? Se sim, como? Se não, por quê?
7. Você já fez atribuições diretas de liderança a alguém baseado no contexto em que a observou?
8. Que substitutos e neutralizadores de liderança podem existir na sala de aula?
9. Você acredita que homens e mulheres lideram de maneiras diferentes? Nesse caso, que fatores podem ser responsáveis pelas diferenças?
10. De que maneira a liderança estratégica difere da liderança "não estratégica"?
11. Algumas pessoas defendem que gestores e líderes bem-sucedidos enfrentam situações em que podem não ser totalmente sinceros e, mesmo assim, prosperar. Por exemplo, um político que acredita que o aumento dos impostos é inevitável pode descobrir que essa convicção resultará em perda significativa de votos. Você concorda com a ideia de que, às vezes, as pessoas podem não ser muito sinceras e, mesmo assim, prosperar? Ou você discorda?

QUAL É O SEU PONTO DE VISTA?

Saiba do que você está falando

"Um equívoco é achar que o gestor é alguém que supervisiona a atividade."

— DANNIELLE OVIEDO, GERENTE DO CENTRO DE DISTRIBUIÇÃO DA NUMI ORGANIC TEA

No dia que nossa equipe de filmagem chegou ao centro de distribuição da Numi Organic Tea em Oakland, Califórnia, uma crise estava a caminho. Tudo se resumiu a contêineres – aqueles grandes recipientes usados para armazenar e transportar produtos por trilhos ou pela água. Segundo a gerente de Atendimento ao Consumidor, Cindy Graffort, o problema envolvia um cliente muito importante – um grande distribuidor dos produtos Numi para varejistas do Reino Unido. Esse cliente, explica Graffort, "está esperando um pedido muito grande [de clientes varejistas] que precisará ser enviado por contêiner e ainda não temos um aqui. Antes disso, eu teria de dizer não ao cliente: "Não, não conseguiremos levar os produtos no prazo que vocês esperam" ou "Não, não conseguiremos satisfazer suas necessidades comercias como dissemos que faríamos".

Até certo ponto, Graffort não está surpresa com a natureza do problema: "Ouvíamos em alto e bom som de nossos clientes", ela admite, "que nossos prazos de entrega não eram competitivos e que eles procurariam a concorrência sem hesitar". No entanto, como Graffort também insinua, a Numi tomou providências para melhorar seu desempenho em relação ao *prazo de entrega* – o tempo entre o pedido e o recebimento da encomenda. Uma das ações que a empresa adotou foi contratar Dannielle Oviedo, veterana com dez anos de gestão em distribuição, para assumir o centro de distribuição.

Graffort acredita que a maior diferença entre Oviedo e o antecessor é a "flexibilidade" – a capacidade de fazer mudanças que acompanham as demandas variáveis de um negócio em expansão. Em particular, um encarregado de envio destaca: "parece que tudo está saindo muito mais rápido", e Graffort confirma que, de fato, isso está ocorrendo: "Antes de Dannielle chegar, após a aprovação do cliente, os pedidos que seriam enviados via contêiner demoravam até 15 dias para entrar no navio ou no trem". Agora, diz, "nossa média é de cinco dias".

Infelizmente, essa melhoria na eficácia não ajuda Graffort a resolver o problema com o cliente do Reino Unido. "Estava esperando o pior", admite, "quando levei esse problema a [Danielle]". Contudo, ela ficou surpresa em saber que Oviedo iniciou um processo chamado "carga viva". Segundo Graffort, carga viva "significa que, quando o contêiner chegar aqui, [Dannielle] terá uma equipe preparada para carregá-lo em uma hora. O que é maravilhoso. Fiquei surpresa em saber que ela implementou esse tipo de mudança drástica em uma parte muito crítica de nossa empresa".

Em suma, Dannielle Oviedo é muito boa em conceber e executar "eficiências" – habilidade que, de acordo com Graffort, exige "descobrir processos e/ou introduzir tecnologias. É revisar constantemente os processos que estão em uso [e aprimorá-los]. Ao aprimorar suas eficiências, você gera *tempo*, e o tempo é necessário para ser eficaz". Além disso, Oviedo é boa em encontrar eficiência em períodos que Graffort chama de "turbulência". O diretor de operações Brian Durkee parece um pouco menos surpreso com as competências de Oviedo. Ele diz: "Eu realmente confio, Dannielle inovará como puder para tornar esse processo eficiente. Então, parte do trabalho dela, e o que procuro nela, é [a capacidade] de extrair sanidade em meio ao caos.

"A experiência realmente é a chave", acrescenta Durkee, mas Dannielle é "uma líder calma e firme, e essa calma e firmeza [são os traços que] foram adotados e seguidos". Observando que Oviedo tem mais subordinados diretos do que qualquer outro gestor da empresa, Durkee acredita que "a liderança dela é o fator principal da mudança no modo como a organização opera a distribuição".

E quanto a Oviedo? Como ela consegue gerir e liderar? Ela diz que aperfeiçoa a própria eficiência "sempre buscando olhar à frente com o máximo de informação possível", e acredita que as pessoas estão mais propensas a seguir um líder que sabe do que está falando em vez de alguém que está sempre dando ordens: "Algo que tento fazer", explica, "é fazer o que peço para outros fazerem. Então, se eu lhe atribuo algo, é porque eu já fiz antes e tenho uma boa ideia de quanto tempo vai durar [e] quais são os desafios enquanto estiver executando-o".

É uma abordagem que faz com que seus subordinados a vejam como um membro da equipe que está trabalhando para encontrar o conhecimento prático de que todos precisam em vez de vê-la como um superior que dá ordens ao próximo subordinado disponível: "Um equívoco é achar que o gestor é alguém que *supervisiona* a atividade. Se você apenas atribui uma tarefa e sai", diz, "você não tem a mesma experiência que o membro da sua equipe, e não adquire conhecimento". Você fará sempre a mesma coisa. E a sua equipe também. Desenvolver soluções em conjunto permite a eficiência, pois todos os processos exigem a participação de grupos de colaboradores. Oviedo vai além e envolve sua equipe não apenas nos processos de trabalho, mas também nas mudanças que estão sendo feitas neles.

Eles se sentem envolvidos e se mostram mais ágeis. Acho que, o modo como eu trouxe as pessoas ao contexto da Numi refere-se ao fato de [que] quando você está fazendo adaptações para uma mudança, é preciso garantir que sua equipe está ciente do motivo. Dessa maneira, ao executá-la, eles entendem a importância por trás disso.

PERGUNTAS

1. De que modo as duas *teorias situacionais* de liderança discutidas no capítulo – o *modelo de relação entre líderes e membros (LMX)* e o *modelo de Hersey e Blanchard* – ajudam a explicar o êxito de Oviedo como líder da Numi? Qual dos dois é *mais útil*? Por quê?
2. Use o conceito de *liderança transformacional* para explicar da maneira mais completa possível a abordagem de liderança usada por Oviedo e os motivos de seu sucesso. O modelo de *liderança carismática* ou a *perspectiva da atribuição* podem ser usados para fornecer novas percepções sobre a abordagem e o sucesso de Oviedo?
3. De que modo a ideia de *líder como treinador* ajuda a explicar a abordagem de liderança de Oviedo? **A julgar pelo vídeo**, você diria que o *gênero* contribui para o sucesso de Oviedo como líder? Se sim, como?

FONTES ADICIONAIS

"Dannielle Oviedo", "Cindy Graffort", LinkedIn (2012), www.linkedin.com, 16 set. 2012; Inner City Advisors, "Case Study: Numi Organic Teas" (2010), http://innercityadvisors.org, 15 set. 2012; Stacey R. Louiso, "Numi Equals Puri-Tea", *Attribute Magazine*, 6 jul. 2009, www.attributemagazine.com, 16 set. 2012.

PRÁTICA DO COMPORTAMENTO ORGANIZACIONAL

Entendendo os substitutos de liderança

Objetivo Esse exercício ajudará você a avaliar as possibilidades e limitações dos substitutos de liderança nas organizações.

Formato Trabalhando em pequenos grupos, você identificará diversos fatores que podem substituir e neutralizar a liderança em diferentes contextos.

Procedimento O professor dividirá a turma em pequenos grupos de quatro a cinco membros. Trabalhando em equipe, faça o seguinte:

1. Identifique duas profissões que sejam relativamente simples (zelador ou cozinheiro de *fast-food*) e duas muito mais complexas (como piloto de avião ou engenheiro de *software*).
2. Para cada profissão, identifique o máximo de potenciais substitutos de liderança e neutralizadores possível.
3. Em seguida, troque uma de suas listas com o grupo e outra lista com um grupo diferente.
4. Revise as duas novas listas e procure ideias com as quais concorda ou discorda.
5. Troque de listas mais uma vez para voltar às suas listas originais.
6. Discuta com os demais membros do grupo se há um padrão discernível conforme os tipos de grupos profissionais em que a liderança pode ser facilmente substituída ou neutralizada.

Perguntas de acompanhamento

1. Até que ponto suas experiências afetaram o modo você realizou esse exercício?
2. Existem profissões que não têm substitutos de liderança? Exemplifique.
3. Os gestores devem buscar substitutos de liderança ativamente? Por quê?

FORMAÇÃO DAS HABILIDADES GERENCIAIS

Visão geral As habilidades interpessoais referem-se à capacidade do gestor de comunicar, entender e motivar indivíduos e grupos. Esse exercício ajudará você a desenvolver suas habilidades interpessoais à medida que elas se relacionam com a liderança.

Contexto Como foi observado no capítulo, a liderança virtual é um fenômeno emergente pouco conhecido. Comece esse exercício juntando-se com mais três colegas (ou seja, formem grupos com quatro pessoas). Passe um tempo com os membros desse grupo para conhecê-los melhor e trocar *e-mails*.

Em seguida, criem uma equipe de trabalho hipotética. A equipe deve identificar um integrante como líder e os outros três, como colaboradores. Desenvolvam funções relativamente detalhadas para cada um – gênero, idade, experiência, motivações e aspirações, e assim por diante, bem como detalhes de um projeto que foi atribuído à equipe.

Entre hoje e a próxima aula, vocês devem trocar vários *e-mails* sobre o projeto. O líder deve ser ativo no processo e enviar um grande conjunto de mensagens. Especificamente, ele deve incentivar, responder às perguntas, repassar informações, fazer críticas, e assim por diante. Além disso, deve manter um registro por escrito sobre a intenção do *e-mail* enviado. Os colaboradores podem se comunicar entre si, mas não podem esquecer de se comunicar com o líder: façam perguntas, repassem informações, e assim por diante.

Durante o processo de troca de *e-mails*, é praticamente certo que vocês terão de "inventar algumas coisas". Contudo, tentem manter o realismo e a consistência com o que já aconteceu. Por exemplo, um colaborador pode "criar" um problema e pedir o conselho do líder. No entanto, o problema deve ser realista e razoável para que o líder consiga dar um retorno. O líder também deve fazer um esforço realista para responder à pergunta. Durante as conversas seguintes, lembrem-se de prestar contas da pergunta e respondê-la quando for apropriado. Vocês podem terminar o exercício depois que ocorrerem muitas mudanças e após sentirem que o grupo está sem energia.

Tarefa No início da próxima aula, reúna-se com a equipe e responda às seguintes perguntas:
1. O líder deve recontar cada *e-mail* enviado e, então, transmitir o significado pretendido; os destinatários devem relatar como a mensagem foi realmente interpretada. Há diferenças entre a mensagem pretendida e como ela foi interpretada?
2. Até que ponto as interações entre os que desempenham o papel de colaborador afetam o modo como interpretaram a mensagem do líder?
3. O que o líder poderia ter feito para melhorar a comunicação?

EXERCÍCIO DE AUTOAVALIAÇÃO

Como suas habilidades estão evoluindo?

Agora que já passou da metade do livro, você provavelmente já conhece diversos fatos interessantes sobre as organizações e as pessoas que as lideram. Uma delas é – ou deveria ser – o fato de que as condições estão em processo de rápida mudança: as hierarquias estão uniformes e mais fluidas. As equipes estão mais vitais, mesmo sendo virtuais às vezes. A força de trabalho está acostumada a fazer mais com menos, e os funcionários querem um equilíbrio mais funcional entre trabalho e vida pessoal. Somente quando os gestores trabalham bem nessas condições é que as organizações conseguem operar com eficácia.

Então, aqui vai uma importante pergunta que talvez você queira fazer: você é o tipo de pessoa que conseguirá fazer as adaptações necessárias para liderar no século XXI – ou está apenas se preparando para liderar a organização como seu avô?

O teste a seguir – que não é nada cansativo – foi feito para lhe dar uma resposta muito informal a essa pergunta avaliando o seu grau em algumas habilidades. Em alguns itens, você precisa avaliar sua personalidade e habilidades sem o benefício da experiência real, mas é preciso se conhecer muito bem. Lembre-se: quanto mais honesto você for, mais proveitosos serão os resultados.

Para cada uma das 11 áreas de habilidades, pergunte-se *como outras pessoas o caracterizariam* e coloque o *número* correspondente à melhor resposta na respectiva lacuna.

1. Tenho **necessidade de exceder**?
   Demonstro paixão contínua pelo sucesso? Estou disposto a enfrentar desafios significativos? Estabeleço altos padrões? Transmito uma noção de urgência? Presto contas por agregar valor? Sou motivado a atingir resultados?
   ___ A Eu não sou assim (1)
   ___ B Às vezes eu sou assim (3)
   ___ C Eu definitivamente sou assim (5)

2. **Ajudo outras pessoas a ter sucesso?**
   Apoio os outros dando *feedback* positivo ou instruções? Disponibilizo recursos de desenvolvimento e tento ver o que outros desenvolveram?
   ___ A Eu não sou assim (1)
   ___ B Às vezes eu sou assim (3)
   ___ C Eu definitivamente sou assim (5)

3. Sou **corajoso**?
   Estou disposto a defender meu posicionamento? Dou um passo à frente para abordar questões difíceis? Eu me arrisco para lidar com problemas importantes? Permaneço firme quando necessário? Estou disposto a não segurar o que precisa ser dito? Estou disposto a realizar ações negativas quando necessário?
   ___ A Eu não sou assim (1)
   ___ B Às vezes eu sou assim (3)
   ___ C Eu definitivamente sou assim (5)

4. Eu **lidero**?
   Tento oferecer uma visão e um propósito que outras pessoas adotam e compartilham? Realizo ações que inspiram confiança na minha visão? Estabeleço metas claras e convincentes que servem para unificar o ponto focal de esforços conjuntos? Incentivo o espírito de equipe? Acredito que "o suficiente" nunca é suficiente?
   ___ A Eu não sou assim (1)
   ___ B Às vezes eu sou assim (3)
   ___ C Eu definitivamente sou assim (5)

5. Sou **focado no cliente**?
   Tento criar parcerias sustentáveis com clientes (internos e externos) com base em um entendimento completo em primeira mão do que cria valor para eles? Estou sempre buscando meios de aumentar a satisfação do cliente?
   ___ A Eu não sou assim (1)
   ___ B Às vezes eu sou assim (3)
   ___ C Eu definitivamente sou assim (5)

6. **Construo relacionamentos?**
   Eu inicio e desenvolvo relacionamentos como principal prioridade? Uso redes informais para realizar tarefas? Confio mais na capacidade do que nas relações hierárquicas para influenciar pessoas?
   ___ A Eu não sou assim (1)
   ___ B Às vezes eu sou assim (3)
   ___ C Eu definitivamente sou assim (5)

7. **Formo equipes?**
   Prezo pelo trabalho em equipe? Tento criar um ambiente em que as equipes sejam usadas adequadamente, em que o desenvolvimento delas seja apoiado e em que elas sejam bem-sucedidas? Fomento a colaboração entre membros da equipe e entre equipes e crio um sentimento de pertença entre membros?
   ___ A Eu não sou assim (1)
   ___ B Às vezes eu sou assim (3)
   ___ C Eu definitivamente sou assim (5)

8. Tenho **princípios**?
   Inspiro confiança por meio do comportamento ético? Demonstro consistência entre meus princípios, valores e comportamento? Vivo, respiro e expresso meus princípios em tudo que faço?
   ___ A Eu não sou assim (1)
   ___ B Às vezes eu sou assim (3)
   ___ C Eu definitivamente sou assim (5)

9. Sou um **agente de mudança**?
   Ajo como catalisador da mudança e estimulo outros a mudar? Desafio o *status quo* e prezo por novas iniciativas? Gerencio com eficácia a implementação de mudança?
   ___ A Eu não sou assim (1)
   ___ B Às vezes eu sou assim (3)
   ___ C Eu definitivamente sou assim (5)

10. Tenho **sede de conhecimento**?
    Eu aprendo com a experiência? Aprendo rápido? Busco sempre o aprendizado e o autodesenvolvimento? Sou um aprendiz versátil?
    ___ A Eu não sou assim (1)
    ___ B Às vezes eu sou assim (3)
    ___ C Eu definitivamente sou assim (5)

11. **Valorizo os outros?**
    Demonstro e incentivo respeito e reconhecimento em relação a todos, não importa a experiência, raça, idade, gênero, valores ou estilo de vida? Faço os ou-

tros se sentirem valorizados por suas ideias e contribuições? Busco a perspectiva de outras pessoas? Reconheço as contribuições de outros e os faço se sentirem valorizados?

___ A Eu não sou assim (1)
___ B Às vezes eu sou assim (3)
___ C Eu definitivamente sou assim (5)

Como pontuar: some todos os números que colocou nas lacunas e compare sua pontuação com a escala a seguir.

11-21 Você é um **gestor obsoleto**.
Se hoje você é gestor, provavelmente está um pouco frustrado e anseia pelos bons e velhos tempos. Desculpe, mas eles não eram tão bons assim, e também não voltam mais. Você já pensou em assumir um cargo não gerencial?

21-43 Você é um **gestor do século 21 em potencial**.
Você pode estar dividido entre o impulso de se manter no passado e perpetuar as habilidades de seus antigos mestres e o desejo de acompanhar os contemporâneos mais dinâmicos. Às vezes vai por um caminho, às vezes vai por outro. Você só precisa de mais consistência. Comece a confiar em si mesmo: você está em uma bifurcação, mas não sabe que caminho seguir. Procure oportunidades de aguçar suas habilidades para que possa confiar mais nelas.

45-55 Você é um **gestor do século 21**.
Suas habilidades devem mantê-lo estável no futuro. Mas não relaxe e continue aprendendo e se adaptando. Você nunca sabe o que o futuro tem guardado, mas podemos apostar que será algo diferente. Além disso, a disposição constante para aprender e se adaptar é um traço útil de personalidade em quaisquer circunstâncias caraterizadas pela mudança.

Referência: Matt M. Starcevich, Center for Coaching and Mentoring, Inc., "Are You Ready to Manage in the 21st Century?", 2009, www.work911.com, 1º junho 2010. Usado com permissão de Matt M. Starcevich, Ph.D.

CAPÍTULO 14
Poder, política e justiça organizacional

Visão geral do capítulo

- Influência nas organizações
- O poder nas organizações
- Política e comportamento político
- Justiça organizacional

Objetivos de aprendizagem

Após estudar este capítulo, você estará apto a:

1. Definir o que é influência nas organizações e discutir o assunto.
2. Descrever os tipos de poder nas organizações e como são usados.
3. Discutir política e comportamento político nas organizações.
4. Descrever as várias formas e implicações da justiça nas organizações.

Desenvolvimento conservador no local de trabalho

"Esse tipo de coisa acontece a todo momento."

— *Ellen Simon, advogada trabalhista*

À primeira vista, não parece difícil descobrir que tipo de comportamento constitui *assédio sexual* no local de trabalho. A Equal Employment Opportunity Commission – EEOC (Comissão para Oportunidades Igualitárias de Emprego), agência federal que investiga queixas sobre discriminação no ambiente de trabalho, fornece a seguinte explicação:

> *Avanços sexuais indesejados, pedidos de favores sexuais e outros tipos de conduta verbal ou física de natureza sexual constituem assédio sexual quando a submissão a essas condutas ou sua rejeição, explícita ou implicitamente, afeta o trabalho do indivíduo, interfere, injustificadamente, no seu desempenho profissional ou cria um ambiente de trabalho intimidador, hostil ou ofensivo.*

Se você ainda tiver dúvidas, a comissão ficará satisfeita em esclarecer alguns dos pontos legais mais nebulosos. O assédio sexual, por exemplo, pode ocorrer em uma variedade de circunstâncias, incluindo, mas não se limitando, às situações a seguir:

- A vítima, bem como o assediador, pode ser mulher ou homem. A vítima não tem de ser do sexo oposto.
- O assediador pode ser o superior da vítima, um representante do empregador, um superior de outra área, um colega de trabalho ou alguém que não seja funcionário da empresa.
- A vítima não tem de ser a pessoa assediada, pode ser qualquer pessoa afetada pela conduta ofensiva.
- O assédio sexual pode ocorrer sem prejuízo econômico ou cobrança financeira para a vítima.

O que tudo isso significa em um sentido prático – digamos, se você é uma mulher que vai ao tribunal para fazer valer os seus direitos contra a discriminação no local trabalho, tal como definido no Título VII da Lei dos Direitos Civis de 1964 (e de acordo com as decisões posteriores dos tribunais)? De acordo com a advogada trabalhista, Ellen Simon, você tem que verificar quatro fatores:

1. É membro de uma classe protegida/minoria (gênero feminino).
2. Foi submetida a assédio, quer por meio de palavras, quer por meio de ações relacionadas a sexo.
3. O assédio teve o efeito de interferir, de modo injustificado, no seu desempenho no trabalho e de criar um ambiente profissional intimidador, hostil e ofensivo.
4. Há alguma base para a responsabilização de seu empregador.

Atualmente, o assédio sexual e o assédio moral (*bullying*) são muito comuns no local de trabalho. Em muitos casos, envolvem as diferenças de poder entre as pessoas.

Considere o caso de Julie Gallagher, que ocupava um cargo de vendas no escritório de Cleveland da C.H. Robinson Worldwide Inc., empresa de transporte de cargas e outros serviços de gestão para a cadeia de suprimentos. De acordo com Gallagher, um dia normal de trabalho no escritório da Robinson incluía o uso generalizado de linguagem chula, o que um advogado trabalhista, familiarizado com o caso, chama de "desenvolvimento de um comportamento machista-conservador". As mulheres eram chamadas, constantemente, de "vadias", "cadelas" e outros epítetos que você não encontrará no índice dos livros didáticos sobre comportamento organizacional; colegas de trabalho exibiam fotos de suas namoradas nuas, contavam piadas sujas e se envolviam em discussões "gráficas" (desenhos) sobre suas fantasias e preferências sexuais. Com frequência, referiam-se à própria Gallagher como "vadia" e, uma vez, como "bezerra com úberes de ordenha". O espaço de trabalho consistia em cubículos separados por divisórias baixas e agrupadas em baias ou unidades, em um espaço aberto, o que tornava impossível para ela evitar a exposição a esse tipo de comportamento. Quando ela reclamou com o gerente da filial – que não só tinha presenciado alguns desses comportamentos, como também tinha participado deles –, as coisas só pioraram.

"Tenho ouvido essas histórias e elas parecem não ter mudado muito nos últimos 30 anos", diz Simon. "Esse tipo de coisa acontece a todo momento." Como aproximadamente 12.000 outras trabalhadoras, naquele ano, Gallagher buscou uma solução legal para a sua história e entrou com acusações de assédio sexual contra a C.H. Robinson. O Juiz Dan A. Polster, do Tribunal Distrital dos Estados Unidos, Distrito Norte de Ohio, desqualificou a acusação no caso dela. Por quê? "Por razões que eu ainda não cheguei a compreender completamente", diz Simon, que resume o raciocínio do juiz em três fundamentos, que também estão sendo colocados:

1. A conduta na C. H. Robinson não estava "relacionada a sexo". Tanto homens como mulheres estavam regularmente presentes e, uma vez que o comportamento em questão foi "indiscriminado", Gallagher não podia argumentar que a discriminação era contra ela.
2. O comportamento no escritório não foi grave o suficiente a fim de satisfazer às exigências legais para caracterizar o assédio sexual: a maior parte desse tipo de comportamento não foi dirigido a Gallagher, seu desempenho no trabalho não foi prejudicado e tais ações não foram "objetivamente" hostis. Em outras palavras, Gallagher estava sendo "insensata" ou "hipersensível" em sua percepção sobre o nível de hostilidade.
3. As ações que aconteceram em um dos escritórios, não fez com que o empregador fosse responsabilizado por assédio sexual. Gallagher não tinha seguido as políticas de assédio estabelecidas pela empresa; a própria empresa não recebeu nenhuma notificação de suas queixas, e ela estava sendo insensata ao esperar que as coisas mudariam depois de reclamar apenas para o gerente da filial.

Gallagher recorreu da decisão do tribunal distrital e o resultado é relatado no box Ética, intitulado "Eliminando a insanidade corporativa".

Qual é a sua opinião?
1. Alguma vez você já presenciou algum tipo de assédio sexual no local de trabalho? Que condições, no local de trabalho, contribuíram para o ambiente no qual o assédio ocorreu?

2. Qual é a responsabilidade do empregador quando há acusações de assédio sexual no local de trabalho? O que os empregadores devem fazer para reduzir a probabilidade de esse comportamento ofensivo ocorrer?

Referências: U.S. Equal Employment Opportunity Commission, "Sexual Harassment", "Facts about Sexual Harassment" (Washington, D.C., 2012), www.eeoc.gov, 29 jul. 2012; EEOC, "Sexual Harassment Charges EEOC & FEPAs Combined: FY 1997–FY 2009" (Washington, D.C., 2010), www1.eeoc.gov, 8 abr. 2010; Ellen Simon, "Harassed Female Wins 'Locker Room' Hostile Environment Case", *Employee Rights Post*, 2 jun. 2009, www.employeerightspost.com, 29 jul. 2012; Paul Mollica, "*Gallagher v. C. H. Robinson Worldwide, Inc.*, No. 08-3337 (6ª Cir., 22 mai. 2009) ", *Daily Developments in EEO Law*, 21 mai. 2009, www.employmentlawblog.info, 29 jul. 2012; Simon, "Gender-Based Profanity Constitutes Sexual Harassment", *Employee Rights Post*, 27 jan. 2010, www.employeerightspost.com, 29 jul. 2012.

Como vimos nos Capítulos 12 e 13, a liderança é um conceito poderoso, complexo e amorfo. Este capítulo explora uma variedade de forças e processos organizacionais frequentemente relacionados à liderança, mas, ao mesmo tempo, distintos dela. Tais forças e processos podem preceder, prejudicar e/ou reforçar, a capacidade do líder de atuar eficazmente. Eles também podem ocorrer independentemente da liderança e de outras atividades associadas.

Vamos começar por rever, brevemente, o conceito de influência. No início do Capítulo 12, apresentamos o conceito de influência como base para a definição de liderança; agora, examinaremos a influência de modo um pouco mais completo e descreveremos uma forma específica de influência conhecida como gerenciamento da impressão. Então, discutiremos o poder em suas inúmeras formas nas organizações. Posteriormente, a política e o comportamento político serão introduzidos e descritos em detalhes. Finalmente, discutiremos a justiça organizacional. (Alguns autores tratam a justiça no contexto da motivação, porém, dada a sua estreita associação com a influência, com o poder e com a política, pareceu-nos mais razoável tratar desse assunto aqui).

INFLUÊNCIA NAS ORGANIZAÇÕES

Lembre-se de que no Capítulo 12 definimos liderança (de uma perspectiva de processo), como o uso da influência não coercitiva para dirigir e coordenar as atividades dos membros de um grupo a fim de atingir as metas. Em seguida, descrevemos uma série de modelos de liderança e de teorias baseados em características da liderança, comportamentos e contingências diversos. Infelizmente, a maioria desses modelos e teorias, em sua essência, ignora a influência como um componente da liderança. Em outras palavras, esses modelos e teorias tendem a se concentrar nas características do líder (traços de personalidade, comportamentos, ou ambos) e nas respostas dos liderados (satisfação, desempenho ou ambos, por exemplo), dando pouca atenção à forma como o líder, de fato, exerce influência em um esforço para despertar as respostas que deseja de seus seguidores.

No entanto, a influência, na verdade, deveria ser vista como a pedra angular do processo pelo qual uma pessoa tenta afetar o comportamento de outra. Por exemplo, independentemente das características ou dos comportamentos do líder, a liderança só faz sentido se realmente houver alguma influência, ou seja, a eficácia de alguém em afetar o comportamento dos outros por meio da influência é o determinante final para se saber se ela é um líder de verdade. Ninguém pode ser um líder sem a capacidade de influenciar os outros. E se alguém tem a capacidade de influenciar os outros, tem pelo menos o potencial para se tornar um líder.

A natureza da influência

A **influência** é definida como a capacidade de afetar as percepções, as atitudes ou o comportamento dos outros.[1] Se uma pessoa pode fazer outra reconhecer que suas condições de trabalho são mais perigosas do que ela acredita que sejam (mudança de percepção), então, houve alguma influência. Da mesma forma, se um indivíduo convence alguém de que a organização é um lugar muito melhor para se trabalhar do que ele acredita (mudança de atitude), também houve alguma influência. E se alguém pode levar os outros a trabalhar mais ou a fazer uma denúncia contra o chefe (mudança de comportamento), a influência também ocorreu.[2]

A influência pode ser drástica ou sutil. Por exemplo, um novo líder pode ser capaz de liderar um grupo de funcionários desiludidos, que estão trabalhando em um projeto imperfeito e mal concebido, e energizá-los a trabalhar mais enquanto melhora a natureza e a direção desse projeto, de modo a transformá-lo em algo que valha a pena. Como resultado, o grupo terá muito mais sucesso. Em um ambiente diferente, entretanto, determinado funcionário insatisfeito pode se sentir muito infeliz e estar na iminência de pedir demissão. Certa manhã, um supervisor faz um comentário inofensivo que esse funcionário descontente percebe como se fosse uma crítica. Tal comentário pode ser visto, objetivamente, como algo muito trivial. Contudo, fortes sentimentos e atitudes habituais do funcionário, é o suficiente para motivar uma demissão imediata.

Devemos também ressaltar que tanto a origem quanto o destino da influência podem ser uma pessoa ou um grupo. Por exemplo, os esforços e o sucesso de uma equipe de trabalho pode inspirar outras equipes de tal modo que as leve a trabalhar mais. Além disso, a influência pode ser intencional ou não intencional. Se um funcionário passa a ir trabalhar vestido de forma mais casual do que a norma estabelece, outros podem seguir o mesmo caminho, embora a ação do primeiro funcionário não tenha sido assumida para influenciar os outros de nenhuma maneira, apenas serviu para que ele se sentisse mais confortável.

Note, também, que a influência pode ser usada de maneira benéfica ou prejudicial. Alguém pode ser influenciado a ajudar na limpeza de um parque da cidade, no fim de semana, como parte de um programa de serviços comunitários, por exemplo. Funcionários em cargos operacionais podem ser influenciados a trabalhar mais; engenheiros podem ser influenciados a se tornar mais criativos e inovadores e as equipes podem ser influenciadas a aumentar a sua eficiência. Mas as pessoas também podem ser influenciadas a usar ou vender drogas, ou a fumar. Os funcionários podem ser influenciados a se importar menos com a qualidade do seu trabalho; os engenheiros podem ser influenciados a não explorar ou defender novas ideias e as equipes podem ser influenciadas a ser menos eficientes. Assim, a influência é uma grande força organizacional que os gestores não podem ignorar.

Administração da impressão

A administração da impressão é uma forma específica – e frequentemente sutil – de influência que merece menção especial. A **administração da impressão** é o esforço direto, intencional, realizado por alguém para melhorar sua imagem aos olhos dos outros. As pessoas empenham-se na administração da impressão por uma variedade de razões. Elas podem exercer essa administração para promover suas próprias carreiras. Ao fazer com que pareçam melhores, acreditam que haverá maior probabilidade de ganharem recompensas, de serem designadas para realizar trabalhos mais interessantes e de obter promoções. Elas também podem se ocupar da administração da impressão para aumentar a autoestima. Quando as pessoas têm uma imagem positiva em uma organização, outros fazem com que elas estejam cientes disso por meio de elogios, demonstrações de respeito, e assim por diante. Outro motivo que faz com que uma pessoa empenhe-se em administrar a impressão para adquirir mais poder e, consequentemente, mais controle.

As pessoas tentam gerir a forma como são notadas pelos outros por meio de uma variedade de mecanismos. A aparência é um dos primeiros aspectos no qual as pessoas pensam. Uma pessoa motivada pela administração da impressão presta muita atenção à escolha da vestimenta, à seleção da linguagem, bem como aos modos e à postura corporal. As pessoas interessadas na administração da impressão também são susceptíveis a criar manobras para estarem associadas apenas a projetos bem-sucedidos. Ao ser designada para realizar projetos de grande importância, liderados por gerentes bem-sucedidos, uma pessoa pode começar a associar o próprio nome com tais projetos na mente dos outros.

Em seu sentido mais básico, é claro, não há nada de errado com a administração da impressão. Afinal de contas, a maioria das pessoas deseja criar uma imagem positiva e honesta de si mesma aos olhos dos outros. Às vezes, porém, pessoas extremamente motivadas pela administração da impressão, tornam-se obcecadas e recorrem a meios desonestos ou antiéticos. Por exemplo, a pessoa pode começar a levar o crédito pelo trabalho dos outros, em um esforço para parecer alguém melhor. Ela também pode exagerar ou até mesmo falsear suas realizações pessoais em um esforço para melhorar a sua imagem. Assim, ainda que não haja nada de errado em "mostrar o melhor de si na frente dos outros", a pessoa precisa estar ciente das impressões que está tentando criar e certificar-se de que não está usando métodos inadequados.

A administração da impressão é uma forma de influência. Tomemos o exemplo dessa gerente. O modo de se vestir e a segurança com que apresenta suas ideias, combinados com o conteúdo que expõe, vão interagir para ajudá-la a influenciar a decisão que está sendo analisada por esse grupo de colegas.

O PODER NAS ORGANIZAÇÕES

A influência também está estreitamente relacionada com o conceito de poder. O poder é uma das forças mais significativas nas organizações. Além disso, ele pode ser um ingrediente muito importante para o sucesso ou o fracasso da empresa. Nesta seção, primeiro descreveremos a natureza do poder. Em seguida, examinaremos os tipos de poder e seu uso.

A natureza do poder

> **Poder** é a habilidade potencial de uma pessoa ou de um grupo para exercer controle sobre outra pessoa ou grupo.

O poder foi definido em dezenas de formas diferentes; nenhuma definição é totalmente aceita. Considerando os significados mais comuns, definimos **poder** como a capacidade potencial de uma pessoa ou de um grupo para exercer controle sobre outra pessoa ou grupo.[3] O poder distingue-se da influência em razão do elemento de controle – quanto maior o controle, menor o poder. Desse modo, o poder pode ser entendido como uma forma extrema de influência.

Um aspecto óbvio da nossa definição é que ela expressa o poder em termos de potencial; ou seja, alguém é capaz de controlar os outros, mas pode optar por não exercer esse controle. No entanto, ter o potencial de controlar os outros pode ser suficiente para influenciar os indivíduos em algumas situações organizacionais. Devemos também observar que o poder pode residir em indivíduos (como gerentes e líderes informais), em grupos formais (como departamentos e comissões) e em grupos informais (como um grupo exclusivo ou a chamada "panelinha" de pessoas influentes). Finalmente, devemos notar a associação direta entre poder e influência. Se uma pessoa convence outro indivíduo a mudar de opinião sobre alguma questão, a apresentar ou a evitar algum tipo de comportamento ou a ver as circunstâncias de certa maneira, essa pessoa exerceu sua influência e usou seu poder.

Há diferenças consideráveis de opiniões a respeito de até que ponto o poder permeia as organizações. Algumas pessoas argumentam que praticamente todas as relações interpessoais são influenciadas pelo poder, outras acreditam que o exercício do poder limita-se apenas a determinadas situações. Seja qual for o caso, o poder é, sem dúvida, uma parte onipresente na vida organizacional. Ele afeta as decisões que vão desde a escolha das estratégias até a escolha da cor do novo carpete do escritório. O poder constrói ou destrói carreiras. E também aumenta ou limita a eficácia organizacional.

Tipos de poder

Na estrutura ampla da nossa definição há, obviamente, muitos tipos de poder. Esses tipos são descritos em termos de bases ou fontes de poder e do poder da posição (autoridade conferida pelo cargo) em contraposição ao poder pessoal. A Tabela 14.1 identifica e resume as formas mais comuns de poder.

Bases ou fontes do poder A análise mais utilizada e mais reconhecida sobre as bases do poder é o quadro clássico desenvolvido por John R. P. French e Bertram Raven.[4] French e Raven identificaram cinco bases ou fontes gerais de poder em ambientes organizacionais: poder legítimo, de recompensa, de coerção, de conhecimento e de referência.

> **Poder legítimo** é aquele concedido em virtude do cargo que o indivíduo ocupa na organização.

O **poder legítimo** é, essencialmente, a mesma coisa que autoridade; é concedido em virtude do cargo que o indivíduo ocupa na organização. Os gerentes têm poder legítimo sobre seus subordinados. A organização estabelece que esse poder é legítimo para que o indivíduo designado direcione as atividades dos outros. Os limites dessa legitimidade são definidos, em parte, pela natureza formal do cargo em questão e, em parte, pelas normas e tradições informais. Por exemplo, já foi comum para os gestores esperar que suas secretárias não só executassem os processos relacionados ao seu trabalho, como digitação e arquivamento de documentos, mas também exercessem atividades de caráter pessoal, como pegar roupas na lavanderia e comprar presentes. Nas organizações altamente centralizadas, mecanicistas e burocráticas, como as militares, o poder legítimo inerente a cada posto está intrinsecamente especificado, é conhecido de forma ampla e seguido de modo rigoroso. Nas organizações mais orgânicas, como laboratórios de pesquisa e desenvolvimento e empresas de *software*, as linhas de poder legítimo, muitas vezes, são indefinidas. Os funcionários podem trabalhar para mais de um superior ao mesmo tempo, e os líderes e liderados podem estar quase em pé de igualdade.

TABELA 14.1	Formas comuns de poder nas organizações
PODER LEGÍTIMO	É aquele concedido em virtude do cargo que o indivíduo ocupa na organização.
PODER DE RECOMPENSA	É o poder que existe quando o indivíduo controla as recompensas que outra pessoa valoriza.
PODER DE COERÇÃO	Existe quando a pessoa tem a capacidade de punir ou de prejudicar física ou psicologicamente outra pessoa.
PODER DE CONHECIMENTO	Existe quando o indivíduo controla as informações que são valiosas para os outros.
PODER DE REFERÊNCIA	Existe quando o indivíduo quer ser igual a alguém ou o imita.
PODER DE POSIÇÃO	Reside no cargo, independentemente de quem o ocupa.
PODER PESSOAL	Reside na pessoa, independentemente do cargo que ela ocupa.

© Cengage Learning

> **Poder de recompensa** refere-se ao tanto que uma pessoa controla as recompensas que são valorizadas por outros indivíduos.

Poder de recompensa refere-se ao tanto que uma pessoa controla as recompensas que são valorizadas por outros indivíduos. Os exemplos mais óbvios de recompensas organizacionais são: salário, promoções e atribuição de tarefas. Se um gerente tem controle quase total do pagamento que seus subordinados recebem, pode fazer recomendações para promoções e tem considerável poder discricionário para atribuir trabalhos/tarefas, ele tem um alto nível de poder de recompensa. O poder de recompensa pode se estender para além das recompensas materiais. Como observamos em nossas discussões sobre a teoria da motivação nos Capítulos 4 e 5, as pessoas trabalham por razões que vão além do salário. Por exemplo, algumas pessoas podem ser motivadas pelo desejo de reconhecimento e aceitação. Conforme o tanto que os elogios e o reconhecimento de um gerente satisfazem essas necessidades, maior será o seu poder de recompensa.

> **Poder de coerção** representa o tanto que uma pessoa tem a capacidade de punir ou de prejudicar física ou psicologicamente outra pessoa.

O **poder de coerção** existe quando uma pessoa tem a capacidade de punir ou de prejudicar física ou psicologicamente outra pessoa. Por exemplo, alguns gerentes repreendem seus subordinados na frente de seus pares e colegas, menosprezando seus esforços e tornando a vida no ambiente de trabalho um verdadeiro inferno. Certas formas de coerção podem ser mais sutis. Em algumas organizações, um departamento específico ou determinada divisão pode ser notório(a) como um lugar reservado para as pessoas que não têm futuro na empresa. A ameaça de transferir alguém para uma filial que é um beco sem saída ou para outro local indesejável é uma forma de coerção. Obviamente, quanto mais negativas forem as sanções que um gerente impõe aos outros, mais forte será seu poder de coerção. Ao mesmo tempo, o uso da força coercitiva tem um custo considerável em termos de ressentimento e hostilidade por parte do empregado. Além disso, o uso da força coercitiva pode ter consequências legais, como discutimos no box Ética, intitulado "Eliminando a insanidade corporativa".

> **Poder de conhecimento** refere-se ao tanto que uma pessoa controla as informações que são valiosas para outros indivíduos.

O controle sobre a especialização ou, mais precisamente, sobre as informações, é outra fonte de poder organizacional. Por exemplo, uma vez que um gerente de estoque tem acesso a informações de que o representante de vendas precisa, ele tem **poder de conhecimento** sobre o representante de vendas. Quanto mais importantes forem as informações, e quanto menos fontes alternativas para obtê-las houver, maior será esse tipo de poder. O poder de conhecimento pode residir em muitos nichos da organização; ele transcende posições e cargos.[5] Embora legítimo, o poder de recompensa e o de coerção possam não estar associados à autoridade formal, muitas vezes estão ligados a ela. Já o poder de conhecimento, pode estar menos associado com a autoridade formal. Os gerentes do escalão superior geralmente decidem sobre a pauta de atividades estratégicas da organização, contudo, indivíduos de níveis hierárquicos inferiores podem ter o conhecimento de que esses gestores precisam para realizar as tarefas. Um cientista que faz pesquisas pode ter informações cruciais sobre um avanço técnico de grande importância para a organização e suas decisões estratégicas. Uma secretária pode assumir o controle de tantas atividades rotineiras e pessoais do chefe, que ele perde a noção dos detalhes e se torna dependente da secretária para manter as coisas funcionando sem problemas. Há situações em que algum poder é dado aos funcionários de nível hierárquico inferior como forma de tirar proveito de seus conhecimentos. Por exemplo, determinadas companhias aéreas têm dado voz ativa aos gerentes de serviços de bordo sobre a possibilidade de atrasar um voo, com base em problemas de *catering* (alimentação a bordo). A lógica é que os comissários de bordo têm mais condições de avaliar a sua capacidade de lidar com a falta de, digamos, gelo ou copo para bebidas.

> **Poder de referência** existe quando alguém quer ser igual a alguém ou o imita.

O **poder de referência** é aquele que ocorre por meio da identificação. Se José é muito respeitado por Adam, José tem poder de referência sobre Adam. Assim como o poder de conhecimento, o poder de referência nem sempre se relaciona com a autoridade organizacional formal. De certa forma, o poder de referência é semelhante ao conceito de carisma, pois muitas vezes envolve confiança, semelhanças, aceitação, afeto, vontade de seguir o outro e envolvimento emocional. O poder de referência geralmente vem à tona como imitação. Por exemplo, suponha que o novo gerente de um departamento é a pessoa mais jovem na organização a chegar até esse nível. Além disso, é amplamente difundido que ele está sendo preparado para os escalões mais altos. Outras pessoas no departamento podem começar a imitá-lo por acreditar que também podem avançar em suas carreiras. Elas podem começar a se vestir como o gerente, a trabalhar no mesmo horário e a tentar obter dele o maior número possível de indicações relacionadas ao trabalho.

Poder de posição* versus *poder pessoal A estrutura de French e Raven é somente uma das abordagens para examinar as origens do poder organizacional. Outra abordagem categoriza o poder nas organizações em termos de poder de posição e poder pessoal.

> **Poder de posição** é aquele que já vem com o cargo, independentemente de quem o ocupa.

O **poder de posição** é aquele que já vem com o cargo, independentemente de quem o ocupa. Desse modo, os poderes legítimo, de recompensa, e alguns aspectos dos poderes de coerção e de conhecimento podem contribuir para o poder de posição. Assim, o poder de posição é semelhante à autoridade. Ao criar um cargo, a organização estabelece, simultaneamente, uma esfera de poder para a pessoa que ocupa essa posição. Essa pessoa, geralmente, tem o poder de dirigir as atividades dos subordinados na execução do trabalho, de controlar algumas de suas recompensas potenciais e de decidir sobre punição e disciplina. Todavia, há limites para o poder de posição de um gerente. Um executivo não pode dar ordens ou controlar atividades que estão fora de sua esfera de poder, por exemplo, levar um subordinado a cometer crimes, obrigá-lo a executar serviços relativos à vida pessoal do gerente, ou a assumir tarefas que, claramente, não fazem parte do trabalho do subordinado.

> **Poder pessoal** vem com a pessoa, independentemente do cargo que ela ocupa.

O **poder pessoal** é aquele que vem com o indivíduo, independentemente de seu cargo na organização. Assim, as bases ou fontes primárias do poder pessoal são o poder de referência e alguns elementos dos poderes de conhecimento, de coerção e de recompensa. É possível que o carisma também contribua para o poder pessoal. Uma pessoa exerce seu poder pessoal por meio da persuasão racional ou jogando com a identificação que seus seguidores têm em relação a ela. Um indivíduo com poder pessoal pode inspirar maior lealdade e dedicação em seus seguidores do que alguém que tem apenas poder de posição. A influência mais forte surge do fato de que os seguidores agem mais por opção do que por necessidade (conforme ditado, por exemplo, por suas responsabilidades na organização), assim, respondem mais prontamente a solicitações e pedidos. Obviamente, a influência de um líder que se apoia só no poder pessoal é limitada porque os seguidores podem decidir não aceitar suas diretrizes ou ordens.

As distinções entre líderes formais e informais também estão relacionadas ao poder de posição e ao poder pessoal. Um líder formal tem pelo menos poder de posição. Um líder informal, de forma semelhante, tem algum grau de poder pessoal. Como uma pessoa pode ser tanto um líder formal quanto informal, ela pode ter, ao mesmo tempo, poder de posição e poder pessoal. Na verdade, essa combinação tem maior potencial de influência sobre as ações dos outros. A Figura 14.1 ilustra como o poder pessoal e o poder de posição podem interagir para determinar quanto poder uma pessoa tem em uma situação específica. Um indivíduo que tem tanto poder pessoal quanto de posição conta com maior poder total. Da mesma forma, uma pessoa que não tem poder pessoal nem de posição conta com pouco poder total. Finalmente, quando ou o poder pessoal ou o de posição é alto, mas o outro é baixo, o indivíduo tem um nível moderado de poder total.

O uso do poder nas organizações

O poder é usado de muitas maneiras em uma organização. Contudo, em razão do potencial para seu uso indevido e das preocupações que ele pode engendrar, é importante que os gestores tenham um entendimento amplo sobre a dinâmica do uso do poder. Gary Yukl apresentou uma perspectiva útil para a compreensão de como o poder pode ser exercido.[6] Sua abordagem inclui dois componentes que estão intimamente relacionados. O primeiro refere-se às fontes (ou bases) do poder, às solicitações feitas pelos indivíduos que detêm o poder e aos resultados prováveis, sob a forma de recomendações para o gestor. A Tabela 14.2 indica as três consequências que podem resultar quando um líder tenta exercer o poder. Esses resultados dependem da fonte ou da base de poder do líder, de como essa base é operacionalizada (por exemplo, usar o poder de coerção de forma abusiva, em vez de aplicá-lo como uma forma de instrução) e das características individuais do subordinado (como traços de personalidade ou interações anteriores com o líder).

FIGURA 14.1

Poder de posição e poder pessoal

O poder de posição reside no cargo, ao passo que o poder pessoal reside no indivíduo. Quando esses dois tipos de poder são divididos nos níveis alto e baixo e são relacionados entre si, resultam na matriz 2x2 ilustrada aqui.
Por exemplo, a célula superior à direita sugere que um líder com altos níveis de poder de posição e poder pessoal tem um maior nível de poder total. Outras combinações resultam em diferentes níveis de poder total.

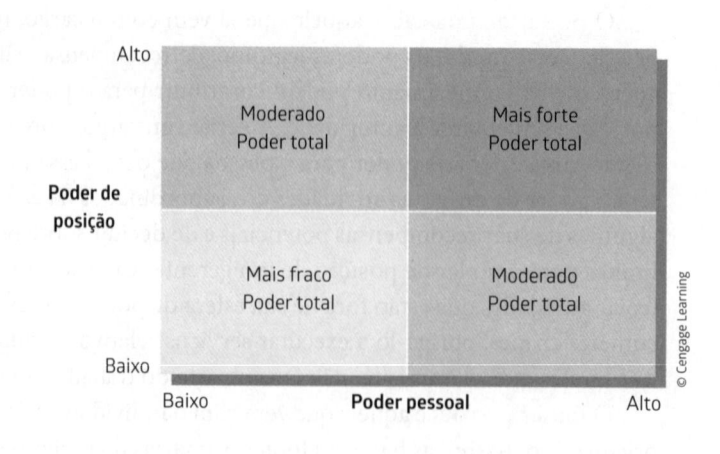

Poder de posição	Poder pessoal Baixo	Poder pessoal Alto
Alto	Moderado Poder total	Mais forte Poder total
Baixo	Mais fraco Poder total	Moderado Poder total

© Cengage Learning

ÉTICA — Eliminando a insanidade corporativa

Vamos rever o caso de Julie Gallagher que apresentamos na abertura deste capítulo. Gallagher recorreu da decisão do juiz da corte distrital ao Tribunal de Apelações dos Estados Unidos (U.S Court of Appeals for the Sixth Circuit), que emitiu parecer em maio de 2009. Analisar todo o conteúdo do parecer do tribunal em detalhes vai nos ajudar a recordar os quatro fatos que, segundo a advogada trabalhista, Ellen Simon, Gallagher teve de estabelecer em sua ação contra o antigo empregador, C.H. Robinson Worldwide (grifos do autor):

1. Ela era membro de uma *classe protegida/minoria* (gênero feminino).
2. Ela foi submetida a assédio, quer por meio de palavras, quer por meio de ações *relacionadas a sexo*.
3. O assédio teve o efeito *de interferir, de modo injustificado, no desempenho no trabalho e de criar um ambiente de trabalho intimidador, hostil e ofensivo*.
4. Havia alguma base para a *responsabilização de seu empregador*.

Como você se recorda, o Juiz Distrital Dan A. Polster tinha rejeitado a ação de Gallagher por três razões. Aqui está um resumo ponto a ponto da resposta do tribunal de apelação à decisão do Polster no caso *Gallagher versus C.H. Robinson Worldwide, Inc.*:

- Primeiramente, os juízes decidiram que a conduta dos colegas de trabalho de Gallagher, de fato, estava "relacionada a sexo": apesar de que tanto homens quanto mulheres foram expostos à conduta ofensiva, a qual, afirmou o tribunal, era "manifestamente degradante e antifeminista" em sua natureza. Assim, "fica patente que as mulheres sofreriam maior desvantagem nos termos e condições de seus empregos em comparação com os homens".
- Em segundo lugar, o tribunal de apelações rejeitou o parecer do juiz distrital de que o assédio não era suficientemente grave ou generalizado. Ainda que a conduta ofensiva não fosse dirigida especificamente a Gallagher, o *layout* do escritório significava que "ela não tinha meios de escapar [e] estava, inevitavelmente, exposta à conduta ofensiva". Além disso, qualquer "pessoa razoável" teria identificado a "linguagem vulgar, as conversas e imagens humilhantes, e que havia, claramente, uma disposição ativa antifeminista e objetivamente hostil" no escritório da C.H. Robinson – em outras palavras, a mesma hostilidade que Gallagher experimentou; sua reação, portanto, não era "irracional, exagerada ou hipersensível". O tribunal também considerou racional aceitar sua alegação de que o comportamento abusivo "tornava seu trabalho mais difícil".
- Em terceiro lugar, o painel do tribunal de apelações determinou que a empresa C.H. Robinson poderia ser responsabilizada por criar um ambiente de trabalho hostil para pessoas do gênero feminino. Os fatos mostraram que o gerente da filial sabia do comportamento ofensivo e das objeções de Gallagher a esse comportamento. De acordo com a lei, a própria empresa deve ter conhecimento de qualquer situação conhecida de "qualquer supervisor ou chefe de departamento que tenha sido autorizado a receber tais reclamações e respondê-las ou encaminhá-las à administração". Ademais, declarou o tribunal, a "um júri justo" deve ser dada a oportunidade de determinar se a Robinson tinha respondido às reclamações de Gallagher "com manifesta indiferença".

A decisão do juiz da corte distrital foi revertida e o caso, reenviado à corte distrital para reconsideração. O caso ainda não foi concluído, porém, muitos advogados acreditam que o tribunal de apelações enviou uma mensagem clara para os empregadores e juízes das instâncias inferiores. De acordo com Frank Steinberg, advogado que lida com assédio sexual e outros casos relacionados com o trabalho, o comportamento da C.H. Robinson é uma "ilustração da insanidade corporativa autodestrutiva. Assim, se você dirige um negócio", aconselha,

não se iluda com a falsa sensação de segurança por xingar mulheres e homens com igual entusiasmo. A defesa do abusador do tipo "oportunidades iguais para ambos os sexos" não funciona. E não pense que o ambiente de trabalho não é hostil às mulheres apenas porque algumas delas agem como os rapazes.

Referências: Ellen Simon, "Harassed Female Wins 'Locker Room' Hostile Environment Case", *Employee Rights Post*, 2 jun. 2009, www.employeerightspost.com, 29 jun. 2012; "Preventing Sexual Harassment: A Fact Sheet for Employees", *SexualHarassmentLawFirms.com*, 17 nov. 2004, http://informationtips.wordpress.com, 29 jul. de 2012; United States Court of Appeals for the Sixth Circuit, *Gallagher v. C.H. Robinson Worldwide, Inc.*, No. 08 3337, 22 mai. 2009, www.ca6.uscourts.gov/opinions.pdf, 28 jul. 2012; Frank Steinberg, "Sexual Harassment: Workplace Loaded with Pornography and Bad Language", *New Jersey Employment Law Blog*, 24 jun. 2009, http://employment.lawfirmnewjersey.com, 29 jul. 2012.

O *comprometimento* provavelmente resulta de uma tentativa de exercer o poder se o subordinado aceita o líder e se identifica com ele. Esse funcionário se mostrará altamente motivado pelas solicitações que parecem importantes para o líder. Por exemplo, o líder pode explicar que o novo *software* será benéfico para a organização se for desenvolvido rapidamente. Um subordinado comprometido trabalhará tanto quanto o líder para completar o projeto, mesmo que isso signifique fazer horas extras. Sam Walton, certa vez, pediu a todos os funcionários do Walmart que começassem a cumprimentar os clientes com um sorriso e se oferecessem para ajudá-los. Uma vez que os funcionários do Walmart, em geral, sentiam-se motivados por Walton e eram leais a ele, a maioria dos colaboradores atendeu o seu pedido. Esse gesto simples, por sua vez, teve um papel importante no crescimento do Walmart como o maior varejista do mundo.

Conformidade significa que o subordinado está disposto a realizar os desejos do líder, desde que isso não lhe exija um esforço extraordinário, ou seja, a pessoa atenderá às solicitações comuns e razoáveis que podem ser vistas como algo dentro dos limites normais de trabalho. No entanto, a pessoa não estará disposta a fazer algo extra ou a ir além das expectativas normais para realizar o trabalho. Assim, o subordinado trabalha com um ritmo razoável, mas se recusa a fazer horas extras, insistindo que o trabalho ainda estará lá no dia seguinte. Muitas solicitações habituais da chefia são atendidas pelos subordinados.

TABELA 14.2 Uso do poder e seus resultados

FONTE DA INFLUÊNCIA DO LÍDER	TIPO DE RESULTADO		
	COMPROMISSO	CONFORMIDADE	RESISTÊNCIA
PODER DE REFERÊNCIA	*Provável* Se o funcionário acredita que a solicitação é importante para o líder.	*Possível* Se há uma percepção do funcionário de que a solicitação não é importante para o líder.	*Possível* Se a solicitação trará algum prejuízo para o líder.
PODER DE CONHECIMENTO	*Provável* Se o líder é persuasivo ao fazer a solicitação e os subordinados compartilham dos objetivos da tarefa do líder.	*Possível* Se o líder é persuasivo ao fazer a solicitação, porém, os subordinados estão apáticos em relação aos objetivos da tarefa do líder.	*Possível* Se o líder for arrogante e insultar os funcionários ou os subordinados se opuserem aos objetivos da tarefa.
PODER LEGÍTIMO	*Possível* Se a solicitação for feita de forma educada e adequada.	*Provável* Se a solicitação ou ordem for vista como legítima.	*Possível* Se as exigências forem feitas de forma arrogante ou se a solicitação não parecer adequada.
PODER DE RECOMPENSA	*Possível* Se for usado de maneira sutil e pessoal.	*Provável* Se for usado de maneira mecânica e impessoal.	*Possível* Se for usado de maneira manipuladora e arrogante.
PODER DE COERÇÃO	*Pouco provável*	*Possível* Se for usado de maneira útil e sem punições.	*Provável* Se for usado de maneira hostil ou manipuladora.

Referência: Dorwin P. Cartwright (ed.), *Studies in Social Power*, 1959. Reimpresso com permissão do Institute for Social Research, University of Michigan, Ann Arbor, Michigan.

A *resistência* ocorre quando o subordinado rejeita os desejos do líder ou luta contra eles. Por exemplo, suponha que um líder impopular peça aos funcionários que sejam voluntários em uma atividade comunitária de um projeto patrocinado pela empresa. Os funcionários podem rejeitar essa solicitação, em grande parte, por causa de seus sentimentos a respeito do líder. Um subordinado que demonstre resistência pode, até mesmo deliberadamente, negligenciar o projeto para garantir que não seja realizado como o líder deseja. A Continental Airlines já teve um CEO muito impopular chamado Frank Lorenzo; alguns funcionários, rotineiramente, desobedeciam às suas ordens como uma forma de protesto contra sua liderança.

A Tabela 14.3 sugere maneiras pelas quais os líderes podem utilizar os vários tipos de poder de forma mais eficaz. Por uso eficaz de poder, queremos dizer: utilizar o poder de modo

TABELA 14.3	Diretrizes para o uso do poder
BASES OU FONTES DE PODER	**DIRETRIZES PARA O USO**
PODER DE REFERÊNCIA	Trate os funcionários de forma justa.
	Defenda os interesses dos subordinados.
	Seja sensível às necessidades e aos sentimentos dos subordinados.
	Selecione subordinados que se assemelhem a você.
	Empenhe-se em ser um modelo.
PODER DE CONHECIMENTO	Promova a imagem de alguém que possui conhecimentos.
	Mantenha a credibilidade.
	Aja com confiança e de modo decidido.
	Mantenha-se informado.
	Reconheça as preocupações dos funcionários.
	Evite afetar a autoestima dos subordinados.
PODER LEGÍTIMO	Seja cordial e educado.
	Seja confiante.
	Seja claro e faça um acompanhamento para verificar a compreensão dos funcionários.
	Certifique-se de que a solicitação é adequada.
	Explique os motivos da solicitação.
	Siga os canais adequados.
	Exerça o poder regularmente.
	Reforce o cumprimento das regras.
	Seja sensível às preocupações dos subordinados.
PODER DE RECOMPENSA	Verifique o cumprimento das regras.
	Faça solicitações que possam ser realizadas e sejam razoáveis.
	Faça solicitações que sejam éticas e apropriadas.
	Ofereça recompensas que os subordinados desejem.
	Ofereça recompensas aceitáveis.
PODER DE COERÇÃO	Informe os subordinados sobre as regras e as penalidades.
	Avise antes de punir.
	Administre a punição de modo consistente e uniforme.
	Compreenda a situação antes de agir.
	Mantenha a credibilidade.
	Adéque a punição ao tipo de infração.
	Dê a punição em particular.

Referência: Yukl, Gary A., *Leadership in Organizations*, 5th Edition. © 2002, p. 144–152. Adaptado com permissão da Pearson Education, Inc., Upper Saddle River, NJ.

que seja o mais provável para dar origem ao comprometimento do funcionário (ou pelo menos ao cumprimento das regras) e o menos provável para criar resistência. Por exemplo, para sugerir uma abordagem um pouco mecanicista, os gestores podem aumentar seu poder de referência ao escolher subordinados com experiências anteriores semelhantes às suas. Os executivos podem, por exemplo, construir uma base de poder de referência, contratando vários subordinados que frequentaram a mesma faculdade que eles. Uma forma mais sutil de exercer o poder de referência é por meio de modelos: o líder comporta-se como ele quer que os subordinados se comportem. Conforme observado anteriormente, uma vez que os subordinados relacionam-se e identificam-se com o líder por meio do poder de referência, eles podem tentar imitar o comportamento dessa pessoa.

Ao utilizar o poder de conhecimento, os gestores conscientizam, sutilmente, os outros sobre sua formação, experiência e realizações, à medida que se apliquem às circunstâncias atuais. Mas para manter a credibilidade, o líder não deve fingir saber coisas que não sabe. O líder cujas pretensões são expostas perderá, rapidamente, o poder de conhecimento. O líder confiante e decidido demonstra uma firme compreensão das situações e assume o comando quando as circunstâncias exigem. Os gestores também devem se manter informados sobre os avanços relacionados às tarefas que são valiosas para a organização e relevantes para seus conhecimentos.

O líder que reconhece as preocupações dos funcionários trabalha a fim de compreender a natureza subjacente dessas questões e toma as medidas necessárias para renovar a confiança de seus subordinados. Por exemplo, se os funcionários se sentem ameaçados por rumores de que vão perder espaço no escritório, depois de uma iminente mudança, o líder pode lhes questionar sobre essa preocupação e, em seguida, descobrir quanto espaço haverá e comunicar isso aos subordinados. Finalmente, para não afetar a autoestima de seus subordinados, o líder deve ter cuidado para não exibir seus conhecimentos ou se comportar como um "sabe-tudo".

Em geral, o líder exerce o poder legítimo exigindo, formalmente, que os subordinados façam alguma coisa. Ele deve ter um cuidado especial para fazer solicitações, se o subordinado for sensível a respeito do relacionamento com o líder. Esse é o caso, por exemplo, do subordinado que tem mais idade ou é mais experiente do que o líder. No entanto, embora a solicitação deva ser feita com educação, deve expressar confiança. O líder é o responsável e precisa transmitir que está no comando da situação. A solicitação deve ser clara. Talvez o líder precise fazer um acompanhamento para verificar se o subordinado compreendeu a solicitação corretamente. Para garantir que uma solicitação seja vista como algo adequado e legítimo para a situação, o líder pode ter de explicar as razões. Muitas vezes, os subordinados não entendem a lógica por trás de uma solicitação e, consequentemente, falta-lhes entusiasmo para a tarefa. É importante também seguir os canais apropriados ao lidar com os subordinados.

Suponha que um gerente pediu a um subordinado para passar o dia elaborando um relatório importante. Mais tarde, enquanto o gerente está fora do escritório, o chefe do gerente aparece e pede ao subordinado para largar aquele projeto e trabalhar em outra coisa. O subordinado ficará em uma posição incômoda ao ter de escolher a qual dos dois indivíduos de nível hierárquico superior deve obedecer. Exercer a autoridade regularmente reforça a presença e legitimidade do líder aos olhos dos subordinados. O cumprimento das regras quando o poder legítimo é exercido deveria ser a norma porque se os funcionários resistem a uma solicitação, a base de poder do líder pode diminuir. Finalmente, o líder que exerce o poder legítimo deve tentar dar respostas aos problemas e às preocupações dos subordinados, assim como no caso do uso do poder de conhecimento.

O poder de recompensa é, em alguns aspectos, a base ou fonte de poder mais fácil de ser utilizada. Verificar o cumprimento das regras significa que os líderes devem saber se os subordinados cumpriram as solicitações antes de lhes dar recompensas; caso contrário, os subordinados podem não reconhecer a relação entre o seu desempenho e a recompensa sub-

O líder pode usar o poder de diversas maneiras. Tomemos o exemplo desse *chef*. Ele está treinando uma pupila a respeito da forma adequada de se colocar cobertura em um filé. Obviamente, ele possui o poder de conhecimento, mas também recorre ao poder de referência, ao poder de recompensa e ao poder legítimo.

sequente. A solicitação recompensada deve ser, ao mesmo tempo, razoável e possível de ser executada porque mesmo a promessa de uma recompensa não motiva o subordinado que pensa que uma solicitação não deve ou não pode ser cumprida.

O mesmo pode ser dito de uma solicitação que pareça imprópria ou antiética. Entre outras coisas, o subordinado pode considerar que determinada recompensa está relacionada a uma solicitação improcedente ou antiética, como suborno ou outro tipo de oferta escusa. Por fim, se o líder promete uma recompensa que os subordinados sabem que ele não pode dar ou se eles veem pouca utilidade em uma recompensa que o superior pode conceder-lhes, os funcionários não ficarão motivados para realizar a solicitação. Além disso, os colaboradores podem se tornar céticos em relação à capacidade do líder para dar recompensas que valham alguma coisa para eles.

A coerção é, de muitas maneiras, a forma mais difícil de poder. Uma vez que o poder de coerção é suscetível de causar ressentimento e de corroer o poder de referência, deve ser pouco utilizado. O uso que se pode esperar do poder de coerção é fazer cumprir as regras e, mesmo assim, somente se usado de forma útil e não punitiva, isto é, se a sanção for leve e se encaixar na situação bem como se os subordinados aprenderem algo com isso. Na maioria dos casos, a resistência é o resultado mais provável, especialmente se o poder de coerção for usado de forma hostil ou manipuladora.

A primeira diretriz para o uso do poder de coerção – os subordinados devem estar plenamente informados das regras e penalidades por violar as diretrizes – evita violações acidentais de uma regra, o que representa um dilema desagradável para o líder. Negligenciar uma infração, alegando que o autor não tinha conhecimento, pode enfraquecer a regra ou o poder legítimo do líder, porém, colocar a punição em prática provavelmente criará ressentimentos. Uma abordagem é fornecer um aviso de forma justa antes de infligir a punição, respondendo à primeira violação de uma regra com uma advertência sobre as consequências de outra violação. Obviamente, uma infração grave, como furto ou violência, exige punição imediata e severa.

A ação disciplinar deve ser administrada de modo consistente e uniforme, pois isso mostra que a punição é imparcial e está relacionada à infração. Antes de punir, o líder deve obter informações completas sobre o que aconteceu, porque punir a pessoa errada ou administrar punições desnecessárias pode provocar grande ressentimento entre os subordinados. A credibilidade deve ser mantida, porque um líder que faz ameaças continuamente, mas não consegue concretizá-las, perde respeito e poder. Da mesma forma, se o líder faz ameaças que os subordinados sabem que estão além de sua capacidade de concretização, a tentativa de uso de poder será infrutífera. Também está claro que a severidade da punição deve corresponder à gravidade da infração. Por fim, punir alguém na frente dos outros acrescenta humilhação à pena, o que reflete de modo negativo sobre o líder e faz com que as pessoas obrigadas a ver e ouvir isso sintam-se desconfortáveis com a situação.

Política organizacional é formada pelas atividades realizadas por pessoas para adquirir, aprimorar e usar o poder e outros recursos a fim de obter os resultados que desejam.

POLÍTICA E COMPORTAMENTO POLÍTICO

Um conceito intimamente relacionado ao poder em ambientes organizacionais é a política, ou o comportamento político. A **política organizacional** é formada pelas atividades realizadas

A política e o comportamento político desempenham um papel importante na tomada de decisões críticas. Esses gerentes, por exemplo, estão discutindo um novo projeto que está em análise. Provavelmente, eles estão tentando influenciar o pensamento uns dos outros por meio da persuasão e de outras técnicas. É possível que haja prioridades políticas envolvidas.

por pessoas para adquirir, aprimorar e usar o poder e outros recursos a fim de obter os resultados que desejam, em uma situação na qual há incerteza ou discordância. Assim, o comportamento político é o modo pelo qual as pessoas tentam obter e usar o poder. Simplificando, o objetivo de tal comportamento é conseguir as coisas da própria maneira.[7]

A infiltração do comportamento político

Uma importante pesquisa fornece algumas descobertas interessantes sobre como os gestores percebem o comportamento político em suas organizações.[8] Cerca de um terço dos 428 gestores que responderam à pesquisa acreditava que o comportamento político influenciou as decisões salariais em suas organizações, ao passo que 28% desses gestores achavam que isso havia afetado as decisões de contratação. Além disso, três quartos deles acreditavam que o comportamento político prevalece em níveis hierárquicos do alto escalão mais do que em níveis mais baixos. Mais da metade deles achava que a política é injusta, insalubre e irracional, mas também reconheceram que os executivos de sucesso devem ser bons políticos e que fazer política é necessário para chegar à frente. Os resultados da pesquisa sugerem que os gestores veem o comportamento político como uma faceta indesejável, porém, inevitável da vida organizacional.

Muitas vezes, a política é vista como sinônimo de truques sujos ou de traição, dessa forma, trata-se de algo de mau gosto que é melhor deixar para os demais praticarem. Entretanto, os resultados da pesquisa que acabamos de descrever demonstram que o comportamento político nas organizações, como o poder, é algo que está subjacente a elas. Assim, em vez de ignorar ou tentar eliminar o comportamento político, os gestores podem, de modo mais frutífero, considerar quando e como a política organizacional deve ser usada de forma construtiva.

A Figura 14.2 apresenta um modelo interessante de ética na política organizacional.[9] Nesse modelo, uma alternativa de comportamento político (PBA, do inglês *political behavior*

FIGURA 14.2

Modelo de comportamento político ético

O comportamento político pode servir tanto a propósitos éticos quanto antiéticos. Esse modelo ajuda a ilustrar as circunstâncias em que o comportamento político é mais propenso e menos propenso a ter consequências éticas. Ao seguir os passos do modelo, o líder preocupado em relação a um comportamento latente ser ético pode ter descobertas sobre se as considerações éticas são, realmente, uma parte central desse tipo de comportamento.

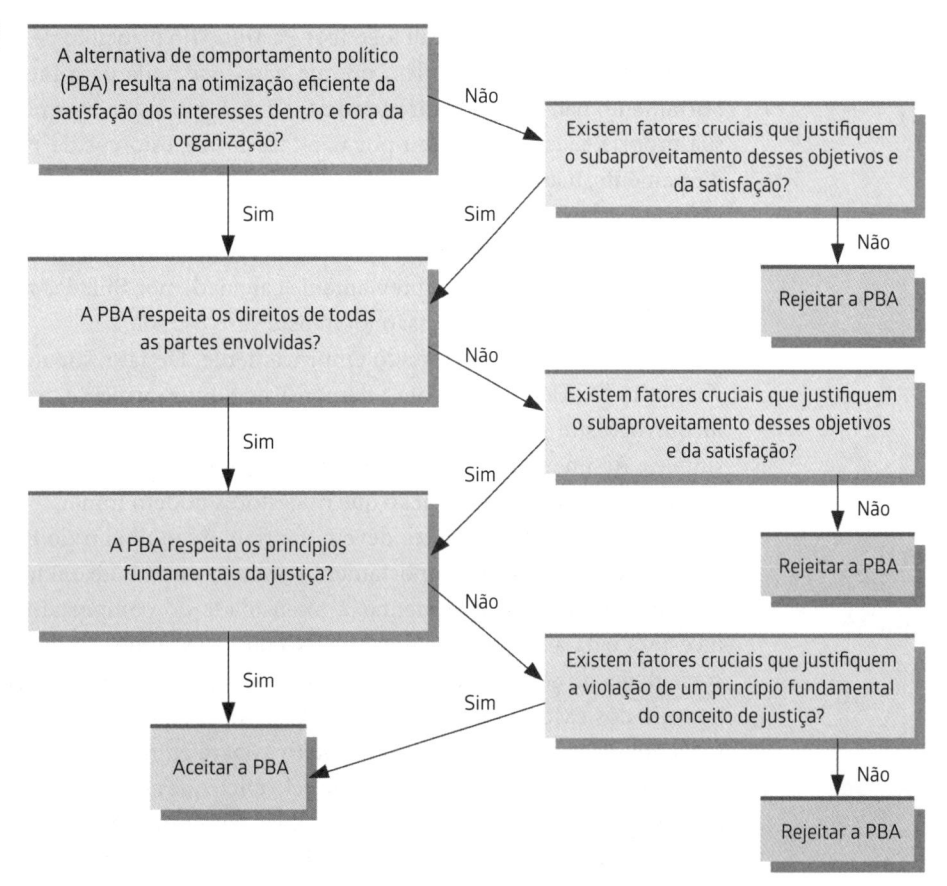

- A alternativa de comportamento político (PBA) resulta na otimização eficiente da satisfação dos interesses dentro e fora da organização? → Não → Existem fatores cruciais que justifiquem o subaproveitamento desses objetivos e da satisfação? → Sim ↑ / Não → Rejeitar a PBA
- Sim ↓
- A PBA respeita os direitos de todas as partes envolvidas? → Não → Existem fatores cruciais que justifiquem o subaproveitamento desses objetivos e da satisfação? → Sim ↑ / Não → Rejeitar a PBA
- Sim ↓
- A PBA respeita os princípios fundamentais da justiça? → Não → Existem fatores cruciais que justifiquem a violação de um princípio fundamental do conceito de justiça? → Sim ↑ / Não → Rejeitar a PBA
- Sim ↓
- Aceitar a PBA

Referência: Gerald E. Cavanaugh, Dennis J. Moberg e Manuel Velasques, "The Ethics of Organizational Politics", *Academy of Management Review*, julho 1981, p. 368. Utilizado com permissão.

alternative) significa determinado curso de ação, em grande parte, de caráter político, em uma situação específica. O modelo considera que o comportamento político é ético e adequado sob duas condições: (1) se respeitar os direitos de todas as partes afetadas e (2) se adotar os princípios fundamentais da justiça (ou seja, um julgamento com bom senso a respeito do que é justo e equitativo). Mesmo que o comportamento político não atenda a esses critérios, pode ser ético e adequado em certas circunstâncias. Por exemplo, a política pode fornecer a única base possível para decidir quais funcionários serão demitidos durante um período de cortes resultante de recessão. Nos casos em que existam alternativas que não sejam políticas, no entanto, o modelo recomenda a rejeição do comportamento político que possa revogar direitos ou anular o senso de justiça.

Para ilustrar como o modelo funciona, considere os casos de Susan Jackson e Bill Thompson, ambos professores assistentes de inglês em uma universidade privada. O regulamento da universidade e a redução do orçamento estipulam que apenas um dos professores auxiliares pode ser docente; o outro deve deixar a universidade (algumas universidades realmente seguem essa prática!). Tanto Susan quanto Bill apresentam suas qualificações (diplomas, certificados) para revisão. Segundo a maioria dos critérios objetivos, como publicações acadêmicas e avaliações sobre práticas de ensino, a qualificação dos dois membros do corpo docente é mais ou menos a mesma. Por temer a rescisão de seu contrato, Bill começa uma campanha política ativa de apoio a uma decisão que o favoreça. Por exemplo, ele lembra o professor titular de suas contribuições intangíveis, como a sua amizade com os administradores influentes do *campus*, e aponta os laços de seus familiares com a universidade. Susan, por sua vez, decide não dizer nada e deixa que sua qualificação fale por si. O departamento vota pela posse a Bill e demite Susan.

O comportamento de Bill foi ético? Partindo do princípio de que seus comentários sobre si mesmo foram precisos, além do que não disse nada para menosprezar Susan, seu comportamento não afetou os direitos dela; ou seja, ela teve a mesma oportunidade de defender sua própria causa, mas optou por não fazê-lo. Os esforços de Bill não prejudicaram Susan diretamente, mas só ajudaram ele próprio. Contudo, pode-se argumentar que as ações de Bill violaram o senso de justiça porque os dados que estavam claramente definidos, nos quais a decisão sobre a posse do cargo deveria basear-se, estavam disponíveis. Assim, pode-se argumentar que a apresentação, previamente calculada por Bill, das informações adicionais para influenciar a tomada de decisão foi injusta.

Esse modelo não foi testado empiricamente. De fato, sua natureza pode tornar impossível testá-lo. Além disso, como demonstrado anteriormente, muitas vezes, é difícil dar um inequívoco sim ou não como resposta para as perguntas, mesmo nas circunstâncias mais simples. Assim, o modelo serve como um quadro geral para a compreensão das implicações éticas dos vários cursos de ação que os gestores podem tomar.

Como, então, os gerentes devem abordar o fenômeno do comportamento político? A tentativa de eliminar o comportamento político raramente, ou talvez nunca, funcionará. Na verdade, tal ação pode aumentar a intensidade do comportamento político por causa da incerteza e da ambiguidade que cria. No outro extremo, o uso universal e livre de regras e convenções do comportamento político provavelmente levará a conflitos, rixas e tumulto. Na maioria dos casos, uma posição entre esses dois extremos é a melhor: ao reconhecer a sua inevitabilidade, o gerente não faz tentativas para eliminar a atividade política e tenta usá-la de forma eficaz, talvez, seguindo o modelo ético que acabamos de descrever. Ao mesmo tempo, o gerente pode tomar algumas medidas para minimizar as consequências disfuncionais em potencial do comportamento político abusivo.

Gerenciando o comportamento político

Gerenciar a política organizacional não é fácil. A própria natureza do comportamento político faz com que seja complicado abordá-lo de forma racional e sistemática. O sucesso exige a compreensão básica de três fatores: as razões para o comportamento político; as técnicas comuns para usá-lo e as estratégias para limitar os efeitos desse comportamento.

Razões para o comportamento político O comportamento político ocorre nas organizações por cinco razões básicas: objetivos ambíguos, recursos escassos, tecnologia e ambiente, decisões não programadas e mudança organizacional (ver Figura 14.3).

A maioria dos objetivos ou das metas organizacionais, por natureza, é ambígua. As organizações adotam metas, como "aumentar nossa presença em mercados novos" ou "aumentar a nossa quota de mercado". A ambiguidade de tais metas oferece uma oportunidade para o comportamento político porque as pessoas podem considerar uma grande variedade de comportamentos para ajudar a atingir a meta. Na realidade, muitos desses comportamentos podem ser planejados para o ganho pessoal dos indivíduos envolvidos. Por exemplo, um gestor do alto escalão pode argumentar que a organização deve tentar alcançar a meta de entrar em um novo mercado ao comprar outra empresa, em vez de formar uma nova divisão. Pode parecer que o gestor tem em mente o bem da organização – mas o que acontece se o seu cônjuge tem ações da empresa-alvo e pretende ganhar dinheiro com a fusão ou aquisição?

Sempre que os recursos são escassos, algumas pessoas não conseguem obter tudo o que acham que merecem ou necessitam. Assim, elas tendem a se envolver em um comportamento político, de modo a inflacionar a sua parte nos recursos. Dessa forma, um gestor que busca um orçamento maior, pode apresentar estatísticas precisas, porém, enganosas ou incompletas para aumentar a percepção sobre a importância de seu departamento. Uma vez que nenhuma organização possui recursos ilimitados, o incentivo para esse tipo de comportamento político, com frequência, está presente.

FIGURA 14.3

Usos do comportamento político: razões, técnicas e possíveis consequências

As pessoas escolhem desenvolver um comportamento político por muitas razões. Dependendo dos motivos e das circunstâncias, alguém interessado em usar o comportamento político pode servir-se de uma variedade de técnicas, que produzirá uma série de consequências intencionais e, talvez, não intencionais.

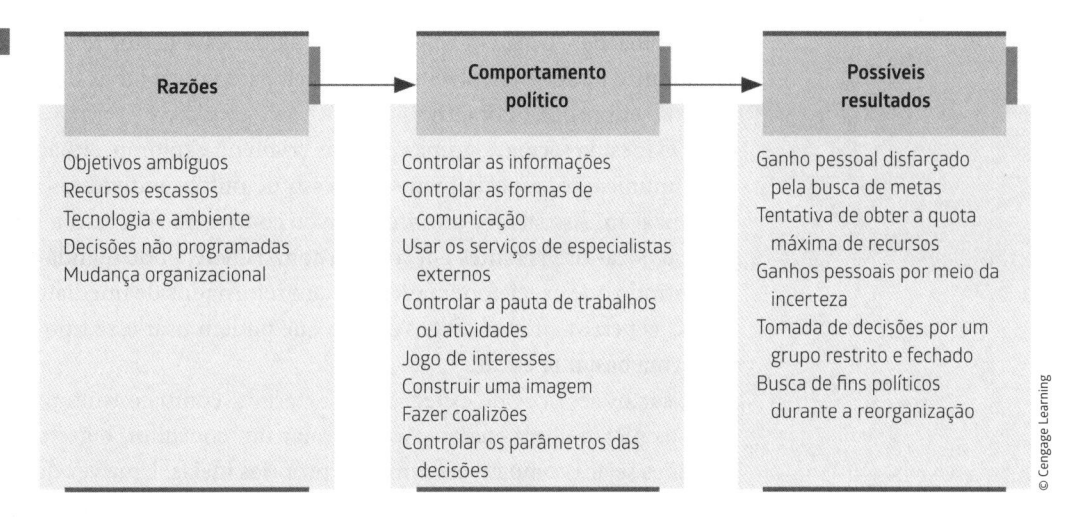

Razões	Comportamento político	Possíveis resultados
Objetivos ambíguos	Controlar as informações	Ganho pessoal disfarçado pela busca de metas
Recursos escassos	Controlar as formas de comunicação	Tentativa de obter a quota máxima de recursos
Tecnologia e ambiente	Usar os serviços de especialistas externos	Ganhos pessoais por meio da incerteza
Decisões não programadas	Controlar a pauta de trabalhos ou atividades	Tomada de decisões por um grupo restrito e fechado
Mudança organizacional	Jogo de interesses	Busca de fins políticos durante a reorganização
	Construir uma imagem	
	Fazer coalizões	
	Controlar os parâmetros das decisões	

© Cengage Learning

A tecnologia e o ambiente podem influenciar a estrutura global da organização e suas atividades. Essa influência decorre das incertezas associadas às tecnologias que não fazem parte da rotina organizacional e aos ambientes dinâmicos e complexos. Essas incertezas favorecem o comportamento político, pois em um ambiente dinâmico e complexo, é imperativo que a organização reaja às mudanças. A reação da organização, em geral, envolve uma ampla gama de atividades, desde atividades que têm o propósito de lidar com a incerteza até uma resposta puramente política. Como último recurso, o gerente pode usar uma mudança no ambiente como argumento para reestruturar seu departamento, a fim de aumentar a sua própria base de poder.

Também é provável que o comportamento político surja sempre quando muitas decisões, que não estavam programadas, precisam ser tomadas. As situações nas quais há decisões não programadas envolvem circunstâncias ambíguas, que permitem ampla oportunidade para manobras políticas. Os dois membros do corpo docente da universidade – que competiam pelo cargo de professor – são um exemplo. A natureza da decisão permitiu o comportamento político e, na verdade, do ponto de vista de Bill, a decisão não programada exigiu uma ação política.

Como discutiremos no Capítulo 19, as mudanças nas organizações ocorrem regularmente e podem assumir muitas formas. Essas mudanças introduzem certo grau de incerteza e ambiguidade no sistema organizacional, pelo menos até que tenham sido completamente institucionalizadas. O período em que isso está acontecendo normalmente oferece muitas oportunidades para a atividade política. Por exemplo, um gerente, preocupado com as consequências de uma reorganização, pode recorrer à política para proteger o escopo de sua autoridade.

Técnicas de comportamento político Diversas técnicas são utilizadas na prática do comportamento político. Infelizmente, uma vez que essas técnicas não foram estudadas de modo sistemático, nossa compreensão sobre elas se baseia, principalmente, na observação informal e na dedução.[10] Para complicar ainda mais, os próprios participantes podem nem mesmo estar cientes de que estão usando técnicas específicas. A Figura 14.3 resume as técnicas utilizadas com mais frequência.[11]

Uma das técnicas de comportamento político é controlar o máximo possível de informações. Quanto mais crucial for a informação e quanto menos acesso as pessoas têm a ela, maior é a base de poder e a influência daqueles que a detêm. Por exemplo, suponha que um gestor do alto escalão tenha um relatório compilado, que é a base para futuros planos estratégicos. Em vez de distribuir o relatório completo aos seus pares e subordinados, ele compartilha apenas algumas partes do relatório com os poucos gerentes que precisam ter acesso às informações. Uma vez que ninguém além desse gestor tem a visão completa do cenário, ele adquire poder e envolve-se na política para controlar as decisões e atividades de acordo com os seus próprios objetivos.

Da mesma forma, algumas pessoas criam ou exploram situações para controlar os canais de comunicação, especialmente o acesso de outros indivíduos a informações e pessoas na organização. Assistentes administrativos controlam o acesso a seus chefes. Uma secretária pode colocar os visitantes em contato com o chefe, pode mandá-los embora, adiar o contato garantindo que os telefonemas não sejam retornados de imediato, e assim por diante. Muitas vezes, as pessoas nesses cargos acham que podem usar esse tipo de comportamento político de forma bastante eficaz.

Usar os serviços de especialistas externos, como consultores ou conselheiros, pode ser uma técnica política efetiva. Ao contratar um consultor, o gestor pode selecionar um cujas opiniões sejam compatíveis com suas próprias ideias. Uma vez que o consultor percebe que o gestor foi o responsável por sua seleção, sente que tem certa obrigação para com ele. Embora o consultor tente ser objetivo e imparcial, é possível que, inconscientemente, recomende cursos de ação favoráveis ao gestor. Dadas a experiência e a neutralidade presumidas do consultor, os outros na organização aceitam suas recomendações, sem obstáculos. Ao usar os serviços de um consultor externo, o gestor acaba conseguindo aquilo que quer.

Controlar a programação de atividades é outra técnica de comportamento político. Suponha que um gerente queira impedir que um comitê aprove determinada proposta. Primeiro, ele tenta manter a decisão fora do programa, alegando que ainda não está pronto para analisá-la, ou tenta colocá-la em último lugar na ordem do dia. À medida que outras questões são resolvidas, ele se alia com o mesmo conjunto de gestores em cada decisão, na tentativa de passar a impressão de que formam uma equipe. Quando o item vem à tona, ele derrota a maioria pela combinação de fadiga coletiva, desejo de terminar logo a reunião e apoio dos aliados cuidadosamente conquistados. Essa técnica envolve a polarização do grupo. Uma tática menos sofisticada é prolongar a discussão dos itens anteriores da pauta, de modo que o grupo nunca chegue a discutir o assunto polêmico. O gerente levanta tantos problemas técnicos e novas questões sobre a proposta, que o comitê decide adiar a discussão. Em qualquer um desses casos, o gestor usou o comportamento político para atingir os próprios objetivos.

O "jogo de interesses" constitui uma técnica complexa que pode assumir muitas formas. Os gerentes trabalham dentro das regras da organização para aumentar a probabilidade de que os resultados desejados por ele aconteçam. Suponha que um gerente está em uma posição que lhe permite dar o voto decisivo sobre uma questão iminente, mas não quer se indispor com nenhum dos dois lados ao votar. Uma possível jogada é organizar algo para estar fora da cidade, em uma viagem de negócios importante, quando a votação ocorrer. Partindo do princípio de que ninguém vai questionar a necessidade de sua viagem, ele consegue manter sua posição de neutralidade, com sucesso, e evita irritar também os campos opostos.

Outro tipo de jogo envolve o uso de qualquer uma das técnicas de comportamento político, de modo puramente manipulador ou enganoso. Por exemplo, um gerente que em breve fará recomendações sobre promoções diz para cada subordinado, em "absoluto sigilo", que ele é um dos principais candidatos e precisa aumentar o seu desempenho para ter o caminho aberto internamente. Nesse caso, o executivo está usando o seu controle sobre as informações para jogar com os subordinados. Uma disputa pelo poder na W.R. Grace Company ilustra claramente as práticas de manipulação. Um alto executivo demitiu o filho do CEO e, em seguida, tentou convencer o conselho de administração a destituir o CEO para dar-lhe seu cargo. O CEO, em resposta, demitiu seu rival e, depois, anunciou publicamente que o indivíduo havia sido forçado a sair da empresa porque assediou sexualmente outros funcionários da Grace.[12]

A técnica de coalizão tem como objetivo convencer os outros de que todos devem trabalhar juntos para realizar determinadas atividades. Um gerente que acredita não ter votos suficientes para aprovar um item da agenda futura pode se encontrar com outros gestores, antes da reunião, para induzi-los a ficar do seu lado. Se as preferências estão de acordo com os melhores interesses da organização, essa pode ser uma estratégia louvável. Mas se o próprio gerente for o beneficiário principal, a técnica não é desejável da perspectiva da organização.

Em seu extremo, a coalizão, frequente em órgãos políticos, pode assumir a forma de reciprocidade flagrante. Em troca do voto de Roberta Kline sobre uma questão que lhe interessa, Jose Montemayor concorda em votar em uma medida que não afeta seu grupo, mas é crucial para o grupo de Kline. Dependendo das circunstâncias, essa prática pode beneficiar ou prejudicar a organização.

A técnica de controlar os parâmetros de decisão pode ser utilizada apenas em determinadas situações e requer bastante sutileza. Em vez de tentar controlar a verdadeira decisão, o gerente dá um passo atrás e tenta controlar os critérios e os exames sobre os quais a decisão está baseada. Isso permite que o gestor assuma um papel menos ativo na verdadeira tomada de decisão, mas, ainda assim, alcance o resultado que deseja. Por exemplo, suponha que um gerente de divisão queira propor a construção de uma nova fábrica em um local de sua região. Se ele tentar influenciar a decisão diretamente seus argumentos serão vistos como tendenciosos e moldados aos próprios interesses. Em vez disso, ele pode ter um papel muito ativo na definição dos critérios em que a decisão será baseada, como público-alvo, acesso ao transporte ferroviário, taxas de impostos, distância de outras instalações e outros fatores semelhantes. Caso ele seja um negociador hábil, pode influenciar os parâmetros para a tomada de decisão de tal forma que a localização que ele deseja para a nova fábrica, posteriormente, pareça ideal, conforme determinado pelos critérios que ele ajudou a moldar. Assim, ele consegue exatamente o que quer, sem desempenhar um papel de destaque na verdadeira tomada de decisão.

Limitar os efeitos do comportamento político Embora seja praticamente impossível eliminar a atividade política nas organizações, os gestores podem limitar as consequências contraproducentes. As técnicas para a verificação da atividade política têm como alvo tanto as razões pelas quais ela ocorre como as técnicas específicas usadas para obter ganhos políticos.

A comunicação aberta é uma técnica muito eficaz para restringir o impacto do comportamento político. Por exemplo, com a comunicação aberta, a base para a alocação de recursos escassos será conhecida por todos. Esse conhecimento, por sua vez, tende a reduzir a propensão dos indivíduos a se envolver em um comportamento político para adquirir esses recursos porque as pessoas já saberão como as decisões serão tomadas. A comunicação aberta também limita a capacidade de uma só pessoa controlar as informações ou os canais de comunicação.

Uma técnica relacionada é reduzir a incerteza. Muitas das razões para o comportamento político ocorrem devido aos objetivos obscuros, à tecnologia que não faz parte da rotina da empresa, a um ambiente instável e à mudança organizacional, e a maioria das técnicas desse comportamento está associada a níveis elevados de incerteza. O comportamento político pode ser limitado se o gestor reduzir a incerteza. Considere uma organização prestes a transferir uma divisão importante da Flórida para Michigan. Muitas pessoas resistirão à ideia de se mudar para o norte e podem recorrer ao comportamento político para evitar a própria transferência. No entanto, o gerente responsável pela mudança poderia anunciar quem ficará e quem irá, de modo que a notícia se espalhe por toda a empresa, reduzindo, assim, o comportamento político relacionado com a mudança.

O ditado "um indivíduo prevenido vale por dois", resume uma técnica definitiva para controlar a atividade política. Simplesmente ter consciência das causas e das técnicas do comportamento político pode ajudar o gestor a observar seus efeitos. Suponha que esse executivo anteveja que várias mudanças organizacionais iminentes aumentarão o nível de atividade política. Como resultado dessa consciência, conclui rapidamente que certo subordinado está fazendo *lobby* (organizar um grupo de pessoas para influenciar) para a contratação de serviços de determinado consultor, só porque pensa que as recomendações do consultor estarão alinhadas com as suas. A tentativa de controlar a pauta de assuntos, o envolvimento no jogo de interesses, a construção de certa imagem e o controle dos parâmetros de tomada de decisão, em geral, são bastante óbvios para o observador experiente. Ao reconhecer tais comportamentos em sua essência, o gestor astuto pode ser capaz de tomar as medidas adequadas para limitar seus impactos.

JUSTIÇA ORGANIZACIONAL

> Justiça organizacional refere-se à percepção das pessoas em uma organização a respeito da justiça.

A justiça organizacional é um fenômeno importante que foi recentemente introduzido no estudo sobre organizações. A justiça pode ser discutida considerando-se uma variedade de perspectivas, incluindo motivação, liderança e dinâmica dos grupos. Nós escolhemos discuti-la porque é possível que a justiça esteja relacionada ao poder e ao comportamento político nas organizações. O box *Serviços* fornece *insights* adicionais sobre o papel da justiça no que se refere ao poder e ao comportamento político. Basicamente, a **justiça organizacional** refere-se às percepções das pessoas em uma organização a respeito da equidade.[13] Tal como ilustrado na Figura 14.4, existem quatro tipos básicos de justiça organizacional.

Justiça distributiva

A *justiça distributiva* diz respeito à percepção que as pessoas têm a respeito da imparcialidade com que as recompensas e outros resultados de valor são distribuídos na organização. Obviamente relacionada com a teoria da equidade, discutida no Capítulo 4, a justiça distributiva oferece uma visão mais holística da distribuição de recompensas do que, simplesmente, a comparação entre uma pessoa e outra. Por exemplo, a remuneração de gestores do alto escalão (especialmente de diretores executivos), de seus pares e colegas do mesmo nível e até de empregados horistas que acabaram de ingressar na empresa pode ser avaliada em termos de imparcialidade relativa frente a qualquer outra pessoa na empresa.

As percepções sobre a justiça distributiva afetam a satisfação individual com vários efeitos relacionados ao trabalho, como remuneração, atribuições de trabalho/tarefas, reconhecimento e oportunidades para avançar na carreira. Especificamente, quanto mais *equidade* as pessoas veem na distribuição das recompensas, mais satisfeitas ficarão com essas recompensas; quanto maior for a percepção das pessoas de que a distribuição das recompensas é *injusta*, menos satisfeitas ficarão. Além disso, os indivíduos cuja percepção é de que as recompensas não são distribuídas de forma justa tendem a atribuir tal injustiça ao abuso de poder e/ou à agenda política.

FIGURA 14.4

Quatro tipos básicos de justiça organizacional

- Justiça distributiva – Percepção sobre a justiça a respeito da distribuição de recompensas
- Justiça dos procedimentos – Percepção sobre a justiça a respeito da determinação dos resultados
- Justiça interpessoal – Percepção sobre a justiça relativa à equidade de tratamento entre as pessoas
- Justiça informacional – Percepção sobre a justiça das informações usadas para tomar decisões

→ Justiça organizacional

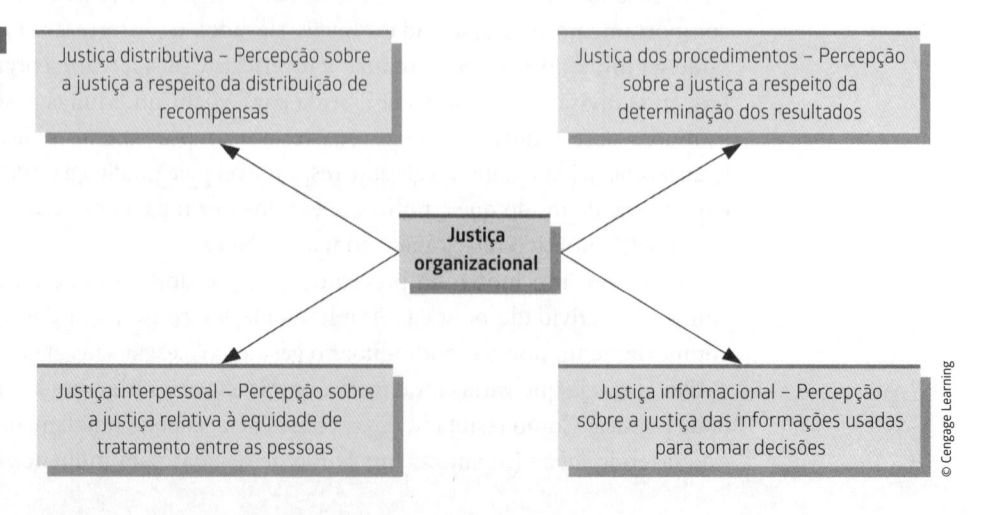

© Cengage Learning

> **SERVIÇO** — Não deixe um cliente injusto contaminar o próximo da fila
>
> Se você já ficou esperando a sua vez em uma fila enquanto a pessoa a sua frente está sendo rude e gritando com o atendente, você sabe o sentimento horrível que uma situação como essa provoca. O atendente conseguirá ignorar o péssimo comportamento da pessoa a sua frente e tratar você bem ou os sentimentos ruins gerados após essa situação vão explodir durante o seu atendimento? Essa é a questão, e é uma questão importante a ser respondida por gestores porque cada cliente espera ser tratado com dignidade, empatia, responsividade e respeito. É muito difícil para uma pessoa superar uma situação carregada e sorrir amigavelmente para o próximo da fila.
>
> Gestores de organizações de serviço sabem disso e trabalham duro para assegurar que seus funcionários aprendam a evitar a transferência de qualquer emoção negativa de um cliente para o próximo, ou mesmo do chefe para seus colegas de trabalho. É fácil um péssimo cliente deixar um funcionário nervoso a ponto de sentir necessidade de dar uma volta para esfriar a cabeça. Assim, gestores que sabem disso confiam em recursos e técnicas que aliviam o estresse de seus funcionários para que possam receber o próximo da fila com alegria.
>
> Essas técnicas envolvem três tipos de situação. A primeira é dissociar o funcionário do problema. O funcionário aprende a reagir a clientes ruins por meio da interpretação de papéis; a ele é ensinado que o cliente não o está atacando como pessoa, mas como representante de uma organização que, de alguma forma, fez algo frustrante ou errado para ele. A segunda estratégia é ajudar o funcionário a criar uma outra atitude para lidar com uma situação ruim. O funcionário aprende a fingir ser outra pessoa, estabelecendo uma norma profissional que isole a pessoa do ataque. A terceira estratégia é encaminhar o cliente a um gestor ou a outra pessoa na organização, após o funcionário chegar a certo nível de frustração. Nessa estratégia, o funcionário é instruído a chamar o gestor quando o cliente começar a perturbá-lo para que tome as rédeas da situação.
>
> De fato, o funcionário que está sendo atacado por um cliente vai acabar respondendo, e é responsabilidade da organização ajudar a encontrar a maneira de responder que não gere mais problemas ao funcionário, à organização, ao cliente ou a qualquer outro funcionário que encontre após uma experiência ruim com um cliente.
>
> **Questão para discussão:** com base na descrição de justiça interpessoal apresentada no texto, quais estratégias você pode sugerir aos gestores para ajudar os funcionários a lidar com clientes injustos?

Justiça processual

Outro tipo importante de justiça organizacional é a *justiça processual* – ou seja, as percepções individuais de justiça a respeito dos processos usados para determinar vários resultados. Por exemplo, suponha que o desempenho de um funcionário é avaliado por alguém muito familiarizado com o trabalho que está sendo realizado. Além disso, o avaliador explica claramente a base para a avaliação e, em seguida, discute como ela resultará em outras consequências, como promoções e aumentos salariais. O indivíduo, provavelmente, verá esse conjunto de procedimentos como sendo algo justo e equitativo. No entanto, se a avaliação for feita por alguém não familiarizado com o trabalho, que não fornece nenhuma explicação sobre a forma como a avaliação está sendo realizada, nem o que ela significa, o indivíduo tende a ver esse processo como menos legítimo e justo.

Quando os funcionários percebem um alto grau de justiça processual, eles tendem a se sentir motivados a participar das atividades, a seguir as regras e a aceitar os resultados relevantes como sendo justos. Entretanto, se eles têm a percepção de que não há justiça processual, tendem a se esquivar das oportunidades de participação, a prestar menos atenção às regras e políticas da empresa e a ver os resultados como algo injusto. Além disso, a percepção de que não há justiça processual pode ser acompanhada de interpretações baseadas no poder e no comportamento político dos outros.

Justiça interpessoal

A justiça interpessoal refere-se ao grau de justiça que as pessoas veem na forma como são tratadas pelos outros na organização. Por exemplo, suponha que um funcionário é tratado com dignidade e respeito pelo chefe. O chefe lhe fornece informações em tempo hábil, está sempre aberto e é honesto em suas relações com o subordinado. Nesse caso, o subordinado demonstrará altos níveis de justiça interpessoal. No entanto, se o chefe trata seu subordinado com desdém e com clara falta de respeito, detém informações importantes e é ambíguo ou desonesto em suas relações com o funcionário, este experimentará a falta de justiça interpessoal.

As percepções de justiça interpessoal afetam o modo como os indivíduos se sentem a respeito das pessoas com quem interagem e se comunicam. Se esses indivíduos têm uma experiência de justiça interpessoal, serão susceptíveis à reciprocidade e tratarão os outros com respeito e abertura. No entanto, se experimentam a falta de justiça interpessoal, podem ser menos respeitosos e menos inclinados a seguir as diretrizes do líder. O poder e o comportamento político também podem, mais uma vez, desempenhar seu papel na justiça interpessoal.

Justiça informacional

Finalmente, a justiça informacional refere-se à justiça percebida em relação às informações utilizadas para se chegar à tomada de decisão. Se alguém sente que um executivo tomou uma decisão com base em informações relativamente completas e precisas, e que essas foram processadas e consideradas de forma adequada, a pessoa terá uma experiência de justiça informacional, mesmo se não concordar totalmente com a decisão. Mas se a pessoa sente que a decisão foi baseada em informações incompletas e imprecisas e/ou que informações importantes foram ignoradas, o indivíduo sentirá a experiência com menos justiça informacional.

É possível que o poder e o comportamento político desempenhem um papel importante na percepção da justiça informacional. Lembre-se, por exemplo, de nossa discussão anterior sobre o controle de informações como uma tática política. Na medida em que as pessoas acreditam que lhes falta justiça informacional, elas podem enxergar o papel fundamental que o poder e o comportamento têm no processo de tomada das decisão.[14]

RESUMO

A influência pode ser definida como a capacidade de afetar as percepções, as atitudes ou o comportamento dos outros. Ela é um alicerce da liderança. O gerenciamento da impressão é um esforço direto, intencional, realizado por alguém para melhorar sua imagem aos olhos dos outros. As pessoas empenham-se no gerenciamento da impressão por vários motivos e utilizam uma variedade de métodos para influenciar como os outros as veem.

O poder é a capacidade potencial de uma pessoa ou de um grupo para exercer controle sobre outra pessoa ou grupo. As cinco bases ou fontes de poder são: poder legítimo (concedido em virtude do cargo de uma pessoa); poder de recompensa (controle das recompensas que são valorizadas pelos outros); poder de coerção (capacidade de punir ou prejudicar); poder de conhecimento (controle sobre a informação que é valiosa para a organização) e poder de referência (poder exercido por meio da identificação pessoal). O poder de posição está associado ao cargo, independentemente de quem o ocupa. O poder pessoal é aquele que reside na pessoa, independentemente do cargo que ela ocupa. As tentativas de uso do poder podem resultar em comprometimento/engajamento, cumprimento das regras ou resistência.

A política organizacional é formada pelas atividades realizadas por pessoas para adquirir, aprimorar e usar o poder e outros recursos a fim de obter os resultados que desejam em uma situação na qual há incerteza ou discordância. Pesquisas indicam que a maioria dos gestores não defende o uso do comportamento político, mas reconhecem que ele é uma necessidade na vida organizacional. Uma vez que os executivos não podem eliminar a atividade política na organização, eles precisam aprender a lidar com ela. A compreensão de como gerenciar o comportamento político requer o entendimento de suas causas, de quais técnicas são empregadas e das estratégias para limitar seus efeitos.

A justiça organizacional refere-se às percepções das pessoas em uma organização a respeito da equidade. Há quatro tipos básicos de justiça organizacional: distributiva, procedimental, interpessoal e informacional. Quando alguma dessas formas de justiça ou todas elas são vistas como insuficientes, presume-se haver uso do poder e comportamento político.

QUESTÕES PARA DISCUSSÃO

1. Uma pessoa que não tem influência sobre os outros pode ser um líder? Ter influência pode, automaticamente, fazer com que uma pessoa seja um líder?
2. Você alguma vez já se empenhou no gerenciamento da impressão? O que você esperava obter?
3. O que pode acontecer se duas pessoas – cada uma delas com um poder significativo e de igual intensidade – tentam influenciar uma à outra?
4. Cite exemplos baseados no relacionamento entre professor e aluno para ilustrar cada uma das cinco fontes ou bases do poder organizacional.
5. Há alguma sequência lógica no uso das fontes ou bases de poder que um gerente pode seguir? Por exemplo, a utilização do poder legítimo deve preceder o uso do poder de recompensa, ou vice-versa?
6. Dê exemplos de situações nas quais você teve comprometimento, cumpriu as regras ou demonstrou resistência como resultado dos esforços de tentarem influenciá-lo. Pense sobre as vezes em que suas tentativas de influenciar os outros levaram ao comprometimento, ao cumprimento das regras ou à resistência.
7. Você concorda com a afirmação de que o comportamento político é inevitável em ambientes organizacionais? Ou discorda?
8. O termo "política" geralmente é associado a órgãos governamentais. Por que você acha que esse termo foi associado com o comportamento nas organizações, como descrito neste capítulo?
9. Lembre-se de exemplos de como você usou as técnicas de comportamento político identificadas no capítulo ou observou outras pessoas utilizando-as. Quais outras técnicas você poderia sugerir?
10. Recorde-se de exemplos em que você experimentou cada um dos quatro tipos de justiça organizacional, seja no sentido positivo, seja no sentido negativo.

QUAL É O SEU PONTO DE VISTA?

Comércio justo

"Se eles querem trabalhar para nós, precisam saber que esses são os valores da Numi".
— BRIAN DURKEE, DIRETOR DE OPERAÇÕES DA NUMI ORGANIC TEA

Agora que já discutimos o comportamento organizacional por algum tempo, talvez esse vídeo seja uma boa oportunidade para nos certificarmos de que sabemos exatamente o que é uma "organização". Para uma definição formal, é só consultar o Capítulo 16, no qual temos o seguinte: uma *organização* refere-se a um grupo de pessoas direcionadas a atingir objetivos/metas e que realizam atividades de acordo com certos processos e sistemas. Mais adiante, no Capítulo 17, temos que as organizações existem em *ambientes*, os quais incluem todos os elementos, de pessoas a condições econômicas, que estão *fora* da organização. Um desses ambientes, o *ambiente em que as tarefas são realizadas*, inclui todas as organizações e grupos específicos que podem *influenciar* determinada organização.

Até aqui, tudo bem. A fim de compreendermos as questões discutidas no vídeo, precisamos saber apenas mais duas coisas:

1. O ambiente no qual as tarefas são realizadas inclui os *fornecedores* – ou seja, outras organizações que fornecem os recursos de que determinada organização necessita para executar suas operações.
2. Os fornecedores de uma organização pertencem à sua *cadeia de suprimentos*, isto é, a cadeia de operações que se estende desde a compra pela organização dos recursos necessários para a venda de seus produtos acabados até os consumidores.

A cadeia de suprimentos, portanto, encontra-se *fora* da organização, mas deve ser gerida de seu *interior*. Com efeito, a gestão da cadeia de suprimentos estende a influência de uma organização para além de suas próprias fronteiras, até a zona de seu ambiente externo.

Na Numi Organic Tea, empresa especializada em chás orgânicos *premium*, a pessoa responsável pela gestão da cadeia de suprimentos é Brian Durkee, diretor de operações. A cadeia de suprimentos da empresa começa na Ásia – principalmente, embora não com exclusividade, na China – e Durkee diz que um de seus "maiores desafios a respeito da China está em fazer com que as pessoas e os gestores das fábricas entendam como queremos que as coisas sejam feitas". Como a Numi *deseja* que as coisas sejam feitas? Ou fazendo a mesma pergunta de outra maneira: o que a empresa espera que seus fornecedores façam? "Somos uma empresa que aplica o tripé da sustentabilidade", ressalta Durkee. "Nosso foco é nas pessoas, no planeta e no lucro. Queremos ter certeza de que nossa qualidade está lá", porém é imperativo que nossos fornecedores de chá "cumpram com os níveis de sustentabilidade que esperamos na cadeia de suprimentos". A *sustentabilidade* – isto é, fornecer as condições sob as quais os recursos naturais estejam disponíveis para atender às necessidades sociais e econômicas tanto da geração atual quanto das futuras gerações – tem uma prioridade muito alta na lista de políticas da Numi, que a empresa e seus parceiros de negócios devem colocar em prática.

"Minha meta pessoal para a Numi", comenta Durkee, "é torná-la parte de uma elite em relação ao modo como fazemos a gestão de nossa cadeia de suprimentos. Estamos considerando os métodos mais sustentáveis de embalagem, transporte e produção para nossas mercadorias". Se os fornecedores "querem trabalhar para nós", ele acrescenta, "precisam saber que esses são os valores da Numi". Como estão lidando com seus resíduos? Como estão embalando nossos produtos? Como estão tratando seus funcionários? Em suma, o estabelecimento de normas para a sustentabilidade é uma ferramenta importante para a gestão da cadeia de suprimentos na Numi.

Não é de surpreender, diz o cofundador, Ahmed Rahim, que colocar esse princípio em prática nem sempre é fácil e, muitas vezes, implica compensações incômodas. Se, por exemplo, "você trabalha com produtos químicos, mas cuida dos agricultores que os utilizam" – ou seja, protegendo suas colheitas e tornando-os mais produtivos – "então, está contaminando os agricultores com os produtos químicos". Tais decisões, acrescenta Rahim, devem ser tomadas em relação a "todos os aspectos da cadeia de suprimentos", e sempre que decisões como essas têm de ser tomadas, há a possibilidade de haver conflitos. Essas decisões, em geral, envolvem compensações na gestão de custos, ou seja, no seu próprio caso e/ou no caso do dinheiro de outra pessoa. "Você está gastando dinheiro para melhorar a sustentabilidade dos seus produtos [e] para melhorar o comércio justo*", diz Durkee, entretanto, não se pode ter a certeza de que um parceiro da cadeia de suprimentos considera o custo extra como algo tão importante quanto você considera.

O poder de coerção, Durkee observa, não é uma opção para se resolver os conflitos com fornecedores, sejam nacionais ou estrangeiros. "É realmente importante", ele explica, "que eles entendam por que você está insistindo no aspecto da sustentabilidade, a fim de que comprem a ideia, de verdade, e fiquem animados com isso". Durkee é rápido em acrescentar:

não fazemos negócios no exterior para reduzir custos e explorar um sistema. Não estamos tentando mudar a cultura deles, de forma alguma, estamos tentando melhorar seu padrão de vida. É por isso que gastamos tanto tempo na Ásia fazendo reuniões com gerentes de fábricas, tendo encontros com os funcionários, criando o nosso próprio processo de descobertas junto com eles.

Em certo sentido, a Numi esforça-se para alavancar sua "visão" organizacional como uma ferramenta de gestão da cadeia de suprimentos. Entre os princípios dessa visão está a crença de que "todas as pessoas devem ter uma remuneração equitativa, que permita a prosperidade das famílias". Durkee enfatiza que o empoderamento, em vez do poder econômico, é o meio mais eficaz para atingir esse fim. Ele conta a história do relacionamento da Numi com um fornecedor chinês de bambu, produto que a empresa utiliza na embalagem para presente:

Passamos muito tempo lá ajudando-o a melhorar sua fábrica, fornecendo-lhe dinheiro para ter funcionários mais capacitados e dar-lhes melhores condições de trabalho, e para estabelecer uma fábrica melhor. Ele está começando a implementar mudanças por si mesmo. Aí é quando temos algum sucesso: se pudermos deixar uma marca, podemos nos afastar da situação e deixá-la progredir.

PERGUNTAS

1. A introdução explica que quando consideramos uma empresa como a âncora de uma cadeia de suprimentos, ampliamos os limites da própria or-

ganização. Brian Durkee, por exemplo, gerencia os membros da cadeia de suprimentos da Numi, que são *externos* à organização, da mesma forma que, supomos, ele administra as *unidades internas* da empresa. A **julgar pelo vídeo**, como você caracterizaria a natureza da política organizacional nessa organização ampliada? Aplicando a Figura 14.2 ao que o vídeo nos relata sobre o *comportamento político* da Numi nessa organização estendida, resuma o papel e a natureza das considerações éticas desse comportamento.

2. Um tipo de conflito chamado *conflito interorganizacional* pode ocorrer tanto entre duas organizações, como entre os membros de uma cadeia de suprimentos. Você consegue pensar em dois ou três diferentes tipos de conflito interorganizacional que pode ocorrer entre a Numi e um fornecedor (por exemplo, desacordo sobre o salário dos funcionários)? Quais podem ser as causas mais prováveis de determinado conflito? E as consequências? [Sugestão: na tentativa de imaginar possíveis formas de conflito, você pode voltar para o Capítulo 2 e pensar nos problemas que podem surgir em razão de *diferenças interculturais* ou da *diversidade* entre as pessoas envolvidas na cadeia de suprimentos da Numi].

3. Em caso de conflito nessa organização estendida, qual papel na resolução do problema poderia ser desempenhado pelos tipos de *justiça organizacional* discutidos no capítulo – justiça *distributiva, procedimental, interpessoal e informacional*? Na sua opinião, qual tipo de justiça, ou combinação de tipos, tem mais probabilidade de ser eficaz? Justifique sua resposta.

4. Produtos que fazem parte do comércio justo, como o chá, são precificados mais ou menos na mesma faixa que outros itens alimentares de alta qualidade, como os produtos orgânicos. Na verdade, a qualidade é normalmente superior porque muitos importadores que se baseiam no comércio justo, como a Numi, incentivam os fornecedores a primar pela qualidade.[†] Supondo que você está em condição de comprar um chá de qualidade (e assumindo que tem preferência por chás de alta qualidade), você pagaria pelo diferencial – a parcela do preço acima daquele cobrado pelas marcas não especializadas – de um produto do comércio justo, como os produtos vendidos pela Numi? Por que sim ou por que não?

5. Agora suponha que você leu sobre os resultados de um estudo que afirma o seguinte:

Mesmo os analistas simpatizantes do movimento [comércio justo] sugerem que apenas 25% do diferencial de preço chega até os produtores. Nenhum estudo realizado mostrou que o benefício para os produtores corresponde ao preço maior pago.[‡]

Embora não tenha o hábito de considerar tudo o que lê como verdadeiro, agora você está mais cético em relação às promessas do comércio justo do que antes de ler o artigo. Se você respondeu "sim" ou "provavelmente" à questão 4, como isso faria com que sua decisão de compra mudasse, se fosse o caso? Na sua opinião, que papel a política da organização estendida desempenha na distribuição da receita de produtos do comércio justo? Qual papel essa empresa poderia desempenhar em resposta a quaisquer injustiças no sistema de comércio justo?

FONTES ADICIONAIS
Numi Organic Tea, "Numi's Vision", "Founder's Story", "Celebrating People", "Fair Trade Certified" (2005-2012), www.numitea.com, 24 set. 2012; Inner City Advisors, "Case Study: Numi Organic Teas" (2010), http://innercityadvisors.org, 15 set. 2012; Stacey R. Louiso, "Numi Equals Puri-Tea", *Attribute Magazine*, 6 jul. 2009, www.attributemagazine.com, 16 set. 2012.
* "Comércio justo" não é apenas um *slogan* casual. O termo refere-se a programas destinados a garantir que os agricultores dependentes das exportações em países em desenvolvimento consigam obter preços justos para as suas safras. A Numi possui uma certificação de comércio justo concedida pela Fair Trade Labelling Organizations International, uma rede global, sem fins lucrativos, de grupos de comércio justo, com sede na Alemanha. "Somos muito importantes no comércio justo", diz Brian Durkee, "e insistimos nisso em nosso modelo de cadeia de suprimento".
† Tyler Gage, "The Central Benefit of Fair Trade: Price or Premium?", *T Ching*, 28 nov. 2011, www.tching.com, 25 set. 2012.
‡ HarryWallop, "Fair Trade Does Not Help the Poorest, Report Says", *The Telegraph*, 4 nov. 2010, www.telegraph.co.uk, 25 set. 2012.

PRÁTICA DO COMPORTAMENTO ORGANIZACIONAL

Fontes ou bases do poder

Objetivo Esse exercício vai lhe dar prática para identificar as fontes ou bases de poder associadas aos vários cargos, formais e informais, nas organizações.

Formato Você denominará e explicará as fontes ou bases de poder individualmente. Em seguida, formará um pequeno grupo ou se reunirá com toda a classe para discutir suas respostas e responder às perguntas de acompanhamento.

Procedimento Para cada um dos seguintes cargos, decida qual (quais) das cinco fontes ou bases de poder estão presentes (poder legítimo, de recompensa, de coerção, de referência e de conhecimento). Pode haver mais de uma base ou fonte de poder para um cargo. Então, para cada base ou fonte de poder presente, escreva uma frase a fim de explicá-la ou dê um breve exemplo.

- Vendedor com alto desempenho
- Professor universitário
- Atleta popular no *campus*
- Proprietário de uma empresa de pequeno porte
- Diretor executivo de uma empresa
- Pesquisador que chefia o departamento de P&D (Pesquisa e Desenvolvimento) de uma empresa
- Secretária do diretor executivo de uma empresa
- Presidente dos Estados Unidos

Perguntas de acompanhamento

1. Os alunos acharam fácil concordar em relação às respostas? Se a resposta for negativa, por quê?
2. Até que ponto o conhecimento maior sobre um indivíduo específico mudaria suas respostas? Até que ponto um conhecimento maior sobre determinada situação mudaria suas respostas?
3. Com base na(s) fonte(s) de poder para cada cargo, que possíveis resultados uma pessoa nessa posição experimentaria se estivesse agindo como líder?

FORMAÇÃO DAS HABILIDADES GERENCIAIS

Visão geral Habilidades de diagnóstico ajudam um gestor a visualizar as respostas adequadas para uma situação. Uma situação que os gerentes comumente enfrentam é se devem usar o poder para resolver um problema. Esse exercício vai ajudá-lo a desenvolver suas habilidades de diagnóstico no que se refere ao uso de diferentes tipos de poder em diversas situações.

Contexto Vários métodos de uso do poder foram identificados. Esses métodos incluem:

1. Solicitação legítima – O gerente solicita que o subordinado cumpra suas ordens porque este reconhece que a organização deu ao gerente o direito de lhe fazer essa solicitação. A maioria das interações entre o gestor e subordinados, no dia a dia, é desse tipo.
2. Conformidade instrumental – Nesse tipo de troca, o subordinado cumpre as ordens para obter a recompensa que está sob o controle do gerente. Suponha que o gerente peça ao subordinado para fazer algo fora do âmbito de suas funções normais, como trabalhar horas extras no fim de semana, colocar um fim no relacionamento comercial com um comprador de longa data ou dar más notícias. O subordinado cumpre as ordens e, como resultado direto, recebe elogios do gerente e um bônus. A próxima vez que lhe pedirem para realizar uma atividade semelhante, o subordinado reconhecerá que o cumprimento das ordens é um instrumento por meio do qual recebe recompensas. Por isso, a base da conformidade instrumental é esclarecer a eventualidade de se obter recompensas importantes pelo desempenho.
3. Coerção – A coerção é utilizada quando o gerente sugere ou insinua que o subordinado será punido, demitido ou repreendido se não fizer algo.
4. Persuasão racional – Acontece quando o gerente convence o subordinado de que o cumprimento das ordens pode atender aos melhores interesses do subordinado. Por exemplo, o gerente argumenta que o subordinado deve aceitar uma transferência porque seria bom para a carreira do funcionário. Em alguns aspectos, a persuasão racional é semelhante ao poder de recompensa, exceto que o gerente não controla a recompensa.
5. Identificação pessoal – Acontece quando o gerente reconhece que tem poder de referência sobre o subordinado e pode moldar o comportamento dele para que apresente os comportamentos desejados: o gerente torna-se, conscientemente, um modelo para o subordinado e explora essa identificação pessoal.

6. Apelo inspirativo – Ocorre quando o gerente pode induzir o subordinado a fazer algo coerente com um conjunto de ideais ou valores mais elevados por meio do apelo inspirativo. Por exemplo, o apelo por lealdade representa um apelo inspirativo.

Tarefa Com essas ideias em mente, faça o seguinte:

1. Relacione cada um dos usos do poder listados anteriormente com os cinco tipos de poder identificados no capítulo, ou seja, indique qual tipo (quais tipos) de poder está (estão) mais intimamente associado(s) com cada uso do poder, que tipo(s) pode (podem) ser relacionado(s) a cada uso do poder e que tipo(s) não está (estão) relacionado(s) a cada uso do poder.
2. É mais provável que um gerente utilize vários tipos de poder ao mesmo tempo ou use um único tipo?
3. Identifique outros métodos e abordagens para o uso do poder.
4. Quais são alguns perigos e armadilhas associados ao uso do poder?

EXERCÍCIO DE AUTOAVALIAÇÃO

Como ter poder e influenciar pessoas

Esse exercício foi elaborado para ajudá-lo a avaliar de que modo sua abordagem sobre seu trabalho será eficaz na obtenção de poder e influência. Se você tem um emprego, considere o seu trabalho; se você é estudante, aplique esse exercício a suas tarefas como aluno.

As 28 afirmações a seguir refletem abordagens que as pessoas podem adotar no trabalho. Utilizando a escala apresentada, indique a medida em que, na sua opinião, cada afirmação é verdadeira para você.

1. Discordo totalmente
2. Discordo
3. Discordo parcialmente
4. Concordo parcialmente
5. Concordo
6. Concordo totalmente

Em uma situação na qual é importante obter mais poder:

_____1. Eu me esforço para me tornar altamente proficiente em minha linha de trabalho.
_____2. Demonstro simpatia, honestidade e sinceridade para aqueles com quem eu trabalho.
_____3. Eu me esforço mais e tenho mais iniciativa do que o esperado no meu trabalho.
_____4. Apoio eventos e atividades organizacionais e cerimoniais.
_____5. Formo uma ampla rede de relacionamentos com as pessoas em todos os níveis da organização.
_____6. Envio mensagens pessoais para os outros quando eles realizam algo significativo ou quando quero fornecer-lhes informações importantes.
_____7. No meu trabalho, eu me esforço para gerar novas ideias, iniciar novas atividades e diminuir as tarefas rotineiras.
_____8. Tento encontrar maneiras de ser um representante externo para a minha unidade ou organização.
_____9. Atualizo continuamente minhas habilidades e meus conhecimentos.
_____10. Eu me esforço para melhorar minha aparência pessoal.
_____11. Trabalho mais do que a maioria dos meus colegas.
_____12. Encorajo novos membros a apoiar os valores organizacionais que são importantes, tanto por meio de suas palavras quanto de suas ações.
_____13. Tenho acesso a informações essenciais, tornando-me importante nas redes de comunicação.
_____14. Eu me esforço para encontrar oportunidades de fazer relatórios sobre o meu trabalho, especialmente para os seniores.
_____15. Procuro manter a variedade nas tarefas que executo.
_____16. Mantenho meu trabalho conectado à missão da organização.

Ao tentar influenciar alguém para uma finalidade específica:

_____17. Enfatizo os motivos e as informações sobre os fatos.
_____18. Eu me sinto confortável ao utilizar uma variedade de técnicas de influência, adequando-as às circunstâncias específicas.
_____19. Recompenso outras pessoas por concordarem comigo, estabelecendo, assim, uma condição de reciprocidade.
_____20. Uso uma abordagem direta, simples, em vez de uma abordagem indireta ou manipuladora.
_____21. Evito o uso de ameaças ou de exigências para impor minha vontade aos outros.

Quando resisto a uma tentativa de influência inadequada dirigida a mim:

_____22. Uso os recursos e as informações que eu controlo para equalizar as exigências e ameaças.

_____23. Eu me recuso a negociar com os indivíduos que utilizam táticas de negociação que fazem muita pressão.

_____24. Explico por que não posso cumprir as solicitações que parecem razoáveis, indicando como as consequências afetariam minhas responsabilidades e obrigações.

Ao tentar influenciar aqueles que estão em níveis hierárquicos acima do meu na organização:

_____25. Ajudo a determinar as questões às quais eles prestem atenção, vendendo de modo eficaz a ideia da importância desses problemas.

_____26. Eu os convenço de que as questões nas quais desejo manter meu foco são compatíveis com as metas e com o sucesso futuro da organização.

_____27. Eu os auxilio na resolução dos problemas para os quais eles não esperavam minha ajuda.

_____28. Trabalho bastante para fazê-los parecer tão bons e bem-sucedidos quanto faço para o meu próprio sucesso.

Como pontuar: some os números que você colocou na coluna da esquerda. A pontuação máxima possível é 168. Você deve comparar sua pontuação com a pontuação dos outros alunos da sala e com a pontuação dos 1.500 alunos da faculdade de negócios. As pontuações estão resumidas a seguir:

Pontuação	Classificação
134,9	média = 50%
145 ou mais	quartil superior (entre 76% e 100%)
136-144	segundo quartil (entre 51% e 75%)
126-135	terceiro quartil (entre 26% e 50%)
125 ou menos	quartil inferior (entre 0% e 25%)

Referência: Whetten, David A; Cameron, Kim S. *Developing Management Skills*, 7. ed., © 2007. p. 284-85, 324. Reimpresso com permissão de Pearson Education, Inc., Upper Saddle River, NJ.

CAPÍTULO 15
Conflitos e negociação nas organizações

Visão geral do capítulo

- Natureza dos conflitos nas organizações
- Tipos e causas comuns de conflitos
- Reações aos conflitos
- Gestão dos conflitos
- Negociação nas organizações

Objetivos de aprendizagem

Após estudar este capítulo, você estará apto a:

1. Definir e discutir a natureza dos conflitos nas organizações.
2. Identificar e descrever os tipos e as causas comuns dos conflitos.
3. Discutir as reações mais frequentes aos conflitos nas organizações.
4. Descrever como o conflito pode ser administrado.
5. Definir o que é negociação nas organizações e discutir os processos subjacentes.

Quando o conflito vira uma colisão frontal

"Queria que o mundo soubesse o que havia acontecido."
— Dimitrios Biller, ex-funcionário da Toyota e denunciante

"As ações do Sr. Biller e o tempo oportuno em que deu início ao processo judicial não sustentam sua afirmação de que ele é motivado pelo interesse público."
— Toyota Motor Corp.

Quando o Toyota Corolla, em que estavam com sua filha, foi atingido por um SUV (*sport utility vehicle*) na traseira, Raul e Diana Lopez processaram a Toyota, alegando que o assento reclinável do motorista teve um mal funcionamento, o que fez com que o assento atingisse a criança deixando-a cega de um olho. A equipe de defesa da Toyota foi liderada por Dimitrios Biller, consultor jurídico nacional da montadora para litígios referentes a acidentes, e Todd Tracy, advogado dos Lopez, do Texas, foi forçado a encerrar a ação por muito menos do que estava pedindo. Aparentemente, os dois advogados do caso não suportavam um ao outro. "Ele era intransigente, quase obsessivo-compulsivo sobre os casos", diz Tracy, que havia enfrentado Biller em tribunais 25 vezes. "As outras partes, os querelantes", acrescenta, "achavam que ele era um bastardo mesquinho". Não é bem assim, respondeu Biller, que afirma que às vezes chorava depois de vencer casos de acidentes pessoais porque ele "sentia muita empatia" em relação aos querelantes.

Biller permaneceu na Toyota até setembro de 2007, quando deixou a empresa com um pacote de indenização de US$ 3,7 milhões, mas parece que sua saída não foi amigável. Ele saiu da empresa com cerca de 6.000 documentos relacionados a defeitos relativos à segurança dos veículos, alegando que foi "forçado" a renunciar ao cargo porque resistiu à "conspiração da companhia para evitar a divulgação das provas" em aproximadamente 300 ações judiciais sobre lesão em pessoas. Biller alegou que seus superiores o tinham submetido a "intimidação, assédio, e que seu futuro era incerto", além disso, havia sofrido "colapso mental e físico". Seu pacote de demissão, disse ele, foi um "suborno"; ele pegou os documentos internos por causa da obrigação legal e ética de torná-los "objeto de conhecimento público".

Em 2008, a Toyota, alegando que Biller havia divulgado alguns dos documentos internos da empresa, processou-o, argumentando que ele havia violado a cláusula de confidencialidade presente no acordo rescisório. "Em nossa opinião", declarou a Toyota, "o Sr. Biller violou, repetidamente, suas obrigações éticas e profissionais, tanto em relação a seu papel como advogado quanto em relação a seu compromisso para conosco; ele quebrou o sigilo advogado-cliente".

Em julho de 2009, Biller entrou com um processo para denunciar a Toyota e vários de seus ex-supervisores, alegando que tinham agido para "deter, impedir e retardar" seus esforços para "pesquisar, coletar, preservar, analisar e preparar" documentos para divulgação,

Problemas com o pedal do acelerador do Camry da Toyota provocaram vários acidentes. O ex-funcionário da Toyota e denunciante, Dimitros Biller alertou as pessoas sobre esse problema revelando sua história para a mídia.

em litígio instaurado contra a empresa. "Como advogado, fiz o máximo que pude pelo cliente", a fim de impedi-lo de infringir a lei, disse Biller. "Enviei *e-mails* e mais *e-mails*, memorandos e mais memorandos, explicando as obrigações legais que a Toyota precisava cumprir". Biller havia entrado com o processo porque "queria que o mundo soubesse o que havia acontecido". Seu antigo empregador, no entanto, estava cético: "As ações do Sr. Biller e o tempo oportuno em que deu início ao seu processo judicial", respondeu a Toyota "não sustentam sua afirmação de que ele é motivado pelo interesse público". Suas ações foram motivadas por seus próprios interesses pessoais e financeiros".

E o que dizer dos 6.000 documentos que Biller levou quando rescindiu seu contrato com a Toyota? Que tipo de informação eles contêm? "Segredos comerciais", disse a montadora. Mas Biller sustentou que os documentos poderiam ser utilizados "para estabelecer a responsabilização da Toyota no que diz respeito a seus produtos e aos casos de negligência". A Toyota obteve uma ordem judicial para manter a confidencialidade dos documentos, entretanto, naquele momento do andamento do processo, um aliado improvável uniu-se a Biller em sua batalha para divulgar as evidências que poderiam incriminar a empresa. Em outubro de 2009, Biller entregou os documentos secretos a um juiz federal do Texas. Por que do Texas? Parece que Todd Tracy, estimulado pelas revelações que Biller prometera fazer no processo contra a Toyota, decidiu reabrir 17 dos processos de lesão pessoal que havia perdido, anteriormente, para Biller, a começar do caso de Raul e Diana Lopez. Os documentos fornecidos por Biller, declarou Tracy, continham "informações que a Toyota não queria tornar públicas. As vítimas de acidentes que envolvem a Toyota precisam conhecer essas informações para descobrirem se a montadora japonesa desvirtuou o curso da justiça norte-americana".

Dois meses mais tarde, no entanto, Tracy anunciou que estava retirando a petição para reabrir os 17 casos. "Depois de analisar os documentos de Biller", disse Tracy, "não identifiquei nenhum tipo de ocultação, destruição ou padrões de violação que pudessem ter interferido naqueles casos. Não vi nenhuma prova concreta", acrescentou Tracy. "Não vi sequer sinal de prova subentendida". Enquanto isso, um juiz federal havia respondido à queixa da Toyota de que Biller violara os termos do acordo de rescisão com a empresa, encaminhando o caso de Biller à Ordem dos Advogados do Estado da Califórnia para investigação. Um mês depois, outro juiz federal negou o provimento de suas alegações contra os advogados da Toyota e enviou o caso para arbitragem.

Então, em março de 2010, o inusitado caso *Dimitrios Biller* versus *Toyota Motor Corp.* tomou, mais uma vez, um rumo inesperado. Ao se reunir para ouvir as queixas de problemas de aceleração descontrolada em veículos da Toyota, a Comissão de Supervisão e Reforma Governamental do Congresso dos Estados Unidos havia solicitado, por intimação, os documentos em posse de Biller, e o presidente da comissão, Ed Towns, aparentemente, achou que eles eram muito mais interessantes do que Todd Tracy havia pensado. "Revisamos esses documentos", escreveu Towns em carta aos representantes da Toyota", e encontramos evidências de que a Toyota, de modo deliberado, reteve registros eletrônicos relevantes que estavam sendo legalmente exigidos, em resposta às ordens de revelar seu conteúdo em litígio". Em particular, o presidente da comissão citou um memorando do então advogado da empresa, Dimitrios Biller, incitando seu supervisor a entregar informações eletrônicas relativas a falhas de projeto dos veículos. "Os documentos de Biller", concluiu o congressista Towns, "indicam desrespeito sistemático à lei e violação rotineira às ordens do tribunal de revelar as informações relativas ao litígio".

Pelo menos, parte do litígio foi resolvido em janeiro de 2011, quando o árbitro a quem o caso tinha sido entregue em 2010, apresentou sua decisão. Ele ordenou que Biller pagasse US$ 2,6 milhões por danos à Toyota porque descobriu que Biller havia violado deveres contratuais, legais e éticos. A decisão foi confirmada pelo Tribunal Federal de Recursos. "Achamos que essa compensação", disse um porta-voz da Toyota, "é uma consequência adequada para as ações de Biller e faz com que seus ataques, sem fundamentos legais, à nossa empresa e aos nossos funcionários, percam totalmente o crédito". A decisão, no entanto, não resolveu a questão relacionada a serem verdadeiras ou não as alegações de Biller contra seu antigo empregador. "Não desisti dessa missão", insiste Biller. "Hoje eu digo: para mim, o caso ainda não terminou".

Para ter outra perspectiva das complexidades da denúncia de irregularidades como uma forma especial de conflito legal, leia o box *Mudanças*, intitulado "Denúncia no escuro".

Qual é a sua opinião?
1. É possível evitar que os conflitos ocorram ou eles são inevitáveis em uma organização tão grande como a Toyota?
2. Do ponto de vista estritamente jurídico, qual das partes você acha que está com a razão - Biller ou Toyota? Você teria feito o que Biller fez? Se sim, por quê? Se sua resposta for negativa, o que você teria feito?

Referências: Deborah Feyerick e Sheila Steffen, "Ex-Toyota Lawyer Says Documents Prove Company Hid Damaging Information", *CNN U.S.*, 10 mar. 2010, http://articles.cnn.com, 6 ago. 2012; Zusha Elinson, "Ex-Toyota Lawyer Holds Tight to Whistleblower Suit", *Law.com*, 22 out. 2009, www.law.com, 6 ago. 2012; Michelle Massey, "Tracy Refiles Toyota Suit as Whistleblower Faces Sanctions", *The Southeast Texas Record*, 30 out. 2009, www.setexasrecord.com, 6 ago. 2012; Rob Riggs, "Dallas Attorney Todd Tracy Dismisses Suit to Reopen Toyota Accident Cases", *PR Web*, 26 dez. 2009, www.prweb.com, 6 ago. 2012; Peter Valdes-Dapena, "Oversight Chief Says Toyota Withheld Documents", *CNNMoney*, 26 fev. 2010, http://money.cnn.com, 6 ago. 2012; Valdes-Dapena, "Toyota Chalks a Win against 'Whistleblower'", *CNNMoney*, 6 jan. 2011, http://money.cnn.com, 6 ago. 2012; Matthew Heller, "Dimitrios Biller: Inside Out", *California Lawyer*, ago. 2012, www.callalawyer.com, 6 ago. 2012.

Organizações como a Toyota enfrentam constantemente um grande número de diferentes conflitos – funcionários que discordam do chefe, dois executivos que divergem sobre uma nova campanha de marketing, discussões entre líderes sindicais e representantes da empresa na mesa de negociações e muitos outros. Como vimos ao longo deste livro, quando as pessoas trabalham juntas em ambientes organizacionais, as consequências são diversas. Por exemplo, as pessoas podem sair do local em que trabalham sentindo-se felizes e energizadas por terem tido um ótimo desempenho; podem ficar frustradas e infelizes por causa de algum problema ou podem se sentir estressadas em razão de pressões que lhes são impostas. Outra possível consequência que ocorre com regularidade é o conflito, assunto deste capítulo. Começaremos com uma discussão sobre a natureza do conflito. Então, examinaremos os tipos mais comuns de conflito e quais são suas principais causas. Depois, discutiremos as reações aos conflitos e como eles podem ser administrados. Concluiremos com a discussão de um processo organizacional relacionado a conflitos: a negociação.

NATUREZA DOS CONFLITOS NAS ORGANIZAÇÕES

Conflito é o processo resultante das percepções de duas partes que estão trabalhando em oposição uma à outra, de forma que isso resulte em sentimentos de desconforto e/ou em animosidade.

O conflito é uma ocorrência comum nas organizações. Embora existam inúmeras definições de **conflito**, vamos defini-lo como um processo resultante das percepções de duas partes que estão trabalhando em oposição uma à outra, de modo que isso resulte em sentimentos de desconforto e/ou em animosidade. Há vários elementos dessa definição que merecem comentário adicional.

Primeiro, o conflito é um processo, não um evento único. Ele evolui ao longo do tempo e baseia-se em acontecimentos anteriores. Embora o conflito possa surgir como resultado de um evento específico, é mais do que provável que tenha sido formado há algum tempo. Além disso, para que o conflito seja real, as partes têm de perceber que ele existe. Se um observador testemunha aquilo que parece ser uma discussão entre dois indivíduos, mas essas pessoas não percebem que o seu diálogo é algo conflituoso, então, o conflito não existe realmente. Por fim, deve haver desconforto ou animosidade para que o conflito seja real. Por exemplo, amigos que jogam entre si, em um jogo amigável de futebol, podem brigar pela vitória, porém não estão em conflito.

Devemos observar que as partes envolvidas no conflito podem ser indivíduos, grupos e/ou organizações. Consequentemente, o conflito pode envolver uma pessoa em oposição a outra, um grupo em oposição a outro ou uma organização em oposição a outra. Conflitos existem entre os diferentes níveis, por exemplo, no caso de um indivíduo que está em conflito com um grupo. Eles resultam também da antecipação de problemas futuros. Por exemplo, uma pessoa se comporta de forma oposta em relação a outra, uma vez que ela cria obstáculos à realização de seus objetivos.[1]

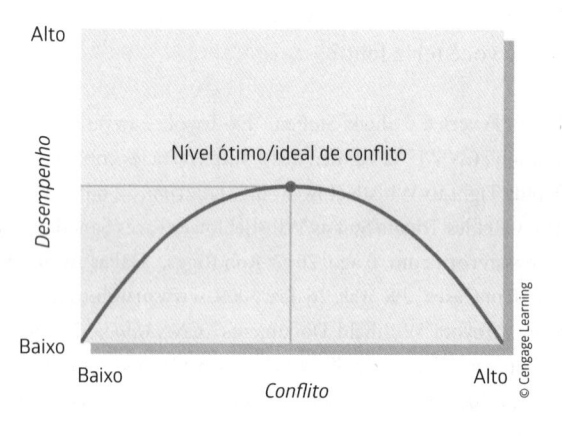

FIGURA 15.1

A natureza dos conflitos nas organizações

Tanto muitos conflitos quanto poucos conflitos podem ser prejudiciais para uma organização. Em ambos os casos, o desempenho pode ser baixo. No entanto, um nível ótimo/ideal de conflito que desperte motivação, criatividade, inovação e iniciativa pode resultar em níveis mais elevados de desempenho.

Embora muitas vezes o conflito seja considerado nocivo e, portanto, algo a ser evitado, pode ter benefícios. A total ausência de conflito pode levar à apatia e à inércia. Já um grau moderado de conflito, que tenha um foco, estimula novas ideias, promove a concorrência saudável e energiza o comportamento. Em algumas organizações, especialmente naquelas com fins lucrativos, muitos gestores acreditam que o conflito é prejudicial. Em organizações sem fins lucrativos, os gestores costumam ver o conflito como benéfico e propício a conduzir à tomada de decisões com melhor qualidade.[2] Em muitos casos, o impacto dos conflitos sobre o desempenho assume a forma apresentada na Figura 15.1. Tanto poucos conflitos quanto muitos conflitos podem resultar em baixo desempenho, ao passo que um nível moderado de conflito pode levar a um desempenho melhor.[3]

TIPOS E CAUSAS COMUNS DE CONFLITOS

O conflito pode ser de vários tipos. Em uma organização, ele é causado por uma ampla variedade de fatores.

Tipos comuns de conflitos

Conflito entre tarefas refere-se ao conflito em relação aos objetivos e ao conteúdo das tarefas.

Em geral, em uma organização, há três tipos básicos de conflito. Existem outras formas de conflito que podem se relacionar a um conflito entre as organizações. O **conflito entre tarefas** refere-se ao conflito em relação aos objetivos e ao conteúdo do trabalho. Por exemplo, suponha que um gestor acredita que a empresa deve se esforçar para maximizar os lucros e, consequentemente, o valor do acionista. Esse indivíduo tem um forte sentimento de que a organização deve evitar se envolver em causas sociais e orientar seus esforços no aumento da receita e/ou na redução dos custos, com a exclusão da maioria das outras atividades. Outro gerente na mesma empresa, entretanto, pode acreditar que a empresa deve ter um programa social em destaque e ser um participante ativo de programas sociais relevantes. Ainda que esse gestor reconheça a importância dos lucros, ele também vê a importância da cidadania corporativa. À medida que as diferenças levam a divergências sobre questões essenciais, representam um conflito de atividades.

> **Conflito de processo** ocorre quando as partes concordam sobre os objetivos e o conteúdo do trabalho, porém discordam sobre a forma de atingir as metas e de como realizar o trabalho.

O **conflito de processo** ocorre quando as partes concordam sobre os objetivos e o conteúdo do trabalho, porém discordam sobre a forma de atingir as metas e de como realizar o trabalho. Por exemplo, suponha que ambos executivos citados anteriormente, na verdade, acreditem na importância de uma agenda social e apoiam o conceito de compartilhar os lucros com a sociedade. Por isso eles não têm conflito de atividades. No entanto, um executivo acha que a melhor maneira de fazer isso é doar uma parte dos lucros para uma ou mais causas sociais. O outro executivo acha que a empresa deve ser mais ativa; por exemplo, ele quer que a organização patrocine projetos de obras em andamento por meio da Habitat for Humanity. Embora compartilhem os mesmos objetivos, veem diferentes processos como sendo a melhor maneira de alcançar as metas.

> **Conflito de relacionamento** ocorre quando as partes têm problemas interpessoais.

O **conflito de relacionamento** ocorre quando as partes têm problemas interpessoais. Por exemplo, suponha que uma pessoa tenha crenças religiosas muito rigorosas e conservadoras. Essa pessoa se sente ofendida com o uso de linguagem vulgar, acredita na importância de ir com frequência à igreja e não tem receio de expressar suas crenças. Um colega de trabalho, no entanto, usa palavras vulgares e conta piadas sobre a necessidade de dormir até tarde nos finais de semana para se recuperar de noitadas em bares. Mesmo que o conflito entre esses dois indivíduos não seja algo concreto, há uma probabilidade razoável de que, ocasionalmente, um vá deixar o outro ciente de que valoriza coisas diferentes.

> **Conflito judicial** pode surgir quando há diferenças de percepção entre as organizações.

Em um nível um pouco diferente, um **conflito judicial** pode surgir quando há diferenças de percepção entre as organizações. Por exemplo, se uma empresa percebe que um concorrente pratica preços predatórios ou que um fornecedor deixa de seguir os termos de um contrato, pode ajuizar uma ação legal contra a outra companhia. É desnecessário mencionar que o conflito judicial também envolve órgãos governamentais. Tomemos, por exemplo, o caso de uma denúncia de irregularidades feita por um funcionário, que se refere à divulgação da conduta ilegal ou antiética por parte de uma organização. Por sua própria natureza, a denúncia pressupõe um nível significativo de conflito de processo entre empregado e empregador; todavia, os denunciantes são protegidos da retaliação por uma variedade de leis estaduais e federais, e muitas empresas veem-se envolvidas em conflitos judiciais resultantes não só das atividades irregulares divulgadas pelos denunciantes, mas também pelas ações que tomaram contra eles para retaliá-los. Como vimos na abertura deste capítulo, a legislação e os conflitos judiciais podem se tornar complicados e irreconciliáveis, tanto para os empregadores quanto para os denunciantes. Para um exemplo, ver o box *Mudanças*, intitulado "Denúncia no escuro".

O fundador do WikiLeaks, Julian Assange, é uma figura polêmica. Recentemente, envolveu-se em uma batalha judicial na Suécia, onde foi acusado de abuso sexual por duas mulheres. Os conflitos judiciais constituem uma grande preocupação para gestores e empresários em todos os lugares.

Causas dos conflitos

Conflito interpessoal É quase certo ocorrer um conflito entre dois ou mais indivíduos em uma organização dada a grande variedade de percepções, objetivos, atitudes, e assim por diante, entre os seus membros. William Gates, fundador e diretor executivo da Microsoft, e Kazuhiko Nishi, um ex-sócio do Japão, terminaram uma relação comercial de longa data por causa de conflitos interpessoais. Nishi acusou Gates de se tornar demasiadamente político, ao passo que Gates culpou Nishi por ter mudado seu comportamento, tornando-se imprevisível e excêntrico.[4]

Uma fonte frequente de conflitos interpessoais nas organizações é o que muitas pessoas chamam de choque de personalidades – quando duas pessoas desconfiam das intenções uma da outra, não gostam uma da outra ou, por alguma outra razão, não se dão bem.[5] Os conflitos também podem ocorrer entre pessoas que têm diferentes crenças ou percepções sobre algum aspecto de seu trabalho ou de sua empresa. Por exemplo, um gerente quer que a organização exija que todos os funcionários usem o *software* Microsoft Office para promover uma padronização. Outro gerente acredita que o uso de uma variedade de pacotes de *software* deve ser autorizado a fim de reconhecer a individualidade. Da mesma forma, um gerente do sexo masculino pode discordar de sua colega sobre se a organização é culpada pela discriminação contra mulheres nas decisões relativas a promoções. O ex-secretário de Defesa dos Estados Unidos, Donald Rumsfeld, tinha conflitos frequentes com os outros por causa de seu estilo mordaz e de confrontação.[6]

O conflito também pode ser resultado do excesso de competitividade entre pessoas. Duas pessoas que disputam o mesmo emprego, por exemplo, podem recorrer a um comportamento político em um esforço para obter vantagem. Se qualquer um dos concorrentes enxerga o comportamento do outro como inadequado, é provável que esse fato resulte em acusações. Mesmo depois que o "vencedor" é determinado, tal conflito pode continuar a minar as relações interpessoais especialmente se as razões apresentadas na seleção de um candidato são ambíguas ou sujeitas a explicações abertas e alternativas. Robert Allen teve de renunciar ao cargo de diretor executivo da Delta Airlines por discordar de outros executivos importantes sobre a melhor forma de reduzir os custos da companhia aérea. Depois que começou a procurar um substituto para um de seus rivais, sem a aprovação do conselho de administração da empresa, o conflito resultante e a controvérsia causada não lhe deixaram outra opção a não ser sair da empresa.[7]

Conflito intergrupal O conflito entre dois ou mais grupos em uma organização também é bastante comum. Por exemplo, os membros do grupo de marketing de uma empresa podem discordar do grupo de produção a respeito da qualidade dos produtos e dos prazos de entrega. Dois grupos de vendas podem discordar sobre a maneira de alcançar as metas de vendas, e dois grupos de gestores podem ter ideias diferentes sobre a melhor forma de alocar os recursos da empresa.

Em uma loja de departamentos da J.C. Penney, o conflito surgiu entre os funcionários do almoxarifado e os de vendas. Os funcionários de vendas alegaram que os do almoxarifado eram lentos na entrega de mercadorias para a área de vendas a fim de que os preços pudessem ser fixados e os produtos colocados nas prateleiras. Os funcionários do almoxarifado, por sua vez, reclamavam de que os vendedores não lhes estavam dando tempo suficiente para entregar as mercadorias e que eles não conseguiam entender que tinham outras obrigações a cumprir, além de enviar as mercadorias para a área de vendas.

Assim como as pessoas, os departamentos têm metas diferentes. Além disso, essas metas, muitas vezes, podem ser incompatíveis. A meta do departamento de marketing para maximizar as vendas, que pode ser parcialmente atingida ao se oferecer muitos produtos em uma ampla variedade de tamanhos, formas, cores e modelos, provavelmente, entra em conflito com a meta da produção de minimizar os custos, alcançada em parte com a manutenção de

MUDANÇA: Denúncia no escuro

Em 2008, Joseph Burke, ex-gerente da empresa de publicidade Ogilvy & Mather (O&M), apresentou uma denúncia à Occupational Safety and Health Administration (OSHA), responsável pela aplicação das disposições relativas à proteção de denunciantes a respeito da Lei Sarbannes-Oxley (SOX). Burke denunciou que ele havia sido demitido por cooperar com uma investigação federal sobre práticas de faturamento do seu empregador, em uma violação da Lei SOX. A história (pelo menos até esse ponto) pode parecer simples, mas levanta duas questões óbvias:

1. Por que a Lei SOX? Promulgada em 2002, com o surgimento de escândalos corporativos de empresas como Enron e Worldcom, a Lei SOX passou a proteger as pessoas que denunciam organizações que tenham ações na bolsa de valores ou são obrigadas a apresentar relatórios à U.S Securities and Exchange Commission (SEC). A lei estabelece que as empresas envolvidas "não podem demitir ou promover qualquer tipo de retaliação contra um funcionário porque ele colaborou em uma investigação de uma agência reguladora ou na aplicação de uma lei federal".

2. Por que a OSHA? Sob a direção do Ministério do Trabalho (MT) dos Estados Unidos, a OSHA é responsável por fazer cumprir os estatutos sobre denúncias da Lei SOX. Uma denúncia como a de Joseph Burke primeiro vai para um oficial da OSHA, agência que pode aceitá-la ou rejeitá-la. Nesse caso, a denúncia pode ser objeto de recurso para um juiz de direito administrativo do Ministério do Trabalho e depois, novamente, pode haver recurso ao Conselho de Revisão Administrativa do Ministério do Trabalho.

A denúncia de Burke não chegou muito longe: ela foi indeferida pela OSHA, cuja decisão foi confirmada por um juiz de direito administrativo. Quando isso aconteceu, várias pessoas compartilharam da frustração de Burke. Na década seguinte, a Lei SOX foi promulgada e o processo da OSHA-MT deu seu parecer favorável para apenas 21 dos denunciantes de empresas – de um total de aproximadamente 1.500 denúncias. Quase 1.000 outras denúncias foram rejeitadas antes de chegar a um juiz de direito administrativo. Por que essa preponderância esmagadora de decisões a favor dos réus corporativos? Sob a administração Bush, os advogados do Ministério do Trabalho emitiram uma ordem oficial segundo a qual "não havia base jurídica para o argumento de que as subsidiárias de empresas envolvidas eram, automaticamente, abrangidas" pela Lei SOX;

> *"Caso contrário, uma empresa que quisesse fazer algo obscuro poderia fazê-lo simplesmente por meio de sua subsidiária."*
> — PATRICK LEAHY, SENADOR DOS ESTADOS UNIDOS, SOBRE A ABRANGÊNCIA PREVISTA PARA A LEI SOX

afinal de contas, disseram os advogados do governo, a lei não mencionava "expressamente" a palavra "subsidiárias". Joseph Burke, como funcionário da O&M, trabalhava para uma subsidiária sem ações na bolsa de valores, que era parte do WPP Group PLC, este sim, com capital aberto. Desse modo, de acordo com o juiz de direito administrativo que presidiu o processo judicial, o caso não foi adiante porque "apenas os funcionários de empresas de capital aberto estão protegidos" e Burke não "tinha estabelecido, por meio de evidências importantes, que ele era um funcionário de uma empresa regida pela Lei SOX".

Não surpreende que, muitas pessoas do governo e advogados opuseram-se à interpretação estrita da Lei SOX pelo Ministério do Trabalho. Pelo menos um juiz de direito administrativo, relembrando a época quando as fraudes corporativas não eram verificadas, ou seja, o momento em que a lei foi aprovada, alertou seus colegas que "as subsidiárias foram os veículos pelos quais a fraude foi facilitada ou realizada". O senador dos Estados Unidos, Patrick Leahy, coautor das disposições sobre denúncias da lei, também foi intransigente em relação à interpretação mais ampla da Lei SOX. "Por que a Lei SOX *não deveria* abranger as subsidiárias?", indagou. "Caso contrário, uma empresa que quisesse fazer algo obscuro poderia fazê-lo simplesmente por meio de sua subsidiária".

Enquanto o Congresso movimentava-se para acabar com a brecha na lei, a OSHA tomou medidas para fazer cumprir as disposições de denúncia da Lei SOX com mais rigor: em março de 2010, a agência emitiu um total de mais de US$ 1,6 milhão em compensações, além de garantir a dois denunciantes a reintegração à empresa. Em abril de 2011, o Conselho de Revisão Administrativa do Ministério do Trabalho decidiu que a Lei SOX, de fato, protege os trabalhadores de empresas que não têm capital aberto.

Referências: Jennifer Levitz, "Shielding the whistleblower", Wall Street Journal, 1º dez. 2009, http://online.wsj.com, 6 ago. 2012; David Nolte, "DOL Continues to Ignore and Rewrite SOX's Whistleblower Law", Fulcrum Inquiry, set. 2008, www.fulcrum.com, 6 ago. 2012; Squire, Sanders & Dempsey LLP, "Sarbanes-Oxley Whistleblower Complaints against Non-Public Subsidiaries Routinely Dismissed by OSHA", set. 2008, www.squiresanders.com, 6 ago. 2012; Jennifer Levitz, "Whistleblowers Are Left Dangling", Wall Street Journal, 4 set. 2008, http://online.wsj.com, 6 ago. 2012; Seyfarth Shaw LLP, "OSHA Steps Up Enforcement of Sarbanes-Oxley Whistleblower Claims", 24 mar. 2010, www.seyfarth.com, 30 abr. 2011; Richard Renner, "ARB Holds That SOX Covers Subsidiaries", Whistleblower Protection Blog, 1º abr. 2011, www.whistleblowersblog.org, 6 ago. 2012.

longos ciclos de produção para alguns itens. A Reebok enfrentou essa situação. Um grupo de gerentes queria introduzir uma nova linha de artigos esportivos o mais rápido possível, ao passo que outros gestores queriam expandir a produção com cautela e tomar as decisões após análises. Uma vez que os dois grupos não foram capazes de entrar em um acordo sobre suas diferenças, o conflito entre as duas facções gerou problemas de qualidade e atrasos nas entregas, o que criou problemas à empresa por meses.

A competição por recursos escassos também pode levar a conflitos intergrupais. A maioria das organizações – especialmente, universidades, hospitais, agências governamentais e empresas em indústrias que estão em decadência – tem recursos limitados. Em uma cidade da Nova Inglaterra, por exemplo, o departamento de obras públicas e a biblioteca disputaram os fundos para uma concessão de construção federal. As divisões Buick e Chevrolet da General Motors brigam frequentemente pelos direitos de fabricar novos produtos desenvolvidos pela empresa. Em algumas empresas, como a Boeing, a cultura corporativa pode provocar a competição até o ponto em que o conflito se torne um fenômeno permanente.[8]

Conflito entre a organização e o ambiente O conflito que surge entre uma organização e outra é chamado de conflito interorganizacional. Uma dada quantidade de conflitos interorganizacionais resultante da concorrência empresarial é esperada; no entanto, às vezes, o conflito atinge os extremos. Por exemplo, os proprietários da Jordache Enterprises, Inc., e da Guess?, Inc. enfrentaram-se nos tribunais durante anos pela posse da etiqueta da marca Guess, por acusações de roubo de *design* e por várias outras questões. Da mesma forma, a General Motors e a Volkswagen foram aos tribunais para resolver um conflito desagradável que durou mais de quatro anos. Tudo começou quando um dos principais executivos da GM, José Ignacio López de Arriortúa, saiu da empresa para ocupar um cargo na Volkswagen. A GM alegou que ele levou consigo segredos comerciais fundamentais que poderiam beneficiar o concorrente alemão. Após a saída tumultuada do executivo, dezenas de acusações e contra-acusações foram feitas pelas duas empresas, e apenas um acordo judicial foi capaz de colocar um fim no conflito. Em 2012, a Apple ganhou uma ação judicial contra a Samsung, alegando que o seu concorrente coreano tinha violado seus direitos de patente para tecnologias e *designs* usados no iPhone.

Conflitos também podem surgir entre uma organização e outros elementos do ambiente. Por exemplo, uma organização empresarial pode entrar em conflito com um grupo de consumidores em razão de reclamações que eles fazem sobre seus produtos. O McDonald's enfrentou esse problema, há alguns anos, quando publicou informações nutricionais sobre os seus produtos e omitiu detalhes a respeito do teor de gordura pouco saudável. Um fabricante pode entrar em conflito com uma agência governamental como a OSHA. Por exemplo, a administração da empresa pode acreditar que está em conformidade com as normas da OSHA, ao passo que oficiais da própria agência opinam que a empresa não está em conformidade. Uma empresa pode entrar em conflito com um fornecedor sobre a qualidade das matérias-primas. A empresa pode achar que o fornecedor está lhe enviando materiais de qualidade inferior, ao passo que o fornecedor acredita que os materiais são adequados. Por fim, os gestores podem ter desentendimentos com grupos de funcionários. Por exemplo, um executivo acredita que seus funcionários estão realizando um trabalho de má qualidade e estão desmotivados. Os funcionários, por sua vez, acreditam que estão tendo um bom desempenho e que o gerente está realizando um trabalho com pouca qualidade ao liderá-los.

Interdependência de tarefas A interdependência de tarefas também pode resultar em conflito em qualquer um dos níveis observados anteriormente. Quanto maior a interdependência entre os departamentos, maior a probabilidade de ocorrer o conflito. Há três principais formas de interdependência: conjunta, sequencial e recíproca.[9]

A **interdependência conjunta** representa o nível mais baixo de interdependência, por isso resulta em menor quantidade de conflitos. As unidades cuja interdependência é conjunta

> **Interdependência conjunta** representa o nível mais baixo de interdependência, por isso resulta em menor quantidade de conflitos.

SERVIÇO: Como corrigir uma falha no serviço ao cliente

O voo da Scandinavian Airways System (SAS) estava atrasado, e os passageiros que esperam começaram a ficar com fome, inquietos e frustrados. Como a agente do portão de embarque sabia que a filosofia da SAS era fazer o que fosse possível para satisfazer seus clientes, ela achou que seria útil, a fim de acalmar a raiva crescente, servir alguns lanches e bebidas aos passageiros. Ela foi até o gerente de *catering* (abastecimento), que detinha uma posição superior na hierarquia organizacional, e pediu-lhe algumas porções suficientes de café e biscoitos para servir os passageiros. O gerente verificou seus registros e constatou que a quota de alimentação para aquele voo já tinha sido preenchida e negou o pedido. O agente do portão de embarque poderia ter aceitado essa decisão, porém decidiu não aceitá-la. Ele notou que, no próximo portão de embarque, havia um agente da Finnair. Como o agente da SAS sabia que a Finnair comprava a alimentação e bebida da SAS, solicitou que o agente da Finnair fizesse um pedido de alimentos para serem oferecidos aos passageiros da SAS. Pela política da empresa, exigia-se que o serviço de abastecimento da SAS atendesse a todos os pedidos da Finnair; os biscoitos e o café foram entregues, o agente da SAS pagou o agente da Finnair pela alimentação, com o pouco dinheiro de seu caixa, e os passageiros receberam um lanche de boas-vindas.

O conflito entre departamentos para servir o cliente foi resolvido, nesse caso, com uma solução criativa de uma funcionária direcionada pela missão da empresa. Ao mesmo tempo em que a ação do agente do portão de embarque permitiu à companhia superar o conflito entre a política de compras e a missão de servir o cliente e, pelo menos em parte, corrigiu uma falha no serviço, ilustra os desafios que o setor de serviços tem ao identificar e corrigir falhas para atender às expectativas dos clientes em relação aos serviços. Ficar preso no aeroporto, por causa da neve é um exemplo simples de falha no serviço, porém todo mundo já passou por uma situação em que o serviço prestado era diferente do serviço esperado. Em geral, trata-se de diferença de percepção, pois o prestador de serviços acredita que o atendimento foi perfeito, no entanto, uma vez que a qualidade e o valor do serviço são determinados pelo cliente, este tem a palavra final. Essas diferenças de percepção levam a conflitos entre cliente e funcionário, que representa a organização.

Conflitos entre funcionário e cliente sobre se uma experiência de serviço atendeu às expectativas do cliente são ocorrências relativamente comuns na indústria de serviços. Uma vez que todas as experiências são avaliadas subjetivamente pelo cliente, há espaço para discordância. Quando ocorrem desentendimentos, a indústria de serviços considera-os como falhas, que devem ser corrigidas. As empresas de serviços procuram treinar e recompensar os funcionários não só por solicitar informações de clientes sobre falhas, mas também por descobrir como corrigi-las.

Consequentemente, os melhores prestadores de serviços ensinam seus funcionários a identificar e resolver essas diferenças de forma rápida e justa para que o cliente volte ao local (retorne para consumir). Essas organizações calculam o valor de conquistar um cliente permanentemente e sabem que resolver uma queixa em favor do cliente pode custar mais no curto prazo, mas trará benefícios no longo prazo, uma vez que esse cliente, agora satisfeito, retornará para comprar novamente. Quer seja um prestador de serviços que venda Cadillac, quer seja um prestador de serviços que venda apólices de seguro ou pizza, é preciso equilibrar o custo de manter um cliente de forma permanente com o custo de reconquistá-lo, após uma falha, para lhe fornecer a experiência de serviço esperada.

Desse modo, as empresas de serviços esperam que seus funcionários encontrem e corrijam eventuais falhas que possam causar conflitos com os clientes. Mesmo que, às vezes, pareça injusto para os funcionários os clientes se queixarem sobre algo que está além do controle de sua empresa, essa obrigação não deixa de fazer parte das expectativas do trabalho. As empresas de serviços sabem que clientes insatisfeitos não só são susceptíveis a nunca mais voltar, como também, provavelmente, expressam sua raiva em relação à falha percebida, por exemplo, ao postar reclamações em *sites*, aconselhar amigos a evitar consumir ou comprar produtos/serviços da empresa, ou até mesmo, buscar alguma forma de retaliação. Assim, essas empresas ensinam seus funcionários a observar os clientes para encontrar evidências/sinais de insatisfação e, em seguida, perguntar se há algum problema. A resolução rápida, proativa, flexível e justa de uma falha no serviço ao cliente é a maneira mais eficaz de evitar que um erro passe a ser um conflito maior, que pode levar à perda de negócios futuros. Como foi dito na Wendy, "Ter de fazer um hambúrguer novamente é melhor do que perder um cliente".

Questão para discussão: quando você vivenciou um conflito com uma empresa sobre se um serviço havia ou não atendido às suas expectativas, qual foi a solução e como você se sentiu a respeito disso?

operam com pouca interação – os resultados das unidades são distribuídos no nível organizacional. As lojas de vestuário da Gap operam por meio da interdependência conjunta. Cada loja é considerada um "departamento" pela matriz, ou seja, cada loja tem seu próprio orçamento operacional, pessoal, e assim por diante. Os lucros ou os prejuízos de cada loja são "somados" no âmbito da organização. As lojas são interdependentes considerando-se a extensão em que o sucesso ou o fracasso financeiro de uma loja afeta as outras unidades, mas, em geral, elas não interagem diariamente.

No caso da **interdependência sequencial**, a saída de uma unidade torna-se a entrada para a outra, de modo sequencial. Isso cria um nível moderado de interdependência e, de certa forma, gera um potencial maior para que os conflitos ocorram. Na Nissan, por exemplo, uma fábrica monta os motores e, a seguir, envia-os a um local para a montagem final, em outra fábrica, em que os carros são finalizados. As fábricas são interdependentes porque aquela em que ocorre a montagem final deve receber os motores da fábrica que montou os motores, antes de que possa executar sua função principal de finalizar a produção dos automóveis. Contudo, o nível de interdependência, em geral, é unidirecional – isto é, a fábrica que monta os motores não depende, necessariamente, daquela na qual a montagem final é realizada. Nesse exemplo, no entanto, se a fábrica de montagem dos motores atrasa constantemente as entregas, logo terá problemas com os gerentes da fábrica de montagem final.

A **interdependência recíproca** existe quando as atividades fluem nos dois sentidos entre as unidades. Essa forma é, claramente, a mais complexa e, portanto, a que tem o maior potencial de gerar conflitos. Em uma unidade do Marriott Hotel, por exemplo, o departamento de reservas, o balcão de *check-in* e os serviços de limpeza e governança são dependentes uns dos outros pela interdependência recíproca. O departamento de reservas tem de fornecer a informação aos funcionários da recepção sobre quantos hóspedes esperar a cada dia, e o serviço de limpeza e governança precisa saber quais quartos requerem prioridade na limpeza. Se uma das três unidades não fizer seu trabalho corretamente, as outras serão afetadas. Como resultado, o conflito diário é quase inevitável. Outro exemplo é a interdependência recíproca entre os estúdios de Hollywood, que produzem e distribuem filmes e programas de TV, e as associações de artistas que os escrevem, dirigem e que atuam neles.

REAÇÕES AOS CONFLITOS

As reações mais comuns ao conflito são fuga, acomodação, competição, colaboração e compromisso.[10] Sempre que o conflito ocorre entre grupos ou organizações, na verdade, são as pessoas que estão em conflito. Em muitos casos, porém, as pessoas estão agindo como representantes dos grupos aos quais pertencem. De fato, esses indivíduos trabalham juntos, representando seu grupo, uma vez que se esforçam para fazer a sua parte a fim de ajudar o grupo a alcançar suas metas. Assim, se o conflito surge entre pessoas que agem como indivíduos ou pessoas que atuam como representantes de grupos, os cinco tipos de interações podem ser analisados em termos da relação entre as metas das pessoas ou dos grupos que elas representam.

As reações aos conflitos podem ser divididas em duas dimensões: quanto são importantes são os objetivos de cada parte para aquele grupo e de que forma os objetivos são compatíveis, conforme mostrado na Figura 15.2. A importância de se alcançar um objetivo pode variar de muito alta até muito baixa. O grau de **compatibilidade das metas** representa a medida em que os objetivos podem ser alcançados simultaneamente. Em outras palavras, as metas são compatíveis se uma das partes puder alcançar seus objetivos sem impedir a outra de cumprir com suas metas. As metas são incompatíveis se uma das partes, ao alcançar seus objetivos, impede a outra de cumprir com suas metas. As metas dos diferentes grupos podem ser muito compatíveis, totalmente incompatíveis ou estar entre os dois extremos.

Fuga A reação de fuga ocorre quando uma interação tem pouca importância para os objetivos de qualquer uma das partes, e as metas são incompatíveis, como mostrado no canto inferior esquerdo da Figura 15.2. Uma vez que as partes envolvidas no conflito não estão fazendo esforços na direção de alcançar metas compatíveis e os assuntos em questão parecem ter pouca importância, os grupos tentam evitar interagir um com o outro. Por exemplo, uma agência estatal pode simplesmente ignorar as solicitações de informação por parte de outra agência. A agência solicitante, então, coloca em prática a sua própria forma de fugir do assunto ao não dar prosseguimento às solicitações.

> A reação de **fuga** ocorre quando uma interação tem pouca importância para os objetivos de qualquer uma das partes, e as metas são incompatíveis.

Acomodação A reação de acomodação ocorre quando as metas são compatíveis, porém as interações não são consideradas importantes para a realização global dos objetivos, conforme aparece no canto inferior direito da Figura 15.2. As interações desse tipo podem envolver discussões sobre como as partes executam as tarefas interdependentes com o mínimo dispêndio de tempo e esforço. Essa interação tende a ser muito amigável. Por exemplo, durante o período de programação das aulas dos cursos de uma faculdade, pode haver conflitos potenciais entre os departamentos de marketing e de administração. Ambos os departamentos oferecem aulas pela manhã. As aulas de qual disciplina serão alocadas no horário das 9h e quais aulas serão ministradas às 10h, pode não ser tão importante para ambos os grupos. O objetivo geral é que as aulas sejam programadas nos horários a fim de que os alunos possam frequentar os cursos.

> A **acomodação** ocorre quando as metas são compatíveis, porém as interações não são consideradas importantes para a realização dos objetivos.

Competição A reação de competição ocorre quando as metas são incompatíveis e as interações são importantes para que cada uma das partes atinja os seus objetivos, como o mostrado no canto superior esquerdo da Figura 15.2. Se todas as partes envolvidas estão lutando por um só objetivo, mas apenas uma delas poderá alcançar a meta, os grupos estarão em competição. Conforme observamos anteriormente, se uma situação de competição fica fora de controle, como quando ocorre um antagonismo evidente, e não existem regras ou procedimentos a serem seguidos, essa competição pode resultar em conflito. Às vezes, porém, um conflito se transforma em competição se os grupos concordarem com as regras para orientar a interação entre eles e as partes em conflito entrarem em acordo a fim de não haver hostilidade de uma para com a outra.

> A **competição** ocorre quando as metas são incompatíveis e as interações são importantes para que cada uma das partes atinja os seus objetivos.

Em uma empresa de frete e armazenamento de mercadorias, o primeiro, o segundo e o terceiro turnos, cada qual buscava ganhar o prêmio semanal por produtividade, tentando registrar o maior recorde. Os funcionários do turno vencedor recebiam reconhecimento no jornal da empresa. Uma vez que a questão era importante para cada grupo e os interesses dos grupos eram incompatíveis, o resultado foi a competição entre eles.

A competição entre os funcionários dos três turnos incentivou cada grupo a produzir mais por semana, o que aumentou a produção da empresa e, por fim, melhorou o bem-estar geral (e o bem-estar de cada grupo). Tanto a empresa quanto os grupos beneficiaram-se com a competição porque ela promoveu métodos de trabalho inovadores e criativos, o que aumentou ainda mais a produtividade. Entretanto, após cerca de três meses, a competição ficou fora de controle. Ela levou a um desempenho geral mais baixo, uma vez que os grupos começaram a sabotar os outros turnos e a inflar os registros da produção. A competição tornou-se demasiado importante, resultando em um antagonismo evidente; as regras foram ignoradas e a competição transformou-se em conflito aberto, que gerou reduções reais no desempenho.[11]

Colaboração A colaboração ocorre quando a interação entre os grupos é muito importante para a realização dos objetivos e as metas são compatíveis, conforme aparece no canto superior direito da Figura 15.2. No caso da programação dos horários das aulas, mencionada anteriormente, conflitos podem surgir a respeito de quais cursos devem começar no primeiro semestre e quais devem começar no segundo. Ambos os departamentos gostariam de oferecer

> A **colaboração** ocorre quando a interação entre os grupos é muito importante para a realização dos objetivos e as metas são compatíveis.

cursos específicos no outono (nos Estados Unidos). No entanto, ao discutir a questão e reorientar as respectivas metas globais para atender às necessidades dos alunos, os departamentos de marketing e economia podem colaborar no desenvolvimento de uma sequência adequada de cursos. À primeira vista, isso pode parecer uma simples interação da qual as partes participam conjuntamente de atividades para atingir as metas, depois de concordar sobre os objetivos e sua importância. Em muitas situações, todavia, não é fácil chegar a um acordo sobre as metas, sua importância e, especialmente, a respeito dos meios para alcançá-las. Em uma interação colaborativa, as metas podem ser diferentes, porém compatíveis. As partes envolvidas em um conflito podem, inicialmente, ter dificuldades para desenvolver meios para alcançar suas metas. Entretanto, uma vez que as interações são importantes para alcançar as metas, as partes dispõem-se a continuar trabalhando em conjunto a fim de atingir os objetivos. As relações que envolvem colaboração podem levar a novas ideias e soluções para resolver as diferenças entre as partes.

Compromisso O compromisso ocorre quando as interações para alcançar as metas são relativamente importantes e os objetivos não são nem totalmente compatíveis, nem completamente incompatíveis. Em uma situação de compromisso, as partes interagem, esforçando-se para atingir as metas, mas é possível que não tenham que buscar alcançar os objetivos de forma agressiva, competitiva ou colaborativa porque as interações não são tão importantes para se chegar às metas. Contudo, caso as interações sejam importantes, é possível que as partes não se evitem (reação de evitação) nem se acomodem (reação de acomodação). Com frequência, cada parte abre mão de algo, mas uma vez que as interações são apenas relativamente importantes, os grupos não se arrependem em relação àquilo de que desistiram. As negociações de acordos entre sindicatos e gestores de empresas são exemplos de compromisso. Cada lado traz para a mesa de negociações inúmeras questões, com diferentes graus de importância. Os dois lados, com frequência, dão e recebem, por meio de rodadas de ofertas e contraofertas, algo relacionado às questões. A complexidade de tais negociações aumenta à medida que essas se espalham para várias fábricas, em diferentes países. Os acordos entre

> O compromisso ocorre quando as interações são moderadamente importantes para alcançar as metas e os objetivos não são nem totalmente compatíveis nem completamente incompatíveis.

FIGURA 15.2

Cinco tipos de reações aos conflitos

Os cinco tipos de reações aos conflitos surgem da importância relativa das interações para a realização dos objetivos e do grau de compatibilidade das metas.

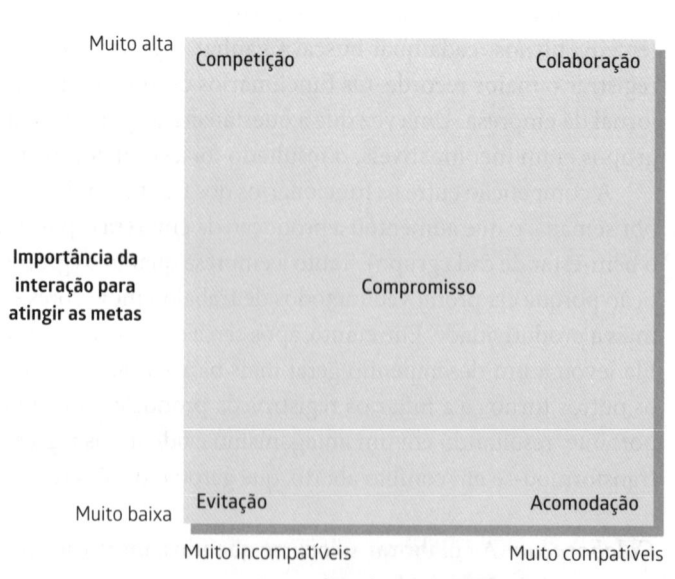

Importância da interação para atingir as metas		
Muito alta — Competição		Colaboração
	Compromisso	
Muito baixa — Evitação		Acomodação
Muito incompatíveis		Muito compatíveis

Grau de compatibilidade das metas dos grupos

Referência: adaptado de Kenneth Thomas, "Conflict and Conflict Management", Marvin Dunnette (ed.), *Handbook of Industrial and Organizational Psychology* (Chicago: Rand McNally, 1976), p. 889-935. Reimpresso com permissão.

Algumas vezes, o compromisso serve para resolver situações de conflito e discordância. Aqui o presidente Barack Obama discute algumas questões com Mitch McConnell, líder da minoria no Senado. Frequentemente, as lideranças dos partidos Republicano e Democrata estabelecem compromissos entre si a respeito de questões sobre as quais não conseguem chegar a um acordo.

executivos e funcionários em uma fábrica, nos Estados Unidos, podem ser inaceitáveis para uma das partes ou para ambas as partes no Canadá. Semanas de negociações que terminam em várias formas de compromisso geralmente resultam em um acordo entre o sindicato e os gestores de uma empresa.

Em suma, quando os grupos estão em conflito, eles podem reagir de diversas maneiras. Se as metas das partes são compatíveis, os grupos podem se envolver em interações a fim de promover o apoio mútuo – ou seja, colaboração ou acomodação. Caso as metas sejam incompatíveis, uma das partes pode tentar alcançar o próprio sucesso à custa da outra parte empenhando-se nas reações de competição ou evitação.

GERENCIANDO CONFLITOS

Os executivos devem saber quando estimular os conflitos e quando resolvê-los se quiserem evitar efeitos potencialmente incontroláveis.[12] Como observamos anteriormente, as situações com poucos conflitos e aquelas com conflitos em excesso são, cada qual, prejudiciais a seu modo. Assim, se há pouco conflito, muitos gestores precisam estimular um grau moderado de conflito. Se os conflitos são excessivos, pode ser necessário reduzi-los. A Figura 15.3 apresenta algumas das técnicas básicas para estimular e resolver conflitos.

Estimulando os conflitos

A completa ausência de conflitos pode indicar que a organização está estagnada e que os funcionários estão satisfeitos com o *status quo*. Essa situação também sugere que os grupos de

---

FIGURA 15.3

Alternativas para a gestão de conflitos

Dependendo da situação, a gestão de conflitos pode envolver resolução ou estímulo.

Gestão de conflitos

Utilize as técnicas de resolução de conflitos considerando essas condições	*Utilize as técnicas para estimular os conflitos considerando essas condições*
O conflito tornou-se incontrolável. Em vez de esforços produtivos são gastos tempo e esforço com o conflito. O conflito envolve metas internas do grupo, em detrimento dos objetivos organizacionais.	Os grupos de trabalho estão estagnados e confortáveis com o *status quo*. O consenso entre os grupos é facilmente alcançado. Os grupos não são criativos nem estão motivados para desafiar as ideias tradicionais. São necessárias mudanças na organização para que ela permaneça competitiva.

> **O estímulo ao conflito** ocorre quando um gestor cria e utiliza o conflito de forma construtiva.

trabalho não estão motivados para desafiar as ideias tradicionais, que já são bem aceitas. O **estímulo ao conflito** ocorre quando um gestor cria e utiliza o conflito de forma construtiva. A finalidade disso é provocar situações em que as diferenças de opinião são expostas para a análise de todos.

Por exemplo, se as empresas concorrentes estão fazendo mudanças significativas em seus produtos, nos mercados ou nas tecnologias, pode ser o momento propício para um executivo estimular a inovação e a criatividade, desafiando o *status quo*. O conflito dá aos funcionários a motivação e a oportunidade para revelarem as diferenças de opinião que, anteriormente, mantinham para si mesmos. Quando as partes envolvidas no conflito estão interessadas o suficiente em uma questão, a tal ponto de desafiar outros grupos, elas muitas vezes expõem suas dúvidas ou opiniões, que antes estavam ocultas. Essas dúvidas e opiniões, por sua vez, permitem que as partes cheguem ao cerne da questão e desenvolvam soluções únicas para o problema. Certamente, as interações levam os grupos a reconhecer que o problema existe. O conflito, então, pode ser um catalisador para a criatividade e para as mudanças em uma organização.

Vários métodos podem ser usados para estimular o conflito em condições controladas. Esses métodos incluem alterar a localização física dos grupos para estimular mais interações, forçando o compartilhamento de recursos e a implementação de outras mudanças nas relações entre os grupos. Além disso, programas de treinamento podem ser utilizados para aumentar a conscientização dos funcionários sobre possíveis problemas no processo de tomada de decisões em conjunto e nas interações entre grupos. Fazer o papel de "advogado do diabo" em sessões de discussões é outra maneira de estimular o conflito entre os grupos. Nesse papel, o gerente desafia o consenso vigente para garantir que todas as alternativas foram avaliadas e analisadas. Embora esse posicionamento seja, em geral, impopular, empregá-lo é uma boa maneira de estimular o conflito construtivo.

Resolução de conflitos

> **Resolução de conflitos** representa o esforço direcionado para reduzir ou eliminar um conflito prejudicial.

Quando há uma situação de conflito potencialmente prejudicial, o gestor precisa empenhar-se na **resolução do conflito**. Os conflitos precisam ser resolvidos se forem a causa de grandes perturbações na organização e absorverem tempo e esforço que poderiam ser usados de modo mais produtivo. Da mesma forma, deve-se resolver um conflito quando o seu foco está nos objetivos internos de um grupo, e não nas metas organizacionais.

Durante a tentativa de resolver um conflito, primeiro os gestores precisam determinar sua origem. Se a fonte do conflito destrutivo for uma pessoa, ou várias pessoas, talvez seja apropriado modificar os membros de um grupo ou de ambos os grupos. Se o conflito ocorrer em virtude das diferenças de objetivos, da percepção das dificuldades para se atingir as metas ou da importância das metas para as partes em conflito, o executivo pode tentar deslocar os grupos para um dos cinco tipos de reações ao conflito, dependendo da natureza das partes conflitantes.

> **Meta superior** refere-se a um objetivo da organização e é mais importante para o bem-estar da empresa e de seus membros do que as metas específicas das partes conflitantes.

Para promover a colaboração, pode ser apropriado ajudar as pessoas a ver que suas metas não são, na verdade, tão diferentes quanto parecem. O gerente auxilia os grupos a visualizar os objetivos como parte de uma **meta superior**, para a qual os objetivos de ambas as partes em conflito podem contribuir. Meta superior refere-se a um objetivo da organização e é mais importante para o bem-estar da empresa e de seus membros do que as metas específicas das partes em conflito. Caso as metas não sejam importantes e forem incompatíveis, talvez o gerente tenha de desenvolver maneiras para ajudar as partes em conflito a evitar uma à outra. Da mesma forma, a acomodação, a competição ou o compromisso podem ser apropriados para as partes conflitantes.

Utilizando a estrutura organizacional para administrar conflitos

Além dos métodos citados, os gestores dependem muito dos elementos da estrutura organizacional para administrar conflitos. Entre os métodos mais comuns estão a hierarquia, as regras e os procedimentos, o papel de agente de contato e a força-tarefa.

Hierarquia gerencial As organizações que usam a hierarquia para gerenciar os conflitos alocam um gestor encarregado de pessoas, grupos ou departamentos em conflito. Nos centros de distribuição do Walmart, as principais atividades incluem o recebimento e o descarregamento de cargas a granel bem como o embarque de outras cargas em caminhões para a distribuição aos pontos de venda no varejo. Os dois grupos (de recebimento e de envio) são interdependentes e podem experimentar conflitos, pois compartilham as docas e alguns equipamentos. Para assegurar a coordenação e minimizar os conflitos, um executivo é responsável por toda a operação.

Regras e procedimentos A gestão de conflitos de rotina pode ser tratada por meio de regras e procedimentos padronizados. No centro de distribuição do Walmart, um carregamento de um caminhão que está de saída tem prioridade em relação à carga que chega via transporte ferroviário. Assim, quando os caminhões precisam ser carregados, a unidade de envio tem acesso a todas as empilhadeiras auxiliares do centro de distribuição. Essa prioridade está expressamente definida por uma regra. Mas, por mais úteis que as regras e os procedimentos sejam em situações rotineiras, elas não são eficazes quando os problemas de coordenação e de conflito são complexos ou incomuns.

Papel do agente de contato Apresentamos o papel do agente de contato no Capítulo 1. Como instrumento na gestão de conflitos, um executivo que desempenhe o papel de agente de contato coordena as atividades, atuando como um ponto de contato em comum. Esse indivíduo pode não ter autoridade formal sobre os grupos, mas facilita o fluxo de informações entre as partes. Dois grupos de engenharia, que trabalham em sistemas de componentes para um projeto grande, podem interagir por meio de um agente de contato. Esse agente precisa manter a familiaridade com cada grupo, bem como com o projeto global. Ele pode responder às perguntas e integrar as atividades de todos os grupos. Uma vez que os grupos não interagem diretamente um com o outro, existe menos chance de haver conflitos.

Força-tarefa Uma força-tarefa é criada quando a necessidade de gestão de conflitos é crítica. Nos casos em que a interdependência é complexa e envolve vários grupos e/ou indivíduos, uma única pessoa como ponto de contato pode não ser suficiente. Em vez disso, é possível estabelecer uma força-tarefa e designar um representante de cada grupo. A função de gestão de conflitos é, assim, distribuída a vários indivíduos, e cada indivíduo tem informação especial sobre um dos grupos envolvidos. Quando o projeto estiver concluído, os membros da força-tarefa retornam a seus cargos originais. Por exemplo, ao rever os requisitos de formatura, uma faculdade pode criar uma força-tarefa, composta por representantes de cada departamento afetado pela mudança. Cada pessoa continua ligada ao seu departamento e cumpre com as obrigações de seu cargo, mas também executa serviços na força-tarefa. Após chegar a um acordo sobre as novas exigências, a força-tarefa é dissolvida.

Uso das técnicas interpessoais para administrar conflitos

Várias técnicas com foco em processos interpessoais podem ser usadas para administrar conflitos. Essas técnicas geralmente se enquadram no âmbito do desenvolvimento organizacional, tema a ser discutido no Capítulo 19. A seguir mencionaremos apenas algumas técnicas.

Formação de equipes As **atividades de formação de equipes** têm o objetivo de melhorar a eficácia e a satisfação de indivíduos que trabalham em grupos ou equipes, a fim de promover a eficácia global dos grupos. Essas atividades devem levar à diminuição dos conflitos entre os membros das equipes. Dada a utilização generalizada de equipes de trabalho atualmente, essas atividades têm ganhado importância crescente. A Caterpillar usou as atividades de formação de equipes como um método para promover mudanças nas relações de trabalho entre funcionários e supervisores, passando de uma situação de confronto para uma situação de

---

*As **atividades de formação de equipes** têm o objetivo de melhorar a eficácia e a satisfação de indivíduos que trabalham em grupos ou equipes, a fim de promover a eficácia global dos grupos. Essas atividades devem levar à diminuição dos conflitos entre os membros das equipes.*

cooperação. Uma abordagem interessante relacionada à formação de equipes envolve fazer com que grupos de executivos participem de aulas de culinária para que eles percebam a importância da interdependência e da coordenação.[13]

Pesquisa de **feedback (retorno)** Em uma **pesquisa de** *feedback*, cada funcionário responde a um questionário destinado a avaliar as percepções e atitudes (por exemplo, a satisfação e o estilo de supervisão). Todos os envolvidos, incluindo o supervisor, recebem os resultados da pesquisa. O objetivo dessa abordagem é alterar o comportamento dos supervisores, mostrando-lhes como seus subordinados os veem. Após o *feedback* ter sido fornecido, *workshops* podem ser conduzidos para se avaliar os resultados e sugerir mudanças construtivas.

> Em uma **pesquisa de** *feedback*, cada funcionário responde a um questionário destinado a medir as percepções e atitudes (por exemplo, a satisfação e o estilo de supervisão).

Pacificação por meio de terceiros Uma forma um pouco mais extrema de gestão de conflitos interpessoais é a **pacificação por meio de terceiros**, mais frequentemente usada quando há um conflito significativo ou de grandes proporções na organização. A pacificação por meio de terceiros pode ser adequada aos níveis individual, grupal ou organizacional. Uma terceira parte, geralmente um facilitador externo treinado, usa uma variedade de técnicas de avaliação ou negociação para resolver problemas ou conflitos entre indivíduos ou grupos.

> A **pacificação por meio de terceiros** utilizada principalmente para resolver conflitos extremos, envolve alguém de fora, cujo objetivo é facilitar a resolução de conflitos.

Gestão de conflitos com soluções pré-negociadas

Por fim, as soluções para os conflitos, às vezes, são negociadas previamente. Por exemplo, um contrato de trabalho, em geral, explica em detalhes como os membros do sindicato devem relatar uma queixa, de que modo a administração deve responder e como o conflito será resolvido. Assim, o conflito é evitado em razão da predeterminação de como ele será abordado. A discussão sobre negociação apresentada a seguir também tem implicações para a gestão de conflitos.

A formação de equipes é um método comum utilizado pelas organizações para ajudar a superar os conflitos e promover a colaboração entre os funcionários. A Outward Bound foi pioneira no desenvolvimento de atividades ao ar livre, originais e desafiadoras, para equipes. A ideia é que os funcionários, ao passarem algum tempo juntos em situações que demandam confiança mútua para atingir os objetivos, desenvolvam melhores relações no trabalho. Em outra palavras, a confiança e o respeito desenvolvidos durante as atividades ao ar livre (em teoria, pelo menos) serão levados ao local de trabalho. Esse grupo de profissionais acabou de realizar atividades de formação de equipes como parte de uma excursão com caminhadas e acampamento em Vermont.

A NEGOCIAÇÃO NAS ORGANIZAÇÕES

A **negociação** é o processo no qual duas ou mais partes (pessoas ou grupos) chegam a um acordo sobre determinada questão, mesmo que tenham diferentes opiniões a respeito do problema. Em sua forma mais simples, as partes envolvidas podem ser dois indivíduos que estão tentando decidir quem vai pagar o almoço. Há um pouco mais de complexidade envolvida quando duas pessoas, como um funcionário e seu gerente, sentam-se para decidir as metas de desempenho pessoal para o próximo ano, em relação às quais o desempenho do funcionário será avaliado. Ainda mais complexas são as negociações que ocorrem entre sindicatos e gestores de uma empresa ou entre duas empresas ao negociarem os termos de uma *joint venture* (articulação). As questões-chave em tais negociações são, pelo menos, a existência de duas partes envolvidas, as diferenças entre preferências/opiniões e a necessidade de se chegar a um acordo.

Abordagens para a negociação

O interesse a respeito da negociação tem crescido nos últimos anos.[14] Quatro perspectivas têm dominado esse estudo: as diferenças individuais, as características situacionais, a teoria dos jogos e as abordagens cognitivas. Cada uma dessas perspectivas é descrita brevemente nas seções a seguir.

Diferenças individuais As primeiras abordagens psicológicas concentravam-se nos traços de personalidade dos negociadores.[15] As características pesquisadas incluíam características demográficas e variáveis da personalidade. As características demográficas incluíam idade, sexo, raça, entre outras. Entre as variáveis da personalidade estavam a capacidade de correr riscos, o lócus de controle, a tolerância para a ambiguidade, a autoestima, o autoritarismo e o maquiavelismo. O pressuposto desse tipo de pesquisa era que a chave para uma negociação bem-sucedida estava em selecionar a pessoa certa para negociar, ou seja, aquela que tinha características demográficas ou personalidade adequadas. Essa suposição parecia fazer sentido porque a negociação é um processo bastante pessoal e interativo. No entanto, raramente as pesquisas apresentaram os resultados positivos esperados porque as variáveis situacionais anulavam os efeitos das diferenças individuais.[16]

Características situacionais As características situacionais constituem o contexto em que a negociação acontece. Elas incluem aspectos como o tipo de comunicação entre os negociadores, os resultados potenciais da negociação, o poder relativo das partes (tanto o poder de posição quanto o poder pessoal), o período de tempo disponível para a negociação, o número de pessoas que representam cada lado e a presença de outras partes. Algumas dessas pesquisas contribuíram para o desenvolvimento da compreensão do processo de negociação. Todavia, as lacunas da abordagem situacional são semelhantes àquelas da abordagem que envolve as características individuais. Muitas das características situacionais são externas aos negociadores e estão fora de seu controle. Muitas vezes, os negociadores não podem mudar suas posições a respeito de seu poder relativo ou o ambiente no qual a negociação ocorre. Assim, embora tenhamos aprendido muito com as pesquisas sobre questões situacionais, ainda precisamos aprender muito a respeito do processo.

Teoria dos jogos A **teoria dos jogos** foi desenvolvida por economistas que utilizaram modelos matemáticos para prever o resultado das situações de negociação (como ilustrado no filme *Uma mente brilhante*, vencedor do Oscar). De acordo com essa teoria, todas as alternativas e os resultados devem ser analisados com probabilidades e resultados numéricos, refletindo as opções para cada resultado. Além disso, a ordem em que as diferentes partes podem fazer escolhas e cada movimento possível são previstos, juntamente com as opções

A negociação é um processo para se chegar a um acordo entre dois ou mais grupos de pessoas. Ainda que sejam mais dramáticas do que as negociações comerciais tradicionais, as negociações que envolvem reféns são um exemplo concreto. Essa não é uma cena real; trata-se de uma sessão de treinamento para ajudar um negociador da SWAT a refinar suas habilidades de negociação. De forma semelhante, muitas vezes, os líderes empresariais responsáveis por negociações delicadas passam por treinamento.

associadas aos resultados. O resultado dessa abordagem é exatamente o que os negociadores querem: um modelo previsível de como a negociação deve ser conduzida. Uma grande desvantagem é que esse modelo requer a capacidade de descrever todas as opções e os resultados para todos os movimentos possíveis, em cada uma das situações, antes do início da negociação, o que é bastante tedioso, se for de todo possível. Outro problema é que essa teoria presume que os negociadores são racionais em todos os momentos. Outra pesquisa sobre negociação mostrou que nem sempre os negociadores agem racionalmente. Assim, essa abordagem, embora sofisticada em seus preceitos, geralmente é impraticável em uma situação real de negociação.

Abordagem cognitiva A quarta abordagem é a cognitiva, a qual reconhece que os negociadores frequentemente se desviam da racionalidade perfeita durante a negociação. Essa abordagem tenta prever como e quando os negociadores deixarão a racionalidade de lado. A abordagem da decisão analítica de Howard Raiffa tem como foco fornecer conselhos aos negociadores que estão envolvidos na negociação.[17] Bazerman e Neale fizeram acréscimos à obra de Raiffa, especificando oito maneiras por meio das quais os negociadores desviam-se da racionalidade.[18] Os tipos de desvios que descrevem incluem: forçar em manter o empenho a respeito de um plano de ação previamente selecionado, ter excesso de confiança nas informações que estão facilmente disponíveis, ter presunção de que as negociações podem produzir resultados com valores fixos e atrelar a negociação a informações irrelevantes. As abordagens cognitivas promoveram grandes avanços no estudo da negociação em relação às primeiras abordagens – a abordagem das diferenças individuais e a das características situacionais. Os negociadores podem usá-las para tentar prever como a negociação acontecerá.

Negociação do tipo ganha-ganha

Além das abordagens de negociação descritas anteriormente, um grupo de abordagens propostas por consultores e assessores destina-se a dar aos negociadores um modelo específico a ser usado na condução de negociações difíceis. Uma das melhores abordagens é a do "win-win negotiator" (negociador "ganha-ganha")[19]. A abordagem do tipo "ganha-ganha" não trata a negociação como um jogo no qual há vencedores e perdedores. Ao contrário, trata a negociação como uma oportunidade para ambos os lados serem vencedores e conseguirem o que querem por meio de um acordo. O foco está em que ambas as partes cheguem a um consenso, de modo que possam se empenhar em satisfazer os próprios objetivos e voltem a negociar mais acordos no futuro. Em outras palavras, ambas as partes querem ter as suas necessidades satisfeitas. Além disso, essa proposta não defende nem a abordagem do "cara durão" nem a abordagem do "cara legal" para a negociação, apesar de ambos os personagens serem populares na literatura. Presume-se que os grupos trabalhem em conjunto para encontrar maneiras de alcançar os objetivos de ambos ao mesmo tempo.

O tipo de negociação "ganha-ganha" é uma abordagem de quatro etapas, ilustradas no **modelo PRAM**, conforme apresentado na Figura 15.4. A abordagem do modelo PRAM, composta de quatro etapas, propõe que o planejamento adequado, a construção de relacionamentos, a obtenção de acordos e a manutenção dos relacionamentos são os principais passos para uma negociação bem-sucedida.

O *planejamento* requer que cada negociador defina suas próprias metas, antecipe as metas do outro, determine as áreas nas quais há possibilidade para um provável acordo e desenvolva estratégias de reconciliação para as áreas em que possivelmente haverá discordância.

A construção de *relacionamentos* do tipo "ganha-ganha" requer que os negociadores façam o planejamento das atividades que lhes possibilitem desenvolver relações pessoais positivas, cultivar um sentimento de confiança mútua e permitir o pleno desenvolvimento dessas relações antes de discutir os negócios a sério. O desenvolvimento da confiança entre as partes é, provavelmente, o ponto mais importante para o sucesso da negociação.

Obter *acordos* do tipo "ganha-ganha" exige que cada uma das partes corrobore os objetivos da outra parte, verifique as áreas em que estão de acordo, proponha e estude soluções positivas para reconciliar as áreas em que há desacordo e que ambas as partes resolvam, conjuntamente, as questões sobre diferenças remanescentes. A chave para se chegar a um acordo é perceber que as partes partilham muitos objetivos. Em geral, são poucas as áreas em que há desacordo.

A abordagem do **modelo PRAM**, composta de quatro etapas, propõe que o planejamento adequado, a construção de relacionamentos, a obtenção de acordos e a manutenção dos relacionamentos são os principais passos para uma negociação bem-sucedida.

FIGURA 15.4

O modelo PRAM de negociação

O modelo PRAM mostra as quatro etapas, ao se estabelecer uma negociação, para que ambas as partes sejam vencedoras.

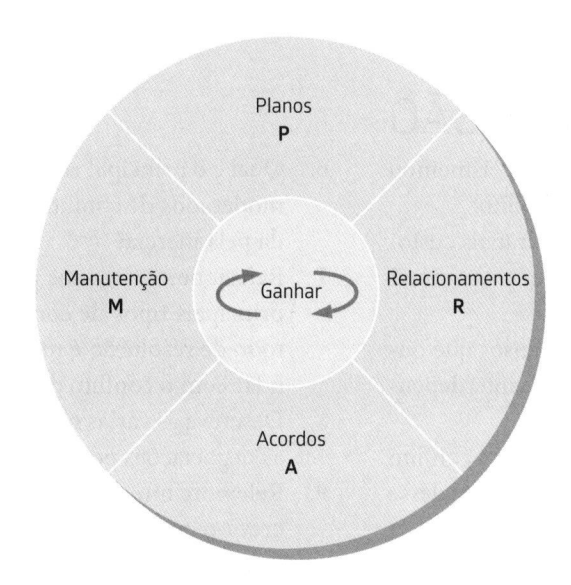

Planos P — Relacionamentos R — Acordos A — Manutenção M — Ganhar

Referência: Brian G. Long, Ph.D., e Ross R. Reck, Ph.D., *The Win-Win Negotiatior: How to Negotiate Favorable Agreements That Last*. Copyright © 1985, 1987 de Brian G. Long e Ross R. Reck. Reimpresso com permissão de Ross R. Reck, Ph.D.

Por fim, a *manutenção* de relacionamentos do tipo "ganha-ganha" implica fornecer retorno significativo baseado no desempenho, além de exigir que cada um dos lados mantenha seu objetivo no acordo, permaneça em contato e reafirme a confiança entre as partes. O pressuposto é que ambas as partes queiram manter o relacionamento para que transações mutuamente benéficas possam ocorrer no futuro. As partes devem manter seus objetivos no acordo e cumprir com o que disseram que fariam. Afinal, manter contato é tão fácil quanto fazer uma chamada telefônica ou ir a um almoço.

RESUMO

O conflito é um processo resultante das percepções de duas partes que estão trabalhando uma em oposição à outra, de forma que isso resulte em sentimentos de desconforto e/ou em animosidade. Embora o conflito, muitas vezes, seja considerado nocivo e, portanto, algo a ser evitado, pode ter alguns benefícios.

Há três tipos básicos de conflito em uma organização. O conflito de atividades refere-se ao conflito em relação aos objetivos e ao conteúdo do trabalho. O conflito de processo ocorre quando as partes concordam sobre os objetivos e o conteúdo do trabalho, porém discordam sobre a forma de atingir as metas e de como realizar o trabalho. O conflito de relacionamento ocorre quando as partes têm problemas interpessoais. Um conflito judicial pode surgir quando há diferenças de percepções entre as organizações.

As causas dos conflitos podem incluir uma série de questões interpessoais e intergrupais. Pode haver conflitos entre uma organização e o ambiente. A interdependência nas tarefas (conjunta, sequencial e recíproca) também pode causar conflitos.

As reações mais comuns ao conflito são evitação, acomodação, competição, colaboração e compromisso. As reações aos conflitos podem ser divididas em duas dimensões: quão importantes são os objetivos de cada parte para aquele grupo e de que forma os objetivos são compatíveis.

Os executivos precisam saber quando estimular os conflitos e quando resolvê-los, se quiserem evitar efeitos potencialmente incontroláveis. Há uma variedade de métodos que estimulam ou resolvem conflitos. A estrutura organizacional e vários métodos interpessoais também podem ser úteis na gestão de conflitos. É possível negociar previamente as soluções para os conflitos.

A negociação é o processo em que dois ou mais grupos de pessoas chegam a um acordo sobre determinada questão, mesmo que tenham diferentes opiniões a respeito do problema. As quatro principais abordagens sobre negociação têm foco nas diferenças individuais, nas características situacionais, na teoria dos jogos e nas abordagens cognitivas. A abordagem do tipo "ganha-ganha" não trata a negociação como um jogo no qual há vencedores e perdedores. Ao contrário, essa abordagem trata a negociação como uma oportunidade para ambos os lados serem vencedores e conseguirem o que querem obter por meio de um acordo.

QUESTÕES PARA DISCUSSÃO

1. Lembre-se de ocasiões nas quais você experimentou cada um dos três principais tipos de conflito.
2. Em geral, um tipo de conflito tende a ser mais custoso/dispendioso para a organização do que os outros? Por que sim ou por que não?
3. Certos tipos de conflito são mais propensos que outros a estarem associados a cada nível de interdependência? Em que sentido?
4. Alguma vez você já foi uma das partes de um conflito que obteve benefícios? Quais foram os detalhes desse conflito?
5. Pessoalmente, quão confortável você se sente em lidar com conflitos?
6. Qual é o principal risco em se tentar estimular níveis moderados de conflito em uma situação caracterizada pela inércia?
7. Relacione os diversos métodos de resolução com os principais tipos de conflitos. Por exemplo, qual método de resolução é mais provável de ser útil para se lidar com o conflito de atividades?
8. Descreva as várias maneiras pelas quais os conflitos e as negociações podem estar relacionados.
9. Relembre um caso em que você negociou algo e descreva-o nos termos da discussão sobre negociação deste capítulo.
10. Por que as pessoas envolvidas nas situações de negociação não adotam um posicionamento do tipo "ganha-ganha"?

QUAL É O SEU PONTO DE VISTA?

Alimento para o pensamento gerencial (terceiro prato do cardápio)

"Sempre estamos contratando e demitindo pessoas."
— SCOTT LAWTON, DIRETOR DE OPERAÇÕES DO BARCELONA RESTAURANT GROUP

Ao longo do vídeo desse caso, Scott Lawton, diretor de operações do Barcelona Restaurant Group*, fala da abordagem da empresa em relação aos recursos humanos (RH), o que, segundo ele, é "a maior coisa que fazemos". No final do vídeo, o entrevistador pergunta-lhe se contrataria ele mesmo para um cargo gerencial no Barcelona Restaurant Group. "Essa é uma boa pergunta. Acho que faria isso", responde, mas depois de um momento de hesitação, reconsidera sua resposta inicial. "Bem, não sei", diz. "Não sei se eu teria a apresentação que exijo dos meus gerentes. Não tenho certeza de que seria um ótimo gerente operacional de restaurante para o Barcelona".

O que um gerente operacional de restaurante faz? Normalmente, é um funcionário curinga. Treina os funcionários e cuida da programação dos horários de trabalho, garante a eficiência das operações, da gestão de funcionários, do controle de estoques e do caixa. Acima de tudo, é responsável pelo atendimento ao cliente – certifica-se de que os clientes estão em primeiro lugar e que cada funcionário entende o que significa essa afirmação. É por isso que, de acordo com Lawton, as atividades de RH – particularmente o que se refere à contratação de pessoas – são fundamentais no grupo Barcelona: "Para qualquer empresa que está envolvida no atendimento ao cliente", diz, "ter as pessoas certas diante dos clientes é a coisa mais importante que você pode fazer".

Então, por que Lawton – pelo menos, em sua própria opinião – não seria a pessoa certa para ser contratada como gerente operacional em um dos restaurantes? Talvez o motivo esteja relacionado à sua percepção sobre a própria personalidade. Treinar as pessoas para executar determinados trabalhos é sempre uma tarefa importante na gestão de RH, porém Lawton é cético sobre o treinamento como um método eficaz para desenvolver as pessoas certas para o grupo Barcelona. "Podemos treinar as pessoas durante todo o dia", explica ele, "mas não podemos encontrar pessoas felizes, com boas atitudes. Não se pode treinar isso. Ou elas são assim, ou não são... Você não pode treinar os indivíduos para serem entusiasmados, agradáveis, divertidos, ótimas pessoas".

"Você tem de *contratar* essas pessoas", argumenta, e a abordagem do grupo Barcelona para encontrar as pessoas certas que atinjam o nível exigido de serviço ao cliente parece ser contratar novos funcionários para que eles se encaixem no perfil do cargo. E, claro, demitir os funcionários que não se encaixam no perfil. "Sempre estamos contratando e demitindo pessoas", revela Lawton. São poucos os gerentes que pedem demissão do Barcelona, ele relata, e observa que, em seus três anos na empresa, "já tivemos uma rotatividade de 60% a 70% na gerência. É por isso que não temos medo de deixar as pessoas saírem do emprego. Exigimos determinado nível de qualidade e estamos, continuamente, elevando o patamar de nossas expectativas".

Não somente o patamar é elevado, muitas vezes, a agilidade do funcionário diminui. "Esse é um negócio que causa muito desgaste", explica Lawton. "Alguém que era ótimo há um ano, pode não ser ótimo hoje". Tomemos o exemplo de DJ, alguém com quem nunca nos encontramos, mas cujo nome surge durante uma reunião de gerentes. Depois de lembrar a alguns gerentes que eles são "famosos pelo serviço amigável", Lawton faz alusão a alguns relatos que recebeu sobre o desempenho de DJ: "tenho recebido algumas indicações", diz ele, de que os clientes "não estão se sentindo bem recepcionados pelo DJ. Eles adoram o Barcelona, mas disseram que a atitude do DJ simplesmente não se parece com aquilo que o Barcelona é". O gerente responsável por DJ concorda que as percepções dos clientes foram precisas naquele momento, porém se apressa em acrescentar que, em outras ocasiões, "Eu o vi esforçando-se para fazer um bom trabalho".

"Bem, vamos colocar isso de outra forma", intervém Andy Pforzheimer, cofundador e diretor executivo. "DJ *pode* ser bom, mas, neste momento, ele não está bem. Então, coloque outra pessoa lá ou faça com que ele seja realmente bom e rápido."

De qualquer forma, quando se trata de melhorar a força de trabalho por meio de demissões ou contratações, há sempre uma posição de recuo, de não chegar ao limite inferior de 20%. "Estamos sempre contratando pessoas", Lawton diz a seus gestores, porque "estamos sempre demitindo, até o limite inferior de 20%. Há sempre alguém melhor lá fora do que nossos piores funcionários". Ele mesmo conduz entrevistas para contratação e aconselha os seus gerentes a fazerem o mesmo: "É assim que você melhora o seu negócio. Você contrata alguém para se livrar de seus problemas". Na última etapa do processo de contratação, explica Lawton, ele pede aos futuros funcionários: "Faça de conta que você já trabalhou para nós por seis meses. Quero ver quem você é. Quero vê-lo comandando as operações, fazendo amizade com os clientes, conversando com o pessoal. Quero ver como você realmente se comportaria".

PERGUNTAS

1. Você ficaria entusiasmado, acharia bom e divertido se trabalhasse para o Barcelona? Por que sim ou por que não?
2. Focalizando a questão central do vídeo – as estratégias e os processos de RH –, explique por que é possível haver conflitos no Barcelona. A **julgar pelo vídeo**, que tipos de *reações aos conflitos – evitação, acomodação, competição, colaboração ou compromisso* – são mais propensos a se tornarem evidentes, seja em cada restaurante, seja nos níveis gerenciais?
3. Analise sua resposta para a pergunta 2. O alto escalão do Barcelona tende a depender mais do *estímulo aos conflitos* ou da *resolução dos conflitos*? Você aprova a opção ou acha que a outra abordagem – ou uma combinação das duas – poderia ser mais eficaz? Em outras palavras, o que você faria para alcançar o nível ótimo ou ideal de conflito, resumido na Figura 15.1?
4. Por quais motivos os conflitos intergrupais poderiam se desenvolver no Barcelona? [Sugestão: lembre-se da reunião de gestores apresentada no vídeo do Capítulo 5]. Seja o mais específico possível ao descrever a natureza desse conflito em potencial.
5. Aqui está um trecho do tipo de anúncio sobre o qual Scott Lawton fala no vídeo:[†]

Restaurante com muitos clientes, no condado de Fairfield, Connecticut, está contratando gerente geral

Responsabilidades do cargo
As responsabilidades do cargo incluem os seguintes itens, mas não estão limitadas a eles:
- Supervisionar a parte administrativa e operacional em sua localidade.
- Elaborar planos estratégicos para toda a empresa e implementar processos para executá-los.
- Garantir que os elevados padrões de serviço ao cliente sejam respeitados.
- Desenvolver, treinar a equipe de gestão, ser seu mentor e avaliar seu desempenho.
- Colocar os procedimentos operacionais em prática para garantir o desempenho uniforme em toda a empresa.
- Aumentar as vendas, a lucratividade e a satisfação do cliente.

Com base no que conhece sobre as políticas de RH do Barcelona, você acha que tem a personalidade adequada para um emprego como esse? Você tem as habilidades, ou teria interesse em desenvolvê-las, para essa vaga? Quais restrições você teria a respeito desse emprego? (*Observação*: O salário inicial de um gerente geral no Barcelona é de US$ 100.000 +++).

FONTES ADICIONAIS

Valerie Schroth, "Success Stories: Barcelona Finds the Formula", *Connecticut Magazine*, jan. 2012, www.connecticutmag.com, 27 jun. 2012; Barcelona Restaurant Group, "About Us" (2012), www. barcelonawinebar.com, 27 jun. 2012; James Cooper, "Chef Interview: Andrew Pforzheimer of the Barcelona Restaurant Group", *Examiner.com*, 27 jan. 2010, www.examiner.com, 27 jun. 2012.
*O Barcelona também é tema do vídeo do Capítulo 5, que nos apresenta a gestores do alto escalão da empresa e sua filosofia de gestão de funcionários ("Tentamos contratar adultos"), e do vídeo do Capítulo 6, no qual são discutidas as estratégias para motivar os funcionários e a coleta de informações sobre o nível de serviço ao cliente.
[†]"General Manager/Director of Food & Beverage", *careerbuilder.com*, 4 set. 2012, www.careerbuilder.com, 29 set. 2012.

PRÁTICA DO COMPORTAMENTO ORGANIZACIONAL

Aprendendo sobre habilidades de negociação

Objetivo Esse exercício vai ajudá-lo a aprender mais sobre como se preparar para uma negociação e participar dela.

Formato Você fará esse exercício com um de seus colegas de classe. Vocês dois tentarão chegar a um acordo a respeito de uma tarefa hipotética.

Procedimento Suponham que seu professor atribuiu-lhes um projeto extraclasse. O projeto consiste nas seguintes atividades:

1. Vocês devem entrevistar um total de cinco gerentes em sua comunidade local. Cada entrevista deve durar cerca de uma hora. A finalidade das entrevistas é aprender mais sobre a natureza e sobre o conteúdo do trabalho gerencial. Vocês farão um conjunto de perguntas predeterminadas aos gerentes sobre o trabalho deles.
2. Os resultados das entrevistas devem ser sintetizados em uma única discussão sobre o que os gerentes fazem. As análises detalhadas das respostas para cada pergunta devem ser cuidadosamente estudadas e integradas em uma única descrição.
3. A descrição deve ser escrita na forma de artigo com aproximadamente dez páginas. Além do conteúdo, no momento da avaliação do artigo, serão considerados outros aspectos, como linguagem, gramática e ortografia.
4. Por fim, o conteúdo do artigo deve ser organizado para ser apresentado em sala de aula. A apresentação deve ser de qualidade profissional, com uso PowerPoint e outros recursos visuais; o projeto será apresentado formalmente a um grupo de visitantes formado por executivos.
5. Para o seu professor, é indiferente como a tarefa será desenvolvida. Em outras palavras, você e seu parceiro podem dividir o trabalho da maneira como acharem adequada. No entanto, cada um de vocês receberá a mesma nota, independentemente do que cada um fizer.

Agora, você e seu parceiro devem negociar o que cada um de vocês fará. Sejam o mais específicos possível ao decidir como dividir o trabalho necessário para a conclusão do projeto.

Perguntas de acompanhamento

1. Quais fatores vocês consideraram para chegar a um acordo sobre como dividir o trabalho?
2. Você se sentiu à vontade com a divisão do trabalho?
3. Se essa fosse uma tarefa real, que preocupações vocês teriam a respeito de como alcançar um resultado bem-sucedido? Que etapas, se fosse o caso, vocês poderiam utilizar para contrabalançar essas preocupações?

FORMAÇÃO DAS HABILIDADES GERENCIAIS

Visão geral As habilidades interpessoais de um executivo constituem sua capacidade de entender como motivar indivíduos e grupos. Assim, está claro que as habilidades interpessoais desempenham um papel importante em determinar o quão bem um gerente pode interagir com outras pessoas em um ambiente de grupos. Esse exercício permitirá que você coloque em prática suas habilidades interpessoais em relação a tal ambiente.

Contexto Você acaba de assumir um cargo de supervisão de um grupo com cinco funcionários. A empresa onde você trabalha é bem pequena e têm poucas regras e regulamentos, cuja falta está criando um problema que você tem de enfrentar.

Mais especificamente, dois dos membros do grupo não fumam. Eles estão, cada vez mais, expressando-se verbalmente sobre o fato de que outros dois membros do grupo fumam no trabalho. Os dois funcionários sentem que o fumo passivo no local de trabalho está colocando a saúde deles em risco e desejam estabelecer uma política antitabagismo, igual fazem muitas empresas de grande porte atualmente.

Os dois fumantes argumentam que uma vez que a empresa não tinha essa política quando começaram a trabalhar lá, seria injusto impô-la agora. Um deles, em particular, diz que recusou um emprego muito bom em outra empresa porque queria trabalhar em um lugar onde pudesse fumar.

A quinta funcionária também é não fumante, porém diz que não se importa que os outros fumem. Seu marido fuma em casa; então, está acostumada a estar em torno de fumantes. Você acredita que, se os dois não fumantes que expressam a insatisfação em alto e bom som não ficarem satisfeitos, podem deixar a organização. Ao mesmo tempo, você também acha que os dois fumantes sairão da empresa se você impuser uma política antitabagismo. Todos os cinco funcionários fazem um bom trabalho, e você não quer que nenhum deles saia da empresa.

Tarefa Com base nas informações apresentadas, faça o seguinte:
1. Explique a natureza do conflito que existe nesse grupo de trabalho.
2. Desenvolva um plano de ação para lidar com a situação.

EXERCÍCIO DE AUTOAVALIAÇÃO

O que você faz quando os interesses são conflitantes?

Esse exercício foi concebido para ajudá-lo a avaliar o seu nível de competência na gestão de conflitos. Se você tem um emprego, considere o seu trabalho; se você é estudante, aplique esse exercício nas tarefas como aluno.

As 24 afirmações a seguir refletem abordagens que as pessoas podem utilizar para administrar conflitos no local de trabalho. Usando a escala que segue, indique até que ponto, na sua opinião, cada afirmativa é verdadeira para você.

1. Discordo totalmente
2. Discordo
3. Discordo parcialmente
4. Concordo parcialmente
5. Concordo
6. Concordo totalmente

Quando observo alguém fazendo algo que necessita ser corrigido:

_____1. Evito fazer acusações pessoais e atribuir razões de interesse próprio à outra pessoa.
_____2. Apresento as minhas preocupações como se fossem meus problemas.
_____3. Descrevo, de modo sucinto, os problemas em termos de comportamento sobre aquilo que ocorreu, as suas consequências e minhas opiniões a respeito.
_____4. Específico as expectativas e normas que foram violadas.
_____5. Faço uma solicitação específica para que uma solução, a mais aceitável possível, seja detalhada.
_____6. Persisto em explicar o meu ponto de vista até que ele seja compreendido pela outra pessoa.
_____7. Incentivo a interação de duas vias, convidando o outro a explicar a sua perspectiva e a fazer perguntas.
_____8. Abordo as múltiplas preocupações de forma incremental, começo com questões simples e fáceis e, em seguida, avanço para aquelas mais complexas e difíceis.

Quando alguém reclama sobre algo que fiz:

_____9. Busco as nossas áreas em comum a respeito das quais há concordância.
_____10. Demonstro preocupação e interesse genuínos, mesmo quando discordo.
_____11. Evito justificar minhas ações e ficar na defensiva.
_____12. Busco dados adicionais, fazendo perguntas que forneçam informações específicas e descritivas.
_____13. Concentro-me em um problema de cada vez.
_____14. Procuro identificar alguns aspectos relativos à reclamação com os quais eu possa concordar.
_____15. Peço que a outra pessoa sugira ações mais aceitáveis.
_____16. Chego a um acordo sobre um plano de ação corretiva.

Quando duas pessoas estão em conflito e eu sou o mediador:

_____17. Reconheço que o conflito existe e trato o assunto como algo sério e importante.
_____18. Ajudo a criar uma pauta para uma reunião de resolução de problemas por meio da identificação das questões a serem discutidas, uma de cada vez.
_____19. Não tomo partido, assim, permaneço neutro.
_____20. Contribuo para que a discussão se concentre no impacto do conflito em relação ao desempenho no trabalho.
_____21. Mantenho a interação focada nos problemas, em vez de focada nas personalidades das pessoas.
_____22. Tento assegurar-me de que nenhuma das partes domine a conversa.
_____23. Ajudo as partes a pensarem em diversas alternativas.
_____24. Ajudo as partes a encontrarem áreas em relação às quais concordam.

Como pontuar: some os números que você colocou na coluna da esquerda. A pontuação máxima possível é 144.

Você deve comparar a sua pontuação com a dos outros alunos da sala e com a pontuação dos 1.500 gerentes e alunos de faculdades de negócios do mundo real:

Pontuação	Classificação
113,20	média = 50%
122 ou mais	quartil superior (entre 76% e 100%)
114-121	segundo quartil (entre 51% e 75%)
105-113	terceiro quartil (entre 26% e 50%)
104 ou menos	quartil inferior (entre 0% e 25%)

Referência: Whetten, David A; Cameron, Kim S., *Developing Management Skills*, 7. ed. © 2007, p. 378-79, 438-39. Reimpresso com permissão de Pearson Education, Inc., Upper Saddle River, NJ.

CAPÍTULO 16

Bases da estrutura organizacional

Visão geral do capítulo

- Natureza da estrutura organizacional
- Pontos de vista clássicos sobre a estrutura de uma organização
- A configuração estrutural
- Estrutura e operações
- Responsabilidade e autoridade

Objetivos de aprendizagem

Após estudar este capítulo, você estará apto a:

1. Definir o que é estrutura organizacional e abordar a sua finalidade.
2. Descrever os pontos de vista clássicos sobre a estrutura organizacional.
3. Descrever a configuração estrutural e resumir suas quatro dimensões básicas.
4. Discutir as duas políticas estruturais que afetam as operações.
5. Explicar os conceitos duais de autoridade e responsabilidade.

Eliminar níveis hierárquicos como um mecanismo de defesa

"Eu sei o que precisamos fazer."

— *Cynthia Carroll, diretora executiva da Anglo American*

Em outubro de 2009, a Anglo American PLC, quarta maior mineradora diversificada do mundo, anunciou que estava eliminando um nível em sua estrutura organizacional. Uma análise do seu "modelo operacional", informou a empresa (referindo-se a si mesma como "o Grupo"), resultou "na simplificação organizacional e na eliminação de níveis hierárquicos ou divisões em todo o Grupo com o fim da coordenação da divisão de carvão e metais ferrosos". Anteriormente, a empresa estava organizada em duas divisões globais – carvão e metais ferrosos, cada uma delas com seu próprio diretor executivo, os quais se reportavam diretamente à diretoria executiva da Anglo American. Sob essas divisões, estavam várias operações globais de negócios da Anglo, cada uma responsável por uma *commodity* (um produto) diferente (por exemplo, carvão, platina, minério de ferro) e cada uma dirigida por seu próprio diretor executivo, com seu pessoal de apoio funcional. Os diretores executivos dessas unidades reportavam-se diretamente aos diretores executivos de suas respectivas divisões.

Como resultado da "simplificação e da eliminação de níveis hierárquicos e divisões", os negócios foram reorganizados em sete "unidades de negócios de produtos", cada qual "responsável pela própria lucratividade" – isto é, responsável pelo próprio desempenho. Os principais critérios para essa reorganização foram área geográfica e condição dos ativos. A unidade de platina, por exemplo, está sediada na África do Sul (onde também está localizada a matriz), a unidade de cobre, no Chile, e a unidade de carvão metalúrgico, na Austrália.

Além disso, a Anglo agora mantém apenas unidades de negócio para seus *principais ativos* – operações essenciais para gerar receita, fluxo de caixa ou lucro. A estratégia de eliminação de níveis hierárquicos e divisões está sendo executada em conjunto com a estratégia de se desfazer de ativos não essenciais: já sem interesse em ouro e alumínio, a Anglo pretende vender a sua participação em *commodities* como fosfatos e zinco, e uma empresa que fabrica produtos de aço para a indústria de construção. A decisão de eliminar níveis e de desinvestimento, diz o presidente John Parker, "representa um passo importante na criação de um negócio mais ágil, com foco maior na eficiência operacional. Temos um portfólio de ativos de grande qualidade, e essas iniciativas melhoram ainda mais a nossa capacidade de aproveitar todo o seu potencial".

A racionalização e a eficiência, é claro, são motivos habituais e lógicos para reestruturar uma organização; porém, se olharmos um pouco mais de perto a história recente da Anglo American, veremos que essas estratégias desempenham um papel fundamental em um jogo muito mais complicado que envolve a concorrência entre empresas e, talvez, até a sobrevivência de uma organização.

Em 27 de outubro de 2010, no GIBS (Gordon Institute of Business Science), escola de negócios localizada em Illovo, Joanesburgo, África do Sul, a diretora executiva, Cynthia Carroll, abordou a cultura e a estratégia da Anglo American, bem como a indústria de recursos naturais em relação a seu estilo de liderança e aos desafios que enfrentou como líder e mulher de negócios.

O ano de 2009 já tinha sido agitado para a Anglo. Em fevereiro, Cynthia Carroll, diretora executiva, admitiu que a organização, como muitas empresas, estava começando a sentir o impacto da recessão global: "É difícil subestimar a amplitude e a gravidade da crise global", disse ela, ao anunciar que a Anglo cortaria 19 mil postos de trabalho – cerca de um décimo de sua força de trabalho – e suspenderia os pagamentos de dividendos acumulados em 2008. Carroll também informou que o lucro por ação havia caído de US$ 4,40 para US$ 4,36 e que o lucro operacional havia diminuído 0,3%. A derrapagem dificilmente poderia ser considerada catastrófica, mas os analistas tinham previsto um aumento de 13% no lucro por ação e esperavam que pelo menos o lucro operacional permanecesse estável.

A nomeação de Carroll como diretora executiva, em 2007, foi um choque para muitas pessoas, no que o *Times of London* chamou de "uma indústria irremediavelmente machista". Ela não era um homem, nem veterana da indústria de mineração nem sul-africana (ela é norte-americana). Quando sua nomeação foi anunciada, a Anglo imediatamente teve uma queda de US$ 0,80 por ação. Os dados da sorte, observou o *Times*, "provavelmente estavam contra ela desde o início"; e para tornar seu trabalho ainda mais difícil, ela logo foi forçada a embarcar em um programa de eficiência de US$ 2 bilhões que envolvia uma série de mudanças, o que garantiu que a "velha guarda" da empresa de 91 anos ficasse irritada. Sua campanha para cortar custos em US$ 450 milhões no primeiro semestre de 2009 provocou um turbilhão, que lhe rendeu o apelido de "Ciclone Cynthia"; no entanto, muitos analistas e investidores não se impressionaram com a economia: uma vez que toda a indústria estava lutando contra os altos custos durante a recessão, a redução de custos de Carroll foi vista como uma estratégia lógica e óbvia a ser seguida.

Então, em junho de 2009, a mineradora suíço-britânica Xstrata propôs uma fusão com a Anglo – um movimento que criaria uma empresa de US$ 68 bilhões para competir com gigantes da indústria como BHP Billiton, Vale e Rio Tinto. A Xstrata afirmou, em um comunicado, que estava buscando "uma fusão entre iguais que geraria valor significativo para os acionistas de ambas as empresas", e citou "sinergias operacionais" que poderiam alcançar a economia de US$ 1 bilhão por ano em custos, se esses fossem compartilhados. Do ponto de vista da Anglo, havia desvantagens no negócio – o valor de sua carteira era maior do que o da Xstrata e seria diluído após a fusão das duas – mas o atrativo para os acionistas da Anglo era claro: dependendo de como a nova empresa distribuísse a economia de custos entre os seus investidores, os acionistas da Anglo teriam um aumento no valor de suas participações de mercado, de 26% para 37%.

Carroll e o conselho administrativo da Anglo logo rejeitaram a oferta da Xstrata, considerada "totalmente inaceitável" e, em agosto, Carroll apresentou tanto os resultados financeiros do meio de ano da Anglo, como seus argumentos para que a empresa permanecesse independente. Mais uma vez, no entanto, os números estavam abaixo do esperado: por causa da economia global, os lucros diminuíram em 69% e a receita, em 38%. Os investidores da Anglo queriam saber o que a administração estava fazendo para lhes fornecer o tipo de retorno prometido pela fusão com a Xstrata. Um analista do Barclays Capital, maior banco de investimentos da Grã-Bretanha, anunciou que "a nosso ver, a Anglo American ainda não apresentou um argumento forte por que uma fusão com a Xstrata não seria estrategicamente sensata nem criaria valor para os seus acionistas". Carroll respondeu:

francamente eu sei o que precisamos fazer. Temos uma estratégia, objetivos claros, ativos gigantescos nas mercadorias mais atrativas do mundo. As oportunidades são enormes... Estamos bem cientes do que a Xstrata faz, porém estou muito confiante sobre aquilo que podemos fazer no futuro.

Em outubro, a Xstrata retirou sua oferta em face da resistência do conselho administrativo da Anglo. A Anglo, disse um porta-voz da empresa, "agora pode avançar e administrar os negócios sem mais distrações". Um analista previu que a Anglo "provavelmente demonstrará um senso de urgência renovado e retirará todos os obstáculos para convencer os acionistas"; e exatamente uma semana depois Carroll anunciou seu plano de "simplificação e eliminação de níveis hierárquicos e divisões". Ao fazer o anúncio, ela pediu mais tempo aos acionistas para aumentar os ativos e provar o valor da organização como uma empresa independente. "As mudanças no portfólio", argumentou, "colocará a Anglo American em uma ótima posição para um crescimento sustentado e rentável em relação às mercadorias que identificamos como sendo as mais lucrativas".

Qual é o seu ponto de vista?

1. Suponha que você seja um investidor da Anglo American. Você teria apoiado o posicionamento de Carroll e do conselho administrativo quando a Xstrata fez sua primeira proposta de fusão? E agora?
2. Suponha que você seja um funcionário da Anglo American. O que você faria se a reestruturação da empresa exigisse que você se mudasse para outra parte do mundo? Quais vantagens e desvantagens pesariam mais sobre a sua decisão?

Referências: Jeffrey Sparshott, "Miner Anglo to Sell Assets in Shake-Up", *Wall Street Journal*, 22 out. 2009, http://online.wsj.com, 7 ago. 2012; Kate Holton et al., "Xstrata Seeks $68 Billion Merger with Anglo", Reuters, 21 jun. 2009, www.reuters.com, 7 ago. 2012; Julia Werdigier, "Xstrata Makes a New Move for Merger with Anglo", *New York Times*, 25 jun. 2009, www.nytimes.com, 7 ago. 2012; Martin Waller e David Robinson, "Business Big Shot: Cynthia Carroll of Anglo American", *Times* (London) *Online*, 1º ago. 2009, http://business.timesonline.co.uk, 14 mar. 2011; Andrew Cave, "Cynthia Carroll Digs Deep for Anglo", *Telegraph*, 1º ago. 2009, www.telegraph.co.uk, 12 ago. 2012; Julia Werdigier, "Xstrata Ends Bid for Rival in London", *New York Times*, 16 out. 2009, www.nytimes.com, 7 ago. 2012.

Nos dias atuais, não é raro as empresas alterarem sua estrutura organizacional enquanto lutam para se manterem competitivas em um mundo no qual as mudanças acontecem rapidamente. Diante da desaceleração da economia e de seus negócios, a Anglo American PLC alterou a sua estrutura organizacional, removendo níveis hierárquicos, simplificando as relações de subordinação e vendendo ativos não essenciais. Este capítulo apresenta muitos dos principais conceitos sobre estrutura organizacional e prepara o terreno para a compreensão dos vários aspectos do desenvolvimento de um planejamento organizacional adequado, que será discutido no Capítulo 17.

NATUREZA DA ESTRUTURA ORGANIZACIONAL

Em outros capítulos, discutimos os elementos fundamentais e os fatores que ligam o indivíduo à organização. Em qualquer organização, esses fatores devem se encaixar em uma estrutura comum: a estrutura organizacional.

O conceito de organização

Organização é uma entidade social dirigida por objetivos e que possui processos bem como sistemas determinados.[1] Em outras palavras, uma organização é um conjunto de pessoas que trabalham juntas para realizar algo melhor do que poderiam realizar separadamente.[2] As organizações são atores sociais que influenciam e são influenciadas por seus ambientes, e afetam o comportamento dos indivíduos que estão nelas. Como atores sociais, as organizações são diferentes de outras duas entidades: os indivíduos e o governo ou estado. As organizações influenciam e são influenciadas por outras empresas, bem como por indivíduos e pelo estado.[3] A alta administração determina a direção que a empresa tomará ao definir o objetivo ou a missão organizacional, estabelecer as metas para atingir esse objetivo e formular estratégias para alcançar as metas.[4] A definição do objetivo dá à organização uma razão para existir; na verdade, esse objetivo responde à pergunta: "Qual é o nosso tipo de negócio?".

O estabelecimento de objetivos converte o propósito definido para a existência da empresa em metas de desempenho específicas e mensuráveis. As **metas organizacionais** são os objetivos que a gestão pretende atingir ao perseguir a missão da empresa. As metas motivam as pessoas a trabalhar juntas. Embora os objetivos de cada indivíduo sejam importantes para a organização, suas metas globais são as mais importantes. As metas mantêm a organização no caminho certo ao fazer com que a atenção e as ações de seus membros tenham determinado foco. Elas também imprimem na empresa uma orientação voltada para o futuro. As metas não tratam de sucessos ou de fracassos passados; em vez disso, forçam os membros da empresa a pensar no futuro e a fazer planos.

Por fim, as estratégias são planos de ação específicos que permitem à organização atingir suas metas e, portanto, o seu propósito (missão). Seguir uma estratégia envolve o desenvolvimento de uma estrutura organizacional e de processos para a realização das tarefas na organização.

Estrutura organizacional

A **estrutura organizacional** refere-se ao sistema de tarefas, de elaboração de relatórios e de relações de autoridade no âmbito do qual as atividades da empresa são realizadas. Assim, a estrutura define a forma e a função das atividades na organização. A estrutura também define o modo como as áreas de uma organização se encaixam, como fica evidente em um organograma.

A finalidade da estrutura de uma empresa é organizar e coordenar as ações dos empregados para que atinjam as metas organizacionais. A premissa do esforço coordenado é que as pessoas podem realizar mais trabalhando juntas do que separadas. Entretanto, o trabalho deve ser coordenado corretamente a fim de que os ganhos potenciais do esforço coletivo sejam alcançados. Considere o que aconteceria se os milhares de funcionários da Dell Computers trabalhassem sem nenhum tipo de estrutura. Cada pessoa tentaria fabricar um computador que achasse possível de ser vendido. Dois computadores nunca seriam iguais, e cada um levaria meses ou anos para ser produzido. Os custos de fabricar os computadores seriam tão altos que ninguém teria dinheiro suficiente para comprá-los. Para produzir computadores competitivos e rentáveis para a empresa, a Dell deve ter uma estrutura na qual seus funcionários e gerentes trabalhem juntos, de modo coordenado. Quando a Intel mudou sua estrutura organizacional de uma estrutura centrada no produto para um modelo com foco no cliente, ela o fez a fim de coordenar melhor os esforços para atender seus clientes.[5]

A tarefa de coordenar as atividades de milhares de trabalhadores a fim de que produzam microprocessadores e computadores, realizem o trabalho que se espera e que os produtos sejam de qualidade e fácil manutenção pode parecer monumental. Não importa se o objetivo for produzir computadores em massa ou fabricar sabão, os requisitos da estrutura organizacional são semelhantes. Primeiro, a estrutura deve identificar as várias tarefas ou os processos necessários para que a organização atinja suas metas. Essa divisão de tarefas em

---

Organização é uma entidade social dirigida por metas e que possui processos e sistemas intencionais.

Metas organizacionais são os objetivos que a gestão pretende atingir ao perseguir a missão da empresa.

Estrutura organizacional é o sistema de tarefas, de elaboração de relatórios e de relações de autoridade no âmbito do qual as atividades da empresa são realizadas.

Esses funcionários do Centro de Atendimento da Dell, em Halle, Alemanha, estão reunidos para coordenar o trabalho que realizam. Do ponto de vista estrutural e físico, estão próximos uns dos outros para promover melhor coordenação entre eles e melhorar o serviço.

partes menores é geralmente denominada "divisão do trabalho". Mesmo as organizações de pequeno porte (aquelas com menos de 100 funcionários) utilizam a divisão do trabalho.[6] Segundo, a estrutura deve integrar e coordenar as funções divididas para atingir o nível desejado de produção. Quanto mais interdependentes forem as tarefas em que foram divididas, mais coordenação será necessária.[7] Todas as estruturas organizacionais lidam com esses dois requisitos fundamentais.[8] As várias formas de abordar esses requisitos tornam uma estrutura organizacional diferente da outra.

Neste capítulo, descreveremos três pontos de vista clássicos sobre as organizações, os quais influenciam bastante como elas ainda são vistas atualmente. Em seguida, diferenciaremos os vários elementos da estrutura organizacional. A estrutura organizacional pode ser analisada de três maneiras: em primeiro lugar, podemos examinar a sua configuração – isto é, seu tamanho e forma – conforme está descrito no organograma da empresa. Em segundo lugar, podemos analisar os seus aspectos ou características operacionais, como a divisão de tarefas especializadas, as normas e os procedimentos e a tomada de decisões. Por último, podemos examinar a responsabilidade e a autoridade no interior da organização. Neste capítulo, descreveremos a estrutura organizacional considerando esses três pontos de vista.

PONTOS DE VISTA CLÁSSICOS SOBRE A ESTRUTURA DE UMA ORGANIZAÇÃO

Os primeiros pontos de vista sobre a estrutura organizacional têm sido chamados de "teoria organizacional clássica" e incluem o conceito de Max Weber sobre o tipo ideal de burocracia, os princípios clássicos de organização de Henri Fayol e a organização humana de Rensis Likert. Todas essas três abordagens tentam descrever uma estrutura organizacional que seja universalmente aplicável às empresas, por isso são chamadas de abordagens universais, embora as suas preocupações e recomendações sobre as estruturas sejam significativamente diferentes.

A burocracia ideal

No início dos anos de 1900, Max Weber, sociólogo alemão, propôs uma estrutura "burocrática" que funcionaria para todas as organizações, de acordo com o que ele acreditava. A **burocracia ideal** de Weber refere-se a um sistema organizacional caracterizado pela hierarquização da autoridade e por um sistema de regras e procedimentos que, quando seguido, criaria um sistema eficaz, em seu potencial máximo, para as organizações de grande porte. Ao escrever em um momento no qual as organizações eram ineficientes, Weber alegou que a forma burocrática de administração era superior às outras formas de gestão no que diz respeito à estabilidade, ao controle e à previsibilidade dos resultados.[9]

De acordo com Weber, a burocracia ideal tem sete características essenciais: regras e procedimentos, divisão do trabalho, hierarquização da autoridade, competência técnica, diferença entre propriedade e administração, direitos e deveres do cargo e sua diferença entre o indivíduo (impessoalidade) e a formalização (documentos), como mostra a Tabela 16.1. Essas características envolvem vários dos fundamentos que serão discutidos, mais adiante, neste capítulo. Para Weber, na burocracia tais características garantiriam a ordem e a previsibilidade nas relações entre as pessoas e o trabalho. No entanto, é fácil perceber como as mesmas características podem levar à lentidão, à ineficiência e à burocracia excessiva. O sistema administrativo pode falhar se qualquer uma das características forem levadas ao extremo ou violadas. Por exemplo, se conjuntos infindáveis de regras e procedimentos "atolam" os funcionários porque eles devem encontrar a regra precisa para seguir, cada vez que fazem alguma coisa, as respostas ao cliente ou as solicitações rotineiras dos clientes podem se tornar extremamente lentas. Além disso, os autores posteriores disseram que a visão de Weber sobre autoridade era demasiado rígida e sugeriram que a organização burocrática poderia impedir a criatividade e a inovação, além de resultar na falta de compaixão para com o indivíduo na empresa.[10] Em outras palavras, a impessoalidade, que deveria promover a objetividade em uma burocracia, poderia resultar em sérias dificuldades para os funcionários e para a organização. Entretanto, algumas organizações mantêm algumas características de estrutura burocrática, ao mesmo tempo em que permanecem inovadoras e produtivas.

Paul Adler, recentemente, comparou os movimentos populares à "explosão burocrática", observando que as organizações de grande porte e complexas ainda precisam de algumas das características básicas descritas por Weber – estrutura hierarquizada, formalização dos

> A **burocracia ideal** de Weber caracteriza-se pela hierarquização da autoridade e a um sistema de regras e procedimentos elaborados para criar um sistema ótimo (ideal) em eficiência para organizações de grande porte.

TABELA 16.1	Elementos da burocracia ideal de Weber
ELEMENTOS	**COMENTÁRIOS**
1. Regras e procedimentos	Deve haver um conjunto consistente de regras e procedimentos abstratos para garantir um desempenho uniforme.
2. Divisão clara do trabalho	Cada cargo deve ser preenchido por um especialista.
3. Hierarquização da autoridade	A cadeia de comando deve estar claramente definida.
4. Competência técnica	A contratação e o avanço na carreira devem ser baseados no mérito.
5. Separação entre propriedade e administração	Gestores profissionais, em vez de proprietários, devem gerenciar a organização.
6. Direitos e deveres da ocupação de um cargo	Devem estar associados à organização, e não à pessoa que ocupa o cargo.
7. Formalização (documentos)	É preciso manter o registro das ações relativas às decisões administrativas, às regras e aos procedimentos.

procedimentos e especialização dos funcionários – para evitar o caos e garantir eficiência, produtos e serviços de qualidade e pontualidade. Adler propõe um segundo tipo de burocracia que, essencialmente, uma função nas organizações.[11] A necessidade da burocracia não está relegada ao passado. A burocracia, ou pelo menos alguns de seus elementos, ainda é essencial para se ter organizações eficazes.

Os princípios clássicos de organização

Também no início do século XX, Henri Fayol, engenheiro francês e diretor executivo de uma empresa de mineração, apresentou uma segunda visão clássica sobre a estrutura organizacional. Com base em sua experiência como gestor, Fayol foi o primeiro a classificar os elementos essenciais da gestão – agora chamados de **funções da administração** – como planejamento, organização, comando, coordenação e controle.[12] Além disso, apresentou 14 princípios de organização que considerava um código indispensável para os gestores (ver Tabela 16.2).

Os princípios de Fayol mostraram ter extraordinária influência; eles têm servido de base para o desenvolvimento de meios universalmente aceitos de organização. Por exemplo, o princípio de "unidade de comando" de Fayol significa que os funcionários devem receber instruções de uma só pessoa, e a "unidade de direção" significa que as tarefas que têm o mesmo objetivo devem ter um supervisor em comum. A combinação desses dois princípios

As funções da administração estabelecidas por Henri Fayol incluem: planejamento, organização, comando, coordenação e controle.

TABELA 16.2	Os princípios clássicos de Fayol
PRINCÍPIO	**COMENTÁRIOS DE FAYOL**
1. Divisão do trabalho	Os indivíduos e gestores trabalham na mesma divisão ou atividade.
2. Autoridade e responsabilidade	Autoridade é o direito de dar ordens ou o poder para garantir a obediência; deve estar associada com a responsabilidade de recompensar e punir.
3. Disciplina	Obediência, dedicação, energia, comportamento. Acordo entre a empresa e o indivíduo.
4. Unidade de comando	O funcionário recebe ordens de um superior.
5. Unidade de direção	Deve haver um chefe e um plano de atividades para o mesmo objetivo.
6. Subordinação dos interesses individuais aos interesses gerais	Os objetivos da organização devem vir antes dos objetivos individuais.
7. Remuneração do pessoal	O pagamento deve ser justo para a organização e também para o indivíduo; várias formas podem ser discutidas.
8. Centralização	Proporção de poder discricionário que está na posse do gestor em relação ao que é permitido aos subordinados.
9. Cadeia de comando (ou cadeia escalar)	Linha de autoridade do nível mais baixo para o mais alto.
10. Ordem	Um lugar para cada um e cada um em seu lugar.
11. Equidade	Combinação de gentileza e justiça; igualdade no tratamento.
12. Estabilidade no cargo ou do pessoal	Período de estabilidade dos gestores; tempo para se acostumar ao trabalho.
13. Iniciativa	Poder de elaborar e executar um plano.
14. Espírito de equipe	A harmonia e a união entre os funcionários constituem uma força para a empresa.

Referência: *General and Industrial Management*, Henri Fayol. Copyright © Lake Publishing 1984, Belmont, CA 94002. Utilizado com permissão.

com a divisão do trabalho, a autoridade e a responsabilidade resultam em um sistema de tarefas, de elaboração de relatórios e de relações de autoridade que são a própria essência para organizar uma empresa. Os princípios de Fayol estabelecem a estrutura para o organograma e para a coordenação do trabalho.

Os princípios clássicos têm sido criticados em vários aspectos. Em primeiro lugar, ignoram fatores como a motivação individual, a liderança e os grupos informais – ou seja, o elemento humano nas organizações. De acordo com essa linha de crítica, os princípios clássicos resultam em uma organização mecânica à qual as pessoas devem se encaixar independentemente de seus interesses, habilidades ou motivações. Os princípios também foram criticados pela falta de especificidade operacional, uma vez que Fayol os descreveu como verdades universais, mas não especificou os meios para aplicar muitos deles. Por fim, os princípios de Fayol foram desconsiderados porque não estavam apoiados em evidências científicas; Fayol apresentou-os como princípios universais com base apenas na própria experiência.[13]

A organização humana

Na década de 1960, Rensis Likert desenvolveu uma abordagem para a estrutura organizacional denominada "organização humana".[14] Uma vez que Likert, assim como outros autores, tinha criticado os princípios clássicos de Fayol por desconsiderar os fatores humanos, não é de se estranhar que a sua abordagem esteja centrada em princípios de relações de apoio, na participação dos funcionários e em grupos de trabalho que se sobrepõem.

O termo "relações de apoio" sugere que, em todas as atividades organizacionais, os indivíduos devem ser tratados de modo que experimentem sentimentos de apoio, de autoestima e de que eles são importantes. Por "participação dos funcionários", Likert queria dizer que o grupo de trabalho precisa estar envolvido nas decisões que o afetam, aumentando assim o senso de autoestima e apoio dos funcionários. O princípio de "interligação dos grupos de trabalho" significa que os grupos estão sobrepostos, com os gestores funcionando como "pinos de ligação". Cada gerente (exceto o alto escalão) é membro de dois grupos: um grupo de trabalho que supervisiona e um grupo de administração, composto por seus pares e por seu supervisor. A coordenação e a comunicação tornam-se mais fortes quando os gerentes exercem a função de ligação por meio do compartilhamento de problemas, decisões e informações, tanto nos níveis acima como nos níveis abaixo nos grupos aos quais pertencem. O conceito de **organização humana** baseia-se na suposição de que as pessoas trabalham melhor em grupos altamente coesos que vão em direção aos objetivos organizacionais. A função da administração é assegurar que os grupos de trabalho estejam interligados a fim de que a coordenação e a comunicação sejam eficazes.

Likert descreveu quatro sistemas de organização denominados sistemas de administração, cujas características estão resumidas na Tabela 16.3. O Sistema 1, autoritário-coercitivo, pode ser caracterizado como aquele da burocracia clássica. O Sistema 4, participativo, refere-se ao desenho organizacional que Likert defendia. O Sistema 2 (autoritário-benevolente) e o Sistema 3 (consultivo) são menos radicais do que o Sistema 1 e o Sistema 4.

Likert descreveu os quatro sistemas em termos de oito variáveis organizacionais: processos de liderança; forças motivacionais; processos de comunicação; processos de interação e influência; processos de tomada de decisão; processos de definição de metas; processos de controle; processos de metas de desempenho e treinamento. Ele acreditava que os grupos de trabalho deveriam ser capazes de se interligarem tanto horizontal como verticalmente, sempre que necessário para realizar as tarefas. Essa característica é oposta ao princípio clássico que defende a unidade de comando. Além disso, em vez da cadeia de comando baseada na hierarquia, Likert defendeu os conceitos de "pinos de ligação" e de "sobreposição de grupos de trabalho" para a tomada de decisão e resolução de conflitos.

O apoio à pesquisa para a organização humana de Likert emana principalmente do trabalho do autor e de seus associados no Instituto de Pesquisa Social da Universidade de Michigan.

A abordagem de Rensis Likert sobre organização humana baseia-se em princípios de relações de apoio, na participação dos funcionários e em grupos de trabalho que se interligam.

TABELA 16.3	Características dos quatro sistemas de administração de Likert			
CARACTERÍSTICA	SISTEMA 1: AUTORITÁRIO-COERCITIVO	SISTEMA 2: AUTORITÁRIO-BENEVOLENTE	SISTEMA 3: CONSULTIVO	SISTEMA 4: PARTICIPATIVO
Liderança				
• Confiança nos subordinados	Nenhuma	Nenhuma	Substancial	Total
• Ideias dos subordinados	Raramente usadas	Usadas algumas vezes	Geralmente usadas	Sempre usadas
Forças motivacionais				
• Motivos explorados	Segurança, *status*	Econômicos, ego	Substancial	Total
• Nível de satisfação	Insatisfação total	Pouca satisfação	Satisfação moderada	Muita satisfação
Comunicação				
• Quantidade	Pouquíssima	Pouca	Moderada	Muita
• Direção	De cima para baixo	Na maior parte do tempo, de cima para baixo	Para baixo e para cima	Para baixo, para cima, lateral (ou horizontal)
Interação e influência				
• Quantidade	Nenhuma	Nenhuma	Substancial	Total
• Grupo de trabalho cooperativo	Nenhum	Quase nenhum	Moderado	Substancial
Tomada de decisão				
• Lócus	Alto escalão	Política determinada no alto escalão	Política mais ampla determinada no alto escalão	Todos os níveis
• Envolvimento dos subordinados	Nenhum	Os funcionários são consultados algumas vezes.	Os funcionários são, geralmente, consultados.	Totalmente envolvidos
Definição das metas				
• Modo	Por meio de ordens	Por meio de ordens, com comentários	Definido após discussão	Participação do grupo
• Aceitação	Resistência aberta	Resistência frequente	Alguma resistência	Aceitação total
Processos de controle				
• Nível	Alto escalão	Nenhum	Algum controle nos níveis abaixo do alto escalão	Todos os níveis
• Informações	Incompletas, imprecisas	Em geral, incompletas, imprecisas	Razoavelmente completas e com alguma precisão	Completas, precisas
Desempenho				
• Metas e treinamento	Medíocre	Entre mediano e bom	Bom	Excelente

Referência: Adaptado de Rensis Likert, *New Patterns of Management* (Nova York: McGraw-Hill, 1961), p. 223-233; Rensis Likert, *The Human Organization* (Nova York: McGraw-Hill, 1967), p. 197, 198, 201, 203, 210, 211.

Embora essa pesquisa tenha confirmado as proposições básicas da abordagem, não é totalmente convincente. Uma revisão das evidências sugere que, embora a pesquisa tenha demonstrado que as características do Sistema 4 estejam associadas às atitudes positivas dos funcionários e, em alguns casos, ao aumento da produtividade, não está claro se as características da organização humana "causaram" os resultados positivos.[15] Pode ser que as atitudes positivas e a alta produtividade permitiram o surgimento da estrutura organizacional participativa e promoveram o ambiente para o desenvolvimento das relações de apoio. O desenho organizacional de Likert também tem sido criticado por se concentrar quase exclusivamente nos indivíduos e nos grupos, sem tratar de questões estruturais. No geral, o apoio mais convincente para essa abordagem está nos níveis dos indivíduos e dos grupos de trabalho. Em certos aspectos, o Sistema 4 de Likert é muito parecido com a organização baseada em equipes tão popular atualmente.

Assim, os pontos de vista clássicos de organização incorporam os elementos-chave da estrutura organizacional. Cada ponto de vista, todavia, combinou esses elementos-chave de diferentes formas e também com outros elementos de gestão. Essas três visões clássicas são exemplos típicos de como os primeiros autores tentaram recomendar uma abordagem universal para a estrutura organizacional que seria a melhor em todas as situações. Nas seções seguintes, dividiremos os vários elementos da estrutura organizacional para examinar como eles contribuem para coordenar as tarefas e as pessoas que as realizam em direção ao cumprimento das metas.

CONFIGURAÇÃO ESTRUTURAL

O **organograma** mostra todas as pessoas, os cargos, as relações de subordinação e as linhas formais de comunicação de uma empresa.

A **configuração** de uma empresa é a sua forma, o que se reflete na divisão do trabalho e nos meios pelos quais as tarefas, que foram divididas, são coordenadas.

A estrutura de uma organização costuma ser descrita em termos de seu organograma. Para ter um exemplo, ver a Figura 16.1. Um **organograma** completo mostra todas as pessoas, os cargos, as relações de subordinação e as linhas formais de comunicação em uma empresa. (No entanto, como vimos no Capítulo 11, a comunicação não se limita a esses canais formais). Para as organizações de grande porte, pode ser necessário vários quadros para mostrar todos os cargos. Por exemplo, um quadro do organograma pode mostrar o alto escalão, incluindo o conselho de administração, o diretor executivo, o presidente, todos os vice-presidentes e pessoas importantes nas unidades da matriz. Os quadros subsequentes do organograma podem apresentar a estrutura de cada departamento e os funcionários das unidades. A Figura 16.1 mostra dois organogramas de uma empresa de grande porte; o alto escalão está na parte superior da figura; o departamento de produção, no inferior. Note que as estruturas dos diferentes grupos de produção são apresentadas em quadros separados.

Um organograma apresenta as relações hierárquicas e associações dos grupos de trabalho bem como mostra como os cargos e os pequenos grupos de trabalho são combinados em departamentos que juntos compõem a configuração, ou a forma, da organização. A **configuração** das organizações pode ser analisada em termos de como os dois requisitos básicos da estrutura são preenchidos – a divisão do trabalho e a coordenação das tarefas que foram divididas.

Divisão do trabalho

Divisão do trabalho refere-se à forma como o trabalho na organização é dividido em diferentes cargos e executado por diversas pessoas. A divisão do trabalho geralmente é denominada **especialização**.

Diferenciação é o processo de estabelecer a divisão do trabalho e as tarefas por toda a organização.

A **divisão do trabalho** é a extensão em que o trabalho da organização é dividido em diferentes cargos os quais serão assumidos por pessoas diferentes, o que é, muitas vezes, denominado **especialização**, que discutimos no Capítulo 5 sobre motivação e desenho do trabalho. Quanto mais as pessoas dividem-se para realizar tarefas diferentes, mais diferenciadas essas tarefas se tornam, o que exige maior coordenação. A **diferenciação** é o processo de estabelecer a divisão do trabalho e as tarefas por toda a organização. Ao passo que a divisão do trabalho é uma das sete características principais da estrutura de uma empresa, descritas por Max Weber,[16] discutidas anteriormente neste capítulo, o mesmo conceito pode ser encontrado antes, no século XVIII, quando um economista, Adam Smith, utilizou um estudo sobre a produção de alfinetes para promover a ideia de que, ao dividir o trabalho, aumenta-se a produtividade.[17] A divisão do trabalho tornou-se mais popular à medida que organizações

FIGURA 16.1

Exemplos de organograma

Esses dois quadros mostram as semelhanças entre um organograma do alto escalão e um organograma de departamento. Em cada um deles, os gestores têm outros quatro gerentes ou grupos de trabalho que se reportam a eles.

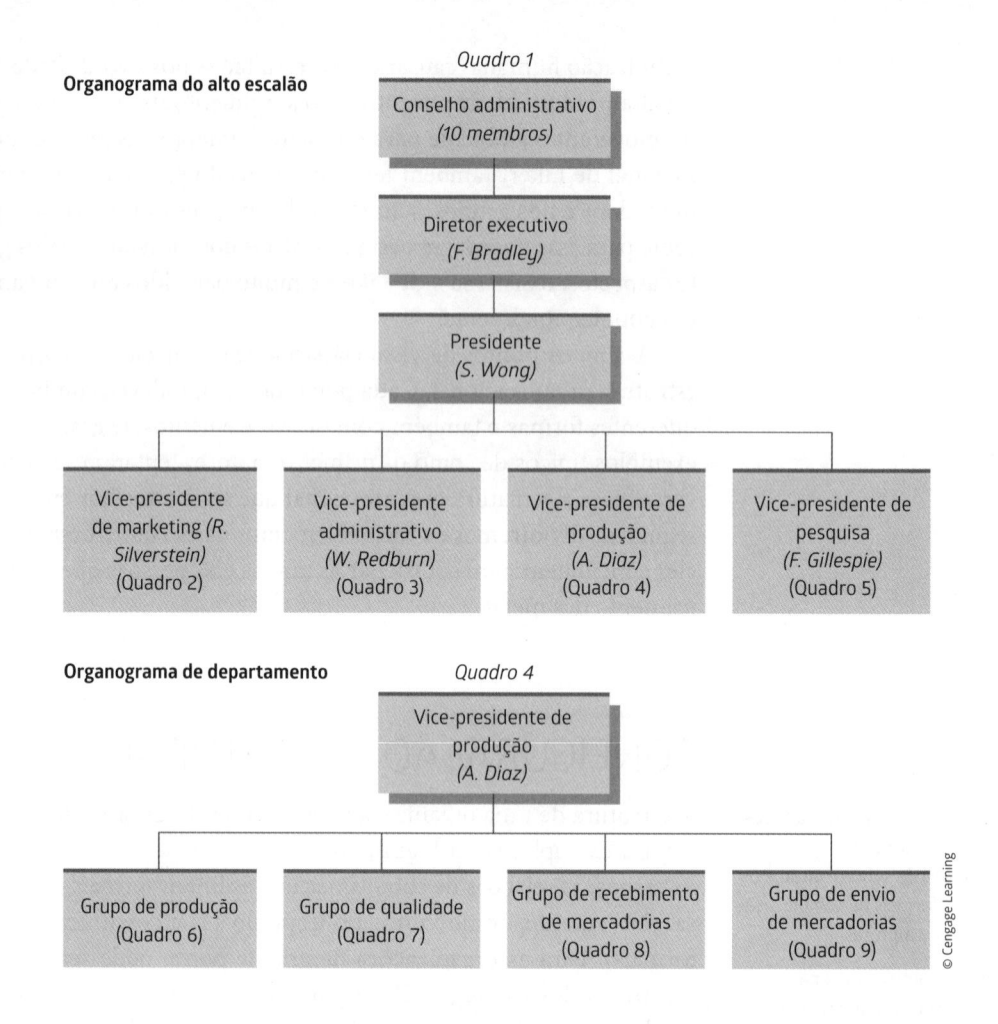

Organograma do alto escalão

Quadro 1

- Conselho administrativo (10 membros)
  - Diretor executivo (F. Bradley)
    - Presidente (S. Wong)
      - Vice-presidente de marketing (R. Silverstein) (Quadro 2)
      - Vice-presidente administrativo (W. Redburn) (Quadro 3)
      - Vice-presidente de produção (A. Diaz) (Quadro 4)
      - Vice-presidente de pesquisa (F. Gillespie) (Quadro 5)

Organograma de departamento

Quadro 4

- Vice-presidente de produção (A. Diaz)
  - Grupo de produção (Quadro 6)
  - Grupo de qualidade (Quadro 7)
  - Grupo de recebimento de mercadorias (Quadro 8)
  - Grupo de envio de mercadorias (Quadro 9)

© Cengage Learning

---

maiores passaram a prevalecer na sociedade industrial. Essa tendência continuou e a maioria das pesquisas indica que as organizações de grande porte, geralmente, empregam mais a divisão do trabalho do que as menores.[18] Descobriu-se que a divisão do trabalho tem vantagens e desvantagens (ver Tabela 16.4). Os executivos modernos e os teóricos organizacionais ainda estão lutando contra a principal desvantagem: a divisão do trabalho, com frequência, resulta em trabalhos repetitivos, tediosos, que reduzem a satisfação do trabalhador, seu envolvimento e comprometimento com a empresa.[19] Além disso, a divisão excessiva pode ser incompatível com as novas tecnologias integradas de produção automatizada que exigem equipes de funcionários altamente qualificados.[20]

No entanto, a divisão do trabalho não precisa resultar em tédio. Quando visualizada em termos de uma organização pequena, como um time de basquete, ela pode ser bem dinâmica. Um time de basquete é composto por cinco jogadores, cada um dos quais tem um papel diferente na equipe. No basquete profissional, as cinco posições são pivô, ala pivô, ala, ala armador e armador. As tarefas dos jogadores em cada posição são bastante diversas, assim os jogadores de diferentes tamanhos e habilidades podem entrar em ação a qualquer momento. Os times que ganham campeonatos, como Miami Heat e Los Angeles Lakers, utilizam a divisão do trabalho, os jogadores se especializam em atividades específicas e as executam de modo impecável. Da mesma forma, as organizações devem ter especialistas altamente treinados que conheçam muito bem seu trabalho de forma específica.

Coordenação de diferentes tarefas

As tarefas que foram divididas precisam ser devidamente coordenadas para que os potenciais de ganhos de produtividade esperados sejam atingidos com base nessa especialização.

Integração é o processo de coordenar as diferentes tarefas e funções para que seja possível alcançar as metas.

O problema da diferenciação deve ser equilibrado com a integração adequada. A **integração** é o processo de coordenar as diferentes tarefas e funções para que seja possível alcançar as metas. Três mecanismos básicos são usados para ajudar a coordenar as tarefas que foram divididas: departamentalização, amplitude de controle e hierarquia administrativa. Esses mecanismos se concentram em agrupar as tarefas de modo significativo, criar grupos de trabalho de tamanho gerenciável e estabelecer um sistema de relações hierárquicas entre supervisores e executivos. Quando as empresas se reorganizam, em geral, estão mudando a maneira como a divisão do trabalho é coordenada. Para algumas pessoas afetadas pela reorganização pode parecer que as coisas estão tão desorganizadas quanto antes. No entanto, há um propósito para os esforços de reorganização. A alta administração espera que o trabalho seja melhor coordenado com esse novo sistema.

TABELA 16.4	Vantagens e desvantagens da divisão do trabalho
VANTAGENS	**DESVANTAGENS**
Uso eficiente da força de trabalho	Rotina, trabalho repetitivo
Redução dos custos com treinamento	Redução da satisfação com o emprego
Aumento da padronização e uniformidade da produção (saída)	Diminuição do envolvimento e do comprometimento do funcionário
Aumento da especialização por meio da repetição de tarefas	Aumento da alienação do funcionário
	Possível incompatibilidade com as novas tecnologias integradas de produção automatizada

Departamentalização é a maneira pela qual as tarefas, que foram divididas, são combinadas e alocadas aos grupos de trabalho.

Na seleção feminina de basquete dos Estados Unidos, as várias tarefas necessárias para vencer os jogos são divididas entre as jogadoras, que têm diferentes habilidades, capacidades e atributos físicos. É necessário coordenar as habilidades, as competências e as diversas tarefas para que a equipe obtenha sucesso.

Departamentalização Departamentalização é a maneira pela qual as atividades que foram divididas são combinadas e atribuídas aos grupos de trabalho. É uma consequência da divisão do trabalho para que uma ação coordenada seja realizada. Visto que os funcionários envolvidos em atividades especializadas podem perder de vista os objetivos globais da organização, seu trabalho deve ser coordenado a fim de garantir que este contribua para a realização das metas da empresa.

Há muitas formas possíveis de agrupamento ou de departamentalização das tarefas. Os cinco tipos de agrupamentos mais utilizados são: por função, por processos, por produtos ou serviços, por clientes e pela localização geográfica. Os dois primeiros tipos – por funções e por processos – derivam das operações internas da organização; os demais são baseados em fatores externos. A maioria das organizações tende a usar uma combinação de métodos, e a departamentalização, muitas vezes, muda à medida que as organizações evoluem.[21]

A departamentalização por funções de trabalho é baseada nas funções de cargos tradicionais nas empresas, como marketing, produção e administração de recursos humanos (ver Figura 16.2). Nessa configuração, os funcionários reúnem-se frequentemente com aqueles que estão envolvidos nas mesmas funções; tal situação auxilia na comunicação e na cooperação. Em um grupo funcional, os empregados que realizam um trabalho semelhante podem aprender uns com os outros por meio da troca de ideias sobre oportunidades e problemas que encontram no trabalho. A Abercrombie & Fitch (A&F) é uma das cinco marcas de propriedade da A&F Corporation, com sede em Ohio. Outras marcas da empresa incluem Abercrombie ("classic cool" para pré-adolescentes), Hollister ("SoCal" para adolescentes), RUEHL 925 (marca com preços mais elevados, para aqueles que têm entre 22 e 30 anos, estudantes de pós-graduação) e Gilly Hicks (com um *lounge* temático que remete à Austrália e vende roupas íntimas para mulheres). Obviamente, as empresas da A&F estão relacionadas e, apesar da sua estratégia corporativa global ter sido projetada para tirar vantagem dessa inter-relação, ela não reflete uma *forma de organização em divisões*, a preferida pela maioria das empresas que operam várias empresas interligadas. Em vez disso, a A&F conta com uma estrutura baseada em *departamentos funcionais*, isto é, grupos responsáveis por funções específicas da empresa ou de gestão. Na A&F, todos os funcionários são alocados para executar uma das oito funções básicas do negócio, como planejamento, compras, distribuição ou para trabalhar nas lojas, e cada uma dessas funções é dirigida por um presidente. A A&F deseja que cada funcionário desenvolva habilidades altamente especializadas em uma das áreas funcionais. Além disso, esse desenho organizacional é, obviamente, mais eficaz na atividade de coordenação dentro de uma função.[22]

Embora haja uma boa comunicação e coordenação entre os membros de grupos funcionais, não existe um mecanismo automático para coordenar o fluxo de trabalho por toda a organização.[23] Em outras palavras, os funcionários de uma estrutura funcional se reúnem pouco com os colaboradores de outras partes da empresa. O resultado pode ser uma visão estreita que limita a coordenação do trabalho entre os grupos funcionais, como quando o departamento de engenharia não fornece informações sobre o produto ao departamento de marketing porque os funcionários estão muito ocupados testando os materiais para pensar a respeito das vendas. As organizações com estruturas funcionais devem confiar na gestão para manter o foco dos grupos funcionais e coordená-los.

A departamentalização por processo é similar à departamentalização por função, exceto que o foco é muito maior em trabalhos específicos, que são agrupados de acordo com

FIGURA 16.2

Departamentalização por funções e por processos

Esses dois organogramas comparam a departamentalização por função e por processos. As "funções" são as básicas de uma empresa, ao passo que os "processos" são as categorias específicas dos trabalhos que as pessoas realizam.

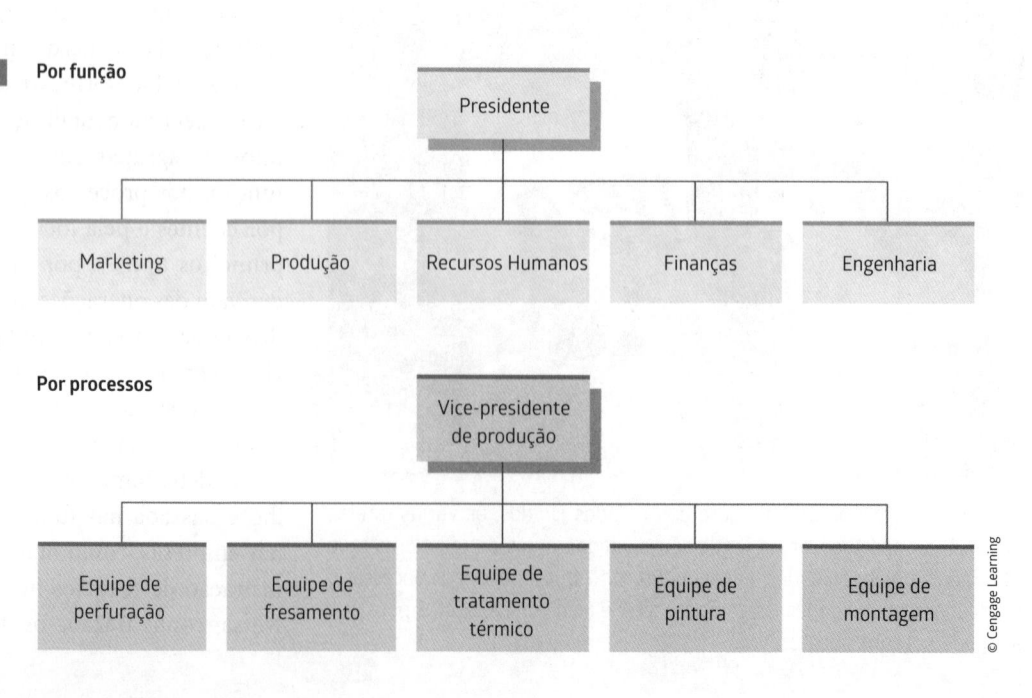

Por função

- Presidente
  - Marketing
  - Produção
  - Recursos Humanos
  - Finanças
  - Engenharia

Por processos

- Vice-presidente de produção
  - Equipe de perfuração
  - Equipe de fresamento
  - Equipe de tratamento térmico
  - Equipe de pintura
  - Equipe de montagem

© Cengage Learning

a atividade. Assim, como a Figura 16.2 ilustra, os cargos nas indústrias estão divididos em determinados processos de fabricação bem definidos: perfuração, fresamento, tratamento térmico, pintura e montagem. Os hospitais utilizam, frequentemente, o processo de departamentalização, agrupando os profissionais, como os terapeutas, de acordo com o tipo de tratamento que realizam.

Os agrupamentos por processos incentivam a especialização e o conhecimento entre os funcionários, que tendem a se concentrar em uma única operação e a compartilhar informações com os colegas de departamento. O direcionamento para realizar um processo pode evoluir para um caminho que leve a uma carreira ou a um cargo de gerência na hierarquia dentro do departamento. Por exemplo, um especialista pode se tornar um líder nessa especialidade, isto é, um supervisor de soldagem ou o *designer-chefe*. Entretanto, assim como no agrupamento por funções, pode haver o problema de visão estreita. Os funcionários agrupados por processos podem estar tão absortos em relação aos requisitos e à execução de suas atividades que ignoram aspectos mais amplos, como o fluxo total do produto.[24]

A departamentalização por produto ou serviço ocorre quando os funcionários que trabalham com um produto ou serviço específico são membros do mesmo departamento independentemente de suas funções ou do processo no qual estão envolvidos. Em 2009, a Sony Corporation iniciou um projeto de vários anos para se reorganizar por categoria de produtos. Eles começaram com a criação de dois novos grupos de produtos: o *Networked Products & Services Group* e o *New Consumer Products Group* (CPG). O *Networked Products & Services Group* incluía a Sony Computer Entertainment, os computadores pessoais, os novos produtos móveis e a *Sony Media Software and Services*. O propósito desse agrupamento era aumentar o potencial de inovação, utilizando as melhores tecnologias da empresa bem como suas plataformas de serviço. O CPG, que incluía televisão, imagem digital, áudio doméstico e as empresas de vídeo, concentrava-se no crescimento sustentado e na rentabilidade em todas as áreas, com ênfase especial nos mercados emergentes. Ao reunir as divisões dessa forma, a empresa esperava melhorar a coordenação e a integração entre produtos e serviços e, ainda, aumentar a eficiência e a rentabilidade. Continuando a reorganização, em 2012, o *Consumer Products & Services Group* foi criado para focalizar os consumidores individuais tradicionais e que utilizam os produtos em suas casas, ao passo que o *Professional & Devices Solutions Group* foi projetado para se concentrar nos negócios e clientes profissionais. Essa fase da reorganização levou os agrupamentos por produto/serviço a se ampliarem em direção a um tipo de departamentalização por cliente.[25]

A departamentalização de acordo com o produto ou serviço aumenta a interação e a comunicação entre os funcionários que produzem produtos iguais ou prestam o mesmo serviço e pode reduzir problemas de coordenação. Nesse tipo de configuração, pode haver menos especialização nos processos, porém mais especialização nas particularidades de determinado produto ou serviço. A desvantagem é que os funcionários podem se interessar tanto por produtos ou serviços específicos que perdem de vista os avanços tecnológicos e as inovações desenvolvidas em outros departamentos.

Em contraposição, a Intel se reorganizou, afastando-se da estrutura dividida por linhas de produtos, e criou cinco novas divisões orientadas para o cliente. Seu novo organograma no nível executivo é mostrado na Figura 16.3. No passado, a estrutura corporativa da Intel refletia o modelo de negócio centrado nos produtos, com os departamentos voltados para microprocessadores, equipamentos de rede, equipamentos de comunicação e serviços. Em 2005, a empresa deslocou sua atenção da tecnologia para os consumidores que a utilizam. A Intel percebeu que precisava prestar mais atenção às necessidades dos clientes para continuar crescendo. Cada um dos departamentos recém-criados concentra-se em um grupo específico de clientes, nas suas necessidades e em como usam seus computadores. A nova estrutura cria mais variedade entre os departamentos. Como cada unidade responde a determinado conjunto de compradores, um único conjunto de soluções e dispositivos é desenvolvido. Por

FIGURA 16.3

Departamentalização por cliente

A Intel modificou seu esquema de departamentalização criando cinco novos grupos de produtos. Ela espera que a nova estrutura agrupe segmentos de negócios complementares e melhore o modo como a tecnologia é utilizada.

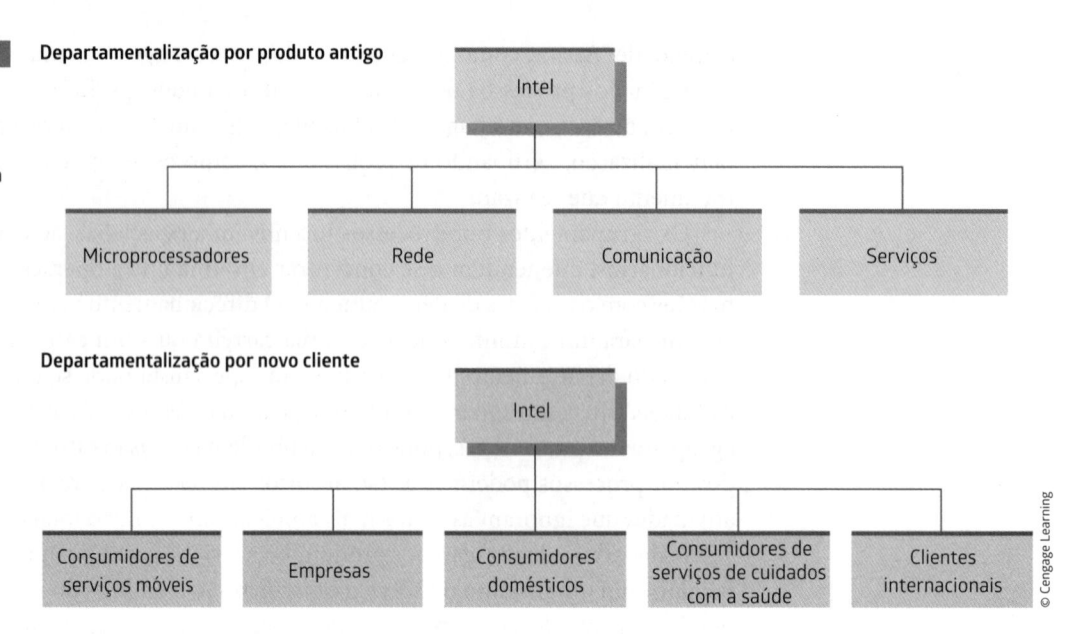

Departamentalização por produto antigo

```
                          Intel
    ┌───────────────┬───────────┬───────────┬───────────┐
Microprocessadores  Rede    Comunicação   Serviços
```

Departamentalização por novo cliente

```
                              Intel
    ┌──────────────┬──────────┬──────────────┬──────────────┬──────────────┐
Consumidores de  Empresas  Consumidores  Consumidores de   Clientes
serviços móveis            domésticos    serviços de       internacionais
                                         cuidados
                                         com a saúde
```

exemplo, o Health Group produz tecnologia para ajudar as pessoas a cuidarem melhor da saúde. Entre dezenas de produtos inovadores, um sistema fornece apoio aos indivíduos com mal de Alzheimer, estimulando-os a fazer suas refeições e exibindo instruções de cozimento detalhados para idosos com falhas de memória. Outro sistema fornece monitoramento doméstico de idosos e um sistema de alarme para chamar os cuidadores quando precisam de ajuda. Na nova estrutura, o pessoal de serviços de computação, comunicação e de equipamentos de rede estão reunidos em cada um dos departamentos. A Intel tinha a expectativa de que o novo alinhamento permitiria aos funcionários – de *designers* a funcionários da produção, até especialistas em marketing – tornarem-se especialistas em determinado tipo de cliente a fim de que fossem capazes de atender melhor às necessidades específicas dos clientes.[26]

A departamentalização por cliente é frequentemente chamada de "departamentalização por mercado". Muitas instituições de crédito no Texas, por exemplo, têm departamentos separados para varejo, comércio em geral, agricultura e empréstimos para a indústria petrolífera, semelhante ao que é mostrado na Figura 16.4. Quando grupos importantes de clientes diferem substancialmente uns dos outros, a organização com base na estrutura por tipo de cliente pode ser a maneira mais eficaz de fornecer os melhores produtos e serviços possível. É por isso que enfermeiras de hospitais, em geral, são agrupadas por tipo de enfermidades com as quais lidam; as diversas doenças exigem tratamento diferenciado e conhecimento especializado.[27] O Deutsche Bank mudou a sua estrutura organizacional de regional para uma baseada em grupos de clientes, a fim de expandir a sua presença internacional e apelar por mais investidores estrangeiros.[28]

Com a departamentalização por cliente, há menos especialização de processos porque os funcionários devem permanecer flexíveis para fazer o que for necessário a fim de fortalecer o relacionamento com os clientes. Essa configuração oferece a melhor coordenação do fluxo de trabalho sob medida para as necessidades do cliente; no entanto, pode isolar funcionários uns dos outros em suas áreas de especialização. Por exemplo, se cada um dos três especialistas em metalurgia de uma empresa for alocado em um grupo com base em mercados diferentes, é provável que esses indivíduos não tenham muitas oportunidades para discutir os últimos avanços tecnológicos na área da metalurgia.

A departamentalização por área geográfica significa que os grupos são organizados de acordo com a região do país ou do mundo. Os grupos de vendas ou de marketing, muitas

FIGURA 16.4

Departamentalização por cliente e região geográfica

A departamentalização por cliente ou região geográfica costuma ser usada nos departamentos de marketing ou de vendas para focalizar as necessidades ou a localização de clientes específicos.

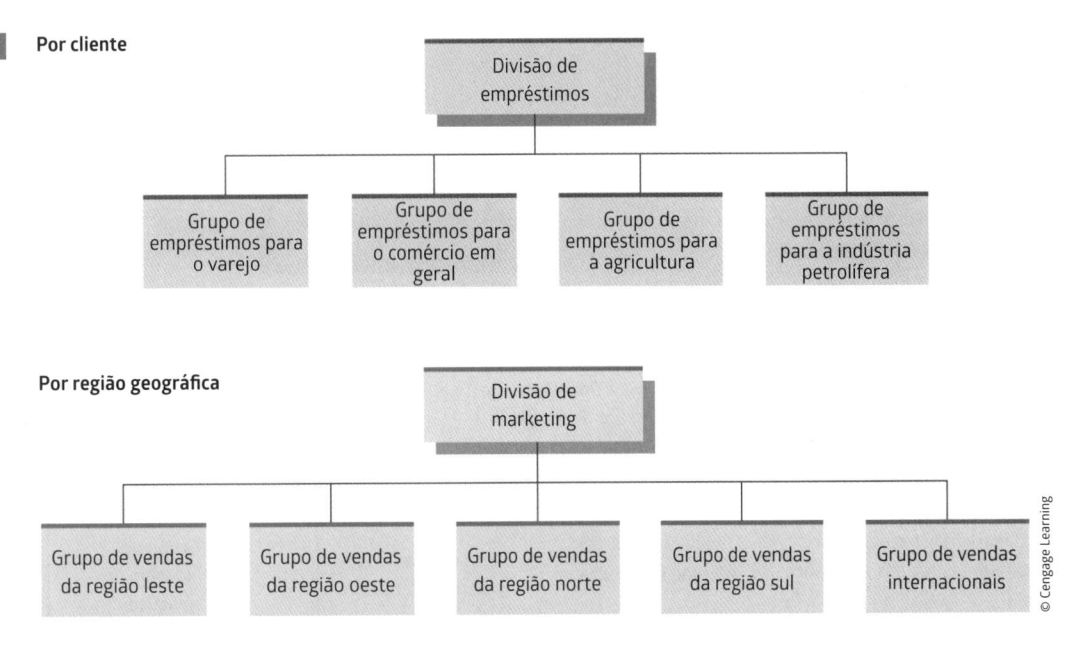

Por cliente

- Divisão de empréstimos
  - Grupo de empréstimos para o varejo
  - Grupo de empréstimos para o comércio em geral
  - Grupo de empréstimos para a agricultura
  - Grupo de empréstimos para a indústria petrolífera

Por região geográfica

- Divisão de marketing
  - Grupo de vendas da região leste
  - Grupo de vendas da região oeste
  - Grupo de vendas da região norte
  - Grupo de vendas da região sul
  - Grupo de vendas internacionais

© Cengage Learning

---

vezes, são organizados por região geográfica. Conforme a Figura 16.4 ilustra, o esforço de marketing de uma empresa multinacional de grande porte pode ser dividido de acordo com as principais divisões geográficas. Utilizar uma configuração baseada na região geográfica pode resultar em uma significativa redução de custos e em uma melhor cobertura do mercado. Contudo, pode isolar os grupos de trabalho das atividades administrativas da matriz ou da comunidade tecnológica da empresa porque o foco do grupo de trabalho estará, exclusivamente, nos assuntos pertinentes à sua região. Tal enfoque regional pode fomentar a lealdade do grupo de trabalho que ultrapassa seu compromisso para com a organização. Além disso, a comunicação relacionada com o trabalho e a coordenação entre os grupos podem ser um tanto ineficientes.

Muitas organizações grandes usam um esquema de departamentalização mista. Tais organizações podem ter divisões operacionais separadas com base em produtos, porém, no interior de cada divisão, os departamentos podem se basear em funções, processos, clientes, ou regiões geográficas (ver Figura 16.5). Determinar quais métodos funcionam melhor depende das atividades da organização, das necessidades de comunicação e dos requisitos de coordenação. Outro tipo de estrutura mista ocorre em *joint ventures* (fusões), que estão se tornando cada vez mais populares.

Amplitude de controle A segunda dimensão da configuração organizacional, a **amplitude de controle**, refere-se ao número de pessoas que estão subordinadas a um gerente; ela define o tamanho dos grupos de trabalho na organização e, às vezes, é denominada **amplitude de administração**. Um gerente que tem uma pequena amplitude de controle pode manter um controle mais de perto sobre os funcionários e ficar em contato com as operações diárias. Se a amplitude de controle for grande, um controle de perto não será possível. A Figura 16.6 mostra exemplos de pequenas e grandes amplitudes de controle. Os supervisores na parte superior da figura têm amplitude de controle igual a 16, ao passo que os da parte inferior têm amplitude de controle igual a oito.

Uma série de fórmulas e regras determinam a amplitude de controle ideal em uma organização,[29] porém as pesquisas sobre o tema não identificaram, de forma conclusiva, um método infalível.[30] Henry Mintzberg concluiu que o tamanho ideal de uma unidade, ou a amplitude de controle, depende de cinco condições:

Amplitude de controle refere-se o número de pessoas que se reportam a um executivo. Esse número define o tamanho dos grupos de trabalho na organização. A amplitude de controle também é denominada **amplitude de administração**.

FIGURA 16.5

Departamentalização mista

O esquema de departamentalização mista é usado em organizações grandes com estruturas mais complexas. A sede da empresa é organizada com base nos produtos. A departamentalização dos produtos industriais e de consumo baseia-se nas funções. O departamento de produção baseia-se nos processos. As vendas estão baseadas nos tipos de clientes. O marketing baseia-se em diferentes regiões geográficas.

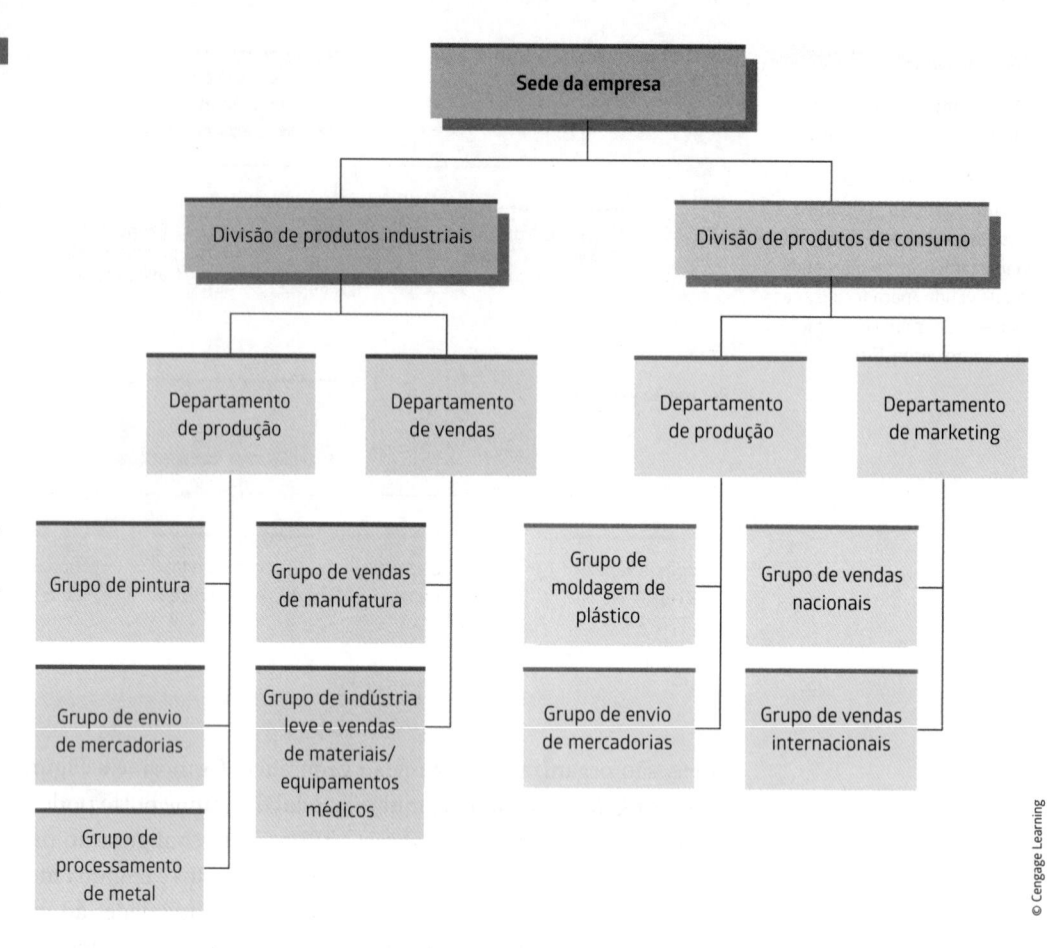

FIGURA 16.6

Amplitude de controle e níveis de hierarquia

Esses organogramas mostram como a amplitude de controle e o número de níveis na hierarquia são inversamente proporcionais. Os 32 funcionários do primeiro nível estão divididos em dois grupos de 16 no gráfico da parte superior e dividem-se em quatro grupos de oito no gráfico inferior. Qualquer um deles pode ser apropriado, dependendo da situação de trabalho.

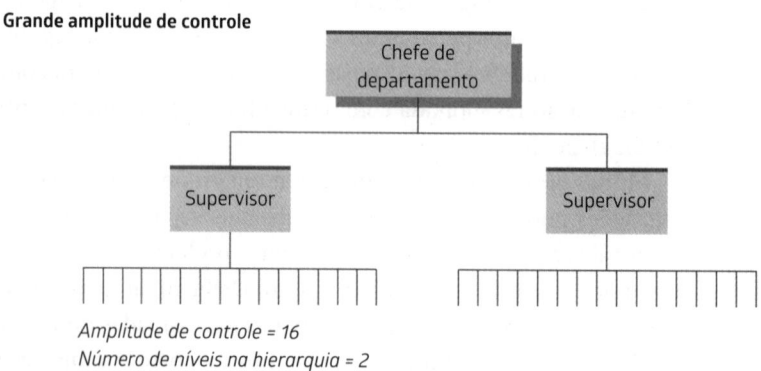

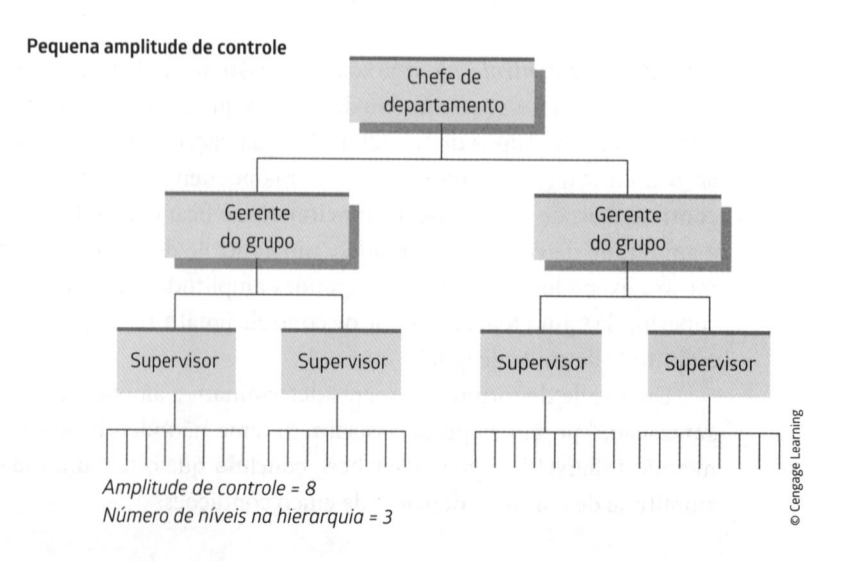

Grande amplitude de controle

Amplitude de controle = 16
Número de níveis na hierarquia = 2

Pequena amplitude de controle

Amplitude de controle = 8
Número de níveis na hierarquia = 3

1. Os requisitos de coordenação da unidade incluem fatores como o grau de especialização do trabalho
2. A semelhança das tarefas na unidade
3. O tipo de informação disponível ou necessária aos membros da unidade
4. Diferenças na necessidade de autonomia dos membros
5. Até que ponto os membros necessitam ter acesso direto ao superior[31]

Por exemplo, uma amplitude de controle igual a 16 (como mostrado na Figura 16.6) pode ser adequada para um supervisor do chão da fábrica, na qual os funcionários experientes realizam tarefas repetitivas na fabricação de produtos. Já uma amplitude de controle igual a oito ou menos (conforme mostrado na Figura 16.6) pode ser apropriada em uma agência de empregos ou nas instalações de uma empresa que produz fantasias, nas quais os funcionários fazem muitas coisas diferentes e as tarefas e problemas que surgem são novos e incomuns.[32]

> **Hierarquia administrativa** é o sistema de relacionamentos de subordinação na empresa, dos mais baixos aos mais altos níveis gerenciais.

Hierarquia administrativa A **hierarquia administrativa** é o sistema dos relacionamentos de subordinação na empresa, dos níveis mais baixos, subindo até o nível do presidente ou do diretor executivo. Como outra faceta da integração, a hierarquia administrativa resulta da necessidade de que os supervisores e executivos coordenem as atividades dos funcionários. O tamanho da hierarquia administrativa está inversamente relacionado com a amplitude de controle: as organizações com pequena amplitude de controle têm muitos gestores na hierarquia; aquelas com grande amplitude de controle têm hierarquia administrativa menor. As empresas, em geral, reorganizam suas hierarquias administrativas para fazer com que as operações se tornem mais eficientes. Em períodos econômicos difíceis, quando muitas organizações diminuem seu tamanho para reduzir custos e tentar sobreviver, elas reduzem o número de gerentes de nível médio, eliminando, assim, o número de níveis na hierarquia administrativa.

Considerando a Figura 16.6 novamente, podemos examinar os efeitos das pequenas e das grandes amplitudes de controle sobre o número de níveis hierárquicos. A menor amplitude de controle para os supervisores, na parte inferior da figura, exige quatro supervisores em vez de dois. Do mesmo modo, outro nível na hierarquia administrativa é necessário para manter a amplitude de controle do chefe do departamento igual a dois. Assim, quando a amplitude de controle é pequena, os funcionários estão sob supervisão mais rigorosa e há mais níveis na hierarquia administrativa. Quando a amplitude de controle é grande, como na parte superior da figura, os funcionários da produção não estão sendo supervisionados de perto e há menos níveis na hierarquia administrativa. Uma vez que a amplitude de controle avalia o número de gestores, ou administradores na organização, a hierarquia administrativa é chamada de "componente administrativo", "intensidade administrativa" ou "proporção administrativa".

O tamanho da hierarquia administrativa também se relaciona com o tamanho total da organização. À medida que o tamanho de uma organização aumenta, também aumenta sua complexidade, diferenciação e os requisitos para a integração; assim, proporcionalmente, mais pessoas são necessárias para a gestão da empresa. Essa conclusão define o componente administrativo, incluindo toda a hierarquia administrativa, isto é, todos os grupos de funcionários de apoio, como o pessoal e os serviços financeiros, a equipe do departamento jurídico, entre outros. Definido dessa maneira, o componente administrativo em uma empresa de grande porte pode parecer enorme se comparado com o número de funcionários da produção. No entanto, de acordo com pesquisas que separam o pessoal de apoio e os indivíduos que têm funções administrativas dos níveis hierárquicos gerenciais, a razão entre os gestores e o total de funcionários, na verdade, diminui com o aumento do tamanho da organização. Outra pesquisa mais recente mostra que o tamanho da hierarquia administrativa e o tamanho total da organização não estão relacionados de maneira simples, especialmente durante períodos de crescimento e de recessão.[33]

O movimento popular de *downsizing* (redução de tamanho) tem sido parte de uma reação à complexidade que acompanha o aumento do tamanho da organização. Grande parte da literatura sobre *downsizing* indica que esse fenômeno, com frequência, resulta em menores custos, menos burocracia, rapidez na tomada de decisão, comunicação sem obstáculos e aumento na produtividade.[34] Essas expectativas decorrem do esforço para reduzir a hierarquia administrativa, eliminando o nível médio de gerentes. Infelizmente, quando o *downsizing* é realizado de forma indiscriminada – sem considerar o trabalho que as pessoas realmente fazem, as necessidades de coordenação da organização e o treinamento adicional que pode ser necessário para os "sobreviventes" –, resulta em comunicação truncada, redução da produtividade e diminuição do moral dos funcionários.[35] Assim, há vantagens e desvantagens no custo/benefício do *downsizing*.

O impacto do *downsizing* no desempenho organizacional pode não ser tão simples como os primeiros estudos sugeriram, e isso depende da natureza e das condições econômicas na indústria. Um estudo recente sobre empresas de manufatura em várias indústrias observou os efeitos negativos do *downsizing* no desempenho das empresas em todos os setores; porém foi demonstrado que esses efeitos são mais pronunciados nas indústrias que envolvem intensa pesquisa e desenvolvimento (produtos farmacêuticos, biotecnologia e componentes eletrônicos), bem como nas indústrias de crescimento rápido, em que o mercado está em expansão.[36] A diminuição de capital humano em indústrias nas quais os conhecimentos são intensamente necessários e nas indústrias de crescimento rápido resulta não só na perda de produtividade potencial daqueles que saem das empresas, mas também no baixo moral, no menor comprometimento e, consequentemente, no pior desempenho dos sobreviventes. Em tempos econômicos difíceis, como observado nos últimos anos, as empresas podem reduzir a força de trabalho para manter os negócios, mas devem reconhecer que essas reduções podem ter outras implicações para o desempenho no longo prazo.

ESTRUTURA E OPERAÇÕES

Alguns aspectos importantes da estrutura organizacional não aparecem no organograma, assim, são bastante diferentes dos aspectos da configuração discutida na seção anterior. Nesta seção, examinaremos as políticas estruturais que afetam as operações e prescrevem ou restringem como os funcionários devem se comportar em suas atividades na organização.[37] Os dois principais aspectos dessas políticas são a centralização na tomada de decisão e a formalização de regras e procedimentos.

Centralização

> Centralização é um procedimento estrutural na qual a autoridade para a tomada de decisão está concentrada no topo da hierarquia organizacional.
>
> Descentralização é um procedimento estrutural em que as decisões são tomadas em todos os níveis da hierarquia.

O primeiro procedimento estrutural que afeta as operações é a **centralização**, na qual o poder de decisão está concentrado no topo da hierarquia organizacional. No extremo oposto desse *continuum* está a **descentralização**, situação em que as decisões são tomadas em todos os níveis da hierarquia.[38] Cada vez mais, a descentralização está sendo discutida em termos de participação na tomada de decisões.[39] Em organizações descentralizadas, os funcionários de níveis hierárquicos inferiores participam da tomada de decisão. As mudanças que Jack Smith realizou em 1993 e em 1996, na General Motors, tinham o objetivo de descentralizar a tomada de decisão na empresa. Smith desmantelou a velha estrutura baseada em divisões, criou a unidade única chamada "operações norte-americanas" (North American Operations) e acabou com um emaranhado de comitês de gestão que tornavam a tomada de decisão mais lenta. Os gestores, por isso, foram estimulados a tomar decisões sobre novos projetos e preços, o que costumava levar semanas para circular pela estrutura de comitês até chegar ao topo da hierarquia.[40] Após a declaração de falência e do empréstimo por parte do

Este organograma mostra o presidente/diretor executivo reportando-se ao Conselho de Administração, indicando que o diretor executivo é responsável perante o Conselho por tudo o que acontece na organização. A responsabilidade acaba aqui? A quem o Conselho Administrativo deve responder? Certamente, o presidente/diretor executivo tem bastante autoridade, com base em seu cargo, porém o organograma não revela muito sobre essa autoridade nem como ela é usada ou delegada.

governo, o atual presidente executivo, Dan Akerson, planejou eliminar as quatro divisões regionais (América do Norte, América do Sul, Europa e Operações Internacionais), retornando para uma organização mais funcional, com supervisores gerais de manufatura, compras e marketing.[41]

A tomada de decisão nas organizações é mais complexa do que indica a simples classificação centralizada/descentralizada. No Capítulo 8, discutimos a tomada de decisão de forma mais aprofundada. Uma das principais distinções que fizemos naquele capítulo foi que algumas decisões são rotineiras e exigem apenas a aplicação de uma regra para a decisão. Essas são decisões programadas, ao passo que as que estão fora da rotina recebem a denominação de não programadas. As regras de decisão para as decisões programadas são formalizadas em uma organização. Essa diferença entre as decisões programadas e as não programadas tende a obscurecer a distinção entre centralização e descentralização. Mesmo que a tomada de decisão seja descentralizada, as próprias decisões podem ser programadas e ficar bastante circunscritas.

Se há pouca participação dos empregados na tomada de decisão, então, ela é centralizada, independentemente da natureza das decisões. No outro extremo, se os indivíduos ou grupos participam de modo extensivo na tomada de decisão não programada, a estrutura pode ser descrita como descentralizada. Se os indivíduos ou grupos participam de modo extensivo, mas tomam decisões programadas na maioria dez vezes, a estrutura é chamada "descentralização formalizada". A descentralização formalizada é um modo comum de proporcionar o envolvimento dos funcionários na tomada de decisão em muitos níveis diferentes na organização, ao mesmo tempo em que o controle e a previsibilidade são mantidos.

Gestão participativa é um processo de gestão total no qual as pessoas, em toda a organização, estão envolvidas na tomada de decisões diárias e na gestão da empresa.

A **gestão participativa** é um processo de gestão total no qual as pessoas, em toda a organização, estão envolvidas na tomada de decisões diárias e na gestão da empresa. Esse tipo de gestão baseia-se nos aspectos motivacionais de envolvimento dos funcionários, conforme discutido no Capítulo 5, que abordou a motivação. Como parte da cultura organizacional, a gestão participativa pode contribuir significativamente para o sucesso de uma organização no longo prazo.[42] Esse tipo de gestão foi descrito como eficaz e, na verdade, como algo moralmente necessário nas organizações. Assim, para muitas pessoas, a participação na tomada de decisões tornou-se mais do que um simples aspecto da estrutura organizacional. É necessário ter cautela, no entanto, porque se os gestores de nível médio têm que tomar decisões eficazes, conforme a gestão participativa requer, precisam ter informações suficientes.[43] Um dos benefícios mais elogiados da "era da informação" seria o de que todos os funcionários teriam mais informações, dessa forma, seriam capazes de participar mais das decisões que afetam seu trabalho, criando, assim, organizações mais descentralizadas. Todavia, algumas pessoas têm sugerido que toda essa nova informação nas organizações tem surtido o efeito contrário, uma vez que permite aos gestores do alto escalão obter mais informações sobre as operações da empresa e manter o poder de tomar decisões para si, criando, desse modo, organizações mais centralizadas.[44]

Formalização é o quanto as regras e os procedimentos determinam trabalhos e atividades realizados pelos funcionários.

Formalização é o quanto as regras e os procedimentos determinam trabalhos e atividades realizados pelos funcionários. O objetivo da formalização é prever e controlar a forma como os funcionários se comportam no trabalho.[45] As regras e os procedimentos podem ser tanto explícitos quanto implícitos. As regras explícitas são estabelecidas nas descrições de cargos, nas políticas da empresa e nos manuais de procedimentos ou em memorandos. As regras implícitas se desenvolvem à medida que os funcionários se acostumam a fazer as coisas de determinado modo, ao longo de um período de tempo.[46] Apesar de não serem escritas, o modo estabelecido de fazer as coisas torna-se um procedimento operacional padrão e tem o mesmo efeito sobre o comportamento do funcionário que as regras escritas.

É possível avaliar a formalização nas organizações ao verificar a proporção de funcionários que são regidos pelas regras e pelos procedimentos, e até que ponto essas regras permitem alguma variação. As organizações nas quais há mais formalização têm maior proporção de postos de trabalho ligados a regras e menor tolerância a violações dessas regras.[47] O aumento da formalização pode causar impacto na estrutura de cargos da organização,[48] bem como afetar a motivação dos funcionários[49] e as interações entre os grupos de trabalho.[50] Entretanto, os efeitos específicos da formalização sobre os funcionários ainda não são claros.[51]

As organizações tendem a acrescentar mais regras e procedimentos conforme aumenta a necessidade de controle das operações. Algumas organizações tornaram-se tão permeadas pela formalização que têm regras de como estabelecer novas regras! Uma universidade criou esse tipo de regra sob a forma de um documento de três páginas, intitulado "Procedimentos para a Adoção de Regras", que foi acrescentado ao *Manual de Normas e Procedimentos* de 10 cm de espessura. A nova política define, primeiramente, termos como "universidade", "conselho de administração" e "regra", e enumera 10 exceções que descrevem quando a política sobre a adoção de novas regras não se aplica. Em seguida, um processo de nove passos é apresentado para a adoção de uma nova regra dentro da universidade.

Outras organizações estão tentando diminuir o grau de formalização, reduzindo o número de regras e procedimentos que os funcionários devem seguir. Ao se esforçar nesse sentido, a Chevron reduziu o número de normas e procedimentos de mais de 400 para 18. Os procedimentos extremamente detalhados para a contratação foram eliminados a fim de permitir aos gestores tomar decisões sobre contratações com base no senso comum.[52]

Há uma abordagem para a formalização organizacional que tenta descrever como, quando e por que os bons gestores devem ser flexíveis a respeito de uma regra ou quebrá-la.[53] Embora as regras existam de alguma forma em quase todas as organizações, a extensão em que elas são aplicadas varia de modo significativo de uma organização para outra e até no interior de uma mesma organização. Alguns gestores argumentam que "regra é regra" e que todas as regras devem ser aplicadas para controlar os comportamentos dos funcionários e evitar o caos na organização. Outros gestores agem como se "todas as regras tivessem sido feitas para serem quebradas" e as veem como pedras no caminho para uma ação efetiva. Nenhum desses pontos de vista é o melhor para uma organização; em vez disso, recomenda-se uma abordagem mais equilibrada.

Um teste para um bom gerente em uma empresa com maior grau de formalização pode ser a adequação com que ele usa o julgamento apropriado ao estabelecer exceções às regras. Uma abordagem equilibrada ao se fazer exceções às regras deve considerar duas coisas. Primeiro, essa abordagem deve reconhecer que os indivíduos são únicos, e a organização pode beneficiar-se ao estabelecer exceções que capitalizem suas competências excepcionais. Por exemplo, suponha que o departamento de engenharia de *design* (projeto), que tem uma regra que estabelece igualdade de acesso a ferramentas e equipamentos, adquire uma quantidade limitada de equipamentos especializados, como novos computadores com *software* de ponta. O gerente do departamento decide fazer uma exceção à regra de igualdade de acesso: atribui os computadores para os *designers*, pois acredita que assim os equipamentos serão utilizados ao máximo e com os melhores resultados do que se fossem disponibilizados para todos. Segundo, uma abordagem equilibrada deve também reconhecer os pontos em comum que existem entre os funcionários. As exceções às regras devem ocorrer apenas quando há diferença real e significativa entre os indivíduos, e não com base em características como raça, sexo, aparência ou fatores sociais.

SERVIÇO: Estruturas centradas no cliente

Os primeiros autores sobre teoria da organização gastaram um tempo considerável e esforçaram-se para focalizar a fronteira que separava a organização do ambiente ao redor. Em sua forma mais simplificada, o conceito que tinham era de que os gestores do alto escalão administravam os limites entre os ambientes externo e interno. As responsabilidades desses gestores incluíam perceber tudo o que acontecia no ambiente externo à organização, considerando as implicações do mundo fora da empresa, em relação ao que ocorria no centro de produção, e definir uma orientação estratégica para a organização com base naquilo que viram. Enquanto isso, o núcleo de produção ou os verdadeiros responsáveis por produzir o que quer que a organização tivesse de produzir estariam dentro dos limites dessa fronteira, protegidos dos impactos das forças externas pelos gestores de nível médio. Esses gestores, por sua vez, eram responsáveis por traduzir o que os executivos do alto escalão tinham concluído em sua pesquisa sobre o que estava mudando, fora dos limites da organização, em políticas e procedimentos formalizados, os quais permitiriam que o núcleo operacional pudesse se adaptar às mudanças sem grandes perturbações. Em outras palavras, os executivos do alto escalão formulavam a orientação estratégica da organização com base em suas atividades além dos limites das fronteiras da empresa, ao passo que os executivos de nível médio traduziam essa estratégia em planos operacionais que pudessem, de forma ideal, combinar as competências e os recursos existentes no núcleo operacional com a necessidade de se adaptar a quaisquer que fossem as variações observadas pela alta administração no ambiente externo. Nesse meio tempo, o núcleo operacional protegido poderia continuar com seus procedimentos padronizados para a produção de geladeiras, roupas, móveis, pneus ou foguetes espaciais com o mínimo de interrupções de qualquer força externa.

O setor de serviços transforma esse modelo de organização. Imagine um atendente de loja de varejo, um assistente de reservas de hotel, um funcionário de restaurante ou um guia para os passeios em um parque de diversões. Esses funcionários não são apenas o núcleo operacional da empresa de serviços que produz as experiências do cliente; eles também são as pessoas que estão nos limites da organização, interagindo com o ambiente externo por meio do contato constante com os clientes. São esses funcionários que ficam sabendo, por meio do contato com os clientes, quais são os problemas em relação aos serviços da empresa, o que a concorrência oferece e os clientes preferem bem como quais são as mudanças que estão ocorrendo nas atitudes do cliente, em suas preferências, capacidades e expectativas. Toda vez que eles prestam um serviço para um cliente, estão em contato com o ambiente externo, desempenhando o papel de exploração além das fronteiras da empresa, o que tradicionalmente era realizado pelos executivos do alto escalão. Com efeito, em organizações centradas no cliente, o núcleo operacional fica sabendo, antes da alta administração, aquilo que está acontecendo no ambiente externo.

A importância da transformação de um núcleo de produção que está protegido contra as intromissões externas para um núcleo de produção diretamente envolvido nas interações com o ambiente externo é profunda. Hoje, a divisão de trabalho em uma empresa de serviços inclui a atribuição de responsabilidade a todos os funcionários do atendimento ao cliente para que seja possível descobrir o que os clientes estão pensando, suas opiniões e preocupações. É responsabilidade de todos ouvir e relatar o que está na mente do cliente, não apenas ouvir o que vem do departamento de pesquisa de mercado ou dos gestores do alto escalão que conversam com especialistas em mercados. Os departamentos precisam ser estabelecidos de forma a coletar e analisar as informações obtidas dos clientes. O mais interessante é que a autoridade tem de ser atribuída ao funcionário em contato com o cliente para garantir que os problemas dos clientes sejam resolvidos imediatamente, em vez de esperar até que o problema seja descoberto pelos executivos do alto escalão por meio de um *site* de críticas ou de um *post* com opiniões negativas em um *blog* de cliente. Uma vez que é tão fundamental que se corrija o que não está certo enquanto o cliente ainda está envolvido na coprodução de uma experiência de serviço, deve-se dar poder de decisão aos funcionários a fim de que possam corrigir uma falha no serviço, de forma rápida e justa, no local e no momento em que ela ocorre. Nas empresas de serviços, uma maneira de testar se um gestor é bom é verificar o quão bem ele prepara os funcionários para tomar decisões corretas quando os clientes pedem ajuda, enfrentam um problema ou precisam de alguma adaptação a mais.

As organizações também precisam projetar fluxos de informação que sejam tão eficientes no envio de informações à cadeia de comando quanto no envio de informações aos níveis hierárquicos mais baixos. Por não serem mais os principais exploradores das fronteiras entre a organização e o ambiente externo, os executivos do alto escalão devem capacitar o funcionário que está em contato com o cliente para que obtenha dele informações oportunas e úteis e as comunique aos níveis superiores na cadeia de comando, os quais são responsáveis por interpretar essas informações e dar-lhes direção estratégica. Os gerentes de nível médio tornam-se responsáveis pela coleta e organização das informações que vêm dos níveis inferiores, em vez de apenas traduzir as decisões da alta administração e a direção estratégica em políticas e procedimentos operacionais. As empresas de serviços sabem que não há ninguém melhor a quem perguntar sobre o ambiente competitivo no qual a organização está inserida do que àqueles que prestam serviços, conversam com os clientes e os observam todos os dias.

Questão para discussão: considerando a importância dos funcionários de atendimento ao cliente na descoberta do que está acontecendo a respeito das mudanças no ambiente externo, ao interagir com os clientes, avalie quais partes da teoria clássica sobre a organização – se houver alguma – discutidas neste capítulo são passíveis de revisão teórica. Que revisões teóricas você faria?

RESPONSABILIDADE E AUTORIDADE

A responsabilidade e a autoridade estão relacionadas tanto com os aspectos da configuração quanto com os aspectos operacionais da estrutura organizacional. Por exemplo, o organograma mostra quem se reporta a quem em todos os níveis da organização. Do ponto de vista operacional, o grau de centralização define os lócus da autoridade para a tomada de decisões na organização. No entanto, muitas vezes, há certa confusão sobre o que a responsabilidade e a autoridade significam para os gestores e como os dois termos estão relacionados entre si.

Responsabilidade

> **Responsabilidade** é a obrigação de fazer alguma coisa com a expectativa de que algum ato ou solução resulte dessa ação.

Responsabilidade é a obrigação de fazer alguma coisa com a expectativa de que algum ato ou solução resulte dessa ação. Por exemplo, um gerente espera que um funcionário elabore e apresente uma proposta para um novo programa e a entregue em determinada data; portanto, o funcionário é responsável pela elaboração da proposta. Em última análise, a responsabilidade deriva da propriedade sobre a organização. Os proprietários contratam ou nomeiam um grupo, muitas vezes, um conselho de administração, que será responsável pela gestão da empresa, pela tomada de decisões e pelo alcance das metas estabelecidas. Então, uma cadeia descendente de responsabilidade é estabelecida. O conselho administrativo contrata um diretor executivo ou presidente para ser responsável por administrar a organização. Esse gestor contrata mais pessoas e as torna responsáveis por realizar as tarefas que lhes são delegadas, o que lhes permite alcançar os resultados esperados pelo conselho de administração e pelos proprietários. Jack Welch tornou-se famoso pela forma como administrou a GE por 20 anos. Ao longo desses anos, ele contratou muitos gestores e atribuiu-lhes a responsabilidade de administrar várias divisões da empresa. Entretanto, no final, Jack Welch era responsável por todas as atividades da organização.

A cadeia estende-se por toda a organização porque cada gestor tem uma obrigação a cumprir: empregar adequadamente os recursos organizacionais (as pessoas, o capital e os equipamentos) para atender às expectativas dos proprietários. Embora os gestores possam atribuir a responsabilidade a outros e esperar que eles atinjam os resultados, cada gerente ainda é considerado responsável pelos resultados daqueles a quem ele delega as tarefas.

Um gerente responsável por um grupo de trabalho atribui as tarefas aos membros desse grupo. Cada membro do grupo é, então, responsável por desempenhar sua tarefa, ainda assim, o gerente continua a ser responsável pelas tarefas e pelo trabalho do grupo. Isso significa que os gestores podem assumir a responsabilidade dos outros, porém não podem jogar a própria responsabilidade sobre os que estão abaixo deles na hierarquia.

Autoridade

> **Autoridade** é o poder legitimado em um contexto social específico.

Autoridade é o poder legitimado em um contexto social específico.[54] (Abordamos o poder no Capítulo 14). Somente quando o poder faz parte de um papel oficial desempenhado na

Jack Welch, ex-presidente e diretor executivo da General Electric, contratou e demitiu muitos funcionários e reformulou os negócios da empresa e sua estrutura. Durante sua gestão na GE, o valor dela subiu 4.000%, o que a tornou a empresa mais valiosa do mundo. Em 2006, o patrimônio líquido de Welch foi estimado em US$ 720 milhões.

organização é que ele se torna autoridade. A autoridade inclui o direito legítimo de utilizar os recursos para alcançar os resultados esperados. Conforme discutimos na seção anterior, a autoridade para tomar decisões pode estar restrita aos níveis hierárquicos superiores da empresa ou dispersa por toda a organização.

Uma forma cada vez mais importante de exercer autoridade é aquela usada para impor princípios de conduta ética em uma organização. Para saber como uma organização conhecida lida com a autoridade, ver o box Ética, intitulado "Um painel sobre seus colegas".

Assim como a responsabilidade, a autoridade origina-se da propriedade de uma organização. Os proprietários estabelecem um grupo de diretores que têm autoridade para utilizar determinados recursos e são responsáveis pela gestão dos negócios. Os diretores, por sua vez, autorizam pessoas a tomarem decisões e a utilizarem recursos organizacionais. Desse modo, delegam autoridade ou poder para os outros em um contexto social.

A autoridade está associada à responsabilidade porque um gerente responsável por atingir certos resultados deve ter a autoridade para usar os recursos a fim de alcançá-los.[55] A relação entre responsabilidade e autoridade deve ser de equiparação, ou seja, a autoridade sobre os recursos deve ser suficiente para permitir que o gestor atenda às expectativas dos outros a respeito dos resultados.

No entanto, a autoridade e a responsabilidade diferem de maneira significativa. A responsabilidade não pode ser delegada para outros que estão nos níveis inferiores na hierarquia organizacional (conforme discutido na seção anterior), mas a autoridade pode. Uma queixa frequente é que eles têm muita responsabilidade, porém não têm autoridade suficiente para executar o trabalho. Isso indica falta de paridade entre responsabilidade e autoridade. Os gestores, em geral, estão dispostos a fazer com que os indivíduos sejam responsáveis por tarefas específicas, mas relutam em delegar autoridade suficiente para que realizem o trabalho. Com efeito, os gerentes tentam se livrar da responsabilidade pelos resultados (o que eles não podem fazer), mas raramente gostam de abrir mão da tão estimada autoridade sobre os recursos.

Delegar é a ação de transferir a outras pessoas a autoridade para tomar decisões e utilizar os recursos organizacionais. Atualmente, delegar autoridade a gerentes de níveis mais baixos para que possam tomar decisões é algo comum nas organizações. O importante é dar autoridade a esses gerentes para que levem a cabo as decisões que tomam. Em geral, os gerentes enfrentam dificuldades para delegar tarefas com sucesso. No Exercício de Autoavaliação, no final deste capítulo, você terá a oportunidade de praticar um pouco a ação de delegar.

> **Delegar** é a ação de transferir a outras pessoas a autoridade para tomar decisões e utilizar os recursos organizacionais.

Um ponto de vista alternativo sobre autoridade

Até agora, descrevemos a autoridade como uma função de cima para baixo, ou seja, a autoridade tem origem na parte superior da hierarquia e é delegada para os níveis abaixo, conforme os executivos do alto escalão considerem adequado. Na perspectiva da alternativa de Chester Barnard, a autoridade tem origem no indivíduo, que pode escolher se quer ou não seguir uma diretiva que venha do nível superior. A escolha entre cumprir ou não a ordem baseia-se no grau de entendimento do indivíduo, no seu sentimento de ser capaz de realizar

ÉTICA — Um painel de seus colegas

Kathleen Edmond é diretora de ética na Best Buy, maior varejista de eletrônicos do mundo. Com experiência profissional anterior na área jurídica, Edmond foi pela primeira vez à Best Buy em 2002, quando se tornou membro de um escritório de ética recém-criado, cujo propósito era ajudar os executivos a lidar com as leis destinadas a regulamentar o seu comportamento. O cargo despertou o interesse de Edmond em aspectos mais abrangentes da cultura ética nos negócios, e ela permaneceu na empresa a fim de estabelecer um departamento de ética que trabalharia para incentivar funcionários de todos os níveis a pensar sobre questões e atividades relacionadas à ética.

Em janeiro de 2009, Edmond postou o seguinte exercício (o qual editamos) em seu *site* www.kathleenedmond.com:

> Em 2008, um supervisor da Best Buy (gerente do departamento responsável por verificar se os padrões de *merchandising* e de fixação de preços são cumpridos) disse a um subordinado direto para colocar uma etiqueta de "item aberto" em um produto sem danos e que não havia sido utilizado. A etiqueta indicaria que o produto, posteriormente, poderia ter seu preço remarcado para uma promoção. O supervisor explicou que estava pensando em comprar o produto, mas ainda não tinha certeza, e instruiu o funcionário a colocar a etiqueta de "item aberto", com um valor abaixo do preço normal, até que ele se decidisse. O supervisor não comprou esse item em particular, no entanto, comprou outros produtos remarcados, com preços reduzidos entre 55% e 65%. Acontece que o funcionário a quem tinha sido solicitado colocar a etiqueta no novo produto foi quem registrou a compra. Ele relatou que, quando outro gerente foi chamado até o caixa para autorizar os descontos, obteve a confirmação do supervisor de que o gerente de processamento de produtos da loja (um gerente de nível superior responsável pelo *merchandising*, pelo inventário e pela prevenção de perdas de produtos) sabia da transação. Quando questionado sobre as compras, o supervisor confirmou que ele tinha falado sobre isso com o gerente de processamento de produtos. Este disse que o supervisor, de fato, tinha manifestado interesse em comprar alguns produtos, porém sem ter lhe fornecido detalhes sobre quais seriam os produtos ou sobre a fixação dos preços.

No final dessa síntese, Edmond fez as seguintes perguntas aos funcionários da Best Buy:

- Quais deslizes éticos vocês observam na história?
- Quais das ações do supervisor foram mais chocantes para vocês e por quê?
- Existem procedimentos que poderiam impedir que isso acontecesse em sua loja?

Seguindo o procedimento estabelecido, Edmond encaminhou a controvérsia, a pedido do supervisor, a um painel de análise, que examinou as declarações de todos os funcionários envolvidos, bem como a política da empresa sobre conduta inapropriada. Após a decisão ter sido tomada, Edmond postou um resumo da decisão:

1. O desconto aplicado não foi consistente com preços de outros itens cujas caixas estavam abertas.
2. Ao que parece, o preço de compra dos produtos adquiridos pelo supervisor tinha como base o fato de que o supervisor os estava comprando, em vez de ter como base as condições dos próprios produtos.
3. A diretoria não estava envolvida nas decisões sobre preços.
4. Foram consideradas as instruções ao subordinado para ocultar o preço dos produtos.

Então, qual é a sua opinião? Tendo em conta os fatores considerados pelo painel de análise, que medidas a empresa deveria ter tomado?*

Referências: Ethics and Compliance Officer Association, "Kathleen Edmond, Chief Ethics Officer, Best Buy", Board of Directors, 2012, www.theecoa.org, 7 ago. 2012; Best Buy Inc., *Code of Business Ethics*, 2005, http://media.corporate-ir.net, 7 ago. 2012; Kathleen Edmond, "Supervisor Takes Massive Discounts", Kathleen Edmond, Best Buy's Chief Ethics Officer, 13 jan. 2009, www.kathleenedmond.com, 7 ago. 2012.

*A fim de não prolongar mais o suspense, informamos que o supervisor foi demitido. Em virtude do interesse que temos na divulgação completa de informações, confessamos que tivemos de reformular um pouco a história: originalmente, a decisão de demitir o supervisor foi tomada por seus superiores, e seu pedido de audiência perante o painel de análise por pares foi feito, na verdade, por meio de uma apelação para que a decisão fosse reconsiderada.

De acordo com a **teoria da aceitação da autoridade**, a autoridade do gerente depende de o subordinado aceitar o direito que permite ao superior dar-lhe uma ordem e esperar que ela seja cumprida.

a tarefa, na sua crença de que a tarefa satisfaz os interesses da organização e de que ela é consistente com seus valores pessoais. Essa perspectiva tem sido chamada de **teoria da aceitação da autoridade**, pois significa que a autoridade do gerente depende de o subordinado aceitar o direito que permite ao gerente dar-lhe uma ordem e esperar que ela seja cumprida.

Por exemplo, suponha que você é um analista de marketing e sua empresa tem uma equipe de pintura no departamento de manutenção. Por alguma razão, o seu gerente lhe disse para pintar novamente o próprio escritório no fim de semana. Você, provavelmente, questionaria a autoridade do seu gerente para fazê-lo executar esse trabalho. Na verdade, você se recusaria a fazê-lo. Se você recebesse uma solicitação semelhante para trabalhar no fim de semana a fim de terminar um relatório, você estaria mais propenso a aceitar o pedido e realizar a tarefa. Assim, ao aceitar ou rejeitar as diretrizes de um superior, os funcionários podem limitar ou aumentar a autoridade de supervisão. Na maioria das situações organizacionais, os funcionários aceitam o direito do gerente de esperar o cumprimento das obrigações normais e razoáveis por causa da posição legítima do superior na hierarquia organizacional ou no contexto social da organização. Eles optam por desobedecer a uma norma e têm de arcar com as consequências caso não aceitem o direito do gerente. É importante notar que a amplitude da autoridade de um gerente pode diferir significativamente entre as culturas. Em algumas culturas, espera-se que os funcionários sigam as ordens do superior sem questioná-las, independentemente de a ordem ser adequada ou inadequada. Em outras culturas, espera-se que os funcionários questionem várias ordens dos gestores, caso acreditem que o questionamento atenda aos melhores interesses da organização. Assim, funcionários e gestores que se deslocam para trabalhar em uma cultura diferente da sua precisam estar atentos a como a autoridade e a responsabilidade são vistas.

RESUMO

A estrutura organizacional é o sistema de tarefas, relatórios e relações de autoridade no âmbito do qual a organização realiza suas atividades. O objetivo dessa estrutura é organizar e coordenar as ações dos funcionários para atingir as metas organizacionais. Todas as estruturas organizacionais abordam duas questões fundamentais: a divisão do trabalho disponível de acordo com as tarefas a serem executadas e a combinação e coordenação das tarefas divididas para garantir que elas sejam realizadas.

A burocracia ideal de Weber, os princípios de Fayol e a organização humana de Likert, abordam muitas das principais características da estrutura organizacional. No que se refere à forma burocrática de administração da teoria de Weber, a intenção era garantir a estabilidade, o controle e os resultados previsíveis. Regras e procedimentos, divisão do trabalho, hierarquização da autoridade, competência técnica, separação da propriedade, direitos e deveres do cargo e sua diferenciação do indivíduo (impessoalidade) e formalização caracterizam a burocracia ideal.

Os princípios clássicos de Fayol incluíam, entre outros, departamentalização, unidade de comando e unidade de direção; eles chegaram a ser amplamente aceitos como meios de organizar uma empresa. Tomados em conjunto, os 14 princípios forneceram a base para o organograma moderno e a coordenação do trabalho.

A organização humana de Likert baseia-se nos princípios de relações de apoio, na participação dos funcionários e em grupos de trabalho que se sobrepõem. Likert descreveu a organização humana em termos de oito variáveis, com base no pressuposto de que as pessoas trabalham melhor em grupos de trabalho que lhes forneçam muito apoio, sejam bastante coesos e orientados para alcançar os objetivos da organização.

Um organograma apresenta as relações de subordinação, os membros dos grupos de trabalho, os departamentos e os canais formais de comunicação. Em um sentido mais amplo, um organograma mostra a configuração, ou o formato da organização. Essa configuração tem quatro dimensões: divisão do trabalho, departamentalização, amplitude de controle e hierarquia administrativa. A divisão do trabalho é a separação do trabalho em diferentes tarefas a serem executadas por diversas pessoas. A departamentalização é a maneira pela qual as tarefas são divididas, combinadas e distribuídas nos grupos de trabalho para serem coordenadas. As tarefas podem ser combinadas em departamentos, com base em funções na empresa, processos, produtos, clientes e regiões geográficas. A amplitude de controle é o número de pessoas que se reportam a um gerente; também define o tamanho dos grupos de trabalho e está inversamente relacionada com o número de níveis hierárquicos da organização. A hierarquia administrativa é o processo de relações de subordinação em uma organização.

As políticas estruturais prescrevem como os funcionários devem se comportar em suas atividades na empresa. Essas políticas incluem a formalização de regras e procedimentos e a centralização da tomada de decisões. Formalização é a extensão em que as regras e os procedimentos determinam trabalhos e atividades realizados pelos funcionários. O objetivo da formalização é prever e controlar como os funcionários se comportam no trabalho. As regras explícitas são estabelecidas em descrições de cargo, nas políticas da empresa e nos manuais de procedimentos ou em memorandos. As regras implícitas desenvolvem-se ao longo do tempo, à medida que os funcionários se habituam a fazer as coisas de determinadas maneiras.

A centralização concentra a tomada de decisões no topo da hierarquia organizacional; no âmbito de uma empresa que promove a descentralização, as decisões são tomadas em todos os níveis hierárquicos.

Responsabilidade é a obrigação de fazer alguma coisa com a expectativa de que alguma atividade ou solução resulte dessa ação. Autoridade é o poder que foi legitimado em um contexto social específico. A autoridade inclui o direito legítimo de utilizar os recursos para alcançar os resultados esperados. A relação entre responsabilidade e autoridade precisa ter uma equiparação, ou seja, os funcionários devem ter autoridade suficiente sobre o uso dos recursos para atender às expectativas dos outros.

QUESTÕES PARA DISCUSSÃO

1. Defina o que é "estrutura organizacional" e explique o papel dela na gestão da empresa.
2. Qual é a finalidade da estrutura organizacional? Como seria uma empresa sem essa estrutura?
3. De que forma os aspectos da estrutura organizacional são análogos às partes estruturais do corpo humano?
4. Como o trabalho é dividido em sua faculdade ou universidade? De que outras formas sua faculdade ou universidade poderia reorganizar os departamentos?
5. Que tipos de organizações poderiam se beneficiar de uma pequena amplitude de controle? Que tipos de organizações poderiam se beneficiar de uma grande amplitude de controle?
6. Discuta como o aumento da formalização pode afetar o conflito de papéis e a ambiguidade de papéis dos funcionários.
7. Como o impacto da formalização pode diferir para pesquisadores, operadores de máquinas e caixas de banco?
8. Como a centralização ou a descentralização pode afetar as características do trabalho especificados no desenho do trabalho?
9. Quando um grupo toma uma decisão, como a responsabilidade por ela é proporcionalmente dividida entre seus membros?
10. Por que os funcionários, normalmente, querem ter mais autoridade e menos responsabilidade?
11. Considere o emprego que você tem agora ou um que teve no passado. Seu chefe tinha autoridade para dirigir o seu trabalho? Por que ele tinha essa autoridade?
12. Descreva pelo menos quatro características da estrutura organizacional que eram partes importantes da visão clássica da organização.

QUAL É O SEU PONTO DE VISTA?

Jogando uma luz sobre a capacidade de adaptação (adaptabilidade)

"É assim mesmo que os negócios são. As coisas vêm e vão desse modo."
— RYAN GREY SMITH, FUNDADOR DA MODERN SHED

A primeira grande dica de Ryan Grey Smith sobre seu senso aguçado de adaptabilidade nos negócios veio no início dos anos 2000. Ele e sua esposa, ambos arquitetos, tinham fundado o Grey Design Studio, que lidava tanto com *design* de interiores quanto com projetos maiores de restauração, na área de Seattle. Conforme Smith nos contou, um cliente tinha ido consultá-los sobre a sua casa de 100 anos. "Teríamos de derrubar o porão", lembra, "ou levantar a casa ou construir uma parte extra, e nós estávamos falando em algo entre US$ 150 e US$ 175 mil". O cliente notou o galpão de 3 m × 3,6 m que Smith e sua esposa tinham projetado e colocado em sua própria residência, com um telhado inclinado para deixar a luz entrar e acabamento interior que tornou o ambiente adequado para trabalhar, relaxar e também para guardar objetos. "Ele olhou para nosso galpão", conta Smith, "e disse, 'Só preciso disso no quintal, assim, posso trabalhar'".

"A Modern Shed realmente surgiu disso", diz Smith, que logo se adaptou às condições do mercado local para produtos e serviços de arquitetura e formou uma empresa totalmente nova. Como vimos no vídeo do Capítulo 8*, a Modern Shed, lançada em 2005, fornece estruturas que podem ser utilizadas como estúdio, escritório, quarto, um lugar para se refugiar e descansar no fundo do quintal e até mesmo uma alternativa para apartamentos para familiares ou funcionários que moram com a família. Talvez o mais importante seja o fato de que todas as construções da Modern Shed são personalizadas pelos clientes e, em virtude de as operações da empresa estarem atreladas a padrões específicos, mas imprevisíveis, das necessidades do cliente, Smith é bastante sensível a respeito das flutuações da demanda por seu produto. "Em um mês podemos estar ocupados e, no mês seguinte, não estarmos *tão* ocupados. É assim mesmo que os negócios são", filosofa. "As coisas vêm e vão desse modo."

É essa compreensão de "como os negócios são" que fundamenta a abordagem de Smith para organizar a Modern Shed. Pouquíssimas operações são realizadas "in house", explica, porque

> *seria necessário ter uma pessoa responsável pela contabilidade [e], uma responsável pela organização, uma pessoa para atender o telefone e pessoas produzindo os itens que a empresa vende. Haveria a necessidade de ter todos esses postos de trabalho e, simplesmente, não há como fazer isso quando se inicia uma empresa. Isso não faz sentido de forma alguma.*

Se tivesse começado mesmo com a atual equipe, que é modesta, diz Smith, "definitivamente não teríamos o mesmo negócio hoje. Talvez nem estaríamos *aqui*. Assim, a maneira mais lógica para começar qualquer coisa é encontrar pessoas que podem ajudá-lo e estabelecer um acordo". Hoje, sete anos depois, Smith emprega apenas de 12 a 14 funcionários em tempo integral e contrata todas as outras atividades que, de outro modo, teria de "organizar". As vendas e a distribuição, por exemplo, são realizadas por redes de 12 representantes de vendas e 35 revendedores localizados em todas as regiões dos Estados Unidos.

Mesmo Scott Pearl que, como ele mesmo diz, "lida com vendas e marketing na Modern Shed", é um consultor externo que trabalha também com outros clientes. Se Pearl está bem adaptado à Modern Shed, possivelmente é porque ele também é sensível aos altos e baixos dos ciclos de negócios. De início, Pearl juntou-se à Modern Shed, admite, porque "precisava de um emprego". Como especialista em marketing imobiliário, ele havia sido pego pela "turbulência na poupança e pelo fiasco dos empréstimos dos anos de 1980", em que o aumento das taxas de inflação e dos juros fizeram com que 23% das empresas de empréstimos no país, que são autorizadas a subscrever hipotecas residenciais, fechassem. Pearl encontrou um refúgio após sair de uma indústria que tinha "sido dizimada", ele foi atraído para a Modern Shed porque a empresa estava "isolada do que acontecia no mercado...". Curiosamente, salienta, "a Modern Shed não foi afetada pela [atual] recessão. Na verdade, se algo aconteceu, é que nossas vendas aumentaram".

Como a empresa de Ryan Smith conseguiu "isolar-se" da atual crise econômica? As estruturas oferecidas pela Modern Shed são uma opção cada vez mais atraente quando se trata de acrescentar um cômodo ou restaurar o espaço de uma casa: os modelos maiores, que podem ser equipados com canalização e cozinha, podem ser comprados por US$ 23 mil ou menos.

No entanto, o mais importante são os efeitos da estrutura organizacional ajustada aos resultados. A Modern Shed, diz Pearl, "é muito enxuta e não é tão estruturada" porque o trabalho é realizado por meio de "empreiteiros independentes", em vez de funcionários internos que ocupam "cargos formais". A rede de revendedores da empresa, por exemplo, "está configurada para tirar proveito dos mercados aos quais acreditamos que podemos ter uma adaptação inicial lógica. Os revendedores são, basicamente, pessoas que representam outros produtos também". Eles estão posicionados em indústrias relacionadas, explica Pearl, mas "não concorrem diretamente com a Modern Shed".

O acordo com o "fabricante" Eric Johnson, especialista em construir painéis, é muito semelhante – as paredes pré-fabricadas, as partes do piso e dos telhados ("painéis") são montadas nos locais da construção (todas as estruturas da Modern Shed são enviadas junto com *kits* de ferramentas para montagem na propriedade do cliente). Pearl resume as vantagens da "organização" das operações da empresa em torno de parceiros como Johnson:

> *Na verdade, ele está preparado para dar suporte não só para a Modern Shed, mas também para outras*

empresas que têm um componente para construções de painéis. Ele se juntou à empresa vindo da área de painéis para construtores de casas. Uma vez que essa indústria foi destruída pela economia, nós [também] nos tornamos uma solução para Eric. Assim, as coisas funcionam muito bem com a terceirização da construção, que acontece offsite (ou seja, fora), e não temos nenhum interesse financeiro em que o negócio seja de outro modo.

PERGUNTAS
1. Como você resumiria os *objetivos organizacionais* de Smith para a Modern Shed? Como você resumiria a *estrutura organizacional* da empresa? As metas da empresa e sua estrutura são compatíveis? Se sim, por quê? Se a resposta for negativa, por que não?
2. Quais tarefas que foram *divididas* a Modern Shed deve executar ao oferecer seus produtos e serviços ao cliente? Como você caracterizaria o papel de Smith na *coordenação* dessas tarefas? Em outras palavras, como você caracterizaria sua *responsabilidade e autoridade*? [Dica: ver novamente o vídeo do Capítulo 8 para obter mais informações sobre os produtos da empresa e sua estratégia de marketing].

3. Considere a explicação de Pearl do porquê o acordo da Modern Shed com Eric Johnson funciona tão bem. Concentre-se em três critérios para o acordo ser desejável – ou seja, envolver a "terceirização", basear-se em tarefas executadas "*offsite*" e não haver nenhum "interesse financeiro" por parte da Modern Shed. Explique por que cada um desses critérios é compatível com as metas organizacionais da empresa e com sua estrutura.

FONTES ADICIONAIS
Aria Shepherd, "Modern Shed: A Chic Outdoor Space", *Seattle Times*, 13 set. 2008, http://seattletimes.nwsource.com, 25 jun. 2012; Modern Shed, "About Us", "Models" (2006), www.modern-shed.com, 25 jun. 2012; Michael Cannell, "Instead of Trading Up, Adding a High-Style Shed", *New York Times*, 11 set. 2008, www.nytimes.com, 25 jun. 2012; Debra Prinzing, "Elegant, Stylish… and Prefabricated", *Debra Prinzing*, 15 ago. 2008, www.debraprinzing.com, 25 jun. 2012; Debra Prinzing, "In Praise of the Modern Shed", *Debra Prinzing*, 15 set. 2008, www.debraprinzing, 25 jun. 2012; Jonathan Lambert, "Prefab Sheds – The Solution to a Hectic Lifestyle", *Ezine Articles*, 7 jun. 2011, http://ezinearticles.com, 25 jun. 2012.
* O vídeo do Capítulo 8 oferece uma visão geral da linha de produtos da Modern Shed e de suas estratégias de marketing.

PRÁTICA DO COMPORTAMENTO ORGANIZACIONAL

Compreensão da estrutura organizacional

Objetivo Esse exercício vai ajudá-lo a compreender os aspectos da configuração e do funcionamento da estrutura organizacional.

Formato Você entrevistará pelo menos cinco funcionários de diferentes departamentos da faculdade ou universidade que você frequenta ou de uma organização de pequeno ou médio porte e analisará sua estrutura. (Talvez você queira combinar esse exercício com o exercício do Capítulo 17).

Procedimento Se você usar os dados de uma empresa local, a sua primeira tarefa será encontrar uma que tenha entre 50 e 500 funcionários. A organização deve ter mais de dois níveis hierárquicos, mas não deve ser muito complexa para poder ser compreendida em um curto período de estudo. Talvez você queira verificar isso com o seu professor antes de entrar em contato com a empresa. Seu contato inicial deve ser com o gerente do mais alto escalão, se possível. Certifique-se de que a alta administração está ciente do seu projeto e que o aprova.

Se você usar os dados de sua faculdade ou universidade, poderá falar com professores, secretárias e demais funcionários administrativos da secretaria de admissão/seleção de alunos, do departamento de serviços aos alunos, do departamento de esportes, da biblioteca e de outras áreas. Certifique-se de entrevistar representantes de postos de trabalho e de níveis hierárquicos variados.

Usando o material deste capítulo, entreviste os funcionários para obter as seguintes informações sobre a estrutura organizacional:

1. O tipo de departamentalização (por função, processo, produto, cliente, região geográfica)
2. A amplitude de controle característica de cada nível da organização
3. O número de níveis hierárquicos
4. A proporção administrativa (a razão entre o número de gestores e o total de funcionários e a razão entre os gestores e os funcionários da produção)
5. O grau de formalização (em que medida normas e procedimentos estão escritos na descrição de cargos,

nas políticas da organização e nos manuais de procedimentos e memorandos?)
6. O grau de descentralização (em que medida os funcionários de todos os níveis hierárquicos estão envolvidos na tomada de decisões?)

Entreviste de três a cinco funcionários de diferentes níveis e de departamentos distintos. Um dos entrevistados deve ter cargo de nível superior na hierarquia organizacional. Certifique-se de fazer as perguntas de forma clara; os entrevistados podem não estar familiarizados com a terminologia utilizada neste capítulo.

Os alunos devem produzir um relatório de um parágrafo para cada um dos aspectos da configuração e do funcionamento operacional da estrutura organizacional listados nesse exercício, bem como elaborar um organograma da empresa. Além disso, é preciso desenvolver uma discussão sobre as diferenças nas respostas dos funcionários entrevistados e uma descrição de quaisquer características estruturais incomuns (por exemplo, uma situação em que os funcionários estão subordinados a mais de uma pessoa ou uma situação em que não estão subordinados a ninguém). Talvez você queira enviar uma cópia de seu relatório à alta administração da empresa.

Perguntas de acompanhamento
1. Sobre quais aspectos da estrutura organizacional foi mais difícil obter informações? Por quê?
2. Se há diferenças nas respostas dos funcionários entrevistados, como você explicaria essas diferenças?

FORMAÇÃO DAS HABILIDADES GERENCIAIS

Visão geral Os gerentes, normalmente, herdam uma estrutura organizacional existente quando são promovidos ou contratados para um cargo de gerência. Muitas vezes, no entanto, depois de trabalhar com essa estrutura por um tempo, eles sentem a necessidade de reorganizá-la para aumentar a produtividade ou o desempenho da organização. Este exercício oferece a você a oportunidade de reestruturar uma organização existente.

Contexto Lembre-se da análise que você fez anteriormente no exercício "Experimentando o Comportamento Organizacional", em que analisou a estrutura de uma organização existente. Naquele exercício, você descreveu os aspectos da configuração e do funcionamento operacional da estrutura de uma organização ou de um departamento de sua faculdade ou universidade.

Tarefa Crie uma estrutura organizacional diferente para aquela organização. Você pode utilizar qualquer fator ou todos os fatores descritos neste capítulo. Por exemplo, é possível fazer mudanças na amplitude de controle, na hierarquia administrativa, no método de departamentalização, bem como na formalização e na centralização. Lembre-se de que a função da estrutura é desenvolver uma maneira de coordenar as tarefas que foram divididas. Você deve desenhar um novo organograma e desenvolver um embasamento racional para o novo desenho organizacional.

Conclua a tarefa abordando as seguintes questões:

1. Foi muito difícil chegar a uma forma diferente de estruturar a organização?
2. O que seria necessário para convencer o atual diretor dessa organização a concordar com as mudanças que você sugere?

EXERCÍCIO DE AUTOAVALIAÇÃO

Compreendendo a si mesmo
Como vimos no Capítulo 5, a *participação* e o *empoderamento* caminham juntos com as técnicas para motivar os funcionários, fazendo com que eles sejam envolvidos nos processos de tomada de decisão. Ressaltamos que tanto a participação quanto o empoderamento podem ser considerados extensões da estrutura de cargos e da distribuição de tarefas, pois ambos afetam como os funcionários executam seu trabalho.

Esse exercício foi concebido para ajudá-lo a determinar o quanto de empoderamento você sente ao executar seu trabalho, seja no emprego, seja na faculdade. Se você tem um emprego, considere o seu trabalho; se você é estudante, aplique esse exercício a suas tarefas como aluno.

As 20 afirmações a seguir refletem as atitudes que as pessoas podem ter em relação ao trabalho. Usando a escala apresentada, indique até que ponto, na sua opinião, cada afirmativa é verdadeira para você.

1. Discordo radicalmente
2. Discordo totalmente
3. Discordo
4. Neutro
5. Concordo
6. Concordo totalmente
7. Radicalmente a favor

_____ 1. O trabalho que executo é muito importante para mim.
_____ 2. Sou confiante a respeito de minha competência para realizar meu trabalho.
_____ 3. Tenho autonomia significativa para determinar como faço meu trabalho.
_____ 4. Causo um impacto importante no que acontece na divisão ou unidade em que trabalho.
_____ 5. Acredito que meus colegas de trabalho são muito honestos comigo.
_____ 6. Minhas atividades no trabalho têm um significado pessoal para mim.
_____ 7. Meu trabalho está no escopo de minhas competências e habilidades.
_____ 8. Posso decidir sobre o andamento do meu próprio trabalho.
_____ 9. Controlo boa parte do que acontece na divisão ou unidade em que trabalho.
_____ 10. Acredito que meus colegas de trabalho compartilham as informações importantes comigo.
_____ 11. Eu me importo com aquilo que faço no meu trabalho.
_____ 12. Sou confiante a respeito de minhas competências para realizar meu trabalho com sucesso.
_____ 13. Tenho oportunidades consideráveis de independência e liberdade na forma como executo o meu trabalho.
_____ 14. Tenho influência significativa sobre o que acontece na divisão ou unidade onde trabalho.
_____ 15. Confio em meus colegas de trabalho no que diz respeito a manter as promessas que fazem.
_____ 16. O trabalho que realizo tem um significado especial e muita importância para mim.
_____ 17. Domino as habilidades necessárias para fazer meu trabalho.
_____ 18. Tenho a oportunidade de usar minha iniciativa pessoal ao realizar meu trabalho.
_____ 19. Minha opinião conta na tomada de decisão na unidade de negócio em que trabalho.
_____ 20. Acredito que meus colegas de trabalho importam-se com meu bem-estar.

Como pontuar: cada uma das 20 afirmativas desse exercício faz parte de uma das cinco áreas de habilidades. Assim, você calculará sua pontuação em cada uma dessas áreas. O cálculo da pontuação requer duas etapas:

1. Some seus pontos para os quatro itens em cada área de habilidade.
2. Divida sua pontuação total por quatro para achar sua pontuação média.

Explicação para a pontuação	
Área de habilidade	**Afirmativas (Total ÷ 4)**
Autoeficácia – sua percepção pessoal sobre sua competência	2, 7, 12, 17
Autodeterminação – sua percepção sobre suas escolhas pessoais	3, 8, 13, 18
Impacto pessoal – sua percepção sobre o impacto que causa (nas pessoas ou no ambiente em que trabalha)	4, 9, 14, 19
Significado (importância) – sua percepção sobre o valor de suas atividades	1, 6, 11, 16
Confiança – sua percepção sobre ser seguro de si	5, 10, 15, 20

Depois de ter determinado sua pontuação média, você pode compará-la com os resultados registrados na tabela a seguir, os quais refletem as pontuações de cerca de 3.000 gerentes de nível médio nos Estados Unidos.

Dados para comparação			
Área de habilidade	**Média**	**Terço superior (1º terço)**	**Último terço**
Autoeficácia	5,76	>6,52	<5,00
Autodeterminação	5,50	>6,28	<4,72
Impacto pessoal	5,49	>6,34	<4,64
Significado (ou importância)	5,88	>6,65	<5,12
Confiança	5,33	>60,3	<4,73

Referência
David A. Whetten e Kim S. Cameron, *Developing Management Skills*, 7. ed. (Upper Saddle River, NJ: Prentice Hall, 2007), 445-46, 451, 489-90.

CAPÍTULO 17
Planejamento organizacional

Visão geral do capítulo

- Abordagens contingenciais para o *design* organizacional
- Estratégia, imperativos estruturais e escolha estratégica
- *Designs* organizacionais
- Processos contemporâneos do *design* organizacional

Objetivos de aprendizagem

Após estudar este capítulo, você estará apto a:

1. Descrever a premissa básica das abordagens contingenciais para o *design* organizacional.
2. Discutir como a estratégia e os imperativos estruturais combinam-se e afetam o *design* organizacional.
3. Resumir os cinco tipos de *design* organizacional.
4. Explicar várias abordagens contemporâneas do *design* organizacional.

Compartilhando em códigos a riqueza

"A American [Airlines] ajudou a originar a ideia de alianças e parcerias. Se alguém for bom nisso, pode acreditar que eles são."

— George Van Horn, analista de investimentos

Suponha que você é um empresário de Nova York que tem de voar para Hong Kong. Você se registra na Orbitz e vê que a American Airlines (AMR) oferece um voo de ida e volta, sem conexão, por US$ 2.692. Uma vez que a Orbitz recomenda "Aja rápido! Só há mais uma passagem por esse preço!", você compra seu bilhete *on-line*. Na data de partida, chega ao balcão da American Airlines e é encaminhado para a Cathay Pacific Airways. Seu voo, como informa a atendente, é, na verdade, operado pela Cathay, e ela aponta para o "código de compartilhamento" de quatro dígitos no seu bilhete. Desorientado, mas na esperança de que ainda esteja em um voo para Hong Kong, você corre para o balcão da Cathay, no qual o seu bilhete é processado. Sentado em uma poltrona, algumas horas depois, você decide acessar a internet para ver se descobre por que você está ou não no voo que reservou. Voltando ao Orbitz, você fica sabendo que, assim como a American, a Cathay oferece um voo de ida e volta, sem conexão, para Hong Kong e de volta à sua cidade por US$ 1.738. Você percebe que, se tivesse comprado o bilhete diretamente da Cathay, estaria sentado no mesmo lugar, no mesmo avião, por quase US$ 1.000 a menos.

Se esse cenário lhe parece confuso, é porque ele é, mesmo para os que voam frequentemente. A confusão é provocada pela prática de *codesharing* (compartilhamento de código), que funciona assim: você compra um bilhete da companhia aérea A para um voo operado pela companhia aérea B em uma rota que companhia aérea A não oferece. Essa prática é possível se ambas as companhias, AMR e Cathay, pertencerem à mesma *aliança de companhias aéreas* (nesse caso, a Oneworld).

Na superfície, as vantagens para as companhias aéreas podem parecer mais uma questão de percepção: uma companhia aérea *parece* servir certos mercados quando, na verdade, não o faz, e parece voar em certas rotas com mais frequência do que realmente ocorre. As redes formadas por acordos de compartilhamento de códigos, no entanto, são reais, e a amplitude da rede de uma companhia aérea é um fator de atração de viajantes corporativos. Na verdade, a propagação do compartilhamento de códigos levou à formação de "alianças" de empresas muito maiores, que cooperam em um nível substancial, o que inclui voos compartilhados e programas de milhas para passageiros frequentes. As três maiores alianças de companhias aéreas são a Star Alliance, com United Airlines, US Airways, Air Canada, Air China e Scandinavian Airlines; a SkyTeam, com Delta, Air France, Alitalia, KLM e Dutchbased, e a Oneworld, com AMR, Cathay, Qantas, a British Airways e JAL, do Japão.

A aliança de companhias aéreas é um bom exemplo de *organização virtual* - uma aliança temporária formada por duas ou mais organizações para perseguir uma ventura específica

Embora a fusão entre a United e a Continental tenha sido oficializada em maio de 2010, esses pilotos realizaram um piquete em frente à New York Stock Exchange para lembrar que a fusão é muito mais do que novos logos nos aviões ou um arranjo bonito. O segredo para uma fusão de sucesso está na forma como as pessoas e as tarefas são coordenadas na nova organização.

ou explorar uma oportunidade. Embora cada organização continue sendo gerida de forma independente, as empresas que fazem parte da aliança podem economizar no compartilhamento de vendas, na manutenção e nas instalações operacionais e de pessoal (como o pessoal responsável pelo *check-in*, embarque e outras operações não aéreas), além do que acabam cortando custos em compras e investimentos por negociar descontos por volume. Mas as principais vantagens são a amplitude do serviço e o alcance geográfico, em suma, o tamanho (tanto real quanto percebido). A Star Alliance, por exemplo, opera mais de 21.000 voos diários para 1.356 aeroportos em 193 países. Em 2011, seus membros levaram 679.000.000 passageiros, um total de 1,3 trilhão de *passageiros por quilômetro transportado* (1 *pqt* significa que um passageiro pagante percorreu 1 quilômetro). Baseada na *pqt* (uma medida de volume de vendas), a Star comanda 25,8% do *market share* global na indústria aérea – pouco menos do que o *market share* combinado de todas as companhias aéreas que não pertencem a nenhuma das três alianças.

Observe que a nossa definição de *organização virtual* indica uma "aliança *temporária*", assim, mudanças entre os membros de alianças de companhias aéreas podem acontecer. Em janeiro de 2009, por exemplo, poucos meses depois de negociações de fusão quebrarem a United Airlines, a Continental Airlines, membro da Skyteam desde 2004, anunciou que estava juntando United e Star Alliance. De acordo com um analista, a medida, que entrou em vigor em outubro de 2009, "era, obviamente, precursora de uma fusão completa", consequentemente, a Continental e a United se fundiram em maio de 2010 sob a empresa-mãe United Continental Holdings. A nova companhia aérea continua sendo membro da Star Alliance.

A fusão Continental-United foi uma notícia particularmente ruim tanto para AMR, membro da Oneworld e maior companhia independente do país, como para US Airways Group, membro da SkyTeam e quinta maior operadora dos Estados Unidos. Com a fusão entre a Continental e a United, observa Vaughn Cordle, analista-chefe da Airline Forecasts e especialista em pesquisa de investimentos, "as chances de falência da US Airways e da American aumentaram e será muito difícil, se não impossível, elas se manterem viáveis como empresas autônomas sem uma nova direção estratégica e significativas mudanças na estrutura da indústria", Cordle prevê, a AMR e a US Airways "vão continuar no lento caminho para o fracasso".

Cordle recomendou consolidação, e muitos analistas relataram que a gestão da AMR havia começado a considerar suas opções, antes mesmo da fusão Continental-United. Quem é o parceiro mais provável da AMR para consolidação? John Kasarda, especialista em aviação da Kenan-Flagler Business School, da University of North Carolina, sugeriu que uma fusão AMR-US Airways não estava fora de questão: "Seria mais por necessidade", admite, mas ambas "dormiram no ponto" e deveriam esperar que seus respectivos acionistas exigissem algum tipo de ação. A fusão, no entanto, exigiria que a US Airways deixasse a Star Alliance, e a US Airways anunciou, "valorizamos muito a nossa adesão à Star e sustentamos que é a aliança mais forte".

De qualquer maneira, os observadores concordam que a AMR precisaria fazer algum tipo de movimento estratégico. Como a maior companhia aérea do mundo no passado, caiu para a posição três, atrás da nova Continental-United e da Delta Airlines. Entre as companhias aéreas norte-americanas, a AMR apresentou as menores margens e os maiores custos e foi a única que perdeu dinheiro em 2010. George Van Horn, analista da empresa de pesquisa IBISWorld, destacou que a AMR tem considerável experiência no tipo de acordo em questão: a American, lembrou a potenciais investidores, "ajudou a originar a ideia de alianças e parcerias. Se alguém for bom nisso, pode acreditar que eles são".

Mas "eles" – ou seja, Tom Horton, presidente e diretor executivo da AMR e sua equipe de gestão – decidiram não se fundir com a US Airways ou com qualquer outra companhia e, em novembro de 2011, a AMR entrou com pedido de proteção contra falência do Capítulo 11. A partir de então, a companhia aérea resistiu a todas as propostas de fusão, e Horton insistia – apesar da evidência de que as ações da AMR estavam corroídas – na ideia de que a companhia aérea não só sairia da falência de forma independente, como também recuperaria sua antiga posição na indústria. A maioria dos observadores, no entanto, continuou a cogitar que a fusão seria a melhor estratégia para a AMR. "Não é uma opção", diz um deles. "Não é uma alternativa. É inevitável". Não surpreende que o pretendente mais ávido à fusão seja a US Airways, que tomou parte no processo de falência da empresa ao comprar algumas dívidas da AMR em julho de 2012. Outros possíveis parceiros para fusão incluem Jetblue e Frontier Airlines.

Qual é a sua opinião?

1. Você acredita que práticas como o compartilhamento de códigos são justas com os consumidores?
2. No longo prazo, você acha que o abalo na indústria aérea – com a fusão de empresas e formação de alianças – beneficiará os consumidores? Por que sim ou por que não?

Referências: "Orbitz: Flights", *Orbitz.com*, 3 mai. 2010, www.orbitz.com, 3 mai. 2010; Star Alliance, "Facts and Figures" (2012), www.staralliance.com, 16 ago. 2012; Andrew Clark, "United and Continental Merge to Create World's Biggest Airline", *The Guardian*, 17 set. 2010, www.guardian.co.uk, 16 ago. 2012; Susanna Ray, "AMR May Seek Alliances as Mergers Erase Lead in Size", Bloomberg, 3 mai. 2010, www.bloomberg.com, 16 ago. 2012; Andrew Ross Sorkin, "Airlines Dance around a Merger", *New York Times*, 10 jul. 2012, http://query.nytimes.com, 16 ago. 2012; Mike Spector, Susan Carey e Anupreeta Das, "American Airlines Opens Its Door to a Merger", *Wall Street Journal*, 10 jul. 2012, http://online.wsj.com, 16 ago. 2012; Mary Schlangenstein, "US Airways Gets Voice in AMR Bankruptcy by Buying Debt", Bloomberg, 13 jul. 2012, www.bloomberg.com, 16 ago. 2012.

A maioria das organizações luta para encontrar o melhor planejamento organizacional a fim de sobreviver em um ambiente em constante mudança. Companhias aéreas não são exceções. Nesse caso, muitas vezes elas olham para alianças maiores, com vistas a competir de forma eficaz. Essas alianças tornam-se mecanismos temporários, que permitem às empresas compartilhar os benefícios de mercados-alvo maiores com custos reduzidos. Muitas empresas estão se reorganizando para aumentar o desempenho, a produtividade e o tempo de resposta – ou apenas para sobreviver. A questão principal é como determinar qual a forma organizacional certa para determinada empresa, de modo a posicioná-la para o futuro. Neste capítulo, descreveremos várias abordagens do *design* organizacional.

ABORDAGENS CONTINGENCIAIS PARA O PLANEJAMENTO ORGANIZACIONAL

> Na **abordagem universal**, prescrições ou proposições são projetadas para funcionar em qualquer situação.

Os planos organizacionais variam de burocracias rígidas a sistemas matriciais flexíveis. Muitas teorias de planejamento organizacional têm uma abordagem universal ou contingencial. A **abordagem universal** é aquela cujas prescrições ou proposições são projetadas para funcio-

De acordo com a **abordagem contingencial**, os resultados organizacionais desejados podem ser alcançados de muitas maneiras.

nar em qualquer situação. Assim, um planejamento universal propõe a "melhor maneira" para estruturar os cargos, a autoridade e as relações organizacionais, independentemente de fatores como ambiente externo, indústria e tipo de trabalho a ser feito. As abordagens clássicas discutidas no Capítulo 16 são abordagens universais: a burocracia ideal de Weber, os princípios clássicos da organização de Fayol e a organização humana de Likert. A **abordagem contingencial**, por sua vez, sugere que a eficiência e eficácia organizacional podem ser alcançadas de várias maneiras. Em um planejamento contingencial, as condições específicas, como ambiente, tecnologia e força de trabalho, determinam a estrutura. A Figura 17.1 mostra a distinção entre a abordagem universal e a contingencial. Essa distinção é semelhante à existente entre a abordagem universal e contingencial em relação à motivação (Capítulo 4), ao desenho de cargos (Capítulo 5) e à liderança (Capítulo 12 e 13). Embora nenhuma forma particular de organização seja aceita de modo generalizado, a abordagem contingencial representa melhor o pensamento atual.

Weber, Fayol e Likert (ver Capítulo 16) propuseram, individualmente, planejamentos organizacionais independentes da natureza da organização e de seu ambiente. Embora cada abordagem tenha contribuído para a compreensão do processo de organização e da prática de gestão, nenhuma provou ser universalmente aplicável. Neste capítulo, referimo-nos a vários planos contingenciais, que tentam prever as condições, ou fatores contingenciais, em que são mais susceptíveis de serem eficazes. Os fatores contingenciais incluem a estratégia da organização, sua tecnologia, o ambiente, o tamanho e o sistema social no qual opera.

A abordagem contingencial tem sido criticada por ser irrealista, porque se espera que os gestores observem mudança em um dos fatores contingenciais e, em seguida, façam uma alteração estrutural racional. Lex Donaldson argumentou que é razoável esperar que as organizações respondam à diminuição do desempenho organizacional, que pode resultar da falta de resposta a alguma mudança significativa em um ou muitos fatores contingenciais.[1]

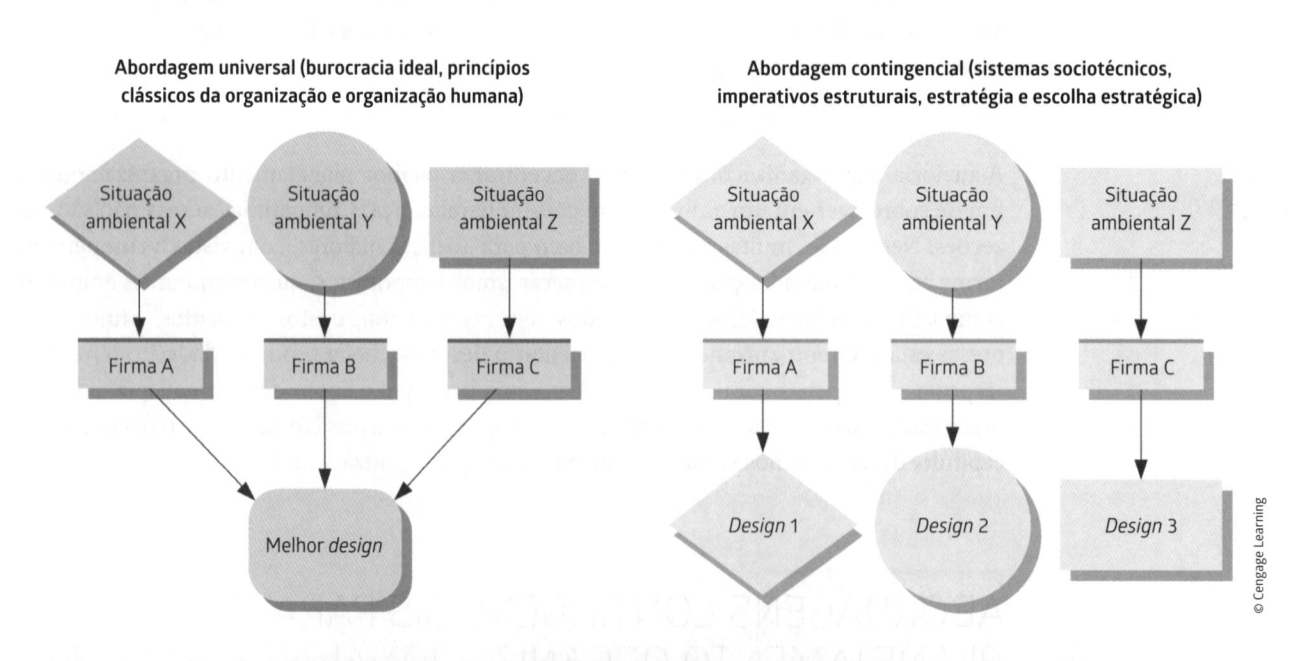

FIGURA 17.1

Abordagens universal e contingencial para o *design* organizacional

A abordagem universal procura a melhor maneira de projetar uma organização, independentemente de questões situacionais. A abordagem contingencial projeta a organização para se ajustar à situação.

ESTRATÉGIA, IMPERATIVOS ESTRUTURAIS E ESCOLHA ESTRATÉGICA

A decisão sobre a forma de planejar a estrutura organizacional baseia-se em vários fatores. Nesta seção, apresentaremos vários pontos de vista sobre os determinantes estruturais da organização e faremos sua integração em uma única abordagem. Começaremos com o ponto de vista estratégico.

Estratégia

> Estratégia refere-se ao conjunto de planos e ações necessárias para atingir os objetivos organizacionais.

Estratégia refere-se ao conjunto de planos e ações necessárias para atingir os objetivos organizacionais.[2] Toda a organização tenta desenvolver uma estratégia que lhe permita atingir seus objetivos. A Kellogg, por exemplo, tentou ser a líder na indústria de cereais "prontos para o consumo" com uma estratégia que combinava diferenciação do produto e segmentação do mercado. Ao longo dos anos, a empresa introduziu com êxito novos cereais feitos com diferentes grãos, diferentes formas, tamanhos, cores e sabores, na tentativa de fornecer qualquer tipo de cereal que o consumidor desejasse.[3] O McDonald's tem sido um dos líderes na indústria de *fast-food*, mas tem lutado para encontrar a estratégia certa em um ambiente em constante mudança.[4]

Após estudar a história de 70 empresas, Alfred Chandler chegou a algumas conclusões sobre a relação entre a estrutura de uma organização e sua estratégia de negócios.[5] Chandler observou que uma estratégia de crescimento para expandir uma nova linha de produtos é geralmente combinada com algum tipo de descentralização, uma vez que ela é necessária para lidar com os problemas da nova linha de produtos.

O conceito de Chandler de que a "estrutura segue a estratégia" parece apelar ao bom senso. A gestão deve decidir o que a organização faz e quais são seus objetivos antes de decidir a forma de conceber a estrutura organizacional, ou seja, a forma como a organização vai chegar às metas. Essa perspectiva pressupõe uma abordagem propositiva para projetar a estrutura da organização.

Imperativos estruturais

> Imperativos estruturais referem-se aos três principais determinantes estruturais da organização: tamanho, tecnologia e ambiente.

A abordagem de imperativos estruturais para o planejamento organizacional provavelmente tenha sido a perspectiva contingencial mais discutida e pesquisada nos últimos 30 anos. Essa perspectiva não foi formulada por um único teórico ou pesquisador e não tem evoluído de um esforço de pesquisa sistemático e coeso. Pelo contrário, ela emergiu gradualmente de um grande número de estudos que procurou responder à pergunta: "Quais são os fatores que determinam como a organização deve ser estruturada de forma a ser eficaz?". Como mostra a Figura 17.2, os três fatores identificados como **imperativos estruturais** são tamanho, tecnologia e ambiente.

Tamanho O tamanho de uma organização pode ser mensurado de várias maneiras. Normalmente é avaliado em termos de número total de funcionários, valor dos bens, vendas totais no ano anterior (ou número de clientes atendidos) ou capacidade física. O método de avaliação é muito importante, embora as diferentes medidas geralmente estejam correlacionadas.[6]

Normalmente as organizações maiores têm estrutura mais complexa do que as menores. Peter Blau e seus associados concluíram que o tamanho maior está associado a uma maior especialização do trabalho, a um intervalo maior de controle, a níveis hierárquicos maiores e à maior formalização.[7] Esses múltiplos efeitos estão na Figura 17.3. Aumentar o tamanho conduz a uma maior especialização do serviço dentro de uma unidade de trabalho, o que aumenta o padrão de diferenciação entre as unidades de trabalho e o número de níveis hierárquicos, resultando em uma necessidade de maior formalização intergrupo. Com uma maior especialização dentro da unidade, há menos necessidade de coordenação dentro dos grupos;

assim, a extensão do controle pode ser maior. Maiores extensões de controle significam menos gestores de primeira linha, mas a necessidade de uma maior coordenação entre grupos pode exigir mais executivos de segunda e terceira linhas bem como pessoal específico para sua coordenação. Grandes organizações podem, assim, ser mais eficientes em virtude de suas grandes extensões de controle e reduções de despesas administrativas em geral; no entanto, a maior diferenciação entre as unidades torna o sistema mais complexo. Estudos realizados por pesquisadores associados à University of Aston, em Birmingham, Inglaterra, e outros, mostraram resultados semelhantes.[8]

Economias de escala são outra vantagem de grandes organizações. Em uma grande operação, custos fixos – por exemplo, instalações e equipamentos – podem ser distribuídos por mais unidades de produção, o que reduz o custo por unidade. Além disso, algumas atividades administrativas, como compras, trabalho de escritório e marketing, podem ser realizadas por um grande número de setores com o mesmo custo que um número pequeno deles. Seu custo pode ser distribuído por um maior número de unidades, mais uma vez reduzindo o custo unitário.

Empresas como W. L. Gore, AT&T Technologies, General Electric's Aircraft Engines e S. C. Johnson & Son foram contra a sabedoria convencional de que o maior é sempre o melhor nas fábricas. Eles citam, como suas principais razões, o menor investimento necessário para instalações menores, menor necessidade de produzir uma variedade de produtos e o desejo de diminuir a complexidade organizacional (ou seja, reduzir o número de níveis hierárquicos e encurtar as linhas de comunicação). Em vários casos, instalações menores resultaram no fortalecimento do espírito de equipe, na melhoria da produtividade e em maiores lucros.[9] Outros estudos constataram que a relação entre o tamanho e a complexidade estrutural é menos clara do que indicaram os resultados de Blau. Esses estudos sugerem que o tamanho deve ser examinado em relação à tecnologia da organização.[10]

> Redução organizacional (*organizational downsizing*) é uma tendência frequente direcionada à redução do tamanho da equipe corporativa e da gestão média, reduzindo os custos.

Tradicionalmente, à medida que as organizações têm crescido, várias camadas de pessoal consultivo têm sido adicionadas para ajudar a coordenar a complexidade inerente a qualquer grande organização. No entanto, mesmo nos bons tempos, algumas organizações passaram por significativas reduções de pessoal. Conhecida como **redução organizacional** e brevemente discutida no Capítulo 16, essa tendência popular é direcionada principalmente à redução do tamanho da equipe corporativa e da gestão média, reduzindo os custos.

Organizações como NYNEX e RJR Nabisco fizeram cortes com resultados desastrosos; a NYNEX, na tentativa de reconstruir sua reputação de serviço ao cliente, teve de recontratar centenas de funcionários que tinham aderido a um programa de aposentadoria antecipada. Essa empresa, que atuava no segmento de telefonia na região nordeste dos Estados Unidos na década de 1980 e no início dos anos de 1990, fez cortes maciços de pessoal para sobreviver. A certa altura, a New York Public Service Commission ordenou que a NYNEX concedesse descontos a 5 milhões de clientes, um total de US$ 50 milhões, pois tinha demorado na resposta aos problemas por causa da redução de pessoal. A NYNEX se fundiu à Atlantic Bell em 1997, que se fundiu à GTE em 1998, e se tornou a Verizon em 2000.

Nas vendas, a redução de custos pode ser desastrosa. Após uma fusão, a RJR Nabisco decidiu juntar a força de vendas de seu grupo alimentício – que administra a mostarda Poupon e os biscoitos caninos Milkbone – à Planters Life Savers Company, que produz gomas, doces e nozes. Os problemas surgiram quando veio à tona incompatibilidade entre os produtos e os pontos de venda. Os representantes de vendas enfrentaram problemas para cobrir o leque muito mais amplo de produtos e vender em duas vezes mais pontos de venda. Como resultado, os clientes não foram atingidos imediatamente e as vendas caíram significativamente. De início, as margens de lucro melhoraram, mas os lucros operacionais do ano seguinte caíram a 25% dos níveis anteriores.[11]

Os resultados da redução têm sido mistos, alguns observam que cortes indiscriminados podem deixar a organização fraca em algumas áreas-chave. No entanto, os resultados positivos

FIGURA 17.2

Abordagem de imperativos estruturais

O tamanho, o ambiente e a tecnologia organizacional determinam como uma empresa deve ser estruturada para ser eficaz.

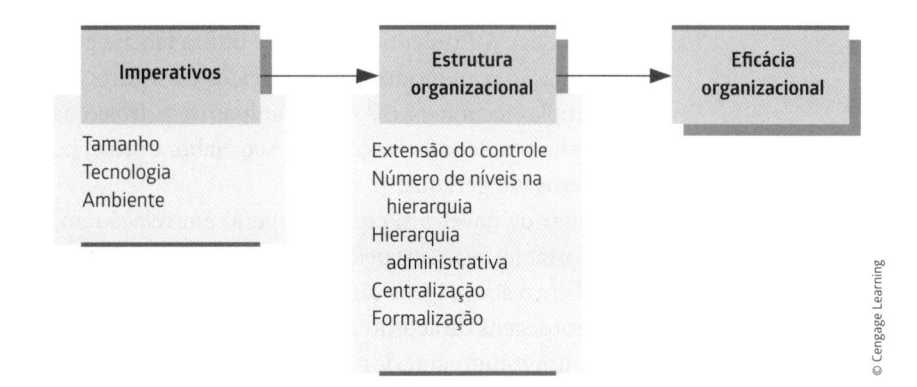

Imperativos
- Tamanho
- Tecnologia
- Ambiente

→ **Estrutura organizacional**
- Extensão do controle
- Número de níveis na hierarquia
- Hierarquia administrativa
- Centralização
- Formalização

→ **Eficácia organizacional**

incluem, muitas vezes, a tomada de decisão mais rápida, pois menos camadas no nível da gerência precisam aprovar cada decisão. Uma revisão de pesquisas sobre a redução organizacional descobriu que ela tem impactos psicológicos e sociológicos. Estudos sugerem que em um ambiente de redução, o tamanho afeta o planejamento organizacional de forma muito complexa.[12]

Em períodos econômicos difíceis, como recentemente vistos ao redor do mundo, muitas empresas foram obrigadas a reduzir o número de funcionários por meio de demissões em grande escala. Tempos atrás, durante uma retração econômica significativa, as vendas da Honeywell International, Inc. caíram 11% em dois anos. A empresa respondeu com demissões em massa de mais de 31.000 funcionários, cancelou planos para novos produtos e planos de expansão global. Agora os executivos afirmam que esses movimentos foram desastrosos para a empresa quando a economia virou. Durante a recessão mais recente, quando as vendas caíram 15% e os lucros, 23%, a Honeywell teve uma resposta mais comedida ao limitar as demissões a 6.000 pessoas e usar cortes de benefícios e folgas para reduzir as despesas.[13] Dessa vez, a empresa espera estar pronta para a recuperação com centenas de novos produtos e força de trabalho total.

Tecnologia organizacional refere-se aos processos mecânicos e intelectuais que transformam entradas em saídas.

Tecnologia A **tecnologia organizacional** consiste nos processos mecânicos e intelectuais que transformam matérias-primas em produtos e serviços aos clientes. Por exemplo, a principal tecnologia empregada por grandes companhias de petróleo transforma esse produto (entrada) em gasolina, óleo para motor, óleo de aquecimento e outros produtos à base de pe-

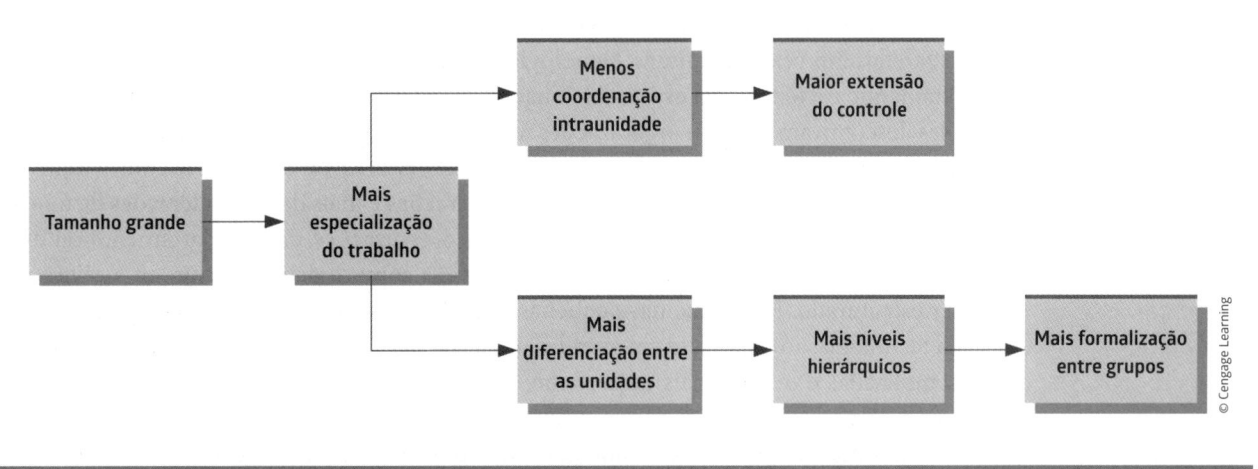

Tamanho grande → **Mais especialização do trabalho** →
- **Menos coordenação intraunidade** → **Maior extensão do controle**
- **Mais diferenciação entre as unidades** → **Mais níveis hierárquicos** → **Mais formalização entre grupos**

FIGURA 17.3

Impacto do tamanho grande sobre a estrutura organizacional

Conforme as organizações crescem, suas estruturas costumam mudar de modo previsível. As organizações maiores tendem a ter estruturas mais complexas, maior extensão de controle, mais regras e procedimentos.

tróleo (saídas). A Prudential Insurance utiliza tabelas atuariais e tecnologias de processamento de informação para produzir seus serviços de seguro. É claro que a maioria das organizações usa múltiplas tecnologias. As companhias de petróleo usam tecnologias de investigação e de processamento de informações em seus laboratórios, nos quais novos produtos e processos petrolíferos são gerados.

Apesar de haver um consenso geral em relação ao fato de a tecnologia organizacional ser importante, os meios pelos quais essa tecnologia tem sido avaliada e medida têm variado muito. Cinco abordagens são apresentadas na Tabela 17.1. Para maior clareza, classificamos essas abordagens de acordo com os nomes de seus proponentes.

Em um estudo anterior sobre a relação entre a tecnologia e a estrutura organizacional, Joan Woodward categorizou tecnologias de fabricação por sua complexidade: unidade ou pequeno lote, grande lote ou produção em massa e processo contínuo.[14] Tom Burns e George Stalker propuseram que a taxa de mudança na tecnologia determina o melhor método de estruturação organizacional.[15] Charles Perrow desenvolveu um *continuum* tecnológico, com tecnologias de rotina em uma extremidade e tecnologias não rotineiras na outra, e afirmou que todas as organizações poderiam ser classificadas com base em seu *continuum* rotineiro ou não rotineiro.[16] Thompson afirmou que todas as organizações poderiam ser classificadas em uma de três categorias tecnológicas: associada, mediada e intensiva.[17] Finalmente, um grupo de pesquisadores ingleses da University of Aston desenvolveu três categorias de tecnologia com base no tipo de fluxo de trabalho envolvido: operações, materiais e conhecimento.[18] Essas perspectivas sobre a tecnologia são semelhantes, todas (exceto a tipologia Aston) abordam a habilidade de adaptação do sistema tecnológico na mudança. Os grandes lotes ou a produção em massa, tecnologias rotineiras e de associação não são muito adaptáveis à mudança. Na extremidade oposta do *continuum*, processos contínuos, tecnologias não rotineiras e intensivas são facilmente adaptáveis à mudança.

O efeito da tecnologia nas organizações, muitas vezes, deve-se ao quanto a tecnologia cria ou exige que as tarefas sejam interdependentes, a fim de serem alcançadas. Por um lado, quanto mais interdependentes as tarefas, maior coordenação é necessária. Por outro lado, quando a tecnologia permite que as tarefas sejam mais independentes, menos coordenação é necessária. Esse efeito pode parecer mais pronunciado nas atividades que envolvem conhecimento, nas quais engenheiros ou analistas parecem trabalhar de forma independente; no entanto, um exame mais atento revela que suas tarefas são altamente interdependentes e exigem forte coordenação.[19]

Uma importante contribuição do estudo da tecnologia organizacional é o reconhecimento de que as organizações têm mais de uma "tecnologia" importante que lhes permite realizar as tarefas. Em vez de analisar a tecnologia de forma isolada, o grupo Aston reconheceu que o tamanho e a tecnologia estão relacionados na determinação da estrutura da organização.[20] Eles descobriram que, em organizações menores, a tecnologia tem mais efeitos diretos sobre a estrutura. Em grandes organizações, no entanto, eles, assim como Blau, constataram que a estrutura depende menos da tecnologia de operações e mais das considerações de tamanho, como o número de funcionários. Em grandes organizações, cada departamento ou divisão pode ter uma tecnologia diferente que determina como o departamento ou a divisão deve ser estruturado. Em suma, nas pequenas organizações a estrutura depende principalmente da tecnologia, ao passo que em grandes organizações a necessidade de coordenar atividades complicadas é o fator mais importante. Assim, tanto o tamanho organizacional quanto a tecnologia são considerações importantes no *design* organizacional.

As variações globais de tecnologia vêm em duas formas: variações na tecnologia disponível e variações nas atitudes em relação à tecnologia. A tecnologia disponível afeta o modo como as organizações podem fazer negócios. Em muitos países em desenvolvimento, por exemplo, há falta de fontes de energia elétrica, telefones e equipamentos de transporte, sem mencionar computadores e robôs. Um gestor que trabalha em um país como esse deve estar preparado para lidar com muitas frustrações. Algumas autoridades brasileiras convenceram uma empresa norte-americana a construir uma fábrica de alta tecnologia no Brasil. No meio da construção, no entanto, o governo brasileiro decidiu que não iria permitir que a empresa importasse alguns instrumentos de medição de alta precisão necessários à produção de seus produtos. A nova fábrica foi abandonada antes da inauguração.[21]

As atitudes em relação à tecnologia também variam entre as culturas. Surpreendentemente, o Japão só começou a apoiar a pesquisa de base na década de 1980. Por muitos anos, o governo japonês incentivou suas empresas a utilizar resultados de pesquisas de base obtidos em outros lugares (muitas vezes nos Estados Unidos) e a descobrir como aplicá-los aos produtos de consumo (pesquisa aplicada). No entanto, em meados dos anos de 1980, o governo mudou de postura e começou a incentivar a pesquisa de base.[22] A maioria das nações ocidentais tem uma atitude favorável em relação à tecnologia, ao passo que a China e outros países asiáticos (à exceção do Japão), até os anos de 1990, não tinham tal atitude.

Apesar de toda a ênfase dada ao papel da tecnologia como um dos principais determinantes da estrutura, alguns aconselham a vê-la da perspectiva de que a estratégia e a estrutura da organização determinam que tipo de tecnologia é adequado. Por exemplo, o Walmart e a Dell Computadores têm o cuidado de utilizar novas tecnologias de informação somente se elas suportarem sua estratégia e estrutura. Os sistemas de informação do Walmart mantêm o controle do estoque, desde o recebimento até a colocação dos produtos nas prateleiras e posterior compra; a Dell usa a tecnologia para otimizar seus processos de fabricação. Como ambas as empresas começaram com processos de baixa tecnologia e adotaram novas tecnologias com o passar do tempo, a tecnologia foi resultado da estrutura e estratégia de cada empresa, e não o contrário.[23]

TABELA 17.1	Resumo das abordagens para a tecnologia	
ABORDAGEM	CLASSIFICAÇÃO DA TECNOLOGIA	EXEMPLOS
Woodward (1958 e 1965) (cit. nº 13)	Unidade ou pequeno lote Grande lote ou produção em massa Processo contínuo	Peças personalizadas confeccionadas uma por vez Linha de montagem automobilística Fábrica de produtos químicos, refinarias de petróleo
Burns e Stalker (1961) (cit. nº 14)	Taxa de mudança tecnológica	Lenta: grande fabricação; rápida: indústria de computadores
Perrow (1967) (cit. nº 15)	Rotineira Não rotineira	Produtos padronizados (Procter & Gamble, General Foods) Novos produtos ou processos tecnológicos (computadores, telecomunicações)
Thompson (1967) (cit. nº 16)	Associada Mediada Intensiva	Linha de montagem Banco Hospital geral
Estudos de Aston: Hickson, Pugh e Pheysey (1969) (cit. nº 17)	Integração do fluxo de trabalho; operações, materiais e tecnologias do conhecimento	A tecnologia difere nas várias partes da organização

O **ambiente organizacional** inclui todos os elementos – pessoal, outras organizações, fatores econômicos, recursos e eventos – que estão fora dos limites da organização.

Ambiente O **ambiente organizacional** inclui todos os elementos – pessoal, outras organizações, fatores econômicos, recursos e eventos – que estão fora dos limites da organização. Ele é composto por duas camadas: o ambiente em geral e o ambiente de tarefa. O

Trabalhadores chineses montam carros em uma fábrica da Beijing Hyundai, em Pequim, China. Em muitas fábricas, a tecnologia do processo de fabricação diz muito sobre como a organização está estruturada.

O **ambiente geral** envolve um amplo conjunto de dimensões e fatores dentro dos quais a organização opera: fatores político-legais, sociais, culturais, tecnológicos, econômicos e internacionais.

O **ambiente de trabalho** inclui organizações específicas, grupos e indivíduos que influenciam a organização.

ambiente geral envolve um amplo conjunto de dimensões e fatores dentro dos quais a organização opera: fatores político-legais, sociais, culturais, tecnológicos, econômicos e internacionais. O **ambiente de trabalho** envolve organizações específicas, grupos e indivíduos que influenciam a organização. As pessoas do ambiente de trabalho incluem clientes, fornecedores, investidores, reguladores, inspetores e acionistas. Entre as organizações do ambiente de trabalho estão os concorrentes, a legislação e as agências reguladoras. Os fatores econômicos no ambiente de trabalho podem incluir taxas de juros, fatores de comércio internacional e a taxa de desemprego em uma área particular. Os objetos no ambiente de trabalho incluem edifícios, veículos e árvores. Eventos que podem afetar as organizações incluem clima, eleições ou guerra.

É necessário determinar os limites da organização para entender onde o ambiente começa. Esses limites podem ser um pouco ambíguo, ou pelo menos mutáveis, assim, são difícil de definir. Muitas empresas estão surgindo de algumas unidades de negócio, mas continuam a negociar com as empresas iniciais, como fornecedores. Por isso um gerente pode ser membro de uma organização e, no dia seguinte, ser uma parte do ambiente daquela organização. Mas na maioria dos casos, podemos dizer que certas pessoas, grupos ou edifícios são da organização ou de seu ambiente. Por exemplo, um estudante universitário que compra um computador pessoal é parte do ambiente da HP, da Dell, da IBM e de outros fabricantes de computadores. No entanto, se o estudante trabalha para uma dessas empresas, não faz parte do ambiente da empresa, mas está dentro de seus limites.

Essa definição de ambiente organizacional enfatiza a extensão do ambiente em que a organização opera. Além disso, pode dar aos gestores a falsa impressão de que o ambiente está fora de seu controle e interesse. Mas uma vez que o ambiente inclui a organização, os gestores devem estar constantemente preocupados com isso. A maioria dos gestores, nos dias de hoje, está ciente de que o ambiente muda rapidamente. A dificuldade para a maioria é determinar como essas mudanças afetam a empresa.

Dessa forma, o gestor enfrenta um enorme, vagamente especificado, ambiente que, de alguma forma, afeta a organização. Gerir a organização dentro de um ambiente desses pode parecer uma enorme tarefa. As alternativas para o gestor são: (1) ignorar o ambiente por causa de sua complexidade e encarar a gestão das operações internas da empresa, (2) aplicar o máximo de energia na coleta de informações do ambiente na tentativa de reagir a cada fator ambiental e (3) prestar atenção aos aspectos específicos do ambiente de trabalho, respondendo apenas àqueles que afetam de forma mais significativa a organização.

Ignorar os fatores ambientais completamente e se concentrar em operações internas leva a empresa a correr o risco de perder grandes mudanças ambientais, como alterações nas preferências dos clientes, avanços tecnológicos e novas regulamentações. Gastar muita energia, tempo e dinheiro explorando todos os aspectos do ambiente pode retirar mais da organização do que adicionar algo a ela.

A terceira alternativa – analisar cuidadosamente os segmentos do ambiente de trabalho que mais afetam a organização e agir em conformidade – é a via mais prudente. A questão é determinar quais partes do ambiente devem receber atenção do gestor. No restante desta seção, examinaremos duas perspectivas sobre o ambiente organizacional: a análise dos componentes e da incerteza ambientais.

Forças ambientais têm efeitos diversos em diferentes empresas. Por exemplo, todas as organizações do setor de saúde nos Estados Unidos estão muito preocupadas com o rumo do envolvimento do governo na área da saúde. Não é que vários indivíduos e organizações sejam a favor ou contra determinada proposta; a principal preocupação é a forma como as várias propostas poderiam afetar as operações. De fato, muitos líderes da indústria têm sido envolvidos em atividades de consultoria e coleta de esforços para influenciar o resultado final. Com efeito, essas organizações estão tentando mudar o ambiente e terão de determinar como suas empresas serão afetadas. O mais provável é que leve anos para que as organizações se adaptem à nova regulamentação. Em outro contexto, forças ambientais muito diferentes afetam o McDonald's – a demanda do consumidor, o rendimento disponível, o custo da carne e do pão e o preço da gasolina. Assim, o ambiente de trabalho, o conjunto específico de forças ambientais que influenciam as operações de uma organização, varia entre as organizações.

A única característica do ambiente que reúne todas essas diferentes influências ambientais e que parece ter maior efeito sobre a estrutura da organização é a incerteza. A **incerteza ambiental** existe quando os gestores não têm informações suficientes sobre os fatores ambientais, por isso têm dificuldades em prever o impacto desses fatores sobre a organização.[24] A incerteza tem sido descrita como resultante da complexidade e dinamismo do ambiente. **Complexidade ambiental** é representada pelo número de componentes ambientais que afetam a tomada de decisão organizacional. **Dinamismo ambiental** é o grau em que importantes componentes ambientais mudam.

Em um ambiente de baixa incerteza, há poucos componentes importantes e eles mudam com frequência. Uma empresa na indústria de recipientes de papelão pode ter um ambiente altamente determinado quando a demanda é constante, os processos de fabricação são estáveis e as regulamentações governamentais se mantêm praticamente inalteradas. Mas em ambientes altamente incertos existem muitos componentes importantes envolvidos na tomada de decisões, os quais mudam frequentemente. Hoje, o ambiente de cuidados de saúde nos Estados Unidos é altamente incerto em virtude da nova lei de cuidados de saúde e da probabilidade de mudanças contínuas no futuro. A indústria de brinquedos também está em um ambiente altamente incerto. Uma vez que desenvolvem novos brinquedos, as empresas devem permanecer em sintonia com filmes, programas de televisão e desenhos animados, assim como com os sentimentos do público. Entre 1983 e 1988, os desenhos animados das manhãs de sábado eram pouco mais do que histórias animadas sobre brinquedos infantis. Recentemente, em razão das vendas decepcionantes dos muitos brinquedos apresentados em desenhos animados, elaborados para promovê-los, a maioria das empresas de brinquedos deixou o negócio dos desenhos animados baseados em brinquedo. Muitos brinquedos vendidos atualmente são inspirados em filmes.[25]

As características ambientais e a incerteza têm sido fatores importantes na explicação da estrutura, estratégia e desempenho da organização. Por exemplo, as características do ambiente afetam o modo como os gestores percebem o ambiente que, por sua vez, afeta a forma como eles adaptam a estrutura da organização para atender as demandas ambientais.[26] O ambiente, como tem sido demonstrado, também afeta o grau em que a estratégia de uma empresa aumenta seu desempenho.[27] Em outras palavras, determinada estratégia vai melhorar o desempenho organizacional se for apropriada ao ambiente em que a organização opera. Por fim, o ambiente está diretamente relacionado ao desempenho organizacional.[28] O ambiente e a resposta da organização a ele são cruciais para o sucesso.

Uma organização tenta continuar como entidade viável em um ambiente dinâmico. O ambiente inclui a organização, e os gestores devem estar constantemente preocupados com isso. A organização em sua totalidade, assim como seus departamentos e divisões, é criada para lidar com diferentes desafios, problemas e incertezas. James Thompson sugeriu que as organizações criem uma estrutura para proteger a tecnologia dominante, suavizem quaisquer problemas e mantenham baixos custos de coordenação.[29] Assim, as estruturas organiza-

---

A **incerteza ambiental** existe quando os gestores não têm informações suficientes sobre os eventos ambientais e seu impacto sobre a organização.

Complexidade ambiental é o número de componentes ambientais que afetam a tomada de decisão organizacional.

Dinamismo ambiental representa o grau em que os componentes ambientais afetam a mudança na tomada de decisão organizacional.

Hoje muitos brinquedos são baseados em filmes. As crianças veem o filme e pedem aos pais para comprar as figuras de ação. Os filmes da série *Toy Story* geraram para a Mattel muitas vendas da boneca Jessie e de outros personagens. Até a Barbie e o Ken ganharam uma nova vida com *Toy Story 3*, e você pode ter o conjunto de presente, com ambos, por apenas US$ 24,99!

cionais são projetadas para coordenar tecnologias relevantes e protegê-las de perturbações externas. Componentes estruturais, como estoque, armazenamento e transporte, ajudam a tamponar a tecnologia usada, transformando entradas em saídas. Por exemplo, a demanda por produtos geralmente é cíclica ou sazonal e está sujeita a muitos distúrbios, mas a armazenagem ajuda o sistema de produção a funcionar, como se o ambiente aceitasse a saída a uma taxa constante, maximizando a eficiência tecnológica e ajudando a organização a responder à procura variável do mercado. Mas a armazenagem custa dinheiro e por isso os gestores devem equilibrar os custos de estoque com os custos de transporte, custos trabalhistas e muitos outros fatores.

As organizações com operações internacionais precisam lidar com níveis adicionais de complexidade e dinamismo, tanto dentro de uma mesma cultura como entre culturas. Muitas culturas têm ambientes relativamente estáveis. Por exemplo, as economias da Suécia e dos Estados Unidos são bastante estáveis. Embora as forças de concorrência dentro do sistema econômico de cada país variem, essas economias permanecem fortes. Em contraposição, o ambiente de outros países são muito mais dinâmicos. Por exemplo, as políticas da França sobre socialismo *versus* empresa privada tendem a mudar drasticamente a cada eleição. No momento, as mudanças de longo alcance nas filosofias econômicas e de gestão da maioria dos países europeus tornam esses ambientes muito mais dinâmicos do que o ambiente dos Estados Unidos. Os gestores de corporações globais vivenciaram muito mais preocupações, uma vez que a recessão mundial nos últimos anos teve vários efeitos diferenciais ao redor do mundo.

Os ambientes variam amplamente também em termos de complexidade. A cultura japonesa, que é bastante estável, também é muito complexa. Os gestores japoneses estão sujeitos a uma série de normas culturais e valores que são muito mais abrangentes e resistentes à mudança em comparação ao que vivenciam os gestores dos Estados Unidos. A Índia também tem um ambiente extremamente complexo, ainda influenciado pelo antigo sistema de castas que contrasta com o sistema educacional que produz excelentes talentos na área da engenharia. Embora o potencial para negócios seja grande na China, as várias incertezas ambientais enfrentadas por empresas estrangeiras que querem fazer negócios lá tornam a proposta difícil. Problemas relacionados a infraestrutura, diferenças linguísticas e culturais, normas governamentais, fornecedores inconsistentes, questões aduaneiras e proteção de direitos autorais irregular tornam o país, no mínimo, um ambiente difícil.[30]

Escolha estratégica

As duas seções anteriores descreveram como a estrutura é afetada pela estratégia da organização e pelos imperativos estruturais de tamanho, tecnologia e ambiente. Essas abordagens podem parecer contraditórias, uma vez que ambas as abordagens são uma tentativa de especificar os determinantes estruturais. Esse aparente choque tem sido resolvido pelo refinamento do conceito de estratégia, incluindo o papel da tomada de decisão da alta administração na determinação da estrutura organizacional.[31] Com efeito, esse ponto de vista insere o gestor como o tomador de decisões que avalia os imperativos e a estratégia organizacional e, em seguida, planeja a estrutura da organização.

A importância do papel da gestão da alta administração pode ser compreendida por meio da comparação entre a Figura 17.4 e a Figura 17.2. A Figura 17.4 mostra imperativos estruturais como fatores contextuais – nos quais a organização deve operar – que afetam os propósitos e objetivos da organização. As escolhas do gestor para a estrutura da organização são afetadas pela estratégia da organização (objetivos e metas), pelos imperativos (fatores contextuais) e pelo sistema de valores pessoais e experiências do gestor.[32] A eficácia organizacional depende do ajuste entre o tamanho, a tecnologia, o ambiente, as estratégias e a estrutura.

Outra perspectiva sobre a relação entre estratégia e estrutura é que essa relação pode ser recíproca, ou seja, a estrutura pode ser configurada para implementar a estratégia, mas pode então afetar o processo de tomada de decisão, influenciando assuntos como a centralização ou a descentralização da tomada de decisão e a formalização de regras e procedimentos.[33] Assim, a estratégia determina a estrutura que, por sua vez, afeta a tomada de decisões estratégicas. Uma visão mais complexa, sugerida por Herman Boschken, é a de que a estratégia é um fator determinante da estrutura e do desempenho no longo prazo, mas apenas quando as subunidades que fazem o planejamento têm capacidade de fazê-lo de modo satisfatório.[34]

A relação entre escolha estratégica e estrutura é mais complicada que o conceito de que "a estrutura segue a estratégia". No entanto, essa relação tem recebido menos atenção das pesquisas do que a ideia de imperativos estruturais. É claro, alguns podem considerar a estratégia simplesmente como outro imperativo, juntamente com tamanho, tecnologia e ambiente. Mas a perspectiva da escolha estratégica vai além da perspectiva interativa, porque é um produto das análises dos imperativos e da estratégia da organização. Por exemplo, quando a Daimler-Benz se fundiu com a Chrysler, Juergen Schrempp, diretor executivo da Daimler, alegou que era uma fusão de iguais. Contudo, logo ficou claro que ele estava errado, e a Chrysler se tornou apenas mais uma divisão da montadora alemã. Schrempp admitiu que essa era a estrutura que ele desejava desde o princípio.[35] Em poucos anos, a Chrysler foi vendida pela Daimler para um grupo de investimentos, foi à falência e posteriormente foi assumida pela Fiat, a gigante automobilística Italiana.[36]

FIGURA 17.4

Abordagem da escolha estratégica para o *design* organizacional

A integração da abordagem estrutural-imperativa para o *design* organizacional por meio da abordagem da escolha estratégica leva em conta o papel do gestor, cuja perspectiva de fatores contextuais e da organização, juntamente com as preferências, valores e experiência pessoais, ajudam a determinar a estrutura organizacional.

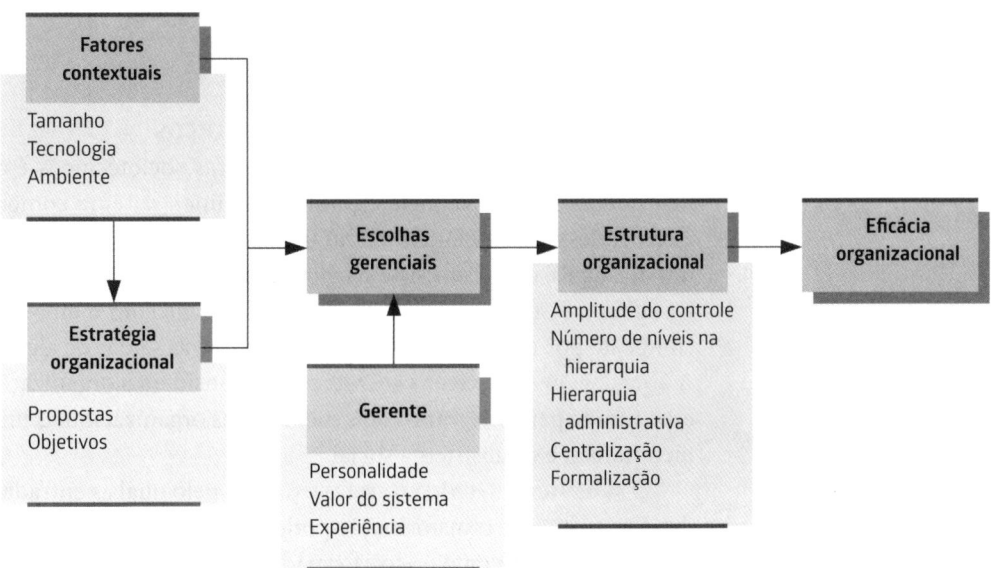

Fatores contextuais
- Tamanho
- Tecnologia
- Ambiente

Estratégia organizacional
- Propostas
- Objetivos

Escolhas gerenciais

Gerente
- Personalidade
- Valor do sistema
- Experiência

Estrutura organizacional
- Amplitude do controle
- Número de níveis na hierarquia
- Hierarquia administrativa
- Centralização
- Formalização

Eficácia organizacional

PROJETOS ORGANIZACIONAIS

A seção anterior descreveu vários fatores que determinam como as organizações se estruturam. Nesta seção, apresentaremos projetos organizacionais diferentes, criados para adaptar as organizações aos muitos fatores contingenciais. Discutiremos as estruturas mecanicistas e orgânicas, a perspectiva do sistema sociotécnico, os *designs* de Mintzberg, o projeto matricial e as organizações virtuais.

Projetos mecanicistas e orgânicos

> A **estrutura mecanicista** é principalmente hierárquica; as interações e comunicações são tipicamente verticais, as instruções vêm do chefe, o conhecimento está concentrado na alta administração e lealdade e obediência são necessárias para sustentar sua adesão.
>
> A **estrutura orgânica** é montada como se fosse uma rede; as interações e comunicações são horizontais, o conhecimento reside onde quer que seja mais útil à organização e a adesão requer compromisso com as tarefas da organização.

Como discutimos na seção anterior, a maioria dos que estudam as organizações acredita que elas precisam ser capazes de se adaptar às mudanças da tecnologia. Por exemplo, se a taxa de mudança na tecnologia é lenta, o projeto mais eficaz é o burocrático ou, utilizando o termo de Burns e Stalker, "mecanicista". Conforme resumido na Tabela 17.2, a **estrutura mecanicista** é de natureza hierárquica, as interações e comunicações são principalmente verticais, as instruções vêm do chefe, o conhecimento está concentrado na alta administração e a adesão contínua requer lealdade e obediência.

Mas se a tecnologia muda rapidamente, a organização precisa de uma estrutura que permita maior flexibilidade e rapidez na tomada de decisão para que possa reagir às mudanças. Esse projeto é chamado de "orgânico". A **estrutura orgânica** lembra uma rede de interações, as comunicações são mais laterais, o conhecimento reside onde quer que seja mais útil à organização e a adesão requer o compromisso com as tarefas da organização. Geralmente, espera-se que uma organização orgânica seja mais rápida ao reagir às mudanças no meio ambiente.

TABELA 17.2	*Designs* organizacionais mecanicista e orgânico	
CARACTERÍSTICA	**MECANICISTA**	**ORGÂNICO**
Estrutura	Hierárquica	Rede com base em interesses
Interações, comunicação	Principalmente verticais	Laterais
Direcionamento para o trabalho, instruções	Do supervisor	Por meio de aconselhamento, informação
Conhecimento, informação	Concentrados na alta administração	Todo
Adesão, relacionamento com a organização	Requer lealdade, obediência	Compromisso com tarefa, progresso, expansão

© Cengage Learning

Planejamento de sistemas sociotécnicos

> **Sistema** é um conjunto de elementos interligados que funcionam como um todo.
>
> **Sistema aberto** é um sistema que interage com o ambiente.
>
> A **abordagem de sistemas sociotécnicos** para o projeto organizacional considera a organização um sistema aberto, estruturado para integrar os subsistemas técnicos e sociais em um único sistema de gestão.
>
> **Subsistema técnico (tarefa)** é o meio pelo qual as entradas são transformadas em saídas.

A fundamentação da abordagem de sistemas sociotécnicos é a teoria de sistemas, discutida no Capítulo 1. Naquele capítulo, definimos **sistema** como um conjunto de elementos interligados que funcionam como um todo. Um sistema pode ter vários subsistemas, cada um dos quais, como um sistema global, inclui entradas, processos de transformação, saídas e *feedback*. **Sistema aberto** é aquele que interage com o ambiente. Um sistema complexo é composto por numerosos subsistemas em que as saídas de alguns são as entradas de outros. A **abordagem de sistemas sociotécnicos** considera a organização como um sistema aberto, estruturado para integrar os dois subsistemas organizacionais importantes: o subsistema técnico (tarefa) e o subsistema social.

O **subsistema técnico (tarefa)** é o meio pelo qual as entradas são transformadas em saídas. O processo de transformação pode assumir muitas formas. Em uma loja de máquinas de aço, ele envolveria como o aço é formado, cortado, perfurado, tratado quimicamente e pintado.

Um **subsistema social** inclui as relações interpessoais que se desenvolvem entre as pessoas nas organizações.

Grupos de trabalho autônomo são usados para integrar subsistemas técnicos e sociais da organização de forma a beneficiar o sistema maior.

Em uma companhia de seguros ou instituição financeira, envolveria a forma como a informação é processada. Muitas vezes, competências científicas e de engenharia significativas são aplicadas a esses processos de transformação, de modo a obter maior produtividade com menor custo. O processo de transformação é considerado tecnológica e economicamente conduzido, isto é, o processo mais produtivo e de menor custo é geralmente o mais desejável.

Alguns produtos, no entanto, são feitos segundo padrões, e não segundo preço. O box *Mudança*, intitulado "Um casamento entre técnica e tecnologia", mostra como o renomado fabricante de pianos Steinway aplica a tecnologia moderna para economizar tempo e trabalho em um processo de transformação voltado a padrões tradicionais de qualidade.

O **subsistema social** inclui as relações interpessoais que se desenvolvem entre as pessoas nas organizações. Os funcionários aprendem com os outros hábitos de trabalho, pontos fortes, pontos fracos e preferências, durante o desenvolvimento de um sentimento de confiança mútua. As relações sociais se manifestam por meio de amizades e de grupos de interesse. A comunicação, tanto sobre o trabalho como sobre os interesses comuns dos trabalhadores, pode ser reforçada pela amizade ou dificultada pelas relações antagônicas. Os estudos de Hawthorne, realizados entre 1927 e 1932 nas instalações da Western Electric's Hawthorne, perto de Chicago, foram as primeiras investigações sérias sobre subsistemas sociais em organizações.[37]

A abordagem de sistemas sociotécnicos foi desenvolvida por membros do Instituto Tavistock da Inglaterra como consequência de um estudo sobre mineração de carvão. O estudo analisou novas técnicas de mineração que foram introduzidas para aumentar a produtividade, mas falharam porque implicavam a divisão de grupos de trabalho bem estabelecidos.[38] Os pesquisadores do Tavistock concluíram que o subsistema social tinha sido sacrificado pelo subsistema técnico. Assim, melhorias no subsistema técnico não foram realizadas em razão de problemas no subsistema social.

O grupo Tavistock propôs a ideia de que os subsistemas técnicos e sociais de uma organização podem ser integrados por meio de grupos de trabalho autônomos. O objetivo dos **grupos de trabalho autônomos** é fazer com que os subsistemas técnicos e sociais trabalhem em conjunto para o benefício do maior sistema. Esses grupos são desenvolvidos com base nos conceitos de planejamento das tarefas – particularmente o enriquecimento do trabalho – e em ideias sobre interação do grupo, supervisão e outras características do planejamento organizacional. Para estruturar a tarefa, a autoridade e o relato de relações entre os grupos de trabalho, as organizações devem delegar aos próprios grupos as decisões relativas às atribuições de trabalho, treinamento, inspeção, recompensas e punições. A gestão é responsável pela coordenação dos grupos de acordo com as exigências do ambiente de trabalho e de tarefas. Grupos de trabalho autônomos, muitas vezes, evoluem para equipes autogerenciadas, como discutimos no Capítulo 10.

Organizações em ambientes turbulentos tendem a depender menos da hierarquia e mais da coordenação do trabalho entre os grupos de trabalho autônomos. De acordo com a teoria de sistemas sociotécnicos, o papel da gestão é duplo: monitorar os fatores ambientais que incidem sobre as operações internas da organização e coordenar os subsistemas sociais e técnicos. Embora a abordagem de sistemas sociotécnicos não tenha sido exaustivamente testada, tem

Esses mineiros devem trabalhar em conjunto e coordenar seus esforços a fim de fazer funcionar as técnicas mecanizadas de mineração. A barra de apoio é cortada no comprimento desejado e, em seguida, martelada na posição, presa debaixo do teto de aço como suporte. É essencial que as barras estejam perfeitamente horizontais. A interação entre os subsistemas sociais e técnicos permite que esse processo funcione.

MUDANÇA: Um casamento entre técnica e tecnologia

Em 1883, o grande compositor e pianista virtuoso Franz Liszt escreveu para Heinrich Steinway, fundador da Steinway & Sons, para louvar o piano de cauda Steinway. Particularmente, Liszt tinha boas recomendações sobre o efeito da tonalidade por *escala* – o arranjo das cordas – do piano.

Trinta anos antes, Henry Steinway Jr. tinha patenteado a técnica de escala chamada *overstringing*: ele havia posicionado as cordas graves acima das cordas agudas do piano, e em diagonal, em vez de colocá-las em paralelo, de forma a criar uma segunda camada de cordas. Como resultado, melhorou a tonalidade do instrumento por meio de cordas mais compridas com qualidade vibratória superior.

Outro elemento desenvolvido por Steinway em meados do século 19 tornou possível o uso de cordas maiores – portanto, com som mais alto. Se você olhar sob um piano, verá uma placa de ferro fundido. Esse componente era anteriormente feito de madeira reforçada por hastes metálicas, mas Steinway tornou regular o uso da placa de ferro fundido por volta dos anos de 1840. A placa de metal, obviamente, é muito mais forte e permitiu ao fabricante do piano aplicar às cordas uma tensão muito maior; a capacidade de aumentar a tensão das cordas, por sua vez, permitiu afinar o piano em padrões de tonalidade mais exigentes.

Steinway foi o primeiro fabricante de pianos a combinar a placa de ferro fundido à técnica de *overstringing*, e muito pouco mudou na construção de um piano de cauda desde que essas e outras facetas da tecnologia tradicional foram introduzidas pela primeira vez. Contudo, isso não quer dizer que você não vai encontrar nenhuma tecnologia moderna na atual fábrica Steinway.

Tome, por exemplo, a placa de som, que você verá ao abrir um piano de cauda e olhar por dentro. A *placa de som*, um "diafragma" de madeira maciça localizado entre as cordas e a placa de metal, é uma maravilha do projeto aparentemente simples que vibra para amplificar o som das cordas enquanto resiste a 1.000 libras de pressão colocadas sobre elas. Uma vez que são feitas à mão, duas placas de som nunca são exatamente do mesmo tamanho. Assim como as caixas – a superfície lateral curva de um piano que corre em torno de todo o instrumento –, que nunca têm o mesmo tamanho.

> *"Estamos falando de madeira."*
> — ANDREW HORBACHEVSKY, DIRETOR DE MANUFATURA DA STEINWAY & SONS

"Estamos falando de madeira", diz Andrew Horbachevsky, diretor de manufatura da Steinway. "Essa (caixa) poderia ser até 1/16 daquela outra". O importante é que a capa esteja ajustada – *precisamente* – à uma mesa de som. "Não queremos uma base que torça", explica Horbachevsky.

Ao passo que a placa de som é medida primeiro e a caixa é a ela ajustada posteriormente, só há uma caixa para cada placa de som. Para assegurar o ajuste satisfatório entre a caixa e a placa de som, a caixa deve ser *fresada* – serrada e planejada segundo uma especificação. Realizada manualmente, essa tarefa levava 14 horas, mas hoje é feita em 1 hora e meia por uma máquina de laminação controlada por CNC (computador numericamente controlado) – um sistema em que um veículo de armazenamento computadorizado emite comandos programados para várias ferramentas especializadas.

Reconhecida, a tecnologia CNC é bastante nova na Steinway – a fresadora de milhões de dólares e várias outras peças de tecnologia CNC foram introduzidas entre 2000 e 2005. A maioria das ferramentas CNC da Steinway é altamente especializada e a empresa faz a produção personalizada de muitas delas. Obviamente, essa tecnologia gera uma grande economia de trabalho, mas os dirigentes da Steinway são inflexíveis sobre o papel da tecnologia na manutenção em vez da suplantação da tradição da marca: algumas pessoas, diz o Diretor de Qualidade Robert Berger, "acham que a Steinway está automatizando para economizar custos ou melhorar a produtividade". Mas todo esse investimento está direcionado para a qualidade. "Estamos fazendo alguns investimentos em tecnologia especificamente em áreas nas quais podemos melhorar a qualidade do nosso produto."

Referências: Steinway & Sons, "Steinway History: Leadership through Craftsmanship and Innovation", *German American Pioneers*, www.germanamericanpioneers.org, 17 ago. 2012; Steinway & Sons, "Online Factory Tour", Steinway Hall, www.steinwaypianos.com, 17 ago. 2012; Victor Verney, "88 Keys: The Making of a Steinway Piano", *All About Jazz*, 18 jun., 2006, www.allaboutjazz.com, 17 ago. 2012; WGBH (Boston), "Note by Note: The Making of Steinway L1037", 1995-2012, www.wgbh.org, 17 ago. 2012; M. Eric Johnson, Joseph Hall e David Pyke, "Technology and Quality at Steinway & Sons", Tuck School of Business, Dartmouth, 13 mai. 2005, http://mba.tuck.dartmouth.edu, 29 mar. 2011.

sido aplicada, com algum sucesso, nas instalações da General Foods, em Topeka, Kansas; na Saab-Scania, Suécia, e nas instalações da Volvo, em Kalmar, Suécia.[39] O desenvolvimento da abordagem de sistemas sociotécnicos é significativa em seu afastamento de abordagens universais para o *design* organizacional e em sua ênfase no aproveitamento conjunto dos subsistemas técnicos e humanos. Atualmente, os movimentos populares na gestão incluem muitos dos princípios da abordagem de sistemas sociotécnicos para o *design*. O desenvolvimento de equipes interfuncionais para gerar e criar novos produtos e serviços é um bom exemplo (ver Capítulo 10).

O projeto de Mintzberg

Nesta seção, descreveremos cinco projetos organizacionais propostos por Henry Mintzberg. É grande o universo de projetos possíveis, mas, felizmente, podemos dividi-los em algumas formas básicas. De acordo com Mintzberg, o propósito do projeto organizacional era coordenar as atividades, assim, ele sugeriu uma série de mecanismos de coordenação que são encontrados em organizações em operação.[40] No ponto de vista de Mintzberg, a estrutura organizacional reflete como as tarefas são divididas e coordenadas. Ele descreveu cinco principais formas de como as tarefas são coordenadas: por ajuste mútuo; por supervisão direta; e pela padronização das habilidades do funcionário (ou da entrada), processos de trabalho ou saídas (ver Figura 17.5). Esses cinco métodos podem existir lado a lado dentro de uma organização.

A *coordenação por ajuste mútuo* (1 na Figura 17.5) significa que os funcionários usam a comunicação informal para se coordenarem uns com os outros; a *coordenação por supervisão direta* (2 na Figura 17.5) significa que um gerente ou supervisor coordena as ações dos funcionários. Como observado, a *padronização* pode ser utilizada como um mecanismo de coordenação de três maneiras diferentes: (1) podemos padronizar as *habilidades de entrada* (3 na Figura 17.5), ou seja, padronizar as habilidades dos funcionários que são entradas para o processo de trabalho; (2) podemos padronizar os *processos de trabalho* (4 na Figura 17.5), ou seja, padronizar os métodos que os funcionários utilizam para transformar entradas em saídas, e (3) podemos padronizar as *saídas* (5 na Figura 17.5), isto é, padronizar os produtos ou serviços ou os níveis de desempenho esperados dos funcionários. A padronização geralmente é desenvolvida por analistas de pessoal e executadas pela gerência, de tal forma que as habilidades, processos e saídas atendam aos padrões pré-determinados.

Mintzberg sugeriu, ainda, que os cinco mecanismos de coordenação correspondem, de maneira geral, aos estágios de desenvolvimento e complexidade organizacional. Na organização muito pequena, indivíduos que trabalham juntos comunicam-se informalmente, coordenando-se por meio do ajuste mútuo. À medida que mais pessoas se juntam à organização, as necessidades de coordenação se tornam mais complexas, e a supervisão direta se torna necessária. Por exemplo, duas ou três pessoas que trabalham em uma empresa de *fast-food* de pequeno porte podem coordenar o trabalho simplesmente conversando umas com as outras sobre os pedidos recebidos de hambúrgueres, batatas fritas e bebidas. No entanto, a supervisão direta torna-se necessária em um restaurante maior, com culinária e equipamentos de aquecimento mais complexos e vários turnos de trabalhadores.

Em grandes organizações, a padronização é adicionada ao ajuste mútuo e à supervisão direta para coordenar o trabalho. O tipo de padronização depende da natureza da situação de trabalho, isto é, a tecnologia e o ambiente da organização. A padronização dos processos de trabalho pode alcançar a coordenação necessária quando as tarefas da organização são bastante rotineiras. Assim, o restaurante de *fast-food* de maior porte padroniza a fabricação de hambúrgueres: a carne é pesada, colocada em uma prensa e compactada em forma de disco. O McDonald's é bem conhecido pelo processo padronizado. A análise do sucesso do McDonald's mostra que parte dele se deve ao alto grau de padronização.

Em outras situações complexas, a padronização da produção pode permitir que os funcionários façam o trabalho de maneira diferente, mas que seja apropriada, desde que o resultado

FIGURA 17.5

Os cinco mecanismos de coordenação de Mintzberg

Mintzberg descreveu cinco métodos de coordenação de ações dos participantes organizacionais. As linhas tracejadas em cada diagrama mostram os cinco diferentes meios de coordenação: (1) ajuste mútuo; (2) supervisão direta; (3) padronização de habilidades de entrada, (4) processos de trabalho e (5) saídas.

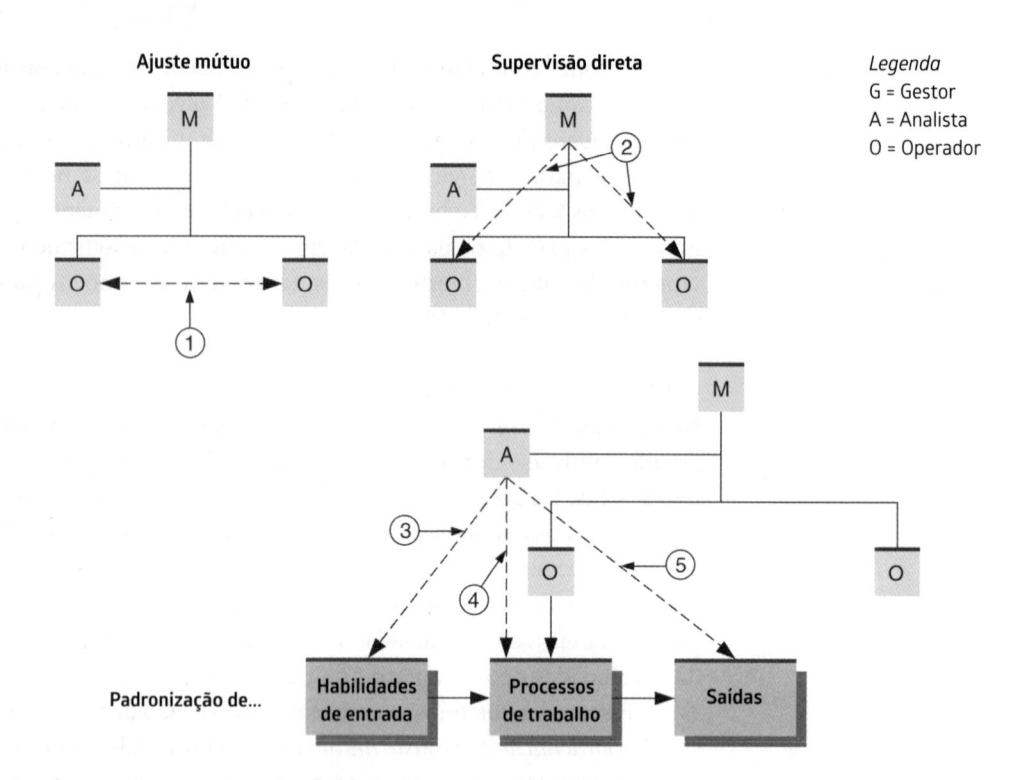

Legenda
G = Gestor
A = Analista
O = Operador

Referências: Henry Mintzberg, The Structuring of Organizations: A Synthesis of the Research, © 1979, p. 4. Reimpresso com permissão de Prentice Hall, Inc., Upper Saddle River, NJ.

atenda às especificações. Assim, o cozinheiro pode não se importar com o modo como o hambúrguer é prensado, ele se preocupa apenas com a quantidade certa de carne e com o diâmetro e a espessura corretos do disco. Em outras palavras, o funcionário pode utilizar qualquer processo, desde que a saída seja um hambúrguer padrão.

Uma terceira possibilidade é a de coordenar o trabalho por meio da padronização das habilidades dos funcionários. Essa abordagem é mais frequentemente adotada em situações nas quais os processos e os resultados são difíceis de padronizar. Em um hospital, por exemplo, cada paciente deve ser tratado como um caso especial; o processo e os resultados do hospital, por conseguinte, não podem ser padronizados. Procedimentos de diagnóstico e tratamentos semelhantes podem ser utilizados com mais de um paciente, mas o hospital conta com as habilidades dos médicos e enfermeiros (que são padronizados com base em sua formação profissional) para coordenar o trabalho. É possível que as organizações dependam do ajuste mútuo entre os funcionários para coordenar suas próprias ações em situações de trabalho mais complexas ou quando os elementos mais importantes da coordenação são as habilidades de treinamento e comunicação profissional dos funcionários. Com efeito, o ajuste mútuo pode ser um mecanismo de coordenação adequado, tanto nas mais simples quanto nas mais complexas situações.

Segundo Mintzberg, os cinco métodos de coordenação podem ser combinados com os componentes básicos da estrutura, o que leva a cinco configurações estruturais: estrutura simples, burocracia mecânica, burocracia profissional, departamentalização e a adhocracia. Mintzberg chamou essas estruturas de tipos puros ou ideais de *design*.

Estrutura simples A **estrutura simples** caracteriza organizações relativamente pequenas, geralmente jovens, em um ambiente simples e dinâmico. A organização tem pouca especialização e formalização, e sua estrutura global é orgânica. O poder e a tomada de decisão estão concentrados nos gestores do alto escalão e o fluxo de autoridade ocorre de cima para baixo. O mecanismo de coordenação principal é a supervisão direta. A organização tem

A **estrutura simples**, típica de organizações relativamente pequenas ou novas, tem pouca especialização ou formalização; o poder e a tomada de decisão estão concentrados no presidente executivo.

de se adaptar rapidamente para sobreviver por causa do ambiente dinâmico e muitas vezes hostil. A maioria dos pequenos negócios – concessionária de automóveis, loja de roupas ou fabricante de doces com distribuição regional – tem estrutura simples.

Burocracia mecânica A **burocracia mecânica** é típica de grandes empresas, bem estabelecidas em ambientes simples e estáveis. O trabalho é altamente especializado e formalizado, e a tomada de decisão é normalmente concentrada no topo. A padronização dos processos de trabalho é o principal mecanismo de coordenação. Essa estrutura altamente burocrática não tem de se adaptar rapidamente às mudanças porque o ambiente é simples e estável. Exemplos incluem grandes empresas de produção em massa, como a Container Corporation of America, grandes frigoríficos e prestadores de serviços para mercados de massa, como companhias de seguro.

> Na burocracia mecânica, típica de organizações grandes e bem estabelecidas, o trabalho é altamente especializado e formalizado, e a tomada de decisão é normalmente concentrada no topo.

Burocracia profissional Normalmente encontrada em um ambiente complexo e estável, a **burocracia profissional** depende da padronização de habilidades como o principal meio de coordenação. Há muita especialização horizontal por áreas profissionais de especialidades, mas pouca formalização. A tomada de decisão é descentralizada e tem lugar onde a especialidade está. Os únicos meios de coordenação disponíveis para a organização é a padronização de competências – dos trabalhadores por formação profissional.

Embora falte centralização, a burocracia profissional estabiliza e controla suas tarefas com regras e procedimentos desenvolvidos na profissão relevante. Hospitais, universidades e empresas de consultoria são alguns exemplos.

> A burocracia profissional é caracterizada pela especialização horizontal, de acordo com as áreas profissionais de especialistas, há pouca formalização e a tomada de decisão é descentralizada.

Forma departamentalizada A **forma departamentalizada** é característica de empresas mais antigas, muito grandes, que operam em um ambiente relativamente simples, estável, com mercados diferentes. Assemelha-se à burocracia mecânica, exceto por ser dividida de acordo com os vários mercados em que atua. Há alguma especialização horizontal e vertical entre as divisões (cada uma definida por um mercado) e a matriz. A tomada de decisão é dividida entre a matriz e as divisões, sendo o principal meio de coordenação é a padronização dos resultados. O mecanismo de controle exigido pela matriz incentiva o desenvolvimento de burocracia mecânica nas divisões.

Um exemplo clássico de forma departamentalizada é a General Motors, que em uma reorganização durante a década de 1920 aprovou um projeto que criou divisões para cada grande modelo automobilístico.[41] Embora as divisões tenham sido reorganizadas e os carros tenham mudado várias vezes, o conceito da organização departamentalizada ainda é muito evidente na GM.[42] A General Electric utiliza uma estrutura departamentalizada de dois níveis, que divide suas inúmeras empresas em unidades estratégicas de negócios, que são, então, divididas em setores.[43]

> A forma departamentalizada, típica de organizações mais antigas, muito grandes, é dividida de acordo com os diferentes mercados atendidos; existe especialização horizontal e vertical entre as divisões e a matriz, a tomada de decisão é dividida entre a matriz e as divisões e os resultados são padronizados.

Adhocracia A **adhocracia** é normalmente encontrada em organizações jovens, engajadas em campos altamente técnicos em que o ambiente é complexo e dinâmico. A tomada de decisão é espalhada por toda a organização, e o poder está nas mãos de especialistas. Há especialização horizontal e vertical, mas pouca formalização, resultando em uma estrutura muito orgânica. A coordenação é feita por ajuste mútuo, por meio de frequente comunicação pessoal e contato. Os especialistas não são agrupados em unidades funcionais, em vez disso, são implantados em equipes de projetos orientados ao mercado especializado.

A adhocracia típica geralmente é estabelecida para promover a inovação, algo a que não são particularmente adequados os outros quatro tipos de estruturas. Numerosas organizações norte-americanas – Whole Foods, WL Gore e Google, por exemplo – são conhecidas pela inovação e fluxo constante de novos produtos.[44] Essas empresas têm hierarquias mínimas, são formadas em torno de equipes e são conhecidas como as mais inovadoras no mundo.

> Na adhocracia, normalmente encontrada em organizações jovens em domínios altamente técnicos, a tomada de decisão é espalhada por toda a organização, o poder reside nos especialistas, existe especialização horizontal e vertical e pouca formalização.

Os funcionários da Whole Foods, Mark Ehrnstein, à direita, vice-presidente de serviços do membro da equipe, e Nikki Newman, à esquerda, recepcionista da matriz do escritório corporativo, cumprimentam-se após uma breve conversa na entrada principal da empresa, no dia 21 de junho de 2012, em Austin, Texas. A Whole Foods tem uma regra segundo a qual o salário de executivos não pode ser superior a 19 vezes o menor salário pago a um funcionário.

Outro tipo de adhocracia é aquela "sem chefe" ou "livre do chefe", em que não há hierarquia de gestores, departamentos e níveis. Os funcionários decidem em quais projetos trabalhar, determinam o salário de cada um e dirigem suas próprias atividades. A Valve Corp. estabeleceu sua organização sem chefe quando foi fundada, em 1996. Desde essa época, não criou posições gerenciais, permitindo que os funcionários recrutem outras pessoas para trabalhar em projetos. Os grupos de trabalho podem se reorganizar como acharem necessário para que as tarefas sejam realizadas. Isso é semelhante a W.L. Gore, que chama sua estrutura de gestão de estrutura de rede baseada em equipes, em vez de estrutura de gerentes e departamentos. Trabalhar em organizações livres de chefe pode ser um pouco caótico, pois elas exigem que os funcionários estejam prontos para a liberdade e motivados para assumir a responsabilidade por suas ações. Às vezes, demora alguns meses para que novos funcionários se acostumem com a inexistência de um chefe.[45]

Mintzberg acredita que o ajuste entre as partes é o aspecto mais importante na concepção de uma organização. Não diz respeito apenas ao ajuste entre estrutura, imperativos estruturais (tecnologia, tamanho e ambiente) e estratégia organizacional; os componentes da estrutura (regras e procedimentos, tomada de decisão, especialização) também devem se encaixar e ser apropriados à situação. Mintzberg destaca que uma organização não funciona de forma eficaz quando essas características não são agrupadas de forma apropriada.[46]

Organização matricial

Outra forma de organização merece atenção neste momento: o *design* matricial. O *design* matricial é consistente com a abordagem contingencial porque é útil apenas em determinadas situações. Uma das primeiras implementações do *design* matricial foi por parte da TRW Systems Group, em 1959.[47] Seguindo a liderança da TRW, outras empresas na área aeroespacial e de alta tecnologia criaram estruturas matriciais semelhantes.

A **organização matricial** tenta combinar dois projetos diferentes para obter os benefícios de cada um. A forma matricial mais comum sobrepõe a departamentalização de produtos ou projetos em a estrutura funcional (ver Figura 17.6). Cada departamento tem um projeto e gerente; cada funcionário é membro de um departamento funcional e de uma equipe de projeto. O papel duplo significa que o funcionário tem dois supervisores: o gerente do departamento e o líder do projeto.

A estrutura matricial é apropriada quando existem três condições:

1. Há pressão externa para o foco duplo, ou seja, há fatores no ambiente que requerem que a organização concentre seus esforços igualmente em resposta a vários fatores externos e operações internas.
2. Há pressão para uma alta capacidade de processamento de informações.
3. Há pressão para fontes compartilhadas.[48]

Na indústria aeroespacial, no início dos anos de 1960, essas condições estavam presentes. As empresas privadas tinham um foco duplo: seus clientes, principalmente do governo

> A **organização matricial** combina dois projetos diferentes para obter os benefícios de cada um; um esquema de departamentalização de produtos ou projetos e uma estrutura funcional são tipicamente combinados.

federal, e a engenharia complexa e áreas técnicas em que foram envolvidas. Além disso, os ambientes dessas empresas mudaram muito rapidamente. A sofisticação tecnológica e a concorrência aumentaram, resultando em crescente incerteza ambiental e em uma necessidade adicional de processamento de informações. A condição final resultou da pressão sobre as empresas para se destacarem em um ambiente muito competitivo, apesar dos recursos limitados. As empresas concluíram que era ineficiente atribuir um pessoal altamente profissionalizado – e muito bem compensado –, que envolvia cientistas e engenheiros, a apenas um projeto de cada vez.

Integrada à estrutura matricial está a capacidade de respostas flexíveis e coordenadas a pressões internas e externas. Os membros podem ir de um projeto a outro e as exigências em relação a suas habilidades mudam. Eles podem trabalhar por um mês em um projeto, podem ser atribuídos a um departamento funcional por duas semanas e, em seguida, podem ser transferidos para outro projeto em que atuarão nos seis meses seguintes. A forma matricial melhora a coordenação do projeto, atribuindo a sua responsabilidade a um único líder, em vez de dividi-la entre vários chefes de departamento. Além disso, ela melhora a comunicação porque os funcionários podem falar sobre o projeto com membros que fazem parte tanto da equipe do projeto quanto da unidade funcional a que pertencem. Desse modo, as soluções para os problemas dos projetos podem surgir de ambos os grupos. Muitos tipos diferentes de organizações têm usado a forma de organização matricial, principalmente as empresas que elaboram grandes projetos, bancos e hospitais.[49]

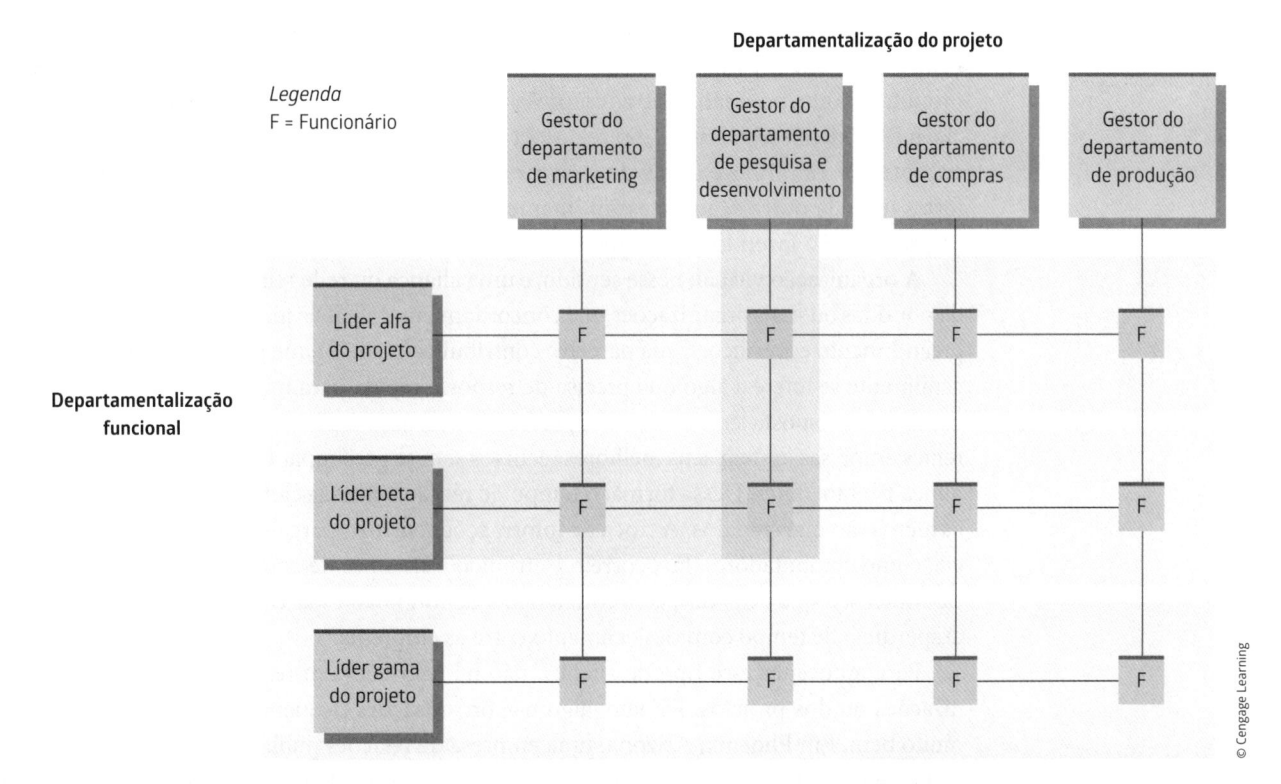

FIGURA 17.6

Organização matricial

A organização matricial sobrepõe dois tipos diferentes de departamentalização – por exemplo, uma estrutura funcional e uma estrutura de projeto.

Desse modo, a forma de organização matricial fornece vários benefícios à empresa. No entanto, ela não está livre de problemas. Os problemas típicos incluem os seguintes:

1. O sistema de comunicação dupla pode causar conflito de papéis entre os funcionários.
2. Lutas de poder podem ocorrer sobre quem tem autoridade sobre quais questões.
3. Muitas vezes, a organização matricial é mal interpretada, dando a impressão de que um grupo deve tomar todas as decisões; como resultado, podem ser utilizadas técnicas de decisão em grupo.
4. Se o projeto envolve várias matrizes, cada uma colocada acima da outra, não pode haver nenhuma maneira de rastrear a prestação de contas e a autoridade.[50]

Somente sob as três condições listadas anteriormente, o *design* matricial terá probabilidade de funcionar. De qualquer forma, é um sistema organizacional complexo que deve ser cuidadosamente coordenado e gerido para ser eficaz.

Organizações virtuais

> Organização virtual é uma aliança temporária formada por duas ou mais organizações para perseguir um empreendimento específico ou explorar uma oportunidade.

Existem vários significados para o termo "organizações virtuais". A referência mais antiga, que nós chamamos de **organização virtual**, diz respeito a uma aliança ou rede relativamente temporária criada por duas ou mais organizações que concordavam em trabalhar juntas para completar um empreendimento específico. Uma segunda referência, que chamamos de **empresa virtual**, diz respeito a qualquer organização cujos funcionários trabalhem em locais diferentes em vez de irem a um escritório central. Isso permite que eles trabalhem em um café, em casa, em um parque ou em um país diferente, mas fiquem em contato com os colegas de trabalho por meio da tecnologia. Nesta seção, descreveremos os problemas organizacionais envolvidos em ambos os tipos citados, começando com a referência mais antiga.

> Empresa virtual é uma organização que permite aos funcionários a liberdade de realizar seu trabalho em qualquer lugar, o que alivia a exigência de que eles têm de estar no mesmo local todos os dias.

Organizações virtuais como redes Algumas empresas realizam uma ou duas tarefas muito bem, como vender para clientes do governo, mas sofrem com as outras, como a fabricação de produtos de alta precisão. Outras empresas podem ser boas na fabricação com curta tolerância, mas podem ser péssimas em relação a certos tipos de clientes. Dessa forma, é necessário encontrar o caminho para as duas organizações, de modo que possam utilizar os pontos fortes uma da outra e, ainda assim, manter a independência. É possível fazer isso, e muitas empresas estão fazendo nas chamadas "organizações virtuais".

A organização virtual, nesse sentido, é uma aliança ou rede relativamente temporária criada por duas ou mais organizações que concordam em trabalhar juntas para completar um empreendimento específico. Cada parceiro contribui com aquilo que faz melhor. A oportunidade geralmente se refere a algo que precisa de resposta rápida para maximizar a oportunidade de mercado. A resposta lenta resulta em perdas. Assim, uma organização virtual permite que diferentes empresas juntem seus melhores recursos sem se preocupar em aprender a fazer algo que nunca fizeram antes. Dessa forma, o tempo de reação é mais acelerado, os erros são menores e os lucros são mais rápidos. A troca de informações entre os parceiros é facilitado pela tecnologia, como computadores, fax, correio eletrônico e sistemas de compartilhamento de arquivos eletrônicos, o que evita despesas com aluguel de um novo espaço para o empreendimento ou desperdício de tempo com deslocamento entre as empresas.

Para aproveitar esse tipo de aliança, não há restrições em relação ao tamanho das organizações ou dos projetos. De fato, algumas organizações pequenas estão trabalhando juntas muito bem. Em Phoenix, Arizona, uma empresa de relações públicas, uma empresa de *design* gráfico e uma empresa de consultoria de gestão estão trabalhando juntas em projetos que têm vários requisitos, além daqueles oferecidos por qualquer empresa. Em vez de recusar trabalho ou contratar mais funcionários, as três empresas trabalham em conjunto para melhor atender as necessidades do cliente. Os clientes gostam do arranjo porque recebem um produto de alta qualidade e não têm de correr atrás de alguém para realizar pequenas porções do trabalho. As empresas em rede sentem que isso resulta em mais criatividade, trabalho em equipe mais consistente, uso mais eficiente dos recursos e melhor serviço aos clientes.

No entanto, é mais típico as grandes empresas se valerem de organizações virtuais. A Corning está envolvida em 19 parcerias, em diversos tipos de projetos, e está satisfeita com a maioria de seus empreendimentos, tanto que tem planos para fazer mais. A Intel trabalhou com duas organizações japonesas na fabricação de *chips* de memória *flash* para computadores. Uma das empresas japonesas não foi capaz de completar sua parte do projeto, o que levou a Intel a enfrentar um grande problema de entrega do produto. O presidente da Intel na época, Andrew Grove, não ficou muito feliz com essa empreitada.[51]

A organização virtual não é apenas mais um modismo de gestão. Tornou-se uma forma de lidar com as rápidas mudanças provocadas pela evolução da tecnologia e da concorrência global. Especialistas em administração têm opiniões divergentes quanto à eficácia desses arranjos. Embora possa parecer estranho, essa abordagem pode produzir benefícios substanciais em algumas situações.

A empresa virtual como funcionários distantes sem escritório Nessa referência alternativa, a empresa virtual é uma organização que permite aos funcionários a liberdade de realizar seu trabalho em qualquer lugar, o que alivia a exigência de que eles têm de estar no mesmo local

TABELA 17.3	Lições aprendidas em um mês no ambiente de empresa virtual
PELA EMPRESA	
• Menores custos com espaços de escritório e benefícios	
• Os custos da empresa com equipamentos de informática, *software*, vídeo/teleconferência podem aumentar, mas é possível que os funcionários já tenham o básico em casa	
• Economia em relação a custos com comutação telefônica, servidores, licenciamento de *software* empresarial	
• Perda potencial da cultura e da maneira padronizada de fazer as coisas	
• Pode ser um incentivo aos esforços de recrutamento	
• Perda de benefícios positivos da colaboração, dependendo da natureza do projeto	
PELOS FUNCIONÁRIOS	
• Economia em relação a custos com deslocamento, tempo, combustível, tarifas de ônibus/trem, almoço e lavanderia	
• É possível estar em casa em momentos e eventos familiares importantes, como aniversários, aulas de música	
• O equilíbrio trabalho-vida pessoal tem de ser reajustado	
• Alguns podem se esquecer do almoço; outros podem ficar comendo o tempo todo	
• É possível trabalhar mais horas (sem o deslocamento e sem o "horário de saída" às 18h)	
• É preciso definir regras para dividir o tempo com família e o tempo no trabalho	
• Pode haver necessidade de adequar a cadeira do escritório para uma melhor ergonomia	
• Há perda de relacionamentos face a face	
• É possível manter o foco por longos períodos com menos interrupções	
• Pode haver perda do estímulo criado pelo trabalho colaborativo	

Referência: Max Chafkin, "The Case, and the Plan, for the Virtual Company", Inc.com, 1º abril 2010, http://www.inc.com/magazine/20100401/the-case-and-the-plan-forthe-virtual-company.html, 25 abril 2010.

todos os dias. Com as ferramentas das redes sociais, diferentes tipos de *softwares* de grupos/equipes, mensagens instantâneas, videoconferências e teleconferências, computação em nuvem e padrões de *e-mail*, tornou-se muito comum os funcionários não terem de ir ao "escritório" todos os dias para desenvolver seu trabalho. Muitas empresas permitem que funcionários individuais, em certos tipos de empregos, trabalhem em casa um dia ou alguns dias por semana e os obrigam a estar no escritório nos outros dias. No entanto, a abrangência mais completa desse modelo é aquela em que não há nenhum escritório e todos os funcionários trabalham em casa. Muitos profissionais do conhecimento, como *designers* (planejadores), escritores, professores que lecionam *on-line*, desenvolvedores de *software* e outros podem trabalhar dessa forma.

A empresa que considera se tornar virtual precisa examinar muitas questões. Além das reduções óbvias no custo de espaços em escritórios, redução de benefícios e redução de custos com computador/servidor, a empresa precisa levar em conta a cultura da organização, o papel da colaboração (que pode ser uma parte necessária para fazer a empresa e seus produtos/serviços únicos terem valor) e o tipo de funcionários, bem como suas relações com os outros. Os gestores, muitas vezes, têm dificuldade para se desvincularem da sensação de controle que têm quando observam presencialmente seus funcionários no ambiente de trabalho.

Um exemplo interessante de empresa virtual é o da revista *Inc.*, que fez um experimento no qual a equipe editorial e escritores não iriam ao escritório por um mês inteiro, fariam o trabalho de casa, cafés e outros lugares fora da empresa.[52] Um resumo do que eles aprenderam está na Tabela 17.3. A empresa virtual pode se tornar a onda do futuro à medida que melhoram as tecnologias de comunicação, aumentam os custos com combustível e torna-se mais intensa a preocupação com o ambiente. Não há imposição clara de que todas as empresas devam se tornar "virtuais". No entanto, no caso de algumas delas, os benefícios poderiam ser excelentes.

PROCESSOS CONTEMPORÂNEOS DO PLANEJAMENTO ORGANIZACIONAL

A atual proliferação de teorias de planejamento e formas alternativas de organização fornece aos gerentes uma variedade enorme de escolhas. A tarefa do gestor ou do planejador organizacional é examinar a entidade e sua situação e projetar uma forma de organização que atenda às necessidades. Uma lista parcial de alternativas contemporâneas inclui abordagens como reduzir, redimensionar e reprojetar a organização, as organizações de base da equipe e a empresa virtual. Essas abordagens, muitas vezes, fazem uso de gestão da qualidade total, capacitação dos funcionários, envolvimento e participação dos funcionários, redução na força, inovação de processos e alianças. Os executivos, antes de fazer grandes mudanças no planejamento da organização, devem lidar com a nova terminologia, com a tentação de tratar essas novas abordagens como modismos e com a própria situação organizacional. Nesta seção, descreveremos duas abordagens populares – a reengenharia e o repensar a organização –, assim como questões da estrutura global e do *design* organizacional. Concluiremos com um resumo dos temas dominantes no design organizacional contemporâneo.

Reengenharia organizacional

Reengenharia é a recriação radical dos processos organizacionais para alcançar grandes ganhos de custo, tempo e prestação de serviços. Ela força a organização a se replanejar a partir do zero, em torno de seus mais importantes processos, ou núcleo, em vez de começar de sua forma atual e fazer mudanças incrementais. Assume-se que, se uma empresa não tinha estrutura, departamentos, postos de trabalho, regras ou formas estabelecidas de fazer as coisas, a reengenharia projetará a organização como deveria ser, de modo a alcançar o sucesso futuro.

> Reengenharia é a revisão radical dos processos organizacionais para alcançar grandes ganhos de custo, tempo e prestação de serviços.

O processo começa com a determinação do que os clientes realmente esperam da organização, em seguida, desenvolve-se uma estratégia para satisfazer a expectativa. Uma vez que a estratégia esteja no lugar, uma liderança forte, da alta administração, cria equipes para projetar um sistema organizacional que alcance a estratégia.[53] O objetivo da reengenharia é mudar a maneira como todos na organização concebem o próprio papel. Em vez de ver o próprio papel como uma posição em uma hierarquia, a reengenharia cria um fluxo horizontal de equipes que focam nos processos centrais que oferecem o produto ou o serviço. Ao longo de uma década de reengenharia, as forças da mudança têm sido intensificadas pela tecnologia da informação – a internet –, que acelerou todos esses processos e levou ao que alguns chamam "engenharia X", a qual leva esses mesmos processos de reengenharia para além das fronteiras organizacionais, à procura de novas eficiências, de fornecedores a distribuidores.[54]

Repensando a organização

Repensar a organização significa olhar o planejamento organizacional de forma totalmente diferente ou até mesmo abandonar a visão clássica da organização como pirâmide.

O conceito de repensar a organização é popular atualmente. **Repensar** a organização também é um processo de reestruturação que joga fora o pressuposto tradicional de que as organizações devem ser estruturadas com caixas e linhas horizontais e verticais. Robert Tomasko faz algumas sugestões de novas formas de organização para o futuro.[55] Ele sugere que a forma tradicional de pirâmide organizacional pode ser inadequada às atuais práticas de negócios. As estruturas tradicionais, argumenta, podem ter níveis exagerados de gestão, dispostos em uma hierarquia para ser eficaz e responder às mudanças dinâmicas no ambiente.

Repensar as organizações pode implicar considerar a estrutura da empresa como uma cúpula, em vez de uma pirâmide; a cúpula é a gestão da alta administração, que atua como um guarda-chuva, cobrindo e protegendo aqueles que estão abaixo, mas que os deixa sozinhos para fazer seu trabalho. Unidades internas abaixo da cúpula teriam a flexibilidade de interagir umas com as outras e com as forças ambientais. Empresas como Microsoft Corporation e Royal Dutch Petroleum têm algumas das características dessa abordagem de cúpula em seu *design* organizacional. A American Express Financial Advisors fez uma reestruturação de organização vertical à organização horizontal, resultado do repensar as maneiras pelas quais precisava atender as necessidades dos clientes.[56]

Questões acerca da estrutura global e do planejamento organizacional

Os gestores que trabalham em um ambiente internacional devem considerar não apenas as semelhanças e diferenças entre as empresas em diferentes culturas, mas também as características estruturais das organizações multinacionais.

Questões interculturais "Questões interculturais" referem-se às variações na estrutura e no planejamento de empresas que operam em diferentes culturas. Como era de se esperar, essas empresas têm tanto diferenças quanto semelhanças. Por exemplo, um estudo comparou estruturas de 55 instalações nos Estados Unidos e de 51 no Japão. Os resultados sugerem que as fábricas japonesas tinham menos especialização, maior centralização "formal" (mas menos centralização "real") e hierarquias mais altas do que as contrapartes norte-americanas. As estruturas no Japão também foram menos afetadas pela tecnologia do que as instalações dos Estados Unidos.[57]

Muitas culturas ainda têm uma visão tradicional da estrutura organizacional, não diferente das abordagens utilizadas durante o tempo da teoria da organização clássica. Por exemplo, Tom Peters, consultor de gestão nos Estados Unidos e coautor de *In Search of Excellence*, passou algum tempo dando palestras a gestores na China. No entanto, os chineses não estavam interessados nas ideias sobre descentralização e participação dos funcionários. Em vez disso, a pergunta mais frequente foi como um gerente poderia determinar o período ideal de controle.[58] Os gestores em empresas globais precisam entender os padrões diferenciais de interação entre os funcionários em diferentes países e não tirar conclusões erradas sobre interações de base cultural.[59]

SERVIÇO: Este lugar parece bom

Você já notou que em alguns lugares que você vai ou trabalha parecem quentes e acolhedores, ao passo que outros passam uma impressão fria e hostil? O ambiente faz a diferença, tanto para clientes quanto para funcionários. As cores quentes, espaços abertos, ruídos suavizados, aromas agradáveis e iluminação adequada tornam determinado lugar acolhedor, ao passo que os opostos não o fazem. Estudos identificaram os fatores-chave para o ambiente e como eles impactam clientes e funcionários. Várias organizações têm reconhecido o valor de tratar seus funcionários como clientes em termos de configuração física. Elas aprenderam que é uma contradição dizer "Nosso pessoal é o mais importante no mundo porque faz a diferença", quando a entrada de funcionários está localizada atrás do prédio ao lado da lixeira. Essas organizações criaram salas de descanso lindamente decoradas, banheiros que se equiparam aos oferecidos aos clientes e entradas de funcionários acolhedoras e tão especiais como as utilizadas pelos clientes. Em outras palavras, a organização que reconhece o valor de defender suas declarações sobre a importância dos funcionários por meio de instalações físicas que reforçam essa ideia envia uma mensagem consistente de que acredita que seu pessoal é importante e faz a diferença.

A preocupação dos gestores está em identificar os elementos que fazem parte de um ambiente benéfico. Um estudioso sugere que há cinco fatores que compõem um cenário que leva a uma resposta cognitiva, emocional e/ou fisiológica. Primeiro, as condições do ambiente. Essas são o que experimentamos por meio de nossos sentidos. O que vemos, cheiramos, degustamos, ouvimos e tocamos ajuda a determinar nossa resposta a um ambiente. Se trabalharmos em uma loja suja, que cheira mal, barulhenta e escura, em um banco ou centro médico, ou formos cliente dela, vamos formar uma impressão diferente da que formaríamos se o local fosse limpo, com aroma fresco, tranquilo e bem iluminado. As condições ambientais influenciam a forma como nos sentimos a respeito do local e as organizações de serviços de referência gerem adequadamente esses fatores tanto para clientes quanto para funcionários. O segundo fator que influencia a sensação em relação a um lugar é o modo como o espaço é apresentado e a sensação de que ele é funcionalmente bem projetado. Espaços abertos são mais amigáveis do que os apertados, caminhos largos dão a impressão de que é mais fácil caminhar neles do que nos estreitos, espaços bem iluminados passam maior segurança do que os escuros e espaços bem ordenados com equipamentos de bom funcionamento parecem mais organizados. O terceiro aspecto ambiental são sinais, símbolos e artefatos. Esses são objetos físicos que oferecem interpretações e orientações quanto ao que o ambiente é e ajuda os clientes e funcionários a interpretar o ambiente e circular nele com facilidade. Assim, os sinais fornecem caminhos ou ajuda direcional para facilitar a locomoção ou engajar o que for necessário. Símbolos oferecem interpretações do ambiente físico para que as pessoas possam perceber que o indivíduo com uma grande mesa de canto em um escritório é, provavelmente, alguém com poder de decisão ou que o médico com um diploma na parede é mesmo formado ou, então, que a pessoa que tem um crachá com o logotipo da empresa é a que fornece respostas para perguntas. Finalmente, o último componente do ambiente são as outras pessoas. A aparência e o modo de se vestir das outras pessoas diz muito sobre o local. Se todos parecem sérios, vestem ternos e calças compridas, o ambiente passará uma ideia de maior formalidade do que se todos estiverem sorrindo, vestindo calças jeans e chinelos de dedo.

A questão é simples. Os componentes que formam um ambiente comunicam aos funcionários e aos clientes o que se sente quando se está lá. Assim, um ambiente que é quente e úmido nos afetará fisiologicamente. Se for escuro com música assustadora, também terá um impacto emocional. Por fim, se está cheio de pessoas de aparência perigosa que sabemos, poderão nos ferir, haverá um impacto cognitivo. Em uma perspectiva mais positiva, sentimo-nos totalmente diferentes com pessoas em um ambiente com temperatura controlada, com todos sorrindo, em um local corporativo ensolarado em comparação a estar com uma equipe de trabalho em uma mina subterrânea de carvão apertada e escura.

Questão para discussão: reflita sobre as várias salas de aula em que você esteve ao longo de sua experiência acadêmica. Identifique os fatores ambientais e descreva como cada fator um contribuiu para a percepção do local.

Em contraposição, muitas empresas europeias estão se padronizando cada vez mais com base em empresas norte-americanas de sucesso, um movimento decorrente, em parte, de rivais corporativos na Europa se espelham em suas contrapartes norte-americanas e, em parte, da força de trabalho gerencial estar se tornando mais bem informada. Juntos, esses dois fatores têm levado muitas empresas europeias a se tornarem menos centralizadas e a adotarem estruturas de divisão ao passar de funcionais para departamentalizadas.[60]

Organizações multinacionais Cada vez mais as empresas entraram na arena internacional e estão considerando necessário adaptar seus projetos para lidar melhor com culturas diferentes.[61] Por exemplo, após uma empresa alcançar um nível moderado de atividade internacional, frequentemente estabelece uma divisão internacional, em geral, no mesmo nível organizacional que outras grandes divisões funcionais. A Levi-Strauss utiliza esse design organizacional. Uma divisão, a Levi-Strauss International, é responsável pelas atividades da empresa na Europa, no Canadá, na América Latina e na Ásia.

Para uma organização que se tornou mais envolvida em atividades internacionais, a forma lógica do planejamento organizacional é a matriz internacional. Esse tipo de matriz agrupa gerentes de produto na parte superior. As equipes de projetos lideradas por gerentes do mercado externo atravessam os departamentos de produtos. Por exemplo, uma empresa com três linhas de produtos básicos pode estabelecer três departamentos de produtos (incluiria, é claro, a publicidade nacional, finanças e operações de departamentos). Os gerentes do mercado externo podem ser designados para, digamos, Canadá, Japão, Europa, América Latina e Austrália. Cada gerente de mercado externo é responsável por todos os três produtos da empresa em seu mercado.[62]

Por fim, no nível mais avançado de atividade multinacional, uma empresa pode se tornar um conglomerado internacional. Esse é o caso da Nestlé e da Unilever N.V. Cada uma tem sede internacional (Nestlé em Vevey, na Suíça, e Unilever em Rotterdam, na Holanda), que coordena as atividades de empresas espalhadas por todo o globo. A Nestlé tem fábricas em 50 países e comercializa seus produtos em praticamente todos os países do mundo. Mais de 96% do seu negócio é feito fora da Suíça, e apenas cerca de 7.000 dos seus 160.000 funcionários residem no país de origem.

Recentemente, várias organizações estão movendo grupos de sedes principais de produtos para mais perto de mercados em crescimento, na região Ásia-Pacífico. Uma delas, a Procter & Gamble Company (P&G), está mudando sua unidade de produtos para cuidados com a pele, cosméticos e cuidados pessoais de sua sede em Ohio para Cingapura. Como é uma empresa muito centralizada, a P&G vai levar dois anos para mover funcionários e instalações de produção para mais próximo de mercados importantes da Ásia. Além disso, pela primeira vez promoveu um líder asiático para comandar um grupo asiático de negócios. Outras empresas que aderiram à mudança para a região Ásia-Pacífico incluem a General Electric, que está movendo sua unidade de raio-x de Waukesha, Wisconsin, para Pequim, China; a DSM Engineering Plastics, que está levando sua sede global da Holanda para Cingapura, e a Rolls-Royce PLC, que está movendo sua unidade do segmento da marinha de Londres para Cingapura.[63] Claramente, grandes empresas multinacionais estão fazendo mudanças estruturais significativas para tirar vantagem das mudanças no mercado internacional.

Temas dominantes sobre planejamento contemporâneo

Os temas dominantes em relação às atuais estratégias de *design* são: (1) efeitos da mudança tecnológica e ambiental, (2) importância do pessoal, (3) necessidade de se manter em contato com o cliente e (4) organização global. A tecnologia e o ambiente estão mudando tão rápido e de tantas maneiras imprevisíveis que nenhuma estrutura organizacional continuará sendo apropriada por muito tempo. As mudanças no processamento, transmissão e recuperação eletrônica de informações são tão vastas que as relações de trabalho, a distribuição de informação e a coordenação de tarefas precisam ser revistas quase que diariamente.[64] A ênfase na produtividade do pessoal, que foi energizada por Thomas Peters e Robert Waterman Jr. na década de 1980, continua presente em quase todos os aspectos do *design* contemporâneo da organização.[65] Além disso, Peters e Nancy Austin destacaram a importância de se manter em contato com os clientes na fase inicial do *design* organizacional.[66] Sobrepostas aos quatro temas dominantes estão as rápidas mudanças na tecnologia, na competição e na globalização. Para que sobrevivam, as organizações devem se adaptar às novas circunstâncias.[67]

Essas abordagens contemporâneas populares e os quatro temas dominantes defendem uma perspectiva de *design* contingencial. Infelizmente, não há "uma forma melhor". Os gestores devem considerar o impacto de vários fatores – sistemas sociotécnicos, estratégia, imperativos estruturais, mudança da tecnologia da informação, pessoal, aspectos globais e preocupação com os usuários finais – em sua organização particular e, em seguida, projetar a estrutura organizacional de acordo com o que é necessário.

RESUMO

Abordagens universais para o planejamento organizacional tentam especificar a melhor forma de estruturar as organizações para que sejam eficazes. Abordagens contingenciais, por sua vez, propõem que criar uma boa estrutura organizacional depende de vários fatores. Importantes abordagens contingenciais para o planejamento organizacional focalizam a estratégia organizacional, os determinantes estruturais e a escolha estratégica.

Inicialmente, a estratégia era vista como um fator determinante da estrutura: a estrutura organizacional era projetada para atingir um objetivo, metas e estratégias. Levar em conta a escolha gerencial na determinação da estrutura organizacional é uma modificação dessa visão. O gestor projeta a estrutura para atingir objetivos organizacionais, guiado pela análise dos fatores contextuais, das estratégias da organização e de preferências pessoais.

Os imperativos estruturais são o tamanho, a tecnologia e o ambiente. Em geral, as grandes organizações têm estruturas mais complexas e mais de uma tecnologia. As estruturas de pequenas organizações, por sua vez, podem ser dominadas por uma tecnologia de operações central. A estrutura da organização também é estabelecida para se adequar às exigências ambientais e equilibrar a tecnologia operacional principal com as mudanças ambientais e as incertezas.

Aqueles que se dedicam ao planejamento organizacional podem assumir muitas formas. A estrutura mecanicista confia na hierarquia administrativa para atividades de comunicação e direção. Um planejamento orgânico é estruturado como uma rede; as comunicações e interações são horizontais e diagonais entre os grupos e equipes de toda a organização.

Na abordagem de sistemas sociotécnicos, a organização é um sistema aberto, estruturado para integrar dois subsistemas organizacionais importantes: o subsistema técnico (tarefa) e o subsistema social. De acordo com essa abordagem, as organizações devem estruturar a tarefa, a autoridade e o relato de relações entre os grupos de trabalho, delegando aos grupos as decisões relativas a atribuições de trabalho, treinamento, inspeção, recompensas e punições. A tarefa da gestão é monitorar o ambiente e coordenar estruturas, regras e procedimentos.

Os tipos ideais de *design* organizacional de Mintzberg foram obtidos com base em um quadro de mecanismos de coordenação. Os cinco tipos são estrutura simples, burocracia mecânica, burocracia profissional, forma departamentalizada e adhocracia. A maioria das organizações tem algumas características de cada tipo, mas é provável que uma predomine. Mintzberg acreditava que o mais importante na concepção de uma organização é o ajuste entre as áreas da organização.

O planejamento matricial combina dois tipos de estrutura (geralmente funcional e de departamentalização do projeto) para se obter os benefícios de cada um. Geralmente resulta em um sistema de comando e autoridade múltipla. Benefícios da forma matricial incluem melhor utilização do pessoal qualificado e maior flexibilidade, cooperação e comunicação. Os problemas típicos estão associados ao sistema de comunicação dupla e ao sistema de gestão complexa, necessários para coordenar o trabalho.

Organizações virtuais são alianças temporárias entre várias organizações que se comprometem a trabalhar juntas em um empreendimento específico. O tempo de reação às oportunidades de negócios pode ser muito rápido nesses tipos de aliança. Com efeito, as organizações criam uma rede com outras organizações para que possam responder a mudanças no ambiente. A empresa virtual é uma organização que permite aos funcionários a liberdade de realizar seu trabalho em qualquer lugar, o que alivia a exigência de que têm e estar no mesmo local todos os dias.

O planejamento contemporâneo da organização é orientado pela contingência. As estratégias atuais de planejamento são a reengenharia organizacional e o repensar a organização. Quatro temas que influenciam as decisões sobre planejamento são os efeitos da mudança tecnológica e ambiental, a importância do pessoal como um recurso valioso, a necessidade de se manter em contato com o cliente e a organização global.

QUESTÕES PARA DISCUSSÃO

1. Quais são as diferenças entre as abordagens universais e as abordagens contingenciais para o *design* organizacional?
2. Defina "ambiente organizacional" e "tecnologia organizacional". De que forma esses conceitos se sobrepõem?
3. Identifique e descreva alguns dos fatores ambientais e tecnológicos que afetam sua faculdade ou universidade. Dê exemplos específicos de como eles afetam você como estudante.
4. Como o *design* organizacional difere em grandes e pequenas organizações?
5. Quais seriam as vantagens e desvantagens de estruturar os membros do corpo docente de sua faculdade ou universidade como um grupo de trabalho autônomo?
6. Na sua opinião, quais são os propósitos, metas e estratégias de sua faculdade ou universidade? Como eles se refletem na estrutura?
7. Qual das formas puras de Mintzberg é melhor ilustrada por um grande partido político nacional? Por uma organização religiosa? Por uma equipe de futebol? Pelo Comitê Olímpico dos EUA?
8. Em uma organização matricial, você preferiria ser líder de projeto, chefe de departamento funcional ou especialista técnico altamente treinado? Por quê?
9. Discuta quais serão as considerações importantes relacionadas ao *design* para *designers* organizacionais em 2020.
10. Em que aspectos sua faculdade ou universidade se tornaria diferente se você repensasse a maneira como ela foi projetada ou fizesse a sua reengenharia?

QUAL É O SEU PONTO DE VISTA?

A doce estratégia do sucesso

"Quando chega o momento decisivo, trata-se de uma questão de volume."
— DEBRA MUSIC, VICE-PRESIDENTE DE VENDAS E MARKETING DA THEO CHOCOLATE

Joe Whinney era um voluntário de conservação na América Central quando decidiu verificar o que poderia fazer para melhorar a vida dos agricultores de cacau. Ajudá-los a vender a colheita era óbvio para começar, por isso, em 1994, ele passou a importar grãos de cacau orgânicos para os Estados Unidos. Igualmente importante era ter certeza de que os agricultores teriam preços justos, de modo que Joe também trabalhou para promover práticas de comércio justo entre as empresas dos Estados Unidos que utilizavam sementes de cacau. No fundo, a ideia era uma participação muito mais direta na indústria de cacau e com pessoas à frente da cadeia de suprimentos: ele queria começar uma empresa para produzir chocolate de cacau orgânico com base no comércio justo.* Seu desejo era apresentar aos amantes de chocolate sabores exóticos, como curry de coco com chocolate ao leite.

Em 2004, Whinney mudou-se de Massachusetts para Seattle, Washington, onde passou dois anos desenvolvendo seu modelo de negócio e transformando uma antiga cervejaria em uma fábrica de chocolate. Como podemos ver no vídeo, ele também insistiu para que sua ex-mulher fosse junto com ele para ajudar na administração do negócio. A Theo Chocolate foi lançada em 2006. Hoje, Whinney é diretor executivo e Debra Music, com formação em marketing social e construção de marca ao consumidor, é vice-presidente de vendas e marketing.

Quando um plano de negócios tem gestação igual ao de Whinney, "a estratégia", como ele diz, pode parecer "a parte mais fácil", e sua estratégia atual – ou mais precisamente sua visão – ainda é a mesma de 2004: "Quero[-ia] montar uma empresa de chocolate que outras empresas pudessem olhar e imitar". Para isso, ele relata, "produzimos itens que realmente nos entusiasmam e os colocamos em embalagens de que gostamos". O mercado-alvo da Theo, diz Music, consistia em "consumidores naturalistas ou pessoas que eram realmente 'foodies' – o que significa que eram comedores aventureiros. Tivemos um lançamento muito, muito grande", acrescenta ela, "e recebemos elogios da imprensa e dos críticos do segmento alimentício".

Essa promessa inicial de sucesso, reflete, era "em parte por causa da singularidade" da estratégia original da empresa, e quando ficou claro que o crescimento da Theo não condizia com o potencial implícito no lançamento, "decidimos aplicar um pouco de ciência a o que estávamos fazendo". Uma pequena pesquisa de mercado revelou o problema, mas Music agora sabe que o simples fato de ouvir os clientes poderia ter fornecido uma pista importante:

> Tínhamos pessoas que entravam em nossa loja o tempo todo dizendo "Vocês não podem simplesmente fazer chocolate com menta?". Então pensamos: "Bem, sim, definitivamente podemos fazer chocolate com menta". Não estávamos animados em fazer isso, mas "Por que não fazer se nossos clientes estão pedindo?".

"Quando chega o momento decisivo", ela admite, "trata-se de uma questão de volume, precisávamos vender muito mais chocolate". A Theo precisou ajustar a sua estratégia. A fim de apelar a "um grupo mais abrangente de consumidores", explica Whinney, "tivemos de produzir itens cujos sabores eram facilmente identificados, em embalagens fáceis de ler na prateleira".

O que a Theo precisava, como Music disse, era de "uma linha de produtos mais acessíveis, [além disso] precisávamos vender em lugares onde as pessoas só queriam uma barra de chocolate ao leite". A empresa tinha de estar no varejo tradicional, como redes de supermercados e drogarias, mas essa mudança na estratégia implicava outro problema: "Já havia muitos produtos desse tipo nas prateleiras", explica Music, "e os varejistas têm um espaço limitado. Provavelmente, o aspecto mais importante que estava além do nosso controle era se os varejistas estariam ou não dispostos a nos dar lugar nas prateleiras".

Como podemos ver, eles estavam. Por quê? Ambos Music e Whinney acham que foi em razão principalmente da "reputação" - uma reputação com base na qualidade do produto Theo, seja uma especialidade (chilli picante), seja um produto convencional (chocolate com laranja). "Só o fato de ser orgânico e de comércio justo", explica Whinney, "não é o suficiente. Vamos despertar o interesse dos consumidores por causa de nossas certificações mas se não for gostoso - se as pessoas não apreciarem - isso realmente não importa. Então colocamos a mesma ênfase, ou mais ainda, na qualidade, porque sem isso nada mais tem importância".

Assim, ironicamente, o sucesso da estratégia revista pela Theo dependia de pelo menos uma faceta de sua estratégia original - fazer um produto diferenciado pela qualidade, assim como pelos ingredientes incomuns. Na verdade, de acordo com Music, essa faceta da estratégia da Theo está ligada a outro fator, igualmente importante, da abordagem estratégica original de Whinney para a construção desse tipo de empresa de chocolate: a singularidade, não somente do produto, mas também da *gestão da cadeia de fornecimento* – a cadeia de operações que se estende da compra de recursos necessários até a venda dos produtos acabados aos consumidores. "O que há de mais original sobre nós", diz ela,

> é que somos a única marca orgânica participante do mercado justo que realmente produz o que vende. Então, somos o único produto verticalmente integrado na prateleira. Somos o único produto com controle da cadeia de abastecimento do início ao fim. Trabalhamos com os agricultores, importamos as sementes e todos os demais ingredientes, confeccionamos o produto em nossas próprias instalações. Assim, somos capazes de controlar não só todos esses relacionamentos, mas também todo o processo de fabricação. E isso é o que nos diferencia.

PERGUNTAS

1. Nosso vídeo começa com a seguinte afirmação de Joe Whinney: "a estratégia é realmente a parte mais fácil". No entanto, conforme avança, o vídeo sugere que Whinney pode ter exagerado nesse caso. **A julgar pelo vídeo**, explique a estratégia original de Whinney em suas próprias palavras: exatamente que tipo de empresa de chocolate que ele queria? De que maneiras a visão de Whinney de sua empresa era uma questão de escolha estratégica? Qual das opções estratégicas de Whinney, eventualmente, teve de ser revista? Por quê?
2. **A julgar pelo vídeo**, descreva o *design organizacional* da Theo Chocolate em suas próprias palavras. Agora aborde as seguintes questões: O que o lema "a estrutura segue a estratégia" significa? É útil para a compreensão do *design* organizacional da Theo Chocolate? Por que sim ou por que não?
3. Music diz que a Theo Chocolate é "o único produto verticalmente integrado na prateleira". O que é *integração vertical*? Em que aspectos é relevante tanto para a organização quanto para a estratégia da Theo? Que papel o design verticalmente integrado da Theo assume na revisão de sua estratégia?
4. Que papel o ambiente organizacional da Theo assume nos eventos descritos no vídeo? Que efeito isso tem sobre a estratégia da empresa? Em particular, quais membros da *tarefa ambiental* da Theo

estão mais proeminentemente ilustrados na história da estratégia de revisão da Theo?

FONTES ADICIONAIS
Theo Chocolate, "Our Story", "Our Mission" (2012), www.theochocolate.com, 6 out. 2012; "Debra Music and Joe Whinney – Doing Well While Doing Good: The Sweet Story of Theo Chocolate", *TEDXSeattle*, 16 abr. 2010, http://tedxseattle.com, 6 out. 2012; John Trybus, "The Social Strategist Part IV: Theo Chocolate's Joe Whinney, and Profitability with Principles", *The Social Strategist*, 29 dez. 2011, https://blogs.commons.georgetown.edu, 6 out. 2012; "Joseph Whinney: 2012 Krista Foundation GCA Honoree – Developing World" (Krista Foundation, 12 fev. 2012), www.kristafoundation.org, 6 out. 2012; Greg Lamm, "Seattle's Theo Chocolate Making Organic Products no Old Red Hook Brewery em Fremont", *Puget Sound Business Journal*, 10 fev. 2008, www.bizjournals.com, 6 out. 2012.

*Produtos orgânicos certificados satisfazem uma variedade de critérios que variam de país para país. Basicamente, a certificação orgânica significa que os produtos químicos sintéticos e determinados tipos de fertilizantes não foram utilizados na produção de componentes do produto final. A certificação orgânica nos Estados Unidos é supervisionada pelo U.S. Department of Agriculture (Departamento de Agricultura). Como assinalamos no vídeo 14, o "comércio justo" refere-se aos programas destinados a garantir que os agricultores dependentes das exportações dos países em desenvolvimento recebam um valor justo por suas culturas. A Theo Chocolate é certificada como participante do comércio justo pela TransFair EUA, uma organização sem fins lucrativos com sede em Oakland, Califórnia.

PRÁTICA DO COMPORTAMENTO ORGANIZACIONAL

Estudo de uma organização real

Objetivo Esse exercício vai ajudar você a entender os fatores que determinam o *design* organizacional.

Formato Você vai entrevistar pelo menos cinco funcionários em diferentes partes da faculdade ou universidade que frequenta, ou funcionários de uma organização de pequeno a médio porte, e analisar as razões de seu *design*. (Você pode combinar esse exercício com o exercício "Experimentando o comportamento organizacional" do Capítulo 16.)

Procedimento Se você for trabalhar com uma organização local, sua primeira tarefa é encontrar uma empresa que tenha entre 50 e 500 funcionários. Se você fez o exercício do Capítulo 16, pode usar a mesma empresa aqui. A organização deve ter mais do que dois níveis hierárquicos, mas não deve ser de compreensão demasiado complexa para um curto período de estudo. Talvez você queira verificar com seu professor antes de entrar em contato com a empresa. Seu contato inicial deve ser com o gestor do mais alto escalão que puder encontrar. Certifique-se de que a alta administração esteja ciente de seu projeto e de sua aprovação. Se você tomar como base sua faculdade ou universidade, poderá falar com professores, secretárias e outros funcionários do corpo administrativo no departamento de admissão, no departamento de serviços ao estudante, no departamento de esportes, na biblioteca, entre outros. Certifique-se de incluir em suas entrevistas funcionários de vários postos de trabalho e de vários níveis.

Com base no material deste capítulo, você vai entrevistar funcionários para obter as seguintes informações sobre a estrutura organizacional:

1. Quais são os negócios da organização? Quais são seus objetivos e suas estratégias para alcançá-los?
2. Quão grande é a empresa? Qual é o número total de funcionários? Quantos trabalham em tempo integral? Quantos trabalham meio período?
3. Quais são os componentes mais importantes do ambiente organizacional?
4. O número de componentes ambientais importantes é grande ou pequeno?
5. Quão rápida ou lenta é a mudança desses componentes?
6. Você caracteriza o ambiente organizacional como certo, como incerto ou fica no meio-termo? Se optar pelo meio-termo, descreva aproximadamente quanto é certo ou incerto.
7. Qual é a tecnologia dominante na organização, ou seja, como ela transforma entradas em resultados?
8. Quão rígida é a empresa na aplicação de regras e procedimentos? É flexível o suficiente para responder às mudanças ambientais?
9. Quão envolvidos são os funcionários na tomada de decisões diárias relacionadas ao trabalho?
10. Que métodos são usados para assegurar o controle sobre as ações dos funcionários?

Entreviste pelo menos cinco funcionários da faculdade ou da empresa de diferentes níveis e diferentes departamentos. Um deles deve ter uma posição de nível superior. Certifique-se de fazer as perguntas de forma que os funcionários entendam; eles podem não estar familiarizados com a terminologia utilizada neste capítulo.

O resultado do exercício deve ser um relatório que descreverá a tecnologia, o ambiente e a estrutura da empresa. Você deve discutir a extensão em que a estrutura é adequada à estratégia, ao tamanho, à tecnologia e ao ambiente da organização. Se ela não parece adequada, você deve explicar suas razões. Se utilizou a mesma empresa no exercício no Capítulo 16, você pode comentar mais sobre o organograma e sua adequação à empresa. Você pode enviar uma cópia de seu relatório à empresa que colaborou.

Questões para acompanhamento
1. Sobre quais aspectos relacionados a estratégia, tamanho, ambiente e tecnologia foi mais difícil obter informações? Por quê?
2. Se houve diferenças nas respostas dos funcionários entrevistados, como você as considera?
3. Se fosse o presidente da organização que analisou, você iria estruturá-la da mesma forma? Por que sim ou por que não? Se não, como iria estruturá-la?
4. Como suas respostas às questões 2 e 3 diferem daquelas no exercício do Capítulo 16?

FORMAÇÃO DAS HABILIDADES GERENCIAIS

Visão geral Quando as organizações utilizam uma estrutura matricial (ver Figura 17.6), cada funcionário e gestor tem relações de subordinação dupla, uma situação que coloca pressão adicional sobre as habilidades gerenciais de todos no sistema. Esse exercício vai lhe dar a oportunidade de analisar alguns dos requisitos gerenciais para o sucesso de uma estrutura organizacional matricial.

Contexto A estrutura organizacional matricial foi inicialmente criada para superar as deficiências das estruturas tradicionais quando o ambiente e a tecnologia de certas organizações exigem capacidades adicionais de processamento de informações. Ela foi vista como uma grande inovação em certas situações, mas tem causado alguns problemas quando utilizada em determinadas organizações.

Tarefa Trabalhando sozinho, reveja as funções e habilidades gerenciais críticas descritas no Capítulo 2. Verifique se pode descrever como cada uma das funções e habilidades gerenciais é afetada quando a organização utiliza a estrutura matricial. Passe pelos papéis e habilidades individualmente; primeiro, liste cada um e apresente uma descrição simples, de uma frase. Em seguida, releia a seção sobre organizações matriciais neste capítulo e descreva as funções e competências exigidas de gestores em uma estrutura matricial.

Troque o trabalho com um colega de classe ou compartilhe em um pequeno grupo. Faça anotações sobre como os outros viram as funções e competências de formas diferentes da sua. Discuta as diferenças e semelhanças que você encontrar. Conclua, abordando as seguintes questões:
1. Até que ponto a estrutura matricial coloca pressão adicional sobre os gestores?
2. O que as organizações que usam a estrutura matricial devem fazer para ajudar os gestores a ficarem preparados para pressões adicionais?
3. Você gostaria de trabalhar em uma estrutura organizacional matricial? Por que sim ou por que não?

EXERCÍCIO DE AUTOAVALIAÇÃO

Identificando seu nível de conforto
Esse exercício foi concebido para ajudá-lo a determinar se você fica mais confortável trabalhando em uma organização de estrutura mecânica ou em uma de estrutura orgânica. As 15 declarações a seguir refletem as preferências que as pessoas podem ter em relação à estrutura do local e ao ambiente de trabalho. Usando a escala apresentada, indique a extensão em que cada proposição descreve precisamente sua preferência:

5 Concordo plenamente
4 Concordo até certo ponto
3 Indeciso
2 Discordo até certo ponto
1 Discordo plenamente

Prefiro trabalhar em uma organização na qual:

_____1. Os objetivos são definidos por aqueles que estão em níveis mais elevados.
_____2. Os métodos e procedimentos de trabalho são especificados.
_____3. A alta administração toma as decisões importantes.

_____ 4. Minha lealdade conta tanto quanto minha capacidade de fazer o trabalho.
_____ 5. Linhas claras de autoridade e responsabilidade são estabelecidas.
_____ 6. A alta administração é decisiva e firme.
_____ 7. Minha carreira é muito bem planejada.
_____ 8. Posso me especializar.
_____ 9. Meu tempo de serviço é quase tão importante quanto o meu nível de desempenho.
_____ 10. A gestão é capaz de fornecer as informações necessárias para que eu faça bem o meu trabalho.
_____ 11. A corrente de comando é bem estabelecida.
_____ 12. As regras e procedimentos são respeitados igualmente por todos.
_____ 13. O pessoal aceita a autoridade da posição de um líder.
_____ 14. O pessoal age como foi instruído.
_____ 15. O pessoal pede a opinião da chefia antes de passar por cima dela.

Como pontuar: verifique sua pontuação somando os números que você atribuiu às 15 declarações. Interprete sua pontuação da seguinte forma:

- Quanto maior for sua pontuação acima de 64, mais confortável você ficaria em uma estrutura mecanicista.
- Quanto menor for sua pontuação abaixo de 48, mais confortável você ficaria em uma estrutura orgânica.
- Pontuações entre 48 e 64 indicam que você ficaria confortável em ambas as estruturas.

Referência: John F. Veiga e John N. Yanousa, *The Dynamics of Organization Theory: Gaining a Macro Perspective* (St. Paul, MN: West, 1979).

CAPÍTULO 18 — Cultura organizacional

Visão geral do capítulo

- Natureza da cultura organizacional
- Criação da cultura organizacional
- Abordagens descritivas
- Questões emergentes
- Administração da cultura organizacional

Objetivos de aprendizagem

Após estudar este capítulo, você estará apto a:

1. Definir a cultura organizacional, explicar como o comportamento do funcionário é afetado por ela e compreender suas raízes históricas.
2. Descrever como criar a cultura organizacional.
3. Descrever duas diferentes abordagens para a cultura nas organizações.
4. Identificar questões emergentes na cultura organizacional.
5. Discutir os elementos importantes na gestão da cultura organizacional.

A abordagem NetApp para a satisfação Net

"É engraçado, mas ninguém diz que quer M&Ms de graça."
— George Brymer, consultor, sobre o que os funcionários da NetApp querem e não querem

A NetApp, empresa de armazenamento e gerenciamento de dados de computador sediada em Sunnyvale, Califórnia, sempre está na lista das melhores empresas para se trabalhar. Desde 2005, tem sido classificada entre as 15 Melhores Multinacionais para se Trabalhar no mundo. Em 2012, estava em sexto lugar na lista da *Fortune* das "100 Melhores Empresas para se Trabalhar" nos Estados Unidos – uma queda em relação ao primeiro lugar em 2009, mas a décima vez consecutiva a aparecer na lista. A *Fortune* também classificou a NetApp entre as cinco principais empresas no Japão, Canadá, Suíça, Reino Unido, Austrália, França e nos Países Baixos.

A empresa gosta de citar as pontuações das pesquisas feitas com seus funcionários como uma das principais razões de sua aparição na lista anual compilada pela *Fortune* e pelo *Great Place to Work Institute*. De acordo com o *site* da empresa, essas pesquisas refletem "as experiências e opiniões de nossos funcionários sobre nossa cultura e valores, confiança na liderança, integridade e justiça, trabalho em equipe e camaradagem". No alto da lista dos fatores que mantêm os funcionários satisfeitos e motivados está uma cultura que incentiva as contribuições e a participação de ideias. A "coisa mais impressionante sobre a empresa", diz um engenheiro, "é a cultura de portas abertas. Eu posso falar com qualquer engenheiro sobre questões técnicas, posso falar com o marketing de produtos sobre novas ideias e posso abordar qualquer pessoa da administração para fazer qualquer pergunta". A abordagem colaborativa para os processos de trabalho também parece ser muito satisfatória. "Cooperação é a regra vigente", relata outro funcionário. "Segundo minha experiência, essa empresa é única em evitar a politicagem e a concentração de poder típicas em empresas em crescimento". "O foco está nos problemas", acrescenta outro funcionário, "e na maioria dos casos, é preciso considerar que os problemas não pertencem a um departamento em particular", como marketing ou operações. "O foco está em solucionar o problema em equipe".

Acima de tudo, os funcionários da NetApp parecem felizes com o nível de liberdade que lhes é dado para que possam buscar as metas organizacionais e pessoais. Sobretudo, diz um funcionário, "tenho muita liberdade para implementar minhas ideias, tornar as coisas melhores, e também posso tomar decisões para que o trabalho seja executado". Para outro funcionário, "um aspecto muito especial sobre a NetApp é que ela nos dá muitas coisas de graça – por exemplo, de graça como a *liberdade*, e não como 'cerveja de graça'". Com certeza, ele acrescenta, "temos muita 'cerveja de graça' aqui – presentes, agrados, almoços. Mas em minha opinião, dar 'cerveja de graça' para manter os funcionários felizes só funciona enquanto a empresa está em alta. A liberdade dura para sempre". Ou pelo menos enquanto estiver incorporada à cultura da empresa, de acordo com George Brymer, fundador e presidente

Essa é a sede da NetApp, no Vale do Silício, em Sunnyvale, Califórnia. Por mais atraente que o edifício seja, o exterior não é o mais importante. No interior das dependências da matriz, uma equipe da alta administração desenvolve políticas e procedimentos bem como cria a cultura vigente em todos os edifícios que abrigam funcionários da NetApp.

da All Square Inc., provedor de programas de capacitação gerencial. Brymer, que também é o autor de *Vital Integrities: How Values-Based Leaders Acquire and Preserve Their Credibility*, contrasta o papel da "cerveja grátis" na NetApp com o seu concorrente mais divulgado, o Google. "Entre os privilégios dos funcionários do Google", ele escreve,

estão cortes de cabelo nas instalações da empresa, lavanderia grátis, espaços para massagens e exercícios físicos, creche nas dependências da empresa e local para os funcionários lavarem seus carros. E também há alimentação gratuita. O campus tem 11 lanchonetes que servem de tudo, de refeições gourmet *a M&Ms...*

Ao contrário do Google, que chegou ao topo [da lista da Fortune das "100 Melhores Empresas para se Trabalhar" em 2007 e 2012] principalmente por proporcionar aos funcionários inúmeros agrados, a NetApp conquistou seu lugar em razão de sua cultura baseada na confiança. Os líderes da NetApp promovem um ambiente de abertura e honestidade e procuram suas próprias maneiras de compartilhar informações proativamente com os funcionários...

Os funcionários da NetApp dizem que reconhecem como é fácil compartilhar ideias, conseguir respostas para as dúvidas, fazer reuniões com líderes seniores e encontrar oportunidades para assumir responsabilidades. "É engraçado, mas ninguém diz que quer M&Ms de graça".

Ao colocar a NetApp em sua lista das "50 Melhores Empresas para se Trabalhar no Reino Unido" e das "100 Melhores Empresas para se Trabalhar na Europa", o Great Place to Work Institute citou as seguintes razões para isso: as opiniões dos colaboradores de que a gestão da empresa é acessível e de fácil comunicação, a disponibilidade em fornecer respostas diretas a perguntas razoáveis e a disposição de manter os funcionários informados sobre questões importantes e mudanças.

Além disso, o princípio da confiança da NetApp se estende além da certeza da administração de que funcionários informados tomam boas decisões operacionais: ele também é parte da confiança da gestão de que funcionários satisfeitos agem de acordo com o item número sete da lista de "valores vivos" da empresa - ou seja, que "Conseguem fazer as coisas!". "O que mais me faz gostar de trabalhar na NetApp", diz um funcionário,

é que sou respeitado – posso administrar meu tempo, meu dia, minha carga de trabalho. Ninguém me diz que devo ficar em minha mesa por um tempo determinado e ninguém me olha com recriminação se estou saindo mais cedo. É esperado que você faça o seu trabalho, e se você o fizer mais tarde, à noite ou bem cedo pela manhã, isso é você quem decide. Ninguém está observando seus movimentos. Trata-se de desempenho, atingir metas...

Quando o trabalho é realizado – quando os indivíduos ou equipes trabalham e atingem as metas – a NetApp tem inúmeros programas de reconhecimento. O programa SHARE Rewards, por exemplo, oferece incentivos pelo compartilhamento do conhecimento; um programa chamado Total Customer Experience Champions oferece recompensas para melhorar as avaliações dos clientes em relação à empresa e o programa NetApp Patent Award distribui até US$ 15.000 aos funcionários envolvidos em projetos que produzem patentes. A

NetApp também está classificada na lista da *Fortune* das "25 Empresas que Oferecem Melhores Salários". A fim de recrutar e manter os melhores talentos, ela monitora regularmente a competitividade de seus salários entre empresas de alta tecnologia, e em um ano recente, 98% de todos os funcionários receberam bônus de incentivo totalizando US$ 47 milhões.

Qual é a sua opinião?
1. Compare a cultura da NetApp com a da Wegmans, cadeia de supermercados apresentada na abertura do Capítulo 1. De que maneiras suas culturas são similares? Em razão das diferenças nos setores das empresas, de que formas as semelhanças são mais surpreendentes?
2. Por que você acha que o número de empresas com culturas como as da NetApp e da Wegmans estão em ascensão no ambiente empresarial atual? Essa tendência terá continuidade? Por que sim ou por que não?

Referências: "100 Best Companies to Work For: Top 100", *Fortune*, 6 fev. 2012, http://money.cnn.com, 20 ago. 2012; "100 Best Companies to Work For: Big Pay", *Fortune*, 6 fev. 2012, http://money.cnn.com, 20 ago. 2012; Amy Lyman, *NetApp: Culture – Values – Leadership* (San Francisco: Great Place to Work® Institute, 2009), http://resources.greatplacetowork.com, 20 ago. 2012; George Brymer, "NetApp: A Great Place to Work", *Vital Integrities*, abr. 2009, http://allsquareinc.blogspot.com, 20 ago. 2012; J. P. Gallagher, "I Work for One of the 10 Best Companies", *Fortune*, 21 jan. 2010, http://money.cnn.com, 20 ago. 2012; NetApp, "NetApp Is a Great Place to Work Worldwide!", *ThaibizPR*, 17 mai. 2010, www.thaibizpr.com, 20 ago. 2012.

A NATUREZA DA CULTURA ORGANIZACIONAL

No início da década de 1980, a cultura organizacional tornou-se uma preocupação central no estudo do comportamento organizacional. Centenas de pesquisadores começaram a trabalhar nessa área. Inúmeros livros foram publicados, jornais acadêmicos importantes dedicaram colunas inteiras às discussões sobre a cultura, e quase do dia para a noite, os livros sobre comportamento organizacional que omitiam a cultura como tema para estudo tornaram-se obsoletos.

O interesse na cultura organizacional não estava limitado aos pesquisadores acadêmicos. As empresas expressaram muito mais interesse na cultura do que em outros aspectos do comportamento organizacional. *Business Week*, *Fortune* e outras revistas sobre negócios publicaram artigos que anunciavam a cultura como a chave para o sucesso de uma organização e sugeriam que gestores cuja gestão se dava por meio da cultura organizacional certamente alcançariam o sucesso.[1]

O estudo sobre a cultura organizacional continua sendo importante, embora o entusiasmo do início da década de 1980 tenha diminuído. Supõe-se que as organizações com uma cultura forte têm um melhor desempenho que aquelas que não a possuem.[2] Por exemplo, estudos têm mostrado que as organizações com culturas fortes, estrategicamente adequadas e que têm normas que permitem a mudança organizacional conseguem ter um melhor desempenho.[3] Outros estudos mostraram que diferentes áreas funcionais podem exigir diferentes tipos de cultura.[4] No entanto, a pesquisa sobre o impacto da cultura no desempenho organizacional é mista, dependendo da forma como é feita e quais variáveis são avaliadas.

Muitos pesquisadores começaram a relacionar os aspectos importantes da cultura organizacional de suas pesquisas com temas mais tradicionais. Atualmente existem menos casos de destaque na imprensa popular de negócios sobre a cultura e sobre a gestão da cultura, mas a cultura organizacional pode ter efeitos poderosos sobre o desempenho organizacional, como no caso apresentado na abertura do capítulo, sobre a NetApp. A enorme quantidade de pesquisas sobre a cultura nos últimos 20 anos alterou a maneira como acadêmicos e gestores passaram a ver as organizações. Alguns dos conceitos desenvolvidos na análise da cultura organizacional tornaram-se partes fundamentais do vocabulário empresarial, e a análise da cultura organizacional é uma das mais importantes especialidades no campo do comportamento organizacional.

TABELA 18.1	Definições da cultura organizacional
DEFINIÇÃO	FONTE
"Um sistema de crenças compartilhadas pelos membros de uma organização"	J. C. Spender, "Myths, Recipes and Knowledge-Bases in Organizational Analysis" (original não publicado, Graduate School of Management, University of California, Los Angeles, 1983), p. 2.
"Valores fortes e fundamentais amplamente compartilhados"	C. O'Reilly, "Corporations, Cults, and Organizational Culture: Lessons from Silicon Valley Firms" (Artigo apresentado durante o Annual Meeting of the Academy of Management, Dallas, Texas, 1983), p. 1.
"A maneira pela qual fazemos as coisas por aqui"	T. E. Deal e A. A. Kennedy, *Corporate Cultures: The Rites and Rituals of Corporate Life* (Reading, MA: Addison-Wesley, 1982), p. 4.
"A programação coletiva da mente"	G. Hofstede, *Culture's Consequences: International Differences in Work-Related Values* (Beverly Hills, CA: Sage, 1980), p. 25.
"Entendimentos coletivos"	J. Van Maanen e S. R. Barley, "Cultural Organization: Fragments of a Theory" (artigo apresentado durante o Annual Meeting of the Academy of Management, Dallas, Texas, 1983), p. 7.
"Um conjunto de crenças duradouras compartilhadas, comunicadas por meio de uma série de meios de comunicação simbólicos, criando um significado na vida profissional das pessoas"	J. M. Kouzes, D. F. Caldwell e B. Z. Posner, "Organizational Culture: How It Is Created, Maintained, and Changed" (Apresentado na OD Network National Conference, Los Angeles, 9 outubro, 1983).
"Um conjunto de símbolos, cerimônias e mitos que comunicam os valores e as crenças de uma organização aos seus funcionários"	W. G. Ouchi, *Theory Z: How American Business Can Meet the Japanese Challenge* (Reading, MA: Addison-Wesley, 1981), p. 41.
"Um conjunto dominante e coerente de valores compartilhados transmitidos por meios simbólicos, como histórias, mitos, lendas, slogans, anedotas e contos de fada"	T. J. Peters e R. H. Waterman Jr., *In Search of Excellence: Lessons from America's Best-Run Companies* (Nova York: Harper & Row, 1982), p. 103.
"Os padrões de premissas básicas que determinado grupo inventou, descobriu ou desenvolveu ao aprender a lidar com problemas de adaptação externa e integração interna"	E. H. Schein, "The Role of the Founder in Creating Organizational Culture", *Organizational Dynamics*, Verão 1985, p. 14.

© Cengage Learning

O que é cultura organizacional?

Um aspecto surpreendente acerca do recente crescimento do interesse sobre a cultura organizacional, é que o conceito, ao contrário de praticamente qualquer outro na área, não tem sequer uma única definição amplamente aceita. Na verdade, parece que os autores se sentem compelidos a desenvolver suas próprias definições, que vão de muito abrangentes a extremamente específicas. Por exemplo, T. E. Deal e A. A. Kennedy definem a cultura de uma empresa como "a maneira pela qual fazemos as coisas por aqui".[5] Essa definição, que é muito ampla, presumivelmente poderia incluir a maneira como uma empresa fabrica seus produtos ou cria serviços, paga suas contas, trata seus funcionários e executa qualquer outra operação organizacional. Entre as definições mais específicas estão aquelas de E. H. Schein ("os padrões de premissas básicas que determinado grupo inventou, descobriu ou desenvolveu ao aprender a lidar com problemas de adaptação externa e integração interna"[6]) e de Tom Peters e Robert Waterman ("um conjunto dominante e coerente de valores compartilhados transmitidos por meios simbólicos, como histórias, mitos, lendas, slogans, historietas e contos de fada"[7]). A Tabela 18.1 elenca essas e outras importantes definições da cultura organizacional.

Apesar da aparente diversidade, há algumas características em comum. Em primeiro lugar, todas as definições se referem a um conjunto de valores nutridos pelos indivíduos de uma organização. Tais valores definem comportamentos bons e aceitáveis ou comportamentos ruins e inaceitáveis. Em algumas organizações, por exemplo, é inaceitável culpar os clientes quando surgem problemas. Aqui, o valor "o cliente sempre tem razão" diz aos gestores que ações são aceitáveis (não culpar o cliente) e que ações são inaceitáveis (culpar o cliente). Em outras organizações, os valores dominantes podem apoiar a ação de culpar os clientes, penalizar os funcionários que cometem erros ou tratar os funcionários como o recurso mais valioso da empresa. Em cada caso, os valores ajudam os membros de uma organização a compreender como devem agir.

Uma segunda característica, comum a muitas das definições na Tabela 18.1, é que os valores que formam a cultura de uma organização são frequentemente reconhecidos, ou seja, são suposições básicas feitas por funcionários, em vez de orientações registradas em um documento ou expressas em um programa de treinamento. Pode ser tão difícil para uma organização articular essas premissas básicas, como o é para as pessoas expressarem suas crenças e valores pessoais. Diversos autores têm argumentado que a cultura organizacional é uma poderosa influência sobre os indivíduos nas organizações, precisamente porque não é explícita; ao contrário, torna-se uma parte implícita de valores e crenças dos funcionários.[8]

Algumas organizações foram capazes de articular seus valores essenciais com suas culturas. Há aquelas que até redigiram esses valores e os transformaram em parte dos procedimentos para treinamentos formais. A Whole Foods Market destaca-se em relação às demais empresas da indústria de supermercados. Em 2004, a rede de 160 lojas faturou US$ 137 milhões, ao passo que a Kroger, a maior rede nacional de supermercados dos Estados Unidos, perdeu US$ 100 milhões. A empresa tem uma cultura organizacional única, descrita pelo diretor executivo John Mackey como "um time de basquete muito veloz. Estamos descendo a quadra, mas não sabemos exatamente como o jogo vai evoluir". Muitos especialistas atribuem as diferenças de desempenho a uma cultura organizacional única que é democrática, participativa, igualitária, inovadora, baseada em equipe e transparente.[9]

Entretanto, mesmo quando as organizações conseguem articular e descrever os valores fundamentais que formam suas culturas, tais valores influenciam mais fortemente as ações quando as pessoas na organização os têm como certos. Não é provável que a cultura de uma organização influencie o comportamento quando os funcionários precisam constantemente recorrer a um manual para se lembrarem dela. Quando a cultura se torna parte deles – quando podem ignorar o que está escrito porque já abraçaram os valores – a cultura pode ter um impacto importante em suas ações.

A característica final compartilhada por muitas das definições na Tabela 18.1, é a ênfase nos significados simbólicos por meio dos quais os valores são comunicados. Embora, conforme já observamos, as empresas possam descrever esses valores, talvez seus significados sejam mais bem comunicados aos funcionários por meio de histórias, exemplos e até mesmo por meio do que alguns autores chamam de "mitos" ou "contos de fadas". As histórias normalmente refletem importantes implicações dos valores na cultura organizacional. Muitas vezes, elas desenvolvem vida própria. Conforme são contadas e recontadas, modeladas e remodeladas, sua relação com o que realmente aconteceu torna-se menos importante do que o impacto poderoso que tem na maneira como as pessoas comportam-se todos os dias. A Nike utiliza um grupo de representantes técnicos chamado "Ekins" ("Nike" de trás para frente) que administra um programa de treinamento de nove dias em grandes varejistas; o grupo conta histórias e tradições da Nike, como aquelas sobre o diretor executivo Phil Knight, que vendia sapatos no porta-malas de seu carro, e sobre o cofundador Bill Bowerman, que usou a forma de fazer *waffles* da família para criar seu primeiro tênis com sola macia para corridas.[10]

Algumas organizações têm histórias famosas. Na E*Trade, o diretor executivo Christos Cotsakos fez muitas coisas que ficaram conhecidas em toda a empresa porque ele não seguia as regras de uma típica empresa de investimentos. Para fazer as pessoas se moverem mais rapidamente, ele organizou um dia de corrida em carros de Fórmula 1 a velocidades que se aproximaram de 240 quilômetros por hora. Para criar uma atmosfera mais leve no escritório, ele fez alguns funcionários carregarem galinhas de borracha ou usarem gorros com hélices. Para unir os funcionários, ele organizou aulas de cozinha *gourmet*.[11] Essas e outras histórias são contadas aos novos funcionários e são espalhadas pela empresa, afetando o comportamento de muito mais pessoas do que daquelas que participaram de cada evento.

> Cultura organizacional é o conjunto de valores que ajudam os funcionários de uma empresa a entender quais ações são consideradas aceitáveis e quais são consideradas inaceitáveis.

Podemos considerar três características comuns nas definições sobre cultura que acabamos de discutir para desenvolver uma definição com a qual a maioria dos autores provavelmente concordaria: **cultura organizacional** é o conjunto de valores compartilhados, frequentemente reconhecidos, que ajudam as pessoas em uma organização a entender quais ações são consideradas aceitáveis e quais são consideradas inaceitáveis. Muitas vezes, esses valores são comunicados por meio de histórias e de outros meios simbólicos.

Fundamentos históricos

Embora a pesquisa sobre a cultura organizacional tenha entrado em cena no início da década de 1980, seus antecedentes podem ser rastreados até as origens da ciência social. A compreensão das contribuições de outras disciplinas da ciência social é particularmente importante no caso da cultura organizacional porque muitos dilemas e debates que estão em andamento refletem diferenças na tradição das pesquisas históricas.

Contribuições antropológicas A antropologia é o estudo das culturas humanas.[12] De todas as disciplinas do campo da ciência social, ela é a que está relacionada de modo mais próximo ao estudo da cultura e do fenômeno cultural. Os antropólogos procuram compreender como os valores e as crenças que formam a cultura influenciam a estrutura e o funcionamento em determinada sociedade. Muitos antropólogos acreditam que para compreender a relação entre cultura e sociedade é necessário olhar para a cultura do ponto de vista das pessoas que dela fazem parte – do "ponto de vista dos nativos".[13] Para alcançar esse nível de entendimento, os antropólogos mergulham nos valores, nos símbolos e nas histórias que as pessoas utilizam para colocar ordem e significado em suas vidas. Os antropólogos costumam produzir livros com extensas descrições de valores, atitudes e crenças que baseiam o comportamento das pessoas em uma ou mais culturas.[14]

Não importa se nos referimos à cultura de uma grande e moderna corporação ou àquela de uma primitiva tribo da Nova Guiné ou das Filipinas, as perguntas a serem feitas são as mesmas: Como as pessoas dessas culturas sabem que tipos de comportamento são aceitáveis e que tipos são inaceitáveis? De que maneira esse conhecimento é compreendido? Como esse conhecimento é comunicado aos novos membros? Por meio de esforços intensos para produzir descrições exatas, valores e crenças que baseiam as ações nas organizações tornam-se claros. No entanto, esses valores podem ser compreendidos apenas no contexto da organização no qual são desenvolvidos. Em outras palavras, uma descrição de valores e crenças de uma organização não é transferível a outras organizações; cada cultura é única.

Contribuições sociológicas A sociologia é o estudo das pessoas em sistemas sociais, como organizações e sociedades. Há muito tempo os sociólogos têm se interessado pelas causas e consequências da cultura. Ao estudar a cultura, eles se concentram na estrutura social in-

Isso não é divertido – dirigir um carro de Fórmula 1 em um circuito de corrida? Essa é uma ótima maneira de passar o dia com os colegas de trabalho – dirigindo carros velozes e sentindo o que realmente significa trabalhar mais rápido!

formal. Émile Durkheim, um importante sociólogo, argumentou que o estudo do mito e do ritual é um complemento essencial para o estudo da estrutura e do comportamento racional nas sociedades.[15] Ao estudar rituais, Durkheim argumentou, que podemos compreender os valores e as crenças mais básicos de um grupo de pessoas.

Muitos métodos e teorias da área da sociologia têm sido utilizados na análise das culturas organizacionais. Os sociólogos utilizam entrevistas sistemáticas, questionários e outros métodos quantitativos de pesquisa, em vez do estudo e análise intensivos dos antropólogos. Profissionais que utilizam a abordagem sociológica geralmente produzem tipologias bastante simples das características culturais e, em seguida, mostram como as culturas de um número relativamente grande de empresas podem ser analisadas por meio dessa tipologia.[16] Os principais trabalhos de pesquisa sobre a cultura organizacional que, mais tarde, geraram interesse empresarial generalizado – incluindo *Theory Z*, de Ouchi, *Corporate Cultures*, de Deal e Kennedy e *In Search of Excellence*, de Peters e Waterman[17] – utilizaram métodos sociológicos. Posteriormente neste capítulo, analisaremos alguns desses trabalhos mais detalhadamente.

Contribuições da psicologia social A psicologia social é um ramo da psicologia que inclui o estudo dos grupos e a influência dos fatores sociais sobre os indivíduos. Embora muitas pesquisas sobre a cultura organizacional tenham utilizado métodos e abordagens antropológicos e sociológicos, algumas delas se basearam na psicologia social. A teoria da psicologia social, com ênfase na criação e manipulação de símbolos, presta-se, naturalmente, à análise da cultura organizacional.

Por exemplo, a pesquisa em psicologia social sugere que as pessoas tendem a usar histórias ou informações sobre um único evento, mais do que as muitas observações que usam para formar julgamentos.[18] Por isso, se o seu vizinho teve problemas com determinada marca de carro, você provavelmente vai concluir que a marca é ruim, mesmo que a empresa fabricante gere muitas estatísticas com informações que provem que a situação ocorrida com o seu vizinho tenha sido uma raridade. Atualmente, não é nem necessário compartilhar histórias com um vizinho, pois com a proliferação de *sites*, *blogs* e críticas a produtos na internet, todos têm condições de tornar públicas histórias/críticas sobre todos os tipos de produtos e serviços.

O impacto das histórias sobre a tomada de decisão sugere uma razão importante para que a cultura organizacional tenha influência tão forte sobre as pessoas em uma organização. Diferente de outros fenômenos organizacionais, a cultura é melhor comunicada por meio de histórias e exemplos, e estes se tornam os fundamentos utilizados pelos indivíduos para formar julgamentos na organização. Se uma história diz que culpar os clientes não é uma boa ideia, então, culpar os clientes não é uma boa ideia. Esse valor é comunicado com muito mais eficácia por meio da história cultural do que por meio de estatísticas sobre satisfação do cliente.[19]

Contribuições econômicas A influência da economia no estudo da cultura organizacional é substancial o bastante para garantir atenção, embora tenha sido menos significativa que a influência exercida pela antropologia e pela sociologia. A análise econômica trata a cultura organizacional como um dos vários recursos que os gestores podem utilizar para criar alguma vantagem econômica para a organização.

A abordagem econômica tenta ligar as características culturais das empresas ao desempenho delas, em vez de simplesmente descrever as culturas das empresas como as perspectivas sociológica e antropológica o fazem. Em *Teoria Z*, por exemplo, Ouchi diz não apenas que as empresas do Tipo Z diferem de outros tipos de empresas - ele afirma que as empresas do Tipo Z têm um desempenho muito superior que as outras empresas.[20] Quando Peters e Waterman dizem que estão em busca da excelência, eles definem "excelência", em parte, como alto desempenho financeiro.[21] Esses autores estão utilizando as explicações culturais do sucesso financeiro.

Os pesquisadores discordam sobre até que ponto a cultura influencia o desempenho organizacional. Diversos autores investigaram as condições sob as quais a cultura organizacional está ligada a um desempenho financeiro superior.[22] Essa pesquisa pressupõe que sob certas condições, pode haver uma conexão entre a cultura e o alto desempenho financeiro. Entretanto, o fato de uma empresa ter uma cultura não significa que terá bom desempenho; na verdade, diversos traços culturais podem atrapalhar o desempenho. Por exemplo, uma empresa pode ter uma cultura que envolve valores como "os clientes são ignorantes demais para serem úteis", "não se pode confiar nos funcionários", "inovar não é importante" e "qualidade custa muito caro". Essa empresa teria uma cultura forte, mas ela poderia prejudicar seu desempenho. O Walmart, famoso pela especialização no varejo e pela cultura de respeito aos indivíduos, está se tornando conhecido também como empresa cuja cultura não permite sucesso às mulheres.[23]

Em alguns casos, a cultura da organização conduz ao sucesso e ao fracasso ao mesmo tempo: a Toyota pode ser um bom exemplo. Por décadas, ela foi conhecida pela qualidade e confiabilidade de seus carros e caminhões, em parte por causa de sua cultura organizacional única – o "Toyota way" (em português, "o jeito Toyota") – que levou à produção otimizada e a um relacionamento próximo com os fornecedores. No entanto, uma das características distintas da cultura é a sua natureza secreta. Poucas pessoas de fora tiveram acesso aos principais processos da empresa. Por vários anos, alguns proprietários de veículos Toyota experimentaram dificuldades com o pedal do acelerador que fazia o carro acelerar repentinamente. A empresa minimizou o problema, alegando que o tapete estava sendo pressionado contra o pedal. A Toyota afirmou que estava trabalhando com a National Highway Traffic Safety Administration (NHTSA) para resolver o problema – mas, na verdade, não estava cooperando, apenas protelando. Alguns disseram que a natureza sigilosa de sua cultura, ainda que fosse uma das razões de seu sucesso, pode ter sido a causa dos 2,3 milhões de *recalls* e da ordem da NHTSA para que a Toyota interrompesse temporariamente a vendas de seus carros.[24] A relação entre a cultura e o desempenho depende, até certo ponto, dos valores expressos na cultura da organização.

Cultura *versus* clima

Nos 30 anos desde que o conceito de cultura organizacional tornou-se popular, os gestores têm perguntado sobre as semelhanças e diferenças entre cultura e clima organizacional. Algumas pessoas, gestores e pesquisadores, argumentam que cultura e clima organizacional são a mesma coisa, embora suas bases para pesquisas sejam diferentes, conforme explicaremos a seguir.

Os dois conceitos são similares, já que ambos estão preocupados com a atmosfera geral do trabalho em uma organização. Além disso, ambos lidam com o contexto social nas organizações, e pressupõe-se que ambos influenciem os comportamentos das pessoas que trabalham nelas.[25]

Entretanto, os dois conceitos diferem entre si de maneiras significativas. Muitos dos estudos sobre o clima foram baseados na psicologia, ao passo que os estudos sobre a cultura organizacional foram baseados na antropologia e na sociologia. O **clima organizacional** baseia-se nas percepções individuais e é, muitas vezes, definido como os padrões repetitivos de comportamento, atitudes e sentimentos que caracterizam a vida organizacional; refere-se às

---

Clima organizacional baseia-se nas percepções individuais; muitas vezes é definido como padrões repetitivos de comportamento, atitudes e sentimentos que caracterizam a vida na organização; refere-se às situações atuais nas organizações e às ligações entre os grupos de trabalho, funcionários e o desempenho.

situações atuais nas empresas e às ligações entre grupos de trabalho, funcionários e desempenho.[26] É mais facilmente manipulado pela gestão para influenciar diretamente o comportamento dos empregados. A cultura organizacional, por sua vez, refere-se ao contexto histórico dentro do qual uma situação ocorre e ao impacto desse contexto no comportamento dos empregados. A cultura organizacional é considerada muito mais difícil de ser modificada em situações de curto prazo porque foi definida ao longo de anos de história e tradição.

Os dois conceitos também diferem quanto à ênfase. Muitas vezes, a cultura organizacional é descrita como meios pelos quais as pessoas na organização aprendem e comunicam o que é aceitável e inaceitável nesse ambiente – seus valores e normas.[27] A maioria das descrições de clima organizacional não envolve valores e normas. Assim, a descrição do clima diz respeito à atmosfera atual da empresa, ao passo que a cultura organizacional baseia-se na história e nas tradições da organização bem como enfatiza os valores e as normas em relação ao comportamento do funcionário.

CRIANDO A CULTURA ORGANIZACIONAL

Para o empreendedor que está iniciando um negócio, criar a cultura organizacional pode parecer secundário em comparação com o processo de criar produtos ou serviços e vendê-los. No entanto, conforme a empresa cresce e torna-se bem-sucedida, ela geralmente desenvolve uma cultura que a distingue de outras empresas e que se torna uma das razões de seu sucesso. Em outras palavras, a empresa tem sucesso como resultado do que ela faz (sua estratégia) e de como faz (sua cultura). A cultura está ligada a valores estratégicos, tanto em relação a uma nova empresa como em relação à mudança cultural de uma empresa já existente.[28] O processo de criação da cultura organizacional é um processo de conexão entre seus valores estratégicos e seus valores culturais, tanto quanto a estrutura de uma organização está ligada a sua estratégia, conforme descrevemos no Capítulo 17. O processo é apresentado na Tabela 18.2.

TABELA 18.2	Criando a cultura organizacional
Etapa 1 – Formular os valores estratégicos	
Etapa 2 – Desenvolver os valores culturais	
Etapa 3 – Criar a visão	
Etapa 4 – Iniciar a implementação das estratégias	
Etapa 5 – Reforçar os comportamentos culturais	

© Cengage Learning

> **Valores estratégicos** são as crenças básicas sobre o ambiente de uma organização que compõem suas estratégias.
>
> **Valores culturais** são os valores que os funcionários devem ter e exercer para que a organização satisfaça seus valores estratégicos.

Estabelecer valores

As primeiras duas etapas do processo envolvem o estabelecimento de valores. Primeiro, a gestão deve determinar os valores estratégicos da organização. **Valores estratégicos** são as crenças básicas sobre o ambiente de uma organização que compõem suas estratégias. Eles são desenvolvidos seguindo um processo de leitura ambiental e análises estratégicas que avaliam as tendências econômicas, demográficas, de políticas públicas, tecnológicas e sociais, as quais identificam as necessidades do mercado que a organização pode encontrar. Na verdade, os valores estratégicos ligam a organização ao ambiente. A Dell Computer acreditava que os clientes comprariam, se o preço fosse bom, os computadores de um catálogo em vez de irem a lojas de informática conforme ditado pela sabedoria popular. O resultado disso foi um negócio de US$ 6,8 bilhões.[29] O segundo conjunto de valores necessários inclui os valores culturais da organização. **Valores culturais** são valores que os funcionários devem ter e exercer para que a organização satisfaça seus valores estratégicos. Eles devem ser fundamentados em crenças organizacionais sobre como e por que a empresa pode ter sucesso. As organizações que tentam desenvolver valores culturais que não têm relação com seus valores estratégicos podem acabar com um conjunto de valores vazios que têm pouca relação com seus negócios. Em outras palavras, os funcionários precisam valorizar os comportamentos profissionais que são consistentes com os valores estratégicos da organização e os apoiam: produção de baixo custo, serviço ao cliente ou inovação tecnológica. Herb Kelleher, ex-diretor executivo e um dos primeiros líderes da Southwest Airlines, acreditava que a cultura, o "espirit de corps" (espírito de equipe), era o mais valioso bem da empresa.[30]

Tony Hsieh (pronuncia-se *Shei*) iniciou a venda de calçados *on-line* (Zappos.com) em 1999 a faturou US$ 1 bilhão em vendas em 2008. Ele acredita que o negócio se baseia em uma coisa: felicidade. Simplesmente ele queria fazer os clientes e empregados se sentirem muito, muito bem. Seus valores estratégicos foram a sua crença de que os sapatos poderiam ser vendidos com frete e devolução grátis. Hoje a Zappos conta com 10 valores principais que incluem "Seja humilde", "Seja divertido e um pouco esquisito" e "Entregue um UAU por meio do serviço". O valor cultural básico de Hsieh é fazer todos felizes.[31]

Criar a visão

Depois de desenvolver os valores estratégicos e culturais, a organização deve estabelecer uma visão de seu direcionamento. Essa "visão" é um retrato do que a organização será em algum momento no futuro. Ela retrata como os valores estratégicos e culturais vão se combinar para criar o futuro. Por exemplo, uma empresa de seguros pode estabelecer a visão de "proteger o estilo de vida de 2 milhões de famílias até o ano 2020". De fato, a visão sintetiza tanto os valores estratégicos quanto os culturais, assim como também comunica uma meta de desempenho aos funcionários. De acordo com a sabedoria popular, a declaração da visão é elaborada primeiro, mas a experiência sugere que, para que a visão seja significativa, os valores estratégicos e culturais devem ser estabelecidos antes. Hsieh, da Zappos, prevê grandes feitos para sua empresa desde que ele continue fornecendo um serviço que faça as pessoas felizes. Ele está criando um serviço terceirizado para administrar o atendimento ao cliente e vender e despachar para outras empresas, além disso, criou um *site* para fornecer treinamento para pequenas empresas.[32]

Iniciar a implementação das estratégias

A próxima etapa, a implementação das estratégias, baseia-se nos valores e dá início à ação para alcançar a visão. As estratégias abrangem muitos fatores, do desenvolvimento do projeto da organização ao recrutamento e treinamento dos funcionários, que vão compartilhar os valores e serão responsáveis pela sua continuidade. Imagine um banco que tem a orientação tradicional de administrar empréstimos, depósitos e poupanças dos clientes. Se o banco mudar e passar a enfatizar o atendimento ao cliente, poderá surgir a necessidade de recrutar um tipo diferente de funcionário, aquele que seja capaz de construir relacionamentos. O banco também terá de se comprometer seriamente e a longo prazo com o treinamento de seus atuais funcionários para ensiná-los a nova cultura orientada ao serviço. Os valores estratégicos e culturais são o estímulo para as práticas de implementação.

A Zappos implementou seus valores culturais de várias maneiras. Ela contrata pessoas que se encaixam na cultura, paga-lhes salários de mercado e lhes fornece muito treinamento sobre temas que vão da orientação inicial de duas semanas aos atuais livros empresariais, como usar o Twitter, falar em público e planejar as finanças – tudo com a intenção de ajudar as pessoas a crescer e pensar e a estarem prontas para se tornar líderes seniores na empresa. As vendas do dia anterior estão em um gráfico no saguão de entrada do edifício sede e no corredor há um comunicado que mostra quantos pares de sapato estão disponíveis no depósito. Os representantes do *call center* têm autonomia para tomar decisões, não seguem roteiros, não têm suas chamadas gravadas e são incentivados a criar conexões emocionais pessoais com os clientes. Os gestores são orientados a dispender de 10% a 20% do seu tempo "jogando conversa fora" com seus subordinados e "sair com o pessoal" é algo bastante incentivado.

SERVIÇO: Criando uma cultura de atendimento

John Caparella foi contratado para ser o gerente da inauguração dos 1.400 apartamentos do Gaylord Palms, em Orlando, Flórida. Tomando como base o trabalho que realizou em hotéis, ele estava convencido de que a cultura organizacional deveria ser encarada como a operacionalização de um "software" para serviços. Ele acreditava que ao inaugurar esse novo hotel deveria dispender um esforço considerável na criação de uma cultura sustentável, a respeito de como os funcionários poderiam fornecer um excelente atendimento ao cliente. John começou reunindo uma equipe de liderança que pensava como ele e que estava disposta a ensinar e formar os valores culturais e as crenças que ele queria que fossem adotados. Eles entrevistaram os candidatos que tinham sido atraídos pelo estímulo de trabalhar em um novo hotel que fazia parte de uma companhia, a Gaylord Entertainment, também proprietária do emblemático Grand Ole Opry, de Nashville. Os candidatos eram tantos, que as pessoas selecionadas foram chamadas de "10s" porque uma pessoa a cada 10 candidatos entrevistados era, de fato, contratada. De modo a construir uma linguagem para reforçar os valores culturais, a equipe de John adotou o termo "STARS" como uma palavra para descrever todos os funcionários, horistas ou da administração. STARS significava sorrisos, trabalho em equipe, atitude, credibilidade e serviço com paixão. A ideia era utilizar a linguagem para fazer os funcionários se lembrarem das crenças culturais.

John acreditava no poder das histórias para ensinar aos funcionários o que os clientes deveriam esperar do Palms. Ele escreveu uma carta na qual expressou o que esperava que o hotel conseguisse dos hóspedes, uma vez que o local fosse inaugurado. John conhecia o poder das histórias, das lendas e dos heróis no ensino da cultura, e quis dar na carta um exemplo forte de herói do atendimento que estabeleceria um *benchmark* do que seria um atendimento excelente para o cliente. Eventualmente, após o hotel ter sido inaugurado, um tempo suficiente para se ter um *feedback* dos hóspedes, o *benchmark* foi ajustado com base nos comentários. Ele também sabia do poder de ensinar a cultura por meio do que era recompensado e do que era punido. Assim, premiou os funcionários com bônus baseando-se na porcentagem dos "5" – a mais alta pontuação possível – que recebiam em uma avaliação do cliente sobre a qualidade do atendimento. John percebeu que somente os melhores trabalhavam em seu hotel. Por fim, incluiu a diversão como um dos principais valores da empresa.

Uma cultura de trabalho divertida provoca mais sorrisos tanto nos empregados como nos clientes, então, John promoveu atividades que seriam vistas como divertidas. Além das atividades familiares típicas e das equipes esportivas patrocinadas pela empresa, o Gaylord oferecia atividades que propiciavam oportunidades para ensinar a cultura. Por exemplo, havia celebrações trimestrais dos sete valores Gaylord (atendimento, cidadania, integridade, respeito, excelência, criatividade e paixão), as quais reconheciam a pessoa que melhor representava cada valor. As celebrações eram eventos muito esperados, os funcionários competiam pelo direito de proporcionar o entretenimento. Outro evento era a comemoração de promoção, em que o gerente responsável por um funcionário recém-promovido pedalava um triciclo ao redor do hotel transportando esse funcionário, muitas vezes seguido de um desfile de funcionários barulhentos que incentivavam os hóspedes a se juntarem à diversão. Talvez uma das partes mais incomuns do ensino da cultura foi a garantia do emprego a todos os funcionários. Os funcionários recém-contratados recebiam a orientação de que se o trabalho não fosse o que havia sido prometido, eles poderiam falar com o gerente diretamente para lhe dizer o que se passava. Obviamente, isso promoveu a capacidade de resposta da supervisão para todas as preocupações e considerações dos funcionários. A questão é se toda a construção dessa cultura valeu a pena. Parece que sim: o hotel foi classificado por muitos anos como o melhor local para se trabalhar, foi considerado um lugar espetacular para sediar encontros e eventos e gerou muitos lucros. Construir uma cultura voltada ao atendimento levou os funcionários a preencher as lacunas entre o que eles poderiam aprender e o que precisariam fazer para lidar de maneira bem-sucedida com uma ampla diversidade de clientes.

Questão para discussão: com base em seu conhecimento sobre a cultura, de que maneiras é possível criar um ambiente positivo de trabalho que seja atrativo tanto para empregados como para clientes?

Reforçar os comportamentos culturais

A etapa final é reforçar os comportamentos dos funcionários conforme eles exercem os valores culturais e implementar as estratégias organizacionais. O reforço pode assumir várias formas. Em primeiro lugar, o sistema de recompensa formal da organização deve recompensar os comportamentos desejados de maneira a valorizar os funcionários. Em segundo lugar, devem ser contadas histórias sobre funcionários que se comprometeram com comportamentos que enfatizam os valores culturais. Em terceiro lugar, a organização deve se comprometer com cerimônias e rituais que destaquem empregados que exercem atividades importantes para a continuidade da visão organizacional. Na verdade, a organização tem que "fazer um alvoroço sobre os funcionários que fazem as coisas certas". Por exemplo, se festas são oferecidas somente para quem está se aposentando ou *pins* são entregues para comemorar o tempo de serviços prestados à empresa, os funcionários entenderão que aposentadoria e tempo de serviço são as únicas coisas que importam. Em contraposição, realizar uma cerimônia para um grupo de funcionários que executou um atendimento excepcional ao cliente, reforça os comportamentos desejados nos funcionários. As práticas de reforço são a ligação final entre os valores estratégicos e culturais e a criação da cultura organizacional. A Zappos reforça a cultura a cada dia: os funcionários vão para o trabalho e voltam para casa felizes, além disso, sempre saem com colegas e gestores depois do trabalho. A cultura torna-se um estilo de vida para eles.[33]

ABORDAGENS PARA DESCREVER A CULTURA ORGANIZACIONAL

Os modelos discutidos nesta seção fornecem informações valiosas sobre as dimensões ao longo das quais as culturas organizacionais variam. Até agora não surgiu nenhuma estrutura que descrevesse os valores nas culturas organizacionais; entretanto, diversas estruturas têm sido sugeridas. Embora essas estruturas tenham sido desenvolvidas na década de 1980, as ideias sobre a cultura organizacional que elas trazem ainda são influentes nos dias de hoje. Algumas das "excelentes" empresas que elas descrevem não são tão elogiadas atualmente, mas os conceitos ainda são utilizados em empresas ao redor do mundo. Os gestores devem avaliar as várias partes das estruturas descritas e utilizar aquilo que se encaixe nos valores estratégicos e nas culturas de suas organizações.

A estrutura Ouchi

Um dos primeiros pesquisadores a se concentrar na análise das culturas de um grupo limitado de empresas foi William G. Ouchi. Ele analisou as culturas organizacionais de três grupos de empresas, as quais caracterizou como (1) empresas norte-americanas típicas, (2) empresas japonesas típicas e (3) empresas norte-americanas **Tipo Z**.[34]

Por meio de suas análises, Ouchi desenvolveu uma lista com sete pontos nos quais esses três tipos de empresas poderiam ser comparados. Ele argumentou que a cultura de empresas japonesas típicas e de empresas norte-americanas Tipo Z é muito diferente daquela cultura de empresas tipicamente norte-americanas. Para ele, essas diferenças explicariam o sucesso de muitas empresas japonesas e de empresas norte-americanas Tipo Z, assim como as dificuldades enfrentadas pelas empresas tipicamente norte-americanas. Os sete pontos para comparação desenvolvidos por Ouchi são apresentados na Tabela 18.3.

Comprometimento com os funcionários De acordo com Ouchi, as empresas japonesas típicas e as empresas norte-americanas Tipo Z compartilham o valor cultural de tentar manter os funcionários. Por isso, esses tipos de empresas demitem funcionários apenas em casos extremos. No Japão, o valor "manter os funcionários" assume a forma de emprego vitalício, embora algumas empresas japonesas, reagindo aos problemas econômicos dos últimos anos, estejam desafiando esse valor. Uma pessoa que começa trabalhar em uma empresa japonesa geralmente tem garantia de que nunca será demitida. Nas empresas norte-americanas Tipo Z, esse valor cultural é manifestado em um comprometimento que Ouchi denomina "funcionário de longo prazo". No sistema japonês de emprego vitalício, os funcionários não

---

A empresa **Tipo Z** tem como objetivo manter os funcionários; avalia o desempenho deles com base em informações qualitativas e quantitativas; dá ênfase a planos de carreira abrangentes; exerce o controle por meio de mecanismos informais e implícitos; solicita que a tomada de decisão ocorra em grupos e que seja baseada em informações completas, compartilhadas e consensuais; espera que os indivíduos se responsabilizem pelas decisões e enfatiza a preocupação com as pessoas.

podem ser demitidos. No sistema norte-americano, os empregados e executivos podem ser demitidos, mas somente se o desempenho deles não for aceitável.

Ouchi sugeriu que as empresas norte-americanas típicas não têm o mesmo comprometimento cultural com os funcionários que as empresas japonesas e as norte-americanas Tipo Z. Na realidade, os funcionários e gestores norte-americanos passam suas carreiras em um número relativamente pequeno de empresas. Ainda assim, existe uma expectativa cultural de que se houver recessão séria na empresa, mudança de proprietário ou uma fusão, os funcionários e gestores serão demitidos. Por exemplo, quando o Wells Fargo Bank comprou o First Interstate Bank no Arizona, esperava-se a demissão de cerca de 400 funcionários no Arizona e de 5.000 na corporação inteira. Entretanto, oito meses após a compra, o Wells Fargo havia eliminado mais de 1.000 funcionários somente no Arizona e havia demitido um total de 10.800 trabalhadores. O Wells Fargo já tinha a reputação de ser uma empresa cruel que costumava efetuar cortes após aquisições, e parece que fez jus à fama.[35]

Avaliação Ouchi observou que nas empresas japonesas e nas empresas norte-americanas Tipo Z, pensa-se que as avaliações apropriadas para empregados e executivos levam muito tempo – mais que dez anos – e exigem a utilização de informações qualitativas, assim como quantitativas sobre o desempenho. Por essa razão, as promoções nessas empresas são relativamente lentas e as decisões relacionadas às promoções são tomadas somente após entrevistas com muitas pessoas que têm contato com quem está sendo avaliado. Nas empresas norte-americanas típicas, por sua vez, o valor cultural sugere que a avaliação pode e deve ser feita rapidamente e deve enfatizar as medidas quantitativas do desempenho. Esse valor tende a incentivar o pensamento de curto prazo entre funcionários e gestores.

Carreira Em seguida, Ouchi percebeu que as carreiras mais valorizadas em empresas japonesas e em empresas norte-americanas Tipo Z abrangem várias funções. No Japão, esse valor levou a planos de carreiras muito amplos, que podem fazer com que os funcionários ganhem experiência em seis ou sete funções empresariais distintas. Os planos de carreira nas empresas norte-americanas Tipo Z são ligeiramente mais restritos. Entretanto, o valor da carreira em empresas norte-americanas típicas é consideravelmente mais restrito. A pesquisa de Ouchi indicou que a maioria dos gestores norte-americanos desempenha apenas uma ou duas diferentes funções empresariais ao longo da vida profissional. Esse percurso restrito reflete, de acordo com Ouchi, o valor atribuído à especialização adotado por muitas empresas norte-americanas.

TABELA 18.3	A estrutura Ouchi		
VALOR CULTURAL	EXPRESSÃO EM EMPRESAS JAPONESAS	EXPRESSÃO EM EMPRESAS NORTE-AMERICANAS TIPO Z	EXPRESSÃO EM EMPRESAS NORTE-AMERICANAS TÍPICAS
COMPROMETIMENTO COM OS FUNCIONÁRIOS	Emprego vitalício	Emprego de longo prazo	Emprego de curto prazo
AVALIAÇÃO	Lenta e qualitativa	Lenta e qualitativa	Rápida e quantitativa
CARREIRA	Muito abrangente	Moderadamente abrangente	Restrita
CONTROLE	Implícito e informal	Implícito e informal	Explícito e formal
TOMADA DE DECISÃO	Em grupo e consensual	Em grupo e consensual	Individual
RESPONSABILIDADE	Coletiva	Individual	Individual
PREOCUPAÇÃO COM AS PESSOAS	Holística	Holística	Restrita

© Cengage Learning

Controle Todas as organizações devem exercer algum nível de controle para que ações coordenadas sejam realizadas. Por isso, não é surpresa que as empresas nos Estados Unidos e Japão tenham desenvolvido valores culturais relacionados ao controle organizacional e maneiras de administrá-los. A maioria das empresas japonesas e norte-americanas Tipo Z assume que o controle é exercido por meio de mecanismos informais implícitos. Um dos mais poderosos mecanismos é a cultura organizacional. Em contrapartida, as empresas norte-americanas típicas esperam que a orientação venha de direcionamentos explícitos em forma de descrição de cargos, configuração da autoridade e de várias regras e procedimentos em vez de valores culturais implícitos.

Do ponto de vista da perspectiva funcional, a cultura organizacional poderia ser vista como um meio de controle social baseado em normas e valores compartilhados.[36] O controle é exercido quando sabemos que uma pessoa que é importante está prestando muita atenção ao que fazemos e nos dirá se nossas ações são apropriadas ou não. Nas organizações, o controle pode vir de fontes formais, como a estrutura organizacional ou um supervisor, ou de fontes sociais, como a cultura da organização. Na visão de Ouchi, o controle é baseado em mecanismos organizacionais formais nas empresas norte-americanas típicas, ao passo que o controle nas empresas japonesas e nas norte-americanas Tipo Z é por natureza mais social e decorrente de valores e normas compartilhados.

Tomada de decisão As empresas japonesas e as norte-americanas Tipo Z têm uma forte expectativa cultural de que a tomada de decisão ocorra coletivamente e seja baseada nos princípios de compartilhamento e consenso de informações. Na maioria das empresas norte-americanas típicas, a tomada de decisão individual é considerada apropriada.

Responsabilidade As ideias sobre responsabilidade estão muito ligadas à questão da tomada de decisão coletiva *versus* individual. Aqui, entretanto, os paralelos entre as empresas japonesas e as norte-americanas Tipo Z são interrompidos. Ouchi mostrou que no Japão normas culturais fortes apoiam a responsabilidade coletiva, isto é, o grupo, em vez de uma única pessoa, é responsável pelas decisões tomadas. Mas tanto em empresas norte-americanas Tipo Z como em empresas norte-americanas típicas, os indivíduos esperam ter responsabilidade pelas decisões.

Associar a responsabilidade individual à tomada de decisão individual, como as empresas norte-americanas típicas fazem é logicamente consistente. Da mesma maneira, a tomada de decisão e a responsabilidade coletiva, situação presente nas empresas japonesas, também parecem dar certo. Mas como as empresas norte-americanas Tipo Z combinam os valores culturais de uma tomada de decisão coletiva e da responsabilidade individual?

Ouchi sugeriu que a resposta para essa pergunta depende de uma visão cultural que nós já discutimos: avaliação lenta e qualitativa. Na primeira vez que o gestor utiliza um grupo para tomar uma decisão, não é possível dizer se os resultados associados àquela decisão vieram da influência do gestor ou da qualidade do grupo. No entanto, se o gestor trabalha com muitos grupos ao longo do tempo, e se esses grupos executam consistentemente um bom trabalho, é provável que o gestor saiba aproveitar ao máximo o que grupo tem de melhor a oferecer. Esse executivo pode ser responsabilizado pelos resultados dos processos de tomada de decisão coletiva. Da mesma forma, os gestores que falham em trabalhar efetivamente com os grupos que lhes foram designados, podem ser responsabilizados pela ausência de resultados do grupo no processo de tomada de decisão.

Preocupação com as pessoas O último valor cultural analisado por Ouchi diz respeito à preocupação com as pessoas. Não é de surpreender que nas empresas japonesas e nas norte-americanas Tipo Z o valor cultural dominante seja a preocupação total com os funcionários e gestores. Essa preocupação holística vai muito além de preocupar com uma pessoa

Funcionários da Toyota Motor Manufacturing Texas, Inc. aplaudindo durante o Tundra Line-off Celebration na unidade de San Antonio, Texas. O recente esforço da Toyota Motor Corp. na indústria automotiva dos Estados Unidos é considerado o mais importante, e que lugar para isso acontecer: bem no coração do Texas, onde *pick-ups* norte-americanas têm lotado estradas e rodovias por décadas.

simplesmente por ela ser um empregado ou gestor. Ela abrange aspectos da vida pessoal dessa pessoa, seus passatempos, crenças pessoais, esperanças, medos e aspirações. Nas empresas norte-americanas típicas, existe uma preocupação restrita apenas ao local de trabalho. Uma cultura que enfatiza a preocupação com as pessoas em vez daquela que destaca a orientação profissional, pode diminuir a rotatividade de funcionários.[37]

Teoria Z e desempenho Ouchi argumentou que a cultura de empresas japonesas e de empresas norte-americanas do Tipo Z as ajudou a ultrapassar as típicas empresas norte-americanas. A Toyota adotou o estilo de gestão e cultura que foi bem-sucedido no Japão e em suas fábricas na América do Norte. O sucesso da Toyota sempre foi atribuído à habilidade das empresas japonesas e das empresas norte-americanas do Tipo Z para investir sistematicamente em seus funcionários e em operações por um período longo, o que resultou em estabilidade e melhorias significativas no desempenho de longo prazo.

TABELA 18.4	A estrutura de Peters e Waterman
CARACTERÍSTICAS DE UMA EMPRESA EXCELENTE	
1. Inclinação para a ação	5. Proatividade da gestão
2. Proximidade com o cliente	6. Foco no ramo do negócio
3. Autonomia e espírito empreendedor	7. Estrutura simples, quadro de pessoal reduzido
4. Produtividade por meio de pessoas	8. Organização simultaneamente apertada e flexível

A abordagem de Peters e Waterman

No *best-seller Em busca da excelência*, Tom Peters e Robert Waterman destacaram, de modo mais explícito que Ouchi, a relação entre cultura organizacional e desempenho. Peters e Waterman selecionaram uma amostra das empresas mais bem-sucedidas dos Estados Unidos e descreveram as práticas administrativas que as levaram ao sucesso.[38] Suas análises transformaram-se rapidamente nos valores culturais que conduzem a práticas administrativas de sucesso. Esses valores "excelentes" estão listados na Tabela 18.4.

Inclinação para a ação De acordo com Peters e Waterman, empresas de sucesso estão inclinadas para a ação. Espera-se que os gestores nessas organizações tomem decisões mesmo quando nem todos os fatos estejam disponíveis. Os autores argumentaram que para muitas decisões importantes, a totalidade dos fatos nunca estará disponível.

Adiar uma tomada de decisão nessas situações é o mesmo que nunca tomar uma decisão. Enquanto isso, outras empresas terão adotado alguma iniciativa. Na média, de acordo com esses estudiosos, as organizações cujos valores culturais incluem a inclinação para a ação ultrapassam outras empresas que não a possui.

Proximidade com o cliente De acordo com Peters e Waterman, empresas cujas culturas organizacionais valorizam os clientes acima de tudo superam aquelas que não possuem esse valor. O cliente é uma fonte de informações sobre os produtos atuais, é uma fonte de ideias para produtos futuros e é a fonte final do desempenho financeiro atual e futuro de uma organização. Concentrar-se no cliente, de modo a atender suas necessidades e mimá-lo quando necessário, conduz a um desempenho superior.

Autonomia e espírito empreendedor Os autores sustentaram que as empresas de sucesso combatem a falta de inovação e a burocracia geralmente associadas ao seu porte grande. Elas fazem isso dividindo a empresa em áreas menores, que possam ser mais bem administradas; então, incentivam atividades independentes e inovadoras como é comum nos segmentos de empresas de menor porte. Nessas organizações, são frequentes as histórias sobre um engenheiro júnior que assume riscos e influencia as principais decisões sobre um produto ou sobre um gestor júnior que, insatisfeito com a lentidão no desenvolvimento de um produto, implementa um novo e bem-sucedido plano de marketing.

Produtividade por meio das pessoas Assim como Ouchi, Peters e Waterman acreditam que empresas de sucesso reconhecem que seu bem mais importante é as pessoas – tanto empregados como gestores – e que o propósito de uma organização é permitir que elas prosperem. É um valor fundamental da cultura organizacional – uma crença de que tratar as pessoas com respeito e dignidade não é apenas apropriado, é essencial para o sucesso.

Proatividade da gestão Peters e Waterman observaram que as empresas estudadas por eles insistiam para que os gestores seniores permanecessem em contato com o negócio essencial da empresa. Espera-se, como reflexo de uma norma cultural profundamente enraizada, que os gestores administrem não somente de dentro de suas salas, mas também "passeando pelas imediações" da unidade, pelas instalações, pelo departamento de pesquisa e desenvolvimento, e assim por diante.

Foco no ramo do negócio Outro valor cultural que caracteriza as empresas excelentes é a relutância em se comprometerem com empreendimentos fora de sua área de especialização. Essas empresas rejeitam o conceito da diversificação, da prática de operações de aquisições empresariais de indústrias não relacionadas ao seu ramo principal de negócios. A referência atual a esse conceito é basear-se nas "competências essenciais" da empresa ou no que ela faz melhor. Há muitos bons exemplos desse posicionamento, um dos melhores diz respeito ao que aconteceu quando Lee Raymond chegou ao cargo de diretor executivo da Exxon Mobil Corporation. Ele imediatamente encerrou todos os investimentos da empresa em metodologias para energias alternativas para permanecer no que faziam de melhor na EXXON – o petróleo.[39]

Estrutura simples, quadro de pessoal reduzido De acordo com Peters e Waterman, as empresas de sucesso têm poucas camadas administrativas e quadro de pessoal relativamente pequeno. Nas empresas administradas com excelência, a importância é avaliada não apenas pelo número de pessoas que respondem a um gestor, mas também pelo impacto que os executivos exercem no desempenho da organização. Os valores culturais nessas empresas dizem aos gestores que o importante é o desempenho da equipe, não seu tamanho.

Organização simultaneamente apertada e flexível A última característica da cultura organizacional identificada por Peters e Waterman parece contraditória. Como uma empresa pode ter uma organização ao mesmo tempo flexível e apertada? A solução para esse aparente paradoxo está nos valores da empresa. Essas empresas têm organização apertada porque todos os seus membros compreendem os valores da empresa e acreditam neles. Essa ligação cultural em comum é o alicerce que mantém as empresas firmes. Ao mesmo tempo, essas empresas são organizadas de maneira mais flexível porque é provável que tenham menos despesas administrativas, menos funcionários e menos regras e regulamentos. O resultado é mais inovação, aumento da capacidade de assumir riscos e respostas mais rápidas.

A estrutura flexível só é possível em razão dos valores comuns mantidos pelas pessoas na empresa. Quando os funcionários precisam tomar decisões, eles podem avaliar as opções tomando por base os valores da organização – se as opções são consistentes em relação à inclinação para a ação, ao atendimento ao cliente, e assim por diante. Ao tomarem como referência os valores comuns, os funcionários podem decidir por si mesmos quais ações devem ser tomadas. Sendo assim, a estrutura apertada dos valores culturais em comum possibilita a estrutura flexível com pouco controle administrativo.

QUESTÕES EMERGENTES NA CULTURA ORGANIZACIONAL

Conforme a implementação da cultura organizacional tem continuidade, ela inevitavelmente altera e desenvolve novas perspectivas. Muitas novas ideias sobre ambientes produtivos são construídas com base em opiniões anteriores, como as de Ouchi, Peters e Waterman, e outros. Entre os pontos em comum dessas abordagens estão o movimento da gestão da qualidade total, a participação do funcionário, a justiça processual e a gestão baseada no trabalho em equipe, assuntos já abordados em capítulos anteriores. Três outros movimentos serão brevemente discutidos nesta seção: a inovação, a atribuição de poder e as culturas apropriadas.

Inovação

Inovação é o processo de criar e fazer coisas novas a serem introduzidas no mercado como produtos, processos ou serviços.

Inovação é o processo de criar e fazer coisas novas a serem introduzidas no mercado como produtos, processos ou serviços. Ela envolve todos os aspectos da organização, de pesquisa a desenvolvimento, produção e marketing. Um dos maiores desafios de uma organização é combinar a inovação tecnológica com as necessidades do mercado da maneira mais rentável possível.[40] Observe que a inovação não envolve apenas a tecnologia para criar novos produtos: a verdadeira inovação organizacional é generalizada em toda a empresa. De acordo com a revista *Fortune*, as organizações mais admiradas são aquelas mais inovadoras.[41] Essas empresas são inovadoras em todos os sentidos – na contratação de funcionários, na estratégia, na pesquisa e nos processos empresariais. A 3M tem sido, por muito tempo, uma dessas empresas, conhecidas por sua criatividade e inovação. Entretanto, há alguns anos, foi processada por discriminação etária por um grupo de funcionários (entre 54 e 64 anos), que reclamava que vários processos organizacionais, como avaliações de desempenho, seleção para programas de treinamento e promoção, davam maior ênfase na inovação e criatividade de funcionários mais jovens. Eles alegavam que os funcionários mais velhos podiam ser tão criativos e inovadores quanto os mais jovens.[42]

Muitos riscos estão associados às empresas inovadoras. O mais comum é que os riscos próprios de decisões sobre uma nova tecnologia ou inovação saiam pela culatra. Conforme as pesquisas avançam e os engenheiros e cientistas continuam a desenvolver novas ideias ou soluções para problemas, há sempre a possibilidade de que as inovações não consigam ter o desempenho esperado. Por essa razão, as organizações comprometem recursos consideráveis no teste de inovações.[43] Um segundo risco é a possibilidade de um concorrente tomar decisões que o habilitarão a colocar a inovação no mercado primeiro. O mercado tornou-se um terreno fértil para a inovação contínua.

Com toda a razão, alguns autores têm sugerido que o termo "inovação" tornou-se um clichê decorrente do seu uso excessivo por empresas e consultores. As empresas criam cargos, como de diretor de inovação, e consultores vendem seus serviços por centenas de milhares de dólares, e alguns afirmam que não merece ser chamada de inovação a criação de novos produtos pouco diferentes dos anteriores ou o aumento da produção em pequenos percentuais. Eles pedem que o termo seja reservado às grandes mudanças bruscas ou radicais nos produtos, serviços ou processos.[44]

Embora essas críticas tenham algum mérito, as organizações precisam ser cautelosas em relação a manter o *status quo* e correr o risco de serem ultrapassadas por práticas mais inovadoras da concorrência ou por avanços tecnológicos. Como prova disso, é só considerar o fim do Blackberry da Research in Motion (RIM), que dominou o mercado de aparelhos celulares e *e-mails* de 2003 a 2009. O iPhone da Apple e os dispositivos Android do Google, de início introduzidos em 2007 e 2008, juntamente com milhares de aplicativos (apps), empurraram a RIM ao colapso.[45] Outra área que experimenta os efeitos do avanço tecnológico é a indústria de entretenimento doméstico. Como podemos observar no box *Tecnologia,* intitulado "A TV torna-se pessoal", o mercado em massa de TV pode estar a caminho do fim, à medida que provedores de entretenimento doméstico miram cada vez mais no mercado das preferências pessoais e atendem à crescente demanda dos consumidores por produtos personalizados.

> **Inovação radical** (algumas vezes chamada de inovação disruptiva) é um grande avanço que altera ou cria indústrias inteiras.
>
> **Inovação de sistemas** cria uma nova funcionalidade juntando componentes de maneiras inovadoras.
>
> **Inovação de crescimento** dá continuidade ao aperfeiçoamento técnico e amplia as aplicações das inovações radicais e de sistemas.

Tipos de inovação A inovação pode ser radical, de sistemas ou de crescimento. Uma **inovação radical** (algumas vezes chamada de inovação brusca) é um grande avanço que altera ou cria indústrias inteiras. Exemplos desse tipo de inovação incluem a xerografia (inventada por Chester Carlson em 1935, tornou-se marca registrada da Xerox Corporation), os motores a vapor e os motores de combustão interna (que pavimentaram o caminho para a atual indústria automobilística). A **inovação de sistemas** cria uma nova funcionalidade juntando componentes de novas maneiras. Por exemplo, o motor a gasolina começou como uma inovação radical e tornou-se uma inovação de sistemas, quando foi combinado com a tecnologia das bicicletas e transportes para criar os automóveis. A **inovação de crescimento** dá continuidade ao aperfeiçoamento técnico e amplia as aplicações das inovações radicais e de sistemas. As inovações de crescimento são em muito maior número que as inovações radicais ou de sistemas. Na verdade, muitas inovações de crescimento são necessárias para fazer as inovações radicais e de sistemas funcionarem apropriadamente. As inovações de crescimento forçam as organizações ao aperfeiçoamento contínuo de seus produtos e as mantêm no mesmo nível ou à frente dos concorrentes.

Novos empreendimentos Os novos negócios baseados em inovações exigem empreendedorismo e uma boa administração para que se desenvolvam. O perfil do empreendedor inclui necessidade de realização, desejo de assumir responsabilidades, disposição para correr riscos e foco em resultados concretos. O empreendedorismo pode ocorrer dentro ou fora das grandes organizações. No caso do empreendedorismo externo, são necessários todos os aspectos complexos do processo de inovação. Já no caso do empreendedorismo interno, sua ocorrência se dá em um sistema que, em geral, não estimula a atividade caótica.

> **Intraempreendedorismo** é a atividade empreendedora que acontece no contexto de uma grande corporação.

As grandes organizações normalmente não aceitam as atividades empreendedoras. Por isso, para uma grande organização ser inovadora e desenvolver novos empreendimentos, é necessário incentivar ativamente a atividade empreendedora na organização. Essa forma de atividade, muitas vezes chamada de **intraempreendedorismo**, é mais eficaz quando é parte da vida organizacional diária e ocorre em toda a empresa, em vez de somente no departamento de pesquisa e desenvolvimento.

Pesquisa corporativa O meio mais comum para o desenvolvimento da inovação nas organizações tradicionais é por meio da pesquisa corporativa, ou pesquisa e desenvolvimento.

TECNOLOGIA — A TV fica pessoal

Serviço telefônico personalizado? *Jeans* feitos sob medida? Misturas de café fresco de acordo com seu gosto pessoal? Até há poucos anos, produtos como esses seriam apresentados somente em filmes de ficção científica. Hoje em dia, entretanto, a habilidade em personalizar praticamente todas as características de qualquer produto ou serviço tem se tornado tão importante para os consumidores que, praticamente todos os setores que valorizam a orientação de seus clientes, têm sido abalados em seus principais mercados de massa.

Considere, por exemplo, a distribuição de programas *home-viewing* – o que atualmente é feito via TV ou computador. Há cerca de 20 anos, quando o advento da TV a cabo digital transformou 500 canais de TV em realidade, as emissoras especializadas começaram a desenvolver programação de conteúdo específico para o público-alvo. Se a sua paixão fosse por corridas de carros, por exemplo, você poderia assinar o Speed Channel; para os aficionados por assuntos militares, havia o Military Channel, e para os amantes dos animais, havia o Animal Planet. Não demorou muito para que os sistemas a cabo e satélite ficassem saturados, mas uma tecnologia mais recente foi logo disponibilizada para administrar o excesso de programação de interesse especial, a qual a revista *Wired* apelidou de "a cauda longa" do mercado de *home-viewing*. A chave, é claro, foi a internet. Com a facilidade para a produção de vídeo digital, ela impulsionou milhares de produtores que queriam atingir um público pequeno, mas dedicado, com uma programação de interesse especial. O *New York Times* criou o termo "slivercasting" para caracterizar o novo setor da indústria da mídia, e atualmente existe um *slivercasting* para veganos (VegTV), para entusiastas do iatismo (Sail.tv), para amantes das comédias clássicas da TV (Yuks TV), para os casados (Knot TV) e até para aficionados por cirurgias (OR Live).

Uma tendência para obter rendimentos *on-line* também está começando a fluir. Nos Estados Unidos, os anúncios na TV cresceram 9,7% em 2010, mas em 2009 houve uma queda de 11,3% e, em 2011, o crescimento foi de apenas 2,5%. Enquanto isso, a receita de anúncios *on-line* cresceu 14,5% em 2010 e aproximadamente 25% em 2011.

Em 2010, o Google, empresa líder mundial de busca *on-line*, entrou em um novo setor da indústria emergente – programação por meio de aparelhos de televisão interconectados. Em parceria com provedores de conteúdo como HBO, CNBC, Turner Broadcasting, Twitter e Netflix, o Google TV tornou-se a mais recente (embora a mais proeminente) empresa a anunciar o casamento proposto para as duas mídias. "Uma de nossas metas", diz o gerente de produto do Google TV, Ambarish Kenghe, "... é permitir inovações de criadores de conteúdo, programadores e desenvolvedores". E, é claro, de anunciantes: de acordo com analistas, em 2015, serão 43 milhões de TVs interconectadas nos Estados Unidos e a receita oriunda de anúncios *on-line* vai ultrapassar a receita da TV no ano seguinte.

> "Estamos criando um novo caminho para atingir o público em uma era na qual o tradicional intervalo comercial da TV não existe mais."
> — CHAD HURLEY, COFUNDADOR DO YOUTUBE

Talvez o meio mais popular para o *home-viewing*, no entanto, seja o *site* que permite aos usuários distribuir os vídeos produzidos por eles mesmos. Um dos exemplos mais bem-sucedidos é o YouTube, fundado em 2005 por três amigos de 20 e poucos anos que queriam compartilhar vídeos de festas. Após somente um ano em operação, o YouTube estava transmitindo 30 milhões de vídeos por dia. Em outubro de 2006, quando esse número atingiu a casa dos 100 milhões, seus fundadores venderam a empresa para o Google por US$ 1,65 bilhão. Atualmente, estima-se que os usuários publiquem cerca de 830.000 vídeos diariamente. Esses vídeos atraem mais de 2 bilhões de visualizações por dia, com o usuário médio assistindo cerca de 900 segundos por dia. O cofundador do YouTube, Chad Hurley, diz com orgulho "Estamos criando uma nova forma de atingir o público em uma era na qual o tradicional intervalo comercial da TV não existe mais".

Referências: Heather Green, "Way Beyond Home Videos", *Bloomberg Businessweek*, 10 abr. 2006, www.businessweek.com, 20 ago. 2010; Greg Sterling, "IAB: 2010 Online Advertising Worth $26 Billion, Search 46 Percent", *Search Engine Land*, 13 abr. 2011, http://searchengineland.com, 20 ago. 2012; Stephanie Reese, "Quick Stat: Television Ad Spending Expected to Reach $60.5 Billion in 2011", *eMarketer*, 16 mai. 2011, www.emarketer.com, 20 ago., 2012; Dawn C. Chmielewski, "Online Advertising to Reach $31 Billion in 2011", *Los Angeles Times*, 8 jun. 2011, http://latimesblogs.latimes.com, 20 ago. 2012; Robert Hof, "Online Ad Spend to Overtake TV by 2016", *Forbes*, 26 ago. 2011, www.forbes.com, 20 ago. 2012; Saul Hansell, "As Internet TV Aims at Niche Audiences, the Slivercast Is Born", *New York Times*, 12 mar. 2006, www.nytimes.com, 20 ago. 2012; Claire Miller e Brian Stelter, "Google TV Announces Its Programming Partners, but the Top Networks Are Absent", *New York Times*, 4 out. 2010, www.nytimes.com, 20 ago. 2012.

Se você se lembra da fita adesiva Scotch e do Post-it quando pensa nos produtos da 3M Co., pense de novo. Os novos produtos da 3M Co. incluem o Projetor de Bolso MP180, microprojetor apresentado durante o International Consumer Electronics Show (CES) de 2011 em Las Vegas, Nevada, ocorrido em uma sexta-feira, 7 de janeiro, e a linha ecológica de fitas adesivas Magic.

A pesquisa corporativa é estabelecida para apoiar o negócio existente, fornecer-lhe inovações incrementais e explorar o potencial de novas bases de tecnologia. Muitas vezes, ocorre em laboratórios, tanto no local da instalação principal da corporação, quanto em algum lugar distante das operações normais.

Os pesquisadores corporativos são responsáveis por manter o avanço tecnológico dos produtos e processos da empresa. Os ciclos de vida dos produtos variam muito, dependendo de quanto tempo um produto leva para ficar obsoleto e se são desenvolvidos substitutos. Obviamente, se um produto torna-se obsoleto ou algum outro produto pode ser substituído por ele, os lucros decorrentes de suas vendas vão diminuir. O trabalho do pesquisador corporativo é prevenir essa ocorrência, mantendo os produtos da empresa atualizados.

A cultura corporativa pode ser instrumental no que diz respeito a adotar um ambiente no qual ocorram a criatividade e a inovação. Por exemplo, a 3M é conhecida por sua inovação. De 1914 a 1966 seus cientistas desenvolveram a fita adesiva Scotch, o impermeabilizante de tecidos Scotchguard e o revestimento térmico duplo Thinsulate. A empresa permitia que os funcionários dispendessem até 15% do seu tempo remunerado em quaisquer projetos que escolhessem. Por volta de 2001, novos produtos demoravam anos para chegar ao mercado, a fabricação não era eficaz e os lucros eram quase inexistentes. Um novo diretor executivo, Jim McNerney, foi contratado; suas iniciativas incluíram o treinamento de qualidade Seis Sigma, avaliações de desempenho forçadas e medidas de eficiência de custos em toda a empresa. Os problemas logo apareceram: a nova abordagem reduziu não somente os custos, mas também as inovações. O número de novos produtos no mercado desacelerou mais ainda e, em 2005, McNerney deixou a empresa e foi substituído por George Buckley, que imediatamente aumentou o orçamento para a pesquisa e desenvolvimento em 20%, mas sua tarefa mais importante foi restaurar a cultura inovadora, que é a herança da empresa.[46]

Atribuição de poder

Atualmente, um dos termos mais populares no campo da gestão é "empoderamento" ou atribuição de poder. Quase toda nova abordagem – para a qualidade, para alcançar a competitividade, para obter maior produtividade dos funcionários e para dar uma guinada na corporação – recorre à atribuição de poder do funcionário. Conforme discutimos no Capítulo 5, **atribuição de poder** é o processo de capacitar os funcionários a estabelecer as próprias metas, tomar decisões e resolver problemas em suas esferas de responsabilidade e autoridade. Os modismos são frequentemente descartados como insignificantes e sem substância, em razão de serem mal utilizados ou utilizados em excesso, assim, o conceito da atribuição de poder também pode ser interpretado levianamente.

A atribuição de poder é simples e complexa ao mesmo tempo. É simples porque diz aos gestores para desistirem de mandar tanto nas pessoas e para deixarem-nas trabalhar. É complexo porque, de maneira geral, tanto funcionários quanto executivos não são treinados para fazer isso. Uma quantidade significativa de tempo, treinamento e prática pode ser necessária para empoderar os funcionários. No Capítulo 5, discutimos algumas técnicas para utilização da atribuição de poder e condições pelas quais ele pode ser eficaz nas organizações.

> **Atribuição de poder** é o processo de capacitar os empregados a estabelecer as próprias metas de trabalho, tomar decisões e resolver problemas em suas esferas de responsabilidade e autoridade.

No entanto, a atribuição de poder pode ser muito mais que uma técnica motivacional. No caso de algumas organizações, é o alicerce de sua cultura. A W. L. Gore & Associates é construída em torno de um quadro estrutural (em vez de uma hierarquia), no qual não há patrões dizendo aos outros os que fazerem. As ideias são defendidas por patrocinadores e dirigentes, e os associados podem escolher com quais equipes de projetos trabalhar. As pessoas são livres para experimentar e têm autonomia para se comprometerem com projetos, em vez de serem designadas aos projetos. A empresa é extremamente bem-sucedida com seu modelo de gestão, levando em consideração que foi fundada nesses princípios em 1958, tem vendas anuais de US$ 2,1 bilhões e possui 8.000 funcionários em 45 unidades. A atribuição de poder, como parte de um modelo único de gestão, não é um modismo.[47]

A atribuição de poder é vista como algo que liberta os empregados, mas algumas vezes implica um pouco mais do que delegar uma tarefa e vigiar o funcionário bem de perto. Os funcionários podem sentir que esse tipo de participação é superficial e que, na verdade, não estão tomando decisões significativas. O conceito de dar liberdade aos funcionários sugere que eles devem ser livres para fazer o que pensam ser melhor, sem medo de que o chefe esteja por perto para vetar ou alterar o trabalho que executam.[48]

Culturas apropriadas

Grande parte da literatura sobre cultura organizacional tem foco na descrição do conceito de cultura organizacional, na relação entre cultura e desempenho na criação dessa cultura. Por exemplo, a estrutura de Peters e Waterman descreve oito características de empresas bem-sucedidas e sugere que tais características seriam desejáveis em todas as organizações. Mas basta alguém analisar algumas empresas de sucesso – como Southwest Airlines, General Electric e Microsoft, todas com culturas muito diferentes – para questionar a adoção de uma única cultura para todas as organizações. Rob Goffee e Gareth Jones rebatem a ideia de que existe uma cultura organizacional única que seja melhor; ao contrário, sugerem a existência de "culturas apropriadas".[49] Afinal, pilotar aviões e mover pessoas de um local para o outro ao menor custo possível, é muito diferente de elaborar um novo *software* para computadores pessoais. Goffee e Jones sugerem que a natureza da cadeia de valores e o dinamismo do ambiente são dois fatores que podem determinar que tipo de cultura é mais apropriada para uma organização em particular. Entretanto, os fatores determinantes podem se mostrar bastante evasivos porque ninguém tem sido capaz de copiar com sucesso a Southwest Airlines, embora muitos tenham tentado. É necessário o desenvolvimento de mais pesquisas sobre a perspectiva de uma teoria de contingência da cultura organizacional.

A Whole Foods Markets criou uma cultura que é a correta para ela e bem diferente daquelas de outros setores do varejo de alimentos. Ao iniciar com uma pequena loja de alimentos naturais em Austin, Texas, John Mackey, fundador e diretor executivo, estudou as técnicas administrativas japonesas e criou uma cultura que é democrática, participativa, igualitária, inovadora, baseada no trabalho em equipe e transparente. É democrática, pois os funcionários criaram sua "Declaração de independência" e votam para determinar se um novo funcionário vai ou não se juntar à equipe. É participativa, pois as decisões referentes ao *design* da loja, à seleção dos produtos que serão comercializados e à atribuição de preços são feitas por pessoas que têm de implementar as decisões. É igualitária, pois o valor médio dos salários é respeitável, nenhum executivo pode ganhar acima de 19 vezes a média do salário do horista, e os funcionários têm opção de compra de ações, 93% das quais pertencem ao pessoal não executivo. É inovadora, pois todos são incentivados a experimentar sem ter de pedir permissão. Os gerentes de loja podem gastar até US$ 100.000 por ano com novas ideias. É baseada no trabalho em equipe, pois cada departamento é uma equipe com direito a administrar sua própria área, votar pela admissão de novos membros, além do que é responsável pelo lucro da equipe, que está vinculado à remuneração dela. É transparente, pois divulga quase todas as informações financeiras para todos na empresa, todos conhecem o desempenho de suas equipes comparado ao de outras equipes e todos sabem o valor dos salários de todos.[50] Essa cultura da Whole Foods funciona para ela e vai contra a cultura do resto do setor. Em outras palavras, é apropriada e combina com a Whole Foods.

ADMINISTRANDO A CULTURA ORGANIZACIONAL

O trabalho de Ouchi, de Peter e Waterman e de muitos outros demonstram dois fatos importantes. Primeiro, as culturas organizacionais diferem entre empresas; segundo, essas culturas organizacionais diferentes podem afetar o desempenho organizacional. Com base nessas informações, os gestores tornaram-se mais preocupados em relação à melhor maneira de administrar as culturas em suas organizações. Os três elementos da gestão da cultura organizacional são (1) tirar proveito da cultura existente, (2) ensinar a cultura organizacional e (3) mudar a cultura organizacional.

Tirar proveito da cultura existente

Muitos gestores não estão em posição de criar uma cultura organizacional, em vez disso, trabalham em organizações que já possuem valores culturais. Para esses gestores, a questão principal na gestão da cultura é como melhor utilizar o sistema cultural existente. Pode ser mais fácil e rápido alterar o comportamento dos funcionários dentro da cultura local do que mudar a história, as tradições e os valores já existentes.[51]

Para tirar proveito de um sistema cultural existente, os gestores devem estar completamente conscientes dos valores da cultura e quais comportamentos ou ações que esses valores apoiam. Entretanto, tornar-se totalmente ciente dos valores de uma organização normalmente não é muito fácil. Isso envolve mais que ler um manual sobre aquilo em que a empresa acredita. Os gestores devem desenvolver uma profunda compreensão de como os valores organizacionais operam na empresa – um entendimento que geralmente só acontece por meio da experiência.

Uma vez alcançado, esse entendimento pode ser utilizado para avaliar o desempenho de outros na empresa. A articulação dos valores organizacionais pode ser útil na gestão do comportamento de outros. Por exemplo, vamos supor que um subordinado em uma empresa com forte valor cultural de "foco no ramo do negócio" desenvolva uma estratégia empresarial que envolva mudança para outro ramo de negócio. Em vez de tentar argumentar que a atual estratégia de negócio é economicamente inviável ou conceitualmente fraca, o gestor que entende a cultura corporativa pode apontar para o valor organizacional da empresa: "Nesta empresa, nós acreditamos em focar no ramo do negócio".

Os gestores seniores que compreendem a cultura organizacional de suas organizações podem comunicar essa compreensão aos indivíduos de níveis hierárquicos mais baixos. Com o tempo, conforme comecem a entender e a aceitar a cultura da empresa, tais gestores de níveis mais baixos precisarão de menos supervisão direta. O entendimento deles sobre os valores corporativos vão orientar sua tomada de decisões.

Ensinar a cultura organizacional: socialização

Socialização é o processo pelo qual os indivíduos se tornam seres sociais.[52] Conforme estudado por psicólogos, as crianças aprendem a se tornarem adultos em uma sociedade por meio desse processo – aprendem o que é um comportamento aceitável e educado e o que não é, aprendem a se comunicar, a interagir com outras pessoas, e assim por diante. Em sociedades complexas, o processo de socialização leva muitos anos.

Socialização organizacional é o processo por meio do qual os funcionários aprendem os aspectos relacionados à cultura da empresa e transmitem seus conhecimentos e interpretações a outras pessoas. Os funcionários são socializados nas organizações, assim como as pes-

---

Socialização é o processo pelo qual os indivíduos se tornam seres sociais.

Socialização organizacional é o processo pelo qual os funcionários aprendem os aspectos relacionados à cultura da empresa e transmitem seus conhecimentos e interpretações a outras pessoas.

Quando os funcionários trabalham juntos, são criadas oportunidades excelentes para compartilharem a cultura com novos funcionários ou aprenderem sobre a cultura com os veteranos. Muitas vezes, observar os hábitos de outras pessoas diz mais sobre o que é esperado nas organizações do que a leitura do manual ou horas de treinamento formal.

soas são socializadas nas sociedades, isto é, eles aprendem ao longo do tempo o que é aceitável em uma organização e o que não é, como comunicar seus sentimentos e como interagir com outras pessoas. Eles aprendem por meio da observação e dos esforços de seus gestores em comunicar essas informações a eles. Pesquisas sobre o processo de socialização indicam que, para muitos funcionários, os programas de socialização não necessariamente mudam seus valores, em vez disso os tornam mais conscientes sobre as diferenças entre os valores pessoais e organizacionais e os ajudam a desenvolver maneiras de lidar com essas diferenças.[53]

Uma série de mecanismos organizacionais pode influenciar a socialização dos funcionários nas organizações. O mais importante, provavelmente, são os exemplos que os novos funcionários veem no comportamento de pessoas mais experientes. Por meio da observação de exemplos, os novos funcionários desenvolvem um repertório de histórias que podem ser utilizados na orientação de suas ações. Quando uma decisão precisa ser tomada, os novos funcionários podem se perguntar: "O que meu chefe faria nessa situação?". Isso não quer dizer que o treinamento formal, os manuais corporativos e as declarações da organização sobre sua cultura não sejam importantes para o processo de socialização. No entanto, esses fatores apoiam o processo de socialização baseado na observação das ações de outras pessoas.

Em algumas organizações, a cultura descrita nos manuais e apresentada nas sessões de treinamento formal entra em conflito com os valores da organização, sobretudo no que se refere à maneira como é expressa por ações do seu pessoal. Por exemplo, uma empresa pode dizer que os funcionários são seus ativos mais importantes, mas os trata mal. Nesse contexto, os novos funcionários aprendem rapidamente que a retórica dos manuais e das sessões de treinamento formal têm pouco a ver com a cultura real da empresa. Os funcionários que são socializados nesse sistema, geralmente aceitam os valores culturais reais em vez daqueles formalmente apresentados.

Mudar a cultura organizacional

Muito da nossa discussão sobre esse assunto pressupõe que a cultura organizacional aumenta seu desempenho. Quando esse é o caso, é importante aprender quais são os valores culturais de uma organização e utilizá-los para ajudar a socializar novos funcionários e gestores, pois tais ações ajudam no sucesso da empresa. Entretanto, conforme indicam as pesquisas de Ouchi e de Peters e Waterman, nem todas as empresas têm valores culturais consistentes com o alto desempenho. Ouchi descobriu que as empresas japonesas e as empresas norte-americanas Tipo Z têm valores que aumentam o desempenho. Peters e Waterman identificaram valores que aumentam o desempenho associado ao sucesso das empresas. Por dedução, algumas empresas não incluídas no estudo de Peters e Waterman deveriam ter valores que diminuíssem o desempenho. O que poderia fazer um gestor que trabalha em uma empresa cujos valores reduzem o desempenho?

É claro que a resposta para essa pergunta é que os gestores da alta administração em empresas como essas devem tentar mudar a cultura da organização. No entanto, isso é algo difícil de se fazer.⁵⁴ A cultura organizacional é resistente à mudança em razão de ser uma poderosa influência sobre o comportamento – ela incorpora os valores básicos da empresa e, muitas vezes, é considerada certa e é normalmente comunicada com mais eficácia por meio de histórias ou de outros símbolos. Ao tentar mudar a cultura organizacional, os gestores estão tentando mudar as premissas básicas sobre qual comportamento é ou não apropriado na organização. Mudar de uma organização tradicional para uma organização baseada no trabalho em equipe (discutido no Capítulo 10) é um exemplo de mudança da cultura de uma organização. Outro exemplo é a tentativa da 3M de mudar sua cultura de baixo custo e eficiência para retornar às suas raízes como uma cultura inovadora.⁵⁵

Apesar dessas dificuldades, algumas organizações mudaram suas culturas de fraco desempenho para desempenho elevado.⁵⁶ Esse processo de mudança será descrito detalhadamente no Capítulo 19. A seção anterior sobre a criação da cultura organizacional descreve a importância da conexão entre os valores estratégicos e os valores culturais na criação de uma nova cultura organizacional. Outros elementos importantes do processo da mudança cultural serão brevemente discutidos nas seções seguintes.

Administração dos símbolos Pesquisas sugerem que a cultura organizacional é entendida e comunicada por meio da utilização de histórias e de outros meios simbólicos. Se isso for correto, os gestores interessados em mudar as culturas devem tentar substituir as histórias e os mitos que apoiam os novos valores culturais por aqueles que apoiavam os antigos. Eles podem fazê-lo criando situações que deem origem a novas histórias.

Suponhamos que uma organização tenha como valor "as opiniões dos empregados não são importantes". Quando há uma reunião da administração nessa empresa, as ideias e opiniões das pessoas de níveis hierárquicos mais baixos – quando ao menos discutidas – são rejeitadas e consideradas tolas e irrelevantes. As histórias que apoiam esse valor cultural relatam gerentes subordinados que tentaram colocar um assunto construtivo em evidência e só o que conseguiram foi perder a oportunidade para a melhoria por causa de ataques pessoais de seus superiores.

Um gestor em nível superior interessado em criar uma nova história, uma história que mostre que as ideias dos gestores em níveis mais baixos são valiosas, pode pedir a um subordinado que se prepare para conduzir uma discussão em uma reunião e, então, solicitar-lhe que assuma a liderança quando o tema surgir. O sucesso do subordinado na reunião vai se transformar em uma nova história que poderá afastar algumas das muitas histórias que sugerem que as opiniões dos gestores em níveis mais baixos não são importantes.

Dificuldade da mudança Mudar a cultura de uma empresa é um processo longo e difícil. O principal problema é que os gestores de nível superior, não importa o quão dedicados sejam à implementação de um novo valor cultural, podem inadvertidamente reverter aos antigos padrões de comportamento. Isso acontece, por exemplo, quando um gestor dedicado a implementar o valor de que as ideias dos funcionários de nível mais baixo são importantes, ataca veementemente as ideias de um subordinado.

Esse erro gera uma história que apoia valores e crenças antigos. Depois de um incidente como esse, os gestores de nível mais baixo podem passar a acreditar que, embora aparentemente o chefe queira as ideias dos funcionários, nada poderia estar mais distante da verdade. Não importa o que o chefe diga ou quão consistente seja seu comportamento no futuro, alguma credibilidade foi perdida, e as mudanças culturais ficarão mais difíceis.

Estabilidade da mudança Os processos de mudança cultural de uma empresa iniciam com a necessidade da mudança e acontecem em um período de transição em que esforços são feitos para a adoção de novos valores e crenças. No longo prazo, uma empresa que é bem-sucedida na mudança de sua cultura vai descobrir que os novos valores e crenças são tão estáveis e influenciáveis quanto os antigos. Os sistemas de valores tendem a se autorreforçar. Uma vez estabelecidos esses sistemas, será necessário um esforço enorme para mudá-los. Por isso, se uma empresa conseguir mudar sua cultura de desempenho reduzido para desempenho elevado, os novos valores provavelmente permanecerão por um longo tempo.

RESUMO

A cultura organizacional tornou-se um dos mais discutidos assuntos no campo do comportamento organizacional. Ela surgiu na década de 1980 com livros de Ouchi e de Peters e Waterman, entre outros. Entretanto, o interesse na cultura organizacional não ficou restrito aos acadêmicos. Os gestores também estão interessados na cultura organizacional, especialmente em como ela está relacionada ao desempenho.

Não há um acordo sobre a definição do conceito de cultura organizacional. Uma comparação entre as várias definições sugere que a maioria tem três aspectos em comum: elas definem a cultura como valores que os indivíduos em organizações utilizam para ditar comportamentos apropriados; presumem que esses valores geralmente são considerados certos e destacam as histórias e outros recursos simbólicos por meio dos quais os valores são geralmente comunicados.

As pesquisas atuais sobre a cultura organizacional refletem várias pesquisas tradicionais. As contribuições mais importantes vieram da antropologia e da sociologia. Os antropólogos tendem a se concentrar nas culturas de uma ou duas organizações e utilizar descrições detalhadas para ajudar as pessoas de fora a entender a cultura organizacional do "ponto de vista dos nativos". Os sociólogos têm utilizado métodos de pesquisa para estudar as culturas de um número maior de organizações. Duas outras influências em recentes trabalhos em cultura organizacional são a psicologia social, que dá ênfase à manipulação de símbolos nas organizações, e a economia. A abordagem econômica vê a cultura como uma ferramenta utilizada para administrar e como um determinante de desempenho.

A criação da cultura organizacional é um processo de quatro etapas. Inicia-se com a formulação dos valores estratégicos e culturais da organização. Em seguida, cria-se uma visão para a organização, depois vem a implementação de estratégias. A etapa final é o reforço dos comportamentos culturais dos funcionários.

Embora nenhuma estrutura para descrever a cultura organizacional tenha surgido até agora, muitas estruturas têm sido sugeridas. Os esforços mais conhecidos nessa área têm sido a comparação de Ouchi entre empresas japonesas e norte-americanas e a descrição de Peters e Waterman sobre empresas bem-sucedidas nos Estados Unidos. Ouchi assim como Peter e Waterman sugeriram várias dimensões importantes ao longo das quais os valores organizacionais variam, incluindo a maneira como os funcionários são tratados, as definições sobre os meios adequados de tomada de decisão e a atribuição de responsabilidade no que se refere aos resultados da tomada de decisão.

Questões emergentes no campo da cultura organizacional incluem a inovação, a atribuição de poder aos empregados e as culturas apropriadas. Inovação é o processo de criar e fazer coisas novas que são introduzidas no mercado como produtos, processos ou serviços. A cultura organizacional pode ajudar ou prejudicar a inovação. A atribuição de poder dos funcionários, além de ser similar à participação do funcionário como uma técnica para motivação, é agora visto por algumas pessoas como um tipo de cultura organizacional. A atribuição de poder ocorre quando os funcionários tomam decisões, estabelecem suas próprias metas de trabalho e resolvem problemas em suas áreas de responsabilidade. Por fim, especialistas sugerem que existem culturas apropriadas especialmente para algumas organizações, em vez haver um tipo melhor de cultura para todas as organizações.

A gestão da cultura organizacional exige atenção a três fatores. Primeiro, os gestores podem tirar proveito dos valores culturais já existentes e utilizar o conhecimento sobre esses valores para ajudar os subordinados a entendê-los. Segundo, os funcionários precisam ser apropriadamente socializados, ou treinados nos valores culturais da organização, por meio de treinamento formal, vivência e observação das ações de gestores de nível mais elevado. Terceiro, os gestores podem mudar a cultura da organização por meio da gestão dos símbolos, da abordagem das extremas dificuldades dessa mudança e do apoio na duração da nova cultura organizacional, uma vez que a mudança tenha sido implementada.

QUESTÕES PARA DISCUSSÃO

1. Um sociólogo ou antropólogo pode sugerir que a cultura nas empresas dos Estados Unidos reflete a cultura dominante na sociedade. Assim, para mudar a cultura organizacional de uma empresa, primeiro é preciso lidar com valores e crenças inerentes à sociedade. Como você responderia a essa afirmação?
2. A psicologia tem sido definida como o estudo do comportamento individual. A psicologia organizacional é o estudo do comportamento individual nas organizações. Muitas das teorias descritas nos capítulos anteriores deste livro são baseadas na psicologia organizacional. Por que o campo não foi identificado como um colaborador no estudo da cultura organizacional juntamente com a antropologia, a sociologia, a psicologia social e a economia?
3. Descreva a cultura de uma organização com a qual você esteja familiarizado. Pode ser a que você trabalha atualmente, outra para a qual você já tenha trabalhado ou uma na qual um amigo ou membro da família trabalhe. Quais valores, crenças, histórias, e símbolos são significativos para os funcionários nessa organização?
4. Discuta as similaridades e diferenças entre as abordagens da cultura organizacional de Ouchi e de Peters e Waterman.
5. Descreva como as organizações utilizam símbolos e histórias para comunicar valores e crenças. Dê alguns exemplos de como os símbolos e as histórias têm sido utilizados nas organizações com as quais você está familiarizado.
6. Qual é o papel da liderança (discutido nos capítulos 12 e 13) no desenvolvimento, manutenção e mudança da cultura organizacional?
7. Analise novamente as características da estrutura organizacional descritas em capítulos anteriores e compare-as aos elementos da cultura descritos por Ouchi e por Peters e Waterman. Descreva as similaridades e diferenças e explique como algumas características de uma podem estar relacionadas às características da outra.
8. Discuta o papel das recompensas da empresa no desenvolvimento, na manutenção e na mudança da cultura organizacional.
9. Descreva como a cultura de uma organização pode afetar a inovação.

QUAL É O SEU PONTO DE VISTA?

Determinação persistente

"É como num video game: nunca se sabe o que vai acontecer com você."

— HEIDI GANAHL, FUNDADORA E DIRETORA EXECUTIVA DA CAMP BOW WOW

Fomos apresentados a Heide Ganahl*, fundadora e diretora executiva da Camp Bow Wow, no vídeo do Capítulo 12, que nos forneceu um perfil de sua abordagem de liderança na sua empresa. Agora, ela apresenta um vislumbre de seu passado, e um pouco de biografia pode ser útil quando se trata de compreender uma organização que reflete a visão pessoal de sua fundadora. Como Ganahl explica, ela e seu primeiro marido tiveram a ideia da Camp Bow Wow, uma alternativa para o tradicional canil, na década de 1990. No entanto, seu marido faleceu em um acidente de avião antes que pudessem lançar o negócio, e Ganahl engavetou a ideia enquanto lutava para recuperar o controle de sua vida. "Recebi uma boa indenização pelo acidente", relata, mas "estraguei tudo fazendo empréstimos para a família e amigos e comprando coisas que eu não deveria comprar". Mãe solteira, conseguiu um emprego de meio período como representante farmacêutica e, embora o emprego pagasse bem, não lhe proporcionou a energia necessária para suas ambições empreendedoras "eu o chamei de 'as algemas de ouro'", disse em algum momento).

Cinco anos, um casamento sem muita reflexão e dois empreendimentos falidos, seu irmão pediu-lhe para reconsiderar o plano da Camp Bow Wow. Como Ganahl relembra, "Pensei, 'Bem, posso muito bem arriscar tudo'" – referindo-se aos US$ 83.000 restantes do pagamento do seguro de US$ 1 milhão – "'e colocar tudo no meu sonho inicial, se não funcionar, não funcionou. Foi um caminho muito louco – com muitas idas e vindas", acrescenta. "É como num video game: nunca se sabe o que vai acontecer a você". A Camp Bow Wow foi lançada em 2000 e, em 2003, iniciou as franquias.

Como nos é contado no capítulo, muitas vezes uma *cultura* organizacional é comunicada e reforçada pelas histórias que incorporam e explicam os valores, e a história de Ganahl é certamente uma parte essencial da história e cultura da Camp Bow Wow. Todos que têm ligação com a empresa, ela diz, "sabem como chegamos aqui. Isso lhes proporciona outra maneira de olhar para a nossa empresa e uma perspectiva diferente das coisas. Definitivamente, acho que isso tem sido uma grande parte da nossa cultura", acrescenta, porque, "no máximo, no final das contas, [sua cultura] é o que o mundo exterior *percebe* que você é". Ganahl quer que as pessoas percebam uma empresa "muito batalhadora, cujo principal valor é habilidade em superar desafios – uma organização com a atitude "podemos superar tudo", "podemos conquistar tudo". Ela acredita que é importante manter "a 'lenda' da Camp Bow Wow viva" para quando as pessoas "ouvirem a história e saberem como superamos diferentes desafios" terem "muito mais respeito em relação a nossa posição atual".

"Como proprietária de um negócio", confirma Sue Ryan, franqueada em Boulder, Colorado, "vivenciamos não a tragédia pela qual [Heidi] passou, mas muitas das coisas difíceis que ela experimentou" no sentido de fazer a franquia sair do papel e tornar-se realidade. Ryan também oferece uma perspectiva mais prática sobre a cultura da Camp Bow Wow. Cultura, ela diz,

> *é uma questão interessante em uma franquia porque você tem diferentes pontos de vista sobre ela. Estou tentando estabelecer minha cultura aqui com meu pessoal, um local divertido para as pessoas virem e trabalharem e trabalharem bem como uma equipe.*
> *E aí temos a cultura entre os diferentes franqueados e como se sentem em relação a isso e a cultura dos franqueados e dos escritórios corporativos juntas. Então, existem todos esses pontos de vista. Acho que eles são individuais e únicos, e em uma situação perfeita, eles se complementam.*

Ganahl concorda. "Um dos desafios para as empresas franqueadas", ela diz, "é fazer com que todos, quando você tem algumas centenas de pessoas que compram uma marca, falem a mesma língua e estejam comprometidos com uma visão – um caminho para se chegar lá". *Visão* é um termo eficaz para Ganahl. "Iniciar as franquias", admite, "não foi algo que eu planejei, mas foi o encaixe perfeito para mim porque me permitiu ser visionária, e não apenas lidar com as operações do dia a dia. Eu adoro a parte visionária. A operações do dia a dia, nem tanto". Qual é a "parte visionária?" Para começar, significa encontrar meios para expandir a missão e a marca da empresa. Tome como exemplo a Bow Wow Buddies Foundation, que Ganahl criou para encontrar lares adotivos para animais indesejados e investir em pesquisas sobre doenças em animais de estimação. A Home Buddies, um serviço de cuidados para animais de estimação em domicílio, foi lançada em 2009.

A franquia, por sua vez, é uma forma de recrutar parceiros de confiança, não só para lidar com as operações diárias, mas também para complementar a visão estratégica de Ganahl com a própria visão organizacional em nível operacional. Entretanto, manter todos comprometidos com a visão e com a marca, diz Ganahl, "é algo muito frágil" – um processo, como ela diz no vídeo do Capítulo 12, de equilibrar a necessidade de consistência da marca com os impulsos criativos de 200 franqueados e "tentar moderar suas ideias maravilhosas com o que é melhor para a marca". Para ter esse equilíbrio, ela explica, "você tem de ter uma cultura muito forte, muito criativa – uma cultura que não permita que as pessoas mudem a cor da fachada da loja, mas que ainda assim as elogie por *sua* criatividade e inovação".

PERGUNTAS

1. Revise a Tabela 18.1. Quais definições de cultura organizacional parecem ser as mais aplicáveis à cultura da Camp Bow Wow? Explique sua(s) escolha(s).
2. De que maneira Ganahl tem trabalhado para *criar uma cultura organizacional*? Quais *valores* ela tem tentado estabelecer? Que *visão* ela tem tentado criar? Quais *estratégias* ela tem tentado iniciar? O que ela faz para reforçar os *comportamentos culturais*? Quais desses esforços parecem mais importantes para ela?

3. De que maneiras a *abordagem de Peters e Waterman* é útil para descrever a cultura organizacional na caracterização da cultura da Camp Bow Wow?
4. "Eu sou vista como uma diretora executiva e líder de empresa muito descontraída", diz Ganahl, "até que alguém bagunce a marca ou a... [minha] visão para a empresa". Que papel a marca da Camp Bow Wow tem no estabelecimento de sua cultura? E na visão de Ganahl para a empresa? E na convicção dela de que a empresa tem de ser inovadora?

FONTES ADICIONAIS
"Heidi Ganahl, Founder & CEO, Camp Bow Wow", *SmartGirls Way*, 4 ago. 2011, http://smartgirlsway.com, 3 set. 2012; Camp Bow Wow, "About Us: Camp Bow Wow", 2000-2011, www.campbowwow.com, 3 set. 2012; Sramana Mitra, "The 1M/1M Deal Radar: Camp Bow Wow, Boulder", *Sramana Mitra on Strategy*, 4 fev. 2011, www.sramanamitra.com, 3 set. 2012; Tamara Chapman, "Dog Days", *DU Today*, 1º set. 2011, http://blogs.du.edu, 3 set. 2012; Noelle Pechar Hale, "Heidi Flammang: To Dog, Camp Bow Wow", *Ladies Who Launch*, 11 fev. 2008, www.ladieswholaunch.com, 15 out. 2012; Megan L. Reese, "Heidi Ganahl: Founder and CEO - Camp Bow Wow", *Ladies Who Launch*, 26 out. 2009, www.ladieswholaunch.com, 15 out. 2012.
*O nome *Manogue*, que aparece nas legendas do vídeo, foi um erro na transcrição.

PRÁTICA DO COMPORTAMENTO ORGANIZACIONAL

Cultura da classe

Objetivo Esse exercício ajudará você a apreciar a fascinação e a dificuldade em relação a examinar a cultura nas organizações.

Formato A classe será dividida em grupos de quatro a seis pessoas. Cada grupo vai analisar a cultura da organização de uma classe da faculdade. Os alunos da maioria das salas de aula que utilizam este livro participaram de vários cursos, portanto, deve haver muitas aulas em comum.

Procedimento A classe é dividida em grupos de quatro a seis pessoas com base nas aulas que os alunos tiveram em comum.

1. Primeiramente, cada grupo deve decidir que classe vai analisar. Cada pessoa no grupo deve ter estudado na classe.
2. Cada grupo deve listar os fatores culturais a serem discutidos. Os itens a serem abordados devem incluir
    a. Histórias sobre o professor
    b. Histórias sobre as provas
    c. Histórias sobre as classificações
    d. Histórias sobre outros alunos
    e. Símbolos que indiquem os valores dos alunos
    f. Símbolos que indiquem os valores do professor
    g. Outras características da sala de aula como sugerido pelas estruturas de Ouchi e de Peter e Waterman.
3. Os alunos devem analisar cuidadosamente as histórias e os símbolos para descobrirem seus significados implícitos. Eles devem buscar histórias de outros membros do grupo para se assegurarem de que todos os aspectos da cultura da classe sejam abordados. Conforme esses itens forem discutidos, os alunos devem tomar notas.
4. Após 20 a 30 minutos de trabalho em grupo, o professor vai reunir a classe inteira e solicitar a cada grupo para compartilhar suas análises com o restante da classe.

Questões de acompanhamento
1. Qual foi a parte mais difícil desse exercício? Os outros grupos tiveram essa mesma experiência de dificuldade?
2. Como seu grupo superou a dificuldade? Como os outros grupos a superaram?
3. Você acredita que a análise do seu grupo descreve com exatidão a cultura da classe que vocês selecionaram? Outros alunos que analisaram a cultura da mesma classe chegaram a um resultado muito diferente? Como isso aconteceu?
4. Se o professor quisesse tentar mudar a cultura da classe que vocês analisaram, quais etapas você lhe recomendaria?

FORMAÇÃO DAS HABILIDADES GERENCIAIS

Visão geral Geralmente, os gestores são promovidos ou selecionados em uma organização com determinada cultura organizacional. Conforme iniciam o trabalho, eles devem reconhecer a cultura e aprender a trabalhar com ela ou descobrir um meio de mudá-la. Caso encontrem uma cultura de desempenho reduzido, precisam descobrir como transformá-la em uma cultura de desempenho elevado. Esse exercício vai permitir que você desenvolva suas próprias ideias sobre a mudança na cultura organizacional.

Experiência Imagine que você acabou de ser indicado para liderar o comitê de assuntos legislativos do órgão estudantil local. Por possuir graduação dupla em gestão de empresas e em gestão pública, você está ansioso para assumir essa tarefa e realmente fazer a diferença. Esse comitê existe na sua universidade há muitos anos, mas pouco tem realizado porque seus membros o utilizam como um grupo social e sempre promovem grandes festas. Em seus anos de existência, o comitê não fez nada que afetasse a legislação estadual local em relação a questões importantes para os universitários, como o valor da anuidade. Você sabe que a questão do pagamento da anuidade surgirá perante o legislativo estadual durante a sessão legislativa em curso, e você sabe que muitos estudantes não podem arcar com um aumento na anuidade, por isso você está determinado a usar esse comitê para assegurar que o aumento seja o mínimo possível. No entanto, sua preocupação é que a cultura de festas do comitê possa dificultar a realização de seus propósitos. Você também sabe que não pode "demitir" quaisquer voluntários do comitê e que pode agregar somente mais duas pessoas ao grupo.

Tarefa Tendo essas informações como contexto, faça o seguinte:

1. Elabore uma estratégia para utilizar a cultura existente do comitê para ajudá-lo a influenciar a legislação em relação ao valor da anuidade.
2. Supondo que a cultura existente seja uma cultura de desempenho reduzido, elabore uma estratégia para transformá-la em uma cultura de desempenho elevado.

EXERCÍCIO DE AUTOAVALIAÇÃO

Refinando a sua noção sobre a cultura

Este exercício foi elaborado para ajudá-lo a avaliar o que você sabe a respeito de cultura organizacional. As dez declarações da tabela a seguir refletem determinadas opiniões sobre a natureza do trabalho desempenhado no contexto da cultura organizacional. Indique até que ponto você concorda com cada opinião, ou discorda dela, circulando o número na coluna apropriada.

Opinião	Concorda fortemente				Discorda fortemente
1. Se uma pessoa se sai bem em determinada empresa, ela pode se sair bem em qualquer empresa.	1	2	3	4	5
2. Capacidade e experiência é tudo o que importa; como um candidato a emprego vai "se encaixar" não é um fator importante na contratação.	1	2	3	4	5
3. Os membros de uma organização dizem explicitamente às pessoas como aderir a sua cultura.	1	2	3	4	5
4. Após o estudo apropriado, gestores perspicazes conseguem facilmente mudar a cultura corporativa.	1	2	3	4	5
5. Uma cultura comum é importante para unir os funcionários, mas não necessariamente exerce influência sobre a saúde financeira de uma empresa.	1	2	3	4	5

6. Funcionários conscientes não são afetados pela cultura de uma organização.	1	2	3	4	5
7. Culturas organizacionais fortes não são necessariamente associadas ao alto desempenho organizacional.	1	2	3	4	5
8. Os membros de uma subcultura compartilham os valores comuns da subcultura, mas não aqueles da cultura organizacional dominante.	1	2	3	4	5
9. Candidatos a emprego que procuram compreender a cultura da perspectiva do empregador podem fazê-lo apenas perguntando sobre a cultura às pessoas que os entrevistarem.	1	2	3	4	5
Pontuação total					

Como pontuar: para saber sua pontuação, some os valores dos números que você circulou. Interprete sua pontuação conforme segue:

Sua pontuação	
40-50	Você possui excelentes instintos sobre culturas organizacionais e sobre como as pessoas respondem a elas.
30-39	Você demonstra uma consciência na média ou acima da média sobre os princípios da cultura organizacional.
20-29	Você possui alguma noção sobre como as culturas afetam os funcionários, mas precisa aperfeiçoar seus conhecimentos.
0-19	Sem dúvida alguma, você precisa reforçar seus conhecimentos antes de avaliar ou modificar uma cultura organizacional.

Referência

Hunsaker, Phillip L., *Management: A Skills Approach*, 2. ed. © 2005. Reedição permitida por Pearson Education, Inc., Upper Saddle River, NJ.

CAPÍTULO 19
Mudança e desenvolvimento organizacional

Visão geral do capítulo

- Forças que impulsionam a mudança
- Processos da mudança organizacional planejada
- Desenvolvimento organizacional
- Resistência à mudança
- Gestão bem-sucedida da mudança e do desenvolvimento organizacional

Objetivos de aprendizagem

Após estudar este capítulo, você estará apto a:

1. Resumir as forças dominantes que impulsionam a mudança nas organizações.
2. Descrever o processo da mudança organizacional planejada.
3. Discutir várias abordagens do desenvolvimento organizacional.
4. Explicar a resistência à mudança.
5. Identificar as ações-chave na gestão bem-sucedida da mudança e do desenvolvimento organizacional.

Fazendo mudanças na indústria automobilística

"Temos mantido os nossos princípios, e isso funcionou bem até agora."
— Sergio Marchionne, diretor executivo do Chrysler Group, sobre sua estratégia para reviver a Chrysler

Em novembro de 2008, a montadora norte-americana Chrysler anunciou um corte de 25% na sua força de trabalho e reconheceu que as vendas internas caíram 35% em 12 meses. O diretor executivo Robert Nardelli também admitiu que a empresa poderia sobreviver apenas com uma aliança com outro fabricante de automóveis e infusão de dinheiro público. Em dezembro, a Chrysler anunciou que encerraria toda a produção até janeiro de 2009, planejava declarar falência e pretendia cessar a produção de forma permanente. Auxílios federais, tanto para a Chrysler como para a General Motors, foram autorizados no mesmo mês e ultrapassariam US$ 17 bilhões até março de 2009, quando a administração de Obama deu à Chrysler 30 dias para finalizar um acordo de fusão, anunciado anteriormente, com a montadora italiana Fiat, ou enfrentar a perda de mais US$ 6 bilhões em subsídios governamentais.

Fiat? As coisas mudaram, ao que parece, desde os dias em que, para muitos compradores de automóveis norte-americanos, Fiat significava "Concerta de novo, Tony". Em 2005, a GM estava feliz em pagar US$ 2 bilhões para sair de uma fusão com a Fiat, que se afundava em dívidas após prejuízos acumulados de US$ 14 bilhões. Um ano mais tarde, no entanto, a Fiat mostrava lucro – o primeiro desde 2000 –, e o preço de suas ações dobrou. Por volta de 2009, estava na *Fortune*, na lista das "Empresas Mais Admiradas do Mundo". Hoje é a terceira maior companhia automobilística da Europa, atrás apenas da Volkswagen e da Peugeot Citroën, à frente da Renault, da Daimler (Mercedes Benz) e da BMW, no mundo é a número nove, produzindo mais carros do que Hyundai ou Mitsubishi.

O crédito dessa notável reviravolta vai para o diretor executivo Sergio Marchionne, um contador e estranho à indústria que, em 2004, tornou-se o quinto CEO da Fiat em dois anos. Billie Blair, consultora especializada na gestão de mudanças organizacionais, relata que Marchionne trouxe uma "abordagem não convencional" à tarefa de gerir uma empresa de automóveis no século XXI. No processo, ela diz – citando a explicação do próprio Marchionne sobre seu sucesso na Fiat – ele "revolucionou a cultura [da Fiat] de forma a manter a empresa competitiva no longo prazo". Para David Johnston, cuja companhia de marketing em Atlanta tem trabalhado com a Chrysler, Marchionne "foi capaz de fazer renascer o respeito pela Fiat depois de anos sombrios, restabelecendo-a como líder de negócios".

Qual foi a "abordagem não convencional" de Marchionne? É a mesma abordagem que ele está tentando trazer para a Chrysler. Ao tomar posse da Fiat após quase 15 anos de contínuo mau desempenho, Marchionne foi forçado a demitir funcionários, mas centralizou sua estratégia de demissão em objetivos de longo prazo: cortou 10% da força de trabalho operário da empresa, cerca de 20.000 pessoas, desvinculando-se das camadas administrativas e abrindo espaço para uma nova geração de gestores com experiência em marketing de marca, em vez

Novo Fiat 500 saindo da concessionária da Fiat em Van Nuys. A Fiat de Van Nuys foi a concessionária número 2 da marca nos Estados Unidos no final de semana do Memorial Day. A fabricante de automóveis italiana está depositando seu futuro nos Estados Unidos, com seu popular modelo Fiat 500. Este novo veículo é uma versão modernizada do Fiat 500 original, conhecido na Itália como o Cinque Cento, um dos veículos da Fiat mais populares de todos os tempos.

de engenharia. Ao direcionar o foco da empresa aos imperativos orientados ao mercado, diminuiu de 4 anos para 18 meses o processo projeto-ao-mercado, e mais importante, estimulou a introdução de uma série de novos produtos. O Grande Punto, lançado em meados de 2005, foi o subcompacto mais vendido na Europa Ocidental um ano depois e liderou o ressurgimento da empresa. O Fiat Nuova 500, subcompacto com estilo retrô (pense no Volkswagen New Beetle), foi introduzido pela primeira vez em 2007. Tanto o carro quanto o seu lançamento foram projetados com grande envolvimento dos clientes, e o 500, como o Grande Punto, foi um sucesso imediato, com as vendas do primeiro ano superando a meta original da Fiat em 160%.

Com o acordo de fusão concluído com a Fiat em junho de 2009, o 500 se tornou um dos sete veículos da Fiat que a Chrysler começaria a montar e vender nos Estados Unidos em 2014. Produzido em quatro versões – porta traseira, porta traseira esportivo, conversível e perua –, a adaptação norte-americana do 500 entrou para o mercado em 2011, e Marchionne estava convencido de que, com uma ampla gama de estilos, "o 500 será um sucesso, se fizermos direito". Estrategicamente, Marchionne sabia que tinha de reposicionar a Chrysler de uma fabricante de desajeitados "beberrões" de combustível para uma empresa com tecnologia eficiente e elegante, e o 500, declarado por uma associação de marketing do Japão como "o veículo mais *sexy* do mundo", foi designado o carro-chefe da nova frota norte-americana da Fiat Chrysler.

Muitos analistas, no entanto, continuavam céticos em relação às perspectivas de Marchionne de transformação da Chrysler, mesmo se o 500 se tornasse "um sucesso". A grande questão, diziam eles, é o tempo: a "Nova Chrysler" (oficialmente Chrysler Group LLC) conseguirá se manter financeiramente até que a receita dos novos produtos comece a encher seus cofres? A Chrysler, completamente nova e melhorada, não chegaria às exposições até 2013, mas a nova gestão havia conseguido lançar alguns produtos, incluindo o renovado Jeep Compass e o novíssimo Chrysler 300 sedan. "Já atacamos a maior parte do portfólio de produtos", diz Marchionne. "O que temos agora é um conjunto comercialmente viável de produtos no mercado". Ele também aponta que as vendas da Chrysler estão à frente das metas internas e afirma estar mais confiante em relação às perspectivas de recuperação do que quando os planos de fusão estavam sendo elaborados. "Temos mantido nossos princípios", diz, "e isso tem funcionado bem até agora".

Com interesse na informação equilibrada, devemos salientar que as coisas não continuaram a funcionar *tão bem* como Marchionne esperava, pelo menos não no início. Introduzido em 2011, o 500 havia vendido apenas 26.000 unidades na América do Norte. Executivos da Fiat culparam a estratégia de marketing e a agência de publicidade, em especial: "Não acho que temos um problema com o carro", disse o diretor de marketing Oliver François. "Acredito que temos um problema de informação". A agência de publicidade foi descartada, e uma estratégia de marketing renovada entrou em vigor em 2012. Os retornos iniciais mostraram resultados promissores: graças, em grande parte, ao alto desempenho do Arboth 500, que em junho já estava esgotado, as vendas de modelos da Fiat nos Estados Unidos haviam subido 432% até maio.

Qual é a sua opinião?
1. Suponha que você seja um funcionário da Chrysler. Você acha que suas atitudes e comportamentos vão mudar à medida que novas metas e processos organizacionais da Fiat são colocados em prática? Por que sim ou por que não?
2. Você esperaria resistência entre os funcionários da Chrysler em relação às mudanças que viriam com a aquisição da Fiat? Se sim, que tipo de resistência? O que a Fiat poderia fazer para reagir à resistência de forma mais eficaz?

Referências: Dale Buss, "Fiat CEO Marchionne Has Led Unlikely Turnaround", *Edmunds Auto Observer*, 21 jan. 2009, www.autoobserver.com, 10 fev. 2011; Leslie Wayne, "Sergio Marchionne", *New York Times*, 1º mai. 2009, http://topics.nytimes.com, 10 fev. 2011; "Fiat Plays Double or Quits with Chrysler", *The Economist*, 25 nov. 2010, www.economist.com, 22 ago. 2012; Deepa Seetharaman, "Fiat Raises Chrysler Stake, Readies for IPO", *Reuters*, 10 janeiro 2011, www.reuters.com, 22 ago. 2012; Steven J. Ewing, "Fiat Sales in U.S. Not Meeting Expectations amidst Marketing Meltdown", *Autoblog*, 27 set. 2011, www.autoblog.com, 22 ago. 2012; Tommaso Ebhardt e Craig Trudell, "Fiat Tries Again in the U.S.", *Bloomberg Businessweek*, 8 mar. 2012, www.businessweek.com, 22 ago. 2012; "Fiat Arboth Sells Out in US", *Daily News* (Nova York), 6 jun. 2012, http://articles.nydailynews.com, 22 ago. 2012.

A indústria automobilística é um exemplo típico da situação difícil de muitas organizações. Elas têm um bom modelo de negócio, que funciona e lhes rende muito dinheiro, possivelmente por muitos anos. Mas o ambiente se altera, e o modelo de negócio passa a não funcionar mais. As empresas que mudam de forma adequada podem continuar sendo viáveis. Aquelas que não fazem as mudanças necessárias deixam de existir, saem do negócio ou são devoradas por uma organização maior. Este capítulo aborda o modo como as organizações devem enfrentar a perspectiva de mudança e desenvolver processos, a fim de garantir sua viabilidade em um ambiente global que experimenta mudanças constantes e complexas. Iniciaremos com a discussão sobre algumas das forças que criam pressões para a mudança, em seguida, apresentaremos uma explicação detalhada sobre o complexo processo de mudança. Posteriormente, descreveremos o desenvolvimento da organização e as fontes de resistência à mudança, por fim, traremos uma visão resumida de como administrar mudanças nas organizações.

PRESSÕES PARA MUDANÇA

Uma organização está sujeita a pressões para mudança de muito mais fontes do que podemos abordar aqui. Além disso, é difícil prever que tipos de pressão serão mais significativos na próxima década em razão da complexidade dos acontecimentos e da rapidez crescente dessas mudanças. No entanto, é possível – e importante – discutir as grandes categorias de pressões que provavelmente terão efeitos importantes nas organizações. As quatro áreas em que as pressões por mudanças aparecem de forma mais relevante envolvem pessoal, tecnologia, processamento da informação bem como comunicação e concorrência. A Tabela 19.1 dá exemplos de cada uma dessas categorias.

Pessoal

Aproximadamente 56 milhões de pessoas nasceram nos Estados Unidos entre 1945 e 1960. Esses *baby boomers* diferiram significativamente das gerações anteriores no que diz respeito a educação, expectativas e sistemas de valores.[1] Conforme esse grupo envelheceu, a idade média da população dos Estados Unidos aumentou gradualmente: passou de 32 anos pela primeira vez em 1988[2] e se elevou ainda mais em 2011, para 37,3 anos.[3] As características

TABELA 19.1	Pressões por mudança na organização	
CATEGORIA	**EXEMPLOS**	**TIPOS DE PRESSÃO POR MUDANÇA**
Pessoal	Geração X, Y, do milênio	Demandas por diferentes formações, benefícios, regimes de trabalho e sistemas de compensação
	Suprimentos globais de trabalho	
	Cidadãos idosos	
	Diversidade da força de trabalho	
Tecnologia	Manufatura no espaço	Mais educação e formação dos funcionários em todos os níveis, mais novos produtos, produtos vão rápido para o mercado
	Internet	
	Equipes globais de *design*	
Processamento da informação e comunicação	Computador, comunicação por satélite	Reações mais rápidas, respostas imediatas a questões, novos produtos, diferentes arranjos de escritório, teletrabalho, marketing, publicidade, recrutamento em sites de redes sociais
	Fornecimento global	
	Videoconferência	
	Redes sociais	
Concorrência	Mercados globais	Competição global, mais produtos concorrentes com mais recursos e opções, custos mais baixos, maior qualidade
	Acordos comerciais internacionais	
	Países emergentes	

© Cengage Learning

dos *baby boomers* apresentam padrões distintos de compra, que afetam produtos e serviços inovadores, mudança tecnológica e práticas de marketing e atividades promocionais.[4] As práticas de emprego, sistemas de remuneração, sistemas de sucessão da gestão e da promoção e todo o conceito de gestão de recursos humanos também são afetados.

Outras pressões por mudança relacionadas a população envolvem as gerações que se intercalam entre os *baby boomers*: o número crescente de cidadãos idosos e aqueles que nasceram depois de 1960. Os pais dos *baby boomers* estão tendo vidas mais longas e saudáveis do que as gerações anteriores, e hoje esperam ter a "boa vida" que perderam enquanto criavam os filhos. O impacto do grande número de idosos já é evidente nas práticas de emprego de tempo parcial, na comercialização de tudo, desde hambúrgueres até pacotes de turismo pela Ásia, e na área de serviços, como cuidados de saúde, recreação e serviços financeiros. A geração de trabalhadores pós-1960 – muitas vezes chamada de geração X – que entrou no mercado de trabalho na década de 1980 era diferente da geração *baby boom*. Sociólogos e psicólogos identificaram um novo grupo, chamado milênio, dos nascidos entre 1980 e 2000 (especialistas divergem sobre as datas de início e fim, de 1977 a 2002), que parece ter uma vida distinta e separada, entre a adolescência e a idade adulta, em que os jovens pulam de emprego em emprego, de relação em relação, muitas vezes vivem em casa, têm poucas responsabilidades e desfrutam a vida. A geração do milênio está adiando o casamento, a gravidez, a compra da casa própria, entre outras responsabilidades da vida adulta.[5] No entanto, parece ser muito mais orientada ao grupo, comemora a diversidade, é otimista e assimila a tecnologia com muita rapidez.[6] No trabalho, os indivíduos dessa geração parecem preferir o reforço positivo, a clareza nas atribuições do cargo, querem mais flexibilidade na realização do trabalho e querem ser tratados individualmente, em vez de terem um tratamento que seja igual para todos.[7] Essas mudanças na demografia atinge a composição da força de trabalho, o estilo de vida familiar e os padrões de compra ao redor do mundo.

A crescente diversidade da força de trabalho nos próximos anos vai resultar em mudanças significativas para as organizações. Essa diversidade crescente foi discutida, com certa especificidade, no Capítulo 2. Além disso, os funcionários estão enfrentando um ambiente de trabalho diferente no século XXI. A palavra mais adequada para esse novo ambiente de trabalho é "mudança". Os funcionários devem estar preparados para a mudança constante. A mudança está ocorrendo na cultura das organizações, em suas estruturas, relações de trabalho e relacionamento com os clientes, assim como nos cargos que as pessoas ocupam. É preciso se adaptar a novas situações mantendo a produtividade no sistema que já existe.[8]

Tecnologia

Não só a tecnologia está mudando, mas o ritmo de mudança tecnológica também está aumentando. Em 1970, por exemplo, os estudantes de engenharia tinham réguas de cálculo e as utilizavam em quase todas as aulas. Em 1976, tais réguas deram lugar a calculadoras eletrônicas portáteis. Em meados da década de 1980, algumas universidades começaram a distribuir computadores pessoais aos novos estudantes ou assumiam que os alunos já os possuíam. Em 1993, o Scholastic Aptitude Test (SAT), que muitos estudantes do ensino médio nos Estados Unidos fazem para entrar na universidade, permitiu que calculadoras fossem utilizadas durante o teste. Os estudantes de hoje não conseguem terminar a universidade sem possuir ou, pelo menos, ter acesso imediato a um computador pessoal, seja na forma de *laptop*, seja na forma de *notebook*, *iPod* ou *iPad*. *Campus* inteiros, na maioria das universidades, estão preparados para acesso direto ao computador para *e-mail* e atribuição de aulas, bem como para conexão à internet. Muitas instituições de ensino, do jardim de infância à pós-graduação, agora são BYOT (bring your own technology, em português, traga sua própria tecnologia) e utilizam ferramentas educacionais *on-line* em todo o currículo.[9] Com a tecnologia 3G e 4G, as pessoas têm acesso à internet de praticamente qualquer lugar. O desenvolvimento tecnológico está aumentando tão rapidamente em quase todas as áreas, que é muito difícil prever quais produtos vão dominar o mercado daqui a 10 anos. A DuPont é um exemplo de empresa que, em virtude dos novos desenvolvimentos tecnológicos, está fazendo grandes mudanças. Embora seu negócio tenha se baseado em produtos petroquímicos, desde o final do século XIX a DuPont tem mudado sua estratégia básica de negócios, conforme novas tecnologias foram sendo desenvolvidas. Ela reorganizou suas 81 unidades de negócio em apenas três anos e investiu pesadamente em agrotóxicos e ciências vitais. Percebendo que um negócio com base na biotecnologia muda de forma muito mais rápida do que um negócio com base na petroquímica, o ex-presidente da DuPont de 1998 a 2008, Chad Holliday, teve de realizar mudanças culturais, além de estruturais, para fazer a estratégia funcionar.[10]

Curiosamente, a mudança organizacional se autoperpetua. Com os avanços na tecnologia da informação, as organizações geram mais informação e ela circula mais rápido. Consequentemente, os funcionários podem responder com mais agilidade aos problemas, de modo que a organização responda de forma mais acelerada às demandas de outras organizações, clientes e concorrentes. A Toyota, há muito tempo conhecida como uma líder nos quesitos desenvolvimento e uso de novas tecnologias em suas plantas, introduziu robôs avançados, os "kokino robotto", em seus esforços para melhorar a eficiência em suas fábricas e reduzir os custos ao nível da China.[11]

A nova tecnologia vai afetar as organizações de formas que ainda não podemos prever. A tecnologia de gestos pode eliminar todos os controles presentes em uma residência, do sistema AV remoto ao termostato, e substituí-los por seus próprios gestos com mãos e dedos. A tecnologia TouchSmart da HP permite que as pessoas toquem objetos sem realmente tocar neles e pode conduzir inovações na medicina e na educação na próxima década. A tecnologia Sensawaft permitirá às pessoas controlar dispositivos como *smartphones* e caixas eletrônicos usando ar exalado – o que pode aumentar dramaticamente a mobilidade e o controle no caso de pessoas com movimentos limitados.[12]

Várias empresas estão desenvolvendo sistemas para fabricar componentes eletrônicos químicos e exóticos no espaço. A internet, a World Wide Web e a computação em nuvem estão mudando a forma como as empresas e os indivíduos se comunicam, comercializam, compram e distribuem mais rápido do que as organizações podem responder. Assim, conforme as organizações reagem mais depressa à mudança, a mudança ocorre mais rapidamente, o que por sua vez exige respostas mais rápidas.

Processamento da informação e comunicação

Avanços no processamento da informação e na comunicação têm caminhado paralelamente. Uma nova geração de computadores está sendo projetada, o que representa um grande aumento no poder de processamento. Sistemas de satélite para a transmissão de dados já estão em uso. Hoje, as pessoas carregam um dispositivo no bolso que serve de computador portátil, *e-reader*, televisão, câmera fotográfica, câmera de vídeo, leitor de música e dispositivo de comunicação pessoal (telefone), tudo em um único item. E eles funcionam em todo o mundo.

As redes sociais podem ser o aspecto mais radical e com mais rápido crescimento em relação ao processamento da informação e à comunicação. Por meio de *sites* como Facebook, Twitter, LinkedIn, Ning, Yammer, Bebo, Viadeo, Skype, FaceTime e muitos outros, as pessoas permanecem em rede umas com as outras, explorando interesses comuns. Elas passam horas lendo informações sobre os outros e atualizando suas próprias páginas. Nas empresas, esse fenômeno envolve publicidade, marketing, pesquisa de mercado e marketing de teste, recrutamento e muito mais. E todos os que procuram um trabalho começam pelos Monster.com, Jobing.com e *sites* semelhantes.[13]

Os funcionários não precisam de escritório porque trabalham com computadores e comunicam-se por meio de novos dispositivos de transmissão de dados. Cada vez mais, as pessoas estão trabalhando em casa em vez de ir ao escritório diariamente. Em 2011, mais de 22 milhões de pessoas estavam trabalhando em casa, pelo menos um dia por mês, e esse número tem aumentado em mais de 20% ao ano desde 2007.[14] Dependendo da empresa e do tipo de trabalho, alguns funcionários precisam ir ao escritório apenas alguns dias por mês. Aproveitando essa tendência, algumas empresas estão reconfigurando o espaço tradicional, minimizando escritórios dedicados a um indivíduo e criando espaços comuns, cubículos não atribuídos e espaços compartilhados. Além de economizar custos com espaço de escritório, esses tipos de espaços compartilhados parecem criar novas maneiras de colaboração entre funcionários. A American Express estima que 20% de sua força de trabalho de cinco mil pessoas esteja presente em sua sede em Nova York apenas alguns dias por semana. A GlaxoSmithKline estima que está economizando quase US$ 10 milhões por ano em custos imobiliários usando espaços não atribuídos, o que se tornou possível por ter mais e mais funcionários trabalhando em algum lugar que não seja o escritório tradicional.[15]

Muitas empresas estão criando espaços de trabalho compartilhado para que funcionários remotos os utilizem nos dias em que estão no escritório. Embora esses espaços pareçam espartanos e possam não ter a personalização de escritórios normais ou cubículos, os funcionários que trabalham a distância geralmente se acostumam muito rápido com isso. Alguns colocam itens pessoais para dar ao espaço compartilhado um ar personalizado. De qualquer maneira, as empresas estão relatando reduções nos custos com aluguel e manutenção de espaços de escritório, e os funcionários gostam da liberdade e da responsabilidade de trabalhar em qualquer lugar.

Postos de trabalho flexíveis, tanto dentro como fora dos escritórios, são mais eletrônicas do que papel e lápis. Durante anos, a capacidade existiu para gerar, manipular, armazenar e transmitir mais dados do que os gestores poderiam usar, mas os benefícios não eram plenamente percebidos. Agora chegou o momento de

TECNOLOGIA — Você também pode ter um lugar ao Sol

Darin Budwig, enfermeira em Glendale, Califórnia, queria ser mais "verde", então, adotou a energia solar. Contudo o preço era um problema: "Queria fazer a coisa certa para o meio ambiente", diz Budwig, "mas tive de me perguntar se valia a pena ter uma dívida de US$ 30.000". De acordo com Lyndon Rive, diretor executivo da SolarCity, fornecedora de sistemas de energia solar localizada em Foster City, Califórnia, o custo médio está mais próximo de US$ 20.000, mas ele entende os receios de Budwig. "Mesmo aqueles que realmente desejam fazer uma mudança ambiental", admite Rive, "não conseguem arcar com um custo de US$ 20 mil. A solução é muito cara para eles".

Por esse motivo, Rive adotou um novo perfil para seu modelo de negócios e passou a construir painéis solares a preços acessíveis para uma gama muito mais ampla de consumidores conscientes do meio ambiente. Ele percebeu que poderia colocar painéis solares em telhados da mesma maneira que as montadoras colocam veículos mais caros nas garagens: alugando-os em vez de vendê-los imediatamente. Então, em vez de fazer um financiamento de US$ 20.000, Darin Budwig só teve de dar uma entrada de US$ 1.000 e concordar em alugar o sistema SolarCity por 15 anos. A um custo de US$ 73 por mês, ela encontrou uma maneira de economizar cerca de US$ 95 mensais e recuperou seus US$ 1.000 em menos de um ano. Bom demais para ser verdade? "Ouvimos isso o tempo todo", diz Rive. "Realmente poupamos o seu dinheiro, e acaba não custando um centavo adotar a energia solar". Com o aluguel, acrescenta, "podemos fazer com que todos tenham acesso à energia limpa".

Ao mesmo tempo, Rive entende que o preço não é a única consideração para potenciais clientes como Darin Budwig. "A adoção generalizada", admite, "vem somente quando eliminamos a complexidade e o trabalho de instalação da energia solar". Dessa forma, a SolarCity tornou as coisas mais fáceis para Budwig alinhando as licenças de construção, o financiamento e os incentivos fiscais. A empresa também simplificou os custos utilizando uma inovadora automação computadorizada para instalação do *design* personalizado de Budwig, que foi baseada em imagens de satélite do topo da casa. A SolarCity até compilou dados sobre taxas de serviços públicos para que Budwig tivesse uma estimativa do retorno de seu investimento.

> "Mesmo aqueles que realmente desejam fazer uma mudança ambiental não conseguem arcar com o custo de US$ 20.000."
> — LYNDON RIVE, DIRETOR EXECUTIVO DA SOLARCITY

Em 2010, a empresa acrescentou outro serviço automatizado a sua inovadora linha de produtos. Com a aquisição da Building Solutions, empresa especializada em auditorias energéticas domiciliares controladas por *software*, a SolarCity entrou no mercado para atualizações de eficiência residencial. Agora, técnicos da empresa entram em uma casa armados com sopradores de dutos, câmeras infravermelhas e analisadores de combustão para verificar se há vazamentos e para testar os aquecedores. Os dados colhidos são analisados para determinar o que pode ser feito, os custos e o cálculo do melhor retorno para o proprietário do imóvel em relação a seu investimento. O COO Peter Rive (irmão mais velho de Lyndon) está otimista no que diz respeito à capacidade da empresa de combinar os serviços de instalação de painéis com serviços como auditorias energéticas e impermeabilização de edifícios (selar vazamentos em paredes, portas e janelas). "Hoje", salienta, "não há provedores de eficiência energética residencial em uma escala mais séria. Somos capazes de proporcionar economia de escala" para suportar os custos, tanto do fornecedor quanto do cliente.

Como Darin Budwig, o engenheiro da Google, Michael Flaster, alugou um sistema SolarCity para sua casa, em Menlo Park, Califórnia. Ele economiza US$ 100 por mês na conta de energia e espera economizar mais de US$ 16.000 ao longo dos 15 anos de locação. Seus empregadores na Google, que há tempos é defensora de inovações em energia limpa, ficaram impressionados e, em junho de 2011, anunciaram um fundo de US$ 280 milhões que ajudaria a financiar instalações da SolarCity em todo o país.

Referências: Pete Engardio e Adam Aston, "The Next Energy Innovators", *Bloomberg Businessweek*, 16 jul. 2009, www.businessweek.com, 22 ago. 2012; "Solar Power for Less Than Your Cable Bill", *Renewable Energy Information*, 24 abr. 2008, http://renewenergy.wordpress.com, 22 ago. 2012; Julie Schmidt, "SolarCity Aims to Make Solar Power More Affordable", *USA Today*, 10 nov. 2009, www.usatoday.com, 22 ago. 2012; Eric Wesoff, "SolarCity Adds Energy Efficiency to Solar Finance, Design and Monitoring", *Greentech Media*, 14 out. 2010, www.solarcity.com, 22 ago. 2012; David A. Hill, "Solar City Takes Aim at Home Energy Audit Market", *Colorado Energy News*, 14 mai. 2010, http://colorado-energynews.com, 14 jun. 2011; Rick Needham, "Helping Homeowners Harness the Sun", *The Official Google Blog*, 14 jun. 2011, http://google-blog.blogspot.com, 22 ago. 2012.

---

utilizar todo esse potencial de processamento de informações, e as empresas estão fazendo o máximo possível. Na década de 1970, as empresas recebiam ordens pelo correio; na década de 1980, por números de telefone gratuitos; no final de 1980 e início de 1990, por fax, e em meados da década de 1990, pelo intercâmbio eletrônico de dados. Encomendas demoravam uma semana para chegar; hoje são postadas instantaneamente e as empresas podem, e devem, responder de forma imediata, tudo em razão das mudanças no processamento de informações e na comunicação.[16] A Zappos.com (abordada em detalhes no Capítulo 18) envia um par de sapatos com extrema rapidez, oito minutos após receber o pedido.[17] Em algumas indústrias, fornecedores e usuários finais têm sistemas integrados de forma tão próxima que o envio de peças novas, por vezes, sequer é encomendado – ele aparece na plataforma de recebimento apenas quando necessário.

Concorrência

Embora a concorrência não seja uma nova força para a mudança, a competição atual tem algumas novas visões significativas. Em primeiro lugar, a maioria dos mercados é global em virtude da diminuição dos custos com transporte e comunicação e do aumento nos negócios orientados a exportação.[18] A adoção de acordos comerciais, como o Acordo de Livre Comércio da América do Norte (NAFTA), e a presença da Organização Mundial do Comércio (OMC) têm mudado a forma como as empresas operam. No futuro, a concorrência de países industrializados, como Japão e Alemanha, vai ficar para trás em relação à concorrência das indústrias em expansão em nações em desenvolvimento, como China e Índia. A internet está criando novos concorrentes de maneiras inimagináveis há cinco anos. Empresas de países em desenvolvimento, em breve, oferecerão produtos diferentes, mais novos, mais baratos ou com mais qualidade, enquanto desfrutam dos benefícios de baixos custos trabalhistas, suprimentos abundantes de matérias-primas, especialização em determinadas áreas de produção e proteção financeira de seus próprios governos, que podem não estar disponíveis às empresas de países com industrialização mais antiga.

Considere, por exemplo, o mercado de telefones celulares ou *smartphones*. Antigamente, os consumidores comparavam planos de chamadas e custos de telefonia e escolhiam um telefone disponível de um provedor com a melhor oferta e cobertura em sua principal área de uso. Atualmente, as opções são muito mais complexas: temos plataformas, além de fabricantes e operadoras ou provedores de serviços. Os fabricantes incluem Apple, Blackberry, Motorola, Samsung, Sony Ericsson, HTC, LG, Nokia, Palm Toshiba, entre outros. Os transportadores incluem Verizon, T-Mobile, AT&T, Sprint, Alltel, Bell, Orange, O2, Vodafone, entre outros. Plataformas incluem Android, MacOS, Java, Linux, Palm OS, Symbian, Windows Mobile e outras. Para os consumidores, as escolhas são aparentemente intermináveis e bastante confusas. Os fabricantes têm de desenvolver novos equipamentos e combinações de *software* para trabalhar em várias plataformas para muitas operadoras. As operadoras devem decidir quais instrumentos e combinações de plataformas oferecer aos assinantes. E aqueles que desenvolvem plataformas devem mostrar que sua plataforma pode fazer mais coisas, de forma mais simples e com menos erros, com a máxima flexibilidade. A cada mês, há novas combinações de todos os três, confundindo ainda mais consumidores e especialistas do setor.

PROCESSOS PARA A MUDANÇA ORGANIZACIONAL PLANEJADA

Pressões externas podem impor uma mudança à organização. De forma ideal, no entanto, a organização não apenas responde à mudança, mas também a antecipa, se prepara para ela por meio de planejamento, incorporando-a na estratégia organizacional. A mudança da organização pode ser examinada de um ponto de vista estático, como o de Lewin (ver seção seguinte), ou de uma perspectiva dinâmica.

Modelo de Lewin

A mudança organizacional planejada exige um processo sistemático de movimento de uma condição a outra. Kurt Lewin sugeriu que os esforços que acarretam a mudança organizacional planejada devem abordar a mudança como um processo de múltiplas plataformas.[19] Seu modelo de mudança planejada é composto por três etapas – descongelamento, mudança e recongelamento, como mostrado na Figura 19.1.

Descongelamento é o processo pelo qual as pessoas se conscientizam da necessidade de mudança. Se as pessoas estão satisfeitas com as práticas e procedimentos em vigor, podem ter pouco ou nenhum interesse em fazer mudanças. O fator-chave no descongelamento é fazer os funcionários compreenderem a importância da mudança e como os seus postos de trabalho serão afetados por ela. Os funcionários mais afetados pela mudança devem estar cientes da razão pela qual ela é necessária, o que na prática os torna insatisfeitos o bastante com as operações atuais, de modo que ficam motivados a mudar. Criar nos funcionários a consciência da necessidade de mudança é responsabilidade da liderança da organização.[20] Após a recente recessão, com intenso *downsizing* (achatamento da estrutura organizacional), demissões, reestruturação e aquisições de empresas, os funcionários podem estar cansados da pressão constante e das incertezas em relação a sua posição e/ou organização. Executivos da alta administração e agentes de mudança são intimados a empreender esforços para criar um sentimento de empatia com os funcionários, reconhecer as dificuldades do passado e as incertezas do presente bem como proporcionar fóruns para que os funcionários possam externar suas perspectivas, seguidos de oficinas para compartilhar informação e treinamento. Depois de estabelecer essa conexão emocional com os funcionários, o gestor da alta administração pode estabelecer uma ligação intelectual e tornar o negócio viável por meio da troca de dados econômicos e de marketing, bem como de previsões organizacionais de curto e longo prazo, além do envolvimento de funcionários, em todos os níveis, na tradução das metas organizacionais em metas de divisão, de departamento e de unidade de trabalho.[21]

Em essência, a mudança é o movimento da maneira antiga de fazer as coisas para uma maneira nova. Ela pode implicar a instalação de novos equipamentos, reestruturação da organização ou implementação de um novo sistema de avaliação de desempenho, qualquer coisa que altere as relações ou atividades existentes.

O **recongelamento** torna os novos comportamentos relativamente permanentes e resistentes a novas mudanças. Exemplos de técnicas de recongelamento incluem repetição de habilidades recém-adquiridas em uma sessão de treinamento e, em seguida, interpretação de papéis para ensinar como a nova habilidade pode ser usada em uma situação de trabalho real. Ele é necessário porque sem ele as velhas formas de fazer as coisas podem se restabelecer, ao passo que as novas formas vão sendo esquecidas. Por exemplo, muitos funcionários em sessões de treinamento se mostram diligentes e determinados para mudar as coisas em

---

Descongelamento é o processo pelo qual as pessoas se conscientizam da necessidade de mudança.

Recongelamento torna os novos comportamentos relativamente permanentes e resistentes a novas mudanças.

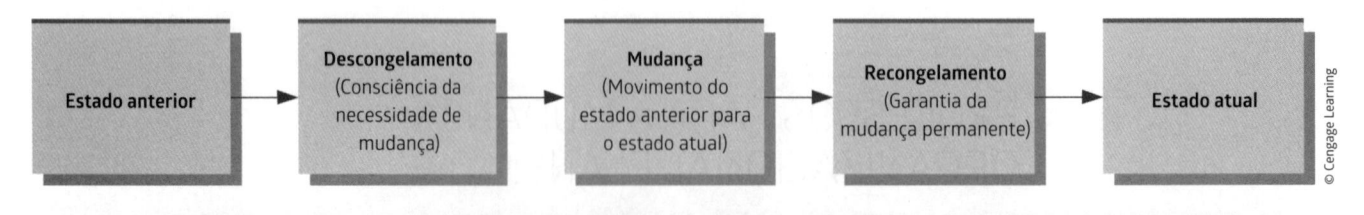

Estado anterior → Descongelamento (Consciência da necessidade de mudança) → Mudança (Movimento do estado anterior para o estado atual) → Recongelamento (Garantia da mudança permanente) → Estado atual

FIGURA 19.1

Modelo de Lewin da estrutura organizacional

No modelo de três etapas de Lewin, a mudança é um processo sistemático de transição da maneira antiga de fazer as coisas para uma nova maneira. A inclusão da etapa de "descongelamento" indica a importância de se preparar para a mudança. A etapa de "recongelamento" reflete a importância de acompanhar a mudança, para torná-la permanente.

suas empresas. Mas quando retornam ao local de trabalho, descobrem que é mais fácil se conformar com as velhas formas do que criar confusão. Normalmente, existem poucas recompensas, se é que existem, para tentar mudar o *status quo* da organização. Na verdade, as sanções pessoais contra o ato da mudança podem ser difíceis de tolerar. As teorias de aprendizagem e reforço (ver Capítulo 4) podem ter um importante papel na etapa de recongelamento.

O modelo do processo contínuo de mudança

Talvez porque o modelo de Lewin é muito simples e direto, praticamente todos os modelos de mudança organizacional utilizam sua abordagem. No entanto, ele não trata de várias questões importantes. A abordagem mais complexa e útil está ilustrada na Figura 19.2. Ela retrata a mudança planejada com base na perspectiva da gestão da alta administração e indica que a mudança é contínua. Apesar de discutir cada passo como se fosse separado e distinto dos outros, é importante notar que, como a mudança torna-se contínua nas organizações, diferentes etapas ocorrem simultaneamente em toda a organização. O modelo incorpora o conceito de Lewin à fase de implementação.

Nessa abordagem, a alta administração percebe que certas forças ou tendências exigem mudança, e a questão é submetida a processos habituais de resolução de problemas e de tomada de decisão (ver Capítulo 8). Normalmente, a alta administração define seus objetivos em termos de como serão a organização, determinados processos ou saídas após a mudança. Alternativas à mudança são geradas e avaliadas, e uma alternativa aceitável é selecionada.

> **Agente de mudança** é a pessoa responsável pela gestão do esforço de mudança.

No início do processo, a organização pode solicitar a assistência de um **agente de mudança** – pessoa responsável pela gestão do esforço para a mudança. Esse indivíduo também ajuda o gestor a reconhecer e definir o problema ou a necessidade de mudança, e pode se envolver na geração e avaliação dos possíveis planos de ação. O agente de mudança pode ser um membro da organização, uma pessoa de fora, como um consultor, ou alguém da matriz que os funcionários veem como uma pessoa de fora. No caso de o agente de mudança ser interno, provavelmente ele conhece as pessoas, tarefas e situações políticas da organização, o que pode ser útil na interpretação dos dados e na compreensão do sistema; mas ele também pode estar próximo demais da situação para considerá-la objetivamente. (Além disso, um funcionário regular teria que deixar suas funções para se concentrar na transição.) Muitas vezes, uma pessoa de fora é mais bem recebida pelas partes em razão de sua imparcialidade. Sob a direção e gestão do agente de mudança, a organização implementa a mudança por meio dos processos de descongelamento, mudança e recongelamento propostos por Lewin.

O passo final envolve medição, avaliação e controle. O agente de mudança e o grupo da alta administração avaliam o grau em que a mudança tem o efeito desejado, ou seja, medem o progresso em direção aos objetivos da mudança e fazem as alterações necessárias, se for preciso. Quanto mais o agente de mudança estiver envolvido nesse processo, menos distintos os passos se tornam. Essa pessoa torna-se um "colaborador" ou "auxiliar" para a organização à medida que mergulha na definição e resolução do problema juntamente com os membros da organização. Quando isso acontece, o agente de mudança pode trabalhar com muitos indivíduos, grupos e departamentos dentro da organização, em diferentes fases do processo de mudança. Se o processo de mudança se move de um estágio para o outro, é possível que não seja visualizado em razão do envolvimento total do agente de mudança em todas as etapas do projeto. Ao longo do processo, no entanto, o agente traz novas ideias e pontos de vista que ajudam os membros a enxergar velhos problemas por meio de novas maneiras. Muitas vezes, a mudança surge do conflito gerado quando o agente de mudança desafia os pressupostos da organização e os padrões de operação comumente aceitos.

Por meio da etapa de medição, avaliação e controle, a alta administração determina a eficácia do processo de mudança, avaliando vários indicadores de produtividade e eficácia organizacional ou moral dos funcionários. Espera-se que a organização melhore após a mu-

Gestão de transição refere-se ao processo de planejar, organizar e implementar as mudanças sistematicamente.

dança. No entanto, as incertezas e mudanças rápidas dos setores fazem a mudança contínua um fardo para a maioria das organizações.

A **gestão de transição** refere-se ao processo de planejar, organizar e implementar as mudanças sistematicamente com base na desmontagem do estado atual para dar lugar a um futuro estado totalmente funcional dentro da organização.[22] Não importa o quanto o planejamento anteceda a mudança e como é implementado porque, quando há pessoas envolvidas, sempre haverá eventos inesperados e imprevisíveis que acontecem ao longo do processo.[23] Um papel fundamental da gestão de transição é lidar com as consequências não intencionais. Uma vez que a mudança começa, a organização não está nem no antigo, nem no novo estado, mesmo assim, os negócios devem continuar. A gestão de transição garante que o negócio continue enquanto a mudança ocorre; assim, ela deve começar antes que ocorra a mudança. Os membros da equipe de gestão usual devem assumir o papel de gestores de transição e coordenar as atividades da organização com o agente de mudança. Uma estrutura de gestão provisória ou posições intermediárias podem ser criadas para garantir a continuidade e o controle do negócio durante a transição. A comunicação sobre as alterações a todos os envolvidos, de funcionários a clientes e fornecedores, desempenha um papel fundamental na gestão de transição.[24]

A Best Buy nomeou um novo diretor executivo, Hubert Joly, para liderar o pressionado varejo de eletrônicos. Na foto, tirada em 6 de setembro de 2012, Joly estava trabalhando como um operário na St. Cloud Store para entender melhor o que os funcionários vivenciam nas lojas. Esse processo coloca Joly no Estágio 2, em que descobre quais são os problemas reais da empresa.

DESENVOLVIMENTO ORGANIZACIONAL

Até certo ponto, o desenvolvimento organizacional é simplesmente o modo como as organizações mudam e evoluem. A mudança organizacional envolve o pessoal, a tecnologia, a concorrência e outras áreas. Aprendizagem e treinamento formal dos empregados, transferências, promoções, demissões e aposentadorias são todos exemplos de mudanças relacionadas ao pessoal. Assim, no sentido mais amplo, o desenvolvimento da organização significa

FIGURA 19.2

Modelo do processo contínuo de mudança organizacional

O modelo do processo contínuo de mudança incorpora as forças para a mudança, o processo de resolução de problemas, o agente de mudança e a gestão de transição. Esse modelo considera a perspectiva da alta administração e destaca o fato de que nas organizações de hoje, a mudança é um processo contínuo.

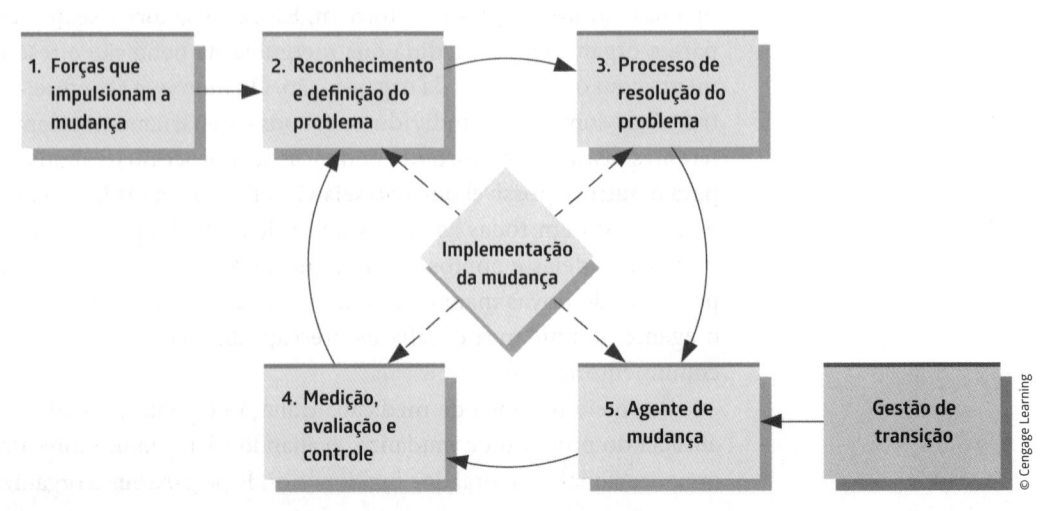

1. Forças que impulsionam a mudança → 2. Reconhecimento e definição do problema → 3. Processo de resolução do problema → Implementação da mudança → 5. Agente de mudança ← Gestão de transição → 4. Medição, avaliação e controle

mudança organizacional.[25] No entanto, o termo utilizado aqui significa algo mais específico. Nos últimos 40 anos, o desenvolvimento organizacional surgiu como um campo distinto de estudo e prática. Hoje especialistas concordam em relação ao que constitui o desenvolvimento da organização em geral, embora permaneçam os argumentos sobre alguns detalhes.[26] Nossa definição de desenvolvimento organizacional é uma tentativa de descrever um processo muito complexo de forma simples. É também uma tentativa de capturar os melhores pontos de várias definições apresentadas por autores da área.

Definição de desenvolvimento organizacional

> Desenvolvimento organizacional refere-se à aplicação de todo o sistema de conhecimento da ciência comportamental para o desenvolvimento e reforço planejado de estratégias, estruturas e processos organizacionais para melhorar a eficácia de uma empresa.

"Desenvolvimento organizacional (DO) refere-se à aplicação de todo o sistema de conhecimento da ciência comportamental para o desenvolvimento e reforço planejado de estratégias, estruturas e processos organizacionais para melhorar a eficácia de uma empresa."[27] Três pontos nessa definição a tornam fácil de lembrar e utilizar. Primeiro, o desenvolvimento da organização envolve tentativas de planejar as mudanças, o que exclui iniciativas espontâneas e fortuitas. Em segundo lugar, a intenção específica do desenvolvimento da organização é melhorar a sua eficácia. Esse ponto exclui mudanças que apenas imitem as de outra organização, forçadas por pressões externas ou que ocorrem apenas por uma questão de mudança. Em terceiro lugar, a melhoria planejada deve se basear no conhecimento das ciências comportamentais, como comportamento organizacional, psicologia, sociologia, antropologia cultural e áreas relacionadas, em vez de se basear em considerações financeiras ou tecnológicas. De acordo com essa definição, a substituição de registros manuais do pessoal por um sistema informatizado não seria considerada uma instância de desenvolvimento organizacional. Embora essa mudança tenha efeitos comportamentais, trata-se de uma reforma orientada à tecnologia, em vez de se tratar de uma mudança comportamental. Da mesma forma, alterações na forma de manter os registros, necessários para dar suporte a novos requisitos de informação impostos pelo governo, não são uma parte do desenvolvimento organizacional porque a mudança é obrigatória e resultado de uma força externa. Os três tipos mais básicos de técnicas para implementar o desenvolvimento organizacional envolvem todo o sistema, tarefa e tecnologia, grupal e individual.

Em determinados momentos nos anos de 1960 e de 1970, o desenvolvimento organizacional foi tratado como um campo de estudo e praticado por profissionais especialmente treinados para DO. No entanto, como a mudança organizacional tornou-se a ordem do dia em empresas progressistas de todo o mundo, ficou claro que os líderes organizacionais precisavam se tornar líderes e orientadores das mudanças em suas empresas, caso contrário elas não sobreviveriam. Excelentes exemplos de organizações que adotaram o DO são Exército dos Estados Unidos, General Electric e Royal Dutch Shell.[28]

Abrangência do desenvolvimento organizacional como um todo

> Mudança estrutural refere-se ao desenvolvimento do sistema organizacional que envolve a ampla reestruturação da organização ou instituição de programas, como a qualidade de vida no trabalho.

O tipo mais abrangente de mudança organizacional envolve uma ampla reorientação ou reorganização – conhecida como **mudança estrutural** ou rearranjo do sistema de divisão de tarefas e relações de autoridade e subordinação. A mudança estrutural afeta a avaliação e a recompensa pelo desempenho, a tomada de decisão e os sistemas de comunicação e de processamento de informações. Como vimos no Capítulo 17, a reengenharia e o repensar a organização são duas abordagens contemporâneas da mudança estrutural do sistema. A reengenharia pode ser um processo difícil, mas tem grande potencial de melhoria organizacional. Ela exige que os gestores desafiem suposições de longa data sobre tudo o que fazem, que definam metas não usuais e esperem que sejam cumpridas. Uma organização pode mudar a maneira como divide as tarefas nos cargos, combina cargos em departamentos e divisões e organiza as relações de autoridade e subordinação entre as posições. Pode passar de departamentalização funcional para um sistema baseado em produtos ou geografia, por exemplo, ou de uma concepção linear convencional para uma matriz ou um projeto baseado em equipes.

Outras mudanças podem incluir a divisão de grandes grupos em menores ou a fusão de pequenos grupos para que fiquem maiores. Além disso, o grau em que regras e procedimentos são escritos e executados, assim como o lócus do poder de decisão, podem ser alterados. Os supervisores tornam-se "instrutores" ou "facilitadores" em uma organização baseada em equipes. Se todas essas mudanças forem feitas, a organização transforma tanto os aspectos de configuração quanto os aspectos operacionais de sua estrutura.

Nenhuma mudança estrutural do sistema é simples.[29] O presidente da empresa não pode simplesmente emitir um memorando notificando seus funcionários que, a partir de determinada data, eles deverão responder a outro supervisor e ser responsáveis por novas tarefas, e esperar que tudo mude da noite para o dia. Os funcionários têm meses, anos e, às vezes, décadas de experiência em lidar com pessoas e tarefas de determinadas maneiras. Quando esses padrões são interrompidos, eles precisam de tempo para que as novas tarefas sejam aprendidas para se estabelecer nos novos relacionamentos. Além disso, podem resistir à mudança por várias razões; discutiremos a resistência à mudança, mais adiante neste capítulo. Por isso as organizações devem administrar o processo de mudança.

A Ford Motor Company é um exemplo típico de empresa que teve de fazer grandes mudanças em toda sua estrutura ao redor do mundo. Ao longo dos anos, ela desenvolveu vários domínios regionais, como Ford da Europa, Ford dos Estados Unidos e Ford da Austrália, todos operados de forma relativamente independente. Quando Jacques Nasser foi nomeado diretor executivo, decidiu derrubar essas organizações de base regional e estabelecer um fabricante de veículos integrado em âmbito global. No entanto, conforme o plano se desenvolvia, a Ford continuou a perder ações de mercado, de modo que em 30 de outubro de 2001, Nasser foi substituído por um membro da família Ford, William Clay (Bill) Ford Jr., que continua a desenvolver a integração global de *design*, desenvolvimento e fabricação de automóveis Ford. Nos anos sob a liderança de Alan Mulally, a Ford sofreu uma reviravolta impressionante.[30]

> **Qualidade de vida no trabalho** é o grau em que os funcionários podem satisfazer suas necessidades pessoais por meio de suas experiências na organização.

Outra mudança do sistema refere-se à introdução de programas de qualidade de vida no trabalho. J. Lloyd Suttle definiu **qualidade de vida no trabalho** como o "quanto membros de uma organização são capazes de satisfazer suas necessidades pessoais por meio de suas experiências na empresa".[31] Programas de qualidade de vida no trabalho se concentram na oferta de um ambiente de trabalho propício à satisfação das necessidades individuais. A ênfase na melhora da vida no trabalho desenvolveu-se durante a década de 1970, período de aumento da inflação e aprofundamento da recessão. O desenvolvimento foi bastante surpreendente porque uma economia em expansão e recursos substancialmente aumentados são condições que, normalmente, induzem a alta administração a iniciar programas orientados às pessoas. No entanto, a alta administração viu a melhora da vida no trabalho como um meio de aumentar a produtividade.

Qualquer movimento com objetivos amplos e ambíguos tende a gerar diversos programas, cada um com a pretensão de ter como base os objetivos de movimento, e o movimento da qualidade de vida no trabalho não é uma exceção. Esses programas variam substancialmente, embora a maioria defenda o foco de "humanizar o ambiente de trabalho". Richard Walton os dividiu em oito categorias, apresentadas na Figura 19.3.[32] Obviamente, muitos tipos de programas podem ser acomodados nas categorias, desde mudar o sistema de remuneração até estabelecer um projeto de lei com base em direitos que garantam aos trabalhadores o direito à privacidade, à liberdade de expressão, ao processo legal apropriado e ao tratamento justo e equitativo. A Defense Information Systems Agency tem um programa de qualidade de vida no trabalho que inclui opções para carga horária menor, em que os funcionários podem trabalhar 80 horas em nove dias de trabalho ao longo de um período de duas semanas, e uma opção de "teletrabalho", em que os funcionários elegíveis podem atuar em um campo de trabalho alternativo, como um centro de teletrabalho, em casa ou em um escritório satélite, em uma programação regular e periódica por um período máximo de três

Programas de qualidade de vida no trabalho visam ampliar os caminhos pelos quais os funcionários satisfazem suas necessidades pessoais por meio de seu trabalho. Os funcionários aqui parecem estar gostando da companhia uns dos outros e provavelmente dessa forma satisfazem suas necessidades de interação e companheirismo.

dias por semana. O programa é projetado para promover um estilo de vida mais benéfico aos trabalhadores, tanto no aspecto pessoal quanto no aspecto profissional.[33]

A gestão de qualidade total, que foi discutida em vários capítulos anteriores, também pode ser vista como um programa de desenvolvimento do sistema organizacional. Na verdade, alguns consideram a gestão da qualidade total um programa amplo que inclui tanto a mudança estrutural quanto a qualidade de vida no trabalho. Ela difere da qualidade de vida no trabalho por enfatizar as necessidades da satisfação do cliente, com mudanças orientadas à qualidade em vez de orientadas na satisfação das necessidades dos funcionários no trabalho. Muitas vezes, porém, os programas de funcionários são muito semelhantes a ela.

Os benefícios obtidos por meio de programas de qualidade de vida no trabalho e pessoal são substancialmente diferentes, mas geralmente são de três tipos. A atitude mais positiva em relação ao trabalho e à organização ou o aumento da satisfação no trabalho talvez seja o benefício mais direto.[34] O aumento da produtividade é outro tipo, embora muitas vezes seja difícil avaliar os efeitos do programa de qualidade de vida no trabalho e pessoal e separá-los dos efeitos de outros fatores organizacionais. Um terceiro benefício é o aumento da eficácia da organização medido por sua rentabilidade, realização de objetivos, posses dos acionistas ou troca de recursos. O terceiro tipo decorre diretamente dos dois primeiros: se os funcionários têm atitudes mais positivas sobre a organização e sua produtividade aumenta, e todo o resto permanece igual, a organização deve se tornar mais eficaz.

FIGURA 19.3

Programas de categorização da qualidade de vida no trabalho de Walton

Os programas de qualidade de vida no trabalho podem ser categorizados em oito tipos. Os benefícios esperados envolvem aumentar o moral, a produtividade e a eficácia organizacional dos funcionários.

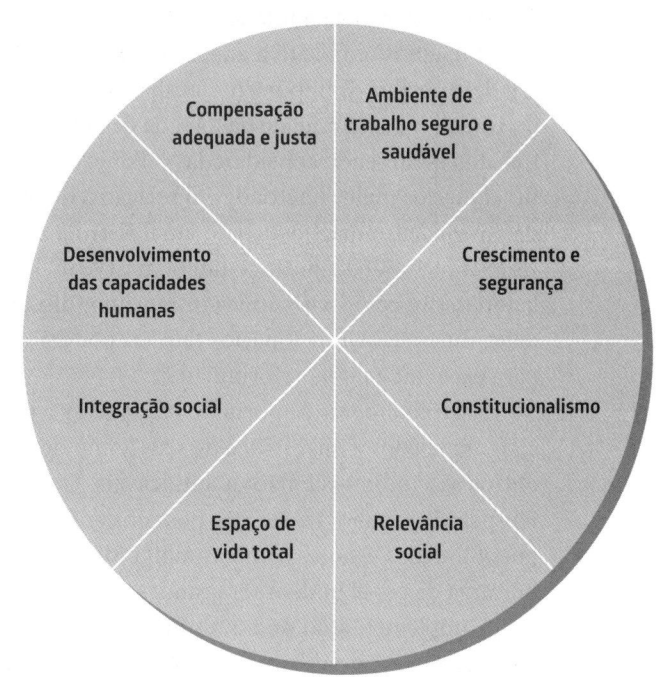

- Compensação adequada e justa
- Ambiente de trabalho seguro e saudável
- Desenvolvimento das capacidades humanas
- Crescimento e segurança
- Integração social
- Constitucionalismo
- Espaço de vida total
- Relevância social

Referência: Adaptado de Richard E. Walton, "Quality of Work Life: What Is It?", *Sloan Management Review*, Outono 1973, p. 11-21, com permissão do editor. Copyright © 1973 de Sloan Management Review Association. Todos os direitos reservados.

Mudança tecnológica e das tarefas

Outra maneira de promover o desenvolvimento do sistema organizacional é por meio de modificações nas tarefas envolvidas na realização da obra, da tecnologia ou de ambos. A alteração direta de postos de trabalho é chamada "redesenho de tarefas". A alteração no modo como investimentos são transformados em produção é chamada de "mudança tecnológica" e geralmente resulta também na alteração de tarefas. Na verdade, mudar a tecnologia não é parte do desenvolvimento organizacional, mas o redesenho de tarefas geralmente é. Mesmo com a mudança da base tecnológica típica, muitas vezes, as técnicas de DO são utilizadas para facilitar as alterações tecnológicas. Na "Nova Chrysler", por exemplo, a Fiat pretende ampliar a linha de produtos por meio da introdução de várias novas tecnologias, muitas delas essenciais ao desenvolvimento de veículos menores, mais eficientes em relação ao combustível. Esse plano de longo prazo implica mudanças, não só na linha de produtos, mas também na percepção em relação às preferências do consumidor.[35]

As mudanças estruturais discutidas na seção anterior têm escopo explícito no sistema. Aquelas que examinamos nesta seção têm um foco mais estreito e podem não parecer ter as mesmas consequências de longo alcance. É importante lembrar, no entanto, que o seu impacto é sentido em toda a organização. A discussão sobre a confecção de tarefas no Capítulo 5 focalizou a definição e motivação do trabalho, dando pouca atenção à implementação de mudanças nos cargos. Aqui vamos discutir o redesenho de tarefas como uma forma de mudança organizacional.

Várias abordagens têm sido propostas para a introdução de mudanças no trabalho nas organizações. Uma delas é do coautor deste livro, Ricky W. Griffin. A abordagem de Griffin visa uma estrutura integrada por nove etapas que refletem as complexidades das interfaces entre trabalhos individuais e a organização como um todo.[36] O processo, apresentado na Tabela 19.2, inclui as etapas associadas à mudança, como o reconhecimento da necessidade de mudança, a seleção de uma intervenção adequada e a avaliação da mudança. Mas a abordagem de Griffin insere quatro passos adicionais à sequência padrão: diagnóstico do sistema de trabalho em geral e seu contexto, incluindo a análise dos postos de trabalho, da força de trabalho, da tecnologia, do planejamento organizacional, sua liderança e dinâmica de grupo; avaliação dos custos e benefícios da mudança; formulação de uma estratégia de remodelação e implementação de mudanças complementares.

O diagnóstico inclui a análise do ambiente de trabalho, dentro do qual existem os postos de trabalho. É importante avaliar a estrutura da organização, especialmente as regras do trabalho e a autoridade na tomada de decisões em um departamento, quando mudanças no trabalho estão sendo consideradas.[37] Por exemplo, se os cargos são reformulados para dar aos funcionários maior liberdade em relação à escolha de métodos de trabalho ou agendamento de atividades, o diagnóstico do atual sistema deve determinar se as regras vão permitir que isso aconteça. O diagnóstico também deve incluir a avaliação do grupo e das equipes de trabalho, assim como a dinâmica intragrupo (discutida nos Capítulos 9 e 10). Além disso, deve determinar se os funcionários têm ou podem obter com facilidade as novas competências para executar a tarefa reformulada.

É extremamente importante reconhecer a gama completa de custos e benefícios potenciais associados a um esforço de redesenho do trabalho. Alguns são diretos e quantificáveis; outros são indiretos e não quantificáveis. O redesenho pode envolver custos ou benefícios inesperados; embora esses não possam ser previstos com certeza, podem ser avaliados como possibilidades. Fatores como a ambiguidade do papel no curto prazo, conflito de papéis e sobrecarga de papel podem ser grandes obstáculos para um esforço de redesenho do trabalho.

A implementação de um esquema de redesenho precisa de planejamento cuidadoso, e o desenvolvimento de uma estratégia para a intervenção é a etapa final do planejamento. A formulação da estratégia é um processo de quatro fases. Em primeiro lugar, a organização deve decidir quem vai projetar as mudanças. Dependendo das circunstâncias, a equipe de planejamento consiste apenas em gestores de nível superior ou inclui funcionários de linha e supervisores. Em seguida, a equipe realiza o projeto real de mudança com base na teoria do projeto do trabalho e nas necessidades, objetivos e circunstâncias da organização. Em terceiro lugar, a equipe decide o momento da execução, o que pode exigir um período formal de transição, durante o qual o equipamento será comprado e instalado, ocorrerá a capacitação para o trabalho, novos projetos físicos serão arranjados e os *bugs* do novo sistema serão ajustados. Em quarto lugar, os planejadores da estratégia devem examinar se as mudanças exigem ajustes e alterações complementares em outros componentes organizacionais, como nas relações de subordinação e no sistema de compensação.

TABELA 19.2	Quadro integrado para implementação do redesenho de tarefas nas organizações
Etapa 1: Reconhecimento da necessidade de mudança	
Etapa 2: Seleção do redesenho de tarefas como uma intervenção potencial	
Etapa 3: Diagnóstico do sistema de trabalho e do contexto	
a. Diagnóstico dos trabalhos existentes	
b. Diagnóstico da força de trabalho existente	
c. Diagnóstico da tecnologia	
d. Diagnóstico do projeto organizacional	
e. Diagnóstico do comportamento de liderança	
f. Diagnóstico de processos grupais e sociais	
Etapa 4: Análise custo-benefício das mudanças propostas	
Etapa 5: Decisão vantagens/desvantagens	
Etapa 6: Formulação da estratégia de redesenho	
Etapa 7: Implementação da mudança nas tarefas	
Etapa 8: Execução de quaisquer mudanças suplementares	
Etapa 9: Avaliação do esforço para o redesenho de tarefas	

Referência: Ricky W. Griffin, *Task Design: An Integrative Framework* (Glenview, IL: Scott, Foresman, 1982), p. 208. Usado com permissão.

Mudança grupal e individual

Grupos e indivíduos podem estar envolvidos na mudança organizacional de várias maneiras. A reciclagem de um único funcionário pode ser considerada uma mudança organizacional se o treinamento afeta a forma como ele faz seu trabalho. Familiarizar os gestores com a rede de liderança ou com a árvore de decisão de Vroom (Capítulo 12) a fim de melhorar a forma como eles lideram ou envolvem a participação de subordinados na tomada de decisão, na tentativa de mudança. No primeiro caso, o objetivo é equilibrar as preocupações da gestão de produção e de pessoas; no segundo, o objetivo é aumentar a participação dos empregados de base na tomada de decisão. Nesta seção, apresentaremos uma visão geral dos quatro tipos de técnicas de mudança orientadas ao pessoal: treinamento, desenvolvimento de gestão, formação de equipe e pesquisa de *feedback* (retorno).

Treinamento O treinamento geralmente é projetado para melhorar as habilidades dos funcionários. Estes podem ser treinados para usar determinados equipamentos, aprender novas habilidades matemáticas ou se familiarizarem com os métodos de crescimento e desenvolvimento pessoal. Programas de gerenciamento do estresse estão se tornando populares para ajudar os funcionários, especialmente executivos, a entender a tensão organizacional e desenvolver maneiras de lidar com ela.[38] O treinamento também pode ser usado em conjunto

SERVIÇO — O desafio da criação conjunta da inovação

Um ingrediente que falta na inovação de sucesso para muitas organizações é a simples verdade de que a inovação requer a mudança das empresas e de seus clientes. Incorporar simultaneamente conhecimento, habilidade e capacidade de ambos, cliente e empresa, por meio da colaboração é o desafio da criação conjunta da inovação. Organizações que criam conjuntamente a inovação bem-sucedido conseguem realizar não apenas mudanças internas, mas também alterações necessárias em seus clientes para coproduzir, com sucesso, a experiência recém-criada. Duas empresas reconhecidas como bem-sucedidas na compreensão do valor da criação conjunta da inovação para si mesmas e para seus clientes são Walt Disney Company e IKEA. Elas têm demonstrado capacidade sustentável ao envolver seus clientes na coprodução de sucesso de experiências atuais e na criação conjunta de inovações para o futuro. Sistematicamente criam em conjunto com os clientes novos papéis e comportamentos exigidos pela inovação e, em seguida, ensinam seus próprios funcionários e clientes como desempenhar esses papéis. Essas empresas estudam cuidadosamente o que clientes e funcionários têm de saber e fazer para coproduzir a magia da Disney e as soluções para o dia a dia da IKEA e certificam-se de que ambos tenham os recursos e as capacidades necessárias para executar seus papéis com êxito.

O ponto de partida para os processos de inovação de criação conjunta, tanto da Disney quanto da IKEA, é identificar os motivadores-chave de valor de seus clientes. Motivadores-chave de valor são atividades, interações, pontos de contato ou funções específicas disponibilizadas aos clientes que, com base na eficácia de suas realizações, têm um impacto direto sobre o sucesso global da empresa e sobre o valor da experiência do cliente. Eles são o que a literatura de inovação chama de atributos de desempenho. Se a visão do cliente em uma atividade, interação ou função específica tem relação direta e significativa com o sucesso global da empresa, assim, temos um motivador-chave de valor.

A maneira mais direta de identificar motivadores-chave de valor é perguntar aos clientes em pesquisas, grupos focais ou entrevistas individuais. Eles podem não só mostrar muito à empresa sobre o que funciona ou não funciona em suas atividades, como também podem identificar o que os motivadores-chave de valor são na experiência e, consequentemente, para onde é preciso orientar a atividade inovadora.

Inovar uma solução do cliente é um desafio especial para empresas de serviços, uma vez que as experiências permanecem na imaginação dos clientes quando eles as criam em conjunto e em suas memórias quando as coproduzem.

Assim, para um serviço intangível recém-criado, os clientes são convidados a coproduzir uma experiência que nunca tiveram antes. A empresa está do outro lado da coprodução de uma inovação de serviço, tendo que reunir e organizar recursos e capacidades para coprodução de uma experiência nunca produzida antes. Um serviço elaborado pode significar um grande investimento que não atende suficientemente às necessidades dos clientes ou corresponde adequadamente às suas capacidades para que seja rentável. A criação em conjunto de um navio de cruzeiro, de um sistema de informação ou de serviços médicos que os clientes não vão usar ou não podem usar, requer muito dinheiro adiantado apenas para se descobrir que o que parecia ser uma boa inovação no processo de criação conjunta do cliente, não era.

Em qualquer inovação, as empresas precisam aprender novas maneiras de usar seus recursos e, em seguida, ensinar seus funcionários a prestarem os serviços que os clientes esperam. Tão importante quanto isso, como a IKEA e a Disney ilustram, as empresas precisam desenvolver estratégias e táticas de ensino aos funcionários, para que estes ensinem os clientes a coproduzir uma experiência de maneira que capturem com sucesso o seu valor. A fim de que a inovação seja bem-sucedida, a organização não só deve aprender novas formas de fazer as coisas, como também deve garantir que os clientes possam adquirir novos conhecimentos que tenham e desenvolvam uma inovação e possa exigir deles. Gerenciar o desafio da criação conjunta da inovação refere-se a administrar atividades e interações de clientes e funcionários conforme coproduzem a experiência.

A Disney e a IKEA aprenderam que há graus de inovação que requerem diferentes estratégias. Além disso, existem diferentes níveis de capacidade entre clientes; esses níveis devem ser planejados, treinados e igualados aos diferentes tipos de clientes de diferentes maneiras, para que os funcionários possam coproduzir a experiência. Esses dois exemplos oferecem várias lições a todas as organizações que buscam implementar inovações bem-sucedidas.

Em primeiro lugar, o desafio da criação conjunta da inovação é exatamente este: o desafio de criação conjunta. Essas duas organizações nos ensinam a descobrir, através do envolvimento do cliente na criação conjunta, como as implicações dessas mudanças afetam o cliente. Se o cliente deve fazer algo radicalmente novo, a empresa precisa antecipar o aprendizado necessário e fornecer a ele. A introdução de tecnologias de autoatendimento em aéreas de *check-in* aéreo e *check-outs* de varejo tem tido sucesso variável, dependendo do grau em que as empresas colocam funcionários à disposição para ensinar os clientes o que é, para muitos, uma mudança radical na forma como interagem com a organização.

Em segundo lugar, as organizações que implementam com sucesso as inovações respondem ao impacto da inovação em clientes como parte de quem eles são. Está em seu DNA. Se os clientes precisam fazer coisas novas para desfrutar ou beneficiar-se da inovação, as organizações bem-sucedidas tentam fazer da aprendizagem uma parte interessante da experiência. Quando é necessário que um cliente, por exemplo, faça algo novo, organizações bem-sucedidas fazem das coisas novas uma diversão ou oferecem um benefício ao cliente para que ele faça o que é novo, exigido pela inovação, ao invés do antigo. Quando a Disney adicionou o serviço gratuito de ônibus Magical Express, do aeroporto de Orlando ao hotel, os clientes sentiram que estavam tendo um novo benefício valioso que os salvaria do desgaste e do custo de encontrar o caminho do aeroporto ao hotel.

Além disso, as organizações que consideram seus clientes cocriadores de inovações focam com clareza na interface do cliente. Seja no caso de cenário ambiental, *site* ou contato pessoal com um funcionário, quando uma inovação muda a forma como o cliente interage com a organização, o ponto de interação deve ser cuidadosamente planejado, sempre tendo o cliente em mente. É muito diferente fazer a imersão em uma experiência da IKEA e visitar uma loja de móveis tradicional. Os inovadores de sucesso fazem um esforço considerável no processo de criação conjunta da inovação, coleta de dados do cliente, entrada e *feedback* para se certificarem de que entregam a experiência do tipo "Uau!" que os clientes esperam.

A lição *final* é que a criação conjunta da inovação significa que a empresa deve ensinar seus funcionários a ensinar os clientes. Poucas organizações, especialmente as de manufatura, passam um tempo considerável ensinando seus funcionários a ensinar os clientes. Mesmo quando os clientes criam uma inovação em conjunto, não há garantia de que a inovação será bem-sucedida. As inovações, especialmente as radicais, exigem novos comportamentos dos clientes, assim como eles vão exigir novos comportamentos dos próprios funcionários. Ainda que a maioria das organizações saiba que a inovação requer treinamento de funcionários, frequentemente a necessidade de treinar os funcionários para que treinem os clientes é esquecida. Se funcionários e clientes têm de fazer coisas diferentes, como resultado de uma inovação, ambos precisam aprender novas habilidades e comportamentos. E quanto mais radical a mudança, mais treinamento é necessário.

No caso da Disney e da IKEA, as lições aprendidas com a implementação bem-sucedida de inovações são importantes e profundas. Talvez o mais importante seja o fato de que a inovação exige que o cliente coproduza, de alguma forma, qualquer experiência que a inovação cria. A empresa que não reconhece nem planeja a participação do cliente na coprodução não é susceptível de atender as próprias necessidades de aprendizagem nem as de seus clientes na cocriação da inovação. Quando isso acontece, os benefícios da inovação podem passar despercebidos.

Questão para discussão: ao considerar como as empresas têm lhe ensinado a realizar novas tarefas e a desempenhar novos papéis na coprodução de uma experiência de serviço, mencione exemplos do que elas têm feito para ensiná-lo a fazer o que deveria ser feito para que a experiência seja bem-sucedida.

com outras mudanças organizacionais mais abrangentes. Por exemplo, se uma organização está implementando um programa de gestão por objetivos, o treinamento no estabelecimento de metas e a análise do desempenho orientado para a meta provavelmente serão necessários. Um importante tipo de treinamento, que está se tornando cada vez mais comum, é o treinamento de pessoas para trabalhar em outros países. Empresas como a Motorola oferecem amplos programas de treinamento aos seus funcionários em todos os níveis antes de começarem uma missão internacional. O treinamento inclui cursos intensivos de línguas, cursos culturais e cursos para a família.

Entre os vários métodos de treinamento, os mais comuns são palestras, debates, uma combinação palestra-debate, métodos experimentais, estudos de caso, filmes ou vídeos e os módulos de formação *on-line*, cada vez mais populares. O treinamento pode ocorrer em uma sala de aula normal, seja na própria empresa ou em um hotel, *resort*, centro de conferências ou *on-line*, de qualquer lugar. O treinamento no local de trabalho oferece um tipo diferente de experiência em que o estagiário aprende com um funcionário experiente. A maioria dos programas de treinamento utiliza uma combinação de métodos determinados por tema, pelos empregados que estão sendo treinados, pelo instrutor e pela organização.

O treinamento pode assumir muitas formas, de sessões em sala de aula até treinos e práticas de simulação. As equipes da China International Search and Rescue (CISAR) participam de um exercício para busca e salvamento em uma base de treinamento para terremotos fora de Pequim, em 26 de fevereiro de 2010. O CISAR é o principal responsável pela implementação de operações domésticas para busca e salvamento, bem como missões humanitárias internacionais, de vítimas de desastres naturais. Durante um desastre, há pouco tempo para treinar equipes e vidas podem estar em jogo. Por isso, eles utilizam simulações e exercícios para treinar as equipes de busca e recuperação.

Um dos principais problemas dos programas de treinamento é transferir os conhecimentos do funcionário para o trabalho. Muitas vezes, o funcionário aprende uma nova habilidade, o gerente aprende uma nova técnica de gestão, mas, ao retornarem à situação de trabalho normal, acham mais fácil retomar a velha maneira de fazer as coisas. Como discutimos anteriormente, o processo de recongelamento é uma parte vital do processo de mudança e é preciso encontrar um caminho para fazer com que as realizações do programa de treinamento sejam permanentes.

Desenvolvimento gerencial Programas de desenvolvimento gerencial, como de treinamento de empregados, tentam promover certas habilidades, capacidades e perspectivas. Muitas vezes, quando uma pessoa altamente qualificada é promovida a gerente de um grupo de trabalho, acaba precisando de treinamento em gestão de pessoas. Nesses casos, os programas de desenvolvimento gerencial podem ser importantes para as organizações, tanto para o novo gestor quanto para os subordinados.

Normalmente, os programas de desenvolvimento gerencial utilizam, até certo ponto, o método palestra-debate, mas dependem mais de métodos participativos, como estudos de caso e interpretação de papéis. Métodos participativos e experienciais permitem que o gestor vivencie os problemas de sua função, assim como sentimentos de frustração, dúvidas e sucesso que fazem parte do trabalho. No entanto, esse tipo de programa de treinamento é problemático, na medida em que as competências da gestão, incluindo comunicação, diagnóstico de problemas, resolução de problemas e avaliação de desempenho, não são tão fáceis de identificar ou transferir de uma sala de aula para o local de trabalho, como no caso das habilidades necessárias para operar uma máquina. Além disso, as rápidas mudanças no ambiente externo podem tornar obsoletas certas habilidades gerenciais em um curto período de tempo. Como resultado, algumas empresas estão abordando o desenvolvimento de sua equipe de gestão como um processo contínuo ao longo da carreira e exigem que seus executivos participem periodicamente de cursos de reciclagem.

Jack Welch estava tão empenhado em realizar mudanças culturais na GE que criou o hoje famoso centro de treinamento para desenvolver um exército de líderes de mudança, em Crotonville, Nova York. Por ano, mais de dez mil gerentes participam de uma série de *workshops* de três etapas, o chamado Change Acceleration Program (CAP). A liderança foi redefinida como uma atividade de ensino, em que os líderes ensinam seus subordinados diretos a alterar a forma como fazem seu trabalho. A fim de realizar as mudanças de todo o sistema que achava necessárias, Welch utilizou o DO individual.[39]

À medida que a América corporativa investe centenas de milhões de dólares no desenvolvimento da gestão, certos princípios orientadores evoluem: (1) o desenvolvimento da gestão é um processo multifacetado, complexo e de longo prazo para o qual não existe uma abordagem rápida ou simples; (2) as organizações devem identificar cuidadosa e sistematicamente suas necessidades próprias de desenvolvimento e avaliar a conformidade de seus programas; (3) os objetivos do desenvolvimento da gestão devem ser compatíveis com os objetivos da organização e (4) a utilidade e o valor do desenvolvimento da gestão continuam a ser mais um artigo de fé do que um fato comprovado.[40]

Formação de equipes Quando a interação entre os membros é fundamental para o sucesso e a eficácia do grupo, o desenvolvimento da equipe, ou a formação da equipe, pode ser útil. A formação da equipe enfatiza membros que trabalham juntos em um espírito de cooperação e geralmente tem um ou mais dos seguintes objetivos:

1. Definir as metas e prioridades da equipe
2. Analisar ou alocar a forma como o trabalho é realizado
3. Analisar como um grupo está trabalhando, isto é, examinar os processos, como normas, tomada de decisão e comunicações
4. Analisar as relações entre as pessoas que realizam o trabalho[41]

Os esforços de gestão da qualidade total se concentram em equipes, e os princípios da formação de equipes devem ser aplicados para fazê-las funcionar. A participação na equipe é especialmente importante na coleta de dados e nas fases de avaliação do desenvolvimento da equipe. Na coleta de dados, os membros compartilham informações sobre o funcionamento da equipe. As opiniões do grupo, assim, formam a base do processo de desenvolvimento. Na fase de avaliação, os membros são a fonte de informações sobre a eficácia do esforço para o desenvolvimento.[42]

Como a gestão da qualidade total e muitas outras técnicas de gestão, a formação de equipes não deve ser considerada uma experiência única, talvez algo realizado durante um retiro do trabalho; ao contrário, é um processo contínuo. Pode levar semanas, meses ou anos para que um grupo aprenda a se unir e a funcionar como uma equipe. O desenvolvimento da equipe pode ser a maneira de treinar o grupo para resolver os próprios problemas no futuro. A pesquisa sobre a eficácia da formação da equipe como um recurso de desenvolvimento da organização é, até agora, mista e inconclusiva. Para obter mais detalhes sobre o desenvolvimento de equipes nas organizações, consultar o Capítulo 10.

***Pesquisa de* feedback** Técnicas de pesquisa de *feedback* podem formar a base para o processo de mudança. Nesse processo, os dados são recolhidos, analisados, resumidos e devolvidos à fonte para identificação, discussão e resolução de problemas. Um processo de pesquisa de *feedback* é, muitas vezes, colocado em movimento pela alta administração ou por um consultor em gestão da organização. Ao fornecer informações sobre as crenças e atitudes dos funcionários, a pesquisa ajuda a diagnosticar e resolver problemas de gestão. Um agente consultor ou de mudança coordena o processo e é responsável pela coleta, análise e síntese de dados. O processo de três fases é mostrado na Figura 19.4.[43] O uso de técnicas de pesquisa de *feedback* no processo de desenvolvimento de uma organização difere da sua utilização nas pesquisas de comportamento tradicionais. Em um processo de desenvolvimento organizacional, os dados são (1) devolvidos a grupos de funcionários em todos os níveis da organização e (2) usados por todos os funcionários que trabalham em conjunto, em seus grupos de trabalho, para identificar e resolver problemas. Em pesquisas de comportamento tradicionais, a alta administração analisa os dados e pode, ou não, dar início a um novo programa para resolver os problemas identificados nas pesquisas.

Na fase de coleta de dados, o agente de mudança entrevista o pessoal selecionado, considerando níveis apropriados, para determinar as principais questões a serem examinadas. A informação dessas entrevistas é utilizada para desenvolver um questionário de pesquisa, que é distribuído a uma grande amostra de funcionários. O questionário pode ser um instrumento padronizado, um instrumento desenvolvido especificamente para a organização ou uma combinação dos dois. Os dados do questionário são analisados e agregados em grupos ou departamentos, garantindo que os entrevistados permaneçam anônimos.[44] Em seguida, o agente de mudança prepara um resumo dos resultados para as sessões de *feedback* do grupo. Desse ponto em diante, o consultor está envolvido no processo como um especialista, e uma pessoa de recursos.

FIGURA 19.4

Processo de pesquisa de *feedback*

O processo de pesquisa de *feedback* tem três fases distintas que devem ser totalmente concluídas para que o processo seja eficaz. Como o processo de desenvolvimento organizacional, seu objetivo é envolver todos os funcionários na análise dos dados, na identificação de problemas e no desenvolvimento de soluções.

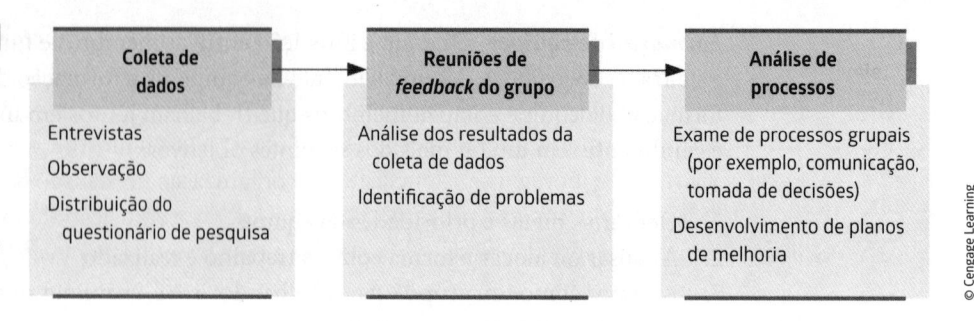

Coleta de dados
- Entrevistas
- Observação
- Distribuição do questionário de pesquisa

→

Reuniões de *feedback* do grupo
- Análise dos resultados da coleta de dados
- Identificação de problemas

→

Análise de processos
- Exame de processos grupais (por exemplo, comunicação, tomada de decisões)
- Desenvolvimento de planos de melhoria

© Cengage Learning

As reuniões de *feedback* geralmente envolvem apenas dois ou três níveis de gestão. Em geral, são realizadas em série, primeiro com uma reunião do grupo de gestão da alta administração, seguida por reuniões com empregados de toda a organização. O gestor do grupo, e não o agente de mudança, guia as sessões para transferir a "propriedade" dos dados, do agente de mudança para o grupo de trabalho. O *feedback* é composto, principalmente, de perfis de atitude em grupo relacionados à organização, ao trabalho, à liderança e a outros temas no questionário. Durante as sessões de *feedback*, os participantes discutem as razões dos resultados e os problemas que os dados revelam.

Na fase de análise do processo, o grupo examina a circunstância da tomada de decisões, de comunicação e de realização do trabalho com ajuda do consultor. Infelizmente, muitas vezes os grupos ignoram esse estágio, uma vez que ficam envolvidos com os dados das pesquisas e com os problemas que surgem durante as sessões de *feedback*. Ocasionalmente, os gestores de grupo simplesmente não conseguem realizar as sessões de *feedback* e a análise de processos. Os agentes de mudança devem garantir que os gestores realizem essas sessões e que sejam recompensados por isso. O estágio de análise do processo é importante porque seu objetivo é desenvolver planos de ação para realizar melhorias. Várias sessões podem ser necessárias para discutir as questões relacionadas ao processo e estabelecer uma estratégia para melhorias. Os grupos acham útil documentar os planos conforme são discutidos e nomear um membro para o acompanhamento da execução. Geralmente, o acompanhamento avalia se a comunicação e os processos de comunicação foram, de fato, melhorados. Uma pesquisa de acompanhamento pode ser administrada meses ou até um ano mais tarde, como forma de avaliar o quanto os processos mudaram desde que foram relatados pela primeira vez.

O método da pesquisa de *feedback* é uma das mais utilizadas intervenções relacionadas a mudanças e desenvolvimento organizacionais. Contudo, se qualquer um dos estágios forem comprometidos ou omitidos, a técnica torna-se menos útil. A principal responsabilidade do agente consultor ou de mudança é garantir que o método seja realizado completa e fielmente.

RESISTÊNCIA À MUDANÇA

A mudança é inevitável; assim como a resistência à mudança. Paradoxalmente, as organizações promovem a mudança e resistem a ela. Como agente de mudança, a organização solicita que seus clientes ou potenciais clientes mudem seus hábitos atuais de compra e passem a adquirir produtos ou serviços dessa empresa, pede aos clientes atuais para mudar, aumentando o volume de suas compras, e pede a seus fornecedores para reduzir os custos das matérias-primas. A organização resiste à mudança, ao passo que sua estrutura e sistemas de controle protegem as tarefas diárias de produção de um produto ou serviço de incertezas ambientais. A organização deve ter alguns elementos de permanência para evitar o reflexo da instabilidade do ambiente, além disso, deve reagir a mudanças externas com a mudança interna, para manter o curso e a relevância no mercado.

A opinião generalizada é de que a resistência à mudança precisa ser superada, mas nem sempre isso acontece. A resistência à mudança pode ser usada para o benefício da organização e não precisa ser totalmente eliminada. Ao revelar a preocupação legítima de que determinada alteração pode prejudicar a organização ou mostrar que outras alternativas poderiam ser melhores, a resistência alerta a organização no sentido de reexaminar a mudança.[45] Por exemplo, uma organização pode considerar a aquisição de uma empresa em um setor completamente diferente. A resistência a essa proposta pode levar a organização a analisar com mais cuidado as vantagens e desvantagens do movimento. Sem resistência, a decisão pode ser feita antes da exploração suficiente dos prós e contras. Alguns sugeriram que os agentes de mudanças podem contribuir para a resistência por meio da má gestão do processo de mudança ou pela falta de comunicação ao longo do processo.[46]

A resistência pode vir da organização, do indivíduo ou de ambos. No entanto, determinar a maior fonte, muitas vezes, é difícil porque as organizações são constituídas por pessoas. A Tabela 19.3 resume vários tipos de fontes organizacionais e individuais de resistência.

Fontes organizacionais de resistência

Daniel Katz e Robert Kahn identificaram seis principais fontes organizacionais de resistência: excessiva determinação, foco estreito de mudança, inércia do grupo, competência ameaçada, energia ameaçada e mudanças na alocação de recursos.[47] Claro, nem todas as organizações ou situações de mudança exibem todas as seis fontes.

TABELA 19.3	Fontes organizacionais e individuais de resistência
FONTES ORGANIZACIONAIS	**EXEMPLOS**
Excessiva determinação	Sistema de emprego, descrição de cargo, avaliação e recompensa do sistema, cultura organizacional
Foco estreito da mudança	Alteração da estrutura sem preocupação com outros aspectos (por exemplo, cargos, pessoal)
Inércia do grupo	Normas do grupo
Competência ameaçada	Pessoas se movem para fora da área de especialização
Poder ameaçado	Tomada de decisão descentralizada
Alocação de recursos	Utilização crescente da ajuda em tempo parcial
FONTES INDIVIDUAIS	**EXEMPLOS**
Hábito	Tarefas alteradas
Segurança	Tarefas ou relações de subordinação alteradas
Fatores econômicos	Remuneração e benefícios alterados
Medo do desconhecido	Novo cargo, novo chefe
Falta de conhecimento	Grupos isolados não atentos a avisos
Fatores sociais	Normas do grupo

© Cengage Learning

Sobredeterminação As organizações têm vários sistemas concebidos para manter a estabilidade. Por exemplo, considere como as empresas controlam o desempenho dos funcionários. Candidatos a determinado cargo devem ter certas habilidades para que possam fazer o trabalho de que a organização necessita. A descrição do trabalho é apresentada ao novo funcionário; o supervisor treina, acompanha e aconselha o funcionário nas tarefas pertinentes. O novo funcionário cumpre um período de estágio que culmina na avaliação de desempenho; depois disso, o desempenho do funcionário é avaliado regularmente. Por fim, dependendo do

> A excessiva determinação, ou inércia estrutural, ocorre porque numerosos sistemas organizacionais estão no local para garantir que empregados e sistemas se comportem conforme o esperado para manter a estabilidade.

nível de desempenho, recompensas, punição e disciplina são administrados. Esse sistema caracteriza-se pela **sobredeterminação**, ou **inércia estrutural**,[48] em que alguém provavelmente teria o mesmo efeito de desempenho do funcionário em questão, com menos procedimentos e ressalvas. Em outras palavras, a estrutura da organização produz resistência à mudança porque foi concebida para manter a estabilidade. Outra importante fonte de sobredeterminação é a cultura organizacional. Como discutido no Capítulo 18, a cultura de uma organização pode ter efeitos poderosos e duradouros sobre o comportamento dos funcionários.

Foco estreito de mudança Muitos esforços para criar a mudança organizacional baseiam-se no estreitamento do foco. Qualquer esforço para levar à mudança nas tarefas de indivíduos ou grupos deve levar em conta a interdependência entre os elementos organizacionais, como pessoal, estrutura, tarefas e sistema de informação. Por exemplo, algumas tentativas de redesenho de cargo falham porque a estrutura da organização em que os postos de trabalho devem funcionar é inadequada para o redesenho deles.[49]

Inércia do grupo Quando um funcionário tenta mudar seu comportamento, o grupo pode resistir ao se recusar a alterar outros comportamentos que são complementos necessários à alteração de comportamento do indivíduo. Em outras palavras, as normas do grupo podem atuar como um freio sobre as tentativas individuais de mudança do comportamento.

Competência ameaçada Uma mudança organizacional pode ameaçar o conhecimento especializado que os indivíduos e grupos desenvolveram ao longo dos anos. O redesenho do trabalho ou a mudança estrutural pode transferir a responsabilidade por uma tarefa especializada do profissional atual para outra pessoa, o que ameaça a experiência do especialista e forma sua resistência à mudança.

Poder ameaçado Qualquer redistribuição de poder de decisão, como acontece no caso da reengenharia ou da gestão baseada em equipe, pode ameaçar as relações de poder entre um indivíduo e os outros. Se uma organização está descentralizando sua tomada de decisão, gestores, que ao exercer seu poder de decisão, obtinham em troca favores especiais de outros podem resistir à mudança porque não querem perder sua base de poder.

Alocação de recursos Grupos satisfeitos com os métodos de alocação atual de recursos podem resistir a qualquer mudança que ameace atribuições futuras. Recursos, nesse contexto, pode significar qualquer coisa, de recompensa monetária e equipamentos de ajuda sazonal adicional até mais tempo no computador.

Essas seis fontes explicam a maioria dos tipos da resistência à mudança organizacional. Todas se baseiam em pessoas e em relações sociais. Muitas dessas fontes de resistência podem ser atribuídas a grupos ou a indivíduos que têm receio de perder algo – recursos, poder ou conforto proporcionado por uma rotina.

Fontes individuais de resistência

As fontes individuais de resistência à mudança estão enraizadas em características humanas básicas, como as necessidades e percepções. Pesquisadores identificaram seis razões para a resistência individual à mudança: hábito, segurança, fatores econômicos, medo do desconhecido, falta de consciência e fatores sociais (ver Tabela 19.3).[50]

Hábito É mais fácil fazer um trabalho da mesma forma, todos os dias, se suas etapas são repetidas várias vezes. Aprender um novo conjunto de passos torna o trabalho mais difícil. Para o mesmo salário, a maioria das pessoas prefere fazer o mais fácil em vez de trabalhar mais.

Segurança Alguns funcionários gostam do conforto e da segurança que a ação de fazer as tarefas da mesma maneira proporciona. Eles desenvolvem um sentimento de constância e estabilidade por saber que algumas coisas permanecem as mesmas, apesar das mudanças que acontecem ao redor. As pessoas que acreditam que sua segurança está ameaçada por uma mudança provavelmente vão resistir à mudança.

Fatores econômicos A mudança pode ameaçar o salário estável dos funcionários. Eles podem acreditar que a mudança tornará seu trabalho obsoleto ou que reduzirá as oportunidades de futuros aumentos salariais.

Medo do desconhecido Algumas pessoas temem qualquer coisa não familiar. Mudanças nas relações de subordinação e deveres do cargo geram ansiedade. Os funcionários se familiarizam com a chefia e com o trabalho e desenvolvem relações com outras pessoas dentro da organização, pessoas que se tornam contatos para várias situações. Essas relações e contatos facilitam o trabalho. Qualquer perturbação nos padrões familiares pode provocar medo, pois pode causar atrasos e promover a crença de que nada está sendo realizado.

Falta de conhecimento Em razão das limitações de percepção, como falta de atenção ou atenção seletiva, uma pessoa pode não reconhecer a mudança de uma regra ou procedimento, assim, acaba por não alterar seu comportamento. As pessoas podem prestar atenção apenas naquilo que apoia seu ponto de vista. Por exemplo, os funcionários de um escritório de vendas regional não percebem – ou ignoram – as diretivas da matriz quanto a mudanças nos procedimentos de informação de despesas. Eles podem, por conseguinte, continuar a prática corrente pelo maior tempo possível.

Fatores sociais As pessoas podem resistir à mudança por medo do que os outros vão pensar. Como mencionamos antes, o grupo é um poderoso motivador do comportamento. Os funcionários podem acreditar que a mudança vai prejudicar sua imagem, vai resultar em ostracismo do grupo ou simplesmente vai torná-los "diferentes". Por exemplo, um funcionário que concorda em obedecer às regras de trabalho estabelecidas pela administração pode ser ridicularizado por outros que desobedecem abertamente essas regras.

GESTÃO BEM-SUCEDIDA DA MUDANÇA E DO DESENVOLVIMENTO

Concluindo, apresentamos sete ações-chave para a gestão da mudança organizacional. Elas se relacionam diretamente aos problemas identificados anteriormente e à nossa visão da organização como um sistema social abrangente. Cada uma delas pode influenciar os elementos do sistema social e ajudar a organização a evitar alguns dos principais problemas na gestão da mudança. A Tabela 19.4 lista as ações e seus potenciais impactos.

Consideração das questões globais

Um fator a ser considerado é a forma como as questões globais ditam a mudança organizacional. Como já observamos, o meio ambiente é um fator significativo na tentativa de modificar a organização. Dada a complexidade ambiental adicional que as organizações multinacionais enfrentam, a mudança organizacional pode ser ainda mais crítica no caso delas do que no caso de organizações nacionais. A Dell Computer, por exemplo, deve muito do seu sucesso à estratégia de venda direta ao consumidor. Desde 2006, ela ampliou suas atividades de distribuição de modo a incluir as vendas no varejo, e uma mudança significativa de todo o sistema facilitou a entrada da empresa em alguns mercados-chave estrangeiros.[51]

TABELA 19.4	Ações-chave para gestão bem-sucedida da mudança e do desenvolvimento
AÇÃO-CHAVE	IMPACTO
Considerar questões globais	Mantém contato com os mais recentes desenvolvimentos globais e com a forma como a mudança é tratada em diferentes culturas
Ter visão abrangente da organização	Ajuda a antecipar os efeitos das mudanças no sistema social e na cultura
Começar pequeno	Elabora os detalhes e mostra os benefícios da mudança àqueles que podem manifestar resistência
Garantir o apoio da alta administração	Obtém coalizão dominante no lado da mudança: salvaguarda a mudança estrutural, desvia problemas de poder e controle
Incentivar a participação das pessoas afetadas pela mudança	Minimiza problemas de controle, resistência e redefinição de tarefas na transição
Promover a comunicação aberta	Minimiza problemas de resistência, informação e sistemas de controle na transição
Premiar aqueles que contribuem à mudança.	Minimiza problemas de resistência e sistemas de controle na transição

© Cengage Learning

Um segundo ponto a ser lembrado refere-se ao fato de que a aceitação da mudança varia muito ao redor do mundo. Em algumas culturas, a mudança é parte normal e aceitável da vida de uma organização. Em outras culturas, causa muitos problemas. Os gestores devem ter em mente que as técnicas de gestão da mudança que funcionam em seus países podem não funcionar em outros e podem provocar respostas negativas se usados indiscriminadamente em outras culturas.[52]

Ter visão abrangente
Os executivos devem ter uma visão abrangente da organização e do projeto de mudança. Uma visão limitada coloca em risco o esforço de mudança porque os subsistemas da organização são interdependentes. Uma visão unificada engloba a cultura e a coalizão dominante, assim como os subsistemas de pessoal, das tarefas, da estrutura e da informação.

Começar pequeno
Peter Senge afirma que toda mudança do sistema verdadeiramente bem-sucedida em grandes organizações começa pequena.[53] Ele recomenda que a mudança inicie com uma equipe, geralmente uma equipe executiva. Essa equipe pode avaliar a mudança, fazer os ajustes necessários ao longo do caminho e, mais importante, mostrar que o novo sistema funciona e chega aos resultados desejados. Se a mudança fizer sentido, ela começa a se espalhar para outras equipes, grupos e divisões em todo o sistema. Senge relatou como mudanças significativas na Shell e na Ford começaram pequenas, com uma ou duas equipes paralelas, e depois se espalharam conforme os benefícios da mudança eram reconhecidos. Quando os outros veem os benefícios, a resistência natural diminui e eles começam a participar. Eles podem aderir voluntariamente e se comprometer com o sucesso do esforço de mudança.

Garantir o apoio da alta administração
O apoio da alta administração é essencial para o sucesso de qualquer esforço de mudança. Uma vez que a coalizão dominante é um poderoso elemento do sistema social, seu apoio

é necessário para lidar com problemas de controle e de poder. Por exemplo, um gerente que planeja a mudança na forma como as tarefas são distribuídas e como a responsabilidade é delegada em seu departamento, deve notificar à gestão da alta administração e ganhar o seu apoio. É possível haver complicações se funcionários descontentes reclamarem com os executivos da alta administração que não tenham sido notificados da mudança ou não a apoiam. As queixas dos funcionários podem comprometer o plano do gestor – e talvez o seu trabalho.

Encorajar a participação

Problemas relacionados à resistência, ao controle e ao poder podem ser superados por meio da ampla participação no planejamento da mudança. Permitir que as pessoas tenham voz ativa no planejamento da mudança lhes dá sensação de poder e controle sobre seus próprios destinos, o que pode ajudar a ganhar o apoio delas durante a implementação.

Promover a comunicação aberta

A comunicação aberta é um fator importante na gestão da resistência à mudança e na superação de problemas de informação e controle durante as transições. Os funcionários geralmente reconhecem as incertezas e ambiguidades que podem surgir durante a transição e buscam informações sobre a mudança e sobre o lugar que ocuparão no novo sistema. Na ausência de informações, a lacuna pode ser preenchida com informações inadequadas ou falsas, o que pode colocar em risco o processo de mudança. Rumores tendem a se espalhar pelo sistema mais rápido do que informações precisas são difundidas pelos canais oficiais. Um gerente deve sempre ser sensível aos efeitos da incerteza dos funcionários, especialmente durante o período de mudança; qualquer notícia, mesmo ruim, é melhor do que nenhuma notícia.

Recompensar os colaboradores

Embora este último ponto seja simples, ele pode ser facilmente negligenciado. Os funcionários que contribuem para a mudança precisam ser recompensados. Muitas vezes, as únicas pessoas reconhecidas após o esforço de mudança são aquelas que tentaram impedi-lo. Aqueles que captam rapidamente novas atribuições, trabalham mais para cobrir o que não poderia ser feito durante a transição ou ajudam os outros a se ajustarem às mudanças, merecem crédito especial, talvez a menção em um comunicado à imprensa ou no jornal interno da empresa, uma consideração especial em uma avaliação de desempenho, uma recompensa ou uma promoção. Do ponto de vista comportamental, as pessoas precisam ser beneficiadas de alguma forma para que possam ajudar, de bom grado, a mudar alguma coisa que elimina a velha forma e seja confortável ao fazer o trabalho.

No ambiente dinâmico atual, os gestores devem antecipar a necessidade de mudança e satisfazê-la utilizando sistemas de organização mais ágeis e competitivos. Essas sete chaves de gestão da mudança também podem servir de diretrizes gerais para a gestão do comportamento organizacional, uma vez que as organizações devem mudar ou enfrentar sua eliminação.

RESUMO

A mudança pode ser forçada ou a organização pode mudar em resposta ao ambiente ou a uma necessidade interna. As forças que impulsionam a mudança são interdependentes e influenciam as organizações de várias maneiras. Atualmente, as áreas em que a pressão por mudanças aparece de forma mais evidente envolvem pessoal, tecnologia, processamento de informação e comunicação, concorrência e tendências sociais.

A mudança organizacional planejada engloba a antecipação da mudança e a preparação para ela. Lewin descreveu a mudança organizacional em termos de descongelamento, mudança e recongelamento. No modelo de processo contínuo de mudança, a gestão da alta administração reconhece as forças incentivando a mudança, envolve-se em um processo de resolução de problemas para planejar a mudança e implementa a avaliação da mudança.

O desenvolvimento organizacional refere-se ao processo de mudança planejada e melhoria das organizações por meio da aplicação de conhecimentos das ciências comportamentais. Baseia-se em um processo de mudança sistemática e focaliza a gestão da cultura organizacional. A mudança mais abrangente envolve a alteração da estrutura organizacional por meio da reorganização dos serviços, das relações de subordinação ou de sistemas de autoridade.

Os programas de qualidade de vida no trabalho se concentram em oferecer um ambiente de trabalho em que os funcionários possam satisfazer suas necessidades individuais. Mudanças tecnológicas e nas tarefas alteram a forma como a organização realiza as tarefas primárias. Junto aos passos normalmente associados à mudança, o replanejamento das tarefas implica o diagnóstico, a análise custo-benefício, a formulação de estratégia de reformulação e a implementação de alterações suplementares.

Abordagens grupais e individuais frequentemente utilizadas para a mudança organizacional referem-se a programas de treinamento e desenvolvimento gerencial, formação de equipes e levantamento de técnicas de *feedback*. Os programas de treinamento são concebidos para melhorar as habilidades de trabalho, ajudar os funcionários a se adaptar a outras mudanças organizacionais (como um programa de gestão por objetivos) ou desenvolver nos funcionários a consciência e a compreensão de problemas como a segurança ou o estresse no local de trabalho. Programas de desenvolvimento da gestão tentam aumentar nos gestores atuais ou futuros as competências, habilidades e perspectivas importantes para uma boa gestão. Programas de formação da equipe são planejados para ajudar a equipe ou o grupo de trabalho a evoluir para um funcionamento maduro, auxiliar a definir seus objetivos ou prioridades, analisar suas atribuições e a forma como são realizadas bem como examinar as relações entre as pessoas que fazem o trabalho. Utilizadas no processo de desenvolvimento organizacional, as técnicas de pesquisa de *feedback* envolvem a coleta de dados, sua análise e resumo e a devolutiva aos funcionários e grupos de discussão para que seja possível identificar e resolver problemas.

A resistência à mudança pode surgir de várias fontes individuais e organizacionais. A resistência indica a preocupação legítima de que a mudança pode não ser boa para a organização e pode justificar a reavaliação desses planos.

Para gerir a mudança organizacional, as questões internacionais devem ser consideradas, e os gestores devem ter uma visão abrangente da organização bem como começar pequeno. É necessário o apoio da gestão da alta administração e os mais afetados pela mudança devem participar. A comunicação aberta é importante e aqueles que contribuem para o esforço de mudança devem ser recompensados.

QUESTÕES PARA DISCUSSÃO

1. A maior parte da mudança organizacional é forçada por fatores externos ou instigada por forças internas? Explique.
2. Em que ampla categoria de pressões para a mudança organizacional, não incluindo as quatro discutidas neste capítulo, você pode pensar? Descreva-a brevemente.
3. Quais fontes de resistência à mudança estão presentes na maioria dos problemas de um agente de mudança interno? E de um agente de mudança externo?
4. Qual estágio do modelo de mudança de Lewin você acha que é esquecido com mais frequência? Por quê?
5. Quais são as vantagens e desvantagens de ter um agente de mudança interno em vez de um agente de mudança externo?
6. Como o desenvolvimento organizacional difere da mudança organizacional?
7. Como e por que o desenvolvimento organizacional difere se os elementos do sistema social não forem interdependentes?
8. Os programas de qualidade de vida no trabalho confiam mais em aspectos individuais ou em aspectos organizacionais do comportamento de uma organização? Por quê?
9. Descreva como o trabalho de seu professor poderia ser reformulado. Inclua uma discussão de outros subsistemas que precisariam ser alterados como resultado.
10. Qual das sete ações-chave para administrar com sucesso um esforço de mudança organizacional parece ser o mais difícil de gerir? Por quê?

QUAL É O SEU PONTO DE VISTA?

Quanto mais as coisas mudam

"E então você diz 'Sim', e eles dizem 'Não', e você diz 'Sim – é assim."

— MIKEY LEBLANC, COFUNDADOR DA HOLDEN OUTERWEAR

Mikey LeBlanc, *snowboarder* profissional, e Scott Zergebel, estilista, fundaram a Holden Outerwear em 2002 para confeccionar calças e jaquetas para *snowboarders*. Hoje a linha de produtos é muito mais ampla.* As roupas da Holden, diz LeBlanc, são adequadas se "você quer praticar *snowboard* ou esquiar ou se você estiver em Nova York em um dia chuvoso ou se estiver 20 graus negativos em Quebec e você só quer se sentir bem".

Ele atribui o sucesso da empresa à sua estratégia para se manter à frente da curva de moda do setor. "Fomos meio que rotulados como a marca que confere estilo à *outerwear* tecnológica", diz ele. "Quando a Holden surgiu, passamos a oferecer uma *outerwear* nova e melhorada. Nos primeiros cinco ou seis anos, várias de nossas contas aderiram [vieram] e [disseram]: 'Não posso esperar para ver a coleção. O que você fez este ano? Que novos tecidos, que novos *designs* você tem?'" A abordagem funcionou e a Holden passou a ocupar a primeira posição no mercado com novos *designs*. "Isso realmente afetou a indústria", lembra LeBlanc. "Tivemos concorrentes em grandes desfiles, mostrando peças de suas linhas como 'Esta é a nossa peça Holden' ou 'Este é o nosso vestuário Holden-esque'".

"Provavelmente isso é o que mais amo em LeBlanc e Zergebel", diz Nikki Brush, gerente de *design* e desenvolvimento. "Eles consideram as sugestões de moda e não estão olhando para o que todo mundo no mercado de *outerwear* está fazendo. Eles olham para a alta moda e descobrem uma maneira de aplicá-la a determinada peça de roupa que alguém usaria no alto de uma montanha". Ela assumiu o cargo na Holden porque "queria fazer algo criativo, algo que nunca seria o mesmo e que sempre mudaria", revela Brush.

A Holden é ágil quando se trata de implementar novas ideias, pois é uma pequena empresa cuja vantagem competitiva depende de diferenciar seu produto com base em inovações de estilo. Há, no entanto, alguns obstáculos a serem superados quando você é um pequeno comprador em seu mercado. "Somos uma marca pequena", admite LeBlanc. "Não temos fábricas. Não temos fábricas de tecido. Não podemos *preencher* uma fábrica [com ordens]". Então, como a Holden lida com sua relativa falta de alavancagem em sua cadeia de suprimentos? "Temos de ter um ótimo relacionamento com todos os nossos fornecedores", diz LeBlanc.

No início, ele lembra, "Scott e eu queríamos fazer um tecido de fibra natural, impermeável e respirável que não existia. Toda vez que nos encontrávamos com um fornecedor de tecidos, dizíamos "Você tem alguma coisa natural, à prova d'água e respirável? E ele dizia, "Você está louco". A Holden teve de assumir a liderança no desenvolvimento do tecido que queria e levou apenas três anos para chegar ao "mix de cânhamo-poliéster" e para localizar um fornecedor que estivesse disposto a fazê-lo. "Ganhamos um monte de prêmios por isso", diz LeBlanc, "e nossos principais concorrentes voltaram a nos perseguir novamente, logo em seguida". "É assim que fazemos o nosso negócio", diz Brush. "[Somos] capazes de empurrar nossos fornecedores de forma que eles não sejam empurrados. É assim que chegamos a algo novo". Com certeza, acrescenta, "está ficando mais e mais difícil empurrar nossos fornecedores para desenvolver algo novo. Os custos estão subindo e eles não querem desenvolver algo que não possa se tornar rotina" de clientes adicionais.

Segundo LeBlanc, a chave para negociar com fábricas e usinas é o início da própria capacidade criativa:

> *Podemos aparecer com um novo design que eles nunca viram e eles dizem "Bem, isso não é possível". "E então você diz 'Sim', e eles dizem 'Não', e você diz, 'Sim – é assim'." E eles dizem "Nossa! Legal!". Então, o cérebro começa a trabalhar e eles admitem, "Uau, isso é ótimo. Isso é algo novo que nossa fábrica pode fazer e oferecer a outras pessoas".*

Não surpreende, admite LeBlanc, que a Holden tenha passado por "uma tonelada de fornecedores". Para Brush, no entanto, o movimento constante de dar e receber em relação a diferentes fornecedores é apenas mais um meio de manter a energia criativa em alto nível: "Tenho um histórico bastante sólido, tanto no desenvolvimento quanto no *design*" – logo, o título de seu cargo – "então realmente fico animada com a tecnologia e o trabalho com a fábrica de tecidos ou com os fabricantes de vestuário ao tomar algo que todo mundo faz todos os dias e fazer de modo um pouco diferente". Ela também está interessada no ângulo de comercialização – "como vamos fazer diferente e como vamos apresentar ao mercado de uma forma que seja aceitável e funcional".

Para LeBlanc, pelo menos um aspecto do mercado de *outerwear* foi fácil de descobrir desde o início: "A indústria", diz ele, "adora mudar". Então, quando a Holden saiu com produtos que pareciam "radicalmente diferentes, a indústria abraçou a ideia. E as marcas [concorrentes] também abraçaram. Todos, basicamente, seguiram o exemplo. Um monte de marcas seguiu a liderança da Holden e foi para a [mesma] rota *fashion*".

Infelizmente, acrescenta, a vantagem competitiva pode ser uma faca de dois gumes: "Há várias maneiras pelas quais as pessoas podem te explorar", admite, mas ele aprendeu a aceitar essa desvantagem como parte do custo de fazer negócios a maneira da Holden: "Reviramos projetos, e isso é a coisa divertida sobre a Holden. Não estamos reagindo ao negócio atual [às tendências]. Na verdade, gostamos de criar coisas a cada ano. De ter novidades. Isso sempre será parte da Holden, e se as pessoas querem nos copiar, provavelmente venderão um monte de peças. Então, eu não as culpo".

PERGUNTAS

1. A Holden surgiu porque seus fundadores queriam mudar o tipo de produtos oferecidos por determinada indústria. Das quatro forças que impulsionam a mudança discutidas neste capítulo – *pessoal, tecnologia, processamento de informação e comunicação* e *competição* – qual foi a mais importante na estratégia de condução da Holden? Classifique as quatro em ordem de importância e seja específico ao explicar o papel de cada uma na estratégia da Holden.
2. Que tipo de mudanças *internas* a Holden provavelmente vai precisar fazer ao longo do tempo e especialmente com o crescimento contínuo, a fim de manter e adaptar sua estratégia atual? Que papel cada uma das quatro forças que impulsionam a mudança vai desempenhar nesse processo, tanto no que se refere à motivação para as mudanças quanto no que se refere à apresentação de desafios para implementá-las?
3. E você? Qual seria a sua *qualidade de vida no trabalho* em uma organização como a Holden? Será que você, assim como Nikki Brush, seria feliz fazendo "algo que nunca foi o mesmo e que sempre passa por mudanças"? Ou será que você preferiria fazer algo que fosse um pouco mais previsível, em uma base regular? Que tipo de organização seria mais provável de promover o seu moral e a sua produtividade? Considere também a Figura 19.3. Qual dos seguintes fatores provavelmente desempenharia um papel na determinação – ou na mudança – da sua preferência: *crescimento e segurança, desenvolvimento das capacidades humanas, espaço total de vida, relevância social*?
4. Mais uma vez tenha em mente o fato de que a Holden tem como objetivo implementar mudanças em uma indústria. Agora considere os critérios de inclusão e exclusão de estratégias para a mudança no conceito de desenvolvimento da organização – por exemplo, mudanças planejadas contra mudanças acidentais, mudanças intrínsecas contra mudanças imitativas, mudanças orientadas pelo comportamento contra mudanças orientadas pela tecnologia. Os critérios de desenvolvimento organizacional podem ser usados para descrever os motivos por trás da criação da Holden, sua abordagem continua a promover a mudança ou ambos?

FONTES ADICIONAIS

Holden Outerwear, "Holden History" (2012), www.holdenouterwear.com, 5 jun. 2012; Scott Zergebel, "My Inspiration Comes from Trying to Live My Life to the Fullest", *SIA's Latest*, 28 mar. 2012, www.snowsports.com, 5 jun. 2012; "Holden Gets Sporty", *YoBeat.com*, 4 jan. 2012, www.yobeat.com, 5 jun. 2012; Allan Brettman, "Holden Outerwear Exits Portland in Search of New Markets, Lower Expenses", *OregonLive.com*, 2 mai. 2012, http://blog.oregonlive.com, 5 jun. 2012.

*A Holden também é tema do vídeo do Capítulo 2, que discute o passado e as práticas de negócios da empresa, e vídeo do Capítulo 10, que trata de sua abordagem do trabalho em equipe no desenvolvimento de produtos.

†Lembre-se da definição de *cadeia de suprimentos* apresentada no vídeo do Capítulo 14 como a cadeia de operações que se estende da compra por parte da empresa de recursos necessários à venda dos produtos acabados aos consumidores.

PRÁTICA DO COMPORTAMENTO ORGANIZACIONAL

Planejando uma mudança na universidade

Objetivo Esse exercício vai ajudá-lo a compreender as complexidades da mudança organizacional.

Formato Sua tarefa é planejar a implementação de uma mudança importante em uma organização.

Procedimento
Parte 1

A classe vai se dividir em cinco grupos de tamanho aproximadamente igual. Seu professor vai atribuir a cada grupo uma das seguintes alterações:

1. A mudança do sistema semestral para o sistema trimestral (ou o contrário, dependendo do sistema atual).
2. Exigência de que todos os trabalhos – tarefa de casa, exames, trabalhos de conclusão, conjuntos de problemas – sejam feitos no computador e sejam enviados por eles.
3. Exigência de que todos os alunos vivam no *campus*.
4. Exigência de que todos os alunos tenham de ler, escrever e falar com fluência em pelo menos três línguas, incluindo inglês e japonês, para se graduarem.
5. Exigência de que todos os alunos tenham como um colega de quarto alguém do mesmo curso.

Primeiro, decida quais indivíduos e grupos devem ser envolvidos no processo de mudança. Em seguida, utilizando o processo de mudança organizacional de Lewin (Figura 19.1) como um quadro, decida como a mudança será implementada. Considere maneiras de lidar com a resistência à mudança utilizando as tabelas 19.3 e 19.4 como guias. Decida se um agente de mudança (interno ou externo) deve ser utilizado. Desenvolva um calendário realista para a implementação plena da mudança. A gestão de transição é adequada?

Parte 2

Com os mesmos grupos da Parte 1, sua próxima tarefa é descrever as técnicas que você usaria para implementar a mudança descrita na Parte 1. Você pode usar mudanças estruturais, métodos de tarefa e tecnologia, grupos e programas individuais ou uma combinação. Talvez seja necessário ir à biblioteca para obter mais informações sobre algumas técnicas.

Você também deve discutir como vai utilizar as sete ações-chave para a gestão bem-sucedida da mudança que abordamos no final deste capítulo.

Seu professor pode fazer desse exercício um projeto de sala de aula, mas também é um bom projeto de fim de semestre para grupos trabalharem fora da sala. De qualquer forma, o exercício é mais benéfico quando os grupos relatam seus programas de implementação para toda a classe. Cada grupo deve apresentar um relatório sobre quais técnicas de mudança estão sendo utilizadas, por que elas foram selecionadas, como serão implementadas e como os problemas serão evitados.

Perguntas de acompanhamento
Parte 1

1. Quão semelhantes se mostraram as etapas de implementação para cada mudança?
2. Os planos para a gestão da resistência à mudança foram realistas?
3. Você acredita que qualquer uma das alterações poderia ser implementada com sucesso em sua universidade? Por que sim ou por que não?

Parte 2

1. Vários grupos usaram a mesma técnica de maneiras diferentes ou alcançaram objetivos diferentes?
2. Se você pesquisou técnicas de desenvolvimento organizacional para fazer o projeto, encontrou técnicas que pareciam mais aplicáveis do que as apresentadas neste capítulo? Se sim, descreva uma delas.

FORMAÇÃO DAS HABILIDADES GERENCIAIS

Visão geral Habilidades de diagnóstico, que permitem a um gerente visualizar a resposta mais adequada a uma situação, são especialmente importantes durante os períodos de mudança organizacional.

Contexto Você é o gerente geral de um hotel situado ao longo do trecho de uma bela praia em uma ilha tropical. Um dos mais antigos de seis grandes *resorts* na área, seu hotel é de propriedade de um grupo de investidores estrangeiros. Durante vários anos, foi operado como uma unidade de franquia de uma grande cadeia internacional de hotéis, como é o caso de todos os outros hotéis da ilha.

Nos últimos anos, os proprietários da franquia tomaram a maior parte dos lucros para si e investiram pouco no hotel. Eles deixam que você saiba que a empresa não está em boas condições financeiras e que a receita do hotel está sendo usada para compensar perdas sofridas em outros lugares. Em contraposição, a maioria dos outros hotéis da ilha foi remodelada e há planos anunciados para dois novos hotéis em um futuro próximo.

Uma equipe de executivos da matriz acaba de visitar seu hotel. Eles estão muito decepcionados, sobretudo porque não foi mantido o ritmo paralelo ao dos demais *resorts* da ilha. Eles informaram que, se a propriedade não estiver adaptada às normas, o contrato de franquia, que será objeto de revisão em um ano, será revogado. Você percebe que esse movimento seria um desastre porque não pode se dar ao luxo de perder a marca do franqueador ou o acesso ao seu sistema de reservas.

Sozinho em seu escritório, você identificou vários cursos de ação aparentemente viáveis:

1. Convencer os proprietários da franquia sobre a remodelação do hotel. Você estima que deve custar US$ 5 milhões para atender aos padrões mínimos do franqueador e outros US$ 5 milhões para levar o hotel aos altos padrões dos *resorts* da ilha.

2. Convencer o franqueador a dar-lhe mais tempo e mais opções para a atualização das instalações.
3. Finalizar o contrato de franquia e tentar conduzir o local como um hotel independente.
4. Supor que o hotel não vai se recuperar e começar a procurar outro emprego. Você tem boa reputação, mas não está muito feliz com a possibilidade de ter de aceitar um cargo de nível inferior (digamos, de gerente assistente) em outra empresa.

Tendo refletido sobre suas opções, faça o seguinte:

1. Ordene suas quatro alternativas em termos de provável sucesso. Faça as premissas necessárias.
2. Identifique outras alternativas, diferentes daquelas identificadas anteriormente.
3. Pergunte a si mesmo: Mais de uma alternativa pode ser usada simultaneamente? Quais?
4. Desenvolva uma estratégia global para tentar salvar o hotel enquanto protege seus próprios interesses.

EXERCÍCIO DE AUTOAVALIAÇÃO

Apoio à mudança

Introdução As perguntas a seguir foram elaboradas para ajudar as pessoas a entender o nível de apoio ou oposição à mudança em uma organização. Pontuações na escala devem ser usadas apenas para discussão em sala de aula.

Instruções Pense em uma organização para a qual você trabalhou no passado ou na organização à qual você pertence e considere uma situação em que uma mudança foi imposta em algum momento no passado recente. Em seguida, circule o número que melhor representa o seu sentimento em relação a cada declaração ou pergunta.

1. Valores e visões (Na organização, as pessoas compartilham valores ou visões?)

   1   2   3   4   5   6   7
   Baixo   Alto

2. Histórico da mudança (A organização tem um bom histórico em relação a lidar com mudanças?)

   1   2   3   4   5   6   7
   Baixo   Alto

3. Cooperação e confiança (Esses itens parecem em alta na organização?)

   1   2   3   4   5   6   7
   Baixo   Alto

4. Cultura (Ela suporta a assunção de riscos e as mudanças?)

   1   2   3   4   5   6   7
   Baixo   Alto

5. Resiliência (As pessoas podem lidar com mais coisas?)

   1   2   3   4   5   6   7
   Baixo   Alto

6. Recompensas (A mudança será vista como benéfica?)

   1   2   3   4   5   6   7
   Baixo   Alto

7. Respeito e enfrentamento (As pessoas serão capazes de manter a dignidade e o respeito por si mesmas?)

   1   2   3   4   5   6   7
   Baixo   Alto

8. *Status quo* (Essa mudança será vista como pequena?)

   1   2   3   4   5   6   7
   Baixo   Alto

Um guia para a pontuação e a explicação está disponível no *Manual do Professor*.

Referência: Rick Maurer, *Beyond the Wall of Resistance*, 1996 (Austin, TX: Bard Press), p. 104-105. Usado com permissão de Bard Press.

Notas

Capítulo 1

1. Para uma discussão sobre o significado do comportamento organizacional, veja Larry Cummings, "Toward Organizational Behavior," *Academy of Management Review*, janeiro 1978, p. 90-98. Veja também Nigel Nicholson, Pino Audia, and Madan Pillutla (eds.), *The Blackwell Encyclopedia of Management v. 11, Organizational Behavior* (Londres: Blackwell Publishing, 2005).
2. "The World's Most Admired Companies," *Fortune*, março 20, 2012, p. 135-140.
3. Mauro F. Guillen, "The Age of Eclecticism: Current Organizational Trends and the Evolution of Managerial Models," *Sloan Management Review*, Fall 1994, p. 75-86; Veja também Jason Colquitt and Cindy Zapata-Phelan, "Trends in Theory Building and Theory Testing: A Five – Decade Study of the *Academy of Management Journal*," *Academy of Management Journal*, 2007, v. 50, n. 6, p. 1281-1303.
4. Henry Mintzberg, "The Manager's Job: Folklore and Fact," *Harvard Business Review*, julho-agosto 1975, p. 49-61.
5. Robert L. Katz, "The Skills of an Effective Administrator," *Harvard Business Review*, setembro-outubro 1987, p. 90-102; Veja também Morten Hansen, Herminia Ibarra, and Urs Peyer, "The Best-Performing CEOs in the World," *Harvard Business Review*, janeiro-fevereiro 2010, p. 104-113.
6. "SBC Chief Says Deal Preserves an 'Icon,'" *USA Today*, February 1, 2005, p. 1B, 2B.
7. "Most Important Qualities for a CEO," *USA Today*, 11 mar. 2002, p. A1.
8. Max Bazerman, "Conducting Influential Research: The Need for Prescriptive Implications," *Academy of Management Review*, janeiro 2005, p. 25-31; Veja também Gary Latham, "A Speculative Perspective on the Transfer of Behavioral Science Findings to the Workplace: 'The Times They Are A-Changin,'" *Academy of Management Journal*, 2007, v. 50, n. 5, p. 1027-1032.
9. Joseph W. McGuire, "Retreat to the Academy," *Business Horizons*, julho-agosto 1982, p. 31-37; Kenneth Thomas and Walter G. Tymon, "Necessary Properties of Relevant Research: Lessons from Recent Criticisms of the Organizational Sciences," *Academy of Management Review*, julho 1982, p. 345-353. Veja também Jeffrey Pfeffer, "The Theory-Practice Gap: Myth or Reality?" *Academy of Management Executive*, fevereiro 1987, p. 31-32; e R. Duane Ireland and David Ketchen, "Interesting Problems and Interesting Research: A Path to Effective Exchanges Between Managers and Scholars," *Business Horizons*, janeiro-fevereiro 2008, p. 65-62.
10. Fremont Kast and James Rosenzweig, "General Systems Theory: Applications for Organization and Management," *Academy of Management Journal*, dezembro 1972, p. 447-465.
11. Veja Fremont Kast and James Rozenzweig (eds.), *Contingency Views of Organization and Management* (Chicago: SRA, 1973), para uma visão tradicional e introdutória.
12. James Terborg, "Interactional Psychology and Research on Human Behavior in Organizations," *Academy of Management Review*, outubro 1981, p. 569-576; Benjamin Schneider, "Interactional Psychology and Organizational Behavior," in Larry Cummings e Barry Staw (eds.), *Research in Organizational Behavior*, v. 5 (Greenwich, CT: JAI Press, 1983), p. 1-32; Daniel B. Turban e Thomas L. Keon, "Organizational Attractiveness: An Interactionist Perspective," *Journal of Applied Psychology*, 1993, v. 78, n. 2, p. 184-193.

Capítulo 2

1. Veja Adrienne Fox, "At Work in 2020," *HR Magazine*, janeiro 2010, p. 18-23.
2. M. J. Gent, "Theory X in Antiquity, or the Bureaucratization of the Roman Army," *Business Horizons*, janeiro-fevereiro 1984, p. 53-54.
3. Ricky Griffin and Michael Pustay, *International Business*, 7ª ed. (Upper Saddle River, NJ: Prentice Hall, 2012).
4. Ya-Ru Chen, Kwok Leung e Chao C. Chen, "Bringing National Culture to the Table: Making a Difference with Cross-Cultural Differences and Perspectives," in James Walsh and Arthur Brief (eds.), *The Academy of Management Annals*, v. 3 (London: Routledge, Taylor & Francis Group, 2009), p. 217-250. Veja também Miriam Erez, "Cross – Cultural and Global Issues in Organizational Psychology," in Sheldon Zedeck (ed.), *Handbook of Industrial and Organizational Psychology* (Washington, DC: American Psychological Association, 2010).
5. Simcha Ronen e Oded Shenkar, "Clustering Countries on Attitudinal Dimension: A Review and Synthesis," *Academy of Management Review*, julho 1985, p. 435-454.
6. Nancy J. Adler, Robert Doktor e Gordon Redding, "From the Atlantic to the Pacific Century," *Journal of Management*, verão 1986, p. 295-318.
7. Tamotsu Yamaguchi, "The Challenge of Internationalization," *Academy of Management Executive*, fevereiro 1988, p. 33-36; Veja também Anne Tsui, "From Homogenization to Pluralism in International Management," *Academy of Management Journal*, 2007, v. 50, n. 6, p. 1353-1364.
8. Geert Hofstede, *Culture's Consequences: International Differences in Work-Related Values* (Beverly Hills, CA: Sage Publications, 1980).
9. André Laurent, "The Cultural Diversity of Western Conceptions of Management," *International Studies of Management and Organization*, primavera-verão 1983, p. 75-96.
10. Michael L. Wheeler, "Diversity: Making the Business Case," *Business Week*, abril 14, 2007; caderno especial de publicidade.
11. Por exemplo, veja Joshua Sacco and Neal Schmitt, "A Dynamic Multilevel Model of Demographic Diversity and Misfit Effects," *Journal of Applied Psychology*, 2005, v. 90, n. 2, p. 203-232.
12. Veja Scott Page, "Making the Difference: Applying a Logic of Diversity," *Academy of Management Perspectives*, 2007, v. 21, n. 4, p. 6-20.
13. Loden e Rosener, *Workforce America!: Managing Employee Diversity as a Vital Resource* (Homewood, IL: Business One Irwin, 1991), p. 19.
14. Howard N. Fullerton Jr. e Mitra Toossi, "Labor Force Projections to 2010: Steady Growth and Changing Composition," *Monthly Labor Review*, novembro 2006, p. 24-35.
15. Ibidem, p. 22.
16. Harish C. Jain e Anil Verma, "Managing Workforce Diversity for Competitiveness: The Canadian Experience," *International Journal of Manpower*, abril-maio 1996, p. 14-30.
17. "Plenty of Muck, Not Much Money," *Economist*, 8 de maio de 1999, p. 52.
18. Ron Corben, "Thailand Faces a Shrinking Work Force," *Journal of Commerce and Commercial*, 26 de dezembro de 1996, p. 5a.
19. Susan Meisinger, "Diversity: More Than Just Representation," *HR Magazine*, janeiro 2008, p. 8.
20. Wheeler, "Diversity: Making the Business Case."
21. Orland Richard, B. P. S. Murthi e Kiran Ismail, "The Impact of Racial Diversity on Intermediate and Long-Term Performance: The Moderating Role of Environmental Context," *Strategic Management Journal*, 2007, v. 28, n. 12, p. 1213-1233.
22. Sujin K. Horwitz e Irwin B. Horwitz, "The Effects of Team Diversity on Team Outcomes: A Meta-Analytic Review of Team Demography," *Journal of Management*, 2007, v. 33, n. 6, p. 987-1015.
23. Veja Adrienne Fox, "At Work in 2020," *HR Magazine*, janeiro 2010, p. 18-23.
24. Employment Projections: 2010–2020 Summary, U.S. Bureau of Labor Statistics, 2 de maio de 2012.
25. Josh Quittner, "The Future of Reading," *Fortune*, 1º de março de 2010, p. 62-67.
26. "CareerBuilder Releases Annual List of the Most Unusual Excuses for Calling in Sick, According to U.S. Employers," *CareerBuilder*, 27 de outubro de 2010.
27. "Chains' Ties Run Deep on Pharmacy Boards," *USA Today*, 31 de dezembro de 2008, p. 1B, 2B.
28. Jeremy Kahn, "Presto Chango! Sales Are Huge," *Fortune*, 20 de março de 2000, p. 90-96; "More Firms Falsify Revenue to Boost Stocks," *USA Today*, 29 de março de 2000, p. 1B.
29. "Diamond Foods Restating Profits After an Audit," *Bloomberg Businessweek*, 13 a 19 de fevereiro de 2012, p. 28.

30. "U.S. Probes Hilton Over Theft Claims," *Wall Street Journal*, 22 de abril de 2009, p. B1, B4.
31. "Walmart's Discounted Ethics," *Time*, 7 de maio de 2012, p. 19.
32. "How U.S. Concerns Compete in Countries Where Bribes Flourish," *Wall Street Journal*, 29 de setembro de 1995, p. A1, A14; Patricia Digh, "Shades of Gray in the Global Marketplace," *HR Magazine*, abril 1997, p. 90-98.
33. "Alcoa Faces Allegation by Bahrain of Bribery," *Wall Street Journal*, 28 de fevereiro de 2009, p. A2.
34. "How to Fix Corporate Governance," *Business Week*, 6 de maio de 2002, p. 68-78.
35. Max Boisot, *Knowledge Assets* (Oxford: Oxford University Press, 1998). 36.
36. M. L. Tushman and C. A. O'Reilly, *Winning Through Innovation* (Cambridge, MA: Harvard Business School Press, 1996).
37. M. A. Von Glinow, *The New Professionals* (Cambridge, MA: Ballinger, 1988).
38. T. W. Lee and S. D. Maurer, "The Retention of Knowledge Workers with the Unfolding Model of Voluntary Turnover," *Human Resource Management Review*, 1997, v. 7, p. 247-276.
39. G. T. Milkovich, "Compensation Systems in High-Technology Companies," in A. Klingartner e C. Anderson (eds.), *High Technology Management* (Lexington, MA: Lexington Books, 1987).
40. http://www.hewittassociates.com/OutsourcingStudy_ 2009_Results.pdf, 21 de março de 2010.
41. Rita Zeidner, "Heady Debate—Rely on Temps or Hire Staff?" *HR Magazine*, fevereiro 2010, p. 28-33.
42. "Harley Union Makes Concessions," *Wall Street Journal*, 3 de dezembro de 2009, p. B3.
43. "Ford to Begin Hiring at New Lower Wages," *Wall Street Journal*, 26 de janeiro de 2010, p. B1.

Capítulo 3

1. Denise M. Rousseau e Judi McLean Parks, "The Contracts of Individuals and Organizations," in Larry L. Cummings e Barry M. Staw (eds.), *Research in Organizational Behavior*, v. 15 (Greenwich, CT: JAI Press, 1993), p. 1-43. Veja também Denise M. Rousseau, "The Individual-Organization Relationship: The Psychological Contract," in Sheldon Zedeck (Ed.), *Handbook of Industrial and Organizational Psychology* (Washington, DC: American Psychological Association, 2010).
2. Denise M. Rousseau, "Changing the Deal While Keeping the People," *Academy of Management Executive*, fevereiro 1996, p. 50-58; Veja também Violet Ho, "Social Influence on Evaluations of Psychological Contract Fulfillment," *Academy of Management Review*, janeiro 2005, p. 113-128.
3. Richard A. Guzzo, Katherine A. Noonan e Efrat Elron, "Expatriate Managers and the Psychological Contract," *Journal of Applied Psychology*, v. 79, n. 4, p. 617-626.
4. Amy L. Kristof, "Person–Organization Fit: An Integrative Review of Its Conceptualizations, Measurement, and Implications," *Personnel Psychology*, primavera 1996, p. 1-49.
5. Oleksandr S. Chernyshenko, Stephen Stark e Fritz Drasgow, "Individual Differences: Their Measurement and Validity," in Sheldon Zedeck (ed.), *Handbook of Industrial and Organizational Psychology* (Washington, DC: American Psychological Association, 2010).
6. Veja Dan McAdams and Bradley Olson, "Personality Development: Continuity and Change Over the Life Course," in Susan Fiske, Daniel Schacter e Robert Sternberg (Eds.), *Annual Review of Psychology*, v. 61 (Palo Alto, CA: Annual Reviews, 2010), p. 517-542.
7. M. R. Barrick e M. K. Mount, "The Big Five Personality Dimensions and Job Performance: A Meta-Analysis," *Personnel Psychology*, 1991, v. 44, p. 1-26.
8. Veja Daniel Goleman, *Emotional Intelligence: Why It Can Matter More Than IQ* (Nova York: Bantam Books, 1995).
9. Daniel Goleman, "Leadership That Gets Results," *Harvard Business Review*, março-abril 2000, p. 78-90.
10. J. B. Rotter, "Generalized Expectancies for Internal *vs.* External Control of Reinforcement," *Psychological Monographs*, 1966, v. 80, p. 1-28; Bert De Brabander and Christopher Boone, "Sex Differences in Perceived Locus of Control," *Journal of Social Psychology*, 1990, v. 130, p. 271-276.
11. Veja Jeffrey Vancouver, Kristen More, and Ryan Yoder, "Self-Efficacy and Resource Allocation: Support for a Nonmonotic, Discontinuous Model," *Journal of Applied Psychology*, 2008, v. 93, n. 1, p. 35-47.
12. T. W. Adorno, E. Frenkel-Brunswick, D. J. Levinson e R. N. Sanford, *The Authoritarian Personality* (Nova York: Harper & Row, 1950).
13. "The Rise and Fall of Dennis Kozlowski," *Business Week*, 23 de dezembro de 2002, p. 64-77.

14. Patricia C. Smith, L. M. Kendall e Charles Hulin, *The Measurement of Satisfaction in Work and Behavior* (Chicago: Rand-McNally, 1969).
15. Linda Grant, "Happy Workers, High Returns," *Fortune*, 12 de janeiro de 1998, p. 81.
16. Veja Timothy Judge, Carl Thoresen, Joyce Bono e Gregory Patton, "The Job-Satisfaction-Job Performance Relationship: A Qualitative and Quantitative Review," *Psychological Bulletin*, 2001, v. 127, n. 3, p. 376-407.
17. James R. Lincoln, "Employee Work Attitudes and Management Practice in the U.S. and Japan: Evidence from a Large Comparative Study," *California Management Review*, Fall 1989, p. 89-106.
18. Veja Michael Riketta, "Attitudinal Organizational Commitment and Job Performance: A Meta-Analysis," *Journal of Organizational Behavior*, 2002, v. 23, n. 3, p. 257-266; Veja também Omar Solinger, Woody van Olffen, and Robert Roe, "Beyond the Three-Component Model of Organizational Commitment," *Journal of Applied Psychology*, 2008, v. 93, n. 1, p. 70-83.
19. Lincoln, "Employee Work Attitudes and Management Practice."
20. Leslie E. Palich, Peter W. Hom, and Roger W. Griffeth, "Managing in the International Context: Testing Cultural Generality of Sources of Commitment to Multinational Enterprises," *Journal of Management*, 1995, v. 21, n. 4, p. 671-690.
21. For an example of research in this area, veja Jennifer M. George and Gareth R. Jones, "The Experience of Mood and Turnover Intentions: Interactive Effects of Value Attainment, Job Satisfaction, and Positive Mood," *Journal of Applied Psychology*, 1996, v. 81, n. 3, p. 318-325. For a recent review, veja Arthur P. Brief and Howard M. Weiss, "Organizational Behavior: Affect in the Workplace," in *Annual Review of Psychology*, v. 53 (Palo Alto, CA: Annual Reviews, 2002), p. 279-307.
22. Veja Wei-Chi Tsai, Chien-Cheng Chen, and Hui-Lu Liu, "Test of a Model Linking Employee Positive Moods and Task Performance," *Journal of Applied Psychology*, 2007, v. 92, n. 6, p. 1570-1583.
23. "One Man's Accident Is Shedding New Light on Human Perception," *Wall Street Journal*, 30 de setembro de 1993, p. A1, A13.
24. William H. Starbuck e John M. Mezias, "Opening Pandora's Box: Studying the Accuracy of Managers' Perceptions," *Journal of Organizational Behavior*, 1996, v. 17, p. 99-117.
25. Mark J. Martinko e William L. Gardner, "The Leader/Member Attribution Process," *Academy of Management Review*, abril 1987, p. 235-249; Jeffrey D. Ford, "The Effects of Causal Attributions on Decision Makers' Responses to Performance Downturns," *Academy of Management Review*, outubro 1985, p. 770-786.
26. Veja Peter Hom, Loriann Roberson e Aimee Ellis, "Challenging Conventional Wisdom About Who Quits: Revelations from Corporate America," *Journal of Applied Psychology*, 2008, v. 93, n. 1, p. 1–34; veja também Jean Martin and Conrad Schmidt, "How to Keep Your Top Talent," *Harvard Business Review*, maio 2010, p. 54-61.
27. "Chick-fil-A Cuts Job Turnover Rates," *Houston Chronicle*, 9 de janeiro de 2002, p. B3.
28. Christine Porath e Christine Pearson, "The Cost of Bad Behavior," *Organizational Dynamics*, janeiro-março 2010, p. 64-71.
29. Veja Anne O'Leary-Kelly, Ricky W. Griffin e David J. Glew, "Organization-Motivated Aggression: A Research Framework," *Academy of Management Review*, janeiro 1996, p. 225–253; veja também Ramona Paetzold, Anne O'Leary-Kelly e Ricky W. Griffin, "Workplace Violence, Employer Liability, and Implications for Organizational Research," *Journal of Management Inquiry*, 2007, v. 16, n. 4, p. 362-370.
30. Veja Dennis W. Organ, "Personality and Organizational Citizenship Behavior," *Journal of Management*, 1994, v. 20, n. 2, p. 465-478. Para informações mais recentes, veja Jeffrey LePine, Amir Erez e Diane Johnson, "The Nature and Dimensionality of Organizational Citizenship Behavior: A Critical Review and Meta-Analysis," *Journal of Applied Psychology*, 2002, v. 87, n. 1, p. 52-65; e Mark Bolino and William Turnley, "Going the Extra Mile: Cultivating and Managing Employee Citizenship Behavior," *Academy of Management Executive*, 2003, v. 17, n. 3, p. 60-70.

Capítulo 4

1. Veja Craig Pinder, *Work Motivation in Organizational Behavior*, 2ª ed. (Upper Saddle River, NJ: Prentice Hall, 2008). Veja também Robert Lord, James Diefendorff, Aaron Schmidt e Rosalie Hall, "Self-Regulation at Work," in Susan Fiske, Daniel Schacter, and Robert Sternberg (eds.), *Annual Review of Psychology*, v. 61 (Palo Alto: Annual Reviews, 2010), p. 543-568; James

M. Diefendorff e Megan M. Chandler, "Motivating Employees," in Sheldon Zedeck (ed.), *Handbook of Industrial and Organizational Psychology* (Washington, DC: American Psychological Association, 2010).
2. Richard M. Steers, Gregory A. Bigley e Lyman W. Porter, *Motivation and Leadership at Work*, 7ª ed. (Nova York: McGraw-Hill, 2002). Veja também Ruth Kanfer, "Motivational Theory and Industrial and Organizational Psychology," in M. D. Dunnette and L. M. Hough (eds.), *Handbook of Industrial and Organizational Psychology*, 2ª edição, v. 1 (Palo Alto, CA: Consulting Psychologists Press), p. 75–170; M. L. Ambrose, "Old Friends, New Faces: Motivation Research in the 1990s," *Journal of Management*, 1999, v. 25, n. 2, p. 110-131.
3. Roland E. Kidwell Jr. e Nathan Bennett, "Employee Propensity to Withhold Effort: A Conceptual Model to Intersect Three Avenues of Research," *Academy of Management Review*, julho 1993, p. 429-456; veja também Adam Grant, "Does Intrinsic Motivation Fuel the Prosocial Fire? Motivational Synergy in Predicting Persistence, Performance, and Productivity," *Journal of Applied Psychology*, 2008, v. 93, n. 1, p. 48-58.
4. Jeffrey Pfeiffer, *The Human Equation* (Boston: Harvard Business School Press, 1998).
5. Veja Adrienne Fox, "Raising Engagement," *HR Magazine*, maio 2010, p. 35-40.
6. E. L. Deci e R. M. Ryan, "The 'What' and 'Why' of Goal Pursuits: Human Needs and the Self-Determination of Behavior," *Psychological Inquiry*, 2000, v. 11, n. 4, p. 227-269.
7. Frederick W. Taylor, *Principles of Scientific Management* (Nova York: Harper, 1911).
8. Elton Mayo, *The Social Problems of an Industrial Civilization* (Boston: Harvard University Press, 1945); Fritz J. Rothlisberger e W. J. Dickson, *Management and the Worker* (Boston: Harvard University Press, 1939).
9. Gerald R. Salancik and Jeffrey Pfeiffer, "An Examination of Need-Satisfaction Models of Job Attitudes," *Administrative Science Quarterly*, setembro 1977, p. 427-456.
10. Teresa Amabile e Steven Kramer, "What Really Motivates Workers," *Harvard Business Review*, janeiro-fevereiro 2010, p. 44-45.
11. Abraham H. Maslow, "A Theory of Human Motivation," *Psychological Review*, 1943, v. 50, p. 370-396; Abraham H. Maslow, *Motivation and Personality* (Nova York: Harper & Row, 1954). Um dos trabalhos mais famosos de Maslow inclui Abraham Maslow, Deborah C. Stephens e Gary Heil, *Maslow on Management* (Nova York: John Wiley and Sons, 1998); e Abraham Maslow and Richard Lowry, *Toward a Psychology of Being* (Nova York: John Wiley and Sons, 1999).
12. Sick of Old Routine Find Healthy Rewards in Nursing," *USA zToday*, 16 de agosto de 2004, p. 1B, 2B.
13. Veja Nancy Adler, *International Dimensions of Organizational Behavior*, 5ª ed. (Cincinnati, OH: Southwestern Publishing, 2007).
14. Mahmond A. Wahba and Lawrence G. Bridwell, "Maslow Reconsidered: A Review of Research on the Need Hierarchy Theory," *Organizational Behavior and Human Performance*, abril 1976, p. 212-240.
15. Clayton P. Alderfer, *Existence, Relatedness, and Growth* (Nova York: Free Press, 1972).
16. Ibidem.
17. Frederick Herzberg, Bernard Mausner, and Barbara Synderman, *The Motivation to Work* (Nova York: John Wiley and Sons, 1959); Frederick Herzberg, "One More Time: How Do You Motivate Employees?" *Harvard Business Review*, janeiro-fevereiro 1968, p. 53-62.
18. Herzberg, Mausner e Synderman, *The Motivation to Work*.
19. Ibidem.
20. Ibidem.
21. Ricky W. Griffin, *Task Design: An Integrative Approach* (Glenview, IL: Scott, Foresman, 1982).
22. Pinder, *Work Motivation in Organizational Behavior*.
23. Frederick Herzberg, *Work and the Nature of Man* (Cleveland, OH: World, 1966); Valerie M. Bookman, "The Herzberg Controversy," *Personnel Psychology*, verão 1971, p. 155–189; Benedict Grigaliunas and Frederick Herzberg, "Relevance in the Test of Motivation-Hygiene Theory," *Journal of Applied Psychology*, fevereiro 1971, p. 73–79.
24. Marvin Dunnette, John Campbell e Milton Hakel, "Factors Contributing to Job Satisfaction and Job Dissatisfaction in Six Occupational Groups," *Organizational Behavior and Human Performance*, maio 1967, p. 143-174; Charles L. Hulin and Patricia Smith, "An Empirical Investigation of Two Implications of the Two-Factor Theory of Job Satisfaction," *Journal of Applied Psychology*, outubro 1967, p. 396-402.

25. Adler, *International Dimensions of Organizational Behavior*.
26. David McClelland, *The Achieving Society* (Princeton, NJ: Nostrand, 1961). Veja também David C. McClelland, *Human Motivation* (Cambridge, UK: Cambridge University Press, 1988).
27. Michael J. Stahl, "Achievement, Power, and Managerial Motivation: Selecting Managerial Talent with the Job Choice Exercise," *Personnel Psychology*, inverno 1983, p. 775-790.
28. Stanley Schachter, *The Psychology of Affiliation* (Palo Alto, CA: Stanford University Press, 1959).
29. As reported in "Best Friends Good for Business," *USA Today*, 1º de dezembro de 2004, p. 1B, 2B.
30. David McClelland and David H. Burnham, "Power Is the Great Motivator," *Harvard Business Review*, março-abril 1976, p. 100-110.
31. Pinder, *Work Motivation in Organizational Behavior*; McClelland and Burnham, "Power Is the Great Motivator."
32. J. Stacy Adams, "Toward an Understanding of Inequity," *Journal of Abnormal and Social Psychology*, novembro 1963, p. 422-436. Veja também Richard T. Mowday, "Equity Theory Predictions of Behavior in Organizations," in Richard M. Steers e Lyman W. Porter (Eds.), *Motivation and Work Behavior*, 4ª edição (Nova York: McGraw-Hill, 1987), p. 89-110.
33. Priti Pradham Shah, "Who Are Employees' Social Referents? Using a Network Perspective to Determine Referent Others," *Academy of Management Journal*, 1998, v. 41, n. 3, p. 249-268.
34. J. Stacy Adams, "Inequity in Social Exchange," in L. Berkowitz (Ed.), *Advances in Experimental Social Psychology*, v. 2 (Nova York: Academic Press, 1965), p. 267-299.
35. Pinder, *Work Motivation in Organizational Behavior*.
36. Veja Kerry Sauler and Arthur Bedeian, "Equity Sensitivity: Construction of a Measure and Examination of Its Psychometric Properties," *Journal of Management*, 2000, v. 26, n. 5, p. 885-910; Mark Bing and Susan Burroughs, "The Predictive and Interactive Effects of Equity Sensitivity in Teamwork-Oriented Organizations," *Journal of Organizational Behavior*, 2001, v. 22, p. 271-290.
37. Victor Vroom, *Work and Motivation* (Nova York: John Wiley and Sons, 1964).
38. Lyman W. Porter and Edward E. Lawler, *Managerial Attitudes and Performance* (Homewood, IL: Dorsey Press, 1968).
39. Veja Terence R. Mitchell, "Expectancy Models of Job Satisfaction, Occupational Preference, and Effort: A Theoretical, Methodological, and Empirical Appraisal," *Psychological Bulletin*, 1974, v. 81, p. 1096-1112; John P. Campbell e Robert D. Pritchard, "Motivation Theory in Industrial and Organizational Psychology," in Marvin D. Dunnette (ed.), *Handbook of Industrial and Organizational Psychology* (Chicago, IL: Rand McNally, 1976), p. 63-130, para ser avaliado.
40. Pinder, *Work Motivation and Organizational Behavior*.
41. Ibidem.
42. Campbell e Pritchard, "Motivation Theory in Industrial and Organizational Psychology."
43. Adler, *International Dimensions of Organizational Behavior*.
44. David A. Nadler and Edward E. Lawler, "Motivation: A Diagnostic Approach," in J. Richard Hackman, Edward E. Lawler, and Lyman W. Porter (eds.), *Perspectives on Behavior in Organizations*, 2ª ed. (Nova York: McGraw-Hill, 1983), p. 67-78; veja também Anne Fisher, "Turning Clock-Watchers into Stars," *Fortune*, 22 de março de 2004, p. 60.
45. Ivan P. Pavlov, *Conditional Reflexes* (Nova York: Oxford University Press, 1927).
46. Albert Bandura, "Social Cognitive Theory: An Agentic Perspective," *Annual Review of Psychology*, 2001, v. 52, p. 1-26.
47. B. F. Skinner, *Science and Human Behavior* (Nova York: Macmillian, 1953); B. F. Skinner, *Beyond Freedom and Dignity* (Nova York: Knopf, 1972).
48. Fred Luthans e Robert Kreitner, *Organizational Behavior Modification and Beyond* (Glenview, IL: Scott, Foresman, 1985).
49. Telis Demos, "Motivate Without Spending Millions," *Fortune*, 12 de abril de 2010, p. 37-38.
50. Veja Richard Arvey e John M. Ivancevich, "Punishment in Organizations: A Review, Propositions, and Research Suggestions," *Academy of Management Review*, abril 1980, p. 123-132, para uma revisão da literatura sobre punição; veja também Leanne Atwater, Joan Brett e Atira Cherise Charles, "The Delivery of Workplace Discipline: Lessons Learned," *Organizational Dynamics*, 2007, v. 36, n. 4, p. 392-403.
51. Fred Luthans e Robert Kreitner, *Organizational Behavior Modification* (Glenview, IL: Scott Foresman, 1975); Luthans e Kreitner, *Organizational Behavior Modification and Beyond*.

52. Alexander D. Stajkovic, "A Meta-Analysis of the Effects of Organizational Behavior Modification on Task Performance, 1975-95," *Academy of Management Journal*, 1997, v. 40, n. 5, p. 1122-1149.
53. "At Emery Air Freight: Positive Reinforcement Boosts Performance," *Organizational Dynamics*, inverno 1973, p. 41–50; W. Clay Hamner and Ellen P. Hamner, "Organizational Behavior Modification on the Bottom Line," *Organizational Dynamics*, primavera 1976, p. 3-21.
54. Hamner e Hamner, "Organizational Behavior Modification on the Bottom Line."
55. Edwin Locke, "The Myths of Behavior Mod in Organizations," *Academy of Management Review*, 1977, v. 2, p. 543-553.

Capítulo 5

1. Ricky W. Griffin e Gary C. McMahan, "Motivation Through Job Design," in Jerald Greenberg (ed.), *Organizational Behavior: State of the Science* (Nova York: Lawrence Erlbaum and Associates, 1994), p. 23-44; Veja também Adam M. Grant, Yitzhak Fried e Tina Juillerat, "Work Matters: Job Design in Classic and Contemporary Perspectives," in Sheldon Zedeck (ed.), *Handbook of Industrial and Organizational Psychology* (Washington, DC: American Psychological Association, 2010), p. 417-453.
2. Frederick W. Taylor, *The Principles of Scientific Management* (Nova York: Harper & Row, 1911).
3. C. R. Walker e R. Guest, *The Man on the Assembly Line* (Cambridge, MA: Harvard University Press, 1952).
4. Jia Lin Xie e Gary Johns, "Job Scope and Stress: Can Job Scope Be Too High?" *Academy of Management Journal*, 1995, v. 38, n. 5, p. 1288-1309.
5. Ricky W. Griffin, *Task Design: An Integrative Approach* (Glenview, IL: Scott, Foresman, 1982).
6. H. Conant e M. Kilbridge, "An Interdisciplinary Analysis of Job Enlargement: Technology, Cost, Behavioral Implications," *Industrial and Labor Relations Review*, 1965, v. 18, n. 7, p. 377-395.
7. Frederick Herzberg, "One More Time: How Do You Motivate Employees?" *Harvard Business Review*, janeiro-fevereiro 1968, p. 53-62; Frederick Herzberg, "The Wise Old Turk," *Harvard Business Review*, setembro-outubro 1974, p. 70-80.
8. R. N. Ford, "Job Enrichment Lessons from AT&T," *Harvard Business Review*, janeiro-fevereiro 1973, p. 96-106.
9. E. D. Weed, "Job Enrichment 'Cleans Up' at Texas Instruments," in J. R. Maher (ed.), *New Perspectives in Job Enrichment* (Nova York: Van Nostrand, 1971).
10. Griffin, *Task Design*; Griffin e McMahan, "Motivation Through Job Design."
11. J. Richard Hackman and Greg Oldham, "Motivation Through the Design of Work: Test of a Theory," *Organizational Behavior and Human Performance*, 1976, v. 16, p. 250-279. Veja também Michael A. Campion and Paul W. Thayer, "Job Design: Approaches, Outcomes, and Trade-Offs," *Organizational Dynamics*, inverno 1987, p. 66-78.
12. J. Richard Hackman, "Work Design," in J. Richard Hackman e J. L. Suttle (eds.), *Improving Life at Work: Behavioral Science Approaches to Organizational Change* (Santa Monica, CA: Goodyear, 1977).
13. Griffin, *Task Design*.
14. Griffin, *Task Design*. Veja também Karlene H. Roberts e William Glick, "The Job Characteristics Approach to Task Design: A Critical Review," *Journal of Applied Psychology*, 1981, v. 66, p. 193–217; Ricky W. Griffin, "Toward an Integrated Theory of Task Design," in Larry L. Cummings e Barry M. Staw (eds.), *Research in Organizational Behavior* (Greenwich, CT: JAI Press, 1987), v. 9, p. 79-120.
15. Ricky W. Griffin, M. Ann Welsh e Gregory Moorhead, "Perceived Task Characteristics and Employee Performance: A Literature Review," *Academy of Management Review*, outubro 1981, p. 655-664.
16. Veja Timothy Butler e James Waldroop, "Job Sculpting," *Harvard Business Review*, setembro-outubro 1999, p. 144-152; veja também a matéria especial do *Journal of Organizational Behavior* (v. 31, n. 2–3, fevereiro 2010) dedicado inteiramente ao design de trabalho.
17. David J. Glew, Anne M. O'Leary-Kelly, Ricky W. Griffin e David D. Van Fleet, "Participation in Organizations: A Preview of the Issues and Proposed Framework for Future Analysis," *Journal of Management*, 1995, v. 21, n. 3, p. 395-421; para ver atualizações, veja Russ Forrester, "Empowerment: Rejuvenating a Potent Idea," *Academy of Management Executive*, 2002, v. 14, n. 1, p. 67-78.
18. John A. Wagner III, "Participation's Effects of Performance and Satisfaction: A Reconsideration of Research Evidence," *Academy of Management Review*, 1994, v. 19, n. 2, p. 312-330.

19. Elizabeth George and Carmen Kaman Ng, "Nonstandard Workers: Work Arrangements and Outcomes," in Sheldon Zedeck (Ed.), *Handbook of Industrial and Organizational Psychology* (Washington, DC: American Psychological Association, 2010), p. 573-596.
20. A. R. Cohen and H. Gadon, *Alternative Work Schedules: Integrating Individual and Organizational Needs* (Reading, MA: Addison- Wesley, 1978); Veja também Ellen Ernst Kossek e Jesse S. Michel, "Flexible Work Schedules," in Sheldon Zedeck (ed.), *Handbook of Industrial and Organizational Psychology* (Washington, DC: American Psychological Association, 2010), p. 535-572.
21. "100 Best Companies to Work For 2012," www.fortune.com em 28 de julho de 2012.
22. Veja Barbara Rau and MaryAnne Hyland, "Role Conflict and Flexible Work Arrangements: The Effects on Applicant Attraction," *Personnel Psychology*, 2002, v. 55, n. 1, p. 111-136.
23. "Working 9-to-5 No Longer," *USA Today*, 6 de dezembro de 2004, p. 1B, 2B.
24. "5 Flextime-Friendly Companies," Jobs & Job Search Advice, Employment & Careers, 18 de dezembro de 2009, www.careerbuilder.com/Article/CB-632- Job-Search-Strategies-5-Flextime-Friendly- Companies em 28 de julho de 2012.
25. "100 Best Companies to Work For 2012," www.fortune.com em 28 de julho de 2012.
26. Veja Carolyn Hirschman, "Share and Share Alike," *HR Magazine*, setembro 2005, pp. 52-57.
27. Para uma análise recente, veja Sumita Raghuram, Raghu Garud, Batia Wiesenfeld e Vipin Gupta, "Factors Contributing to Virtual Work Adjustment," *Journal of Management*, 2001, v. 27, p. 383-405.
28. Veja Ravi Gajendran e David Harrison, "The Good, the Bad, and the Unknown About Telecommuting: Meta-Analysis of Psychological Mediators and Individual Consequences," *Journal of Applied Psychology*, 2007, v. 92, n. 6, p. 1524–1541.

Capítulo 6

1. Jon R. Katzenbach e Jason A. Santamaria, "Firing Up the Front Line," *Harvard Business Review*, maio-junho 1999, p. 107-117.
2. A. Bandura, *Social Learning Theory* (Englewood Cliffs, NJ: Prentice Hall, 1977).
3. Veja Edwin A. Locke, "Toward a Theory of Task Performance and Incentives," *Organizational Behavior and Human Performance*, 1968, v. 3, p. 157-189.
4. Gary P. Latham and Gary Yukl, "A Review of Research on the Application of Goal Setting in Organizations," *Academy of Management Journal*, 1975, v. 18, p. 824-845.
5. Gary P. Latham e J. J. Baldes, "The Practical Significance of Locke's Theory of Goal Setting," *Journal of Applied Psychology*, 1975, v. 60, p. 187-191.
6. Gary P. Latham, "The Importance of Understanding and Changing Employee Outcome Expectancies for Gaining Commitment to an Organizational Goal," *Personnel Psychology*, 2001, v. 54, p. 707-720.
7. Veja Anthea Zacharatos, Julian Barling e Roderick Iverson, "High-Performance Work Systems and Occupational Safety," *Journal of Applied Psychology*, v. 90, n. 1, janeiro 2005, p. 77-94.
8. H. John Bernardin e Richard W. Beatty, *Performance Appraisal: Assessing Human Behavior at Work* (Boston: Kent, 1984); veja também Jessica L. Wildman, Wendy L. Bedwell, Eduardo Salas e Kimberly A. Smith-Jentsch, "Performance Measurement at Work: A Multilevel Perspective," in Sheldon Zedeck (ed.), *Handbook of Industrial and Organizational Psychology* (Washington, DC: American Psychological Association, 2010), p. 303-341.
9. Veja Bruce Pfau e Ira Kay, "Does 360-Degree Feedback Negatively Affect Company Performance?" *HR Magazine*, Junho 2002, p. 54-59; veja também Angelo S. DeNisi e Shirley Sonesh, "The Appraisal and Management of Performance at Work," in Sheldon Zedeck (ed.), *Handbook of Industrial and Organizational Psychology* (Washington, DC: American Psychological Association, 2010), p. 255-279.
10. Joan Brett e Leanne Atwater, "360° Feedback: Accuracy, Reactions, and Perceptions of Usefulness," *Journal of Applied Psychology*, 2001, v. 86, n. 5, p. 930-942; Terry Beehr, Lana Ivanitskaya, Curtiss Hansen, Dmitry Erofeev e David Gudanowski, "Evaluation of 360-Degree Feedback Ratings: Relationships with Each Other and with Performance and Selection Predictors," *Journal of Organizational Behavior*, 2001, v. 22, p. 775-788.
11. Vanessa Urch Druskat e Steven B. Wolff, "Effects and Timing of Developmental Peer Appraisals in Self-Managing Work Groups," *Journal of Applied Psychology*, 1999, v. 84, n. 1, p. 58-74.
12. Joanne Sammer, "Calibrating Consistency," *HR Magazine*, Janeiro 2008, p. 73-78.

13. Veja Robert Kaplan e David Norton, *The Balanced Scorecard: Translating Strategy Into Action* (Cambridge, MA: Harvard Business Review Press, 1996); Robert Kaplan e David Norton, *Alignment: Using the Balanced Scorecard to Create Corporate Synergies* (Cambridge, MA: Harvard Business Review Press, 2006).
14. Veja Edward E. Lawler, *Pay and Organization Development* (Reading, MA: Addison-Wesley, 1981); veja também Joseph J. Martocchio, "Strategic Reward and Compensation Plans," in Sheldon Zedeck (ed.), *Handbook of Industrial and Organizational Psychology* (Washington, DC: American Psychological Association, 2010), p. 343-372.
15. Brian Boyd and Alain Salamin, "Strategic Reward Systems: A Contingency Model of Pay System Design," *Strategic Management Journal*, 2001, v. 22, p. 777-792.
16. Alfred Rappaport, "New Thinking on How to Link Executive Pay with Performance," *Harvard Business Review*, Março-Abril 1999, p. 91-99; veja também Cynthia Devers, Albert Cannella, Jr., Gregory Reilly e Michele Yoder, "Executive Compensation: A Multidisciplinary Review of Recent Developments," *Journal of Management*, 2007, v. 33, n. 6, p. 1016-1072.
17. Steve Bates, "Piecing Together Executive Compensation," *HR Magazine*, Maio 2002, p. 60-69.
18. "Welcome to Silicon Valley: Perksville, USA," *USA Today*, 5 de julho de 2012, p. 1A.
19. "Rich Benefit Plan Gives GM Competitors Cost Edge," *Wall Street Journal*, 21 de março de 1996, p. B1, B4.
20. "Painless Perks," *Forbes*, 6 de setembro de 1999, p. 138; veja também "Does Rank Have Too Much Privilege?" *Wall Street Journal*, 26 de fevereiro de 2002, p. B1, B4.
21. Charlotte Garvey, "Meaningful Tokens of Appreciation," *HR Magazine*, agosto 2004, p. 101–106.
22. John R. Deckop, Robert Mangel, and Carol C. Cirka, "Getting More Than You Pay For: Organizational Citizenship Behavior and Payfor-Performance Plans," *Academy of Management Journal*, 1999, v. 42, n. 4, p. 420-428.
23. "How Much is a CEO Worth?" *Bloomberg Businessweek*, 10 a 16 de maio de 2010, p. 70-72.
24. Charlotte Garvey, "Steering Teams with the Right Pay," *HR Magazine*, maio 2002, p. 70-80.
25. Andrea Poe, "Selection Savvy," *HR Magazine*, abril 2002, p. 77-80.
26. Ricky W. Griffin and Michael W. Pustay, *International Business–A Managerial Perspective*, 7ª ed. (Upper Saddle River, NJ: Pearson, 2012).

Capítulo 7

1. Para uma avaliação recente, veja Richard S. DeFrank e John M. Ivancevich, "Stress on the Job: An Executive Update," *Academy of Management Executive*, 1998, v. 12, n. 3, p. 55-65.
2. Veja James C. Quick and Jonathan D. Quick, *Organizational Stress and Preventive Management* (Nova York McGraw-Hill, 1984), para análise. Veja também Mark A. Griffin and Sharon Clarke, "Stress and Well-Being at Work," in Sheldon Zedeck (ed.), *Handbook of Industrial and Organizational Psychology* (Washington, DC: American Psychological Association, 2010), p. 359-397.
3. "Job Stress Beginning to Take Toll on Some Airline Workers," *USA Today*, 30 de novembro de 2004, p. 1B, 2B.
4. Hans Selye, *The Stress of Life* (Nova York: McGraw-Hill, 1976).
5. Para exemplos, veja Steve M. Jex e Paul D. Bliese, "Efficacy Beliefs as a Moderator of the Impact of Work-Related Stressors: A Multilevel Study," *Journal of Applied Psychology*, 1999, v. 84, n. 3, p. 349-361.
6. Meyer Friedman and Ray H. Rosenman, *Type A Behavior and Your Heart* (Nova York: Knopf, 1974).
7. "Prognosis for the 'Type A' Personality Improves in a New Heart Disease Study," *Wall Street Journal*, 14 de janeiro 1988, p. 27.
8. Susan C. Kobasa, "Stressful Life Events, Personality, and Health: An Inquiry Into Hardiness," *Journal of Personality and Social Psychology*, janeiro 1979, p. 1–11; Susan C. Kobasa, S. R. Maddi e S. Kahn, "Hardiness and Health: A Prospective Study," *Journal of Personality and Social Psychology*, janeiro 1982, p. 168-177.
9. Findings reported by Carol Kleiman, *Chicago Times*, 31 de março de 1988, p. B1.
10. Todd D. Jick and Linda F. Mitz, "Sex Differences in Work Stress," *Academy of Management Review*, outubro 1985, p. 408-420; Debra L. Nelson e James C. Quick, "Professional Women: Are Distress and Disease Inevitable?" *Academy of Management Review*, abril 1985, p. 206-218.

11. "Complex Characters Handle Stress Better," *Psychology Today*, outubro 1987, p. 26.
12. Robert L. Kahn, D. M. Wolfe, R. P. Quinn, J. D. Snoek e R. A. Rosenthal, *Organizational Stress: Studies in Role Conflict and Role Ambiguity* (Nova York: Wiley, 1964); veja também David M. Sluss, Rolf van Dick e Bryant S. Thompson, "Role Theory in Organizations: A Relational Perspective," in Sheldon Zedeck (ed.), *Handbook of Industrial and Organizational Psychology* (Washington, DC: American Psychological Association, 2010), p. 505-534.
13. David R. Frew and Nealia S. Bruning, "Perceived Organizational Characteristics and Personality Measures as Predictors of Stress/Strain in the Work Place," *Academy of Management Journal*, dezembro 1987, p. 633-646.
14. Thomas H. Holmes and Richard H. Rahe, "The Social Readjustment Rating Scale," *Journal of Psychosomatic Research*, 1967, v. 11, p. 213-218.
15. Evelyn J. Bromet, Mary A. Dew, David K. Parkinson e Herbert C. Schulberg, "Predictive Effects of Occupational and Marital Stress on the Mental Health of a Male Workforce," *Journal of Organizational Behavior*, 1988, v. 9, p. 1–13.
16. Thomas Wright, "The Role of Psychological Well-Being in Job Performance, Employee Retention, and Cardiovascular Health," *Organizational Dynamics*, janeiro-março 2010, p. 13–23.
17. "I Can't Sleep," *Business Week*, 26 de janeiro de 2004, p. 66-74.
18. Edward Hallowell, "Why Smart People Underperform," *Harvard Business Review*, janeiro 2005, p. 54-62.
19. "Employers on Guard for Violence," *Wall Street Journal*, 5 de abril de 1995, p. 3A; Joel H. Neuman and Robert A. Baron, "Workplace Violence and Workplace Aggression: Evidence Concerning Specific Forms, Potential Causes, and Preferred Targets," *Journal of Management*, 1998, v. 24, n. 3, p. 391-419.
20. Raymond T. Lee and Blake E. Ashforth, "A Meta-Analytic Examination of the Correlates of the Three Dimensions of Job Burnout," *Journal of Applied Psychology*, 1996, v. 81, n. 2, p. 123-133.
21. Para uma recente atualização, veja Iain Densten, "Re-thinking Burnout," *Journal of Organizational Behavior*, 2001, v. 22, p. 833-847.
22. John M. Kelly, "Get a Grip on Stress," *HR Magazine*, fevereiro 1997, p. 51-57.
23. John W. Lounsbury e Linda L. Hoopes, "A Vacation from Work: Changes in Work and Nonwork Outcomes," *Journal of Applied Psychology*, 1986, v. 71, p. 392–401.
24. "Overloaded Staffers Are Starting to Take More Time Off Work," *Wall Street Journal*, 23 de setembro de 1998, p. B1.
25. "Eight Ways to Help You Reduce the Stress in Your Life," *Business Week Careers*, novembro 1986, p. 78. Veja também Holly Weeks, "Taking the Stress out of Stressful Conversations," *Harvard Business Review*, julho-agosto 2001, p. 112-116.
26. Veja Marilyn Macik-Frey, James Campbell Quick e Debra Nelson, "Advances in Occupational Health: From a Stressful Beginning to a Positive Future," *Journal of Management*, 2007, v. 33. n. 6, p. 809-840 para uma recente análise.
27. Richard A. Wolfe, David O. Ulrich e Donald F. Parker, "Employee Health Management Programs: Review, Critique, and Research Agenda," *Journal of Management*, inverno 1987, p. 603-615.
28. "Workplace Hazard Gets Attention," *USA Today*, 5 de maio de 1998, p. 1B, 2B.
29. "Recession Plans: More Benefits," *Time*, 10 de maio de 2010, p. Global 8.
30. Veja Sonya Premeaux, Cheryl Adkins e Kevin Mossholder, "Balancing Work and Family: A Field Study of Multi-Dimensional, Multi-Role, and Work-Family Conflict," *Journal of Organizational Behavior*, 2007, v. 28, p. 705-727.
31. "Work and Family," *Business Week*, 15 de setembro de 1997, p. 96–99. Veja também Leslie B. Hammer and Kristi L. Zimmerman, "Quality of Work Life," in Sheldon Zedeck (Ed.), *Handbook of Industrial and Organizational Psychology* (Washington, DC: American Psychological Association, 2010), p. 399-431.
32. Samuel Aryee, E. S. Srinivas e Hwee Hoon Tan, "Rhythms of Life: Antecedents and Outcomes of Work-Family Balances in Employed Parents," *Journal of Applied Psychology*, 2005, v. 90, n. 1, p. 132-146.

Capítulo 8

1. Herbert Simon, *The New Science of Management Decision* (Nova York: Harper & Row, 1960), p. 1.
2. Veja Philip Bromiley e Devaki Rau, "Strategic Decision Making," in Sheldon Zedeck (Ed.), *Handbook of Industrial and Organizational Psychology* (Washington, DC: American Psychological Association, 2010), p. 161-182.

3. Veja Noel Tichy e Warren Bennis, *Judgement–How Winning Leaders Make Great Calls* (Nova York: Penguin Group, 2007).
4. Nandini Rajagopalan, Abdul M. A. Rasheed e Deepak K. Datta, "Strategic Decision Processes: Critical Review and Future Directions," *Journal of Management*, verão 1993, v. 19, n. 2, p. 349-384.
5. Veja George P. Huber, *Managerial Decision Making* (Glenview, IL: Scott, Foresman, 1980), p. 90-115, para uma discussão sobre a tomada de decisões em condições de segurança, risco e incerteza.
6. Veja David Garvin and Michael Roberto, "What You Don't Know About Making Decisions," *Harvard Business Review*, setembro 2001, p. 108-115.
7. "'90s Style Brainstorming," *Forbes ASAP*, outubro 25, 1993, p. 44-61.
8. Henry Mintzberg, Duru Raisinghani e Andre Thoret, "The Structure of 'Unstructured' Decision Processes," *Administrative Science Quarterly*, junho 1976, p. 246-275; Milan Zeleny, "Descriptive Decision Making and Its Application," *Applications of Management Science*, 1981, v. 1, p. 327-388.
9. Veja E. Frank Harrison, *The Managerial Decision--Making Process*, 5ª ed. (Boston: Houghton Mifflin, 1999), p. 55-60, para mais informações sobre processos de escolha.
10. Ari Ginsberg and N. Ventrakaman, "Contingency Perspectives of Organizational Strategy: A Critical Review of the Empirical Research," *Academy of Management Review*, julho 1985, p. 412-434; Donald C. Hambrick e David Lei, "Toward an Empirical Prioritization of Contingency Variables for Business Strategy," *Academy of Management Journal*, dezembro 1985, p. 763-788.
11. Leon Festinger, *A Theory of Cognitive Dissonance* (Palo Alto, CA: Stanford University Press, 1957).
12. Veja Harrison, *The Managerial Decision-Making Process*, p. 74-100, para saber mais sobre a abordagem racional para a tomada de decisões.
13. Jeffrey Pfeffer e Robert I. Sutton, *Hard Facts, DangerousHalf-Truths, and Total Nonsense: Profiting from Evidence-Based Management* (Cambridge, MA: Harvard Business School Press, 2006).
14. Pfeffer e Sutton, 2006.
15. Herbert A. Simon, *Administrative Behavior* (Nova York: Free Press, 1945). As ideias de Simon foram refinadas e atualizadas in Herbert A. Simon, *Administrative Behavior*, 3ª ed. (Nova York: Free Press, 1976); e Herbert A. Simon, "Making Management Decisions: The Role of Intuition and Emotion," *Academy of Management Executive*, fevereiro 1987, p. 57–63.
16. Craig D. Parks e Rebecca Cowlin, "Group Discussion as Affected by Number of Alternatives and by a Time Limit," *Organizational Behavior and Human Decision Processes*, 1995, v. 62, n. 3, p. 267-275.
17. Veja James G. March and Herbert A. Simon, *Organizations* (Nova York: Wiley, 1958), para mais informações sobre o conceito de racionalidade limitada.
18. Herbert A. Simon, *Administrative Behavior: A Study of Decision Making Processes in Administrative Organizations*, 3ª ed. (Nova York: Free Press, 1976).
19. Richard M. Cyert e James G. March, *A Behavioral Theory of the Firm* (Englewood Cliffs, NJ: Prentice Hall, 1963), p. 113; Simon, *Administrative Behavior*.
20. Hoover's *Handbook of American Business 2012* (Austin, TX: Hoover's Business Press, 2012), p. 845-847.
21. Kimberly D. Elsbach e Greg Elofson, "How the Packaging of Decision Explanations Affects Perceptions of Trustworthiness," *Academy of Management Journal*, 2000, v. 43, n. 1, p. 80-89.
22. Tichy e Bennis, *Judgment*.
23. Charles P. Wallace, "Adidas – Back in the Game," *Fortune*, agosto 18, 1997, p. 176-182.
24. Barry M. Staw e Jerry Ross, "Good Money after Bad," *Psychology Today*, fevereiro 1988, p. 30-33; D. Ramona Bobocel e John Meyer, "Escalating Commitment to a Failing Course of Action: Separating the Roles of Choice and Justification," *Journal of Applied Psychology*, 1994, v. 79, p. 360-363.
25. Mark Keil e Ramiro Montealegre, "Cutting Your Losses: Extricating Your Organization When a Big Project Goes Awry," *Sloan Management Review*, primavera 2000, p. 55-64.
26. Gerry McNamara e Philip Bromiley, "Risk and Return in Organizational Decision Making," *Academy of Management Journal*, 1999, v. 42, n. 3, p. 330-339.
27. Veja Brian O'Reilly, "What it Takes to Start a Startup," *Fortune*, 7 de junho de 1999, p. 135-140, para exemplo.
28. Kahneman, Daniel e Amos Tversky, "Prospect Theory: An Analysis of Decision under Risk," *Econometrica*, 1979, v. 47, 263-291.

29. As described by Jordan Weissmann, "A Very Mean (but Maybe Brilliant) Way to Pay Teachers," *The Atlantic Monthly*, 24 de julho de 2012, p. 44-46.
30. Kathleen M. Eisenhardt, "Making Fast Strategic Decisions in High-Velocity Environments," *Academy of Management Journal*, setembro 1989, p. 543–576.
31. Jing Zhou and Christina E. Shalley, "Deepening our Understanding of Creativity in the Workplace: A Review of Different Approaches to Creativity Research," in Sheldon Zedeck (Ed.), *Handbook of Industrial and Organizational Psychology* (Washington, DC: American Psychological Association, 2010), p. 275-302.
32. Veja Richard W. Woodman, John E. Sawyer e Ricky W. Griffin, "Toward a Theory of Organizational Creativity," *Academy of Management Review*, abril 1993, p. 293-321; Veja também Beth Henessey and Teresa Amabile, "Creativity," in Susan Fiske, Daniel Schacter, and Robert Sternberg (Eds.), *Annual Review of Psychology*, v. 61 (Palo Alto, CA: Annual Reviews, 2010), p. 569-598.
33. John Simons, "The $10 Billion Pill," *Fortune*, 20 de janeiro de 2003, p. 58-68.
34. Christina E. Shalley, Lucy L. Gilson e Terry C. Blum, "Matching Creativity Requirements and the Work Environment: Effects on Satisfaction and Intentions to Leave," *Academy of Management Journal*, 2000, v. 43, n. 2, p. 215–223; veja também Filiz Tabak, "Employee Creative Performance: What Makes it Happen?" *The Academy of Management Executive*, v. 11, n. 1, 1997, p. 119-122.

Capítulo 9

1. Veja John J. Gabarro, "The Development of Working Relationships," in Jay W. Lorsch (Ed.), *Handbook of Organizational Behavior* (Englewood Cliffs, NJ: Prentice Hall, 1987), p. 172-189; veja também Tara C. Reich e M. Sandy Hershcovis, "Interpersonal Relationships at Work," in Sheldon Zedeck (Ed.), *Handbook of Industrial and Organizational Psychology* (Washington, DC: American Psychological Association, 2010), p. 223-248.
2. Veja Emily Heaphy e Jane Dutton, "Positive Social Interactions and the Human Body at Work: Linking Organizations and Physiology," *Academy of Management Review*, 2008, v. 33, n. 1, p. 137-162.
3. Veja Richard McDermott and Douglas Archibald, "Harnessing Your Staff's Informal Networks," *Harvard Business Review*, março 2010, p. 82-89.
4. Marvin E. Shaw, *Group Dynamics: The Psychology of Small Group Behavior*, 3ª ed. (Nova York: McGraw-Hill, 1991), p. 11. Veja também Janis A. Cannon-Bowers e Clint Bowers, "Team Development and Functioning," in Sheldon Zedeck (Ed.), *Handbook of Industrial and Organizational Psychology* (Washington, DC: American Psychological Association, 2010), p. 597-650.
5. Francis J. Yammarino e Alan J. Dubinsky, "Salesperson Performance and Managerially Controllable Factors: An Investigation of Individual and Work Group Effects," *Journal of Management*, 1990, v. 16, p. 97-106.
6. Rob Cross and Laurence Prusak, "The People Who Make Organizations Go – Or Stop," *Harvard Business Review*, junho 2002, p. 104-114.
7. William L. Sparks, Dominic J. Monetta e L. M. Simmons Jr., "Affinity Groups: Developing Complex Adaptive Organizations," documento de trabalho, The PAM Institute, Washington, DC, 1999.
8. Shawn Tully, "The Vatican's Finances," *Fortune*, 21 de dezembro de 1997, p. 29-40
9. Bernard M. Bass and Edward C. Ryterband, *Organizational Psychology*, 2ª edição (Boston: Allyn & Bacon, 1979), p. 252-254. Veja também Scott Lester, Bruce Meglino e M. Audrey Korsgaard, "The Antecedents and Consequences of Group Potency: A Longitudinal Investigation of Newly Formed Work Groups," *Academy of Management Journal*, 2002, v. 45, n. 2, p. 352-369.
10. Susan Long, "Early Integration in Groups: A Group to Join and a Group to Create," *Human Relations*, abril 1994, p. 311–332.
11. Para exemplo, veja Mary Waller, Jeffrey Conte, Cristina Gibson e Mason Carpenter, "The Effect of Individual Perceptions of Deadlines on Team Performance," *Academy of Management Review*, 2001, v. 26, n. 4, p. 596-600.
12. Steven L. Obert, "Developmental Patterns of Organizational Task Groups: A Preliminary Study," *Human Relations*, janeiro 1993, p. 37-52.
13. Bass e Ryterband, *Organizational Psychology*, p. 252-254.
14. Bernard M. Bass, "The Leaderless Group Discussion," *Psychological Bulletin*, setembro 1954, p. 465–492.
15. Jill Lieber, "Time to Heal the Wounds," *Sports Illustrated*, 2 de novembro de 1997, p. 96-91.
16. Connie J. G. Gersick, "Marking Time: Predictable Transitions in Task Groups," *Academy of Management Journal*, 1999, v. 32, p. 274-309.

17. James H. Davis, *Group Performance* (Reading, MA: Addison-Wesley, 1964), p. 92-96.
18. Shaw, *Group Dynamics*; Veja também Sujin K. Horwitz e Irwin B. Horwitz, "The Effects of Team Diversity on Team Outcomes: A Meta--Analytic Review of Team Demography," *Journal of Management*, 2007, v. 33, n. 6, p. 987-1015.
19. Susan E. Jackson e Aparna Joshi, "Work Team Diversity," in Sheldon Zedeck (Ed.), *Handbook of Industrial and Organizational Psychology* (Washington, DC: American Psychological Association, 2010), p. 651-686.
20. Charles A. O'Reilly III, David F. Caldwell e William P. Barnett, "Work Group Demography, Social Integration, and Turnover," *Administrative Science Quarterly*, março 1999, v. 34, p. 21–37.
21. Veja Sheila Simsarian Webber e Lisa Donahue, "Impact of Highly and Less Job-Related Diversity on Work Group Cohesion and Performance: A Meta-Analysis," *Journal of Management*, 2001, v. 27, p. 141-162.
22. Nancy Adler, *International Dimensions of Organizational Behavior*, 4ª ed. (Cincinnati, OH: Thomson Learning, 2002), Capítulo 5.
23. Shaw, *Group Dynamics*, p. 173-177.
24. Veja Jennifer Chatman e Francis Flynn, "The Influence of Demographic Heterogeneity on the Emergence and Consequences of Cooperative Norms in Work Teams," *Academy of Management Journal*, 2001, v. 44, n. 5, p. 956-974.
25. Daniel C. Feldman, "The Development and Enforcement of Group Norms," *Academy of Management Review*, janeiro 1994, p. 47-53.
26. William E. Piper, Myriam Marrache, Renee Lacroix, Astrid M. Richardson e Barry D. Jones, "Cohesion as a Basic Bond in Groups," *Human Relations*, fevereiro 1993, p. 93-109.
27. Daniel Beal, Robin Cohen, Michael Burke e Christy McLendon, "Cohesion and Performance in Groups: A Meta-Analytic Clarification of Construct Relations," *Journal of Applied Psychology*, 2003, v. 88, n. 6, p. 989–1004.
28. Robert T. Keller, "Predictors of the Performance of Project Groups in R & D Organizations," *Academy of Management Journal*, dezembro 1996, p. 715-726.
29. Irving L. Janis, *Groupthink*, 2ª ed. (Boston: Houghton Mifflin, 1992), p. 9.
30. Blake E. Ashforth e Fred Mael, "Social Identity Theory and the Organization," *Academy of Management Review*, janeiro 1999, p. 20-39.
31. Reed E. Nelson, "The Strength of Strong Ties: Social Networks and Intergroup Conflict in Organizations," *Academy of Management Journal*, junho 1999, p. 377-401.
32. M. A. Wallach, N. Kogan e D. J. Bem, "Group Influence on Individual Risk Taking," *Journal of Abnormal and Social Psychology*, agosto 1962, p. 75-86; James A. F. Stoner, "Risky and Cautious Shifts in Group Decisions: The Influence of Widely Held Values," *Journal of Experimental Social Psychology*, outubro 1968, p. 442-459.
33. Dorwin Cartwright, "Risk Taking by Individuals and Groups: An Assessment of Research Employing Choice Dilemmas," *Journal of Personality and Social Psychology*, dezembro 1971, p. 361-378.
34. S. Moscovici e M. Zavalloni, "The Group as a Polarizer of Attitudes," *Journal of Personality and Social Psychology*, junho 1969, p. 125-135.
35. Irving L. Janis, *Groupthink*, 2ª edição (Boston: Houghton Mifflin, 1982), p. 9.
36. Gregory Moorhead, Christopher P. Neck e Mindy West, "The Tendency Toward Defective Decision Making Within Self-Managing Teams: Relevance of Groupthink for the 21st Century," *Organizational Behavior and Human Decision Processes*, fevereiro-março 1998, p. 327-351.
37. Gregory Moorhead, Richard Ference e Chris P. Neck, "Group Decision Fiascoes Continue: Space Shuttle Challenger and a Revised Groupthink Framework," *Human Relations*, 1991, v. 44, p. 539-550.
38. Veja Robert Cross and Susan Brodt, "How Assumptions of Consensus Undermine Decision Making," *Sloan Management Review*, inverno 2001, p. 86-95.
39. Irving L. Janis, *Victims of Groupthink* (Boston: Houghton Mifflin, 1972), p. 197-198.
40. Janis, *Groupthink*.
41. Lawrence J. Cohen e Anthony T. DeBenedet, M.D., "Penn State Cover-Up: Groupthink in Action." Time (http://ideas.time.com/2012/07/17/penn-state-cover-up-group-think-in-action/#ixzz2FVO7vAaI) July 17, 2012.
42. Janis, *Groupthink*, p. 193–197; Gregory Moorhead, "Groupthink: Hypothesis in Need of Testing," *Group & Organization Studies*, dezembro 1982, p. 429-444.
43. Gregory Moorhead and John R. Montanari, "Empirical Analysis of the Groupthink Phenomenon," *Human Relations*, maio 1986, p. 399-410; John R. Montanari e Gregory Moorhead,

"Development of the Groupthink Assessment Inventory," *Educational and Psychological Measurement*, primavera 1989, p. 209-219.
44. Frederick W. Taylor, *The Principles of Scientific Management* (Nova York: Harper & Row, 1911).
45. Chris Argyris, *Personality and Organization* (Nova York: Harper & Row, 1957); Rensis Likert, *New Patterns of Management* (Nova York: McGraw-Hill, 1961).
46. Lester Coch e John R. P. French, "Overcoming Resistance to Change," *Human Relations*, 1948, v. 1, p. 512–532; N. C. Morse e E. Reimer, "The Experimental Change of a Major Organizational Variable," *Journal of Abnormal and Social Psychology*, janeiro 1956, p. 120-129.
47. Victor Vroom, "Leadership and the Decision-Making Process," *Organizational Dynamics*, primavera 2000, p. 82-94.
48. Para um exemplo recente, veja Carsten K. W. De Dreu and Michael West, "Minority Dissent and Team Innovation: The Importance of Participation in Decision Making," *Journal of Applied Psychology*, 2001, v. 86, n. 6, p. 1191-1201.

Capítulo 10

1. Eric L. Trist e K. W. Bamforth, "Some Social and Psychological Consequences of the Longwall Method of Coal-Getting," *Human Relations*, fevereiro 1951, p. 3-38; Jack D. Orsburn, Linda Moran, Ed Musselwhite, John Zenger, *Self-Directed Work Teams: The New American Challenge* (Homewood, IL: Business One Irwin, 1990).
2. Veja Jon R. Katzenbach e Douglas K. Smith, *The Wisdom of Teams: Creating the High-Performance Organization* (Boston: Harvard Business School Press, 1993), p. 45.
3. Veja Ruth Wageman, "How Leaders Foster Self-Managing Team Effectiveness: Design Choices Versus Hands-On Coaching," *Organization Science*, 2001, v. 12, n. 5, p. 559-577. Veja também Janis A. Cannon-Bowers e Clint Bowers, "Team Development and Functioning," in Sheldon Zedeck (Ed.), *Handbook of Industrial and Organizational Psychology* (Washington, DC: American Psychological Association, 2010), p. 597-650.
4. Veja Michelle Marks, John Mathieu e Stephen Zaccaro, "A Temporally Based Framework and Taxonomy of Team Processes," *Academy of Management Review*, 2001, v. 26, n. 3, p. 356-376.
5. Michele Williams, "In Whom We Trust: Group Membership as an Affective Context for Trust Development," *Academy of Management Review*, 2001, v. 26, n. 3, p. 377-396.
6. Katzenbach e Smith, *The Wisdom of Teams*, p. 3.
7. Veja Michelle Marks, Mark Sabella, C. Shawn Burke e Stephen Zaccaro, "The Impact of Cross-Training on Team Effectiveness," *Journal of Applied Psychology*, 2002, v. 87, n. 1, p. 3-13.
8. Veja Ramon Rico, Miriam Sanchez-Manzanares, Francisco Gil e Christina Gibson, "Team Implicit Knowledge Coordination Processes: A Team Knowledge-Based Approach," *Academy of Management Review*, 2008, v. 33, n. 1, p. 163-184.
9. Orsburn, Moran, Musselwhite e Zenger, *Self-Directed Work Teams*, p. 15.
10. Veja Deborah Ancona, Henrik Bresman e Katrin Kaeufer, "The Competitive Advantage of X-Teams," *Sloan Management Review*, primavera 2002, p. 33-42.
11. Katzenbach e Smith, *The Wisdom of Teams*, p. 184–189.
12. Manz e Sims, *Business Without Bosses*, p. 10-11.
13. Manz e Sims, *Business Without Bosses*, p. 74-76.
14. Jason Colquitt, Raymond Noe e Christine Jackson, "Justice in Teams: Antecedents and Consequences of Procedural Justice Climate," *Personnel Psychology*, 2002, v. 55, p. 83-95.
15. Nigel Nicholson, Pino Audia e Madan Pillutla (Eds.), *Encyclopedic Dictionary of Organizational Behavior*, 2ª edição (Cambridge, MA: Blackwell, 2005), p. 337-338.
16. Brian Dumaine, "The Trouble with Teams," *Fortune*, 5 de setembro de 1994.
17. Ibidem.
18. Ibidem.
19. Ibidem.
20. Ellen Hart, "Top Teams," *Management Review*, fevereiro 1996, p. 43-47.
21. Dan Dimancescu e Kemp Dwenger, "Smoothing the Product Development Path," *Management Review*, janeiro 1996, p. 36-41; veja também "The World's 50 Most Innovative Companies," *Fast Company*, março 2008, p. 72-117.
22. Ibidem.
23. Manz e Sims, *Business Without Bosses*, p. 27-28.
24. Ibidem, p. 29-31.
25. Ibidem, p. 130.
26. Manz e Sims, *Business Without Bosses*, p. 200; veja também Sujin K. Horwitz e Irwin B. Horwitz, "The Effects of Team Diversity on Team Outcomes: A Meta-Analytic Review of Team Demography," *Journal of Management*, 2007, v. 33, n. 6, p. 987-1015.

27. Manz e Sims, *Business Without Bosses*, p. 200.

Capítulo 11

1. Otis W. Baskin e Craig E. Aronoff, *Interpersonal Communication in Organizations* (Santa Monica, CA: Goodyear, 1980), p. 2. Veja também Marshall Scott Poole, "Communication," in Sheldon Zedeck (Ed.), *Handbook of Industrial and Organizational Psychology* (Washington, DC: American Psychological Association, 2010), p. 249-270.
2. Veja Bruce Barry and Ingrid Smithey Fulmer, "The Medium and the Message: The Adaptive Use of Communication Media in Dyadic Influence," *Academy of Management Review*, 2004, v. 29, n. 2, p. 272-292.
3. Jeanne D. Maes, Teresa G. Weldy e Marjorie L. Icenogle, "A Managerial Perspective: Oral Communication Competency Is Most Important for Business Students in the Workplace," *Journal of Business Communication*, janeiro 1997, p. 67-80.
4. Melinda Knight, "Writing and Other Communication Standards in Undergraduate Business Education: A Study of Current Program Requirements, Practices, and Trends," *Business Communication Quarterly*, March 1999, p. 10.
5. Robert Nurden, "Graduates Must Master the Lost Art of Communication," *The European*, 20 de março de 1997, p. 24.
6. Veja Everett M. Rogers e Rekha Agarwala--Rogers, *Communication in Organizations* (Nova York: Free Press, 1976), para uma breve revisão dos antecedentes e desenvolvimento do modelo de origem da mensagem de canal-receptor de comunicação.
7. Charles A. O'Reilly III, "Variations in Decision Makers' Use of Information Sources: The Impact of Quality and Accessibility of Information," *Academy of Management Journal*, dezembro 1982, p. 756–771.
8. Veja Jerry C. Wofford, Edwin A. Gerloff e Robert C. Cummins, *Organizational Communication* (Nova York: McGraw-Hill, 1977), para uma discussão de ruído de canal.
9. Charlie Feld and Donna Stoddard, "Getting IT Right," *Harvard Business Review*, fevereiro 2005, p. 72–81.
10. Kym France, "Computer Commuting Benefits Companies," *Arizona Republic*, agosto 16, 1993, p. E1, E4.
11. "The FedEx Edge," *Fortune*, 3 de abril de 2006, p. 77-84.
12. Paul S. Goodman e Eric D. Darr, "Exchanging Best Practices Through Computer-Aided Systems," *Academy of Management Executive*, maio 1996, p. 7–18.
13. Jenny C. McCune, "The Intranet: Beyond E-mail," *Management Review*, novembro 1996, p. 23-27.
14. Veja Daniel Katz e Robert L. Kahn, *The Social Psychology of Organizations*, 2ª ed. (Nova York: John Wiley and Sons, 1978), para saber mais sobre o papel das redes de comunicação organizacional.
15. Para boas discussões de redes de comunicação em pequenos grupos e pesquisas sobre este assunto, veja Wofford, Gerloff e Cummins, *Organizational Communication*; and Marvin E. Shaw, *Group Dynamics: The Psychology of Small Group Behavior*, 3ª ed. (Nova York: McGraw-Hill, 1981), p. 150-161.
16. Veja R. Wayne Pace, *Organizational Communication: Foundations for Human Resource Development* (Englewood Cliffs, NJ: Prentice Hall, 1983), para mais discussões sobre o desenvolvimento de redes de comunicação.
17. David Krackhardt e Lyman W. Porter, "The Snowball Effect: Turnover Embedded in Communication Networks," *Journal of Applied Psychology*, fevereiro 1986, p. 50-55.
18. Veja "Did You Hear the Story About Office Gossip?" *USA Today*, 10 de setembro de 2007, p. 1B, 2B.
19. "Has Coke Been Playing Accounting Games?" *Business Week*, 13 de maio de 2002, p. 98-99.
20. Veja "E-mail's Limits Create Confusion, Hurt Feelings," *USA Today*, 5 de fevereiro de 2002, p. 1B, 2B.
21. "Talk of Chapter 11 Bruises Kmart Stock," *USA Today*, Janeiro 3, 2002, p. 1B.
22. Thomas J. Peters and Robert H. Waterman Jr., *In Search of Excellence: Lessons from America's Best-Run Companies* (Nova York: Harper & Row, 1982), p. 121.
23. Shari Caudron, "Monsanto Responds to Diversity," *Personnel Journal*, novembro 1990, p. 72-78; "Trading Places at Monsanto," *Training and Development Journal*, abril 1993, p. 45-49.

Capítulo 12

1. Ralph M. Stogdill, *Handbook of Leadership* (Nova York: Free Press, 1974). Veja também Bernard Bass e Ruth Bass, *Handbook of Leadership: Theory, Research, and Application*, 4ª ed. (Riverside, NJ: Free Press, 2008); Noel Tichy e Warren Bennis,

Judgment: How Winning Leaders Make Great Calls (Nova York: Portfolio Press, 2007); Andrew J. Vinchur e Laura L. Koppes, "A Historical Survey of Research and Practice in Industrial and Organizational Psychology," in Sheldon Zedeck (Ed.), *Handbook of Industrial and Organizational Psychology* (Washington, DC: American Psychological Association, 2010), p. 3-36.

2. Veja Gary Yukl e David D. Van Fleet, "Theory and Research on Leadership in Organizations," in M. D. Dunnette e L. M. Hough (Eds.), *Handbook of Industrial and Organizational Psychology*, v. 3 (Palo Alto, CA: Consulting Psychologists Press, 1992), p. 148–197. Veja também Bruce J. Avolio, Fred O. Walumbwa e Todd J. Weber, "Leadership: Current Theories, Research, and Future Decisions," in Susan T. Fiske, Daniel L. Schacter, and Robert J. Sternberg (Eds.), *Annual Review of Psychology 2009* (Palo Alto, CA: Annual Reviews, 2009), p. 421-450.

3. Arthur G. Jago, "Leadership: Perspectives in Theory and Research," *Management Science*, março 1982, p. 315–336. Veja também Julian Barling, Amy Christie e Colette Hoption, "Leadership," in Sheldon Zedeck (Ed.), *Handbook of Industrial and Organizational Psychology* (Washington, DC: American Psychological Association, 2010), p. 183-240.

4. Melvin Sorcher e James Brant, "Are You Picking the Right Leaders?" *Harvard Business Review*, fevereiro 2002, p. 78-85.

5. Veja John P. Kotter, "What Leaders Really Do," *Harvard Business Review*, maio-junho 1990, p. 103–111. Veja também Abraham Zaleznik, "Managers and Leaders: Are They Different?" *Harvard Business Review*, março–abril 1992, p. 126-135; and John Kotter, "What Leaders Really Do," *Harvard Business Review*, dezembro 2001, p. 85-94.

6. Ronald Heifetz e Marty Linsky, "A Survival Guide for Leaders," *Harvard Business Review*, junho 2002, p. 65-74.

7. Frederick Reichheld, "Lead for Loyalty," *Harvard Business Review*, julho–agosto 2001, p. 76–83.

8. David D. Van Fleet e Gary A. Yukl, "A Century of Leadership Research," in D. A. Wren and J. A. Pearce II (Eds.), *Papers Dedicated to the Development of Modern Management* (Chicago, IL: The Academy of Management, 1986), p. 12-23.

9. Shelly A. Kirkpatrick e Edwin A. Locke, "Leadership: Do Traits Matter?" *Academy of Management Executive*, maio 1991, p. 48-60; veja também Robert J. Sternberg, "Managerial Intelligence: Why IQ Isn't Enough," *Journal of Management*, 1997, v. 23, n. 3, p. 475-493.

10. Philip M. Podsakoff, Scott B. MacKenzie, Mike Ahearne e William H. Bommer, "Searching for a Needle in a Haystack: Trying to Identify the Illusive Moderators of Leadership Behaviors," *Journal of Management*, 1995, v. 21, n. 3, p. 422-470.

11. Rensis Likert, *New Patterns of Management* (Nova York: McGraw-Hill, 1961).

12. Edwin Fleishman, E. F. Harris e H. E. Burtt, *Leadership and Supervision in Industry* (Columbus: Bureau of Educational Research, Ohio State University, 1955).

13. Veja Edwin A. Fleishman, "Twenty Years of Consideration and Structure," in Edward A. Fleishman and James G. Hunt (Eds.), *Current Developments in the Study of Leadership* (Carbondale, IL: Southern Illinois University Press, 1973), p. 1-40.

14. Fleishman, Harris e Burtt, *Leadership and Supervision in Industry*.

15. Para uma atualização recente, veja Timothy Judge, Ronald Piccolo e Remus Ilies, "The Forgotten Ones? The Validity of Consideration and Initiating Structure in Leadership Research," *Journal of Applied Psychology*, 2004, v. 89, n. 1, p. 36-51.

16. Robert R. Blake e Jane S. Mouton, *The Managerial Grid* (Houston, TX: Gulf Publishing, 1964); Robert R. Blake e Jane S. Mouton, *The Versatile Manager: A Grid Profile* (Homewood, IL: Dow Jones-Irwin, 1981).

17. Robert Tannenbaum e Warren H. Schmidt, "How to Choose a Leadership Pattern," *Harvard Business Review*, março–abril 1958, p. 95-101.

18. De Fred E. Fiedler, *A Theory of Leadership Effectiveness* (Nova York: McGraw-Hill, 1967). Reproduzido com permissão do autor.

19. Veja Fred E. Fiedler, "Engineering the Job to Fit the Manager," *Harvard Business Review*, setembro-outubro 1965, p. 115-122.

20. Veja Fred E. Fiedler, Martin M. Chemers e Linda Mahar, *Improving Leadership Effectiveness: The Leader Match Concept* (Nova York: John Wiley and Sons, 1976).

21. Chester A. Schriesheim, Bennett J. Tepper e Linda A. Tetrault, "Least Preferred Co-Worker Score, Situational Control, and Leadership Effectiveness: A Meta-Analysis of Contingency

Model Performance Predictions," *Journal of Applied Psychology*, 1994, v. 79, n. 4, p. 561-573.
22. Veja Martin G. Evans, "The Effects of Supervisory Behavior on the Path-Goal Relationship," *Organizational Behavior and Human Performance*, maio 1970, p. 277-298; Robert J. House, "A Path-Goal Theory of Leadership Effectiveness," *Administrative Science Quarterly*, setembro 1971, p. 321-339; Robert J. House e Terence R. Mitchell, "Path-Goal Theory of Leadership," *Journal of Contemporary Business*, Autumn 1974, p. 81-98.
23. Veja Victor H. Vroom e Philip H. Yetton, *Leadership and Decision Making* (Pittsburgh: University of Pittsburgh Press, 1973); Victor H. Vroom and Arthur G. Jago, *The New Leadership* (Englewood Cliffs, NJ: Prentice Hall, 1988).
24. Victor Vroom, "Leadership and the Decision-Making Process," *Organizational Dynamics*, primavera 2000.
25. Vroom e Jago, *The New Leadership*.
26. Veja Madeline E. Heilman, Harvey A. Hornstein, Jack H. Cage e Judith K. Herschlag, "Reaction to Prescribed Leader Behavior as a Function of Role Perspective: The Case of the Vroom-Yetton Model," *Journal of Applied Psychology*, fevereiro 1984, p. 50–60; R. H. George Field, "A Test of the Vroom-Yetton Normative Model of Leadership," *Journal of Applied Psychology*, fevereiro 1982, p. 523-532.

Capítulo 13

1. George Graen e J. F. Cashman, "A Role-Making Model of Leadership in Formal Organizations: A Developmental Approach," in J. G. Hunt and L. L. Larson (Eds.), *Leadership Frontiers* (Kent, OH: Kent State University Press, 1975), p. 143-165; Fred Dansereau, George Graen e W. J. Haga, "A Vertical Dyad Linkage Approach to Leadership Within Formal Organizations: A Longitudinal Investigation of the Role-Making Process," *Organizational Behavior and Human Performance*, 1975, v. 15, p. 46-78; veja também Julian Barling, Amy Christie e Colette Hoption, "Leadership," in Sheldon Zedeck (Ed.), *Handbook of Industrial and Organizational Psychology* (Washington, DC: American Psychological Association, 2010), p. 183-240.
2. Veja Charlotte R. Gerstner e David v. Day, "Meta-Analytic Review of Leader-Member Exchange Theory: Correlates and Construct Issues," *Journal of Applied Psychology*, 1997, v. 82, n. 6, p. 827-844; John Maslyn e Mary Uhl-Bien, "Leader-Member Exchange and Its Dimensions: Effects of Self-Effort and Others' Effort on Relationship Quality," *Journal of Applied Psychology*, 2001, v. 86, n. 4, p. 697-708.
3. Paul Hersey e Kenneth H. Blanchard, *Management of Organizational Behavior: Utilizing Human Resources*, 3ª ed. (Englewood Cliffs, NJ: Prentice Hall, 1977).
4. Veja Fred Fiedler e Joe Garcia, *New Approaches to Effective Leadership: Cognitive Resources and Organizational Performance* (Nova York: Wiley, 1987).
5. Veja James MacGregor Burns, *Leadership* (Nova York: Harper & Row, 1978); Karl W. Kuhnert e Philip Lewis, "Transactional and Transformational Leadership: A Constructive/Developmental Analysis," *Academy of Management Review*, outubro 1987, p. 648-657. Veja também Nick Turner, Julian Barling, Olga Epitropaki, Vicky Butcher e Caroline Milner, "Transformational Leadership and Moral Reasoning," *Journal of Applied Psychology*, v. 87, n. 3, p. 304-311.
6. Francis J. Yammarino e Alan J. Dubinsky, "Transformational Leadership Theory: Using Levels of Analysis to Determine Boundary Conditions," *Personnel Psychology*, 1994, v. 47, p. 787-800. Veja também A. N. Pieterse, D. van Knippenberg, M. Schippers e D. Stam, "Transformational and Transactional Leadership and Innovative Behavior: The Role of Psychological Empowerment," *Journal of Organizational Behavior*, maio 2010, p. 609-623.
7. Vicki Goodwin, J. C. Wofford e J. Lee Whittington, "A Theoretical and Empirical Extension to the Transformational Leadership Construct," *Journal of Organizational Behavior*, 2001, v. 22, p. 759-774; veja também Amy Colbert, Amy Kristof-Brown, Bret Bradley e Murray Barrick, "CEO Transformational Leadership: The Role of Goal Congruence in Top Management Teams," *Academy of Management Journal*, 2008, v. 51, n. 1, p. 81-96.
8. *Hoover's Handbook of American Business 2012* (Austin, TX: Hoover's Business Press, 2012, p. 340-341.
9. Juan-Carlos Pastor, James Meindl e Margarita Mayo, "A Network Effects Model of Charisma Attributions," *Academy of Management Journal*, 2002, v. 45, n. 2, p. 410-420.
10. Veja Robert J. House, "A 1976 Theory of Charismatic Leadership," in J. G. Hunt e L. L. Larson (eds.), *Leadership: The Cutting Edge* (Carbondale, IL: Southern Illinois University

Press, 1977), p. 189-207. Veja também Jay A. Conger e Rabindra N. Kanungo, "Toward a Behavioral Theory of Charismatic Leadership in Organizational Settings," *Academy of Management Review*, outubro 1987, p. 637-647.
11. "Play Hard, Fly Right," *Time, Bonus Section: Inside Business*, junho 2002, p. Y15-Y22.
12. David A. Nadler e Michael L. Tushman, "Beyond the Charismatic Leader: Leadership and Organizational Change," *California Management Review*, inverno 1990, p. 77-97.
13. David A. Waldman e Francis J. Yammarino, "CEO Charismatic Leadership: Levels-of- Management and Levels-of-Analysis Effects," *Academy of Management Review*, 1999, v. 24, n. 2, p. 266-285.
14. Jane Howell e Boas Shamir, "The Role of Followers in the Charismatic Leadership Process: Relationships and Their Consequences," *Academy of Management Review*, janeiro 2005, p. 96-112.
15. Veja Steven Kerr e John M. Jermier, "Substitutes for Leadership: Their Meaning and Measurement," *Organizational Behavior and Human Performance*, 1978, v. 22, p. 375-403. Veja também Charles C. Manz e Henry P. Sims Jr., "Leading Workers to Lead Themselves: The External Leadership of Self-Managing Work Teams," *Administrative Science Quarterly*, março 1987, p. 106-129.
16. Jon P. Howell, David E. Bowen, Peter W. Dorfman, Steven Kerr e Philip Podsakoff, "Substitutes for Leadership: Effective Alternatives to Ineffective Leadership," *Organizational Dynamics*, verão 1990, p. 20-38. Veja também Philip M. Podsakoff, Scott B. Mackenzie e William H. Bommer, "Transformational Leader Behaviors and Substitutes for Leadership as Determinants of Employee Satisfaction, Commitment, Trust, and Organizational Citizenship Behaviors," *Journal of Management*, 1996, v. 22, n. 2, p. 259-298.
17. Tamara Erickson, "The Leaders We Need Now," *Harvard Business Review*, maio 2010, p. 62-67.
18. J. Richard Hackman e Ruth Wageman, "A Theory of Team Coaching," *Academy of Management Review*, abril 2005, p. 269-287; Veja também David B. Peterson, "Executive Coaching: A Critical Review and Recommendations for Advancing the Practice," in Sheldon Zedeck (Ed.), *Handbook of Industrial and Organizational Psychology* (Washington, DC: American Psychological Association, 2010), p. 527-566.
19. Russell L. Kent e Sherry E. Moss, "Effects of Sex and Gender Role on Leader Emergence," *Academy of Management Journal*, 1994, v. 37, n. 5, p. 1335-1346.
20. A. H. Eagly, M. G. Makhijani e R. G. Klonsky, "Gender and the Evaluation of Leaders: A Meta-Analysis," *Psychological Bulletin*, 1992, v. 111, p. 3-22.
21. House, Robert J. et al. (Eds.), *Culture, Leadership, and Organizations: The GLOBE Study of 62 Societies* (London: Sage, 2004).
22. Veja Jagdeep S. Chhokar. Felix C. Brodbek e Robert J. House (Eds.), *Culture and Leadership Across the World* (Hillsdale, NJ: Lawrence Erlbaum Associates, 2008); Vipin Gupta, Paul J. Hanges, and Peter Dorfman, "Cultural Clusters: Methodology and Findings," *Journal of World Business*, 2002, v. 37, p. 11-15 para mais detalhes. Veja também Kwok Leung and Mark F. Peterson, "Managing a Globally Distributed Workforce: Social and Interpersonal Issues," in Sheldon Zedeck (Ed.), *Handbook of Industrial and Organizational Psychology* (Washington, DC: American Psychological Association, 2010), p. 771-805.
23. Cynthia Montgomery, "Putting Leadership Back Into Strategy," *Harvard Business Review*, janeiro 2008, p. 54-61.
24. "The Best (& Worst) Managers of the Year," *Business Week*, 10 de janeiro de 2005, p. 55.
25. Veja Kurt Dirks and Donald Ferrin, "Trust in Leadership," *Journal of Applied Psychology*, 2002, v. 87, n. 4, p. 611-628; Veja também Christopher Meyer e Julia Kirby, "Leadership in the Age of Transparency," *Harvard Business Review*, abril 2010, p. 38-46.
26. Veja John Cordery, Christine Soo, Bradley Kirkman, Benson Rosen, and John Mathieu, "Leading Parallel Global Virtual Teams," *Organizational Dynamics*, julho-setembro 2009, p. 204-216.

Capítulo 14

1. Robert W. Allen e Lyman W. Porter (Eds.), *Organizational Influence Processes* (Glenview, IL: Scott, Foresman, 1983).
2. Alan L. Frohman, "The Power of Personal Initiative," *Organizational Dynamics*, inverno 1997, p. 39-48; Veja também James H. Dulebohn and Gerald R. Ferris, "The Role of Influence Tactics in Perceptions of Performance Evaluations' Fairness," *Academy of Management Journal*, 1999, v. 42, n. 3, p. 288-303.

3. Para comentários sobre o significado de poder, veja Henry Mintzberg, *Power in and around Organizations* (Englewood Cliffs, NJ: Prentice Hall, 1983); Jeffrey Pfeffer, *Power in Organizations* (Marshfield, MA: Pitman Publishing, 1981); John Kenneth Galbraith, *The Anatomy of Power* (Boston: Houghton Mifflin, 1983); Gary A. Yukl, *Leadership in Organizations*, 3ª ed. (Englewood Cliffs, NJ: Prentice Hall, 1994).
4. John R. P. French and Bertram Raven, "The Bases of Social Power," in Darwin Cartwright (Ed.), *Studies in Social Power* (Ann Arbor, MI: University of Michigan Press, 1959), p. 150–167. Veja também Philip M. Podsakoff and Chester A. Schriesheim, "Field Studies of French and Raven's Bases of Power: Critique, Reanalysis, and Suggestions for Future Research," *Psychological Bulletin*, 1985, v. 97, p. 387-411.
5. Veja Sze-Sze Wong, Violet Ho e Chay Hoon Lee, "A Power Perspective to Interunit Knowledge Transfer: Linking Attributes to Knowledge Power and the Transfer of Knowledge," *Journal of Management*, 2008, v. 34, n. 1, p. 127-150.
6. Yukl, *Leadership in Organizations*, Chapter X.
7. Veja Darren Treadway, Wayne Hochwarter, Charles Kacmar e Gerald Ferris, "Political Will, Political Skill, and Political Behavior," *Journal of Organizational Behavior*, 2005, v. 26, p. 229-245.
8. Victor Murray e Jeffrey Gandz, "Games Executives Play: Politics at Work," *Business Horizons*, dezembro 1980, p. 11-23. Veja também Jeffrey Gandz e Victor Murray, "The Experience of Workplace Politics," *Academy of Management Journal*, junho 1980, p. 237-251.
9. Gerald F. Cavanaugh, Dennis J. Moberg, and Manuel Valasquez, "The Ethics of Organizational Politics,"*Academy ofManagementReview*, julho 1981, p. 363-374. Veja também Gerald R. Ferris and Wayne A. Hochwarter, "Organizational Politics," in Sheldon Zedeck (ed.), *Handbook of Industrial and Organizational Psychology* (Washington, DC: American Psychological Association, 2010), p. 435-459.
10. Pfeffer, *Power in Organizations*; Mintzberg, *Power in and around Organizations*.
11. The techniques are based on Pfeffer, *Power in Organizations*; Mintzberg, *Power in and around Organizations*; and Galbraith, *Anatomy of Power*.
12. "How the Two Top Officials of Grace Wound Up in a Very Dirty War," *Wall Street Journal*, 18 de maio de 1995, p. Al, A8.
13. Veja Jerald Greenberg e Jason Colquitt, *Handbook of Organizational Justice* (Mahwah, NJ: Lawrence Erlbaum Associates, 2004), para uma discussão abrangente e revisão da literatura sobre a justiça nas organizações. Veja também James Lavelle, Deborah Rupp e Joel Brockner, "Taking a Multifoci Approach to the Study of Justice, Social Exchange, and Citizenship Behavior," *Journal of Management*, 2007, v. 33, n. 6, p. 841-866; and Joel Brockner, *A Contemporary Look at Organizational Justice* (Nova York: Routledge, 2010), for recent updates.
14. Veja Russell Cropanzano, David Bowen e Stephen Gilliland, "The Management Nuts of Organizational Justice," *Academy of Management Perspectives*, 2007, v. 21, n. 4, p. 34-48. Veja também Jerald Greenberg, "Organizational Justice: The Dynamics of Fairness in the Workplace," in Sheldon Zedeck (Ed.), *Handbook of Industrial and Organizational Psychology* (Washington, DC: American Psychological Association, 2010), p. 271-327.

Capítulo 15

1. Veja Stephen P. Robbins, *Managing Organizational Conflict* (Englewood Cliffs, NJ: Prentice Hall, 1974), para uma revisão clássica. Veja Carsten K. W. de Dreu, "Conflict at Work: Basic Principles and Applied Issues," in Sheldon Zedeck (Ed.), *Handbook of Industrial and Organizational Psychology* (Washington, DC: American Psychological Association, 2010), p. 461-493, para uma revisão mais recente.
2. Charles R. Schwenk, "Conflict in Organizational Decision Making: An Exploratory Study of Its Effects in For-Profit and Not-for-Profit Organizations," *Management Science*, abril 1990, p. 436-448.
3. Veja Carsten K. W. De Dreu, "The Virtue and Vice of Workplace Conflict: Food for (Pessimistic) Thought," *Journal of Organizational Behavior*, 2008, v. 29, n. 1, p. 5-18; Dean Tjosvold, "The Conflict-Positive Organization: It Depends on Us," *Journal of Organizational Behavior*, 2008, v. 29, n. 1, p. 19-28, para discussões de negativo e perspectivas positivas em matéria de conflitos.
4. "How Two Computer Nuts Transformed Industry Before Messy Breakup," *Wall Street Journal*, agosto 27, 1996, p. A1, A10.
5. Bruce Barry e Greg L. Stewart, "Composition, Process, and Performance in Self-Managed Groups: The Role of Personality," *Journal of Applied Psychology*, v. 82, n. 1, 1997, p. 62-78.

6. "Rumsfeld's Abrasive Style Sparks Conflict with Military Command," *USA Today*, 10 de dezembro de 2002, p. 1A, 2A.
7. "Delta CEO Resigns After Clashes with Board," *USA Today*, 13 de maio de 1997, p. B1.
8. "Why Boeing's Culture Breeds Turmoil," *Business Week*, 21 de março de 2005, p. 34-36.
9. James Thompson, *Organizations in Action* (Nova York: McGraw-Hill, 1967). Para uma discussão mais recente, veja Bart Victor e Richard S. Blackburn, "Interdependence: An Alternative Conceptualization," *Academy of Management Review*, julho 1987, p. 486-498.
10. Kenneth Thomas, "Conflict and Conflict Management," in Marvin Dunnette (Ed.), *Handbook of Industrial and Organizational Psychology* (Chicago, IL: Rand McNally, 1976), p. 889-935.
11. Alfie Kohn, "How to Succeed Without Even Vying," *Psychology Today*, setembro 1986, p. 22-28.
12. Veja Carsten K. W. De Dreu e Annelies E. M. Van Vianen, "Managing Relationship Conflict and the Effectiveness of Organizational Teams," *Journal of Organizational Behavior*, 2001, v. 22, p. 309-328; Veja também Kristin Behfar, Randall Peterson, Elizabeth Mannix e William Trochim, "The Critical Role of Conflict Resolution in Teams: A Close Look at the Links Between Conflict Type, Conflict Management Strategies, and Team Outcomes," *Journal of Applied Psychology*, 2008, v. 93, n. 1, p. 170-188.
13. "Memo to the Team: This Needs Salt!" *Wall Street Journal*, 4 de abril de 2000, p. B1, B14.
14. Veja Kimberly Wade-Benzoni, Andrew Hoffman, Leigh Thompson, Don Moore, James Gillespie, and Max Bazerman, "Barriers to Resolution in Ideologically Based Negotiations: The Role of Values and Institutions," *Academy of Management Review*, 2002, v. 27, n. 1, p. 41-57; veja também Leigh Thompson, Jiunwen Wang, and Brian Gunia, "Bargaining, Negotiation, Conflict, Social Justice," in Susan Fiske, Daniel Schacter, and Robert Sternberg (Eds.), *Annual Review of Psychology 2010* (Palo Alto, CA: Annual Reviews, 2010), p. 491-516.
15. J. Z. Rubin and B. R. Brown, *The Social Psychology of Bargaining and Negotiation* (Nova York: Academic Press, 1975).
16. R. J. Lewicki e J. A. Litterer, *Negotiation* (Homewood, IL: Irwin, 1985). Veja também Michele J. Gelfand, C. Ashley Fulmer e Laura Severance, "The Psychology of Negotiation and Meditation," in Sheldon Zedeck (Ed.), *Handbook of Industrial and Organizational Psychology* (Washington, DC: American Psychological Association, 2010), p. 495-554.
17. Howard Raiffa, *The Art and Science of Negotiation* (Cambridge, MA: Belknap, 1982). Veja também Leigh L. Thompson, JiunwenWang e Brian C. Gunia, "Bargaining, Negotiation, Conflict, Social Justice," in Susan T. Fiske, Daniel L. Schacter e Robert J. Sternberg (Eds.), *Annual Review of Psychology 2010* (Palo Alto, CA: Annual Reviews, 2010), p. 491-516.
18. K. H. Bazerman e M. A. Neale, *Negotiating Rationally* (Nova York: Free Press, 1992).
19. Ross R. Reck e Brian G. Long, *The Win-Win Negotiator* (Escondido, CA: Blanchard Training and Development, 1985).

Capítulo 16

1. Veja Richard L. Daft, *Organization Theory and Design*, 8ª ed. (Mason, OH: South-Western, 2004), p. 11, para mais discussões sobre a definição de organização.
2. Gareth R. Jones, *Organizational Theory, Design, and Change*, 9ª ed. (Upper Saddle River, NJ: Pearson Prentice Hall, 2007), p. 4.
3. Brayden G. King, Teppo Felin e David A. Whetten, "Perspective–Finding the Organization in Organizational Theory: A Meta- Theory of the Organization as a Social Actor," *Organization Science*, janeiro-fevereiro 2010, p. 290-305, ©2010 INFORMS.
4. Charles W. L. Hill e Gareth R. Jones, *Strategic Management: An Integrated Approach*, 9ª ed. (Mason, OH: South-Western Cengage Learning, 2010), p. 12. Veja também John R. Montanari, Cyril P. Morgan e Jeffrey S. Bracker, *Strategic Management* (Hinsdale, IL: Dryden Press, 1990), p. 1-2.
5. "Intel Aligns Around Platforms," "Intel Corporation in Summary," Intel website, appzone.intel.com em 8 de fevereiro de 2005.
6. A. Bryman, A. D. Beardworth, E. T. Keil e J. Ford, "Organizational Size and Specialization," *Organization Studies*, setembro 1983, p. 271-278.
7. Joseph L. C. Cheng, "Interdependence and Coordination in Organizations: A Role System Analysis," *Academy of Management Journal*, março 1983, p. 156-162.
8. Henry Mintzberg, *The Structuring of Organizations* (Englewood Cliffs, NJ: Prentice Hall, 1979), para

9. Max Weber, *The Theory of Social and Economic Organization*, trans. A. M. Henderson and Talcott Parsons (Nova York: Free Press, 1947).
10. Para mais discussão desses pontos de vista alternativos, veja John B. Miner, *Theories of Organizational Structure and Process* (Hinsdale, IL: Dryden Press, 1982), p. 386.
11. Paul S. Adler, "Building Better Bureaucracies," *Academy of Management Executive*, novembro 1999, p. 36-46.
12. Este resumo dos princípios clássicos da organização é baseado em Henri Fayol, *General and Industrial Management*, trans. Constance Storrs (London: Pittman, 1949); Miner, *Theories of Organizational Structure and Process*, p. 358-381; and the discussions in Arthur G. Bedeian, *Organizations: Theory and Analysis*, 2ª edição (Chicago, IL: Dryden, 1984), p. 58-59.
13. Miner, *Theories of Organizational Structure and Process*, p. 358-381.
14. Veja Rensis Likert, *New Patterns of Management* (Nova York: McGraw-Hill, 1961); Rensis Likert, *The Human Organization: Its Management and Value* (Nova York: McGraw-Hill, 1967), para uma discussão completa da organização humana.
15. Miner, *Theories of Organizational Structure and Process*, p. 17-53.
16. Weber, *The Theory of Social and Economic Organization*.
17. Adam Smith, *An Inquiry into the Nature and Causes of the Wealth of Nations* (London: Dent, 1910).
18. Nancy M. Carter e Thomas L. Keon, "The Rise and Fall of the Division of Labour, the Past 25 Years," *Organization Studies*, 1986, p. 54-57.
19. Glenn R. Carroll, "The Specialist Strategy," *California Management Review*, primavera 1984, p. 126-137.
20. "Management Discovers the Human Side of Automation," *Business Week*, 29 de setembro de 1986, p. 70–75.
21. Veja Robert H. Miles, *Macro Organizational Behavior* (Santa Monica, CA: Goodyear, 1980), p. 28-34, para uma discussão dos esquemas departamentalização.
22. Robert Berner, "Flip-Flops, Torn Jeans-and Control," *BusinessWeek*, 30 de maio de 2005, www.businessweek.com em 20 de abril de 2010; Jess Cartner-Morley, "History of Abercrombie & Fitch: Tracing a Line from JFK's Blazer," *The Guardian*, 24 de junho de 2009, www.guardian.com em 20 de abril de 2010; Benoit Denizet-Lewis, "The Man behind Abercrombie & Fitch," *Salon.com*, 24 de janeiro de 2006, www.salon.com em 20 de abril de 2010; Andria Cheng, "Abercrombie & Fitch Clothed in Green," *MarketWatch*, 13 de fevereiro de 2009, www.marketwatch.com em 17 de março de 2010.
23. Mintzberg, *The Structuring of Organizations*, p. 125.
24. Miles, *Macro Organizational Behavior*, p. 122–133.
25. "Sony Corporation Announces Major Reorganization and the New Management Team Led by Howard Stringer," Sony Corporation News Release, 27 de fevereiro de 2009; Erica Orden, "Sony Expected to Reorganize U.S. Entertainment Leadership," *Wall Street Journal*, atualizado em 21 de março de 2012, 6:13 pm; and Mark Kurlyandchik, *Wall Street Journal*, 10 de março de 2011, 8:20 am.
26. "Performance Inside: 2007 Annual Report," "Intel Aligns Around Platforms," "Intel Corporation in Summary," Intel website, www.intel.com em 21 de abril de 2008; Ephraim Schwartz, "The Age of the Industry-Specific PC," *InfoWorld*, 28 de janeiro de 2005, www.infoworld.com em 8 de fevereiro de 2005; Gary Rivlin and John Markoff, "Can Mr. Chips Transform Intel?" Nova York *Times*, 12 de setembro de 2004, p. BU1, BU4 (quote); "Intel Corporation," *Hoover's*, www.hoovers.com em 6 de março de 2005; "Intel Shuffles Key Management Roles," *TechWeb*, 1º de outubro de 2000, www.techweb.com em 8 de fevereiro de 2005.
27. Peggy Leatt and Rodney Schneck, "Criteria for Grouping Nursing Subunits in Hospitals," *Academy of Management Review*, março 1984, p. 150–165.
28. "Fact Sheets," "Organizational Structure," Deutsche Bank website, group.deutsche-bank.de em 7 de junho de 2002; Marcus Walker, "Lean New Guard at Deutsche Bank Sets Global Agenda-But Cultural Rifts Prevent More-Aggressive Cost Cuts-The Traditionalists Haven't Gone Quietly," *Wall Street Journal*, 14 de fevereiro de 2002, www.wsj.com em 4 de abril de 2002; Stephen Graham, "Deutsche Bank Says 2001 Profit Plummeted, Proceeds with Management Shake-Up," *National Business Stream*, 31 de janeiro de 2002; "Deutsche Bank Names Next CEO, Continuity Seen," *National Business Stream*, 21 de setembro de 2000.
29. Lyndall F. Urwick, "The Manager's Span of Control," *Harvard Business Review*, maio–junho 1956, p. 39-47.
30. Dan R. Dalton, William D. Tudor, Michael J. Spendolini, Gordon J. Fielding e Lyman W. Porter,

"Organization Structure and Performance: A Critical Review," *Academy of Management Review*, janeiro 1980, p. 49-64.
31. Mintzberg, *The Structuring of Organizations*, p. 133-147.
32. Veja David Van Fleet, "Span of Management Research and Issues," *Academy of Management Journal*, setembro 1983, p. 546–552, para um exemplo de pesquisa sobre extensão de controle.
33. John R. Montanari e Philip J. Adelman, "The Administrative Component of Organizations and the Ratchet Effect: A Critique of Cross-Sectional Studies," *Journal of Management Studies*, março 1987, p. 113-123.
34. D. A. Heenan, "The Downside of Downsizing," *Journal of Business Strategy*, novembro–dezembro 1989, p. 18-23.
35. Wayne F. Cascio, "Downsizing: What Do We Know? What Have We Learned?" *Academy of Management Executive*, fevereiro 1993, p. 95–104.
36. James P. Guthrie and Deepak K. Datta, "The Impact of Downsizing on Firm Performance," *Organization Science*, janeiro-fevereiro 2008, p. 108-123, ©2008 INFORMS.
37. Dalton et al., "Organization Structure and Performance."
38. Veja John Child, *Organization: A Guide to Problems and Practice*, 2ª ed. (Nova York: Harper & Row, 1984), p. 145-153, para uma discussão detalhada de centralização.
39. Richard H. Hall, *Organization: Structure and Process*, 3ª ed. (Englewood Cliffs, NJ: Prentice Hall, 1982), p. 87-96.
40. "Can Jack Smith Fix GM?" *Business Week*, 1º de novembro de 1993, p. 126-131; John McElroy, "GM's Brand Management Might Work," *Automotive Industries*, setembro 1996, p. 132.
41. Sharon Terlep, "GM's Chief Labors to Get Rebuilt Car Maker Into Gear," *Wall Street Journal*, 12 de junho de 2012, p. A1.
42. Daniel R. Denison, "Bringing Corporate Culture to the Bottom Line," *Organizational Dynamics*, outono 1984, p. 4-22.
43. Leonard W. Johnson e Alan L. Frohman, "Identifying and Closing the Gap in the Middle of Organizations," *Academy of Management Executive*, maio 1989, p. 107-114.
44. Michael Schrage, "I Know What You Mean, and I Can't Do Anything About It," *Fortune*, 2 de abril de 2001, p. 186.
45. Mintzberg, *The Structuring of Organizations*, p. 83-84.
46. Arthur P. Brief and H. Kirk Downey, "Cognitive and Organizational Structures: A Conceptual Analysis of Implicit Organizing Theories," *Human Relations*, dezembro 1983, p. 1065-1090.
47. Jerald Hage, "An Axiomatic Theory of Organizations," *Administrative Science Quarterly*, dezembro 1965, p. 289-320.
48. Gregory Moorhead, "Organizational Analysis: An Integration of the Macro and Micro Approaches," *Journal of Management Studies*, abril 1981, p. 191-218.
49. J. Daniel Sherman e Howard L. Smith, "The Influence of Organizational Structure on Intrinsic Versus Extrinsic Motivation," *Academy of Management Journal*, dezembro 1984, p. 877-885.
50. Eileen Fairhurst, "Organizational Rules and the Accomplishment of Nursing Work on Geriatric Wards," *Journal of Management Studies*, julho 1983, p 315-332.
51. Fairhurst, "Organizational Rules and the Accomplishment of Nursing Work on Geriatric Wards."
52. "Chevron Corp. Has Big Challenge Coping with Worker Cutbacks," *Wall Street Journal*, 4 de novembro de 1986, p. 1, 25.
53. Neil F. Brady, "Rules for Making Exceptions to Rules," *Academy of Management Review*, julho 1987, p. 436-444.
54. Veja Jeffrey Pfeiffer, *Power in Organizations* (Boston: Pittman, 1981), p. 4-6, para uma discussão sobre a relação entre poder e autoridade.
55. Miner, *Theories of Organizational Structure and Process*, p. 360.
56. Chester Barnard, *The Functions of the Executive* (Cambridge, MA: Harvard University Press, 1938), p. 161-184.
57. Pfeiffer, *Power in Organizations*, p. 366-367.

Capítulo 17

1. Lex Donaldson, "Strategy and Structural Adjustment to Regain Fit and Performance: In Defense of Contingency Theory," *Journal of Management Studies*, janeiro 1987, p. 1-24.
2. John R. Montanari, Cyril P. Morgan e Jeffrey Bracker, *Strategic Management* (Hinsdale, IL: Dryden Press, 1990), p. 114.
3. Veja Arthur A. Thompson Jr. e A. J. Strickland III, *Strategic Management*, 3ª edição (Plano, TX: Business Publications, 1984), p. 19-27.
4. David Stires, "Fallen Arches," *Fortune*, abril 26, 1999, p. 146-152.

5. Alfred D. Chandler, *Strategy and Structure: Chapters in the History of the American Industrial Enterprise* (Cambridge, MA: MIT Press, 1962).
6. John R. Kimberly, "Organizational Size and the Structuralist Perspective: A Review, Critique, and Proposal," *Administrative Science Quarterly*, dezembro 1976, p. 571–597.
7. Peter M. Blau e Richard A. Schoenherr, *The Structure of Organizations* (Nova York Basic Books, 1971).
8. Os resultados destes estudos estão resumidos cuidadosamente em Richard H. Hall, *Organizations: Structure and Process*, 3ª ed. (Englewood Cliffs, NJ: Prentice Hall, 1982), p. 89-94. Para outro estudo nessa área, veja John H. Cullen e Kenneth S. Anderson, "Blau's Theory of Structural Differentiation Revisited: A Theory of Structural Change or Scale?" *Academy of Management Journal*, junho 1986, p. 203-229.
9. "Small Is Beautiful Now in Manufacturing," *Business Week*, outubro 22, 1984, p. 152-156.
10. Richard H. Hall, J. Eugene Haas e Norman Johnson, "Organizational Size, Complexity, and Formalization," *American Sociological Review*, dezembro 1967, p. 903-912.
11. Catherine Arnst, "Downsizing: Out One Door and In Another," *Business Week*, janeiro 22, 1996, p. 41; Peter Elstrom, "Dial A for Aggravation," *Business Week*, 11 de março de 1996, p. 34; Alex Markels and Matt Murray, "Call It Dumbsizing: Why Some Companies Regret Cost-Cutting," *Wall Street Journal*, 14 de maio de 1996, p. A1, A5.
12. James P. Guthrie e Deepak K. Datta: "The Impact of Downsizing on Firm Performance," *Organization Science*, janeiro-fevereiro 2008, p. 108-123, ©2008 INFORMS; and Robert I. Sutton and Thomas D'Anno, "Decreasing Organizational Size: Untangling the Effects of Money and People," *Academy of Management Review*, maio 1989, p. 194–212.
13. Scott Thurm, "Recalculating the Cost of Big Layoffs," *Wall Street Journal*, maio 5, 2010, accessed online, maio 6, 2010.
14. Joan Woodward, *Management and Technology: Problems of Progress in Industry*, n. 3 (London: Her Majesty's Stationery Office, 1958); Joan Woodward, *Industrial Organizations: Theory and Practice* (London: Oxford University Press, 1965).
15. Tom Burns and George M. Stalker, *The Management of Innovation* (London: Tavistock, 1961).
16. Charles B. Perrow, "A Framework for the Comparative Analysis of Organizations," *American Sociological Review*, abril 1967, p. 194-208.
17. James D. Thompson, *Organizations in Action* (Nova York: McGraw-Hill, 1967).
18. David J. Hickson, Derek S. Pugh, and Diana C. Pheysey, "Operations Technology and Organization Structure: An Empirical Reappraisal," *Administrative Science Quarterly*, setembro 1969, p. 378-397.
19. Diane E. Bailey, Paul M. Leonardi, and Jan Chong, "Minding the Gaps: Understanding Technology Interdependence and Coordination in Knowledge Work," *Organization Science, Articles in Advance*, 25 de setembro de 2009, p. 1-18. INFORMS.
20. Bailey et al., "Minding the Gaps."
21. Andrew Kupfer, "How to Be a Global Manager," *Fortune*, 14 de março de 1988, p. 52-58.
22. "Going Crazy in Japan-In a Break from Tradition, Tokyo Begins Funding a Program for Basic Research," *Wall Street Journal*, 10 de novembro de 1986, p. D20.
23. "About Wal-Mart," "Wal-Mart Stores, Inc., at a Glance," Walmart website, www.walmartstores.com em 12 de junho de 2002; "Dell at a Glance," "Dell Worldwide," Dell website, www.dell.com em 12 de junho de 2002; Brian Dumaine, "What Michael Dell Knows That You Don't," *Fortune*, 3 de junho de 2002, www.fortune.com em 12 de junho de 2002; Andy Serwer, "Dell Does Domination," *Fortune*, 21 de janeiro de 2002, p. 71-75; Eryn Brown, "America's Most Admired Companies," *Fortune*, 1 de março de 1999, p. 68-73 (quotation p. 70).
24. Richard L. Daft, *Organization Theory and Design*, 8ª ed. (Cincinnati, OH: South-Western, a division of Thomson Learning, 2004), p. 141.
25. "Toy Makers Lose Interest in Tie-Ins with Cartoons," *Wall Street Journal*, 28 de abril de 1988, p. 29.
26. Masoud Yasai-Ardekani, "Structural Adaptations to Environments," *Academy of Management Review*, janeiro 1986, p. 9-21.
27. John E. Prescott, "Environments as Moderators of the Relationship Between Strategy and Performance," *Academy of Management Journal*, junho 1986, p. 329-346.
28. Timothy M. Stearns, Alan N. Hoffman, and Jan B. Heide, "Performance of Commercial Television Stations as an Outcome of Interorganizational Linkages and Environmental Conditions," *Academy of Management Journal*, março 1987, p. 71-90.

29. Thompson, *Organizations in Action*, p. 51-82.
30. Lori Ioannou, "American Invasion," *Fortune*, 13 de maio de 2002, www.fortune.com em 12 de junho de 2002; Jesse Wong, "How to Start a Business Without a Road Map," *Fortune*, 1 de abril de 2002, www.fortune.com em 12 de junho de 2002; Camilla Ojansivu, "Strategy for a Stronger Market Economy: Corporate Restructuring the PRC," *Business Beijing*, novembro, 2001, p. 38-39.
31. Para obter mais informações sobre a escolha gerencial, veja John Child, "Organizational Structure, Environment, and Performance: The Role of Strategic Choice," *Sociology*, janeiro 1972, p. 1-22; John R. Montanari, "Managerial Discretion: An Expanded Model of Organizational Choice," *Academy of Management Review*, abril 1978, p. 231-241.
32. H. Randolph Bobbitt and Jeffrey D. Ford, "Decision Maker Choice as a Determinant of Organizational Structure," *Academy of Management Review*, janeiro 1980, p. 13-23.
33. James W. Frederickson, "The Strategic Decision Process and Organization Structure," *Academy of Management Review*, abril 1986, p. 280-297.
34. Herman L. Boschken, "Strategy and Structure: Reconceiving the Relationship," *Journal of Management*, março 1990, p. 135-150.
35. "Kerkorian Sues Daimler," *CNN Money*, 28 de novembro de 2000, cnnmoney.com em 10 de março de 2005; Stephen Graham, "DaimlerChrysler to Trim Management," *Detroit Free Press*, 1º de fevereiro de 2003, www.freep.com em 10 de março de 2005; Danny Hakim, "You Say 'Takeover.' I Say 'Merger of Equals.'" Nova York *Times*, 21 de dezembro de 2003, p. BU1, BU10; Jeffrey K. Liker, "What Was Daimler Thinking?" *Across the Board*, janeiro/fevereiro 2005, p. 12-13.
36. Jerry Flint, "Is Fiat Helping Chrysler-Or Fiat," *Forbes.com*, 3 de novembro de 2009, http://www.forbes.com/2009/11/02/chrysler-fiat-automobiles-jerryflint-business-autos-backseat.html em 2 de maio de 2010.
37. Elton Mayo, *The Human Problems of an Industrial Civilization* (Nova York: Macmillan, 1933); F. J. Roethlisberger and W. J. Dickson, *Management and the Worker* (Cambridge, MA: Harvard University Press, 1939).
38. Eric L. Trist and K. W. Bamforth, "Some Social and Psychological Consequences of the Longwall Method of Coal-Getting," *Human Relations*, fevereiro 1951, p. 3-38.
39. Richard E. Walton, "How to Counter Alienation in the Plant," *Harvard Business Review*, novembro-dezembro 1972, p. 70-81; Pehr G. Gyllenhammar, "How Volvo Adapts Work to People," *Harvard Business Review*, julho–agosto 1977, p. 102-113; Richard E. Walton, "Work Innovations at Topeka: After Six Years," *Journal of Applied Behavioral Science*, julho–setembro 1977, p. 422-433.
40. Henry Mintzberg, *The Structuring of Organizations: A Synthesis of the Research* (Englewood Cliffs, NJ: Prentice Hall, 1979).
41. Veja Harold C. Livesay, *American Made: Men Who Shaped the American Economy* (Boston: Little, Brown, 1979), p. 215-239, para uma discussão de Alfred Sloan e o desenvolvimento da estrutura divisionalizada na General Motors.
42. Anne B. Fisher, "GM Is Tougher Than You Think," *Fortune*, 10 de novembro de 1986, p. 56-64.
43. Thompson e Strickland, *Strategic Management*, p. 212.
44. Gary Hamel com Bill Breen, *The Future of Management* (Boston, MA: Harvard Business School Press, 2007).
45. Rachel Emma Silverman, "Who's the Boss? There Isn't One," *Wall Street Journal*, 20 de junho de 2012, p. B1.
46. Henry Mintzberg, "Organization Design: Fashion or Fit," *Harvard Business Review*, janeiro–fevereiro 1981, p. 103-116.
47. Harvey F. Kolodny, "Managing in a Matrix," *Business Horizons*, março-abril 1981, p. 17-24.
48. Stanley M. Davis e Paul R. Lawrence, *Matrix* (Reading, MA: Addison-Wesley, 1977), p. 11-36.
49. Lawton R. Burns, "Matrix Management in Hospitals: Testing Theories of Matrix Structure and Development," *Administrative Science Quarterly*, setembro 1989, p. 355-358.
50. Ibidem, p. 129-154.
51. "The Virtual Corporation," *Business Week*, 8 de fevereiro de 1993, p. 98-102; William H. Carlile, "Virtual Corporation a Real Deal," *Arizona Republic*, 2 de agosto de 1993, p. E1, E4.
52. Max Chafkin, "The Case, and the Plan, for the Virtual Company," *Inc.com*, 1º de abril de 2010, http://www.inc.com/magazine/20100401/the-case-andthe-plan-for-the-virtual-company.html em 25 de abril de 2010. Veja o *site* para obter uma lista mais completa dos prós e contras do teletrabalho: http:// www.teleworker.com/pro-con.html.
53. Thomas A. Stewart, "Reengineering: The Hot New Managing Tool," *Fortune*, 23 de agosto de 1993, p. 41-48.

54. James A. Champy, "From Reengineering to XEngineering," in Subir Chowdhury (Ed.), *Organization 21C: Someday All Organizations Will Lead This Way* (Upper Saddle River, NJ: Financial Times Prentice Hall, 2003), p. 93-95.
55. Robert Tomasko, *Rethinking the Corporation* (Nova York: AMA-COM, 1993).
56. Rahul Jacob, "The Struggle to Create an Organization for the 21st Century," *Fortune*, 3 de abril de 1995, p. 90–99; Gene G. Marcial, "Don't Leave Your Broker Without It?" *Business Week*, 5 de fevereiro de 1996, p. 138; Jeffrey M. Laderman, "Loading Up on No-Loads," *Business Week*, 27 de maio de 1996, p. 138.
57. James R. Lincoln, Mitsuyo Hanada e Kerry McBride, "Organizational Structures in Japanese and U.S. Manufacturing," *Administrative Science Quarterly*, setembro 1986, p. 338–364.
58. "The Inscrutable West," *Newsweek*, 18 de abril de 1988, p. 52.
59. Michael W. Morris, Joel Podolny e Bilian Ni Sullivan, "Culture and Coworker Relations: Interpersonal Patterns in American, Chinese, German, and Spanish Divisions of a Global Retail Bank," *Organization Science*," julho–agosto 2008, p. 517-532.
60. Richard I. Kirkland Jr., "Europe's New Managers," *Fortune*, 29 de setembro de 1980, p. 56-60; Shawn Tully, "Europe's Takeover Kings," *Fortune*, 20 de julho de 1987, p. 95-98.
61. Henry W. Lane and Joseph J. DiStefano, *International Management Behavior* (Ontario: Nelson, 1988).
62. William H. Davison and Philippe Haspeslagh, "Shaping a Global Product Organization," *Harvard Business Review*, julho–agosto 1982, p. 125-132.
63. Emily Glazer, "P&G Unit Bids Goodbye to Cincinnati, Hello to Asia," *Wall Street Journal*, 10 de maio de 2012, p. B1.
64. John Child, *Organizations: A Guide to Problems and Practice* (Nova York: Harper & Row, 1984), p. 246.
65. Thomas J. Peters e Robert H. Waterman Jr., *In Search of Excellence: Lessons from America's Best- Run Companies* (Nova York: Harper & Row, 1982), p. 235-278.
66. Thomas J. Peters and Nancy K. Austin, "A Passion for Excellence," *Fortune*, 13 de maio de 1985, p. 20-32.
67. Michael Beer, "Building Organizational Fitness" in Subir Chowdhury (Ed.), *Organization 21C: Someday All Organizations Will Lead This Way* (Upper Saddle River, NJ: Financial Times Prentice Hall, 2003), p. 311-312.

Capítulo 18

1. Veja "Corporate Culture: The Hard-to-Change Values That Spell Success or Failure," *Business Week*, 27 de outubro de 1980, p. 148-160; Charles G. Burck, "Working Smarter," *Fortune*, 15 de junho de 1981, p. 68-73.
2. Charles A. O'Reilly and Jennifer A. Chatman, "Culture as Social Control: Corporations, Cults, and Commitment," in Barry M. Staw and L. L. Cummings (Eds.), *Research in Organizational Behavior*, v. 18 (Stamford, CT: JAI Press, 1996), p. 157-200.
3. J. P. Kotter e J. L. Heskett, *Corporate Culture and Performance* (Nova York: Free Press, 1992).
4. Michael Tushman e Charles A. O'Reilly, *Staying on Top: Managing Strategic Innovation and Change for Long-Term Success* (Boston: Harvard Business School Press, 1996).
5. T. E. Deal e A. A. Kennedy, *Corporate Cultures: The Rites and Rituals of Corporate Life* (Reading, MA: Addison-Wesley, 1982), p. 4.
6. E. H. Schein, "The Role of the Founder in Creating Organizational Culture," *Organizational Dynamics*, verão 1983, p. 14.
7. Thomas J. Peters e Robert H. Waterman Jr., *In Search of Excellence: Lessons from America's Best-Run Companies* (Nova York: Harper & Row, 1982), p. 103.
8. Veja M. Polanyi, *Personal Knowledge* (Chicago: University of Chicago Press, 1958); E. Goffman, *The Presentation of Self in Everyday Life* (Nova York: Doubleday, 1959); P. L. Berger e T. Luckman, *The Social Construction of Reality* (Garden City, NY: Anchor Books, 1967).
9. "Declaration of Interdependence," Whole Foods Market website, www.wholefoodsmarket.com em 1º de maio de 2005; "David B. Dillon," *Forbes*, www. forbes.com em 29 de abril de 2005; "The Kroger Co.," *Hoover's*, www.hoovers.com em 29 de abril de 2005; Charles Fischman, "The Anarchist's Cookbook," *Fast Company*, julho 2004, p. 70-78; Evan Smith, "John Mackey," *Texas Monthly*, março 2005, p. 122-132 (quotation); Amy Tsao, "Whole Foods' Natural High," *Business Week*, 17 de julho de 2003, www.businessweek.com em 30 de abril de 2005.
10. Eric Ransdell, "The Nike Story? Just Tell It!" *Fast Company*, janeiro-fevereiro 2000, p. 44-46 (trecho

da p. 46); Claude Solnik, "Co-Founder of Nike Dies Christmas Eve," *Footwear News*, 3 de janeiro de 2000, p. 2; Rosemary Feitelberg, "Bowerman's Legacy Runs On," *WWD*, 30 de dezembro de 1999, p. 8.

11. Louise Lee, "Tricks of E*Trade," *Business Week E.Biz*, 7 de fevereiro de 2000, p. EB18-EB31.
12. A. L. Kroeber e C. Kluckhohn, "Culture: A Critical Review of Concepts and Definitions," in *Papers of the Peabody Museum of American Archaeology and Ethnology*, v. 47, n. 1 (Cambridge, MA: Harvard University Press, 1952).
13. C. Geertz, *The Interpretation of Cultures* (Nova York: Basic Books, 1973).
14. Veja, por exemplo, B. Clark, *The Distinctive College* (Chicago, IL: Aldine, 1970).
15. E. Durkheim, *The Elementary Forms of Religious Life*, trans. J. Swain (Nova York: Collier, 1961), p. 220.
16. Veja William G. Ouchi, *Theory Z: How American Business Can Meet the Japanese Challenge* (Reading, MA: Addison-Wesley, 1981); e Peters and Waterman, *In Search of Excellence*.
17. Veja Ouchi, *Theory Z*; Deal and Kennedy, *Corporate Cultures*; and Peters and Waterman, *In Search of Excellence*.
18. E. Borgida and R. E. Nisbett, "The Differential Impact of Abstract vs. Concrete Information on Decisions," *Journal of Applied Social Psychology*, julho–setembro 1977, p. 258-271.
19. J. Martin e M. Power, "Truth or Corporate Propaganda: The Value of a Good War Story," in Pondy et al., *Organizational Symbolism* (Greenwich, CT: JAI, 1983), p. 93-108.
20. W. G. Ouchi, "Markets, Bureaucracies, and Clans," *Administrative Science Quarterly*, março 1980, p. 129–141; A. Wilkins and W. G. Ouchi, "Efficient Cultures: Exploring the Relationship Between Culture and Organizational Performance," *Administrative Science Quarterly*, setembro 1983, p. 468-481.
21. Peters and Waterman, *In Search of Excellence*.
22. J. B. Barney, "Organizational Culture: Can It Be a Source of Sustained Competitive Advantage?" *Academy of Management Review*, julho 1986, p. 656-665.
23. Michelle Conlin, "Is Wal-Mart Hostile to Women?" *Business Week*, julho 16, 2001, www.businessweek.com em 21 de junho de 2002.
24. Kate Linebaugh, Dionne Searcey e Norihiko Shirouzu, "Secretive Culture Led Toyota Astray," *Wall Street Journal*, 8 de fevereiro de 2010, acesso em 13 de fevereiro de 2010.
25. Daniel R. Denison, "What Is the Difference Between Organizational Culture and Organizational Climate? A Native's Point of View on a Decade of Paradigm Wars," *Academy of Management Review*, julho 1996, p. 619-654.
26. S. G. Isaksen and G. Ekvall, *Assessing the Context for Change: A Technical Manual for the Situational Outlook Questionnaire* (Orchard Park, NY: The Creative Problem Solving Group, 2007).
27. O'Reilly and Chatman, "Culture as Social Control."
28. Richard L. Osborne, "Strategic Values: The Corporate Performance Engine," *Business Horizons*, setembro–outubro 1996, p. 41-47.
29. Veja Osborne, "Strategic Values: The Corporate Performance Engine."; and Gary McWilliams, "Dell's Profit Rises Slightly, As Expected," *Wall Street Journal*, 11 de fevereiro de 2000, p. A3.
30. "The Jack and Herb Show," *Fortune*, 11 de janeiro de 1999, p. 166.
31. Max Chafkin, "The Zappos Way of Managing," *Inc.com*, 1º de maio de 2009, www.inc.com em 25 de abril de 2010.
32. Ibidem.
33. Ibidem.
34. Ouchi, *Theory Z*.
35. Catherine Reagor, "Wells Fargo Riding Roughshod in State, Some Say," *Arizona Republic*, 8 de setembro de 1996, p. D1, D4; Catherine Reagor, "Wells Fargo to Cut 3,000 Additional Jobs," *Arizona Republic*, 20 de dezembro de 1996, p. E1, E2.
36. O'Reilly and Chatman, "Culture as Social Control."
37. John E. Sheridan, "Organizational Culture and Employee Retention," *Academy of Management Journal*, dezembro 1992, p. 1036-1056; Lisa A. Mainiero, "Is Your Corporate Culture Costing You?" *Academy of Management Executive*, novembro 1993, p. 84-85.
38. Peters and Waterman, *In Search of Excellence*.
39. Steve Coll, *Private Empire: EXXONMOBIL and American Power* (Nova York: The Penguin Press, 2012).
40. Watts S. Humphrey, *Managing for Innovation: Leading Technical People* (Englewood Cliffs, NJ: Prentice Hall, 1987).
41. Brian O'Reilly, "Secrets of the Most Admired Corporations: New Ideas and New Products," *Fortune*, 3 de março de 1997, p. 60-64.
42. Association for the Advancement of Retired Persons, "Now You veja It, Now You Don't," 11 de

novembro de 2005, www.aarp.org em 25 de abril de 2008; State of Minnesota, Employment District Court, Second Judicial District, "Second Amended Complaint," *Clifford L. Whitaker et al., Plaintiffs, v. 3M Company, Defendant*, 3 de janeiro de 2006, www.sprengerlang.com em 7 de maio de 2010; Julie Foster, "6,000 3M Workers Could Be Part of Age Discrimination Suit," *St. Paul Pioneer Press*, 15 de abril de 2008, www.twincities.com em 25 de abril de 2008.
43. Laurie K. Lewis e David R. Seibold, "Innovation Modification During Intraorganizational Adoption," *Academy of Management Review*, abril 1993, v. 10, n. 2, p. 322-354.
44. Leslie Kwoh, "You Call That Innovation?" *Wall Street Journal*, 23 de maio de 2012, p. B1.
45. Steve Tobak, "Leadership Lessons from BlackBerry's Demise," *CBS MoneyWatch*, 2 de abril de 2012, http://www.cbsnews.com/8301-505125_162- 57407782/leadership-lessons-from--blackberrysdemise/.
46. Brian Hindo, "3M's Culture of Innovation," *Business Week*, 11 de junho de 2007, www.businessweek.com em 25 de abril de 2008; Brian Hindo, "At 3M, a Struggle Between Efficiency and Creativity," *Business Week*, 11 de junho de 2007, www.businessweek.com em 18 de janeiro de 2008; Brian Hindo, "3M Chief Plants a Money Tree," *Business Week*, 11 de junho de 2007, www.businessweek.com em 25 de abril de 2008.
47. Para mais discussão sobre W. L. Gore & Associates, veja Gary Hamel (with Bill Breen), *The Future of Management* (Boston: Harvard Business School Press, 2007), p. 83-100.
48. Oren Harari, "Stop Empowering Your People," *Management Review*, novembro 1993, p. 26-29.
49. Rob Goffee e Gareth Jones, "Organizational Culture," in Subir Chowdhury (Ed.), *Organization 21C: Someday All Organizations Will Lead This Way* (Upper Saddle River, NJ: Financial Times Prentice Hall, 2003), p. 273-290.
50. "Declaration of Interdependence," Whole Foods Market website, www.wholefoodsmarket.com em 1º de maio de 2005; Amy Tsao, "Whole Foods' Natural High," *Business Week*, 18 de julho de 2003, www.businessweek.com em 30 de abril de 2005; Charles Fischman, "The Anarchist's Cookbook," *Fast Company*, julho 2004, p. 70–78; "David B. Dillon," *Forbes*, www.forbes.com em 29 de abril de 2005; Evan Smith, "John Mackey," *Texas Monthly*, março 2005, p. 122-132.
51. Veja Warren Wilhelm, "Changing Corporate Culture-Or Corporate Behavior? How to Change Your Company," *Academy of Management Executive*, novembro 1992, p. 72-77.
52. "Socialization" has also been defined as "the process by which culture is transmitted from one generation to the next." Veja J. W. M. Whiting, "Socialization: Anthropological Aspects," in D. Sils (Ed.), *International Encyclopedia of the Social Sciences*, v. 14 (Nova York: Free Press, 1968), p. 545.
53. J. E. Hebden, "Adopting an Organization's Culture: The Socialization of Graduate Trainees," *Organizational Dynamics*, verão 1986, p. 54-72.
54. J. B. Barney, "Organizational Culture: Can It Be a Source of Sustained Competitive Advantage?" *Academy of Management Review*, julho 1986, p. 656-665.
55. Brian Hindo, "3M's Culture of Innovation."
56. James R. Norman, "A New Teledyne," *Forbes*, 27 de setembro 27, 1993, p. 44-45.

Capítulo 19

1. "Baby Boomers Push for Power," *Business Week*, 2 de julho de 1984, p. 52-56.
2. "Americans' Median Age Passes 32," *Arizona Republic*, 6 de abril de 1988, p. A1, A5.
3. Annual Estimates of the Resident Population by Sex and Five-Year Age Group for the United States: Abril 1, 2010 to julho 1, 2011 (NC-EST 2011-01). Source: U.S. Census Bureau, Population Division. Release Date: maio 2012, http://www.census.gov/popest/data/national/asrh/2011.
4. Geoffrey Colvin, "What the Baby Boomers Will Buy Next," *Fortune*, 15 de outubro de 1984, p. 28-34.
5. Lev Grossman, "Grow Up? Not So Fast," *Time*, 24 de janeiro de 2005, p. 42.
6. Diane Thielfoldt and Devon Scheef, "Generation X and the Millennials: What You Need to Know About Mentoring the New Generations," *Law Practice Today*, agosto 2004, www.abanet.org/lm/lpt/articles/nosearch/mgt08044_print.html em 11 de março de 2008.
7. Michael A. Olguin, "5 Tips for Managing Millennial Employees," *Inc.com*, 13 de Abril de 2012, http://www.inc.com/michael-olguin/5-tips-formanaging- millennial-employees.html em 20 de julho de 2012.
8. John Huey, "Managing in the Midst of Chaos," *Fortune*, 5 de abril de 1993, p. 38-48.

9. Craig Stanley, "At one school district, the motto is BYOT – Bring Your Own Technology," *NBC News*, 6 de maio de 2012, http://dailynightly.msnbc.msn.com/_news/2012/05/06/11567170-at-one-schooldistrict-the-motto-is-byot-bring-your-owntechnology? lite on julho 20, 2012.
10. "DuPont Adopts New Direction in China," Xinhua News Agency, 7 de setembro de 1999, p. 1008250h0104; Alex Taylor III, "Why DuPont Is Trading Oil for Cor n," *Fortune*, 26 de abril de 1999, p. 154-160; Jay Palmer, "New DuPont: For Rapid Growth, an Old-Line Company Looks to Drugs, Biotechnology," *Barron's*, 11 de maio de 1998, p. 31.
11. "Toyota to Employ Robots," News24.com website, 6 de janeiro de 2005, www.news24.com em 4 de maio de 2005; "Toyota's Global New Body Line," Toyota Motor Manufacturing website, www.toyotageorgetown.com em 4 de maio de 2005; Burritt Sabin, "Robots for Babies–Toyota at the Leading Edge," Japan.com website, www.japan.com em 5 de maio de 2005.
12. Stephanie Schomer, "Body Language," *Fast Company*, maio 2010, p. 61-66.
13. Tarmo Virki, "Professional Social Networking Booming," bx.businessweek.com, 18 de maio de 2010, bx.businessweek.com em 24 de maio de 2010; Eric Tsai, "How to Integrate Email Marketing, SEO, and Social Media," bx.businessweek.com, 20 de maio de 2010, bx.businessweek.com em 24 de maio de 2010.
14. Sue Shellenbarger, "'Working From Home' Without Slacking Off," *Wall Street Journal*, 11 de julho de 2012, p. B3.
15. Rachel Emma Silverman e Robin Sidel, "Warming Up to the Officeless Office," *Wall Street Journal*, 18 de abril de 2012, p. B1.
16. Thomas A. Stewart, "Welcome to the Revolution," *Fortune*, 13 de dezembro de 1993, p. 66–80.
17. Max Chafkin, "The Zappos Way of Managing," *Inc.com*, 1º de maio de 2009, www.inc.com em 25 de abril de 2010.
18. Veja Thomas L. Friedman, *The World Is Flat 3.0: A Brief History of the Twenty-First Century* (Nova York: Farrar, Straus & Giroux, 2007), para uma excelente conta de impacto da globalização e da tecnologia.
19. Kurt Lewin, *Field Theory in Social Science* (Nova York: Harper & Row, 1951).
20. W. Warner Burke, "Leading Organizational Change," in Subir Chowdhury (Ed.), *Organization 21C: Someday All Organizations Will Lead This Way* (Upper Saddle River, NJ: Financial Times Prentice Hall, 2003), p. 291-310.
21. Mitchell Lee Marks, "In With the New," *Wall Street Journal*, 24 de maio de 2010, online.wsj.com em 24 de maio de 2010.
22. Linda S. Ackerman, "Transition Management: An In-Depth Look at Managing Complex Change," *Organizational Dynamics*, verão 1982, p. 46–66; David A. Nadler, "Managing Transitions to Uncertain Future States," *Organizational Dynamics*, verão 1982, p. 37-45.
23. Burke, "Leading Organizational Change."
24. Noel M. Tichy e David O. Ulrich, "The Leadership Challenge–A Call for the Transformational Leader," *Sloan Management Review*, inverno 1984, p. 59-68.
25. W. Warner Burke, *Organization Development: Principles and Practices* (Boston: Little, Brown, 1982).
26. Michael Beer, *Organization Change and Development* (Santa Monica, CA: Goodyear, 1980); Burke, *Organization Development*.
27. Cummings and Worley, *Organization Development and Change*, 6ª ed. (Cincinnati, OH: South-Western Publishing, 1997), p. 2.
28. Noel M. Tichy e Christopher DeRose, "The Death and Rebirth of Organizational Development," in Subir Chowdhury (Ed.), *Organization 21C: Someday All Organizations Will Lead This Way* (Upper Saddle River, NJ: Financial Times Prentice Hall, 2003), p. 155-177.
29. Danny Miller e Peter H. Friesen, "Structural Change and Performance: Quantum Versus Piecemeal-Incremental Approaches," *Academy of Management Journal*, dezembro 1982, p. 867-892.
30. Sharon Silke Carty, "Bill Ford Carries on Family Name with Grace," *USA Today*, 27 de fevereiro de 2005, http://www.usatoday.com/money/autos/2005-02-27-ford-ceo-usat_x.htm em 12 de março de 2008; "Ford Enters New Era of E-Communication: New Web Sites Connect Dealers, Consumer, Suppliers," *PR Newswire*, 24 de janeiro de 2000, p. 7433; Suzy Wetlaufer, "Driving Change," *Harvard Business Review*, março-abril 1999, p. 77-85; "Ford's Passing Fancy," *Business Week*, 15 de março de 1999, p. 42; Bill Saporito, "Can Alan Mulally Keep Ford in the Fast Lane?" *Time*, 9 de agosto de 2010, http://www.time.com/time/magazine/article/0,9171,2007401,00.html em 19 de agosto de 2010.
31. J. Lloyd Suttle, "Improving Life at Work–Problems and Prospects," in J. Richard Hackman and J. Lloyd Suttle (Eds.), *Improving Life at Work: Behavioral*

Science Approaches to Organizational Change (Santa Monica, CA: Goodyear, 1977), p. 4.

32. Richard E. Walton, "Quality of Work Life: What Is It?" *Sloan Management Review*, inverno 1983, p. 11-21.
33. DISA website, www.disa.mil/careers/worklife, em 23 de maio de 2010.
34. Daniel A. Ondrack e Martin G. Evans, "Job Enrichment and Job Satisfaction in Greenfield and Redesign QWL Sites," *Group & Organization Studies*, março 1987, p. 5-22.
35. Ben Farmer, "Fiat 500 Is Britain's Sexiest Car," *Telegraph*, 5 de setembro de 2008, www.telegraph.co.uk em 22 de maio de 2010; Peter Gumbel, "Chrysler's Sergio Marchionne: The Turnaround Artista," *Time*, www.time.com em 20 de maio de 2010; "Online Extra: Fiat's Sexy Designs on Success," *BusinessWeek*, 16 de janeiro de 2006, www.businessweek.com em 20 de maio de 2010; Chris Poole, "2011 Fiat 500 Review and Prices," *Consumer Guide Automotive*, 2 de julho de 2009, http://consumerguideauto.howstuffworks.com em 20 de maio de 2010; Shawn Langlois, "Style and Substance," *MarketWatch*, Dezembro 3, 2009, www.marketwatch.com em 24 de maio de 2010.
36. Ricky W. Griffin, *Task Design: An Integrative Framework* (Glenview, IL: Scott, Foresman, 1982).
37. Gregory Moorhead, "Organizational Analysis: An Integration of the Macro and Micro Approaches," *Journal of Management Studies*, abril 1981, p. 191-218.
38. James C. Quick and Jonathan D. Quick, *Organizational Stress and Preventive Management* (Nova York: McGraw-Hill, 1984).
39. Tichy e DeRose, "The Death and Rebirth of Organizational Development."
40. Kenneth N. Wexley and Timothy T. Baldwin, "Management Development," *1986 Yearly Review of Management of the Journal of Management*, in the *Journal of Management*, verão 1986, p. 277-294.
41. Richard Beckhard, "Optimizing Team-Building Efforts," *Journal of Contemporary Business*, verão 1972, p. 23-27, 30-32.
42. Bernard M. Bass, "Issues Involved in Relations Between Methodological Rigor and Reported Outcomes in Evaluations of Organizational Development," *Journal of Applied Psychology*, fevereiro 1983, p. 197-201; William M. Vicars and Darrell D. Hartke, "Evaluating OD Evaluations: A Status Report," *Group & Organization Studies*, junho 1984, p. 177-188.
43. Beer, *Organization Change and Development*.
44. Jerome L. Franklin, "Improving the Effectiveness of Survey Feedback," *Personnel*, maio-junho 1978, p. 11-17.
45. Paul R. Lawrence, "How to Deal with Resistance to Change," *Harvard Business Review*, maio-junho 1954, reprinted in Gene W. Dalton, Paul R. Lawrence, and Larry E. Greiner (Eds.), *Organizational Change and Development* (Homewood, IL: Irwin, 1970), p. 181-197.
46. Jeffrey D. Ford, Laurie W. Ford e Angelo D'Amelio, "Resistance to Change: The Rest of the Story," *Academy of Management Review*, abril, 2008, p. 362–377.
47. Daniel Katz e Robert L. Kahn, *The Social Psychology of Organizations*, 2ª ed. (Nova York: John Wiley and Sons, 1978), p. 36-68.
48. Veja Michael T. Hannah e John Freeman, "Structural Inertia and Organizational Change," *American Sociological Review*, abril 1984, p. 149-164, para uma discussão aprofundada de inércia estrutural.
49. Moorhead, "Organizational Analysis: An Integration of the Macro and Micro Approaches."
50. G. Zaltman and R. Duncan, *Strategies for Planned Change* (Nova York: John Wiley and Sons, 1977); David A. Nadler, "Concepts for the Management of Organizational Change," in J. Richard Hackman, Edward E. Lawler III, and Lyman W. Porter (Eds.), *Perspectives on Behavior in Organizations*, 2ª ed. (Nova York McGraw-Hill, 1983), p. 551-561.
51. Dell Inc., "Dell Sees Unrivalled Opportunity in Connected Era and Fast Growing Economies," press release, 10 de abril de 2008, www.dell.com em 26 de maio de 2010; Jack Ewing, "Where Dell Sells with Brick and Mortar," *BusinessWeek*, 8 de outubro de 2007, www.businessweek.com em 26 de maio de 2010; "Dell Says Sales in India Grew to $700 Million," *Wall Street Journal*, 25 de março de 2008, www.wsj.com em 26 de abril de 2008; Bruce Einhorn, "Dell Goes Retail in China with Gome," *BusinessWeek*, 24 de setembro de 2007, www.businessweek.com em 26 de maio de 2010; "Microsoft Sees China PC Sales Growing 20% in 2011," *MarketWatch*, 18 de março de 2010, www.marketwatch.com em 22 de agosto de 2010.
52. Alfred M. Jaeger, "Organization Development and National Culture: Where's the Fit?" *Academy of Management Review*, janeiro 1986, p. 178-190.
53. Alan M. Webber, "Learning for a Change," *Fast Company*, maio 1999, p. 178-188.

Índice remissivo de autores

A

Adler, Paul, 425
Alderfer, Clayton, 96
Allen, Robert, 400
Andrews, Kacy, 208-210
Ash, Mary Kay, 349
Austin, Nancy, 477

B

Barley, S. R., 487
Barnard, Chester, 444
Benivegna, Carolyn, 310
Bhargava, Swati, 53
Biller, Dimitrios, 395-397
Blair, Billie, 514
Blau, Peter, 455
Boschken, Herman, 463
Bowerman, Bill, 489
Brooks, Carl, 324
Brown, Debra, 248
Brymer, George, 484-486
Buckley, George, 503
Burke, Joseph, 401
Burns, Karen, 63
Burns, Tom, 458
Burris, Mary Ellen, 2
Bush, George W., 351

C

Cabrera, Miguel, 115
Caldwell, D. F., 487
Cantarelli, Sergio, 276
Caplin, Martha, 125
Caputo, Sara, 89
Carey, Dennis, 352
Carleo, Teresa, 201-203
Carlson, Chester, 501
Carroll, Cynthia, 420-422
Chakravarty, Shoibal, 265-266
Chandler, Alfred, 455
Chao, Natasha, 248
Clay, Kim, 83-84
Cohen, Mark, 101
Columbus, Christopher, 31
Cordle, Vaughn, 452
Cotsakos, Christos, 489
Curie, Marie, 227
Curie, Pierre, 227

D

Dansereau, Fred, 345
Davis, Melvin, 182
Davis, Sampson, 369
Deal, T. E., 487
Dean, John, 255
Dell, Michael, 358
del Missier, Jerry, 165
Dimon, Jamie, 318-320
Dionne, Carla, 310
Donald, Jim, 352
Donaldson, Lex, 454
Douglass, Frederick, 227
Durkheim, Émile, 490

E

Ebbers, Bernard, 50
Edison, Thomas, 227
Ehrlichman, 255
Evans, Martin, 332

F

Fayol, Henri, 424, 426
Fiedler, Fred, 329-332
Ford, William Clay, Jr., 526
Franz, Liszt, 466
French, John R. P., 371, 373
Friedman, Meyer, 185

G

Gallagher, Julie, 367-368, 375
Gandhi, Mohandas, 322
Gandsas, Alex, 276
Gates, Bill, 102, 344
Ghosn, Carlos, 343-344
Gilmartin, Raymond, 359
Gladwell, Malcolm, 223
Gleissner, Michael, 208-209
Goffee, Rob, 504
Graen, George, 345
Grant, Charles, 225
Griffin, Ricky W., 528
Gross, Bill, 344
Grove, Andrew, 473

H

Hackman, J. R., 125, 127, 132-133
Haldeman, H. R., 255
Harten, Patrick, 180
Hasting, Reed, 102
Hayhow, Jack, 352
Henderson, Jill, 64
Hernandez, Nick, 97
Herzberg, Frederick, 97, 99-100
Heward, Lyn, 234-236
Hewlett, Bill, 10
Hofstede, Geert, 35-36, 487
Holder, Ahna, 230
Holliday, Chad, 518
Holmes, Thomas H., 193

Hoover, J. Edgar, 308
House, Robert, 332, 349, 357
Hsieh, Tony, 493
Hunt, Rameck, 369

I

Ibuka, Masaru, 295

J

Jackson, Susan, 381
Jackson, Watanka, 102
Jago, Arthur, 334
James, LeBron, 239
Janis, Irving L, 253-255
Jenkins, George, 369
Jennings, Jeanne, 310
Jijikine, Igor, 235
Jobs, Steve, 11, 348-349
Johnston, David, 514
Jones, Gareth, 504
Josebachvili, Maia, 120-121
Jung, Carl, 68

K

Kahn, Robert, 535
Kahneman, Daniel, 111
Kasarda, John, 452
Katz, Daniel, 535
Kelleher, Herb, 349, 493
Kennedy, A. A., 487
Kent, Carol, 1
Keny-Guyer, Neal, 29
Kerns, Charles, 90
King, Martin Luther, Jr., 349
Kjerulf, Alexander, 89
Kline, Roberta, 385
Knight, Phil, 489
Kolb, Kathryn J., 193
Kouzes, J. M., 487
Kowalski, Susan, 100
Kozlowski, Dennis, 70

L

Lafley, A. G., 358
Laliberté, Guy, 234-236
Lamarre, Daniel, 236
Larson, Paul, 90
Latham, Gary, 155
Laval, Bruce, 213

Lawler, Edward E., 108
Leahy, Patrick, 401
LeBlanc, Mikey, 56
Leblanc, Mikey, 286-287
Levy, Bram, 120-121
Lewin, Kurt, 522-523
Likert, Rensis, 424, 427-428
Lincoln, Abraham, 322-323
Livengood, Scott, 359
Locke, Edwin, 154
Lockwood, Karen M., 137
Lombardi, Vince, 350
Lopez, Diana, 395-396
Lopez de Arriortua, Jose Ignacio, 402
Lorenzo, Frank, 74, 377

M

Machiavelli, Niccolo, 70
Mackey, John, 151-152
Magellan, 32
Marchionne, Sergio, 514-516
Marescaux, Jacques, 276
Maslow, Abraham, 95
Matthai, Edith R., 137
Mayer, Marissa, 102, 343, 348, 356, 358
McCain, John, 343
McClelland, David, 101
McKee, John, 63
McLaughlin, Edward, 2
McLaughlin, Heather, 2
Menendez, Robert, 324
Meyer, Ron, 10
Mikkelson, Barbara, 291-293
Mikkelson, David, 292
Miller, George, 168
Miller, Laurence, 195
Mintzberg, Henry, 435, 467-468, 470
Mittal, Anupam, 53
Molson, Eric, 10-11
Montemayor, Jose, 385
Morial, Marc H., 324
Morita, Akio, 295
Mozart, 226
Mulally, Alan, 348-349, 526

N

Nardelli, Robert, 514
Nasser, Jacques, 526

Nishi, Kazuhiko, 400
Nixon, Richard, 255
Novak, David, 10

O

Obama, Barack, 293
Oldham, G. R., 126, 133
O'Reilly, C., 487
Osborne, Tom, 350
Ouchi, William G., 487, 495-498, 508

P

Pacala, Stephen, 266
Packard, David, 10
Parker, Graham, 124-125
Parker, John, 420
Parker, William H., 310
Paul, Pope John, II, 349
Pavlov, Ivan, 110
Pearl, Scott, 230
Perrow, Charles, 458
Peters, Tom, 475, 488, 498
Pfeffer, William, 102
Pforzheimer, Andy, 144-145
Plevan, Bettina B., 137
Porter, Lyman W., 108
Posner, B. Z., 487

R

Rahe, H., 193
Raven, Bertram, 371, 391
Rice, Condoleezza, 349
Rikleen, Lauren Stiller, 137
Robb, Walter, 151
Rodriguez, Jason, 195
Roeper, Richard, 292
Rogers, Pete, 180
Rosenman, Ray, 185
Roth, Bruce, 228
Rumsfeld, Donald, 400
Ryan, Sue, 24

S

Sachs, Goldman, 359
Saracini, Ellen, 168
Saracini, Victor, 168
Sato, Eriko, 125
Schein, E. H., 487-488
Schmidt, Warren H., 328

Schrempp, Juergen, 359, 463
Schultz, Howard, 344
Schumann, Robert, 124
Schweitzer, Vivien, 124
Seifter, Harvey, 125
Selye, Hans, 184
Senge, Peter, 538
Sensing, Keith, 209
Simon, Ellen, 366, 375
Simon. Herbert A., 221
Skinner, B. F., 111
Smith, Adam, 129, 429
Smith, Jack, 438
Smith, Ryan Grey, 230
Solero, Carlos, 42
Spender, J. C., 487
Spurrier, Steve, 350
Stalker, George, 458
Steinberg, Frank, 375
Steinway, Henry, Jr., 466
Steinweg, Heinrich, 466
Stoddard, Sherri, 103
Sullenberger, Chesley, 180-182
Suttle, J. Lloyd, 526

T

Tannenbaum, Robert, 328
Tavoni, Massimo, 266
Taylor, Frederick, 93, 129
Taylor, Lynn, 61-63
Thompson, Bill, 381
Thompson, James, 461
Tillerson, Rex, 165
Tilton, Glenn, 168
Tomasko, Robert, 475
Towns, Ed, 397
Tracy, Todd, 396-397
Turner, Ted, 349

V

Van Horn, George, 451, 453
Van Maanen, J., 487
Vroom, Victor, 106, 334

W

Wallace, Jennifer, 95
Walton, Richard, 526-527
Walton, Sam, 376
Wang, Vera, 344
Waterman, Robert, Jr., 477
Weber, Max, 425
Wegman, Colleen, 2
Wegman, Danny, 1-3
Wegman, Robert, 3
Welch, Jack, 221
Whitacre, Ed, 11
Williams, Venus, 115
Winters, Bill, 318
Woodward, Joan, 458
Wozniak, Steve, 11
Wright, Keith, 248

Y

Yetton, Philip, 334
Yukl, Gary, 374

Z

Zergebel, Scott, 56

Índice remissivo de empresas

A

Abercrombie & Fitch, 3, 432
Adidas, 223
A.G. Edwards, 327
Air Canada, 451
Air China, 451
Air France, 451
Alcoa, 49, 157
Alitalia, 451
Alltel, 521
Amazon.com, 10, 50, 209
American Airlines, 451
American Cyanamid, 130
American Express, 283
American Express Financial Advisors, 475
Ampex, 271
AMR, 451-453
Anglo American PLC, 420, 422
Anheuser-Busch, 312
AppleComputer, 3, 8, 11, 93, 348, 402, 500, 521
Arthur Andersen, 350
AT&T, 11, 131, 133, 160, 188, 302, 456, 521
Avis, 44-45
Avnet Technology Solutions, 24

B

Baker Hughes, 130
Bank of America, 318
Barcelona Restaurant Group, 144-145, 174
Barclays Bank, 165
Barclays Capital, 421
Bell Atlantic, 456

Best Buy, 8, 141
Bethlehem Steel, 44
B. F. Goodrich, 118
BHP Billiton, 421
Bigfoot Entertainment, 208-210
Blackberry, 501, 521
Black & Decker, 157
Blockbuster, 208
Boeing, 332
Borland International, 337
British Airways, 3, 451
British Petroleum (BP), 41, 266, 359
Broyhill, 44

C

Caterpillar, 409
Cathay Pacific Airways, 451
Chaparral Steel, 135
Chevrolet, 295
Chevron, 34, 139, 440
Chick-fil-A, 80-81
China International Search and Rescue (CISAR), 532
C.H. Robinson Worldwide, Inc., 367, 375
Chrysler, 54, 349, 463, 514-515, 528
Cirque du Soleil, 234-236, 247-248
Citibank, 318
Citigroup, 52
CNN, 142
Coca-Cola Co., 309
Colgate-Palmolive Company, 271-285
Colonial Life Insurance Company, 131
Computer Motion Inc., 276

Conagra, 10
Container Corporation of America, 469
Container Store, 352
Continental Airlines, 377, 452
Continental-United and Delta Airlines, 452
Corning, 112, 473
Cross, 130
Cummins Engine Company, 280

D

Daimler-Benz, 463
DaimlerChrysler, 359
Dell Computer, 10, 46, 358, 423, 459, 492, 537
Delta Airlines, 223, 400, 452
Denizen Hotels, 48
Deutsche Bank, 434
Digital Equipment Corporation, 188, 275-282
Disney Corporation, 50, 222
DoubleClick, 50
DreamWorks Animation, 142
DuPont, 157, 518

E

Eastern Airlines, 74
Eastman Chemical Company, 284
eBay, 50
Edward Jones, 139
Eli Lilly, 303
Emery Air Freight, 118
Enron, 309, 350
Equicor, 327
E*Trade, 489
Exxon Mobil Corporation, 34, 170

F

The FAA, 327
Facebook, 31, 46, 199, 303, 339, 348, 356, 519
FactCheck.org, 293
FedEx credits, 303
Fiat group, 463, 514-515, 528
First Interstate Bank, 496
Ford Motor Company, 54, 94, 130, 167, 222, 266, 348, 526
France Télécom, 276
Friedman-Jacobs Company, 171
Fujitsu, 41

G

Gap, 404
Gaylord's Opryland Hotel, 298
General Electric (GE), 3, 170, 199, 270, 312, 443, 456, 477, 504, 525
General Foods, 131, 157, 467
General Mills, 267
General Motors, 12, 54, 166-167, 222, 245, 267, 305, 349, 402, 438, 469, 514
Goldman Sachs, 359
Goodyear Tire and Rubber Company, 44
Google, 3, 142, 199, 348, 469, 485, 502, 520
Graphic Controls, 171
Guess?, Inc., 402

H

Habitat for Humanity, 399
Halliburton Company, 10, 337, 356
Harley-Davidson, 54
Harris Corporation, 285
Health Group, 434
Heineken, 32
Hewlett-Packard (HP), 10, 41, 94, 267, 344, 460, 518
Hilton Hotels, 48
Holden Outerwear, 56-57, 286-288
Home Depot, The, 4
Honda, 167
Honeywell International, Inc., 457
HTC, 521

I

IBISWorld, 453
IBM, 50, 53, 131, 302, 460
IDS Mutual Fund Operations, 271
Ingersol Milling Machine, 302
Intel, 10, 344, 433-434, 473
International Academy of Film and Television (IAFT), 210
International Harvester, 326
Investors Diversified Services, 283

J

JAL, 451
J. C. Penney, 400
JetBlue, 453
Jobing, 519
Jordache Enterprises, Inc., 402
J. P. Morgan Chase, 160, 318-319

K

KBR, 139
Kellogg, 455
KFC, 10, 295
Kiwanis, 305
KLM, 451
Kmart, 311
Korn Ferry International, 352
KPMG, 141
Krispy Kreme, 359
Kroger, 488
K Shoes, 270

L

Lehman Brothers, 359
Levi-Strauss, 477
LG Electronics, 521
LinkedIn, 519
Lionel Train Company, 65
Litton Industries, 337
L. L. Bean, 199
Lockheed Martin, 199
Los Angeles Lakers, 430
Los Angeles Philharmonic, 126

M

Marathon Oil, 139
Marriott Hotel, 404
Maytag, 131
McDonald's, 312, 402, 455, 461, 468
Mercedes-Benz, 139
Merck, 80, 359
Mercy Corps, 29-31
Merrill Lynch, 44, 64, 295, 318
MGM Grand Hotel & Casino, 248
Michigan Bell, 118
Microsoft Corporation, 10, 102, 344, 348, 475, 504
Milwaukee Insurance Company, 285
Milwaukee Mutual, 271
Mitchell Gold + Bob Williams, 83-84
Molson Coors Brewing, 10-11
Monsanto Company, 111, 312
Monster, 519
Mont Blanc, 130
Motorola, 133, 271, 302, 521, 531
Myrddin Group, The, 90
MySpace, 303

N

National Labor Relations Board, 171
Navistar Corporation, 326
Nestlé, 32, 160, 477
NetApp, 91, 115
Netflix, 502
Nike, 223, 488
Ning, 519
Nissan Motors, 167, 343-344, 402
Nokia, 521
NYNEX Corporation, 456

O

Ogilvy & Mather (O&M), 401
Oneworld, 451
Orange, 521
Orbitz, 451
Orpheus Chamber Orchestra, 124, 127
Outward Bound, 410

P

Palm, 521
Pan American World Airways, 223

Peugeot Citroën, 514
Pfizer, 228, 284
Pforzheimer, Andy, 174-175
Pilgrim's Pride, 130
Pitney Bowes, 160
Pixar Animation Studios, 11
Pizza Hut, 3, 10
Planters Life Savers Company, 456
Pricewaterhouse Coopers, 141
Proskauer Rose, 137
Prudential Insurance, 130, 132, 458

R

Radiant Organizing, 89
Rand Corporation, 258
Recreational Equipment (REI), 139
Red Cross, 31
Reebok, 223, 402
Renault, 343-344
Republic of Tea, 199
Rio Tinto, 421
RJR Nabisco, 456
Robert Bosch GmbH, 167
Robie & Matthai, 137
Romac Industries, 171
Royal Dutch Petroleum, 475
Royal Dutch Shell, 34, 525
Rubbermaid, 228

S

Saab-Scania, 467
Safeway, 188
Samsung, 402, 521
SAS, 142
SBC Communications, 11
Scandinavian Airlines, 451
S. C. Johnson & Son, 456
Sears, 8
Shell Oil Company, 17, 106
SkyTeam, 451
Snopes.com, 291-293
Sony, 295, 433
Sony Ericsson, 521
Southwest Airlines, 349, 493, 504

Spoing!, 89
Sprint, 521
Standard Oil of Ohio, 118
Star Alliance, 451-452
Starbucks, 3, 8, 344
Steinway & Sons, 466
Strasbourg's Hã´pitaux Universitaires, 276
Sun Microsystems, 141

T

Taco Bell, 10
Telebook, 209
Tenneco, 157
Texaco, 168
Texas Instruments, 94, 131, 133, 271, 356
3M, 37, 133, 228, 500, 502, 507
T-Mobile, 521
Toshiba, 521
Toyota, 359
Toyota Motor Corporation, 45, 167, 395-397, 491, 498, 518
TRW Systems Group, 282, 470
Twitter, 493, 502, 519
Tyco International, 50, 70

U

UAW, 167
Unilever N.V., 477
United Airlines, 168, 451
United Auto Workers, 54
University of Aston, 456, 459
University of California at Los Angeles, 487
University of Florida, 350
University of Michigan, 324
University of Nebraska, 350
University of North Carolina, 452
UNUM Corporation, 170
USAA, 139
US Airways, 180, 451-452
U.S. Army, 525
U.S. Civil Service, 131
U.S. Department of Labor, 401

V

Vale, 421
Verizon, 456, 521
Viadeo, 519
Vodafone, 521
Volkswagen, 402, 514
Volvo, 133, 467

W

Wal-Mart, 8, 164
Walt Disney, 355
Walt Disney Company, 213
Warner-Lambert, 228
Wegmans, 142
Wegmans Food Markets, 1
Wells Fargo Bank, 496
Western Electric Hawthorne plant, 465
Westinghouse, 271, 284, 327
Weyerhaeuser, 118, 155, 332
Whole Foods Market, 151-153, 469-470, 488, 504
Wilson Sporting Goods, 271
W. L.Gore&Associates, 278, 456, 470, 504
WorldCom, 50
World Trade Organization (WTO), 518
W.R. Grace Company, 384

X

Xerox Corporation, 133, 267, 501
Xstrata, 421-422

Y

Yahoo!, 50, 102
Yum! Brands, 10, 356

Z

Zappos.com, 493, 521

Índice remissivo de assuntos

A

Abertura, 67-68
Abordagem comportamental para a tomada de decisão, 221-224
Abordagem da árvore de decisão de Vroom, 334-338
Abordagem da escolha estratégica, 463
Abordagem das relações humanas, 93
Abordagem de Peters e Waterman, 498-499
Abordagem de recursos humanos, 94
Abordagem de sistemas, 17
Abordagem de sistemas sociotécnicos, 464-467
Abordagem integrada para tomada de decisão, 224-225
Abordagem prática, 225
Abordagem racional da tomada de decisão, 217-221
    alternativas para a, 218-219
    controle, 219
    dissonância cognitiva, 218
    identificação do problema, 217
    implementação, 219
    meta situacional, 217
    planos contingenciais, 218
    pontos fortes e fracos da, 219
    tipo de decisão, determinando, 217-218
Abordagem tradicional da motivação, 93
Abordagem universal, 20, 453
Abordagens cognitivas para a negociação, 412-413
Abordagens comportamentais, da liderança, 324-328
Abordagens contingenciais, 453-454
Abordagens dos traços, para a liderança, 322-324
Absenteísmo, 79-80, 183, 271
Abuso de drogas, 194
Ação de evitar a incerteza, 36
Aceitação da meta, 155
Aceitação mútua, 244-245
Acomodação, 406
Acordo, 407
Adaptação entre pessoa e cargo, 65
Adhocracia, 469-470
Administração científica, 93
Administração da impressão, 369-370
Administração de livro aberto, 135
Administração do papel, para administrar o estresse no local de trabalho, 197
Administração do tempo, para administrar o estresse no local de trabalho, 197
Administração por objetivos (GPO), 156
Afeganistão, 39, 41
Afetividade, 76
Afiliação, necessidade de, 102
África do Sul, 187
África Ocidental, 37
Agente de contato (liaison, ligação), definição, 10, 306
Agente de mudança, 523
Alemanha, 34, 36, 65, 187, 521
Alocação de recursos, 10, 535
Alta motivação profissional interna, 133
Alternativa de comportamento político (BPA), 380-381
alternativas para, 129-130
Amabilidade, 67
Ambiente, 459-463
    conflito entre organização e, 402
    e redes de comunicação, 305
    organizacional, 459-463
Ambiente de trabalho, 459-461
Ambiente geral, 459
Ambientes organizacional, 402-404, 459-463
Ambiguidade de papel, 190
Amenizar alertas, 254
América Latina, 295, 477
Ampliação horizontal de tarefas, 130
Amplitude de administração, 435
Amplitude de controle, 435-437
Antropologia, 489
Apoio, administração, 538
Aprendizagem
    como processo cognitivo, 110
    condicionamento clássico para a, 110
    da motivação e, perspectiva, 110-118
    social, 115
    teoria do reforço e, 110-115
Aprendizagem social nas organizações, 115
Assédio sexual, 375
Assertividade, 36
Assimilação, 42-43
Atenção seletiva, 309
Atitude, 196
    componente afetivo da, 76
    dissonância cognitiva e, 74
    estrutura da, 72
    mudança de, 74
    na organização, 75

relacionada ao trabalho, 75
Atitudes individuais, 21-22
Atitudes relacionadas ao trabalho, 75
Atividades de formação de equipes, 409
Atração interpessoal, 349
Autocensura, 255
Autoeficácia, 70, 154
Autoeficácia do cliente, 71
Autoestima, 70
Autonomia, 133, 498
Autoridade, 270, 442, 444
Autoridade-conformidade, 327
Autoritarismo, 70
Avaliação de desempenho, 158-164
  administração dos sistemas de recompensa, 169-173
  definição de metas e motivação, 154-158
  frequência da avaliação, 160
  medindo o desempenho, 160-163
  métodos comparativos, 162
  natureza da, 158
  objetivos da, 159
  princípios básicos da, 159-163
  recompensas individuais, 163-169
Avaliação de funcionários, 496
Avaliação 360 graus, 160
Avaliação para os funcionários, 496
Avaliações. *Ver* Avaliações de desempenho
Avaliador, 160

B

Baby boomers, 516-517
Balanced Scorecard (BSC), 163
Base do desempenho, 116
Benefícios, 166, 270-273
Benefícios da remuneração por incapacidade, 166
Boataria, 311-312
Brainstorming, 257
Brasil, 187, 295, 459
Burocracia clássica, 427
Burocracia ideal, 425
Burocracia mecânica, 469
Burocracia profissional, 469

C

Cadeia escalar, 426
Canadá, 40, 96, 407
Carga de trabalho e estresse, 188
Carisma, 349
Centralização, 438-439
China
  comunicação na, 295
  diversidade da força de trabalho na, global, 41
  kokino robotto em, 518
  tecnologia na, 459
  valores de longo prazo na, 36
Cidadania organizacional, 81
Ciências sociais, disciplinas das, 489-491
Cinco grandes fatores da personalidade, 67-68
Círculo de qualidade (CQ), 138, 273
Classificação tipológica de Myers-Briggs, 69
Cliente, departamentalização por, 433f
Clima, cultura organizacional *versus*, 491
Clima organizacional, 491
Coalizão, 222
Codificação, 300, 308
Coesão do grupo, 250-252
Colaboração, 406
Coletivismo, 35
Compatibilidade das metas, 406
Compatibilidade líder-situação, 332
Competência ameaçada, 535
Competências essenciais, 499
Complexidade ambiental, 461
Componente administrativo, 438
Componente afetivo, definição, 73-75
Componente afetivo negativo, 76
Componente afetivo positivo, 76
Componente de frustração-retrocesso, 97
Componente de progressão da satisfação, 97
Comportamento
  afastamento, 196
  cultural, 493
  desempenho, 79-80
  disfuncional, 80-82
  individual, 21
liderança e, 324-328
local de trabalho, 79-82
tomada de decisão e, 221-224
Comportamento cultural, 493
Comportamento de consideração, 326
Comportamento de estrutura de iniciação, 326
Comportamento do líder orientado ao funcionário, 325
Comportamento interpessoal, 238
Comportamento no local de trabalho, 79-82
  cidadania organizacional, 81
  comportamentos disfuncionais, 80-82
  comportamentos para o desempenho, 79-80
  tipos de, 79-82
Comportamento organizacional
  áreas do, 7
  contemporâneo, 12-16
  e o trabalho do gestor, 9-12
  e processo de gestão, 7-8
  estrutura para a compreensão do, 16
  importância do, 5
  perspectivas contextuais no, 16-20
Comportamento organizacional contemporâneo, 12-16
Comportamento orientado ao chefe, 328
Comportamento orientado ao funcionário, 325
Comportamento orientado ao subordinado, 328
Comportamentos de afastamento, 196
Comportamentos disfuncionais, 80-82
Comportamentos do líder, 332-334
Comportamentos dos funcionários, 17, 17f
Comportamentos individuais, 21
Comportamentos para o desempenho, 79-80
Comportamentos relacionados ao desempenho, 117, 160
Comportamento voltado para a tarefa, 324-325
Composição do grupo, 246-247

Comprometimento, 376, 495-496
Comprometimento com a meta, 155
Comprometimento com os funcionários, 495-496
Compromisso com a organização, 75
Comunicação
    aberta, 538
    definição de, 294
    e coordenação, 295
    e linguagem, 295
    escrita, 295-297
    e tomada de decisão, 245
    fatores organizacionais na, aprimorando, 311-312
    formal, 312
    gestão da, 307-312
    informação digital, telecomunicações, 301-303
    informal, 312
    intercultural, 295
    métodos de, 295-298
    mudança e, 519-521
    não verbal, 297-298
    natureza da, 294-298
    oral, 296
    propósitos da, 294
    redes de, 302-307
Comunicação aberta, 538
Comunicação de baixo para cima, 305, 312
Comunicação de cima para baixo, 305
Comunicação digital, 298
Comunicação escrita, 295-297
Comunicação formal, 312
Comunicação horizontal, 306
Comunicação informal, 312
Comunicação interna, 305
Comunicação internacional, 293, 295
Comunicação não verbal, 297-298
Comunicação oral, 296-297
Concorrência
    como força para a mudança organizacional, 521
    tecnologia e, 45-46
Condicionamento clássico, 110
Condicionamento operante, 111
Conduta ética, 359
Configuração das organizações, 429
Configuração estrutural
    diferentes tarefas, coordenação, 430-438

divisão do trabalho, 430
Conflito, 397
    causas comuns de, 398-400
    causas de, 399-403
    como fator de estresse ocupacional, 187
    gestão de, 407-410
    natureza do, 397-399
    reações ao, 406-407
Conflito ambiental, 400-404
Conflito de processo, 398
Conflito de relacionamento, 399
Conflito disfuncional, 190
Conflito do papel, 190
Conflito entre tarefas, 398
Conflito intergrupal, 400
Conflito interpapel, 190
Conflito interpessoal, 399-400, 409
Conflito intrapapel, 190
Conflito judicial, 399
Conflito pessoal, 190
Conformidade, 376
Conhecimento dos resultados, 133
Consciensiosidade, 67
Consenso, 79
Consequências comportamentais, do estresse, 194
Consequências do estresse no desempenho, 194
Consequências individuais, do estresse organizacional, 193-194
Consequências médicas do estresse, 194
Consequências organizacionais, do estresse, 194-196
Consequências psicológicas do estresse, 194
Contingências comportamentais, 116
Continuum de liderança, 328
Contrato psicológico, 64-65
Contribuições, 64-66
Contribuições antropológicas, 489
Contribuições econômicas, 490-491
Contribuições para o Seguro Social, 166
Contribuições sociológicas, 489-490
Controle, 245, 496
Controle, função gerencial, 9
Coordenação
    comunicação internacional e, 295

    por supervisão direta, 467
Cosmopolita, 306
Credibilidade da fonte, 309
Criatividade
    atributos individuais da, 225
    aumentando a, 228
    experiências anteriores e, 226
    habilidades cognitivas e, 226-227
    processo de, 227-229
    tomada de decisão e, 225-229
    traços pessoais e, 226
Crime cibernético, 143
Cultura organizacional, 489
    Abordagem de Peters e Waterman, 498-499
    abordagens para descrever apropriada, 504-505
    clima versus, 491
    criação da, 492-495
    definição de, 488-489
    descrição, 497-499
    disciplinas das ciências sociais, 489-491
    ensino, 506-507
    Estrutura Ouchi, 495-498
    fundamentos históricos, 489-492
    gestão, 504-508
    mudança, 507-508
    natureza da, 486-491
    questões emergentes na, 500-505
Cultura(s)
    apropriada, 504-505
    clima *versus*, 491
    comunicação entre, 295
    diferenças e semelhanças, 34-37
    equipes e, 277
    existente, uso da, 505
    gerenciamento entre, 36-38
    liderança intercultural, 356-357
    questões acerca da estrutura global e do design organizacional, 475
Culturas apropriadas, 504-505
Culturas existentes, uso das, 505-506

D

Decisões não programadas, 213-214
Decisões programadas, 212
Decodificação, 300, 308

Deficiência de necessidades, 95
Definição de metas, motivação e, 154-158
Delegar, 444
Departamentalização, 431-436
   design da matriz, 470-472
   mista, 435
   por cliente, 433-434
   por cliente e região geográfica, 434-435
   por função e processo, 431-433
   por mercado, 434
Descentralização, 438
Descentralização formalizada, 439
Descongelamento, 522
Desempenho
   de funcionários, 127-129, 151-173
   diminuição do, 194
   estresse relacionado ao, 187
   medir, métodos para, 162
   recompensa e, relação entre, 169-170
   Teoria Z e, 498
Desempenho de equipes, 283-285
Desempenho profissional de alta qualidade, 133
Desenho do cargo, 129-134, *Ver também* Desenho do trabalho
Desenho do trabalho
   definição de, 129
   enriquecimento do trabalho, 130-132
   especialização profissional, 129-130
   teoria das características do cargo, 132-134
Desenvolvimento grupal, etapas do, 244-246
   aceitação mútua, 244-245
   comunicação e tomada de decisão, 245
   controle e organização, 245-246
   motivação e produtividade, 245
Desenvolvimento organizacional (DO), 524-535
   definição, 524-525
   formação de equipes e, 533
   mudança individual e grupal, 529-535
   mudança tecnológica e de tarefa, 527-529
   pesquisa de feedback (retorno), 533-534
   por todo o sistema, 525-527
   resistência à mudança, 535-538
   treinamento, 529-532
Desenvolvimento organizacional por todo o sistema, 525-527
Design contemporâneo, 474-478
Design de matriz, 470-472
Design do escritório, como estressor, 188
Design global, 475-477
Design mecanicista, 464
Design orgânico, 464
Design (projeto) organizacional
   abordagem contingenciais do, 454
   abordagem universal do, 454
   contemporâneo, 474-478
   de Mintzberg, 467-470
   escolha estratégica do, 463
   global, 475-477
   matriz, 470-472
   mecanicista, 464
   orgânico, 464
   organizações virtuais, 472-474
   questões acerca da estrutura global e do design organizacional, 475-477
   reengenharia, 474-475
   repensar, 475
   sistemas sociotécnicos, 464-467
   temas dominantes, sobre designs contemporâneos, 477-478
Desigualdade, 104-105
Díade vertical, 345, 360
Diferenças individuais, 66
Diferenciação, 431
Dificuldade da meta, 154
Dimensões primárias da diversidade, 39
Dimensões secundárias da diversidade, 39
Dinamarca, 96
Dinâmica interpessoal, 237-240
Dinâmicas intergrupais, 252
Dinamismo ambiental, 461
Disseminador, 10
Dissonância cognitiva, 74, 218
Distância hierárquica, 36
Distinção, 79
Distresse, 184
Diversidade
   abordagem automatizada, 78
   benefícios de valorizar, 43
   definição de, 37
   dimensões da, 39
   dimensões primárias da, 39
   dimensões secundárias da, 39
   diversidade da força de trabalho, 38
   estereótipos, 39
   força de trabalho futura, 39-41
   força de trabalho mundial, 40-42
   lei da redução da motivação, 137
   negócios e, 38-44
   preconceitos, 39
   PRT na Índia, 53
   satisfação no trabalho, 39
   valor da, 42
Diversidade da força de trabalho mundial, 40-42
Divisão do trabalho, 430
   amplitude de controle, 435-436
   coordenação de diferentes tarefas, 430-438
   departamentalização, 431-436
   hierarquia administrativa, 437-438
Downsizing (achatamento) organizacional, 456

E

Elementos da burocracia ideal de Weber, 425
Elementos materiais, 17
e-mail viral, 309-310
emissões de CO_2, 265
Empoderamento, atribuição de poder, 134, 503
Empreendimentos sociais, 29-31
Empresas aéreas, e decisões, 212
Empresas do Tipo Z, 495
Empresa socialmente consciente, 120
Empresa virtual, 472-474
Engenharia X, 475
Enriquecimento do cargo, 130
Enriquecimento do trabalho, 100, 130-132
Entradas financeiras, 17
Envolvimento do funcionário, 134-137

Equal Employment Opportunity Commission - EEOC (Comissão para Oportunidades Igualitárias de Emprego), 366
Equidade, 103-105
Equipe(s)
    autogerenciadas, 282
    autoridade das, 270
    benefícios das, 270-273
    benefícios para os funcionários das, 271
    categorias de cargo de, 270
    centradas em líderes, 281
    custos das, 270-271
    desempenho e implementação, 283
    desenvolvimento de produtos, 275
    de trabalho, 274
    diferença entre grupo e, 268-269
    implementação de equipes, 277-282
    melhorias organizacionais das, 270-271
    promovendo o sucesso, 282-284
    questões essenciais sobre, 282-285
    rigorosamente formadas, 281
    sistema de remuneração para, 284
    solução de problemas, 274
    terceirização do trabalho em equipe, 48-51
    tipos de, 271-276
    virtuais, 275
Equipes autogerenciadas, 282
Equipes centradas em líderes, 281-282
Equipes de desenvolvimento de produtos, 275
Equipes de gestão, 2, 274
Equipes de solução de problemas, 274
Equipes de trabalho, 135, 271-275
Equipes rigorosamente formadas, 282
Equipes virtuais, 275
Escala de comprometimento, 222-223
Escala LPC, 330
Esgotamento profissional, 196
Espanha, 41, 295

Especialização, 430
    definição de, 430
    e amplitude de controle, 435-437
    horizontal, 469
    vertical, 469
Especialização horizontal, 469
Especialização profissional, 129-130
Especificidade da meta, 155
Espírito empreendedor, 498
Estabilidade no cargo ou de pessoal, 426
Estados Unidos
    avaliação de funcionários nos, 497
    carreiras nos, 496
    coletivismo nos, 35
    comprometimento com os funcionários nos, 495-496
    controle de funcionários nos, 497
    diferenças transculturais nos, 34
    diversidade nos, 39
    empresas do Tipo Z nos, 495
    jornada de trabalho nos, tradicional, 142
    liderança intercultural nos, 357
    negócios internacionais nos, crescimento, 33-34
    orientação ao poder nos, 36
    remuneração de expatriados nos, 171-173
    responsabilidade das empresas nos, 497
    setor de saúde nos, 461
    tecnologia nos, 44
    tomada de decisão nos, 497-498
    valores culturais nos, 495-499
Estereotipar, 77
Estereótipo, 39
Estilo determinante, 346
Estilo participativo, 347
Estilo persuasivo, 346
Estimulando os conflitos, 407
Estímulo aos conflitos, 407-408
Estratégia, 454
Estratégia de intervenção, 116
Estratégias de enfrentamento individual, 198
Estratégias de enfrentamento organizacional, 198-199

Estratégias de implementação, 493
Estresse
    absenteísmo, 187
    administração do, 196-199
    carga de trabalho, desempenho e, 189
    causas do, 187-192
    consequências comportamentais do, 194
    consequências do, 193-196
    diferenças individuais e diferenças culturais, rusticidade e otimismo, 185-187
    distresse, 184
    e músicos profissionais, 194
    estilo de liderança, 190
    local de trabalho, 196-199
    natureza do, 183-185
    perfis de personalidades do Tipo A e do Tipo B, 185
    relatado por funcionários de empresas aéreas, 183
    rotatividade, 187
    síndrome da adaptação geral, 184
Estresse no local de trabalho
    estratégias de enfrentamento individual, 198
    estratégias de enfrentamento organizacional, 198-199
    gestão do, 196-199
Estressores organizacionais, 187-193
    ambiguidade de papel, 190
    conflito do papel, 190
    exigências da tarefa, 187-188
    exigências do papel, 189-190
    exigências físicas, 188
    exigências interpessoais, 190-191
    sobrecarga do papel, 190
Estrutura da tarefa, 331
Estrutura e operações
    centralização, 438-439
    formalização, 439-440
Estrutura mecanicista, 464
Estrutura orgânica, 464
Estrutura organizacional, 423
    determinantes da, 455-463
    estrutura e operações, 438-440
    global, 475-477
    natureza da, 422-423

Processo de Lewin da, 522
tamanho, impacto da, 456
teoria organizacional clássica para, 423-429
Estrutura organizacional global, 475-477
Estrutura Ouchi, 495-498
Estrutura simples, 468
Estruturas para o trabalho, flexíveis, 137-143
Estrutura, visões clássicas
  burocracia ideal, 425
  organização humana, 426-427
  princípios organizacionais, 425-426
Estudos de liderança da Ohio State, 326
Estudos de Michigan sobre liderança, 324
Ética
  da modificação de comportamento organizacional, 119
  em tecnologia da informação, 50
  insanidade corporativa, 375
  planos de aposentadoria, 168
  questões contemporâneas, 46-50
  reforço, 111-113
  tomada de decisão e, 223-224
Europa, 41, 135, 296
Eustresse, 184
Excessiva determinação, 535-536
Exigência da tarefa, 187-189
Exigências do papel, 189
Exigências físicas, 188
Exigências interpessoais, 190-191
Expectativa cultural, 496
Expectativa do desempenho-resultado, 107
Expectativa do esforço-desempenho, 106-107
Experiências anteriores, 226
Expressão facial, 300
Extinção, 112-113
Extroversão, 67

F

Falta de conhecimento, 537
Fatores de desempenho grupal, 246-252
Fatores de estresse, definição, 184
Fatores de estresse na vida, 192-193
Fatores econômicos, 537
Fatores higiênicos, 100
Fatores motivacionais, 100
Fatores políticos, 222
Fatores sociais, 537
Favorabilidade situacional, 330-332
Feedback (retorno), 133-134, 309
  na comunicação, 301, 309
  pesquisa de, 533-534
Fidelidade da comunicação, 307
Filtragem, 307
Foco estreito de mudança, 535
Fonte, 299
Fontes individuais de resistência, 535-538
Força de trabalho, 52
  composição da, 42
  crescimento da, 40
  distúrbio na, 194-195
  diversidade, 38
  global, no mundo, 40-41
  no futuro, 39
Força de trabalho fragmentada em camadas, 52-55
Força de trabalho futura, 39-41
Força-tarefa, 409
Formação de alianças, 385
Formação de equipes, 533
Forma departamentalizada, 469
Formalização, 439-440
Formalização intergrupo, 455, 457
França, 34, 462
Funcionários temporários, 52
Funções da gestão, 425
funções, departamentalização por, 433f

G

Gatekeeper (goleiro), 306
Gênero, liderança e, 356
Geração do milênio, 517
Geração X, 517
Gestão
  apoio, 538
  da mudança organizacional, 537-540
  dos trabalhadores do conhecimento, 51
  liderança *versus*, 321-323
  proatividade, 498-499
  transição, 523-524
Gestão baseada em evidências (GBE), 219-221
Gestão de clube, 327
Gestão de conflitos com soluções pré-negociadas, 410
Gestão de transição, 523-524
Gestão do desempenho, 158-163
Gestão, para eficácia, 21-23
Gestão participativa, 439
Gestão pragmática, 498-499
Globalização
  comportamento gerencial em diferentes culturas, 37
  crescimento dos negócios internacionais, 31-32
  definição de, 31
  e negócios, 32-38
  semelhanças e diferenças transculturais, 34-37
Governança corporativa, 46-50
Grade Gerencial. *Ver* Grid de liderança
Grau de neurose, 68
Grid de liderança, 326-327
Grupo de comando, 241
Grupo de tarefa, 241
Grupo de trabalho, 267-269
Grupo externo, 346
Grupo formado por amigos, 243
Grupo heterogêneo, 246
Grupo interno, 346
Grupo(s)
  composição do, 246-247
  definição, 239
  diferenças entre equipe e, 268-269
  dinâmicas intergrupais, 252
  etapas do desenvolvimento de, 244-246
  fatores de desempenho, 246-252
  papel dinâmico do, 240
  tamanho do, 247
  tipos de, 241-243
  tomada de decisões em grupo, 252-259
Grupos de afinidade, 241
Grupos de interesse, 242
Grupos de trabalho autônomos, 465
Grupos formais, 241-243
Grupos funcionais, 241

Grupos informais, 243
Grupos participativos, 427-428

H

Habilidades cognitivas, 226-227
Habilidades conceituais, 11
Habilidades de diagnóstico, 11-12
Habilidades de entrada, 467
Habilidades interpessoais, 10-11
Habilidades técnicas, 10
Hábito, 535
Heurística, 222
Hierarquia administrativa, 439-438, 437f
Hierarquia das necessidades, 95-96
Hierarquia das necessidades de Maslow, 95
Hierarquia para gerenciar conflitos, 409
Hong Kong, 36
Horário de trabalho flexível, 140
Horário de trabalho normal, 140
Horário de trabalho variável, 137-140
Horário flexível, 140
Humor, e componentes afetivos na organização, 76
Hungria, 41

I

Idade
  da força de trabalho futura, 40
  estereótipos, 39
Identidade da tarefa, 133
Identificação do problema, 217
Imperativos estruturais, 455-463
Implementação de equipes, 279
Incentivos, 64-65
Incerteza ambiental, 461
Inclinação, 498
Incubação, 227
Índia, 96
  concorrência na, 521
  negócios internacionais na, 33
  Processo de recrutamento terceirizado (PRT), 53
  programadores e empresas de software na, 52
Individualismo, 35
Indivíduo criativo, 226-227
Indonésia, 34, 37, 49

Indústria de *fast-food*, 455
Inércia do grupo, 535
Inércia estrutural, 535-536
Influência, 320, 368-369
Iniciativa, 426
Iniciativa de Neutralização do Carbono (CMI), 266
Inovação, 499-503
Inovação de crescimento, 501
Inovação de sistemas, 501
Inovação radical, 501
Insight (descoberta), processo criativo, 227-229
Integração, 431
Inteligência emocional (IE), 69-70
Intenção, 73
Intensidade administrativa, 438
Interacionismo, 20
Interações intergrupais, 252
Interações sociais, 247
interdependência conjunta, 402
Interdependência de tarefas, 402
Interdependência recíproca, 402
Interdependência sequencial, 402
Intergrupos, 252
Internet, 301
Intraempreendedorismo, 502
Intuição, 222
Invulnerabilidade, 254
Israel, 36
Itália, 34, 36

J

Japão
  ambiente cultural do, 462
  avaliação de funcionários, 496
  carreiras no, 496
  círculo de qualidade no, 138, 273
  comprometimento com os funcionários, 495-496
  conflitos interpessoais no, 400
  controle organizacional no, 497
  diferenças transculturais no, 34-37, 357
  estrutura organizacional no, 37
  preocupação com as pessoas do, 497
  questões culturais no, 475
  regalias no, 167
  responsabilidades coletivas no, 497
  sistema de valores culturais do, 495-498
  tecnologia no, 459
  tomada de decisão no, 496-498
Jargão, 308
Jogos, 384
Jornada 9/80, 139
Jornada de trabalho estendida, 139
Justiça, 386-388
Justiça distributiva, 386
Justiça informacional, 388
Justiça interpessoal, 387
Justiça organizacional, 386-388
  justiça distributiva, 386
  justiça informacional, 388
  justiça interpessoal, 387
  justiça processual, 386
Justiça processual, 386

K

kokino robotto, 518

L

Lei Sarbannes-Oxley (SOX), 401
Liderança
  abordagem comportamental, 324-328
  abordagem da árvore de decisão de Vroom, 334-338
  abordagem dos traços, 322-324
  alternativas para a, 352-354
  atribuição e, 350-351
  carismática/baseada em valores, 357
  definição de, 320
  estratégica, 358-359
  ética, 358
  gênero e, 356
  gestão versus, 321-322
  intercultural, 356-357
  liderança situacional, modelos de, 327-328
  Modelo Hersey e Blanchard, 346
  natureza da, 320-323, 354-358
  natureza variável da, 354-358
  poder nas organizações, 376
  primeiras abordagens de, 322-328
  questões sobre, 358-360
  teoria do caminho-objetivo, 332-334

teoria LPC sobre, 329-332
transformacional, 348-349
virtual, 358-360
visões contemporâneas de, 343-360
Liderança carismática, 349-350
Liderança diretiva, 333
Liderança estratégica, 358-359
Liderança ética, 358
Liderança intercultural, 356-357
Liderança orientada para resultados, 333
Liderança participativa, 333
Liderança solidária, 333
Liderança transacional, 348
Liderança transformacional, 347-349
Liderança virtual, 358-360
Líder(es), 9, 354-357
Líder formal, 373
Líder informal, 373
Líder orientado à pessoa, 332
Líder orientado à tarefa, 331-332
Ligação desempenho-recompensa, 116
Linguagem, 295
Linguagem corporal, 297
Lócus de controle, 70

M

Manufatura, 44
Maquiavelismo, 70
Masculinidade, 36
Materialismo, 36
Mediador de conflitos, 10
Medida do desempenho, 158-163
Medo do desconhecido, 537
Meio, 300
Melhorias organizacionais, 270
Mentores, 356
Meta situacional, 217
Metas organizacionais, 423
Meta superior, 407
México, 34, 36, 49, 96, 308
Modelo, 377-378
Modelo administrativo, 221-222
Modelo de Lewin, 522-523
Modelo de relação entre líderes e seguidores (LMX), 345-346
Modelo do processo contínuo de mudança, 523-524
Modelo Hersey e Blanchard, 346, 347f

Modelo Porter-Lawler, 108-110
Modelo PRAM, 413
Modelos de liderança situacional, 327-328
Modificação comportamental nas organizações (modelo CO)
    eficácia da, 115-118
    ética da, 118
    teoria do reforço e, 115-116
Monitor, definição, 10
Moralidade intrínseca, 255
Motivação, 91
    aprendizagem e, perspectivas da, 110-119
    definição de metas e, 154-155
    desempenho do funcionário e, 127-129
    diminuição, 187
    envolvimento do funcionário e, 134-137
    e produtividade, 245
    estrutura para, 92
    estruturas para o trabalho flexível, 137-143
    importância da, 91-93
    natureza da, 91-93
    perspectivas com base no processo, 103-110
    perspectivas históricas da, 93
    relacionamento, 329-330
    tarefa, 329-330
    teoria da equidade da, 103-105
    teoria das expectativas, 106-110
    teoria de estrutura dual da, 96, 99
    teorias com base na necessidade, 94-102
Motivação do líder, 331
Motivação para relacionamento, tarefa *versus*, 329-330
Motivação para tarefa, 329-330
Mudança estrutural, 525
Mudança grupal, 529-535
Mudança individual, 529-535
Mudança na vida, 193
Mudança organizacional
    desenvolvimento organizacional e, 524-535
    forças que impulsionam a, 516-521
    gestão da, 537-540

modelo de processo contínuo de mudança, 523-524
processos para mudança planejada, 521-524
questões globais referentes à, 537-538
resistência à, 535-538

N

National Labor Relations Act (Lei Nacional de Relações Trabalhistas), 171
Natureza interpessoal das organizações, 237-240
Necessidade de afiliação, 102
Necessidade de poder, 102
Necessidade de realização, 93-102
Necessidades afetivas, 95
Necessidades de autorrealização, 95
Necessidades de crescimento, 95-96
Necessidades de estima, 95-96
Necessidades de existência, 96
Necessidades de relacionamento, 96
Necessidades de segurança, 95-96
Necessidades fisiológicas, 95
Negociação, 411-414
Negociação do tipo ganha-ganha, 413-414
Negociadores, 10, 411-412
Negócios
    diversidade na força de trabalho e, 38-44
    globalização e, 32-38
    tecnologia e, 44-46
Negócios internacionais, crescimento dos, 33-34
Neutralizadores, 353
Neutralizadores de liderança, 354
Níveis hierárquicos, 456
Norma, de grupo, 247-250
Normas do grupo, 247-250
Noruega, 96
Novos empreendimentos, 502

O

Offshoring, 52
Ombudsperson, 312
Operações, estrutura e, 438-440
Organização

definição de, 8-9
princípios de, 426
princípios de Fayol, 426
sistema de Likert, 428
Organização de serviços, 44
Organização fechada, 499
Organização global, 475-477
Organização humana, 426-429
Organização(ões)
  atitudes nas, 72-76
  componente afetivo e humor nas, 76
  controle e, 245
  desenho do trabalho nas, 129-134
  equipes, tipos de, 271-275
  fechada, 499
  implementação de equipes, 277-282
  influência nas, 368-370
  multinacional, 477
  natureza interpessoal das, 237-240
  percepção nas, 76-79
  personalidade e, 66-72
  pessoas nas, 63-67
  poder nas, 370-379
  reengenharia da, 474-475
  repensar as, 475
Organização vertical, 475
Organizações baseadas em equipes
  custos das, 270-271
  papel do instrutor, 524
  planejamento da mudança nas, 278-279
  preparação para, 277-278
  sistema de remuneração, 284
Organizações multinacionais, 477
Organizações que criam experiências, 18-19
Organizações que produzem produtos, 18-19
Organizações virtuais, 472-474
Organograma, 429
  amplitude de controle, 436
  coordenação de tarefas, 430-438
  definição de, 428
  departamentalização, 432-436
  de redes de comunicação, 306
  divisão do trabalho, 430
  hierarquia administrativa do, 437-438
Orientação ao poder, 36

Orientação para o curto prazo, 36
Orientação para o longo prazo, 36
Orientações comportamentais, 224
Orpheus Process, 137
Otimismo, 186

P

Pacificação por meio de terceiros, 412
Pacote de remuneração
  prêmios, 167
  regalias, 168
  remuneração indireta, 166-168
  salário-base, 164
  sistemas de incentivo, 164-165
Padronização, 467
Pagamento por habilidade, 284
Países Baixos, 33, 36
Papéis informativos, 10
Papéis interpessoais, 10
Papéis relacionados à tomada de decisão, 10
Papel de agente de contato, 409
Paquistão, 36
Par isolado, 306
Participação, 134, 256-257
Pensamento convergente, 227
Pensamento de grupo, 253-256
Pensamento divergente, 227
Percepção
  atribuição e, 77, 79
  definição de, 76
  equidade, 103-104
  estereótipo e, 77
  nas organizações, 76-79
  seletiva, 76-77
Percepção de equidade, 103-104
Percepção seletiva, 76-77
Período de preparação, processo criativo, 227-228
Período principal, 140
Personalidade, 66-70, 411
  Cinco grandes fatores da personalidade, 67-68
  classificação tipológica de Myers-Briggs de, 69
  e organizações, 66-70
  inteligência emocional e, 69-70
  Tipo A, 185
  Tipo B, 185
Personalidade do Tipo A, 185
Personalidade do Tipo B, 185

Personalidade rústica, 185-186
Perspectiva da atribuição, 350
Perspectivas baseadas na aprendizagem, da motivação, 110-115
Perspectivas com base na necessidade, da motivação
  Hierarquia das necessidades de Maslow, 95-96
  sobre motivação, 93-102
  teoria de estrutura dual, 98-100
  Teoria ERC, 96
Perspectivas contextuais no comportamento organizacional, 16-20
Perspectivas da motivação baseada no processo
  definição de, 102
  de motivação, 103-110
  teoria da equidade, 103-105
  teoria das expectativas, 106-110
Perspectivas de sistemas, 17, 19
Perspectiva situacional, 19
Peru, 96
Pesquisa corporativa, 503
Pesquisa de *feedback* (retorno), 410, 533-534
Pessoas com alta necessidade de realização, 101-102
Planejamento, atividade gerencial, 8
Planos contingenciais, 218
Planos de aposentadoria (pensão), 166
Planos de bônus para a equipe, 284
Planos de opções de ações, 165
Planos de opções de ações aos funcionários, 164
Planos de participação nos lucros, 165
Planos de pensão ou aposentadoria, 166
Planos de remuneração por mérito, 164
Poder
  ameaçado, 537
  bases do, 371-373
  de posição, 373-374
  nas organizações, 370-380
  natureza do, 371
  necessidade de, 102
  pessoal, 373-374
  resultados do, 376

tipos de, 371-376
usos do, 374-379
Poder ameaçado, 537
Poder de coerção, 372, 377, 379
Poder de especialização, 372
Poder de posição, 373-374
Poder de posição do líder, 331
Poder de recompensa, 372
Poder de referência, 373
Poder legítimo, 371
Poder pessoal, 373-376
Polarização de grupo, 252-253
Política e comportamento político
    efeitos limitadores da, 385
    gerenciando, 382-385
    infiltração da, 380-382
    modelo, ético de, 381
    razões para, 382-383
    técnicas e possíveis consequências, 383-385
    usos, 383
Política organizacional, 379-385
Políticas estruturais, 445
Polônia, 41
Ponto de vista alternativo sobre autoridade, 444
Porto Rico, 96
Postos de trabalho, 519
Preconceitos, 39
Preferência pela estabilidade, 36
Preparação, e processo de criatividade, 227
Pressão direta, 255
Pressão do grupo, 245
Prestação de contas mútua, 268
Prevenção, 112, 406
princípios organizacionais de Fayol, 426
Privacidade, 50
Privacidade *on-line*, 50
Processamento da informação digital, 301-302
Processamento da informação e comunicação
    como força para a mudança organizacional, 518-521
Processo cognitivo, 110
Processo criativo, 227-229
Processo de Aceleração de Mudança (CAP), 532
Processo de comunicação, 299-301, 307-311
Processo de estresse, 184

Processos de trabalho, 467
Produtividade, 245, 498
Programação de reforço por intervalo fixo, 114
Programação de reforço por intervalo variável, 114
Programação de reforço por proporção fixa, 114
Programação do reforço de proporção variável, 114
Programações de reforço, 113-115
Programas de desenvolvimento da gestão, 532-533
Programas de participação acionária, 165
Programas de seguro de saúde, 166
Programas de seguro de vida e saúde, 166
Programas institucionais para administrar o estresse no trabalho, 198
Programas por unidade, 165
Programas secundários, 198
Projeto de Mintzberg, 467-470
    adhocracia, 470
    burocracia mecânica, 469
    burocracia profissional do, 469
    cinco mecanismos de coordenação de, 467-468
    estrutura departamentalizada, 469
    estrutura simples do, 468
Propensão a correr riscos, 72, 224
Proporção administrativa, 438
Psicologia social, 490
Punição, 113

Q

Quadro motivacional, 92
Qualidade da decisão, 255
Qualidade de vida no trabalho, 526-527

R

Racionalidade limitada, 221
Receptor, de comunicação, 300-301, 308-309
Recompensar os colaboradores, 539
Recompensa(s), 165
    desempenho e, relação, 169-170
    funções da, 164

    individual, 163-168
    objetivos da, 164
    tipos de, 164-165
Recompensas individuais, 163-169
Recongelamento, 522
Rede de informação equilibrada, 312
Rede de todos os canais, 303
rede em círculo, 303
Rede em roda, 303, 305
Redes de comunicação, 302-307
Redes de comunicação organizacional, 305-307
Redes de pequenos grupos, 303-306
Redes em cadeias, 303, 305
Redes, organizações virtuais como, 472-473
Redimensionamento, 474
Redução organizacional, 456
Reengenharia, 474-475
Reforço, 110-115
Reforço contínuo, 113
Reforço negativo, 112
Reforço positivo, 112
Regalias, 167
Região geográfica
    departamentalização por, 434-436
Regra de decisão, 212
Regras e procedimentos, para gerenciar conflitos, 409
Reino Unido, 36, 267
Relações entre trabalho e vida pessoal, 199-200
Relações líder-membro, 330-331
Relações trabalhistas, 51-54
Remuneração de expatriado, 171-173
    balanço, 172
Remuneração indireta, 166-168
Remunerações de longo prazo, 164
Repensar, 475
República Popular da China, e comportamento orientado ao grupo, 247
República Tcheca, 41
Resistência
    à mudança, 535-538
    definição de, 376
    fontes individuais de, 535-538
    fontes organizacionais de, 535-537

Resolução de conflitos, 407
Responsabilidade, 441-443, 497
Responsabilidade experimentada, 133
Resultados, 21-22, 107-109
Resultados no âmbito da equipe, 21
Resultados no âmbito do indivíduo, 21-22
Resultados no nível de grupo, 21
Rodízio de funções, 130
Rotatividade, 81
    como comportamento disfuncional, 81
    como consequência do estresse, 196
    comportamento no local de trabalho e, 79-82
    de funcionários, 43
    e motivação do funcionário, 132
Ruído, 311-312
Ruído de canal, 301

S

Salário-base, 164
Satisfação no trabalho, 75
Segurança, 537
Segurança, no local de trabalho, 142
Segurança no trabalho, como fator de estresse, 188
Seguro-desemprego, 166
Semântica, 308
Serviço
    aspectos emocionais, 191
    autoeficácia do cliente, 271
    avaliação do desempenho pelo cliente oculto, 161
    diversão no trabalho, 98-99
    empoderamento, atribuição de poder, 136
    guestology, 213
    mercado global, 33
    organizações, -19, 18, 242
    parceria com clientes, 274
Sigilo salarial, 171
Significado da tarefa, 133
Significado experimentado, 133
Sindicato, 411
Sindicatos, 411

Síndrome da adaptação geral (SAG), 184
Sistema aberto, 464
Sistema autoritário-benevolente, 427-428
Sistema autoritário-coercitivo, 427-428
Sistema consultivo, 427-428
Sistema, definição, 464
Sistema de organização de Likert, 428
Sistemas de avaliação de desempenho, 39
Sistemas de bônus, 164
Sistemas de gestão do desempenho, 158-159
Sistemas de gestão, estereótipos e preconceito em, 39
Sistemas de incentivo, 164-165
Sistemas de pagamento participativo, 171
Sistemas de processamento de informação computadorizados, 301
Sistemas de recompensas
    definição de, 163
    desempenho e recompensas, relação, 169-170
    flexíveis, 170
    gestão de, 169-174
    pagamento por habilidades, 284
    para equipes, 284
    planos de bônus para a equipe, 284
    remuneração de expatriado, 171-173
    sigilo salarial, 171
    sistemas de compartilhamento de ganhos, 284
    sistemas de pagamento participativo, 171
    tipos de recompensa, 164-165
Sistemas de redistribuição, 284
Sistemas de telecomunicação, 301-303
Sistemas flexíveis de recompensas, 170-171
Sistemas via satélite, 519
Situação de certeza, 215
Situação de incerteza, 215
Situação de risco, 214
Sobrecarga, 185, 309

Sobrecarga de comunicação, 311
Sobrecarga do papel, 190
Socialização, 506
Socialização organizacional, 506
Solução de problemas, 211, 225-229
Solução de problemas em grupo, 256-257
Sri Lanka, 41
Subotimização, 221
Subsistema de tarefa, 464
Subsistema social, 465
Subsistema técnico (tarefa), 464
Substitutos de liderança, 353
Suécia, 36, 96, 187, 462, 467
Suíça, 32, 34, 477
Supervisão direta
    coordenação por, 467

T

Tailândia, 41, 96
Tamanho do grupo, 247
Tamanho, estrutural, 455-456
Tamanho estrutural, 455-457
Tarefas, 528-529
Tarefas divididas, 430-437
Técnica Delphi, 257
Técnica nominal de grupo, 257
Técnicas interpessoais para administrar conflitos, 409
Tecnologia
    abordagens da, 458-459
    cirurgia minimamente invasiva, 276
    como força para a mudança organizacional, 518
    concorrência e, 45
    definição de, 44
    e *kokino robotto*, 518
    e negócios, 44-46
    global, 459
    imperativos estruturais da, 457-460
    informação digital, telecomunicações, 301-303
    inovações, 499-503
    mudanças advindas da, 517-520, 527-529
    mudança tecnológica e de tarefas, 527-529
    na China, 459
    organizacional, 456

produtor e prestador de serviços de tecnologia, 44-45
questões éticas na informação, 50
união entre tecnologia e arte, 248
Wesabe, 220
Tecnologia da informação, 46, 50
Tecnologia global, 459
Tecnologia organizacional, 456
Tecnólogos prestadores de serviço, 44-45
Teoria ampliada, 155
Teoria da aceitação da autoridade, 444
Teoria da aprendizagem social, 115, 154
Teoria da atribuição, 79, 350-351
Teoria da definição de metas, 154-156
Teoria da equidade, 103-105
Teoria da probabilidade, 224
Teoria das características do cargo, 132-134
Teoria das expectativas da motivação, 106f
   avaliação da, 109
   de motivação, 106-110
   expectativa do desempenho-resultado, 106-107
   expectativa do esforço-desempenho, 106-107
   implicações da, 109
   modelo da, 106
   modelo Porter-Lawler, 108-110
   resultados e valências, 107-109
Teoria de sistemas sociotécnicos, 465
Teoria do reforço
   e aprendizagem, 110-115
   modificação do comportamento organizacional e, 115-119
   programações de, nas organizações, 113-115
   tipos de, nas organizações, 112-113
Teoria dos dois fatores, 97, 99
Teoria dos jogos, 412

Teoria ERC, 96
Teoria LPC sobre a liderança, 329-333
Teoria organizacional clássica, 423-429
   burocracia ideal, 425
   e organização humana, 426-427
   funções da administração e, 425
Teorias com base nas necessidades, 94
Teorias situacionais
   abordagem da árvore de decisão de Vroom, 334-338
   modelo de relação entre líderes e seguidores (LMX), 345-346
   modelo Hersey e Blanchard, 347
   teoria do caminho-objetivo, 332-334
   teoria LPC sobre a liderança, 329-332
Teorias situacionais contemporâneas, 345-347
Teoria Z, 498
Terceirização, 51-52
Tomada de decisão
   abordagem integrada para, 225
   abordagem prática para, 225
   aspectos comportamentais relacionados a, 211
   comunicação, 245
   condições, 214-217
   criatividade, solução de problemas e, 225-229
   defeitos, 254-255
   elementos da, 212
   ética e, 224
   expectativa cultural da, 496
   forças políticas na, 222
   natureza da, 211-217
   participação e, 256-257
   pensamento de grupo e, 253-256
   processo para, 227-229
   responsabilidade e, 497
   solução de problemas e, 225-229
   teoria da probabilidade, 224

   tipo de decisão, 217-218
Tomada de decisões em grupo, 252-259
Trabalhador contingencial, 52
Trabalhadores do conhecimento, gestão dos, 51
Trabalho a distância, 142-144
Trabalho compartilhado, 142
Trabalho, divisão do, 430
Trabalho do gestor
   comportamento organizacional e, 6-7
   diferenças culturais, 36-38
   habilidades críticas do, 10-12
   papéis básicos, 9-10
   papéis do, 9
   papéis relacionados à tomada de decisão, 10
Transmissão, 300
Trauma, 193
Treinamento, 529-532
Turquia, 34, 41, 96

U

Ucrânia, 41
Unanimidade, 254
Unidade de comando, 425-426
Unidade de direção, 426

V

Vadiagem social, 249
Valência, 107-109
Valores culturais, 492, 495-499
Valores estratégicos, 492
Valorizar a diversidade, 42
Valor simbólico, 164
Valor superficial, 164
Variedade de habilidades, 133
Venezuela, 36
Verificação, 309
   processo criativo, 228
Vinculada ao método, 100
Violência no local de trabalho, 81
Visão, estabelecendo, 492-495

Trilha

As ferramentas de aprendizagem utilizadas até alguns anos atrás já não atraem os alunos de hoje, que dominam novas tecnologias, mas dispõem de pouco tempo para o estudo. Na realidade, muitos buscam uma nova abordagem. A **Trilha** está abrindo caminho para uma nova estratégia de aprendizagem e tudo teve início com alguns professores e alunos. Determinados a nos conectar verdadeiramente com os alunos, conduzimos pesquisas e entrevistas. Conversamos com eles para descobrir como aprendem, quando e onde estudam, e por quê. Conversamos, em seguida, com professores para obter suas opiniões. A resposta a essa solução inovadora de ensino e aprendizagem tem sido excelente.

Trilha é uma solução de ensino e aprendizagem diferente de todas as demais!

Os alunos pediram, nós atendemos!

- Manual do professor (em inglês)
- Slides em PowerPoint®, para auxiliar os professores em sala de aula
- Glossário e flashcards para alunos

Plataforma de acesso em português e conteúdo em português e em inglês

Acesse: http://cursosonline.cengage.com.br